国家古籍整理出版专项经费资助项目

清代律例汇编通考

4

柏桦 编纂

人民出版社

户 部 禁 令

丈量禁令〔例12条〕

丈量禁001：顺治十五年覆准

州县卫所丈量地亩迟延，及丈量后不即确报，不送文册，檄催又不申详，及监丈互相推诿者，分别议处。

丈量禁002：康熙二十八年奉旨

丈量地亩，地方经管各官，务须洁己奉公，实心任事，毋得藉端科敛。如有滥派滋扰者，事发，照贪官例从重治罪。

丈量禁003：雍正三年定

凡丈量疆界，于农隙之时举行，所委官员，不得私受请托，收取馈遗，及科派百姓，骚扰经过地方，发觉，从重治罪。

丈量禁004：雍正五年议准

丈量之时，若有豪强胁众阻挠公事者，照例治罪。

丈量禁005：雍正六年覆准

首报隐匿田亩，业主于丈量之日，勾通作弊。丈多报少者，弓步手及里胥，照例治罪，业主仍以隐匿论。

丈量禁006：雍正十三年谕

江南、江西、湖广等省芦洲均系沿江沙滩，坍涨靡定，是以定例五年一丈，令地方官踏勘，据实报闻。而不肖官吏，往往藉此纳贿行私，已坍者不得豁除正赋，新涨者又可脱漏升科。此等积弊，甚为民害。嗣后届期丈量，令该抚于通省道员内选贤能夙著者，率同州县履亩清厘，凡有赢缩，均按现在实数升除，毋使漏课，亦毋使赔粮。如不肖官吏，或有藉端需索等弊，即指名参处，不得姑容徇庇，自干咎戾。

丈量禁007：乾隆四十一年奏准

芦洲坍涨，该管州县于业户具报时注册，通详立案，届五年大丈之期，督抚遴委道员率同州县清丈。是年适有甫报坍涨，令州县官于十月水涸后勘明，岁内汇册详报，该道于开印后覆勘，据实升除，限四月内完竣，移司汇总，于六月内详题。如有需索隐漏，及徇庇迟延，分别参处。

丈量禁 008：嘉庆二年奏准

江苏淮徐所属，及扬州府属之高邮、宝应等州县极洼田地，河湖涨溢，湍溜刷深，委员履亩确勘，除地势稍高，仍照原则银米征输外，极洼田亩，改种芦苇，照赋减则，嗣后设遇水旱，概不报灾。

丈量禁 009：嘉庆十七年奏准

江南沙洲坍塌，责成道府督同州县，将所报坍粮，逐细查勘，愿豁者速请豁除，不愿豁者绘图注册，通详立案。遇有接涨，果系子母相连，有丘号粮册可凭，方准拨补。其补坍所余之地，及续有新涨余沙，尽粮归公招变。其江海突涨无主沙洲，若在旧坍界内，谓之故土复生，应查明报坍先后拨补。如四面临江，附近又无应补坍户，谓之江心突涨，照例归公招变。如地在两邑，饬属会同勘详，愿买者赴司首先缴价，在后驳饬不准，以杜争端。

丈量禁 010：同治七年覆准

江苏省沿江、沿海芦洲沙地，定为十年清丈一次。届期，地方官认真勘丈，按照坍涨分别升除，造具图册报部，不准需索丈费。如无坍涨，附册声明，不得重丈滋扰。倘藉稽查欺隐为名，将并无坍涨之地，通丈索费，一经发觉，从严参办。

丈量禁 011：光绪十年谕

御史翟伯恒奏：江苏等省滨海涨坍地亩，民间报办升科除粮，书吏动多需索，请酌定简明章程，遵照办理等语。著户部议奏。钦此。遵旨议定：清理沙洲地亩，均须有大丈鱼鳞清册，方能按籍而稽，应由江苏、安徽、浙江、广东各巡抚，转饬各该藩司，查照定例办理大丈，迅将各属沙洲地亩，造具鱼鳞清册，送部备案，遇有呈报升坍之案，即按照丈册核办。于业户呈报之日起，定限一月内，该州县等即行通详各该管上司，该督抚等于一月内即行咨部，到部后如何转则除课地亩，查与鱼鳞册载符合，以及新涨之滩，核与例案相符者，均即照准，定于二十日咨覆该省照办。若有必须查核之件，亦定于二十日咨查。各该省于接到咨文后，统限两月内声覆到部。倘该州县有意迟延，即将该州县查参。书吏等仍敢需索，即将书吏惩办。

丈量禁 012：光绪十年奏准

甘肃宁夏满营马厂，近因黄河改流，该县绅民改挖渠身，占用满营厂地三十九亩四分，照章在该县属接连马厂地界内，照数拨还地亩。该民人等开挖旁渠口一道，逐细勘丈渠口渠身，自十四弓至三四弓、五六弓不等。嗣后挑挖，通以十四弓为度。倘该民人等，有任意开挖过十四弓以外者，即行从严惩办，以杜侵占。

催科禁令〔例 55 条〕

催科禁 001：顺治元年题准

官吏征收钱粮私加火耗者，以犯赃论。

催科禁 002：顺治二年题准

各官莅任铺设银，严行禁革，违者，究治。

催科禁 003：顺治九年覆准

直省钱粮，应按期征解，有豫征滋扰者，督抚指参。

催科禁 004：顺治十年题准

州县官不许用孤贫衙役，恃老行凶，下乡催征。

催科禁 005：顺治十二年恩诏

各地方钱粮，凡横敛私征，暗加火耗，荒田逃户，洒派包赔，非时豫借等弊，严行禁革，违者，督抚纠参。

催科禁 006：顺治十二年覆准

江南财赋繁多，经收诸役，包揽侵渔，保长歇家，朋比剥民，令严行查访，勒石永禁。

催科禁 007：顺治十五年覆准

文武乡绅、进士、举人、贡监、生员及衙役，有拖欠钱粮者，各按分数多寡，分别治罪。如州县官徇庇，督抚题参。督抚容隐，科道纠劾。

催科禁 008：顺治十六年覆准

民抗田赋，逃窜隔属，许本管官申请府道，径行票提。如有阻挠，督抚究治。

催科禁 009：顺治十六年又覆准

有司藉称征粮，令里中金报大户，派纳银米，倾荡家产，又于正额外立常例名色，私敛厉民者，严行禁革。

催科禁 010：顺治十七年覆准

有司私派里中，奉承上司，凡日用薪米，修造衙门，供应家具礼物，及募夫马民壮，侵蚀婪饱等弊，通饬严禁。

催科禁 011：顺治十七年题准

州县奏销时，注明绅衿衙役所欠分数，造册申报督抚题参，以惩积玩。

催科禁 012：顺治十七年又题准

江南绅衿，有本户并无田土，他人假冒立户者；有钱粮已完，吏役混开者；果属冤抑，许诉理开复。经手官役及院、司、道、府，分别议处。

催科禁 013：康熙三年题准

州县官征收钱粮，将已完者挪用，捏称民欠，并加派私征者，革职提问。该管之司、道、府，徇隐不报者，革职。若已经详报，督抚徇纵不参者，降五级调用。

催科禁 014：康熙三年覆准

州县钱粮，上司动用差提，名为提手，种种需索，行令严禁。

催科禁 015：康熙四年题准

州县官额外科敛，上司徇隐不报，许里长、甲首、小民，据实控告。

催科禁 016：康熙五年覆准

征收钱粮，原系州县印官专责，不得滥委府佐及州县丞倅协征滋扰。如道府私委，督抚指参。督抚滥委，科道纠劾。

催科禁 017：康熙六年覆准

直省正赋，皆有定额，地方官遇有别项，辄令设法，名为设法，实则加科。嗣后设法名色，永行禁止。

催科禁 018：康熙六年题准

直省钱粮款项，咨题违错，驳令覆核，在外各官，每藉名部驳，私敛百姓，并衙役侵扰情弊，责督抚纠参。

催科禁 019：康熙八年覆准

严禁知府亲至州县征粮，以杜供应需索之弊。

催科禁 020：康熙十三年覆准

州县应征钱粮，许司道行文，立限催提，不得差役扰害。

催科禁 021：康熙十五年题准

州县火耗加派，被旁人首告，经司、道、府官审出，其失察之罪免议。

催科禁 022：康熙十七年议准

州县官藉造册为名，收取费用，科敛累民，及任意洒派补库变卖仓粮，甚且藉称钱粮，准算部民子女，转送与人者，革职提问。该管司、道、府隐匿不报，或已申报，督抚不题参者，皆照不参私派例处分。

催科禁 023：康熙十七年覆准

州县官克取火耗，加派私征，及司、道、府徇隐不报者，皆革职提问，徇纵不参之督抚革职。

催科禁 024：康熙十七年又覆准

州县官隔年豫征钱粮，照私征例治罪。司、道、府明知不报，或已申报，督抚不题参者，皆照例议处。

催科禁 025：康熙十八年覆准

小民完粮，州县官不给印票，照私征例治罪。司、道、府隐匿不报，或已申报，督抚不题参者，皆照例处分。

催科禁 026：康熙二十九年题准

山东绅衿户下地亩，不应差徭，遂有奸猾百姓，将地亩诡寄绅衿户下，因而衙役兵丁，效尤免差。更有绅衿包揽钱粮，将地丁银米，包收代纳，耗羡尽入私橐，官民皆累，合照欺隐田亩例，通限两月，将从前诡寄地亩，尽行退归业户。其绅衿本名下田亩，令各具并无诡寄甘结存案。

催科禁 027：康熙三十五年覆准

湖南陋习，里甲之中分别大户、小户，其大户将小户任意欺压，钱粮皆大户收取，不容小户自封投柜，甚且驱使服役。嗣后小户令出大户之甲，别立里甲，造册编定，亲身纳粮。如有包揽抗粮勒索加派等弊，该督抚题参治罪。

催科禁 028：康熙三十九年题准

直省府州县陋规杂派，有遇差役因公济私以一派十者，有年节派送礼仪者，有郡守之交际派之各属者，有府、县、卫所官出门中火路费及跟役食用派之里民者，有上官差使往来派送规礼下程者，有起解饷银派出解费者，又道府有开征奏销之陋规，征漕有监兑下县及差人坐催之规例，凡此陋习，一概革除。

催科禁 029：康熙三十九年又题准

征收钱粮，有公然科敛者，阖邑通里，共摊同出，名曰软抬。各里各甲，轮流独当，名曰硬驮。奸胥土豪，包揽分肥，苦累小民，皆勒石永禁。

催科禁 030：雍正二年谕

百姓完纳钱粮，当令粮民户户到官，不许里长、甲头巧立名色，希图侵蚀。闻有不肖生员、监生，本身原无多粮，倚恃一衿，辄敢包揽同姓钱粮，以为己粮。秀才自称儒户，监生自称官户，每当地丁漕粮征收之时，迟延拖欠，不及输纳，通都大邑固多，而山僻小邑尤甚。该督抚立即严参，晓谕粮户，除去儒户、官户名目。如再有顽抗生监，即行重处，毋得姑徇。傥有瞻顾不力革此弊者，或科道官参劾，或被旁人告发，必治以重罪。

催科禁 031：雍正二年议准

直省督抚严饬州县官，凡供应上司，藉端横敛，一应陋规，尽行革除。傥仍蹈前辙，督抚指参，按律处分。

催科禁 032：雍正二年又议准

地方官征收田赋，令酌量银数多寡，择信实银匠数人，连名互保，听民投铺倾销，不许包揽。如有不肖州县，设立当官银匠，藉官累民者，严行禁止，并除承充陋规。如有包揽需索等弊，本官失察，即行题参。

催科禁 033：雍正三年议准

直省督抚通饬各属，严禁州县官收取蠹书礼物，纵容勒索票钱，犯者，督抚指参，州县官以犯赃论，胥吏从重治罪。

催科禁 034：雍正五年议准

贡监生员，非本身钱粮，包揽代纳入己，以致拖欠者，不论分数，均黜革治罪。若包揽拖欠至八十两者，计赃以枉法论。其包揽虽无拖欠，亦即黜革，再照所纳之数，追罚一半入官。至愚民希图自便，听人揽纳者，照不应重律治罪，仍追包揽之数入官。其不行查出之该管官，罚俸一年。

催科禁 035：雍正五年覆准

江南各州县经征积弊，每开征时，于经承中佥点一名为总书，皆系奸胥承充，行令该督抚将总书名色革去，选择书办十数人，分图管理，每图每甲，设立印簿二本，令花户自注完纳于每限下，以杜隐搁飞洒之弊。其每年带征钱粮，限三月彻底清厘，刊示晓谕。

催科禁 036：雍正六年覆准

绅衿应纳之粮，于印簿及串票内，注明"绅衿某人"字样，按限催比，奏销时，将所欠分数，逐户开出，别册详报，照绅衿抗粮例治罪。如州县不列册详报，照徇庇例议处。

催科禁 037：雍正六年议准

各标目兵抗赋，州县官将未完数目开明，移会本管官弁追完交解。如不实力催追，照州县征收钱粮未完例议处。

催科禁 038：雍正六年又覆准

上司书吏抗赋，州县一面详报，一面严拘，革役追比。如本管上司阿庇袒护，及州县瞻徇，皆照徇庇例议处。

催科禁 039：雍正八年议准

文武生员、贡监生，应纳钱粮数目，令州县别造一册，送学臣钤印颁发，每完若干，照数注明，按季申送查核。

催科禁 040：乾隆元年题准

州县收纳钱粮，务照定例，令纳户包封自投入柜，不许收书一涉其手。如有奸胥违例留包偷取情弊，该管府、州即揭报题参。

催科禁 041：乾隆元年四年谕

广东征收粮米，支给本省兵食，民间因名为兵米。闻向来州县官皆折收银，每一仓石，照时价多收银六七钱至加倍不等，收银之后，另买稻谷，碾米给兵。其买谷或派富户，或派米铺，每石又照时价短发一钱或数分不等，甚至有富家希图结交，因事请托，并不领价者。似此一出一入之间，多收少发，小民何堪赔累之苦。即云遥远之地，折色征银，亦可免其输将，量议加增，以为运脚，亦民所乐从，然藉端需索，为数太多，则事之必不可者。著该督抚悉心查禁，务令公平办理，傥有仍前滋弊者，即行严参，毋得姑容。

催科禁 042：乾隆六年谕

朕向来闻得广东征收粮米，需索扣克，甚属累民，特于乾隆四年六月颁发谕旨，令该督抚悉心稽查，严行禁革。今留心访查，广东征收银米之弊，并未革除，收本色则浮加斛面，收折色则高抬价值，以及管仓家人、仓书、斗级各项陋规，合算民间纳米，每石费至加倍有余，且上司衙门所用食米，名曰发价，具实缴还，种种弊端，上下蒙混，从前奉行不实之咎，诚属难逭，若非严加整顿，何以除民困于将来。著交与巡抚彻底清厘，实心办理，务令弊端悉剔，苛累永蠲，始于地方有益。如再有玩忽，则咎在该抚。

催科禁 043：乾隆六年又谕

国家爱养黎元，莫先于轻徭薄赋。朕御极以来，加惠闾阎，凡所以厚其生计而除其弊端者，无不留心体察，次第举行。近闻各州县征粮一事，尚有巧取累民之处，每至开征之际，设立滚单，将花户姓名及应完条银数目，开列单内，散给乡民，原使乡民易知，得以照数完纳，前人立法本善，而无如奸书蠹役，日久弊生，视各户之银数多寡，于额粮之外，或多开数钱至数分不等，乡民多不识字，且自知粮额者甚少，既见为官府所开，遂照数完纳，即有自能核算者，又以浮开为数无几，不肯赴官控告，结怨吏胥，且恐匍匐公庭，废时失业，往往隐忍不言，勉强输纳。其多收之银，或系书役先将别户钱粮侵收挪用，而以此弥补其数；或通县钱粮正额，业经报完，而于卷尾之时，兜收入己。更有不肖有司，暗中俵分，以饱私囊。其申送上司册籍，则仍是按额造报，并无浮多。至于一州县滚单之多，动以万计，而上司难以稽察，无从发觉，其为民间之害，固不减于重耗也。朕闻此弊各省有之，而江浙为尤甚，用是特颁此旨，通行晓谕，是在各省督抚仰体朕心，时加访察。如有仍蹈此弊者，即行严参，不稍宽贷，则官吏不得假公行私，而小民共受其惠矣。

催科禁 044：乾隆五十五年谕

江苏高邮州书吏私雕假印，伪串冒征，百姓胥受其愚，而句容县粮书侵用银粮，盈千累万，皆系以完作欠，历年吞蚀。由此而推，可见闾阎受国家百余年培养爱育之恩，深仁厚泽，无不浃髓沦肌，穷年力作之余，皆思踊跃急公，输将恐后，而蠹书猾吏等假捏串票，任意侵渔，使小民急公奉上之诚，转为若辈私肥囊橐之计。甚而地方官知朕无时不以惠养黎元藏富于民为念，辄思积欠过多，自必蒙恩豁免，因而急于征催，影射入己，作为未完者，恐亦不少。朕临御五十五年，勤求民隐，孜孜不倦，凡遇水旱偏灾，无不先期咨询，重则加恩概予蠲免，轻则准其分年带征，俾穷檐蔀屋，咸跻盈宁，朕之于民，未尝不体恤周至。乃督抚牧令等，既不能宣达朕意，又使书吏从中侵蚀，岂得谓尚有人心者乎。愚民易于欺虐，不受奸吏重征之累，已属幸免，宁有应交正项钱粮，敢于迟延观望也。封疆大吏，皆系受朕委任重恩，不于此等关系民生休戚之事，尽心稽查，则其他更不可问矣。嗣后各省督抚等，于藩司奏销之期，务将未完各项，是否实欠在民，悉心体访，遍行晓谕，务使急公之户，不受重征，方为无忝厥职。现在高邮、句容二案，接踵发觉，想各省亦必有似此者，俱著彻底清厘，毋任官侵吏蚀，亏帑累民。令各省将此旨榜示通衢，俾咸知朕意。

催科禁 045：嘉庆十二年谕

各省丁赋，关系度支经费。国家生齿日繁，费用倍增，我朝取民有制，从无加赋之事，惟藉此每岁正供，量入为出，岂容稍有亏欠。乃江南等省，自嘉庆元年以来，至十一年止，尚有据报未完银八百八十六万余两。朕廑念民依，凡稍有灾歉之区，无不降旨施恩，立予蠲缓。现在户部折内，尚有缓征带征银三百八十五万余两，不在此数，则小民具有人心，于岁入正供，自当输将踊跃，即间有拖欠，亦何至多至数百万两。总由地方官任意因循，征催怠惰，甚或有侵挪亏蚀情弊，皆未可知，而上司护惜属员，往往曲为地步，凡涉参限将满，俾接征之员，另行开限，州县恃有此规避之法，又复何所儆畏，无怪乎各省积欠如此之多也。嗣后州县遇有钱粮处分，参限将满，户部随时知照吏部，不准调署他处。如该上司违例调署者，将该上司一并参处。督抚等务当督饬所属，各行激发天良，于应征款项，按限催征，不得任意因循，罔顾国计。

催科禁 046：嘉庆十三年谕

嗣后遇有调署人员，著将该员名下详查，果无应征未完钱粮，咨部核明，方准调署。如有经征参限届满，违例调署者，将该督抚查参示儆，仍著各督抚将节年积欠银两，一体立限严催，并确查是否实欠在民，如各州县有从中侵挪亏蚀情弊，立即指名参办，务期国课得就清厘，毋得仍前延玩。

催科禁 047：道光二年谕

前据直隶藩司屠之申奏，直隶差务殷繁，议请每地一亩，摊征差银一分，以均徭役。当经降旨批示，俟颜检到任后，妥议奏闻，再降谕旨。兹据颜检查明据实覆奏，该藩司减差均徭之说，实不可行。所论极是，赋役之制，东南则赋重役轻，西北则赋轻役重，立法至为深厚，若如该藩司所奏，是欲役重而赋并重，其意何居。嗣后直隶办理差务，著颜检严饬该管道府，仍遵旧章，各就地方情形斟酌妥议。该督仍随时查察，该州县如有能体察民艰公平允协之员，据实保举；其有听信书役，任意浮派苛累者，指名纠参治罪。若有劣衿藉端包揽，刁民串通妄控者，立即审明，按律严惩，则吏治自肃，而民生可期日裕矣。至屠之申未能体察情形，冒昧陈奏，意在藉赋以收减差之实效，不知适藉差而添加赋之虚名，累官病民，其弊不可胜言。屠之申著交部严加议处。

催科禁 048：道光七年谕

各省州县经征钱粮，往往因规避处分，垫完民欠，已易启亏挪之渐，且有差役垫欠，并非该花户输将不力，竟系书差为加倍取偿地步，致畸零小户，僻远编氓，更滋苦累。著直省督抚将官垫名目，差垫弊端，一体永行禁革。如有仍蹈前辙，以欠作完，挪移规避者，责成该管上司，严行查察，有犯必惩。其差役垫欠，敢向花户苛索，重利取偿，该管州县不即查明究办，别经发觉，除将书役按律治罪外，仍将该管州县从严议处，以重考成而恤民隐。

催科禁 049：道光十二年奏准

广东绥猺厅应征瑶粮，向有胥吏催征，不免抑勒。嗣后统令瑶长，届期率领瑶户，自行赴厅交纳，不准胥吏经手催科，以免需索，违者，许瑶长禀官重惩。

催科禁 050：道光二十二年咨准

湖北崇阳县征收钱漕，行户自行赴柜赴仓交纳，截券回家。如有生监包揽，该管官不行查出，照失察绅衿贡监生员包揽钱粮例议处。傥花户仍托书差交纳，本管官知情故纵，照故纵例议处。止系失察，照失察书役犯赃例议处，仍责成该管道府随时稽查。

催科禁 051：同治三年谕

浙东各属钱粮浮收之弊，经左宗棠核减，将正杂钱粮统照银数征解，一切摊捐名目及陋规等项，概予革除。嗣后不准再有绅户、民户之别，其地方官吏，傥敢阳奉阴违，添设名目，格外需索，及大户不遵定章完纳者，即著该督抚查参惩办。

催科禁 052：同治四年谕

马新贻奏：核减金华、衢州、严州、处州四府属浮收银米一折。浙江省各属浮收钱粮，叠经左宗棠等查明奏请核减，兹复据马新贻奏称，查明金华府属共减去钱十五万六千一百余串，米五百二十余石；衢州府属共减去钱十万三千九百余串，米六十五石；严州府属共减去钱六万一千九百余串；处州府属共减去钱六千八百余串，洋钱八千二百余圆，米一百二十余石等语。即著照核减新章办理，永远遵行。嗣后地方官，断不准别添名目，于定章之外，任意需索。绅民人等，亦须遵照定章完纳，不得再分大户、小户，致滋偏重。该抚仍当随时查察，傥有前项情弊，即著从严参办，以重国赋而恤民瘼。

催科禁 053：同治五年谕

杨岳斌奏：甘肃岁征额粮。请概复旧章以备军食一折。甘省岁征起存上下色粮四十八万余石，耗羡粮七万一千余石，前经已革护理陕甘总督恩麟奏明，于兵少粮多之抚彝、张掖等厅州县，分别改征折色，以备转拨。兹据该督奏称，近来甘省粮价昂贵，每麦一石，视前所定折征二千之价，已增至十数倍，以此价估拨，兵丁不能糊口，而州县侵渔中饱，掊克愈重，届期转拨，则又任意支吾，以致兵粮不给，储积全无等语。甘肃地方瘠苦，军民乏食，自酌征折色而后，公私交困，储偫一空，民赋军糈，两受其弊，自应迅复旧章，以图补救。著照该督所请，自同治五年起，额征正耗粮石，仍归本色，并不分上下两忙，并著该督严饬各州县，洁己奉公，务使惟正之供，概入仓储，用备缓急。傥有不肖牧令，仍敢勒折侵挪，狃于积习，即著按照违误军需例严参治罪，以重军食而儆效尤。

催科禁 054：光绪八年奏准

安徽省各州县于开征之先，凡编造征册，务须分乡分保，查明某户的实姓名住址，田亩若干，应完银米若干，一一详注册内。其推收过割之田，不准以堂名等项含混开报。其征册有专簿堂名，另设事名，及仍沿从前堂名并在别处寄住者，均令于完收钱粮时，分析查明，于册内详加改注，缮发由单之时，亦以的实姓名住址，照册填注，概不得含混影射，致滋弊混。其由单务须实发的户，官为照册填明盖印，酌定捐纳限期，于由单内登注晓示，并酌定分散人数，分别都图，限以时日，遴委妥实之人，由官酌给饭食，责令依限散给各花户，不再派里书领散，如有逾限不给，准花户指名控究。其有某户自愿来城领给者，悉听其便。各花户于由单散给之后，均照单内注限，自行赴柜投纳，逾限不缴，由官分别捉催究治。凡花户赴柜完竣，随时掣给印串，不经里书之手，以杜指名之弊。其小户钱粮，数在一两以下，住址弯远者，照凑数附纳，于串内注明"附纳"字样。如在一两以上，及为数虽少情愿自纳者，仍听自封投柜，不准由里书代纳。如有绅户包揽等弊，一经查出，即由州县禀请斥革，照例详办。傥各该州县有将由单仍交里书散发者，不能实发各户，或将串票先行裁给里书转交者，一经查出，或别经发觉，官则严参，里书依例处治。如有侵挪侵蚀，照例计赃科罚。

催科禁 055：光绪十年谕

御史屠仁守奏：湖北钱粮，任意浮收，又不当时给票，以致乡民羁候，甚或被催重纳，为害最甚等语。钱粮正供，征纳悉有定则，岂容奸胥蠹役藉端扰累。著湖广总督、湖北巡抚饬令各州县，查照定例，按户豫给易知由单，核算明晰，纳户持单投柜换票，不准滥设催役名目。柜书如有刁难情事，准其禀诉惩治。傥州县意存祖庇，即著严行参办。

严禁囤积造曲〔例 19 条〕

囤曲禁 001：康熙三十二年谕

今岁畿辅地方歉收，米价腾贵，通仓每月发米万石，比时价减少粜卖，止许贫民零粜数斗，富家不得多粜转贩。又，蒸造烧酒，多费米谷，著户部速移咨该抚，将顺、永、保、河四府属蒸造烧酒，严行禁止。

囤曲禁 002：康熙四十八年谕

湖广、江西之米，或浙江富商，或土著人民，某人于某处买米石若干，清查甚易，应行文湖广、江西督抚，委贤能官，将有名马头大镇店，买卖人名姓，及米数一并查明，每月终一次奏闻，并将奏闻之数，即移知江浙督抚，湖广、江西之米，不往售于江浙，更将何往，此米众所共知，则买与卖不待申令，而米之至者多，即大有利于民也。

囤曲禁 003：康熙五十五年覆准

山东、河南两年大熟，京师麦价未见平减，皆由商贾豫行收买久储，不得均粜所致。行文山东、河南巡抚，查明由水路北来卖给商贾米谷数目，每月奏闻，仍知会直抚，凡本处商贾有多买久储者，严行禁止。其已至直隶麦谷数目，亦令直抚查明，每月奏闻。除沿途照常买卖外，富商人等有多买久储，亦令严行禁止，沿途地方不肖官役，或有藉名稽察，留难勒索者，该抚题参治罪。

囤曲禁 004：康熙六十年谕

京师禁止买米居积，系府尹专职，并交与八旗都统、步军统领等，一同严行禁止。

囤曲禁 005：雍正四年覆准

平粜之时，如有奸商势豪，居积射利者，即时访拿按律治罪。该州县官不严行查禁，该督抚题参，交部议处。

囤曲禁 006：乾隆二年议准

烧锅一事，各省情形不同，应令各该督抚，就近省情形，因时制宜，以观成效。蹓曲一项，系烧锅盛行之源，蹓曲多则私烧广，有损盖藏。嗣后违禁私烧者，照违制律杖一百。广收新麦，蹓曲开烧锅者，杖一百、枷两月。失察地方官，每一案，降一级留任，失察至三案，降三级调用。如官吏有贿纵等弊，照枉法律，计赃论罪。

囤曲禁 007：乾隆二年又议准

嗣后五城发粜官米，如有奸民串买囤积至四五十石，及买作烧锅之用者，俱严行查拿治罪外，其余肩挑背负，不过数石者，概免查究。

囤曲禁 008：乾隆三年谕

直隶、山东、河南等省，上年秋成歉薄，谷价昂贵。今春山东、河南得应时雨泽，二麦可望有收，则本省邻省，皆可资其接济。无如小民愚昧，往往不知撙节，而耗费麦之最甚者，莫如蹓曲一事。朕闻每年麦秋之际，地方有富商大贾，挟持重赀，赴各区大镇水陆通衢，贩卖新麦，专卖与造曲之家，以图厚利，而造曲之家，盖成邸房，广收新麦，惟恐其不多，小民无知，但顾目前得价售卖，不思储蓄为终岁之计，而此辈奸商，惟以垄断为务，不念民食之艰难，此实闾阎之大蠹，不可不严禁重惩者。如山东之临清，江南之镇江，此弊尤甚，中外共知。朕思商民贩麦，则粮食疏通，于百姓有济，不必稽察，致有阻滞，惟查明蹓曲之家，严行禁止，违者从重治罪，则有用之麦，不致耗费于无用之地，于本省邻省均有裨益。著该督抚等转饬各地方官，实心奉行，毋得视为具文，苟且塞责。傥稽查不力，仍有违禁私踹者，经朕访闻，必将地方官从重处分，不稍宽贷，即督抚亦不得辞其咎。

囤曲禁 009：乾隆十五年谕

近来京师米价稍昂，时届隆冬，小民艰于糊口。著将八旗米局，现在收买存贮米石，照时价酌减发粜，如有不敷，著于京仓支领，五城由京仓各领米一千石，照八旗定价，一体设厂平粜。交该御史等严行稽察，毋令囤户乘机射利，查出从重治罪。

囤曲禁 010：乾隆二十四年谕

烧锅踹曲，例有明禁，迩来屡经降旨，令地方官严行查禁，毋使糜费米粮，乃有司视为具文，奉行不力，遂致乡邑愚民，违禁私烧，竟成利薮。向来例禁，或以收成丰稔之年，如苦涩高粱，细碎糠秕，原无关于小民粒食之需，然不力为禁止，则苦涩细碎之不已，必至及于精凿，其为耗谷累民，甚有关系。司民牧者，正当及时加意宝啬，实力禁防，以重民依而平市价。傥因有此旨，而奸胥蠹役，因之苛索滋扰，则惟于办理不善之地方官是问。

囤曲禁 011：乾隆二十五年谕

上年因得雨稍迟，粮价易致增长，是以节次酌设五城各厂米豆草束，多方筹画出粜，以平市价，而麦面一项，至今源源接济。现在河南麦石，将次粜完，而山东五万石，已经续到，江南十万石，亦已连艘北上，且商贩以时转运流通，当此冬雪优沾，春膏叠沛，秋苗青葱畅茂，所有现在麦价，尤当日就平减，乃据顺天府尹奏报现今时价，较上半月每石加增三钱，此必其中奸商市贩，巧为牟取，以致翔贵若此。国家立法调剂，原属因时制宜，非可援为定例，且前经降旨将官员俸禄先行借放，原期米石倍为充裕，而商贩等乘时落价，收买存积，及至支放已停，则乘机昂贵。京城重地，设官纠察弹压，至为详备，顾任一二刁民，乘间居奇，甚至齐行把持，累及闾阎口食，而莫之惩儆可乎。著步军统领衙门，会同五城御史、顺天府严行饬禁，如有藉此多收囤积，高抬市值者，即行查拿究处，以为逐利病民者戒。

囤曲禁 012：乾隆二十六年议准

向例地方官办理平粜，赴粜者俱限以升斗，止许零星籴买，虽有巨商挟重赀以图倍利者，亦无所施其技。立法綦严，惟是不肖行户，闻有诱买无赖穷民，给予零星价值，令行赴粜，粜得之米，仍入行铺之手，聚少成多，重利可致。粜系贫民，而利归商贩，狡狯之术，禁遏宜严。至若串通经手胥役，蒙混官司，以致冒滥，尤不可不防其渐。应由直隶总督，严饬地方官，于平粜时，查出前项情弊，照例治罪。

囤曲禁 013：乾隆三十四年奏准

通州人民，不得于通州及近京地面私立米局，囤积俸米。若地方官不切实查拿，照例议处。至各该处卖米行店，不系囤积俸米者，胥役仍不得藉端滋扰。

囤曲禁 014：嘉庆元年议准

仓谷出粜之时，该督抚转饬地方官严禁囤户，地方官若不严行查禁，照溺职例议处。

囤曲禁 015：嘉庆十九年谕

给事中杨怿曾奏：请禁奸商囤积米粮以济民食一折。本年安徽省缺少雨泽，粮价增昂，前据巡抚胡克家奏，动拨藩库银二十万两，委员分赴邻省采买米石，运至该省备用，业经降旨允准。今据该给事中奏，该省庐州、六安毗连之双河镇、三河镇一带，有吕姓米商，修盖仓房，沿河七十余里，盘踞多年，每岁积谷百余万石，贱买贵卖，仓名有二十八丰号数，其余分户囤积者，尚复不少等语。从来通商所以便民，若当市粮昂贵之时，贫民需食孔殷，岂可任令奸商居奇牟利。著胡克家即委员查明该商囤积粮石数目，官为平定价值，开仓出粜，俾谷石流通，穷黎得资接济。如该商等抗违隐匿，即将粮石入官平粜，仍治以应得之罪。

囤曲禁 016：道光二年谕

京城铺户囤积米石，私运出城，例有明禁。著步军统领衙门、顺天府、五城一体严密稽查，如有米店碓房违例囤至五百石以上者，即行照例惩办，并严饬该管员弁于各城内实力访拿，毋任稍有偷漏。

囤曲禁 017：咸丰六年谕

本年京官俸糈及八旗兵米，均按季按月支放，京师民食，本属足敷周转，何至旬日之间，米价骤长，几至加倍，杂粮亦复昂贵，显系市侩奸商把持行市，射利居奇，实于小民生计，大有妨碍，必应严加惩创以儆刁风。著步军统领衙门、顺天府、五城，先行出示晓谕米铺各商人等，于米石杂粮，务均粜粜，傥查有私行囤积，抬价居奇，把持行市，以致妨碍民食者，即著各该衙门严拿交部治罪，亦不得任听吏胥藉端需索，致多扰累。

囤曲禁 018：咸丰十一年奏准

嗣后各商，傥有逾数囤积，并迟至三月不行粜运者，照违制律治罪。所囤之粮，酌量平粜。

囤曲禁 019：光绪七年奏准

四川省太平县亢旱歉收，查获违禁烧锅多名，照例各拟枷杖。其已烧酒面，作值银六十五两零，变价充公。

漕运征收例禁〔例 29 条〕

漕征禁 001：顺治九年题准

运军行粮，应给本色，有违例折银者，县官与运弁，皆严提究拟。

漕征禁 002：顺治十二年题准

兵道、知府职不司漕，有借验粮名色苛索者，官即指参，胥役究治。

漕征禁 003：顺治十三年奏准

漕粮开征之时，如有州县蠹役包揽代完及飞派无辜者，即行指参。

漕征禁 004：顺治十五年议准

州县拖欠漕项钱粮，该管监兑粮道等官，严檄行催，不得差役致滋勒索，违者，指参。

漕征禁 005：顺治十五年题准

运军子弟及积年旧役，有谋充有漕各衙门书承者，令总漕及督抚严查，从重治罪。如本官失于觉察及徇庇容隐者，分别参处。

漕征禁 006：顺治十六年题准

州县征收漕米，浮派杂费，及仆役经承需索小民常例者，严行禁止，犯者，题参究治。

漕征禁 007：康熙元年题准

征收粮米，责成印官稽察，不许颗粒囤存私家。如绅衿大户，仍囤私家，不行交仓者，管粮官详报总漕题参。

漕征禁 008：康熙四年题准

各州县征收漕米，如有淋尖踢斛，划削斛底，改换斛面，及别取样米，并斛面余米者，总漕、各督抚严查题参。

漕征禁 009：康熙三十年题准

州县官侵隐漕项银，捏称民欠，冒请蠲除者，题参治罪。其失察之该管上司，交部议处。

漕征禁 010：康熙三十年又题准

州县经承盗卖漕粮，依律治罪。失察之本管官，照例议处。

漕征禁 011：康熙三十三年题准

漕粮耗米，例应征收本色给军，如有私自改征折色者，各该督抚题参，照私折漕粮例议处。

漕征禁 012：康熙五十一年题准

州县兑粮，责令监兑官坐守，粮道亲到水次稽察，傥有折收情弊，发觉，将该管州县及领运官皆革职，监兑官降二级调用，粮道降二级留任，所折之米，照数追赔。

漕征禁 013：乾隆十二年议准

各省收漕时，渔利之徒，每借米色为词，暗地讲串，或里折，或外加，甚至度量仓有余米，即以银钱折色。令总漕严饬各粮道加意访查，傥有前项情弊，严行惩办。

漕征禁 014：乾隆四十一年议准

令有漕省分各督抚，于收漕之时，严行访查，明示晓谕，一切细碎潮湿之米，经管官不得滥收，如本属好米，承办官吏藉端勒掯留难，查参治罪。

漕征禁 015：乾隆四十八年议准

浙江省各州县粮多之处，每日完纳花户，多以万计，小民争先涌集，每易滋事。嗣后照江苏之例，饬令各属查明各该处区图形势，编立次第，先期明白晓谕，按次依限赴仓交纳。仍遵定例，于十月内即行开仓交收，其收割较迟之处，令地方官查明分别办理。

漕征禁 016：乾隆四十八年又议准

办漕地方官，往往瞻徇乡绅情面，遇有巨户子弟家人完粮，或米色不纯，或代人交纳，每多有通融，复虑交兑折耗，于民户又多浮加，以致被人挟制。劣衿地棍，广为包揽，甚有虚掣串票，并不交米，奸胥蠹役，勾结分肥，指称耗费，向驯良花户勒索重值，复买交丑米，贱价折干，并有豫先买米存仓，以为折收地步，迨至粜米纳粮，又复讲论价值。又有不肖官吏，浮收赢余，改令折色。嗣后令将搢绅巨户名下应完额粮，于粮册内逐一注明，以杜包揽，并饬令印官亲驻仓厂，秉公监兑，责成该管道府稽查，傥有前项等弊，从重究办。如道府瞻徇，一并查参，并将旧充漕总记书，查明禁革，毋令复充。其营求收漕幕友长随，概行屏绝，傥上司嘱荐，许州县据实揭报。每年收漕，务须另选妥实书吏及亲信之人，取结通详备案。再，州县办漕，有派令漕书承应修仓铺垫之事，及地方豪棍从中把持，不肖官吏，畏其滋扰，分给规例，并各衙门承办书吏，亦有规例，甚至上司亦勒索分肥，弁丁到次受兑，多方刁难，希冀陋规。令该抚董率司道，实力稽查，并于兑粮之时，饬令粮道往来查察，以清积弊。

漕征禁 017：乾隆五十七年定

县官于开仓之后，粮户输纳渐多，并不亲身临仓，以致书役斗级等，任意抛撒，扫集余米，不复给还粮户。将该县革职拿问，查出之粮道知府，交部议叙。

漕征禁 018：嘉庆四年谕

漕务积弊，浮收折价及旗丁挟制，需索帮船费用，出运随规，并南帐北帐名目，按款清厘，逐条严禁，可期漕务肃清。惟尚有每年开仓之先，即有本地绅衿包揽同姓花户，附入己产上仓交纳，图占便宜，或有以曾任职官品级等项，分别坐得漕规，即举监生员之刁劣者，亦于中取利，州县等惧其挟制，不得不从，而于良善小民，则肆意浮收，无所顾忌，此当严行饬禁，有漕督抚俱当一律查办。但各省浮收之弊虽同，而费用之条不一，应彻底清查，将各帮应领应用及沿途抵通经费随规，各行开列清单具奏，不得有蒙混遗漏，总漕当实力整顿。粮艘过淮签盘，途次派员催趱，从前皆有使费，该督务须明查暗访，永绝弊端。至仓场侍郎于仓场诸弊，亦素有所闻，其应行严查禁止者，俱当悉心察核，毋任胥吏经纪等仍前滋事。然不可操之过急，有意苛求，若于事有难行，必勉强于一时，其法亦不能经久，将来又成具文。总之，州县既向百姓浮收，旗丁自必向州县加增兑费，总漕、巡漕、仓场，各向旗丁层层索取，其实无穷之苦累，则我百姓当之。今将诸费禁绝，则旗丁用度不致竭蹶，何得复向州县需索，而州县既省兑费，又何得仍向百姓浮收，以收漕为弥补亏空者，亦不过州县借此藉口，恐亦有名无实。现当整饬漕务之时，必须清其源以绝其流，使闾阎实受其惠，而于旗丁运费，仍当筹画周详，不使稍形拮据。

漕征禁 019：嘉庆四年又谕

有漕州县，惟利改收折色，藉以分肥，往往于开征时先将低潮米石，搬贮仓廒，名为铺仓，以便藉词廒满，折收钱文，其粮米之不能一律纯洁，亦由于此。又民户完纳，惟望早为收纳，从无躲避不前之事，皆由官吏多方勒掯，有意刁难，以致民户守候需时，不得不听从出费，此与地方词讼赴诉到官，不肯速为审理，拖延时日，以为吏胥说合需索地步者，情事相同。地方官得受漕规，以为贿赂权要，逢迎上司，甚至幕友长随，藉此肥橐，运弁以挑剔米色为词，刁难勒掯，及催漕运弁，沿途俱有需索，而抵通后，仓场衙门又向弁丁等勒取使费，层层剥削，锱铢皆取于民，最为漕务之害，不可不严行查禁。著通谕有漕各督抚，严饬经征监兑各员，务将积弊革除，妥为经理。此后有仍前浮折，得受漕规，致正供米色搀杂不纯，惟该督抚等是问，必当重治其罪。其漕运总督及仓场衙门，亦须一体严行禁止。此次通谕之后，若仍复蹈前辙，一经发觉，惟有执法从事，决不姑贷。

漕征禁 020：嘉庆四年奏准

旗丁兑费，征之于民，地方官既无赔累，应令粮户自挡交纳，并责成该管道府巡历各仓，严禁踢斛淋尖折银等弊。倘经访闻，或被首告，官吏一并治罪。道府徇隐，并予题参。上司收受陋规，照枉法赃科罪。

漕征禁 021：嘉庆五年谕

米色为粮运最重，州县开仓收米，自应一律干洁，方可受兑，若水次米色不纯，到坝焉有好米。向来各州县多有折色浮收情弊，而不肖丁弁，又乐于从中沾润，以致米色参差。又江浙百姓，每以上等之米，留为自食，中等粜卖，下等完粮，此系向来积习，朕所稔知。近当漕务肃清之际，各粮户得免浮收，所省已多，自应踊跃急公，将上等米色完纳，何得尚将潮米充数，不以国家漕务为急，殊失尊君亲上之道。著传谕各督抚等，遍行严切晓谕各粮户，交仓米色，务令一律干洁，毋稍有潮杂。倘各州县弁役，有心挑斥勒掯，藉此需索，该督抚务严参治罪，不可姑容。

漕征禁 022：嘉庆七年谕

近闻有漕省分，尚不免有浮收及得受漕规者，是积习仍未悛改。并闻各州县往往于开仓时逾额浮收，迨米数既足，遂私行折色，竟公然设局定价，并有于开仓之始，即先行折色，虚报满廒，自用贱价买补，于兑粮时兼有折兑之弊，而运员旗丁之勒揸，奸胥蠹吏之舞弊，劣衿刁民之把持，皆由此而起，其受累者惟在安分良民，以天庾正供，徒为不肖官吏绅士等牟利之途，蠹国病民，莫此为甚。著传谕有漕省分各督抚，督率司道等官，严行查禁。嗣后州县官征收漕粮，概以本色兑收，毋得仍前私收折色，倘敢仍前弊混，一经查出，即照枉法赃治罪。再闻州县官于征收本色，往往以米色平常，藉词挑斥，即实系干圆洁净者，亦必多方勒揸，使花户等守候需时，百端苦累，自不得不以折色改交。此次申谕之后，伊等或有阳奉阴违，于本色收仓时，故意留难刁顿，以为需索地步，此风尤不可长，并著该督抚等严行查察，既不得改收折色，亦不得于本色过事苛求，违者严参治罪。若该督抚不能实力访查，甚或有意瞻徇，经朕查出，或被人参奏，必将该督抚等一并惩治，决不姑贷。

漕征禁 023：嘉庆七年又谕

州县征收漕赋，原应遵照定例，令粮户封银投柜，间有零星小户，听从交钱者，亦以便民。若额定粮银，概行改折钱文，则州县以钱无定额，任意加增，朘削小民，伊于何底。著通谕各直省督抚，严行禁革。

漕征禁 024：道光元年谕

浙省漕额较多，其征漕之杭、嘉、湖三府州县，与江苏接壤，其漕弊大约相似，今欲返积重之势，先当去其已甚，乃可徐议革除。如该漕督等所奏，帮费未能尽裁，沿途陋规未能尽革，浮收未能尽去，在此时亦止能如此办理。均即照所议。旗丁帮费。准其津贴银三钱四钱。不得有逾四钱之数。其从前调剂钱米、兑费、加兑、峰尖、样米各名目，俱永远裁革。沿途陋规，总须照旧有之数，实加删减，至少亦须裁去十之三四。州县收漕，每石余米二斗五升，无分绅士农民，概以八折交收，此外不得浮加颗粒。此缘积弊已深，一时不能骤革，不得已且示以限制，该漕督等当伤令实力遵行，不可阳奉阴违，仍期递年量减，渐复旧制。在州县责成该抚督率粮道、知府等认真稽察，在途责成该漕督董率粮道、运官等严伤遵办，如有例外多索之事，各据实严参惩办，毋稍瞻徇。

漕征禁 025：道光八年谕

漕粮为天庾正供，州县办理不善，往往为刁生劣监挟制，始而包揽挪交，继而砌词控告，州县因其刁健，给予漕规，藉以调停消弭，该生监等视为故常，止知索之于官，殊不知官仍取之于民，衿监多一人分肥，即闾阎多一分苦累，苏州、太仓、松江、常州等处积弊尤甚，竟有勒索漕规至盈千累百之多，并有一人兼索数州县漕规者，此而不严行惩办，何以苏民困而戢刁风。著江苏巡抚并有漕直省各督抚，一体查察，尽法惩治，务期弊绝风清，以肃漕政。

漕征禁 026：道光二十六年谕

江苏向来完漕，绅富谓之大户，庶民谓之小户，以大户之短交，取偿于小户，因而刁劣绅衿，挟制官吏，索取白规。大户包揽小户，小户附托大户，又有包户之名，以致畸轻畸重，众怨沸腾，纷纷滋事。又旗丁津贴，原有定额，近来总以米色为词，多方挑斥，逐渐加增，是帮船多取一分于官，州县即多取一分于民。种种弊端，关系匪轻，若不及早整顿，贻患何所底止。著两江总督、江苏巡抚认真查察，所有前项大户、小户、包户各名目，概行禁绝，一律均收，尤不准旗丁额外多索帮费，倘敢抗违不遵，或州县中竟有浮收入己情事，即行据实严参，从重治罪，毋稍瞻徇，以肃漕务而清弊源。

漕征禁 027：道光二十九年谕

漕粮为天庚正供，不容颗粒短绌，封疆大吏，尤当激发天良，随时整顿。嗣后务须实力征收，全漕兑运，倘各属有捏灾注荒，及官吏私征中饱，州县浮收勒折等弊，必应严加厘剔。其不肖州县肆无忌惮，如敢浮收勒折，病民肥己，一经查出，即著指名严参治罪，毋稍姑容。该管上司倘有意存徇庇者，著一并从严办。

漕征禁 028：同治四年谕

前因江苏苏、松、常、镇、太等府州属额赋太重，经该省督抚等奏请裁减，按照全额计减去制钱四十万余千，当经降旨允行。惟江苏积习已久，各州县征收漕粮之时，每有大户藉词抗欠，任意短交，致各州县有所藉口，而裁减之惠，徒以供不肖官绅之腹削，而无益于民。嗣后江苏各州县开征漕米漕折，不准复立大小户名目，其包漕索规等弊，著一并永远禁革。如有京外职官、举、贡、生、监，仍藉大户为名，与各州县为难，营私抗玩，即著该省督抚奏请褫革，从严惩办。该督抚务当督饬各属秉公征收，不准于例定折价之外，稍有浮冒抑勒，违则从严参办。此旨即著勒石遵行，并出示晓谕，俾绅民咸知感奋，一律清完。

漕征禁 029：同治六年谕

山东有漕州县，按章征收者绝少，往往于官斗之外，倍蓰加收，并立样盘名目，纵容蠹役，格外剥削，民间视以为苦，止得折价完纳，其浮收之数，与完米增至数倍者无异，即或经该管上司查明减成完价，出示申禁，该州县并不张贴，浮收如故。东省如此，他省亦在所不免，是浮收之弊，例禁虽严，而不肖州县，仍敢视若具文，诛求无厌，以有限之脂膏，充难盈之溪壑，积习相沿，殊堪痛恨。即著各直省督抚，严饬所属各州县，涤除积弊，各按漕粮定额，一律征收，不准于正额之外，任意加增妄取。倘敢故违，即著各该督抚等，查明严参惩办。

漕运重运例禁〔例96条〕

运禁001：顺治五年题准

运官奉单领运，赴次违限者，革职，戴罪交粮，核其完欠，奏请定夺。佥运退避者，严拿究拟。

运禁002：顺治十年题准

领运弁军，中途侵盗漕粮，按律治罪，所欠漕米，照数严催追赔。

运禁003：顺治十二年题准

卫军水次承运，有卫官随帮官常例，书识管家抽丰名色，州县官、知府、同知、通判及粮道、漕院、各衙门吏胥班役，勒索陋规，并过淮摊派使费，沿途需索土仪，及抵通过坝交仓船规常例，仓场、坐粮厅、书吏苛索使费，饬令各该衙门尽行禁革。在外责成总漕、总河、各该督抚，在内责成仓场侍郎、巡仓科道，协同厘剔，倘有前项弊端，立即题参究处，以肃漕政。

运禁004：顺治十二年又题准

监兑漕粮事竣之日，监兑官将有无需索等弊，具结投送督抚存验，事发，以溺职坐罪。

运禁005：顺治十二年定

重运盗卖漕粮，拿获日，卖主买主照偷盗漕粮例，从重处治。

运禁006：顺治十三年题准

水次将米折银，罪在经征有司并监兑官，如过淮盘验短少，将监兑官照例参处。其严禁盗卖，令沿河各官具结呈报，如粮船到通挂欠，审系某地方盗卖者，即将该地方官参处赔补。

运禁007：顺治十五年题准

运弁领运漕船，各有定数，如中途归并带运，冒支行月水脚等银，按照缺船数目严追，从重究处。

运禁008：顺治十五年定

运弁领运漕粮，有掺杂黑腐米石者，令仓场变价充赔。其挂欠者，照数严行追比，仍将运弁题参重处。

运禁009：顺治十六年定

押运官串通旗丁盗卖漕粮，令总漕提究追赔，旗丁一体追究，买主从重惩处。

运禁010：康熙二年奏准

运船交兑之初，专责粮道晓谕商牙，禁约运军，不许夹带私货。漕粮兑毕未开之先，专责监兑官逐船搜检，粮道随取监兑官查明并无夹带甘结，送总漕、总河、仓场侍郎三处稽考。如有犯者，拿解粮道呈报总漕题参，照律治罪。

运禁 011：康熙二年题准

沿途城市镇店，货物辐辏之所，专责押运通判极力催行，不许停泊，通帮前后，不时稽察，如稽察不严，即将通判题参，照例议处。

运禁 012：康熙二年又题准

运军包揽客货，私载船内，运官、随帮官，严加稽察，许于司漕衙门，据实出首免罪。如隐匿不报，一经查出，运官、随帮官，加倍究拟，运军依律治罪。

运禁 013：康熙二年议准

粮船经由地方，自水次至淮安，总漕同淮扬道盘诘一次。至济宁，总河同济宁道盘诘一次。

运禁 014：康熙三年题准

官军赴兑漕粮，争索斛面酒席，耻辱粮官者，运官以故纵议处，运军俟船粮抵通之日，严行究治。

运禁 015：康熙五年题准

运弁侵蚀各军月粮银米，俟抵通交盘之日，仓场严审究拟。

运禁 016：康熙五年又题准

运军多收斛面入己，并运官知而不举，皆从重拟罪，勒索之米，照追入官。

运禁 017：康熙五年三题准

领运官弁，勒索运军饭米，擅扣行月公费等银，及纵容亲仆需索常例者，俟抵通交粮完日，令仓场侍郎严提审追，按律究拟。

运禁 018：康熙五年四题准

旧例弁军争告，在未兑粮之先，责令粮道严查，不许领运。如在领运之后，俟完粮回南日，听该衙门审理。嗣后有擅准运蠹呈词，拘系新运帮官，稽误新漕者，照误漕例议处，运蠹严审究拟。

运禁 019：康熙六年题准

运弁自误限期，捏词卸罪，诬告官吏粮里者，依律拟杖。

运禁 020：康熙六年定

弁丁领运漕粮，交纳短少，买补全完，查明或系水次折干，或系中途盗卖，仓场题参议处。

运禁 021：康熙六年又定

兑载漕粮，如有水次折干，并过淮不行查出，及沿途盗卖，将该管各官，俱照失察例议处。

运禁 022：康熙七年定

弁丁中途侵盗漕粮，水次折干银两，并侵蚀席木等项，均按律遣戍。

运禁 023：康熙七年又定

运丁盗卖漕粮者，发边卫充军。以子弟代运者，遣戍，欠米著追。

运禁 024：康熙八年题准

运弁领运全单，不填注支领粮银月日，照疏忽例议处。

运禁 025：康熙十一年题准

运弁私载客货与己货，及装载私盐者，皆革职。运军私揽客货，私载己货，及装载私盐，运官失于觉察者，降一级调用。该管粮道不严禁者，罚俸一年。

运禁 026：康熙二十一年题准

收兑漕粮，多搀糠秕砂土者，该管官革职，监兑官降一级调用。其抵通交兑漕粮，米多糠秕及有砂土者，押运官革职，粮道降一级调用。

运禁 027：康熙二十三年定

水手夹带私盐，随帮失察者，降一级调用。沿途各官并不盘查，照例议处。

运禁 028：康熙二十五年题准

红剥船分运漕米，如有用石灰泡水，及药水灌涨粮米者，领运弁军呈报仓场侍郎究审，将运船人夫发宁古塔等处兵丁为奴，其短少之米，勒限著落正身船户家产赔完。如剥运米好，弁军勒索不收，亦交刑部从重治罪。

运禁 029：康熙二十六年题准

沿途催漕将弁，纵兵索诈漕船，以致运军畏避，船米撞沉者，革职严拿究拟。

运禁 030：康熙二十七年题准

运弁需索运军未遂，不顾风浪，逼船渡江，以致漂没漕粮，淹毙人口，照例治罪，追埋葬银给死者之家，漂没漕米，仍著落该弁赔补。

运禁 031：康熙二十八年题准

运官纵军捉船剥浅，漫无约束者，题参，照溺职例革职。

运禁 032：康熙二十九年题准

运官纵令运军搭台演戏，停泊不行，贻误漕运者，照例革职。

运禁 033：康熙三十年题准

运官不亲运者，将承委卫备及押运通判等官，交部议处。

运禁 034：康熙三十年又题准

押运官沿途耗费漕粮，妄称同押官折收者，勒追全完，仍照诬告律治罪。

运禁 035：康熙四十一年题准

运军沿途盗卖漕粮，押运官弁失察者，各降一级调用。

运禁 036：康熙四十三年题准

漕船重运入境，责令沿河该管道、府、州、县，往来巡察，严缉盗卖。失察盗卖一起者，州县官罚俸六月，道府罚俸三月。四五起以上者，州县官降一级调用，道府降一级留任。若道、府、州、县，能查实拿获，将卖粮买粮之人，各枷一月示众，满日，责三十板，粮米追交本船，米价入官充饷，运弁俟回南，听总漕捆打四十。

运禁037：康熙四十八年题准

各省漕船，除带运铺垫仓廒楞木松板及每船土产货物外，如有民船杂于粮船帮内，及将剥船改造大船，夹带私货，并船上堆置木植，船尾拴缚木筏，过关又违例多载私货者，总漕、总河、及粮道严查，将该运弁题参治罪。

运禁038：康熙四十九年定

漕粮在水次受兑，上船之时，粮道、监兑官，务必眼同照数兑足上船。抵淮时，总漕亲身严行盘查。过淮后，沿河文武各官严催出境，如不严行速催，致弁丁有任意盗卖等弊，将该地方各官，交部严加议处。

运禁039：康熙五十一年奏准

每帮十船，令各军连环保结，互相稽察，如有折收盗卖等弊，事发之日，本军照例治罪，其余九军一同责惩。

运禁040：康熙五十七年题准

浙江省帮船，令分夹江南帮内。湖广省帮船，分夹江西帮内。使彼此势孤力薄，免致争斗。

运禁041：康熙五十八年奏准

江西、湖广两省粮船，该督抚责令粮道押运等官，并地方文武官，于上流汉口吴城集货马头严加查禁，不许商民货物私上粮船，亦不许运军包揽私货，取具粮道押运等官弁并地方官甘结，报明总漕。如违例私带，过淮盘粮时查出货物，照例入官，军商皆从重治罪，粮道及押运等官皆严加议处。

运禁042：雍正元年覆准

运弁管押重运，擅自离帮及本军在南，托别军包运，并随帮与副军不亲在帮押空，以致遗弃漕船，有误新运者，将弁军从重治罪，粮道指名题参。

运禁043：雍正元年题准

失风船到坝，旧例验其米色不堪起卸者，准其卖银买补。嗣后如有不肖运军，乘机夹带好米，私行盗卖者，令仓场坐粮厅不时巡察究治，若在南串通州县仓役，将米折银，或将原米盗卖掩饰过淮，故买烂米充数者，令总漕密加访察，将弁军胥役从重究处，该管官题参。

运禁044：雍正元年又题准

漕粮不许颗粒上岸，如遇过浅加夫，止许照常给钱，不得索米，违者，以盗卖盗买从重治罪，地方官照失察偷盗例题参。

运禁045：雍正二年谕

朕惟漕运关系甚大，经费本无不敷，运军恣行不法，皆由官弁剥削所致。如开兑之时，粮道发给钱粮，任意克扣，运军所得十止八九，而金军之都司，监兑之通判，又多诛求，及至开行，沿途武弁借催趱为名，百计需索，又过淮盘查私货，徒滋扰累，究属无益。运军浮费既多，力不能支，因而盗卖漕粮，偷窃为非，无所不至矣。嗣后各省粮道给发钱粮，不许克扣分厘，沿途武弁，不许藉端需索，运军除包揽抗违外，所带些须货物，亦毋容苛刻盘查。尔部行文各督抚不时稽察，如有仍前需索等弊，立即指参，从重治罪。

运禁 046：雍正三年题准

运军南北往返，必须食盐，每船于受兑上船处带盐四十斤，交卸回空处带盐四十斤，此外多带者，同私盐治罪。

运禁 047：雍正三年又题准

粮船携带火炮鸟枪，一经查出，本犯照私藏鸟枪例处治，粮道、卫守备、运弁照失察例参处。

运禁 048：雍正四年题准

领运弁军，不谙漕务，封闭舱门，以致舱米霉变，弁军按律究拟，亏折漕米，勒限著落运军赔补，不完，从重治罪。

运禁 049：雍正四年又题准

运弁兑漕，勒索各属经承者，斥革究拟，所得银物，追取入官。

运禁 050：雍正五年题准

漕米到淮盘验，潮湿霉变，将经征州县官照例革职，监兑官照溺职例议处。粮道不先揭参，照徇庇例议处。运弁混行收兑，照例革职留任。俟船粮抵通，令仓场侍郎按数稽察，如有亏折，勒限赔补，限内不完，题参革任追赔。

运禁 051：雍正六年奏准

运军用水搀和漕粮，运弁徇隐不报者，革职枷示河岸，俟漕竣日释放。运军用大枷枷示，漕竣日，全妻发黑龙江给兵丁为奴。押运官弁，漫无觉察，照例革职。

运禁 052：雍正八年题准

漕船到淮，向有给管粮经承津贴饭食陋规。嗣后定例，大帮给银六两，小帮四两，呈缴给发，不许私相授受，违者，提究重处。

运禁 053：雍正八年又题准

漕船到淮，饬各帮字识，缮造米数军舵姓名等册，不许总漕册房揽造，科派使费，犯者，严加究治。

运禁 054：雍正八年三题准

江浙两省粮艘，由镇江出口，方竖篷桅，旧例委催漕官就便查看，不免需索。嗣后俟过淮时，总漕亲加点验，至各省粮船，总汇于扬州之三汊河，例委干员弹压分帮。如委官及跟随人役需索盘费，一例参究。

运禁 055：雍正八年四题准

漕船渡黄，汛弁不顾风色水势，妄行催趱，藉端需索者，照失于防范例议处。致有疏虞，加倍治罪。

运禁 056：雍正八年五题准

漕船渡黄河后，提溜打闸，内有弁兵串同人夫，勒索运军倍出工价陋规，于重运北上时，责令委驻营将约束禁止，傥有纵容徇庇，一并会参议处。

运禁 057：雍正八年六题准

漕船应领修舱银，例应照数给发运军，有需索使费陋规，致运军以朽腐船撞触民船，藉端索诈者，即将该帮弁军究处。

运禁 058：雍正八年七题准

运军揽载客货，船重难行，强夺民船剥载粮米者，照水手抢夺例治罪。其揽货私得税银，并商民通同听揽者，皆照违制例治罪。

运禁 059：雍正八年八题准

正副二军赴次交兑，如有革军衿监撺身入帮，即拿交地方官究治，若运弁不查拿，一并究治。

运禁 060：雍正十年覆准

淮安府乃各省粮艘总汇之区，一应陋规，久经裁革，恐日久生弊，照通州石土二坝建碑之例，于盘粮厅后立碑一座，将裁革陋规，刻石永远遵行。

运禁 061：雍正十年定

粮船偷买硝磺，多系沿河镇集奸徒豫为收囤，暗运入船，应于粮船将过山东时，该督抚豫于晋省私磺入境之处，令地方官弁分路巡查，本省焰硝亦实力稽查，毋许囤户偷贩河干，暗送入船，并令搜查私盐之文武官带查焰硝。如查出私货硝磺，亦照私盐例究明查参，押运官弁失察，照粮船夹带私盐例议处。

运禁 062：雍正十一年奏准

各省漕船，不许装运无引私茶。如违禁携带，于过关时查出，即照私盐例治罪。

运禁 063：乾隆元年奏准

粮船夹带私盐，多由土豪豫买私盐窝囤河干，勾通售买。嗣后天津地方，令巡漕御史〔后裁〕，会同运使实力缉拿。其沿河地方，令各督抚、提镇严饬沿河文武官弁，凡粮船经过时，差兵役实力稽察，如有水手人等私带货卖，以及土豪顶买窝囤情弊，一面严拿按律究治，一面催船前进，毋得留难误漕。傥徇纵失察，一经发觉，将督运押运官弁，以及前途失察之地方官弁，并失察豪强之地方州县，皆照例参处，其盐除留食盐外，余皆入官。

运禁 064：乾隆三年奏准

运军盗卖漕粮，头舵工不举，照不应重律治罪，受财者计赃从重论。

运禁 065：乾隆三年又奏准

重运入境，道、府、州、县往来巡查，失察盗卖者，照例议处。沿河营弁，失察盗卖漕粮，专汛千把照州县例议处，兼辖游守照道府例议处。如专汛千、把及文职州县，一年内能拿获二次者，纪录一次。兼辖游守及文职道府，一年内于所管内拿获至四次者，纪录一次。再有多获，照此递加。至汛兵疏纵失察者，革役，照不应重律杖八十。知情贿纵者，计赃以枉法从重论。若能拿获报官，审实，将米仍归本船，其应入官之米价，追赏兵丁。

运禁 066：乾隆三年三奏准

盗卖漕粮，定例卖买之人枷一月、责三十板，粮交本船，价追入官。至运军食米，向无禁卖之条，有将漕米舂熟假称食米盗卖者。嗣后运军多余食米，于抵通交米之后，方准变价。如重运漕船沿途卖米，不论糙熟，皆照漕粮治罪。

运禁 067：乾隆三年四奏准

运军不拘回空重运，如有无故潜逃，弃船中途不顾者，照守御官军在逃律治罪外，仍于面上刺"逃丁"二字示儆。

运禁 068：乾隆四年奏准

如有重运盗卖漕米，回空之船代为承认者，该管官察出，将卖买军民，一并照例治罪。

运禁 069：乾隆四年又奏准

失察盗卖漕米，合算米数不至五十石者，仍照失察次数处分。其失察一二次，米数至五十石以上者，将该地方官降一级留任，道府等官罚俸一年。失察一起至三起，合算米数至百石以上者，地方官降一级调用，道府等官降一级留任。

运禁 070：乾隆四年三奏准

各省受兑开兑之时，令总漕密加察访。如押运官弁，以及粮道等衙门吏役，有科敛陋规帮规之弊，即严参究处，并饬该管官不时严查，有阳奉阴违者，将与受之官军等，照例详揭。傥该管官徇隐不为揭报，一并题参。

运禁 071：乾隆四年题准

各省重运粮船，例带土宜一百二十六石，分别货物粗细，酌量捆束大小，定数作石，于过淮处所立榜晓谕，如有违例装载，以及书役人等勒掯需索，严加议处。

运禁 072：乾隆五年题准

江广等帮漕船，多带土产竹木，沿途货卖，其竹木于天篷上装载，毋得过高二尺，如有多装，令押运官弁勒令起卸，严加责惩，竹木入官。

运禁 073：乾隆六年奏准

粮道催米催船督押运船，凡差役滋扰之弊，定例皆经禁革，惟豫省提帮出运时，先发一牌，继差一役，至卫提催，不无滋扰。嗣后严行禁革，并饬各省一例遵行。

运禁 074：乾隆八年题准

漕船如有失风事故，以致米色霉黯不纯，验明米色稍减，尚属坚实可以久存者，交仓受收，其所减成色米，责丁赔补，于次年搭运交纳。

运禁 075：乾隆十七年奏准

各帮漕船，嗣后务须多用芦席铺垫舱底，如有仍用石灰垫底，无论米色是否潮湿，查出，即将运军从重治罪，该管各官一并议处。每年过淮时，总漕查验，取具各军甘结存案。

运禁 076：乾隆十七年覆准

南漕除文武员弁陋规悉行裁革外，其余办漕衙门无公项可动者，酌量繁简，存留饭银，以资办公。镌立石碑，仍刊布各船，通行晓谕，押运丞倅，不时稽察。傥有不肖员役，私行婪索者，即行揭报漕督及所在督抚，查参治罪。其余所减数目，书役人等毋许额外需索，旗丁亦不许私行多给，违者，一并革处，失察之押运丞倅及各上司，交部分别察议。

运禁 077：乾隆十七年定

旗丁沿途盗卖米石，若系正项漕粮，照监守本条从重治罪。如将行月粮米零星盗卖盗买者，仍照旧例各枷号一月。其有一人盗卖及一帮盗卖，数至百石以上者，盗买及盗卖为首之人，各枷号两月，折责四十板，米交本船，价追入官。失察之运弁，不及五十石者，即令仓场捆打四十；其五十石以上者，降一级调用；一百石以上者，降二级调用；二百石以上者，革职。

运禁 078：乾隆十七年又定

漕粮潮湿霉变，致有亏折者，押领官弁，照例革职，限一年赔补。完日，送部引见，请旨开复。不完，革任追赔。漕运总督失于查察，照不应重公罪降二级留任例议处。

运禁 079：乾隆十八年定

旗丁短少漕粮米石，沿途私行买补，拿获后，将所买米石变价，同铺户卖价，一并解部。短少米石，咨南勒追搭运。

运禁 080：乾隆十九年定

漕粮虽非霉变，而质嫩色暗，不能一律纯洁，致难久存者，押运员弁照例革职。该管粮道不能豫先查出，照豫先不行查出例降一级调用。

运禁 081：乾隆二十三年议准

粮船例带货物一百二十六石，向来每多逾额，致令船重难行。嗣后行抵北运之时，即雇船先尽货物起剥，不得稍有存留。

运禁 082：乾隆二十四年奏准

湖南省运军，向系包给舵工，近年皆亲身出运，然事例未谙，仍听舵工指挥。

旗丁有更换，而舵工为世业，偷盗米石，侵蚀钱粮，及至抵通交纳不前，运军揭债完公，舵工脱身事外。嗣后运军抵通交粮，有少米五石以上，累众军通挪代完者，将舵工拿究，审出实情，咨部发遣。

运禁 083：乾隆二十四年谕

闻各省粮艘北上，每遇过闸过坝及急流浅阻，必需人力挽拽者，沿河兵丁，颇有把持包雇之弊，不独旗丁深为苦累，而重运濡滞，未必不由于此。著传谕漕河各督臣严行查禁，嗣后雇募纤夫，应听运弁自为酌办，如有兵丁藉端抑勒，以老弱充数而横索雇值者，即时拿究，并将失察之该管将弁题参议处。

运禁 084：乾隆二十九年奏准

漕船重运回空，例带食盐各四十斤，经过查盐处所，秤出仅止多二三斤者不坐，仍将余盐变价充公。如再有多带，照私盐律科罪。

运禁 085：乾隆三十一年议准

漕船沿途遇有浅搁，例应先将所带货物卸载，如仍虞重搁，方许剥运米石，傥于货物未经卸载之前，先将漕米剥载，即照旗丁盗卖漕粮例分别治罪。

运禁 086：乾隆三十六年定

江广两省重运漕船，交漕运总督于过淮时，照例实力查验。其山东、河南两省各船，交该抚转饬该粮道一体察验，以杜帮丁私带之弊。仍令直隶总督每年遴派明干同知一员，届漕船入北河时，前往杨村，会同总漕所派守备、千总及运员等官，严密稽查。一抵杨村，如遇浅阻，令各帮丁先将货物尽数起卸，如尚阻滞，酌量起剥粮石，毋致有误回空。

运禁 087：乾隆三十六年又定

漕船入北运河时，遇水浅阻，即将所带货物全行起剥，不得俟起剥后，再令停泊挨查。至各船所带货物，查明如在一百二十六石之外，仍有多余，即为私货，照例纳税。如在一百二十六石以内者，仍照例免税。

运禁 088：乾隆三十七年定

漕船例带土宜，于河西务查验起剥货物时，定以应免一百二十六石数内，核计细货粗货，各免六十三石。如有逾额多带之货，照漏税例，加倍征收，旗丁治罪，运员参处。

运禁 089：乾隆四十一年定

头船尖丁，不许科派各船沿途使费银两，包揽侵蚀，违者究处。如运弁有串通头船科派各船银两者，分别究议。

运禁 090：乾隆五十一年定

守备图受旗丁规礼，欲令漕船起剥，不行查报之该管上司粮道，照失于觉察例降一级留任。

运禁 091：嘉庆十三年定

运粮旗丁，因正项亏短，买米回漕，照漕运粮米监守自盗律，数至六十石者，发边远充军；数满六百石者，拟斩监候；不及六十石者，量减满徒。卖米之人，发极边烟瘴充军，旗丁所买回漕米石，及卖米之人所得米价，照追入官。

运禁 092：嘉庆十四年定

船户将领运漕粮，偷食偷卖，搀和沙土，在一百石以下，依窃盗漕粮本例问拟，发极边烟瘴充军。听从主使偷食偷卖者，减一等，杖一百、徒三年。知情盗买，杖一百、徒三年。饭食钱文，照追入官。

运禁 093：嘉庆十五年定

偷窃漕米六次，在一百石以下，发极边烟瘴充军；为从，杖一百、徒五年。

运禁 094：嘉庆十九年谕

粮船准带土宜，本有一定斤重，原为恤丁起见，其例外多带货物，自应严行查禁。本年运河蓄水较浅，著漕运总督及巡漕御史，严行晓谕各运丁，不准例外私带客货，如有违例携带者，即于沿途起卸，仍将该运丁照例治罪，务俾重运遄行，不致稽滞。

运禁 095：嘉庆二十年奏准

各省起运漕船，装带土宜，如遇水势通畅，船身吃水，按照加装米数止增重四五寸者，即加纤行走，毋许脱空。

运禁 096：道光二十六年谕

各省总运官及各帮运弁，皆以押运为美差，需索旗丁，以致旗丁刁难州县，任意搭带货物，运官等受其馈送，即不能不听其迁延。又沿途分段稽察之员，向来派至数十人之多，在上司既藉以调剂，若辈遂任意贪婪，更有沿途闸官于粮艘过闸时，按帮索费，俾旗丁日益疲累，漕行日难迅速，实于运务大有关系。著通谕漕运河道各总督，及有漕地方各督抚，随时密访，认真严查，如有前项弊端，立即指名参办，毋得稍涉瞻徇。

漕运回空禁令〔例 24 条〕

回空禁 001：顺治十六年题准

押空官串通运军盗卖漕船，提究追赔，买主从重惩处。

回空禁 002：康熙三十七年题准

江广粮船回空之时，总漕差委官弁，在扬州仪征，会同盐政〔后裁〕，委员查验私盐，如有夹带，即将押运官弁并失察各官，一并题参。

回空禁 003：康熙五十一年题准

漕船回空至德州桑园地方，总漕选委能员，协同德州卫弁，搜索私盐，并饬地方文武官弁严拿窝囤。如有夹带私盐事发，将专委漕员、德州卫弁、押运官弁，并该地方官题参，严加议处。

回空禁 004：雍正元年奏准

回空船过天津关，长芦巡盐御史〔后裁〕会同天津镇总兵官，亲往验放。至山东、河南交界地方，总漕、巡抚、镇将、差委知府、游击等官搜检。如有夹带私盐，尽抛入河，失察各官，照例议处。

回空禁 005：雍正二年题准

回空粮船夹带私盐，不服盘查，持械拒捕者，分别十人上下，及伤人不伤人，各按首从依律治罪。其虽无私盐，但闯关闯闸者，亦分别首从依律治罪。若未闯关闸，但夹带私盐者，照贩私律加一等治罪。

回空禁 006：雍正二年又题准

粮船夹带私盐，将贩私地方之专管官，降三级调用；兼辖官降一级，罚俸一年；押空之运官，照徇庇例议处，随帮革退。其恃众闯关闯闸，及贩私拒捕伤人者，押运等官革职，随帮照例责革。

回空禁 007：雍正三年题准

粮船回空，凡经由产盐处所，地方文武官弁，昼夜催行前进，不许逗遛，并严拿囤户串通运军贩卖私盐。该管盐务、运司等官，巡察各场灶，不许夹带余盐出场，如有徇隐疏纵者参处。

回空禁 008：雍正三年又题准

回空粮船，至扬州府仪征县，向例总漕委官，协同扬仪营汛并地方官搜检。嗣后改于瓜洲江口，令瓜洲营协会同江防同知搜检。如有私盐事发，究明场灶地方，并装运上船日期，将各该地方官失察职名题参。

回空禁 009：雍正三年三题准

押运官弁，一年之内该管帮船，并无私盐事故，纪录一次。随帮能拿获首明私盐三次，及该帮三次回空，并无私盐事故者，该管上司出具印结咨部，以千总推用。

回空禁 010：雍正四年题准

漕船抵通完粮回日，所余行月等米，向听其沿途买卖。嗣后全粮过坝之帮，遇有剩米，必赴坐粮厅批照，然后准卖。若未经给照，擅行私卖私买者，照例议处。

回空禁 011：雍正十年奏准

回空粮船过山东时，该抚豫于晋省私磺入境之处，令地方官弁分路巡查，本省焰硝，亦实力稽查，毋许囤户偷贩河干，暗送入船，并令搜检私盐之文武官带检硝磺。如查出私带硝磺，亦照私盐例究明参处；押运官弁失察，照粮船夹带私盐例议处。

回空禁 012：乾隆元年奏准

漕船回空，押运官弁，多不随船南下，头舵水手人等，往往欺压行船。嗣后如遇回空粮船行凶争斗，藉端将来往行船阻留，捆殴商民等事，许沿河汛弁查明情由，及帮次船号运军姓名，一面速令遄行，一面详报总河，咨明总漕究治。

回空禁 013：乾隆元年题准

回空军船所带煤米，向无定数。嗣后江西省，每船留食米四十五石，煤四十石。湖南省，每船留食米三十六石，煤三十二石。湖北省，每船留食米三十三石七斗五升，煤三十石。江浙，每船留食米三十石，煤二十五石。自通州至宿迁淮扬等处，逐关查验，扣除免税放行，不得越数多带，巡役人等亦不得勒索留难。

回空禁 014：乾隆三年定

粮船回空，令沿河督抚总漕仓场，转饬天津河道押运员弁严查，除日用盘费钱文准其携带外，如有将制钱装载数十串，捏称压船，希图贩卖者，即行拿究。倘胥役人等藉端需索，亦即究治。

回空禁 015：乾隆六年奏准

押空随帮，一年之内，并无私盐事故者，于补官日纪录一次。

回空禁 016：乾隆七年奏准

蓟运回空，行令直督转饬蓟州文武官弁，俟粮船抵蓟卸粮之后，即催回空，不许在该地方刨取白土装载上船，并令出示晓谕沿河各市镇铺户人等，不许将白土卖与粮船，致滋搀和情弊。嗣后如经关口汛地，查出蓟运回空带有白土，并兵役人等遇有粮船偷买白土，拿获审出实情，将该运弁与押运千总，皆照运军搀和水米、运官不行稽察例革职。其该船军舵，照运军使水搀和发遣例减一等，杖一百、徒三年。偷卖白土之军舵同罪。将白土搀入漕粮至百石以上者，即照搀和水米例，发遣黑龙江与兵丁为奴。知情买卖之铺户，照违制例，杖一百枷号一月发落。不行查禁之蓟州文武官弁，照出洋商船私带军器、地方官不严行禁止例，罚俸一年。

回空禁 017：乾隆十四年定

天津、淮安、仪征等处产盐之乡，贫难老幼，遇漕船经过，充塞河干，负盐售卖。令督抚转饬地方营汛官弁，严行稽查，毋许老幼男妇随船货卖。其舵工水手应需食盐，止许向官铺售买，每船不许出定例四十斤之外，如多带私盐，即严拿究治，若不实力稽查，照例议处。

回空禁 018：乾隆十六年覆准

各省回空漕船，不许夹带盐斤，是以淮安、扬州地方委员搜查。至凤中、长淮等帮回空船只，并不经过淮扬，有在夏镇兑运，亦有由黄河、洪泽湖赴次受兑者，应令大河卫守备驻扎黄河北岸，俟不过淮之徐州江北轮兑，徐漕之长淮三四两帮回空到日，搜查册报。其在夏镇皂河等处受兑之淮安三帮船只，委济宁卫守备就近搜查册报。

回空禁 019：乾隆二十年覆准

同知通判管押回空漕船，果系亲身在帮，协同营员搜查，并无夹带私盐者，照例议叙。若未经在帮协查者，不得请叙，并令于造送搜盐文册时，将总押厅员姓名，曾否在帮，据实登注以凭考核。

回空禁 020：乾隆二十四年定

领运千总交粮后，领到完呈，私自回家，并不赶帮协同督丁南下，又扣留回空身工饭米，并任匪舵偷窃食米，盗卖什物，照溺职例革职。

回空禁 021：乾隆二十九年议准

扬州查盐处所，每年总督盐政委员实力办理，粮船一到，随即搜查，大帮一日一帮，小帮一日两帮，查毕即促开行。其淮扬道扬仪营及江、甘二县兵役搜查，一概停止。

回空禁 022：乾隆三十一年定

回空漕船，俱有带回土宜货物，如船只无多，随时验放。倘帮船到关，号数繁多，挨次核实稽查，以重税课，亦不得故为留难，以致漕船归次迟延。仍令将粮船到关过关日期，知会各该督抚，以备查核。

回空禁 023：乾隆四十二年议准

回空漕船，除不须打造者行抵闸外，停让重运，不准过闸，其有满号打造船只，必须赶厂所兴工者，责令粮道查明确数，先期造册详明漕臣，转饬河员于每帮出口后，乘空分塘照料进闸，每起进船不得过五只，于船尾粉书"赴厂打造"字样。重运尾帮出口后，即令先行赴帮进闸。如河内重运连樯行走，回空船只即于河面宽处暂行停让，至重运盛行，回空将到之际，仍责令该管厅员驻宿河干，专司弹压，道员往来稽查，倘有抢闸等事，并闸官故意留难勒掯，该督抚立即据实指参。

回空禁 024：道光七年奏准

产盐之区，向有跟帮积匪，勾串地棍土枭，先期贩运，豫囤水次，候回空过境，沿河上载等弊。嗣后令直隶、山东、江南督抚、盐政，严饬查拿，以杜收买。

漕运杂禁〔例 37 条〕

运杂禁 001：顺治十二年定

旗丁挂欠漕粮，坐粮厅必究其根由，如系本地折干，并追折干之人，监兑官一同治罪。如系途次盗卖，并追水手及盗卖之人，该地方官一同治罪。

运杂禁 002：顺治十四年题准

领运弁军，如有藉端扰害过往官商船及恣横生事者，督抚镇道等官严拿，照营兵鼓噪例，先从重惩治，一面题参送刑部究处。

运杂禁 003：康熙元年谕

粮船经由漕河，领运官军依限抵通回空，方为尽职无罪。乃有奸顽官役，不守成法，多有夹带私贩货物，隐匿犯法人口，倚势恃力，行凶害人，借名阻碍河道，殴打平人，托言搜寻失物，抢劫民船，且有盗卖漕粮，中途故致船坏，以图赖累地方。种种奸恶，督漕各官并该地方官，一有见闻，即行参奏，务将官员严提，治以重罪，若知而徇隐不奏，亦从重处治。

运杂禁 004：康熙四十一年定

京城私钱，皆别处买来，偷载运粮船内，带至京城发卖。有漕督抚务严饬该管官，于开帮时确查，过淮时总漕确查，其不过淮之山东河南粮船，该抚饬该管官确查，如不确查，或被拿获，或被首告，将该管督抚、总漕、粮道、押运等官，俱交部严加议处。

运杂禁 005：康熙六十一年题准

粮船头舵水手，有砍伐官柳，拆毁纤桥，拔桩掘埽者，严提治罪，估价追赔。押运官弁及地方文武各官，并加参处。

运杂禁 006：康熙六十一年又题准

水手伙众抢夺，十人以上执持器械者，首犯，照强盗律治罪；为从减一等。十人以下无器械者，照抢夺律治罪。出结之运军及头工舵工，容隐不首，照强盗窝主律，分别治罪。

运杂禁 007：康熙六十一年三题准

押运领运各官弁，例应严押漕船，毋许运军舵工水手登岸生事，如有不法，即会同地方催粮各官，协拿究治。傥平时漫不约束，临时又复容隐者，总漕指名题参，照例革职。

运杂禁 008：雍正元年谕

江南、浙江、江西、湖广、山东、河南各省总督巡抚，漕船关系紧要，除本船正副运军外，其头舵工水手，皆应择用本军，庶各知守法，不敢误漕生事。近闻多雇募无藉之徒，朋比为奸，不服运军弹压，当漕粮兑足之后，仍挨延时日，包揽货物，以致载重稽迟，易于阻浅，不能如期抵通。及回空经产盐之地，又串通奸顽，收带私盐，此其弊端之彰著者。闻尤有不法之事，凡各省漕船水手，多崇尚邪教，聚众行凶，一呼百应。迄年以来，或因争斗伤害多人，或行劫盐店，抢夺居民，种种凶恶，渐不可长，亟宜惩治。尔该督抚即严饬所属各卫所，嗣后粮船务于本军内择其能撑驾者，充当头舵工水手，不许雇募无藉之人，更严禁邪教，谕令归业，务为良民，如仍怙恶不悛，该地方官不时查拿，从重治罪，如奉行不力，即将该管官弁指名题参。

运杂禁 009：雍正五年题准

奸徒专放粮船私债，旧例许运官并运军自首，照私放官债加等治罪。嗣后有违禁取利盘剥运军者，责令地方文武各官及坐粮厅，立拿究治。如地方官、坐粮厅不即严拿，及该管运弁纵军私自借债者，一经发觉，皆交部严加议处。

运杂禁 010：雍正八年定

运弁需索旗丁篷税银两，又需索各船装带土宜银两，及旗丁银米银两者，革职，佥妻发边卫充军。

运杂禁 011：雍正十年覆准

漕船损坏，皆因运河水道旧址，积年淘卸冲激，日就洼下，旧存石块木桩，淹没水底，粮船过此，一经抵触，多致损坏。应严饬沿河镇道等官，于水落之时，沿途细勘，凡有阻碍，悉行起除。傥起除不净，抵触漕船，总漕并巡漕御史，将该管河道等官，题参议处。

运杂禁 012：雍正十年定

运弁藉书役饭食，额外多索旗丁饭米，照因公科敛例，革职，决杖一百。

运杂禁 013：雍正十三年谕

朕闻南方滨江两岸，多系芦洲，民间将芦苇堆贮洲上，卖以度日，而江楚及上江各帮漕船，由江经回，竟有不法水手，每遇芦柴堆积之处，辄纠集多人，蜂拥上岸，恃强夺取，洲民拦阻，动辄殴詈，甚至有强取鸡鸭等物者，小民畏势，莫敢与较，水手肆行如此，运弁即坐本帮粮船之内，安得推为不知。至督运之粮道，押运之府佐，虽云统辖众帮，亦当留心稽察，何得任其多事。著漕运总督通行晓谕，傥有仍蹈前辙者，经朕访闻，必将大小文武运官，分别严加议处。

运杂禁 014：乾隆元年覆准

粮船水手，遇有事犯，如已经离船，以及未经上船之先者，不得拖累运军。如有弃差逃走者，令在押运通判处，十日一次呈报。

运杂禁 015：乾隆三年定

小船受雇装载，盗卖漕粮，拿获之日，照卖粮买粮枷责例，减二等发落。

运杂禁 016：乾隆四年奏准

催漕弁兵，需索运军银钱土物者，经该管上司及巡漕御史查出，系兵，将该管千、把，照失察衙役犯赃例议处；系汛弁，将该管上司，照不揭报劣员例分别议处；需索之弁兵，计赃以枉法论；土宜礼物，照挟势豪强之人接受所部馈送土宜礼物，受者答四十，与者减一等律，分别治罪，赃物给还。如兵弁需索运军，或运军行贿，而押运官不即申报，照应申报上司而不申报例处分；如知情故纵，照以财行求律，受财者与以财行求之运军，一同治罪，追赃入官。如运军被索，即时首告免罪，追赃给主，其赃少首多，或因催行挟私诬首，照诬告律，分别治罪。如不行首告，仍照以财行求律，与受同科，赃物入官。催漕兵弁，遇有运军行贿，据实呈首，免其治罪，追赃入官，运军照以财行求律治罪。

运杂禁 017：乾隆五年覆准

粮船沿途提溜赶帮，雇用短纤，每夫每里，给制钱一文。打闸，每船用夫一名，给制钱一文。如闸坝水急难过，夫役守候，临时酌增，催漕兵役，毋得藉端需索。至各夫雇价，给予现钱，毋得以货抵给。如有兵役夫头，派加短纤，多索夫价，从中取利，贻害运军者，照霸占扛抬，分外多取雇值，不容本家雇人者，枷两月杖一百例治罪。该管官弁自行查出惩究者，免其参处。如漫无觉察，照失察衙役犯赃例议处。其扶同徇隐者，照纵役犯赃例革职。

运杂禁 018：乾隆五年奏准

各帮头船运军，有借沿途使费名色，科派各船，包揽侵蚀之弊，应专责运弁稽查。如运弁串通头船运军，科派各船者，照因公科敛律杖六十，赃重者，坐赃论。若分肥入己者，计赃以枉法论。如运弁知情徇庇者，照纵容衙役犯赃例革职。其失于觉察者，照失察衙役例，分别议处。

运杂禁 019：乾隆七年奏准

漕规诸弊，均有严禁之例，惟恐日久弛玩，刊刻木榜，列于瓜洲闸口、仪征江口、淮安盘粮厅、济宁、临清、天津、通州各口，俾往来弁兵，触目儆心。仍令该管官不时稽查，如有干犯，照例提参究处。

运杂禁 020：乾隆八年奏准

运军正身不押运者，将承派运军之卫守备，罚俸一年。领运守、千，徇私不稽查者，降一级留任。惟随帮武举，向无责成，嗣后领运官弁，徇私纵容，代运随帮，知而不报者，照应申上而不申上律议处。

运杂禁 021：乾隆二十三年谕

各省粮船抵通，除交仓全完外，所余食米，俱由坐粮厅衙门给予照票，俟回空时，于天津一带沿途售卖，而通州水次，则例应严禁私粜，盖因通仓为兑米之地，恐夹杂影射，致滋弊端。若漕米均已不致挂欠，其余剩食米，自可听其在通出粜，不必过为苛禁，在各运丁等既可免领照验票之烦，而通州米石充裕，于京师民食亦属有益。

运杂禁 022：乾隆二十三年议准

粮船空重千总，各准带鸟枪一杆，以备巡守，漕督编列字号，责令空重千总自行收存。如有私行夹带者，照例议处。

运杂禁 023：乾隆二十三年定

旗丁盗卖余米，虽各出己资自买自卖，非正耗粮米，该运弁仍照失于查察例罚俸一年。

运杂禁 024：乾隆四十一年议准

粮艘过淮，总漕眼同弁丁逐船比对，务期米色一律纯洁，方准过淮。安徽、江西、湖广等省，监兑官例在水次验兑。如系粮道亲身督押，及押运厅员千总等官督率照料，查系原兑本属好米，中途不勤加风晾，甚至舞弊搀和，皆非监兑官所能查察，止即将在帮各员参处追赔。其江苏、浙江二省，系监兑之员押运抵通，傥查系原兑米色本属平常，即将经管各员及监兑押领各员弁，一并严参议处，仍分别立限追赔。其过淮以后，已属验明好米，如有以霉暗之米交仓，则系弁丁等不勤加风晾所致，除将该员弁参处外，并将不堪之米石，著落追赔。

运杂禁 025：乾隆四十五年定

旗丁沿途盗卖漕粮正米及盗卖余米，俱从重改发黑龙江给披甲人为奴。知情不举之领运千总，发边远充军。失察盗卖之运弁，革职。粮道总运等官，交部议处。

运杂禁 026：乾隆四十九年谕

漕运旗丁，官给席耗折色等银两，原为各该旗丁岁修及各项杂费之用，乃全行扣存，并将每丁行月粮，违例扣卖，重利盘剥，又私扣各丁银两，馈送运官，于漕务大有关系。此等情弊，各省帮丁，俱所不免，著漕运总督严饬各省粮道，一体实力严行查禁。

运杂禁 027：乾隆四十九年奏准

旗丁应领津贴银钱，每帮每船，系银，足兑实封，钤贴印花；系钱，足数捆扎，令各该粮道亲身放给运弁旗丁，眼同支领，不得假手家人书役。傥有需索克扣，许旗丁赴督抚衙门首告，按法参办。

运杂禁 028：嘉庆五年谕

漕船经过地方，向有无赖棍徒，勾串漕船水手，沿途滋事。著沿途文武地方官，于漕船经过时，多派兵役，认真查拿，务令棍徒知所畏惧，豫为敛迹。傥以后仍行疏纵，致棍徒水手再有勾串滋事之处，著漕运总督，即将该处文武地方官，严参治罪。

运杂禁 029：嘉庆二十年奏准

运粮漕船，如有奸商借给银两，重利盘剥，致累运丁，由粮道督率运弁，随时查察，立即严拿惩办。

运杂禁 030：道光五年奏准

各省帮船水手，有拜师授徒，联结伙党情弊，务于各帮盘验时详加察访，并令每年于开行时，出具本帮弁丁不敢容留匪徒钤甘各结，呈送察核。

运杂禁 031：道光八年奏准

各帮老官师傅，责成粮道，督同运弁及地方官根查确实，无论曾否滋事，按名拿获，解交原籍地方官，取具乡约地方保结，严加管束，不准外出，仍以"水手老官"四字刺面，按月点验，并责成重空运弁随时查访。如再有老官师傅名目把持一帮，水手入教听从指挥者，即行严拿送官。其老官师傅，以教首本例论；其拜师入教者，以习教本例论。傥帮弁姑容，查明严参。

运杂禁 032：道光八年又奏准

水手每指防夜为名，藏匿凶器，务严饬帮弁，于出运前，按船搜查净尽，仍饬令丁舵时时防范，如有藏匿，即时禀报，究明来历，严行惩办。若知而不举，丁舵一并从重究办，帮弁姑容，即行严参。

运杂禁 033：道光八年三奏准

每年各帮船于开行后，向有无藉匪徒，随帮拨弄是非，名为放散风，每于昏夜勾串各帮水手，朋比为奸。嗣后责成各船舵水手，如遇此等匪徒到帮，即潜禀本官严拿究办。傥姑为容隐，即系意图勾串滋事，本船旗丁，即时禀报帮官，一并查拿惩治，仍严饬地方官，随时访获严办。

运杂禁 034：道光十六年奏准

漕船水手，不准私藏刀械，开行以前，粮道帮弁及地方文武，在水次查搜。重运过淮，漕运总督查搜。抵津回空，直隶总督转饬天津道，督率地方文武及总运帮弁查搜。傥有私藏刀械，严行究办。如搜查不力，指名参处。差役徇庇，从重治罪。

运杂禁 035：道光十六年又奏准

漕船随带铁匠，如代水手打造凶器，该管帮弁，密禀粮道及总运官，会同地方文武，将铁匠水手一并拿获治罪。傥帮弁徇隐，从重参处。

运杂禁 036：道光十六年三奏准

各省军船，如有议定包费，将船只托人运通交卸情弊，将该丁按律治罪，卫弁从重参处。

运杂禁 037：道光二十二年奏准

漕船抵坝后，不准水手人等一名留住通州，由漕运总督派把总一员，前往通州会同各该卫千总，认真稽查，责成该卫千总等及地方官，查明出结，详报直隶总督、顺天府查核。

钱法禁令〔例 70 条〕

钱禁 001：顺治四年定

各处地方，不许私铸伪钱，及用前代旧钱，通行严禁。

钱禁 002：顺治八年题准

明季废钱，愿送部者，量给价值。如文到三月，仍旧行使者，枷一月、杖一百，地方官以溺职论。

钱禁 003：顺治十年题准

官炉夹带私铸者，计赃以枉法论。

钱禁 004：顺治十三年议准

缉获私铸三次者，纪录一次。

钱禁 005：顺治十四年议准

私铸为首及匠人，皆处斩；为从，及知情买使者，拟绞监候；经纪、铺户、兴贩换和者，杖一百，流徙尚阳堡。在京总甲，在外十家长，知情不举首者，照为首例治罪；不知情者，杖一百、徒一年；告捕者，官给赏银五十两。该管地方官知情，任其私铸者，照为首例治罪；不知情及听其贩买换和者，五城坊官、州县，每起降一级；掌印兵马司、知府、直隶州知州，二起降一级；司、道三起降一级；同知、通判、吏目、典史，有捕盗之责者，各照印官例；盐运司，照司道例；分司，照知府例；大使，照典史例；副、参、游击，照司道例；都司、守备、千总，照州县例。如五城御史、各抚按，不参究者，一并议处。

钱禁 006：顺治十四年又议准

改铸新钱，有换和废钱旧钱行使者，系旗人，鞭一百、枷一月；系民人，杖一百、枷一月。

钱禁 007：顺治十八年议准

私铸为首及匠人，斩决，家产入官；为从及知情买使者，绞决；总甲、十家长，知情不举首者，照为从例治罪；不知情者，枷一月、杖一百；告捕审实，官给赏银五十两。该管地方官知情，任其私铸者，斩监候；不知，失察者，降三级调用。如经纪、铺户，贩卖换和私铸者，枷一月，流徙尚阳堡。在内五城坊官，在外州县官，失察一起，降二级；二起，降四级，皆调用；三起，革职。掌印兵马司、知府、直隶州知州，失察一起，降一级；二起，降二级；三起，降三级，皆调用；四起，革职。司、道失察二起，降一级；三起，降二级；四起，降三级，皆调用；五起，革职。府、州、县捕盗佐贰、盐场、武职各官，各按职掌照新例处分。五城御史、该抚，不参究者，以疏忽治罪。

钱禁 008：康熙三年题准

失察私铸，该州县官并吏目、典史、卫所官，各降三级调用。知府、直隶州知州、捕盗厅官，各降一级调用。司道、都司，各罚俸一年。督、抚，罚俸六月。运司，照司道例；分司，照知府例；大使，照典史例议处。

钱禁 009：康熙七年题准

换和私钱十文以上，照例治罪。九文以下，仍枷责，免流徙。

钱禁 010：康熙九年题准

兴贩私钱换和行使，五城御史及各省巡抚，不访参者，一起，罚俸三月；二起，罚俸六月；三起，罚俸九月；四五起，罚俸一年；六起以上，降一级留任。

钱禁 011：康熙十二年覆准

销毁制钱者，犯人与失察官，皆照私铸例治罪。地方官拿获，每一起，纪录一次；至四起，加一级。旁人首告者，所获铜一半入官，一半给赏。除红铜锅及现存铜器不禁外，其铸造一应铜器，止许五斤以下，违禁者，系官，革职；系旗人，鞭一百、枷一月；系民人，杖一百、流三千里，所获铜入官。骁骑校失察，照知县例；佐领，照知府例；参领，照司道例；都统、副都统，照巡抚例议处。领催，每一起，鞭一百。

钱禁 012：康熙十八年议准

禁止铸造铜器，除铜锅并现用已成铜器不议外，其军器、乐器、镜子、盥盆、钮子、锁钥、箱柜、锹镢、饰件、戥子、天平、法马、刀束、刀箍、刀环等物，乃民间必用之物，五斤以下者，许其造卖，此外铜器，一概禁止。犯者，按律治罪；失察官，照例议处。

钱禁 013：康熙十八年题准

宝泉、宝源二局炉头局役，将各官应办解局之铜，包揽买交者，杖一百、枷三月，并妻及未分家子，流徙尚阳堡，该管官革职。

钱禁 014：康熙二十三年议准

钱局炉头并匠役等，有私铸小钱，令钱法侍郎同稽察钱局科道及监督等，严行查缉，如不严拿，别经发觉者，皆议处。

钱禁 015：康熙二十三年定

五城御史、巡捕三营、步军统领，严拿盗铸私铸及销毁制钱之人。若别经发觉访获者，五城、三营、步军统领官，皆照处分钱局官例议处。

钱禁 016：康熙二十四年议准

旗下正户人，有在本旗地方私铸及销毁制钱者，照例治罪。该管各官，分别知情不知情，照例治罪处分。领催、总甲、邻佑、十家长，知情者，照为从例治罪；不知情者，系旗人，鞭一百；系民人，杖一百；系官，降一级留任。若别旗人或民人，在该旗地方私铸销毁，失察者，领催，鞭八十；步军尉、骁骑校，罚俸半年；佐领、步军协尉，各罚俸三月；参领，罚俸两月；都统、副都统，罚俸一月；犯人，本旗该管官皆免议。如家仆有犯，其主系官，降二级留任；系平人，鞭一百；该管官，免议。赁房之主知情者，照为从例治罪；不知情者，系官，降一级留任；系平人，鞭一百。城外居住及看坟家人有犯，其主照此例处分。若看房家人赁与他人有犯者，家人照房主例处分，其主免议。在屯庄家人有犯，屯庄领催知情者，照为从例治罪；不知情者，鞭一百；其主及该管官免议。

钱禁 017：康熙二十九年覆准

搀和私钱行使之人，免其枷示流徙。如有拿获者，不论钱数多寡，系旗人，鞭八十释放；系民人，杖八十释放。京城内外，责令司坊官，顺天府属之宛平、大兴、二县，直省责令该州县官，不时严行查拿，如仍有搀和私钱者，被督抚科道纠参，或别有发觉，将该管司坊、州县官，每起罚俸一年。京城内外，令五城御史，该部司官，亦不时严查。其私钱，在内，定限六月交送户部，照买铜价，每斤给银一钱收取，交钱局鼓铸制钱。在外，以文到之日为始，亦限六月，各州县官动库银收取，亦照买铜价，每斤给银一钱收取，解交布政使司。限内交送私钱之人，免其治罪。

钱禁 018：康熙三十六年议准

嗣后内外文武官，将该管地方销毁制钱私铸贩卖者，自行拿获，免其治罪。如被户部、都察院、差官查出，督抚差官拿获，或被旁人首告者，五城坊官及直省州县官，不知情者，一起，降三级调用；二起，革职。兵马司掌印指挥、直省知府、直隶州知州，一起，降二级；二起，降四级，皆调用；三起，革职。司道官，一起，降一级；二起，降二级；三起，降三级，皆调用；四起，革职。五城御史、直省督抚，一起，降一级；二起，降二级；三起，降三级，皆留任。四起，降四级调用；五起，革职。知府下捕盗同知、通判，州县下吏目、典史，照掌印官；盐场大使，照典史；分司，照知府；运司，照司道；武职守备、都司，照州县官；游击、参将，照知府；副将，照司道；提镇，照巡抚，各分别处分。以上议处各官，有因公出境者免议。至官船户夹带私钱者，杖一百、流三千里。同船人知情不举首者，枷一月，杖一百、徒二年。押运官知情，任其夹带者，革职；不知情者，降三级调用。其不知情之文武地方官，但能拿获者，不论年月远近，皆免其处分。文官拿获者，并免同城之武弁处分；武弁拿获者，亦免同城之文职处分；京城地方该管文武官拿获者，如系接壤州县，此县拿获，彼县亦免处分。再知府以下，若各旗地方，有铸造私钱，销毁制钱，搀和私钱行使者，照康熙十二年议准销毁制钱例处分。再有自别省买私钱，船车装载牲口驮带贩卖者，或被看守津关之人拿获，或被旁人拿获申首者，将私钱入官，拿获之人，照例赏银十两，将贩卖私钱之人，及未经查出之该管官，仍照例治罪处分。其小钱，在京城者，限两月交送户部免罪，照买铜价值，每斤给银一钱。直省，以文到之日为始，限三月交各该地方官送布政使，将小钱亦照买铜价值，每斤给银一钱，咨报户部。其搀和低铅所铸小钱，不便照好铜给予价银，于所定限内各自销毁者，免其治罪。在京户部、都察院，在外直省督抚，差官不时查拿。

钱禁 019：康熙三十六年覆准

湖广昌字、南字钱，色红不堪使用，照小钱例依限收交，行令该督抚铸造，务必精工。如仍搀和铅多，将司道官以克减治罪，督抚以徇隐治罪。

钱禁020：康熙三十六年三覆准

收毁小钱，铅多耗重，每斤改给银八分，铸时仍令开除九斤折耗。其小钱不必解部，竟交宝泉局，户部官与该监督公同收取。

钱禁021：康熙三十七年议准

南字昌字钱，禁止不准使用。

钱禁022：康熙三十八年覆准

收取小钱，红色钱，每斤给银六分五厘。

钱禁023：康熙三十八年又覆准

各处小钱、红铜钱，悉令销毁，停其交送宝泉局。在京城，以奏准之日为始；外省，以文到之日为始；均限两月自行销毁。如逾限不销毁，仍照前存储使用贩卖者，照定例将经纪、铺户，杖一百、枷一月；系旗人，鞭一百、枷一月。将失察该管地方官，亦照定例，计起数议处。

钱禁024：康熙四十一年议准

改铸新制钱，将旧制钱于三年后停其使用，各自销毁。

钱禁025：康熙四十四年题准

经纪、铺户兴贩私钱搀和行使者，枷两月、杖一百；应发黑龙江给穷兵丁为奴者；照例改发云、贵、川、广烟瘴少轻地方。该管地方文武官不访拿者，一起，降三级调用；二起，革职。掌印兵马司，各省知府、直隶州知州，一起，降二级留任；二起，降四级调用；三起，革职。司道官，一起，降一级；二起，降二级，皆留任；三起，降三级调用；四起，革职。巡城御史及直省督抚，一起，罚俸一年；二起，降一级；三起，降二级，皆留任；四起，降三级调用；五起，革职。再知府下捕盗同知、通判，州县下吏目、典史，各照掌印官例；盐运使，照司道例；分司，照知府例；盐场大使，照典史例。若营伍内有私铸贩卖行使者，千总、守备、都司各官，照州县例；游击、参将、副将，照司道例；总兵、提督，照巡抚例。再各旗有铸造私钱，销毁制钱，及搀和小钱行使者，骁骑校，照知县例；佐领，照知府例；参领，照司道例；都统、副都统，照巡抚例，分别议处。其漕船夹带者，船户照兴贩例，同船人照不知情之总甲十家长例治罪。押运官知情者，革职；不知情者，照失察例议处。

钱禁026：康熙四十四年覆准

行令直隶、山西、河南、陕西督抚，将水陆冲衢要口，访拿贩卖搀和私钱之人，照例立绞。凡经过地方文武官，皆照失察私铸例，降三级调用。

钱禁027：康熙四十五年议准

新铸钱尚少，将旧制钱展限五年，再行销毁。

钱禁028：康熙四十七年议准

湖广武昌旧铸制钱，俟五年限满之日，不准使用，即行销毁。

钱禁 029：康熙五十六年覆准

钱局收买废铜，以致小民图利，将小制钱毁坏变卖。通行八旗、步军统领、五城、大宛两县严拿，为首者，于本处枷两月、杖一百；应发三姓地方给兵丁为奴者，照例改发云、贵、川、广烟瘴少轻地方。为从者，枷一月、杖一百、流三千里。该管地方官知情故纵者，与同罪；不知情者，降三级调用。房主、邻佑，知情不举首者，照为从例治罪；不知情者，杖九十。

钱禁 030：康熙五十六年议准

宝泉局炉头，豫借工料钱以致亏空，嗣后永行禁止豫支。再宝泉局每年奏销，照旧例开明，不必别造款项。

钱禁 031：康熙六十一年议准

京城现铸雍正通宝制钱，同康熙大小制钱搀和使用。

钱禁 032：雍正元年覆准

云南省自康熙四十四年设立官铜店，短少价值，加长秤头，矿民赔累，该督抚严行禁革，悉听商民采买贩卖，照市秤市价，出入画一，依康熙四十四年以前铜厂则例，公平收纳，毋得抑勒商民。至所产之铜，除供本省现在鼓铸之用外，如有余剩，听民间贩卖流通，不必解运来京。

钱禁 033：雍正四年议准

嗣后铸造器皿，除红铜白铜不禁，其黄铜，除乐器、军器、天平、法马、戥子及五斤以下之圆镜不禁外，其余一应器皿，无论大小轻重，皆不许仍用黄铜制造。傥有犯者，造卖之人，照违例造禁物律治罪；买用之人，照不应例治罪；失察之官，照例议处。其已成铜器有愿卖者，作废铜交官，每斤给价一钱一分九厘九毫三丝，官吏不得勒逼扣克。江南、福建、浙江、湖广、广东现在办铜，六省废铜，交与办铜之官采买。如红铜不敷，即以此项铜解部，扣六成红铜核算补额，其四成铅，准扣出别给价值。应用脚价，照现今铜铅之例，每斤给算水脚三分。其不足六成之铜器，亦准收买，总照成色递减，其价于解部时报明成色，如所报不实，令承办官赔补。至江西、广西、贵州三省，与江南、湖广、广东接壤，江西废铜归江南，广西废铜归广东，贵州废铜归湖广，著三省上司委官收买。云南现开鼓铸，所收黄铜，和入红铜，扣算成色入炉鼓铸。直隶、山东令州县收买废铜，交布政使司汇齐解部。直隶解送，每斤给水脚银一分，山东每斤给水脚银一分五厘。山西、河南、陕西、四川所收废铜，暂存本省，俟一二年后，视所收多寡，或本省开铸，或作何解送，具题请旨。

钱禁 034：雍正四年又议准

嗣后京城内三品以上官，准用黄铜器皿。民间乐器、圆镜、戥子，仍照原议外，其文武各官军民人等，一应大小器皿，均不得仍用黄铜。所有旧存黄铜器皿，除箱柜上铜饰件外，其余不论轻重多寡，悉交官领价。旗人交本旗佐领，汉官、民人交五城御史。各该管处，无论多寡，随交随收，按依成色，估铜铅斤两，照部定每斤一钱一分九厘九毫三丝之价给发。如有以低铜冒开好铜者，照侵蚀钱粮例；抑勒扣克者，照克减官价例治罪。其收买之银，八旗都统、都察院堂官，酌量于户部支领。所收之铜，该管处每季解交钱局，以供鼓铸，并将给银实数，造具清册报部，宽以三年之限，如过限不交卖者，以私藏禁物律治罪。其从前小铺所收奇零铜器，限三月内尽交官领价，违者，即照私藏禁物例治罪。打造铜器店铺，如仍将黄铜打造器皿者，照销毁制钱为从例治罪。令步军统领、五城御史、顺天府尹，出示遍行晓谕，仍不时稽察，有犯者即行拿究。其直省悉照京城之例，均以三年为限，令其交收。

钱禁 035：雍正四年覆准

晋省小钱，宽限三年，令该抚试行收买，岁终汇报户部，候文销解，俟大钱流通，然后通行收禁。傥逾限三年，犹有私钱事发者，将奉行不力之各该地方官，失察一次者，降职一级；二次者，降职二级；三次者，降职三级；四次者，降职四级，皆准其戴罪，限一年内拿获。果能拿获私钱，一次者，还职一级；二次者，还职二级；三次者，还职三级；四次者，还职四级；如失察五次以上者，降一级调用。

钱禁 036：雍正四年谕

昨步军统领于崇文门外拿获销毁制钱之人。朕思近在辇毂，尚有此违禁射利之徒，则乡邑偏僻之地可知矣。著直隶总督严饬各地方官密行缉拿，毋致潜藏以为民患。如有怠忽疏纵不行查出者，或被旁人首告，或被京中番捕缉拿，定将该地方官照溺职例革职。至于铜器交官给价，先试行于直隶八府，及各处省城，其余各府州县，因一时难以通行故尚准其使用，然将来致滋弊端。著该督抚通行禁饬，嗣后铺户人等，不得铸造黄铜器皿出卖与人，违者照律治罪。

钱禁 037：雍正四年又谕

从前曾酌议三品以上官许用黄铜器皿，今犹觉滥用者多。嗣后惟一品官器皿许用黄铜，余著遍行禁止。如有藏匿私用，不肯交官者，概以违制论。

钱禁 038：雍正四年三议准

将各省未完旧欠钱粮，准其以黄铜器皿抵交，除四川、广西、云南、贵州四省并无民欠，西安民欠无多，其余各省，各该督抚酌量于该省民欠内，以二十万两为率，准令欠户交纳铜器，扣抵应完旧欠之数。傥银数抵扣完日，该省尚有交纳铜器者，该督抚再行请旨。此次所交铜器，熟铜照颁定价值，每斤一钱一分九厘九毫三丝。生铜价值，比熟铜减二，每斤九分五厘九毫有奇。各州县官于绅民交纳时，按其生熟成色斤两，以所定价值扣算。如有奸民销毁制钱，充作废铜片块，不成器皿物件者，发觉日，照例治罪。其收铜之州县官，不得丝毫扣减价值，亦不得以重秤收兑，每季将所收铜器斤两数目，报明督抚，解交公所，该督抚于岁终奏报。其无民欠之省，及无民欠之州县，与无旧欠之粮户，并奉天州县民人，若有以铜器交官者，均按生熟铜色，给予价值，将所收铜器，存储公所，于岁终奏报。如各省地方官有能将己资收买黄铜器皿者，著解交公所，该管官即按生熟铜斤两，给予价值。傥地方官借捐买名色，以贱价收买民间铜器者，该督抚即指名题参，照例议处。

钱禁039：雍正十三年谕

国家钱法，关小民日用之需，必使流通充裕，方能足用阜民，乃每年鼓铸，而钱不加多，京城之中，康熙钱甚少，此必奸徒暗行销毁之故也。我皇考惠爱斯民，留心钱法，屡颁谕旨，严饬内外官员查拿盗销之弊，而目下仍然钱少价昂，则有司奉行不力，显然可见。将此通行晓谕，凡京城内外各该地方官，务必密缉严拿，毋稍疏纵。傥仍视为具文，发觉之日，必将该管官重加处分，不稍宽贷。

钱禁040：雍正十三年议准

私铸未成，从来比照伪造印信未成律问拟，向未著有定例。嗣后凡私铸甫经置造器物，尚未铸钱，被获审实者，将起意为首，并同伙商谋之人，皆照伪造印信未成为首律，杖一百、流三千里。其凑钱入伙，并房主、邻佑、总甲、十家长，知情不首者，皆照为从减一等律，杖一百、徒三年；不知情者，照不应重律杖八十。该地方官不实力访拿，经上司查出，或别经发觉，究明实系尚未铸造者，照豫先不行查出例，降一级调用。

钱禁041：雍正十三年题准

傥有不法奸商，专贩私钱，运载至数十百串出京货卖，及在京铺户人等，将钱囤积在家，俟价昂始行出售者，查拿究治。其寻常行旅之盘缠，小贩之资本，不得滥行截索留难。如胥役藉端生事，扰害小民，一经发觉，严行重处。该管各官玩忽，不行严禁，交部议处。

钱禁042：雍正十三年又议准

江西、湖北等处，现在行使翦边钱，令各该督抚出示严禁，不许换和行使。其从前收买在家，以文到一月内，赴官首明，量给官钱半价，至一月后，经纪铺户人家，仍按收买换和货卖者，若照换和废钱行使轻例，枷一月、杖一百治罪，尚不足以止奸。应令严加晓谕，凡收买翦边钱换和货卖，数至十千以上，发黑龙江给兵丁为奴者，改发云、贵、川、广烟瘴少轻地方；不及十千者，杖一百、流三千里；千钱以下者，仍照旧例枷责；其并无收买货卖，一时未及交官，或数止十文五文，难以交官者，令交地方保甲，岁终汇交地方官，毋得行使，如行使者，照不应重律杖八十；该地方官不严行禁止，以致仍有行使翦边钱者，将奉行不力之该地方官，照收禁小钱例，失察一次降职一级，二次降职二级，三次降职三级，四次降职四级，皆准其戴罪，限一年内拿获私铸，一次者还职一级，二次者还职二级，三次者还职三级，四次者还职四级，失察五次者降一级调用。至不法之徒，将钱锉薄小取铜求利者，若仍议以满杖，亦属太轻，令以文到日为始，如有拿获者，不分首从，枷三月、杖一百。如将大制钱翦边打造器具，审明确有实据，至十千以上者，为首之人照私铸原律，拟绞监候；为从，杖一百、流三千里；房主、邻佑、总甲、十家长，知情不首，照为从例治罪。所翦钱不及十千，为首之人，照毁化小制钱例，枷两月、杖一百，发黑龙江给兵丁为奴，改发云、贵、川、广烟瘴少经地方；为从，减一等，杖一百、徒三年；房主、邻佑、总甲、十家长，知情不首，皆照为从律治罪；千钱以下者，仍枷三月、杖一百。该地方官并各上司，不行查拿，仍有奸民将制钱翦边毁化，至十千以上者，州县、吏目、典史等官，一起降三级调用，二起革职；知府、直隶州知州、同知、通判等官，一起降二级，二起降四级，皆调用，三起革职。司、道一起降一级，二起降二级，三起降三级，皆调用，四起者革职。巡抚一起降一级，二起降二级，三起降三级，皆留任，四起降四级调用，五起革职。如翦边毁化不及十千者，州县、吏目、典史等官，一起降二级，二起降三级，皆调用，至三起者革职。知府、直隶州知州、同知、通判等官，一起降一级，二起降二级，三起降三级，皆调用，至四起者革职。司、道一起降一级，二起降二级，三起降三级，皆留任，四起降四级调用，至五起革职。巡抚一起罚俸一年，二起降一级，三起降二级，皆留任，四起降三级，五起降四级，皆调用，至六起、职。如数止千钱以下者，州县、吏目、典史等官，降一级留任。

钱禁 043：雍正十三年覆准

嗣后如有将黄铜充作白铜，制造器皿货卖者，一并严行禁止。其已成者，照依生熟黄铜给价交收入官。如仍有犯者，亦照例治罪。

钱禁 044：雍正十三年又覆准

各铺古铜器皿，除实在远代铜器，及红铜、白铜打造者不禁外，其有将黄铜装饰，捏称古器货卖者，令各铺户自行呈首，定限一年尽数交官，照例给价。如限满隐匿不交，查出照私卖黄铜器皿例，加等治罪。地方官不能查访，别经发觉，将失察之官照例议处。

钱禁 045：乾隆元年奏准

停止收铜禁铜之令，民间买卖，听从其便。

钱禁 046：乾隆十年奏准

湖北行使之钱，除翦边严禁外，如有砂版、捶边、铅钱、古钱，俟该省制钱充裕之后，再行定议查禁。

钱禁 047：乾隆十四年奏准

洋船有将红黄铜器私贩出口图利者，百斤以下，为首者，杖一百、徒三年；百斤以上，发边卫充军；为从及船户，各减一等；货物及铜皆入官。关汛文武官弁，不搜检查拿者，革职；知情赇纵者，计赃从重论；失察者，降一级调用。

钱禁 048：乾隆十五年议准

凡各省拿获私铸之犯，不论砂壳铜钱，为首及匠人，皆拟斩监候；为从及知情买使者，皆发遣为奴。如受些微雇值，挑水、打炭、烧火及停工散局之后，贪其价贱，偶为买使，以及房主、邻佑、总甲、十家长，知而不拿获举首者，皆照为从发遣罪减一等，杖一百、徒三年。其房主人等，并不知情，但失于觉察，亦皆杖一百。或有空房别舍，误借匪人，一有见闻，立即驱逐，未经首捕者，果系并未在场，亦非受贿容隐，仍止照不知情科断。失察各官，皆交部分别议处。官船户夹带私钱，应照偶为买使例定拟；同船之人知情不举首者，照不应重律治罪；押船官，交部分别议处。若拿获销毁制钱之犯，审明，将为首者拟以斩决，家产入官；为从者，绞决。该地方官有能拿获私销者，地方官交部议叙；失察者，地方官及该管上司，交部分别议处。至于房主、邻佑、总甲人等，知情受贿代为隐匿者，照为从例治罪；如但知情不行首告，并未分赃者，照为从例减一等，杖一百、流三千里；其并不知情，止于失察者，皆杖一百；旁人首捕审实者，官给赏银五十两。再私铸之犯，有即系私销之人，该督抚拿获私铸案犯，必先严究有无销毁，傥有私销确据，即照私销例，从重治罪。

钱禁 049：乾隆三十年奏准

私铸不及十千之犯，定例系发往云、贵、两广，惟各该省俱产铜铅，安置其地，转令故智复萌。嗣后私铸不及十千人犯，俱照免死减等之例，发往黑龙江等处给披甲人为奴，不准发往云、贵、两广安置。

钱禁 050：乾隆三十六年奏准

前代古钱，向因流传已久，且非私铸可比，听从民便。今趋利之徒，借古钱名色，私铸私贩，搀和行使，遂致真伪难分。嗣后将前代古钱，概照小钱之例，一体严禁，责成地方官勒限三月，收买净尽，每斤给制钱百文，解交钱局镕化改铸。

钱禁 051：乾隆三十七年奏准

查禁古钱，原以防趋利之徒，私铸私贩之弊。然乡僻愚民，相安已久，或数千文中夹杂一二，未成斤两，不能零星缴换，恐吏胥转得乘机吓诈。且前代古钱，质地坚洁，字式清楚，若私铸古钱，与流传旧钱迥异，不致真伪难分。嗣后如有奸徒，借古钱名色，私铸私贩者，同各项私钱，一体严行查禁外，其实系前代旧钱，行之已久，仍听民便。

钱禁 052：乾隆五十五年谕

各省设立官局鼓铸制钱，其轻重厚薄，原有部颁一定分两，岂容丝毫偷减草率，致私铸得以乘机搀杂。今江西省局所铸工料钱文，与正额制钱，皆系官为鼓铸，何以斤两多有参差不齐。江西一省如此，各省钱局，亦难保无此弊。著通谕各督抚，务须督率道府局员，认真稽查，并令藩司于解收钱局之时，无论正额工料，按卯亲加提验。如所铸钱文有偷减铜斤，节省火工，不能遵照部式，立即发回另铸，并将局员炉匠，参处责惩，俾官钱一律整齐坚实，私铸自无从搀入矣。傥督抚等视为具文，并不随时稽察，使官版制钱不能如式，私铸仍未能净绝，一经查出，必将该督抚治罪。

钱禁 053：乾隆五十五年又谕

铜斤为质甚坚，镕炼时尚费椎凿，何至不耐磕碰，即使铜版四边浇薄之处，偶有擦损，自在船内，尚可随时检拾归数，即稍有遗失，亦不应多至数千斤，此必系解铜委员，有盗卖遗失情弊，诳报掩饰，沿途督抚不加体察，即据禀入奏，殊属漫不经心。所有此项磕碰短少铜斤，即著照数赔补，遇便搭解，委员交部严加议处，嗣后俱著照此办理。

钱禁 054：乾隆五十九年奏准

民间小钱，节经给价收买，仍未免搀和行使，显系有心藏匿，应勒限一年收缴净尽，毋庸给予价值。若不依限呈缴，一经访出，分别治罪。令地方官责成牙行经纪人等，查收赴官交纳，将所收实数，按月呈报。傥该州县任听牙行虚报，及通同胥役藉端索扰，即行据实严参，牙行胥役人等照例治罪。

钱禁 055：乾隆五十九年谕

前经户部奏请各省收缴小钱，俱不准给价，勒限一年呈缴，已令通行各省遵照办理，原因缴出小钱，复与易给银两，小民等惟利是趋，转致私铸小钱，冀图沾润，是以停止给价。今思民间日用及商贾贸易，所有存留小钱，不免有需资本，若止令其呈缴入官，不稍偿以价值，小民等或因此裹足不前，私相藏匿，以致小钱仍不能净尽。著各督抚察看情形，或于呈缴小钱时，酌量给价，俾各闻风踊跃呈缴，可期净尽。各就所见据实速奏，交部核议。钦此。遵旨议定：每小钱一斤，给制钱六十文，毋拘钱数多少，即数文数十百文者，均准其赴官呈出，易换大钱，并予以一年之限，收买净尽。傥再有私行藏匿，不赴官呈缴者，查出，比照经纪铺户收剪边钱搀和货卖之例，分别钱数，若十千以上者，照搀和私钱行使充军例，量减一等治罪；不及十千者，枷号一月、杖一百。

钱禁 056：嘉庆元年谕

近年以来，各省小钱充斥，节经降旨饬谕，并令各督抚等实力查禁收缴，而小钱仍未净尽。且不肖吏胥等，往往藉查缴小钱为名，任意讹索，甚至暗中受贿，转将私铸私贩之人卖放，是欲除弊而反以滋弊，可见官为查办，仍属有名无实。况百姓商贾行使之小钱，均系由他处辗转搀杂而来，并非本人私铸用，若不清其源而徒绝其流，于事终属无益。现在开炉伊始，正当肃清圜法之时，该督抚等务宜实心查察，如式鼓铸，毋令局员工匠等，偷减薄小。其山僻处所，有奸民私铸者，则当督饬所属严拿治罪，俾官无小钱，民无私铸，弊源可以杜绝，其民间行使，转可不必查禁，以免扰累。惟舟车装载成捆小钱，经过各关口，仍应查拿究办，毋任稍有透漏，并严查家人胥役等藉端讹索卖放之弊。

钱禁 057：嘉庆十四年谕

钱法为国用攸关，原当坚厚明洁，期于通行经久。乃近来京局鼓铸钱文，其轮郭肉好，即有模糊脆薄之弊，无怪外省往往偷减工本，率为缲薄，钱文不堪使用，甚或奸民嗜利，私铸小钱，搀和行使，种种弊端，难以枚举，自宜申明旧例，加意厘剔。著户、工二部及各省督抚，力除诸弊，铸局铜铅，照例配搭，毋任偷减，务期大小轻重适均。其市间小钱，设法收销，庶国宝流通，私铸自息。

钱禁 058：道光十三年谕

前因给事中孙兰枝奏，江浙两省钱贱银昂，商民交困，并胪陈受弊除弊各款，当经降旨交陶澍等体察情形，悉心筹议。兹据陶澍、林则徐酌筹利民除弊事宜，分析具奏，所称洋钱平价，民间折耗滋多，惟当设法以截其流一条。洋钱行用内地，既非始自近年，势难骤禁，要当于听从民便之中，示以限制，其价值一以纹银为准，不得浮于纹银，庶不致愈行愈广。所称纹银出洋请明定例禁一条，刑部律例，止有黄金、铜铁、铜钱出洋治罪明文，于纹银未经议及，奸商罔知儆畏。著刑部悉心酌定具奏，纂入则例，颁发通行。所称收缴小钱、铅钱，请不及斤者，一并随时收买一条。私铸小钱铅钱，向来设局收缴，惟以斤计算，其不及斤者，恐民间仍私行搀用。嗣后各省收缴小钱及斤者，仍照例给价六十文；不及斤者，小钱二文，抵大钱一文。铅钱及斤者，亦照例给价二十文；不及斤者，铅钱五文，抵大钱一文。俾民间随时收买缴官，间阎市肆，咸知与大钱价值悬殊，小钱铅钱不能搀混，奸徒本利俱亏，自不肯轻于犯法，庶私铸可期净尽，以重钱法。

钱禁 059：道光十六年谕

有人奏：江浙等省钱法敝坏，私钱之源，一为局私，一为民私。江省之宝苏局，炉头工匠，向以私积制钱五万余串，分存附近质库，每届开炉运局点验，验后仍分存质库，所有官铜尽铸私钱，其价较民私稍昂。浙省局私搀和沙土，堕地即碎，不若民私之便用。民间私铸。处处有之，有司衙门得规包庇，其大伙鼓铸，藏于附近海口岛屿之中，由商船夹带进口，船底有夹板，油饰严密，查之无迹，抵岸卸货，抉板出钱，一船所带八百千之多等语。圜法为经国重务，私钱充斥，百物腾贵，最为间阎之害，不可不严行拿究。著两江、浙闽各督抚，通饬所属，于开炉时严密查察，认真究办，民间所用私钱，务究其贩自何人，铸自何处，其岛屿私铸，著责成巡洋水师各将备，实力搜缉，傥查有得贿庇纵情弊，即行从严惩处。

钱禁 060：道光十六年又谕

前据给事中鲍文淳奏：江浙等省钱法敝坏，当降旨著该督抚等严密查察，认真究办。兹据林则徐查明，江苏宝苏局验收之时，由藩臬两司及委员人等抽提摔掷，并无破碎，其尚无搀和沙土，偷窃铜斤，私铸小钱，似属可信。惟该炉头等，前于道光元年，借款津贴，有发商生息之项，难保不藉端舞弊。至附近海口岛屿一带，虽查无私铸及夹板商船携带违禁他物进口之事，其海洋岛屿及人迹罕到之处，小民趋利若鹜，亦难保无私行鼓铸等弊。著该督抚等督饬所属，认真稽察，有犯必惩，以绝弊源，倘有得贿徇庇，著即从严参办。

钱禁061：咸丰四年谕

前据户部奏：请停铸当千当五百大钱，并庆惠等奏请停铸当二百、三百、四百大钱，均经降旨允行，原以折当稍重，恐于民间日用，不无妨碍。是以斟酌时宜，准其停铸。至当百以下大钱，子母相权，整散互易，通行远近，尤为便民。乃据户部奏称，访闻近日当百大钱，又有奸商折算等弊，请饬严禁等语。钱法损益，朝廷自有权衡，如果于民生稍有不便，不难随时变通。若法本尽善，而廛市小民，妄肆阻挠，任意折算，实属目无法纪，此风断不可长。著户部、步军统领衙门、顺天府、五城，一体出示严禁。嗣后商民行使当百以下大钱，倘敢不遵钱面数目字样，妄行折减使用，甚至造言煽诱，抗不收使，以致愚民相率猜疑，即行拿交刑部，从重治罪。此等奸商，阻挠钱法，必应从严加等惩治，著刑部迅速定拟罪名具奏。至私铸大钱人犯，业经刑部奏定加重罪名，此后私铸当百以下大钱者，并著刑部再行严拟罪名具奏。钦此。遵旨议准：私铸当百以下大钱案内，为首及匠人，如数在十千以上，及虽不及十千，而私铸不止一次者，应于斩候罪上从重，请旨即行正法；其私铸仅止一次，而为数又在十千以下者，例系由轻加重，仍遵前旨问拟斩候，入于秋审情实。至奸商折算，阻挠钱法，造言煽诱，抗不收使，为首者，于违制杖一百罪上从重加三等，拟杖八十、徒二年，再加枷号两个月；为从者，于违制律上加一等，拟杖六十、徒一年，再加枷号一个月。均先于犯事地方，枷号示众，以示惩儆。

钱禁062：咸丰四年又谕

私铸人犯，既已严刑惩治，官局各项大钱，尤应加工铸造，磨镟精工，以期经久无弊，并著各该管钱法堂官，严饬该管监督司员，认真查验。倘有偷工减料，搀杂沙土及模糊破碎等弊，除将炉头工匠按律治罪外，并将该管堂司各官，一并惩处。

钱禁063：咸丰四年三谕

近来大钱壅滞，皆由私铸过多，果能严禁私铸，随地查拿，俾得净绝根株，则贩卖私钱之人不禁自绝，即使用私钱之禁，又何必另立章程，若不正本清源，徒以严拿私贩，纷纷扰累，适足以启官役讹索之端，于禁私便民之道，转多窒碍。嗣后责成步军统领衙门、顺天府、五城及各该地方大小员弁，懔遵叠降谕旨，于私铸大钱人犯，实力严拿，其有拿获大伙私铸及私造铸钱器具，并邻里军民首告得实者，应即给予奖叙。如官役有徇隐包庇，受贿卖放，挟嫌诬告情事，及奸民知情容隐者，尤应加等惩处。至官号为银钱出入总汇，倘有收卖私钱，任意折算等弊，尤须从重惩办。著户部严饬该管司员严密稽查，一经发觉，即将该商人等，拿交刑部治罪，不得稍涉瞻徇，致令市肆奸商，相率效尤，阻坏钱法。

钱禁 064：咸丰四年议准

大伙私铸，无论有无拒捕伤人，州县印捕官降二级留任，道员、府、州罚俸一年，俱限一年缉拿。限满不获，专管官，照所降之级调用；兼辖官，降一级留任。私铸拒捕，州县官讳匿不报，或将数起报作一起者，俱革职；兼辖之府、州、降二级调用；道员降一级调用；如上司徇庇不参，降三级调用。京外地方官失察私造铸钱器具，降一级调用。如尚未行用，即行访拿，与案犯并获者，无论本境邻境，每一起准其加一级。私铸之案，如由在籍绅衿禀报，系大伙私铸得实者，给予加一级；系小伙，并私造器具得实者，纪录一次。邻里土民首告得实者，由地方官酌给奖赏。京内五城地方及外省府州县衙门吏役，如有徇隐包庇受贿卖放等情，本管官故纵，革职；止于失察，犯该杖徒者，降一级调用；犯该军流者，降二级调用，犯该绞斩者，降三级调用；总以首犯之罪名为断。司道失察者，每案降一级留任；若本管官能自行访出究办者，免议。捕役以查拿私铸大钱为由，肆行抢夺，挟嫌诬告，失察之该管官，照失察捕役诬良为盗例议处；已致死者，革职；未致死者，降三级调用。系已革捕役，已致死者，降三级调用；未致死者，降一级。自行访拿审出，未致死者，免议；已致死者，仍照例议处。系匪徒冒充差役，犯有前项情弊，将地方官降一级留任。奸民私隐私铸人犯，地方官故纵者，革职；失于觉察，降一级调用。凡地方官拿获大伙私铸之案，能将案犯全数缉获者，无论本境邻境，准该督抚奏请给咨送部引见，照获盗人员议叙。其并非大伙私铸，地方官访查破案，能将首犯及匠人全获者，亦无论本境邻境，每一起准其加一级。如连获三起以上者，准该督抚并案奏请给予升衔。其有失察处分，并准将拿获之案，分起抵免。

钱禁 065：咸丰八年议准

私销当百、当五十、当五大钱，虽经停用，究系国宝，于私销制钱为首斩决、为从绞决本例上，酌减一等，为首者，拟发边远充军；为从者，杖一百、流三千里。其私销当十铜钱、铁制钱者，仍照销毁制钱本例定拟，不得开脱避就，致滋轻纵。

钱禁 066：同治十三年谕

奸民私铸钱文，大干例禁，著步军统领衙门、顺天府、五城一体严查，即将私铸人犯，拿交刑部按律惩办。该局鼓铸钱文，何以竟有挽和情弊，并著户、工两局认真整顿，不准偷工减本，致滋弊端。

钱禁 067：同治十三年又谕

钱铺挽和私钱，本干例禁，江南淮、扬、徐、海等处及四川各属，竟有钱铺挽和私钱情事，实属有碍民生。此等弊端，他省恐亦不免，著各该督抚饬令地方官，认真稽察，严行禁止，毋任奸商舞弊。

钱禁 068：光绪七年奏准

宝泉局书吏私用银三百二十两，合依监守盗仓库钱粮入己数在一百两以上者，杖一百、流二千里例，杖一百、流二千里，照例勒限追赔。

钱禁 069：光绪七年又奏准

此次盘查宝泉局库，自同治九年七月起，至光绪五年六月止，亏短当十大钱一万四千六百余串，应作十股摊赔，满汉监督各分赔四成，中厂大使分赔二成。按照历任满汉监督大使等在任日期，分成赔补，并照州县亏空银米例，勒限一年全完，倘限满不完，或完不足数，即将该员等移咨吏部议处。

钱禁 070：光绪七年三奏准

验收各炉卯钱，如有分两轻小，磨镟粗糙之弊，除将该炉匠从严惩办外，并将该炉即行停铸，另择呈交如式之炉，令其加铸，以示儆戒而昭激劝。

盐法禁例〔例 88 条〕

盐禁 001：顺治元年覆准

场灶照额煎盐，大使亲验，按月开报运使，如有隐匿，以通同治罪。其商人不许滥委杂役，行盐水程，填明卖销地方，完日同引缴查，不得告改。或盐引焚溺，取具地方官印结查实补买。

盐禁 002：顺治八年谕

巡盐御史及运司，不许于额课外勒索侵克，如有贪纵各官，许商民首告治罪。

盐禁 003：顺治十三年题准

盐政衙门，不许商役互充。

盐禁 004：顺治十四年题准

势豪不许占揽引窝，商铺不许自定价值。如有专利害民，串通经纪挽卖勒索等弊，该御史严行禁饬。

盐禁 005：顺治十六年题准

商人载盐，不论大小船，均用火烙印记，船头不许滥行封捉。

盐禁 006：顺治十六年又议准

将领卫所官弁，纵兵私贩，该州县官缉拿，揭报参处。

盐禁 007：顺治十七年题准

盐场设立公垣，场官专司启闭，凡灶户煎盐，均令堆储垣中与商交易，如藏私室及垣外者，即以私盐论。商人领引赴场亦在垣中买筑，场官验明放行，倘有私贩夹带等弊，该场官役一并重处。

盐禁 008：顺治十七年又题准

盐船过关，止纳船料，如有藉端盘验，额外苛求者，以枉法治罪。

盐禁 009：顺治十七年三题准

凡获大伙私盐，必究讯窝家经纪，所过地方有无徇纵，管盐司道扶同不举者，一并参究。不许以肩担背负奇零小贩塞责。

盐禁 010：顺治十七年议准

贫民食盐四十斤以下者，免税。四十斤以上者，仍令纳课。

盐禁 011：顺治十七年覆准

灶丁不许充当衙役。

盐禁 012：顺治十七年又覆准

口外盐不许侵入长芦行盐之地，如有违越，照私盐参处。

盐禁 013：康熙五年题准

天津大沽盐船出口，巡盐御史印给号票，填明人数地方，防汛官弁查验放行。如无印票，及人数不符，夹带违禁货物者，拿获治罪。地方文武官弁疏纵者，照所定出境例处分。

盐禁 014：康熙七年题准

州县卫所官，勒令百姓买引，私派户口销盐者，革职。司、道、府、都司不查报，巡盐御史、管盐巡抚失于觉察，照例议处。

盐禁 015：康熙九年题准

凡旗人贩卖私盐，照例治罪外，其主系官，罚俸；系平人，鞭责；佐领、内管领、骁骑校，罚俸；领催、屯长，鞭责。其马厂牧人有犯私盐者，领去之营总参领等皆罚俸，领催等各鞭责。

盐禁 016：康熙十五年题准

各官该管界内有私煎贩卖者，系所管衙役，革职；系军民人等，降调。如旗人私煎贩卖，本主自行拿获者，免议。

盐禁 017：康熙十七年题准

兴贩私盐，文武失于缉捕者，如不及十人，或十人以上不带军器，仍照例议处。十人以上带有军器者，专管官革职，兼辖官降级留任，限一年内缉获一半以上者还职，不能缉获者照例革职。该督抚、巡盐御史、提督、总兵官，不题参者，照徇庇例议处。若专管官一年内，能获大伙私贩一次至五次者，分别议叙，兼辖官亦照例议叙。

盐禁 018：康熙二十一年题准

凡私盐经沿途官兵捕快盘获者，徇纵场官及失察官，一并议处。

盐禁 019：康熙二十七年覆准

各场折课等银，令灶总分催，各灶自封投柜。如劣衿蠹役营充灶总，包揽收纳，照包揽州县钱粮例治罪。

盐禁 020：康熙二十八年议准

私枭全获，沿途失察武职免议。

盐禁 021：康熙二十八年又议准

武职拿获别汛私枭者，议叙。

盐禁 022：康熙二十八年题准

盐店设立小票，私畜盐丁，概行禁止。有擅用者，照违禁例治罪。

盐禁 023：康熙三十年覆准

十人以上带有军器兴贩私盐，本汛获贼一半以上，失察各官免其处分；本汛未获，别汛全获者，亦免其处分；别汛拿获少一二人者，仍照例处分。

盐禁 024：康熙三十年又覆准

巡缉私盐，系运使专责，令在所辖地方巡缉，毋许差往他方，藉端生事，扰害地方，挟制有司。

盐禁 025：康熙三十三年议准

运丁夹带私盐，沿途各官失察，谎称出境者，降调。

盐禁 026：康熙三十四年题准

嗣后兴贩私盐事发，该管吏目、典史、知州、知县、守备、千把总等官，失察一次至三次者，照例议处。道、府、直隶州、副将、参将、游击等官，失察一次至四次者，照例议处。运使、运同、运判、盐场大使，均系专管盐务之员，以后灶丁贩卖私盐，大使失于觉察及知情者，分别处分；运同、运判，照该管州县官例处分；运使，照府道例处分。至关津过往回空粮船，官坐船，如有夹带私盐在船者，将夹带私盐之人，照兴贩私盐例治罪，管船同知、通判、守备、千总、文武官弁，知情不知情，分别处分。

盐禁 027：康熙三十八年覆准

江广粮艘回空至扬州关，令押运官弁，于该御史衙门先递报单，总漕并该御史选委能员，公同盘验。如有夹带私盐，将押运官弁，失察各官，一并参劾，并令龙江等三关，凡遇回空粮船到关，亦一例盘查，如有私盐，即移报督、抚、御史，会同题参。

盐禁 028：康熙四十六年覆准

私贩致碍官引，皆系积枭巨囤所致。嗣后盐法衙门，将私贩之徒，准其用刑拷讯，除正罪外，其余不得滥用刑讯。

盐禁 029：康熙四十七年覆准

河南陈州、舞阳等属改食芦盐，汝宁一府仍食淮盐，芦商各守口岸，毋得紊乱经制，永远遵行。

盐禁 030：康熙四十七年议准

淮南纲盐，令该巡盐御史亲行盘查分销，船至江楚地方，盐道即给水程，地方官不得藉名盘查，需索挪借。

盐禁 031：康熙四十七年又覆准

巡盐御史到任，差人坐守各场口，名为缉私，实即射利，急行裁革。

盐禁 032：康熙四十七年三覆准

私盐之充斥，皆由总商不革，官自为私，各卖己盐，以图一时之利。令将总商革去，违者，该督抚即行指参。

盐禁 033：康熙五十六年题准

两淮河曲、江汉、湖港、海滨地方，皆系私贩要隘。嗣后各省棍徒来境私贩，地方官失察，照从前九卿所定处分例处分。其地方官有能拿获私贩盐千斤以上者，将该管官弁核实题请议叙。

盐禁 034：雍正元年谕

国家欲安黎庶，莫先于厚风俗。厚风俗，莫要于崇节俭。周礼一书，上下有等，财用有度，所以防僭越，禁骄奢也。孟子亦曰：食时用礼，菽粟足而民无不仁。朕临御以来，躬行节俭，欲使海内之民，皆敦本尚实，庶康阜登而风俗厚。夫节俭之风，贵行于闾里，而奢靡之习，莫甚于商人。朕闻各省盐商，内实空虚而外甚奢侈，衣服屋宇，穷极华靡，饮食器具，毕求工巧，俳优伎乐，恒舞酣歌，燕会嬉游，殆无虚日，金钱珠贝，视为泥沙，甚至悍仆豪奴，服食起居，同于仕宦，越礼犯分，罔知自检，骄奢淫逸，相习成风，各处盐商皆然，而淮扬为甚，使愚民尤而效之，其弊可胜言哉。司盐政者，宜约束商人，严行禁止，出示晓谕，谆切劝戒，使其痛自改悔庶循礼安分，不致蹈僭越之愆，而省一日之靡费，即可以裕数日之国课，且使小民皆知儆惕，敦尚俭约，于民生亦有裨益，庶不负朕维风振俗之意。若仍前奢侈，不知悛改，或经朕访闻，或经督抚参劾，商人必从重治罪，盐政各官亦不能辞徇纵之咎。

盐禁 035：雍正元年议准

杜绝粮船私贩，将为首旗丁按法重处。

盐禁 036：雍正二年议准

贩卖私盐，交与地方官不时严加查缉，除奇零肩卖者不必缉拿，傥有大伙私枭，督抚会同将军，拨旗兵协捕，其私贩为首之人，与装载私盐之船户，拿获一同治罪。拿获及出首之人，照盐数议叙。

盐禁 037：雍正二年又议准

令京口将军分拨兵丁，于扬子江之三江口、瓜洲、扬州口等处，巡查私盐。

盐禁 038：雍正二年三议准

嗣后如有积枭藉称贫民，将私盐潜行窝囤，兴贩贸易者，令地方官弁及盐政衙门，一同稽查。

盐禁 039：雍正二年覆准

令各省管盐督抚、巡盐御史，将商人每年应完钱粮，务于奏销限内照数完纳。如有拖欠，即将该商革退引窝，别募殷实商人承顶，所欠钱粮，著落该商家产追赔，其原出结各官，交该部严加议处。如有通同徇隐以欠作完等弊，于发觉之日，将该管各官，一并从重治罪。

盐禁 040：雍正四年议准

回空粮船，经过产盐所在，该地方文武官弁不行力催，任其逗遛，与游客囤户等私相交易，致有夹带之事者，将该地方文武官弁并押空官弁参劾，照例议处。运丁、游客、囤户等，照贩卖私盐人等例加等治罪。该管盐务运使等官掣盐出场，务将余盐严行巡查，不许夹带，如有徇隐疏纵，发觉之日，将运司等官，令该巡盐御史，照失察私盐例题参议处。其灶丁人等，亦照贩卖私盐律治罪。

盐禁 041：雍正四年覆准

每年粮船回空之时，于瓜洲江口，分委瓜洲营弁，协同厅员实力搜查。

盐禁 042：雍正四年又覆准

粮船旗丁水手南北往返，必须食盐，准其于受兑上船处，每船带盐四十斤，于交卸回空处，亦准其带盐四十斤，多带者，同私盐例从重治罪。

盐禁 043：雍正六年议准

拿获私贩，本犯脱逃者，即将装带私盐之脚夫水手拘获到案，详究本犯踪迹，勒限务获，照例于私贩上加治逃罪；售与之人，亦照私贩例治罪；其脚夫水手，分别惩治。若大伙兴贩，照强盗例，勒限严缉；地方文武官弁，照溺职例议处。

盐禁 044：雍正六年又议准

拿获私盐，务将人盐数目，据实详报。如有将私盐入己，或与各役分肥，不行据实详报，并大伙拒捕之案，以多报少者，即将该管官弁指名题参，计赃治罪。其有未经侵匿者，照徇隐例处分；上司知情故纵，及虽不知情，未经揭参，或于别处发觉者，将该上司照失察例，分别议处。

盐禁 045：雍正六年题准

拿获私盐，必详究其买自何地，卖与何人，一并取具确供，照兴贩私盐例治罪。若买自场灶，将该管场司并沿途失察各官，题参议处。其不行首报之灶丁，照贩卖私盐例治罪。倘承审官不究私盐之来由，草率完结，亦照例参处。

盐禁 046：雍正六年三议准

嗣后拿获私盐，计其斤数之多寡，定罪名之轻重，如三千斤以下者，仍照例拟以杖徒。三千斤以上者，即照越境贩盐例，问发边卫充军。

盐禁 047：雍正七年题准

山东永阜等场，滩广盐丰，率皆露积，应于各场适中设立盐坨，除计口量留食盐外，其余盐尽数运入官坨，按季造册出结，送运使察核。

盐禁 048：乾隆元年谕

私盐之禁，所以除蠹课害民之弊，大伙私枭，每为盗贼逋薮，务宜严加缉究，然恐其辗转株连，故律载私盐事发，止理人盐并获，其余获人不获盐，获盐不获人者，概勿追坐。至于失业穷黎，肩担背负，易米度日，不上四十斤者，本不在查禁之内。盖国家于裕商足课之中，而即以寓除奸爱民之道，德意如是其周也。乃近见地方官办理私盐案件，每不问人盐曾否并获，亦竟不问贩盐斤数多寡，一经捕役汛兵指拿，辄根追严究，以致挟怨诬攀，畏刑迫认，干累多人。至于官捕业已繁多，而商人又增私雇之捕，水路又增巡盐之船，州县毗连之界，四路密布，此种无赖之徒，藐法生事，何所不为。凡遇奸商夹带，大枭私贩，公然受贿纵放，而穷民担负无几，辄行拘执，或乡民市买食盐一二十斤者，并以售私拿获，有司即具文通详，照律杖徒，又因此互相攀染牵连贻害，此弊直省皆然，而浙江尤甚。朕深为悯恻，著各省督抚，严饬各府州县文武官弁，督率差捕，实拿奸商大枭，毋令疏纵，其有愚民贩盐四十斤以上被获者，照例速结，不得拖累平人。至贫穷老少男妇担负四十斤以下者，概不许禁捕。所有商人私设盐捕，巡船帮捕汛兵，皆严饬停止，毋得滋扰地方，俾良善穷民得以安堵。

盐禁 049：乾隆元年题准

六十岁以上，十五岁以下，及少年之有残疾者，其妇女亦止老年而孤独无依者，许其背负盐四十斤，易米度日，如不合例之人，概不许藉端兴贩。其稽查之法，令于本县报明，验实注册，给以印烙腰牌木筹，每日卯辰二时，赴场买盐担卖，一日止许一次，并止许行陆路，不许船载。

盐禁 050：乾隆元年覆准

沿河文武官弁，凡粮船经过，在于河干竭力稽查，除留食盐外，其余夹带之盐，照私盐例入官。

盐禁 051：乾隆十七年奏准

长芦堆盐之地，枭棍匪窃，每肆偷扒，以致商灶不敢多积。令场员照例制造鸟枪，上刻场名，编号注册，每滩坨发一二杆，择老成谨饬之役，给予收执，遇有匪窃，施放恐吓。仍令该盐政不时稽查，如有轻行施放者，将该管场员照例参处。其各滩坨增造鸟枪之时，仍令册报兵部察核。

盐禁 052：乾隆十九年覆准

两淮各场，如仍有地棍奸灶，将荡草私贩渔利，除民灶各犯按拟治罪外，其不行查禁之该管场员、分司、州县、各官，照例参处。如遇产草极丰之年，供煎有余，红草仍听酌量转售。白草虽遇丰收，禁止贩卖。

盐禁 053：乾隆二十四年覆准

江苏范堤内外蓄草荡地，除乾隆十年以前旧垦地亩，仍留播种外，概行禁止。嗣后如有灶户图利私垦，致碍淋煎，照盗耕官田律治罪。该分司场员，自行查出免议；失察之分司场员，照例参处。

盐禁 054：乾隆二十七年覆准

扬州江都、甘泉二县拿获私盐，分给各食盐口岸抵配额引，照依该口岸之例纳课，仍交变价银两。

盐禁 055：乾隆二十八年议准

各场商运盐斤，船户勾通枭贩盗卖爬抢等事，呈报地方官，详报盐政，详查确实，准其与淹消盐斤，一例补运，所失盐斤，于各犯名下追变，解部充饷。如商人自行串卖，捏报抢窃，照私盐例从重治罪。至商厮呈报，地方官抑勒不行准理，一经查出，指名参处。

盐禁 056：乾隆二十九年覆准

粮船每只准带食盐四十斤，至经过查盐处所，将食盐摆列船头，听官查验，零星秤出余多之盐，每船不得过二三斤，如有多带，入官变价充公，不得以私盐混报，致滋扰累。

盐禁 057：乾隆三十四年议准

州县官拿获私盐，概照本地官盐价值，悉令遵照定例，交商一律变价入官，毋任胥役领卖滋弊。至拿获牲畜，价值今昔不同，每等酌加银二两。如有延挨不管，以致倒毙者，著落州县官，照现定之中等价值赔补。至车船等项，务按新旧大小，照依时价据实报解。

盐禁 058：乾隆三十五年奏准

湖北宜昌设卡处所，自东湖县属平善坝立卡盘验。又自平善坝至南津关，设立巡役巡船，专司堵御。又自津关至西坝，令宜昌通判分派巡役，督率稽查。自西坝至白洋河，设立巡船巡役稽查。

盐禁 059：乾隆三十五年议准

江西吉安府属皂口等五处，凡山僻小径要隘处所，多拨兵役，协同卡巡，常川巡缉，即寻常偷漏小贩，有犯必惩，其获犯兵役，立即奖赏。该管员弁能拿获积窝巨贩者，奏请议叙。倘或兵役巡缉不周，以及贿纵等弊，即行分别严行究处，该管官并即严参。

盐禁 060：乾隆三十七年议准

云南井官，纵容灶户搀和沙土者，提举、大使比照白土搀入漕粮、运弁与押夫千总不行查禁例，灶户比照丁舵已经搀和例，分别议处究治，失于觉察井员量减一等，知情受贿，照枉法赃，从重治罪。在井查出，勒令灶户照数改煎，发运出井，著落井官名下追赔。如承销州县明知盐斤搀和，瞻徇容隐，一体著赔参处。各井员于每年开煎时，将样盐送巡抚衙门，验发盐道收储。如分发各属行销，仍有夹带泥沙，许各地方官，将原盐呈验参究。

盐禁 061：乾隆三十七年又议准

云南省北连川蜀，东抵广西昭通、东川二府属，例食川盐；广南、开化二府属，例食粤盐。邻私窜入，有经由津隘，应于汇归总路，分设巡盐员弁，酌带兵役驻扎，专司缉捕。至本地私贩，在井透漏，责成提举、大使；在途透漏，责成经由州县，严密稽查。如井员、地方官，缉究玩弛，分别失察知情参处。至开化、蒙自、临安等府州县，南接交趾诸沿边界，一并严密巡禁。

盐禁 062：乾隆四十一年议准

长芦行盐地界，不准蒙古盐斤侵越，违者照私盐例。其直隶宣化府属延庆、保安、蔚州、宣化、怀来、西宁、赤城、万全、龙门、怀安等十州县，食蒙古盐斤，不在禁例。

盐禁 063：乾隆四十二年覆准

山东沂州府河工通判，改为沂郯海赣通判，兼管缉私，并于两省私盐出入之庞家渡口，移扎把总一员，巡查盘诘，于大兴镇千总所辖兵丁内拨给十名，以供差巡。

盐禁 064：乾隆四十二年又覆准

河东盐地，添设总巡一员，巡役二十名，在三禁门总卡路口，并运城卸盐垣店左近稽查，以防诸弊。

盐禁 065：乾隆四十三年奏准

大伙枭徒拒捕伤差之案，一经审究得实，将得赃包庇之兵役，问拟斩候。私售之灶丁，及窝囤之匪犯，一体拟发伊犁乌鲁木齐为奴。

盐禁 066：乾隆四十五年奏准

山西迤北口外鄂尔多斯阿拉善山一带，产盐甚多，且与内地相近，必有匪徒兴贩，严饬文武官弁督率兵役，于通衢及各要隘，实力查拿躧缉，务使口外私盐，不许丝毫偷入内地，倘有不实心查禁者，严参示儆。

盐禁 067：乾隆四十六年议准

四川重庆一带入楚船只，零星食盐，仿照巴东易食零盐之例，每船不得过十斤以上。倘有任意售卖过数，除买盐越贩者照例究拟外，其卖给多盐之铺，即以通同货卖例治罪。

盐禁 068：乾隆四十七年覆准

山西民人贩运蒙古口盐接济，止许在应食土盐处所售卖，不得侵越商销池盐引地，严饬文武员弁，于要隘处所实力稽查，以防透漏，倘经发觉，严参议处。

盐禁 069：乾隆五十四年议准

粤省虎门、紫泥厂、桅甲栅、蕉门四处，令局商设立巡船，召募巡役，由守口员弁兼同昼夜巡缉。苦竹派、梅菉镇，平塘江口等三处，亦令局商自行设卡，责成地方官派役巡缉。至盐船入口到关，及局商分运各柜，均由运司饬知沿途汛口地方官催趱前进，傥有迟逾，分别追罚治罪，以杜稽延偷卖，并将无私可截之三水、韶州两关，概行裁撤。

盐禁 070：乾隆五十六年议准

行销淮盐之江西、湖广、江南、河南各省，无论巡役兵民，但能拿获枭贩者，将所获盐货车船头匹，全行赏给。其所赏盐斤，许该巡役兵民携赴就近官商盐店，令商人查照现卖时价，八折给领，盐斤由商转销。所赏车船头匹，获犯之日，准该巡役兵丁自行看管，定案后，准其自行变卖。傥兵役等仍敢包庇纵私，一经民人告捕缉获，将该管官弁严行参处，兵役与枭贩一体治罪。如获盐不获人者，将盐货车船头匹，概以一半给赏，一半变解两淮运库充公。

盐禁 071：乾隆六十年议准

河南南阳府属之南阳、唐县、邓州、桐柏、内乡、新野、淅川等七州县，向食河东池盐，邻近楚省淮盐纲地。池私易于透漏，其不与楚毗连南阳县之赊旗店，为池盐总汇之所；瓦店为水陆扼要之区，其与楚省毗连及距一二里至十数里者，唐县之仓台镇、张博士店、湖河四庄、黑龙镇，邓州之都司衙、刘家集、夏庄、小孙庄、魏家集、张家店、玉皇阁、孟家楼，桐柏县之钟家冈、姚河集、出山店、固始集、月河店，内乡县之顺阳川、党子口、高家冈，新野县之赵家桥、焦家湾、水台村、梅家湾、新店铺、文家桥、观音寺、黄家集、张家集、袁家湾、大石桥，淅川县之荆子关、白亭店、李官桥等，水陆要隘共三十七处，均应督饬地方文武员弁协同兵役，在于该处设卡巡防，昼夜实力躧缉，遇有私枭越楚，查拿究办。

盐禁 072：嘉庆五年奏准

云南各井盐斤，督饬井员查禁灶私偷漏，并严饬迤东之曲靖、开化、临安等府文武，派拨兵役，于各要隘认真巡缉，如有川粤私贩侵越入境，即行擒拿报解，傥敢懈纵，严参究处。

盐禁 073：嘉庆五年议准

河东盐池课归地丁，将河东蒙古盐斤，酌定限制，以杜侵越。口盐由河运碛口镇，责成汾州府派委妥员，轮班驻扎该处弹压稽查，遇口盐船只到镇，押令起岸堆储，零星贩卖。傥委员卖放，经下游地方官拿获，或被访闻，严参究办。黄河对岸陕西地方，令陕抚查禁，至河东池盐，由茅津渡上游各渡口过河，责成河东道派委妥员，轮班驻扎，会同该管县丞，遇商贩赴豫盐斤，务须押令对渡登岸，陆路转运，毋得顺流直下。傥有卖放，严参究办，令豫省一体严查，免致侵越淮芦引地。

盐禁 074：嘉庆二十一年奏准

江西省淮引滞销，由邻省私盐侵越所致，应于要隘处所，分派文武员弁各带兵役堵缉，需用经费，在于商捐项下支给。闽省私盐于新城县之杉关，派武职一员，带兵五十名。盘湖隘，派文职一员，带巡役三十名堵缉。南丰、广昌一路私贩，于金溪县之许湾，派武职一员，带兵五十名。宁都州之骆口，派武职一员，带兵三十名查缉。浙省私盐，于石港派文职一员，带巡役三十名，设巡船二只。安仁西门之蓝桥，派武职一员，带兵三十名。水陆分缉粤东私盐。于万安之五里隘，派武职一员带兵五十名。泰和之白洋坳，派武职一员，带兵五十名，在各该处及附近一带堵缉。

盐禁 075：嘉庆二十一年又奏准

江西省地方汛弁，督率兵丁常川巡缉，本营上司将派缉各弁职名，半载比较一次，按本州县销引溢缺分数，咨部议叙议处。又缉私弁兵，准携带鸟枪，编列字号，官为给发。如无官编字号，即属私带，俟枭贩稍戢，即行停止。若零星小贩及大伙非持械拒捕者，该弁兵混行枪毙，仍照凡人鸟枪杀伤例问拟。

盐禁 076：嘉庆二十三年议准

山东省界连江南之大兴镇，并私盐出入之庞家渡口，江南省之镇江闸，海州、沭阳之龙苴集，高邮、宝应至甘泉县境之六闸、凤凰壁虎等桥；江广粮船经由之地，仪征县之沙漫洲、北新洲、老虎头、黄连港，捆掣引盐，并盐船停泊之所，湖北省东湖县之平善坝、南津关、西坝、白洋河；川省私盐出入之所，襄阳县之东石台湖、鄢家埠口、蔡新集、上泥河、正北乡、破碑铺、乔家冈、清凉寺、北路井、西北乡、净土寺、黑龙集，枣阳县之寺庄店，应山县之平靖关、吴家店、浆溪店、花山店、许家冲，随州之小林店、岩子河，邻近河南省新野、邓州、唐县、信阳等州县地方；江西省吉安府之皂口等五处，南康府之青山；淮盐入江门户，新城县之卢家岭、山冈口、杉关、盘湖隘，南城县之水溅架，南丰县之百丈岭、夫人岭，泸溪县之椒溪等五处，又朱崖、藻坪、陈坊、猫儿岭脊，饶州府之德兴、浮梁二县，安仁县之蓝桥、石港、长塘，金溪县之许湾，宁都州之骆口，万安县之五里隘，泰和县之白洋坳，赣县之攸镇磨角地方；闽、浙、粤东三省私盐出入之所，湖口县之梅家洲、北姑塘；江西回空粮船经过之地，河南省南阳县之赊旗店、瓦店；河东池盐水陆扼要之处，唐县之仓台镇、张博士店、湖河、四庄、黑龙镇，邓州之都司衙、刘家集、夏庄、小孙庄、魏家集、张家店、玉皇阁、孟家楼，桐柏县之钟家冈、姚河集、出山店、固始集、月河店，内乡县之顺阳川、党子口、高家冈，新野县之赵家桥、焦家湾、水台村、梅家湾、新店铺、文家桥、观音寺、黄家集、张家集、袁家湾、大石桥，淅川县之荆子关、白亭店、李官桥，水陆要隘三十七处，毗连楚省淮盐纲地。广东省番禺县之虎门、紫泥厂、桅甲栅、蕉门、惠州、高州、廉州等府之苦竹派、梅菉镇、平塘江口；云南省之曲靖、开化、临安等府，均于扼要处所。由各该督抚饬委文武员弁，认真堵缉私盐，毋稍疏纵，仍禁止兵役藉端勒索。如各员弁不能实力整顿，或私贩不即查拿，或勒索不加惩治，该督抚即据实指参，照例议处，该管各上司，一并查明参奏。

盐禁 077：嘉庆二十三年又议准

江西省建昌、饶州二府属各要隘地方，设卡分巡，遴选文武员弁，与各本处营汛弁兵，协力堵缉，俱以半年考核一次，查明各处获私多寡，销引溢缺分数，由巡抚会同盐政核实具题，分别议叙议处。江西省淮引滞销，由各邻私侵越所致，凡缉私一切经费，俱奏准由商人捐给。

盐禁 078：嘉庆二十三年三议准

凡拿获私盐，数在三百斤以上者，将买自何人何地及窝顿之人，讯明确据，关提审究，按律惩治。若审出买自场灶，将该管场员并沿途失察各官，一并题参，灶丁按私贩例治罪。承审官率混详结者，并予参处。

盐禁 079：嘉庆二十三年四议准

引地交界处所，邻商盐店，止准开设数处，余俱移至三十里外，以杜侵越。

盐禁 080：嘉庆二十三年五议准

河东池盐，皆由茅津渡上游各渡口过河，责成河东道委员轮驻，会同地方官巡察，遇商贩赴豫盐斤，押令对渡登岸，陆路转运，毋得顺流直下。倘委员等漫不经心，一经下游地方拿获，或被访闻，该管上司立予严参，并令豫省一体查禁，以杜侵越淮芦引地。

盐禁 081：嘉庆二十四年覆准

江南浙江等省，附近场灶地方，贫难小民，年六十岁以上，十五岁以下，及年虽少壮身有残疾，并妇女年老孤独无依者，报明州县注册，给予印烙腰牌，赴场贩盐四十斤售卖，准行陆路，不许船载，每日止许一次。倘有更番叠出，积少成多，或串雇贫民，代为分拆零售者，严拿究办。其山西大同、朔平、宁武等属，并口外归化城、清水河、萨拉齐、和林格尔、丰镇、宁远等厅，向食鄂尔多斯、苏尼特两处盐斤，亦仿照江浙等省之例，准每人肩挑背负盐四十斤，过此即以私贩论。

盐禁 082：道光十一年谕

卢坤等奏：筹销楚岸积盐，并查出重斤，恳恩从宽，罚令量减售价，以便民食一折。楚省额销淮盐，据该督等查明现报存岸，及载运在途盐数，已有六十一万余引之多，几占一年销额，并查出短少盐包及重斤夹带之弊，本应将该商船户厮伙等分别究惩，因人数过多，恳恩宽其既往，责令该商减价售卖，以溢出之重斤，抵补减售之价值，于商本不致大折，可以稍示薄惩。所有查出重斤，著加恩一体免其究办，罚令各商每包减价一成售卖，以期速销。其辛卯纲到岸新盐，毋得仍前套搭，并著此后查照奏定章程，由淮实发水脚，严禁扣价买装，以杜带私盗卖诸弊。至现在存岸盐船，有历一年十月之久，尚未开封者，虽到船月分多寡不一，尽可酌数开售。著照所议，上年正二三四等月，到岸最久之船，计五万余引，合为一次先行尽开。其在后月分，到船数多者，一月一开。到船数少者，并为两三月一开，总期广为疏销，俟新纲运岸，随到随售，永除封轮名目。其在扬在楚浮费，现已逐加厘剔，著该督随时稽查，俾成本永远轻减，民间无虞食贵，并著督饬所属，严缉邻私，仍于汉岸江船聚集之处，酌派干员设卡稽查，以杜盗卖淹消各弊。该督等务当认真整顿，俾积弊悉除，鹾务日有起色，不可有名无实，致干咎戾。

盐禁083：道光十一年又谕

杨国桢奏：行销淮盐引地筹议章程一折。前因陶澍奏，淮盐行销引地，散在各省，请饬一体巡缉。当经降旨，饬令该督抚各就地方情形，妥议章程，明示惩劝。兹据杨国桢覆奏，河南汝宁府，并光州所属十四州县例食淮盐，该抚于上年亲往查办水路隘口，添设卡座，责成地方员弁，随时巡逻，杜绝私贩，现在明定惩劝章程，咨会两江督臣，饬令该商迅速运盐到岸，俾枭贩捻匪无从乘隙为奸。其毗连楚省地方，并咨明该省督抚，饬属堵缉，以杜偷越。著照所请，嗣后豫省行销淮引，如果地方官缉私出力，督销三年如额，即咨部量予议叙。如督销不力，或巡缉懈弛，即严行参办。并著两江总督，严饬淮商办运迅速到岸，毋蹈从前稽迟悬引积弊，其行销潞盐南阳府属，界连楚省淮盐引地。著湖广总督、湖北巡抚一体饬属堵缉，各该督抚等务当恪遵前次所降谕旨，督饬地方文武员弁，无分畛域，并力缉巡，俾官引畅销，私贩净绝，毋得日久生懈，致干重咎。

盐禁084：道光十一年三谕

湖南郴州所属永兴县地方，例食粤盐，与淮盐引地交界，粤商开设子店，本系行销生盐。近来粤商藉海船舱底沙泥，准其煎熬零售，遂至开设熬锅至一百数十口之多，将生盐煎熟，充作淮盐，越界售卖，以致楚省渐形缺额。必应严定章程，各守地界。著李鸿宾即遴派廉明诚实之员，前赴郴州会同衡州府知府，详勘情形，酌定熬锅额数，永定限制，毋许私增多设，按年取结报部，以杜侵越。

盐禁085：道光十一年四谕

卢坤等奏：整顿盐务设立章程一折。楚岸淮引滞销，皆由内私外私，占塞销路，而治内私尤亟于堵外私，现经该督等遴选干员，专驻江船聚集之塘角，设立总卡稽查，并派员帮同巡察，即查出郭汉玉盐船船户盗卖等情，在汉关盘获李之连私盐万余斤，又续获刘大富等雇船装运脚私二起，计重三万七千余斤，并查近年盐船，动辄捏故淹消，多有划船乘机抢夺。现饬员会同总卡委员，各派丁役，不分昼夜，在于各垱口梭织巡逻，遇有捏漏淹消，抢盐划船，盗卖轻载，即分别查拿验究。其江干渡划摆江渔艇等船，旧有编号章程，业饬各该县转饬汛员，督率保甲，将所管水面船只，分类编号，大书姓名，各归各埠，造册报县，送总卡稽查，并将存河盐船，按帮取具连环保结，俾盗卖者邻船即行举报。办理尚属周密，如果各该县暨委员认真稽查，将带私之船，遇案获究，淹消盗卖之风，自必敛戢，惟所拿必须私枭大伙，方准奏请鼓励。该督等务当严饬所属，实力巡查，使积弊胥除，官销日见畅旺，以肃鹾政。

盐禁 086：道光十一年五谕

陶澍奏：酌定楚西等省盐船到岸限期，并委员巡缉以杜夹带盗卖一折。楚省商运江船，行走限期，旧例已为周密，惟运盐至江西省，向未定有限期，据该督查明程途，比较楚省限期酌定。著照所议，小船定限二十日，中船定限三十日，大船定限五十日，责成淮南监掣同知，于商人雇船运盐前赴楚西，视引数之多寡，定雇船之大小，以装满九分为率，不许留有空舱，致多夹带。至安徽河南各口岸盐船，既分江湖两运，兼有换船起剥之处，其船并无大小，著以淮安城北乌沙河开运之日起，定限每日行三十里，将盈补绌，按程途之远近，扣日期之多寡，责成淮北监掣，查验开行，均不得留舱夹带，仍将开行及到岸限期，并吃水尺寸，另给催趱限单，抵岸报验，由各该盐道认真查对。觉有中途风水阻滞，照楚省旧例，准其据实呈报，如逾限不到，即行查办。至夹带卖私之弊，楚西一路为尤甚，往往盐已卖尽，即捏报淹消。从前曾委武职员弁巡缉，嗣经裁撤，著仍复旧规，每年酌委参、游、守备，或文职二员，自仪征大江溯流巡缉，至湖口分路，一往江西，一往汉口，仍由原路查回仪征，换员前往接巡，责令访查夹带卖私捏报淹消等弊，并令沿途催趱行运，毋任稍有逗遛。其所委之员，该督仍随时查察勤惰，分别劝惩。总须认真办理，杜绝诸弊，俾盐引畅销，鹾务日有起色，不可虚行故事，日久仍视为具文。

盐禁 087：咸丰十一年谕

劳崇光奏：盐务缉私紧要，请在隘口设立排船一折。广东盐务，积疲日久，私贩充斥，以致官引滞销，课项征收短绌。北江一带，枭匪联帮贩私，持械拒捕，大为盐务之害。著照所请，所有清远县属白庙地方，即添设排船，制备枪炮，编立字号，发给兵役，遇有大伙私匪执持火器军械抗拒，即格杀毋论。如零星私贩，并未拒捕，仍照常缉拿，不得概行施放枪炮。并著劳崇光遴委公正文武大员前往，常川驻扎，督同缉私员弁兵役，严密查缉，认真办理，以肃鹾纲。

盐禁 088：光绪元年谕

御史王立清奏：办理厘盐各局，请明定章程等语。各省抽厘分局，及江皖两湖等省，督销两淮票盐分局，各该州县，往往以本籍绅士经管，弊窦丛生，亟应严行禁止。著各该省督抚及盐政衙门，嗣后委办厘盐各分局，不准用本州本县绅士，其已委者即行裁撤，并将委员职名籍贯，年终报部，以凭查核。

参务禁令〔例87条〕

参禁 001：原定

采参之人越界采取者，以偷盗论，参还原主。越境采取者，参与人畜俱入官，其主罚俸有差。不知情者免议，为首之人鞭一百，余皆准窃盗论，参入官。

参禁 002：顺治六年题准

王、贝勒、贝子、公等采取官参，各照分定人数发往，违例差遣者，革去一应赏赉，止给予现获人参，差去之人入官。其属下人不奉差遣，私遣人偷采者，本犯入官，其主治以重罪。

参禁 003：顺治十五年议准

有偷采人参者，将带至之头目斩决，余众治罪。

参禁 004：顺治十五年又议准

旗下人偷采人参者，枷一月、鞭三百，牲畜及所得之参，一并入官。官民家下人有犯，其主知情者，本犯枷一月、鞭三百，参与人畜皆入官，其主问偷盗之罪，不知情者免议。本犯枷两月、鞭一百，牲畜财物入官；若其主知情，诈称不知者，加等治罪，家人入官。奉天等处民人有犯者，枷一月、责四十板，人畜财物入官。蒙古锡伯瓜尔察等处人有犯者，交理藩院议处。

参禁 005：顺治十六年议准

顺天等八府民人出山海关禁约处所偷采人参者，照奉天例，交户部入官。

参禁 006：康熙二年题准

违禁采参者，为首之人处死，余仍照旧例治罪。

参禁 007：康熙三年议准

盛京采参，照盛京披甲人等罚治之处停止，听其采挖。

参禁 008：康熙四年议准

嗣后仍将私采人参，严行禁止。

参禁 009：康熙五年题准

偷采人参之铺头，拟绞监候。出财招集多人偷采者，照为首例处死，牲畜等物一并入官。

参禁 010：康熙六年议准

民人附从偷采人参者，责二十板。其容留贸易不拿送者，加等治罪。

参禁 011：康熙七年题准

旧例，每年四月八月，官役巡踪监缉，今令于春秋二季豫行巡缉。

参禁 012：康熙七年又题准

偷采人参之人，未经起发拿获者，出财之主，并为首之人，各枷一月、鞭一百。为从，系旗人，鞭一百；系民，责四十板，马牛布匹等物入官。

参禁 013：康熙八年题准

偷采人参，出财之主，并为首之人，已得参者，照例拟死。未得参者，系旗人，枷两月、鞭一百；系民，枷一月、责四十板，入官；为从之人，各枷一月。余照前例。

参禁 014：康熙九年议准

奉天等处招徕之民偷采人参，为从者，照旗人例，虽已得参，免其入官，枷两月、责四十板。

参禁 015：康熙十一年题准

驻扎盛京官员拿获偷参之人，得财私放者，革职交刑部治罪。

参禁 016：康熙十一年奏准

盗参之人，必各有所管之人。旗人及驻防人等，一次盗参，将领催、乡催，鞭一百；二次，领催、乡催，枷一月、鞭一百；三次，领催、乡催，枷两月、鞭一百，领催革退。如一家三犯盗参，家主系旗人，鞭八十；系民，责三十板。陵寝所属有盗参者，将催总照领催例治罪。部属衙役、官屯打牲等项官丁盗参，将该管催总、长吏，均照领催例治罪。奉天海城所属民人盗参，将十家长、百家长，照领催例治罪。

参禁 017：康熙十一年又奏准

上用珍品及朝鲜贡驮之进山海关者，毋庸搜查，该管包衣佐领等亲视装载，筐袋各印图记，造具印文，咨送山海关城守尉查放，其无印文，额外赢余者，停卸搜查。如搜获人参，朝鲜贡人，交礼部酌量议罪；参主无论旗民，均照例治罪。外藩王公、公主、格格及喇嘛等所属人盗参者，交理藩院议罪。

参禁 018：康熙十二年议准

奴仆偷采人参，其主知情者，杖八十；诈供不知者，杖一百。

参禁 019：康熙十五年议准

旗人、民人越境采参，已得者，将出财之主并为首之人，皆拟绞监候；闻拿投部，不准自首。为从，系旗人，枷一月、鞭一百；系奉天等处民人，枷两月、责四十板，物畜入官；内地民人，并妻入官。奴仆偷采，其主知情者，旗人鞭八十，民责三十板，偷采之人枷一月、鞭一百，人与畜俱入官。若其主知情，诈称不知者，旗人鞭一百，民责四十板；不知情不坐；本犯枷两月、鞭一百，物畜入官。若未得参者，出财之主并为首之人，系旗人，枷两月、鞭一百；民不分奉天、内地，皆枷一月、责四十板，同妻一并入官。余照前例。

参禁 020：康熙十七年议准

偷采人参，为从者，不论旗人民人，皆枷两月。

参禁 021：康熙十七年又议准

偷采人参，已得者，出财之主，为首之人，拟斩监候；为从，系旗人，枷三月、鞭一百，物畜入官；民人不论奉天、内地，皆枷三月、责四十板，妻子物畜皆入官。奴仆偷采，其主知情者，旗人枷两月、鞭八十；民人枷两月、责四十板；不知情不坐；本犯枷三月，旗人鞭一百，民人责四十板。未得参者，出财之主、为首之人，系旗人，枷三月、鞭一百；民人不分奉天、内地，皆枷三月、责四十板，妻子一并入官；为从之人，枷两月，旗人鞭一百，民人责四十板。其藉称采取官参，多带人数在界外偷采者，为首之人，照例处死；其余照为从例治罪。若采取蜂蜜、松子之人，在自界内山上偷采人参者，率去之领催、头目，各枷两月、鞭一百，余各枷一月、鞭一百，人参入官。至盛京所属看坟及居住之人，有偷采人参者，将纵放之领催，枷一月、鞭一百；失察者，鞭一百。各旗佐领下人，有偷采人参者，将纵放之领催革退，枷一月、鞭一百；失察者，领催鞭一百。府属佐领下人，有偷采人参者，将纵放之府属领催，照旗人例处分；无品级管领、领催，各枷一月、鞭一百；失察者，将领催鞭一百；府属管领鞭八十。民人有偷采人参者，纵容之百家长责四十板，十家长枷一月、责四十板；失察者，十家长责四十板，百家长责三十板。凡拿获偷采人参，皆交户部变价，一半入官，一半给赏拿获之人。其巡查官兵见踪不追，徇情纵放者，领催革退，枷一月、鞭一百；骁骑校，鞭一百；门尉、笔帖式，皆革职，枷一月、鞭一百。其山海关等边门，不加盘查，纵放偷带人参入关者，直日领催革退，枷一月、鞭一百，骁骑校，鞭一百；其私买参卖参者，各枷一月、鞭一百。

参禁 022：康熙十九年议准

凡违禁偷采人参，仍照康熙十五年定例治罪。为从之人，各枷两月，系旗人鞭一百，民人责四十板。其边外居住山海卫所属兵民，及盛京直隶山东沿海处所，有偷载人参贸易者，照偷采人参例治罪。

参禁 023：康熙二十年议准

山海卫所属城堡兵民偷采人参者，亦照康熙十五年定例治罪。

参禁 024：康熙二十一年议定

凤凰城至山海关，开原边至萨林窝哩，沿边设有柳条边墙，不得私入禁山。

参禁 025：康熙二十一年议准

凡采取官参之人，各给印票，以便稽查。如无信票，私自行走，或有信票，越界行走，并不照票内定数多带人畜者，巡查官兵，即拿获送部治罪。徇情纵放者，领催枷一月、鞭一百，骁骑校鞭一百。若得财纵放及人参隐匿入己不全送官者，交刑部计赃，照例治罪。有能出首者，财物一半给赏，一半入官。拿获马匹，一半入官，一半给赏拿获之人，人参尽行入官。如诬告无辜之人，兵丁枷两月、鞭一百。拿获之人捏情控告审虚，照诬告重律治罪。若毁坏盛京、凤凰城等处边栅，私自出入，官员、领催、兵丁、守关门尉、笔帖式，不行查拿及通同受贿者，照巡查官兵例治罪。

参禁 026：康熙二十三年奏定

嗣后八旗采参，皆前往乌苏里等处，采取遣往时，盛京上三旗包衣，或骁骑校，或司库；下五旗自王以下，奉恩将军以上，各择包衣一名为首，额设丁夫，给票采取。若不将该包衣人照数遣往，或雇人赍往，致有盗挖参枝者，将本家主、管领，交该部从重议罪。

参禁 027：康熙二十八年议定

偷刨人参之人，其马匹帐房等物，著给予拿获兵丁。

参禁 028：康熙三十三年议定

偷刨人参之人，事发，将所出边口防守官员，一并治罪。

参禁 029：康熙四十年议准

刨参之人拿获后，如有将无干人雠报者，不论旗民，皆枷责，仍照为从例分别发遣。

参禁 030：康熙四十一年议定

捕获盗参人，十人以上为一伙，兵丁捕获五伙以上者，赏银三两；捕获十伙以上者，赏银六两。

参禁 031：康熙四十八年奉旨

令乌拉打牲满洲等采参，其采参处如遇汉人，一概缉捕。

参禁 032：雍正二年议准

拿获私参之人，除赏给所得马畜外，将参赏给十分之四。

参禁 033：雍正二年议准

山海关等关口，除搜获参须、参末及分两无多者，毋庸给赏外，如有搜获人参较多者，每斤赏银一两，照数递加。倘搜查不力，致私带人参至关者，巡查人等，照不应重律杖八十。明知故纵者，杖一百枷一月。受贿卖放者，计赃以枉法论，从重治罪。其巡查踪迹兵丁，应行赏给治罪之处，仍照旧例行。

参禁 034：雍正二年定

偷采人参，出财之主并为首之人，其一人所放之人至百名以上，所收之参至五百两以上者，仍照旧例，拟绞监候。人不满百名，参不满五百两者，出财之主并为首之人，枷三月、鞭一百；为从，枷两月、鞭一百。或一二人刨参所得不至十两者，交与盛京刑部，旗人鞭一百，民人责四十板，递回原籍。

参禁 035：雍正二年又议准

满洲人等，于定数跟役一名外，携带盗参之人，严加缉捕。

参禁 036：雍正九年奏准

偷采人参，财主及为首之人，所放人至百名以上，所收参至五百两以上者，仍照旧例，拟绞监候。人不满百名，参不满五百两者，杖一百、流三千里。

参禁 037：乾隆二年议准

缉获持票挖参夫役，采得参斤越路脱逃者，按律治罪外，将伊等挖取参斤，照例票应出参数交商，其余入官。

参禁 038：乾隆三年议准

偷刨人参，人不满百名，参不满五百两者，首犯既经减流，为从应再减一等，杖一百、徒三年，旗人及奉天民人照例枷责发落，仍分别刺字，牲畜等物，给拿获人充赏，人参入官。奴仆有犯，其主知而遣去者，杖八十；知而诈供不知者，杖一百；不知者不坐。若未得参者，财主及为首之人，系旗人枷两月、鞭一百，盛京及内地民人，皆枷一月、鞭一百，并参送户部入官；为从，枷一月、杖一百。若一二人刨参，所得不至十两，交与盛京刑部，系旗人鞭一百，民人杖一百，仍照例刺字。如一二人刨参未得者，减二等，旗人鞭八十，民人杖八十，递回原籍，免刺。

参禁 039：乾隆三年奏准

拿获贩参之犯，所贩参至五百两以上者拟流，不满五百两者拟徒，不满十两者杖九十，皆免刺字。

参禁 040：乾隆四年议准

挖参夫役，采得参斤越路脱逃，如有将参拿获者，即交官商收存，以免赔补官参之患。

参禁 041：乾隆七年议准

旗人度越禁约处所偷采人参，所放人自一二名至十名，所收参自一二两至十两，杖六十、徒一年。人以十名递加，参以五十两递加，分别拟以徒流。人加至八十名，参加至三百五十两以上，仍拟满流。其并无财主铺头，一时乌合，各出资本，参系自得者，人自十名至三十名，参自十两至不满百两，为首，比财主铺头各减一等。人至三十名以上，参至百两以上，为首，照财主铺头定拟为从，各减一等，未得参各减二等，皆免刺，仍分别旗民，照例枷责发落。外省流民，无论人数参数已得未得，皆照例递回原籍。倘有人多参少，参多人少者，各从其少者治罪。

参禁 042：乾隆十年议准

拿获隐匿旧票偷挖者，将旧票解部销毁。

参禁 043：乾隆十年又议准

披甲人等夹带多人偷挖参斤者，著落披甲追缴入官，每参一两，折银二两。

参禁 044：乾隆十一年奏准

打牲吉林、宁古塔、三姓、黑龙江等处，出派官兵挖取官参，并采取桦皮，以及催交貂皮、修理船只等差，各项人等所带口粮铁锅、帐房等数目，行令酌量定拟带往，不得令其多带，仍将所定数目，严交卡伦官兵查验放行。倘有仍前夹带物件，接济私挖人参等弊，即将不能查出卡伦官兵，照例治罪。

参禁 045：乾隆十一年又奏准

七姓赫哲人等，在乌苏里口附近居住，恐有射利容留偷参之人，接济粮米等弊，自当定其赏罚。如有拿获者，即将物件，给予拿获之人，合计所获人数，折合银两布匹等物奖赏。如仍有容留等弊，将应给赏物裁汰，仍将容留之人，交该乡长等责惩。至奖赏应需银两，即在红票银内动用。

参禁 046：乾隆十一年议定

三姓、珲春等处商人官兵，领票赴宁古塔船厂地方购买物件，令其开明数目，有违禁携带米石什物，卖与偷刨之人，易换人参者，该将军查明，米不及五十石，什物值银不及五十两，俱杖一百、徒三年。若逾前数，俱发附近充军。旗人及官兵有犯，加民人一等治罪。其巡缉官兵知情故纵，与本犯同得赃者，以枉法从重论。失察者，兵丁照山海关搜获参珠不力例治罪。其明知偷刨奸匪而容隐在家，不行告捕，减罪人一等治罪。

参禁 047：乾隆十一年定

索伦达呼尔越界至松阿里乌拉地方，私带米粮等物，卖给刨参人者，照无引私盐律，计米数多寡，分别定拟。吉林、乌拉，有越界私带米粮情事，令吉林、乌拉将军一体查拿，照例定拟。

参禁 048：乾隆十一年又定

凡旗下另户正身，潜匿禁山过冬刨参，照不分已未得参杖一百例，加等治罪。其审有人参数过于本罪者，照定例以次递加，仍免刺字。其民人、旗下、家奴人等，除照例治罪外，无论已未得参者，俱刺面；民人交地方官严行管束。如再逃往禁山，亦加一等；系旗下家奴人等，发往拉林，给予移扎种地满洲为奴。

参禁 049：乾隆十二年奏准

南海、德克登机等处，应出派官兵防查偷挖人犯，每年八月初间，分路前往过冬居住，于次年春令后遍行搜查。草木萌芽时，即行撤回。

参禁 050：乾隆十三年奏准

南海、德克登机等处过冬官兵，本年停止派往，仍派官兵躧迹巡查南海等处，于七月内起程前往，俟刨夫出山后，遍行躧迹搜获严察。宁古塔、三姓、副都统，率领官兵，于五月间起程前往。

参禁 051：乾隆十三年定

贩参人犯，其未至五百两者，照偷挖参斤未至五百两杖一百流三千里减一等议徒之例，杖一百、徒三年。

参禁 052：乾隆十四年议准

领票刨参人夫，例给鸟枪，查明人数多寡，批给鸟枪，填明票内，出口验放，回山稽查，违例私带者，照商民应带鸟枪，转给售卖偷刨之人，比照军人将军器私卖与人、发边远充军律，减一等，杖一百、徒三年。

参禁 053：乾隆十四年定

旗民偷挖人参，初犯，人数未满十名，参数未满十两者，枷一月、杖一百；未得参及运米石者，俱枷二十五日、杖一百，递回原籍管束。再犯，得参者，杖八十、徒二年；未得参及运米石者，俱杖七十、徒一年半，分别旗民发落。

参禁 054：乾隆二十年议准

吉林、宁古塔、伯都讷、拉林等处，于紧要隘口安设卡伦，刨参之年，出派官兵遍行搜查。

参禁 055：乾隆二十一年定

旗民人等偷刨人参，人至一百名以上，参至五百两以上者，为首之财主及率领之头目，并容留之窝家，俱拟绞监候。为从，系民人，发云、贵、两广烟瘴地方；旗人，发打牲乌拉，查明正身家仆，分别当差为奴；均照窃盗例，分别刺字，所获牲畜等物，给拿获之人充赏，参入官。拟绞人犯，遇赦减等者，亦照为从例发遣；其未得参者，各减一等。如人自一二名至十名，参自一二两至十两者，财主头目，系民人，杖一百、徒三年；旗人，枷四十日、鞭一百。人数至二十名，参至五十两者，财主头目，系民人，发云、贵、两广烟瘴少轻地方；系旗人，发打牲乌拉。刨参未得，人自一二名至十名者，杖一百、徒三年；系旗人，各照例折枷鞭责发落；为从者，各减一等；容留之家，罪同。若并无财主，一时乌合，各出资本者，按人数参数，已得未得，照财主例，减罪二等科断。代为运送米石者，亦如之。贩参人犯拿获时，查明参数，照财主头目偷刨人参例，减一等治罪。至刨参犯内有家奴，讯系伊主知情故纵者，将伊主杖八十；不知者，不坐。其潜匿禁山刨参人犯被获治罪，递回旗籍后，复逃往禁山者，各于应得本罪上加一等问拟。若系旗下家奴人等，即发往拉林，给种地人为奴。

参禁 056：乾隆二十四年奏准

乌苏里、绥芬参山，放票刨采，领票人等，多有随往黑人，偷越卡伦，添带人米等弊。嗣后陆路所放参票，交三姓副都统按时搜检，添设卡伦严察。其水路所放参票，即由吉林、宁古塔二处查明人米，当时给予腰牌，委派官兵管束，递送瓦里城地方入山刨采，仍照例支给盘费银两。

参禁 057：乾隆二十四年又奏准

三姓接连新设各台站，驱逐流民，不准栖止，并于宁古塔、三姓珲春设立界址，不准盖房垦地。至各路途无票行走者，严行禁止。其种地贸易佣工人等，由该佐领具保注册，随文稽查。

参禁 058：乾隆二十四年定

拿获刨参贼犯，如有身充财主，雇人刨采，及积年在外逗遛已过三冬者，不论参数多寡，俱发云、贵、两广烟瘴地方。若并无财主，一时乌合，各出资本及受雇偷采，或只身潜往得参者，均杖一百、流三千里；未得参者，杖一百、徒三年。代为运送米石者，亦如之。旗人有犯，同民人一体办理，犯应军流者，销去旗档；系旗下家奴，发驻防兵丁为奴。

参禁 059：乾隆二十四年又定

旗民人等偷刨人参，人至百名以上，参至五百两以上者，为从，系民人，发云、贵、两广烟瘴地方；旗人，销去旗档，同民人一体发遣；家奴，发驻防兵丁为奴；均于面上刺字。贩参人犯，查明参数，照财主头目偷刨人参例，减一等治罪，免刺。至刨参人犯被获治罪后，复逃往禁山，各加一等问拟。系旗下家奴，即发黑龙江等处，给予披甲人为奴。

参禁 060：乾隆二十七年奉旨

嗣后查拿私行买卖飞参人等，查出银两如在一百两以内，毋庸入官，即分赏原捕之人。如在一百两以上，分作三分，二分入官，一分分赏原捕之人。其出力奋勉人等，作何分别赏赉之处，著将军自行办理，永为定例。

参禁 061：乾隆二十七年定

拿获刨参人犯，职官受贿私纵，计赃满贯者，绞监候。

参禁 062：乾隆二十七年议定

收买私参，照贩卖私参之例，杖一百、徒三年。

参禁 063：乾隆二十八年定

额票工人内，如有偷窃领票商人之参者，照刨参已得例，不论参数多寡，俱杖一百、流三千里，仍于面上刺窃盗字，追赃给主。

参禁 064：乾隆三十五年议准

拿获刨参贼犯，该军流者，销去旗档，与民人一体问拟；该拟徒者，免其充配，折枷两月，责令该管官严加管束。除八旗另户正身，不准再食钱粮外，其余壮丁各色人等，仍令各当本身差徭。折枷后如有再犯，不分刨参已得未得，俱销去旗档，问拟附近充军。

参禁 065：乾隆三十六年奏准

旗民人等偷刨人参，人至四十名以上，参至五十两以上，为首之财主及率领之头目，并容留之窝家，俱拟绞监候，余皆照前例。

参禁 066：乾隆四十二年奏准

刨夫领票刨参，有不往所指山林刨采，有将票张卖放，别路飞扬者，除交官参外，余参俱令入官，于杖罪外，枷一月。至收买参秧栽种，以及偷刨参秧货卖等弊，即将此等人犯严拿究办，一律治罪。

参禁 067：乾隆四十二年又奏准

安设卡伦查验参包，于两处卡伦适中之地，安设木桩，令卡伦官兵轮流挂牌，如遇拿获黑人私参，讯明由何处出入，即将所放卡伦官兵治罪。傥有贿放故纵者，从重究处。其拿获黑参台卡官兵及番役人等，量加奖赏，于所获私参内，每参一两，以八钱入官，二钱充赏。

参禁 068：乾隆四十五年奏准

嗣后吉林所属地方，率领头目等带去刨夫内，如有事故逗遛山内，除刨夫照例治罪外，其率领行走头目，隐匿不报者，一经查出，照私带黑人之例，杖八十。如有图利特留过冬者，即同挖参人犯治罪。拿获私藏山内人犯，概不计参枝获与不获，均发往云、贵、两广烟瘴地方。

参禁 069：乾隆四十七年奏准

歇山之年，于边门内外原有卡伦，派员分路不时往返总统巡查，如有越边解米偷参者，即行拿获，解送将军衙门办理。

参禁 070：乾隆五十八年谕

吉林境外，非盛京即黑龙江地方，有偷换人参者，均著枷号两月，满日，杖一百，发遣烟瘴地方，以示儆戒。

参禁 071：乾隆五十九年定

除搜获藏匿余参，按私参本律严办外，仍将负欠最多之刨夫，从重枷一年，满日，重责四十板，递回原籍。

参禁 072：乾隆五十九年又定

刨夫出山时，承办各员严行稽查，毋使坐卡穷兵有卖放并包之弊。如有负欠刨夫，携带余参并包出山，及黑人、刨夫伙同滋弊，拿获，照例治罪。

参禁 073：乾隆六十年定

三姓、珲春等处，商人官兵领票赴宁古塔船厂地方，禁携带米石什物，易换人参。于未经交官以前，私行换卖，米逾五十石以上，什物值银五十两以上者，发云、贵、两广烟瘴地方安插。

参禁 074：嘉庆四年奉旨

私刨人参之案，止系只身潜往，向例不论参数多寡，概拟满流，未免无所区别，此后计赃论罪，以昭平允。钦此。遵旨议准：旗民人等偷刨人参，如并无财主，一时乌合，各出资本及受雇偷采，或只身潜往，得参者，俱按其得参数目，一两以下，杖六十、徒一年；一两以上至五两，杖七十、徒一年半；十两，杖八十、徒二年；十五两，杖九十、徒二年半；二十两，杖一百、徒三年；二十两以上至三十两，杖一百、流三千里；每十两，递加一等，罪至流三千里；为从及未得参者，各减一等。代为运送米石者，杖一百；私贩，照私刨人犯，减一等治罪。得参人犯，首从照例刺字；未得参及私贩人犯，俱免刺。余皆照前例。

参禁 075：嘉庆四年奏准

山海关巡查人员，如有搜获人参，将户部按数给银之例停止，余照旧例行。

参禁 076：嘉庆四年定

领票工人内，如有偷窃领票商人之参者，照刨参已得例，按照得参数目，分别徒流，仍照例刺字，追赃给主。

参禁 077：嘉庆七年奏准

吉林毋庸歇山，仍照旧开采，至夹带私人及栽养参苗各情弊，严行查禁。

参禁 078：嘉庆十五年谕

盛京、吉林、宁古塔一带，环绕长白山，为本朝发祥之地，产毓人参，实惟瑞草。二百年来，附近山场刨采日多，必须远历深山，方能采获佳品，亦事理之所有，至种参一项，以伪乱真，殊干例禁。乃近年各该处办解官参，竟有搀杂秧参，形状虽觉腴润，而性味实薄。现据内务府参奏，此次验收官参，系会同稽查御史，令各该解员眼同拆封，并添传经纪铺户人等认看，盛京票参四十八斤十二两内，堪用参十三斤四两，泡丁十五斤八两外，有秧参十八斤十二两，及带铅泡丁一斤四两。吉林票参五十九斤七两五钱内，堪用参一斤十二两，泡丁十八斤十五两三钱外，有秧参三十七斤十三两二钱，带铅泡丁十五两。宁古塔票参十七斤十二两八钱内，堪用参八斤十二两，泡丁六斤十二两九钱外，有秧参一斤十四两九钱，带铅泡丁五两等语。宁古塔秧参尚止一斤有余，盛京已十居其六，吉林至好参转不及一成。又盛京四等以上参六斤内，亦有秧参二斤。吉林四等以上参三斤二两，大枝参十两，竟全系秧参。该将军等不能认真查察，均有应得之咎。其挑出之秧参及带铅泡丁，著交原解官发回，著落该将军等照数更换补解，如不能足数，即著照两淮交价之例，分别四五等及泡丁，定价解银归款。

参禁 079：嘉庆十五年又谕

此项驳回官参，该处既交商变价，其不敷银两，自应著落分赔，且俟余参解到时，有无可以验收之参，再将该处应赔银数降旨饬交。至秧参一节，本干例禁，近询之曾任奉天大员，俱云移养参秧，不知起自何年，不但在本山培养，并有沿及附近山场之处，本日该将军奏折内亦有此语。此等积弊，竟系明目张胆，毫无畏惧，该将军等岂得诿为不知。若不严行查禁，则以伪乱真，必至正参日少，尚复成何事体。嗣后当随时查禁，如有移秧培养之处，即行实力严拿，毋得泄泄干咎。

参禁 080：嘉庆十五年奏准

吉林每年应进四等参枝，仍照旧额五十两，与各城分摊承办外，至办解票参泡丁。如有挑拣不慎，成色不足，致奉驳回者，责令该将军及经手之局员等，或照时价缴银，或令买参充额。

参禁 081：嘉庆十五年三谕

吉林、宁古塔、珲春三姓等界内小山，著落各处协领分带官兵，于本年刨夫出山之后，前往搜查。其乌苏里、绥芬大山，已于开列副都统单内圈出二员，著于来春刨夫未进山之前，各带本管协领一员，官兵二百名，分往严搜，至来年秋间，该副都统押同刨夫先行出山，仍令随往之协领，各带兵一百名，留住山内，搭棚防守，并各留兵五十名，沿途安设台卡，以备拿获黑人，逐台递解，俟次年春季撤回。

参禁 082：嘉庆十五年又奏准

吉林参局，如有局员等散票多寡不均，刨夫缴参时，任意高下其手，或加重平兑，肆行侵蚀等弊，令该将军等严参究办。

参禁 083：嘉庆十五年三奏准

吉林参局书吏，倘有与铺户揽头，及各衙门家人等交手说事，立即查明严办。

参禁 084：嘉庆十五年四奏准

吉林领票刨夫，倘有夹带私人，即行严察究办。

参禁 085：嘉庆十五年五奏准

栽种秧参，责成将军、副都统并奉天府尹，派令地方文武官不时严密稽查，具结呈报后，分派文武员弁分投往查。如有偷种情弊，将栽参之人，照例治罪。官参到局，先令局员认看，将军、副都统、府尹、侍郎，公同挑选解京。到京后，如有挑出秧参，除将官员议处，种参人治罪外，其挑出秧参，按照斤两，于该揽头名下追缴解京。如无好参，遵照本年钦定之价，责令交出。揽头如不能交，责令承办之员代赔。其旧例，每参一两赔银五十两之处，应行裁改。

参禁 085：道光三年谕

参山藏匿私人，夹带私参，律有明条，总在该将军等，督饬员弁兵役严密巡查，自能立除积弊。兹据松篔等查照旧章，酌加改拟具奏，著即照议办理。自此次奏定章程后，毋庸奏派副都统二员带兵入山，其各路所设卡伦一百六处巡缉，责成该将军等，派委诚实妥干员弁，带同兵役认真访察，固不可令兵弁等向官派刨夫滋扰，尤不可令与各处卡伦通同舞弊。如兵弁等搜查不力，及各卡伦有互为徇隐情事，查明，立即严参惩究。若该将军等视为具文，仍复有名无实，以致日久弊生，别经发觉，惟该将军等是问，决不宽贷也。

参禁 086：道光四年谕

吉林参务，节经定立章程，而揽头刨夫尚形苦累，自应量为调剂。所有绥芬、乌苏里产参山场，住山过冬刨夫，著准其仍复旧规办理，并令各揽头举熟悉刨夫，令在苏城、苏子海、讷思屯、呢满口等处寻采，按额交上等好参，挑剩余参，方准赏给售卖。如有成色蒙混情弊，即著落赔换，重责示惩。其每年留山刨夫，不得过每票人数之半，如有事故，该揽头于放参票前，注册更换，责成押票章京随时稽察，倘潜居透漏，从重究治。稍有疏纵，将该员等分别议处。并著守卡弁兵查验，毋任黑人夹带私参，以昭严密。

参禁 087：道光四年又谕

吉林三姓地方额定参票，从前因每年放不足数，将额票十三张，移拨珲春试放，以致宁古塔放票情形拮据，办理本未平允。嗣经富俊奏准，将前票仍归三姓散放后，复有议给津贴名目。第各城票张不少，若纷纷效尤，成何政体。嗣后著责成承办参务之员，将额票全数散放，不得藉词接济，希图津贴。

户关禁令〔例 190 条〕

户关禁 001：顺治九年题准

各关差不许留用保家、委官等项名色，其额设巡拦，各制号衣腰牌，以杜冒充。

户关禁 002：顺治十年题准

令各关差刊示定例，设柜收税，不得勒扣火耗，需索陋规，并禁关役包揽报单。

户关禁 003：顺治十一年覆准

各关纳银数多，给票数少者，许商民首告议处。

户关禁 004：顺治十三年题准

过关船如有指称内外官及旗下人，夹带私货者，该关官查明，分别参办。

户关禁 005：顺治十三年奏准

各关当堂设柜，设梁头货物条例，商民亲自填簿，输银投柜，验明放行，隐漏者治罪。如有滥委差役，苛索民间小船往来衣服食物者，该抚查实参处。

户关禁 006：顺治十四年题准

关税照部颁条例刊榜，竖立关口，便商输纳。

户关禁 007：康熙二年题准

外国人带进货物，崇文门不必收税。

户关禁 008：康熙四年题准

各关不许复用旧役。

户关禁 009：康熙五年题准

嗣后崇文门货物，出门者免税。

户关禁 010：康熙八年议准

各关刊榜，除去钞贯字样，明载征银数目，收税单一样填写二纸，一留商人，一送部查核。

户关禁 011：康熙九年题准

各关召募书吏，不许旧役更名复充。

户关禁 012：康熙十一年题准

裁各关典吏、攒典。

户关禁 013：康熙十八年谕

各关额外横征，差役四出扰害商民者，该部严禁访参。

户关禁 014：康熙二十三年覆准

福建、广东两省，许用载五百石以下船出海贸易，地方官登记人数，船头烙号，给发印票，令防守海口官弁验票放行。拨船巡哨，如有双桅八桨载五百石以上大船出洋夹带禁物，及文武官弁藉端需索者，皆从重治罪。其进海口内桥津地方，贸易舟车等物，停止征税。

户关禁 015：康熙二十四年议准

江、浙二省，亦许出海贸易，其禁例与闽广同。

户关禁 016：康熙二十四年覆准

福建省沿海无篷桅捕鱼船税，仍听地方官征收。其有篷桅船，听监督照例征收。梁头税课，沿海要口，均拨哨船衙役巡查。

户关禁 017：康熙二十五年议准

州县官隐匿海口之船至五船者，罚俸六月；十船以下，罚俸一年；十五船以下，降一级留任；二十船以下，降一级调用；二十五船以下，降二级调用；三十船以下，降三级调用；三十船以上，革职，仍计所隐之船应征税银，照数赔补。

户关禁 018：康熙二十五年谕

桥道渡口处所概行收税，于朕恤商之意不符，著九卿詹事科道会议具奏。钦此。遵旨议定：止收出海入海船税，进口内桥津地方贸易船车等物，仍停其征收。

户关禁 019：康熙二十八年谕

采捕鱼虾船及民间日用之物，并糊口贸易，悉免其收税。

户关禁 020：康熙三十二年覆准

设关原以通商便民，近多违例滥征，甚至小河小港，以及近关之地，旱路均行拦截，担负之民，尽行检索。嗣后令各该督抚不时访参，如别经发觉，将该督抚一并处分。

户关禁 021：康熙三十四年覆准

各关监督所给商人印单，不许撤回，如有撤回多征等弊，该抚题参议处。

户关禁 022：康熙三十六年议准

关差赴任，均照各衙门事例，听旧官签点经制书吏。如有自京私带积蠹，及年满复充旧役，谋占总科库头名色者，严加议处。

户关禁 023：康熙五十年覆准

闽、广、江西等省客商，从长江直下苏松者，不许出鳖子门，令赴北关纳税。苏、松等处客商往闽广者，任其行走。若从海关澉浦纳税，过鳖子门从长江行走，北新关不收税。如奸商偷过应行之路，被获，治罪。

户关禁 024：康熙五十二年议准

嗣后出差官携家口赴任，与不酌量关口足用，多带家人，及任满回京不照题定两月限内具呈考核，擅买田宅者，发觉之日，交与该部治罪。至衙役除解饷公事，仍赴京长接。监督在任买优置妾，及以缺额藉口题请展限者，皆交部治罪。

户关禁 025：康熙五十三年题准

湖广桂阳等四县行销引盐，盐蠹串通太平关权蠹，阻留勒索。又太平关统辖三关，每过关船勒索单银桥钱，行令督抚严行禁止。

户关禁 026：康熙五十五年议准

瓜洲税课司每年额征税银，向征贸易小民，此后停其征收，令扬州府同知代为捐解，并造入该同知经征由闸额税内，别款清解。如该同知再于商民私征，该抚即行题参。其税课大使，既无征收之责，即令裁去。

户关禁 027：雍正元年谕

各关差除正额钱粮外，加增赢余银，作何减除之处，该部酌议具奏。钦此。遵旨议定：将淮安、北新、南新、凤阳、天津、临清、江海、浙海、荆州等九关加增赢余银，悉行裁去。

户关禁 028：雍正二年谕

国家之设关税，所以通商而非累商，所以便民而非病民也。朕抚御寰区，加惠黎庶，惟恐民隐不能上达。近闻权关者，往往寄耳目于胥役，不实验客货之多寡，而止凭胥役之报单，胥役于中未免高下其手，任意勒索，饱其欲者。虽货多税重，而蒙蔽不报者有之，或从轻报者有之，不遂其欲。虽货少税轻，而停滞关口，至数日不得过。是以国家之额税，听猾吏之侵渔，以小民之脂膏，饱奸胥之溪壑，司其事者，竟若罔闻。又闻放关，或有一日止一次者，江涛险急，河路窄隘，停舟候关，于商民亦甚不便。嗣后权关者，务须秉公除弊，过关之船，随到随验，应收税者，纳税即放，不得任胥役作奸勒索阻滞，以副朕通商便民之意。至于崇文门收税，及分委各口收税之人，亦有多方勒索分外苛求之弊。京师为四方辐辏之地，行李络绎，岂宜苛刻滋扰，监收者尤当不时稽察，杜绝弊端。各省关差，若不遵谕旨，经朕访闻，定从重治罪。

户关禁 029：雍正二年又谕

凡商贾贸易之人，往来关津，宜加恩恤，故将关差归之巡抚，以巡抚为封疆大吏，必能仰承德意，加惠商旅也。但各关皆有远处口岸，所委看管之家人，贤愚不一，难免额外苛求及索取饭钱等弊，稍不如意，则缚送有司，有司碍巡抚之面，徇情枉法，则商民无所控诉矣。嗣后著将应上税课之货物，遵照条例，逐件刊刻详单，印刷多张，各货店均给一纸，使众人知悉。其关上所有刊刻条例之木榜，务令竖立街市，使人人共见，不得隐匿屋内，或用他纸掩盖，以便高下其手，任意苛索。立法如此，自能剔除弊端。各省兼管关税之巡抚，受朕委任之重，尤当仰体朕心，遴选诚实可信之人，以任稽察之责，必期商民有益，方为称职。

户关禁030：雍正二年议准

崇文门查验缎纱等物，令该商将各物丈尺报明，随手抽一二匹验看，若以多报少，将该商照例治罪。

户关禁031：雍正五年覆准

浒墅关豆税，旧例丈八梁头，纳银六十七两三钱，小贩每石七分。近来丈八梁头有改造深宽者，令循例签量，多者，依数每石二分六厘递加。其过船仓限槽余豆，亦每石二分六厘，小贩改每石四分。

户关禁032：雍正五年题准

粮船于装卸马头产货地方，令押运官及沿途催运文武官弁亲身查验，如有不法奸丁舵工水手人等，沿途停泊，揽载多货，立即申报题参，将运丁照漏税例治罪，货物入官。拿获之兵役，量加赏给。如有明知故纵及漫无觉察者，将该管运弁并地方官，皆严加议处。

户关禁033：雍正五年奏准

各商船户，不许私走支河，务须直赴关口，按例输课。如有包送漏税及随带军器恃众拒捕等弊，奸徒奸商船户按律究治，地方官议处。至于近关土豪，或系无赖，或系革役，成群冒充巡拦，撑驾白船，横截汉港要路，拦阻乡民柴米食用器具，不应纳税之物，勒索银钱者，许监督、地方官弁，协拿究治。

户关禁034：雍正五年又奏准

回空粮船，许带土宜六十担，免其输税，伊等势必将货分散各船，侵欺税课。嗣后回空粮船所载梨枣等物，仍令输税。

户关禁035：雍正五年三奏准

浒墅关，嗣后征收大梁头船装载豆货，活梁头船装载米货，均令签量计石收银四分。其绸缎，每担输税银二钱六分，以七十五斤为一担。布每担输税银二钱五分，以百二十匹为一担。桐油一担，输税银一钱二分。至各色货、各样船，应征条例，并令刊刻木榜，晓谕商民。其各关征收税银，亦令各关监督，将各处现行征收条例，据实陈奏，刊榜晓谕，毋得阳奉阴违，傥经接任官查出，从重治罪。

户关禁036：雍正五年又题准

临清关征收米麦税银，照浒墅关之例，签量计石，每担纳银二分二厘。杂粮照原额，每担一分一厘。船户应纳正粮，仍照旧征输。

户关禁 037：雍正六年覆准

民间耕驮需用骡骗马匹，往归化城换买，准由杀虎口经过纳税，如有违例禁阻，即行题参。

户关禁 038：雍正七年谕

各关开放商船，向例有部颁号簿，近闻各关别设私簿征收，惟于报部之时，始将号簿挨日填造，其意以水路船往来多寡不齐，若据实填簿，则不能逐日有征收数目，恐干部驳，是以设法匀派填造，如此则簿内全非实在数目，与商船过税串票，毫不相符，殊非政体，且凡事据实则可以无弊，作伪则弊窦丛生，今既任意匀派填造，则号簿亦为虚设矣。嗣后各关于部颁号簿，务须据实填写，傥无船过税之日，亦即注明，不得仍蹈前辙。如敢故违，定严加议处，该部亦不得滥行指驳，致滋弊端。

户关禁 039：雍正七年奏准

浙省南北两关及浙海关税，征收税银事宜，均令刊立木榜，以便商旅。其嘉、湖两府南粮，并民间完纳漕粮租米等项进关，原非商贩，其船税一概免征。

户关禁 040：雍正七年又奏准

凤阳关所辖之正阳关商船，以豫斛三百石为满料，关下装船，以五百石为满料，多余者为加仓，不足梁头者为小贩。光州杂货，以担计税。篷篓竹木，以件计税。临淮、长淮照梁头例，盱眙等本处装载，照关下例。临淮桅封船钞，每丈纳银二两二钱，每增减一尺，各增减税银三分，并令将各口条例，刊榜晓示。

户关禁 041：雍正七年覆准

各省解送官铜及办公一切物料，到关到厂，查与本省批文数目相符，免其榷课，傥有多带，俱令按例输税。

户关禁 042：雍正七年又覆准

崇文门乃五方辐辏之地，商贩多于外省，凡有货到而本客未至者，令店铺代报纳课，傥有不肖店铺漏课揹商，按例究治。

户关禁 043：雍正八年题准

天津关向来收税，一两加戥耗一分八厘，船料一两加戥耗五分八厘，著永行禁革。

户关禁 044：雍正八年又题准

嗣后有黄金贩卖出洋者，照铁货铜钱等物私出外境下海律治罪。其监督守口文武官弁受贿故纵，与犯人同罪，失察者照律参处。

户关禁 045：雍正八年三题准

采捕鱼船夹带米谷，皆由私牙代买，囤户豫积，小船搬运，停泊游移之故。嗣后米牙，必择身家殷实，取邻甲同行保结，如串商代买，本人并滥保者，一例治罪。

其海口居民，多行囤积私枭者，邻甲举首免罪，止究本人，容隐发觉，并行连坐。外来船均令进口停泊，其各澳小船，令地方官按数查明，编号入册，取具互结，令各营县汛口官弁兵役，实力稽查。如有盘出私米及首报者，准其赏给十分之三，在洋拿获者给半，余入官充公。仍饬巡查兵役，不得将海口居民食米，指称私积诈害，违者按律治罪。

户关禁 046：雍正八年四题准

福建沿海各属，给照通籴米谷，令各营县官弁，查验照内买米地方，准其买足，即于照内注明数目，移知原籍查对，如逾地偷买者，拿究。该地方官弁，或故纵奉行不力者，指名题参。

户关禁 047：雍正九年题准

山海关之西北石门寨等处梨税，准其每包减税一半，止纳三分，以恤穷民。将各税征收火耗，酌定以每两扣耗二钱，其二钱二分者减去二分，二钱五分者减去五分。

户关禁 048：雍正九年议准

废铁潜入边境及海洋贩卖者，一百斤以下，杖一百、徒三年；一百斤以上，发边卫充军。若卖与外国及明知海寇卖与者，绞监候。沿口近边关隘官弁，有徇私故纵，该管上司题参。

户关禁 049：雍正九年定

铁锅出洋，照废铁之例，一体严禁。

户关禁 050：雍正十年议准

征收商税条例，令管关者刊刻散给，未免隐匿由己，应行令各督抚，转饬附近关口之地方官，将题定现行条例，刊刷小本，颁发各行户散卖，每本定价银二分，以为刊刷之资，仍委官不时访察，如各关木榜，有粘贴掩盖及书役苛索等弊，即详报上司题参。至地方官刊发条例，有不详晰校定，遗漏错误，或扶同徇隐者，一并参处。

户关禁 051：雍正十二年谕

直省关税监督，于地方官原不相统辖，一切呼应不灵，而大小口岸甚多，监督一人，势难分身兼顾，虽选委书吏巡役，公同亲信家人稽查收放，而地方文武官弁，以为无与己事，并不协力，或转挟私，则奸商之隐漏，土豪之把持，督抚或不关心，监督动则掣肘，不独于税务无补，即于地方亦难免扰累。嗣后凡有监督各关，著该督抚监管，所属口岸，饬令该地方文武各官，不时巡查，如有纵容滋扰情弊，听督抚参处。至监督征收税课，及凡应行事宜，仍照旧例遵行，不必听督抚节制。如此既有专司，仍无敢歧视，于税课商民，似均有裨益。

户关禁 052：雍正十三年谕

闻江南淮安板闸地方，有土豪人等，开立写船包载等行，由该县滥请司帖，合伙朋充，为客商之扰累，曾经该关差追帖禁止，而土豪等仍改易姓名，盘踞淮关上下，凡有南河、北河、西河三路豆米货船，内有重载，在于关口雇觅小船起剥者，辄恃强代雇，任意勒索使用，不餍不休，客商甚为苦累，每致观望不前。朕得之传闻者，著该督抚再行确查，傥果有此等情弊，即严惩禁止，毋得视为具文。嗣后布政使司衙门，亦不得滥给牙帖，若他处关口，有似此作弊者，著该督抚一例查禁。

户关禁 053：雍正十三年题准

山东青白二豆，素资江省民食，虽不在例禁之内，但沿海载运，商船出入，理宜设法稽查，以杜偷卖。应令山东海口各州县卫，设立两联印票，凡有豆船出口，将商客船户年貌籍贯，本船字号，梁头尺寸，二豆数目，出口月日，逐一填注票内，一给商船，一留该处存查。该船到次，由海关进口上税者，该关验明人船豆数相符，即于来票内填明到口日期，钤用关印，仍将船票交商进口，俟卖完回东，呈送原给衙门验票查销。其由刘河收口者，亦令该关别设豆船印票，发存口岸，俟豆船进口上税之时，即将印票验填进口日期，将山东来票截角，一并交与本商回东呈缴。其有江南客商在东买豆回省者，亦由山东给予印票，俟回省将票缴存关口，一月汇移核销，仍令山东州县卫，每月将给过豆船票号，造册申请咨送江南稽察。江南关口，亦将每月到关验过豆数，造册申赍咨送山东较对。至前次已经出口之船，于下次出口船票内，令山东各州县卫照数开载，听江南海关体察前船曾否到省，如有未到，即关会确查。嗣后山东豆船，傥无印票而载运出口及有匿票私卖，并与原票不符之处，一经查出，根究明确，将无印票而载运出口及匿票私卖者，船豆皆入官，贩豆人等，照偷运米谷出洋例治罪。其与原票不符者，果有私卖外洋情事，将船豆亦皆入官，贩豆人等，亦照偷运米谷出洋例治罪。如无私卖外洋情事，或因出口之时，二豆数目未经核准，有与原数短少无多者，将贩豆之人，照违制律杖一百，船豆免其入官。如该管官不行详查，致有偷漏私越，照失察偷运米谷出洋例，罚俸一年。

户关禁 054：雍正十三年议准

各关将征收税条刊书大字，立于关口，不得书写小字，悬立僻处，违者，该督抚题参。又近关前后数里内，有设巡役者，悉行革除，以安商旅。

户关禁 055：雍正十三年又议准

各省督抚兼管关口，于委员之外，又派家人巡查关务，应令所委管关之员，不时查察，毋任该家人等苛索侵渔。又各关巡役，每于商贾未行纳税之时，先索饭钱，应通行严禁。至近关前后滥设之役，悉令撤除，违者，参劾治罪。

户关禁 056：雍正十三年覆准

嗣后货船到关，即令商人将货物舱口，据实开具清单，赴关查验，果无遗漏，算明税银，填具单簿，将单给商收执，每日早晚两次放关，随即验单截角，再于单尾填明到关放关时日，以便稽查。

户关禁 057：雍正十三年三议准

宁古塔地方商人换得貂皮等物，报明该处大臣，回来起票时，俱填入票内，所过关口，查验课税。如不报明偷藏越过，查出从重治罪，物件入官。

户关禁 058：乾隆元年谕

朕闻外洋红毛夹板船到广时，泊于黄埔地方，起其所带炮位，然后交易，俟交易事竣，再行给还。至输税之法，每船按梁头征银二千两左右，再照则征其货物之税，此向来之例也。乃近来夷人所带之炮，听其安放船中，而于额税之外，将所携置货现银，别征加一之税，名曰缴送，亦与旧例不符。朕思从前洋船到广，既有起炮之例，此时仍当遵行，何得改易。至于加增缴送税银，尤非朕加惠远人之意。著该督查照旧例，按数裁减，并将朕旨宣谕各夷人知之。

户关禁 059：乾隆元年议准

嗣后如有奸徒偷运米谷接济外洋者，照出洋船只多带米粮接济外洋例，拟绞立决。其有希图厚利，但将米谷偷运出口贩卖，并无接济奸匪情弊者，计算米一百石以上，谷二百石以上，照将铁货潜出海洋货卖一百斤以上例，发边卫充军；米一百石以下，谷二百石以下，照越渡关津律，杖一百、徒三年；至米不及十石，谷不及二十石，照违制律杖一百，仍枷号一月示儆；为从及船户知情者，各减一等，米谷船只，照例变价入官。其在内地河港贩运，接济民食，并不出口过海者，不在违禁之例，地方官弁不得藉词拦阻。至偷运米谷出口，及在洋接济奸匪，该管之文武各官，除知情故纵，仍照违禁货物出口律治罪外，如失察偷运米一百石以上，谷二百石以上，将各员弁均降一级留任；米一百石以下，谷二百石以下，罚俸一年；米不及十石，谷不及二十石者，罚俸六月。

户关禁 060：乾隆元年覆准

边海居民采捕鱼虾单桅船只，概免纳税，如有违例征收，即行题参。

户关禁 061：乾隆二年奏准

杀虎口肩担背负携带箕筐、笤帚、鞋袜、麦面等物，免其输税，其兴贩积成车驮捆担者，仍照例输纳。

户关禁 062：乾隆二年覆准

各省米谷税例，龙江、西新、山海、赣、杀虎口、张家口、闽海、江海、太平南新、庙湾、成都府等处，皆称向来并不征收米谷之税。崇文门、打箭炉，与扬州之滕坝，均收酒米之税，其余豆麦杂粮，概不征收。均应遵循旧例毋庸议外，至九江、粤海、芜湖、凤阳、清江厂、北新、天津、浙海等关，并广西之桂林、平乐、梧州、浔州、富川、贺、怀集等府县，皆称征收船料；扬州、由闸、淮安、宿迁、临清、浒墅、夔关等处，皆称签量计石，按例征税，未便遽行更张。但米谷为民食所资，与百货不同，若不分别丰歉，概行征收，恐歉岁省分，致增米价，有妨民食。嗣后旧征米税船料各关，除丰登之年，遵照旧例按则征收外，倘地方偶遇旱涝，其附近省分各关口，令该督抚即将被灾情形具奏，请旨宽免，凡米谷船一到，即便放行，俟该地方秋收成熟，方准按照旧例征收。再广东开建、恩平二县米船税银，均属奇零商贩，不同外省大商巨舰，永停征收。

户关禁 063：乾隆二年议准

沿海地方内商出洋，暨洋商入市，每船核计人口及往返程期，每人籴米，日以升半为率，毋许逾数。奉天省贸易商船往天津者，每名准带食米三市斗；往山东者，准带五市斗；往江南者，准带一市石，往福建、广东者，路程虽远，然经由浙之宁波、江南刘河等处，可逐程买补，亦准带食米一市石。令各船户出口时呈明验放，如定数之外再有多余，以私贩治罪。

户关禁 064：乾隆三年奏准

回空粮船，捎带零星梨枣六十石以下，免其榷课。

户关禁 065：乾隆三年覆准

凡装载米粮船，查明实系贩往歉收地方者，免税放行，仍给印照，至歉收地方关口查验，填明到关月日，钤印发票，令其回关查照，如回船载有他货，止征货税，免其船料。倘贩米船不往歉收地方卸卖者，仍照例输税，如有捏称贩往歉收处，给有过关免税印票，而竟往他处贩卖者，查出，照漏税例罚惩。

户关禁 066：乾隆三年谕

今春因直隶米价昂贵，朕特颁谕旨，将天津、临清二关及通州张家湾、马头等处米税，宽免征收，商贾闻风踊跃，往来贩运，民食无缺，已有成效。嗣因二麦有收，经管理天津关报部，行直督察核，随经督臣覆奏，照例开征在案。近因沿河地方被水较重，附京一带米价加昂，现在又开海运，商贩必多，仍应免输税银，以示鼓舞。著将内河前项米粮各税，一并暂停征收，俾商贾争趋云集，于畿辅民食自有裨益，即速行文督臣等知之。

户关禁 067：乾隆三年题准

出海樵采船，每船准带食锅一口，每名止许携斧一把，在船人数，不得过十人，令地方官俱于照内注明，出入查验，有夹带出口及进口缺少者，即行严究。

户关禁 068：乾隆三年又覆准

松江等属给有印照出洋樵采小船，按海道远近，人数多寡，每人日准带食米一升，余米一升。

户关禁 069：乾隆四年奏准

浒墅关续设蠡口港等十三处，王庄等十处，顾二房廊下等五处口岸巡拦，稽查偷漏，暂为存留，毋庸裁汰，仍不作报部经制。其附近镇集船，载米不及十石，及农民交租办粮质当米麦，并本地土货，概不得征收税银。

户关禁 070：乾隆五年奏准

嗣后在京在外官员家眷船过关，除无货物，照常验放。如有奸牙土豪，假捏京官名帖讨关等弊，该管官即行拿究。或京官子弟，执持父兄名帖讨关，夹带货物，希图免税者，照例参处。如该管关官不行详查，及明知瞻徇者，一并议处。

户关禁 071：乾隆五年覆准

赣榆县杂粮黄豆，照东省之例，许令运往刘河粜卖。

户关禁 072：乾隆五年定

各处差船并装载官物，给有勘合火牌者，合计程站人口，每名日需带食米一升，煤一斤，傥有多带及夹带别项货物，船户究处，差官查参。

户关禁 073：乾隆六年奏准

嗣后各关领帑委官采办锡铜铅，经过关口，查验文批数目相符，立即放行，不得收纳税课。其有额外多带余铜，及夹带别项货物，则照例征收。如有偷漏情弊，令该监督报参。其运载船，既照时价给发水脚，仍输纳船料。

户关禁 074：乾隆六年题准

嗣后各省发帑委官采买赈济及粜三补仓米谷，经过各关口，免其纳税，止征船料。

户关禁 075：乾隆六年谕

外省关课，皆久经该督抚就近稽查，除现设口岸报部有案者，照旧设立外，其有私行增添之口岸，逐一详查报部，应留者留，应革者革，此番清查之后，司榷之员，若再有违例苛索者，胥役严处，官吏严参。该督抚不行查参，经朕访闻，必于该督抚是问。

户关禁 076：乾隆六年覆准

裁撤浒墅关之黄埠墩。

户关禁 077：乾隆六年又覆准

北新关之大岭一处裁革，至姚石陡门松木、古荡南北中塘、独松关、千秋岭四处，嗣后五六两月丝期，该关派出差役，报明督抚备案，止许在额定地方巡查外来私售窝囤丝斤，不许越境将民间原不售卖丝斤，指为漏税，并于查丝之外，藉端扰累，如违，将巡役究处。

户关禁 078：乾隆七年覆准

北新关经过米船，照旧征收梁头课银，不必计石科税，其空船过口，亦照旧免其纳料。

户关禁 079：乾隆七年谕

朕惟惠养万民之道，以轻徭薄敛为先，自御极以来，于蠲租减赋外，豁除各省关税不下百万，又令将税课规条刊刻木板，遍行晓谕，不许额外征收，宜其商民均沾惠泽，行旅各安牧圉。乃近闻各关过往商旅，尚不能普被恩惠，怨声啧啧，究其由来，皆因司榷之家人胥役，巧立名色，重戥征收，勒掯需索，弊端百出，不饱其欲，则逗遛不肯放行，大为行旅之害，是国家徒有减税损上之德，而商民未受减税益下之恩，无知者尚哓哓于税课之重，所谓不揣其本而齐其末，即使再减数百万额税，用是以往，朕知其于商民仍属无益也。夫司榷官员，一任家人胥役肆横无忌，漫无觉察，商旅其何以堪。朕思督抚有稽查通省之责，凡属地方利弊，何一不当留心厘剔，而关税弊窦若此，朕在京尚有所闻，督抚身在本省，岂竟一无闻见乎，总因视非己事，故尔漠不关心耳。嗣后著该督抚严行访察，遇有此等弊端，立即严拿重究。如司榷官员瞻徇祖护，亦即据实奏闻，不得视为具文，以奉旨之后，一查即可了事，务期实力稽查，俾商民永无苦累。倘朕再有所闻，或被科道指实参奏，朕惟该督抚是问。

户关禁 080：乾隆八年奏准

江苏省起运赈粜米谷，非同客商米谷，是以给发水脚，止能计站核给，而经由关口，难于豫定，不能包算船料在内，其从前酌定脚费，每米谷一石，每百里给银八厘之例，既无应输船料在内，而较之民间雇募脚价，实属短少，每遇拨运雇觅之时，船户率多畏避，若再令其完纳船料，势难赔累，应将在官拨运米谷，免征船料。

户关禁 081：乾隆八年覆准

凡产米之地，令各海口文武官，每月出具并无粜米出洋印结，呈送督抚提镇存查。

户关禁 082：乾隆九年奏准

嗣后福建如遇歉收之年，委官于米贱省分购买，海运接济，不得招商贩运，以滋弊窦。

户关禁 083：乾隆九年又奏准

凡来京之蒙古，除进贡物件干粮茶叶，自京带去俸禄，恩赏缎布，照例查看放过，若隐漏不交税课，或替商人偷运物件过关，将蒙古及希图傲幸之奸商，一并治罪。

户关禁 084：乾隆十年题准

福建省台湾一府，产米素饶，泉漳诸府，多仰给于台粟，今商渔船搬运过多，以致漳泉诸府失所援济。嗣后商船，每船止许带食米六十石，于出鹿耳门之先，令台防同知查验，有多带者，分别责惩，余米就地起卖。倘不能验明，致有夹带，至入口盘出，或别处发觉者，将该同知照例分别米谷多寡议处。其沿海港汊纷歧，难免偷漏，令地方文武官弁，实力巡查拿禁。

户关禁 085：乾隆十二年覆准

福建省牯仔头船，桅高篷大，利于走风，未便任其置造，以致偷漏，永行禁止，以重海防。

户关禁 086：乾隆十三年覆准

偷运麦豆杂粮出洋者，照偷运米谷之例科断。

户关禁 087：乾隆十四年覆准

将红黄铜器铜斤私贩各洋货卖者，分别治罪，货物船只入官，其关汛员弁不行搜拿，知情故纵者革职，如系卖放，照例治罪，若止失察，降一级调用。

户关禁 088：乾隆十四年又覆准

麦豆杂粮到关输税时，税单填明数目，并发卖地方，出口时，守口员弁验明关照税单，加戳挂号放行。入口时，守口员弁查验。若领单出口，迟久不到，及入口查验无粮石者，追拘讯究。

户关禁 089：乾隆十四年奏准

商人自奉天省回时，大船带黄豆二百石，小船带一百石，傥有额外多带，分别治罪。歉收之年，随时禁止。

户关禁 090：乾隆十六年覆准

领运铜铅各员，俟交局之后，将赢余数目报明户、工二部，行令崇文门，照经过各关应交税课，通盘核算，照例纳税。如有以多报少，照漏税律治罪。

户关禁 091：乾隆十七年定

恰克图库伦等地方，商贩牛羊驼马，令由张家口进关纳税。应进古北口者，止带马数匹、羊数只，查明实非商贩，听其自便。

户关禁 092：乾隆二十二年覆准

商贩赴豫米石，经过凤阳九江等关，照例免征税料，但各关距豫远近不同，不无奸商藉赴豫蒙混过关等弊。令各该关凡遇商贩米船经过，查有本地方官印票开明赴豫者，暂给免税照票，听其过关，仍令于运往之灾地，取具州县官回文，俟回船抵关时呈验，方免其追缴。如回船时并无灾地回文，或不回过该关，即以漏税论，照例缉拿追缴。

户关禁 093：乾隆二十四年议准

各省丝斤绸缎违例出洋，分别治罪，船只货物入官，失察之文武各官议处。

户关禁 094：乾隆二十五年覆准

粤海关一切陋规名色，俱行删除，统作"归公"字样，将更定条款刊榜晓示，如吏胥格外需索，照例严惩。

户关禁 095：乾隆二十五年奏准

出洋采买官铜额商，每船配搭绸缎三十三卷，每卷照向例计重一百二十斤，责成乍浦、上海二处照例秤验，并将该商装载糖药绸缎各数，及所收税银，出口日期，报户部查核。

户关禁 096：乾隆二十六年覆准

铁器一项，杀虎口于商贩出口时详细查明，如系农具及民间日用器物，按则征税，将名色件数注于票内，令商持票赴口验放，仍令监督将应行禁止与毋庸禁止之物，刊榜晓谕。

户关禁 097：乾隆二十六年奏准

运员余剩铜铅点锡，应纳沿途各关税课，差竣回省之日，于应领养廉等银，扣存解部。

户关禁 098：乾隆二十七年覆准

嗣后一应官民船只过关，均应查验输税，至各省贡船，将贡物开单，用印文知会关口查验。此外凡有货物，均令纳税。如监督意存容隐，该督抚即行题参。

户关禁 099：乾隆二十七年议准

南自闽浙，北自锦州登莱，来江南船只并通州土货经渡刘河等口者，归海关收税。其湖广、江宁自江而下及北来由淮扬之船，尽收京口，由浒墅关收税。外海船不许私入江口，以重洋禁。

户关禁 100：乾隆二十七年又覆准

浒墅关向由铺户代客完税，包揽居奇，舞弊无穷，尽行禁革，听商自纳，如书役苛索，听其禀究。至货船到关，应先行查验签量明白，令其赴关纳税，过关后不得稽留，并委佐杂四员，督同签验货物，稽查铺户书役等弊，半年一换，傥不能称职，即行撤回。如有地棍盘踞串通舞弊等事，该督抚查出，严行究治，并将坐关委员监督奏请议处，通行各关一体严禁。

户关禁 101：乾隆二十七年三覆准

浒墅关货船到关，先听本商报税，于过关后逐一签量，若有少报，照例示罚。

户关禁 102：乾隆二十七年奏准

天津关有偷漏者，按税加罚三倍，一半赏给巡获人役，一半充公。淮安关每货百石，签多十石以上者，除正税外，仍罚一倍，多二罚二，多三罚三。北新关匿漏税货，查获量罚一二倍。

户关禁 103：乾隆二十七年谕

英吉利夷商伯兰等，以丝斤禁止出洋，夷货艰于成造，吁恳代奏酌量准其配买，情词迫切。前因出洋丝斤过多，内地市值翔踊，是以申明限制，俾裕官民织纴，然自禁止出洋以来，并未见丝斤价平，亦犹朕施恩特免米豆税，而米豆仍然价踊也，此盖由于生齿日繁，物价不得不贵。有司恪守成规，不敢通融调剂，致远夷生计无资，亦堪轸念。著照该督抚等所请，循照东洋办铜商船搭配绸缎之例，每船准其配买土丝五千斤，二蚕湖丝三千斤，以示加惠外洋至意。其头蚕湖丝及绸绫缎匹，仍禁止如旧，不得影射取戾。

户关禁 104：乾隆二十七年又奏准

夷商配带丝斤，内准丝织绸缎斤数照八折计算，统在八千斤数内，不许额外多带。

户关禁 105：乾隆二十八年覆准

古北口设立税局，交张家口监督稽征，严防绕漏。如进口牲畜，在多伦诺尔等处报明纳税者，毋庸重征，若未纳税，照例收课。其外藩蒙古王公台吉等来京，所带骑驮马驼口食羊只，例应进口之项，毋令关役藉端滋扰。至张家口商贩到关铁器，照杀虎口之例，纳税出口。

户关禁 106：乾隆二十八年又覆准

山东省豆石，听商由海贩运江省内地发卖，久经奏定章程。江省之上海刘河，与浙省之宁波各海口，同属内地，照运赴江南之例，听商由海贩运来浙，以资接济。至各汛口稽查之法，悉照运江成例办理。

户关禁 107：乾隆二十八年三覆准

天津关、苑口等十三处过往货物，俱按部颁则例稽征，不得仍前减收，晓谕商民遵例完纳。

户关禁 108：乾隆二十八年四覆准

各关陋规，现据查明应留应革款目，会同各该省督抚分析奏报，除武元城、杀虎口、赣关、荆关、九江关、打箭炉、夔关、渝关、八沟、多伦诺尔、潘桃口、浔州、梧州辰关、崇文门、左翼、右翼、中江等处，并无陋规外，其应留款内，如西新关之饭食一款，浙海关之件头饭食一款，闽海关之平余、罚料、截旷三款，粤海关之规礼、担银并平罚料、截旷以及舟车、饭费等六款，太平关之并封平余一款，淮安关之饭食、罚倍二款，坐粮厅之饭银、单钱、票钱三款，山海关之饭银一款，张家口之饭钱一款，实因各该关口公用浩繁，势所必需，商民日久相安，并无苛累，准其照旧存留。至凤阳关经牙一款，系从前奏明之项，准其留关充用，仍严行查察，毋令经牙潜行包揽，以清弊窦。又临清关之米麦杂货征收贴并饭银二款，天津关之罚倍、捆驮船只、银钱三款，武昌厂之顺风钱文、输金银两二款，南新关之算单、写单、钞号、盖戳并各口书总钱文五款，北新关之大关查验各口查验船书挂号单、书写单、各钱文及罚倍、银两五款，扬关由闸之看舱规费一款，凤关之起票、验照、看舱三款，胡纳胡河之印戳制钱一款，奉天牛马税之火耗、饭钱二款，皆系经费必需，势难裁减，且数目零星，不为苛扰，准其存留，但其中银钱数目，各有参差，恐关役人等藉端影射，渐滋他弊，令各管关督抚监督，指定征收款目，刊刻木榜，竖立各关口岸，俾来往商民咸知遵守。又芜湖关户工帮贴、饭费二款，与应革款内。江海关之驳票、给单挂号、油烛、饭费、看舱钱文五款，扬关由闸之给串票钱一款，应按款裁革，以免滋弊。至报出银两，于收税款内，均改充分字样，以昭遵守。傥此次清厘之后，各关仍有未经报出银款，及阳奉阴违，格外多取情弊，一经查出，除该关人役从重治罪外，并将失察之督抚监督等，严加议处。

户关禁 109：乾隆二十八年奉旨

琉球国疏请配买丝斤，情辞恳切，著加恩准其岁买土丝五千斤，二蚕湖丝三千斤，余悉饬禁如旧。

户关禁 110：乾隆二十八年又奉旨

将古北口税局撤去，嗣后张家口商货绕越私行者，仍准派役稽查。

户关禁 111：乾隆二十九年覆准

浙江省往东洋办铜商船，每船准带绸缎三十三卷。广东省外洋商船，每船准加带粗丝二千斤。至本港商船，每船配带土丝、二蚕丝共一千六百斤，绸缎八折扣算。

户关禁 112：乾隆二十九年又覆准

江苏省往闽、粤、安南等处商船，每船准带糙丝三百斤。浙江省内地商船，往东洋办铜及南洋等处贸易者，每船准配土丝一千斤，二蚕糙丝一千斤。福建省海洋内外商船，每船许配带土丝一千斤，二蚕糙丝一千斤。

户关禁 113：乾隆三十年奏准

琉球国岁买丝八千斤，内改配绸缎二千斤，照夷商配买之例，每绸缎一千斤，抵丝一千二百斤。

户关禁 114：乾隆三十一年奏准

浒墅关漏税，照税倍罚。

户关禁 115：乾隆三十三年覆准

归化城出产油酒烟皮张等项，及关东等处发来商货，从草地行走，未经杀虎口征税者，俱为口外土产，归化城按则抽收。其内地一切杂货贩运出口，经由杀虎口纳过税银，到归化城入铺零星发卖者，不再重征。若货物运抵归化城以后，商贩车载驮运，又贩往他处售卖者，则无论土产与外来货物，均于出栅时按则收税。至民间零星日用物件，如布止一二匹，烟仅两三包者，不在收税之例。严查家人胥役，毋许苛扰。

户关禁 116：乾隆三十三年奏准

嗣后押送官办贡品，俱令开单，行文各关照数查验，按例税课，如有隐匿夹带，立即拿究，将押运员役治罪，仍将到关日期，并验放数目，具文交该差来京，呈报各该处查对。倘有瞻徇，致蒙混脱漏者，查出，照徇庇例议处。

户关禁 117：乾隆三十四年议准

九江关木牌到关，向由保家引领完税，全行禁革，令商自纳，以杜串通滋弊，仍派员督看商人亲填印簿，设立两联串票，一给商人，一存本关，以便查对，并饬该监督毋许于经制书役之外，滥用白役。

户关禁 118：乾隆三十四年覆准

九江关每正税一两，征平余银一分，以为添补饭食巡役赏需之用，毋得于一分之外，藉名多索。

户关禁 119：乾隆三十六年覆准

北新关属之闸口、城南务二处，各设巡船二只，查察偷出鳖子门货物。其上江船只，验有海关税单者，不得重征。千秋岭一处，派拨单书巡役常川住守，查验货物丝斤，押赴大关查办，仍不准征本处土货。

户关禁 120：乾隆三十七年奏准

商人船只出洋，务须查明各商真实姓名，何处人氏，居住何地，及往何洋贸易，令地方官给照，至口呈验，方准放行。其从外洋贩货进口者，亦必详查人货，讯明经由何洋，概行注册。

户关禁 121：乾隆三十七年覆准

嗣后奉天省黄豆歉收之年，仍随时禁止，如岁属丰收，各海船于到奉天之时，任商贩运，毋庸限以成数。所有海运黄豆豆饼，经由山海关，著照临清关科则，每石征银一分一厘。

户关禁 122：乾隆三十七年又覆准

河西务查验重运漕船起剥粗细货物，核计在例带土宜一百二十六石数内，免其榷课，其额外多带之货，仍照例征税。

户关禁 123：乾隆四十一年奏准

各省拨运米谷，督抚原俱给有委牌，嗣后令于委牌内，填明拨运米谷数目，经过关口验实放行。其所雇船只，应纳过关船料，责成拨运各原省之布政司，于给发船户雇价内，照则扣除，知会各关，免其重纳。

户关禁 124：乾隆四十一年又奏准

客商漏税，照例治罪，若所漏之税无多，分别议罚，免其究治。又闽海关漏税数钱至一两者，倍罚其税；一两以上至三两者，三倍；三两至五两，五倍。粤海关漏税五钱以上，加罚一倍；一两以上，两倍；二两以上，三倍；三两以上，四倍；四两以上，五倍；五两以上，货物一半入官。

户关禁 125：乾隆四十一年三奏准

海洋商船，令报明海关监督及地方官，确查取结成造，将船身烙号刊名，查明在船人口，填给执照，出口时呈官验放。舵水人等遇有事故，许船户召募，请照顶补，如有诡名顶替，及多带舵水人等，汛口官盘查不实，或有勒掯情弊，分别议处。其在洋商民，因风届期不能回籍，该管海关厅县给照，行知该地方官，俟回日报销。

户关禁 126：乾隆四十一年四奏准

山海等关一年之内，搜获人参至二十斤，珠子至四两者，巡查人等，赏银二十两。每参二十斤，珠四两，递加赏二十两，该管官议叙。若搜查不力，致私带过关者，官查议，役责处。

户关禁 127：乾隆四十一年覆准

归化城征收税银，四栅之外，商贩多有绕道偷越，责成该处营弁，于巡防之便，在和林格尔、东白塔儿二处查察，如有偷漏，拿送管税道员查办。

户关禁 128：乾隆四十一年又覆准

绥远城所开面铺，在本城发卖，兵民零星食用者，不准收税。如有车载驮运他处售销者，照归化城之例，一体收税。

户关禁 129：乾隆四十二年奏准

缅匪需用之黄丝等货，不许贩至潞江缅宁隘口，该处刊刻木牌，榜示路口，有私贩出关者，查出货物入官，本犯究处。

户关禁 130：乾隆四十五年奏准

琉球国贡船来闽，及事竣回国，所带货物，概免征税。

户关禁 131：乾隆四十五年覆准

九江关之西二十里，有汉河一处，名二套河，即大江之支流，向有土埂二条，阻截舟楫，如夏月水涨，漫溢土埂，细小木把从此偷越，自宜临时相机设法稽查。如非水漫之时，仍从其旧，毋许藉此添派官役，多设一口，致滋纷扰。

户关禁 132：乾隆四十六年覆准

旗人卖买房地，如有赴大兴、宛平二县，私税民契，照违制论，仍令赴左右两翼补税换照。如大兴、宛平二县知情私准纳税，亦照违制律议处。

户关禁 133：乾隆四十七年覆准

嗣后外洋夷船进口货物，应纳粤海关税银，照旧于回帆时输纳。出口货物税银，令保商代置货物时随货扣清，先行完纳。

户关禁 134：乾隆四十九年奉旨

嗣后粤海关珍珠宝石，概不准征收税课，著为令。

户关禁 135：乾隆四十九年奏准

福建省蚶江口，原属海关泉州税口管辖，商民出入贩运，船经泉州，既已征输，蚶江一口，止设员役稽查，不复科税。

户关禁 136：乾隆四十九年覆准

福建省泉州府晋江县属之蚶江口，台湾府彰化县属之鹿仔港，设口开渡，其厦门商运船只，仍照旧编记册档，出入挂验，不许越赴蚶江渡载。蚶江商渔船只出口，责令蚶江通判验明编号，挂验放行。如有违例偷渡，人照不符，及夹带禁物等项，查拿究治。若文武官员故纵失察，分别参处。至鹿仔港海口出入船只，令鹿仔港同知查察。

户关禁 137：乾隆四十九年又覆准

山东、奉天二省豆石，商民运到浙江宁波鄞港销售，有余，准福建商船购运回闽，令鄞县验明豆数，填给印票，并于船照内注明"装豆数目，运回何处贸易"字样，赴浙海关纳税，出口时防守汛口员弁印戳，挂验放行，仍按月造册，关会福建进口处所稽查，如有迟久不到，及到口查验无豆石者，即行查究。

户关禁 138：乾隆五十年定

福建省商人在浙江购运豆石，鄞县填给印票，每票不得逾一百石，守口员弁查验，如无鄞县印信，即系私运，虽有别衙门钤印，概不准放。

户关禁 139：乾隆五十一年定

台州、温州二府商民，在鄞港贩买豆石海运回籍，照转运福建省之例，每票以百石为率，令鄞县验明豆数，填给印票，赴海关纳税，并于船照内注明"装豆数目，运回何处"字样，汛口员弁盖戳，挂验放行，仍按月造册，移知往卖之县查察，如迟久不到，及到口无豆石者，严行追究。

户关禁 140：乾隆五十一年又定

崇文门向来每月初一、十五二日，因天津引盐入城，俱由崇文门验放车辆过多，恐有夹带偷漏，是以停止过务，今引盐陆续进城，两无妨碍。令其初一、十五日，照常投单过务，以便商民。

户关禁 141：乾隆五十四年谕

安南向通贸易，自设禁以来，罕有内地货物，民用所需，谅必短绌。今该国王输诚效悃，以就藩封，其境内黎元皆吾赤子。著该督抚将水口等关，即令照常贸易，以副朕胞与为怀一视同仁至意。

户关禁 142：乾隆五十五年奏准

缅甸所需丝绸针纸等物开关通市，所有内地商民贩货出关，责令永昌府、腾越州、顺宁府收税给照，运至腾越州所辖之杉木笼、暮福二处，及顺宁府所辖之南河口，验照放行。内地商民贩货回关，并缅夷运货进关，即由杉木笼、暮福、南河口收税给照，运至腾越州、顺宁府查验。其普洱府所辖路通缅境之车里各土司，内地小贩，挑负往来，货物无多，不须设口，令思茅同知于南关地方拨役稽查。

户关禁 143：乾隆五十五年覆准

台湾府属淡水八里岔对渡五虎门，设口开渡，所有渡往台湾商民，在福建省置货贸易，不能赴原籍领照者，令行保查明具结，报福防同知就近给照，移明淡水，互相稽核。其由淡水内渡，免其给照，令取具行铺认保，开明姓名年貌籍贯，由船户持交管口员弁，验戳放行。倘商民不由行保出结，报明该管同知衙门给照，私自偷渡者，以私渡关津论。行保人等知情故纵，与偷渡之人一体治罪。至沿海小港，如福宁府属之南镇等汛，兴化府属之涵江等汛，厦门之大担、小担等汛，漳州府属之岛屿等汛，均可直达台湾，而淡水之八尺门，彰化县之海丰港，嘉义之虎尾溪，凤山之竹仔港，皆可容小船出入，责成沿海各属及守口员弁，实力查禁。如拿获无照船只私渡者，船户照越渡缘边关塞律治罪，船只入官。若文武官员有故纵失察情弊，分别参处。其有照商船因风漂泊收岸者，验明牌照放行。

户关禁 144：乾隆五十六年覆准

内地赴安南贸易商民，先由本籍报明地方官，填给姓名年貌籍贯，并货物人数印照，如货少人多，不得滥给。其从平而、水口两关出口者，将印照呈报龙州通判查验，给予腰牌。从由村隘旱路出口者，呈报宁明州验明给票，行至明江，再由该同知换给腰牌。至南宁府流寓商民，置货赴安南贸易者，赴宣化县呈报，就近给照。其各处商民行抵南宁府，将原货出售，另置南宁之货出口者，由宣化县查验，换给印照前往，仍令关隘营弁，验明人货与牌照相符，立即放行，不得留难。自安南进口商民验明牌照，立时放入，不得揽阻，违者分别严参。倘有出口商民，年貌人数货物与牌照不符，经关隘营弁查出，即行逐回，并将滥给照票之原籍地方官参处。

户关禁 145：乾隆五十七年覆准

赴安南贸易商民所置之货，由浔州、梧州两厂收税，龙州隘口，免其征收。

户关禁 146：嘉庆四年谕

向来漕船准带土宜一百二十六石，例不报税，著再加恩准其多带土宜二十四石，共足一百五十石之数。

户关禁 147：嘉庆五年谕

上年将关税赢余酌加裁减，原以体恤行旅，加惠商民，在各关监督等，自当仰体朕恤商惠民之意，不敢于正税之外，复有勒索扰累之事，而所派之巡役家人等，难保无肆意苛求，藉稽查税务之名，妄行勒掯情弊。现在卢沟桥、彰仪门经管税局人役，竟有讹索过往行人银钱等事，业经分别惩治。辇毂之下，尚敢如此，其余各省关税，种种情弊，不问可知。该监督等所管税口，不止一处，于稽查税务一节，不能不另派胥役家人等分任其事，务当谆切晓谕，不许例外讹索，仍时加查访，严行管束，以绝弊端。嗣后京外各关税局，除随时密访外，或别经告发，或被人指参，如再有讹索饭钱扰累商旅等事，不独将所派之巡役家人等从重治罪，并将各关监督一体严办示惩，不稍宽贷。

户关禁 148：嘉庆六年覆准

闽海关征收二八添平银两，永行革除。

户关禁 149：嘉庆十四年奏准

各国货船，所带护货兵船，不许擅入十字门及虎门各海口，如敢擅进，守口员弁报明驱逐，停止贸易。至夷船到口，即令先报澳门同知，给予印照，注明船户姓名，守口员弁验照放行，仍将印照移回缴销，如无印照，不准进口。所有夷商买办之人，由澳门同知选择，取具保结承充，给予印照。在澳门者，由该同知稽查。在黄埔者，由番禺县就近稽查。如代买违禁货物，及勾通代雇民人服役，查出治罪，失察地方官查参。

户关禁 150：嘉庆十七年谕

崇文门稽查课税地面，多系京营所辖，即著该管营汛官员分任巡查，如有私收私放讹索并冒充白役情弊，一并严拿惩办。

户关禁 151：嘉庆十八年谕

据德庆奏：查办关务情形一折。粤东洋商承保税饷，向来仅凭一二商人保举准充，旋因亏折疲乏拖欠逋逃，弊窦丛滋。著照该监督所请，准于各行商中，择身家殷实居心诚笃者，选派一二人，令其总办洋行事务，率领众商公平整顿。其所选总商，先行报部存案，遇有选充新商时，即责令通关总散各商，公同联名保结，专案咨部，如有黜退，报明注销，并于每年满关日，将商名通行造册送部，以备稽考。

户关禁 152：嘉庆十九年议准

内地银两，毋许商船偷运出洋，责令地方文武监督，各口员弁丁役人等，实力稽查。如有洋商人等将银两私运夷船出洋者，照例治罪。倘各口员弁丁役人等扶同隐漏者，查出从严究办。

户关禁 153：嘉庆十九年谕

关市之设，所以通商便民，成法极为详备。近日该管官奉行不实，日渐废弛，各关口应立之税课木榜，并详单小本，均不竖立刊刻，商贾不知税例多寡，任听家人吏役额外抑派，多收少报，亏课病商，丛滋弊窦。至各省牙行，亦不按年清查，率多顶冒朋充，甚或假托官差，多方苛索，俱应随时查禁。著通饬管理税务衙门及直省地方官，申明例禁，实力奉行，毋任奸胥市侩勾串欺蒙，以除积蠹。

户关禁 154：嘉庆二十年议准

海州、沭阳、赣榆一路，凡应赴淮关投税之豆饼等货，概不许从青口行走绕由海运，责令海州、沭阳文武员弁，轮赴青口，同淮关监督派役巡查。

户关禁 155：嘉庆二十年又议准

凤阳、颍州一带所出豆饼，应由洪泽湖载运南来，赴淮关投税，毋许径走临淮关钞路南下。淮关监督，仍遴派妥役渡湖巡查，以杜偷越。

户关禁 156：嘉庆二十年三议准

丹阳、常州、无锡等处，路通太湖，南北往来杂货，多从此处偷越，饬地方官帮同浒墅关监督查禁，拿获究治。

户关禁 157：嘉庆二十年四议准

豫东豆石运赴苏松，例由浒墅关纳税，其有绕至滕家坝分剥出江，并从任家港、黄田港出口直至上海者，均令各该地方官稽查严禁，并于黄田港添设巡船，驻守巡查。

户关禁 158：嘉庆二十年五议准

重运粮船抵浒墅关，运弁赍带印票赴关挂验，若于照票之外包揽客货，一经查出，官参丁处。

户关禁 159：道光元年议准

徐关杂粮，无论外来土产，数至七石以上，税过二分者，按石收税。其数不及七石，税不足二分者，免其征收。

户关禁 160：道光二年谕

御史许乃济奏：请严禁崇文门税局需索蠹弊一折。所奏甚是。各关征税科则，责令该管官详刊木榜，竖立关口街市，并令地方官将税则刊刷颁发，定例本为详备。即崇文门有商人漏税议罚之条，亦自有一定章程，岂容意为高下。若如该御史所奏，崇文门税局，于寻常行李往来，不论有无货物，每衣箱一只，勒索银二两四两至八两之多，或偶然携带常用物件，不知应税科则，一经查出，辄以二十倍议罚。即有照例开报纳税者，又以输课无多，仍百计刁难，否则押赴官店守候，不准放行。京师为万方辐辏之区，乃任书役恣意婪索，苛及行旅若此，不可不严申禁令。著该监督遵照定例，于崇文门及分口巡查之卢沟桥、东坝、板桥、海淀等处，一律添设木榜，仍著顺天府刊刷科则定例，每年颁发，俾众咸知，并责成巡视五城御史，随时前往认真稽察，如有滥行需索扰及行旅情事，即行据实参奏，不得日久视为具文，务期革除积弊，以惩关蠹而便商旅。

户关禁 161：道光三年谕

各关正额赢余，例有常数，近年征收亏短，缘积弊未能悉除。凡关津市镇地方，往往有恶棍把持，蠹役盘踞，及牙行铺户人等相缘为奸，包揽商贾，串属在关家人书吏，以重报轻，以多报少，通同掩饰，渔利分肥，甚至纳贿私放，偷漏隐匿，皆所不免。嗣后各关务须实力整顿，访惩奸蠹包揽等弊，严行约束家人书吏，毋得稍有徇纵，俾榷务胥归核实，以裕课项。

户关禁 162：道光四年谕

阮元等奏：请定洋米易货之例一折。广东粤海关向准洋米进口粜卖，免输船钞，粜竣回国，不准装载货物。近年以来，该夷等因回空时无货压舱，难御风涛，且无多利可图，是以米船来粤者少，自应将成例量为变通。著照所请，嗣后各国夷船来粤，如有专运米石，并无夹带别项货物者，进口时照旧免其丈输船钞，所运米谷，由洋商报明起储粜卖，粜竣准其原船装载货物出口，与别项夷船一体征收税课，汇册报部，以示体恤。

户关禁 163：道光六年谕

晋昌等奏：验放海口运粮小船章程一折。天津沿海州县渔船，前经直隶奏定章程，准其请领船票粮照，前赴奉天贩粮。兹据晋昌等奏，奉天海口各船，请照直隶章程一律办理。著照所请，所有奉天渔船，准其报明各该旗民地方官，查取保结，编号烙印，造册报部，发给船票，饬令照例纳税。其愿领粮照载运粮石者，即与天津渔船，均照商船每只征银二十两之例，减半征银十两，仍照部议以八两五钱解部，一两五钱作为兵役饭食纸张之需，仍严饬行店人等，毋许格外多索行用饭钱。其在海口停泊上载，责成该旗民地方官，各于要隘处所实力巡查，毋任偷漏，亦不得索扰滋弊。天津、奉天互相查验，换给回照，彼此稽察，傥有棍徒把持，私充经纪，扰累商民，即著严拿照例惩办。其岫岩凤凰城等处，恐有偷运等弊，仍照成案，不准存留船只。

户关禁 164：道光九年奏准

凡夷船来粤贸易，停泊黄埔，即令夷商写立并无夹带鸦片字据，交洋行保商加结，复由洋商轮查无异，方准开舱起货。如夹带鸦片，即将该夷船驱逐出口，永远不准来粤贸易。傥有任令夷人夹带鸦片入口，即将该洋商等照例治罪，并严饬巡洋舟师，及地方文武派拨巡船，于夷船来粤湾泊之时，严密巡查，如有民船拢近夷船，立即拿办，以防代运鸦片，及违禁货物。至夷船进口，仍饬守口员弁逐一严查，傥有鸦片等物，即时飞禀查办，如有隐匿，从重惩处。

户关禁 165：道光九年议准

夷商与内地行商交易，除以货抵货外，价银不敷，彼此均以番银找给。嗣后行商我与夷人货价，有搀用官银者，除充公外，仍照私运例治罪。各口员弁丁役人等，查获船载赴洋官银，先交地方官讯明，在何处起获，即将该船经过上游各口员弁丁役，照扶同隐漏例严行究治。傥有行中小伙及地方不法匪徒，将官银偷载小艇，暗运出口，责成大关总巡，并佛山虎门等处关口员弁巡船，并巡洋舟师及地方文武派拨巡船，于各夷船将次回国时，严密巡查，遇有私载官银，立即拿办，并究明官银来历，如系由银店、茶叶、杂货等行发出，分别知情不知情，照例惩治。傥系洋行中发出，将该商加等治罪。

户关禁 166：道光九年又议准

夷船来粤贸易，以货易货，势不能价适相符。嗣后如有数行洋商，找给一夷商银两，必先同赴粤海关监督衙门，联名出具并无搀和官银甘结，再行找给。夷人收银后，傥经员役查出官银，将找付官银之行商严行治罪，并将联名各行商一体治罪。

户关禁 167：道光九年三议准

澳门地方，向许内地民人在彼与夷商交易，责成澳门同知就近稽查。凡民人向夷人买物，不许使用官银，亦不许将官银换给夷人，如有前项情弊，拘拿治罪。该同知漫无查察，别经发觉，将该同知严参。

户关禁 168：道光九年四议准

番银成色低潮不及九成者，不准在内地使用，傥夷商以此勒买货物，许内地卖货商人呈报，由官送交该国大班，从重究治。内地商人隐忍收受，一经查出，或被首告，即将所收低色番银，无论多寡，概行充公，仍将该商照例治罪。

户关禁 169：道光九年谕

延隆奏：请变通召募新商章程一折。粤省开设洋行，向来止凭一二商保结，即准承充，自嘉庆年间，奏请设立总商经理，其选充新商，责令总散各商联名保结，该总商等往往意存推诿，以致新商格于成例，不便著充。数年以来，夷船日多，行户日少，照料难周，易滋弊窦，自应量为变通。著照所请，嗣后如有身家殷实呈请充商者，该监督察访得实，准其暂行试办一二年，果能贸易公平，夷商信服，交纳饷项，不致亏短，即照旧例一二商取保著充。其总散各商联名保结之例。著即停止。

户关禁 170：道光九年又奏准

崇文门拿获烧酒私贩，计其匿报税银多寡，分别治罪，所获之酒，照例入官，仍将追罚银两，一半存公，一半充赏。其罪至流徒无罚项可追者，于崇文门追罚存公项下动支赏给。其失察官弁兵役议处责革，知情故纵者，与犯同罪，受贿者计赃从重治罪。

户关禁 171：道光九年又谕

吏部奏核议御史安丰奏，严禁京外各关书吏顶替朋充。著责成各关监督严行饬禁，有犯必惩，并不准于监督任满时，通情保举，任意留充盘踞，倘该监督有瞻徇情事，著各该督抚查明参奏，照例议处。自此次申谕之后，各该管官务当随时认真查察，实力奉行，倘日久懈生，仍致该书吏有朋充恋役之弊，或被人告发，或别经参奏，除将该吏按律治罪外，定将失察之该管官，一并惩处不贷。

户关禁 172：道光十年奏准

粤海关进口货物，于夷船清舱之日，责令保商报明某货某行买受，某货夷人尚未卖出，已卖之货由行商完纳，未卖之货由夷商交饷，保商代纳。凡有一船回帆，即将一船进口饷银完交，方准请牌出口。其出口稍迟者，以验货后三月为限，责成保商完纳，不得缓至请牌之时。

户关禁 173：道光十年谕

御史寅德奏：崇文门税务，请仿照仓库等例，特派御史专司查察一折。崇文门设立税局，原以稽察行商，盘诘奸宄，应税货物，固不容稍有偷漏，而往来行旅，尤不可任令胥吏等恣意婪索。若如该御史所奏，近来税局巡役过多，该役等所有亲戚及熟识闲杂人等，每向该管委员请讨谕帖，因此藉端影射，辄用白役多人，需索讹诈，以致来往官民人等视为畏途。且闻各门税局，遇有装载行李车辆到门，每一衣箱，索取银四两至八两十两不等，其奸商私贩违禁等物，夹带进城，胥吏等转得受钱文私行卖放。京师为万方辐辏之区，似此滋扰舞弊，不可不严行查禁。嗣后著都察院堂官，拣选满汉御史，拟定正陪带领引见，候旨派往该处专司查察。其更换之期，以一年为满，如胥役人等，于不应盘查之人，故事勒掯迟留，而于例应访拿违禁货物，辄行受贿卖放，该御史等一经查出，即行指名参奏惩办，所有该处税务，不准该御史等干预，倘该御史等有心揽越，或受人请托，有授意免税，及纵容家丁需索滋扰情事，即著该管大臣等据实参奏，务须各循职守，互相稽核，于国课民生两有裨益，不可日久视为具文。

户关禁 174：道光十四年谕

明伦奏：淮安漏课，惟青口易于绕越，查禁难行，该处并无关口，来往稽查，不能得力等语。关税为国用攸关，均系久经酌定数目，相沿征解，岂容以今昔情形不同，藉词绕漏病榷，不思设法查禁，轻议变通旧章。上年庆琛以淮关税课，惟青口绕漏病榷最大，奏请试行设口征收，补还漏课，当经户部议驳。现在该监督以淮关漏课，几成积重难返之势，虽据称水荒灾歉，南北商货滞销，总在该监督体察情形，设法整顿，实力稽查，将各种弊端，逐一剔除，总期便民顺商，于榷税自大有裨益。并著陶澍、林则徐会同明伦熟商妥办，严密稽查，以期关税日有起色，毋许藉词漏课，办理稍有不善，致干咎戾。

户关禁 175：道光十七年谕

邓廷桢等奏：请复承商旧例一折。粤东洋商，自嘉庆年间，设立总商经理，其选充新商，责令总散各商联名保结，后因夷船日多，行户日少，照料难周，易滋弊窦，是以量为变通，准以殷户自请充商，暂行试办，停止联名保结之例。兹据该督等查明，现在招补缺商，已复旧额，足敷办公，自应仍复旧例，以示限制。嗣后该商遇有歇业，或缘事黜退者，方准随时招补，此外不得无故添设一商，亦不必限年试办，以归核实。其承商之时，责令通关总散各商，公同慎选殷实公正之人，联名保结，专案咨部著充，并著该督等随时查察，毋许该总商等，仍蹈从前推诿垄断恶习，俾保充者务求核实，而走私漏税诸弊，亦责有攸归，以裕课饷而杜奸私。

户关禁 176：道光十七年又谕

给事中沈镳奏：请严禁各门税口藉端需索扰累一折。各城门税口应税货物，自有一定则例，此外不准丝毫藉端需索，若如该给事中所奏，近来各门税口，于寻常行李，任意勒索钱文，更有不肖营兵及无赖匪徒，冒充差役，拦阻讹诈，实为行旅之害，而右安门为尤甚，似此扰累，不可不严行查办。若仅交该监督及步军统领衙门查究，并责成该都司查拿，恐层层蒙蔽，仍不免有名无实。崇文门总局，本派有御史二员，专司稽查，其内外十三门税口，巡城各科道，本有稽查之责。嗣后著即责成该城科道，分段认真密访严查，倘有前项情弊，即时参奏，严加惩办，以肃门禁而安行旅。

户关禁 177：咸丰二年谕

崇文门征收货税，向以茶酒烟布为大宗，近来酒税日见亏短，总因奸商雇觅贫民私运私背，囤积隐卖，漏税日多，则正税日少。著步军统领衙门、顺天府，将贩运私酒各匪犯，随时一体查拿，奏明惩办。至崇文门征税口岸，向例在卢沟桥、东坝、板桥、海淀设役巡查，道光十三年并二十三年，复于密云县之穆家峪、石匣，顺义县之半壁店各地方，添设税局，派员稽查。既有定例口岸，该商等自不容绕道巧避，差役人等，亦不得越境私拿，致滋流弊。著崇文门监督，遵照定例实力整顿，随时稽查。

户关禁 178：咸丰九年谕

鹤昶奏：拿获漏税洋药请旨惩办一折。据称二月十九日，有草船夹带洋药过关，起获三千八百余斤，按每百斤征税银三十两，核计该银一千一百余两等语。洋药甫经定章征税，该商贩等即敢公然偷漏，若不严行究治，无以儆奸商而重国课。所有拿获之戚开、杨维忠二名，著何桂清等饬令淮安府知府严行讯究，查明各商贩按名拿办，所获洋药，暂存淮安关库。此项洋药，系由苏州贩运而来，其经过浒墅、由闸、扬州等关，何以该监督毫无觉察，任令偷漏，难保无丁役得贿私纵情弊，著该督抚查明参奏。

户关禁 179：咸丰十年谕

杭州北新关为商贾往来要道，税课有常，岂容胥役家丁，恣意讹诈。著该关监督严密稽查，将过关五日十日之限，一概删除。其零星货物，仍照定例不过三分者，概予免税，以便商民。经此次明定章程之后，如再有重征并计藉端讹索等弊，除书役家人从重治罪外，朕必将该监督严加惩处。

户关禁 180：同治三年谕

左宗棠奏：请将北新关暂缓开设，按月由厘捐酌拨以抵关税一折。据称浙省叠遭兵燹，凋敝不堪，北新关试办已逾三月，征数寥寥，实因关书巡役等，向来视为利薮，一经设关，故态复萌，藉端刁索，以致商民视为畏途，裹足不前，请将关税暂停，以顺舆情等语。所奏切中地方利弊，浙省蹂躏已深，正宜休养生息，以培元气，若任令关书巡役人等，擅作威福，肆意诛求，于国课毫无裨益，而闾阎苦累甚深，殊非体恤商贾之道。著恒延将北新关暂缓开设，关口各税，一概暂停抽收，毋得任听关书等怂恿，别生枝节。

户关禁 181：同治四年议准

登州、牛庄两处豆货，并奉天等处杂粮米谷，准内地商船与北洋油豆饼一律贩运。

户关禁 182：同治五年谕

蒋益澧奏：查明太平关税务积弊，请裁撤书吏家丁，派员帮办，并将巡抚等衙门陋规全数革除一折。所办甚属认真，著照该抚所请，所有经征太平关税务之家丁书吏，永远裁革，由该抚派委廉能之员，帮同南韶连道管理。其巡抚衙门月费等项，并文武各衙门规费，南韶连镇总兵薪水，均著一并裁撤归公。试办一年，再由该抚察看情形，酌定章程，奏明办理。经此次整顿之后，倘有巧立名目，暗中侵蚀等弊，并著该抚严行参办。此外各省关务，均著该管督抚监督等，实心清厘，务令积弊悉除，税课日有起色，毋得复蹈故辙，任意亏短，致干重咎。

户关禁 183：同治五年又谕

前据户部议覆左宗棠奏，粤海关收税银数与该关奏报悬殊，请饬该督抚查明办理一折。当经谕令瑞麟等查议具奏。兹据瑞麟蒋益澧奏称，粤海关收税事宜，从前曾改隶将军、督抚等官经理，自乾隆十五年以后，始专设监督，著为成例，未易轻议更张。至该关额征总数，从前货物归并一口，不及九十万两，近来五口通商，每年征税总及百万两，但能严查偷漏隐匿等弊，税务自可日有起色，体察目前事势，似不必改由督抚办理等语。所奏自系实在情形，粤海关税务较繁，该监督特膺简任，宜如何激发天良，力图报效，乃家丁蒙蔽，书役侵吞，积弊相沿，较他处为尤甚，若不极力整顿，涓滴归公，税课安有起色。著该监督严行钤束，力禁侵渔，查明各口收数，核实清厘，不得稍有隐漏。并著该省督抚随时明查暗访，如仍有书吏家丁通同舞弊，该监督以多报少情事，即著据实严参，从重惩办。此外各关监督及兼管关税之督抚，均须认真稽核，厘剔弊窦，毋得仍蹈从前积习，稍涉含混。

户关禁 184：同治六年谕

候补内阁侍读学士钟佩贤奏：请严禁崇文门税局需索一折。崇文门设立税局，该监督等自应督饬委员，按例征收，不准丝毫妄取。若如钟佩贤所奏，近年以来，每于税课之外，需索银两，近日会试士子进京，亦有勒索银十余两及四五两不等，并各城门官役先索多金方许送务等情，是税局需索，例禁虽严，该官役人等，仍敢任意妄取，苛及行旅。朝廷培养士子，体恤惟恐不周，该官役竟敢违例婪索，尤属可恶，不可不严行禁止。著该监督等申明定例，严饬官吏巡役人等，凡遇送务车辆，止有行李并无货物者，立予查验放行，如有留难勒掯情弊，即著查明惩办，并严禁报效名目。各城门官役讹索银两，即著一体禁止，毋稍徇纵。

户关禁 185：同治八年谕

嗣后解京贡物及承解官物者，著户部传知各关差、织造等，遵照旧章，报明崇文门税务衙门放行，毋许稍有留难。倘查有吏胥差役人等藉端勒索，即著该监督从严惩办，管解委员亦不得藉贡差为名，夹带私货，希图偷漏，以重税课。

户关禁 186：同治九年谕

丁日昌奏：本年夏秋间，江苏各属应试诸生，多有包带私货，联樯闯关，请旨严禁等语。私货本干例禁，闯关抗税，尤为法所必惩，且三载宾兴，抡才大典，该士子身列胶庠，即备他日贤良之选，宜如何束身自爱，整饬廉隅，若如所奏，勾串牙商，包揽客货，恃众抗税，惟利是图，非特税课有亏，实为士林之玷。著该督抚剀切晓谕，严行禁止，嗣后乡会试文武举贡生监人等，赴京赴省应试，概不准包揽客货私盐等项，傥仍敢故违例禁，闯关抗税，即著严密查拿，先将士子扣考，船户严惩，照例分别究办，以端士习而重国课。该督抚即将此谕勒石河干，永为定例。

户关禁 187：同治九年又谕

御史刘国光奏：请饬严禁各关税衙门留难需索等语。前据丁日昌奏，本年江苏应试诸生闯关抗税，当降旨嗣后乡会试文武举贡生监人等，赴京赴省应试，概不准包揽客货私盐等项，原因不肖士子藉考渔利，不得不严行查禁，但恐该吏役等假公济私，于该士子所过关津厘卡，皆以查税为名，藉端讹诈，指无为有，需索不遂，任意留难，致令各士子沿途节节阻滞，贻误场期，殊失朝廷优待士林之意。著各省督抚严谕各关卡官员，凡乡会试文武举贡生监人等，除有勾串牙商包揽客货恃众抗税情事，仍应查办外，其照例随带衣箱食物等件，该吏役等不得任意留难。如有需索情弊，准该士子赴该管衙门呈诉，将该吏役等从重惩办，如该管官有意袒护，并著该督抚一并查参。其寻常来往之人，如无夹带货物，亦应迅速放行，不得藉端留难，以安行旅。

户关禁 188：同治九年三谕

御史马相如奏：请严禁巡役藉端讹索等弊一折。右翼监督征收西山牲税，自应遵照定章办理，若如该御史所奏，巡役横征苛索，于起票、销票、换票，肆行勒费，甚至征多报少，种种弊端，不可枚举，亟应严行禁革。著该监督除将此项巡役从严约束外，将税则定章出示晓谕，并刊刻新票以及换票、销票明定限期，不准官役勒索使费，以安商民而除积弊。

户关禁 189：同治十年谕

淮安关监督舒麟奏：运铅委员欠缴银两请饬追缴等语。江苏解运京铅行抵淮安大关，经舒麟照例查验，该委员抗不遵照，其单开木植等货，应纳淮、宿二关正税及船料等银七百十四两零，亦未完交。税课自有定章，岂容任意延宕，著两江总督督饬藩司勒令该委员等，将欠缴税银如数完缴，毋许抗欠。嗣后各省运解官物，若有多余及别项货物，务令遵例即时纳税，船料一项，并令船户完纳，傥再违抗，即由监督查明奏参，以重税课而儆效尤。

户关禁 190：光绪三年谕

乡会试士子入都，如有夹带私货，原应查察，若止随带行李并无货物者，自当随时验明放行，不得稍有留难，第恐各门差役，于车辆进城，或故意拦阻，藉端勒索，及至到务后，又不立时查验，致受延搁之累，种种弊端，不可不严行禁止。著崇文门监督严饬该官役等，凡遇应试士子车辆送务后，随到随验，迅速放行，如查有需索留难等弊，即行从重惩办，毋稍宽纵。傥该士子等不知自爱，夹带私货，一经验出，仍著照例办理。

厘税禁例〔例 20 条〕

厘禁 001：咸丰五年谕

御史宗稷辰奏：大江南北设卡抽厘，收捐太杂，出入总数，毫无稽核，并有常镇散勇，与江面土豪，在江滨距圌山关相近地方，树帜拦船，肆行盘踞，与营卡比列，莫辨公私，请将厘捐事宜，责成江督经理等语。江南省捐厘济饷，雷以諴创议于前，文煜接办于后，原期集饷安民，两无窒碍。其扬、通一带，设立各卡，均有章程可稽，岂容任意添设，若如所奏，官收捐项，已极繁琐，复有匪徒冒名勒索，扰累行旅，更属大干法纪。著托明阿等确切访查，如有奸徒把持渔利，即著从严拿究，以靖地方。

厘禁 002：咸丰九年谕

近年用兵省分，需饷浩繁，劝办捐输，设卡抽厘，藉以接济军需，原属一时权宜之计，若各省劝捐及委办厘卡各员，率多虐取侵蚀，以饱私囊，是赡军之举，转为病民之事，亟应严定章程，以清弊窦。著各省督抚带兵大员，将委办劝捐抽厘各官绅职名，造册报部，以凭查核，如有前项弊端，著即严参惩办。

厘禁 003：咸丰十年谕

江北厘局林立，若再于口岸镇设局，与泰州、江都、如皋之处相去甚近，商民之情不协。所有泰兴口岸镇设卡抽厘之处，即著停止。

厘禁 004：同治元年议准

限文到一月内，将应留应撤处所，及办捐各员名，据实奏报，如有私行设卡者，立即严参惩办。

厘禁 005：同治二年谕

国家爱育黎元，体恤商民，从无苛刻之事。近因军饷浩繁，设局抽厘，乃朝廷万不得已之举，叠经明降谕旨，严禁扰累，并因御史丁绍周条陈江北厘捐积弊，复经通谕各直省督抚，于厘捐委员，概行裁革，统归地方官经理，按月申报实数，由该管督抚，按照例限报部，并照部定章程，酌定简明条款，分析开载，榜示通衢，以昭核实。乃昨据富明阿奏称，亲赴里下河一带，南北粮台，设立捐卡，大小约有百余处，有一处而设数卡者，有一卡而分数局者，委员既繁，局费尤滥，每月局用，少者二百金，多者至千余金，委员严遴等贪鄙不职，因降旨将严遴等革职，以示惩儆，而吴棠于奉旨后，迄今数月，并未遵照办理。著传旨严行申饬，即著归并裁革，以清积弊。因思江北如此，他省可知，闻地方不肖绅士，往往夤缘入局，百端侵渔，商贾不胜其扰，而军饷仍无裨益，是以朝廷不得已之举，为不肖委员绅士分肥之地，利归于下，怨敛于上，亦安用此厘局为耶。著再行通谕各直省督抚，恪遵前旨，将各厘局酌量归并，裁革劣员，派委贤能地方官经理，毋得以不肖官绅充数。倘仍前瞻徇，滥行派委，别经发觉，或经科道参奏，必将该督抚等从严惩处，毋谓不戒视成也。

厘禁 006：同治三年奏准

现在皖北肃清，江苏省境内，亦将克期底定，应将从前粮捐、亩捐、草捐、花布捐等项，概行禁止。

厘禁 007：同治十年谕

御史黄槐森奏：广东厘局繁扰，请旨饬查裁减一折。抽厘助饷，原属朝廷不得已之举，全在地方官吏认真办理，方不至弊窦丛生，困累商民。若如该御史所奏，广东惠州各厂，均于起厂之初，抽厘一次，验照之处又抽厘一次，且增帮费名目。东江如此，则西北两江厘厂，恐亦在所不免。著瑞麟认真查核，务将应裁厘厂，应禁帮费，酌量情形，妥为办理。

厘禁 008：同治十一年谕

嗣后除地方荒歉，委员采买米谷赈济，仍准免厘税外，其余无论何省何营，采办一切物料，概不得发给免完厘税印照。该委员等经过各处关卡，均著照章完纳税厘，不准请免。各卡委员，亦不得徇私放行，以杜流弊而裕饷源。

厘禁 009：同治十三年谕

各省设局抽收厘金，系属万不得已，借资民力，岂容私自添设，苛敛民财，亟应严行禁止。著各直省督抚，于所属应设厘卡，严密稽察，倘有私设卡局情弊，即行从严参办。

厘禁 010：光绪元年谕

各省抽厘分局，及江、皖、两湖等省督销两淮票盐分局，各该州县往往以本籍绅士经管，弊窦丛生，亟宜严行禁止。著各该督抚及盐政衙门，嗣后委办厘盐各分局，不准用本州本县绅士，其已委者即行裁撤，并将委员职名籍贯，年终报部，以凭查核。

厘禁 011：光绪十年谕

各省抽收厘金，叠经谕令各督抚等据实报部，力杜中饱。乃近来厘局委员，往往徇情滥委，任用匪人，以致贪婪侵蚀，百弊丛生，殊堪痛恨。当此库款支绌之时，自应涓滴归公，实征实解，若非认真稽察，将使亿万厘金，半归私囊，实属不成事体。嗣后该督抚等，务当激发天良，明查暗访，设法整顿，尤以择任委员为第一要义，并将各该省厘局征收数目，随时稽核，严杜弊端。该委员等如有侵渔及扰累情事，立即严参惩办，倘敢瞻徇情面，袒护属员或被人参奏，或别经发觉，定将该督抚等严惩，决不宽贷。

厘禁 012：光绪十年奏准

陕西省土药厘金，向系每百斤收银四十两，未免过多。今酌中定拟，不分洋药土药，俱按十六两一斤计算，不准再有双秤名目，以杜取巧。

厘禁 013：光绪十年又奏准

陕西省近年报部收厘数目，仅二十余万两，而光绪九年，查出该省二年至七年未经报部之款，尚有存留银二十九万二千六百三十六两，应将此项听候部拨，不准擅行动用。至七年以后存留若干，应据实悉数报部，毋任蒙混侵挪，以昭核实。

厘禁 014：光绪十年三奏准

陕西省厘金册报，岐山、蒲城、郿县、韩城等四县，每年收数，或数百两，或仅数十两。又册开武功等州县，共收厘金银二千余两，并未分析指明系何州县，未免笼统含混。嗣后务将抽收数目零星微少各处，概行裁撤，以恤商艰而杜中饱。

厘禁 015：光绪十年四奏准

甘肃省军需第一案开单报销，收惠安堡盐厘银九千九百七十九两有奇，此次厘金开除项下，并无此款，应令详查登覆，毋任局员弊混。

厘禁 016：光绪十一年谕

凤阳、芜湖各关，淮北、皖南厘金各局，动支公费及开销款项，为数甚多。厘税皆关国帑，岂得任意开支。即著该署抚将各关局动支各款，详加体察，何者可减，何者可裁，核实筹计，提出若干，奏明报部备拨。

厘禁 017：光绪十一年奏准

嗣后陕西省厘金外销，应将留支经费，存留办公，合为一款，共提一成，以示限制而杜滥支。

厘禁 018：光绪十二年奏准

陕西省厘金，于一成外暂加一半，统计一成五分之数，本年饷项，即按一百零五万五千有奇拨给，毋得滥支。

厘禁 019：光绪十二年又奏准

嗣后山西省厘税两宗，如收数在十八万两至二十一万两以上者，准于旧章一成外，由正款提出银一万两，弥补一成公费不敷之用。如收数在十七万左右，仍照旧章提用一成，不准多支，以示限制。

厘禁 020：光绪十二年三奏准

山西省咨送光绪三年至八年厘金销册，列有未完款项，恐有挪用情弊，应令该抚不时访察经收各员，如系欠解，即行撤委勒追，逾限不完，从严参办，不准再列委员欠款，以杜侵挪。

杂赋禁例〔例81条〕

杂赋禁 001：顺治二年题准

凡通接西番关隘处所，拨官军巡守，有夹带私茶出境者，拿解治罪。其番僧若有夹带奸人并私茶者，沿途官司检出，茶货入官，伴送夹带人送官治罪。若该衙门官纵容私买茶货，及私受馈送增改关文者，听巡按查究办理。

杂赋禁 002：顺治二年又题准

进贡番僧应赏食茶，须给勘合拨发，由茶仓所照数支放，不许收买私茶。

杂赋禁 003：顺治三年题准

甘镇以茶易马，各番许于开市处互市，不得滥入边内。

杂赋禁 004：顺治三年又题准

民间食用米麦，皆停收税。

杂赋禁 005：顺治四年议准

严禁州县藉落地税银名色，及势宦土豪，不肖有司，设立津头牙店，擅科私税。

杂赋禁 006：顺治四年又议准

凡置买田宅，不税契者，笞五十，仍追契价一半入官。

杂赋禁 007：顺治五年议准

茶篦止供市马，不许开销赏番。

杂赋禁 008：顺治九年覆准

地方将领巡缉，不许倚托营兵旗人，贩买私茶。

杂赋禁 009：顺治十年覆准

茶商旧例，大引附茶六十篦，小引附茶六十七斤余，今定每茶千斤，概准附茶一百四十斤，如有夹带，查出治罪。

杂赋禁 010：顺治十年题准

凡镇弁发银市马，查核的确，准令购买，若有载茶易马者，概行禁止。

杂赋禁 011：康熙元年题准

禁止有司私给税单收税。

杂赋禁 012：康熙十二年覆准

小民肩挑背负尺布、斗米、蔬果、食物贸易者，地方官不许征税。

杂赋禁 013：康熙十八年覆准

产铜铅厂，任民采取，征税银二分，按季造报，八分听民发卖，先尽地主报名开采，地主无力，许本州县民采取，雇募邻近州县匠役。如别州县越境采取，及衙役搅扰，皆照例治罪。有坟墓处，不许采取。倘有不便，督抚题明停止。

杂赋禁 014：康熙二十六年议准

自康熙十五年至十九年，直隶各省加增田房、盐、当、牙行等项税银，通行各省免其征收。又免征湖广新增铁茶、商茶税银。

杂赋禁 015：康熙二十八年题准

江宁民间铺面，岁输房号、廊钞等银，悉行豁免。

杂赋禁 016：康熙四十一年覆准

京城内外煤牙，悉行禁革，其煤牙额税，停止征收。

杂赋禁 017：康熙四十三年覆准

嗣后茶禁，止于陕境交界处盘查，行人带茶十斤以下者，停其搜捕。有驴驮车载无官引者，即系私茶，照私盐律治罪，失察官弁，照例议处。

杂赋禁 018：康熙四十四年覆准

私茶十斤以下，向停其搜捕，恐奸民计图免课，分带零运，仍照旧缉拿处分。

杂赋禁 019：康熙四十五年议准

嗣后一应牙行，照五年编审之例清查，更换新帖，如有顶冒朋充，巧立名色，霸开总行，逼勒商人不许别投，拖欠客本久占累行者，严拿究治。

杂赋禁 020：康熙四十八年覆准

奸民希图射利，捏称牙行，于良民买卖之际，混行索诈者，令顺天府尹通判、大宛二县、五城兵马司严行查拿，照例从重治罪。

杂赋禁 021：康熙五十二年谕

据四川提督奏称，蜀省一碗水地方，聚众万余人开矿，差官力行驱逐等语。此偷开矿厂之徒，皆系无室可居，无田可耕贫民，每日所得锱铢，以为养生之计，若尽行禁止，则伊等何以为生。该地方文武官弁作何设法，使穷民获有微利，养赡生活，但不得聚众生事，妄行不法，大学士会同九卿议奏。钦此。遵旨议定：凡各省所有之矿，本处无业贫民，私行采取者，各该地方官，询明姓名注册，令其开采，仍不时稽查，毋致生事。其外省之人不许开采，并严禁本处豪强富户设厂，如有此等情弊，该管文武官弁，隐匿不严行查拿，照溺职例革职。该督抚将军提镇，徇庇不行揭参，照徇庇例降三级调用。

杂赋禁 022：康熙五十五年议准

免京城下等行铺税银。

杂赋禁 023：雍正三年覆准

黄河以东兰、巩、平、庆四府，秦、阶二州茶政，令湖广督抚严饬产茶各州县，凡商茶照引运茶，先行申报本省，咨明豫抚，转饬经过地方查验，令陕州验引移送出关外，收取回文备案。如该州藉名勒索，该抚即行题参治罪。如商人离引行茶，及夹带余茶，并将旧引影射者，该抚即行拿问。

杂赋禁 024：雍正三年题准

嗣后奉天买卖人出威远堡、法库口，至吉林、黑龙江等处贸易，领取车票，系民，即在府尹衙门具呈查验给票；旗人，仍照旧例在盛京兵部给票。倘官兵胥役等，有通同勒索等弊，即题参从重治罪。

杂赋禁 025：雍正四年覆准

陕省茶，改令产茶地方官给发船票，照依该商引目茶数，逐一开明，不得别给印票。其应行盘查之处，照依引目，及正茶附茶斤两，盘查验放，不得勒索留难。如于部行之外，有搭行印票，及附茶不依所定斤数，多带私茶者，拿获照私盐律治罪。如查验官故纵失察，照例处分。如地僻引多，致茶壅滞，不能行销，该商具呈，该司详报甘抚，行令往别司分通融发卖办课。

杂赋禁 026：雍正七年题准

州县征收税银，凡穷乡僻社，些小生理，无关课税者，永行革除。

杂赋禁 027：雍正七年谕

税课之属，无显然额征之数，则官吏得以高下其手，而闾阎无所遵循，即如从前各处税课，经地方官征收，有于额解之外多数倍者，且有多至数十倍者，既无一定之章程，则多寡可以任意，其弊不可胜言。属员既已贪取，则上司必致苛求，官员既已营私，则胥役必致横索，日积月累，渐有加增之势，而难于稽查，岂非民生之隐患乎。是以令各省督抚遴委贤员监收一年，以定科则，其征收不及旧额者，亦令奏闻，降旨裁减。若该督抚等果能督率有司，奉行尽善，将一年所收者，悉行奏闻，不及额数者，请旨减免，则赋有常经，万民共受其福矣。

杂赋禁 028：雍正八年题准

广西省柳州府，旧有牛纲客人，入瑶僮之地贩买，纳牛税银四十一两三钱，停止征解。

杂赋禁 029：雍正九年谕

向来各处落地税银，定例报出税银八百两者，准加一级，多者以次计算。年来地方官员，皆知守法奉公，凡有税课，皆随收随报，不敢侵隐，其报出之数，每倍于旧额，止恐将来不免冀幸功名之人，希图优叙，以致恣意苛索，扰累小民。且落地税银，非正项钱粮有一定之数可比，侵蚀隐匿者，固当加以处分，而争多斗胜者，亦当予以处分。其作何定议，并如何议叙加级处分之处，吏部户部悉心妥议具奏。钦此。遵旨议定：各省落地税银，如征收正额之外，搜求需索，以致赢余之数，几倍于正额者，其税契银，如有将民间从前置买产业苛索扰累，多收契羡者，该督抚一并指名题参，照例议处。至正额外，并无苛索扰累，实有赢余，报出八百两者，仍照定例准其加一级；千六百两，加二级；二千四百两者，加三级；如此外虽再有赢余，亦不得过加三级。仍令各督抚，将并无苛索扰累之处，于疏内声明，到日准其议叙。

杂赋禁 030：雍正九年题准

广东省曲江、惠来、阳春等三县，有额无征税课等银，共七百八十四两有奇，永远豁免。

杂赋禁 031：雍正十年谕

朕闻西宁北川口外白塔地方，出产石煤，系附近汉土番回民人采取贩卖，以为生理，每驮纳税钱三十文，于西宁委管之员，收解充饷，约计每年收银一千九百余两。近因西陲用兵之际，西宁移驻兵弁较前为多，率皆用煤以供炊爨，煤价渐至昂贵，若仍照前例征收税钱，恐价值不能平减，于兵民均有未便。著将应征税钱宽免，该督抚转饬有司实心稽查，倘胥吏人等有照例私收，或藉端需索者，务令查出，从重究治。

杂赋禁 032：雍正十年奏准

木鲁乌苏地方，出产金砂，附近穷番，藉以开采资生，应听其自行开采，毋得招集多人生事。

杂赋禁 033：雍正十一年谕

各省商牙杂税，固有关国课，亦所以便民，是以各有额设牙帖，皆由藩司颁发，不许州县滥给，所以杜增添之弊，不使贻累于商民也。近闻各省牙帖，岁有加增，即如各集场中有杂货小贩，向来无藉牙行者，今概给牙帖，而市井奸牙，遂恃为护符，把持争夺，抽分利息，是集场多一牙户，即商民多一苦累，况牙帖纳税，每岁无多，徒滋繁扰，甚非平价通商之本意。著直省督抚，饬令各该藩司，因地制宜，著为定额，报部存案，不许有司任意加增。嗣后止将额内各牙退帖顶补之处，查明换给新帖，再有新开集场，应设牙行者，酌定名数给发，亦报部存案，如此则贸易小民，可永除牙户苛索之弊。

杂赋禁 034：雍正十二年谕

朕闻东省泰山有碧霞灵应宫，凡民人进香者，皆在泰安州衙门输纳香税，每名输银一钱四分，通年约计万金，若无力输纳者，即不许登山入庙，此例起自前明，迄今未革。朕思小民进香祷神，应听其意，不得收取税银，嗣后将香税一项，永行蠲除。如进香人民有愿输香钱者，各随所愿，不必计较多寡，亦止许本山道人收存，以资修葺祠庙山路等费，不许官吏经手，丝毫染指，永著为例。

杂赋禁 035：雍正十二年又谕

湖北太和山香税，著照山东泰安州之例，永行豁免。

杂赋禁 036：雍正十三年谕

朕闻各省地方，于关税杂税外，更有落地税之名，凡穄锄、箕帚、薪炭、鱼虾、蔬果之属，其值无几，必查明上税，方许交易，且贩自东市，既已纳课，货于西市，又复重征，至于乡村僻远之地，有司耳目所不及，或差胥役征收，或令牙行总缴，其交官者甚微，不过饱奸民猾吏之私囊，而细民已重受其扰矣。著通行内外各省，凡市集落地税，其在府州县城内，人烟凑集，贸易众多，且官员易于稽查者，照旧征收，但不许额外苛索，亦不许重复征收。若在乡镇村落，则全行禁革，不许贪官污吏，假借名色巧取。著该督抚将通省额征税额，分析原额新增，并原设税口，例载货物应留应革款项，造册题报，其如何裁革禁约之处，详细造册，报部查核。

杂赋禁 037：雍正十三年又谕

民间活契典业者，乃一时借贷银钱，原不在买卖纳税之例。嗣后听其自便，不必投契用印，收取税银。其地方官征收税课多者，亦停其议叙。再，在京两翼收税之处，亦照此例行。

杂赋禁 038：雍正十三年题准

直隶省正定府属之插箭岭、倒马关及所属之上城铁岭口，专收货物牲畜之税，嗣后出入往来空身之人，停止复收税钱。

杂赋禁 039：乾隆元年谕

广东有埠租一项，乃民间自收之微利，前经查出凑修围基之费，今围基既动公项修筑，所有埠租一项，免其征收。

杂赋禁 040：乾隆元年覆准

牙户如各牙行式微，无力贸易，有情愿报官歇业者，即令其开除报部，不必俟顶补有人，方准退帖，违者照例处分。

杂赋禁 041：乾隆元年又覆准

浙江省嘉兴、台州、温州、处州等府属之甬里等处各口界址，每年应征商税等银，永行禁革。

杂赋禁 042：乾隆二年题准

滇省镇雄州，系食川盐，征收过税，准其裁革，于盐课银内开除。

杂赋禁 043：乾隆二年又题准

山东省鱼筏税银五百三十八两九钱一分有奇，免其征收。

杂赋禁 044：乾隆二年三题准

湖南省永州府带征商税，及常德府报增余出盐钞，昌平熟铁等税，武冈州报增余出门摊酒醋等税，岳州府属之巴陵县报增余出渔税，均属零星商贩及额外加增之项，嗣后全行禁革。

杂赋禁 045：乾隆二年四题准

湖北省安陆府所属之河家集等十六处，襄阳府所属之双沟等十集，郧阳府所属之安阳龙门江峪三处，均系小村落，向征税银，全行禁革。

杂赋禁 046：乾隆二年五题准

甘肃省平凉府属之白水镇布匹烟纸等税，临洮府城褐税，并属府之定羌驿、内官营落地布麻褐等税，悉行禁革。

杂赋禁 047：乾隆三年题准

江苏等属落地税银，分别裁留，豁除各属银二千四百四十八两五钱有奇。

杂赋禁 048：乾隆三年又题准

直隶省遵化州、宝坻县及容城之白沟河等四集，河西务等三处，并抚宁之深河，山海卫之海洋、石门等处，宣化府属之蔚州，河间县之桑家林等处，均系零星交易土产货物，应征税银，均予裁革。

杂赋禁 049：乾隆三年三题准

四川省广元县商贩活猪，已经收税，每宰一猪，复征银三分，应行裁革。至经过夔关在本地粜卖之米粮，嗣后免其征税。

杂赋禁 050：乾隆四年谕

昔我皇考惠爱商民，恐州县牙行岁有加增，于雍正十一年谕令各督抚，饬令藩司因地制宜，著为定额，报部存案，不许有司任意加增，止许将额内各牙退帖顶补之处，查明换给新帖，再有新开集场，应设牙行者，酌定给帖报部，不许滥增。近闻江苏各属，于额帖之外，陆续增请者，一县竟有数十张以至百余张不等，此必州县官听信吏胥播弄，藉新开集场，准其增设之例，或旧业而捏为新设，或裁牙而溷请改充，徒使贸易小民，受其苛索，莫可申诉。江苏如此，则各省亦必皆然，该部即通行各省督抚，转饬布政使司出示晓谕该地方，若有新开集场，应设牙行者，该印官详确查明，取具印结，由府州核实，详司给发牙帖，如非新开集场，蒙混请增者，即行题参，从重议处。

杂赋禁 051：乾隆五年谕

近闻外省衙门胥吏，多有更名捏姓，兼充牙行者。此辈倚势作奸，垄断取利，其为市廛之蠹，尤非寻常顶冒把持者可比。嗣后作何定例严禁，及地方官失于稽察作何处分之处，该部定议具奏。钦此。遵旨议定：嗣后胥役现在更名捏姓，兼充牙行者，令地方官严察确实，即行追帖，勒令歇业，并将胥役充补牙行之弊，永行严禁。傥不法胥役，仍更名捏姓，兼充牙行者，照例杖一百、徒三年。如诓骗客货，累商久候，一经告发，照例枷一月，发附近充军。若地方官奉行不力，失于稽查，罚俸一年。有意徇纵者，降二级调用。如受财故纵，计赃从重以枉法论。

杂赋禁 052：乾隆七年覆准

客商贩买米豆，皆须投托牙行，恐狡狯牙行，有意把持，高抬价值，于中取利，令直省督抚转饬该地方有司，通行出示，严切晓谕，商人既不得藉货居奇，行家更不得把持增价，傥有居奇把持等弊，查明究治。

杂赋禁 053：乾隆九年题准

嗣后地方官滥给牙帖者，该管上司失于稽查，将知府照巡绰官失于稽查例，罚俸一年；司道照不行详查例，罚俸六月；若该管上司知情，不据实揭报题参者，照徇情例，降二级调用。牙行承充之时，向本殷实，厥后渐次式微，致有拖欠客本者，随时革换，傥州县仍将消乏牙行，不即革退，及并非殷实之人，出结申送，照衿监充认牙行州县官奉行不力例，分别失察徇纵议处；如有枉法受赃等项，按律处分。并饬令地方官出示晓谕，如有奸牙狡狯，于发货之日，不令客人与铺户三面议价，立定合同限帖届期同索者，许客商赴官具控，将该牙革退，别募充当。如铺户过限不清，有意侵吞客货者，仍将铺户严追。地方官傥有阳奉阴违，酿成积案者，以玩视民瘼题参。

杂赋禁054：乾隆九年又题准

安徽省十三府州属杂税项下，牛驴花布烟油等项银，或系有款无征，印官捐解，或空有地名，并无市集，或重征经行牙行，或杂派于铺家烟户，实为扰累，嗣后悉予豁免。

杂赋禁055：乾隆十一年奏准

湖广省衡州府设立卖铅牙行，颁给印照官秤，凡赴买者，该牙依次发货，如官买客贩并至，先尽官，后给客，仍听买卖人等当面议价，该牙在旁眼同兑交银货，以免争竞，傥有把持欺压等事，即行革究。

杂赋禁056：乾隆十一年题准

江苏省碾饷缺额银，出自碾米之户完解，因土俗变易，民间皆置木砻自做，碾户消乏，并无顶补之人，以乾隆十一年为始，概予豁免。

杂赋禁057：乾隆十一年覆准

江苏省额赋之外，有城租缺额，吏农班余米军饷，碾饷缺额，折谷无征等项杂办，共银六百二两六钱五分七厘，均属有款无征，官民苦累，嗣后照数豁除。

杂赋禁058：乾隆十七年议准

直省地方辽阔，凡有种麻、植靛、烧炭、烘茹、开矿、采捕等事，无业穷民，群集于深山大谷湖滨海汊之间，务令该州县亲履其地，勘明形势，细查来历，绘图贴说，造册申报督抚，仍按季覆查，该督抚岁于四月、十月内，檄令巡道会同营弁稽查出结申报，傥地方官及巡查官弁，有纵容兵役滋扰累民者，该上司即揭报督抚题参。

杂赋禁059：乾隆十七年又议准

凡产硝硫磺之地，除现在官为开采者，仍循例妥办，毋许夹带透漏，不时稽查外，其久经封禁之山泽及出产硝磺之地，务严行申禁。傥有顽民私自开采，地方官不行严拿，别经发觉，即将该地方官严参议处，务令获犯治罪。其不行揭报之各上司，失于觉察之该督抚，一并交部察议。

杂赋禁060：乾隆二十四年议准

民间活契典买田宅，遵奉雍正十三年谕旨，概免其输税。其有先典后买者，按照典买两契银两实数，每两征收税银三分。

杂赋禁 061：乾隆二十七年覆准

开设牙埠，原以司帖为凭，其果系世业，现在父兄子弟均系监生，则另报无顶戴之人充当，即以的名给帖。其一家之中不皆监生，则令其无顶戴者报名，给予司帖。如有隐匿混请者，查出革退，不许复充。

杂赋禁 062：乾隆二十八年议准

京师货物消长不一，自编审以来，绸缎白炭等行经纪，货少帖多，悬缺乏人，而货多帖少之行，准其认补，按例输税，总不得逾原定额数。嗣后届编审之期，遇有应行变通者，通融办理，傥不肖奸牙，有把持垄断，彼此争夺扰累商民等弊，即行照例治罪，牙帖缴销。

杂赋禁 063：乾隆三十年议准

凡在京各牙行领帖开张，五年编审一次，通融抵补，给帖输税。其外省州县牙行，有故歇业，及消乏无力承充者，五年编审更换新帖之处，俱行停止。

杂赋禁 064：乾隆三十一年谕

民间田房，漏税在民，自应查明，令其补交。若外州县官办理税契，于纸内钤盖印信，并不粘用司印契尾，是不肖有司意图侵肥入己所致。其实小民应投税银，业已照数输纳，今乃令业户补税，不于原税之州县名下追还，是百姓受重税之累，而侵隐之官吏，转得安享其利，于情理殊未得平。著该督抚详细出示晓谕，凡民间有已经投税，并无司颁契尾者，令其据实首明，即行补给契尾，其税银毋庸重复补纳，以恤民力。并查系何员任内经手，除事在五年以前，及该员已经身故者，查明免其勒追外，其现任及升调各员，著照原税银数，于各名下定限追完。此后如再有止钤契纸，不连用契尾者，各督抚即行查参治罪，如此则闾阎既免重科，州县共知儆惕。

杂赋禁 065：乾隆三十五年议准

嗣后旗民典当田房，契载年分，统以三五年以至十年为率，概不税契。十年以后，原业无力回赎，听典主执业转典。其有于典契内多载年分者，一经发觉，追交税银，并照例治罪。

杂赋禁 066：乾隆四十年议准

盛京驿丁价买房屋漏税，照旗民买卖田产漏税之例，于治罪追价外，行令一律补税。

杂赋禁 067：乾隆四十一年议准

凡造作假茶售卖至五百斤以上，店户窝顿至千斤以上，各照例计数科罪。

杂赋禁 068：乾隆四十一年又议准

凡兴贩私茶，潜与外国人交易，及在腹里地方卖与自京回程外国人者，不拘斤数，本商及知情歇家牙保，各照例科罪。其在甘肃西宁、河州、洮州，四川雅州私贩，未经入番，数在百斤以上及三百斤者，照例计数科罪。

杂赋禁 069：乾隆四十一年三议准

兴贩私茶，论如私盐法。凡将批验截角退引影射照茶者，即以私茶论。

杂赋禁 070：乾隆四十一年四议准

各省开采矿厂，令督抚遴委干员，会同地方官据实勘验，并无干碍民间田园庐墓者，准其题请开采。其峒老山空矿砂无出者，取结题明封闭。其一切僻隔深箐巡察难周之处，严加封禁。

杂赋禁 071：乾隆四十六年覆准

八旗官员及闲散家奴人等置买房地，不赴左右翼纳税过契，如有取巧赴大、宛二县捏作民契私税者，照违制论，官员议处，闲散家奴人等鞭责发落，仍令补税换照。如大、宛二县知情私准纳税，亦照违制例议处。

杂赋禁 072：嘉庆四年议准

甘肃省嘉峪关，玉商到关，收税官验明照票，按例收税，即时放行。其余所带别货，免其科税。

杂赋禁 073：嘉庆四年又议准

嘉峪关贩玉商民到关自行报税，如有铺户人等串通在关书役，包揽承纳税课，从中留难，及滥税别货者，许商人喊禀究治。

杂赋禁 074：嘉庆四年三议准

嘉峪关进口绿白玉器玉石，应用收税印票，由肃州钤用三连串票，发给管关巡检填用。每遇玉商投税，前幅填给商人收执，中幅申送藩司，尾幅肃州存查，以杜隐漏。

杂赋禁 075：嘉庆四年四议准

嘉峪关玉石漏税，核计正税在五钱以上，加罚一倍；一两以上，加罚两倍；二两以上，加罚三倍；三两以上，加罚四倍；四两以上，加罚五倍；五两以上，将货物一半入官，一半补税。若银数在五钱以下者，止令完纳正税，免其加罚。

杂赋禁 076：嘉庆九年议准

京城及直隶省属各牙经纪，除病故照例募补外，其缘事退帖，必须查明实系年老有疾，及不安本分之人，方准革退另募，不得任意去留。各处额设牙行，如有昔废今兴，照额复设者，许以该行原有废帖募补，如该行本无废帖，不准以别行废帖通融改补。

杂赋禁 077：嘉庆九年奏准

广东省商渔船出口，由道府派委干员查验，如有私自夹带米粮火药出口者，即行会同拿解该州县审办，仍将委员优加奖励。如有得贿纵漏，及任令家人跟役等，藉端讹诈扰累，及本地无赖民人诬捏挟雠首告，一经查出，即行加倍惩治。

杂赋禁 078：嘉庆十年谕

茶商承领引张，向由地方官出结，嗣因承充之人由州县查明出结，再由各衙门核转详报，层层滋扰，守候需时，致有停引误课之事，自应仍照旧章，责成总商稽查，该众商等有无顶冒，令其造具确实籍贯引数清册，取具亲供甘结，由兰州道行文该原籍地方，查明详覆，移知布政司衙门存案，毋许一人跨占两籍，方足以杜假冒蒙混之弊。

杂赋禁 079：嘉庆十五年奏准

洋船到天津，在东马头以上停泊起货，五船为一排，十船为一帮，不准参差。其卸货之后，尚须置买回货，限十五日退泊开船出口，免致拥挤河道。所有闽粤水手，不许容留居住，责成地方官严行示禁。

杂赋禁 080：嘉庆二十一年谕

吉林前经奏准开采煤窑六处，其缸窑等五处，产煤丰旺，已足供旗民日用之需。至营盘沟一处，试采无煤，即应照例题请封闭，乃于相连之西南山坡，换给执照开采，易启影射蒙混之弊，著即封闭，将执照撤销，以符定制。其缸窑等五处煤税，均著于开刨之年起纳。

杂赋禁 081：道光四年覆准

内地商人买运铁斤出口，在各本境内打造农具，以一百斤为度，呈明地方官给照赴口，守口员弁查验放行。如有私行夹带不成器皿之铁至五十斤者，将铁入官。百斤以上者，照例治罪。

礼 部 禁 令

贡举禁令〔例 96 条〕

举禁 001：顺治二年定

生儒入场，如有怀挟片纸只字者，先于贡院前枷示一月，问罪发落。如有请人代作文字及受情托之人，均枷示问罪。其搜检官役知情容隐者坐。

举禁 002：顺治二年又定

场内供应人役，或有豫将文字埋藏号舍及出入处所，或巧为传递。又有外帘各官与诸生认识者，馈送饮食，往来滋弊。监临宜严行禁约，容隐者坐。

举禁 003：顺治二年三定

直省府州县地方，每遇乡试之年，先期榜示禁约，仍令巡捕员役严加缉访。如有假称考官亲识，诓骗士子，污累考官，及士子央浼营干者，皆照例枷示三月，发烟瘴地方充军。科举入场及开榜之日，如有挟雠忌才，私写匿名纸帖，揭于街衢，或编就歌谣，豫先传播，以致场中虽取中不敢填榜者，在内听巡城御史及五城兵马司，在外听按察使司缉拿，依律治罪。主试官亦不得避嫌，妄退文卷。部科各衙门劾参者，须凭实据，不得轻信风闻，辄形章奏。如有亲识书吏家人指称本官诓骗，本官自能举发者议叙。士子自能举首者免罪。至于文体险怪，鉴别不精，又当别论，毋得摘取一二影响字句，指为关节，转滋辩端。

举禁 004：顺治二年四定

在监肄业贡监生，临场不准改经。

举禁 005：顺治二年五定

生童有籍贯假冒姓系伪谬者，不论已未入学，尽行褫革，并将廪保惩黜。若有中式者，核实题参，革去举人，发回原籍。如祖父入籍在二十年以上，坟墓田宅俱有的据，取同乡官保结，方许应试。

举禁 006：顺治十四年谕

朕惟制科取士，课吏荐贤，皆属朝廷公典，原非臣子可借以罔上行私市恩报德之地。至于师生称谓，必道业相成，授受有自，岂可攀援权势，无端亲昵。近乃陋习相沿，会试、乡试考官所取之士，及殿试读卷，廷试阅卷，学道考试优等，督、抚、按荐举属吏，皆称门生，往往干谒于事先，径窦百出，酬谢于事后，贿赂公行，甚至平日全未谋面，一旦仕宦同方，有上下相关之分，辄妄托师生之称。或属官借名献媚，附势趋炎；或上官恃权相迫，恐喝要挟，彼此图利，相煽成风，恬不知耻，以致下吏职业罔修，精神悉用之交结，上司罔问吏治，喜怒一任乎私心，因而荐举不公，官评淆乱，负国殃民，不知理义，深可痛恨。朕欲大小臣工，共涤肺肠，痛革积弊。以后内外大小各官，俱宜恪守职掌，不许投拜门生，如有犯者，即以悖旨论罪。荐举各官，俱照衙门体统相称，一切读卷、阅卷、考试等项，俱不许承袭师生之号。即乡会主考、同考，务要会集一堂校阅试卷，公同商订，惟才是求，不许立分房名色。如揭榜后，有仍前认作师生者，一并重处不贷。尔部即通行严饬内外各衙门，务令恪遵，永绝朋党之根，以昭朕激劝群士共还荡平至意。

举禁007：顺治十七年谕

会试举人场前投递诗文，干谒京官者，革去举人，下刑部究拟。京官不行举首，事发一体治罪。

举禁008：顺治十七年议准

房官作弊，许主考不时据实纠参。或主考通同房官作弊，在京监试御史，在外该抚按，不时纠参。

举禁009：顺治十七年又议准

二三场原以觇士子经济，凡坊间时务策名色，概行严禁。

举禁010：顺治十七年三议准

科场作弊，有关节授受的据者，许指名告发。如挟雠诬捏匿名帖造作歌谣者，照光棍例治罪。

举禁011：康熙九年议准

乡会试榜后，坊贾每豫集多人，造成浮泛不堪文字，假称新科墨卷，相沿成习，文风日坏，应严行禁止。

举禁012：康熙十八年议准

主考、同考、御史、笔帖式，随带从人，俱照定额，进场时御史搜检放入。如正副主考、同考暗带主文，假装仆从，随入内帘者，察出，将本官交吏部议处，带进之人治罪。

举禁013：康熙十八年覆准

场内如有踰墙换卷代作等弊，提调等官察出题参，从重治罪。如巡察不严，事发一并治罪。

举禁 014：康熙三十五年覆准

乡试如有冒籍中式者，将正副主考官，交与吏部察议。

举禁 015：康熙三十五年又覆准

顺天乡试，云南、贵州、四川、广东、广西、福建、湖南、甘肃，此八处在京应试者，仍取正印京官印结，或取同乡官保结，亲身赴部投递。如有假冒，将出结官员一并议处。

举禁 016：康熙三十九年覆准

主考官有交通嘱托，贿卖关节，夤缘中式，事发情实者，按律从重治罪。其父兄为子弟作弊，有官者革职提问，无官者从重治罪。

举禁 017：康熙三十九年又覆准

监生有馈献礼物、诗文、假名士、刻遗卷，并招摇作弊者，巡城御史察实纠参，交刑部治罪。

举禁 018：康熙三十九年三覆准

在京冒籍举人，以部文到日为始，限两月内，具呈自首，礼部核明，改归原籍。过期者不准行，仍照例褫革。

举禁 019：康熙三十九年定

冒籍中式者，凡收考、送考、出结官、学政及地方官教官，皆议处，其主考官免议。

举禁 020：康熙三十九年又定

官员不得在现任地方，令其子弟冒籍，违者革职。

举禁 021：康熙三十九年三定

顺天乡试，惟大兴、宛平二县最多冒中。嗣后审音不详，草率送试者，照收考、送考官例降级。其行查后不据实呈报者，照出结官例革职。

举禁 022：康熙四十年覆准

粤西从前冒籍举人，勒令改归原籍，出结等官，令其自行检举。

举禁 023：康熙四十七年覆准

榜后不中之人，如有挟私造谤，希图傲幸者，令五城御史、顺天府严拿，照例治罪。

举禁 024：康熙四十七年议准

直隶各府乡试生监中式后，非取具同乡京官印结，不得赴顺天府填写亲供。

举禁 025：康熙五十年覆准

入籍二十年者，定例准其考试。如有不肖挟雠诬告，由各督抚严禁，从重治罪。

举禁 026：康熙五十三年覆准

嗣后誊录书手内有顶冒入场，代人作文，或阅他人佳卷钞写，一经发觉，将代作并夤缘之人，及知情容隐通同作弊者，俱从重治罪。其原送官及所官，酌量情弊治罪。

举禁 027：康熙六十年谕

现在科场之弊，有最大者，人皆不言，朕知之甚悉。士子作文，合三场计之，止六七日，而今年放榜日期，似欲迟至三月十五日以后，通场卷数，不过三四千，试官阅文乃至四十余日方毕，为日太多，诸弊皆从此而生矣。士子偶有夹带倩代者，原其情不过自为功名，或贫士以图利起见，犯者不过几人，其弊犹小，况入场之时，巡察官防闲甚严，苟被搜获，必治以罪。迨三场既毕，巡察各官俱撤去，贡院门名为封锁，而每日送水菜取食物，遂致内外信息时通，纷传某人已中，某人不中，中者众人皆为称喜，是外间先有一榜矣，又何待于出榜耶。甚有更易卷子，改换名次。主考官俱系大臣，平日以清操自居，或不至若此，而不肖房考，官职甚微，身家亦轻，何事不可为，此乃弊之最大者。言官等未尝不知，拘于亲友师生情面，且恐招后日之怨，率皆缄默不言。主考官日后即知有更易改换之事，而业已失察，不肯引咎检举。其在内帘官员，又拘于同辈，不肯互相纠察。考试大典，岂容如此。仍著原派巡察左右翼都统等，入场照旧巡察。

举禁 028：康熙六十年议准

乡会试榜后，考试官有不公之处，许下第举人、生员据实赴该管衙门控告。若有聚众往考官处搅闹，令该地方官立即严拿，送刑部从重治罪。

举禁 029：康熙六十年又议准

直隶冒籍举人进士，照例自首改归原籍，违者，交刑部照假官例治罪。

举禁 030：康熙六十年三议准

直隶保定等卫军籍，有顶冒中式者，照假官例治罪。送考及出结官，照徇庇例处分。

举禁 031：雍正元年覆准

正副主考及同考官出场，风闻某考官所中有弊，即行举奏，将中式之人请旨覆试，举奏官免其失察处分。倘明知不举，或经科道纠参，或被旁人告发，交与刑部审实，照律治罪。

举禁 032：雍正元年又覆准

考官士子交通作弊，一应采名受贿听情关节中式者，审实，将作弊之考官，并夤缘中式之举子处斩，皆立决。

举禁 033：雍正元年谕

国家养育人材，首重翰苑，既读中秘之书，必当立品端方，居心敬慎，方为不愧官箴。闻有侥幸之徒，平昔结党营私，至科场年分，则互相援引，转为请托，遇谨守之人，畏干法纪，不肯通同作弊，反群相排诋，飞语诬陷。此风甚不可长，亟当甄别勒令解退回籍，以示劝惩。著大学士张鹏翮，尚书田从典、徐元梦、朱轼，侍郎张伯行、李绂，会同满汉掌院学士，将翰林院、詹事府官员，有不安分生事，有玷官箴者，指名具奏，不可徇情。

举禁034：雍正元年又谕

朕闻向来考试，每有妄乱之徒，肆行搅闹，此风断不可长。须于考试之前，严行晓谕，如有此等妄乱之人，倡率肆行者，务将为首人等拿获数人，重加惩治，以示儆戒。钦此。遵旨议定：凡遇科场，礼部行文九门提督、五城御史、顺天府，遇有不法之徒，立即拿送刑部严审。若内外帘果有情弊，将各官照例严加治罪。若毫无实据，逞私捏造，将本人照光棍例治罪。如该管官不行查拿，照容隐例降二级调用。

举禁035：雍正四年谕

科场关系大典，若闱中阅卷果有不公，许应试举子亲身赴察院控告奏闻。若不轨之徒，假捏污蔑之辞，以泄私忿而挠公事，则国法断难宽宥。著步军统领及顺天府尹、五城御史密访严拿，即行参奏，从重治罪。

举禁036：雍正八年议准

应试举子，毋许于未发榜之前，钞录闱中文字，送人批点，并不许榜后刊刻落卷，漫生怨望。如有榜前钞录闱中文字送人批点，并榜后刊刻落卷者，一经发觉，将举子并加批之人，交部分别议处。至科场果有作弊等事，许应试举子出名赴礼部据实首告，本部即行参奏，交刑部质审，实则究处，虚则反坐。

举禁037：雍正八年又议准

乡会试座师、房师，照旧以师生往来，但不得祖护党援。至对房荐卷，与本人毫无关涉，何得滥认师生，藉端交结，一概严行禁止。倘有仍前滥认者，或经察出，或经首告，交部严加议处。至果有党援祖护实情，比座师、房师祖护党援之例，加一等治罪。

举禁038：雍正十二年覆准

寄籍之举人副榜，及恩拔、岁贡，勒限三月，呈首地方官，申详督抚、学政及藩司各衙门，逐一查明，改归本籍，听候铨选。其现任教官内，有本邑及邻邑之人，亦令呈明改归，仍听隔府调补。如逾限不行呈明，查出，照例题参，分别斥革治罪。至由俊秀寄籍，捐纳贡监生者，亦令地方官查明，饬令依限改正。

举禁039：雍正十三年议准

嗣后凡诸生遇本生父母之丧，令其呈明，期年内不许应试。其有隐匿不报，蒙混干进者，事发，照匿丧例治罪，永著为例。

举禁040：乾隆元年谕

国家三载宾兴，择经明学优之士，登之贤书，以储任用，典綦重也。从前北闱滋弊，相习成风，及我皇考御极，厘剔廓清，十余年来，士风安静，实为向时所未有。但恐积久法弛，人情生玩，苟苴贿赂，未敢即行，而或采虚声以收人望，假援引以市私恩，不知糊名易书，乃朝廷取士之律令，设防维不谨，暗通关节，则考官得以营私，举子得以幸进。不畏刑法，不安义命，岂惟获罪于君，抑亦获罪于天矣。亦思科举大典，为国树人，始进不正，人品早已不端，国家亦安所用之乎。考官奉命抡才，不能登选公明，乃罔上舞弊以干国法，无论自困噬脐，即令彼清夜扪心，又何以自容乎。朕临御方始，特开恩科，深期士风醇茂，人才日兴，亦望尔臣工恪恭厥职，各知自爱，以襄盛典。自今以后，凡与校文之任者，务各痛洗旧习，杜绝请托之私，矢慎矢公，无负朕之简用。傥有勾通关节者，国法具在，朕不能为若辈宽也。至于士子读书稽古，将以应嘉宾之选，尤宜立品端醇，居心恬澹，岂可奔竞钻营，妄生愤懑，与不肖无赖之徒相等也。傥有场前钻刺及榜后生事，为人心风俗之害者，著步军统领及五城御史密访严拿，按法治罪，以昭尚贤简不肖之典。

举禁 041：乾隆元年覆准

嗣后凡国子监肄业诸生，及新来应试者，一并责成助教等官，于考课讲习时严加诫谕，令其潜心下帷，毋得妄生傲幸，并留心访察，遇有标榜声气，投刺干谒者，立即申报祭酒、司业，以凭惩汰。若助教等官，瞻徇不报，发觉之后，一并交部议处。

举禁 042：乾隆元年又覆准

下第举子，如于场后藏匿姓名，编造歌谣对联，任意诬捏，粘贴街衢者，即由九门提督、顺天府、五城御史严拿送部，照律治罪。

举禁 043：乾隆四年谕

科场为取士之大典，士子始进不端，安望其实心为国。我世祖、圣祖历加饬惩，特置重科，以惩不法。皇考世宗宪皇帝，教诫谆切，数科以来，风清弊绝，人知义命自安。朕御极以来，再三申命，期考官士子各矢素心，毋得复萌奔竞夤缘之陋习，丙辰、丁巳两科，亦称清肃。今会试届期，公车云集，风闻士子中竟有不肖之徒，行险傲幸，希图弋获，奔竞钻营，思逞故智者，虽未有实据，而浮言不尽无因，此种恶习，断不可长。为此严加训饬，应试士子，务当洗心涤虑，安命立品。主考官留心觉察，杜绝弊端。著步军统领衙门密行查访，如确有实据，即行拿究，立置重典。傥有造言生事之徒，恣意诬蔑，并书匿名榜帖有意陷害者，亦并严拿究处，以肃风纪，以端士习。

举禁 044：乾隆八年议准

贴白糊黄，律所严禁。其始也，里巷挟雠，编为西江月传奇标目，坏闺阃而讦阴私，暗布通衢，以图快意。继焉，考试忌才者，尤而效之。学臣避嫌，佳文遗失不惜，久之健讼，理屈逞忿者，遂以此施之官长。嗣后各该督抚留心体察，并严饬所属，如有此等情事，即行参处。

举禁 045：乾隆九年议奏

头场夹带经书文字，二场夹带表判，三场夹带策问，因有心干犯科条，俱应照例治罪。即头场夹带二场，二场夹带三场者，所带虽非所用，亦应照例处治。惟二场搜出头场文字，三场搜出表判，或有误将字纸包裹食物等类，本非怀挟，无心失误，应照今科北闱督搜大臣奏明，二场误带头场文稿，讯无情弊，仍准考试之例，准其入闱，亦属法外原情之意。奉旨依议：至本内二场三场误带，准其入闱等语，科场条例，片纸只字，原不准夹带，并未有误带者仍准入场考试之例。今年督搜大臣之仍准入场者，因二场有番役裁害一事，是以如此从宽办理，究竟止应严惩番役之裁害，不应迁就从宽，以启将来之弊窦也。若复著为功令，既与定例不符，且恐弊窦转由此而起矣。嗣后误带者免其黜革治罪，仍逐出不准入场考试。

举禁 046：乾隆十年覆准

凡冒籍顺天未满二十年，及实有原籍可归者，统以部文到日一年为限。现任科甲京员，及候选之进士、举人、贡监，俱赴大兴、宛平两县具呈，申详顺天府。廪增附生，赴该教官具呈，申报顺天学政，一体咨归本籍，仍分别报明吏部、礼部注册。其生员食饩挨贡，悉遵旧例，照本生年分次序。傥逾限不改，查出斥革，现任京员照规避例革职。如该管官不行查出，别经发觉，将奉行不力之该管官，照枪手日久潜归原籍、地方官漫无觉察、仍听应考例，罚俸一年。

举禁 047：乾隆十二年谕

向来乡会试之年，不准条陈科场事务，盖欲使士子潜心诵读，不必纷更成例，以扰其心志，且亦防弊之一端，立法甚善。夫三年之内，何时不可言，而必待场期已近，纷纷陈奏。孙宗溥折，著交部暂存，俟科场事毕，另行议奏。嗣后如有似此违例条奏者，必交部察议。

举禁 048：乾隆二十一年奏准

顺天乡试立南北皿字号，分额取中，向有南人冒捐北监入试者，皆系州县官听从胥役蒙混出结。嗣后严行禁止，直隶州县不得蒙混出结，学臣不得滥行录送，违者严加处分。

举禁 049：乾隆二十一年又奏准

顺天乡试，南人冒北皿中式者固多，而冒北贝中式者，更不可计数。其中变更姓名，卑鄙谲诈。种种情弊，所关士习人心者尤大，总缘江浙士子希图幸进，而本地廪生借此渔利滥保，肆无顾忌。或依托本地门户捏称子侄，或冒认他人姓名改填三代，甚至不肖廪生，于府县考时倩人豫考空名，临期以重利贿买，至有原系南籍廪生来此冒名，及现任职官子弟就近冒考者，迨乡会中式后，始赴吏、礼二部具呈，托言寄养外族，改归本宗，亦有竟仍榜姓久不归宗者。嗣后傥有再蹈前辙，一经发觉，除本生褫革，廪保治罪外，定将不行查出之各官，交部从重议处。

举禁 050：乾隆二十一年题准

本科北皿北贝中式举人，有南人冒入者，于填写亲供时，自首改归原籍。如不早自首，别经发觉，照例褫革。再，今科冒籍中式举人，仅令首明改归，不足示惩，应俱罚停会试一科。

举禁 051：乾隆二十二年奏准

嗣后凡新进士未经引见之前，一概停其拜认师生。

举禁 052：乾隆二十二年奉旨

捐纳贡监，其因应试投捐者，乃图弋取科名，冒占试额，自当从严办理。然例由国子监分堂肄业，或由学政录科，其为数不过数百人，年貌语音，不难立辨。嗣后应专其责成，务令于肄业录科时，严加察验，以杜假冒。倘仍前滥行收考，一经发觉，必将录送各官严加议处。

举禁 053：乾隆二十三年覆准

京员内应行开列试差及顺天考官之人，并各省例得分房之州县官，凡遇乡试之年，概不许为入场士子豫拟经题。

举禁 054：乾隆二十九年议准

礼记一经，多坊间删本，有心典、体注、省度等名，较之全经不过十之四五，所存者俱系拟题之处，其余则不顾文理，一概删去，以致语气割裂，于经学殊有关系。嗣后由地方官出示，将删本刻板销毁，已经刷印者，禁止贩卖，毋许留存，贻误后学。

举禁 055：乾隆三十年议准

乡试士子，毋许临场改经，各直省或不画一，通行禁止。

举禁 056：乾隆四十年奏准

初八日举子进场完毕后，凡考试各官，不得仍向家中索取什物。如遇有考试各官，自家中送到什物，即由巡察外场御史，全行驳回，不准放进。

举禁 057：乾隆四十年谕

兵部议覆鸿胪寺卿江兰、御史李廷钦各条陈武闱外场事宜二折，俱依议行矣。科场定例，毋许临场条奏，如臣工果有见于考试规条未尽妥协之处，即当早行入告，文会试不得上年冬月，武会试不得过本年春月，何必于考试临期纷纷陈请。此次姑免置议，嗣后如再有违例临期陈奏者，该部将其事于议覆折内，一并将该员察议具奏。

举禁 058：乾隆四十二年议准

乡试举人寄籍者，填写亲供时，呈明改归原籍，如无家可归，亦令呈明注册。倘仍有牵混入籍者，均不准改归，照例褫革治罪。

举禁 059：乾隆四十八年覆准

贡监生员原有准其改经之例，除习春秋、礼记卷数无多，不准改易、书、诗三经外，其有诗经改习易书及春秋、礼记四经者，准其改习。若由易、书二经改习诗经者，概不准改，仍照定例，每届年终，将改经各生，汇册送部备查。

举禁 060：乾隆五十一年谕

本日据御史祝德麟条奏江浙漕务水利地亩等事。又徐如澍奏请将本年广额十五名，于北皿、南皿、中皿试卷内一体分派二折。朕披阅之下，俱系无关紧要。本年系乡试之期，近来御史奏事者颇多，并非留心建白，不过觊觎出差地步。即如祝德麟条奏江浙漕务水利等事，不过寻常事件，早何不奏，必待此时条陈，甚至徐如澍竟不顾科场处分条例，辄行入告，其非希冀入帘而何。所有祝德麟条奏，虽为无关紧要之件，其是否可行之处，著交该部议奏。至徐如澍明知科场条例处分，辄行陈奏，且于折内声明籍隶贵州，并无兄弟亲戚应试等语，试思徐如澍籍隶贵州，即无兄弟亲戚，岂无同乡故旧及相识应试者，更属取巧。徐如澍著交部议处。嗣后科道等，凡遇乡会两试届期，前一月之内，系陈奏特参大员，申冤理枉，迫不及待者，准其入奏外，其有关科场事务及寻常事件，一概不准届期违例具奏，以杜傲幸陋习。著为令。

举禁 061：乾隆五十二年谕

乡会两试，关系抡才大典，理应肃清弊窦，遴拔真才。经朕屡颁谕旨，加意整饬，近年以来，虽风闻科场诸弊未能尽绝，而作奸犯科者尚未见有败露之案。但自明岁戊申以后，乡会两试正科、恩科，连年叠举，若科场条例，日久玩生，致有不肖之徒，舞法舞弊，夤缘钻刺，傲幸弋获，使白腹者滥窃科名，而怀才者无由登进，殊非朕旁求俊乂鉴拔真才之意，不可不严申例禁，豫绝弊源。著交大学士九卿，将应如何杜渐防微，设法厘剔之处，悉心妥议具奏，务使功令森严，弊端禁绝，以副朕核实取才之至意。钦此。遵旨议定：京城举场附近之地，近科以来，闻有积惯奸徒，窝藏枪手，专为场内代倩文字，而不肖举子，勾通外场巡绰兵役及闱中号军，将题目走漏消息，用砖石等物掷出场外，及文字作成，或遥点灯竿，连放爆竹，或将驯养鸽鹞，系铃纵放，作为记号，豫行指定地方，以便关通接递，仍用砖石等物掷入场内，最为积弊。应交该衙门，届期选派诚实妥干番役，会同五城、顺天府，密访窝留枪手之家，查拿治罪，并于考试届期，凡附近居民，有遥点灯竿，连放爆竹，及举放鸽鹞，抛掷砖瓦等弊，即严行拿究，并先出示严禁，以杜内外勾通传递文字。其直省乡试，应责成监临，一体严密查办。

举禁 062：乾隆五十三年奏准

嗣后誊录对读各生，毋庸先发笔砚、银朱、紫粉等物，亦毋庸散给题纸，俟第一场士子出毕，始行散给。

举禁 063：乾隆五十三年议准

嗣后严禁各士子，不得豫拟策题场前传播。

举禁 064：乾隆五十四年谕

翁方纲奏：访闻江西士子，有临场习用新出小本讲章，以希捷获者。又坊间亦有编辑经书拟题及套语策略等类，临场刊刻发卖。现出示严行禁止，并于建昌一带刊书之处，遍为饬禁等语。讲章策略等项，竟有刊刻小本，不特士子临场阅看，既得弋获捷径，且易于怀挟，尤不可不防其弊。翁方纲严行饬禁，所办是。江西既有此项小本发卖，恐各省亦不免仿照刊刻，流传转售，著各督抚学政，一体出示禁止。其已经刻印者，令其缴出销毁。京城坊肆等处，并著顺天府尹等，一并留心查察，以杜傲幸而端士习。

举禁 065：乾隆五十七年议准

各督抚、学政转饬所属，押令坊间，将删节经书板片，限三月内尽数呈缴销毁。如逾限不交，一经查出，照违制律治罪。其未能详查之地方官及各督抚、学政，均照例分别议处。并出示晓谕各属士子，如有前曾购买此等删节经书者，亦令作速自行销毁。

举禁 066：乾隆五十八年谕

前因各省士子有肆习坊间删本经书一事，降旨令各督抚严行查禁，将此项删本，起出解京销毁。节据该督抚等陆续查缴，但恐日久懈弛，不可不再申厉禁，以端士习而崇实学。夫经籍自孔子删定，岂容后人妄为芟节，皆由不通士子，或落第之人，不能通经致用，遂以弋名之心，转而弋利，往往于经书内避去讳用句语，任意删减，或标写拟题，以为庸陋士子场屋揣摩之具，而坊间即为刊刻传播，彼此沾润。此等贪鄙之见，不特非读书上进者所为，亦且有玷士林，负惭名教，各督抚当饬属留心查办，使若辈知所儆惧，自不敢复蹈故辙，而坊间既无此种书本，亦无从刊布渔利，况六经为圣贤垂教之书，字字俱有精义，乃臆为拣择，作此删本经书，躁进之士，又欲于糟粕之中，另标捷径，不但失前圣立言之意，于士风大有关系。想自用制义取士以来，或即有此项删本经书，然不清其源，安能禁其流之不滋甚耶。该督抚若以此次查缴之后，即视为具文，弛其禁令，则牟利书坊，又复渐行出售，辗转流传，终难禁绝。嗣后仍著落各督抚严饬所属认真查禁，并将缴过删本经书数目，及有无传习之处，三年汇奏一次，俾士各通经，文风振作，以副朕敦崇经学整饬士风至意。

举禁 067：嘉庆十三年谕

乡会试为抡才大典，必须诸弊肃清，真才乃出。向来内场舞弊，法令綦严，人知懔畏。近年朕遴派主考大员，率同房考等悉心校阅，尚知秉公衡鉴，未必有作奸犯科之事。在诸臣各知自爱，朕亦不疑及此，惟外场弊窦尤多，定例责成监临知贡举综理，并特派搜检及稽察龙门、接谈、换卷王大臣，自至公堂以及砖门，复均派有御史监察。即棘闱以外，又有巡墙御史，并营员等，周围巡逻，立法本为周密。无如近日风气，因循塞责者多，实心任事者少；沽名邀誉者多，不避嫌怨者少。近闻外场官员，颇涉疏懈，竟不免有传递代倩等弊，若不严为剔除，则不才者妄思侥幸，而实学转致沦弃，殊非慎重科场之道。本年会试届期，诚恐外场官员仍蹈积习，且彼时正值朕巡幸淀津，或司外场者惮于启事，意存松懈，诸务办理草率，不可不豫行申诫。所有所次会试外场事宜，著责成知贡举，并派出搜检及稽察龙门、接谈、换卷各大臣并科道等，一体认真严查，详细示谕，务令士子等懔遵功令，恪守科条，毋许有接谈乱号等事。其棘闱以外巡逻之御史及步军统领衙门官员，并当加意巡察，不得视为具文。倘防范不严，有意宽纵，以致士子罔知儆惕，或有传递代倩等弊，一经发觉，除将作弊士子按律治罪外，所有派出大小各员，均干严议。懔之慎之。

举禁 068：嘉庆十三年又谕

比年以来，颇闻场中传递代倩，接谈换卷，诸弊滋生。考试为抡才大典，惩奸除伪，定法綦严，与其重罚于事后，何若严禁于事前。兹降旨申诫，凡乡会试派出之监临知贡举及有稽查巡查之责者，务各振刷精神，严查弊窦，设有行险侥幸之徒，一经缉获，即指参究办，不得稍取一二细故，以见其查核认真，而于真实弊窦所在，转置之不问。若经此番训饬之后，仍因循怠玩，市惠沽名，或将来有科场舞弊之案，别经发觉，在作弊者，固身罹重典，其监理稽查场务之人，亦必从严惩处，断不能宽贷，毋谓朕言之不早也。

举禁 069：嘉庆十三年议准

从前进士、举贡、生监，现在大兴、宛平两县寄籍未满二十年者，勒限一年，令其自行呈明汇册报部备查。如遵例入籍者，由顺天府转饬查明室庐田亩，取具族邻保结，准其入籍，报部立案，仍扣满年限，方准本身子弟应试，并声明原籍地方，不得复回跨考，仍行文原籍地方官存案。其情愿改归原籍者，俟查明取结，即归原籍收考，永不许复冒寄籍。其在一年限内自行呈明者，免其罚科。如逾一年之限始行呈明者，贡士罚停殿试一科，举人罚停会试一科，生监罚停乡试一科。此次勒限清厘以后，再有混冒考试者，查出即行褫革。如有跨考幸进者，照例褫革治罪。

举禁 070：嘉庆十五年谕

乡会试年分，定例不准条奏科场事宜，况佛柱等业已入场监临，乃于将届发榜之前，奏请加增南北皿官卷中额，明系有心邀誉，吏部议照违令公罪例罚俸九个月，实属过轻。佛柱、温汝适均著实降一级调用，毋庸再行罚俸。

举禁 071：嘉庆十六年谕

荣麟等奏弹压副都统策丹之孙明诉、明谊，应否回避请旨一折。即使伊等另有所见，亦止应场后条陈，不当于考试之际，猝议更改旧章。今头场既准该举子应试，忽谕令其不进二场，成何事体。荣麟等著申饬。

举禁 072：嘉庆二十三年谕

御史王允辉奏：严禁顺天乡试冒籍一折。冒籍跨考，例禁綦严，但恐日久玩生，又复混淆滋弊。兹据该御史奏，本科顺天乡试冒捐北监，冒入北贝中式者颇多，著顺天学政及顺天府尹严行查察。顺天寄籍生监，如有未满年限，及未经呈明冒考者，无论已未中式，一经查出，立即严参，照例褫革，以清户籍。

举禁 073：嘉庆二十四年谕

御史余本敦奏：乡会试外帘滋弊请饬查禁一折。乡会试为抡才大典，凡派充内外帘官，均应慎密从事，恪守关防。如该御史所奏，士子于二场入闱时，托素识之提调及外帘各官，点窜头场原卷，或补点诗题出处，妄思幸获，实属大干法纪，恐此外传递代倩诸弊，亦所不免。著知贡举及外帘监试官，并砖门巡墙御史，一体严密稽查。如有作奸犯科者，立即指名参奏，拿交刑部严审治罪，以杜幸进而肃功令。

举禁 074：嘉庆二十四年又谕

御史袁铣奏：请禁考试积弊一折。直省大小考试，俱应杜绝弊端，用副抡才大典。如该御史所奏，外省州县奉调入帘，士子竟有于中途迎送，结拜师生，夤缘纳贿者，实属大干法纪。著通谕各省督抚严行查察，如有州县调帘，不知防检，及士子巧于钻营交通舞弊者，一经查出，立即严参重惩，以肃功令。

举禁 075：道光二年谕

本年乡试年分，邱家炜违例条奏科场事宜，著交部察议。

举禁 076：道光二年又谕

坊刻小本讲章策略等书，著该地方官出示严禁，以杜弊端。

举禁 077：道光六年奏准

嗣后拣选举人，尚未投供赴选以前，仍系会试举人。凡一应改籍等项事故，照例归礼部核办，均令于咨部文结内声明，"有无考取并议叙职官，是否大挑，已未分发试用，及已未截取、投供、赴选"字样，以凭分别办理，办竣后即知照吏部。至八旗满洲、蒙古、汉军文举人，例无截取，于会试三次后，即准投供，俟铨选到班时，遇有改籍等事，归吏部办理。

举禁 078：道光九年奉旨

礼部查明御史张曾奏参浙江举人顾宗伊刊刻落卷属实，并检查所刻卷内，附载致同考官袁文祥书，大肆讥评，此风断不可长。考试为抡才大典，士子若实被屈抑，原有准赴该管衙门控诉之条，乃该举人不安义命，妄生怨尤，辄刊刻传布，且附载讥评该同考官原札，实于士习人心，大有关系。顾宗伊著即斥革举人，以示惩儆。至检讨袁文祥阅看试卷，如仅将士子头场三艺点看起讲，即行弃置，实属草率。现在顾宗伊已将原卷领出回籍，著刘彬士即饬属追取携回场卷，送礼部查验，如果属实，再将该检讨袁文祥移咨吏部议处。其批点之内阁学士朱方增，翰林院修撰朱昌颐，工部主事顾椿，俱著交部照例议处。

举禁 079：道光十一年奉旨

据阿勒清阿奏：山西省乡试请添同考官一员，著毋庸议。现在乡试伊迩，该抚条奏科场事宜，亦属违例，阿勒清阿著交部照例察议。

举禁 080：道光十一年谕

军机大臣会同礼部都察院议奏给事中王云锦条陈请禁书肆小本一折。此等不肖恶习，朕亦夙知，若止出示严禁，令其自行销毁，仍属有名无实。著各直省督抚、顺天府、五城、步军统领明查暗访，将书肆小本板片，概行销毁，该吏胥等亦不得藉端讹索。其各该省学政于岁科两试及国子监录科，务各严行搜检，遇有不肖士子带小本文策者，立予褫革，并严究书本买自何铺，将板片起出销毁。其贡院左右，除向有书铺仍准开设外，其临时开设者，概行斥逐，如有公然售卖小本文策者，枷责严办，并责令外巡绰官严密查察，有犯必惩。傥士子尚有不知检束，怀挟侥幸者，即著褫革究办。其恃众逞强不服约束者，枷号示众，治以应得之咎。傥搜检番役吏胥人等，有意栽害者，重治其罪。士子中式后，除策学援引经史语句相同毋庸议外，其四书经文，有全篇剿袭旧文者，一经磨勘官签出，立即褫革，务期永绝此弊，以端士习。

举禁 081：道光十三年谕

御史刘谊奏：请严禁直省乡试积弊一折。直省乡试，为抡才大典，必须严剔弊端，拔取真才。如该御史所奏，近来州县调帘入省，并不遵照定例，径赴公所，往往在外居住，以致不肖士子夤缘干谒，拜为师生，私通关节，并贿嘱礼房，勾通内帘收掌书吏，豫传红号，竟将某卷直送某房，以便呈荐，且该书吏等当未揭晓之先，辄窥探消息，寄信出闱，私相传播，似此积弊相沿，殊属大干法纪。士子之夤缘干谒，总由州县之防检不严，即书吏之窥探舞弊，亦由州县之转相贿嘱，若不严行饬禁，何以肃功令而拔真才。著通谕各直省督抚，于明年举行甲午正科，遇州县调帘入省，务令遵照定例，径入公所，不得在外居住与人交接往来，致启士子钻营之习。如该州县不知检束，或招致士子私通关节，或贿托书吏指认红号，该督抚当不时查察，一经发觉，即严参惩办。至入场监临之日，尤当饬令提调暨内外监试各员，慎密关防，严查弊窦，以杜幸进，用副朕兴贤育才至意。

举禁 082：道光十九年谕

御史陈光亨奏：请饬禁内外臣僚竞认师生一折，所言甚是。乡会试考官凭文取士，中式者感其识拔，谊等师生，尚属礼缘义起，然在官言官，在朝言朝，断不可以私废公。至新进士殿试朝考，一经馆选，即与阅卷官认师生，已属非是。若京察一等，大计卓异者，概与本管上司认师生，是身荷简擢之恩，心感保举之力，受爵公朝，拜恩私室，甚非国家考绩求贤之义。至近来外省风气，州县辄与府道认师生，府道辄与督抚认师生，是以势利为结纳。拜门下者品已不端，难保不恃门生之情面，专事请托，假上司之声势，相与招摇，种种夤缘，皆由此起，又安望其持正秉公，各尽职守耶。嗣后内外臣工，总当守分励品，断不准藉师生称谓，以为攀援干进之阶。至部院大臣及各省督抚等，尤当正己率属，以人事君，遇有藉端干谒者，即行面为屏斥，不准因逊词卑礼，稍事姑容，庶属吏共知敦品，用以杜奔竞而肃官方。

举禁083：道光二十六年议定

嗣后每届乡会试年分，凡举贡生监，俱不准其改籍，俟乡会试竣，再行照例办理。

举禁084：道光二十八年议准

嗣后凡呈请入籍之人，其已满二十年者，必须呈明有案，由寄籍知照原籍，不得复回跨考，方准入籍。其已满六十年者，必须取具族邻甘结，由寄籍知照原籍，不得复回跨考，方准应试。至由寄籍改归原籍之人，其寄籍地方官文结内，必须声明何年月日呈明入籍，曾经知照原籍有案，并何年月日取具族邻甘结应试，曾经知照原籍有案，不得以呈明有案一语含混蒙蔽。其原籍地方官，亦须于文结内声明何年月日寄籍何处，曾经呈明，或曾经取有族邻甘结，由寄籍知照原籍，并未复回跨考，方准改归原籍，不得以祖墓均在原籍一语含混蒙蔽。如入籍时未经知照原籍，是明明有心跨考，概不准其入籍，亦不准其改归原籍。

举禁085：道光三十年议准

寄籍之举人贡士，必俟覆试后，方准改籍。乡会试覆试，同乡京官如查有为冒籍出结，实系徇情容隐扶同捏饰者，照徇庇私罪例议处。凡冒籍跨考斥革者，概不准其捐复。有冒籍大、宛二县犯案者，先将廪保褫革，审讯有无受贿，分别治罪，永远不准捐考，并将审音御史查取职名，照例议处。

举禁086：咸丰元年议准

贡监生因其祖父在顺天寄籍，应试报捐，即入籍考试，与本身冒籍究属不同，若径行褫革，未为平允，当以有无坟墓为断。嗣后由顺天府尹饬大、宛两县亲往访查确实，取具切结，加具印结，咨部核明，准其补行呈明入籍，仍罚停乡试一科，照例行文该生原籍，永不准复回跨考。其浮厝及并无坟墓者，勒令改归原籍，亦罚停乡试一科。如有似此情节者，均照此一律办理，予限一年，补行呈明，不得违逾，并由顺天府于现在由大兴、宛平籍贯出仕者，在京行文各衙门，在外行文各直省，令该员等呈明原籍，咨报吏部，将来服官衡文时，均一体回避。

举禁087：咸丰元年又议准

嗣后顺天考试出结，不必限定人数，凡系土著，俱准出结，并令于乡会试年春初，将土著京官职名呈明礼部、顺天府、国子监备查。如有寄籍未满年限，及已满年限而未经呈明，同乡京官滥为出结，廪生滥为出保，地方官滥为送考者，日后自行查明检举，照失察公罪例议处。如或别经发觉，即照徇庇私罪例议处。

举禁 088：咸丰八年谕

御史苏仲山奏：请加山东省中额学额一折。该御史籍隶山东，请加本省中额学额，迹涉乞恩，且于科场年分条陈科场事务，亦属不合，著交部议处。

举禁 089：咸丰八年又谕

御史孟传金奏：中式举人平龄朱墨不符，物议沸腾，请特行覆试一折。著派载垣、端华、全庆、陈孚恩认真查办，不准稍涉回护，并折内所指各情，著传集同考官一并讯办。钦此。遵旨讯明举人平龄，供认登场演戏，有玷斯文，应先将举人斥革。

举禁 090：咸丰九年谕

本日据载垣等奏：会审科场案内，已革大员并已革职员定拟罪名，先行拟结一折。朕详加披览，反覆审定，有不能不为在廷诸臣明白宣示者。科场为抡才大典，交通舞弊，定例綦严，自来典试大小诸臣，从无敢以身试法，轻犯刑章者。不意柏葰以一品大员，乃辜恩藐法，至于如是。柏葰身任大学士，在内廷行走有年，曾任内务府大臣、军机大臣，且系科甲进身，岂不知科场定例，竟以家人求情，辄即撤换试卷，若使靳祥尚在，加以夹讯，何难尽情吐露。既有成宪可循，朕即不为已甚，但就所供情节，详加审核，情虽可原，法难宽宥，言念及此，不禁垂泪。柏葰著照王大臣所拟即行处斩，派肃顺、赵光前赴市曹监视行刑。已革编修浦安，已革举人罗鸿绎，已革主事李鹤龄，均著照例斩决，以昭炯戒。副考官户部尚书朱凤标，于柏葰撤换试卷，闱中并未查讯，出场后又不即行参奏，若照旧例办理，知情徇隐，即应治罪，即止于失察，亦应研讯，惟阅其供词，尚无知情情弊，谅朱凤标亦不敢公然徇纵，著从宽即行革职。同考官降调编修邹石麟，为已革举人平龄更改朱卷，实属违例，著革职永不叙用。其磨勘查出试卷应行查办之举人余汝偕等十二名，并同考官徐桐、钟琇、涂觉纲、何福咸，对读官鲍应鸣，应得处分，著交礼部查照科场条例定拟具奏。至墨卷内更改"马丞"字样，是否由外帘传递之处，著原派之监临明白回奏。另片奏：催未经到案之谢森墀、熊元培、李旦华等三名，著江苏巡抚即行派员解京审讯。嗣后科场大典，秉文衡者，皆当洁己虚怀，杜绝干请。应试士子，亦各立品自爱，毋蹈夤缘覆辙，则朕此次执法严惩，正为士林维持风气，尔在廷诸臣当能默喻朕衷也。

举禁 091：咸丰九年又谕

上年顺天乡试科场舞弊，经钦派王大臣审明定议，于本年二月间降旨，将柏葰等分别惩办，并宣示在廷诸臣，俾咸知朕意。本日据载垣等奏：科场案内审明已革大员，并已革职员等，定拟罪名一折。科场为抡才大典，考试官及应试举子有交通嘱托贿买关节等弊，问实斩决，定例綦严，不得以曾否取中，分别已成未成。此案已革候补郎中程炳采，于伊父程庭桂入闱后，竟敢公然接收关节条子，交家人胡升转递场内，即系交通嘱托关节，情罪重大，岂能以已中未中强为区别。程炳采著照该王大臣等所拟，即行处斩。已革二品顶戴左副都御史程庭桂，身任考官，于伊子转递关节，并不举发，是其有心蒙蔽，已可概见，虽所收条子未经中式，而交通已成，确有实据，即立予斩决，亦属罪有应得，惟念伊子程炳采已身罹大辟，情殊可悯，若将伊再置重典，父子概予骈首，朕心实有不忍。程庭桂著加恩发往军台效力赎罪。此系朕法外施仁。并非从死罪递减。亦非因其接收关节未经中式。姑从末减也。其致送关节之谢森墀等。本应照科场专条。治以死罪。惟与业经正法之罗鸿绎等尚属有间。工部候补郎中谢森墀。恩贡生报捐国子监学正学录王景麟，均著革职。熊元培著革去副贡生，与已革候补郎中李旦华，已革候选通判潘敦俨，已革翰林院庶吉士潘祖同，已革候补员外郎陈景彦，已于二月间加恩免其死罪，著照所拟，均著发往新疆效力赎罪。李旦华之父前任刑部侍郎李清凤，现在原籍病故，著该部查明李旦华，如家有次丁，即于百日后起解，如家无次丁，著俟安葬伊父后，再行发遣。降调湖南布政使潘铎，平日训子无方，著交部议处。其应议之监临、监试，专司稽察及内外帘执事各员，并搜检王大臣，著礼部按照科场条例据实查明，各该员所司何事，应议之处，详细开列衔名具奏，再降谕旨。另片奏：未能究出冒名之人请旨议处等语。载垣、端华、全庆、陈孚恩、著交宗人府、吏部照例议处。至科场条例，本有专条，刑部所议程庭桂等罪名，俱不在科场例内，辄将向办各案以已成未成比拟，实属不合，若照朱批给予处分，恐该堂官等难当此重咎，著传旨申饬。科场一案，前后所降谕旨，著即补入礼、刑二部则例，永远遵行，不必俟修纂时续入。将此通谕知之。

举禁 092：咸丰九年三谕

上年顺天科场一案，失察子弟递送关节条子之尚书陈孚恩等应得处分，均经吏部照例议以降一级调用，并声明公罪，例准抵销，业已先后照议允准。朕思科场条例，向多从严，其失察子弟，夤缘犯法，与寻常失察处分，亦当有所区别，若概议以公罪，似未允协。嗣后官员凡遇子弟有于科场夤缘纳贿交通关节，失于觉察者，俱著降一级调用，照私罪例不准抵销。

举禁 093：咸丰九年四谕

前因礼部奏：上年顺天乡试科场舞弊案内，应议监临各员失察处分，尚未允协，当交惠亲王等大学士、军机大臣会同礼部妥议具奏。兹据惠亲王等详查例案，悉心核议，开单呈览。此案程庭桂家人胡升携带关节入场，该监临等官未能查出，自应分别议处，除八月初六日另有差使未到，业已知照外场察院之搜检王大臣等，及续派执事各员，并前充提调另案革职之前任顺天府府丞蒋达，均著毋庸议处外，所有戊午科顺天乡试监临刑部右侍郎景廉，降调顺天府府尹梁同新，均著降二级留任。外帘监试之给事中志文、清安、颜培瑚，御史宝麟、那苏泰、谢增、朱文江、尹耕云，内监试之御史奎斌，给事中现任顺天府府丞毛昶熙，均著降三级留任。奎斌及调充内帘监试之御史尹耕云，复失察主考家人，向房官查卷，并临时抽换中卷，著照例再降二级调用。其贡院门搜检之睿亲王仁寿，肃亲王华丰，定郡王溥煦，内阁学士双福，吏部左侍郎文清，兵部尚书陈孚恩，刑部左侍郎齐承彦，户部尚书肃顺，前署副都统广科、双禄，副都统文寿、恩醇、穆隆阿、继善，乾清门侍卫荣全、西拉绷阿、庆寿，砖门搜检之豫亲王义道、庄亲王奕仁，前任大学士翁心存，吏部尚书许乃普，左副都御史富廉，副都统存佑、察杭阿、巴雅尔绰、克托，前署副都统奎章、富泰、德鉴，休致都统英隆，乾清门侍卫克蒙额、岳林，贝勒溥庄，专司稽查之都察院堂官刑部尚书瑞常，外场巡察御史征麟、忻淳、魏睦庭，给事中李培祜，均著罚俸一年。以上各员应得处分，虽系公罪，均不准抵销。

举禁 094：咸丰十一年议准

各省候补人员，纵令子弟及幕友官亲蒙混入场，实属大干厉禁，应严行查禁，仍责成送考出结各官，不得稍涉瞻徇，致干参处。傥有冒籍，即将本生及在事各官，一概究办。

举禁 095：光绪三年谕

御史刘曾奏：贱役冒籍蒙考请旨褫革一折。牛守仁即牛珍，又名牛升，曾在广西怀集、灵川、贺县署内充当门丁，辄敢勾串劣衿，冒入临桂县籍，令其子牛光斗蒙混应试，幸中举人。贱役冒籍蒙考，有干例禁，亟应严行惩办。牛光斗著即褫革，并著广西巡抚饬属查明牛守仁，如有蒙捐官职情弊，著一并斥革，按律惩办，以澄流品。

举禁 096：光绪三年又谕

御史邓华熙奏：贱役之子蒙捐冒考，请旨斥革惩办等语。广东番禺县人何炳南，即何菊屏，叠充南海、番禺、东莞各县门丁，胆敢令其子何伯麒蒙考入学，并捐主事，又令其次子何骏声改名何瑞荣，冒入顺天籍，中式丙子科乡试举人，实属不安本分，亟应严行惩办。主事何伯麒，举人何瑞荣，均著即行斥革，交刘坤一、张兆栋，将何炳南即何菊屏，一并按律惩办，以清流品。

整肃场规〔例 97 条〕

场规 001：顺治二年定

诸生领卷归号时，有在号外停立者，扶送监临诘问。封号后，一切员役，不许私开私入及传送茶汤。其交卷时，监临坐堂上，严督受卷官分经收卷，有五十卷，即时封号入箱，剩有余零，亦即封锁如法。诸生出闱，必点签稽察，有卷发签，签完必缴，毋使不完者阑出，务令卷数与人数相合。其大门内关防，务极严紧，不许一人阑入，以杜传递。

场规 002：顺治十六年议准

士子进场搜检，严责各门搜检官役，如大门搜过无弊，而二门搜出者，将大门官役处治。

场规 003：康熙四十七年覆准

乡会试出题次日，士子务尽放出，不许宿场。若次日不能完卷，连宿场内者，将监试提调及本生，一并交部议处。

场规 004：康熙五十三年覆准

凡考试举人入闱，皆穿拆缝衣服，单层鞋袜，止带篮筐、小凳、食物、笔砚等项，其余别物，皆截留在外，如违，治罪。

场规 005：康熙五十三年又覆准

举子入闱，汉人责成营弁，旗人责成都统等，务令按照卷号各进号舍，督同封固，不许私从栅栏出入。若督理不严，将该管官治罪。

场规 006：雍正七年议准

副都统所带之识字领催五名，派于号口栅栏外，令其加意看守，照卷面字号放入。封号之后，仍随同参领等，于栅栏外巡查。

场规 007：雍正七年又议准

考试之期，每翼各派贤能参领一员，协同点名官员，于砖门外点名给签，并严行禁饬，毋许送考人等混入砖门。有混入者，该参领即行锁拿，照擅入衙门例治罪。

场规 008：雍正八年谕

今年会试举人进场时，天气尚寒，皮衣任其随便带用。其所需用大小板凳，皆准带进，但止可用单层板凳，不许用双层夹底。其搜检之人，仍照例搜检。

场规 009：雍正八年覆准

乡会试举子，凡木柜木盒，严行禁止，概不准带进，违者，照科场条例治罪。

场规 010：雍正八年又覆准

乡会宿场举子，无论五经专经，有誊文未完，俱令监试、提调等官亲身查阅、传到至公堂、看其誊完、并令背诵文字数行、以别真伪。

场规 011：雍正十年定

各省乡试外场，三次点名散卷稽查等事，令藩臬二司，与道员一同办理。

场规 012：雍正十二年谕

乡会两闱，乃国家抡才大典，必须防范周密，令肃风清，始足以遴拔真才，屏除弊窦。朕闻各省乡试，官字号举子，往往监临、提调等官，有差人馈送饮食果品之事，此虽无关于科场作弊，然当关防严密之时，有人往来号房，难保无雇情传递之弊，且恐民卷中亦可借此作奸犯科，不可不防其渐。嗣后著通行禁止，倘有仍蹈前辙，一经发觉，即照科场作弊例，将与受之人一同治罪。

场规 013：雍正十二年题准

各省乡试，照顺天之例，将号板按各号挨数编列，巡绰官饬令号军看守。该举子既归本号，如有擅出栅栏，搬移号板者，令号军即时喊禀巡绰官，送监临官究处，仍令监试、提调等官，逐号挨查，督同封固。

场规 014：乾隆三年覆准

士子入闱，毋许携带坐凳。

场规 015：乾隆三年又覆准

士子入场，不按牌上名次，争先拥进，及接卷不归本号者，即行扶出。如有哄聚多人，紊乱场规者，将为首之人，褫革枷示。至试卷内有涂改鬼名，妄书别语者，除实系病狂误书，贴出免究外，其有意妄写者，将本生褫革治罪，该教官题参，降一级调用。

场规 016：乾隆六年谕

从来顺天乡试，易滋弊端，多招物议，必须稽查严密，始可试事肃清。今年秋闱，适值朕行围口外，诚恐人心玩忽，诸弊乘间而生，深厪朕念。如进场之怀挟，场内之传递，皆向来人所共知，且有通晓举业之人，假充誊录，为举子改窜文艺者，其他弊端，种种难以悉数。又闻有应试士子，于场前结纳新进翰林，互相标榜，遂成奔竞钻营之恶习。夫国家之所以重士者，谓其品行端方，足备异日公卿之选，若苟且侥幸于目前，而始进不正，贻诮终身，尚安望其受爵服官，克自树立，为朝廷有用之材乎。著都察院、五城御史、步军统领衙门、顺天府、内外帘监试御史严行稽查，凡有关涉科场情弊者，即行严拿按律治罪，不稍宽贷。在京之总理事务王大臣，亦应不时查察，以肃宾兴大典，副朕造士育才之至意。

场规 017：乾隆六年议准

入场官员之跟役，以及执事人等，恐有串通士子，代为怀挟情弊，应交巡场监试各官，于此项人等入场时，加意搜查，严为防范。

场规 018：乾隆六年又谕

科场怀挟之弊，例禁甚严。今乡试在迩，闻得外间不肖士子，故智复萌，豫先赁倩缮写细字之人，钞录文艺，为入场夹带之具，若不严行禁止，则侥幸获售者必多，而真才转至黜落，于抡才大典甚有关系。著步军统领、五城御史出示晓谕，并密行查拿。至入场之时，监试御史等，必须严加搜检，不可虚应故事。临期朕或令人看视，傥有宽纵疏漏之弊，必将该管官从重议处。

场规 019：乾隆九年谕

国家宾兴大典，原欲得品行端方文学优赡之人，以为朝廷有用之才，成菁莪棫朴之治。无如科场之中，易藏弊窦，我皇考加意整顿，数科以来，内帘之关节已觉肃清，而外帘夹带之弊，一时难除，近则日加益甚，朕早已闻知，屡行申饬，至再至三，并非不教而罚也。今当乡试之年，又复先期诰诫，以为若辈自谨遵功令，痛自悛改矣。乃昨日头场点名，朕命亲近大臣数人，前往监看，竟搜出怀挟二十一人，或藏于衣帽，或藏于器具，且有藏于亵衣裈裤中者，其丧心无耻，至于此极。朝廷之取士，盖欲用之也，既欲用之，朕安肯不重待之，而若辈自轻自贱若此，以称先法古之徒，竟同鼠窃狗偷之辈，冥顽不灵，不可化诲，若不立法严查，则诸弊何由而除，真才何由而见。若欲择人而施，又何从豫知其情弊之有无而为之区别乎。满洲原有呈身之路，弓马技艺，何者不可见长，而必勉强于文场，以思侥幸于万一，既欲读书进取，则当潜心于学，耻为穿窬。至江浙之人，未必不能作文，而乃存弋获之心，为苟且之计，以致恶习相沿，视为泛常，违条触法而不知，亏体辱亲而不顾，士习日坏，风俗日漓。朕于执法之际，实恻怛哀矜，而深以不能化导，抱愧于心也。查怀挟生员内，同陵泰，乃少詹事仙保之子。生员图敏，乃原任礼部郎中穆臣之子。伊等平日既不能教训其子，又复纵容犯法，咎亦何辞。科场怀挟，原有处分父师之例，兹特申明其令。仙保、穆臣，著交部严加议处。嗣后傥有犯者，将父师一并查究。今年怀挟如许之多，而从前各科，悉皆蒙混了事，著将乾隆元年以后监试之御史，除内外帘，俱交部查出议处。至京师如此，则外省情弊，不问可知，该抚藩等，专任监临提调之责，总视为具文，一味姑容，取悦于众，深负委任。嗣后著照京师之例，监临董率各官，尽心严查，务使作弊之人不得漏网。倘蹈旧辙，经朕访闻，或被科道纠参，或朕差人前往搜出，必将监临、提调等，照今年处分从前疏防御史之例，一并从重议处。

场规 020：乾隆九年奉旨

科场怀挟之弊甚多，不得不严行搜检。至于搜到亵衣之内，原属非体，然若果无其人，则朕将治哈达哈等以太过之罪矣。而无如竟有藏匿于裈裤中者，委查之员，何由豫知其孰为有孰为无而分别之，则不得不概行搜查，而朕虽欲全诸士子颜面，竟无辞以责派查之臣为太过矣。然此等败类，必系目不识丁之人，而与观光之列，总由学政滥行录送，以致紊乱考场，清浊不分如此。将来学政等如何慎选录送，并将搜检等事，如何详悉定例之处，著原议之大臣，一并议奏。钦此。遵旨议准：士子服式，帽用单层毡，大小衫袍褂，俱用单层，皮衣去面，毡衣去里，裈裤绸布皮毡听用，止许单层。袜用单毡，鞋用薄底，坐具用毡片，其马褥厚褥，概不许带入。至士子考具，卷袋不许装里，砚台不许过厚，笔管镂空，水注用磁，木炭止许长二寸，蜡台用锡，止许单盘，柱必空心通底，糕饼饽饽，各要切开。此外字圈、风炉、茶铫等物，在所必需，无可疑者，俱准带入。至考篮一项，如京闱用柳筐，柄粗体实，每易藏奸。今议或竹或柳，应照南式考篮，编成玲珑格眼，底面如一，以便搜检。至裈裤既用单层，务令各士子开襟解袜，以杜亵衣怀挟之弊。再士子搜出怀挟者，其父师均有教诲约束之责，查出一并究治。

场规 021：乾隆九年议准

每场先将搜役点入，该管官逐名搜查。点入之后，不许复出。至士子点名时，头二门内，令搜役两行排立，士子从中鱼贯而入，以两人搜检一人，细查各士子衣服、器具、食物，以杜怀挟之弊。若二门搜出怀挟，即将头门不能搜出之官役，照例处治。

场规 022：乾隆九年又谕

科场为国家抡才大典，关系綦重，向来外场弊窦多端。士子怀挟文字入场，希图弋获，此等无耻之习，一日不除，则真才何由得出。今年顺天乡试，朕已降旨严饬所司，实力稽查。闻外省夹带之风，亦复间有，不可不严行禁止。著落各省监临、提调等官，于点名时，严加搜检，片纸只字，不许携带入场，务使弊绝风清，毋得虚应故事。

场规 023：乾隆九年三谕

各省科场怀挟之弊，朕已降旨令各该省监临、提调，照京师今年之例，严行搜检，务使诸弊肃清，以襄大典。嗣后每科有无怀挟若干人，俱著该督抚具折奏闻。

场规 024：乾隆九年奏准

顺天乡试，于砖门外设牌八面，分立八处，大书旗分，令八旗派出送考之参领、章京，带领应试士子，各按旗分，随牌站立，听候点名，以次进砖门听搜。其余一切送考之人，概不许混入砖门，违者，立即锁拿治罪。仍先期行文各旗，将送考之参领、章京姓名，并砖门点名之参领姓名，开送巡察御史。如送考之参领等不按旗分，任凭士子混行，及砖门之参领，纵容送考人等，混杂拥挤，该御史立即指名参处。至贡监人等，向亦有送考拥挤之弊，应于砖门外各添派守备一员，协同点名官给签。其应试诸生，俱令随牌听点听搜，如有送考闲人混入，许该守备即行锁拿，如守备约束不严，一并参处。

场规 025：乾隆九年四谕

朕令翰林科道轮进讲章者，原以讲明义理裨益问学也。若臣工有欲行陈奏之事，自应明白直陈于君上之前，何得借讲书之名，以巧用其术。如黄明懿今日之讲章，朕披览之下，觉其意有所指，因召见面问之曰："汝之讲章，为书义而发乎，抑因时事而发乎？"伊奏曰："实因今岁北闱科场搜检太严，及于褒衣下体，头场二场，搜出怀挟止四十余人，而闻风退避散去者，遂至二千余人之多，士气沮丧，有关国体"等语。国家之开科取士，原欲得真才实学之人，而用之怀挟作弊，行类穿窬，乃最恶劣之习，大有害于科场者，朕早已闻知，先期诰诫，至再至三，而伊等怙过不悛。头场搜出二十一人，二场搜出仍二十一人，即此数亦不为少矣，岂黄明懿犹以为少乎。况贡院门外抛弃蝇头小卷，堆积于墙阴路隅者，更不计其数，此皆何人者，谓朕不知乎。此豫备夹带而临时变计者，且有含于口颊，而搜检时咽入腹中者。至于头场题目略觉闲冷，而交白卷及不完卷者，遂有三四百人，此又不能夹带，而场中竟至搁笔者。其二场点名时散去之二千余人，明系学问空疏，又见不能夹带，托言搜检太严，待士非体，以不愿应试，掩其无耻。又有谓番役人等有意栽害者，前二场搜检时，曾有搜出经文，查与该生本经不合，比将番役锁拿一事，而造言生事之徒，遂以此为口实，岂四十二人，悉皆出于裁害乎。至于搜到亵衣之内，原属非体，若果无其人，则搜查官员过当之罪，自无所逃，朕前已明白降旨矣。今既有其人，则有不得不通行之势，此又谁之咎乎。且士子有于亵衣下体怀挟经文者，此人心之大丧，而读书者之耻也。朕前旨谓深自抱惭，并非虚语，而士大夫亦应共愧共愤，默而不言斯已耳，犹且祖庇无耻者，起而攻搜检之太过，则朕不得不明言矣。议者徒谓以一二人之无耻，累及千万人，孰不知此一二人，非市井之徒，非穿窬之盗，而即挟策应试千万人中之一二人也。搜查者岂能豫知其为有为无而分别之，设有所分别，彼怀挟者方得以藉口。设无所分别，而一概从宽，则将来裈裤中竟成怀挟之薮矣。夫使圣贤之经文，入人裈裤之中而不为怪，独怪搜查太严之失士体，则为是言之人，朕竟不能知其为何心矣！或者其亦出于此道者耶。夫稂莠不薅，则嘉谷不生。朕之剔弊除奸，本欲使怀瑾握瑜之人脱颖而出，整顿颓风，培养士气，正所以崇国体也。而黄明懿反以为士气沮丧，其谬妄已极。此必有不肖之士子，造作浮言，互相煽惑，以鼠窃狗偷之行，而有摇唇鼓舌之风。朕若不亟为整理，不但士习日颓，无所底止，即伊等将来亦不免清流之祸。朕心不忍，是以法在必行，以挽救之。黄明懿身为翰林，若欲建白谏诤，即当据实敷陈，今乃借进讲经书，隐讽时事，甚属奸险诈伪，著交部严察议处。

场规026：乾隆九年谕军机大臣等

前据准泰奏称：江南科场点名时，搜获怀挟之徐斌、王曾培，比即分别枷革等语。据朕传闻，江南搜获怀挟之人，悉行释放，不知准泰所奏二人之外，果有释放之人否？至于枷号，例应一月为满，不知准泰照例办理否？可寄信尹继善，令其查明具奏。

场规027：乾隆九年五谕

前据准泰奏称：江南科场点名时，搜获怀挟之徐斌、王曾培，比即枷号等语。朕复闻江南搜获怀挟之人，悉行释放，令尹继善查明准泰于所奏二人之外，果有释放之人否？并查例应枷号一月为满者，准泰果照例办理否？今据尹继善奏称：查得今年江南文闱，八月十一日二场点名，搜出广德州增生徐斌怀挟表文一篇，又拿获吴江县附生王曾培表判一卷，经准泰发外监试江宁府知府官保讯供。据徐斌供，因头场患病，恐二场不能终场，故带表文一篇，便于照写等语。据王曾培供，在龙门前地内拾著一个纸卷，当被拿获等语。官保录供回覆准泰，当日即令枷示场前。又查得同日在贡院大门以外，查获淮安府学生员张再蠹，于考篮内带表文一篇，当经外监试官保回明准泰，谕以门外查出，尚未带入门内，免其枷示，即行释逐。是准泰所奏徐斌、王曾培二人之外，实释放张再蠹一人。又此外俱系于未搜之先，自行抛弃者也。至怀挟定例应枷号一月，徐斌、王曾培于十一日枷起，即于十四日二场完竣放枷，均于例限未满。再查定例，生儒怀挟，应发为民，今徐斌已经准泰咨革，其王曾培因提调张九钧等议详，系拾取纸卷，与自行夹带者有间，请免咨革。准泰据详批饬，从宽免革，发学重责三十板示儆等语。夫国家抡才大典，必须稽查严密，按法惩创，使怀挟剿袭之徒，不能傲幸，庶选取皆得实学，朕谆谆诫谕，至再至三。今准泰将例应枷号一月之人，未满即放，例应褫革之人，免其咨革，并将怀挟表文之张再蠹，因在门外查获，即行释放，明系有意疏纵，深负朕厘清积弊遴选真才之至意。准泰著交部察议，张九钧亦著察议，以为疏纵者之戒。生员王曾培、张再蠹，俱著褫革。

场规 028：乾隆九年议准

举子宿场，昏夜传令面誊，恐有代倩凑文之弊，且监临提调，正当料理次场印戳卷号之事，势难兼顾。仍照前例于出题次日之晚，尽令举子交卷散出，不准容留宿场。

场规 029：乾隆九年又奏准

嗣后士子入闱点名时，由钦派大臣监同查察，先将官卷、旗卷细加严搜，其余一体严行搜检。傥有徇情疏纵，将监试官指名纠参。

场规 030：乾隆十年谕

科场首严怀挟，而不肖丧廉者流，竟有于衣裘中藏匿文字者，是以有皮衣去面、毡衣去里之例。朕思春月会试，风檐之下，非衣裘不足以御寒，若将制就皮衣，悉令去其褴袭，应试多人，既不免改造之费，亦非所以饰观瞻也。著将皮衣去面之例停止，但于入场之时，悉心察视搜检，以防弊窦。为士子者，更当感朕体恤从宽之意，人人自爱，以从前恶习为深戒，况既登贤书，又非生监可比，岂可为此穿窬之事，丧其已成之功名，既负朕恩，又罹国法，谅不若是之愚也。知贡举可即通行晓谕之。

场规 031：乾隆十年又谕

昨日会试头场，搜检各省举子，皆无夹带，惟有浙江温嵩曾一人，搜出细字一张，乃系三场策段数条。夫定例不许携带片纸只字者，盖恐士子豫带后场表策，埋藏于墙壁间，以待临时之取用也。温嵩曾自应照例治罪，但今年众举子皆知感朕培养之恩，一洗从前丑恶之习，其愧心奋发之意，有可嘉焉。著将温嵩曾释放，以示奖励士众之奉法，并许温嵩曾仍留举人，准其下科会试。傥众举子因朕此次宽大之典，将来故智复萌，则国法具在，难以傲幸也。该管大臣可即通行晓谕应试士子知之。

场规 032：乾隆十二年谕

科场关系大典，务期甄拔真才。向因士子希图傲幸，有怀挟作弊之事，是以乾隆九年乡试，朕派大臣侍卫等官，严加搜检稽查，以清积弊。近日以来，士子颇知作弊为耻，蒸蒸向善，渐肯潜心读书，甚可嘉悦。惟是人之贤愚不等，诚恐一二不肖之人，故习未忘，乘机舞弊，转令有志向上者，亦蒙其垢，殊非朕作育人材之意。现在出口行围，八月乡试届期，著在京总理事务王大臣等，照上科之例，酌派王大臣侍卫等员，严加搜检稽查，务弊绝风清，以光钜典。

场规 033：乾隆十二年又谕

今岁科场，各省监临奏报搜检怀挟之处，有经搜出惩究者，亦有称通省并无一人者。向来怀挟之弊，京闱尚少，而外省最甚，虽经屡颁谕旨，令严加厘剔，而士子狃于积习，监临等官未免尚存姑息之见，未能翕然丕变。即如江西一省，三场多至十六人，可见各省此风尚未悛改，其未经搜出者，非奉行不力，则有心邀誉耳。夫始进不正，则士习不端，宿弊不清，则真才不出。嗣后各省监临，务须实力严搜，使弊绝风清，以裨文治。

场规 034：乾隆十六年议准

应试举子，毋许携酒入场。

场规 035：乾隆十八年奏准

嗣后于天开文运坊外，宽敞之地，左右设棚，移近信大臣第一次搜检于此地。于坊内大门以外左右，移近信大臣第二次搜检于此地。天开文运坊两旁，原有砖墙，中列三路，将中路用木拦截，并自牌坊外至照壁东西，各添砖墙一道堵截，各留一门，令士子头一次搜检毕，则由左右路序入，候再搜检，不得东西混进，以昭严密。

场规 036：乾隆二十三年议准

向例于出题次日，有不能完卷连宿场内者，始将监试、提调及本生一并议处。今头场止四书文三篇，二场经文四篇、诗一首，较旧制篇数多少悬殊，不便延至次日一更后净场。嗣后以出题第二日未刻为限，尽令交卷出场，如有逾限者，将监试、提调等照例议处。

场规 037：乾隆二十七年议奏

本科顺天乡试，钦奉谕旨，派大臣勘阅各卷，实无割换之弊。惟落卷内查出改涂太多形迹可疑者三本，应交刑部传讯。嗣后士子，仍遵科场条例，于卷尾自注改涂字数，免滋弊窦。

场规 038：乾隆四十五年谕

乡试为抡才大典，欲拔真才，先清弊窦。本年顺天乡试，经搜检王大臣拿获怀挟传递及顶名代倩，不一而足。各犯已交部从重办理，用昭炯戒。顺天科场，特派王大臣等于砖门、龙门，逐次严查，尚有此等弊窦，何况外省稽察搜查，断不能如京师之严密。巡抚职任监临，摘弊防奸，是其专责，乃历年披阅各该抚奏折，惟今年富纲奏称，先于场前访查积习，出示禁谕，并增筑夹墙，另开更道，于抬运人夫逐加搜检，印用号戳，并不假手胥吏等语。办理较属认真。此外则均以三场无弊一奏塞责，并未见有查出怀挟传递顶冒之事。岂作奸犯科者，惟顺天有之，而各省竟俱弊绝风清如此乎？实因各抚臣模棱市誉，不肯认真任怨耳。夫取怨于作奸犯科之人，亦何妨乎！嗣后各省巡抚，凡遇大比之期，必须实力稽查防闲，如有前项弊端，即当立时查获，严加究治，务令闱中积弊肃清，士子怀刑自爱，庶足以甄别人材，振兴士习。将此通谕知之，并令于每科引此旨覆奏，著为例。

场规 039：乾隆五十二年奏准

举子进场，嗣后责成砖门点名御史先期严切晓谕，务令举子及早伺候，挨牌应点，即或拥挤不前，亦必随时禀明点入。如有任意迟误，于点名完毕，始行补到者，概不准入闱。外省乡试，俱照此画一办理。

场规 040：乾隆五十三年谕

乡试为宾兴大典，理宜肃清弊窦，以期遴拔真才。科场条例，节年新增防弊各条，至为详备。乃近日监临等办理闱务，未能实力稽查，及至三场事竣，率以并无弊窦循例具奏，最为外省结习。此次东省乡试，长麟于入闱时，即将誊录书手搜出携带书籍，饬交臬司究办，并于三场搜获夹带策略士子，按例惩治，办理甚属认真。著通谕各省巡抚，嗣后监临于一切弊端，务宜悉心厘剔，以副吁俊抡才之意，不得视为具文，空言塞责，致干咎戾。

场规 041：乾隆五十四年谕

向来乡会试，士子出场之日，例本不准继烛。闻本科顺天乡试于初十、十三、十六等日，多有迟至夜分，始行交卷出场者，以致昏黑易于混杂，滋生弊端，殊非慎重科场之道。嗣后乡会试，于士子出场日期，知贡举及监临等，务须先行出示晓谕，届时严催，早行交卷，断不准其继烛，以杜弊窦。著为令。

场规 042：乾隆五十七年奏准

士子入场，点名授卷后，龙门内有稽查接谈换卷大臣，立法至为严密。但甬道东西，号舍相望，最易滋越号代倩之弊，应于甬道两旁，由至公堂至龙门，用杉篙作成栅栏，分五十二段，每段派委官一员专守，令其按卷验明印戳，由甬道下两旁，分送入号，毋任驻足羁留。交卷后，均令领签由甬道径出，不得偷归号舍。即水夫杂项人役，亦不得轻越挡木，私相授受。场毕，收存明远楼，临期仍按段排立，不惟可杜弊窦，兼可以肃观瞻。

场规 043：嘉庆五年谕

此次搜出怀挟，系属头场。士子于四书义，尚可空疏敷衍，不致多有夹带。至二场则系五经文字，未必人人诵习，而三场策问，条对尤难，恐怀挟者更当不少。著派出之王大臣等，认真搜检，毋任稍有弊混。朕严于怀挟者，并非于士子过为苛刻，正以期遴拔真才，士子等当各知自爱，砥行立名，以副作人盛典。

场规 044：嘉庆五年又谕

向来考试，派王大臣等搜检，不肯实心，俱不过奉行故事。此次叠降谕旨，令派出之王大臣等，严搜怀挟，以期选拔真才。兹于头二三场，俱经搜出夹带之人，奏明照例办理，是此次督搜场务之王大臣等，均能恪遵朕旨，并不视为具文，尚属认真查搜，俱著交宗人府、吏部、兵部，分别议叙。

场规 045：嘉庆六年奏准

嗣后照出照入各签，务制三尺以上绿头签，庶易查验。仍饬受卷官吏，一手接卷，一手发签，登时查对点名号簿，毋得含混，以专责成。

场规 046：嘉庆九年谕

本日留京王大臣等奏到覆讯杜奎炽供词一折。据称近年出关民人，并无壅积，该犯亦俱知道，惟因年轻糊涂，欲图上疏转奏，可得好处，写此奏疏，又见古文治安策中言多激切，是以仿照书写，并不敢有心悖谬，其父师及同来应试之孙文思等，并不知情，当经王大臣等将该犯套夹，坚供不移等语。杜奎炽应试来京，辄于试卷上写奏疏，希冀得官，且仿照古文措词激切，是该犯实系年幼无知，非由他人指使，惟当治以应得之罪。业经王大臣等再四严讯，更无别情，即可照例问拟完结，除与该犯同寓之孙文思等二人，业经释放外，至伊堂叔杜作枢，现在虽未解到，亦据王大臣等讯明并未见过疏稿，将来解到时，质对明确，果不知情，即同该犯之父，均科以管教不严之咎可也。

场规 047：嘉庆九年又谕

福庆奏：查出本年贵州乡试第十八名举人倪兆奎第三场墨卷，前后笔迹互异，讯明倪兆奎因患病不能完场，托同号生员胡姓等写完交卷，实无许给银钱代倩等情，将倪兆奎革去举人，再行彻底严讯等语。乡试中式举人，若果有枪倩情弊，自应严办，今倪兆奎带病入场，五策草稿，俱已做就，委因第一二道誊完后，寒热交作，眼花手颤，不能书写，恐致贴出，托同号之人写完，适邀中式。现据该抚传令默写头二三场诗文策稿，均无舛错，又经出题面试，文理亦属通顺，且验得该举人病发尚在未剃，面色黄瘦，可见患病属实，而代誊之同号生员，倪兆奎尚不能举出名字，是其平日本未熟识，非豫为雇倩可知，看来此事并无关弊窦，倪兆奎尚可加恩留其举人。惟试卷托人代誊，究有不合，著罚停会试一科，已足示儆。其代誊之同号生员，及外帘失察各员，均从宽免其置议。

场规 048：嘉庆十三年奉旨

此次查出昌字号之大兴附生范士琪，怀挟五经细注小卷，即著照例惩办。其派出西南门搜检士子之德瑛等，于范士琪怀挟未能搜出，实属疏漏，著交部议处。

场规 049：嘉庆十四年谕

科场为抡才大典，自应严剔弊端，拔取真才，条例本极详明。第恐奉行不力，日久玩生，以致防闲未周，巧伪百出，势难保其必无。乡会试入闱各员，于熟识士子致送薪水食物，亲至号口接谈，代改诗文，查取题目，及随带家人书吏，代为夹带，交通誊录，找寻试卷诸弊，皆应严行查禁。嗣后著知贡举、监临及各省督抚等，实力稽察，有犯必惩，以期仰副甄拔贤才之至意。

场规 050：嘉庆十六年谕

老生筋力就衰，必令等候士子全行入场后，始准点进，殊非体恤之道。嗣后派出王大臣于点名时，毋许士子拥挤，即年老诸生中，亦毋致自相搀越，务饬员役等妥为扶掖，以示体恤。

场规 051：嘉庆十九年谕

乡会试搜检，凡士子所携场具，均有限制，以禁怀挟而拔真才，乃奉行既久，视为具文。闻近日士子，竟有携带坐褥入场者，坐褥厚装棉絮，其中夹带之弊，事所必有，不可不严行查禁。著礼部先期广张告示，严行晓谕，嗣后士子入场，所携铺垫器具，务遵照定例，毡无里，皮无面，以便搜查。傥有不遵定制，仍带用有里面毡皮坐具者，经搜检王大臣等查出，立将所带坐具扣掷，不准携入内场，若查有夹带，另行照例惩办。该士子等务各懔遵法度，毋蹈愆尤。

场规 052：嘉庆二十二年议准

嗣后每场运水，俱在日间，不得于黑夜运水往来，以杜弊窦。

场规 053：道光二年谕

乡会试为抡才大典，有志之士，束身自爱，何至故犯科条。近有请人写成小卷，或将坊刻小本书籍，携带入场，甚至有贡院夫役包揽代为带入者，殊属大干功令。嗣后著办理科场及搜检各官，务遵科场条例认真查办，不得视为具文，亦不得任听搜检人役有意裁害。

场规 054：道光五年谕

国家设科取士，必先严除弊窦，方能拔取真才。士子越号换卷，不可不严行饬禁。嗣后乡会试，令巡号御史会同满汉监临，及至公堂监试御史，按号分查，并责成监临等常川认真巡查，以防弊混。

场规 055：道光六年谕

科场条禁，首严怀挟，诚以始进不正，则士习不端，弊窦不清，则真才不出，于抡才大有关系，乡会试搜检王大臣及各省督抚，自宜认真厘剔，以期拔取人才。乃近年各省学政，尚有查出挟带生童，交提调惩办者，至乡会试搜检，并不认真，率以三场无弊一奏了事，不肖士子，竟有抄录成文儌幸中式者。抡才大典，与其黜革于后，孰若剔弊于先。嗣后乡会试搜检王大臣及各直省监临等，务须破除情面，严剔弊端，认真办理，查照定例，不许携带片纸只字，一经搜出，立予斥革，照例惩办，庶足以杜幸进而裨文治。

场规 056：道光八年谕

凯音布等奏：散卷科道办理不善，请旨交议，并自请议处一折。本年顺天乡试，士子入场，偶值骤雨拥挤，擦损试卷至三百余本之多，虽经照数换给，该给事中等专司点名散卷，办理不善，实难辞咎。苏泰、廖敦行，俱著交部议处。凯音布、何凌汉，未能先事豫筹，著一并交部议处。

场规057：道光十一年谕

士子傥有不知检束怀挟徼幸者，即著斥革究办。其恃众逞强不服约束者，枷号示众，治以应得之咎。傥搜检番役吏胥人等有意裁害者，重治其罪。

场规058：道光十一年议准

士子进号时，责令看栅官役，验明卷面字号相符，方准放入，既入此号，不准复移彼号。未封门之先，如此号人数已满，即将此号栅门锁闭。封门后，监临等官仍逐数亲查，即时刻稍晚，亦应分段抽查，以专责成。至八旗号舍无多，应令弹压副都统亲身巡查，以杜越号之弊。

场规059：道光十一年又议准

号口栅栏外加封锁，每交卷时，须有数人完卷，号军方禀请委官开栅放出，旋即扃闭，如是数次，午正以后，始不封锁。已出者不准复入，亦不准另入别号，以杜倩替。

场规060：道光十一年三议准

各号号板，先期令承办官吏按号铺满，并于各板上标明号记，号壁上亦书本号共板几片，责令号军看守。如士子进号时，有号板短少者，即告知委员，督同号军入号搜查，归还本号。如系号军藏匿，即行严惩。遇有破坏不平者，准向委官换用。

场规061：道光十一年谕

乡会试为抡才大典，必须科条整饬，弊窦肃清，方足以拔真才而端士习，岂容视功令为具文，任令拥挤喧哗，致启怀挟枪替之弊。著自明年会试为始，即照新定章程认真妥办，仍将各条先期出示严切晓谕，俾众士子各知懔遵。傥不实力奉行，仍有拥挤等弊，俱著责成科道据实严参惩办。

场规062：道光十一年四议准

嗣后添派左右翼总兵一员，酌带弁兵数十名，分巡四砖门，督率参守，饬令士子各按牌听点，应名接签。如有不遵约束，不按牌次，任意喧挤者，拿究。砖门以内，送考之人，一概不准阑入，违者，锁拿治罪。

场规063：道光十一年五议准

嗣后责成砖门点名御史，先期严切晓谕，开点时刻，务令士子及早伺候，挨牌听点。间有迟误补到者，照例仍于各旗、各省、各府点完后，将误点各姓名补点一次，尚有不到，俟通场点完后，复行补点。如有情节可疑，及不静候补点，挺身前进肆闹者，拿究。

场规064：道光十一年六议准

嗣后照入签上注明牌数，士子接签入场，不许复出外砖门。如有先后错乱，及假签等弊，立即严拿惩办。其砖门御史，亦应按名给签，不得瞻徇亲故情面，于尚未点到者，先行给发，俾士子有所藉口，致起喧哗。

场规 065：道光十一年七议准

八旗南皿士子，俱分为四门点名，四路领卷，八旗仍按两翼旗分，各归左右，在各省士子之前。南皿移归各省各府之后，令其分赴各门，随牌听点，挨次领卷，有仍前拥闹者，从严惩办。

场规 066：道光十二年谕

本年会试届期，立法伊始，除知贡举遵照前降谕旨先期出示晓谕外，恐不肖士子，尚不免恃符藐法，作奸犯科，用再剀切诰诫各省士子，务各涤虑洗心，恪遵功令，点名时鱼贯而入，毋得仍前混行拥挤。如有迟误，静候补点，其不遵约束肆行喧闹者，著弹压总兵拿究。已接签者不许复出砖门，已领卷者不准复出号舍，如有怀挟，立即惩办。误带者虽免治罪，仍不准其入场。其八旗士子，令弹压副都统亲身巡查，不准越号，并著责成搜检王大臣，稽查接谈换卷。弹压副都统，两翼在城总兵，会试知贡举，遵照妥办。如不实力奉行，著监试御史指名参奏。本年乡试，即照此次会试一律办理。

场规 067：道光十二年又谕

本日据搜检王大臣仁寿等奏：头场搜出误带四书之直隶生员沈景颜等八名，照例逐出。又搜出携带诗文之直隶生员吴思同等七名，当即斥革枷号示众，办理尚属认真。近来士习日坏，前据科道等条奏防弊之法，经朕降旨准行，并谆谆诰诫，几于三令五申，该士子宜如何涤虑洗心，奉公守法，乃本科乡试，仍有吴思同等携带诗文之事。该士子以身试法，行险侥幸，习为故常，若令其幸得科名，通籍后夤缘钻刺，更何事不可为，尚望其为朝廷出力耶。从前历科派出搜检王大臣，总以毫无弊窦一奏塞责，可见沽名钓誉，全不实心任事。此次搜检尚属认真，所以鬼蜮伎俩，纷纷败露，而苟且混入者，仍所难免。三年大比，为士子进身之始，即幸而获选，清夜扪心自问，岂不可耻。本科二三场，仍当严行搜检，如查有怀挟情弊，一律惩办。嗣后士子等，务须恪遵功令，敦品励行，毋再存幸获之心，求荣反辱。其搜检王大臣及都察院堂官派出科道等，总当认真办理，不可日久生懈，视为具文。

场规 068：道光十二年三谕

申启贤奏：查出诈称误带四书之山东贡生贺澄元，希图幸免，情殊诡谲，未便遽予省释。著即斥革，枷号场前示众，以为士子不知自爱者戒。

场规 069：道光十二年四谕

朱士彦等奏：二场查出乱号之顺天生员陈元晖，未经领卷先混入场之直隶生员徐最亭，均即逐出，办理尚属认真。向来派出稽察接谈换卷，有无情弊，从未查出具奏，可见沽名钓誉，全不以剔厘弊端为事。本年经朕降旨，谆谆诰诫，此次稽察，即有混乱场规之生员二名，而苟且混入者，仍所难免。嗣后士子等务须恪遵功令，毋以身试法，求荣反辱。其派出之大臣等，总当认真办理，不可视为具文，日久生懈。

场规070：道光十四年谕

山东巡抚钟祥奏：访拿乡试舞弊人犯，请将教职、营员等革职严审一折。乡试为抡才大典，防闲周密，方可选拔真才，岂容奸伪之徒，勾通舞弊。兹据该抚查出，该省乡试，竟有包揽传递，并私雕假印，包办飞卷等弊，即于场前访获究办，查拿认真，可嘉之至。所有德平县捐职训导信会来，历城县捐职从九品钮华庭，抚标左营世袭云骑尉候补守备马德俊，右营候补把总朱士俵，俱著革职。邱县举人王敬敷，著即斥革，交该抚提同案内各人犯严行审讯，毋任其狡展，毋有意开脱，务得确情，按律定拟。其在逃之浙江举人王洽，著浙江巡抚即速饬拿务获，归案办理。并饬各该县即将逸犯姜瀚生等按名弋获，解省审办。

场规071：道光十五年议准

嗣后先将东西外砖门四处关闭，不准士子一名阑入，点名时应点第几牌，即将第几牌高悬，士子认明牌数，于点名时，各在外砖门外按次随定执牌人役等候，并责令派出之砖门参领、守备等酌带兵丁，以司外砖门启闭。点第一牌时，先将第一牌悬杆，再行开门，执牌人役高执序进牌，将第一牌士子引进，由督门官按数放入，仍将外砖门关闭。候第一牌点完，再将第二牌照前开门放入，送考人一名不许混入。傥士子混行抢进，立即拿究，督门官不能认真办理，致有一名混入，由砖门御史查参。

场规072：道光十五年又议准

嗣后责令散卷科道详加查核，其失点补到者，亦于给卷时查对，如有年貌不符，及不候补点，挺身肆闹者，即行拿办。

场规073：道光十五年三议准

二门外散卷处，将席棚撤去，止用木杆密扎拦挡，惟东右门、西左门公案座后，仍用席片遮拦，以严界限。每门派营官一员，委官一员，带领兵役十名，各立阶下。士子听名接卷，未经唱名之人，不准挤上台阶，未经领卷，不准抢入二门。傥有肆行喧闹者，立饬营委各员拿办。

场规074：道光十五年四议准

士子入龙门时，由稽察接谈换卷大臣，查看卷面，分别东西，令入本号，以防混乱。

场规075：道光十五年五议准

照出签上，令提调官亲笔画押粘贴，龙门委官营弁，验明照出签有提调画押者，方准放出，以杜假冒。

场规076：道光十五年六议准

每场第三日，士子完卷，如有不候官为开放，自行扭开锁门，及骑越而出者，立即拿办。

场规 077：道光十五年谕

给事中汪报原奏：本年办理乡场，于士子乱号之弊，既经查出，仍复含糊不办，请旨饬查一折。著监临监试御史明白回奏。此等乱号之弊，既经查出，自应照例办理，若仍照旧将试卷发誊，则乱号者益无顾忌，办理殊属轻纵。查弊系该监临等专责，傥经此次饬查，仍复回护徇隐，则其咎益重，将来别经发觉，惟该监临等是问。

场规 078：道光十五年又谕

前据给事中汪报原奏：本年乡场，士子乱号，既经查出，仍复含糊不办，当降旨交该监临监试御史明白回奏。兹据奏称：士子领卷归号，逐一挨查，惟二场余字号监生杨世淇乱号，当即照例扶出，其余均属安静等语。场中士子众多，乱号之弊，不能保其必无，该给事中既未将乱号士子姓名据实指参，无从究办，惟严查弊端，系该监临等专责。嗣后务当遵照定例，实心查察，遇有乱号士子，即当认真严办，不准托词以人数众多，意存姑息，将来别经发觉，或被科道纠参，惟该监临等是问。

场规 079：道光十五年三谕

前据给事中汪报原奏：本年乡试，士子乱号，既经查出，仍复含糊不办，当降旨交该监临监试御史明白回奏。旋据该监临等联衔具奏：入闱后查出二场余字号监生杨世淇乱号，当即照例办理。兹据光禄寺少卿曾望颜奏参监临覆奏不实，请旨严饬查办。著监试给事中佛恩多、德成，御史宗赓、多斌、帅方蔚、冯元锡、袁文祥、刘梦兰，各自具折据实覆奏，不准彼此商同含混隐饰，稍有不实不尽。如果据实陈奏，尚可量加宽宥，傥仍含混讳饰，则是有心蒙蔽，甘蹈欺隐之习，即不得为大清国臣子矣。朕言出法随，该监临等具有天良，其各力湔积习，直陈无隐，毋贻后悔。

场规 080：道光十五年四谕

昨据光禄寺少卿曾望颜参奏监临等覆奏不实，请旨饬查，当降旨令监试给事中佛恩多等据实覆奏。本日据佛恩多等各自具折明白回奏，所称情节大略相同。此次顺天乡试，既将号单逐号散给，令各该生亲书姓名年貌籍贯，自应与号戳底簿逐细核对，方可得其乱号实据，即因为时甚促，未及逐一核对，逮经有旨饬查，该监临监试等，自当将实在情形，据实覆奏，并将从前未经奏明之处，自请交部议处。乃该监临等联衔具奏，仅称查出二场余字号监生杨世淇乱号，当即照例办理，其于填写号单，未及与号戳底簿详晰核对，并不据实声明，实属含混。监临惟勤蔡世松，监试给事中佛恩多、德成，御史宗赓、多斌、帅方蔚、冯元锡、袁文祥、刘梦兰，俱著交部严加议处。嗣后乡会试号单底簿，互相核对，有无窒碍难行之处，著礼部查核具奏。至前交刑部收管听讯之至公堂当差书吏，尚无弊窦，著即释放。

场规 081：道光十五年六谕

乡会试为抡才大典，士子读书，当知自爱，其有因人数众多，侥幸乱号以身试法者，虽设有号单底簿，互相核对，恐稽查未清，转不无遗漏舛错。其乱号士子，或托人代填，或捏写诡名，即欲杜绝弊端，无从查对，事属有名无实。兹据礼部将查号之法议奏，于认真办理之中，立法仍归简易。嗣后著仍照定例办理，其士子进号，既经看栅官役认明卷面字号相符，如号数已满，即将号栅锁闭。封门后，监临监试等仍分段入号亲查。如监临查号不力，责成监试，监试查号不力，责成监临，互相指参，毋许徇庇姑容，致滋弊混。其八旗号舍，即著弹压副都统亲身巡查，以专责成。士子如有乱号，即行扶出，设为时已晚，未便开门，即将试卷扣除，并将该士子交至公堂派员看守，俟放牌时扶出，其有挺身肆闹者照例治罪。

场规 082：道光十七年谕

向来乡会试大典，场内有监临、知贡举稽查，砖门贡院门特派王大臣专司搜检，立法本极周备。近来视为具文，渐形疏懈，以致士子纷纷怀挟，毫无顾忌。此次于士子怀挟，虽难保无遗漏幸免，而每场均能搜出，办理认真，尚属可嘉。嗣后凡遇考试，务当认真搜检，力除积弊，勉副朕拔取真才至意。倘意存姑息，仍涉因循，别经参劾，必将派出之搜检王大臣从重惩处。

场规 083：道光十七年又谕

前据御史多斌等奏：识认无结，册注不明，漏未扣卷，当交礼部议奏。兹据奏称：投卷例有限期，而投结向无限期，以致先后参差，舛错遗漏，自应严定章程，以昭详慎。嗣后顺天乡试，著顺天府先期出示，谕令士子等卷结同时并投，纳卷截止之期，即为投结截止之期，概不准于纳卷后补行投结，其有截止后始行投结者，即予扣除，并于册内逐一注明，另开名单知照点名御史，以备查核。如有遗漏舛错，即将承办官参奏，照例议处。

场规 084：道光十七年三谕

前据御史朱淳条陈科场弊窦各款，当交礼部议奏。兹据该部查明，乡会试试卷戳印后，并无专员管理，著照所议。嗣后均准添派至公堂委官二员，专司看守，以杜书吏偷改描摹之弊。该御史所请乡试增添外收掌一员，管理收发试卷之处，著毋庸议。至会试外收掌事务，向由提调兼办，并著照乡试之例，设外收掌一员以专责成。其受卷弥封两所人役，承办事件完竣时，由知贡举、监临随时查明，饬令随同外帘官一并出闱，毋许逗遛滋弊。至三场事竣，酌留委官书吏人等，概不准告假出闱，其业经出闱者，亦不准藉端复入。自此次明定章程之后，会试责成知贡举，乡试责成监临并监试各御史，认真查察，如委官书吏等仍蹈前辙，别滋事端，即行分别参处责惩，毋稍宽纵。倘意存隐饰，别经发觉，定将该知贡举、监临御史等严加惩处，决不宽贷。

场规 085：道光十七年五谕

梁章钜奏：请革除科场积弊等语。广西乡试，向于至公堂前后及龙门口，拣派弁兵巡查弹压。兹据该抚查明，向来传递枪冒各弊，即由此而生。本科已将帐房三座，并龙门弁兵一并裁撤。嗣后该省乡试年分，即著该监临等查照此次章程认真办理，其旧有弊端，永远革除。

场规 086：道光二十一年谕

国家设科取士，原以储蓄人材，用备他日栋梁之选，该士子等宜何如谨饬自爱，勉副甄陶，毋存幸进之心，常切怀刑之惧。乃近来士习未醇，往往怀挟入场，冀图抄袭。本科会试，经王大臣搜出十余名之多，殊属不成事体，已照例惩办矣。因思士习，首重立品，文艺次之，若于进身之始，已存苟且傲幸之心，微论事败罹法，身坏名裂，即使漏网，幸掇科第，厚颜登仕，有玷科名，植本已亏，尚何论其异日居官行政耶。每科搜检王大臣，经朕简派，并非虚应故事，实欲厘剔弊端。如果认真搜查，毋任怀挟混入，固可转移风气，且惩一儆百，暗中保全尤多。嗣后王大臣等，遇有试场简派搜检差使，仍当严密搜查，毋稍疏懈。傥有玩法士子，即时惩办，以挽颓风。该士子等有鉴前车，自应倍加兢惕，恪守场规，毋辜训勉之词，用副作人之化。傥仍蹈故辙，怙过不悛，朕惟执法惩办，难邀宽典也。懔之。

场规 087：道光二十四年谕

卓秉恬奏：查出乡试怀挟之士子，照例办理等语。附生王钺，副贡生龙炳，均著照例褫革，枷号一个月，满日杖一百折责发落。嗣后遇有搜出怀挟士子，著照例刻即枷号场门，俾众目共睹，以示惩儆。如不当时枷号，著专司稽察之都察院堂官查明参奏。如该堂官隐匿不奏，别经发觉，一并重处不贷。

场规 088：道光二十四年又谕

前据给事中安诗奏：本科中式举人各卷内，有抄录旧文，请旨饬办，并请严定章程，当交礼部查议。兹据查明浙江中式举人吴应壬，湖北中式举人周崇勋，实系抄录旧作。吴应壬、周崇勋均著照例革去举人，并将生监一并褫革，惟录旧间由记诵，亦难保必无怀挟，节经叠降谕旨，严加惩治。嗣后著各省督抚于乡试监临时，严饬所属认真搜检，遇有怀挟士子，立即枷示场门，并按照所出题目，多调坊间刻文，交考官详加稽核，以杜幸进而崇实学。

场规 089：道光二十五年谕

乡会试为抡才大典，应试士子，怀挟入场，自应照例黜革，从严治罪。至误带书本，非本场应用之物，及误带前场所作文字，或以字纸包裹物件，情节各有不同，其作何分别办理之处，必应详明定例，以便遵循。现在科场条例内，未经分析声叙，著该部将近年办过成案，悉心参酌，画一定议，即纂入条例，永远遵行。其旧例内止系空言，无从照办者，著即酌量删除，俾从简易，务使士子晓然于定例严明，无可避就，以归核实而革浇风。钦此。遵旨议定：嗣后凡士子怀挟者，无论经书诗文，俱仍照例褫革枷杖，以杜弊混。头场挟带二三场，二场挟带三场，虽非应用，安知不豫为埋藏之地，若仅止褫革，其实系临时失检者，固属情罪相当，而豫为埋藏者，未免尚怀冀幸。嗣后仍照旧褫革枷杖，以杜埋藏取巧之弊，二场挟带头场四书文本，三场挟带头二场四书五经文本，虽非应用，究属有干例禁，仅止逐出，未免轻纵，应革去举人，免其枷杖，永远不准考试。至二场误带头场自作文稿，三场误带头二场自作文稿，与怀挟经书文本者，究有区别，即照旧免其黜革，仍逐出不准入场。字纸包裹食物，及误带闲废字纸，实非场中所用者，自系一时失检，与有心怀挟不同，照旧免其黜革，仍逐出不准入场。

场规 090：同治十一年议准

福建省乡试，枪手传递，每在开栅交卷之后，定例未刻净场，午后不复锁栅。迩来净场稍晚，应照常加锁，将次净场，始免扃锢，仍不准继烛，以清界限。

场规 091：同治十三年议准

学臣监臣咨送科举录遗名册，截止之日，由顺天府核定士子名数，贝号按府，皿号按省，摊于四门，酌量调拨匀称，先期出示晓谕，仍分门牌示，俾士子随牌序进，庶领卷不致拥挤，而归号封门，皆可从容就理。

场规 092：光绪元年谕

乡会试为抡才大典，理宜严肃，交卷亦有定章，乃近年来，士子往往不守场规，出号喧闹，其换卷传递等弊，恐亦在所不免，交卷亦任意迟延，不遵定例，竟有迟至夜间始行交卷者，实属不成事体。嗣后知贡举、监临、弹压大臣等，务当申明旧章，认真整顿，如有前项弊端，即著照例办理。

场规 093：光绪二年谕

给事中文明奏：近来每遇乡试，贡院门外，舆马横行，各旗营支搭帐房，阻隔中路，顺天府供给车辆，运送太早，兼以执事官员车马拥挤，以致士子听候点名，多被阻滞，考生接签后，仍行回寓，守门官疏于稽查，砖门地面，该管大臣辄委员代办，并不认真，请申明定例等语。科场重地，例禁綦严，若如所奏各情，实属不成事体。考试为抡才大典，务当恪遵旧章，俾昭严肃。嗣后毋得仍前玩泄，致干咎戾。

场规 094：光绪四年谕

御史李鸿逵奏：请饬整顿乡试场规一折。乡试为抡才大典，条例綦严，应试士子，自宜谨守场规，恪遵功令。若如所奏，近年各直省乡试，士子任意乱号，顺天乡试三场，竟有士子拆毁号栅，往来喧闹等情，实属不成事体，亟宜认真整顿。嗣后顺天及各直省乡试，著监临及顺天府府尹，各该督抚，申明旧章，严行晓谕，如有不遵约束者，即行分别查办。若官役人等，有藉端陵辱士子情事，亦即按律治罪，毋稍迁就。

场规 095：光绪八年谕

考试为抡才大典，功令森严，原期拔真才而杜幸进，乃日久弊生，在事官员，奉行不力，应试士子，贤否不齐，甚至奸犯科，徼幸尝试，于人才士习，大有关系，亟应严行整顿。昨据给事中邓承脩奏，条陈科场事宜，不无可采。据称近来乡会士子入闱及交卷日，往来搀乱换卷传递各情，殊属不成事体。著各该衙门并监临、知贡举大臣实力整顿，严密关防。倘有前项弊端，即行分别惩办，毋得玩泄从事，仍前宽纵。各省乡试同考官，著该督抚遴派品学兼优之员，并严加查察，如有通贿荐卷者，照例治罪。

场规 096：光绪十一年奏准

嗣后乡会试及一切考试应试之人，如有顶替情弊，出结官不知情者，议以降一级留任，不准抵销。知情者，议以降三级调用私罪。至入场以后，另有联号换卷代倩等事，弊在场内，出结官照例免议。

场规 097：光绪十二年议准

士子吸食鸦片，例禁尤严。嗣后乡会试点名时，该王大臣认真搜检，如搜出烟灯、烟枪等件，立将该士子扣留惩办。倘该王大臣不肯严搜，即由外场御史及专司稽察都察院堂官参奏。其搜检王大臣，除是日实系另有差使不能到班者，准其知照王大臣外场御史查照外，其余务令一律到班，分门搜检，俟士子点毕后，方准散班，不得托故先散。如有无故不到，及一到即散者，亦由外场巡察御史查参。其东西砖门，仍责成派出总兵、参领、守备，督率兵丁，分布内外，务令士子于点名接签后，按牌鱼贯而入，听候搜检，不得任其先将考具送入砖门，违者，立时拿究。

朝门禁例〔例 27 条〕

门禁 001：国初定

大清门、禁门、左右翊门，均令大臣侍卫护军严加守卫，稽查出入。内门除直日人员外，不许容留闲杂人。大臣侍卫等，皆于大清门朝夕祗俟。凡禁门内外，不许背坐，不许于御道上坐。凡亲王以下，出入不得行御道。

门禁 002：国初又定

王以下文武官入朝，至下马牌处下马，停止仪仗。亲王、郡王、贝勒，各随护卫二人。贝子，随护卫一人。其余官员，不许跟随人役入朝。

门禁 003：顺治三年定

亲王入朝，至午门外下马降舆。

门禁 004：顺治八年题准

官民人等，素服白带摘缨者，不许进紫禁城。大清门下马牌石栏前，不许民人贸易。

门禁 005：顺治九年题准

凡入朝，除内大臣、护军统领、护军参领、侍卫外，其余诸王暨公侯伯大臣以下，各部院衙门官员，皆由午门出入，不许由东华门、西华门、神武门出入。入午门时，亲王，随护卫六人；世子、郡王，五人；贝勒，四人；贝子，三人；公，二人；民公、侯、伯、都统、子、护军统领、副都统、尚书侍郎，许随一人；其余官员入午门；不许随从。

门禁 006：顺治九年定

亲王至午门外，郡王至午门前两配楼角，下轿马。贝勒以下，在阙左右门外下马牌处下马。

门禁 007：顺治九年又定

亲王以下，贝勒以上，进午门，许随护卫一人。贝子以下，不许随进。

门禁 008：顺治十年题准

汉大臣进午门，照九年所定满大臣例，许随从一人。

门禁 009：康熙元年题准

亲王以下，公以上，进午门时，随从人数，照顺治九年例。如至御前，止许随护卫一人。

门禁 010：康熙六年题准

亲王、郡王进午门时，止许随护卫二人。贝勒以下，公以上，许随一人。

门禁 011：康熙二十一年题准

亲王以下，贝勒以上，如未满十六岁者，至御前，许随护卫二人。

门禁 012：康熙二十一年定

亲王以下暨文武官，奉召入朝，许由东华门等三门出入。其诸王、贝勒，年未满十五岁者，暨内阁、翰林院、詹事府官，许由东华门等三门出入。

门禁 013：康熙二十二年题准

圣驾出入及升殿，上朝官随从人役，有喧哗拥挤者，步军尉等严拿，交各该衙门治罪。

门禁 014：康熙二十三年覆准

大内道路，乃銮舆经行御道，官民不得行走。午门内，交与守门直班护军参领、护军校。午门外，交与兵部。阙左右门、天安、大清等门，交与直班步军尉步军。令五旗护军参领护军，严加查缉，如有直行御道者，系官，交该部题参议处；系兵民，送刑部治罪。如直班官员兵丁徇情不举，被科道官纠参者，该直班官兵，一并究处。

门禁 015：康熙二十七年题准

禁地会议，大臣不许向诸王跪语。

门禁 016：康熙三十六年覆准

六十岁以上老人，病人及妇人，愿乘轿者，许皇城内乘轿。

门禁 017：康熙六十一年十二月奉旨

年老大臣，皆皇考旧用之人，自午门外步行进内奏事，甚为劳苦。将诸王暨六十五岁以上老臣，列名具奏。钦此。遵旨开列具奏。奉旨：凡许令乘马之六十五岁以上大臣，暨亲王、郡王，皆令乘马，由东华门入者，至箭亭旁下马，由西华门入者，至内务府前下马。其有年虽未至六十五岁，而所管事务殷繁，朕常召问者，亦令乘马。

门禁 018：雍正五年覆准

嗣后紫禁城内，除亲王、郡王及六十岁以上大臣官员，仍照从前定例，于皇城内许乘轿外，其贝勒、贝子、公、民公、侯、伯、内大臣、大学士、都统、尚书、汉文官三品以上乘轿者，于皇城外下轿。其应乘轿之大臣官员，所乘空轿，不得当中道排列，令其于僻静处安置，不许轿役群集喧哗，违者治罪。至民间六十岁以上老人，并妇女及患病人等，俱许乘轿，不在禁例。

门禁 019：乾隆二年奏准

凡遇皇帝临朝听政之期，令护军统领拨护军，于各禁门及馆阁门巷等处，小心巡视，环列侍卫，除朝服官许进午门，其余不得肆行出入。

门禁 020：乾隆二年议准

凡官员入朝及在公署，不许戴雨缨凉帽。凡官员及直班护军等，不许著大衫入紫禁城。

门禁 021：乾隆七年议准

凡遇皇帝恭祀大典，扈从大臣，应于午门前乘骑者，领侍卫内大臣，拨亲军于午门前备马，毋得临期迟误。如仪从人等乘马入阙门杂沓驰骤者，该管官即严拿治罪，并将其主参处。

门禁 022：乾隆十五年奉旨

定例惟诸王于紫禁城内乘马，今大臣中朕尚有加恩令乘马者。嗣后在内贝子以上，亦准于紫禁城内乘马。

门禁 023：乾隆十八年奏准

王公等进午门，随从人仍照顺治九年定例，亲王随从六人，世子郡王五人，长子、贝勒四人，贝子三人，公二人。进太和门，亲王、世子随从三人，郡王、长子、贝勒二人，贝子、公一人。东华门、西华门、神武门，除内廷行走及直班有政务王公外，不得任意行走。凡进后左门、景运门、隆宗门，亲王、世子随从三人，郡王、长子、贝勒二人，贝子、公一人。

门禁 024：嘉庆四年谕

向来朕出入西华门时，随从之御前大臣，御前额驸，应行紫禁城内骑马者，皆于西牌楼门阶下上马下马。若出入东华门，则上马下马，俱在门外，体制未为画一。

嗣后朕出入东华门，应骑马随侍者，若经由文华门前，则著在东牌楼门阶下上马下马。若经由三座门夹道行走，俱著在夹道门井边上马下马。

门禁 025：嘉庆十年谕

禁地森严，宗室王公、蒙古王公等，秩分较崇，其护卫本属不少，至该班入内，则当大加减省。此外文武一二品大臣及四五品以上各堂官，因事进内，均应酌量傔从人数，不得过多。至侍卫司官章京等，除本馆本衙门原在禁城之内，以及该班直宿等事，自不能不准其酌带仆从。至于引见奏事之时，并亦任听家丁等，径至景运门、隆宗门外，杂沓纷扰，大属非是。著交满汉大学士、尚书详悉会议，将禁城内王公大臣官员等应带人数多寡，以及所带仆从，应分别等级，行至何处为止，严定章程，不准踰越，并绘图贴式奏闻，以肃定制。钦此。遵旨议奏：王公大臣文武官员，凡进午门、东华门、西华门、神武门，其所带护卫仆从，亲王、郡王准带十人，贝勒、贝子、公及一品文武大员准带八人，二品文武大员及三品京堂官准带六人，四五六品京堂官准带四人，文职五六七品、武职三四五六品官员准带二人，文职八品以下、武职七品以下官员准带一人。如有踰越多带者，查出，议处，罚俸一年。又王公大臣官员进内行走，除额带护卫官员照旧随带外，其余仆从人等，自王以下、文职三品以上、武职二品以上大员，并内廷行走各官所带之人，准其至景运门、隆宗门外，俱令台阶下二十步以外停止，不得至附近台阶处所。此外跟随文职四品以下、武职三品以下官员者，概令于左翼门、右翼门台阶下为止。均责令管门章京，带领护军常川稽查，禁止踰越。其径由神武门出入者，俱令随东西夹道行走，毋许附近景运门、隆宗门外停立，违者，将本人责处，仍将该管家主罚俸半年。又东华门内三所西夹道行走，向北可以趋过左翼门，径至景运门外，应令护军统领拨派章京一员，带领护军二人，在彼查禁，毋许仆从人等出入行走。又造办处及内务府衙门，其中人役众多，往来行走，可以径至隆宗门外，应令总管内务府大臣，每日各派司员二人，稽查出入，禁止闲杂人役在门外停留坐立，以杜混淆。又左右翼门，除官员进内执事行走外，其所带仆从，应申令该管官校，概行禁止，毋许东西出入。其太和门外之协和门、熙和门，为东西往来必经之地，所有王公百官仆从，各按定数照常行走，仍令管门官校，留心查察，其不应行走者，不得私行放入。至午门前之阙左门、阙右门，附近禁城，除官役等准令照常行走，并令该管官校，禁止闲杂夫役人等，仍不得任意径行，以昭严肃等因。奉旨依议：其蒙古王、贝勒、贝子、公、台吉及回部番部之王、公、伯克、土司等所带仆从，亦均著各按品级，分别人数地界行走，不准踰越。再每年呈进汤羊之蒙古台吉官员等，向于东华门三座门内杂沓拥挤，亦非体制。著交原议大臣，定立界限具奏，以昭画一。钦此。遵旨议准：嗣后蒙古呈进汤羊等项之台吉等到京，在理藩院报明后，即由理藩院派笔帖式、领催，带进东华门，指令三座门外，石桥以南，排列听候交纳。其三所西夹道蒙古王公班房，王公、台吉等随从仆人，均于夹道内停立，呈进汤羊等项之蒙古人等，不许随同混入三座门内。

门禁 026：道光二十四年谕

嗣后凡遇朕御养心殿召见，及各衙门带领引见时，除内廷诸臣例得由内右门行走者，仍照旧行走外，其余王、贝勒等及文职三品以上，武职二品以上各大臣内，有年逾六十五岁者，均加恩准其由内右门出入，以示体恤。

门禁 027：道光二十八年谕

门禁例应严肃，道光四年，曾经降旨申谕，总因日久懈弛，视门单为具文，或不缮送，或缮送而不核实稽查，以致有人混入，著再行申禁。嗣后部院、各旗营、各衙门引见人员进内，仍遵前降谕旨，认真查办，不得视为具文。倘再有误入禁门之事，定将各员从重惩办，决不宽贷。

朝贡禁令〔例 134 条〕

贡禁 001：崇德二年定

凡内地人口逃往朝鲜者，行令该国王解送。

贡禁 002：顺治元年议准

外国馈送该督抚礼物，永远禁止。

贡禁 003：顺治元年又议准

朝鲜一应事宜，不许越奏御前。叙功等事申吏部，地亩、仓库、钱粮等事申户部，朝贺、贡献、婚娶等事申礼部，军务、逃盗等事申兵部，辞讼、告首等事申刑部，修理城池、边关等事申工部。其应申各部之文，均礼部转发。

贡禁 004：顺治元年三议准

凡外国贸易，不许收买史书，黑黄、紫皂、大花、西番莲缎，并一应违禁兵器，焰硝牛角等物，各行户人等，将货物入馆交易。染作布绢等项，立限交还。如有赊买，及故意迟延欺诈，致外国人久候，并私相交易者，会同馆内外四乡军民人等，有代外国人收买违禁货物，及将一应兵器铜铁违禁等物卖与外国人图利者，各问罪。贸易时，礼部出示晓谕。

贡禁 005：顺治元年定

外国贡使归国，伴送人员，不许将违禁货物私相贸易。

贡禁 006：康熙五年定

凡外国奏疏，不得交遣往使臣带来，令专差官交该督抚转奏。

贡禁 007：康熙五年遣学士赍敕

谕朝鲜王：所与奉使臣礼物，先已减免，今虑仍烦百姓，特再酌减，永为定例。正使，银五百两，绵绸布二百匹，苎布六十匹，豹皮十，獭皮三十，青黍皮十五，鹿皮七，大纸五十卷，小纸百卷，花席二十，顺刀二把，小刀十把，被褥一副，靴袜各一双，鞍马、闲马各一匹。副使，减银百两，余同。一等人役，银百两，绵绸四十匹，布百匹，小纸八十卷，二等人役，银六十两，绵绸二十六匹，布八十匹，小纸八十卷。三等人役，银四十两，绵绸二十匹，布五十匹，小纸六十卷，各被褥一副。

贡禁 008：康熙五年议准

安南国给送奉使官路费银布绢等物，令其收受，余物概不准收。

贡禁 009：康熙六年议准

外国投文各省，该督抚即开阅原文议题。

贡禁 010：康熙六年覆准

督抚提镇等官，不准擅自移文外国。

贡禁 011：康熙六年题准

荷兰国违例从福建入贡，除今次不议外，嗣后遇进贡之年，务由广东行走，别道不许放入。

贡禁 012：康熙二十四年覆准

贸易番船回国，除禁物外，不许附载内地人口，及潜运造船、大木、铁钉、油麻等物，粮米止准酌带口粮，不许多贩。贸易毕，回国时，该督抚委官查禁。

贡禁 013：康熙二十四年又覆准

内地人口，有流落外国，愿附船回籍者，听其归还，具报该地方官，查明准回原籍。

贡禁 014：康熙二十四年三覆准

内地贸易商人，来往大洋，所带防身军器火炮等项，照船之大小，人之多寡，该督抚酌量定数，起程时给予照票，令海口防守及收税等官，稽查数目，准其带往。回时，仍照原数验入。

贡禁 015：康熙三十年议奏

朝鲜国进贡正使及通官，私买一统志书，通官革职，发其国边界充军。正副使书状官，奉旨从宽免议，书贮库。

贡禁 016：康熙四十年覆准

渔采船并贸易人等，至朝鲜国侵扰地方，令查验船票人数，姓名籍贯，开明报部，转行该地方官，从重治罪。并行文各该抚，严饬沿海地方官，有以海上贸易渔采为名，往来外国，贩卖违禁货物，肆行侵扰者，严行禁止。

贡禁 017：康熙四十三年谕

朝鲜国王，敬慎夙著，其国人越境行劫，随经拿获监禁，奏请勘断。不必遣大臣查审，即令该国王审明拟结具奏。

贡禁 018：康熙四十三年覆准

朝鲜国人，二次越境过江杀人，掠取缎帛人参等物，除各犯正法外，其地方官各革职，免其发遣。该国王即行拿获，勘断奏请，从宽免议。

贡禁 019：康熙四十八年

朝鲜贡使，行至玉田县，被盗窃去本章副本。将该地方驻防官员议处，其朝鲜贡使，奉旨从宽免交该国王治罪。

贡禁 020：康熙四十九年谕

海贼被剿，余党散走，恐朝鲜不知情由，谓大国之人，不敢设备，反受侵掠。著晓谕该国沿海地方，用心防守。

贡禁 021：康熙五十年覆准

朝鲜国与奉天府、金州、复州、海州、盖州相近地方，令盛京将军、奉天府尹，严饬沿海居民，不许往朝鲜近洋渔采，或别地渔采人到朝鲜境，亦令捕获解送。若违禁渔采，及不能捕获者，从重治罪，该地方官一并议处。

贡禁 022：康熙五十一年谕

朝鲜海洋渔采船，曾经申饬严缉，今尚有船至朝鲜边界捕渔，是即海寇。嗣后许该国即行追剿，如有生擒者，即速解送，毋因内地之人，以致迟延。

贡禁 023：康熙五十一年奉旨

朝鲜国民越江杀人，掠取人参等物，差官往凤凰城，会同该国陪臣，审明各犯，交该国王拟罪正法。奉旨：本朝例，兄弟皆拟正法者，存留一人养亲，此案罪犯，有亲兄弟三四人，亦照此例，存留一人养亲，可传谕该国王遵行。

贡禁 024：康熙五十四年覆准

严禁渔采及私行越江之人，行文盛京将军、奉天府尹，及山东、江南、福建、浙江、广东督抚，申饬沿海水师营，严拿治罪。并咨朝鲜国王，亦令严饬该国沿边官兵，不时巡查，如有犯越民人，即行拿获解送。

贡禁 025：康熙五十四年又覆准

珲春之库尔喀齐等住处，与朝鲜止隔土门江，居人太近，恐往来生事，将安都立他木努房屋窝铺，即行拆毁，与宁古塔移去官兵之屯庄，皆令离江稍远居住。嗣后沿边近处，盖屋种地，严行禁止，如有违禁，兵民从重治罪，该管官题参议处。移咨宁古塔将军，并知会朝鲜国王。

贡禁 026：康熙五十四年三覆准

朝鲜解到越江人一名，除照越度关塞例治罪外，移咨盛京将军，查明此处巡逻官兵，交部议处。

贡禁 027：康熙五十四年奉旨

又朝鲜贡使回国，从人违禁，潜买黑角弓材，至凤凰城搜出，该国即行呈报。

奉旨：交该国王审明具奏。

贡禁028：康熙五十六年覆准

内地人民，嗣后或飘风至朝鲜国，有票文未生事者，仍照例送回。若并无票文，私自越江生事，许该国王缉拿，照其国法审拟，咨明礼部请旨，俟命下日，行文该国，即于彼处完结，仍报部存案。

贡禁029：康熙六十一年覆准

暹罗国奏称：彼国有二红皮船，前因禁洋被留，令广东督抚查明，交贡使带回。其在广驾船水手人等，系内地者，各发原籍安插，系暹罗夷人，令随船回国。

贡禁030：雍正二年谕

暹罗国来船梢目，虽系广东、福建、江西等省人民，然住居该国，已经数代，各有亲属妻子，实难勒令还归。著照所请，仍令回国居住。

贡禁031：雍正六年谕

据朝鲜国王咨礼部文称：本国贼党，恐有潜逃，恳饬关口防汛诇察等语。朝鲜世效恭顺，彼国逆犯，即系朝廷法所应诛之人。著行文盛京、山东等处边界地方官员，朝鲜语言衣服，与内地迥别，易于稽查。倘有此等罪犯潜逃者，著即严拿解京，如有窝留藏匿等情，是明知故犯，定将本人从重治罪，十家一并连坐。

贡禁032：雍正七年谕

据礼部奏朝鲜国王咨称：其国居民七人，冒越疆界，将节度等官，革职拿问定罪等语。愚民图利，冒越疆界，即内地之人，亦间有此，该管官失于觉察，其过尚小，今该国王拟以革职拿问，处分太重。嗣后凡遇刑罚案件，务期准情酌理，轻重允当，著行文该国王知之。

贡禁033：雍正七年奉旨

暹罗国贡使呈称：京师为万国所景仰，国王意欲令伊等观光上国，遍览名胜，回述以广见闻。奉旨：不必禁止，著贤能司官，带领行走，仍赏银千两，若所喜物件，听其购买。又呈称：奉国王命，本国所产马匹甚小，久慕天朝所产马驼骡驴之高大，请各买三四匹回国。奉旨：著照所请，准其购买，所买价值，著内库支给。

贡禁034：雍正七年又奉旨

福建抚臣奏称：暹罗国王令贡使采买东京弓二十张，红铜线十担，应否准其采买，部议以违禁不准具奏。奉旨：暹罗远隔重洋，恭顺修职，所历有年，其请采买物件，该抚采买赏给。

贡禁035：雍正九年奉旨

盛京将军奏请，于草河、暧河汇流入江之莽牛哨，设立水路防汛。奉旨：朕思该将军所奏，设立水路防汛之处，既与朝鲜连界，著该部行文询问该国，有无未便之处，俟奏到日再议。钦此。嗣据朝鲜国王咨称，恳请仍遵旧例。经部转奏，奉旨：前据盛京将军，奏请设立水路防汛于草河、嗳河等处，朕因与朝鲜连界，降旨询问，今著照该国王所请，不必增设防汛。

贡禁 036：雍正十三年谕

朝鲜感戴我朝之恩，虔修职贡，甚为恭敬，凡大臣官员差往彼国者，向有馈送旧例。朕以厚往薄来为念，著从此次诏使始，凡馈送白金仪物等项，悉按旧裁减一半，永著为例。

贡禁 037：雍正十三年议准

朝鲜国人越境抢劫人参杀伤人命，照例令该国王分别定议治罪。除首犯三人，奉旨正法，余犯及约束不严之官员，皆援本年九月初三日恩诏，赦免释放。该国王将凶犯多人，全数拿获，免其议处。

贡禁 038：乾隆元年谕

嗣后凡出差朝鲜使臣回京，路经奉天及山海关等处，著该将军及监督稽查，觉有于正礼外，多带仪物者，即行参奏。若代为隐匿，将来发觉，一并议处。

贡禁 039：乾隆元年又谕

朝鲜归顺我朝，恪守藩封之职，蒙我列祖皇考怙冒深恩，至优至渥。即如贡献一节，屡经裁减，厚往薄来，无非加惠远人之至意。朕即位以来，又将该国馈送使臣仪物，谕令减半，以示体恤，乃使臣等于正礼外，复照旧日陋规，开都请、别请两单，私相授受，其罪固不可逭，而该国王即照陋例应付，亦属不合。若能体朕心，自当以恪遵谕旨为恭，不当以私厚使臣为顺也。著礼部行文该国王，嗣后凡有奉差彼国，务宜遵朕前旨，将馈送正礼，裁减一半，至陋规等项，悉行禁止，不得私与，既干功令，复负朕怀远之恩。

贡禁 040：乾隆元年奉旨

暹罗国贡使呈称：铜器自奉禁后，彼国乏用，恳恩许其赴粤采办。奉旨：该国王称，铜系造佛送寺之用，部议照例禁止固是，今特加恩赏给八百斤，后不为例。

贡禁 041：乾隆二年议准

安南国馈送封使礼物，令奏明收受。

贡禁 042：乾隆四年覆准

朝鲜国使臣出入关口，通事及迎送守关等官，不得索取土物陋规及沿途抑勒，不令在大庄宽房住宿。该将军严行督禁，如有犯者，参奏治罪。

贡禁 043：乾隆五年题准

朝鲜国民金时宗，虽系私越疆界，与内地民人王高士等彼此往来，结幕住宿，有犯禁限，但尚无劫杀重情。应将金时宗等，照越度缘边关塞因而交通外境者律，拟绞监候，秋后处决。

贡禁 044：乾隆五年定

朝鲜人犯，经刑部拟监候者，行文该国王照例监候，俟明岁由刑部入于秋审册内，核拟具奏。

贡禁 045：乾隆五年题准

宁古塔将军咨称，拿获越境朝鲜人西嫩达、伊年等二十五名，均系觅食穷人，解交盛京将军，俟朝鲜贡使带回。

贡禁 046：乾隆五年又题准

朝鲜国王咨称，拿获越边民人郑世弼、宣明等，既该国王严加质讯，皆系觅食穷民，并无采参及越边情弊，免其治罪。

贡禁 047：乾隆七年谕

朝鲜国民人越境犯法，屡荷宽典，乃朕格外之恩，若无知之人，见屡次从宽，渐流于纵肆，则犯法者转多，非朕保全外藩民人之本意矣。该国王当严加约束，不时稽查，俾各安分，不致再罹法网。

贡禁 048：乾隆九年谕

内地人民违禁冒出朝鲜地方生事，原奉皇祖、皇考谕旨，准该国王即行追拿擒送，使匪类知惧。今据该国王咨称：昨年春间，有撑船人等，成群出来，幸将军遣兵追捕，不意今夏又复采猎行走。此等违禁越境之人，即应遵奉皇祖、皇考谕旨，于此时擒拿解送，或即飞咨盛京将军，严拿务获，乃国王自行疏纵，但具文咨部，恳请转奏，以致旷日持久，匪类远扬，殊属不合。该部可传旨该国王，并行文盛京将军，严拿务获，毋得忽视。

贡禁 049：乾隆十一年谕

朝鲜国奏称：莽牛哨增设汛兵，并栅外起垦，恳请停止等因。奉旨：朕思加恩朝鲜，从来优渥，今莽牛哨增设兵丁巡查一事，既经勘明与该国界址，无虑混杂滋扰，且于内外均属有益，而该国王又陈奏其不便，情辞恳切，究未知该地实在情形如何，著详加查勘，如果在中国界内，则设兵置汛，以杜奸宄，所以肃靖边防，自属应行之事，即该国王恳请，亦不便准行。若其地界或有犬牙相错难免混淆之处，亦即据实奏闻，候朕别降谕旨。至从前议展边垦土一案，该国王既称凤凰城树栅之外，向留空地百余里，务使内外隔截，以免人烟辏集混杂滋事之患。此奏尚属可行，著将凤凰城展栅之处，照所请停止。

贡禁 050：乾隆十一年奉旨

朝鲜国王世戴国恩，甚属恭顺，若莽牛哨设汛，彼国无知小民傥有违禁者，恐致获罪，是以奏请。其安设此汛之处，虽有江滩分界，不过一二里之遥，相隔甚近，如彼属下人等不能遵奉该国王禁令，以致该国王得罪，朕心有所不忍。著照所请，莽牛哨增设汛兵之处停止，令该国王将所属人等严加约束。至于查拿内地偷越之人，并应行咨报之处，仍照原议实力奉行，不必交部再议。

贡禁 051：乾隆十二年题准

朝鲜国跟役私同内地旗人，越边买马，照律定罪外，该国王即将失察之贡使、书状官，声明革职，免其察议。

贡禁 052：乾隆十三年覆准

朝鲜国王咨称：日本关白新立，该国照例通使。

贡禁 053：乾隆十三年谕

朝鲜国人李云吉诱胁女口，越疆转卖，照律拟绞监候，仍照乾隆五年定例，入于秋审册内，核拟具奏。

贡禁 054：乾隆十三年题准

朝鲜国王咨称：彼国训戎镇越江东边，有乌喇民人，造屋垦田。照康熙五十四年定例，行令宁古塔将军，确查禁止，所盖房屋折毁。其违禁民人，及不行查禁之该管官，查明照例办理。

贡禁 055：乾隆十三年又题准

朝鲜人入山海关，所带货物，如系彼国土产，该监督稽查，与凤凰城总管印文相符，及出关所带货物，与本部札付相符，仍免其输税。至印文札付所开之外，如别带物件，及不系彼国所产者，即照数按则输税，以杜沿途夹带之弊。傥有查出违买禁物，该监督即行报部治罪。

贡禁 056：乾隆二十二年奉旨

琉球国入贡，该国王以上年遣使敕封，所送封使燕金，固却不受，附交陪臣赍进，奏请钦赐使臣。奉旨：使臣奉命册封，自应仰体朕意，不欲滋扰外藩，所送燕金，不必收受，著仍令该国使臣带回。

贡禁 057：乾隆二十四年覆准

嗣后粤东贸易夷船，应令于销货归本后，依期回国。若行货未清，愿暂留澳门居住者听。夷商到粤歇寓，责成官充行商，送寓居住，毋许出入汉奸，地方官留心查禁。夷商贸易凡应禁出洋之货，不得私行贩运。内地行店民人，有违禁借贷勾结者，照交接外国借贷诓骗财物例问拟，所借银入官。夷商不得雇内地民人役使，有贪财受雇者，地方官实力严禁。夷商不得藉词雇脚，致内地奸商，往来交结。令呈明地方官，酌量查办。西洋人寄住澳门，遇有公务转达钦天监，令夷目呈明海防同知，转详督臣，分别咨奏。夷船收泊，夷梢众多，向派外委一员，不足以资弹压，应拣派候补守备一员，专驻该处，督同稽查，并酌拨桨船，巡逻弹压，于夷船进口派往，出口撤回。

贡禁 058：乾隆二十四年又覆准

丝绵私出外境贩卖，律有明禁。迩年浙江等省，丝价日昂，虽因年岁歉收，出产未裕，亦因该处地近水滨，商民希图重利，私贩出洋货卖，以致丝价日昂。嗣后严行禁止，傥有违例，按律治罪。

贡禁 059：乾隆二十四年议准

嗣后绸缎绵绢，私贩出洋者，亦照丝斤例按律治罪。

贡禁 060：乾隆二十四年又议准

朝鲜民人赵自永等，越界掠杀内地民人，差官至凤凰城会审，交该国王确查议罪。遵旨将首犯一人，从犯五人，又另案越边一犯，俱即行正法，赃银追解入官，并将该管观察使、节度使等官革职，钟城府使革职、流二千里。该国王将凶犯即时拿获，照例免议。

贡禁 061：乾隆二十七年议准

苏禄国入贡，附请铜铁硝斤及船匠骆驼驴只，惟铜铁硝斤，例禁出洋，内地船匠亦无供番役使之理，即骆驼驴只，虽无奉禁明文，擅自请赐，殊于体制未协，应令该抚明白谕饬。

贡禁 062：乾隆二十七年谕

据奏英吉利夷商伯兰等，以丝斤禁止出洋，夷货难于成造，吁恳代奏，酌量准其配买，情词迫切一折。前因出洋丝斤过多，内地市值翔踊，是以申明限制，俾裕官民织纴。然自禁止出洋以来，并未见丝斤价平，亦犹朕施恩特免米豆税，而米豆仍然价踊也，此盖由于生齿日繁，物价不得不贵，有司恪守成规，不敢通融调剂，致远夷生计无资，亦堪轸念。著照该督等所请，循照东洋办铜商船配搭绸缎之例，每船准其配买土丝五千斤，二蚕湖丝三千斤，以示加惠外洋至意。其头蚕湖丝及绸绫缎匹，仍禁止如旧。

贡禁 063：乾隆二十七年又谕

安南世守藩封，凤昭恭顺，朕心素所嘉予，乃者国王黎维禟新嗣，特遣使臣持节往封。该国王于使臣莅境时，先请商五拜之仪，必待使臣驳定，始克如礼，未免狃于鄙俗，实为弗当，但念该国王一经使臣指示，即仍遵定制，亦可从宽弗论。该部可传谕该国王，俾知永遵三跪九叩之仪，毋再陨越。至其送使臣之物，亦止应用该国土产，如食品布币之类，已足将敬。所有例备程仪银两，究属非体，嗣后永行停止。此次虽在未禁以前，亦应发还，俟该国谢恩使回之便，令其携往。

贡禁 064：乾隆二十八年奉旨

琉球国疏请配买丝斤，部臣议驳，自属遵循例禁。第念该国为海澨远藩，织纴无资，不足以供章服，据奏情词恳切，著加恩照英吉利国例，准其岁买土丝五千斤，二蚕湖丝三千斤，用示加惠外洋至意，余悉饬禁如旧。所有稽查各关口岸及出入地方，仍加意核查，以杜影射。

贡禁 065：乾隆二十八年议准

朝鲜民人金顺丁等违禁越江，当交该国王审拟具奏。遵旨将首犯金顺丁并余犯五人，从宽改为绞监候，秋后处决，于明岁归入刑部秋审办理，地方官革职，其流罪均行宽免，观察使、节度使均从宽革职留任。该国王能自行查获，照例免议。

贡禁 066：乾隆二十八年谕

向来钦差大臣出使高丽，闻入境时，该国王备舆迎候，此固属国敬礼天朝敕使，以昭恭顺，但满洲大臣素娴鞍马，而身膺使命，四牡宣勤，尤不应乘用肩舆，自图安适。著该衙门行文该国王，嗣后钦差到境，止须豫备马匹，其旧用肩舆之处，永行停止。在奉使者，既不耽逸一时，致忘习劳之义，而外藩亦稍省繁文，以示体恤。著为令。

贡禁 067：乾隆二十八年又议准

朝鲜国越境偷打貂皮之朴厚赞等十名，遵旨行文朝鲜国王，定拟治罪。其疏防文武各官，分别议处，到部再行具题。

贡禁 068：乾隆二十八年奏准

朝鲜国卡伦之设，原以防范奸民之偷越，乃上年先有金顺丁等越边一案，兹复有朴厚赞等潜越内地偷打貂皮之案，前后继至，则该国平日虽设卡伦，其防范之疏忽可知。应饬令该国王，嗣后卡伦务宜实力稽查，严申禁约，毋致边民偷越。

贡禁 069：乾隆二十八年题准

奉天民人遭风飘至朝鲜，内孙杕一名，私造小船，并未报官给票，违禁下海，照例将孙杕治罪，失察地方官参处。

贡禁 070：乾隆二十九年奉旨

礼部奏：朝鲜国王李昑咨贡使李炟等坐车进京，议请治罪一折。具见该国王敬事之忱，第前降谕旨，钦差前往该国，停止肩舆，本为满洲大臣素娴鞍马，不得循袭养安陋套，致失观瞻，若该国进贡陪臣，自沿土俗坐车，原可各随其便，不在例禁之内。所有李炟等，俱著加恩免其治罪，嗣后该国陪臣进京，仍准坐车。其李炟等呈请停给在馆饩廪之处，仍照例给予。

贡禁 071：乾隆二十九年又奉旨

朝鲜国王遵旨将违禁越边之朴厚赞等十犯，审拟到部具奏。奉旨：朴厚赞等十犯，俱从宽改为应绞，著监候，秋后处决。李寿昌、李润成，俱著革职从宽留任。李润德、李春馨、洪旰著革职，其流罪均行宽免。

贡禁 072：乾隆二十九年议奏

朝鲜民人近年以来，屡次犯越，罔知法纪。此次朴厚赞等十人，又复潜越内地，总因该国边防疏忽所致，应将朝鲜国王李昑照例议处。奉旨宽免。

贡禁 073：乾隆二十九年谕

朝鲜国违禁越江偷打貂皮之朴厚赞等十犯，部臣照该国王所咨，奏请即行正法，原属罪所应得。第念向来此等罪犯，曾邀格外从宽，若遽前后参差，未免或有向隅之憾，是以定拟时，已有旨改为监候，今经秋谳，复谕刑部九卿，一体令入缓决，然在中朝字小之仁恩，虽不妨过厚，而于藩服越边之例禁，又岂可稍弛，傥日久因循，该属不知奉教条而轻犯法，转非加惠该国至意。嗣后遇有似此罪犯，应将首恶之人，明正典刑，以昭国宪，其属在胁从者，仍令分别议缓，庶情法皆无偏枉。此案不即照此处分者，以未经申谕于前，事同不教而杀，所不忍为耳。该国王其约束所属，宣示朝章，俾知守分远嚚，共承惠泽，如复不悛，法令具在，朕不能为奸民曲法屡宥也。

贡禁 074：乾隆二十九年奏准

嗣后朝鲜国王于紧要事件，仍照旧差员赍咨来京，其余咨送内地飘风，以至该国边民越界情事，先已赍咨驰报，其后审拟咨部之件，令送凤凰城，由盛京礼部转递，以省该国差员奔走之烦。

贡禁 075：乾隆二十九年三奉旨

朝鲜国土兵金凤守等杀死内地披甲，差员至盛京会审，复经部议，将金凤守拟斩，金世柱拟绞，俱于审明处所正法。其该国失于钤束之文武员弁，令该国王自行查办具奏。再朝鲜民人连次越境杀人生事，该国王素日约束不严，应请将该国王交部议处。奉旨：金凤守依拟应斩，金世柱依拟应绞，俱从宽改为监候，秋后处决，该国王从宽免其议处。钦此。遵旨议准：该国疏防各官，应如该国王所奏，将观察使、节度使俱革职，义州前府尹革职流二千里。奸民金京大等，虽不知杀人情事，多买帽包，亦是违法，应照律杖配。

贡禁 076：乾隆三十一年覆准

嗣后西洋人来广，遇有原进土物，及习天文、医科、丹青、钟表等技，情愿赴京效力者，在澳门令告知夷目，呈明海防同知，在省令告知行商，呈明南海县，随时详报总督，具奏请旨，护送进京，仅带书信物件，由海防同知、南海县，交提塘转递。

贡禁 077：乾隆三十六年议准

朝鲜国王奏称：有朱璘所撰《明纪辑略》，载其先世之事，本于明人陈建《通纪》，因讹袭谬，请刊去书中有关该国者。查二书在中国久已不行，无所容其改削，该国原奉有特颁史传，自当钦遵刊布，使其子孙臣庶，知所信从。至该国或尚有流传二书之处，应令自行查禁。

贡禁 078：乾隆三十七年奉旨

盛京将军参奏：伴送朝鲜员役回国之迎送官通官等，任其货车落后，不由大路行走。奉旨：交部察议。

贡禁 079：乾隆三十七年议准

安南国王奏：请将投诚内地之该国人黄公缵等四百余人，发回该国处治。查黄公缵于乾隆三十四年投入内地，该国王所称黄公缵之父黄公舒，稔恶弗悛，派兵攻围溃走各情节，事在乾隆三十二年。两年之久，并未豫报，滇省何由得知。中朝为天下共主，内外一视同仁，莫不兼收并育。黄公缵等业已襁负来归，恩威处置，均应仰遵朝典，非复该国所得自专，所奏应毋庸议。

贡禁 080：乾隆三十八年奉旨

云贵总督奏：广东民人何万珠等，潜越夷境，假冒官差，勒索土寨银两。奉旨：何万珠、唐庆柏、刘顺，俱著即处斩。蔡辛瑞应斩，著监候，秋后处决。

贡禁 081：乾隆四十年谕

云南巡抚奏：广南府与广西小镇安交界地方，拿获窜入滇境匪徒古鸿伟等十八人，讯系从交趾送星厂逃回等语。此等窜回厂徒，与广西所获无异，其桀骜者，断不可留于内地，即游手无依者，亦不便仍留本籍，曾屡谕细核各犯情节，轻重分为三等，重者令往乌鲁木齐等处种地，轻者在各省安插，其无罪者仍留原籍，交地方官严行拘管，并令严定章程，毋使此后内地民人复行窜越外境。滇省亦当仿照办理。

贡禁 082：乾隆四十一年奏准

朝鲜员役在奉天界，被窃银一千两，请旨将迎送护送等官，交部严加议处，其失去银两，交奉天将军，会同府尹，严加饬拿，从重究办，倘银两无获，即责令各官分赔，俟该贡使回至锦州，照数交明。

贡禁 083：乾隆四十一年又奏准

嗣后朝鲜使人入境，务须按照成例，点验货物银两，存记档册，以备稽核，并计其人马数目，令地方官豫备店舍，选派兵役，昼夜巡查，严切防范，不致稍有疏失。其朝鲜跟役中，如有不安本分，滋生事端者，责成迎送官、通官，据实详报办理。

贡禁 084：乾隆四十一年三奏准

乾隆二十八九两年，朝鲜国私越内地之金顺丁等两案，俱届秋审十三四次，照例准其减等。

贡禁 085：乾隆四十二年谕

据朝鲜国王奏：该国有逆臣洪麟汉等，结党谋逆一案，罪人业经伏法，恐其支党实繁，或有逃匿漏网者，恳救关口官员查拿等因一折。该国臣服多年，素称恭顺，今该国王既恐有余党潜逸之事，自应代为查诘，不容窜入内地。著谕盛京将军、山东巡抚，于盛京、山东地方，与朝鲜交界边隘海口，严饬所属，留心盘诘，如有语言形迹可疑，查系朝鲜人民，即行盘获奏闻，发交该国自行究治。该将军、巡抚，务实力妥办，毋得视为具文。

贡禁 086：乾隆四十二年议准

嗣后朝鲜来使，带来货物银两，一抵凤凰城，即责令城守尉，查明各数，注载册档，听朝鲜素日信识商人，代为雇车载运，取具交领呈状备查，其于何日可至何处，饬各该驿丞，豫报地方旗民各官，核计日期，更递护送，仍报将军等衙门。倘有交接贻误不报，该将军等参奏，均照司驿官不按驿接替彼此互越例，降一级调用。如交接日月不报各该管衙门，照应申上而不申上例，罚俸九月。若朝鲜人众或不安本分滋事，著迎送官、通官，严加管束，如有违犯，具报该管衙门查办。若迎送官、通官，稍有疏忽，许旗民地方官，呈报严参，均照约束不严例，降一级调用。至朝鲜交商银物，偶有捐伤，如无偷窃情事，原商赔还，仍照弃毁官物例治罪。如有偷窃情事，地方官照道路村庄失事例议处，贼犯照行窃饷鞘例计赃问拟。至其随带银物，遇有偷窃情事，尤关体制，地方官、护送官，均照饷鞘被失例，交部严加议处，所失银物，著地方官并统辖、专辖各上司，按股赔还，仍缉偷窃人，严讯追赃，亦照行窃饷鞘例，计赃从重科断。至该国差来之人，该国王务须派委妥员，随押商车，如有藉词妄报滋事情弊，由礼部行知该国王，一体治罪。

贡禁 087：乾隆四十四年奏准

嗣后吉林、宁古塔二处，派往朝鲜之人，至期于各处查明，所禁貂皮、水獭、猞猁狲、江獭等物外，将私行交易挟带货物，严行禁止。伊等应带货物，并跟役名数，造具文引，俱于额木赫、索罗地方，二处官兵会齐时，由额木赫、索罗佐领处，查明放过。至于由部派出通官，应带货物并跟役，一体查明放过。回程之日，亦由额木赫、索罗处，详查换来官牛等物，详报备查。至庆源交易之珲春库尔喀人等，即于珲春协领处，将应遣往之人，所带之物，并换来之货，详报备查，如有不守法令者，从重治罪。

贡禁 088：乾隆四十五年奏准

会同馆失火，缘该国从人，燃烧窗纸所致，并未损伤人口，赏赐各物俱未烧毁，惟奏交该使臣带回恩诏一道，该国人等抢护不及，现有直隶省缴到恩诏，应令该使臣赍回。又该国使臣黄仁点等，惶恐俟谴，呈请转奏。奉旨：宽免。

贡禁 089：乾隆五十八年谕

朝鲜国王咨请换买钱货，带回该国通用，所请与例不符，未便奏办。

贡禁 090：乾隆六十年陕西巡抚奏

盘获西洋人陈玛禄，同湖北民人刘瑚、袁安德，赴陕西寻访同教，随经官兵盘获，委员将该犯等押解进京，审办治罪。

贡禁 091：嘉庆四年谕

本年正月内，遣副都统张承勋，礼部侍郎恒杰，前赴朝鲜恭颁大行太上皇帝遗诰。该二员陛辞时，朕曾面谕，以伊二人此次奉使朝鲜，系因赍颁遗诰，非如常时之敕封国王及世子可比，该国王有馈送使臣礼仪，伊等不得收受，原系朕体恤藩封之意。乃昨张承勋等回京覆命，奏称该国王接奉遗诰，极为恭谨，并曾备送礼物，伊二人坚却不受，该国王复再三恳收，并将原奉高宗纯皇帝准收正礼谕旨，呈出阅看，伊等仍不收受，转令差人将礼物赍随渡鸭绿江，而于抵岸时，乃属令原使赍回等语。所办殊属拘泥，不晓事体，伊等充使时，朕未知高宗纯皇帝曾经降有谕旨，是以令其毋收礼物，今既据该国王再四恳陈，则伊二人自可酌量收受，以申其恭顺之意，于到京后，据实陈明，方为合理。否则一面收受，一面将原奉高宗纯皇帝谕旨，恭录赍呈朕览，亦未为不可。抑或竟不收受，亦尚属正办。岂有徒令彼国差人赍随到江，复又却回，转致彼国远道携随，烦劳该国驿站。种种错误，现已令军机王大臣，传到张承勋、恒杰，面同该国差来正副、使臣将伊二人传旨申饬，并著将张承勋、恒杰交部议处。其拘泥错误缘由，谕知该国王，所有该国赍随礼物之人，与伊并无不合，该国王毋庸加之责罚。嗣后该国遇有喜庆事件，遣使到彼，该国王仍可遵高宗纯皇帝谕旨办理，以示怀柔而申忱悃。

贡禁 092：嘉庆四年又谕

本年正月内，遣副都统张承勋为正使，礼部右侍郎恒杰为副使，恭颁高宗纯皇帝遗诰于朝鲜时，朕曾谕张承勋等，以此次奉使朝鲜，非如常时之敕封国王及世子可比，如该国王有馈送使臣礼仪，不得收受。是以张承勋等，将国王馈送礼物，却而不受，复经该国王将原奉高宗纯皇帝准收正礼谕旨，呈出阅看，伊等仍不敢收受，然不应令差人将礼物赍至鸭绿江滨，属令原使带回，以致该国赍送礼物人员，远道携随，徒劳驿站，办理殊属错误，因将张承勋、恒杰交部议处，并将拘泥错误缘由，降旨谕知该国王，又令军机大臣当面传谕该国使臣知悉。该国王自应钦遵朕旨，将礼物收回，乃事隔数月，该国差备译官李邦华，携带私书，令赍咨官李光稷，向副都统张承勋宅内投递。今张承勋将李邦华原书进呈，朕阅书内所叙情形，其前此赍送土仪物件，似尚在江边守候，殊属非是。李邦华此信，或系未经呈明该国王，竟自携带来京，而天朝法令森严，人臣从无外交之事，断不敢将属国陪臣书信匿不奏闻，亦无将已却之土仪又复私相授受之礼。该国王应将李邦华、李光稷各加严饬，并约束陪臣，嗣后不得带呈私书。至所留土物，即遵前谕收回，不必再渎。俟该国遇有喜庆事件，遣使到彼，该国王仍可敬遵高宗纯皇帝谕旨办理，以尽事大之礼也。

贡禁 093：嘉庆六年谕

据礼部奏：朝鲜国贡使曹允大等赍贡至京，另赍奏本一件，钞录进呈。该国王以冲年袭封，奉职屏藩，适该国邪匪纠连，谋为不靖，即董率臣工，殄除魁党，宁谧国都，并将办理颠末，胪章入告。览奏已悉，惟本内所称邪党金有山、黄沁、王千禧等，每因朝京使行，传书洋人，潜受邪术等语。此则非是，京师向设有西洋人住居之所，止因洋人素通算学，令其推测躔度，在钦天监供职，向不准与外人交接，而该洋人航海来京，咸知奉公守法，百余年来，从无私行传教之事，亦无被诱习教之人。该国王所称邪党金有山等，来京传教一节，其为妄供无疑，自系该国匪徒潜向他处，得受邪书，辗转流播，及事发之后，坚不吐实，因而捏为此言，殊不可信。该国王惟严饬本国官民，敦崇正道，毋惑异端，自不至滋萌邪孽。至所称余孽或有未净，恐其潜入边门，所虑亦是，已降旨饬令沿边大吏，一体严查，设遇该国匪徒，潜入关隘，一经盘获，即发交该国自行办理，以示朕抚辑怀柔至意。

贡禁 094：嘉庆六年奉旨

琉球国王奏：馈送封使燕金，附陪臣进呈，恳敕赐使臣。奉旨：此次遣使册封，在皇考高宗纯皇帝大事二十七月之内，一切筵燕事宜，自应停止。所有此项燕金，使臣等却还，原属仰体朕意，不欲滋扰外藩。今仍不必收受，令来使带回。

贡禁 095：嘉庆八年谕

礼部据朝鲜国王李玏差官赍到咨文一件，内称钦差副都统策拔克等，审办盛京高丽沟等处地方偷砍木植一案，有奸民刘文喜等六名，窜至该国獐子岛地方，派役往捕，该国王遵即饬令该地方官，随同严缉，拿获刘青山、蔡法二名，解交盛京，其为首之刘文喜等六名，乘间窜越，该国王惊惧惶悚，将该国地方官，龙川府使崔朝岳，弥串镇金使韩锡箕，革职拿勘，并将该管观察使、节度使酌量勘处，恳将情形奏闻等语。将该国王原文，一并进呈，情词恭谨，深为嘉奖。该国王恪守藩服，素著恳诚，此次策拔克等，审办盛京高丽沟地方奸民偷砍木植一案，内匪徒逃往该国獐子岛地方，止系寻常案犯，畏罪奔逃，该国接到策拔克咨文，立即派员带兵，随同往捕，四处穷搜，拿获匪徒刘青山、蔡法二名，解交盛京归案审办，其为首六犯，现已于山东等省拿获多名，止有刘廷宣、即刘文喜一犯未获，谅亦在内地潜匿。今该国王因罪魁未获，惊惧惶恐，将该处地方官崔朝岳、韩锡箕革职拿勘，并将该管之观察使金文淳等勘处，未免过严。现在为首各犯，已于内地盘获多名，均未逃往该国地界，而该国现又将伙犯拿获二名，尚非缉捕不力，所有该国王拿勘及勘处各员，均可加恩宽免。嗣后惟当严谕守土官吏，于该地方实力巡查，设有内地奸民逃往该国，立即查拿解送，用副朕抚绥戢宁至意。著礼部传谕该国王知之。

贡禁 096：嘉庆十二年谕

礼部奏：朝鲜国王李玏差官金在洙赍到咨文一角，内称该国义州商人白大贤、李士楫，潜将米石运至獐子岛地方，与边民朱、张两姓和卖，折换违禁各货物，当将白大贤等拿获监禁，并将该地方官革职重究，其违禁之钱文铜铁等物，如数赍解，现复派委弁兵，在于该岛轮替诇守各缘由等语。朝鲜贸易，向有一定年限，在于中江、会宁、庆远等处，岂容商民等私自越疆，违例贩卖。今该商民白大贤等与边民朱、张二姓，胆敢携带米石铜铁等件，潜在獐子岛彼此贩易，实属大干例禁。该国王于本处地方官查明获犯之后，审问明晰，监禁请示，并自将地方官重处，一面派员将违禁之物，星赍呈缴，复严饬边汛，加意巡逻，披阅来文，具彰恭顺。除饬下盛京将军，督饬沿边官弁，将朱、张二姓上紧拿获究办，并查明内地疏防官员，严行惩处外，所有该国现在解到之铜铁等件，著饬所司收贮，其该国拿获之白大贤等五犯，著该国王自行查照定例，分别惩治。至该国王恪守藩封，小心服事，今于商民等违禁私贩之事，认真查拿，以清边界，以杜奸宄，忱悃可嘉，著颁赏该国王大缎四匹，玻璃器四件，茶叶四瓶，以示恩奖。嗣后惟当饬知该国沿边官弁，倍谨巡防，严杜私越，以期仰承恩眷勿替。著礼部行文该国王祗遵，其差官即妥行遣回。

贡禁 097：嘉庆十四年奉旨

据礼部奏：朝鲜国赍咨员役，可否仍照旧例赏赍筵燕一折。该国赍咨官员等，向例应赏给银两，在部筵燕一次。此次该国王咨报救护内地遭风民人，而收买该民人铁物至四千三百余斤之多，殊属不合，本应将向例赏赍筵燕之处，均行停止，姑念该国员役等，赍咨远来，著加恩减半赏赍，毋庸给予筵燕。

贡禁 098：嘉庆十四年谕

富俊等奏：严讯遭风民人龚凤来等，在朝鲜国留买铁物，及行查朝鲜国王咨覆各缘由一折。讯据龚凤来等供称，该船户每年俱驾往山东、奉天、天津等处贸易，上年九月内，欲往山东胶州装豆，驶至南通州放洋，忽遭西北大风，漂至朝鲜境界，将船击碎，被朝鲜人救护上岸，所有捞获船板烧毁，除下铁钉及铁箍，并五百斤重铁锚一个，二十八斤重小锚一个，朝鲜人称明共计四千三百斤零，因铁物斤两甚重，不能携带，是以变价，共银八十六两，分作盘费使用，并无私带别项铁物，系破碎船只之铁钉等件，共四千三百余斤，并无别样器物，现由济州水路送京各等语。前据礼部奏称，接据朝鲜国王李玜咨称，此项装船铁物，计重四千三百余斤，已从优给价，并未声明是何物件，竟似违禁货物，带至四千三百余斤之多，是以降旨令富俊即将民人龚凤来等截回审讯，一面行文该国王，查明该民人等所带铁物，究系何件，并以该国王办理不合，将前次赍咨员役，减半赏赍。今既查明并非违禁货物，著礼部行文该国王，止系声叙不明，办理尚无不合，所有龚凤来等亦止著递回原籍安业。至此项铁斤，俟该国送到时，该部奏明核办。

贡禁 099：嘉庆二十年奏准

暹罗国王请用内地商民代驾贡船，易滋流弊，未便允行。

贡禁 100：道光元年议准

朝鲜国王奏称：伊曾祖李昀染患痼疾，经议政金昌集、中枢李颐命、左议政李健命、判中枢赵泰采等，请以李昑为世弟，参决国政，而相臣赵泰耇等，诬为谋逆，诛戮金昌集四臣，幸蒙圣祖仁皇帝册封李昑为世弟，其事始定，袭封后赵泰耇等，论罪伏诛，并将四臣昭雪，而《皇朝文献通考》内载，四臣谋逆，事觉伏诛等语，尚未改正。查李昑蒙恩册立，该国臣民并无间言，其金昌集等被诬之事，应予改正，以昭传信。

贡禁 101：道光三年谕

礼部奏据暹罗国贡使呸雅唆挖里巡、段呵排腊车突等来京，赍到公文一件，系该国大库府呈请代奏加赏通事翁日升顶戴等因。当传问翁日升，据称系福建汀州府永定县人，于嘉庆十八年往暹罗国贸易，此次奉国王差委等语。各国陪臣，从无具呈到部之例，今该国大库府为该国通事呈请加赏顶戴，殊属违例。其来文并无该国印信可稽，恐该通事别有捏饰情弊，且该通事既系内地民人，因何奉该国王差委，其所称嘉庆十八年往该国贸易之语，亦难凭信。著阮元、陈中孚于暹罗贡使到粤后，即向该通事翁日升严加查讯明晰，再行核办，以符体制而慎边防。

贡禁102：道光四年奏准

朝鲜国聋哑流丐一名误入内地，派委官兵通事，送至该国境界交收。

贡禁103：道光七年谕

朝鲜国越界人犯延必元、韩贞昌二名，讯据供系奉伊本地州官派捕鹿茸，在不知地名山坡偷越，因失迷路径，不能回归，虽讯无为匪不法别情，恐在该国另有负罪潜逃情事。著礼部檄谕该国王，令其严究确情，自行惩办，并饬该国王，严禁属下人等，嗣后不得私行越界，打牲伐木。

贡禁104：道光十一年谕

富俊等奏：拿获朝鲜国越界偷捕牲畜挖参人犯一折。吉林地方，拿获朝鲜国越界人犯张高丽，据供上年带同伊子张丫头，由本地偷越至吉林地界挖参，并捕得牲畜，将参枝与于蒿等易换衣服，后因迷失路径，未能回归，旋被缉获。恐该犯等在该国另有滋事不法脱逃别情，著即解交该国查明，治以越界之罪。山东民人于蒿，及伊侄于幅谦，将张高丽父子领至窝棚，给予衣服换参，复令至城窝藏，并不首报，实属大干法纪。富俊等将于蒿拟以满流，于幅谦拟以满徒，著照所拟办理，即解交山东巡抚，分别定地发遣充徒。曾给张高丽等薙发之逸犯李曰名，著该将军等严行饬属缉拿，获日照例惩办。并著礼部饬知该国严禁属下，嗣后毋得再行越界，以肃边境。

贡禁105：道光十二年谕

魏元烺奏：夷船因风漂泊，请将防范不力之将弁，摘去顶戴一折。闽省南北洋面，向惟琉球国船只，准其往来，其余夷船，概不准其停泊。兹据该署督奏称，有英吉利国夷船一只，漂泊五虎洋面，该省向来不与外夷贸易，岂容令其就地销售货物。即因遭风损坏杠索，亦应赶紧修理，迅速斥逐出境。该管将弁在壶江等洋巡缉，未能先事豫防，实属疏忽。闽安协副将沈镇邦，署闽安左营都司陈显生，俱著先行摘去顶戴，勒令赶紧驱逐，如办理不善，即行严参。并著该署督查明该夷船出境日期，据实具奏。

贡禁106：道光十二年又谕

据礼部奏：朝鲜国领时宪书赍咨官，赍到该国王咨文一件，查系英吉利商船，欲向该国交易，该国王恪遵法度，正言拒绝。朝鲜国臣服本朝，素称恭顺，兹以英吉利商船，驶入古代岛洋面，欲在该国地面交易，经该国地方官，告以藩臣无外交之义，往复开导，相持旬余，英吉利商船始行开去。该国王谨守藩封，深明大义，据经奉法，终始不移，诚款可嘉，宜加优赍。著赏赐该国王蟒缎二匹，闪缎二匹，锦缎二匹，素缎四匹，寿字缎二十匹，用示嘉奖，即交该国赍咨官带往。

贡禁 107：道光十四年奉旨

据顺天府奏：朝鲜国领时宪书赍咨官金学勉呈报，起程回国，在途遗失物件。此案既据该赍咨官指明失物之处，系属三河县所辖，事涉外夷，必应上紧缉拿。著顺天府严饬该道厅督饬州县，选差丁役，分投侦缉，无论是失是窃，务须获赃给领，毋许玩延。

贡禁 108：道光十五年谕

稽查崇文门税务给事中萨霖等奏：外国贡物及贡使行李，应详细开载印单，护送人员，按例支应车马，以便查验而昭体制一折。外国贡使抵境，各该督抚自应遵照定例，拣员伴送，填给勘合，沿途查照，到京时，礼部转行崇文门免税验放。惟知照文内，未将贡物与护送行李分析开载，各关无从稽核，沿途车马，亦不免滥行支应。嗣后著沿途各督抚，于贡使到境，务将所有贡物及贡使行李，详细开载印单，到京时，礼部转行崇文门，随即验放，不准稍有稽留。至护送人员，应用夫马舟车，务须遵照品秩，严饬首站转传各驿，不得逾额滥支。倘各该督抚填给勘合，护送行李，并不分别装载，令该贡使等守候稽延，或致有影射夹带等弊，即著该稽查税务御史，据实参奏。至贡物到京，应行免税验放，如税务人等，有心抑勒需索，并责成稽查税务御史，随时查察，据实严参，以示体恤而杜冒滥。

贡禁 109：道光十五年又谕

钟祥奏：夷船驶至山东洋面，现饬候风南回一折。此次英吉利夷船，驶入东省刘公岛洋面，当经钟祥派委员弁，巡堵驱逐，不准进口，所办俱妥。该夷人麦发达，始则欲求通商，继又欲散布夷书，虽据称未在闽浙江苏内洋寄碇，殊难凭信。著钟祥即严饬所属各员弁，一俟风发，驱令启碇南还，并将各岛口严加防范，毋许内地奸民，交易接济。东省洋面，界连直隶、奉天、江南，甚为辽阔，海洋风信靡常，其沿海各处，均当一律防办。著直隶、奉天、江南、山东、福建、浙江各督抚府尹等，严饬沿海文武各员弁，巡防堵截，不准该夷船越进隘口，并严禁内地奸民，交易接济，甚至受其诳惑，毋得稍有疏懈。

贡禁 110：道光十五年三谕

据祁𪩘奏：越南国捕弁拿获内地抢掠商船匪犯梁开发等三名，遣使由水路解粤审办，并带有压舱土物恳准销售，遵例报税。又据该国王咨呈，内有南来米船入口，及停泊海岸，各加盘诘之语，似欲藉词来粤贸易。现在酌循旧章，已令先行开舱起货，应否免税，请旨遵行等语。此次该国王解送内地匪犯来粤，尚属恭顺，其咨呈内所称，南来米船入口，及停泊海岸等情，虽未明言欲行来粤贸易，而藉词入口停泊，亦难保无觊觎之心，自应杜渐防微，妥为晓谕。著祁𪩘等传谕该国王，现据尔国解送匪犯来粤，业经奏明大皇帝，以尔国王久列藩封，素为恭顺，尔国地界毗连两广，向来入贡贸易等事，均由陆路行走。嗣后获解内地人犯，若航海而来，既与定例不符，又冒风涛之险，尔国王务须恪遵旧例，就近解交内地钦州地方，由陆路转解，毋再遣使涉海解送，以示体恤，尔国王其善体此意，敬谨遵循为要。如此明白宣谕，于抚慰外夷之中，仍寓申明限制之意。祁埻等接奉此旨，即行妥为照办，所有该夷使随带压舱货物，及将来出口携回之货，均著查照成案办理。

贡禁 111：道光十六年议准

朝鲜使臣来京，到馆即责成该使臣拣派妥实从人，分析开具出馆缘由，酌定出馆人数，及出入时刻，由书状官造册送交监督，由监督于按册发给腰牌照验外，另缮二本，分送稽查会同四译馆大臣察核，仍由该使臣严饬从人，不得在外贸易，违禁滋事，并按日轮派大通官一员，在门会同按册稽查。至内地商民，照旧责成该监督，取具连环保结给发腰牌，方准进馆交易，仍按日轮派通官大使一员，在门按册稽查，该使臣及监督，仍不时亲自查察，并各约束所属该馆人役，不得藉端勒索，该国从人，亦不得藉词生事。如有违禁及滋事之处，查系该馆人役应议者，由部分别核办。如系朝鲜从人应议者，案轻，交该使臣即行酌办；案重，由部行知该国王自行办理。至内地莠民诓骗外国，照内地诓骗之案，加等严办。

贡禁 112：道光十七年谕

邓廷桢等奏：越南国遣使寻访被风船只，请照会该国，俾循定例一折。越南国久列藩封，素称恭顺，所有航海来使，自必恪遵定例。乃上年七月间，有该国夷船驶至澳门外鸡颈洋面湾泊，据该使李文馥等称，因传闻该国水师平字等号船只，洋面遇风，流入粤省琼崖等处，经该管商舶官，派出伊等来粤寻访等语。当经广州府海防同知马士龙，会同营员查询，止据呈出管理商舶官所给凭照一张，并无该国王咨呈，虽查验该船，尚无夹带货物，究与定例不符。既据该督等饬查覆，并无该国被风船只漂泊到境，并派舟师护送该夷船出境，仍著邓廷桢等传谕该国王，申明旧章。嗣后或有遭风船只，漂入粤洋，定必护送回国，断不令其失所。该国王务当恪遵定例，不得仍前遣使航海远来，傥与内地别有交涉事件，俱由该国王备具咨呈，递交内地钦州陆路转递到省，以符定制。

贡禁 113：道光十八年奏

拿获前在三河县地面，偷窃朝鲜赍咨官衣包逸贼滕士要。奉旨：著在朝鲜馆门外，加枷号一个月，满日交顺天府定地充徒。

贡禁 114：道光十九年奉旨

此次册封琉球，带兵官游击周廷祥，在该国病故，该国王送葬费银五百两，著不必收受，仍令来使带回。

贡禁 115：道光十九年又奉旨

此次册封琉球使臣等，却还燕金，原属仰体朕意，不欲滋扰外藩，今仍不必收受，令来使带回。

贡禁 116：道光二十年谕

惟勤等奏：拿获越界夷人一折。吉林拿获朝鲜国夷人三名，讯系不谙路径，误越境界。著惟勤等派委妥员，将该夷人三名，解交盛京礼部，转解凤凰城，交该国接收，查明办理。

贡禁 117：道光二十一年议准

朝鲜国夷人帕海越界，有无别情，解送盛京礼部，转饬凤凰城，交该国接收，自行查办。

贡禁 118：道光二十二年谕

前据禧恩等奏，朝鲜国王咨称，有内地民人潜赴边外，构舍垦田。当经降旨饬令派员查勘，并严拿越边各犯，按律惩办。兹据礼部奏，该国王咨称，内地民人在该国沿江近地，构舍垦田，请旨饬禁等语。内地民人，私越边界，构舍垦田，本干例禁，著该将军等仍遵前旨，将越边各犯，按名弋获究办，不准仍留一椽尺地，并派员前往，覆加查验，以免隐匿遗漏。

贡禁 119：道光二十四年谕

程矞采奏：遵查暹罗接贡船只，请照成案办理一折。暹罗国正副贡船所载货物，向免输税，至接贡船只，并无免税之例，惟念该国恪守藩封，输忱效顺，自应格外优恤，以示怀柔。著准其仿照琉球国成案，嗣后暹罗国接载贡使京旋之正贡船一只，随带货物，免其纳税。其余副贡船只，或此外另有货船，仍著照例收纳，以昭限制。

贡禁 120：道光二十四年又谕

上年十二月内，派侍郎柏葰为正使，副都统恒兴为副使，前往朝鲜谕祭。兹据该侍郎等差竣回京，奏称该国于照例馈送之外，另送赆银五千两，陈明请旨等语。此次该国馈送柏葰、恒兴燕金土仪，均照旧例减半，自应遵例收受。其另送赆银五千两，据称前此天使，原无赆仪，此次该国王因感恩荣幸，格外将敬，经该侍郎等坚辞谢却，该陪臣携银随行，沿途求受，将届出境，又复跪地叩恳，免冠垂涕，禀称如不收受，国王必治伊等重罪，并该国王亦欲请罪，且伊等虽随从入京，总期收受，方敢回国等语。朕惟恭敬之实，不在多仪，此次谕祭朝鲜，该国减半馈送之物，业据该侍郎等照例收受，已足表该国事大之诚，若另送馈赆多金，致增縻费，既与定例有违，即非朕德礼绥藩之意，此项赆银，著礼部暂行存贮，遇有该国便员来京，令其带回缴还，并将此旨传谕该国王，嗣后天朝差往官员，俱著恪遵成例，减半馈送，万不可额外加增，虚耗物力。其派出之大臣官员，亦著礼部将此旨恭录一道，并将例载减半礼物数目，开具清单，一并交正副使赍带前往，永行遵守，以符定制而示怀柔。

贡禁 121：道光二十六年谕

奕湘等奏：接据朝鲜来咨，请严禁江边盖房垦地查拿究办一折。内地与朝鲜交界之处，前已有旨，不准民人私越边界，垦田构舍，果能认真查禁，何至甫越三四年，仍有民人潜往结舍垦田之事，可见从前办理各员，不过奉行故事，全未实心查察。著奕湘等遴派明干之员，带同兵役，分路前往，严密搜查，将各犯按名弋获，严行究办，并将草舍田土，全行平毁，不准仍留寸椽尺地。倘查明原定章程，本未详尽，以致二十二年以后在事各员，不能认真办理，著据实严参，候旨惩处，毋得稍有讳饰。至嗣后应如何设法查禁，不致再有奸民偷越之处，俱著悉心筹议具奏。

贡禁122：咸丰二年奉旨

礼部奏：据朝鲜国王咨称，近年以来，内地船只，前往该处沿海各岛捕鱼，每次渔船，或八九十只，或数百只，船载多人，并有鸟枪器械等件，其船号俱是登州、莱州、宁海、荣成、奉天、江南、苏州各等处船只，未便擅行驱逐等语。沿海居民，越境渔采，例禁綦严，乃近来复有内地船只，前往该处渔采，实属有违定例。著盛京将军，奉天府府尹，并沿海各督抚，饬属严禁，认真编查。如有前项船只，越境渔采，即行照例惩办，将该管官查参议处，并著该部行知该国王严查办理，以肃边防而申禁令。

贡禁123：咸丰四年奏准

朝鲜国人张添吉私自来京，比照遭风难夷，派委通事，送交该国查办。

贡禁124：咸丰七年奏准

朝鲜国人金益寿越界，解送盛京礼部，转解凤凰城，交该国查收讯办。

贡禁125：同治三年奏准

朝鲜国庆源地方官，议修被焚之两国交易官房，越图们江，择偏僻处所，采取材木，不得藉端滥行砍伐，滋扰地方。

贡禁126：同治八年奏准

朝鲜国王咨称：山东民人曲有清等，越境渔采，原情释放，仍请饬山东巡抚转饬地方官，按原开姓名，严拿务获，并究出余党，一体按律治罪。

贡禁127：同治十一年定

嗣后如有朝鲜国人，携货前往天津等处售卖，即由各该地方官，押送来京，照例办理。

贡禁128：同治十二年谕

礼部奏：越南使臣赍到该国王奏疏，钞录呈览一折。据该国王奏称，河杨、兴化诸匪巢，独力攻剿，顾此失彼，山、兴、宣三辖蔓匪，仍复猖獗，请饬派兵会剿等语。越南国边地，被匪窜扰，前经谕令冯子材督饬官军，出关剿办，嗣以兵勇不宜久驻外国，且虑有骚扰情事，是以叠准刘长佑等所奏，将各营陆续撤回。兹据该国王具疏吁请，朕眷顾藩封，殊深轸念，此时粤西官军，如令出境剿匪，究与该国有无裨益，且不致别滋事端之处，著刘长佑、冯子材悉心妥筹，迅速具奏，并著礼部传令该国王知悉。

贡禁 129：光绪二年奏准

朝鲜国人黄河立推伤内地民人刘泳宽，将该犯解回该国，自行办理。

贡禁 130：光绪四年谕

刘秉璋奏：本年四月间，有朝鲜国商民文字用、朴奎恒二名，前赴江西省城，售卖高丽参，现委员伴送赴京等语。朝鲜商人，例应在中江地方交易，此次据文字用等供，系随同本国贡使至京，何以复往安徽、江西等处售卖。著礼部催提该商民到京，详细查讯，是否边民冒充外国商人，藉以渔利，抑实系朝鲜贡使随人，私行出外贸易，应如何查照定例申明禁约之处，一并奏明办理。钦此。遵旨查明：朝鲜商民文字用、朴奎恒，前随贡使到京，因病落后，辄至安徽、江西等省，售卖货物，实属有干例禁，应交在京领时宪书之赍咨官金在僖带回本国，自行惩办。嗣后该国贡使，出入关门，由凤凰城城守尉，会同该使臣，将所带从人详细查明，严行约束，不得有落后之人，私往各处贸易，违者照例办理。

贡禁 131：光绪四年又谕

刘坤一等奏：代递越南国王奏疏，恳请派兵援剿李扬才股匪一折。外藩呈递奏疏，应由该省督抚等钞录呈奏，原疏咨送礼部存案。嗣后仍当遵照办理，以符定章。

贡禁 132：光绪五年奏准

暹罗国人阿山戳伤内地民人刘披身死，将该犯发还该国，自行办理。

贡禁 133：光绪七年议准

现在朝鲜国学习制器练兵等事，发给空白凭票，径由海道赴津，以期便捷。至该国贡使来京，仍当恪遵定例办理。

贡禁 134：光绪七年谕

礼部奏：朝鲜使臣被劫，通官受伤，据呈代奏一折。据称此次朝鲜使臣等，行至奉天小黑山地方，突被匪徒抢劫银物，通官受伤甚重等语。属国使臣进京，沿途地方官自应妥为护送，乃匪徒胆敢行凶抢劫，并将通官等刺伤，实属不成事体，现在通官卞春植受伤甚重，著恩福松林即行派员前往，加意照料，延医调治，俟伤愈后，护送来京，一面将赃犯严拿，务获惩办。

喇嘛禁例〔例 11 条〕

喇嘛禁 001：天聪七年定

喇嘛班第出居城外清净之所，有请念梵经治病者，家主治罪。

喇嘛禁 002：天聪七年又定

喇嘛班第有容留妇女，及不具呈报部，私为喇嘛建盖寺庙者，治罪。

喇嘛禁 003：顺治四年定

喇嘛不许私自游方，有游方到京者，著发回原籍。

喇嘛禁 004：顺治十八年题准

京师内白塔居住喇嘛九名，什大达庙居住喇嘛八名，及额木齐喇嘛仍照旧留住外，其余喇嘛班第，均令于城外居住。如有擅自进城居住者，将喇嘛送刑部，照违法例治罪。

喇嘛禁 005：康熙六年议准

凡喇嘛班第，令该管大喇嘛逐日详查，由部按月详查。有请诵经治病，向大喇嘛处言明准去者，诵经毕，仍交还大喇嘛。

喇嘛禁 006：康熙二十三年覆准

嗣后喇嘛所到处，不过三日，即令起程，违者留住家长，寺庙住持，及失察官员，一并治罪。喇嘛除犯死罪外，所犯别罪，停其入官，仍照律治罪，递解原籍。

喇嘛禁 007：康熙二十三年定

班第不许服用金黄色、黄色，伍巴什、伍巴三察，不许服用金黄色、黄红色。如上赐者准用，违者治罪。

喇嘛禁 008：乾隆元年谕

从前部议给发僧道度牒一事，每岁给发数目，作何题奏，未经议及，恐有司视为具文，无从稽考。著各省将给过实数，及事故开除者，每年详晰造册报部，该部于岁终汇题。今年初次奉行，其题奏之处，著于乾隆二年为始。至番僧给发度牒，亦照此例行。

喇嘛禁 009：乾隆三十五年议准

嗣后五台等处喇嘛，前往普陀进香者，由该督抚咨明理藩院，转咨兵部给发路引，仍令该管督抚转咨浙省，饬令守口员弁查验放行，回棹后，守口官弁验明人数放进，呈报浙江巡抚，于年终将出入人数造具清册，分送兵部并理藩院，以凭查核。如出口人数与部发路引不符，将守口员弁照盘查不实例议处。

喇嘛禁 010：乾隆三十九年奏准

停止番僧度牒。

喇嘛禁 011：道光二十七年谕

前据琦善奏：达赖喇嘛、班禅额尔德尼，差人赴附京地方办买哈达缎匹等物，酌拟人马骑驮数目一折，当交该部议奏。兹据奏称，详核该大臣所拟，系体察该处实在情形，均著照该大臣原拟办理。惟所带人马骑驮，既经酌定数目，以后应令永远遵守，不得漫无限制。并著西宁办事大臣，届期详察奏定章程，逐一稽查，傥日后擅自增添，即著据实参奏。

兵 部 禁 令

出征军令〔例80条〕

军令001：天命三年

太祖高皇帝颁训练兵法之书于统兵贝勒诸臣曰：凡安居太平，贵于守正，用兵则以不劳己，不顿兵，智巧谋略为贵焉。若我众敌寡，我兵潜伏幽邃之地，毋令敌见，少遣兵诱之，诱之来，是中吾计也；诱而不来，即详察其城堡远近，远则尽力追击，近则直薄其城，使壅集于门而掩击之。傥敌众我寡，勿遽进前，宜豫退以待大军，俟大军既集，然后求敌所在，审机宜，决进退，此遇敌野战之法也。至于城郭，当视其地之可拔，则进攻之，否则勿攻，傥攻之不克而退，反损名矣。夫不劳兵力而克敌者，乃足称为智巧谋略之良将也，若劳兵力，虽胜何益。盖制敌行师之道，自居于不可胜，以待敌之可胜，斯善之善者也。每一牛录制云梯二，出甲二十，以备攻城。凡军士自出兵日至班师，各随牛录勿离，如离本纛，执而讯之。甲喇额真不以所颁法律戒谕于众，罚甲喇额真及本牛录额真马各一匹。若谕之不听，即将梗令之人论死。甲喇额真及本牛录额真，凡有委任职事，自度果能胜任则受之，不能则不受，盖委任者之意，非止为一人，如不胜任而强受之，则率百人者百人之事败矣，率千人者千人之事败矣，国家之事，莫大于此。至于攻取城郭，不在一二人争先竞进，一二人轻进，必致损伤，被伤者赏不及，纵殒身亦不为功。迨列阵已定，争为先登以陷城者，方录其先进之功。其先登陷城者，驰告固山额真，俟环攻军士四面并进，城陷然后固山额真鸣螺，俾各路军士听螺声一时并进。

军令002：天聪三年谕

朕仰承天命，兴师伐明，拒战者不得不诛。若归降者，虽鸡豚毋得侵扰，俘获之人，勿离散其父子夫妇，勿淫人妇女，勿掠人衣服，勿拆庐舍祠宇，勿毁器皿，勿伐果木，如违令杀降淫妇女者斩，毁庐舍祠宇、伐果木、掠衣服及离大纛入村落私掠者鞭一百。又勿食明人熟食，勿酗酒，闻山海关内多有酖毒，更宜谨慎。勿以干粮饲马，或马匹羸瘦，可量煮豆饲之，肥者止宜以草秣之，俟休息时再饲以粮。凡采取柴草，毋得妄行，须聚集众人以一人为首，有离众驰往者拿究。如有故违军令者，将不行严禁之固山额真、甲喇额真、牛录额真一并治罪。

军令003：天聪六年谕

凡出猎行兵，一出国门，勿忘军法，当整肃而行，不可喧哗。尔固山额真、梅勒额真、甲喇额真、牛录额真以次相统，若果将所属军士严行晓谕，何至喧哗。今后有喧哗者，该管将领照例治罪，喧哗之人惩责之。起行之时，若有擅离大纛一二人私行者，许执送本固山额真罚私行人银三两，给予执送之人。驻营时采取薪水，务结队偕行，有失火者论杀。凡军器自马绊以上，俱书各人字号，马须印烙，并紧系字牌，若有盗取马绊笼头马韂等物者，俱照旧例处分。有驰逐雉兔者，有力人罚银十两，无力人鞭责。起行之日，不得饮酒，若有离纛后行，为守城门及守关人所执者，贯耳以徇。

军令004：天聪八年谕

命将征黑龙江部落谕，尔等此行道路遥远，务奋力直前，慎勿惮劳而稍息也。俘获之人，须用善言抚慰，饮食甘苦，一体共之，则人无疑畏，归附必众，且此地人民，语音与我国同，携之而来，皆可以为我用。攻略时宜语之曰：尔之先世，本皆我一国之人，载籍甚明，尔等向未之知，是以甘于自外，我皇上久欲遣人详为开示，特时有未暇耳，今日之来，盖为尔等计也。如此谕之，彼有不翻然来归者乎。尔等其勉体朕意，大丈夫凡受委任，当图报称，语云：少壮不努力，老大徒伤悲。诚哉是言，若此时不力图建树，异日虽悔何益耶。

军令005：天聪八年又谕

命将进征大同谕行军事宜：每牛录派阿礼哈超哈兵二十名，摆牙喇兵八名，各处兵士期于十九日入城。阿礼哈超哈兵于二十日启行，摆牙喇兵于二十二日启行，右翼五旗由上榆林出口，左翼五旗由沙岭出口，师行时勿擅离本纛，勿酗酒。凡随满洲旗蒙古贝勒，各该固山额真率之以行，勿使一二后期，即满洲蒙古阿礼哈超哈兵，亦勿使一二后期。其大凌河蒙古及归化城俘获蒙古与各处所获新蒙古等，不必率往。如蒙古中有其主自言所属蒙古人，曾给以奴仆，使之各居，抚养得所，可保不逃者，即许彼携往。如将蒙古内不足凭信之人，擅行携去，以致脱逃者，罪之。每甲喇出弓匠二名，每牛录出铁匠一名，镬五、镩五、锹五、斧五、锛二、凿二，每随带镰刀，各备一月糗粮。每牛录纛一杆，每二人共枪一杆，箭五十枝。每甲喇出云梯二架，用豫采干木为之，各备冬衣一副。固山额真以下，牛录章京以上，各量力备办衣服凉帽。凡马绊及匙椀俱书字号，每兵携带帐房一架。

军令006：崇德三年谕

凡和硕亲王、多罗郡王、多罗贝勒、固山贝子临阵交锋，若七旗王、贝勒、贝子却走，一旗王、贝勒、贝子拒战，七旗获全，即将七旗牛录下人丁，给拒战之一旗。若七旗拒战，一旗却走，即将却走人丁，分与七旗。若一旗内拒战者半，却走者半，即以却走人丁，分给本旗拒战者。有因屯扎他所，未拒战而无罪者，免革人丁；其拒战之王、贝勒、贝子，别行给赏。若七旗未及整伍，一旗王、贝勒、贝子拒战，得功者按功次大小俘获多寡赏之。野战时，本旗大臣率本旗军下马立，王、贝勒、贝子等率护军乘马立于后。若与敌兵对仗，王、贝勒、贝子、大臣不按队伍轻进，或见敌寡妄自冲突者，夺所乘马匹及俘获人口。凡两军相对，必整齐队伍，各按汛地从容前进，如擅离本队，随别队行，擅离本汛，由他汛入，及众军已进，独却立观望者，或处死，或籍没，或鞭责，或革职，或罚银，酌量治罪。凡整伍前进，稍有先后，毋得彼此争论，但以按汛击敌不致退缩为上，若有以此争论者，即为立心不端之人。如敌人不战而遁，我军追击之，宜选精兵骁骑，合力驰击，护军统领不得前进，止宜领纛整伍，分队以蹑其后，傥遇伏兵，或于追蹑时遇敌旁出，护军统领乃亲击之。凡大军起营时，各按牛录旗纛整队而行，若有一二人离队往来，寻索遗物及酗酒者，皆贯耳。自出城门，务遵军律，肃静行伍，毋得喧哗。固山额真、甲喇章京、牛录章京等，以次各有统束，统束严明，则该管队伍，岂有喧哗之理。今后有喧哗者，该管官坐以应得之罪，喧哗者责惩。军行时，如有一二人离旗行走者，许同行人即报送本固山，执送者赏银三两。下营时，凡取薪水，务集众同行，妄致失火者斩。军士甲胄均书号记，胄两旁皆用圆铁叶；无甲者，衣帽后亦书号记。一切军器，自马绊以上，均书姓名。马必系牌印烙，不印烙者罚银二两。箭无姓名者，罚银二十两，如得他人箭隐匿不出者，亦罚银二十两。军行时，若见禽兽驰马追射者，兵丁射以骲箭，贝子、大臣坐以应得之罪。夜行时，每牛录人等有别吹竹为号者，执治贯耳，若不执治，议甲喇罪。盗鞍鞯及辔络羁绊者，按法治罪。若马上行李偏坠应整理者，本旗人均站立待整乃行。兵入敌境，若有一二人离营私掠被杀者，妻子入官，仍治本管官罪。勿毁寺庙，勿妄杀平人，抗者戮之，顺者养之，俘获之人，勿褫其衣服，勿离散人夫妇，虽不为俘获者，亦不许褫衣侵害。其俘获之人，勿令看守马匹，如有一二人妄取粮草被杀者，罪与离伍擒掠者同。毋食熟食，毋饮酒，前此我兵饮食不慎，以不知敌人置毒于中耳，今特晓谕，宜加谨慎，有不遵者，依律治罪。

军令 007：崇德七年谕

朕屡欲与明议和，彼国君臣不从，是以命尔等率兵往征，尔等勿以我兵强盛，自弛防范，古云骄敌者败，其敬慎戒备以行。我国固山额真、护军统领于行间勇士，多不肯以其所长上闻，如此则勇战之士何以激劝。凡新归蒙古、汉人，必一体相待，傥或歧视，致有困乏，亦非为国效忠之臣也。我军至明，彼或遣使求和，尔等即应之曰：我等奉命来征，惟君命是听，他无可言，尔如有言，其向我君言之，必吾君谕令班师，方可退兵。可将朕此旨向外藩蒙古再三晓谕。

军令 009：国初定

临阵众寡不敌，在危急时，被人救出者，照被人救阵亡恤赏，减去一半，其一半官出一分，被救人出一分，赏给能救之人。若两军相战时，有能将落马之人救出与马骑者，系公以下，副都统以上，给银一百两；参领、轻车都尉以下，给银六十两；平人给银二十两，俱于落马人名下追给。如将尸骸救出者，赏给官马一匹。其樵牧军士，乱行陷敌，被人救出者，亦酌量恤赏，于带领官名下追银一半，赏给能救之人。若不系乱行，带领官无罪，令被救人给予半分，救出至亲，不在此例。

军令 010：国初又定

攻战失利，被伤官兵，概免议处。

军令 011：国初三定

攻城不克，将城下被伤之人有能救回者，照被伤人应得恤赏例，减去一半，其一半官出一分，被伤人出一分，给予能救之人。如将尸骸救出者，令同领战官给银三十两。

军令 012：顺治八年定

发兵之时，或在家、或在外违限者，该管参领佐领等官，每兵一名，罚银五两，若至革职等重罪，候旨定夺。兵丁不遵约束抗违者，酌量罪犯责惩，该管官仍行议处。

军令 013：顺治十三年定

随征前锋护军、领催、马甲、跟役等私自逃回，初次鞭一百，递发军前，二次正法。

军令 014：康熙十一年题准

官员出征，在家规避不起身者，革职；在外违约者，革职提问。护军及领催、马甲等，在家规避不起身者，鞭一百，仍发军前；在外违约者，鞭一百，所获人口入官。若系差遣之处，不遵号令违误者，鞭一百。出兵之处，不遵号令妄行者，为首人正法，余各枷三月、鞭一百，该管官罚俸一年。

军令 015：康熙十二年谕兵部

遣发大兵，原为剿除叛逆以安百姓，凡兵丁厮役于所在地方，恐有恃强掠民财物，拆人庐舍，坏人器具，污人妇女，扰害生民，及损坏运河闸板桩木，统兵主帅各宜体朕为民除叛用兵之意，申明纪律，严加钤束，傥有违禁妄行，从重治罪，著即速行晓示。

军令 016：康熙十三年谕

科尔沁公图纳黑，我太祖、太宗以来，尔祖父同心效力，佐定天下，尔国赋税，听尔自取，朕念尔国穷苦，加意抚养。今闻调至尔所属兵卒，有掠取民物者，在京尚如此，况离此远去，岂不益肆抢夺，尔久历行间，宜严禁兵卒，毋得恣行强横，如有乱法者，即会同贝勒议行惩治，且中夏炎热，尔众早晚饮食，各宜自慎，以副朕轸恤军士之意。

军令017：康熙十四年谕

出征镇安将军都统噶尔汉，尔所率蒙古兵丁马匹，虽不甚肥健，今野多青草，师行必不致误。闻前往蒙古兵卒，沿途颇有扰掠，此行务加意严禁，毋得侵夺民物，凡行军驻营，俱令与满洲兵相近，毋得远离。

军令018：康熙十五年谕

陕西诸将士，我国家自创业以来，克敌攻城，必主帅奋勇先登，军士效死戮力，方能速建肤功。今闻尔等凡与敌遇，率皆乘间伺隙，观望不前，但令士卒前驱冲突，督抚等亦多坐失事机，故致劳师匮饷，因命都统大学士图海为抚远大将军，前往平凉总统诸军，尔等痛改前愆，殚心图效，若仍蹈前辙，一经大将军指名劾奏，必置重典。至兵士行间劳苦，朕已悉闻，尔等众兵宜体朕豢养之恩，益奋勇效力，果建功勋，不吝爵赏，尔等勉之。

军令019：康熙十八年谕

领兵诸王将军等藉通贼为名，烧民房舍，掳掠子女，抢夺财物，或分兵所往之处，私自掳掠者，令该督抚题参治罪。如督抚隐匿，事发日督抚革职。

军令020：康熙十九年谕

督理川湖粮饷佛伦、金鋐等，大兵进剿云贵，务在安辑人民，抚绥苗蛮，其敕将军以下诸臣，严禁官军掳掠。

军令021：康熙十九年题准

或攻城，或野战，如将阵亡尸骸，不能救出者，同战之参领、散秩官、护军校、骁骑校，降二级调用；领战之该营总，降一级调用；领战之大员，罚俸一年。

军令022：康熙二十三年议准

官兵被伤退回者，若系一二等伤痕免议，三等以下伤痕仍与失利者同罪。如未经被伤，冒作伤痕退回者，照规避例治罪。若系官员重伤，止许亲随人等送出，无亲随人，令兵丁一二名护送。兵丁重伤，亦止令兵丁一二名护送，多差者将差拨各官治罪。

军令023：康熙二十七年谕

都统瓦岱，兹以湖广督标裁兵鼓噪，特命尔瓦岱为振武将军，驰驿前往江宁。尔到江宁，带领满兵，京口汉军兵丁，京口镇标水师营兵，江南江西督标火器兵丁，战船酌量带领，水陆并进，星速前往湖广，与荆州将军侯巴浑德，江宁将军博霁，副都统倭贺商酌而行，务须平定乱兵，抚安黎庶，毋得迟延，致令滋蔓，仍宜剿抚并用，严加侦探，毋得疏虞。大兵一到，抗拒不顺者戮之，有先被贼胁从即时迎降者，俱免诛戮；有能擒杀贼渠投诚者，分别升赏。须严禁兵将，申明纪律，经过地方，毋得骚扰百姓，归顺良民，加意抚绥，以副朕定乱救民之意。其行间将领功绩及重罪，俱察实纪明汇奏。

军令 024：康熙二十九年谕

本朝自列圣用兵以来，战必胜，攻必克，所向无敌者，皆以赏罚明，法律严，兵卒精锐，器械坚利，人思报国，殚心奋勇之所致也。今军行，其令各该都统以下察核军实，凡甲胄弓矢诸军器，务令犀利坚好，盔甲均系号带，并书旗分佐领姓名，系于马尾。其行也，视大纛整队齐发，有零星前后乱行及酗酒者，该管官立拿惩责。其止也，各按旗分队伍分别屯扎，有前后错乱者，罪及该管大员。马无印，矢无名，各罚以银，给拿获者。窃取鞍辔什物马匹者，视其多寡之数治罪。失火从重究惩。官兵厮役所过地方，毋骚扰，毋抢掠，毋践踏，有擅离营伍，入村落山谷夺人财物者，军法从事，并罪本主及该管官。军士厮役逃亡，在汛界内立行查拿治罪，如出汛界外，该管大员即遣官兵穷追务获，立斩以徇。如不能获，则将往追官兵从重治罪，其逃人之主及该管官，一并严行究惩。既出我境，哨探斥堠，务期严密。如旷野列阵交兵，王、贝勒、贝子、公、大臣，有不按次序，搀越前进，及见贼兵寡弱，不复请令，冒昧前进者，有功不叙，仍治其罪。其进也，须齐列缓辔，按队前行，如自离其队而附人后，或自弃其伍而入别行，或他人已入而独留不进者，其应斩、应籍没及惩责革罚，分别治罪。如整旅而进，击败贼兵，厥功维均，勿以略分先后，致生争竞。至敌兵不战而溃，则选精骑追逐之，后队蹑踪而进，如遇伏兵或贼兵有旁出者，则后队接战。夫兵者，所以讨逆而安顺也，领军大臣果能严束其下，不使良民受害，膺上赏，违者罚无赦。凯旋之日，有以兵器私售蒙古者，本人治罪，并及该管官。马乃大军急需，须视水草佳处，小心牧养，起行时，则留将卒查遗失之马辔鬃尾所系字样，交还原主，如系疲马，则开明马色数目，交所在官司人民蒙古，善为牧养，报知兵部，如有隐匿私乘及杀之弃之者，治以罪。其遗失马匹之人，亦开明马色，报兵部存案，恐官兵未能遍知，尔部其刊布晓谕之。

军令 025：康熙二十九年又谕

师出以律，可奏肤功，自我太祖、太宗、世祖以至于今，野战必胜，攻城必克，所向无前，虽士卒世受国恩，捐躯报效，实由我朝军纪森严，信赏必罚，兼以兵马精强器械整齐之所致也。朕今次军行，特规酌旧制，参以新谟，爰著为令，告我六师。

一、大军出征，本都统、护军统领、副都统、参领等，审视官兵甲胄弓矢，暨一切军中器用，务期坚利，兵之盔尾甲背及战矢之余，各记名其上，马烙以印，鬃尾处系小牌，书旗分佐领姓氏以为记号，马不烙印，追银二两，箭不书名，追银十两，给举首之人。

一、启行时，凡兵众必各率行装按旗队以次前进，不得零星散乱，后先越走，自出国门以至旋师，当各遵守，违者鞭责示警。

一、在道毋离纛，毋酗酒，毋喧哗，毋叫呼，不遵者，该管官即行捕责。

一、所过地方，不得扰害居民及蒙古部落，如侵犯子女，掠夺马畜，蹂躏田禾，及擅离营伍入村庄山谷强取一物者，兵丁厮役俱从重治罪，其该管官及厮役之主，一并议罪。

一、边境以内，凡兵役在逃，立刻缉拿，依定例治罪，出边而逃，该管大臣即发官兵务穷追捕，以正军法，设追缉不获，往追人从重治罪，伊主并该管官一并严处。

一、下营务按旗列幕，不密不疏，如越旗乱次，前后搀杂者，将该管大臣官员分别治罪。其兵役内有憨不畏法，盗马上零星诸物者，惩以鞭责。盗马匹及鞍辔者，视盗赃多寡按律治罪。

一、出哨毋携大纛，各带本旗颜色小旗，远距大营设哨，勤加巡视，比暮则还就近地，勿举火，勿携帐，一人一骑，其马备鞍以待，昼则近身牧放，夜则刈刍拴喂，设寇至，探明即飞报大营，若无寇妄报，与寇近不知以致传报稽迟者，主将将该汛坐哨官兵立刻正法军前示众。

一、值夜巡徼官兵，必张弓束服裤靴并解甲囊以备，不可怠忽，无事人昏夜不得擅行，行者必问，如衣服器械有异，即行擒拿，苟贪睡偷安，或人数缺少，该管大臣查出严治其罪。

一、与寇相近，管兵将军大臣酌派前锋参领率兵往探，务详审贼情虚实，地势险易，并严禁营中，夜毋然火。

一、对敌列阵时，主将必度地据险，寇或布野，或结骆驼鹿角为营，我军分列行间，指明某队某旗当击敌阵某处，战时鸣角进军，战毕仍鸣角收兵，官兵或弃其部伍，混入他人部伍，或轶出本阵，往附他人尾后，或逡巡观望逗遛不进，照所犯轻重正法、籍没、鞭责、革职。至我军分阵进击，某旗对阵，敌坚不动，即发所备援兵助击之。又对面临阵时，王、贝勒、贝子、公、大臣官员，或不依次，喧阗拥入，或见敌寡不请擅进，此一次功不议，仍以罪论。

一、敌阵动摇，我军攻入，当严禁官兵，不得掠人畜财物，如不遵军法贪行攫取者，重惩不贷。

一、敌败北，即选兵马追之，随派队伍接踵继进，傥追兵堕其伏中，或遇寇游兵，我后兵与之接战，前队兵仍行追进。

一、师旋日当严行禁止，凡军器不得售卖存留与诸蒙古，违者从重治罪，该管官一并议处。

一、驼马为师行要需，须择水草善地牧放，夜则加意巡防，起行时留官兵于后，收查遗失驼马，审其印烙牌记，各交原主，其疲乏者，即于就近地方官，或村庄居民，或札萨克蒙古处，辨色登数，交与饲养，仍以其数报明兵部。如有将遗失驼马隐匿乘用，或因其疲乏委弃宰杀者，严治以罪。令驼马原主开明遗失疲乏驼马颜色数目，亦报兵部登记。

一、军糈关系綦重，凡出征官须各计口按日支领携带，傥不如额，查出即从重治罪。

一、有职掌大臣官员，原各有亲随兵卒，不得复于大兵内抽取以分兵势，如委署人员及官之原无亲随兵卒者，许各抽一名。

一、大兵存驻处，毋令闲惰，每日较射，磨砺器械，所颁军令不时宣谕，令其详悉。夫兵者，所以讨逆安民，朕不得已而用，统兵大臣能体朕意，严束属下官兵，于所过边境内外，不轻取一物，使人民安堵如故，奏凯日自行升赏，如纵官兵为非扰害生事者，定加重处。

凡兹军令，应通行晓谕各路官兵，如传示不到，即将传示之人以军法从事，尔部其以朕谕与前南苑所降之旨，一并刊颁，俾各懔遵毋忽。

军令026：康熙三十三年题

披甲人等不遵法纪，应将官兵治罪，谕大学士等，此事著严处，且颁给将军等敕书内首言勿得累民。凡行兵若无纪律，断不能成事，前南方用兵时，不扰民者皆克成功，凡扰民之兵无一成功者。易曰：师出以律。民岂可令其扰害乎，凡领兵将佐皆宜知之。

军令027：康熙三十五年谕

八旗大臣等，尔等皆朕简用之人，今噶尔丹震慑兵威，闻风而遁，诸大臣虽不得与战，惟约束官兵不扰沿途居民，不饮酒，不妄行抢夺，善饲马畜，就水草小心牧放，不盗刈田禾以饲牲畜，不践踏田禾，不遗一人一骑，全使到家，此即尔等之效力也。如肆行抢夺，遗留人马，事发断不轻恕。

军令028：康熙四十八年谕

大学士等，朕听政年久，凡事无不留心，昔朕西巡时，曾以战地问于曾经行阵之提督、总兵官等，皆言自古战阵之事，必于旧战地交战，从无战于不可战之地者。朕观韩信岭上下凡七十里，未尝有一战于此者，以无水不可立营故也。前我师征漠北，与噶尔丹战于昭莫多之地，明永乐出塞时，亦尝战于昭莫多，以此观之，皆于旧战地战也。行兵之道，立营必视水草，西北土厚，掘至百丈有余，始能得泉，一井之汲绠，须一骑负之，其地如此，焉可屯兵，是以用兵必以地利为要，古人善用所长，后人万不及一也，凡为将者乌可不知此意乎。

军令029：雍正元年遵旨议定军令条约

凡战阵之际，听掌号击鼓鸣金为进止，闻鼓不进闻金不止者斩。遇敌进战，有回顾畏缩交头接额私语者斩。专司掌号击鼓鸣金之人，闻令即掌号击鼓鸣金，令止即止，违者八旗兵鞭责四十，绿旗兵棍责三十，临阵违令者斩。大将军密传军令，转传之人增减要言者斩。大将军授紧密军令，私告他人，以致宣扬误事者斩。官兵杀伤良人冒功者斩。掠取他人战功，及诡称功绩，以无为有，以轻报重者斩。沿途欺及民番，恃强买卖，掠财物，毁房屋，奸妇女者皆斩。指称梦见鬼怪造言惑众者斩。兵丁中途染病，该管委署护军校领催红旗管队，即同护军校、骁骑校、千总、把总一同验确，禀明该管官，令医调治，如不验看医治，该管委署护军校领催鞭五十，红旗管队棍责四十，护军校、骁骑校、千把总插箭，如兵丁诈病偷安者斩。大将军与同官密议军情，有私行窃听者斩。差往探听贼人形势，畏缩不往，诡称已去，妄报虚实，及探听不实，贻误军机者斩。获逸马隐匿私乘，不给马主者，八旗兵鞭五十，绿旗兵棍责四十，仍插箭游营，有获马私宰，或售于别人者皆斩。临阵窃马潜逃者斩，传首示众。如在扎营地方犯者，八旗兵鞭一百，绿旗兵棍责八十。扎营地方轮班守卡，严肃访查，夜遇警急，即密禀申报，设备以俟，有惊怖喧哗，扰动散走，以致乱营者斩。私语嗟怨长吁短叹者，八旗兵鞭七十，绿旗兵棍责六十，责后复犯并临阵时故违者斩。黑夜无故惊呼疾走，致乱营伍者斩。白昼犯者，八旗兵鞭五十，绿旗兵棍责四十。面承该管官谕令，辞色傲慢者，八旗兵鞭五十，绿旗兵棍责四十，有意抗违致误军机者斩。疏防失火烧毁草厂，八旗兵鞭一百，绿旗兵棍责八十，若临敌境失火致烧草厂者斩。失火致烧衣服器械，八旗兵鞭五十，绿旗兵棍责四十。如在存储火药地方失火者，八旗兵鞭一百，绿旗兵棍责八十，该管护军校、骁骑校、委署护军校、领催、千总、把总、红旗管队皆插箭游营。临阵时，军营失火致误大事者，兵丁及该管委署护军校、领催、红旗管队，悉斩以徇。兵丁魇夜梦魇，旁人即行唤醒，如有随声应和，扰及营伍者，八旗兵鞭七十，绿旗兵棍责六十，该管委署护军校、领催、红旗管队，插箭游营，临敌营犯者皆斩。管守营门纵人擅入者，八旗兵鞭七十，绿旗兵棍责六十，对敌时犯者斩。差往侦探之人，遇贼投诚，不禀报者，八旗兵鞭七十，绿旗兵棍责六十。如将投诚之人不即解送以致逃散者，八旗兵鞭一百，绿旗兵棍责八十，因而泄漏军中虚实者，照泄漏军机例治罪。大兵进剿败贼后，不奉大将军令，擅夺车马辎重者，插箭游营，因而扰乱营伍者斩。倚强欺弱，酗酒为非，不遵约束，轻者鞭责，重者插箭。污秽水泉，饮不以次者，八旗兵鞭一百，绿旗兵棍责八十。支领口粮，肆行抛弃狼籍者，八旗兵鞭一百，绿旗兵棍责八十，该管委署护军校、领催、红旗管队等，不即呈报者插箭。兵行不按队伍，践踏草地者，八旗兵鞭一百，绿旗兵棍责八十。扎营时，牧放马驼牛羊纵令蹂躏者，八旗兵鞭一百，绿旗兵棍责八十，仍插箭游营，该管官插箭。兵丁押运军粮，在途私窃升合，或窃同营兵丁口粮及损伤盛米囊橐，致多亏折者，八旗兵鞭一百，绿旗兵棍责八十。弓箭撒袋腰刀皮索一切军器，不加收，致有遗失，并应携器械，擅自离身，八旗兵鞭一百，绿旗兵棍责八十，该管委署护军校、领催鞭四十，红旗管队棍责三十，护军校、骁骑校、千总、把总等插箭。在途见遗失刀箭等物拾取，不禀报给还者，八旗兵鞭四十，绿旗兵棍责三十，均插箭游营。无紧急事私行驰马者，八旗兵鞭五十，绿旗兵棍责四十。追夺马匹，令其步行，兵行各按队伍以次而前，无论道路险夷宽窄，有先后离队搀越者，八旗兵鞭五十，绿旗兵棍责四十，均插箭游营。结营之后，各帐房出一人，见蓝旗则取柴，见黑旗则取水，有便溺者，守门官兵验明，照牌准其出入，起更后不准出营，违者八旗兵鞭四十，绿旗兵棍责三十，该管委署护军校、领催、红旗管队等，不严行约束者插箭。夜传军令，怠慢不遵，巡查坐堆，偷安寝睡，误更旷班者，八旗兵鞭一百，绿旗兵棍责八十。该管红旗管队不查报者，八旗兵鞭五十，绿旗兵棍责四十，临阵时犯者斩。妄行动作，傲慢官长者，插箭游营。各营马步兵所携枪炮火药，不加谨收储，以致潮湿不能著火，及玩忽抛弃，或用药任意狼籍者，八旗兵鞭五十，绿旗兵棍责四十，该管红旗管队，插箭游营。如有遗失火药者，八旗兵鞭一百，绿旗兵棍责八十，该管委署护军校、领催、红旗管队，插箭游营。铅弹务按枪口之大小，如式制造，如铅弹不合枪口，系平日演放，八旗兵鞭五十，绿旗兵棍责四十，皆插箭游营，该管委署护军校、领催、红旗管队，插箭游营，护军校、骁骑校千总、把总插箭。临阵时，兵丁用不合枪口之铅弹施放者斩，该管委署护军校、领催鞭一百，红旗管队棍责一百，护军校、骁骑校、千总、把总插箭游营，营总、参领、参将、守备记大过一次。马驼牲畜，不遵照传檄如法牧养者，八旗兵鞭一百，绿旗兵棍责八十，该管护军校、骁骑校、委署护军校、领催、守备、千总、把总插箭。沿途所遇井泉，饮马之时，以次而前，不得争先拥挤，有故意争夺，纵马践踏，污秽泉水者，八旗兵鞭一百，绿旗兵棍责八十。奉谕：自古用兵之道，首以申明号令为务。《周易》曰：师出以律。《周书》曰：不愆于六步七步，不愆于四伐五伐六伐七伐，乃止齐焉。可知进退步骤之间，尺寸不可违越，方为节制之师，而平日必须申明号令，使三军之士，无不熟知深晓，傥其中或有不遵者，则按军律置之于法，是其获罪，乃本人之自取，无所归咎，虽领兵将帅，不能以己意一毫轻重于其间，此大公之道也。我国家武备精强，超越往古，从来军行之际，纪律严明，信赏必罚，是以天戈所指，迅奏肤功，此中外臣民所共知者。今承平日久，新进少壮之人，未曾亲履戎行，则与从前规制，未必一一谙练，若不详细申明宣谕，以致官弁兵丁等，或因陷于不知而遽罹罪谴，朕心实为不忍。今特命大臣等酌议军令条约，经朕亲加鉴定，凡大端细务，莫不备载其中。盖以军机关系至重，必使事事合于纪律，人人祗奉章程，勿犯重罚而安冀从轻，勿因事小而不遵成法，将来荷天眷佑，奏凯言旋，凡我弁兵等数十万人，有大功而无小过，此则朕心所厚望者也。著即刊刻交与两路大将军通行颁布，咸使懔遵。

军令 030：乾隆十三年谕

军旅乃国家第一要务，军法从事，定例綦严。今刑律内玩寇老师，有心贻误，竟无正条，非所以重军务儆戒失律也。夫科场作弊，尚即正典刑，若以行军相较，孰为轻重，自应稽查旧案，明著刑章，俾众知畏法，方能鼓勇用命，此非朕欲用重典，实以昭示武臣，肃纪律而励勇敢，辟以止辟之义也。现在纂修会典，著军机大臣会同该部详酌定议具奏，载入遵行。钦此。遵旨议定：重臣膺阃外之寄，自当戮力疆场，绥安边徼，至于玩愒偷安，甘心养寇，倾险妒功，忍心误国，实属情罪重大。今按中枢政考军令一篇，均为所属弁兵约法，不及统兵之人，诚于责成专阃申严军纪之意，有所未备。嗣后凡统兵将帅，玩视军务，苟图安逸，故意迁延，不将实在情形具奏，贻误国事者。又凡将帅因私忿媢嫉，推诿牵制，以致糜饷老师，贻误军机者。又凡身为主帅，不能克敌，转布流言，摇惑众心，藉以倾陷他人，致误军机者。均属有心贻误，应拟斩立决，庶军律严明，而身任元戎者，亦知儆惧奋励矣。

军令031：乾隆十四年谕

国家设立营伍，领以将弁，所以禁暴止奸，折冲御侮，责綦重也。兵法失律有诛，书称不用命戮于社，立法之严如此。近来法司衙门，于官犯相蒙，多入缓决，因而武弁亦邀宽典，大非立法之本意。夫军旅之事，国家不能保其百年不用，必当申明纪律，信赏必罚，方足以振宪纲而作士气，诚使为将弁者，在平时则勤训练，严拔补，谨巡防，以固疆圉，设有缓急，统帅则详审机宜，熟筹胜算，其偏裨士卒，则奋勇争先，摧锋陷阵，不避矢石，效臂指之使，自能克敌制胜。若平时不能拊循而流于废弛，或苛急而激为忿怨，偶遇小丑窃发，则号令不明，指挥不定，畏葸退缩，纵寇老师。或临阵之时，望风委靡，甚至欺蔽容隐，负恩偾事。国家所倚以为干城腹心者何在？此而不诛，何以示惩，乃使久系囹圄，累岁经年，虚拟罪名，获全首领，是斁法也，后之任事者何由知戒。朕以仁治天下，慎重民命，罔敢弗钦，而天讨所在，朕勿敢赦。如讷亲、张广泗之误国负恩，屡颁谕旨，已立正典刑。庆复之欺蒙纵寇，亦已赐令自尽。而详阅秋朝审册内，除李质粹、宋宗璋尚须待质，袁士弼情非退缩，应该缓决；此外如许应虎之失误军机，临阵退缩；沈瑞龙之私回任所，托病偷安；胡璘、刘钟之恇怯退避，离汛失守，又如张通、杨文富之弃地不守，阻回援师；皆法之断不容贷，而情之毫无可原者，即其中有先经缓决之犯，皆令改拟予勾正法，以为炯戒。凡在披坚执锐之徒，当思临阵争先，赴蹈危险，死于锋镝，或所不免，而国家加恩赠恤，荫及子孙，如有退缩偷安，挫衄失事，纵一时苟免，终于身伏斧锧，等死耳。死敌者荣，死法者辱，虽至愚亦当审择而知所处矣。若专事姑息，积玩成疲，于军务大有关系。讷亲、张广泗、庆复之敢于贻误，未必非向来失律幸免，人心无所震悚，有以启之也。今于勾到后，特颁此谕，详悉开导，令武臣咸知偾事者必无轶罚，罹罪者断难幸生，与其伏法于误事之后，不如捐躯于临事之时，大义昭然，将必致身效命，以战则克，以守则固，不致苟且偷生，蹈于显戮，正辟以止辟之义也。此谕著刊刻颁发，令内外武职衙门入于交盘册内，永远传示，各宜懔遵。

军令032：乾隆十四年议准

军前伤病亡故军兵，不许开报原籍，惟令报明统兵大员，据实查验，如有在原籍私行妄报者，按法严究。

军令033：乾隆十四年奏准

调拨邻省官兵，已到军前，悉令统兵大员节制，该官兵或有事故，应报原管督抚提镇者，详明统兵大员，听候转咨，不得私自通报，查出即行参处。

军令034：乾隆十四年又奏准

凡报军机，如应付官兵军装协解兵饷等事，仍用密题，得旨亦令密行，不得发抄。

军令035：乾隆二十二年谕

军营将军大臣，俱可陈奏事件，朕曾谕大臣有事告知将军具奏者，因从前军营将军大臣各怀意见，纷扰无益耳。若大臣领兵剿贼，离将军甚远，何必一一报知转奏，不独时日稽延，而伊等奋勉与否，亦无由尽知，且大臣等若谓报明将军转奏，事体即可完结，尤为陋习。著谕领队大臣，若与将军相近，仍照前旨，其分队领兵与追贼远去者，军前事件，不妨自行陈奏。

军令036：乾隆三十九年奏准

军营来往文移札禀，凡有关军需粮饷调遣兵马，及升调参革官员等项情事，嗣后应令各处发递时，俱用钉封钤盖印记，以昭慎重。如有将公文私自拆阅者，一经查出，究明治罪，该管各官分别议处。能自行查出报明究治者，所有本员应得处分，准予免议。

军令037：乾隆四十二年谕

随征兵丁潜逃，军律不可不严，嗣后如遇军营有逃兵之事，著统兵大员，每月汇奏一次，以便严迅缉究，用昭炯戒。著为令。

军令038：乾隆四十三年谕

朕恭阅《太宗文皇帝实录》，天聪四年二月，上谕群臣曰：昨攻取永平城，大臣阿山、叶臣与猛士二十四人，冒火奋力登城，乃我国第一等骁勇人也。其二十四人，蒙上天眷佑，幸俱无恙。次日召伊等进见，朕心怆然，几不能忍。此等猛士，与巴图鲁萨木哈图，及他处先登骁勇出众之人，前已有旨，后遇攻城，勿令再登，及攻昌黎县，萨木哈图又复与焉，以后此等捐躯建功之人，勿得再令攻城，但当令在诸贝勒固山额真左右，遇众对敌之时，与之同进，若彼欲自攻城，亦当止之，即或厮卒中有一二次率先登城立功者，亦不可再令攻城，以示朕爱惜材勇之意。仰见我祖宗开创艰难，于战胜攻取时，仁恩恤下，无微不至，是以人思感励，敌忾效忠，所向克捷，开疆立业，肇造鸿图，贻谋垂裕之道，实在于是。朕临御以来，平定准部回部，及荡平两金川，我旗营劲旅中鼓勇先登攻垒拔栅者，固不乏人，即绿营中亦间有出众奋勉者，一经将军等具奏，即赏以巴图鲁名号，用示奖励，而伊等倍加感奋，凡遇攻夺碉寨，仍复超众争先，以图报效，其间屡建功绩者固多，而因冒险伤殒者，亦复不少，朕每为矜悯，尽然于怀。兹细绎祖训，骁勇立功之人毋令再登，益敬服大圣人之用心，非孙臣所能见及也。今武功告蕆，函夏谧宁，继此不愿复有用兵之事，但兵可百年不用，不可一日不备，而圣训昭垂，法良意美，亦不可一日或忘，用是敬录圣训，明白宣示，我君臣当共恪守以垂久远，且使我世世子孙懋继前规，勉思善述，以巩亿万载丕丕基，其钦承毋忽。

军令039：乾隆四十九年谕

前因甘省剿捕逆回时，绿营官兵于马家堡打仗，因军装火器被雨潮湿，俟烘烤完妥，再为前进，并有懦怯退缩者，当经降旨通饬该督抚务宜随时加意整顿。今逆回之事虽完，但思整肃营伍，固在督抚提镇之实心督饬，而平时操演讲习，更在将弁之面为指导，兵丁之明晓军律。国家累洽重熙，承平无事，兵可百年不用，不可一日无备，与其临时诰诫，不若先事讲求。著军机大臣会同该部，将行军纪律，择其紧要数条，务须简切明当，使兵丁人人知晓，尽成劲旅，以示朕整饬戎行之至意。钦此。遵旨拟定：行军纪律十条。

一曰兵丁随征剿贼，俱应奋勇直前，其见贼退走者，不过各惜身命，心怀畏怯，试思临阵退走，律应斩首示众，若能杀贼立功，必蒙升赏，即或阵亡，国家自有恤典，子孙俱得邀恩，兵丁等与其临阵畏葸，难逃国法，何如争先杀贼，奋不顾身，况勇往向前，未必即死，一经退后，断不得生，此理甚明，该管将备等平时将此谆切诰诫，务令兵丁等咸知大义，临阵时自必勇气百倍，可期杀贼立功。

二曰鸟枪弓箭，最为行军利器，若兵丁等临阵时尚未见贼，远将枪箭施放，及至交战，火药箭枝俱已用完，无以御敌，即同束手待毙，关系甚重，凡领兵将备，平日务须时加讲习，令兵丁于临阵遇贼枪箭可及之处，不先不后，一齐施放，庶枪箭随声应手，皆获实用。

三曰行军携带军装火药，俱应在帐房收存，毋令潮湿即或途中遇雨，亦须严密遮护，庶遇贼缓急可用，凡带兵将备等须严加晓谕，勿致潮湿，或需烘烤，以致临时贻误，至弓箭枪刀等项，平时尤须修整坚利，不得废弛。

四曰临阵对敌，倘遇将领受伤，随从兵丁，更当奋勇直前，竭力救护，若兵不顾将，各惜身命，观望退阻，最为恶习，亟应申明军纪，俾众知悉，凡有将领受伤，兵丁不即时救护，竟至溃散脱逃者，立即查明按名处斩，其能奋勇保护者，立即议功优赏，以示鼓励，该管将备等，平日尤当爱恤士卒，临时赏罚公平，庶兵将同心合力，所向无敌。

五曰兵丁对敌乘胜追赶，刻不容迟，若兵丁等有贪抢贼人遗弃财物，以致贼众逃遁，贻误不小，该将备等于领兵临阵时，务须通行晓谕，违者立即依律治罪，庶兵丁等各知儆畏。

六曰营卡最关紧要，凡领兵将备等，务须严饬坐卡兵丁，轮班防守，留心侦探，毋得怠惰偷安，即探察有事，祇须选派明干一二人，密行飞禀，余仍严整坐守，毋许轻动，无事时不许高声叫喊，致乱营规，违者俱照军法处治。

七曰兵丁遇有调拨，自当恪守军令，即时遵行，如敢骚扰地方，欺压良民，致有蹂躏田禾，抢掠财物等事，即应按律从重治罪，该管将备等，平日加意教诫，临时尤当严行约束，无许违犯。

八曰兵丁奋勇杀贼，应予奖赏，但恐兵丁等希图冒功，任意蒙混，不可不豫为防范，凡军法将他人战功冒为己功，及谎称实在效力，将无作有，以轻报重者斩，该管将备等，应随时晓谕，亲自稽查，俾立功者得赏，冒功者治罪，以期核实。

九曰行军马驼最宜爱惜，凡兵丁等牧放，须拣择水草，吊腙须按照时候，遇有疲乏，加意调养，夜间尤宜小心看守，遇有遗失，须立时寻获，至所挖井泉，不许秽污，饮马各挨次序，毋许争先，以致壅塞，如有违犯，立即重惩不贷。

十曰扎营后巡逻防守，毋得疏懈，夜间不许无故行走，帐房内更要小心火烛，遇有警报，静听将令，不得轻举妄动，若奉有密令，须各自遵守，毋得私相漏泄，该领兵将备等，尤宜申明号令，随时晓谕，不得疏懈。

军令040：乾隆五十二年谕

昨据柴大纪奏：将刘钦等三名正法示众，又有强取民物之兵丁陈恩成审明正法，衣物给还原主。所办俱属公当严明，已将该镇交部议叙矣。武职大员如或心存私见，所属弁兵有需索不遂，及挟嫌专戮情事，不但当革职治罪，即予以抵偿，亦所应得。若行军之际，纪律贵在严明，绿营恶习，最为可恶，平时则强取民物，临阵则恇怯退回，此而不诛，其何以昭军令而肃戎行。柴大纪深明纪律，将临阵退缩之弁兵，立正典刑，并将私取民家衣服之兵丁，亦按军法从事，是以将弁兵丁，共知儆惧，用命争先，得以屡次克捷，而郝壮猷驻守凤山，不惟不能如柴大纪之策励士卒，抵御贼匪，且畏怯幸生，从而逃回，是以身伏刑诛。朕于军务，从来信赏必罚，其奋勇出力者，必从优甄录，而畏葸退缩者，亦必重治示惩。国家累洽重熙，兵可百年不用，不可一日无备，前于甘肃剿捕逆回藏事后，曾命军机大臣会同该部，将行军纪律，择其紧要数条，颁发各营，操演讲习，乃尚有郝壮猷等畏葸偷生者。著将柴大纪用法严明得邀奖叙，郝壮猷怯懦逃回按律正法之处，补行载入，通行晓谕各营伍，俾专阃大员，晓然于敌忾大义，共矢荩忱，而将备兵丁，人人有勇知方，恪遵军纪，尽成劲旅，以副朕整饬戎行，谆切诰诫之至意。钦此。遵旨议定：补入行军纪律曰，用命者赏，不用命者戮，而临阵之时，赏罚尤贵严明，若有兵丁恇怯畏贼退缩者，领兵大员立时诛戮数人，其余弁兵知所畏惮，不惟不敢退缩，转可奋勇争先。即如台湾贼匪攻犯诸罗时，柴大纪将退回之外委及抢取民人衣物之兵丁，俱在军前正法示众，遂得屡次克捷，特邀恩旨奖叙，而原任总兵郝壮猷于贼匪攻犯凤山时，既不能策励士卒，奋勇杀贼，且敢畏怯幸生，委城逃避，以致身罹重辟，可见用法者得以转怯为勇，不用法者反致戮及其身。凡属专阃大员，平时各宜讲明军纪，临时实力奉行，而将备兵丁，亦当时相儆惕，共知利害，可期有勇知方，仰邀甄拔。

军令 041：嘉庆五年谕

朕恭阅《圣祖仁皇帝实录》内载谕兵部，我国家开创大业，军法最为严明，凡击斩贼众，攻取城池，必据实奏报，复行确核，功罪昭著，从无虚伪冒功之弊。今自用兵以来，每览各处奏捷章疏，如击败贼兵，动称斩杀甚多，或云数千，或云万余，或云不计其数，甚至贼弃空城，尚云如何攻取，如何恢复，妄行虚报，微功小寇，任意铺张，议叙之时，冀幸滥邀升赏。嗣令诸领兵大将军将军督抚提镇等，凡报捷必确核功绩，据实上闻，如因循陋习，冒滥军功，定以军法从重治罪等因。钦此。仰见我圣祖仁皇帝整饬军纪赏罚严明至意，朕思开国以来，我满洲带兵大臣居心淳朴，本无虚伪之习，且平定三藩，恢复七省，军务极为重大，带兵大臣中，如图海、张勇等，皆忠勤奋勇，实力宣劳，用能迅奏肤功，克成大业，然其时睿虑周详，谆谆垂诫，深恐军营奏报，有虚捏战功铺张粉饰之事，饬禁綦严。至现在教匪，不过内地乱民，较之底定三藩，难易何殊霄壤，此时带兵大员中，若得如图海、张勇诸人，自必早经竣事，乃自剿办以来，迄今已及五载，尚未藏功，设以现在带兵诸臣剿办三藩，岂能克期集事，是其敌忾宣力，远逊于国初诸臣，而其奏报不实，铺叙战功冒滥邀赏之事，较之从前何啻倍蓰，经朕屡加训饬，谕令胜败皆宜据实奏报，而军营陋习，至今未能尽改，若不申严禁令，何以肃军纪而饬戎行。嗣后各路奏报军功，务宜从实，毋许一字虚假，傥仍蹈前辙，著兵部查明据实参奏，即所奏情形虚实，兵部或未能悬揣，但军旅之事，断难掩人耳目，如别经发觉，或被人指参，必按军法从重治罪，决不宽贷。将此通谕各路带兵大臣及陕甘四川湖广各督抚知之。

军令 042：嘉庆十九年谕

前据文孚奏到：吉林、黑龙江官兵有携带子女之事，当经降旨查办。旋据管理健锐营王大臣覆奏，并未分晰办理，实属因循草率，无耻无能。昨据富俊查明黑龙江官兵携带子女，分别将逆犯亲属照例缘坐。凡良民子女，派员解交该亲属认领，其无家可归者，暂交该官兵收养，所办甚为认真，因交军机大臣传齐火器、健锐二营所带子女，覆加讯问，其籍隶滑、浚二县者仅止十八名，其余一百三名多系顺德、广平、彰德等府所属，讯系该官兵等于凯撤时沿途携带。领兵各员，漫无约束，大属非是，本应将该官兵等治以应得之罪，惟念此次军务告成，极为迅速，其奋勇出力者，吉林、黑龙江官兵为最，火器、健锐营官兵次之，绿营兵又次之，俱经著有劳绩，而携带子女一节，又未经诫谕于先，姑著从宽一概免其治罪。管理火器、健锐营王大臣先经奉旨查办，颟顸具奏，实属草率，因循怠玩。文孚首先具奏，富俊查办认真，均著加一级。见在查出各幼孩内刘喜儿等六名，伊父母均系不肯从贼，致被戕害，实为节义可悯，刘喜儿等六名，每名赏银二两，著该地方官妥为收养，访明的确亲属，再为给领。其有父母兄弟伯叔之四十名口，每名赏银一两，亦著各该地方官传到亲属，令该幼孩认明给领。如所指亲属，先已身故他往，即于该处养济院收养，长大听其谋生，俱交提督衙门、顺天府派委文武各二员，解送本籍地方官收领。其无依幼孩七十五名口，暂交该官兵等领回收养，此与分给为奴者不同，不准作践胡为，当如子女抚养，将来如有亲属来京寻认者，即报官给领，毋许勒掯。至此次在京各大臣侍卫官员曾经派往军营者，如有携带子女，及其家人等携带者，亦免其治罪，俱著自行查明报出，交军机大臣讯明，分别办理，如隐匿不报，以违旨治罪，并著吉林将军等，及此次调派征兵之各将军、督抚、副都统、提镇，将该官兵携带子女，俱详细查明，照此次章程，分别办理，各自缮折具奏，如办理草率，及因循怠玩者，俱以违旨治罪。昨降旨令兵部定立例条，著将携带良民子女，及逆犯家属，如何分别治罪，及领兵官如何议处，一并详议具奏，颁示遵行。钦此。遵旨议奏：凡出征官员兵丁，除有不遵纪律，欺压良民，肆行掳掠子女者，仍按律治罪外，其于凯旋回营之日，沿途遇有良民子女，并非逃失，该官兵等强行携带者，照已附地面掳掠人口律治罪。若携带逃失良民子女，照收留迷失子女律治罪。其携带人口，有亲属者，追出给还完聚；无亲属者，交地方官妥为抚恤。如有携带逆犯家属，例应缘坐者，除该家属仍照例缘坐外，该官兵等讯明知系逆犯家属，即照知情藏匿罪人律治罪，若讯不知情，及携带不应缘坐之逆犯家属，均仍以携带逃失子女论。跟役等有犯，照兵丁一律办理。领兵之该管官，跟役之家长，知情故纵者与同罪。失察者，官员交部分别议处，兵丁鞭责发落，能自查出究办者免议。若出征官兵，于经过地方，私自典买人口，均照不应重律，系兵杖八十，系官交部议处，失察各官，照例减等议处，典买人口，追出入官。奉旨：均著照所议行。王师辑暴安良，首严军纪，律载官兵掳掠人口，若于已附地面掳掠者，不分首从皆斩监候，此指行师外域，新附版图者而言，尚当恤其人民，以示除暴施仁之意，况内地编氓，本吾赤子，除乱逆者按法诛锄外，其被难流离，男妇女子，皆应亟为抚恤，若官兵逼胁携带，岂非自相掳掠耶。所有此次携带幼孩各官兵，均属有干军纪，本应定拟大辟，姑念伊等平日未谙法律，带兵大员亦未先申明禁令，是以概从宽宥。著该部定律，同此次议准各条款，即行刊刻颁发京外满汉各营，一体遵照，并著于操演日期，逐条宣讲，设遇有征调，尤当剀切晓谕，俾官兵等恪遵纪律，约束严明。傥有肆意违犯者，则军法具在，按律治罪不赦。

军令 043：嘉庆二十四年谕

董教增奏参：纵兵扰民之都司请革职审办一折。都司邹至贤叠次纵兵索诈，并锁禁平民，得赃释放，蔑法已极。邹至贤著即革职拿问，交该督严讯获赃确数，先将该革员资产查抄，按律定拟具奏。

军令 044：道光七年谕

御史阿诚奏：请饬禁凯撤官兵沿途骚扰一折。前因回疆四城收复，克期凯撤，特谕该将军等先期严行申禁，毋许该兵丁等沿途滋生事端，兹据该御史奏，大兵归伍，道路绵长，恐带兵官员约束不严，致兵丁有肆扰闾阎及携带子女等事。著再严切申谕带兵各官，务须宣示律令，恪守科条，并著沿途各督抚等，随时严加稽察，傥有不肖兵丁，私携男女幼孩，及途间扰累居民铺户，查明立即按律治罪，并将该管官员参奏，从重惩处，决不宽贷。

军令 045：道光十年谕

国家岁糜钱粮，养育兵丁，原以偶遇兵戎，共奋剿贼，保卫良善。近来逆回安集延布噜特等，深负曲宥重恩，纠合霍罕偷入卡伦，在喀什噶尔等处猖獗，戕害官兵，实为罪大恶极。爰命大学士长龄，督率三万有余官兵剿办，复调吉林、黑龙江三千兵丁，此属俱系精锐，一至军营，乌合贼众，自必计日除灭，功竣凯撤。该官兵等受朕恩施，何荣如之，惟经由四省地方，恐有无知之徒，偶因车辆食物细故，肆向驿站争闹，沿途扰累闾阎，卫民而害民，乌乎其可。傥有此等不知体统妄为滋事者，该领队副都统等，即一面拿交地方官严行圈禁，一面据实参奏，朕必将犯法之徒，按军法办理，决不宽贷。领队副都统等，徇庇不行奏闻，致被督抚参奏，不惟犯法之人从重治罪，必将该副都统等，一并严加议处。著此次监放官兵赏食王等，于吉林、黑龙江官兵到日，即将此旨自副都统以及官兵，按名明白晓谕，俾各遵行。

军令 046：道光十二年谕

御史冯赞勋奏：请严禁弁兵吸食鸦片烟以肃营伍一折。鸦片烟屡经降旨严禁，此风总未静息，固由积习相沿，实缘各省大吏未能实力查禁。近来粤闽等省兵丁，吸食鸦片烟者甚多，即将弁中食鸦片烟者亦复不少，相率效尤，恬不为怪，筋力疲软，营伍废弛，职此之由，即如连州进兵孱弱误事，尤为可憾。国家设兵卫民，营伍皆成劲旅，无事则人怀敌忾，有事则士尽干城，除戎器以戒不虞，方为有备无患，似此操防巡哨，有名无实，必至一省并无一兵可用，尚复成何事体。粤闽既有此习，其余各省恐亦不免。著各直省督抚提镇，通饬陆路水师各营将弁，务须正己率属，不得仍蹈故习。经此次严禁之后，如将弁私食，即将该将弁揭参；如兵丁私食，即将该兵丁治罪；并将该管将弁议处，方为不负委任。若泄泄沓沓，故态复萌，一经科道参奏，或经朕别有访闻，必将该管督抚提镇从重惩处，决不宽贷，毋谓诰诫之不早也。

军令 047：道光十三年谕

国家设兵卫民，所以戢奸禁暴。凡有将帅之责者，训练于无事之时，固宜技艺精良，足资捍卫，尤须讲明纪律，俾之有勇知方，庶为节制之师，克备干城之选，乃近日台匪不靖，调派河南等省官兵进剿，旋因首犯就擒，余匪殆尽，中途停撤，尚未临阵杀贼，而沿途滋事之案，业已层见叠出。如御史周涛所奏，河南征兵，行至宿州，殴毙人命，撤回时又携带幼童至十七名之多。福建兵丁，勒折夫价，殴毙夫头。游击庚音保任听兵丁定期不行，开单令地方官应付。千总李福祥勒借番银，又有兵丁强抢盐馆之案。种种不法，皆由平日训练不明，因循废弛，以致恃强藐法，罔知顾忌，甚至带兵员弁，通同需索。似此骄纵，又何以戢奸禁暴乎。所有滋事弁兵，业经饬交该督抚等从严惩办，嗣后各将军都统督抚提镇，务须申明纪律，实心教导，示以法无可宽，令不可犯，偶有桀骜不驯者，即随时惩创，毋稍姑息。作其果敢之气，戢其犷悍之心，使一律精纯，悉成劲旅。傥仍前废弛，必将管辖大员惩处不贷。慎勿视为具文，以副朕整饬戎行谆谆诰诫之至意。

军令 048：道光十六年谕

容照奏：查禁历年陋习一折。马兰镇地方，镇将以至千把总，向遇公出，均役使兵丁挑负行李，名为挑夫。该兵丁等常充此项差使，枪箭技艺，自不能望其合法。国家费帑养兵，操防是其本务，若徒供官弁役使之用，必至营伍废弛，有名无实，不可不严行饬禁。著即随时查察，傥所属员弁内，嗣后仍有役使兵丁之事，即行据实参处，毋稍姑息。

军令 049：咸丰二年谕

给事中金肇洛奏：兵差骚扰过甚，请饬严查一折。近年贼氛不靖，叠次命将出师，原期除暴安良，屡经降旨令带兵各员，严加约束，不准兵丁沿途滋扰，若如该给事中所奏，官兵需索车马酒食，千把总以上等官，酒席之外，又有程仪及另折车价、船价各名目，沿途讹索，有增无减，稍不如意，则百般陵辱，甚至任意逗遛，不肯出境，逼令该省督抚参办州县，以致地方苦累，民不聊生。此等恶习，总由带兵各员，不能身为表率，兵丁效尤，益无忌惮，若不严行约束，何以整饬戎行。著统兵大员严饬将弁，遍行晓谕兵丁，经过地方，于例外丝毫不准骚扰，并著各督抚饬令该州县，按例支应，催令前进，如有前项弊端，立即将滋事官兵，指名禀报，由该督抚奏闻，扣留讯究，即照军律严行惩办。

军令 050：咸丰三年谕

张亮基等奏：查明已革湖北提督及参将下落等语。前因岳州失守，叠经降旨谕令该督抚等查明已革提督博勒恭武如何下落，迅速具奏。兹据该署督等奏称，该革员自岳州溃逃后，带兵径回武昌，又弃军私回汉川，复籍养病辄回谷城提督本署，今又欲前赴江南军前报效，种种荒谬，实出情理之外。该革员以湖北提督大员，奉旨防守岳州，乃始则见贼先遁，继复辗转偷生，若不明正典刑，何以严申纪律。博勒恭武俟提解到省，著即处斩，毋庸再行请旨。

军令 051：咸丰五年谕

御史宗稷辰奏：请严查溃兵一折。自粤逆滋事以来，各省旗绿营汛弁兵，办防助剿，征调之数甚繁，其能奋勇出力者，经该将军督抚等奏保，朕均不吝恩赏，随时量予奖叙。至遇贼逃散，本有应得罪名，若因人数众多，诛不胜诛，概不惩办，仍令腼然入伍，滥食钱粮，何以申军律而肃戎行。据该御史奏称，逃兵私归本营，请存记降黜分别汰留，各营汛查明无军营咨照者，即呈明停支额粮等语，似尚格外从宽。当此贼氛不靖之时，无论协剿邻封，备防本省，均应严申纪律。著各将军督抚，饬查逃回本营之兵丁，核其逃散情节轻重，分别惩办，不得姑息容留，听其冒领粮饷。至将弁私逃，尤属可恶，即著严拿正法，以儆其余。该将军督抚等，即将此项逃回兵丁，应如何核其情节分别惩办之处，严定章程妥议具奏。

军令 052：咸丰八年谕

张芾奏：已革游击纵兵扰民，统兵大员袒护保留各等语。据称已革游击杨国正，在江山一带，抢掠铺户，奸掳妇女，与团丁互斗，以致县城失事。明安泰路出龙游，兵多淫掠。周天受兵过汤溪，占房焚屋，金华乡团以兵勇夺牛赴营具控。周天受辄行捕杀数十人，指为通贼，并欲将杨国正保留录用等语。杨国正先经晏端书以带兵退避参奏，并未将其扰民激变之处声叙，迨经奉有谕旨革职拿问，何以任其逗遛军营，到处骚扰。龙游、汤溪距省较近，晏端书岂无闻见，何以不闻参劾，总由平日意存见好，以致带兵将领，任听兵勇扰害地方，毫无顾忌。著晏端书仍遵前旨，即行提省严审，并将纵兵殃民各情，一并严切根究。此等滋事兵勇，该抚一有所闻，即当严饬将弁，正法数人，以儆其余。如有袒护之员，即行从严参劾，自然畏法敛迹，不至相率效尤。嗣后该抚如闻各营再有不遵军律骚扰乡民者，即派大员特令前往，会同带兵之员，将滋事兵勇，以军法从事，毋得一味姑容，自干重咎。

军令 053：同治元年谕

嗣后各路军营，于外来投效将弁，非有统兵大员移咨文件，一概不准留营，以杜效尤而肃军律。

军令 054：同治元年又谕

军兴以来，各路军营召募兵丁不下数十万人，其志切同雠杀贼立功者固属不少，亦有曾充匪类，为乡里所不齿，一经投效，渐保官阶，该勇弁恃有护身之符，辄告假回家，俨然以职官自命，不受地方官约束，甚至野性未驯，复萌故态，地方官既无可稽考，各团绅虽有闻见，亦且畏势而不敢言，党与渐多，扰害乡里，亟应严行查办，以杜乱萌。嗣后各路统兵大员所辖勇丁，无论保至何项官阶，凡因事撤遣及告假回籍者，均著给予执照，将事由限期，开载明白，一面行文知照各该地方官，以备查核。如该勇弁等有倚势作威藐法横行情事，该地方官即与齐民一体查办，毋得以曾经打仗，稍事优容。其有未经告假私行回籍者，既无执照，又无各营咨会，即著照逃勇例从重惩办，以肃军律而靖闾阎。

军令 055：同治元年三谕

冯子材、魁玉奏：严定营规，请申明军纪各等语。勾容逆首纠合匪党，分屯汤冈一带，都司田振武畏葸不前，实属暋不畏法，冯子材等将该都司即在军前正法，办理尚属认真。游击滕代伦、都司李占春约束不严，均著照所请一并摘去顶戴。镇营将弁兵勇，动以饷需缺乏，藉口饥疲，不战而遁，必须严加整顿，以挽积习。嗣后如有临阵退缩未战先溃之员，著照冯子材等所拟，其都守以下官弁，即在军前处决；其副将参游各员，一面锁禁，一面请旨遵行，以振颓靡而肃纪律。即著冯子材宣示各营，俾知儆惕。

军令 056：同治元年四谕

前因多隆阿奏参：记名提督赵既发擅自离营，并将勇丁口粮私行带去一千余两，当经降旨革职，永不叙用。兹据给事中王宪成奏：请将该革员私带勇粮照数追还，并治以应得之罪等语。军营饷需关系紧要，近来各路带兵将弁，往往浮冒克扣，中饱私囊，甚至任意取携，毫无顾忌，致令行间士卒，不免饥寒，积弊日深，殊堪痛恨。此项勇丁口粮，自系军营正款，若令该革员擅自携去，竟置不问，转致违令藐法之员，得遂其侵蚀营私之计，殊不足以肃纪律而重军糈。即著多隆阿将该革员赵既发私行带去勇粮，勒令如数缴出，仍计赃科罪，按律惩办，以肃戎行。嗣后各路军营，如有似此侵吞饷银藉端肥己者，除将所侵银两照数著追外，并著各该大臣督抚等，于查明后即行严参究办，从重治罪，以儆效尤。

军令 057：同治元年五谕

浙江黄岩镇总兵黄彬，自帮办江北军务以来，总统水师，从未见其于沿江贼匪所踞各城及附近口岸，痛剿一次，攻克一城，迨经访察，该总兵专以设卡罔利为事，纵容兵勇拦劫商民，藉图肥己，偶奉檄饬，焚毁沿江村庄，掳杀难民，捏报胜仗，跋扈横行，肆无忌惮。黄彬以微末武弁，不数年间擢至专阃，派令帮办重任，宜如何整顿营伍，奋勇剿贼，乃竟敢恃恩骄恣，肆意妄行，以致民怨沸腾，若不从严惩办，何以肃军律而饬戎行。黄彬著撤去帮办军务总统水师各差，即行革职，并著都兴阿解交曾国藩军营，听候查办。

军令 058：同治元年五谕

昨因胜保骄恣欺罔，降旨将其革职拿问解京议罪，并密谕多隆阿将一切应办事宜，详筹妥办。本日据英桂、德兴阿奏：胜保劣迹昭著访实密奏一折。览其所奏，如所称胜保虚报勇额，及月提饷银肥己，累万盈千，且扣克盘剥兵丁各等情，情节最为重大。他如捏报胜仗贿赂荒淫各节，与叠次有人参劾折件，大致相同。胜保受历朝豢养之恩，当此时事艰难，饷需支绌，宜如何激发天良，撙节核实散放，以励军心，乃竟侵克兵饷，自饱私囊，且子母重权，精于滚折，致饥兵四出抢掠，接仗动辄挫败，负国殃民，欺君罔上，莫此为甚。本日业经派员将胜保京师内外寓所赀财产业，严密查抄，潼关现有胜保公馆，西安省城，胜保亦必当有寄顿妇女赀财之处，著多隆阿于接旨后，迅即派委妥员，前往各该处严密查抄。所有抄出物件赀财，即著多隆阿传旨赏给胜保部下兵勇，以示泽普大公，俾兵勇咸知感奋。多隆阿接奉此旨，务须密速妥办，于一二日即行办完，不可稍稽时日，仍一面遵照前旨，将胜保各种款迹，并此次英桂等所参各节，商同李宗羲详细访查，据实参奏。多隆阿传旨拿问胜保，如胜保尚敢抗不遵旨，即著多隆阿将其正法军前，以为人臣欺罔不法者戒。

军令 059：同治元年六谕

前因军营积习日深，曾经通谕各营，痛除诸弊，力加整顿。乃近闻各营武弁，尚有狃于积习，平日徒事嬉游，临敌辄行退缩，迁延畏葸，每至贻误事机，殊堪痛恨。嗣后各路统兵大臣及各直省督抚，务当申明纪律，如有日事恬嬉，不习军旅，或遇贼接仗，观望不前，甚至文员当先陷阵，而武弁等反拥兵坐视，不肯救援者，一经查出，即行从严惩办，断不准稍涉徇纵。并著兵部将此项劣弁应得处分罪名，从严拟定，以肃军律。

军令 060：同治二年谕

前因军营积习日深，叠经通谕各营，痛除积弊，并令兵部将临敌退缩、遇贼观望等项劣员，应得处分罪名，从严定拟。兹据贾桢等奏：遵议军营各项劣员处分罪名，请旨遵行等语。用兵以纪律为先，近来各省军务未竣，其间文武同心协力折冲御侮者固不乏人，而各营员弁狃于积习，退缩不前，迁延贻误者尤属不少，若不严定章程，无以振军心而昭炯戒。著照兵部刑部所请，嗣后盗贼侵犯城池，蹂躏地方，带兵员弁，如有畏葸观望贻误事机者，即照律定拟斩监候。如系兵饷充足之区，先期逃散者，著照奏定章程，请旨即行正法。如有盗贼入境，及已奉调遣，不能星驰策应，以至贼势蔓延，即照律拟军。其有文员当先陷阵，而武弁拥兵坐视者，即照律斩监候，请旨即行正法。如有军营武职日事恬嬉，不习军旅，傲慢规避，及擅离汛守者，即照例革职，不准留营。如邻境有贼，带兵员弁，坐糜粮饷，不妥筹堵御，以致贼至溃散，失守地方，即照例革职，不准留营，仍从重发往军台新疆，由该督抚及统兵大臣，酌核情罪重轻定拟具奏，其该管上司及原派之上司，均照本例分别加等议处。如闻邻境警报，将军提督以下各官，不亲身领兵驰往会剿，托故迁延，贻误事机者，著照例加等革职，不准留营。至于军营带兵武职，如有不能约束兵丁，以致生事扰民，杀伤人命者，除该兵丁照军法从事外，其带兵员弁，均照本例加等降三级调用，不准抵销。经此次明定章程之后，各路统兵大臣及各直省督抚，务当转饬所属员弁，一律遵照，实力奉行，倘仍蹈从前恶习，即按现定章程，据实参办，以肃军律。

军令 061：同治二年又谕

前因文煜奏：参将王恩第通贼扰民各情，当经谕令该督等讯明正法，复于刘长佑到任后，谕令该督严密办理。兹据奏称，遵旨将该革员提至军前正法等语，所办甚是。王恩第以参将大员，辄敢广集党与，私通贼匪，到处掳掠，实属罪不容诛。所有该部勇丁，业经罪坐主将，即著妥为遣散，免其查究。嗣后各路军营带勇员弁，务当恪守军律，奋勉立功，倘有通贼抢掠各情，即著统兵大臣各督抚等，随时查办，毋稍姑纵。

军令 062：同治三年谕

僧格林沁奏：用兵之道，首贵严明侦探，知己知彼，调度战守方能合宜。近见各路军营奏章，每以贼众兵单为词，获捷之报，络绎不绝，而贼势愈众，蔓延愈广，总由领队之员，不能确探贼情，贼至不肯迎头堵击，贼去又不跟踪追剿，但敷衍出境，即报胜仗，故意以少报多，讳败为胜，豫为冒功邀赏地步。握兵符者，既不能身临前敌，复不知详加查考，率行据禀入告，相沿成习，亟须认真整顿等语。各路军营恶习，以少报多，讳败为胜，叠经通谕各该统兵大臣及督抚大吏，痛除积弊，不啻三令五申。兹览僧格林沁所奏，是各路军营积弊，仍未革除，该统兵大臣等仍不能认真整顿。似此积习日深，何以殄灭贼氛，又安黎庶。僧格林沁此次督师，由豫入楚，所言军营各弊，自必确有见闻。该大臣老于用兵，惟能真实不欺，故能所向克捷，洵足为各路军营之法。嗣后各路营员及统兵大臣等，于贼势之多寡，接仗之胜负，均须字字从实奏报，如仍任意铺张，未能扫除积习，一经有人参奏，必将捏报军情之营员及统兵大臣等，一并从严惩治，决不姑容。

军令 063：同治四年谕

恩麟奏：请将纵勇滋事借故脱逃之武弁查拿等语。已革参将邹本五，前经陶茂林派令赴楚募勇，行抵陕西咸阳、蓝田等处，殴官毁署，肆行抢夺，情节最重，叠经有旨交都兴阿、雷正绾拿办，乃该革弁于所部勇丁鼓噪散去之时，托言带兵追赶，经陶茂林派弁往查，日久并未回营，难保非因所犯情罪重大，藉故脱逃，希图漏网，若不严拿惩办，何以饬法纪而肃戎行。已革参将邹本五，著湖南巡抚转饬该犯原籍湘乡县严密查拿，并著各省督抚暨各路统兵大臣一体严拿务获，即行就地正法，以昭炯戒。

军令 064：同治四年又谕

甘省用兵日久，而匪势愈炽，地方情形日益凋敝，皆由带兵各员习气太深，地方大吏诸事废弛，种种情形，实堪痛恨。雷正绾、曹克忠两军，近因进剿金积堡失利，弁兵伤亡颇多，现在士气新挫，逆焰必至益张，杨岳斌当责令雷正绾等，申明纪律，重振军威，再图进取，以赎前愆。刘正高、沈大兴等所部，淫掳焚杀，经杨岳斌拿获三人正法，所办甚是。该二员何以拔营他徙，并著查明参办。嗣后如有不遵调遣及纵勇骚扰情事，即著按照军法惩办，庶几壁垒一新，于军务方有起色。

军令 065：同治四年三谕

刘蓉奏：雷正绾营兵勇溃变，现在办理情形一折。雷正绾一军，由鄂入陕，叠著战功，转战而西，在甘肃地方，屡次摧坚破敌，克复城寨甚多，前因金积堡剿贼失利，当将该署提督革去帮办，用示薄惩，该营将弁，自宜愧励交加，立功自效。兹据刘蓉奏称，该营部将胡大贵等，竟敢因师挫粮缺，哗溃滋事，迫胁兵勇在固原一带肆行杀掠，围逼泾州，经提督周显承等，率同在城文武，登陴守御，将谋为内应之副将何成蛟正法，并将逆党匡文武等诱擒，被胁兵勇，复经周显承等谕以大义，招抚解散，胡大贵等知众心不附，相率遁去，雷正缩亲至泾州晓谕兵勇，誓死与贼决战等语。雷正缩于所部将士谋变，未能即时惩办，本有应得之咎，惟念该提督平日打仗奋勉，劳绩卓著，著从宽免其置议。此系朝廷破格恩施，该署提督宜知感知愧，倍加策励，以赎前愆。记名提督胡大贵，副将雷恒、李高启，乘机倡乱，实属罪不容诛，均著即行革职，缉拿正法，以昭炯戒。

军令 066：同治四年四谕

神机营奏：进剿接仗情形，请将带兵观望之员惩处，并请严申军律各折片。近来各路军营，于带兵贻误各员，每多姑息隐庇，以致兵懦将骄，酿成巨患，若不严申纪律，何以整饬戎行。所有直隶带兵各员及所部各军，如有观望畏葸，不肯合力剿办者，即著穆腾阿据实严参，按照军律惩办，以儆惰玩。该都统既有督带之责，自当破除情面，严申纪律，以肃戎政，不得代人受过，傥稍有瞻徇，别经发觉，惟该都统是问。

军令 067：同治四年六年谕

刘长佑奏：查明不守军律之都司从严惩办等语。都司陈希协，经刘长佑派赴军营剿贼，辄敢于贼匪经过村庄，掠取民间衣物，私自运回，实属胆大妄为，业经刘长佑讯明正法，所办甚是。行军以纪律为先，若管带之员，先不能洁己守法，更何能约束兵丁。近闻各营兵勇，于经过地方，颇有骚扰民间之事，皆由带兵各员，束身不严，难申军律所致，积习实堪痛恨。嗣后各路统兵大臣，务当严明约束，凡官兵经过城市乡村，概不得丝毫扰累，如查有前项情弊，即照军法惩治，毋稍宽纵。

军令 068：同治七年谕

冯子材奏：粤西军务疲玩，请严申纪律等语。广西南太泗镇等府属，股匪林立，屡经官军进剿，迁延日久，未能一律肃清，皆由带兵各员弁，玩法纵贼，糜饷殃民，种种挟制情形，殊堪痛恨。一省如此，恐他省亦所不免，若不申明军律，何以肃法纪而励戎行。嗣后各路统兵大臣，暨用兵各省分督抚，务当力加整顿，正己率属，令在必行，遇有军营带兵之员，失机偾事贪鄙玩误者，文官四五品、武职三品以上各员，即行严参惩办；其文员六品以下，武弁四品以下，即行奏明于军前正法，以期迅扫贼氛，拯民水火，毋得视为具文，致干重咎。

军令 069：同治七年又谕

丁宝桢奏：鼎军勇丁索饷滋事，请饬查拿惩办一折。藩司潘鼎新所部勇丁，驻扎山东韩庄地方，因将次遣撤，索发欠饷，将该处铺户抢掠一空，迨经丁宝桢前往弹压，始拔队南赴宿迁，其不知法纪，实出情理之外，著丁宝桢即饬各属严拿逃散勇丁，尽法处治。东省协拨该营饷项，本无蒂欠，此次该抚又另拨津贴银二万两，解赴鼎军，则该军更不能有所藉口，但恐该勇丁桀骜性成，在宿迁一带，仍复滋扰，著张之万就近派委妥员，前往弹压，并著马新贻赶紧添派文武大员，会同督率，令其分起出境，毋许稍滋事端。该勇丁行抵皖境，即著英翰、吴坤修传知潘鼎新，妥为遣散，俾安生业，以免在皖复行生事。其起意抢掠铺户各勇丁，法所难宥，著李鸿章、英翰、吴坤修，严饬藩司潘鼎新及代统之总兵潘鼎立等，悉数查拿解赴东省，交丁宝桢严行惩办，不准稍涉宽纵。其不能约束之各将弁，并著李鸿章查明严参，以申军律。

军令 070：同治九年谕

英桂奏：请将不能约束兵勇之员弁，分别惩处一折。福建莆田县地方，于本年五月间，有革勇林瑞来等，因官兵查拿花会，辄敢纠约在营勇丁，窃取号衣，借名搜犯，肆行抢掠，并有杀毙人命奸淫妇女情事，现经拿获正法，并分别办理。管带各员疏于防范，实属咎无可辞，尽先守备朱有升，蓝翎把总彭行浩，福建兴化右营裁缺把总刘廷璋，均著即行革职；参将朱长升，守备陈得功，均著交部议处，以示惩儆。迩年以来，各省遣散勇丁，往往潜匿各处，乘机抢掠，扰害地方，并有造言惑众藉端生事各情，亟应严拿惩办，著各路统兵大臣暨各直省将军督抚，督饬该地方官，遇有此等编造谣言乘机滋事之勇丁，立即查拿，从严惩治，毋稍宽纵。

军令 071：同治九年又谕

穆图善奏：营勇索饷滋事，请将失察之统领革职一折。甘肃驻扎省垣各军，经左宗棠饬西征粮台，拨给一月满饷，以示体恤，复因买粮需款甚亟，饬该省司道将此款改为买粮银两，随后再将月饷补解，乃各营哨官，竟敢带同散勇多人，齐入藩署，求发足饷，势甚汹涌，该司道等恐酿成事端，已允将原拨饷银全数核发，而该勇丁复敢抛掷砖石，致兰州道蒋凝学身受石伤，实属目无法纪，穆图善已将纠约滋事之亲兵中营帮办副将张金魁查出，即行正法，仍著该将军督饬各营统领，随时弹压各勇丁，不准稍有滋闹。统领亲兵中等营记名提督马洪胜，虽查无同谋情事，而于帮办出营滋事，毫无觉察，实难辞咎。记名提督借补陕甘督标前营游击马洪胜，著即行革职，并革去统领，以为军律不严者戒。

军令 072：同治十年谕

岑毓英奏：参将邵天贵等，烧杀抢掳，目无法纪，已查拿正法等语。军行以纪律为先，骚扰在所必禁，嗣后如有似此不法之员，并著该督抚等一体严惩，以肃军律。

军令 073：同治十一年谕

鲍源深奏：奉差营员勇丁，在晋滋事，请旨办理，暨记名提镇奉差经过地方，请饬恪遵功令各折片。军营奉差弁勇，藉端骚扰地方，大干功令，此次鲍源深巡阅河防边隘，即有嵩武军弁勇殴伤车夫，及卓胜营差官记名提督徐名扬，自营带马回皖，因讨关未遂，率众施放洋枪肆骂闯关情事，实属不成事体，并闻近来各营差官，甚至有包揽客货，驮载妇女，夹带游勇营混，经过关卡，不服盘诘等情。似此情形，实堪痛恨，亟应严行惩办，以儆凶顽。现在拿获在晋滋事之嵩武军勇丁，已由鲍源深解交原营，并咨令将逃回之勇，一并拿获，卓胜营差官及勇丁人等，亦咨明皖省查办，即著各该营从严究治，毋稍宽纵。嗣后各路统兵大臣，遇有差委员弁，著即申明纪律，严加约束，所给执照，务将勇丁马匹，及所携枪械数目，并应需车辆若干，以及程途期限，详细开明，经过驿站暨关津隘口，均令呈验放行，如有不遵盘查及骚扰逾限情弊，准由地方官查拿，随时禀报督抚，奏明惩办。至各营中记名提镇之员，除统帅外，其余在营差遣者，如有奉差经过驿站关津，均著恪遵功令，听受地方官稽查，概不准多带勇丁，滥索车马，尤不准夹带货物，私载妇女，如敢故违，即由各该地方官禀明严参，从重究办。各路统兵大臣，务当严申军律，饬令各差官一体遵照，毋得自蹈愆尤。

军令 074：光绪元年谕

穆腾阿奏：遵将甲兵哄闹协领衙署案犯分别审拟一折。上年京口驻防甲兵荣华等，因催放兵米，以致人多拥挤，损坏协领衙署，虽讯无争斗情事，究属不守法纪，荣华、荣升、祥林，均著革去马步甲，仍照所拟杖一百、徒三年，各折枷号两个月，满日照数鞭责发落，荣升并撤销六品功牌，以肃营伍。协领延康等于各兵聚闹时，不及约束，情尚可原，延康、善连著开复革职留任处分，仍交部议处。副都统恒惠虽无别项情弊，究属办理不善，著交部议处。

军令 075：光绪二年谕

黎培敬奏：请将约束不严之哨长惩处等语。哨长都司周仁和，守备秦泰山，于所部勇丁，索饷滋闹，不能开导弹压，实属庸懦不职。周仁和、秦泰山，均著革职永不叙用，以示惩儆。

军令 076：光绪三年谕

何璟、丁日昌奏：特参废弛营伍之守备等语。台湾沪尾营水师守备嘉朝泰，平日不能约束兵丁，整顿营伍，以致该营犯事及老弱充数至八十余名之多，实属荒怠不职。嘉朝泰著即革职永不叙用，以为玩视营务者戒。

军令 077：光绪三年又谕

铭安等奏：请将剿贼不力及纵贼殃民之带兵各员惩办一折。吉林五常堡地方，突有马贼滋扰，焚掠所属山河屯，经一昼夜之久，协领志超，并不亲身督剿，又不迅速派队往援，实属畏葸无能。该员前于马贼焚抢二道河口时，并有闻警潜行回家避贼情事，居心尤为巧滑，志超著革职永不叙用。委参领防御双全，纵贼远扬，并不追剿，复出言懈怠军心，情节尤为可恶，双全著革职发往军台效力赎罪，限满不准投效军营保留开复，以示惩儆。佐领吉升阿派剿漂河松岭一带贼匪，未能得力，著摘去顶翎，留营差遣，傥再不知愧奋，即行从严参办。嗣后带兵员弁，如敢玩泄因循，仍蹈从前积习，即著铭安等将贻误军机不能用命之将领，严行惩治，协领佐领以上各员请旨正法，防御以下各员查明即在军前正法，以昭炯戒。

军令 078：光绪七年谕

前据御史李士彬奏：特参总兵万重暄、王永胜贪劣各款，当经谕令彭玉麟查办。兹据该侍郎查明具奏，江西水师统领记名总兵万重暄，虽无扣勇减饷之事，所参收受节寿陋规，亦无实据，惟出门乘轿，所至盛饰厨传供帐，并有开局聚赌情事。江西南赣镇总兵王永胜，狎优饮酒，时令民间女子入署作工，虽非收买贩鬻，而不知远嫌，以致物议沸腾。管带江西内河水师营官记名总兵萧福，均有入局聚赌之事。万重暄、王永胜、萧福，均著革职永不叙用。

军令 079：光绪十年谕

提督黄超群，道员方勋，前据张佩纶奏：扼险坚持，出奇设伏，截杀法兵多名，是以降旨奖叙。兹据左宗棠等查明，该提督等所部兵勇，有在船厂驻守未退者，有退至距厂数里地方者，并有抢掠情事，该提督等纪律不严，亦可概见。黄超群著撤去黄马褂，方勋著撤销勇号，以昭核实。已革游击张成，身充轮船营务处，并不竭力抵御，竟敢弃船潜逃，虽此次马尾失利，不能咎该革员一人，惟该革员有统率各船之责，玩敌怯战，亟应从严惩办，张成著定为斩监候秋后处决，解交刑部监禁。

军令 080：光绪十一年谕

李秉衡奏：营勇中途滋事，请将该营官议处一折。据称调赴关外之鄂军各营，遣撤回防，提督胡定坤统带所部勇船，行至南宁府属三洲滩地方，该勇丁因索取滩夫起衅，致毙人命。胡定坤约束不严，实难辞咎，著先行交部议处，仍著裕禄彭祖贤严饬该员，迅速查明凶犯，勒令按名交出，归案讯究，傥敢再事延玩，即行从严参办。现当边防兵勇遣撤之时，著通谕统带各官，申明纪律，随时严加约束，傥有沿途滋扰情事，除将该勇丁按律严办外，并将该管营官从重惩处，决不宽贷。

马政马罚〔例 46 条〕

马罚 001：旧例

各营官兵马匹缺额，赴部领解，于沿途倒毙过多者，罚俸一年。

马罚 002：旧例题准

营马对敌及追盗贼，损失者免其赔补，走脱被窃失者，著落本人赔补。若倒毙者，每马以十两为额，令其赔补，名曰赔桩，每年递减一两，至十年者免其赔桩，准动支朋扣银购买。

马罚 003：康熙三年议准

江南、江西、福建、浙江、湖北、湖南、四川、广东、广西、云南、贵州等省，营马以三年赔桩，过三年者免。直隶、山东、山西、河南、陕西、甘肃，以五年赔桩，过五年者免。

马罚 004：康熙四年题准

三年赔桩之省，一年倒毙，本兵赔银七两，合队二两，本营官一两；二年倒毙，本兵赔银六两五钱，合队一两七钱，本管官八钱；三年倒毙，本兵赔银六两，合队一两四钱，本管官六钱；三年以后，免其赔桩，动支朋扣银买补。五年赔桩之省，一年倒毙，本兵赔银七两，合队二两，本管官一两；二年倒毙，本兵赔银六两五钱，合队一两七钱，本管官八钱；三年倒毙，本兵赔银六两，合队一两四钱，本管官六钱；四年倒毙，本兵赔银五两五钱，合队一两，本管官五钱；五年倒毙，本兵赔银五两，合队七钱，本管官三钱；五年以后，免其赔桩，动支朋扣银买补。

马罚 005：康熙四年又题准

广东省地方潮湿，马易倒毙，赔桩照十两减半。一年倒毙，赔银五两；二年倒毙，赔银四两五钱；三年倒毙，赔银四两；三年以后，免其赔桩。

马罚 006：康熙五年题准

广西省地方瘴湿，马易倒毙，赔桩照广东之例。

马罚 007：康熙十一年题准

领解马匹，如十分内倒毙三分以上者，罚俸一年；六分以上者，降一级调用；八分以上者，革职。如将马匹私卖私给，并缺马仍支草料者，革职提问。

马罚 008：康熙四十二年奏准

八旗官兵，因公事令骑官马，须加意照看，不许倒毙遗失，但不立定章程，办理恐难画一。嗣后领骑各该处，先将官兵及佐领姓名，并应领马数，造册送部，由部照册编立印单，注明给马旗分。领马时，各该处出具印领，交该管官赴部亲投，由部查对相符，给予印单，照数领骑。回京时，领马官兵将马交还原给旗分，如有未交还者，该旗将领马官兵及佐领姓名，开明咨部，由部行文各该处限两月交还。若马有倒毙遗失，逾两月之限，尚未赔补，由部参奏，将倒毙遗失马匹之人，系官罚俸一年，兵鞭八十，不催追之都统等及该管各官罚俸六月，领催鞭五十，仍著本人赔补。倘再逾两月，仍不赔补，将倒毙遗失之人，系官降三级留任，完日开复，兵鞭一百，都统及该管各官罚俸一年，领催鞭八十，仍著本人赔补。其因公事领用官驼者，亦照此例行。

马罚 009：康熙四十二年又奏准

八旗官兵因公事领骑官马，给马旗分，该佐领别作记号印烙，于回京交还时，照原印烙记号验收。若领骑之官兵，欲将好马留用，诈称倒毙遗失赔补后，其原印烙记号之马经本人认出，将领骑官兵，照偷马例治罪。

马罚 010：雍正三年奏准

八旗兵丁所养马驼，如有疲瘦不堪用者，鞭五十，该佐领、骁骑校罚俸三月，参领、副参领罚俸一月。若并不喂养冒领钱粮者，鞭一百革退，冒领钱粮追缴，该佐领、骁骑校罚俸一年，参领、副参领罚俸六月。

马罚 011：雍正七年覆准

山西、河南、陕西、甘肃四省营马，开报倒毙不得过十分之三。

马罚 012：雍正十一年议准

直隶、山西、河南、陕西、甘肃马价在十两之内，山东亦仅十两，均未便以十两赔桩，应以七两为额。如骑一年倒毙，赔桩七两；二年倒毙，赔桩六两；以下按年递减，若骑过年限，免其赔桩，准动支朋扣银买补。

马罚 013：雍正十一年覆准

福建省营马，五千七百七十一匹，每年准开报倒毙九百三十五匹。

马罚 014：雍正十二年覆准

广东省营马，五千二百六十六匹，每年准开报倒毙九百二十一匹。

马罚 015：雍正十二年奏准

福建、广东两省营马，开报倒毙，每年各有定数。山西、河南、陕西、甘肃四省，每年不过十分之三。至直隶、山东、江南、江西、浙江、湖北、湖南、四川、云南、贵州十省，开报倒毙，数无一定，嗣后均不得过十分之三，额外浮开者减去，不准开销。

马罚 016：雍正十二年议准

四川省营马，既将原价减去四两，照驿马给以八两，所有赔桩银，即照直隶等省之例，以七两为额，按年递减。

马罚 017：雍正十三年覆准

八旗马驼，每年出厂牧放，其佐领下留京之马，原备紧要差遣，必待本部印文，方准拨用，若官员以私事乘骑驮载者，罚俸九月。

马罚 018：乾隆三年覆准

八旗官兵，因公事领骑马驼，宜令大员监看，查禁弊端。嗣后于给马驼时，该旗副都统一人，前往稽察。

马罚 019：乾隆六年奏准

大小官员将自畜马匹，抑勒营伍收买，多取价值，若经营驿据实详揭，该督抚提镇不题参者，照徇庇例议处。详揭之营官，以应升之官即用，督抚、提镇失察者罚俸一年。

马罚 020：乾隆十六年谕。

滇省各营骑操马匹，定例三年以外，准报倒十分之三，其额外溢倒之马，从前该督提等，皆于朋扣等项内，通融买补，并未著赔，嗣据该督查出奏闻，仍请从宽免其赔桩。经军机大臣等议，令照例按数赔补，但念边方水土，喂养马匹，与他处情形不同，自来通融筹办，相沿已久，今若复令赔桩，兵丁未免拮据。嗣后滇省马匹，除额定十分倒三，按例分别年限著赔外，其溢额倒毙马匹，著加恩免其赔补桩银，仍照从前通融办理，以示轸恤兵艰之意。若丁弁等因有此旨，或致喂食失宜，溢倒过多者，该督提等严行参处。

马罚 021：乾隆二十三年奏准

随围官兵领骑官马，如有倒毙者，赔银四两；遗失者，赔银七两。领用官驼，如有倒毙者，赔银十六两；遗失者，赔银二十两。至随从銮驾谒陵官兵，程途无几，非大围可比，领骑官马，如有倒毙者，赔银七两；遗失者，赔补马匹。

马罚 022：乾隆二十四年奏准

随围官兵，领骑官马，遇有倒毙，俱系割有耳尾，具报行在兵部验明，照例赔银。其遗失马匹，无凭查察，恐有不肖之徒，将好马隐留诳报，若照例赔银七两，转不知畏惧，应限一月交纳马匹，限内不交者，官则指参，兵则重责，仍勒令赔还马匹，并将该管大臣官员等议处。

马罚 023：乾隆三十二年议准

各回城备差马，每年十匹之内，准其报倒三匹。其牧放备用官群马，仍令百匹之内，每年报倒六匹，如倒马逾额者，著赔。

马罚 024：乾隆三十二年又议准

新疆各回城卡伦官兵，每兵骑马一匹，每年通计十匹之内，准其报倒三匹，余令赔交。

马罚 025：乾隆三十三年奏准

嗣后随围官兵领骑官马，倒毙者，俱令赔银七两；遗失者，仍令购马赔补。

马罚 026：乾隆三十四年覆准

广东省营马，每百匹每年准倒十五匹，不许逾额。嗣后各营倒毙马匹，务将耳尾交同驻之府州县丞倅，验明申报，然后准其领价买补。

马罚 027：乾隆三十五年覆准

广西省营马，每百匹每年准倒一十七匹。

马罚 028：乾隆三十六年谕

随围官兵领骑官马内，有倒毙者，每马赔银七两，限两月交部。官员力量尚可，兵丁每月所得钱粮有限，未免拮据，嗣后官员倒毙官马，仍限两个月赔交，兵丁于应得钱粮内，每月坐扣银一两。著为例。

马罚 029：乾隆三十六年议准

嗣后随围官兵领骑官马，必令小心刍秣，爱惜乘骑，交各该管大臣留心训饬，仍令提督衙门将更换好马捏报倒毙等弊，严行查察，若实有倒毙者，该管大臣据实查验报部。如有更换捏报，一经查出，将该管大臣官员，照徇庇例议处，本人从重治罪，仍著落分赔。此项追赔银两，仍照例每马一匹，交银七两，不给限期，即行催交。回围后兵部将各该处倒马数目核对，报倒多者，将该管大臣官员等交部察议。

马罚 030：乾隆三十九年奏准

乌鲁木齐等处屯种马骡驴，每十匹准倒三匹，牛每百只准倒十五只，余有倒毙，责令赔补。

马罚 031：乾隆五十一年奏定

军营满汉官兵骑马，以五分准销，五分著赔。驮骡驮马驼只，均以八分准销，二分著赔。若口外地方，实系水土恶劣，山路陡险，马骡驼只，易致受伤倒毙者，临时该督抚按实在情形及打仗久暂，程站远近，作何销赔之处，确核奏明办理。

马罚 032：嘉庆十二年奏准

官兵领骑圈马，如有倒毙，将马耳鬃尾烙印呈验，赔银七两。若呈验不对，捏报倒毙者，该管官照例议处，本人治罪，银两加倍著落分赔。其遗失及残疾者，均责令赔补好马归圈，如无好马，遗失者，加倍赔银；残疾者，送验之后，赔银七两；于回围时，即著落各旗营该管大臣，责令如数呈缴，由钦派大臣点收，如不能呈缴者，即著落各旗营该管大臣垫出，将该官弁交部议处，兵丁责惩，仍严追应赔银两。其短缺马匹，先将调用察哈尔牧厂马匹内，照数扣留存圈足额，缴赔之价，按每匹七两，由钦派大臣，点交察哈尔官兵，带回购买，补足牧群之数。

马罚 033：嘉庆十二年又奏准

交察哈尔出青马匹，逾额倒毙者，令赔五岁以上肥壮之马归圈。

马罚 034：嘉庆十二年奏定

购买营马，不许短价侵渔，如本官有克扣摊派等弊，该将军总督巡抚提督题参，将本官革职，计赃治罪。若任听兵丁以不堪营马充数者，该管官降三级调用。

马罚 035：嘉庆十二年又奏定

巡捕五营及直省各营副将以下官员兵丁，应扣朋银并赔桩银两，原备各营买马之用，如官兵不扣朋银者，该管官罚俸一年，提督罚俸六月，如无提督省分，总兵罚俸六月。

马罚 036：嘉庆十二年三奏定

官员将豫备军需马驼，牧养不善，以致疲瘦者，降三级调用。

马罚 037：嘉庆十二年四奏定

奉派出师官兵，应需马匹，在于各镇营内挑选，如将不堪备用之马，滥挑充数，将承办挑选之员，降三级调用；未经饬驳更换之该管上司，降一级调用；提督、总兵降一级留任。如系提督总兵自行挑选，即将提督、总兵，降三级调用。

马罚 038：嘉庆十二年五奏定

直隶省领喂旗马三千一百八十八匹，每年于秋间归营喂养，至次年立夏时交察哈尔牧放，出青时由提督验明膘分，分列等第造册，由总督察核送部，如列为三等者罚俸一年，如有喂养不善以致马匹疲瘦不堪乘骑者，即据实参奏，将经管之员降一级留任，马匹仍著落赔补。

马罚 039：嘉庆十二年六奏定

甘肃省提标西宁镇各处牧厂，所牧马匹，不论儿骒马，每三匹取孳生马一匹。如应取驹千匹者，以百匹为一分，十匹为一厘。应取驹百匹者，以十匹为一分，一匹为一厘。三年内，若于额取之内少孳生二分以下者，罚马四厘，牧长、牧副、牧兵，各责二十棍。少孳生四分以下者，罚马八厘，牧长、牧副、牧兵，各责三十棍。少孳生六分以下者，罚马一分二厘，牧长、牧副、牧兵，各责四十棍。少孳生八分以下者，罚马一分六厘，牧长、牧副、牧兵，各责五十棍。少孳生十分以下者，罚马二分，牧长、牧副、牧兵，各责六十棍。如于原牧数内缺少者，牧长斥革，牧副革退，牧兵捆责八十棍，除照头等罚分赔外，所缺原牧马匹，仍著落牧长赔补二成，提督、总兵、游击分赔八成，赔交马匹，仍归原群扣限取孳，其二群得赏三群得罚之游击降一级留任，提督、总兵罚俸六月。一群得赏四群得罚之游击降一级调用，提督、总兵罚俸一年。五群全罚之游击革职，提督、总兵降一级调用。如于原牧数内缺少者，除将千总、把总，罚出马数补入外，其余著落游击、提督、总兵各半分赔。至官兵未满三年者，毋庸议罚。

马罚 040：嘉庆十二年七奏定

巴里坤东厂、西厂、三厂牧放马匹，不论儿骒马，每三匹取孳生马一匹。如应取驹千匹者，以百匹为一分，十匹为一厘。应取驹百匹者，以十匹为一分，一匹为一厘。三年内，若于额取之内少孳生二分以下者，罚马四厘，牧长、牧副、牧兵，各责二十棍。少孳生四分以下者，罚马八厘，牧长、牧副、牧兵，各责三十棍。少孳生六分以下者，罚马一分二厘，牧长、牧副、牧兵，各责四十棍。少孳生八分以下者，罚马一分六厘，牧长、牧副、牧兵，各责五十棍。少孳生十分以下者，罚马二分，牧长、牧副、牧兵，各责六十棍。如于原牧数内缺少者，牧长斥革，牧副革退，牧兵捆责八十棍。除照头等罚分赔外，所缺原牧马匹，仍著落牧长赔补二成，提督、总兵、游击分赔八成，赔交马匹，仍归原群扣限取孳。其二群得赏三群得罚之游击、都司、守备，降一级留任。一群得赏四群得罚之游击、都司、守备，降一级调用。五群全罚之游击、都司、守备革职。其巴里坤镇统辖东厂、西厂、三厂，如九群、十群得罚者，罚俸半年；十一群、十二群、十三群得罚者，罚俸一年；十四群、十五群得罚者，降一级调用。如于原牧数内缺少者，除将千总、把总，罚出马数补入外，其余著落游击、都司、守备、总兵，各半分赔。至官兵未满三年者，毋庸议罚。

马罚 041：道光二十一年奏定

营马倒毙，该营员并不照例分别年限追赔桩银，官为买补，概令兵丁自买者，照不应重律降二级留任。

马罚 042：道光二十三年奏定

营马喂养不善，以致膘分不足，驰骤无力，经阅伍大臣参奏者，将该管官降一级留任。

马罚 043：咸丰六年谕

侍顺奏：查验大凌河官马亏短，请将牧放不善之牧长等惩处勒赔一折。锦州大凌河牧群额设马匹，据该副都统查出倒毙，亏短甚多，牧长永泰、兴德、倭什肯，均著先行摘去顶戴，勒限三个月，责令该员等，率同副牧长、牧副委、牧副及牧丁等设法赔补，傥限满不完，即行严参惩办，并副牧长等一并治罪。牧群翼领豁宗阿、凤图，均系专司之员，漫不经心，亦难辞咎，著先行交部议处。

马罚 044：咸丰八年议准

嗣后乌鲁木齐马匹倒毙，均应实报，不得援照例文，概以二分核销。至该处各营马匹，向系八两买补，今奏明酌减二两，以六两买补。

马罚 045：同治元年奏准

马匹解赴军营，或数百里，或数千里，跋涉艰辛，更须加意喂养。向来调马时，先期知照经过地方官，广设棚房，宽储草料。嗣后沿途马干，照例酌减十分之二应付，如有克扣者，从重治罪。如解马官额外需索，亦照此办理。

马罚 046：同治元年又奏准

例载武职官员解送军营马匹，每一百准其倒毙三匹，如倒毙四五匹至二十匹者，按数分别议处；二十匹以上者，分别治罪；如有盗卖别情，交刑部从重治罪；其总理督解之员，合其督解总数，按其倒毙多寡，亦照此分别议处治罪等语。现在沿途马干，业已酌加，自不得以例价不敷喂养藉口，如有例外报倒者，照数追赔，其数多者，均照例分别治罪。

马政马禁〔例 54 条〕

马禁 001：顺治五年定

现任文武官及兵丁准其养马，其余人等不许养马。

马禁 002：顺治七年议准

蒙古马来京，不许商贩私买，违者治罪。

马禁 003：顺治十二年议准

蒙古马来京，如有商贩私买者，旗人责成该管官，民人责成五城司坊官，严行查缉。

马禁 004：顺治十二年又议准

蒙古进贡马驼之外，有多带愿于途间卖者听。若有通晓蒙古语言之人，前往边界，与蒙古交结，并远相迎接，买其马驼者，交刑部治罪，所买马驼入官，守口官私放此等人出口者革职。至蒙古到馆之后，未进贡之先，有入馆私买贡马贡驼者，系官降一级、罚俸一年。常人鞭一百。如有抢夺偷盗者，无论官民，皆交刑部治罪。

马禁 005：顺治十五年题准

文武官、武进士、武举、兵丁、捕役等，准养马以备乘骑，均令印烙。

马禁 006：顺治十六年题准

民人听其养马，毋庸查禁。

马禁 007：康熙元年题准

除满洲、蒙古、汉军及汉文武官、武进士、武举、兵丁、捕役外，其民人违禁养马者，仍照例治罪。

马禁 008：康熙三年题准

民人违禁养马者，责四十板，失察之该管官罚俸一年。

马禁 009：康熙三年议准

违例贩买马匹，被人出首者，马给出首之人，价银入官，家仆出首者准其开户，交该都统于本佐领内，酌量调拨，不论马贩、马牙俱处绞。其主系官，罚银一百两；系平人，枷号一月、鞭一百。该管官不行严查，佐领罚银五十两，骁骑校罚银三十两，拨什库鞭八十。

马禁 010：康熙三年谕

京城两翼马市，如有贩马之人，许将马数呈明佐领，令拨什库至收税处报明，许其贸易。若在京城外，及直省贩卖者，照前治罪。

马禁 011：康熙五年题准

直省民人违禁贩马，或私作马牙，被人出首者，价银给出首之人，马匹入官。其失察之州县官罚俸一年，典史、吏目、驿丞等官罚俸六月，知府、同知、道员亦罚俸六月，督抚罚俸三月。

马禁 012：康熙七年议准

旗人在外省贩卖马匹者，贩子处绞。牙子系旗人枷号两月、鞭一百；系民人责四十板，流三千里。

马禁 013：康熙七年题准

在京民人违禁养马，被人出首者，首人系旗人，即以所获之马给赏；系民人，刑部动支库银五两给赏，马匹入官。直省民人违禁养马，被人拿首者，该地方官动支存库赃罚银五两给赏，马入官，充驿递用。

马禁 014：康熙十年题准

民人仍准养马，毋庸查禁。

马禁 015：康熙十一年定

驻防官来京买马回省者，该将军都统开写马数印文咨部，给予照验。又，驻防官不呈明该将军都统报部，私差家人来京买马者，罚俸一年。

马禁 016：康熙十二年题准

民人养马，仍行禁止。

马禁 017：康熙十二年议准

在京旗人私往外省贩马，系正户，将该佐领、骁骑校罚俸一年，领催鞭五十；系仆人，伊主有官者罚俸一年，常人鞭一百，该管佐领等免议，于马贩名下追银十两，给拿首之人，仍交部治罪。

马禁 018：康熙十五年题准

大小官弁，将自畜马匹，勒令营伍收买多取价值者，照贪官例，革职提问。

马禁 019：康熙十五年又题准

督抚提镇差遣官役买马者，若于部发号票外多买及挟带马贩私买者，许经过地方官严行查拿。若被旁人拿首，或别处查获者，经过地方官俱降一级留任，官役从重治罪，差遣之督抚提镇俱罚俸一年。

马禁 020：康熙十六年议准

奸匪图利，将马在贼境接壤，贩卖与贼者，不论官兵民人，各照例治罪。该管官兵知情故纵者，以同谋论；失察者，文职州县官，武职专汛官，皆革职提问；道府及兼辖官，皆降五级调用；该管总兵官，降三级调用；督抚提镇，降三级留任。若贩马之人，由本汛拿获，文武各官皆免罪，将拿获之官议叙，十名以上者，纪录一次，多者照数纪录；五十名以上者加一级，百名以上者加二级。其不系本汛，有能盘获十名以下者纪录一次，十名以上者加一级，二十名以上者加二级，三十名以上者加三级，四十名以上者加四级，五十名以上者不论俸满即升，百名以上者越升一级即用。拿获贩马之人，将所获之马，尽行赏给。

马禁 021：康熙十八年定

凡往各省贩马者，令于该旗呈明地方，并马数印文，咨兵部给印票，经过地方官，验票放行。若扰害百姓者，将伊主一并严加治罪。

马禁 022：康熙十八年议准

凡进喀尔喀、额鲁特馆内买马贩卖者，系旗人枷号一月、鞭一百，系民人责四十板、徒二年。

马禁 023：康熙十九年题准

凡不领印票贩马者，系旗人枷号两月、鞭一百，系民人责四十板、流三千里，马入官。

马禁 024：康熙二十五年覆准

贩买马匹，原因用兵起见，今各处俱已平定撤兵，嗣后马贩往各省贩马，永行禁止。

马禁 025：康熙二十九年题准

民人养马，毋庸查禁。

马禁 026：康熙三十一年奉旨

一应马匹，永行禁止宰杀货卖，交与步军统领及五城司坊官查拿。

马禁 027：康熙三十一年议准

偷盗八旗官兵马者，分别匹数治罪。其牧马之人自行偷卖者，亦照偷马贼治罪。至屯庄居住旗人卖马者，令上税准卖。民人既准养马，彼此买卖，皆所不禁，或驿站买用，或兵民买用，令报明本处地方官上税，准其买卖，不上税者照例处置。

马禁 028：康熙三十一年覆准

八旗官兵屯庄牧养之马被偷，失主即时报该营汛官弁，带领兵丁追缉，到交界地方，交与邻近营汛官弁接递追缉，获贼官每案纪录一次，兵于贼名下每匹追银一两给赏。若失主呈报，该营汛官弁不即领兵追缉，邻境不即接递追缉者，官每案降一级罚俸一年，兵责二十棍。

马禁 029：康熙三十一年又覆准

向来各省买马，均先在部领票，经过地方文武官验票放行，如有奸匪，将私马附入票内，影射行走，难于稽察。嗣后各省将军督抚提镇等，若须买马，令豫先报部，本部暂停给票，听其往各口及京城照数购买，买到之日，由部印烙，然后给票，票内注明马数，并所往该省路径，令经过地方文武官，将票内马数及本部印烙验明放行，若无本部印烙及马比票内数多者，查拿治罪。如经过文武官不行查拿，文官交吏部议处，经过地方之专汛官罚俸一年。

马禁 030：康熙三十一年又议准

京城内外旗民，收获逸失马驼者，不许隐匿变卖，即日呈报该管官送部，由部交馆所监督喂养，仍移咨八旗并牌行五城有认领者开明逸失日月及毛色口齿，系旗人取具佐领印结，系民人取具地方官印结，由部查对毛色口齿相符，准其认领。如过一月无人认领，交馆所监督变价，解交户部。

马禁 031：康熙三十九年覆准

偷盗之马，经过地方，该官弁无从知系偷盗之马，所有职名，免其查参。该官弁能拿获偷马贼者，每案纪录一次，拿获之人，每匹向贼追银一两给赏。

马禁 032：雍正八年议准

骒马听民人畜养，毋庸查禁。骟马为营驿之所必需，除八旗人等及汉文武现任候选候补官，文武进士、举人、生员、武童，准其畜养外，其余民人一例查禁。现在畜养之骟马，各令变卖。近京二百里以内者，由户部照时价收卖拨与八旗畜养。二百里以外，及各省地方，由州县官照时价收卖，以补营驿缺额。均不许假查禁之名，留难扣克，以致扰累民人。

马禁033：雍正九年谕

前据旗臣奏请禁止民间畜养骟马，比时发与大学士九卿会议准行，顷闻不许畜养骟马，民间有不便之处，著不必禁止，仍照旧畜养，该部即通行晓谕，并行文各省知之。

马禁034：雍正十年题准。

八旗马驼，有私卖与人者，系官革职，系兵鞭一百革退。该管官不能查出，罚俸六月。该管都统等，罚俸三月。

马禁035：乾隆十一年议准

令各督抚、提镇转饬关津隘口，除官员绅士骑驮马匹及民间骒马不禁外，凡无职人等，带有骟马二三匹以上者，务须盘诘根由，傥系私贩，即行治罪。如员弁兵差，有不实力稽察，及受贿阴纵，或乘贱坐买者，一并查参治罪。其直隶、山西，去口甚近，如有私贩，一体治罪。

马禁036：乾隆十二年奏准

盛京地方，严禁朝鲜收买大马，原有深意。今朝鲜国人来京，往往私买大马带回，应令左右两翼严禁，不许朝鲜购买，并令山海关等口，严行查拿。若通事人等图利，代为购买，查出一并治罪。

马禁037：乾隆十三年覆准

各省营驿民人，有赴川黔贩马及川黔之人贩马至各省售卖者，令各省督抚、提镇等转饬属员，严查私贩，按律治罪。

马禁038：乾隆十四年奏准

京城八旗所需马，全在两翼购买，关口官弁，遇商贩人等持有两翼印票者，立即放行，毋得禁阻。

马禁039：乾隆二十四年谕

蒙古地方，并无房屋墙垣，且蒙古人等，俱赖四项牲畜度日，故凡犯偷盗牲畜者，定罪比内地窃盗为重，但现行蒙古律例，若所窃牲畜少者，拟绞监禁，数年后减等发放，所定律内，并未分别轻重，此等人俱系惯行偷窃之徒，若减等放出，仍在蒙古地方居住，势必仍行偷盗牲畜，于有业蒙古人等，殊无裨益。嗣后此等偷盗贼犯内，若所窃牲畜数多，情属可恶者，著即入于情实；如所窃牲畜数少，情非可恶者，仍视其所窃之多寡，比较远近，分别发遣内地，于蒙古地方，既可肃清，而盗贼亦知所儆戒。其应如何更定之处，著定议具奏。钦此。遵旨议定：嗣后蒙古等除抢夺四项牲畜杀人及伤人者，仍照旧例办理外，如偷窃四项牲畜，满十匹以上者，将首犯拟绞监候，秋审时入于情实；六匹至九匹者，首犯即发云、贵、两广烟瘴地方；三匹至五匹者，发湖广、福建、江西、浙江、江南等处；一二匹者，发山东、河南等处，俱交驿地充当苦差。其民人在蒙古地方偷窃九匹以下者，俱照此例，一体分别充军。

马禁040：乾隆二十四年奏准

嗣后行围巡幸地方，如有偷窃马匹者，不分蒙古民人，五匹以上拟绞立决，以示惩儆。三四匹一二匹者，分别定地发遣。

马禁041：乾隆三十二年议准

太仆寺左右两翼牧厂马匹，各该处沿边地方，傥有私买私卖者，或经查出，或被首告，将私买私卖之人治罪，其马归入本厂，仍追价银，将一半入官，一半赏给首告之人，失察该管官交部议处。

马禁042：乾隆五十年议准

偷窃蒙古四项牲畜，三十匹以上者，不分首从拟绞监候，秋审时俱拟入情实。其为从未经同行，仅于窃后分赃者，减发云、贵、两广烟瘴地方。二十匹至三十匹者，首从俱拟绞监候，秋审时将为首者入于情实，为从同窃分赃者入于缓决。其未经同行，仅于窃后分赃者，减发湖广、福建等处。十四匹至二十匹者，为首拟绞监候，秋审时入于情实；为从同窃分赃者，发云、贵、两广烟瘴地方；其未经同行，仅于窃后分赃者，减发山东、河南等处。六匹至九匹者，为首发云、贵、两广烟瘴地方；为从同窃分赃者，发湖广、福建、江西、浙江、江南等处；其未经同行，仅于窃后分赃者，鞭一百。三匹至五匹者，为首发湖广、福建、江西、浙江、江南等处；为从同窃分赃者，发山东、河南等处；其未经同行，仅于窃后分赃者，鞭一百。一二匹者，为首发山东、河南等处；为从同窃分赃者，鞭一百；其未经同行，仅于窃后分赃者，鞭九十。每羊四只，作牛马驼一只计算，窃羊不及四只者，为首，鞭一百；为从同窃分赃者，鞭九十；其未经同行，仅于窃后分赃者，鞭八十。

马禁043：嘉庆四年谕

向来扈从官兵，分领马匹及驮载官物驼只，回京后竟有不交马驼，以钱文银两折交者，派出之王大臣，亦视为泛常，准其折交，积弊相沿，朕所素悉。各牧厂官马官驼，均有定额，若每次扈从回京，辄行折交，则官马官驼，日渐减耗，民间驼马，日渐增多，于事殊有关系，且恐马贩等，串通领马之人，私行售卖，转贩他省，现在□匪滋事，多有马匹乘骑，推原其故，未必不由于此。嗣后监视收马王大臣，自当认真稽察，并著兵部严行查禁，如有折交者，即行严拿，指名奏闻惩究。其收马之胥役等，亦不得因禁止折收，有意留难，别滋弊窦。

马禁044：嘉庆四年奏准

私贩马匹一项，皆由各口出入，因之转贩他省，渐次散售，而各省营驿驻防，希图贱买商贩之马，滥行充数，而各口惟以收税为务，于私贩一事，因无责成，并不留心查察。嗣后各省差员，赴口购买马匹，均由兵部先行知会各口，俟买马进口，核对马数相符，始准放入。其直隶、山西二省，距口较近，仍听该省督抚出具印票，遣员采买，其马匹数目，应令豫行报部，即知照各口，一律核对放入，庶不致有私贩夹带情弊，并责成各守口官员，遇有私贩经过，即行盘获，将马入官，私贩人等送刑部治罪。傥各口暨沿途经过地方，并不留心查察，任其偷越，将守口及经过地方文武员弁，一体参处。

马禁 045：嘉庆十一年谕

我朝家法，凡遇讲武行围及一切时巡典礼，扈从大臣官员兵丁等，均须马力驰驱，定制分别给予官马，俾资乘骑。大臣等禄入较优，故官给之马，为数较少。至官员兵丁等，则视其差使之繁简，定马数之多寡，少者一二匹，多者三四匹。至虎枪处官兵，因其登陟山险，马力易疲，一人多至五匹，实为体恤官兵起见。迨差竣旋京，仍将原马交官，如有倒毙者，将马耳马尾呈验，仍令按价折交。此项马匹交齐后，仍饬所司加意牧养，俟需用时，再行派拨。其收马放马时，均特派王大臣，前往督察，立法至为详尽，历久遵行勿替。乃不知始自何年，官兵等竟有将官给红单，私行售卖之弊，后遂相率效尤，视为常事，王大臣明知此弊，并不参办，以致日久弊深，牢不可破，实属非是，大有害于马政。每遇行营，该官兵等，或数人合雇一仆役，驮载无多，自揣差使可以无误，辄将余马任意变卖，赚钱花用，回京时将马价折交，而察哈尔官兵，以应交之马，多有羸乏，难于牧放，不若将马价收回，临时以下乘充数，较为易办，彼此两便，以致市侩奸贩，三五成群，随营朋伙，设法购买红单，牟利分肥，弊端百出。上年盛京途次，特令步军统领衙门盘获两案，当令查明严办。此次木兰行围，复经查明买单卖单者若干犯，可见积弊已久，群相习惯，几不知私卖红单，为违例犯法之事，即上年审办之案，该官兵等竟尚有懵然不知自蹈禁网者。今此案经特派大臣详讯定拟，复敕令军机大臣会同行在刑部，逐加核议，降旨通行，自是之后，犯者即照此科罪，不能稍从宽贷。著应领官马官兵之该管文武各大员，传到官兵人等，将此旨详晰宣示，务使家喻户晓，共知儆畏，庶不致以身试法。现已谕令兵部堂官，将官给领马红单数目，及一切收放事宜，悉心筹议章程具奏，自明年为始，官兵等领马一事，均须循照新定章程办理，其放马收马，仍按旧制，总须实放实收，不得再有通融，致滋弊窦。

马禁 046：嘉庆十一年又谕

私买红单一事，由来已久，盖因买者卖者及察哈尔交收马匹之人，均有便利可图，彼此出于情愿，虽明知犯法而不顾，然其弊不可胜言。随扈官兵，给予红单领马乘骑，原以其差使繁重，俾资其驰驱之用，系属我朝旧制，该官兵等即或自揣不需马匹，亦不应将红单私自卖给他人，乃希图得有价银，沿途又省喂养之费，迨差竣交马时，率以疲瘦不堪者充数交收，否即折交银两，亦有折交钱者，实不成事，而察哈尔官兵等因所交之马，多有疲瘦，即交回亦难牧放，莫若将银折收，易于买补，是以亦所乐从，殊不知此项红单，一入马贩之手，伊等因缘为奸，即可遴拣好马，冒领售卖，以遂其牟利之私。试思察哈尔每岁应调马匹不下万数，当点收时，即未必能一一足数，且驽下居多，其较为良骏者，官员等无由领得，转为贩夫购取，迨至交马时，不特尽成羸乏，且又任令折交，短缺更多，以致官马日少，良马尽归马贩，若不彻底查办，则每遇巡幸一次，官马即转卖与民间多匹，是则于马政殊有关系。此等弊端，即在收放之王大臣等未必不知，特以积久相沿，不肯任怨，俱思讨好，令人感激，因循疲玩，总不查办，即如上年盛京途次拿获包揽换马红单之吴二等各犯，经军机大臣会同行在刑部彻底审究，严行科罪，乃甫经惩创，本年又有拿获之案，可见官兵人等，竟若视为故常，无所畏惧，实为恶习。今积弊既经查出，不可不严定章程，力加整顿。著兵部堂官悉心体察，酌核事理，将随围官兵应领马匹，或按其差使酌减数目，其领马时，如何不致冒领。设有私卖红单及折交银两者，应如何定以罪名。察哈尔官兵有私收银两者，亦应一体科罪，私买之马贩等，更当从严问拟，其派出验收验放之大臣等，应如何确切稽查，如有知而不举，如何分别惩处之处，妥议章程，奏请定夺。此系多年锢弊，恐非旦夕所能革除，著自明年为始，官兵领马交马，总须按照马匹实数，如交回之马，实有过形疲瘦难以牧放者，准令察哈尔都统奏明变价，另行买补，不得再有通融滋弊。钦此。遵旨议准：给发红单，惟以各该处送部册籍为凭。若于启銮前数日始行造送，则办理草率，每易滋弊。嗣后令各该处于半月之前，将官兵姓名及应领马数，即行造具汉字文册，详悉登注，咨送兵部，兵部督率承办司员，按名核对，给发红单，将该官兵姓名注明单内，以为实放实收确据，如该处册内不将领马官兵姓名及马匹数目逐一分析详注，致有遗漏，或并不按照半月以前之限，迟至三五日前始行咨送到部者，兵部即行查参议处。再，放马红单，向由各处该管章京领去散给官兵领骑，嗣后即令该处承办官员严切稽查，如有私卖红单及折交银两，并察哈尔官兵折收银两者，一体科罪，私买之马贩等交刑部从严问拟，其散给红单之该管官一并议处，仍令派出验收验放之王大臣等实力稽查。如有前项情弊，知而不举者交部议处，仍行文步军统领衙门，届时多派番役严密查拿，不使马贩因缘为奸，致干禁网。

马禁 047：嘉庆十一年奉旨

兵部议奏：放给派出随围官兵人等马匹数目各处减额，及议定放过回交各例之处，业经照议准行矣。此二年兵丁领马红单，查出有任意私卖者，已将该兵丁等均行治罪，详究其故，此数年察哈尔解送马匹，瘦劣者多，该兵丁等不堪乘骑，始将马票卖去，所领马匹瘦劣，该兵丁沿途受累，傥有倒毙残废，回围时回交，必致赔累，今该处应领马匹数目，又减一千余匹。嗣后察哈尔解送马匹，更易于办理，况前此加恩察哈尔官员等，将收领回围回交马匹时，准以倒毙五厘报销，该官员理合感恩，奋勉办理。其张家口离京及热河，均隔数百里，若于彼处，即将瘦劣马匹解来，及至到此，必愈疲瘦，不堪乘骑，今派出随围官兵等，应领马匹，均照新例收领，如有将红单折银者，定行治罪。著交察哈尔都统，嗣后放给派出随围官兵等马匹解京及热河者，务择膘肥驯良者，派妥员护送前来，若膘不及三分者，不准充数解送。再，每年派出副都统等，前往察哈尔，管理牧厂马匹，原为厂马膘肥，若所牧马匹瘦劣，该副都统等，即一面驳回，另行更换，一面据实具奏，傥不随时具奏，解到时，令派出放马王大臣等，留心严行查验，若马内有瘦劣者，即行据实参奏，将管牧厂之副都统、察哈尔都统等，一并治罪，断不宽宥。其放马之王大臣等，若徇情塞责，一经查出，将该王大臣等，一并治罪。

马禁048：嘉庆十二年奏准

圈马点验，各按旗分别铸造印烙，一一印记，详造毛片口岁清册，一分咨送兵部，以备出青点验，一分存储圈内，副都统间月轮往点验一次，查旗御史间两月轮往点验一次，都统于每季孟月点验一次，按月不拘时日前往，并都统、副都统、查旗御史新到任者，各点验一次，遇出青放马收马之时，公同到圈点验。如查有空头捏混弊端，将管圈官员参办，并上届点验不实之员，一并参处，如有逾期不往点验，许互相参处。

马禁049：嘉庆十二年谕

董诰等奏：覆议马政章程一折，将裁减马匹清单进呈。国家定制，凡遇讲武行围及一切时巡典礼，所有扈从之官员兵丁人等，各给官马乘骑，自一匹二匹以至四五匹不等，按其差使之繁简，以定马数之多寡。启程之时，皆应实领马匹，迨回京之后，仍应将原马交官，即间有在途倒毙情事，亦均令呈验马尾马耳，始准折交马价。从前立法之时，制度本极详尽，乃日久弊生，官兵等平日拴养空头，当交马之时，多以银钱折交，而随围领马之官兵，图得银钱，不复照数领马，迨回围之日，仍以银钱折还，即察哈尔官兵亦有折收马价之事。该官兵等领马多者，不过将一二匹自行乘骑，其余红单，概行售卖，即领马少者，亦往往另觅乘骑，仍将红单卖去，藉贴补差使为词，任意花销，积习成风，通同弊混，竟已视若泛常，不复知为违条犯法之事。前年盛京途次，曾经盘获破案，上年木兰行围，又经续行拿获多犯，均经严行惩办，实属情真罪当，毫无屈抑，官兵等必自人人共知儆戒，但思积弊已久，并不知始自何年，该官兵等平日惯见习闻，竟若凡遇随围，例应如是，因而相率效尤，并非敢于作俑，若专将此两案之人，从严办理，尚未得其平，且即上两次办理此事，其同时漏网之人，正复不少，该犯等均经分别遣戍问拟徒流枷杖等罪，亦足示惩，著加恩即将十年、十一年盛京、热河两次私卖红单之官员兵丁及私买之人并同案各犯，俱从宽释回，所有案内官员兵丁，统交刑部查明，另行开单具奏，候朕酌量施恩。至此番另定章程后，以嘉庆十二年秋季为始，若再犯王章，决不轻恕，定行加重治罪。官兵等所领马匹，此时既已分别裁减，更无多余红单可以售卖，随围日用之费，不得不曲为计及。著自本年秋围为始，按照各该官兵等，原领马数，凡大围减马一匹，加恩给银四两；小围减马一匹，给银三两；即于现在节省马干银内随时动支。如此优加赏给，官兵等起身之时，盘费宽裕，而回围之日，又无庸设措交官，较之从前干犯国法，私卖红单，即或侥幸得免，迨于回京之后，仍须竭蹶措缴者，孰为利益，伊等俱有天良，当如何感激恩施，恪遵法度，将所得马匹，实领实交，永除弊混，若再以身试法，致罹宪网，尚得谓之有人心乎。至从前散圈马匹，官兵等平日拴养空头，以致一时不能交出，前已特降恩旨，免其治罪，追缴马干，仅于俸饷内按每匹扣银七两，交察哈尔买马足数，因思官兵等俸饷，均关系养赡之需，若坐扣太多，犹恐生计不给，而察哈尔产马之区，其马价本钱，每匹计不过三四两，若给予七两价银，未免多至一倍，所有此项官兵，应扣银两，著加恩每马一匹，坐扣俸银五两，宽免二两，如此则官兵扣项较少，生理不致竭蹶，而察哈尔官兵承领买马已可沾润，亦不致有苦累情事，更为妥协。

马禁 050：嘉庆十二年奏定

营驿各官需用马匹，不详请总督、巡抚、提督、总兵咨呈兵部，私差人来京买马者，罚俸一年。

马禁 051：嘉庆十二年又奏定

屯丁、兵丁违禁贩马不严行察出者，将卫千总、营千总、把总，各罚俸一年；卫守备、守御所千总、营都司、守备，各罚俸九月；游击、参将、副将等官，罚俸六月；将军、提督、总兵，各罚俸三月；总督、巡抚，交吏部议处。

马禁 052：嘉庆十二年三奏定

牧厂马匹，除口老残伤应行变价者，拨出官卖外，如有将在厂牧放之马，偷卖与贸易人等，一经查出，或被首告，将偷卖之人，系官革职，系兵丁杖一百革退，将私买之人送部从重治罪，马匹交入原厂，仍于卖马人名下追出马价一半入官，一半赏给首告之人。其失察之该管官罚俸六月，兼辖、统辖官罚俸三月。

马禁 053：同治二年奏准

古北口盘获私马，如在三十匹以上者，即由该副都统奏明，著交何处，即行派员解京，送交该处验收。如不及三十匹者，即交本营赏给兵丁等乘骑。

马禁 054：同治四年覆准

洋行遣内地人持洋行字据采买骟马，除将私贩马匹，照例赏给原拿兵丁外，人犯送交刑部照例讯办。

邮政驿禁〔例90条〕

驿禁001：顺治七年题准

直省赍奏人等，皆用部颁火牌，司驿官验明方准应付。如有自发牌票索取夫马者，不准应付，违者部科察参，与受同罪。

驿禁002：顺治十二年覆准

赍奏文册背包，以四十斤为率，如有夹带私物者，该地方官验实申报究处。

驿禁003：顺治十二年又覆准

督抚滥用私牌及徇庇属员不参者，本部与科道访实纠参议处，州县驿官将私牌申报者，本官即与纪录。

驿禁004：顺治十五年题准

公务差往江苏、安徽、江西、福建、浙江、广东者，由山东路。湖北、湖南、广西、云南、贵州者，由河南路。陕西、甘肃、四川者，由山西路。均于勘合火牌内明白填注，不许枉道。

驿禁005：康熙六年题准

差往江宁、安庆、江西、广东者，由山东中路。淮安、扬州、京口、苏州、松江、福建、浙江者，由山东东路。均于勘合火牌内明白填注，不许枉道。

驿禁006：康熙十一年题准

奉旨差遣及紧急军务经由地方，司驿官闭门不容进城，抗不应付，或殴打差官者，皆革职提问。若赍送御用之物，司驿官应付稽迟者，降二级调用。

驿禁007：康熙十一年又题准

司驿官抗不应付，以致迟误奏章者，降一级调用。

驿禁008：康熙十一年三题准

凡有以枉道扰驿指参者，系官降一级调用，系差役杖八十。

驿禁009：康熙十一年四题准

官员科敛民马充入驿递使用者，降一级调用。

驿禁010：康熙十一年覆准

督抚、提镇有本章并公务例应驰驿者，准用部颁勘合火牌，司驿官验明方准应付，有私用驿递夫马，并差遣家人兵役私发牌票索取夫马者，皆降二级调用。司道、副将以下各官私发牌票索取夫马者，降二级调用。该管之督抚、提镇失察者，降一级留任。如督抚、提镇及司道、副将以下各官之家人兵役，并无牌票，倚势索取夫马，本官查出拿究者免议。至私发牌票，司驿官不加盘诘，即行应付者革职，将私发牌票据实详报者，令其离任以应升之官即用。若司驿官已将私发牌票详报，督抚、提镇及该管上司容隐不揭参者，皆降二级调用。驻防将军、都统以下各官，私用驿递夫马及私发牌票者，照此例议处。

驿禁 011：康熙十一年五题准

赍进本章用小匣装盛，不得过十斤。若送册籍用马驮载，不得过六十斤。违者，司驿官据实申报，照例议处。

驿禁 012：康熙十四年议准

司驿官藉口钱粮应付不敷，私令民间帮贴者，降三级调用。

驿禁 013：康熙十六年题准

司驿官应付稽迟，同城上司并不稽察者，罚俸六月。

驿禁 014：康熙十六年议准

驰驿官员，将同行之领催差官并从役人等，不行约束，以致殴伤驿递员役，或不系紧差，故将驿马驰毙，或故意越站索取财物者，令州县驿递官员一面申报上司，一面申报本部，核查情实，将本官革职，其领催差官等交刑部从重治罪，其申报之官照出首私牌例议叙。若应付迟延，反行捏款谎报者反坐。

驿禁 015：康熙十六年又议准

奉差官役不遵勘合火牌填注，枉道扰驿者，系官降二级调用，无职人杖一百，首先滥应官降一级调用。

驿禁 016：康熙十六年三议准

凡有以枉道扰驿指参者，系官降二级调用，系差役杖一百。

驿禁 017：康熙二十七年题准

出差驰驿官役，如骚扰驿站，管站官员徇情不行报部，事发，将管站官员照徇庇例降二级调用。

驿禁 018：康熙二十八年覆准

驿传道私发牌票，违例支取夫马者革职。

驿禁 019：康熙二十八年题准

官兵额外多索船夫，及强勒越站行走者，照驰驿越站多索例处分。

驿禁 020：康熙四十五年覆准

给发勘合火牌，将应经由之州县驿站，并中道、东道、西道填注明白，如奉差官役不遵勘合填注，绕道行走，除该官役照例处分外，将首先滥应官一并议处。

驿禁 021：康熙五十一年覆准。

督抚司道家人私骑驿马，及因事骚扰需索者，司驿官即报部参奏，若徇庇不报，或由部察出，或被人首告，督抚司道并滥应司驿官，一并议处。

驿禁 022：雍正元年谕

驿站关系重大，经朕屡加严谕，然其间积弊难以尽诘，有在官之累，有在民之累，如直隶、山西差徭更为浩繁，虽驿马足数，亦供应不敷，乃内而兵部，外而驿道，于给发马匹时，官吏通情受贿，往往所给浮于勘合之数，且行李辎重，皆令驿卒乘马背负，多至八九人不等，所到州县，以见马换马向有旧例，不敢诘问，至督抚提镇经过之处，更惟命是从。嗣后照勘合之外，有敢多给一夫一马者，许前途州县即据实揭报都察院，以听纠参察。如甲县容情不揭，而乙县揭报者，并甲县一并治罪。其督抚提镇骚扰驿递者，皆照此例，庶少苏在官之累。至若河南、山东诸省，离京稍远，谓耳目易欺，每驿额设马匹，不过十存三四，其草料工食，仍照旧开销，且逐年详报倒毙侵食买补之弊，差使一至，则照里科敛，将民间耕种牲畜强令当差，令其自备物料，跟随守候，种种累民，尤属不法。著该地方督抚将所有驿站，逐一彻底清查，缺额者勒令补买。至科敛民间牲畜，尤当勒石永禁，违者即从重治罪。

驿禁 023：雍正元年奉旨

近来各省将军、督抚、提镇奏无紧要事，及平常请安折，驰驿马者甚多，无故骚扰驿站，以后不可，著传谕各省知道。

驿禁 024：雍正元年覆准

将军、督抚、提镇以下各官，如有家人衙役擅骑驿马，需索驿递财物，令司驿官申报上司，该上司即行指参，如容隐不参，将该上司照徇庇例议处。

驿禁 025：雍正元年议准

督抚、提镇及驻防将军、都统等，有紧要奏折，准差人驰驿，用马不得过二匹，若以寻常奏折擅差人驰驿者，查参照例议处。

驿禁 026：雍正二年覆准

奉差官役骚扰驿站者，许司驿官申报，如司驿官应付迟误，亦许奉差员役申报。若已经申报而督抚不参，及失于觉察者，照例议处。

驿禁 027：雍正四年议准

如遇上司擅骑驿马，令司驿各官收取牌票粘入详文内，立行揭参，将揭报之员交部从优议叙，擅骑驿马员役严加议处。

驿禁 028：雍正五年覆准

直隶驿站陋规，永行禁革，于额设工料银内均匀裁减十分之一。自本年为始，如有不肖官役，别立名色，扣克索取者，照侵欺钱粮例治罪。

驿禁 029：雍正十三年议准

奉差官役所带之包，不许过六十斤，首站应付包马时，称准斤数无浮，于应付簿上注明钤印，每夜住宿之司驿官，再加查验，亦于簿上注明"某驿验过，并无重包"字样。若有过六十斤者，称出斤数详报；重至七十斤者，官降一级调用，役杖六十；再有重者，每十斤加一等；重至百斤以上者，官革职，役杖一百。傥司驿官明知重包，故为徇隐不报，经下站查出，将徇隐官一并议处。

驿禁 030：雍正十三年覆准

督抚、提镇差官赍送本章，除紧要事务连站驰递外，其寻常事务，各照该处题定到京限期日行站数，于火牌内注明，经过司驿官查明应付。如有越站急驰至伤驿马者，官降一级调用，役杖六十。因而伤死驿马者，官降二级调用，役杖七十，仍追马还官。若倚奉差索取驿递财物者，交刑部治罪。至驻防将军、都统、副都统等差官兵赍送本章，如有越站急驰至伤驿马者，照此例行。

驿禁 031：乾隆六年奏准

奉差官役执有勘合火牌，藉称紧急，不与司驿官验看，骚扰驿递，多索夫马车船者，司驿官毋得钤盖印信，一面将骚扰多索情由，揭报兵部并都察院，据揭参奏，将骚扰驿递者，系官革职，系役杖一百。多索马一匹、车一辆、船一只者，官降三级调用，役杖八十。马二匹、车二辆、船二只者，官降四级调用，役杖九十。马三匹、车三辆、船三只者，官革职，役杖一百。至每马一匹，不用者止准折夫三名，若多索夫一名者，官降一级调用，役杖六十。二名者，官降二级调用，役杖七十。三名以上者，官降三级调用，役杖八十。六名以上者，官降四级调用，役杖九十。九名以上者，官革职，役杖一百。如奉差官役多索夫马车辆，司驿官容隐不揭，经下站揭报，将容隐官照徇情例议处。若并无勘合火牌，诈索夫马车船，司驿官一面详报该管督抚题参，一面报部，有职者革职，无职者审明治罪。驻防各官有骚扰多索者，照此例议处。

驿禁 032：乾隆六年又奏准

奉差官役并无骚扰多索，司驿官藉端迟延，不即钤盖印信者，许官役据实申报，将司驿官照稽迟应付例议处。

驿禁 033：乾隆六年三奏准

督抚、提镇将不应拨兵护送之事，私发牌票，擅行拨兵，及私骑营马者，降二级调用。至司道、副将以下各官，私发牌票，擅行拨兵，及私骑驿马者，降二级调用。失察之该管督抚、提镇，降一级留任。

驿禁 034：乾隆六年四奏准

在外文武大小各官，将自畜马匹勒令驿站收买，多取价值者，革职提问，失察之上司罚俸一年。若有此等情弊，经司驿官据实详揭，督抚不题参者，照徇庇例议处，详揭之司驿官以应升之官即用。

驿禁 035：乾隆六年五奏准

司驿官抗不应付，以致迟误紧急最要专奏本章者，降二级调用。

驿禁 036：乾隆八年谕

据盛京兵部侍郎春山奏称盛京等处驿站，每年大驿各出银十六两，小驿各出银八两，馈送侍郎盘费，又出银四百两，馈送正副监督，此外逢节又有规礼，其二十九驿驿丞，一年所得俸银三十余两，又皆馈送侍郎，各计有一千余两，凡此皆系驿丞自送，因而驿丞有所恃以无恐，将钱粮任意花费，虽马匹疲廋短少，侍郎与监督俱置不问等语。馈送陋规，原干例禁，盛京陋习相沿，料非一任，若事穷究，未免拖累多人，今姑宽其已往，嗣后著永行革除，如有再蹈前辙者，必从重治罪。至于各省驿站，或有此等情弊，亦未可定，向来设有巡察御史稽查，今巡察既裁，督抚更当留心查察，使积习渐除，驿务不致废弛，若日久弊生，或经科道纠参，或钦差大臣经过查出，朕惟尔督抚是问，该部即遵谕行。

驿禁 037：乾隆八年又谕

驿递关系邮传，最为紧要，滥骑滥应，例禁甚严，而外省扰害之弊，究不能免。朕闻云贵督抚赍折入京，路经湖南地方，所用驿马，在勘合火牌额数以内者，固当应付，乃陋习相沿，有在额数以外者，地方官亦不得不应。更有并无勘合火牌而私索强骑者，亦不能不应。及被该省上司查出，又以州县滥应驿马，照例参处，甚为苦累。著云贵督抚严饬差弁家人，懔遵功令，不得于勘牌之外，多索一骑，如仍前不改，经朕访闻，惟该督抚是问。各省有类此者，亦当一体懔遵。

驿禁 038：乾隆十七年奏准

各省经管驿务之员，如遇执有勘合火票者，照例应付。其上司经过，私事差遣，借用乘骑，不准应付。如违例需索者，即揭报督抚指名题参，若督抚不行纠参，一经参奏，将督抚一并交部严加议处。

驿禁 039：乾隆十八年奏准

嗣后督抚、提镇奏折，必实系紧急军务，不可片刻迟待之事，及奉有谕旨令以六百里由驿驰奏者，准填用火牌，昼夜限行六百里，不得将寻常雨水米价等折，累牍附入。至谕旨限行六百里发往之事，该督抚、提镇接到后，酌量现办情形，分别缓急，亦不必概用六百里覆奏。其余一应奏折，或遣标弁，或遣家人自雇脚力赍进。倘以寻常之事，及并未奉有谕旨，擅由驿驰奏，甚至限行六百里者，由部察参，从重议处。

驿禁 040：乾隆二十年谕

设驿原以备公，非奉差人员应驰驿者，不得多索滥付，定例綦严。近来有驿州县，遇公私差遣，辄擅自动用夫马，在属员以差务为名，在上司亦以供应为便，甚至额设不敷，即不免有取办民间之事，扰驿递而累闾阎，不可不力为整饬，著交各省督抚等悉心查禁。倘有任意擅动滥应等弊，即按例严参，不得稍有瞻徇。至督抚等为封疆表率，尤宜恪遵定制，若以邮骑供厮隶奔驰之用，则其违例误公，罪尤难逭。嗣后各省驿站，如有复蹈前弊，及督抚等容隐不奏者，一经发觉，必尽法重惩以清邮政。

驿禁 041：乾隆二十年又谕。

朕令陕甘山西各督抚、提镇等，将买补缺额营马，每月奏闻一次，止欲伊等上紧购办，随时奏闻，但此等奏报，非紧要军务刻不可缓者比，原可照例赍奏，不必滥动驿马。著该部行文各督抚提镇，嗣后此等奏报，仍令自行遣人赍奏，不得擅由台站驰递。

驿禁 042：乾隆二十年覆准

嗣后除事关军需紧要文报，仍由军台按限加紧递送外，其稍涉军需无关紧急公文，及寻常折奏，概令由驿接递，不得遽限四五六百里，由军台驰送。倘有仍前混行佥发，或经兵部察出，或被该管上司查参，即行交部严加议处。

驿禁 043：乾隆二十三年覆准

司道府衙门随丁，并邻府上司同僚丁役，私用驿马，因规避处分，巧立借用里马、余马、捐马等项名目，皆因各上司官员，或以驿马便于使用，司驿等官因而逢迎滥应，应交各督抚严饬查禁，将取用之各员，并滥应之驿官，据实纠参，如别经发觉者，并将督抚议处。

驿禁 044：乾隆二十三年谕

各省驿站，原为驰递紧要公文而设，并不许地方官擅行轻动，乃近来外省陋习，往往于无关紧要事件，遽行插羽飞递，甚至往来简帖，亦用邮传，相沿既久，遂至视为故事，以致马匹疲乏，于公务转不免贻误，甚非慎重邮政之道。嗣后务须严行查禁，无论私事不得擅动驿马，即地方公事，亦当斟酌缓急，毋得仍蹈前辙。其经过县驿，各将逐日所递公文，每月造册申报该上司查核，如有违例擅动者，即行严参究治。

驿禁 045：乾隆二十三年又谕

从前曾屡降旨，各督抚非紧急要务，不得辄用急递，今钟音奏健锐营兵过境，乃用六百里报发，试思现在军报络绎，正当爱惜马力，即军营中有应奏事件而稍觉可缓者，亦尚附便驰奏，兵丁过境，并非奏报军情可比，如果办理已经妥竣，即不奏亦可，何必急遽若此，独不权事之轻重缓急耶。钟音著传旨申饬，以后如有似此率意驰奏者，定交部议处。

驿禁 046：乾隆二十五年奏准

嗣后州县官惟承办大差及委运官物，许其豫备车船，仍不得克扣脚价，滥差需索。此外私事，但照市价雇觅，概不许滥出差票，擅行封拿，违者从重参处。

驿禁 047：乾隆二十七年谕

新疆地方所有应进贡物，经由各该省州县境内行走住宿，有司固应加意照料，小心护送，如果应付草率，以致贡物损坏稽迟，固非地方官办公之道，如已按照分例给付，不致有误公事，而赍送贡物之员，有意骚扰地方，则断不可。盖此等微末员弁，罔识事体，或不过以雕鹰犬马之类，遇事矜张，于例应给付夫马廪给之外，藉势多方需索，在地方官以贡物之故，不敢与较，而新疆应贡物产，岁所常有，设将来驿使踵辙递进，为日正长，滋累何所底止，此风断不可长。傥有此等滋扰之人，该督抚等有所见闻，不行据实参奏，经朕察出，决不稍为宽宥，可将此通行沿途各督抚知之。

驿禁048：乾隆三十一年覆准

钞牌名色，久经禁止，至今犹未尽革，不可不严行申禁。嗣后州县应付差员夫马等项，止据传牌叙入奏销，毋庸于差员勘牌钞取，傥有仆隶人等，仍藉钞牌名色需索规礼者，该督抚查拿究治，并将失察之州县照例参处。

驿禁049：乾隆三十一年谕

各省遇有应行迅奏事宜，原许其填用火牌，由驿驰递，至寻常奏折，自有弁役家人可以赍送，兼程专达，并未尝稍有稽延，且向来督抚中间有非紧要章奏擅动驿马者，尚且传旨申饬，颜希深乃请将各省奏折，概用驿递，各省应折奏之文武大员甚多，将何以分孰应由驿，孰不应由驿，若皆准行，则纷纷传送，必致到处绎骚，傥遇冲繁之区，各省奏函并集，往来应付，势且日不暇给，不但于邮传有碍，国家亦无此政体。设因省惜程费起见，则督抚藩臬每年廉俸不薄，即遣人赍送，途间资斧需用无多，而必欲吝此区区，过为计较，尤属见小，所奏不可行。

驿禁050：乾隆三十二年谕

向来各省督抚等，于地方寻常公事，俱不准轻用驿马，至于本身私事，而由驿递奏，于例更为不合，恐外省提镇中似此不晓事体者，尚复不少。著通行传谕，嗣后非遇紧要公务，概不准由驿驰奏，傥有不谙轻重，复蹈此辙者，定行照例议处。

驿禁051：乾隆三十二年又谕

督抚等因公出署及调赴新任，途间一切日用所需，理宜自行备办，毋许地方官稍为供应，以启逢迎而滋派累，前次屡经降旨，通行饬禁，因何复沿积习，此皆该上司等并不实力奉行所致。嗣后傥有再蹈前辙，不知悛改者，一经发觉，朕必从重惩治，决不稍为姑息。将此通谕各督抚等知之。

驿禁052：乾隆三十四年覆准

嗣后钦差大臣、邻省督抚经过地方，如遇有司官仍蹈陋习，远出迎送，擅动驿马探报，及本省督抚、司道等官仍专差迎送有累驿马者，一有见闻，立即自行查参。傥有容隐不举，别经发觉，即照上司容隐不举例，降一级调用。其地方各官所有私用滥应失察，应行降调革职之处，均照定例议处。

驿禁053：乾隆三十六年谕

土尔扈特台吉，系新来投诚人众，前来入觐，所有经过地方官员，理宜豫备整齐，使知天朝体制，业经朕特降谕旨，令各省督抚妥协办理，乃各省官员尚敢不以为事，以致诸多贻误。向来出差人等，如果骚扰驿站，经过地方官详报，该督抚据实奏闻，朕必将骚扰驿站之人治罪，仍将该地方官深为嘉予，今地方官全不以事为事，亦太不堪，若不严加治罪，何以力挽积习。将此通谕中外知之。

驿禁 054：乾隆四十年奉旨

揭报部科，止准其专人赍投，何得擅动驿马，首站违例滥应，代为驰递，其咎实无可贷。至沿途各驿站，接准上站六百里公文，原不能知其中系何紧要事件，自不便擅意驳回，若亦治以滥应处分，于事理未为平允，均毋庸查议，凡有似此者，俱照此办理。

驿禁 055：乾隆四十一年谕

向来外省遇有钦差大臣官员，因公过往，地方官为之豫备公馆，亦势所不免，至于公馆之外，不应复有繁费。即如此次将军等凯旋过境，较别项差使自属紧要，一切或稍加周到，然凯旋非事所常有，其余则不当援以为例。且闻各驿站每有长随胥役等代办，向其本官任意开销，甚至藉端科派需索，累及闾阎，流弊滋甚。看来外省应酬风气未能革除，于吏治甚有关系，地方官岂肯费其养廉，不过仍出之民间，不可不力为饬禁。著各省督抚实力稽查，嗣后驿站官员应付差使，如有违例逢迎，稍涉靡费，及长随胥役藉差派累者，即行严参重究。督抚等或意存祖徇，经科道参奏，或朕别有访闻，惟该督抚等是问。

驿禁 056：乾隆四十三年谕

前以各省驿站，遇出差大臣官员，沿途俱为备办供应，屡经饬谕严禁，该管驿站大员。理应严饬所属遵旨妥办，设有需索情事，或直揭部科，或禀报上司参劾，其风自必敛戢，何以尚敢沿途勒索，此皆不肖州县迎合应付，有以诱之。闻此等积弊，始于换马使费，皆由各驿站马不足数，或疲瘦不堪，恐为钦差参奏，遂私自打点弥缝，日久竟成锢习，并闻有上下站合棚喂养之说，遇到站马不敷用，即令上站之马，仍复应差，俗称为打过站，此于邮政大有关系。盖由有驿各州县，平时短喂马匹，扣克马干草料自肥，及差至需马稍多，不敷支应，因而巧为生法，以混目前，且计其终年所扣之数甚多，而钦差家人勒索，虽费至十余金数十金亦尚有限，遂自甘心付给，希冀无事，此等恶习，不可不彻底严查。现已另降旨令各省守巡道分管所属驿传事务，并令按察使总司其事，嗣后伊等必随时查点，如有短少及疲瘦者，立即查参，州县自必懔法知畏。如果马匹膘壮，不缺额数，而钦差来往家人，仍复藉端需索者，即报知管驿之司道验明马匹，具揭该督抚参奏，必将纵容勒索之钦差，并其家人查明从重治罪。如仍有应付驿站之事，一经发觉，除将州县重处外，惟于该管驿站之司道是问，恐伊等不能当其重戾也。

驿禁 057：乾隆四十三年又谕

本章关系紧要，沿途驿站，自应加意护送，设有参官本章，而所劾之员，闻知信息，密遣人中途窃去，以冀耽延消弭，尚复成何事体。今岁河南省已有本箱被窃之事，半年之内，犯案叠出，可见外省吏治废弛，于递送本章要事，视同泛常，不可不实力整饬。著传谕各省督抚严饬所属，于驿站事宜，务须实心妥办，毋致疏虞，如再玩忽从事，一经发觉，除将该员斥革究治外，并将该督抚及该管上司从重议处。

驿禁 058：乾隆四十五年谕

川省土司入境，由伊土境起身，前至省城，一切俱系已力，地方官本无应付之事，若由成都至京，沿途又有额设驿站，其支给分例，俱准开销官项，况又分起行走，并不至用逾定额，该地方官有何赔累。若伊等支应供给，有心糜费，并任听家人胥役浮冒开销，亦其自取，督抚等何难据实查办，而转以赔累为辞乎。因思土尔扈特及回城伯克来京，亦未必无此等浮议，亦当一概令其不来朝谒乎。盖此皆由各驿站马匹本不敷定额，并多疲瘦不堪应用者，一遇差务稍多，即行支绌，转藉口于供应赔累，以饰其克减驿站马干之咎，实为外省恶习。朕屡降谕旨，严加饬禁，但恐地方官视为具文，不知悛改，著再明切申谕各督抚严饬管驿大小各员，务期马匹足额膘壮，如有短少疲瘦，立即严参示儆。若二三年后，朕特派大臣往查，仍有此等情弊，惟该督抚是问，且必重治管驿官之罪，不能稍为宽贷也。

驿禁 059：乾隆四十五年又谕

各省动支正帑，安设驿站，部颁勘合，以备差务往来，邮传驰递，关系最为要紧。近年既有巡道分辖，复令臬司总理稽查，更觉严密。各督抚等遇有紧要奏函，及题本事件，原准驰驿，定例亦属周备。其各省陈奏寻常事件，自应专人赍进，不得私借驿骑，滋扰邮站。嗣后各督抚如有赍折差弁私借驿马者，一经查出，定将各督抚及借给马匹之该管驿站官员，均照例严行治罪。

驿禁 060：乾隆五十三年谕

新疆押解人犯及照料回子护送哈萨克使人，并押送官物之官员人等，俱系由驿站行走，理宜简便，若沿途买带子女，则拣择看视，说合讲价，既不免守候需时，而买定后沿途携带，又需多用车辆夫马，必致扰累驿站，贻误差使，且此等买带子女之人，未必尽系自行买用，或为人代买，或复行贩卖，更易滋生别项情弊，而带领来使之人，尤为外藩所笑，不可不严行查禁。嗣后著该省督抚等，遇有灾祲地方，贫民卖鬻子女，除非驰驿官员各听其便毋庸禁止外，其有派委差使由驿行走之人，俱应禁止民人不得私行售卖，并随时查察此等官员，如有违禁私买携带者，即行严参治罪。

驿禁 061：乾隆五十三年又谕

嗣后督抚、提镇及学政等，凡遇巡查出考，途次所需夫马等项，均著自行备用，毋得令经过各员代办，并令文武互相纠察，如有仍前需索扰累者，即行据实参奏，从重治罪。如或徇隐不奏，别经发觉，朕必将徇隐之员，一并治罪，决不宽贷。

驿禁 062：乾隆五十五年谕

向来各省督抚等陈奏各折，如遇有紧要事件，急于上达，或地方公务关系重大，即需请旨办理，或有特旨令其由驿驰递。近日该督抚等奏事，往往擅用五六百里驰递，及披阅奏函，不过寻常照例之件，事非紧要，止益惊疑，甚属不晓事体。至由三四百里及马上飞递者，该督抚等尤视为泛常，率行驰奏，殊非慎重驿站之道。嗣后各省督抚等，如非紧要事务，俱不准滥用驿递，傥不知轻重缓急，仍沿故习，必治以应得之罪，不能稍为宽宥也。

驿禁 063：乾隆五十五年又谕

大臣官员等奉使各省，驰驿往来，应给之马匹廪给，及跟役口粮，各按品级以为等差，于兵部勘合内逐一填注，原不准例外多支，乃派出之大臣等，多假钦差声势，骚扰驿站，随行官员，亦复不知敛戢，以致家奴跟役讹索多端者有之，各该省督抚并不劾参，地方官惧其陵辱，惟求安静过站，曲加承应，违例滥支，即多用夫马车辆勒取供应，亦不敢复行争较，而办差之家人胥役等藉端派累民间，从中侵冒，其弊将无所不至，若不声明例禁，严示创惩，何以肃清邮政，况地方官办理差务，毋论大小官员，皆宜恪遵定例，即朕省方所至，守土官吏，各有除道清尘之责，朕尤曲加体恤，切戒华靡，岂遣派办事之员，转可任情滋扰。朕轸恤民隐，凡有赴京控告者，无不钦派大臣前往审办，今虽驰驿人员间有骚扰之事，亦不肯因噎废食，不行派遣，致小民含冤莫愬也。特此降旨剀切诫谕，嗣后钦差大臣官员，如敢于应得马匹廪给之外，稍有扰累，一经发觉，即行从严治罪。若该管督抚等任听属员违例滥付，希图见好，不行参劾，亦即将该督抚一并严究，决不姑宽。

驿禁 064：乾隆五十八年谕

近年外藩倾心向化，络绎来朝，此等外藩使臣经过省分，该督抚等量加犒赏，以示款接，亦仪文所应有，但须定有限制，不可过滥。若止图体面，踵事增华，势必有加无已，徒耗物力。在督抚等养廉优厚，如果出自己赀，备物赏给，所费无多，原属易办之事。但外省习气，遇有此等赏需，往往派令属员承办，而属员等借此为名，取之地方百姓，殊多扰累。嗣后该督抚于外藩使臣过境时，惟当照常赏给己赀自办，不必逐渐增加，亦不得转派属员，傥仍沿积习，辄令州县办备，致有扰累百姓之事，一经查出，必将该督抚重治其罪。各宜实力懔遵，无负谆切训诫之意。

驿禁 065：嘉庆五年谕

前因督抚等于地方寻常事件，往往由驿驰递，曾经降旨通行饬禁。近闻各省积习相沿，无论公文紧要与否，概由驿递，即通问私书，属员贺禀，均用印封交驿，甚至有由六百里加紧加快驰送者，以致各驿站每日急递公文多至数百件。各州县官设驿马，专为驰递文报，今擅递私书贺禀，以私事而用官驿马供其驰送，其流弊无穷。将见外任家眷驰驿赴京，岂不同前明之覆辙，且各驿站于此等限行之件，既视为泛常，势必遇正项紧要文报，转多延搁，于邮政殊有关碍。外省私书贺禀，不过通问陋习，本不应擅用印封，更何得交驿驰送，动辄填写五六百里，全不顾疲劳驿马，此皆由督抚、司道首先作俑。臬司系专管之员，并不认真查察，属员因而效尤，不可不严行禁止。嗣后督抚大吏，务当先自检点，于驿递事件，权其轻重缓急，并严饬各衙门，除实系紧要公事，仍用五六百里递送外，其余寻常公文，应由马上飞递者，不得滥填五六百里。至私书贺禀，均不准擅用印封驿马，倘经此次严禁之后，地方官有仍蹈故辙者，著该管督抚、臬司严参惩办。若该督抚、臬司漫不经心，或自违例禁，别经发觉，必将该督抚臬司一并交部严议。

驿禁 066：嘉庆十一年谕

各省州县安设驿站，以备驰递文报及紧要差使，凡遇钦差官员往来过境及此外应行驰驿者，自应查照勘合内所填夫马之数，照例给予，然亦不得稍涉浮滥。至于本省官员往来境内，其夫马饭食，俱当自行备办，岂得责令地方官供应。乃近日督抚、司道等官，经过所管州县，该地方官不但豫备夫马，且须铺设公馆，供应饭食，争华斗靡，曲意逢迎，甚至有馈送程仪之事，惟以办差为能，而邮政转置之不问。即或该州县额马不敷，平日有废弛浮冒情事，方且代为弥缝，又安肯核实查办，积弊相仍，自当严行饬禁。嗣后州县驿站应付，惟当以勘合为凭，毋许滥应滥支，如有违例供应，以及藉端馈送，或沿途勒索及纵容家人长随肆行需索者，一经查出，或被人参劾，必当严惩示儆。其所属州县额设马匹，如有短少情事，该上司务当随时整顿，毋任亏缺干咎。

驿禁 067：嘉庆十四年谕

御史杨健奏：请肃清邮政一折。据称督抚等往往藉查办地方公务，扰累驿站，现在山西即有成宁因阅兵滥支车马，需索门包，恐外省似此者尚多，请嗣后饬令各督抚因公出境，将随带人等先行知照臬司，转行各站按例核给，仍令将应付数目申报臬司，以备查考，其司道以及各员，一体遵照办理，倘有违例，即交臬司纠参等语。所奏自为肃清邮传起见，而于外省积习，所言尚未确实。各省驿站，惟奉差人员，例有应付，其督抚内若非奉特旨驰驿者，原不准轻动驿站，伊等养廉优厚，足资办公，且查办公事，不过近在本省，一切人夫车马，需用几何，又何难自为雇备。无如外省陋习相沿，上司经历所属，不必明言驰驿，而州县豫备车马，惟恐其不多，供帐惟恐其不盛，甚至门包使费，需索无厌，属员既视为固然，上官亦以为应得，以此见好逢迎，所费不取于官，必取于民，实属近时积习。此等扰累情形，较之奉差驰驿人员，所费尤钜，皆由州县等畏惧本省上司声势，曲意花销。并闻于别省大员过境之时，亦皆一律承应，办差恐后，希图他日迁调本省，可免挑斥。其办差之长随家人等，因得藉端渔利，设法开销。种种弊窦，由斯而起，该御史闻见尚不及此，亟应严为禁制，以肃邮政而饬官方。嗣后各督抚及过境大员，一切车马供应，俱著自为雇备，不得取之州县，其州县等亦不得阴为应付。各省臬司系专管驿站之员，如再有不遵功令，恣意妄行，无驰驿之名，而有驰驿之累者，著交各该省臬司随时查察，据实参奏。如臬司扶同徇隐，知而不言，一经发觉，必将该臬司从重惩处。其司道等官，遇有公事经过州县，亦著一体懔遵，毋得阳奉阴违，致干咎戾。

驿禁 068：道光元年谕

御史梁中靖奏：请查禁山西驿站扰累一折。向来回子伯克年班来京，行李跟役照例给以夫马，原不许私带货物皮包，致滋扰累。兹据该御史奏称，近来年班来京者，沿途售卖货物，络绎不绝，州县驿马不敷，票拿车马应用，甚至派拨民夫抬送，岁以为常，驿站不胜其扰，著山西巡抚严行查禁，其甘肃给发勘合时，该管衙门务遵照定例填写跟役包斤数目，毋许私自加增，如有私带货物，概令自雇脚力，不准滥给车马，派拨人夫，以符定例。此外，各州县门丁长随及上司差委官员丁役，有违例私借夫马需索扰累者，并著一体严查究治，以肃邮政。

驿禁 069：道光四年奏定

凡驰递本章及紧要文报，应有员弁押送者，如不亲身押送，即将该员弁并该管之上司，均照例分别议处。

驿禁 070：道光四年又奏定

奉派台站员弁递送紧要事件，如有不亲身驰递，令人代替者，照例议处。甚至刻剥官役，故意跑死驿马及干预地方事务扰害百姓者，俱按例治罪。将管派不慎之上司，及徇情不参之督抚提镇，均照例分别议处。

驿禁 071：道光十年谕

有人奏：河南省驿站额设马匹，多则十存四五，少则十存二三，除草料工食，仍照旧报销侵蚀入己外，复依额设数目，勒买民间草料，所发钱文，照时价减半折扣，名曰官价，并有不给分文，逼令空具领状，抑或按地亩摊派，竟用印票征催，且交纳之时，各处需索规费，稍不如意，料则一石仅作数斗，草则数斤止作一斤，余剩大半，均按官价加倍折纳，稍稽时日，即斥为抗违，笞杖交加。其科派车马，大河南北则有飞车、牌子车、举人车、银两车、红差车、麸子车、坐马、支号马等名目，豫省西南附近祥符县，凡有牛驴之家，无不编派，竟有终岁未曾当差，按日勒其纳价，合计一年差费，不啻正项钱粮，各属佐杂等因而效尤，每年各包揽车马若干，作为正项出息等语。各处驿站马匹，遇有不敷，原应随时买补足额，其雇觅民车，本有例给银两，豫省州县各驿马匹既多缺额，派用民间车马，并不照例发价，又复从中渔利，杨国桢身为巡抚，岂竟毫无见闻？臬司麟庆管理驿站，是其专责。著杨国桢督同麟庆，将各处驿站逐一清查，缺额者勒限买补，不得于民间派借，遇有驿递，额车实不敷用，雇觅民车，即照例给价，不许扰累闾阎。如查有缺额不即买补，及藉差侵蚀勒折等弊，即行据实严参惩办。倘查办不力，仍有前项弊端，或经朕访闻，或有人参奏，惟杨国桢、麟庆是问〔互见驿马门〕。

驿禁 072：道光十年又谕

杨怿曾等奏：查明豫省驿站情形一折。豫省驿务派买草料，向因市价时有长落，例价不敷，州县廉俸有限，力难津贴，不无借资民力。至车辆为各驿所本无，不能不雇自民间，以备应用。各处办理情形不一，皆系照例给予雇价，历年已久，上下相安。据该侍郎等查明，现在并无违例扰民如御史刘光三所奏滥派勒折需索包揽等弊，但事属官民交涉，傥办理不善，则弊窦丛生，难保胥吏等不从中渔利，致扰闾阎，全在该管上司随时侦察，力防流弊，方能上不误公，下不病民。嗣后著该抚责成臬司严饬有驿州县，务宜恪守旧规，实力稽察，如有前项情事，立即参办，有犯必惩，于循照旧章之中，寓严绝弊端之意，设奉行不力，视为具文，致民间稍有被累，一经发觉，惟该抚与臬司是问。

驿禁 073：道光十二年谕

有人奏：江苏铜山县东岸驿额设马一百匹，利国驿额设马八十五匹，桃山驿额设马七十七匹，安徽凤阳县王庄驿额设马六十匹，濠梁驿红心驿各额设马六十五匹，现在每驿所存不过十余匹，遇有差事，或下站打越上站，或票拿民骡民车供应，存驿之马交家人喂养，听其克扣草料。本年七月初间，利国驿驰递粤东军营文报，中途双马俱倒，驿夫步行数里，始于腰站得马乘骑，傥离腰站较远，岂不耽延时刻，恐各处皆所不免等语。国家设立驿站，关系甚重，各省额设驿马，支领马干棚厂等银，并准每年报倒二三四分不等，自宜如数足额，留心喂养，似此克扣侵冒，额数悬殊，成何事体。该省不肖州县，因循欺饰，巧于弥缝，一闻上司稽查，上下站俱可通融调集，弊何由除。著陶澍、林则徐、邓廷桢认真稽察，设法抽查，如有前项弊端，立即严参惩办，毋稍姑容，以清积弊而肃邮政〔互见驿马门〕。

驿禁 074：道光十三年谕

前据给事中吴敬恒奏：江南铜山等县驿务废弛，当交陶澍等查明据实具奏。兹据陶澍、林则徐先后奏到，遴委妥员密加抽查，尚无缺额及克扣侵冒等弊。国家设立驿站，驰递紧要文报，关系甚重，自应按额足数，妥为喂养，上下站不得通融调集，致滋弊窦。自此次饬查之后，著责成该督抚等随时认真稽察，设法抽查，傥各驿站有前项弊端，立即严参惩办。若任管驿州县因循欺饰，别经发觉，或科道指参，惟该督抚等是问，决不宽贷。

驿禁 075：道光十三年又谕

前据给事中吴敬恒奏：安徽凤阳县驿务废弛，当交邓廷桢查明据实具奏。兹据奏遴委妥员严密抽查，所有凤阳县三驿马匹，尚无缺额及通融扰累等弊。国家设立驿站驰递紧要文报，关系甚重，自应如数足额，妥为喂养，不准上下站通融调集，致滋弊窦。经此次饬查之后，仍责成该抚随时认真访察，实力稽查，如各驿站有前项弊端，立即严参惩办。傥查访不力，任听管驿各州县因循欺饰，有意姑容，将来别经发觉，或科道指参，惟该抚是问，决不宽贷。

驿禁 076：道光十四年谕

给事中金应麟奏：驿站弊端一折。国家设立驿站，驰递紧要文报，关系甚重，若如所奏，驿马半皆缺额，存者亦疲瘦不堪，且有强留前站之马，令其支应差使，名曰打过站，其马匹并不喂养，致倒毙益多，例支马干等项，上下分肥，视为常例，州县于豫备车马之时，先期令胥差传拿协济，乡车多至数百辆，令其自行喂养，不准出入，给予银钱，方行放走，甚至差使已过而仍不放走者，民间不堪其苦。至于折差包送银两，屡次失事，上差往来借用夫马，兼有馈送，并幕友长随于私书家信，擅用印封驰递，公馆之陈设，供应之侈靡，家人之多索门包，厮养之私乘驿马，种种弊端，实属邮政之害。著责成各督抚等随时认真稽察，严行访查，一经查有前项弊端，立即严参惩办。若任管驿州县因循欺饰，别经发觉，或科道指参，惟该督抚等是问，决不宽贷。

驿禁 077：道光二十一年谕

各省由驿驰奏折件，应视事之轻重，分别邮程之缓急，军务固关紧要，然如调兵起程日期，即由马递奏闻，亦不为缓。桂良于遵旨调兵赴粤，辄由五百里四百里驰奏，骇人听闻，殊属不晓事体，著传旨严行申饬。

驿禁 078：道光二十一年又谕

给事中董宗远奏：请整饬邮政一折。各省驿马例有额设，本足敷驰递之需，近因军务吃紧，屡经降旨严加整饬，若如所奏，近来驿站多不足额，且以疲瘦充数，往往中途倒毙，并有上下站合棚喂养，通挪应差之说，甚至并无马匹，止知克扣马干，自饱囊橐，一遇公文紧要，需马甚多，或取自民间，或索价自办，以致奸蠹需索扰累，公文互相推诿等语。著各直省督抚责成臬司，严谕所属，力加整顿，并查明驿站马匹，如有亏缺以及前项情弊，即著据实从严参办，以肃邮政。

驿禁 079：道光三十年谕

御史富兴阿奏陈一折。军报发递，自应加意严密，著兵部查照旧例，慎重加封，传知各省有驿地方，谨慎接递，毋得稍有磨损，以致拆动滋弊。如查有何处损湿，及有拆动形迹，一面加封递往前途，一面禀请该管上司查办，毋稍玩忽。

驿禁 080：咸丰五年谕

本日贵州学政鲍源深由五百里驰奏贵州剿办苗匪并军营需饷情形，均系巡抚蒋霨远节次奏闻，业经降旨饬办之事，殊觉徒劳驿站。各省学政职司考校，地方公事本不与闻，其或该省大吏废弛不职，措置乖方，原准学政弹劾，然非事机紧迫，亦止专差赍折，岂容辄由驿递。又如编修张金镛由山西考官简放湖南学政具折谢恩，亦由三百里驿递，尤属非是。嗣后各省学政，除派办防剿事务，及实有紧要事件迫不及待者，准其发报外，其余概不准擅用驿递，以示限制。

驿禁 081：咸丰七年谕

和春奏：陈奏事件，久未接奉谕旨，请饬查明等语。据称自上年十二月起，至本年三月止，该大臣陈奏折件，所奉明发谕旨，均未接到部文，著该部迅即补钞，飞咨该大臣钦遵办理，并著查明是否发递迟延，抑系沿途遗失，专折参办。嗣后各路军营奏报，所奉谕旨，该部即迅速钞录由驿驰递，不准稍有积压，如再迟误，以致各该省纷纷奏请补发者，著该部堂官查明系何处迟延积压，即行参处，以肃邮政。

驿禁 082：咸丰九年谕

王庆云奏：请严禁骚扰驿站一折。四川各土司进京朝贡，经过驿站，往往任情需索夫马刍荄，百端挟制，滋扰民间。护解官兵，不能认真约束，并有通同分肥诸弊，实属任意妄为。著直隶山西陕西各督抚，转饬有驿站地方官，嗣后土司过境，如有格外需索滋扰情事，准其据实通禀，一面移营派拨员弁押送遄行，其护解官兵，即行从严参办。倘地方官隐匿不报，别经发觉，或任意刁难，一并严参，以示惩儆。

驿禁 083：咸丰十一年谕

前因各省接递军报迟误，谕令兵部将各该督抚臬司等从重严参。兹据兵部将迟误时日，并未填日期遗失尾单各省分，查明开单覆奏，湖北、山东接递晏端书、德楞额、李续宜等奏报，有数日未填接递日期，该督抚臬司等实属督催不力。所有湖广总督，湖北、山东各巡抚臬司等，均著吏部查取职名，先行严加议处。其乐斌奏报，经由甘肃、陕西、山西、直隶等省，传牌尾单，系在何省遗失，抑系原发省分未经粘连，著各该督抚臬司等查明声覆，由兵部奏请严加议处。其余接递军报迟误时日之各省督抚臬司等，均著交吏部按照单开，分别轻重议处，并著各该督抚臬司，于接到部文后，按照单开各件，勒限一个月，查明积压迟延之地方官，严参惩办。其绕道处所，有无迟误，一并查明据实参办。至遗失尾单及未填写日期，尤非寻常疏忽可比，著甘肃、陕西、山西、直隶、山东、湖北各督抚、臬司，挨站根究，从重惩处，倘逾限延不查覆，即著兵部将该督抚、臬司指名严参。另片奏：请将直隶总督、臬司严议，并严定填注接递时刻等语。东直门腰拨接递文报迟误，顺天府兼尹张祥河等，业经降旨交部严加议处；署直隶总督文煜，按察使吴廷栋，著一并交部严加议处。至各省文报绕道地方，该州县恃非正站，难免有蒙混造报情弊，并著各该督抚、臬司，按照兵部所奏，严饬各属查明何处应行改道，签明时日里数，毋许稍有错漏虚捏，并将传牌尾单妥为收执，以便稽查。

驿禁 084：咸丰十一年又谕

翰林院侍讲学士杨秉璋奏：请整顿驿站一折。近来各省驿站马匹，每多缺额，其倒毙者，买补之价多入私囊，现存之马类皆疲瘦不堪乘骑，一有差使过境，或扣留过站马匹应用，或派胥役勒取民间，百弊丛生，不可胜数。据该学士奏称，直隶之良乡、涿州、柏乡、内邱等县，河南之延津县，邮政尤为废弛。著各直省督抚严饬各该州县，将缺额马匹，勒限一个月买补足额，如查有挪借搪塞及逾限不交情弊，即著从严参办〔互见驿马门〕。

驿禁 085：同治元年谕

本日据韩超奏：请将乙卯科乡试归并本科举行，并贵阳等属请加文武学额中额等折，已分别照请，并交部议奏矣。该省乡试改于五月举行，为期较迫，惟究非紧急军务可比，该署抚遽由六百里驰奏，殊属不合，韩超著交部议处。嗣后各直省督抚及各路统兵大臣，于应奏紧要军情，固不许稍涉稽缓，贻误事机，断不准以并非紧要事件，率由六百里驰奏，以重邮政。

驿禁 086：同治元年又谕

向来发回各处奏报及寄各省谕旨，均由军机处交兵部加封发递，原以事属机要，不可不倍加严密。近闻各处驿站，竟有设法私拆钉封，潜行阅看者，窥探秘密，漏泄军情，可恶已极。本日据熙麟奏称，接奉批谕，拆封时虽封套包裹依然，而原钉纸捻，业已断拆，显有前项情弊，请严行查办等语。著兵部逐站挨查，接递熙麟此次发回折报，系属何站作弊，擅行拆阅，立即从严参办。至此等弊端，外省相沿，恐尚不止一处，应如何严密防范之处，并著兵部妥议章程，责成各该督抚设法稽察，如有拆损痕迹，下站不准接收，即知系何站之弊，即由各该督抚查明从重惩办，以振颓风而除积弊。

驿禁 087：同治八年谕

据文硕奏：经过蒙古台站，访闻近来差役繁多，行人需索过重，情形苦累等语。自西疆不靖以来，一切兵差往还，经过蒙古地方，不得不资其供应，惟为时既久，情形不无苦累，自应随时加意体恤。若如文硕所奏，驰驿官兵人等，竟至夹带行商，包驮客货，苛求规礼，多索廪羊，劳扰追呼，动加鞭笞，种种恶习，实属不成事体。著福济、荣全、文盛于所属台站地方，务当随时查察，除照例供应外，不得任意需索，傥有前项情事，即行从严惩办，并著理藩院行知各该管驿部员，一体遵照办理〔互见理藩院边务驿递门〕。

驿禁 088：同治九年谕

曾璧光奏：夹板被拆，请饬稽察以杜弊端等语。据称本年正月间，接到兵部同治八年十二月二十一日封发夹板一副，查有黄布包印花内外封筒钉封，均已拆损，上有隆桥驿粘签声明"前途拆损"字样，显系隆桥驿以前各站私行拆阅等情。夹板公文，最关紧要，竟敢中途私拆，实属胆大已极，若不严行根究，何以重邮政而昭慎密。著四川总督迅饬臬司确切查明此项夹板，究系何站拆动从严惩办，不得含糊了事。至各省驿站，亦往往有私拆公文之弊，嗣后著各该督抚责成臬司妥议章程，于上下站接递详细稽察，以杜弊端，如查有拆损情事，即将私拆之人加等治罪，并将管驿之各该地方官从严参处，以儆效尤。

驿禁 089：同治十一年谕

额勒和布奏：台站往来各差，近来每藉官差贩带货物，在台任意需索驼马，稍不如意，辄加鞭挞，请旨严禁等语。台站为支应官差而设，若如所奏藉差带货滥索驼马等情，实堪痛恨，亟应严行禁止。著各城将军大臣等，嗣后凡遇各项差使，即分别差务轻重，人数多寡，核明应用驼马数目，给发印照，将官兵员名往来处所，实需驼马数目，逐一填明照内，赛尔乌苏、张家口管站部员，即按印照所开数目，另加传单饬台供应。其由京前赴口外各差，即责成张家口管站部员，按照部发勘合，如数饬传。傥该官兵有格外需索各情，或管站之员暨各台徇情滥应，一经查出，即著从严参处，毋稍徇庇。

驿禁 090：光绪二年谕

张兆栋奏：考官回京由水程前进等语。各省考官照例应由驿站行走，近年广东考官差竣回京，辄称患病，改由水路启行，殊属有违定例。除此次正考官王之翰，副考官郁昆，业经起程毋庸置议外，嗣后著不准行。

行围禁令〔例 39 条〕

围禁 001：天聪六年谕诸贝勒大臣

凡出兵行猎时有为盗者，论罪大小或杀或鞭，久著为令。乃此番行猎，仍有盗鞍辔鞴屉等物者，是法令不彰而人不遵守也。夫搜苗狝狩，原以讲习武事，必纪律严明，然后人不敢犯，今行猎兵少，尚多犯法者，若师行动众，将何以约束之乎。尔诸贝勒大臣，遍行亲察，严加惩治。

围禁 002：天聪六年谕诸臣贝勒

尔等不可以猎人所射之物，冒为己之所射而夺取，猎人谁不惧尔诸贝勒，若尔等强为己有而夺之，谁敢抗拒，自后猎人不得以己之所射，因贝勒之故而让之，宜各就兽被伤处审验真伪，再令随尔等之绵甲军各立誓，傥再有厮卒人等盗取马绊靮辔等物者，罪及其主，决不姑宥。至尔等之厮卒出入围场者，俱不得携带弓矢，违者罪之。

围禁 003：天聪六年谕八旗大臣

自今以后，猎卒不许私入庄宅擅取堆积柴薪，行猎时山木亦不得砍伐，违者执究。

围禁 004：天聪六年谕

每旗令大臣一人专司统辖，有不随甲喇牛录行走逗遛失次者，皆执治之。

围禁 005：天聪七年谕

凡行猎处有擅入围中者，贝勒罚良马一匹，甲喇额真罚银十五两，旗长罚银十两，闲散人罚银九两，离伍退后者与入围同罪。遇榛莽而规避不入者罪之，见野豕成群不驱入围中而向外逐射者亦罪之，见猛兽在易射之地则往告贝勒，在险地则令原派劳萨等入捕。其余闲散厮卒宜令在后，有射中麕鹿带箭走入围中者，即告于所在贝勒，准其追寻，不告而私寻者罪之。

围禁 006：天聪八年谕

搜苗狝狩，古人原以之讲武，须有纪律，若猝遇猛兽，不可轻射，毋许一二人逗遛在后，有逗遛者执之。若遇黄羊，毋逼近追逐，反致从后逸出。尔等各按汛地分围驻守，带伤之兽，不可隐藏，马之羁靮鞍鞯，毋相私窃，违者罪之。

围禁 007：天聪九年谕

昔太祖时，曾禁诸贝勒子姓不许郊外放鹰，今闻违背禁令，仍复扰民，此风渐不可长。放鹰之人，应自备牛羊以供诸人食物之用，不宜需索民间，若剥削小民而取其牲畜，民何以堪此，且朕凡行师出猎，虽严寒之时，皆驻跸郊野，不入屯堡，亦恐耗损民物耳。嗣后放鹰之人，如扰民不止，事发之后，决不轻恕。

围禁 008：天聪九年奉旨

凡甲喇章京该管汛地，务宜申明约束，遇野豕及熊毋射，但向围内逐之。若遇虎遣人奏闻，并传报诸贝勒，其人随后蹑其踪。若朕及诸贝勒已射之兽，从人尾追，毋因所追之兽脱走，而夺他人所射之兽，倘有夺去者，许同赴验伤痕官处察视。

围禁 009：崇德二年谕护军统领等

尔等皆习熟畋猎之人，凡猎必先整围场，然后并力合围，乃可获兽。今尔等漫无纪律，或前或后，何兽之可得耶。此皆该管章京，懦弱不能约束之所致。今姑宽宥，后再如此，定治以重罪。

围禁 010：崇德七年谕

夫竭马力以行猎者，原欲公同合力射兽耳，在事之人，不分彼此，遇兽即当射之，不射不杀，何能有获。朕令正白旗人追射带伤之鹿，竟观望不射，听其逸出，不可不加惩治。

围禁 011：顺治初年定

围场随猎官兵人等，如有行走不齐，前后杂乱，以致呼应不灵者，该管官罚俸一月。驮兽觅箭迁延落后者，鞭三十，如该管官拔取本人箭者免议。被旁人查出，该管官罚俸一月，本人鞭二十七。越众骑射扰乱围场者，该管官之马入官，系平人委署之官鞭五十，侍卫、护卫亦将马入官。隔山冈射箭者，鞭三十，追银五两给首告之人。将同行人遗弃以致冻死者，委出首领之人鞭七十，系官罚俸九月。在禁约地方畋猎者，为首人鞭八十，为从者鞭五十，所获之兽入官，系官罚俸一年。

围禁 012：顺治初年又定

围场内王、贝勒、贝子、公等，如误射王者，罚银三千两给被射之王；误射贝勒者，罚银二千两给被射之贝勒；误射贝子、公，罚银千两给被射之贝子、公；仍按本爵各罚俸两月。如不系射兽无端妄射者，请旨审问。误射下人者，罚俸两月，验其伤痕轻重，照出征受伤等次，追银给被伤之人，射死者照阵亡例罚银赏给外，另罚银二百两恤其家，其伤轻者罚银百两，未伤者罚银五十两，均给被射之人。宗室公等被伤加银百两，宗室被伤加平人二等，觉罗被伤加平人一等。王、贝勒、贝子、公等射伤下人马匹者，罚俸一月，马死者除罚俸外，追马赔还。凡各项人员误射王、贝勒等，不论有伤、无伤及射中兽，因中王、贝勒身，皆论死，误伤所乘马匹，鞭一百，免死折赎。向王贝勒等射箭，箭落十步内者鞭五十。如射伤平人或致死者，除照阵亡例追银赏给外，仍鞭一百，伤轻者鞭七十，射伤马者鞭五十，伤马而互相隐讳者鞭八十，罚银三十两给首告之人。

围禁 013：顺治三年定

官员人等，不准于近京百里内围猎。贝勒以上欲猎于百里外者，必请旨方行，违者治罪。

围禁 014：顺治八年定

銮驾启行，陈卤簿，内大臣侍卫等均于驾后分队随行，每队马首排齐，前后相距丈许，各队伍毋许越次，遇狭隘处候首队过毕，后队方行，不得混争。若奉旨传后队侍卫等官，由两旁进退，不许冲入仪仗。侍卫等官从人，均在后队随行，若侍卫等官易马，至后队易毕，即驰入本队。扈从王、贝勒等恭候驾出，即乘马在旁稍后随行。王等各随护卫三人，按该王等左右翼随行。王、贝勒等赴御前，止许亲身从旁入，召问则勒马稍后，欠身恭对，赴驻跸所，于三十余丈外下马。扈从都统、统领、副都统等，各率所属官兵，按旗以次随行，赴驻跸所，于六十余丈外下马。

围禁 015：康熙二十一年谕

围猎以讲武事，必不可废，亦不可无时。冬月行大围，腊底行年围，春夏则视马之肥瘠酌量行围，令贫人采取禽兽皮肉，须豫先传明日期，以便遵行。所获禽兽均行分给，围猎不整肃者，照例惩治，不可时加责罚，苛求琐屑。遇有猛兽，须小心防御，以人为重，毋致误有所伤。

围禁 016：康熙二十二年谕

围猎之制，贵乎严整，不可出入参差，令左翼官在左，右翼官在右，统辖而行，宗室公等毋得越围场班次，在后逗遛，如在后逗遛，则众人停待，围场必致错杂，统围大臣须严加管辖。

围禁 017：康熙二十二年定

畋猎时，每护军三人，令一人负旗，二人射兽。向内射兽，沿围射毕，即回本队。向外射者，获兽取箭毕，即驰至围场。迁延落后者，鞭三十；彼此匿兽，鞭八十二。抢夺柴草鞭八十，追还柴草，该管官罚俸一月。盗鞍辔秋鞦等物，鞭八十二，罚银三两；箭不书名，罚银十两；均给拿获之人，无银者鞭三十。失火鞭一百，规避鞭七十。

围禁 018：乾隆六年谕

国家武备不可废弛，朕于秋月出口行围，原以训练兵丁，仿古狝狩之礼，昔我皇祖每岁举行，所经由道路及一切事宜，皆有章程。朕今岁踵行，悉遵旧制，但恐历年已久，地方官员或藉端扰累，随从人等或有恣意需索及强买物件不按时价者，著直隶总督不时查参，毋得容隐。

围禁 019：乾隆八年奏准

随驾行围官兵跟役，或偷其主马匹衣物，或偷他人马匹衣物逃走，以及为窃盗者，交行在步军营严加查拿，被获者照行军例加倍治罪。自行在逃走人等，如有失察，系在何处出入，即将该汛官兵，比寻常放过逃人之例加倍治罪。

围禁 020：乾隆十年谕

朕向来巡幸所过地方，特简大臣严查随往官兵人等，不许踩蹦农田，滋扰百姓。此次起行之时，正值秋成在望，禾稼尚未登场，诚恐约束不严，以致践踏禾黍，有妨农务。著都统护军统领等管理，多拨官兵沿途稽察，严加钤辖。其随从官员兵丁，亦令将家人跟役自行管束。如有不遵禁令，伤及田禾者，即行参处，并行令该督提等遴委员弁，一并稽察。

围禁 021：乾隆三十九年奏准

因行猎踩蹦人田禾者，系官，罚俸一年；如系王、贝勒、贝子、公等，交宗人府议处；平人鞭八十，户部追银给赏地主。

围禁 022：乾隆三十九年又奏准

放鹰人役，抢夺民物奸淫民妇者，拿交刑部治罪。其委为头目之官及委为从之官，系知情故纵者革职，如止于失察者，将委为头目之官降二级调用，委为从之官降一级留任，罚俸一年。

围禁 023：乾隆三十九年三奏准

行围放马及看守京城周围处所，以奴仆代主前往者，将伊主鞭一百，该管佐领骁骑校罚俸六月。

围禁 024：嘉庆八年谕

扎郎阿奏：嗣后扈跸王公大臣等，请仍照旧例不准先赶前营豫备次早站班一折。所奏甚是。向来巡幸地方，所有随从之王公及各衙门堂官，俱于本日启銮时在行宫门外站班，夜间所搭帐房，俱不离大营住宿，原以驻跸重地，理应环卫森严，敬谨扈从。乃近日随围之大臣等，往往于晚膳后先赶前营豫备次日站班，并有沿途赁宿民房，不住行帐者，殊属非是。嗣后派出扈跸大员，除军机大臣每日遇有报到，即须豫备召见，自应于本日启銮前先往伺候，至前营有差使各员，亦应照例于本日前行不必站班外，即派出查道大臣，如遇道路狭窄，必须夜间拦截车驭者，仍准豫行前往，余俱著于本日启銮前，各赴所管地段查看管束，不得于前一日先往该处附近地方住宿，仅于御道旁站立少顷塞责。此外扈从王公及各衙门堂官，均著循照旧例，在卡座内住宿，次早在宫门外应佩带囊鞬者佩带囊鞬，于站班后随从行走，不准先赶前营。如有擅离大营，不敬谨遵照者，著总理行营大臣随时查明参奏。至所奏直夜兵丁常川送筹之处，亦如所请行，交该衙门制造。

围禁025：嘉庆十二年谕

朕今日至行宫，见卡伦帐房外有蒙古包，问系哈迪尔下处。凡系行营扈从之王大臣侍卫官员等，节经专定制度，在卡伦内居住之处屡加训教，且从前卡伦之外居住者治罪在案。哈迪尔系管理总理行营之人，尚如此违例居住，如何能以管人，著革去管理总理行营事务。嗣后将卡伦帐房以外居住者如何禁止外，朕至热河之后，凡系扈从之王大臣侍卫官员等，亦应在前面居住，即东边沙堤迎水坝后边流杯亭门一带地方居住尚可。断不可过惠迪吉门居住。将此交总理行营事务王大臣，通行晓谕，严行禁止，如有过惠迪吉门居住者，著参奏。其朝觐之蒙古王公，著不必禁止。

围禁026：嘉庆十五年奏准

行营王大臣侍卫等跟役名数章程，行营及行宫尖营、大营，御前乾清门王大臣跟役各三名，乾清门侍卫各二名，给付马匹撒袋后，即行躲避，不得在御道站立，除严令御前乾清门王大臣侍卫等敬谨遵行外，仍令行营章京等严行管理。如仍前多带跟役，在行宫门外喧哗践踏御路者，即行拿获，查明伊主严参，将跟役从重惩治。如有藉称散差，在两旁站立者，即行查拿重办，皇帝还宫并巡幸，交该管侍卫章京等亦照此严管。奉旨：御前乾清门各带二名，乾清门侍卫内派出系撒袋者各带二名，行营均系撒袋，亦著各带二名，京城向不系撒袋，著各带一名，御前乾清门之蒙古王公侍卫，亦著照此遵行。

围禁027：嘉庆十六年谕

朕巡幸在途，随从之王公大臣官员等，皆当于大营住宿，环卫周□，方协扈跸之义。乃近日随从之员，多有贪于自便，于前一日晚门后，即先赴下营住宿者，殊违定制。嗣后随从之王公大臣官员等，俱著在大营住宿，毋得私住下营，其有奉派紧要差使必须本日赶至下营，或次早于朕未到之前有应行豫备事件，均著报明总理行营王大臣，以备查察，如有未经报明私住下营者，即著总理行营王大臣查明参奏。至此次扈跸大臣内大学士庆桂，总理内务府大臣征瑞，俱年逾七十有五，若亦在大营住宿，则次日须起早戒途劳顿非宜，著加恩准其于前一日申刻先往下营住宿，以示体恤，兼可查看行宫。此外各军机大臣均著在大营住宿，次早先往下站豫备。此后凡遇随围，非奉特旨施恩准在下营住宿者，概不得违例自便。

围禁 028：道光元年谕

富俊等奏参：巡察围场官员违例携带鸟枪一折。向例巡察围场，不准携带枪箭。今管理围场之协领德升，巡察时率领兵丁，枪伤麋鹿以为干粮，实属违例。著即照富俊等所奏，将德升降三级以骁骑校用，并将执持之兵丁重惩，以示儆戒。

围禁 029：道光三年奏定

围场栅木三十里以内，该管地方武职随时稽察，如有民人开设店廛，及蒙古王公等召募私垦地亩，该管官即拆毁驱逐，申报热河都统，将蒙古王公奏参。地方官失于查察，别经发觉，照管理围场章京员弁失察偷窃之例议处。失察开店及垦地人数一名至五名者，罚俸六月；六名至十名者，罚俸一年；十名以上，降一级留任；二十名以上，降一级调用；三十名以上，降二级调用。如兵丁受贿纵容，该管官失察者，除按名数议处外，再降一级调用。

围禁 030：道光三年又奏定

猎场所失马匹，兵丁隐匿，被人首告者，鞭五十，罚银十两给首告之人，系官员罚银十五两给首告之人，鞭责相赎。该管官统辖不严，罚俸一月。

围禁 031：道光七年谕

据富俊奏：旨拟定巡查围场章程一折。前交富俊将巡查围场之官兵，如何随带军器不致伤损，并捕贼得力之处，著定拟具奏。今据富俊具奏，巡查围场官兵，如若携带鸟枪，不惟伤损牲畜，并将围场内兽只尽行惊散，以后巡查围场官兵，仍不准携带鸟枪，除随带弓箭外，并令添带长枪，则官兵不致伤害牲畜，且于技艺亦不致废弛。所拟甚是，即照富俊所奏行，并著留心稽察，该官兵等傥有阳奉阴违，并不实心捕贼，任意伤害牲畜，一经查出，即行指名严参，毋许姑容。

围禁 032：道光七年又谕

富俊奏：查明围场内私放民人砍伐树木各员，分别定拟请旨一折。围场一带卡伦，原为禁止偷打牲畜砍伐树木而设，乃卡官晋海，领催委官锡永保，希图行窃之富起馈送柴薪小利，辄敢私放民人，砍伐树木，惊散牲畜，殊属不堪，晋海、锡永保俱著革职，在围场枷号一月示众。翼长兼佐领伊郎阿，管围十六年之久，并不严加约束，转为民人富起喂养牛只，在卡伦房内堆积柴薪，以致砍伐许多树木，殊属目无法纪，有玷厥职，伊郎阿著交部严加议处。协领济龄阿，虽于上年甫在围场内行走，并未拿获一贼，亦属非是，济龄阿著交部议处。

围禁 033：道光九年奏定

大臣官员等随驾行围，至大营后，如有晚间私出打牲者革职，兵丁革退，插箭游营。

围禁 034：道光九年又奏定

置买牲畜作为自射跪献者，大臣官员革职，兵丁革退，俱交刑部治罪。

围禁 035：道光九年三奏定

前锋围场人等，如有不随蒙古围场行走，以致窜出牲畜不行圈进者，经管囊大臣参奏，查系大臣实降一级，官员实降二级，兵丁鞭四十革退。

围禁 036：道光九年四奏定

每遇圈围之期，前一日如有在中途打牲者，查系大臣官员实降三级，兵丁鞭四十革退。

围禁 037：道光九年五奏定

管理围场大臣，如有管束不严，以致落后者，实降一级。

围禁 038：道光十六年谕

热河围场，系秋狝讲武之所，例应严肃申禁，俾树木葱郁，物类蕃滋。朕闻近来颇有偷砍木植私打牲畜之事，并闻该处车迹纵横，可见例禁废弛，怠玩已极。著嵩溥严行申禁，非围场内当差之人，不得擅入，肆行践踏，所有该围场内树木牲畜，毋得私自戕伐猎取，以昭慎重。倘该总管等查禁不严，致滋各弊，著嵩溥即行参奏惩处，毋稍瞻徇。

围禁 039：道光十八年谕

前降旨饬令御前大臣等会议南苑章程。兹据该大臣等妥议具奏：嗣后凡遇临幸之时，除健锐、火器二营派出进班兵一百名，仍照例携带排枪一百杆外，所有御前乾清门侍卫内兼御鸟枪者，准各带鸟枪一杆，统于派出随围后，查明确数，先行知照御前大臣总理行营大臣等，以备稽查。虎枪营之御鸟枪十人，仍准各带鸟枪一杆。向有猎打牲畜野鸭之事，著一并禁止，以杜影射。此外扈从官员人等，概不准携带，届期由御前大臣总理行营大臣详细稽查，倘查有私带鸟枪之员，立即指参惩办。至阿哥等学围时应用鸟枪，及谙达所带鸟枪，每阿哥名下止准各带五杆，仍由该门官兵稽查，并责成随往之总谙达散秩大臣管理南苑大臣随时查察。所有随带人等，均不准私放火枪，滥射牲兽，倘闻有施放枪声，即时查拿究办。苑内开垦地亩过多，豢养草束，不敷刈割，著该管大臣将现种地亩，详查丈尺，有无浮开等弊，仍责成三旗苑丞总领章京及九门章京率同兵丁，查有私扒根楂之人，立即惩办，并著随时酌量，有可抛荒之地，陆续抛荒，以符旧制。

军器禁令〔例 27 条〕

军器禁 001：康熙五十五年题准

城上直班官，黉夜私移城上备用火药者，革职。其同班官不行拦阻者，罚俸一年。

军器禁 002：雍正元年奏准

官兵将军器质当者，官革职，兵鞭一百革退，军器追缴入官，失察之该管官罚俸一年。

军器禁 003：雍正二年题准

城上储火药屋，步军统领随时巡视，有闲人在近行走者，看守官罚俸九月，兵鞭四十。致有疏虞者，看守官革职，兵鞭一百革退。

军器禁 004：雍正二年定

兵丁将所领火药私卖者，革退交刑部治罪，失察之该管官罚俸一年，该管大员罚俸六月。

军器禁 005：雍正三年奏准

官储军药擅行弃毁者，官革职，兵鞭一百；至三百斤以上者，无论官兵，皆革退交刑部治罪。若遗失及误毁无多者，官罚俸一年，兵鞭五十；至三百斤以上者，官降一级，兵鞭八十，其缺少火药，悉著追赔。

军器禁 006：雍正六年定

官兵私卖军器者，革退交刑部治罪，失察之该管官罚俸一年。

军器禁 007：雍正十一年议准

失火烧毁官兵房屋盔甲器械等物者，该管官罚俸六月，若因公他出者免议。

军器禁 008：乾隆元年议准

民间不许制鸟枪，其乡村险僻之处，防虎防盗，鸟枪在所必需，各该省督抚确查各州县内有实在应用地方，照兵丁鸟枪式样制造，书鉴姓名，具呈地方官编号注册备案。如非应用地方，有私藏或私造售卖者，将私藏私造之人责四十板，鸟枪入官，失察之该管官罚俸一年。若兵丁有藉稽查鸟枪扰害民间者革粮，该管官罚俸一年。

军器禁 009：乾隆二十九年奏准

地方有私铸红衣等大小炮位者，将炮入官，该犯交刑部议罪，其失察之该管官革职，兼辖官降四级调用，提督、总兵降二级留任。

军器禁 010：乾隆三十九年奏准

铁炮火器不得擅自私用，如有私藏火炮不行送库者，将失察之专管官降一级调用。

军器禁 011：乾隆三十九年又奏准

地方有违禁私制藤牌者，该管武职罚俸一年。

军器禁 012：乾隆三十九年三奏准

看守城池仓库街道等处，遗失本身器械者，系官降一级留任，兵丁鞭七十。若遗失在官器械者，官员降一级留任，罚俸一年，兵丁鞭八十。

军器禁 013：乾隆三十九年四奏准

私藏火炮及私造鸟枪者，系官革职，兵丁鞭一百革退，火炮鸟枪俱入官，该管兼辖各官参处，如有讳饰等情，降二级调用。

军器禁 014：乾隆三十九年五奏准

各省存储火药局，该管各官若不加谨巡防，以致被轰者，将同城专管兼统各官俱革职留任，不同城之兼统各官降一级留任，平时防范不严之提督、总兵罚俸一年。

军器禁 015：嘉庆四年议准

闽浙沿海各厅州县民壮，准其演习鸟枪，会同附近营兵按期操演。福建官制鸟枪三百八十五杆，浙江官制鸟枪六百六十五杆，俱鉴明县名字号，平时收存库内，遇操演之期，方准给发，事毕仍行收存，不许民壮私存在外。其地非沿海各厅州县民壮，概不准其演习。

军器禁 016：嘉庆六年奏准

各省地方鸟枪不许存留，其湖南省辰州府属乾州厅、凤凰厅、永绥厅、辰溪、溆浦、沅陵、泸溪，宝庆府属城步、邵阳、新化、武冈州、新宁，沅州府属芷江、黔阳、麻阳，永顺府属永顺、保靖、桑植、龙山。靖州并所属通道、绥宁、会同，衡州府属常宁、酃县，永州府属零陵、祁阳、东安、道州、宁远、永明、江华、新田，郴州并所属宜章、兴宁、桂阳、桂东，桂阳州并所属临武、蓝山，甘肃省兰州府属循化、河州，西宁府属巴燕戎格、西宁、碾伯、贵德，巩昌府属洮州、岷州，甘州府属抚彝、张掖、山丹，凉州府属平番、镇番、肃州，广东省廉州府属合浦，连州属连山，广西省桂林府属灵川、兴安、阳朔、永宁、永福、义宁、全州、灌阳，平乐府属恭城、荔浦、富川，梧川府属藤县、容县、怀县，浔州府属平南，南宁府属横州、永淳、新宁、上思，思恩府属武缘、宾州、迁江、上林、百色，泗城府属凌云、西隆、西林，镇安府属小镇安〔今改县〕、天保、归顺、奉义，山西省太原府属岢岚州、岚县、兴县，平阳府属临汾、洪洞、浮山、岳阳、汾西、吉州、乡宁，汾州府属汾阳、孝义、石楼、永宁、宁乡，大同府属大同、浑源、灵邱、广灵、丰镇厅，朔平府属朔州、右玉、左云、宁远厅，泽州府属凤台、陵川、阳城，辽州属和顺，沁州属沁源、武乡，平定州属乐平，忻州属静乐，代州属繁峙、五台，霍州属赵城，隰州属蒲县，直隶省承德府属平泉州、滦平、建昌、丰宁、赤峰、朝阳，四川省雅州府属天全、雅安、名山、荣经、芦山、清溪，宁远府属会理州、西昌、冕宁、盐源、松潘厅、杂谷厅、茂州、汶川、保县，酉阳州并所属秀山、黔江，重庆府属璧山，叙州府属马边厅、屏山，云南省永昌府、顺宁府，山东省登州府属宁海州，河南省河南府属登封等处地方，应留鸟枪捍卫者，准照营兵鸟枪式制造，刊刻姓名，具呈地方官编号登册。至贵州省有必需防御之旧存鸟枪，无论民苗，亦俱令报官编号，以备稽查。

军器禁 017：嘉庆六年又奏准

不许存留鸟枪地方，如有私藏鸟枪，一年内失察一次者，该管官降一级留任，兼辖上司罚俸一年；失察二次者，该管官降一级调用，兼辖上司降一级留任。至准留鸟枪地方，如不报官编号，私自收藏者，将不行查出之该管官随案查参，罚俸一年。

军器禁 018：嘉庆六年三奏准

官兵汛署，系民间失火延烧，以致烧毁房屋盔甲器械等物者，该管官仍按向例烧毁房屋数目分别议处，房屋盔甲器械，准其动项造补。系该管兵丁汛守处所起火烧毁者，将该管官降一级留任。如系本管衙署巡防不谨，以致烧毁者，将该管官降一级调用，兵丁治罪，烧毁之房屋盔甲等项，著落该管官赔补。

军器禁 019：嘉庆六年四奏准

营中火药器械存储库局，营兵有偷窃私卖等事，将该管员弁革职提问，失察之统辖总兵降三级调用，提督降一级调用，提督、总兵自行查出者免议。

军器禁 020：嘉庆七年谕

玉德奏：营伍操演枪箭，请除去枪上所钉星斗，并请射靶俱改用梅针箭一折。所奏大属纰缪，施放鸟枪，全凭枪上所钉星斗为准，若平素演习精熟，自能便捷命中。今玉德因闽浙营兵放枪迟慢手颤，欲将星斗除去，殊不思兵丁等执枪手颤，自因演习生疏所致，应即将该兵丁等责惩，岂除去星斗，即不手颤乎！至所称军营用箭皆系梅针，营兵操练射靶所用铲子箭，头轻翎大，不过架势饰观，应改用梅针箭等语。亦不成话，箭枝式样种种不同，各适于用，其箭镞翎羽之轻重，总视弓力为准，如射鹄则用鹪头，射靶则用铲箭，射牲则用披箭，临阵则用梅针，随地异宜，总在发矢有准，如果将铲箭演习纯熟，即易用梅针，必能一律命中。若平日操演，必须改用梅针，方能射贼，则树候设正，亦非临阵时所用，岂有以人为的，竟将应死罪囚，试演射艺之理，真所谓无知瞽说矣。我朝武备整齐，弓矢枪炮，最为军营利器，法制精良，百世不易，乃玉德辄思改变旧章，此奏若出于提镇汉员内，已属不经，况玉德系满洲总督，竟于本朝武备成法，懵然不知，率议更张，尤为谬妄。玉德著拔去花翎，传旨严行申饬，仍交部议处。嗣后八旗各营伍及督抚提镇等，惟当将各营官兵勤加训练，以期技艺娴熟，悉成劲旅，毋得妄逞臆见，轻改旧制。

军器禁 021：嘉庆八年奉旨

兵部议奏：韦陀保请将围场兵丁所存鸟枪，查出贮公，并令各地方官于附近村庄查收鸟枪等因一折。八旗兵丁，有操演巡防之责，所用鸟枪，皆系官为制给，若防其偷打牲畜，遂尔概行收贮，势必不能勤加习练，技艺生疏，殊属因噎废食。设有兵丁用箭偶射鹿只，即将各营制所备弓箭，全行收缴，有是理耶？至民间私藏鸟枪，原干例禁，而附近山林村庄，其居民或制备鸟枪以防猛兽，或藉御暴客，定例报官编号，准其留用，此时因严禁民人偷鹿，即将伊等所用鸟枪尽数查收，而蒙古等皆以鸟枪打牲为业，万一居民向其借用，又安能将蒙古所用鸟枪逐一查禁乎？是欲杜偷鹿之弊，惟在严查围场附近地方，毋许开设店铺收买茸角等项，使不能寄迹消赃，奸民无利可图，可不禁而自绝矣。所有查收八旗兵丁鸟枪，著韦陀保即行发还，俾资操习巡防。

军器禁 022：嘉庆十年谕

据那彦成等奏：饷渡船只，吁准携带鸟枪，以资御盗而护商旅一折。此项饷渡船只，载送客商饷货，取道内洋海面，自应准其携带鸟枪，俾资捍卫。著照该督等所请，即照出洋商船之例，每船酌给编号鸟枪四杆，每次酌给火药三斤，其应如何编号稽查之处，著该督等悉心妥议章程具奏。

军器禁 023：嘉庆十一年谕

德楞泰等奏：酌议陕甘各标营，于弓箭兵内挑十分之二兼令习矛，制造丈尺有定，不得过长等语一折。营伍军器，以弓箭鸟枪为重，必当操演精熟，以昭武备。至长矛一项，止系挑刀藤牌杂技中之一，前因河北镇总兵蔡鼎奏，请于弓箭兵丁内酌派十分之二，兼习长矛，曾谕令各省营制，酌定额兵演习，因思长矛究非营伍要紧技艺，兵丁于弓箭鸟枪外，兼习其技以资击刺，原无不可，若因练习长矛，于弓箭鸟枪转致生疏，殊属轻重失宜，非所以饬戎器而讲武艺也。且矛杆过长，于运用不灵，尤不足资击刺，若云深林密箐，长矛较为便利，则更无此理。嗣后各省营制训练卒伍，总当以操练弓箭鸟枪为正技，长矛止可令其兼习，兼著于额兵内止酌定十分之一，不许过额。其制造矛杆不得过一丈，如有违式制用者，经该管大员查出，即严行惩治，并将该将领一并参处。

军器禁 024：嘉庆十二年定

直省各标营废枪废炮及一切火器，皆系精熟铜铁，报部存案，妥为收储，不准变价，遇有制造军器之时，即取此项铜铁回火抵用，报部开销。

军器禁 025：嘉庆十四年谕

松筠奏：查阅甘凉肃提镇营伍一折。据称初阅安西玉门营员，演箭布靶过宽，较射易中，遂饬传各营照依京营布靶成式改制等语。各营布靶，自有定制，若过于高宽，则弁兵等命中甚易，又安能技艺精纯？松筠为整饬营伍起见，所办甚是。嗣后著各该将军、督抚、提镇，于所属各营，照依京营布靶一体制办，随时演习，如再有擅用高宽布靶者，著查明参奏，照违制例议处。

军器禁 026：嘉庆十五年定

各省营中演箭布靶式样，高四尺七寸，宽一尺，有擅用高宽布靶者，查明参奏，照违制例议处。

军器禁 027：道光八年谕

前据奕颢等奏：奉天旗民私藏鸟枪，应立限赴官呈缴，并请饬吉林将军一体照办。朕以该处近年流寓民人甚多，往往私藏鸟枪，偷打牲畜，自应严行查缴，至旗人操演技艺，岂得因流民有偷打牲畜之事，并将旗人所用鸟枪，一概禁止，当经降旨令奕颢、博启图等，会同妥议章程。兹据奏：八旗满洲、蒙古、汉军及正身旗丁学习武备，原不在禁止之列，奕颢等前奏未经声叙明晰，其各边门额设兵丁，如有自备鸟枪守御者，亦可酌留。惟八旗兵丁所用鸟枪，查明数目錾刻旗佐花名，编号注册，如有损坏，报明该管官发给执照，持赴枪炉销毁，照式更换等语。旗丁操演鸟枪，总以勤加训练为重，若均须持照赴炉打造，枪上錾刻旗佐花名，徒滋纷扰，必致将操演废弛，岂不因噎废食，所奏著毋庸议。该将军等当严饬该管官于围场参山一带，认真稽查，如有越边偷打牲畜者，拿获治罪，仍随时密派员弁访查，倘该管官并不实力查禁，及得贿纵放诸弊，即当严行参办。至所奏杂项壮丁，与正身旗人不同，所有私藏鸟枪，自应与民人一律禁止。著自奉旨之日为始，予限半年，凡土著流民及杂项壮丁等私藏鸟枪，一概赴官呈缴，给予例价银两，盛京由参余银内动支，吉林于税银内拨给，核实报销。

八旗处分例

考察〔例 40 条〕

考察 001：康熙十一年议准

銮仪卫满官不考察。

考察 002：康熙十一年又议准

牺牲所官不入军政。

考察 003：雍正元年议准

领侍卫内大臣、八旗都统、前锋统领、护军统领、步军统领、副都统，皆系近御大臣，不必具疏自陈。至所属武职各官，令其确核贤否，注考举劾，将行止端方，居官勤慎，弓马娴熟，驭兵有律，给饷无虚者，列名荐举；贪酷、不谨、罢软、年老、有疾、才力不及、浮躁者，分别纠劾。其步军尉暨守坛庙官散秩世爵，有疾不能行走者题参，年老者免其纠劾。至各省驻防官，五年考察一次，将军、都统、副都统自行陈奏，其所属官令将军等秉公考察。

考察 004：雍正元年又议准

御史部院司官兼任武职者，不在军政之例。内外考察旗员，有在军前受伤得功者，均详注于册。其不入举劾，照常留任者，均令该管官注考，造册送部。至考察在京旗员，由部疏列管理旗务王公、满洲蒙古都统、副都统、前锋统领、护军统领、满洲授汉军都统、副都统、本部满尚书、侍郎奏请简命，公同考察。河南、太原二处城守尉各官，同前列名，奏请遣往考察，内外考送军政册，于本年十月具题下部，部会都察院、兵科、河南道〔今京畿道〕察核具奏，黜陟如法。

考察 005：雍正二年议准

圆明园八旗武职，火器营、健锐营官员，遇军政之年，令该管王大臣一例考察。

考察 006：雍正四年题准

郑家庄、昌平州、保定府、固安县、宝坻县、东安县、良乡县、霸州、采育里驻防各官，遇军政之年，令巡察驻防之护军统领、副都统，同该管官考察具奏。

考察 007：乾隆二年议准

内务府所属兼文职佐领各官仍入京察外，其三旗护军统领、护军参领、护军校、骁骑参领、佐领、骁骑校散职官，不兼文职者，照八旗军政例考察。

考察 008：乾隆七年奏准

绿旗军政，均详开履历，分别去留。旗员军政，向无定式，嗣后考察，定以四格：一曰操守，或廉或平或贪；一曰才能，或长或平或短；一曰骑射，或优或平或劣；一曰年岁，或壮或中或老；并将各官履历及有无出征效力受伤得功，注明于册，送部核覆。

考察 009：乾隆七年又议准

步军校、前锋校、护军校、骁骑校，遇军政之年，令参领协领注考，申报该管大员，察核明确，汇册送部。内外旗员调任一年以上者，于新任填注考语，不及一年者，仍于旧任填注考语。

考察 010：乾隆七年三议准

八旗都统、前锋统领、护军统领、步军统领、副都统，举行军政之年，咸令具疏自陈。其部院文职，兼都统等任者，不在此例。军政自陈，于九月初一日至初十日，送通政使司陈奏，有出差者，俟差竣补行。交部察议者，照军政考察例，会同都察院、兵科、河南道〔今京畿道〕察核具题。

考察 011：乾隆十二年谕

凡兼有职任之王公，遇大计军政之年，皆与大臣等一体自陈，举贤自代，但王公等皆朕宗室，特旨令其兼办，非按资格录用之大臣可比，且宗人府王公等并不自陈。嗣后遇大计军政之年，兼有职任之王公等，悉停其自陈。

考察 012：乾隆十五年谕

大计军政，固三载考绩之义，以示激扬，但文武大臣具疏自陈，虽属遵循成例，而于实政未有裨益。盖中外大臣，皆朕所简用，既经委任，其居心之诚否，才具之长短，举在洞鉴之中，如其不能称职，早已随时甄别，其待至三年而计去者，实职非要任，而人非大过，介在可否之间者。至于大臣恪共职守，正宜久任以收实效，而届期辄求斥退，复降旨令照旧供职，拘成例而事繁文，非崇实务本之道也。至近御大臣领侍卫内大臣等，或简自勋戚，或拔从宿卫，其办理阁务卿长，以及八旗职任，皆量材器使，非循资录用者比，且多世沐国恩，趋承左右，论其情理，亦不当引退就闲，甘心暇逸，而每至三年，亦循例求罢，是转以疏远自居，如君臣一体之义何？前因宗室王公兼有职任者，皆系宗潢近派，特旨令不必自陈。嗣后近御大臣、领侍卫内大臣、御前侍卫、乾清门侍卫等，兼理阁务及八旗事务者，遇大计军政，皆令不必自陈，余仍照旧例行。

考察 013：乾隆十七年题准

静宜园八旗官，照圆明园各官军政之例，一例考察。

考察 014：乾隆十八年谕

上年朕虽经降旨，将考察军政武职大臣自陈请罢之例停止，但该部仍应具奏请旨，著交兵部遇军政之年，八旗都统内兼管之诸王尚书外，其余都统、前锋统领、护军统领、副都统等职名事实，著缮折具奏请旨。

考察 015：乾隆十八年又谕

八旗世爵与职任官一体军政，填注操守才能，均属虚名，究非实事，伊等止应论其弓马人材，平素行走何如耳。嗣后八旗世爵，不必入军政考察，交该旗大臣三年一次引见，于引见时，仍将平日行走如何之处，一并声明具奏。永著为令。

考察 016：乾隆十八年奏准

领侍卫内大臣、御前大臣侍卫、乾清门侍卫兼领旗务者、向不自陈、均毋庸开列事实。其驻防将军、都统、副都统、亦照八旗开列事实之例请旨。嗣后军政之年，八旗都统等，于九月初一日至初十日，造具事实清册送部；驻防将军等，于十月内造具事实清册送部，由部汇疏以闻。

考察 017：乾隆二十六年奉旨

清语为旗人旧制，理应视为最要，首先勤学，从前各部院官员回堂，俱用清语，该堂官如果留心，将所属官员试看，清语好者，再加策励，更进优娴，其清语生疏者，即行教诫练习，毋失旧制。嗣后务须留心遵行外，明年京察官员时，必将清语好又兼办事好者列为一等，如不能清语之员，虽办事好，未便滥竽，伊等若不如此保举，于引见时经朕试问，仍有不能清语之人，惟该堂官是问。

考察 018：乾隆二十九年奏准

八旗世职遇考察之年，该管大臣详加考验，将骑射清语优娴者列为头等，带领引见，准其纪录二次，骑射中平者仍留世职当差。如骑射清语生疏，年岁尚壮，堪以教训者，罚俸一年，令该管大臣训教，俟下次考验时，其弓马清语仍复不堪，即行参革，世职另行承袭。

考察 019：乾隆三十五年议准

宗室承袭章京，入于军政，照八旗世袭官员例，将伊等职名考语，由宗人府造册咨送军政大臣考验。

考察 020：乾隆三十七年谕

军政考验世职官内，有患疮疾，不必交该旗大臣查办，若过半年不愈，即行革退，俟痊愈时，仍交军政王大臣等补行考验，拟定等次具奏，嗣后俱照此办理。著为令。

考察 021：乾隆四十一年谕

考试幼职幼官步箭时，必令各多射数枝，始能分别优劣，以定等次。从前遇考试伊等之年，出派王大臣考试步箭时，每人不过令其射一二枝，即行选取，此特系王大臣等速欲看完了事。嗣后考试世职官员，所派之王大臣等，务令每人各射三枝，留心视看，再行选取等次。其军政各处，特行出派王大臣等考验步箭时，俱著照此一体遵行。著为令。

考察 022：乾隆四十二年议准

步军营左右翼尉，系三品实缺，与内务府护军统领、城守尉、营总等官无异，将该翼尉一体入于军政考察。

考察 023：乾隆五十八年谕

嗣后各省军政，佐领以下等官，毋庸送部引见。

考察 024：嘉庆四年谕

大门上行走侍卫，并无军政之例，此内保无年老材庸者，著入于军政例内，列于该旗武职之前考验。倘侍卫内有差使懒惰不安本分者，该管大臣平日查出，即行参奏。从前应行军政官员，均系分左右翼二处看验，徒延时日，嗣后将左右两翼应行考验官员，分作四处考验。著为例。

考察 025：嘉庆四年奉旨

粘杆处侍卫、銮仪卫章京等，著入于军政。

考察 026：嘉庆五年奉旨

王公等门上五品以上护卫等，遇军政之年，著交派出之王大臣等，列于大门侍卫、銮仪卫章京之后阅看，其护军校典仪，著不必入于军政。

考察 027：嘉庆六年议准

宗室亲王、郡王、贝勒、贝子、公，门上一二三等护卫，遇军政之年，由各王公门上，将护卫职名，造册咨报宗人府，汇齐送部，列于大门上侍卫、銮仪卫章京人员之后，交钦派考验军政之王大臣阅看骑射，毋庸荐举卓异。其中若有弓马生疏者，令该王公等勒限演习，以期熟练。

考察 028：嘉庆六年奏准

八旗世职遇考察之年，该管大臣详加考验，如骑射清语生疏，将不能训教之该管大臣罚俸一年。

考察 029：嘉庆七年奏准

内务府三旗护军统领遇军政之年，毋庸王大臣验看，即由内务府将事实履历，造册咨送兵部办理。

考察 030：嘉庆七年谕

茶膳房章京侍卫，每日豫备茶膳，是其专责，与操演营伍侍卫官员门上侍卫有间，且伊等实无操演之暇，茶膳房章京侍卫，著施恩仍不必入于军政。

考察 031：道光二年奏定

八旗前锋护军、上三旗包衣护军、火器营护军、健锐营、外火器营、圆明园兵丁等马步箭，兵部三年一次，于二月内奏请钦点大臣验看。如有骑射生疏者，据实参奏，交部将该管大臣降一级留任，该管官员降二级留任。

考察 032：道光三年谕

兵部议覆孙玉庭等奏：江苏等省世职人员，各就本省考验甄别一折。江苏、安徽两省云骑尉、恩骑尉世职人员，于未经得缺之前，每届三年甄别，仍照例隶督标者归总督考验，隶抚标者归巡抚考验。其安徽省隶各镇协标之随营世职，相距总督驻扎处所，本属隔省，往返较远，该省巡抚兼提督衔，嗣后该世职等三年甄别，著照云贵等省之例，准其改归安徽巡抚就近考验弓马，据实甄别报部，仍令该抚移咨总督查核。至江苏省提督驻扎松江，凡附近提督镇协营分，著即就近由提督考验甄别，移咨总督察核报部。其附近总督镇协各营，如隶提标之江宁城守协，并京口协镇江扬州等营，均距总督衙门甚近，若令前赴松江考验，再送总督衙门甄别，往返千余里，殊滋劳费，著即径送总督考验甄别，知照提督备案，不必因隶提标，再由提督考转。其云骑尉补缺，仍照例由总督考选，恩骑尉例拔千总，仍视营分远近，分别各归督抚就近考拔，以昭核实。

考察 033：道光七年奏准

军政年至六十五岁以上，应行引见人员内，如有患病告假者，除患病至六个月限满尚未痊愈，即行开缺外，其限内病痊假满各员，仍由各该旗营大臣先行考验，将应入计典各员，造册咨部办理，有堪以留任者，填注考语，造具补考册籍送部，兵部即并入应行引见堂考官员内一体考验，随时带领引见。至六十五岁以下，及应送王大臣考验留任，毋庸引见人员，如有考验时咨报患病，告假属实者，亦于病痊假满后，由该管旗营大臣补行考验，分别去留，填注切实考语，造册送部，由部随案具题。

考察 034：道光十二年谕

富僧德奏：黑龙江官员军政留任一折。此次黑龙江军政官员内，现任职官副都统衔总管特松阿等五十五员，世袭职官骑都尉百岁等十一员，年已逾岁，精力未衰，尚能骑射，著照所请，俱准其留任。惟折内应行声明该员等年岁俱系六旬有余，乃富僧德仅将各该员履历造册咨送兵部，并未将衔名年岁，于折内声明，殊属含混。嗣后著各省将军副都统等，凡遇军政官员逾岁留任，衔名年岁，另缮名单具奏，毋稍含混。

考察 035：道光十二年又谕

前据那彦宝等奏：考验成都军政官员，防御济忠阿年届六十五岁，精力未衰，恳请留任，已照所请准行。惟思成都驻防官员众多，恐尚有逾岁人员，当交兵部查核，兹据查出成都咨送册内，有世袭云骑尉郭尔敏布一员，现年七十七岁，开注"应留"

字样。此次各省将军、副都统等考验军政，所有逾岁世袭官员留任之处，均经陆续奏到，乃那彦宝等仅将郭尔敏布留任报部，办理竟未画一，殊属非是。那彦宝、海明著传旨严行申饬。嗣后各省将军、副都统每届军政之期，如有年逾六十五岁之世袭官员，著秉公考验具奏，毋许含混报部。

考察 036：道光十二年议准

军政考验，各设立六力官弓，凡前锋、护军、健锐、火器等营官员，年在五十以内者，均令先开挽官弓，果能裕如，方准较射，仍以中靶为合式。至八旗各营，如有力强请开挽官弓者，登注该员名下，中靶即列为上选。其力弱不能挽强者，仍准照旧以中靶为合式。其应行留任人员，如马步俱属可观，记有双圈者，兵部题请给予纪录一次。其马步俱属平，记有双直者，该旗营大臣勒限训练，先将本员罚俸六个月。

考察 037：道光十七年谕

嗣后著传谕各省将军、副都统及新疆各大臣等，遇军政之年，务将逾岁而精力未衰，应行留任各员年岁，明白缮单，随时呈递，毋许含混。

考察 038：道光十七年又谕

各省驻防旗员，遇军政之期，前曾降旨饬令该管大臣核其年岁精力，认真举劾，昨复降旨申谕。乃近来各省于开列年岁，及分别奏咨，办理总未画一。嗣后该将军等于军政届期，务当遵照前降谕旨，认真察看，除照例举劾外，其年齿虽老，精力未衰者，自协领至骁骑校，均著该管大臣详晰查验该员等年岁若干，逐一开列，专折具奏，以昭核实而符定制。

考察 039：道光二十二年谕

各省驻防考验逾岁人员，于具题时，俱将该员等旗分职名年岁，另缮清字夹片具奏。

考察 040：同治元年谕

前因御史陈廷经奏：请变通营制以一事权，降旨令兵部议奏。兹据奏称：总督驻扎地方与巡抚相隔较远，自应量为变通等语。嗣后除专设总督之直隶、江南、四川、甘肃，暨督抚同城之福建、广东、湖北、云南，仍遵旧制，会同提督办理外，其江苏、浙江、安徽、江西、陕西、湖南、广西、贵州等省，各镇协武职升迁调补，著就近暂由巡抚办理，千总以下，径由巡抚咨拔报部。守备以上，有提督省分，仍俟各镇移咨提督查核后，由巡抚会同总督分别题奏。其总督兼辖省分，军政考核，著径由巡抚就近注考，确定去留，会同总督、提督具题报部核办。

军政卓异〔例 26 条〕

卓异 001：乾隆七年议准

外省驻防官，有引见未满三年，而该上司举为卓异者，由部请旨定议具奏，不必引见，以卓异加一级注册。

卓异 002：乾隆七年又议准

驻防各城军政卓异官，如山海关等处协领，各城城守尉，遇有外省副都统员缺，由部开列题补。张家口总管，各城防守尉、佐领，由该旗以城守尉、京城参领题补。各城防御，由该旗以本处防守尉、围场总管及京城步军副尉题补。各城骁骑校，由该旗以本处防御及京城步军尉题补。巡察围场官，由该旗以围场总管及京城步军尉题补。各城领催，令该管之城守尉防守尉等，选弓马娴熟，效力年久者，保举咨部，以本处骁骑校、京城骁骑校及六品官题补。以上各官及领催内，有愿居在外者，呈明考察大臣，仍留本处。

卓异 003：乾隆十八年奏准

驻防官军政之年，大典攸关，各省荐举，理应慎重，应按地之大小，官之多寡，酌中定额：黑龙江七人，盛京六人，吉林五人，西安、绥远城右卫各四人，江宁、杭州、荆州各三人，京口、宁夏、凉州、庄浪、成都、广州各二人，热河、山海关、青州、福州各一人。至河南、太原遇军政之年，向系特简大臣考察，独石口、千家店、张家口、古北口、郑家庄、昌平州六处，保定府、固安县、宝坻县、东安县、雄县、良乡县、霸州、采育里八处，向有巡察大臣统辖，以上驻防各处，官数无多，毋庸定额。嗣后军政，令各该管官秉公考察，果有贤能出众，准其荐举一人，若无堪膺荐举者，任阙无滥。其各省将军等，或因定有荐额，徇私滥举，经部查出，据实参处。

卓异 004：乾隆二十一年谕

驻防城守尉之设，表率将弁，整饬营伍，是其专责。近京地方，如保定等处城守尉，有护军统领管辖，不时督察巡阅，惟河南、太原两处，并无大员节制，且与所辖之佐领，官阶体制，不甚悬殊，一切稽察弹压之处，未免因循瞻顾。嗣后著即归于巡抚节制，所有该官弁技勇及马匹器械，该抚随时察核，分别奏闻，其有懈弛不职弓马生疏者，即将该官弁据实参处。

卓异 005：乾隆三十二年奏准

江宁、京口官员，荐举共三人。

卓异 006：乾隆三十二年又奏准

绥远城、察哈尔、独石口、千家店等处驻防官员，历次移扎裁汰，荐举数目亦应酌定。右卫归并绥远城，酌定荐举官二人；独石口、千家店、张家口等三处并昌平州，令察哈尔都统兼管，遇军政之年，该都统一体考验，定额荐举四人，酌添一人；古北口驻防官，令热河副都统兼管，遇军政之年，该副都统一体考验，定额荐举一人，酌添一人。各该处如无堪膺荐举者，任阙无滥。沧州驻防，现经议令稽察保定府等八处大臣管辖，遇军政之年，应入于保定府等八处内一体荐举。

卓异007：乾隆三十三年覆准

伊犁军政卓异官员，毋庸送部引见题补，如伊等应升得缺时，将卓异之处，声明具奏。索伦、察哈尔、额鲁特官员，原无军政之条，仍照旧办理。至满洲锡伯官员，照依伊等原处军政之例办理。

卓异008：乾隆四十一年奏准

乌鲁木齐、巴里坤、古城等三处，俱设立驻防，其应行卓异人员，各照所设驻防人数，酌量定额，乌鲁木齐二人，巴里坤、古城每处各一人，该三处系边疆要地，距京遥远，卓异官员，毋庸送部引见，俟应升得缺时，将卓异之处，声明具奏，如无堪膺荐举者，仍照定例，任阙无滥。

卓异009：乾隆四十二年奏准

凉州荐举官员，定为一人。

卓异010：乾隆四十二年谕

向来伊犁官员等遇军政之年，保举卓异后，不令特行送京引见者，原因伊犁为极边地方，往来拮据，是以停其特送引见，但此等卓异人员，军政大典攸关，未经引见，而将军大臣等阅看，即作为卓异，亦不合宜。嗣后伊犁等处官员，遇军政之年，将指为卓异者，临时奏闻注册，俟伊等应升之缺，保送引见，将卓异之处，一并声明具奏，俟引见之日，朕允准后，再准其卓异。其协领等内指为卓异者，亦俟伊等年满送京引见之时，一并声明具奏，引见之日，朕允准后，再准其卓异。

卓异011：乾隆四十七年议准

乌鲁木齐移扎吐鲁番，添设官十五人，应即归并乌鲁木齐军政，原额荐举二人，增荐一人，共荐举三人。如无堪膺荐举之人，仍照定例，任阙无滥。

卓异012：乾隆四十七年题准

密云新设驻防，军政官员应照热河之例，准其荐举二人，其应入举劾各事宜及该副都统事实，均照定例办理。

卓异013：乾隆四十八年议准

八旗佐领补放副参领，骁骑校补放印务章京，如系荐举之人，即将卓异查销。

卓异014：乾隆四十九年议准

嗣后伊犁举行军政额数，荐举不得过四人。

卓异015：乾隆五十二年奏准

在京八旗骁骑营荐举额数，满洲骁骑营每次不得过四人，蒙古骁骑营每次不得过二人，汉军骁骑营、左右翼前锋营、八旗护军营每次不得过三人，圆明园护军营、内务府三旗护军营每次不得过四人，火器营、健锐营、步军营每次不得过六人，内务府三旗骁骑营每次不得过二人。

卓异016：乾隆五十八年奉旨

各省军政，佐领等官虽有列为卓异之例，但佐领等官引见后，不过加一级发回本地，况本省遇有应升缺出，仍由此项人员内拣选题补，似此佐领等官，徒拘泥成例，列为卓异，致令远涉途路，虚糜盘费，且三年举行一次，所费尤繁。嗣后各省如有协领等官缺出，可将此项人员保举，庶可省伊等繁费，而于升途亦无滞碍。著为令。

卓异017：乾隆五十九年奏准

八旗满洲骁骑营，每次荐举不得过五人。

卓异018：嘉庆四年奏准

大门上侍卫、粘杆处侍卫、銮仪卫章京等，令该管大臣详核注考，均于六十员内，准其荐举一人。其不足六十员者，如果人材出众，堪膺荐举，亦准其荐举一人。倘不得其人，任阙无滥，若荐举不实，将该管大臣照例议处。

卓异019：嘉庆四年又奏准

圆明园护军营，内务府三旗护军营，内务府三旗骁骑营，各营荐举额数二人至四人不等，约以四十员内，准该管大臣荐举一人。

卓异020：嘉庆五年奏准

各省驻防佐领防御，改归旧例，入于军政考验，如有贤能出色之员，准其与协领参领等一体荐举。近京密云等处及各省驻防，盛京、吉林、黑龙江，均令送部引见；伊犁、乌鲁木齐、巴里坤、古城，离京较远，应令仍照旧例，遇有差使之便，再行赴京引见。

卓异021：嘉庆六年奏准

驻防卓异增减额数，黑龙江减为六人，盛京减为五人，吉林、察哈尔减为四人。

卓异022：嘉庆十七年奉旨

考试军政，系国家之大典，钦派监试之王大臣，理应慎重核实，此次派出监试军政之端恩等监试，将绵丹等二十四人作为头等具奏，朕亲御箭亭看视，骑都尉齐穆清阿箭准弓硬，当时将齐穆清阿赏给三等侍卫，著在乾清门行走，其余合式者，均赏给大门上侍卫。此内奉恩将军宗室嘉端弓箭平常，恩骑尉舒凌阿虽俱射中，不能奏对履历，当将嘉端改补二等，舒凌阿改补三等。是此次朕亲临阅视步箭，将平常者始行看出改补，设如在宫，将伊等带领引见，不过拉弓，其箭合式平常，何能分别？显系监试王大臣监试时，并未认真核实。作为三等之舒凌阿，著照例罚俸一年；监试之王大臣端恩等，交部查议。嗣后官员军政考试作头等者，经朕改补二等，应毋庸议外，如有改补三等者，原派王大臣等交部察议。著为令。

卓异023：道光二年谕

托津等奏：会同妥议军政章程一折。所议是。嗣后办理军政，凡旗营各员，年逾六十以上，不能骑射者，不准保列卓异，此内如有年齿虽老，精力尚健，不但步箭娴熟，而马箭亦属可观，或曾经出兵著有劳绩，或于旗营事务实心经理者，著该管上司，出具切实考语保荐，另册报部，经派出王大臣查验属实，准其列入卓异。其年至六十五岁以上者，由该旗另造一册，出具能否骑射步射考语，交派出王大臣秉公校阅，分别去留，仍将应去之员，交兵部带领引见。至侍卫处、銮仪卫及前锋、护军、火器、健锐、圆明园等营官员，年至六十五岁以上者，著将侍卫冠军使以下，委前锋护军参领以上各官，另为一班，带领引见。其八旗参领、副参领、佐领、印务章京、步军营翼尉、协尉、副尉、城门领信炮章京、步军校、委步军校等官，亦著另为一班，与逾岁不射马箭之前锋校、鸟枪护军校、护军校、骁骑校另为一册，由派出王大臣校阅，分别去留，仍将该员等步履年岁，详加考验，如未经该旗营归入计典参劾，实系龙钟衰迈者，该王大臣即据实参奏，勒令休致，仍归入计典六法人员内带领引见，其年齿虽老，精力未至衰颓，另为一疏，奏请留任供职，用示朕循名责实甄核持平至意。著为令。

卓异024：道光二年又谕

在京各旗营军政，前经大学士军机大臣会同八旗都统妥议章程，核实考验，各省驻防军政，自应画一办理。著照兵部所议，嗣后各省驻防旗员，有年逾六十以上，不能骑射者，俱不准保列卓异，其精力尚健，弓马娴熟，或曾经出兵著有劳绩，或实心经理营务，仍由该管大臣出具切实考语保荐，另册声明，给咨赴部引见，如有年力衰迈者，即归入计典内劾参，若年齿虽老，精力未衰，亦由该管大臣详加查验，秉公甄核，专折奏请留任。著为令。

卓异025：道光八年谕

昨由兵部将卓异之京口协领全亮，张家口佐领塔克什布，带领引见，朕视此二人步射甚属生疏，所有全亮、塔克什布卓异之处，著不准行。协领、佐领俱有管束兵丁之责，弓马骑射自应娴熟，乃全亮、塔克什布步射甚属生疏，安能训练兵丁，该将军大臣将此等之人保为卓异，并不论其骑射，殊属不合。前任江宁将军普恭，前任京口副都统穆郎阿，署察哈尔都统事务副都统福克精阿，俱著交部察议。将此传谕各省将军、副都统等，嗣后保举卓异人员，务须秉公择其著有劳绩，办事妥干骑射精熟之员，傥仍将此等之人保为卓异，于引见时经朕看出，定将该将军、副都统交部议处，决不宽贷。

卓异026：光绪三年奏准

荐举卓异人员，日后犯有贪劣实迹者，将原荐举之该管大臣，照荐举匪人例降二级调用。

军政纠劾〔例 12 条〕

纠劾 001：乾隆二年覆准

在京八旗军政案内，不谨、罢软、年老、有疾、才力不及、浮躁，应降革休致各官，除骁骑校等系六品微秩，毋庸引见外，余于议处本内，叙明应否引见，请旨钦定。

纠劾 002：乾隆二年又覆准

内外八旗武职，遇军政之年，令钦点王大臣并该管各上司，秉公考察，有年老而精力未衰，曾经出征著有军功，仍留原任，若年力皆衰，虽有军功，实难任事，照例休致。此等休致之人，曾经阵战受伤，得有功牌者，核明请旨，给以全俸，以养余年。出征未曾临阵及无功牌者，核明请旨，赏给半俸。至效力年久，并未出征者，仍照八法例勒令休致。年至六十以上，填注有疾者，亦照年老休致给俸之例行。

纠劾 003：乾隆三年奉旨

驻防纠劾各官，著问伊等有情愿来京者，著该管各大员给咨赴部引见。

纠劾 004：乾隆七年议准

京口、福州、广州将军所辖旗员，仍照八旗军政之例行，其所辖绿旗营弁，照直省绿旗营弁军政例办理。

纠劾 005：乾隆七年奏准

职任官兼佐领世爵，军政案内以浮躁纠参者，留其世爵，将职任官与佐领一并降调，以才力不及纠参者，将现任官降调，仍留佐领世爵，若系公中佐领，不在此例。

纠劾 006：乾隆七年又议准

军政休致各官，曾在军前效力，本身兼世爵及世管佐领者，应给全俸半俸，俟应袭爵承荫之后，再行请旨。如系兄弟之子承袭，准其分别给俸，其子袭者不准给俸。

纠劾 007：乾隆三十三年覆准

伊犁官员，系边疆要地，如遇年老患病，有干八法者，即行参奏革职，毋庸俟军政之年办理。

纠劾 008：嘉庆六年奏准

职任官兼世职，由职任纠参贪、酷、不谨、罢软者，将世职一并革退。如由职任官纠参才力不及并浮躁者，将职任官降调，留其世职，仍每级折罚世职半俸三年。至世袭佐领，虽属世职，但佐领有办事之责，与闲散世职不同，如因军政议革议降，均行开缺，另议承袭。

纠劾 009：嘉庆六年又奏准

世职官于军政案内纠参，应革职者革退世职，应降级调用者亦即开缺，另议承袭。

纠劾 010：嘉庆八年谕

昨日兵部带领武职官员引见，内有劾参有疾之原任湖南岳州卫守备周代暄，劾参罢软之原任山西吉州营千总许大诏，均系军政案内应劾之员，本应照例休致革职，朕以该二员从前在河南、湖北军营曾经出力，且所参系有疾、罢软，尚无别项劣款，特降旨将周代暄以千总补用，许大诏以把总补用。此系朕轸念微劳，格外施恩，非可援以为例，此后军政被劾之员，不得妄思徼幸也。

纠劾 011：嘉庆十七年奉旨

据兵部题：考试军政填送阘冗之蓝翎侍卫寿喜，照例降二级调用一本。朕即谕令庆桂等查明，寿喜系吉庆之子，前经革去散秩大臣，赏给蓝翎侍卫，寿喜平素阘冗之处，庆桂等并未专折参奏，自请查议等语。侍卫等非别项官员可比，领侍卫内大臣自应随时查核，如有人本阘冗骑射平常者，当时应即参奏，不得俟至军政，况寿喜系吉庆之子，革去散秩大臣赏给蓝翎侍卫之人，尤非他员可比，人既阘冗，理应确查专折参奏，庆桂等从前并未将寿喜专折参奏，至军政时不能隐瞒，始将寿喜填注阘冗，咨送王大臣，寿喜即著革职，庆桂、鄂勒、哲依图即照所请交部察议外，嗣后侍卫内有似此人本阘冗骑射平常者，著领侍卫内大臣查出时，即专折参奏，不得候至军政。

纠劾 012：道光七年谕

嘉庆十七年奉旨：侍卫等非别项官员可比，领侍卫内大臣自应随时查核，如有人本阘冗骑射平常者，当时应即参奏，不得俟至军政。钦此。盖因侍卫差务紧要，领侍卫内大臣等，自应将所属侍卫时加整饬，毋得待至军政之年，乃今领侍卫内大臣，止将侍卫内平素贻误差使等处查出塞责参奏，而遇军政之年，侍卫内有平庸不及者，并不惩治，殊与皇考圣旨有违。著交领侍卫内大臣等，嗣后所属侍卫，务须随时留心察查，此内如有差使懒惰骑射平常者，一经查出，即行参奏外。至遇军政之年，务须秉公将侍卫内人勤慎技艺精熟者，列为卓异，其差使懒惰弓马生疏者，照例惩办，毋得稍有徇纵。

参劾〔例 14 条〕

参劾 001：原定

王公等将旗分之人，妄行扰累，未经请旨即行治罪者，该都统等据实具奏。若瞻徇隐匿不具奏者，降三级调用。

参劾 002：康熙四十二年题准

将军、都统贪婪，副都统不据实参奏；副都统贪婪，将军、都统不据实参奏；发觉审实之日，无论同城不同城，皆降三级调用。

参劾 003：雍正六年议准

将军、都统、副都统等，闻有贪劣属员，行令该管官访查，该管官不即速申覆，或泄漏风声，以致贪劣官自尽或潜逃者，将该管官罚俸一年。其自尽者，如有威逼致死情由，审实有确据者，将威逼之官革职提问。至属员互相讦告，该管官不行详报，及经将军、都统、副都统等知觉，行令饬查，又复详报迟误，或将军、都统、副都统访查属员优劣，该管官不速申覆者，皆罚俸一年。若该管官未奉将军、都统、副都统明文，即将属员拘拿羁禁者，革职。

参劾 004：雍正六年又议准

八旗所属各官贪婪，该管官不据实详揭，经将军、都统、副都统题参，审实之日，系知情者，无论同城不同城，将该管官降三级调用，统辖官降二级调用；失察者，同城之该管官降一级留任，统辖官罚俸一年，不同城百里以内者该管官罚俸一年，统辖官罚俸九月，百里以外者该管官罚俸九月，统辖官罚俸六月。如统辖官将贪劣属员申报将军、都统、副都统，该管官不详揭，或该管官申报统辖官，统辖官不申报将军、都统、副都统，或该管官申报将军、都统、副都统，竟不申报统辖官者，亦照此例分别议处。其不同城各官，于疏内将里数声明，以凭查议，傥里数声明失实，将转详官照徇情例议处。至贪婪之处，该管上司正在访查，而将军、都统、副都统先已发觉，即行详揭者，该管上司止照失察例议处。至提参贪劣属员，不将未经详揭之该管各官附参者，罚俸一年。署印官不详揭贪劣属官者，如到任不及一月免议，一月以上与实授官一例议处。至科道纠参贪劣官款迹，审实之日，将不详揭之该管统辖各官分别议处，不题参之将军、都统、副都统皆照统辖官例议处。

参劾 005：乾隆六年奏准

八旗武职该管上司，将所属官员经管事件并月日，不行查明谎开，以致本官革职者，将申报上司降一级调用，将军、都统等降一级留任；如本官降级者，将申报上司降一级留任，将军、都统等罚俸九月；本官罚俸者，将申报上司罚俸六月，将军、都统罚俸三月。如将不应参之官误报题参，未经处分，经部查出，若系革职降级事件，将申报上司罚俸一年，将军、都统等罚俸六月；若系虚降虚革及住俸罚俸事件，将申报上司罚俸六月，将军、都统等罚俸三月。

参劾 006：乾隆二十九年议准

八旗参奏事件，无论案情大小，即将应参各该员职名列入折内，其有关系历任处分，当时未能确查者，即在折内声明，仍于钞送原奏后，定限十日，将职名查明补送，如有仍前笼统参奏及咨送违限者，照遗漏例将该管大臣议处。

参劾 007：嘉庆六年奏准

官员互相讦告，该管各官不行申报及经将军、都统、副都统访闻行查，又迟误不速行查报者，均降一级留任。或属员贪劣，将军、都统、副都统密行查访之时，泄漏风声，以致本员自尽脱逃者，均降一级调用。

参劾 008：嘉庆八年谕

前因御史乔远燧奏：本年查办贵州、陕西经理军需各员案内，有原参严加议处，而吏部仅照常例核议者，有原参分别严议，而吏部不按银数多寡，概议以降五级调用者，特发交该部详查军需处分例案，妥议具奏。兹据奏称：定例各督抚参劾属员，不得用"严加议处"字样，吏部办理此二案时，核其情节，均属滥支滥应，各员经理不善，咎实相同，而例无按其银数多寡分别轻重之例，是以均照军需钱粮擅自动用常例，一律定议等语。外省参劾属员，定例固有不应奏请严加议处之条，但既有此请，朕阅看其中，或有不应严议者，朕必即行更改，若既发交部议，即同奉旨严议，岂可不遵？该部如以严议一节，惟特旨交部之员，照例加等，若系臣工奏请者，仍照常办理，即当随案声明，或将违例参劾之大臣据实参奏，方为正办。今吏部于黔陕军需两案，未经详晰声叙，未免拘泥。嗣后除特旨交部严议之案，仍加等核议外，其各省参劾属员，如有情节本轻，而上司遽请严议，或情节较重，仅请议处者，著该部即将奏请处分未协之原参督抚等随折声明，候朕定夺。

参劾 009：嘉庆八年议定

凡官员应得处分，该将军、都统等照例分别题咨参奏，不准用"严加议处"字样。如有情节本轻，而遽请严议者，除将所参之员照例议处外，仍将原参未协之大臣，随折参奏。若奉旨将原参大臣交部议处者，照误揭属员经部查出未经处分例，分别议处。

参劾 010：道光二年奏定

内外八旗武职官员，经该管上司列款纠参之后，乃将上司列款首告者，由该衙门奏交刑部审讯，如果虚诬，严行治罪。

参劾 011：道光二年又奏定

内外八旗武职大臣纠参属员，必将应参之事备列款迹，或无款可列，必将应参情由，据实指出具奏，如有不列款迹，不据实情，含糊参奏者，降一级留任。

参劾 012：道光十四年奏准

将军、都统、副都统不将年老衰病之属员随时揭参，别经发觉，勒令休致者，该将军、都统、副都统降二级留任。

参劾 013：咸丰元年奏准

内外八旗武职大臣被人参劾，并不静听部议，候旨裁夺，妄自具折陈辩者，降三级调用。

参劾 014：咸丰十年谕

参员讦告上司，定例立案不行。其有情节较重，或牵涉赃私，不得不加以查办，惟审讯既属虚诬，则挟嫌陷害之人，自应从重惩治，以昭平允。嗣后各直省参员讦告上司者，除立案不行外，其有钦派大员审讯，因诬告而罪拟流徒者，均不准赎罪，因有贿和而被革职者，亦不准捐复，以儆官邪而惩刁健。

袭职〔例 11 条〕

袭职 001：原定

内外大小旗员有缺，该管大员拣选拟补时，有争告者，将具告之人并拟补之人，秉公衡量人材劳绩，照例办理。如人材劳绩，不及拟补之人，仍妄行争告者，参奏请旨，交部确查，妄告属实，系官降二级调用，常人交刑部治罪。若拟补不当，经部审出，将该管大员降一级、罚俸一年。

袭职 002：原又定

世爵官身故，该佐领等具保实无应袭之人，将敕书缴部奏明注销之后，原保之佐领等，复捏称尚有应袭之人，妄行呈告者革职。

袭职 003：原三定

世爵官病故，已将族中兄弟、兄弟之子保送承袭后，故官之妻及族人复将不应承袭之人告请承袭者，鞭一百，妇人照例折赎，族人系官降二级调用。若承袭世爵有舛错等弊，将含糊出结官降一级、罚俸一年。

袭职 004：原四定

凡应承袭之世爵，遗漏未经承袭者，承办官罚俸一年，该管大员罚俸六月。

袭职 005：顺治年间定

旗员于承袭官爵时，承造家谱，故将有分亲支子孙不行造入者，降三级调用。若承造家谱，将同祖亲属姓名疏忽遗漏者，罚俸三月。

袭职 006：顺治年间又定

官员希冀承袭官爵，并承受家产，将伯叔亲生之子诬为奴仆之子者，革职。若于承袭时将原立官人之嫡亲子孙，作为远族者，降三级调用。

袭职 007：嘉庆六年奏准

世职身故，经该佐领具结实无应袭之人奏明注销之后，复以有应袭之人呈告者，查系实属应袭之人，除奏明承袭外，将具结不实之佐领等降二级调用。若并非承袭之人，妄行控告，本人系官革职，无职之人鞭一百。

袭职 008：嘉庆六年又奏准

八旗世职承袭后，如有将应送吏部添注之原领袭官敕书，并应送部换给敕命者，呈报迟延，或遗漏不行呈请，将世职官罚俸一年，失于查察之该管佐领、骁骑校罚俸六月，参领、副参领罚俸三月。如系该管佐领等呈报遗漏，或办理迟延，将该佐领、骁骑校罚俸一年，参领、副参领罚俸六月。外省驻防，亦照此例办理。

袭职 009：嘉庆六年三奏准

官员希图承袭官爵及承受家产，将伯叔亲生之子，诬为奴仆之子，并于承袭时将原立官人之嫡亲子孙，捏为远族者，除照例议处外，其不行详查之佐领骁骑校及办理袭官之员，均降二级留任。

袭职 010：嘉庆十一年奏准

承袭恩骑尉之人病故，或因公罪革职，并无余罪者，所出之缺，准令出缺之子孙承袭。或因公罪革职后尚有余罪者，所出之缺，另简原立官亲子孙承袭。若犯贪婪一切重罪者，虽有立官人之亲子孙，俱不准承袭。

袭职 011：道光五年奉旨

前因世管佐领保升，犯贪婪私罪革职出缺，该旗以其子阿林拟正，请袭世职，当交兵部详查有无似此成案。兹据查明该部定例，凡世职犯公私罪革职有余罪者，子孙不准承袭；革职无余罪者，子孙俱准承袭，并将准承袭不准承袭成案，开单覆奏。朕思世职人员，缘事革职，其所犯情罪，自有不同，兵部定例，仅以有无余罪为断，不足以示区别。现阅单开成案，与定例固无歧异，若以罪犯赃私者，亦准照例承袭，其何以儆贪墨。嗣后凡世职人员，有因犯赃之案革职，并无余罪者，其子孙俱不准承袭。著为令。此次已革佐领保升所出世职之缺，不准以其子阿林承袭，著该旗另行拣员带领引见。

营私〔例 14 条〕

营私 001：原定

驻防官贪酷殃民，克扣钱粮，被人告发，该将军、都统、副都统不即审理者，降一级、罚俸一年。其将军统辖之城守尉等所属各官，有犯贪酷等款，该城守尉等据告即为审明，转报将军等察核，无将军统辖者，即为审明报部，若不即审理呈报，亦照此例议处。

营私 002：原又定

旗员家人犯赃，其主不知情，失于觉察者，降一级调用。

营私 003：康熙二十三年议准

旗员因事贪缘，馈送礼物，与者、受者皆革职提问。如馈送虽未收受，并未出首，后经发觉，将不出首官罚俸一年。

营私 004：雍正元年奉旨

旗员为外吏者，每为该旗都统、参领各官所制，自司道以至州县，于将选之时，必勒索重贿，方肯出结咨部，及得官后，复遣人往其任所，或称平日受恩，勒令酬报，或称家有婚丧等事，缓急求助，或以旧日私事要挟。至五旗诸王府，不体下情，分外勒取，或纵管事人肆意贪求，种种勒索，不可枚举，以致该员竭蹶馈送，不能洁己自好，凡亏空公帑，罹罪罢黜者，多由于此。嗣后如有仍蹈前辙恣意需索等弊，许本官据实封章，密详督抚转奏，督抚即据详密奏，傥督抚瞻顾容隐，即许本官封章揭都察院，转为密奏，傥不为奏闻，即各御史亦得据揭密奏，务期通达下情，以除积弊。外任旗员毋得隐忍畏惧，朕不治以干犯举首之罪。

营私 005：雍正元年议准

八旗赏给兵丁之物，该管官侵欺者革职，交刑部治罪。同官明知侵欺，于部问时不据实直供者降二级调用。若并不知侵欺，失于觉察者罚俸六月。

营私 006：雍正十一年议准

旗员科敛所属官兵财物入己及馈送人者，皆革职，计赃治罪。若因公朋扣财物不入己者，为首降一级调用，为从罚俸一年。至并非因公，或一时朋扣财物并不入己，为首罚俸一年，为从罚俸九月。

营私 007：乾隆六年奏准

在京八旗及外省驻防衙门在官兵役，指称公事犯赃，该管官知情者革职，失察赃至十两以上者降一级留任，不及十两者罚俸一年。

营私 008：乾隆四十五年定

各省将军、都统、副都统及驻防各衙门需用物件，俱交承充买办之人，公平买送，不得交中军暨属员购买，违者照违制律革职，中军暨属员均照溺职例革职。其有勒令属员买送物件，及短发价值，或属员藉此逢迎馈送者，俱革职治罪。

营私 009：嘉庆十七年谕

嗣后凡管辖大臣生日，所属官兵有馈送如意者，著严行饬禁。

营私 010：道光二年奏定

官员随任子弟亲戚，藉办公事之名，与人接见，致有夤缘因事受贿滋弊等事，其本官知情故纵者革职，照律治罪，仅止失察者降一级调用。若并无夤缘因事受贿滋弊情事，而听其与人接见，出入无忌，以致犯法者，如酗酒、斗殴、赌博、宿娼等事，将本官降一级调用，止于失察者，本官降一级留任。属员纵容随任子弟亲戚，藉办公事之名，与人接见，致有夤缘因事受贿滋弊，该管上司知情徇隐，不行揭参者降三级调用。

营私 011：道光二年又奏定

运到军前米豆草束等项，所委经收旗员，延挨抑勒及不行收纳本色，勒令折价者，将军及统兵大臣查出题参，俱照贪官例革职提问。若经放钱粮官员，将此等情弊，已经申明，不行纠参者，将军及统兵参赞大臣亦革职提问，失察者，将军及统兵参赞大臣各降四级调用，将经收旗员之该管官革职。至出征将军、统兵大臣、大小官员及钦差部差官员，贩卖米豆草束等物，嘱托地方官多取价值，或将民间所卖米豆草束作为己物，嘱托地方官令其收买者，俱革职提问。如将此等情弊举首者，系官照伊应升之缺先用，系平人赏给八品顶戴。

营私 012：道光十八年题准

东三省专城武职大员，纵容家人勒索所部内财物，赃复入己者，革职治罪。若屯官私向屯丁借贷者革职。接任官到任日久，未经查出揭报者罚俸一年。

营私 013：咸丰四年谕

柏葰、善焘奏：审明已革协领、佐领，派兵自护私宅，并将军奕兴奏辩各情一折。此案已革协领塔芬布，因闻兵丁妄报，辄调集兵勇，已属轻举妄动，又发兵在家守护，复任听伊子恩和派令练勇卫护私宅，实属假公济私，胆大专擅，塔芬布著即发往新疆效力赎罪。已革佐领恩和擅派练勇卫护私宅，亦属任性妄为，著即发往军台效力赎罪。盛京将军奕兴，于属员擅调兵勇各情，并不据实奏参，迨经书元参劾后，又复不候查办，负气陈奏，哓哓渎辩，实属有心徇庇，前已有旨将奕兴交宗人府议处外，并著革去盛京将军，以示惩儆。

营私 014：同治元年谕

前因绵性奏：伊犁领队大臣贵文，赴阿克苏查办回户事件，有授意招告需索羊面情事，当奉旨，令景廉严密确查具奏。兹据景廉奏称：查明贵文到阿克苏时，并无授意招告情事，其供给羊只米面等项，系暂革粮饷章京国燨，属令阿奇木衙门由库存正款支给，绵性藉词自备，恳请收受，复冒昧以贵文需索供给奏参，实属不合，绵性业经另案革职议罪。此案罪名著宗人府会同刑部一并核议，国燨违例属令阿奇木衙门豫备羊只，复敢授意伯克乌述尔等，令其支领库存正款，实属胆大妄为，业经另案革职，从重发往黑龙江充当苦差，此案应得罪名，著毋庸议。贵文以奉派查办事件大员，不知洁己远嫌，于该处支应羊只米面等物，未能即时拒绝，迨收受至四月之久，访闻系动用正款，又不全行谢绝，仅令减去一半，继始出示裁撤，明系风闻绵性奏参，始行裁去，以致绵性有所藉口，且所具亲供，种种掩饰，有意弥缝，虽查无勒索情事，究属不知检束，迹涉贪鄙，贵文著交部严加议处。伊犁锡伯营佐领玛克塔春，随同收受羊面等物，亦有应得之咎，著交部议处。所有该处买办羊面等项用过钱文，即责成贵文、玛克塔春全数交出，归库给领。前署阿奇木伯克库尔勒，阿奇木伯克乌述尔，现署阿奇木伯克伊什罕、伯克斯玛依尔，擅向粮饷局支借钱文。前署粮饷章京候补章京赓音图，据领给发，虽系回明绵性，究属有违定制。乌述尔、斯玛依尔业经另案革职，应毋庸议。赓音图著交部严加议处，所有阿奇木衙门办公用过钱文，即勒令乌述尔、斯玛依尔如数交出，并贵文等应交之项，一并归还粮饷局，以重库款。钦此。遵旨议准：贵文照溺职例革职。佐领玛克塔春于贵文革职处分上酌减，议以降三级调用，毋庸查级纪议抵。前署粮饷章京已革候补章京赓音图，应从严照违制公罪律革职留任，注册。

患病〔例 9 条〕

患病 001：乾隆七年奏准

内外旗员患病，该管大员委官确验，酌量给以假期，总不得过六月之限。如逾限未痊，有职任者开缺。若世爵将俸禄停支，俟病痊之日，具呈该旗都统，随旗当差，自当差之日起支俸，无世爵者候缺补用。至额外食俸官，亦照此定限，有逾限不痊者，即行停俸，俟病痊之日，仍在原处当差。傥无病捏称患病呈报者，将本官降一级调用，委验官罚俸一年，出咨之该管官罚俸六月。

患病 002：乾隆七年又奏准

王贝勒贝子公属下护卫、典仪、亲军校等，因病解任，后经病痊，仍以该员原官补用，不准咨补别缺。

患病 003：乾隆三十八年奏准

内外三品以下官员及闲散世职，因病告休者，各该管大臣查验具奏休致；王等属员长史、司仪长等，行文该旗都统副都统验实，咨部代题休致；其典仪以下，该都统长史等验实，咨部休致。其各城驻防总管、城守尉、防守尉等官告休，该管将军、都统、督抚等题请解任回旗，俟到旗之日，该都统查验咨部休致。以上告休各官，如有诈称患病者革职，有世职者令应袭之人承袭，若系本人所得世职，即行革去，其徇情具报之该管官，俱降二级留任、罚俸一年。

患病 004：嘉庆十五年谕

嗣后派往新疆人员，傥实有重病，恐误公事，准其自行陈奏，候旨派员察看酌夺。如系路过地方，有代为冒昧陈请，以博宽厚之誉者，即交部治罪。

患病 005：道光十八年谕

嗣后各省武职旗员，自副将以下，病痊由部带领引见时，著该部照文职例奏请坐补原缺，如有调用别项之处，候旨遵行。其有赴该旗自行呈请愿改京职者，著不准行，所递原呈，该旗亦不准接收。

患病 006：咸丰九年谕

前因札拉芬泰奏：边疆告病人员，请照各省司道等官，严定捏饰瞻徇各处分一折。当交惠亲王等并军机大臣会同该部妥议具奏。本日据该王大臣等议奏：请严定章程以重职守，新疆地方，幅员辽阔，该大臣等职膺专阃，宜如何讲求边防，毋负委任，乃近来纷纷告病，殊属不成事体。著即照该王大臣等所议，嗣后各城大臣，遇有告病，不准自行陈奏，其南路附近叶尔羌者，责成叶尔羌参赞大臣；北路附近塔尔巴哈台者，责成塔尔巴哈台参赞大臣；附近乌鲁木齐者，责成乌鲁木齐都统；附近伊犁者，责成伊犁将军；派员查验，给以假期，若实系病难速痊，令验看官出具印结，由各该将军等代奏开缺，如查有虚捏情弊，将本员及出结之员俱议革职，代奏之大臣照文职代题之督抚例降一级留任，倘该大臣瞻徇情面，亦照文职瞻徇之督抚例降三级调用。至伊犁、叶尔羌、塔尔巴哈台参赞大臣，著由伊犁将军；乌里雅苏台参赞大臣、科布多参赞帮办大臣，著由乌里雅苏台将军，遵照新章，一律办理。自此次严定处分之后，倘再有捏饰瞻徇等弊，定必严惩不贷。至该将军、都统等遇有告病，准其自行陈奏，惟各有镇守地方，统率群僚之责，尤当正身率属，恪共厥职，亦不得藉词患病，率请开缺，倘敢意存避就，经朕察出，亦必加以惩处，藉儆效尤，其各懔之。

患病 007：同治元年谕

兵部奏：武职告病人员，发往省分差委，应否引见，请旨遵行一折。嗣后告病回旗及回籍武职各员，奉有谕旨，因军务发往各省差委者，均著俟该部奏闻后，即遵旨前往，毋庸先行引见，以期迅速，俟差委事竣，再行赴部补行带领引见。

患病 008：同治三年谕

前因常清奏：叶尔羌参赞大臣景廉，因病咨请开缺，曾经赏假一个月调理，嗣据奎栋奏：景廉已于拜折后起程进口，当以该大臣并不静候谕旨，擅自交卸起程，降旨严行申饬，仍令迅速折回本任。景廉于行抵归化后，又经德勒克多尔济代为陈请，复行赏假一月，饬令病势稍愈，即行折回。兹复据德勒克多尔济奏：据景廉呈称病势日深，恳请开缺回籍，并委员验看该大臣病势实系沉重等语。景廉身膺边寄，职守攸关，纵使病非虚捏，亦当候旨遵行，何得擅自起程？且新疆现当多事之秋，防剿均关紧要，该大臣藉病推诿，径行离任，谓非规避取巧，其谁信之！景廉著即行革职，仍著德勒克多尔济饬令在归化城赶紧医治，一俟稍痊，即行发往都兴阿军营，听候差委，不准藉词再行逗遛，致干罪戾。

患病 009：光绪八年谕

金顺奏：伊犁参赞大臣升泰患病，恳请开缺，并起程回京日期一折。升泰吁请开缺，应自行陈奏，候旨遵行，乃竟请金顺代奏，擅自起程回京，金顺率行代奏，殊出情理之外，均著革职留任。

限期〔例 43 条〕

限期 001：原定

八旗公中佐领员缺，限二十日奏请补授。世管佐领员缺，限三十日奏请补授。

若限内不能完结，先拣选一人奏请署理。世爵员缺，限三十日奏请承袭。参领、副参领、前锋侍卫、护军校、骁骑校及步军统领所属各官员缺，均限二十日奏请补授。驻防各官员缺及承袭世爵来京者，以人文到日，限二十日奏请补授。以上内外各官，如有行查调取及临时患病服制等事，不能依限完结者，将缘由知会稽察衙门，仍速行办结注销，若无故迟延，各按违限日期议处。

限期 002：原又定

远省驻防官因亡故悬缺者，接任驻防之人，限两月起行；因老病告辞悬缺者，接任驻防之人，限三月起行；其近京之直隶、山东、山西、河南等处，接任驻防之人，均限一月起行；驻防兵亦照此限。官兵在途，每日限行六十里，如违限一月以上者，官罚俸三月，兵鞭五十；两月以上，官罚俸六月，兵鞭六十；三月以上，官降一级调用，兵鞭七十；四月以上，官降二级调用，兵鞭八十；五月以上，官降三级调用，兵鞭九十；六月以上，官革职，兵鞭一百；不及一月者免议。若中途患病及有阻滞难行情由，取有地方官印结报部者免议。

限期 003：康熙十七年议准

八旗外任文武官，因降革休致，或裁汰候补，例应归旗者，本人及家口，该管官于五月内催令起程，有驿大路日行一站，无驿僻路日行五十里，有水路者听由水路行，按站按里，计日到京。如无故不即起程，或潜居别处，或本人到京而家口仍住别处，该管佐领、骁骑校不能查报者，一人降一级，二人降二级，皆留任，三人以上者革职，领催交刑部治罪。参领、署参领于所属有一二人未行查报者罚俸一年，三四人者降一级，五六人以上者降二级，十人以上者降三级，皆留任。都统等失于觉察一二人者罚俸三月，三四人者罚俸六月，五六人者罚俸九月，七八人以上者罚俸一年，十五人以上者降一级留任。

限期 004：雍正七年议准

八旗会议之事，该都统等如期会集，按翼按品列坐，议定画题，如越次不整者，罚俸一月。其在内廷行走，不得到班者，承办官将所定之稿，钞录送阅，于三日内画题送回，有应改者，亦于三日内送回，如无故不即画题，以致事有迟延者，照违限例议处。至因有事入奏，未及到班者，于次日会集，补行画题，若托故不到，罚俸一年。

限期 005：雍正七年奏准

八旗承办一应事务，每月二次造册，送查旗御史注销，如有违限及遗漏者，参处议奏。若承办官以未完作为已完，造册注销者，罚俸三月。

限期 006：雍正八年奉旨

两三衙门会议会审之事，若一处曾经行催，而他处尚不办理，即著行催之衙门具折奏闻，将来迟误处分之时，免其议处。倘曾经行催而未奏闻者，日后因迟延议处，仍将该衙门一并交议。傥奏闻之后，以为既经具奏，此后迟延与己无涉，以致事务仍复耽搁者，仍将该衙门一并议处。

限期 007：乾隆五年奏准

八旗查办册籍之事，原无定例者，于到旗之日，酌量事之繁简，奏明定限，该管官依限查办，如有迟延，照例议处。

限期 008：乾隆五年又奏准

内外旗员，将本身迟延之事推诿他人者，除照违限日期议处外，因其推诿，再加罚俸一年。

限期 009：乾隆五年议准

八旗承办官，如因限期已届，将应结之事混行指驳者，罚俸六月，该管大员罚俸三月。

限期 010：乾隆五年又议准

旗员有以迁葬修坟扶柩等事，往盛京游牧地方及近京等处请假，并请假往外省者，二品以上有职任者，自行奏请，其余各官，该都统出具保结咨部，按地方远近定限给假，给予路引前往，入于月终汇题，回日将路引缴销，若逾限不及一月者免议，一月以上者罚俸一月，二月以上罚俸两月，三月以上罚俸三月，四五月以上罚俸六月，六七月以上罚俸九月，八九月以上罚俸一年，一年以上降一级调用，年半以上降二级调用，二年以上者革职。如有患病阻滞等情，取具该将军、都统、副都统、城守尉印文。或府州县印结，本人带回免议。其旗人有事请假往近京等处者，领催马甲人等，由该佐领报明参领，给予关防牌票前往，仍将所往之地，并来去限期，呈明都统等备案；前锋护军各项执事人等，由各该处行文该旗，由参领查明给予关防牌票前往；闲散人等，由佐领知会参领，给予图记前往。至请假往外省者，该都统咨部给予路引前往，其路引关防牌票图记，回日即行缴销，若迟延不缴，并逾限不回者鞭五十；若不请假私往及虽请假不往所指之处，别往他处者，系官革职，前锋、护军、领催、骁骑各项执事人等鞭一百革退，闲散人鞭一百。

限期 011：乾隆五年定

八旗易结之事，正限十日，余限十日，参领、佐领会行查办之事，十日限内不能完者，将原由呈明，扣限二十日完结者余限二十日；补授内外各官，正限二十日者余限二十日，正限三十日者余限十五日，各于限内完结。如有行查调取及临期患病服制等事，不能依限完结者，将缘由知会稽察衙门。

限期 012：乾隆五年又定

世爵员缺，统于岁终缮造家谱，奏请承袭。傥有争告应查办者，限次年八月以前，查明具奏。遇有患病服制等情，于病痊服满之日引见，不必更俟岁终。如悬缺至二年，不奏请承袭者，将该管都统等及承办官，分别议处。

限期 013：乾隆五年三定

旗员承办之事，于余限之外不能完结，一日至十日者罚俸一月，十日以上者罚俸三月，二十日以上者罚俸六月，三十日以上者罚俸一年。若系佐领迟延，将佐领、骁骑校照承办官例议处，佐领、骁骑校罚俸一月者，领催鞭一十；罚俸三月者，领催鞭三十；罚俸六月者，领催鞭四十；罚俸一年者，领催鞭五十。都统等于属官迟延之事，自行参奏者免议。若经别衙门参奏，如承办官罚俸一月，都统等免议；罚俸三月者，都统等罚俸一月；罚俸六月者，都统等罚俸三月；罚俸一年者，都统等罚俸六月。

限期 014：乾隆五年四定

都统等参奏迟延，即于折内将承办官职名开明，别衙门参奏者，由部查取职名，各照例议处。

限期 015：乾隆十五年奏准

八旗承办之事，限内不能完结及奏补内外各官，有行查调取等事，限内不能完结者，准将情由声明，奏定限期，不必立余限之名，以致藉端迟误。

限期 016：乾隆二十二年奏准

八旗世爵员缺，统于年终承袭，傥有争告及查办不及承袭者，入于次年年终奏请承袭。

限期 017：乾隆二十四年奏准

八旗易结之事总限二十日内，参领、佐领各分限十日。其会行查办之事，二十日限内不能完结者，将缘由声明，宽限十日。补授内外各官，有应限二十日三十日不能依限完结者，亦准其声明缘由，各宽限十日。

限期 018：乾隆二十四年又奏准

盛京等省驻防，接奉钦部事件，于文到日，限四月内完结；通行事件，如系一城一旗限三月，各城各旗易结者限四月，难结者限六月；在各司可以核定声覆者，限一月题咨完结，如有违限，照事件迟延例议处。

限期 019：乾隆二十四年三奏准

直年旗承办事件，将已未完结之处，每月一次造册，移咨稽察钦奉上谕事件处都察院查核，至岁底将一年内已未完结事件数目奏闻后，亦造册送核。

限期 020：乾隆三十一年奏准

在京升任官员，无论初任补任，总以奉旨之日起，限十日内到任，该衙门即于五日内报部。如无故逾限，将本官罚俸三月。若已经到任，该旗不能依限咨部，即将承办之员，逾限一日至十日者罚俸一月，十日以上罚俸三月。此内傥有患病及别项事故，不及限内到任，该佐领等出具图记，报部查覆。

限期 021：乾隆三十二年覆准

稽查事件，全以日期为凭，惟是各衙门及八旗往来文移，往往仅写年月，不填日期，无从查核。嗣后八旗都统衙门一应文移，俱令本衙门填写日期咨送，傥有不填日期者，其收到文书衙门，即送科道衙门验明，于每月注销本内声明附参。傥各衙门收到文书，本无日期，自行填写者，经该科道等查出，一并题参。

限期 022：乾隆三十二年奏准

行查外省公文，即将限何日到省之处，于封面上注明，该省咨覆到部公文，亦将限何日到京之处，于封面上注明。各该衙门接到公文时，按日核对，热河察哈尔限四日，山海关限七日，青州限十日，归化城、绥远城限十一日，盛京限十五日，京口限二十三日，西安限二十五日，吉林限二十九日，杭州限三十日，乍浦限三十一日，荆州限三十四日，黑龙江、宁夏限四十日，凉州限四十三日，福州、成都限四十八日，广州限五十六日，如有逾违，查系何处迟延，即将该管官照例议处。其各省将军、都统、副都统驻防等衙门，除自行参奏案件，即将职名附列疏内送部，毋庸起限外，其由部查取职名者，该省查办，虽由所属协领佐领等官核转，总以接奉部咨之日为始，定限十日出文咨送，如有必须行查所属者，即按转查途中日若干，逐一扣明，咨部核定，兵部即将何日咨行，何日覆到，叙入本内，如有逾违，查明迟延缘由，照事件迟延例分别议处。

限期 023：乾隆三十二年又奏准

步军统领衙门由部查取职名事件，定限五日内咨送。

限期 024：乾隆三十七年奏准

新疆大臣官员办理登答、造销、钱粮、册籍等案，俱于奉文之日为始，伊犁、乌什、乌鲁木齐限七月咨覆，塔尔巴哈台、叶尔羌、喀什噶尔限五月咨覆，吐鲁番、库车、喀喇沙尔限三月咨覆。或有行查咨覆，仍按道里远近，将咨查覆到日期声明扣除，如有迟延，均照例议处。

限期 025：乾隆四十年奏准

各省外任武职官员终养、告病、丁忧等事，回旗例应引见人员，限二十日内具奏引见完结。

限期 026：乾隆四十四年奏准

旗员告假，逾限十日以上罚俸三月，一月以上罚俸六月，二月以上罚俸一年，三月以上降一级调用，六月以上降二级调用，九月以上降三级调用，虽有级纪，不准抵销，一年以上者革职。外省驻防旗员告假逾限，亦照此办理。

限期 027：乾隆四十九年奏准

新疆等处及各省驻防赴京引见武职各官，到京引见后，勒限二十日，该旗催令起程，违者照例参处。

限期 028：乾隆五十年覆准

各省驻防武职官员，由该管大臣等给咨赴部旗引见，其起程回任日期，俱令报部查核，顺天府限十日，直隶各处驻防限二十日，盛京、绥远城、青州、太原、河南限三十日，吉林、江宁限四十五日，西安限五十日，杭州、荆州限五十五日，黑龙江、宁夏限六十日，凉州限七十日，福州、成都限八十日，广州限九十日。其新疆满营武职官员引见，例系遇差驰驿来京，除在京守候日期不计外，仍照该处原定程限，伊犁往返二百十日，乌鲁木齐、古城往返一百九十日，吐鲁番往返一百八十日，巴里坤往返一百五十日，如有违限，均照绿营官员赴部回任违限例分别议处。

限期 029：乾隆五十五年奏准

在京八旗各营及步军统领衙门，如有文移到部未能明晰，经部驳查者，以十日为限咨覆，如有迟延，查参议处。至各省驻防将军、都统、副都统及新疆各处办事大臣，遇有承办紧要案件，限一月完结。其奉部驳查事件，以文到日为始，近在同城，本处可以查覆者限二十日出咨送部，其不同城必须行文转查者，声明程途远近，扣除限期外，限一月内出咨送部，如有迟延逾限，或在驻扎本处，或在所属，俱随案附参，严行察议。

限期 030：嘉庆六年奏准

八旗世职员缺，遇有事故，岁底不能承袭者，于次年岁底查明，具奏承袭。如悬缺至次年不奏请承袭者，将承办官罚俸一年，该旗大臣罚俸六月。

限期 031：嘉庆六年又奏准

盛京等省驻防接奉钦部事件，不能依限完结者，将军、都统、副都统计月处分，不许分坐属员。若违限不及一月者免议，违限一月者罚俸三月，二月罚俸六月，三月罚俸九月，四五月罚俸一年，半年以上降一级留任，一年以上降二级留任，二年以上降三级调用。倘遇事情重大，限内难结者，承查承办之员，将情由申详该将军、都统、副都统，题明展限。如易结之事，迟延不结。或不将难结情由申详将军、都统、副都统，该将军、都统、副都统将属员题参，或限内并逾限不及一月者，将承查承办官罚俸三月。若事件已经完结，将属员以迟延题参，逾限不及一月者，将军、都统、副都统免议，属官罚俸一月；若逾限一月者，承查承办官罚俸一年，将军、都统、副都统仍计月处分，并令将准咨月日有无迟延之处，随案声明，倘遗漏声明，将遗漏之员罚俸六月，其加展地方，不准扣道里日期。

限期 032：嘉庆六年议准

新疆等处及各省驻防官员赴部引见后，并不依限起程，该旗查参议处，违限一月以上者罚俸六月，二月以上罚俸一年，三月以上降一级调用。如起程后到任逾限，仍照回任违限例议处。若该旗不行严催起程，以致在京逗遛，未能查出者，本员违限一月以上，将该佐领骁骑校罚俸三月，两月以上罚俸六月，三月以上罚俸一年。至月选官领凭札以后，及由京补放驻防人员，起程违限，并该佐领骁骑校不行严催者，亦照此例议处。

限期 033：嘉庆六年三奏准

满洲蒙古汉军外任武职各官例应归旗者，本人及家口，该管官于四个月内催令起程，若妄借事故，仍居原任地方，或潜居别处，或本身到京，仍留家眷于外者，该管佐领、骁骑校不行查出呈报，降一级留任，参领、副参领罚俸一年，都统、副都统罚俸三月。

限期 034：嘉庆六年四奏准

八旗参奏事件，即将应参各员职名，依限开送，其应行转查别旗者，接查旗分，查明径行送部，仍按接办日期，照例扣限。至步军统领衙门、稽察仓库街道大臣参奏案件，一面将职名咨部，一面行文该旗，查取兼衔世职加级纪录等项，径咨兵部，若该管大臣咨送逾违者，按照迟延月日议处。

限期 035：嘉庆六年五奏准

旗员身任绿营，如引见及因公赴京有患病情事，令该佐领出具图记报部，在三月以内者准其给假，如逾三月不痊，该旗都统委员验看，如果属实，咨部开缺调理，病痊之日，照例查办。

限期 036：嘉庆十五年谕

领侍卫内大臣等奏：汉侍卫呈请给假一折。向来汉侍卫当差一年，方准给假，除黄国瑞、黄广吉、黄德申、冯俊三已满一年，照例准假外，其张青云、牛化蛟、罗兴焉当差甫经数月，该员等或以亲老，或因亲病，呈请回籍省视，原情曲体，亦著准其给假，但该员等是否亲老有无患病之处，自当查明，以昭核实，若其中果有捏饰，忍以父母衰病为词，既非人子之道，而藉端旷职，又失臣下急公之谊。著兵部行文各该省详查，如有不实，即行参奏。嗣后汉侍卫未满一年，以亲老病呈请告假者，除准假外，仍照此查办。

限期 037：嘉庆十五年议定

造报各项钱粮文册因舛错以致迟延之案，除初次往返程途，并各上司查核日期，均准其扣除外，其有屡经驳饬遵照更正者，皆由该员不能悉心核对，以致辗转稽迟，所有再次驳查以后往返程途月日，并各上司查核日期，概不准其扣除，仍按其违限月日分别议处。至该管各官，亦不得故意驳饬，如违，将该管官罚俸六月，兼辖上司罚俸三月。

限期 038：嘉庆十五年又议定

各旗办理事件，如有将应结之事，混行驳查者，该稽察衙门参奏，将承办官罚俸六月，该管大臣罚俸三月。

限期 039：嘉庆十七年奏准

凡官员制造紧急军器，不依限速完者革职，督制官降三级调用，将军、都统、副都统降三级留任。修制寻常操演及换防需用各军械贻误，承修承制官逾违不及一月者免议，一月以上者罚俸六月，两月以上者罚俸一年，三月以上者罚俸二年，四月以上者降一级留任，五月以上者降一级调用。督修督制之员逾限一月以上者罚俸三月，两月以上者罚俸六月，三月以上者罚俸一年，四月以上者罚俸二年，五月以上者降一级留任。将军、都统、副都统逾限一月以上者免议，两月以上者罚俸三月，三月以上者罚俸六月，四月以上者罚俸九月，五月以上者罚俸一年。如承修承制之员玩视军储，将应领之帑延挨请领者，按其违限月日，照修制逾限例分别议处。傥该上司故意勒掯，以致迟误者，该上司降二级调用，承修承制官免议。

限期 040：道光九年奏定

外任职官因裁缺另补，或缘事降革休致，及丁忧事故，应行归旗者，任内并无未清事件，离任之后，无论前任文职武职，统限六个月起程回旗，该管大臣等应饬该地方官催令起程，照各省程途远近定限，大路有驿站者日行一站，僻路无驿站者日行五十里，自伊本任地方，照站数里数按日计算，扣定到京日期。其有水路处所，愿由水路行者，即于起程之先，呈明由某省水路，听其行走，仍按照原定限期计算，到京俱咨报部旗查核。若限满后无故不即起程，及已起程而中途逗遛，或不行进京而在他处居住，违限在三月以上者，有职者降一级调用，半年以上者降二级调用，已革职者照闲散告假之例办理。如实因患病，或任内有未清事件，难以起程者，该督抚查明确实，将情由咨报部旗，准其展限三月，如三月限满，病尚未愈，及事件未清，准其声明报部，再行展限，傥展限满后不即起程，亦照前例办理。至起程后行至中途患病，及因风水阻滞难行，取具地方官印结报明部旗，其应展限期及违限处分，亦照此例办理。若本身进京，而家口在他处居住，不及一同进京者，报明地方官，知照京旗存案。

限期 041：道光十二年奏定

八旗闲散告假外出，其回京不必勒定限期，如在外有事逗遛，准其报明地方官行文该旗存案，回京之日，仍准挑差。傥出京已逾一年，并无地方官展限文书到京，即行销除旗档。各该旗于每年年终，将一年内告假若干人，某已回京，某未回京，某有地方官展限文书到京，某无文书到京，一一分析注明，咨报户兵二部存案。其出京一年之限，除往返程途及文书程限外，扣满一年，尚未回京，年终汇齐，将无展限文书到京者，销除旗档，如有展限文书到京者，不以逾限论。

限期 042：道光二十六年题准

各部院所属八旗官员，遇有应开之缺，该旗例应即时报部开缺，其有迟至吏部截缺以后，始行咨部，而尚在过堂以前者，承办官罚俸三月。若迟至过堂以后，始行知照，以致本月应选之员，不得铨选，承办官降一级留任。

限期 043：光绪四年议准

热河都统管理卓索图、昭乌达两盟各旗，如各该旗有玩视重案，不遵例限办理者，该都统即时奏参。如有延搁遗漏，未即奏参者，该都统降二级留任。傥系知情，有意延搁不参，降三级调用。

休致〔例8条〕

休致 001：原定

内外三品以下各官及闲散世职，有因病告休者，各该管大臣查验具奏休致。王等属员长史、司仪长、告病，王等行文该旗都统、副都统等验实咨部，兵部代题休致。其典仪以下告休，该都统、副都统、长史等验实咨部休致。系五品以上官，兵部汇题开缺。六品以下官，注册开缺。其各城驻防总管、城守尉、防守尉等官告休，该管将军、都统、督抚等题请开缺，咨明兵部解任回旗，俟到旗之日，该都统等查验咨部休致。以上告休各官，如有诈称患病者革职，有世职者令应袭之人承袭，若系本人所得世职即行革去。其徇情具报之该管官，俱降二级留任、罚俸一年。

休致 002：乾隆四十二年奏准

告休官员奏请赏给全俸半俸者，其所兼世职，概毋庸另袭，仍留该员本身。如兼世管佐领者，佐领有办事之责，则不便仍留本身，应令照例承袭；系伊子承袭，毋庸另行请俸；系兄弟之子承袭，声明缘由，具奏请旨。

休致 003：乾隆四十七年谕

旗人录用外任，或因年迈不能任事，或患病不能当差，呈请休致回旗，有世职者由该旗查验，著将世职仍留本身赏给全俸。若并不请休，经该上司勒休者，虽有世职，亦毋庸赏给俸禄。永著为例。

休致 004：嘉庆十二年奏准

武职官员俸满推升，经部调取引见后，该将军始以衰老题请休致者，将该员降顶戴二级休致，其不能先事察看之该营将军降一级留任，督抚交吏部议处。

休致 005：道光十七年覆准

城门吏及信炮章京等官，供职无误，年老休致后，有因家贫呈请注销休致，回旗挑差，以资养赡者，若精力尚健，准其将原品顶戴注销，咨该旗挑补差使。

休致 006：咸丰二年谕

兵部奏：请将八旗及各省驻防官员告休定例，改归画一等语。定例绿营官员凡遇军政之年，不准告病乞休，八旗则例虽无专条，向俱照绿营办理，惟各省驻防多有临考告休，仍请食俸者，办理殊未画一。嗣后各省驻防旗员，均著与在京八旗，按照绿营定例，如有于军政之年告病乞休者，即行勒令休致，其出兵受伤非在三处以上，亦不得题请给俸，以杜规避而免歧异。

休致 007：同治元年奏准

军政逾岁原品休致人员，其曾经出征打仗杀贼者，准照老病告休人员，有一二项功绩，年至六十以上之例，俱以可否赏给全俸请旨。

休致 008：光绪八年奏准

军营伤病原品休致人员，嗣经奏准起用，送部带领引见，奉旨仍以原官补用者，其从前得有升阶及以某官记名简放之案，仍照原案注册。

户口〔例 49 条〕

户口 001：原定

城内旗人将诱来人口隐藏在家贩卖，本佐领、骁骑校、领催明知匿而不首者，佐领、骁骑校皆革职，领催枷一月、鞭一百。不知情失于觉察者，佐领罚俸一月，骁骑校罚俸三月，领催鞭五十。至旗下家人将诱来人口隐藏在家贩卖，伊主明知匿而不首者，系官革职，常人枷一月、鞭一百。不知情失于觉察者，伊主系官罚俸三月，常人鞭五十。此内各该管之人，或拿获，或出首，或犯人自投首者，该管各官并伊主皆免议。其城外园内居住家人有犯此等者，将伊主亦照此例议处。在屯内住者，将屯领催照旗下领催治罪。

户口 002：顺治年间定

八旗编审壮丁，将应入册之人隐匿不入者，系官罚俸三月，常人鞭二十五，失察之佐领、骁骑校各罚俸一月。若佐领、骁骑校将未成丁之幼童混入壮丁册内者，罚俸三月。

户口 003：顺治年间又定

旗人将家仆私行开户者，系官罚俸一年，常人鞭五十，失察之佐领、骁骑校各罚俸九月。如无家主之人，佐领受财私行开户者革职，交刑部治罪。

户口 004：顺治年间三定

旗员将非其所属不应入丁册之人私入丁册，或将抚养之子冒入族中人册内者，罚俸九月，系常人鞭四十，失察之佐领、骁骑校罚俸两月。

户口 005：顺治年间四定

八旗有将族人已经开户之义子作己奴仆，或分与族人为奴仆者，系官革职，常人鞭一百，失察之佐领、骁骑校罚俸一年。若佐领、骁骑校将所属良家子诬为奴仆之子者，降一级调用。

户口 006：顺治年间五定

八旗有将开户之人徇情蒙混保送为官者，降三级调用。拟补之该管大员知情者，亦降三级调用，失察者罚俸一年。

户口 007：顺治年间六定

官员欲承受家产具告尊长，审虚者降三级调用。如将族人生前抚养为子，已经承受家产，复行争控者罚俸一年。

户口 008：康熙十一年议准

旗员将所雇民人转行鬻卖者革职，若诬为己之奴仆具告，或将未投充民人诬为投充具告者，皆罚俸一年。

户口 009：康熙十一年又议准

旗员出差，将家下食饷之兵及应当差之人，不呈明该管官，擅作随役，或擅自差遣者，罚俸六月。

户口 010：康熙十一年题准

满洲蒙古家人卖与汉军及民，汉军家人卖与民者，买者、卖者系官罚俸一年，旗人鞭一百，民责四十板，佐领、骁骑校、内管领知情者各罚俸九月，领催鞭八十，所买之人并卖价皆入官。及满洲蒙古汉军家人有不应放出为民，其主私行放出及私令赎身者，亦照此例议处。其喀尔喀额鲁特之人，不许卖与汉军及民，违者，系官降一级调用，旗人鞭一百，民责四十板，所买之人入官。

户口 011：康熙四十一年议准

卖身旗下之人，原有房产，守分度日，于地方民人并无扰累者，许令原处居住。原无房者，均令伊主收回。若倚仗卖身旗下，恣意横行，把持武断，赌博奸淫，窝盗勾逃，讦讼作证，扰累民人者，地方官据实详报，拿送刑部治罪，不许仍在原处居住。若容留此等之人，仍居住原处者，其主系官降一级留任，常人鞭一百。

户口 012：雍正三年议准

八旗佐领下，同族人内设立族长，约束一族之人，其独户小族酌量兼管，该都统等于男、轻车都尉、骑都尉、云骑尉及举贡生监、护军、领催内简选补用，若族长果能尽心教导，三年无过，由该旗具奏咨部，系官给以纪录一次执照，举贡以下造印册二本，一送部备案，俟得官日报部给以纪录，一本存旗备案，或未得官以前，遇族长内例应议处，或别遇罚俸之案，该旗将本人从前应得纪录之处，一并咨部，准其以纪录一次抵销罚俸六月。

户口 013：雍正五年议准

各省驻防官兵丁册，由该将军都统等于比丁之年，查明造具二本，钤印咨送户部，有隐匿不入册者，照在京隐匿壮丁例议处。若将所生之子假捏过继，潜居别处者革职，该管官失察者罚俸一年，如在半年以内查报者免议，知情不查报者降一级留任。

户口 014：雍正六年议准

驻防各官不得买民人为奴仆，违者降二级调用，若纵令家人私买及嘱托兵丁代买者亦降二级调用，该管官不揭报者降一级留任，将军都统等不查参者罚俸一年。至驻防兵丁实在并无家人者，具呈该管官确查属实，出具保结，许其买人不得过二名，仍令卖身之人亲至地方官处，取具亲供存案，立契书"情愿卖身"字样，钤印为据，如有勒买者，将该兵丁枷一月、鞭一百，若现有家人捏称无有混买者鞭一百，失察之该管官降一级留任，都统、将军等罚俸一年。以上官兵私买民人，经该管官查出者，皆免议。

户口 015：雍正七年议准

另记档案之人，冒入满洲正身册内及原系民人继嗣冒入旗籍者，系官革职，常人鞭一百，扶同徇隐具保之佐领、骁骑校降三级调用，领催鞭八十，参领、副参领罚俸一年，都统、副都统罚俸六月。如佐领、骁骑校并不知情，含混具保者降一级调用，领催鞭六十，参领、副参领罚俸六月，都统、副都统罚俸三月。

户口 016：雍正八年奏准

应行入官之人隐匿不报，本主系官，隐匿一人至三人者降一级，六人降二级，九人降三级，十二人降四级，皆调用，十五人以上革职，隐匿之人入官。该佐领、骁骑校知情隐匿者同罪，失察隐匿三人以上，佐领、骁骑校罚俸六月，参领、副参领罚俸三月；十五人以上，佐领、骁骑校罚俸一年，参领、副参领罚俸六月。如佐领、骁骑校隐匿，该参领、副参领知情者，即照佐领、骁骑校知情例议处，失察隐匿三人以上，参领、副参领罚俸六月；十五人以上，参领、副参领罚俸一年，都统、副都统免议。

户口 017：雍正八年议准

发遣口外黑龙江、吉林、伊犁、巴里坤等处为奴人犯，及拨给山海关以外叛逆人犯妻子奴仆，有私行偷卖放赎者，卖赎之人系官革职，常人枷两月、鞭一百，该管官降二级调用。其发往各省驻防为奴人犯，有私行偷卖放赎者，亦照此例行。

户口 018：雍正八年又议准

开户奴仆冒入另记档案之内者，除本人交刑部治罪外，其蒙混造报之佐领、骁骑校降一级调用，领催鞭六十，不行详查之参领、副参领罚俸一年，都统、副都统罚俸六月。

户口 019：乾隆三年定

八旗满洲、蒙古、汉军大臣官员，以及另户兵丁闲散人等之女，三年一次选验，该佐领等取具族长确实保结，参佐领等再加详查，造册咨送户部，如有隐瞒，别经发觉，隐瞒之人，系官革职，平人交刑部治罪，该管官知情者降二级调用，族长领催照该管官处分分别办理，族长系官照例议处，兵丁折鞭责。若不知情，该族长草率具结者，系官罚俸一年，兵丁折鞭责。佐领、骁骑校不行详查据以转报者罚俸六月，该参领罚俸三月，领催折鞭责。

户口 020：乾隆五年定

凡应选之秀女，未经选验以前，不准私行许聘出嫁，如选验时，适因事故不及阅看之秀女，年未及岁，尚属可待者，候下次选验，若十八岁以上至二十岁者，该旗都统等查明迟误缘由，具奏请旨，傥有不候选验，并未经该旗都统查奏请旨，即先行出嫁及许聘者，本人系官革职，平人交刑部治罪，该管官及领催、族长、家长俱照隐匿秀女例分别办理。

户口 021：乾隆二十四年奏准

另记档案及养子开户人等，出旗为民后，复行冒入旗籍，并原系民人继嗣冒入旗籍者，佐领、骁骑校等仍照旧例议处外，其接任佐领、骁骑校不能查出，仍照从前档册造报者罚俸一年。

户口 022：乾隆二十四年又奏准

民人前已冒入另户，隐匿不首，别经查出，或被首告审实，本人系官革职，与常人均交刑部治罪。如系祖父冒入，其子孙不知不首者免罪，该管佐领、骁骑校、领催、族长及兼管之参领、副参领，统辖之都统、副都统，仍照另记档案出旗为民复行冒入旗籍例分别议处。

户口 023：乾隆二十四年三奏准

迷失幼童，该汛步军校即日报明步军统领，转行顺天府及各该管衙门，一面行知看守城门官兵加意盘诘，一面飞饬所属该管员弁蹿缉，并通饬附近地方官弁，一体稽查，严缉务获。如该管员弁不即转报关缉，以致迟误者，照推诿事件例议处。其别处地方员弁有能盘获者，准其纪录二次。

户口 024：乾隆二十五年奏准

凡白契所买之人，其赎身悉听本主情愿，其有酗酒犯上，滋生事端及设法赎身倚强赎身者，别经发觉，除治罪追还身价给主外，将人口赏给外省驻防官兵为奴。

户口 025：乾隆二十六年奏准

累代效力家奴，家主不取其身价银两，情愿放出，已经呈明开户者，准其为民。若家主得银放出，潜入民籍，未经报明部旗者，照例治以不行呈明之罪，仍准归入民籍。

户口 026：乾隆三十年定

挑选秀女之时，如遗漏未曾传知，系佐领、骁骑校、领催遗漏，将佐领、骁骑校罚俸一年，领催折鞭责，族长、家长俱免议。若族长遗漏，系官罚俸一年，兵丁折鞭责，不行详查之佐领、骁骑校罚俸六月，领催折鞭责，家长免议。其在屯之秀女，该佐领、骁骑校派领催前往稽查，与在京秀女一体送选，如有隐瞒遗漏等弊，将派往之领催照在京族长例议处。至京城之族长及该管官，除知情扶同隐瞒及遗漏不行传知，仍与京城一例处分外，其草率具结之在京族长、参领、佐领、骁骑校，比照京城例各减一等处分。此等隐瞒遗漏情由，如该管官于事后查出首报，将族长、家长照例处分，该管官减二等议处。族长、家长于事后出首，将族长、家长及该管官均减二等议处。其有头面肢体残疾者，令家长同族长报明该管官，送都统等验明报部，免其送选，违者，家长系官罚俸一年，兵丁折鞭责；族长系官罚俸六月，兵丁折鞭责，该管各官毋庸议。事后自首者，家长减一等处分，族长免议。

户口027：乾隆三十五年谕

嗣后凡出差出兵人等，由家随往跟役内，如有病故逃走，必须使唤之人，若在经过地方典买民人使唤者，务令禀告各领队大臣侍卫等详查，呈将军大臣后，再行典买，如私自典买者，永行禁止。著为令。

户口028：乾隆四十四年奏准

驻防各官实无家人使用，呈明该管官确查属实，出具保结，移咨地方官询明，系情愿卖给者，始准收买，仍不得过四名，违者降二级调用。

户口029：乾隆四十五年议准

凡有分赏为奴之回犯及军营带来回子，俱令呈明各该旗分别入册，如有转卖及分送亲戚者，亦令受主呈明入册，不得私相辗转易主，违者，原主及受主均罚俸一年。

户口030：乾隆五十七年谕

旗人行窃，其子孙俱著销除旗档为民，将此著为例。仍通行八旗各省驻防，一体遵行。

户口031：嘉庆六年奏准

各省驻防官兵雇用汉人，令理事同知查明造册，交地方官查察立案，倘有奸匪改易姓名，窜入潜匿，该同知造报不实，并地方官不实力查察，交吏部议处。若家主知情徇隐，不行举首者，系官降三级调用，无职人鞭一百，不知情或自行查出送究者免议。

户口032：嘉庆六年又奏准

正身旗人子女，不许私自典卖，违者照律治罪，失察之该管佐领、骁骑校罚俸一年，参领、副参领罚俸六月。

户口033：嘉庆六年三奏准

旗人捏称并无同宗可继为嗣之人，蒙混继立异姓者，本人系官降二级调用，常人鞭责发落，仍饬令于族中人议继，混行揭报之参领、佐领等，均降一级留任。

户口034：嘉庆六年四奏准

八旗外任官员，如于出仕之后，始行出继归宗者，即著该员取本管佐领图结呈报，咨部改正三代，倘于父母疾笃之时，假捏出继归宗，豫为匿丧恋职地步者，一经发觉，即行革职，不准援赦。所有扶同出结之该旗佐领、骁骑校降二级调用，不行详查遽以转报之参领、副参领罚俸一年，率行出咨之都统、副都统罚俸六月。

户口 035：嘉庆六年五奏准

旗人过继兄弟之子为嗣及将旗人抚养为嗣，未经报明入册，该佐领、骁骑校不行查出者罚俸一年，族长系官照佐领例议处，无职人鞭六十，失察之参领罚俸六月。

户口 036：嘉庆六年六奏准

旗人生女谎报生男，编入户册，冒食钱粮者，除将本人交部按律治罪外，其失察之佐领、骁骑校降一级留任，参领、副参领罚俸一年，都统、副都统罚俸六月。

户口 037：嘉庆六年七奏准

另记档案及养子开户人等出旗为民后，复行冒入旗籍及原系民人继嗣冒入旗籍者，佐领、骁骑校扶同徇隐具报，失察之参领、副参领降一级留任，都统、副都统罚俸一年。如佐领、骁骑校并不知情蒙混具报，失察之参领、副参领罚俸一年，都统、副都统罚俸六月。以上族长系官照佐领议处，无职人照领催鞭责。接任佐领、骁骑校不能查出，仍照前册造报者，其失察之接任参领、副参领罚俸六月，都统、副都统罚俸三月，以上佐领、骁骑校并接任佐领、骁骑校均照旧例议处。

户口 038：嘉庆六年八奏准

累代效力家奴，家主得银放出，潜入民籍，未经报明旗部，系官降二级调用，常人鞭七十。

户口 039：嘉庆六年九奏准

八旗迷失幼童幼女，该步军统领各衙门，一面通行各直省，一面饬属并遴选干捕，严缉奸拐，并收留不报之人，如该管武职，果能实心缉获，按其名数议叙，一二名纪录一次，三四名纪录二次，五六名以上纪录三次。若该地方有窝拐诱拐及收留不报之人，不行查拿，将该管各官亦按窝诱收留名数议处，一二名罚俸六月，三四名罚俸一年，五六名以上降一级留任。倘奸徒将窝诱之人在远方转卖，经地方官拿获，供出曾在某地方容留者，将拿获与容留之各该地方专汛武职，照前例分别议叙议处。

户口 040：嘉庆六年十奏准

旗员于该管地方，将迷拐人犯实力缉获者，准给纪录一次，免其失察处分。

户口 041：嘉庆六年十一奏准

驻防官兵休革病故，所遗眷口，并无倚靠，情愿回京就养，呈明该管大臣咨报部旗，查明属实，准其自备资斧回京。如不咨明部旗，私令回京者，该佐领、防御骁骑校罚俸一年，协领罚俸六月，将军、副都统罚俸三月。其回京后，该旗未能查出，呈报之佐领、骁骑校罚俸六月，自行查出者免议。

户口 042：嘉庆六年十二奏准

赏给王公大臣为奴额鲁特回众，其主不呈报理藩院，给照私令他往者罚俸六月。

户口 043：道光九年奏定

旗员补放外任，其子弟年至十八岁以上，已有职官，欲带赴外任者，如本员有奏事之责，自行专折具奏请旨，如无奏事之责，呈明本旗都统，查明具奏，均准其随带。如未经奏请，自行带往者，本员降一级留任，失于查出之该管官罚俸半年。若系兵丁，照兵丁告假之例办理，系闲散并十八岁以下者，俱照闲散出外之例办理，俱毋庸具奏。其带往任所后，子弟年至十八岁以上，欲请留任所者，亦照闲散在外有事逗遛之例办理，毋庸具奏。至下五旗王公属下之人，升任外任，其子弟现在王公门上当差，该旗询明该管王公等，如无用伊之处，照兵丁告假之例办理，若未在王公门上当差，照闲散之例办理。

户口 044：道光十年谕

福克精阿等奏：逃人达瓦请免销旗档一折。察哈尔已革佐领达瓦，因病迷脱逃，逾月拿获，据该都统等查明察哈尔蒙古皆以游牧为生，并无民籍可入，非京城及驻防旗人可比，酌拟请旨。达瓦著免其销除旗档，饬交该旗总管等严加管束，永不准挑补差使，以示惩戒。

户口 045：道光十二年奏定

八旗满洲、蒙古告假外出，如因在外年久，或立有产业，娶有妻室，人地相安，情愿出旗为民者，准照汉军例，呈明该处地方官，将原领图记执照咨缴原旗，编入民籍。

户口 046：道光十二年又奏定

旗人告假外出及逃走在外，如有不安本分滋事者，即由各该地方官审理。如犯笞杖枷责罪名，与民人一体板责，毋庸知照京旗。犯徒流军遣及死罪者，与民人一体办理，将原领图记执照咨缴京旗销档。若投往亲族任所，倚恃尊长，挟诈需索，准本官呈明上司究办，轻则递解回旗，重则照例惩办，销除旗档。

户口 047：道光十二年三奏定

八旗兵丁闲散，初次逃走，一月内投回者仍准免罪挑差，若逾限一月及二次逃走者，虽自行投回，均即行销除旗档。

户口 048：道光十二年四奏定

旗人犯盗犯窃及登台唱戏，寡廉鲜耻，有玷旗籍者，连子孙一并销除旗档。窝窃窝娼窝赌及诬告讹诈，行同无赖，不顾行止，并棍徒扰害，教诱宗室为非，造卖赌具，捏造假契，行使假银，描画钱票，代贼销赃，一切诓骗诈欺取财，以窃盗论准窃盗论之类，俱销除旗档，照民人例，徒流军遣一体问拟，不准折枷，如有心开脱者以故出人罪论。

户口 049：光绪五年议准

驻防旗人因疯走失，逾限销档后，因病愈投效军营，打仗出力，经领兵大臣保奏，仍准其归入旗档。

钱粮〔例 42 条〕

钱粮 001：康熙年间定

八旗支领钱粮，该参领、佐领、骁骑校等亲赴户部银库，与该管官公同称兑，支领后，佐领、骁骑校亲看散给。如支领时，参领、佐领、骁骑校不亲赴银库各罚俸一年，佐领、骁骑校不亲看散给，致领催侵渔短少者，降一级调用。明知领催扣克，不即呈报者降三级调用，通同扣克者革职，交刑部治罪。

钱粮 002：康熙年间又定

旗员将正杂钱粮擅自挪移别用者革职，若因紧急军需，未经报明该管官，私自挪移应用者降一级留任，俟销算清完日开复。至存留公用钱粮，因公挪移者免议，挪移米豆草者亦照此例分别议处。

钱粮 003：康熙年间三定

旗员有经管仓库钱粮及承追拖欠等项，若干没侵欺者革职，交刑部治罪。领催人等干没侵欺者，交刑部治罪，该管官革职。如佐领、骁骑校侵欺，该管之参领、副参领不行查出者，降一级调用，都统、将军、副都统罚俸一年。

钱粮 004：康熙年间四定

在京旗员有降罚处分，奉旨后，即行注册，一面知照户部及该旗，领俸时，该旗将该员降罚之处，声明造册送部，由外任升调京职者，若有随带降罚之案，本人呈报该旗造册送部，由部将各员原有降罚并现在应照何品级食俸，逐一查明，转送户部核给。其造册送部之后，有奉旨新用人员，原无俸可支，以及缘事开复未经开缺者，春季在正月三十日以前，秋季在七月三十日以前，准造册补领，过此限者不准，革职之人即行裁扣。

钱粮 005：康熙年间五定

旗员应支俸银俸米，春季于上年十二月十五日以前，秋季于六月十五日以前，造册送部。兵丁应领钱粮于上月十五日以前造册送部，马驼应领银钱于上月十八日以前造册送部，若册内数有舛错，并总散不符，由户部即传该旗承办官改正，仍将册领回，三日内钤印送部，如三日内不行送部及各项册不依限造送者，将承办官照迟延例议处。其应领之米，户部移咨仓场限两月内支放全完，不完，将监放之旗员查参，逾限不及一月者罚俸三月，一月以上者罚俸六月，二月以上者罚俸一年。如监放五年，均限内清楚，并无生事作弊者纪录一次。

钱粮 006：康熙年间六定

八旗宗室觉罗及满洲蒙古汉军武职各官俸银俸米，兵丁钱粮，马驼银钱，由该旗依限造册送部，将增减数目查对，转咨户部核给，俟岁终由部将一年内官兵支过银数缮册一本，米数缮册一本，马驼银钱数缮册一本，恭呈御览。其有冒领钱粮者，系官革职，兵丁革退，皆交刑部治罪。通同徇隐之佐领、骁骑校革职，若失于查察降一级留任，转报之参领、副参领罚俸一年，都统、副都统罚俸六月。如佐领下闲散冒领钱粮，该管各官处分，亦应照兵丁之例一律议处。以上领催，照骁骑校处分折鞭责。

钱粮 007：雍正元年议准

八旗兵丁指借私债，以应领银米充为利息，该管佐领、骁骑校知情者革职，参领、副参领罚俸一年，领催鞭一百革退。失察者，骁骑校降一级留任，佐领罚俸一年，参领、副参领罚俸九月，领催鞭六十。

钱粮 008：雍正元年又议准

外任旗员借银以六七百两为千两，出三四分利息者，该旗参领佐领、骁骑校等不得具保，如有滥行具保者罚俸一年。

钱粮 009：雍正二年议准

旗员支放钱粮，如有豫给重支，或违例给发者，将经管官降一级调用，转详官罚俸一年，都统、将军、副都统罚俸六月，其豫给之项，照数扣抵。至重支及违例给发者，于经管官名下追赔。

钱粮 010：雍正四年议准

内外旗员将在官钱粮私自借用，或转借与人者革职，交刑部治罪。该管上司失察者降一级调用，都统、将军、副都统罚俸一年。若该管上司明知私用借用，徇隐不揭报者降二级调用，已经揭报都统、将军、副都统不查参者降二级调用，揭报之该管上司免议。

钱粮 011：雍正五年议准

佐领、骁骑校、领催等，有在本佐领及兄弟佐领下，私放印子转子银钱，坐扣兵饷，并伙同私放者，佐领、骁骑校革职，领催革退，皆交刑部治罪，该参领、副参领失察者降一级留任。如佐领、骁骑校虽未出本私放，明知该管下有借放印子转子之人，不即首报，转与属下兵丁作保者革职，领催鞭一百革退，该参领、副参领罚俸一年。至佐领、参领、骁骑校等平时失察，致兵丁将钱粮扣还印子转子者，骁骑校降一级留任，佐领罚俸一年，参领、副参领罚俸九月，领催鞭六十。

钱粮 012：雍正七年议准

八旗生息银，原令营运，以备赏给兵丁婚丧之用，该管大员慎简贤能官经管，如委用非人，以致本利亏缺，将经管官照亏空钱粮例分别治罪，该管大员照失察劣员例议处，亏缺之银，著落经管官及该管大员分赔。

钱粮 013：雍正七年又议准

生息银经管官于前后接任之时，造具旧管新收开除实在四柱清册交代，如有私自侵蚀挪移者，照侵挪钱粮例议处。若藉称官银名色，占夺百姓行业，或重利短期，刻剥闾阎，并与商贾小民争利者，将经管各官照违禁取利律治罪，该管上司照失察劣员例议处。

钱粮 014：雍正七年三议准

旗员有将生息银借给兵丁收取利息，以为赏用者降四级调用。如兵丁假托商人之名领银，不为详查，遽行借给者降一级调用，失察之该管大员等各罚俸一年。傥银有亏缺，著落经管官及该管大员等分赔。

钱粮 015：雍正八年奏准

八旗经管米局官，将米卖与商贩铺户者，罚俸一年。

钱粮 016：乾隆七年议准

旗员造报钱粮文册，并不分析明白，以致款项不符者降一级调用，转报官罚俸一年，将军、都统等罚俸六月。将军、都统等核参者，将造册转报之人议处。若文册内数目舛错遗漏者，造报官罚俸一年，都统及转报官各罚俸六月。系将军、都统等自行造报，有舛错遗漏者，亦罚俸六月。至造报舛错遗漏，非关钱粮之案者，造报官罚俸六月，转报官罚俸三月。

钱粮 017：乾隆二十六年奏准

八旗官员俸米限两月支放全完，兵丁甲米限一月支放全完，不完，照例议处。

钱粮 018：乾隆二十六年又奏准

官员俸饷册档，若因款项纷繁，不能依限，准其声明，咨请户部展限五日。如所送册档舛错不符，该旗承办官领回改正，钤印送部，亦不得逾五日之限，如不依期造送，照例议处。

钱粮 019：乾隆三十一年议准

嗣后咨送俸饷册档，于兼任内遇有降级留任等事，将何任内降级之处，注明咨送。

钱粮 020：乾隆三十二年奏准

八旗养育兵米石，于二月支领，如兵丁年幼，不能前往，该佐领下拣派领催代往关领，照数给予，禁止售卖，违者将领催治罪，该管官员一并议处。

钱粮 021：乾隆三十四年奏准

支领俸米，应令八旗都统通饬压旗参领，并严谕领催等，毋得与奸商交结售卖，傥有私行售卖者，将该旗参领查参，领催等重惩示儆。

钱粮 022：乾隆三十八年奏准

各省驻防赏赉兵丁红白银两，该将军、都统每年将动用过数目造册咨送户部查核，傥经管官出结不实，有扶同徇庇及亏缺侵挪等弊，一经查出，将该员治罪，其银两即著落该员并加结上司一体分赔，仍将加结各官照例议处。

钱粮 023：乾隆三十九年奏准

八旗佐领下人私放印子转子银钱，典买官兵俸饷，或伙同有力之家重利借放，或领催等于中取利坐扣兵饷者，经佐领查出，将私放重利之人送部治罪，其本利由放债人名下追出，交存该旗，以为奖赏良善兵丁贫苦旗人之用，其借债之人责处，所借银钱免其著追。如佐领等不留心详查，或将情由隐匿不报，如被该管大臣查出，或被旁人首告，俱参奏，交部从重议处。至岁底各该旗有无私放重利银钱之处，值年旗汇总奏闻，如该旗佐领等能留心详查，于一年之内查出借贷重利一二案者，给予纪录一次。

钱粮 024：乾隆四十九年奏准

伊犁粮石，特派章京于每年三月起至九月止，每月五次船运存仓。如管船章京运粮并不逾限，米石不致潮湿，交纳完竣后，纪录一次。若怠玩以致船只损坏，粮石潮湿短少，或违限期，查参议处。

钱粮 025：乾隆四十九年又奏准

伊犁所开官铺，每年派员详查一次，如无挪移亏欠情弊，将承管协领等纪录二次。若办理不清，致有亏挪，即行严参治罪。

钱粮 026：乾隆四十九年三奏准

开放仓粮，压旗都统及查仓御史亲身到仓稽查，转饬监督旗员实力奉行，眼同领米章京监放，毋许在仓人役及关米人等营私舞弊。傥有勒索钱文抛撒米石等事，监督章京等失于查察，或知情徇隐，都统、御史即指名参奏，交部分别从重议处。

钱粮 027：乾隆五十二年奉旨

步甲逃走，所有浮支钱粮，著落该佐领骁骑校作为六分，参领作为四分，追出代赔，仍交部分别查议。嗣后遇有此等事件，即遵照此例办理。

钱粮 028：嘉庆六年奏准

各旗咨领米石，本旗都统副都统，遇有紧要公事，不能轮班到仓，令各本旗派贤能参领前往稽查，傥有违例滋弊者，都统等即行参究，如都统、副都统失于觉察，罚俸一年。

钱粮 029：嘉庆六年又奏准

官员应领俸米，将米票遗失，不即呈报者罚俸六月。该旗监放章京不行查催，以致逾限尚未领完，每一票罚俸三月。

钱粮 030：嘉庆六年三奏准

开放仓粮，在仓人役及关米人等，有勒索钱文抛撒米石等事，监放旗员失察者罚俸一年，知情徇隐者降一级调用。

钱粮 031：嘉庆六年四奏准

伊犁粮石，特派章京依期船运存仓，若管运不慎，船只损坏，粮石潮湿短少者降二级留任，仅止船只损坏者降一级留任。运送违限者，即照解送钱粮沿途耽搁日期例罚俸一年。

钱粮 032：嘉庆六年五奏准

新疆乌鲁木齐所属各厅州县仓粮，凡借放征收之时，均于开仓日起，知会同城武职，监散查收，如有折散折收情弊，该监收武官立即禀参，傥扶同掩饰，蒙混出结者，将该武职降二级，藉端挟制者亦降二级，皆调用。

钱粮 033：嘉庆六年六奏准

盛京银库，每年委员赴部，请领三省俸饷银两，令协领同副关防携带该处天平法马，同在京户部专派司员一人，眼同弹兑足数，装钉入箱，该协领及副关防协同管解，毋许自行开箱。解到时，盛京将军会同户部侍郎督率该库关防等，同领饷各员拆箱，秉公平兑入库，傥有侵亏情弊，即据实参奏，革职审讯。

钱粮 034：嘉庆六年七奏准

八旗官员，春秋二季应领俸禄，如将业经升任，并已降等降级，及奉差离任，另有委署之员，不行详查，仍照原衔开报，及将现任之员遗漏造入俸档者，将承办错误之佐领、骁骑校降一级留任，参领、副参领罚俸一年，领催鞭七十。

钱粮 035：嘉庆六年八奏准

八旗官兵假捏红白事故，冒领赏银，该管各官扶同捏结者，俱降二级调用。不知情失察者，佐领、骁骑校降一级留任，参领、副参领及稽查章京罚俸一年。都统、副都统罚俸六月。若所报之事属实，多支银两者，除将稽查章京免议外，办理错谬之佐领、骁骑校、参领、副参领、都统、副都统，均照前失察例议处。

钱粮 036：嘉庆六年九奏准

各省驻防赏赉兵丁红白银两，经管官有扶同徇庇侵挪等弊，将加结上司各官降一级调用，不行揭参之该管大臣罚俸一年。

钱粮 037：嘉庆六年十奏准

前锋护军另户领催拔甲人等捏称事故，由该旗咨部呈请给予养赡者，本人鞭一百革退，该管佐领、防御、骁骑校查验不实降一级留任，不行详查之参领、协领罚俸一年，都统、将军、副都统罚俸六月。

钱粮 038：嘉庆六年十一奏准

旗养育年幼兵丁米石，派领催代往关领，照数给予，禁止售卖，违者，该管官员罚俸六月。

钱粮 039：嘉庆六年十二奏准

旗员外任及监管税务，出京时重利借银，该旗参领、佐领、骁骑校等，从中图利具保者，降一级调用。

钱粮 040：嘉庆六年十三奏准

退甲兵丁例给养赡，如有揑报等弊，本人鞭一百革退；该管佐领、防御、骁骑校、查验不实，降一级留任；不行详查之参领、协领罚俸一年，都统、将军、副都统罚俸六月。

钱粮 041：同治元年议准

佐领于本管佐领下食钱粮之人，业经身故，匿不呈报，仍旧造入饷档，希图冒领钱粮者，降三级调用。

钱粮 042：光绪五年议准

自行呈请开缺回旗养病人员，声明病痊尚堪起用者，无论曾否出征受伤，均不得请赏食俸。

田宅〔例 27 条〕

田宅 001：康熙四年题准

分给佐领下房屋地土，佐领、骁骑校隐占不给，或私赁取租者革职。如骁骑校隐占，佐领失察，佐领隐占，骁骑校失察，将失察之员罚俸一年。若佐领、骁骑校止买壮丁，揑称并买房屋地土造入册内者革职。

田宅 002：康熙四年又题准

佐领、骁骑校揑开人名，多领官房官地，未入己者降一级调用，入己及私赁或转卖与人者革职，仍追租价并房地交部，失察之参领等罚俸一年，都统、副都统罚俸六月。如佐领下人多领或冒领者，失察之佐领、骁骑校罚俸一年，参领等罚俸六月，都统、副都统罚俸两月。

田宅 003：康熙十五年题准

旗员将应纳钱粮田地私自隐匿，一亩至九亩者降四级调用，十亩以上革职，一顷以上革职、杖一百折赎、永不叙用。隐匿田亩入官，钱粮按年追纳，如自行出首，不拘年限免议，仍自出首之年，征收钱粮。

田宅 004：康熙十五年又题准

旗员奉委丈量地亩，迟延限期，或将丈量之地亩，不明白详报，或不送文册，檄催并不申覆，或令其监丈，互相推诿不行者，皆罚俸一年。

田宅 005：康熙十五年三题准

旗员擅买民地者，罚俸三月。

田宅 006：雍正二年议准

拖欠钱粮之人，已报入官田产，佐领、骁骑校隐匿不报者革职，侵蚀入己者交刑部治罪，失察之参领、副参领降一级调用，都统、副都统罚俸六月。其令人居住耕种，不纳租银者，佐领、骁骑校降一级调用，参领、副参领罚俸一年。如应入官田产，本人未交，佐领、骁骑校通同隐匿者革职，侵蚀入己者交刑部治罪。失察者，佐领、骁骑校降一级调用，参领、副参领罚俸一年，都统、副都统罚俸三月。

田宅 007：雍正二年又议准

拖欠钱粮之人，将田产报官抵项，承办之佐领、骁骑校估价短少，或不候准卖部文即卖者罚俸一年，参领、副参领罚俸六月。估价浮多，或开造数目不实者，佐领、骁骑校降一级调用，参领、副参领罚俸一年，都统、副都统罚俸六月。其本人报官抵项，若将田产数目开造不实者，系官降一级调用，常人鞭八十。如本人照原典买之价报官抵项，或有不敷，令承办官确估呈报，本人免议。

田宅 008：雍正二年三议准

官房倒坏，该管官不请修理者罚俸六月，该管大员罚俸三月。若因损坏遗失官物者，仍令分赔。

田宅 009：雍正九年奏准

八旗游牧察哈尔地亩，除经户部、理藩院定议许令民人居住耕种者，仍照各案覆准事例遵行外，其未奉部院覆准，概不许私募民人耕种，容留居住，及越界多垦，违者，系官降三级调用，常人鞭八十，该总管及该管官查出报明该旗者免议。若失察者，将该管官降一级调用，总管、副管罚俸一年。若通同徇隐，别经发觉，将该总管、副管及该管官，皆降二级调用。

田宅 010：乾隆七年奏准

承追亏空之参领、佐领等官，能将所匿房产查出，值二千两以上者纪录一次，值四千两者纪录二次，值六千两者纪录三次，值八千两者加一级，多者按此递加。

田宅 011：乾隆二十四年奏准

旗人将地亩租给民人佃种者，不得过三年，违者，业主租户俱交部治罪，该管参领、佐领等交部议处。

田宅 012：乾隆二十四年又奏准

旗人认买公产及回赎民典旗地，均不许典卖与民人，违者，将业主售主均照隐匿地亩例治罪，地亩价银一并追出入官，失察之该管参领、佐领交部分别议处。

田宅 013：乾隆二十六年奏准

京城盖造官房，查明实无住址之兵丁，赏给居住，每旗奏请各派大臣一员，令其管辖，傥有私行租典与人者，从重治罪，失察之该管大臣、参领、佐领并步军统领，一并交部议处。

田宅 014：乾隆二十九年奏准

八旗官兵闲散人等，报出绝户地亩，七分入官，三分留作祭田，其地不足三十亩者全行留作祭田。如报出之地虽多，所留之地亦不得过三十亩。其并无亲属家人，交该佐领下可托之人，将每年收取地租代为祭扫，有将此项地亩私行典卖者，除将典卖之人从重治罪外，该佐领、骁骑校、参领、副参领照失察例查议。

田宅 015：乾隆三十八年奏准

将应变之田房产业，估价千两以内者，限六月内变完，不完，罚俸六月，再限六月，仍不完者，罚俸一年。至千两及数千两以上，一时不能即售者，令该管将军、都统、副都统等，酌量分作一年或二年完解，仍先将分年完解之处，报部存案，如限内完不及所分之数者，将承办官员查参，罚俸六月，一年不完，罚俸一年，二年以后不完，每年罚俸一年，限内全完千两一案者纪录一次，以次递加。

田宅 016：乾隆四十九年定

旗员及闲散家奴人等置买房地，概令呈明该管佐领，按期分于左右两翼监督衙门纳税过契，如隐匿旗籍，私向大兴、宛平二县纳税，请领契尾，并该县私准纳税者，均以违制论，官员俱交部议处，闲散家奴俱鞭责发落，仍勒令补税换照，并令步军统领衙门会同顺天府尹不时稽查，查出立即参究。

田宅 017：乾隆五十七年谕

前据梁肯堂奏：请修雄县驻防兵房一折。恐系从前承修之员，未能坚固如式，当经降旨饬查。兹据该督覆奏：此项兵房，均系康熙十二年建盖，乾隆二十六年续修，今已坍塌糟坏，其续修工程，自不及初建之坚固如式，前经防守尉阿尔景阿移会委员验看属实，所有估需银一千八百两零，请先在司库动拨赶修，其二十六年动用之项，著落前任雄县知县李田成家属名下照数追赔等语。驻防兵丁官为建盖房屋，俾资栖止，免其自行租赁，已属格外恩施，该兵丁等即当视同己业，加意爱护，或遇有水火之灾，人力无从防护，如从前荆州满营被冲，及本年热河堤工一带猝被山水者，原不惜帑金，为之另行建葺。若不过每岁风雨飘摇，稍有渗漏残损，该兵丁自应随时粘补，免致敧倾，岂得视为传舍，任其年久塌坏，迨难以栖止，又请官为办理，似此屡圮屡修，帑项虚糜，伊于胡底。况即如京城满兵，惟健锐、火器二营并八旗之新旧营房，及圆明园之八旗营房，俱系官为建盖，此乃特恩。其余八旗亲军、护军、马甲、步甲等，俱无官给房屋，伊等亦止藉钱粮各行租赁，并未见其露处，是各省驻防，得有官房居住，较之八旗兵丁，已属从优，何得不知爱护，致令塌坏，率请官修。除雄县兵房，即照该督所奏，著落前任知县李田成家属名下如数追赔外，防守尉阿尔景阿平时不能留心查察，一任兵丁等将房屋残损，且不报所管大臣，即行文地方官，甚属乖张，著罚俸三年，以示惩儆。嗣后京中各营及各省驻防，如该营原有生息银两，可以动用者，所居房屋，实在年久敧倾，尚可准其各自动项修葺，若并无存公银两之营分，不得擅动官项，率请兴修，以归核实。梁肯堂所办差错，著该部察议。

田宅 018：嘉庆六年奏准

各省旗地，如有旗民人等私行开垦，该旗界官于本年未经查出呈报者罚俸一年，三年以上降一级留任，五年以上降一级调用。接任官即以接印之日起，按年扣算，照此例议处。如自行查出呈报者，将前官议处，接任官免议。

田宅 019：嘉庆六年又奏准

赏给兵丁居住官房，倘有私行租典与人者，失察之该管佐领、骁骑校罚俸一年，领催鞭六十，参领等罚俸六月，管辖大臣、步军统领均罚俸三月。

田宅 020：嘉庆六年三奏准

旗人将地亩租给民人佃种过三年者，失察该管佐领罚俸六月，参领罚俸三月。

田宅 021：嘉庆六年四奏准

旗人将认买公产及回赎民典旗地典卖与民人者，失察之佐领并管旗界各员均罚俸一年，兼辖官罚俸六月，其失察旗人领种地亩私佃民人者，亦照此例议处。

田宅 022：嘉庆六年五奏准

八旗绝户地亩，私行典卖者，失察之佐领、骁骑校罚俸一年，参领、副参领罚俸六月。

田宅 023：嘉庆七年奏准

应交各项银两人员，无力完缴，愿呈房产抵项者，如系兄弟未经分析之产，按兄弟名数均分，将本人名下应得之股，呈出入官，倘有托词产业未分，任意混冒，照隐匿财产例办理。若该管官勒令将兄弟名下应得之产一并呈出，致滋被累者，佐领、骁骑校降一级留任，参领、副参领罚俸一年，都统、副都统罚俸六月。

田宅 024：道光九年谕

兵部汇题本内，议叙派管侍卫营房之头等侍卫吉龄阿纪录一次，二等侍卫敬穆按品升等，虽系照例办理，惟该员等同一管理三年期满，一则予以纪录，一则予以升阶，定例殊未平允。嗣后该管侍卫三年期满，均著纪录一次，毋庸按品升等，此次吉龄阿、敬穆，俱著照新例，各予纪录一次。

田宅 025：道光九年定

御前乾清门侍卫等，赏给房间三十所，由领侍卫内大臣于侍卫内拟派二员，作为侍卫营长，不时稽查，毋许闲杂人等居住。如不按所指官房居住，令闲杂人等居住者，参奏治罪，侍卫营长不实心查察，一并参奏。若能留心稽查，三年期满，由领侍卫内大臣奏明交部议叙，各予纪录一次。

田宅 026：道光十二年奏定

旗人如近京并盛京等处有地亩可种者，准其告假自往清查，如愿自种，准其呈明迁徙居住，或与原佃之人伙种分粮，或撤出一半自行耕种，仍留一半与原佃耕种，若佃户家奴强霸旗产，不容撤出者，准其呈明地方官究办。若旗人必欲全行撤出，不肯留一半与原佃耕种者，仍照夺佃之例办理。

田宅 027：光绪六年议准

旗营官员将该管营房箭厅，不能随时培修，乃藉倒塌擅行拆毁者，降二级调用。

承追〔例 20 条〕

承追 001：康熙年间议准

八旗有承追之银一千两以上者，于文到日限一年追完，不完，将佐领、骁骑校罚俸一年，参领、署参领罚俸六月，都统、副都统罚俸三月，再限一年，不完，佐领、骁骑校降一级留任，参领、副参领罚俸一年，都统、副都统罚俸六月，再限一年追完，佐领、骁骑校开复，不完，照所降之级调用，参领、署参领降一级留任，都统、副都统罚俸一年。承追千两至五千两者，以五年为期，每案每年追完二分，不及二分者，佐领、骁骑校初参降俸一级，二参罚俸一年，三参降一级，四参再降一级，皆留任，五年限满追完开复，不完，照所降之级调用。承追五千两以上者，以十分为率，勒限五年，佐领、骁骑校初参不完降俸二级，二参罚俸一年，三参降一级，四参再降一级，皆留任，五年限满，能完至七分者，准其开复，未完之银，再行按年起限，不及七分，照所降之级调用。督催各官，一千两至五千两以上者，每案勒限五年，按数督催，递年完至二分者免议，不及二分者，参领、署参领初参罚俸六月，二参罚俸九月，三参罚俸一年，四参降一级留任，五年限满全完开复，不完，降二级留任。都统、副都统每案初参罚俸三月，二参罚俸六月，三参罚俸九月，四参罚俸一年，五年限满无完降一级留任，未完之银，再行按年起限，追完开复。至接任承追督催各官，均以任事之日起，扣限追催，如本人实系无力完帑，佐领、骁骑校出结报明参领，转报都统、副都统奏请豁免，不得株连亲族，傥滥行著落亲族代赔，将承追官革职。若豁免后，本人现有隐瞒产业悉行入官，将出结之佐领、骁骑校革职，转报之参领、署参领降二级调用，奏请之都统等罚俸一年，所欠之银，著落出结之佐领、骁骑校赔补。如该管都统、副都统及参领、署参领有逼勒出结之事，不行出首者，将出结并逼勒之官皆革职。

承追 002：康熙年间又议准

佐领、骁骑校有承追之银，于一年限内追完三百两以上之案者，每案纪录一次；千两以上之案，五年限内追完者纪录一次；参领、署参领追完三百两以上之案者，每三案纪录一次；都统、副都统追完三百两以上之案者，每十案纪录一次；接任官以任事之日起限，于一年限内追完千两以上之案者加一级，五千两以上之案者加二级，一万两以上之案者加三级，此等加级，遇别案承追应降调者，准其抵销，若于一年限内追完一万五千两以上之案者，以应升之官即用。

承追 003：雍正二年议准

盛京旗人所种地亩，应交米豆草，以经管地界之协领、城守尉为督催官，佐领、防御、骁骑校为经征官，征粮一石作银一两，如经征千两以下，一年内全完者纪录一次；千两以上三千两以下，一年内全完者纪录二次；三千两以上，一年内全完者纪录三次。督催五千两以下，一年内全完者纪录一次；五千两以上一万两以下，一年内全完者纪录二次；一万两以上，一年内全完者纪录三次。如有不完，各计分数参处，经征官欠一分者罚俸六月，二分罚俸一年，三分降俸一级，四分降俸二级，五分降职一级，六分降职二级，七分降职三级，八分降职四级，皆戴罪经征，完日开复，欠九分十分者革职。督催官欠一分者罚俸三月，二分罚俸六月，三分罚俸一年，四分降俸一级，五分降俸二级，六分降职一级，七分降职二级，八分降职三级，九分降职四级，皆戴罪督催，完日开复，欠十分者革职。

承追 004：乾隆元年议准

凡八旗承追亏空赃罚等项，果属无力完帑，奏请豁免，不得混开借欠，希冀搪抵。如本人经管钱粮时，所属有借支借领并同官挪用，出有印领者，准其开报，仍将出印领之人，照私借钱粮例议处，按数勒追。至其平日债负，或帮助亲友，或同官私借，虽有文约并无印领者，不准开报勒追。傥该佐领、骁骑校因受嘱徇私，听其开报，妄拿无辜勒追者，照故勘平人律治罪，得贿者计赃以枉法从重论，参领、副参领不据实查报者降二级调用。若因规避议处指引开报者，佐领、骁骑校革职，参领、副参领失察者降一级留任。如受其朦胧开报，混行勒追者，佐领、骁骑校降二级调用，参领、副参领罚俸一年。

承追 005：乾隆二十四年奏准

八旗有承追之银，一千两至五千两者，以四年为期，每年每案追完二分五厘，完不及数者，佐领、骁骑校初参降俸二级，二参罚俸一年，三参降一级留任，限满追完开复，不完，照所降之级调用。督催各官，亦每案勒限四年，按数督催，递年完至二分五厘者免议，完不及数者，参领、副参领初参罚俸六月，二参罚俸九月，三参罚俸一年，四参降一级留任，全完开复。五千两以上者，均照旧例。至工程核减报销脚价等项，数在三百两以下者，限六月追完，三百两以上者，限一年追完，逾限不完，照杂项钱粮例议处。

承追 006：乾隆二十四年又奏准

佐领、骁骑校有承追之银，一千两以上者限以四年，五千两以上者限以五年，十分通完，各准其纪录一次。

承追 007：乾隆二十六年奏准

外省咨旗著追银两，凡数在三百两以下者定限六月，三百两以上者定限一年，按限催追，如限满不完，照例查参议处。

承追 008：乾隆四十九年奏准

旗员征追未完银两，后经分赔，无承追之责者，原议之案，照承缉案犯被邻境别汛拿获之例，按其参限应得处分，减等议处完结。

承追 009：嘉庆六年奏准

八旗拖欠钱粮人员，无力完补及完不足数，该旗查实，取具印结送部存案，照例坐扣，如有查报不实者，该管官罚俸一年。

承追 010：嘉庆六年又奏准

八旗存公银两，该参领登记出纳数目，按月造册，送稽查衙门查核，该参领离任时，接任官交盘出结，如有亏挪等弊，将参领革职治罪，仍令赔补，都统等明知亏挪，不行题参，降三级调用。

承追 011：嘉庆六年三奏准

旗员应赔各项银两，该员子孙有隐漏不报，希图幸免者，一经查出，即将应追银两著落赔缴，并将蒙混出结之佐领降二级调用，转报之参领降一级留任。若业已题豁后，其子孙续有得官者，免其重扣。

承追 012：嘉庆七年奏准

承追因公核减及分赔代赔等项银两，数在三百两以下者，于文到日限六月通完，不完，佐领、骁骑校降俸一级，再限六月，不完，罚俸六月，另行起限。承追三百两以上至一千两者，限一年通完，不完，将佐领、骁骑校罚俸六月，参领、副参领罚俸三月，都统、副都统暂行免议，再限一年，不完，佐领、骁骑校罚俸一年，参领、副参领罚俸六月，都统、副都统罚俸三月，再限一年，不完，佐领、骁骑校降一级留任，参领、副参领罚俸一年，都统、副都统罚俸六月。一千两至五千两者，以四年为期，每年每案追完二分五厘，完不及数者，佐领、骁骑校初参降俸一级，二参罚俸六月，三参罚俸一年，四参限满不完降一级留任。五千两以上者，亦以十分为率，勒限五年，佐领、骁骑校初参不完降俸一级，二参不完罚俸六月，三参不完罚俸一年，四参不完降一级留任，五年限满，如能完至七分者，准其开复，令其按年起限承追，如完不及七分者降一级调用。督催各官一千两至五千两者，每案勒限四年督催，完不及数者，参领、副参领每案初参罚俸三月，二参罚俸六月，三参罚俸九月，四参罚俸一年。五千两以上者，至五年限满不完，降一级留任，都统、副都统每案初参免议，二参罚俸三月，三参罚俸六月，四参罚俸九月。如五千两以上者，至五年限满不完，罚俸一年。以上仍另行按年起限，追完开复。其接任承追督催各官，以任事之日起，扣限催追。

承追 013：嘉庆七年又奏准

凡应缴各项银两，有实系无力完帑者，佐领、骁骑校具结报明参领等，转报该都统、副都统咨部题豁，不得株连亲族。倘不据实具结咨部题豁，致令失所，将佐领、骁骑校降一级留任，参领、副参领罚俸一年，都统、副都统罚俸六月。

承追 014：嘉庆七年三奏准

八旗因公拖欠钱粮人员，无力完补，又完不足数，令该管各官取具并无隐匿印结，送部存案，将本身及兄弟子侄俸银内分别数目，按年坐扣一半，如有隐匿之处，照隐匿财产例办理。

承追 015：嘉庆七年四奏准

凡同案分赔公项人员，有家产尽绝，无力完补者，将其人名下应赔之数豁除，不得复于同案各员名下重复摊派，并禁止在于通省各官养廉内摊扣，更不得于承追旗分省分著落赔补，违者以违制论，按律议处。

承追 016：嘉庆七年五奏准

回旗人员应追各项银两，该员一面按限完缴，如有部减不符及任所派赔不公等情，准于本旗呈明，移咨任所核办，毋许擅求自赴任所清厘，傥该管官有混为声请者，照瞻徇例降二级调用。如任所督抚因案内情节纷繁，必须亲自质对，将缘由声明，咨部移咨该旗，饬令该员前往清厘，完竣时即行勒令回旗，若有藉端他往，扰累地方情事，该督抚即据实严参治罪。

承追 017：嘉庆七年六奏准

拖欠官项，本人力不能完，所有承产之兄弟子侄，分肥之僚友，经手之吏役家奴，及寄顿财产之人，确查属实，均应著赔。若分居析产之兄弟族属，及不知情之亲友奴仆，并未侵渔公帑，寄顿私财者，承追官有巧藉名色，勒令赔补，或藉称严察寄顿，刑求吓诈等弊，俱革职。傥受累之人告发，上司不为准理，照徇庇例降三级调用。

承追 018：道光十年谕

富俊等奏：官兵随缺地租，请照承催余租之例，一律造报考成一折。盛京内外各城官兵随缺地租，各地方官因无考成，并不实力催交，近来有拖欠至一二年之久者，据富俊等查照成案，请将经征之员，明定劝惩章程。著照所请，嗣后除自行耕种者毋庸议外，所有交旗民地方官招佃取租者，照旧有余地，分别佃户，系旗人责成界官承催，系民人责成民员承催，一律造报考成，咨送盛京户部、奉天府府尹查核，十月内通完者，照例议叙，如催追不完，附题参处，以专责成而免拖欠。

承追 019：道光十八年议准

盛京等处额征余地租银，责成经征之员，随征随解，如有征存银两，延缓不解，违限不及一月者罚俸三月，一月以上罚俸六月，二月以上罚俸九月，三月以上罚俸一年，四月以上罚俸二年，五月以上降一级留任，半年以上降二级留任，一年以上降三级调用，督催之员照此例减一等议处。

承追 020：道光十九年议准

东三省专城旗员，凡经征杂项税羡银钱，随收随解，如有迟延，照州县征收田房税羡银两解交迟延例，罚俸一年。

缉私〔例 7 条〕

缉私 001：康熙二十四年议准

在京旗人有私铸私毁，或挽和小钱行使者，事发照例治罪，该管官知情者革职治罪。失察者，骁骑校降一级、罚俸一年，佐领降一级留任，参领罚俸两月，都统、副都统罚俸一月，领催鞭一百。若本旗之人在别旗地方有犯者，本旗各该管官，亦照此例议处。如旗人及民人在步军营所管地方有犯者，该汛步军校照骁骑校例，步军协尉照佐领例，步军翼尉、统领照都统副都统例，分别议处。如奴仆有犯，家主知情者，照例治罪。失察者，系官降二级留任，常人鞭一百。房主及邻佑知情者照例治罪，失察者，系官降一级留任，常人鞭一百。若城外居住及看坟之奴仆有犯，家主照此例议处。看守奴仆赁与他人有犯者，奴仆照房主例治罪，家主免议。在屯庄处有犯，屯领催照在京领催例议处，家主及该管官皆免议。凡失察之该管官，有能自行拿获者，不论年月远近，准其免议；系本旗之官拿获者，同旗失察官亦免议；步军统领衙门拿获者，该汛失察官免议；内务府番役拿获者，内务府失察官免议；若系别衙门及别旗拿获者，其失察之该管官仍议处。驻防旗人有犯，骁骑校照在京骁骑校例，佐领、防御照在京佐领例，协领、总管、城守尉、防守尉照在京参领例，将军、都统、副都统照在京都统、副都统例，分别议处。

缉私 002：康熙二十四年奏准

旗人贩卖私盐者，照例治罪，系正身，将该佐领、骁骑校罚俸一月，领催鞭五十。系内务府所属人，将内管领、副内管领罚俸一月，领催鞭五十。系奴仆，家主系官罚俸两月，常人鞭七十。若屯庄居住之旗人有犯，将屯领催鞭五十，该管佐领、骁骑校、领催皆免议。至因公差之人有犯，将领去之该管官各罚俸两月，领催等鞭五十，有能自行拿获者皆免议。

缉私 003：嘉庆六年奏准

旗人有私铸私毁，或挽和小钱行使者，除失察之佐领、骁骑校照旧议处外，参领、副参领罚俸六月，都统、副都统罚俸三月。如旗人民人在步军营所管地方有犯者，该汛步军校、步军协尉、副尉仍照旧议处，步军翼尉罚俸六月，步军统领、总兵罚俸三月。至本旗人在别旗地方有犯，及驻防旗人有犯，其应议各官，均照此分别议处。

缉私 004：道光十六年议准

京城城门直班官兵，故纵蠹棍奸牙运米出城回漕，犯被顺天府拿获，审有兵丁得赃，官弁知情者，门领、门千总、门吏均革职，交刑部治罪，漫无觉察之翼尉、副翼尉降二级留任，不准抵销，步军统领暨该翼总兵均罚俸一年。

缉私 005：道光二十六年议准

八旗步军营地方，如有偷窃官铜售卖人犯，该管地面官失于查拿者，罚俸一月。

缉私 006：咸丰四年谕

嗣后责成步军统领衙门、顺天府、五城及各该地方大小员弁，懔遵叠降谕旨，于私铸大钱人犯，实力严拿，其有拿获大伙私铸及私造铸钱器具，并邻里军民首告得实，应即给予奖叙。如官役有徇隐包庇、受贿卖放、挟嫌诬告情事及奸民知情容隐者，尤应加等惩处。钦此。遵旨议定：一、大伙私铸，十人以上为大伙，无论有无拒捕伤人，专管官，每起降二级留任，兼辖官每起罚俸一年，俱限一年缉拿，限满不获，专管官照所降之级调用，兼辖官降一级留任。二、私铸拒捕，专管官讳匿不报，或将数起报作一起者，俱革职，兼辖官降二级调用，统辖官降一级调用，如上司徇庇不参，降三级调用。三、京外地方官失察私造铸钱器具，降一级调用，如尚未行用，即行访拿，与案犯并获者，无论本境邻境，每起准其加一级。四、私铸之案，如由地方绅衿禀报，系大伙私铸得实者给予加一级，系小伙并私造器具得实者纪录一次，邻里军民首告得实者由地方官酌给奖赏。五、京城步军统领所属汛地兵丁，及外省驻防各旗营兵丁，如有徇隐包庇受贿卖放私铸案犯等情，本管官故纵者革职，止于失察犯该杖徒者降一级调用，犯该军流者降二级调用，犯该斩绞者降三级调用，上司失察者，每案降一级留任，若本管官自行访出究办者免议。六、兵丁以查拿私铸大钱为由，肆行抢夺，挟嫌诬告，失察之该管官，照文职失察捕役诬良为盗例议处，已致死者革职，未致死者降三级调用；系已革兵丁，已致死者降二级调用，未致死者降一级调用；自行访拿审出，未致死者免议，已致死者仍照例议处；系匪徒冒充汛兵，犯有前项情弊，将专汛官降一级留任。七、营汛武职官员，拿获大伙私铸之案，将案犯全数缉获者，无论本境邻境，准步军统领及驻防将军、都统、副都统等奏请给咨，送部引见，照获盗人员议叙；其并非大伙私铸，地方官访查破案将首犯及匠人全获者，如连获三起以上，无论本境邻境，准步军统领及驻防将军、都统、副都统并案奏请，给予升衔；其有失察处分，并准将拿获之案，分起抵免。

缉私 007：同治元年议准

东边外等处卡伦，每年由盛京将军派员前往，查拿偷运木植贼犯，如报获木植无多，比之历年数目悬殊，将查拿不力之员，降二级留任。

奏章文册〔例 30 条〕

章册 001：康熙十一年题准

内外旗员有不系密事妄称密奏，及借公行私以私事具奏者，降二级调用。其一应本章，有不应密而密者，罚俸六月。

章册 002：康熙十一年奏准

将军、都统、副都统等本内紧要字贴黄内遗漏，或贴黄内所用之字本内遗漏，或册疏互异者，俱罚俸三月。

章册 003：雍正五年议准

在京八旗除行文传集在京官员人等，不用封套外；凡咨行部院衙门及外省一应公文，均加封套实封；事关重大者用钉封。至驻防将军、都统、副都统等题奏本章事关紧要者，将副本揭帖用"密封"字样封固，投递通政使司；咨行各旗及各部院，并与属官来往公文，系紧要事，亦用密封。以上内外都统、将军、副都统等收到紧要密封公文，均亲拆收存，如将应密之事不密，以致泄漏，重者降一级留任，轻者罚俸九月。

章册 004：雍正六年议准

印文及出关票引有遗失者，官罚俸三月，兵鞭五十，均仍补给。

章册 005：雍正十一年议准

八旗各官具折奏事，奉有朱批谕旨者，在京即行恭缴，在外于下次奏事之便，封固恭缴，若任意迟延及隐匿不缴者革职。

章册 006：雍正十二年议准

八旗传事印文，传毕，即行取回销毁，傥不查收，致人藉以夜行者，承办官罚俸两月。若将豫备传事印文，收储不谨，被人窃去夜行者，承办官罚俸六月。

章册 007：乾隆三年奏准

外任将军、都统、副都统等奉有朱批谕旨，未及恭缴之先，有缘事降革及病故者，于回旗之日，或本人或亲属，呈明该旗都统等代为恭缴，如隐匿收存，查出治罪。

章册 008：乾隆二十四年谕

凡定例应行题奏之事，各该管大臣或仅咨部办理，此实畏奏规避之恶习，该部即应据咨查奏，将不行题奏之处，请旨申饬。若事关紧要，即于奏内声明参处，庶于政务不致迟延，而外省大吏亦晓然于违例咨部之非，方克称部院大臣职掌，若必驳令具奏交部，始行定议，则簿书期会，徒滋案牍，于实政究何裨益。嗣后各部院衙门及八旗都统等，凡遇此等事件，俱遵此旨行。

章册 009：乾隆二十四年奏准

内外旗员造册舛错遗漏，非关钱粮之案者，造册官罚俸三月，转报官罚俸一月。

章册 010：乾隆二十五年奉旨

晓谕各部院衙门八旗，嗣后接到外省咨文，应行具奏办理者，即行具奏办理；应行参奏办理者，即行参奏办理。

章册 011：乾隆三十四年奏准

嗣后恭遇谕旨内有宣示中外知之者，在京武职以及在外驻防等衙门，俱刊刻誊黄，张挂晓谕，如不行宣示者，罚俸一年。

章册 012：乾隆三十五年

谕部院八旗各衙门，嗣后凡遇各该处请示咨报之案，除有例可循者，仍照常核议咨覆外，若系必须奏请定夺之事，无论应准应驳，即著据咨议准议驳奏闻，并将应奏不奏之大臣等附参交议，不得狃于推诿锢习，贻误公事，悦不知悛改，复蹈故辙，一经察出，定将违例咨驳之大臣等，一并严加议处。著为令。

章册 013：乾隆三十九年奏准

官员将钦奉上谕及特旨交办事件，遗失遗漏者，经手之员降一级留任，罚俸一年。如系寻常事件，降一级留任。

章册 014：乾隆四十九年奏准

健锐营咨行各处事件，该翼长呈明该管大臣查明转报，如有遗漏，该管大臣与转报官一例议处。

章册 015：嘉庆六年奏准

八旗各营公署所存档案，被窃在一百件以上者，将防守不严之该班章京降一级留任，该管参领、副参领罚俸一年，失察之都统、副都统罚俸六月；一百件以下者，该班章京罚俸一年，该管参领、副参领罚俸六月，都统、副都统罚俸三月。

章册 016：嘉庆六年又奏准

八旗具奏事件，奉旨后将奏折及所奏谕旨粘连一处，合缝处钤印收存，另设号簿，将具奏年月事由及所奉谕旨，誊写簿内，用印备查，承办官遇有升转事故，不行交代明白者罚俸三月。

章册 017：嘉庆六年三奏准

将军、都统、副都统等题奏本章内错写官衔，或从旁添字或错字者，罚俸一月。

章册 018：嘉庆六年四奏准

八旗宗人府咨行各省文移，备文移咨兵部，加具随咨转行，不准径行外省，违者，承办官罚俸九月，该管大臣罚俸一月。

章册 019：嘉庆六年五奏准

官员因拣选补放引见，将本身年岁行走年分履历造报舛错者罚俸一年。如非本身履历，承办官造报舛错者罚俸九月。未能查出更正之转报官，均罚俸六月。休致官员呈报出兵打仗杀贼受伤数目舛错，承办官不行详查转报者罚俸六月。

章册 020：嘉庆六年六奏准

官员将袭官敕书收藏不慎，以致遗失，当即具报者降一级留任，隐匿不报者降二级留任。该管各官并未查出呈报者，将佐领、骁骑校罚俸一年，参领、副参领罚俸六月。若外省驻防官员，因公进京，代领他人袭官敕书，收藏不慎，中途遗失者罚俸一年。

章册 021：道光十二年题准

旗人擅递匿名封章，失察之都统、副都统罚俸六月，该管参领、副参领、佐领均降一级留任。

章册 022：道光十六年议准

章京行文讹误舛错者，罚俸三月。

章册 023：道光十九年议准

佐领承办档案遗漏舛错者，罚俸两月。

章册 024：咸丰二年奉旨

特克慎奏：交代回京后请训一折。特克慎系已革人员，到京时不准递折请安，著该旗奏闻。

章册 025：咸丰四年议准

满洲大臣清字折内，缮入汉字谕旨者，罚俸九月。

章册 026：咸丰十一年奉旨

伊车苏前因清字奏折内错字太多，当时并未申饬，今专折谢恩，又缮用汉字，竟染汉习。凡满洲大臣，每遇谢恩，俱应缮写清字折具奏，今伊车苏缮写汉字折谢恩，实属非是。伊车苏著交部议处。钦此。遵旨议定：满洲大臣具折谢恩，俱应缮写清文，如有误写汉字者，罚俸一年。

章册 027：同治十年题准

军机处发交御章，应于次日恭缴，若递事旗员猝然患病，漏未恭缴者，比照迟误表文例罚俸一年。其帮同递事之员，亦致遗漏者，比照旷官不到例罚俸一年。

章册 028：光绪四年议准

八旗武职大臣，于奉旨饬查事件含糊题奏者，降一级留任。其属员呈请上司代题代奏事件，如不将实在情节逐细声明者，将呈请之员，亦降一级留任。凡详报申覆不将实在情节详细声明者，亦照此例议处。该上司不行查明率为题奏者，罚俸一年。

章册 029：光绪四年又议准

八旗都统奉旨回奏，并不据实回奏者，降一级调用。

章册 030：光绪五年议准

武职大员奏事折内，未将折底撤出者，罚俸三月。

仪制〔例 54 条〕

仪制 001：原定

八旗官员僭用引马及马项繁缨者罚俸六月，该管官知而不禁者罚俸三月。

仪制 002：原又定

銮仪卫仪仗如有遗失者，掌卫事内大臣、銮仪使各罚俸三月，该管冠军使、云麾使、治仪正、整仪尉各罚俸九月。损坏不呈请更换者，该管冠军使以下各官，皆罚俸一月。

仪制 003：原三定

陵寝仪仗等物有遗失者该管官罚俸九月，损坏不呈请更换者罚俸一月。

仪制 004：原四定

内外旗员于引见时，不候谕旨，即将所得功牌渎奏者，罚俸六月。

仪制 005：康熙四十二年覆准

旗员于应用朝服之日不用及违例错用者，罚俸一月。

仪制 006：雍正二年覆准

旗员恭遇升殿庆典及迎接诏书，有失误不到者，罚俸六月。所司已接部寺等衙门知会，不即传知者，亦罚俸六月。接驾不到及常朝不到者，罚俸一月。至朝贺各官，有班行不正跪立不齐者，罚俸一月。稽察官不举报者，议处之例同。

仪制 007：雍正七年定

八旗会议事件，各该大臣如期会议，分别左右翼，各按品级列坐，详悉定议，于会议之处画题，如越次不整者罚俸一月。

仪制 008：雍正八年议准

凡遇祭祀坛庙应行陪祀各官，由部于前期数日，将八旗都统、副都统等缮写名签恭请钦点八人，稽察斋戒，祀毕，仍将陪祀各官开列奏闻，若应陪祀各官，无故不行斋戒，或已开斋戒不至者罚俸一年，该管大员不行查参者罚俸六月，若临期后至不及陪祀者罚俸一月。

仪制 009：雍正八年又议准

官员遇常朝日托故不到者罚俸一月，未朝诈称已朝者罚俸一年，捏供同朝之官罚俸两月，其已注病不在家而他出者罚俸一年。至无故出城过宿，失误朝期者革职。如因扫墓医病等事，不及进城者罚俸一月。

仪制 010：雍正十三年奏准

旗员文武兼任者，文职品级大用文职补服，武职品级大用武职补服，如品级相同用文职补服，违者罚俸六月，该管官知而不禁者罚俸三月。补服与帽顶坐褥不相符者，亦照此例议处。

仪制 011：乾隆元年议准

朝会之日，看守午门、端门、阙门各官，不将闲杂书役人等拦阻，听其肆行出入者，查由何门出入，将该管门官罚俸一月。至坐班行礼之际，各官仆从，令该旗所委骁骑校，并看守朝房之步军校，尽行逐出，如不行逐出，经稽察官参奏，将该骁骑校、步军校及仆从之主，各罚俸一月。

仪制 012：乾隆三年奏准

大朝大祀日，圣驾出入，各官仆从肆行喧哗争竞冲突拥挤者，拿交刑部杖一百，其主罚俸三月。常朝日有肆行喧哗争竞冲突拥挤者，交刑部杖六十，其主罚俸一月。至在内执事人并大臣侍卫之仆从犯者，交各该管衙门治罪。

仪制 013：乾隆三年议准

丧仪齐集之处，有失误不到者罚俸六月。所司已接承办衙门知会，不即传知者，亦罚俸六月。

仪制 014：乾隆七年奏准

旗员有疯疾者，令其亲族看管，疾愈之后，该管官仍留心试看一年，果已痊愈，方准上朝，其大内监工及守卫紫禁城之处，永停差委，在外仍行差委。若疾愈未过一年，即令上朝，或仍差委大内监工、守卫紫禁城者，该管官罚俸九月。

仪制 015：乾隆七年又奏准

八旗婚丧等事，所用器物，有违例僭越者，系官罚俸一年，常人鞭五十，失察之佐领、骁骑校各罚俸六月，领催、族长鞭三十，族长系官亦罚俸六月，该管参领、副参领罚俸三月，该管大员及查旗各官不行查出者，皆罚俸两月。若有一处查出，皆准免议。

仪制 016：乾隆七年三奏准

八旗官兵服色均有定制，如僭用五爪立龙团龙补服之类，系官革职，兵及闲散人交刑部治罪，僭用之物入官，未经查出之佐领、骁骑校，每案罚俸三月，参领、副参领每二案罚俸三月，都统、副都统每三案罚俸三月，领催、族长鞭五十。若奴仆有犯，交刑部治罪，其主系官罚俸三月，常人鞭五十，该管各官皆免议。僭用寻常服色者，系官罚俸一年，兵及闲散人鞭五十，未经查出之佐领、骁骑校每案罚俸一月，参领、副参领每二案罚俸一月，都统、副都统每三案罚俸一月，领催、族长鞭二十五。若奴仆有犯鞭五十，其主系官罚俸一月，常人鞭二十五，该管各官皆免议。以上应议之族长系官，照佐领例议处。

仪制 017：乾隆十三年议准

旗员应陪祀者，于期前将职名造册送部，其有故不能陪祀者，于各该员名下注明，祭祀之日，由部委官于查收职名有不到者，指名参奏。若陪祀各官，届期偶患疾病不能到者，将情由呈报稽察衙门。

仪制 018：乾隆二十二年谕

伍龄安奏：请整齐仪仗一折。所奏甚是。丹墀仪仗之后，两旁派官员侍卫稽查，阶上两隅，派护军参领等管束之处，俱著照所奏行，交各该处遵照办理。阶上递茶，原有派出之侍卫，著交五福等按数酌派，不必多人，王公等跟随，著于伊等护卫内，每人各派一人携持坐具，亦不必多人，即太监等亦不得容一人，著直班护军统领严察，如违即行参处。

仪制 019：乾隆二十四年奏准

贝勒、贝子、公、都统及二品大臣等，概不准乘轿，如有擅行乘轿者，各该衙门及步军统领、查旗御史即行参奏，傥未经查出，将失于查察之步军统领等官罚俸一年。

仪制 020：乾隆二十四年又奏准

八旗及盛京各省驻防官员升迁调补及军政卓异，降调革职奉旨从宽留任，并京员奉特旨及议叙加级纪录者，兵部及该旗该衙门开列职名，移送鸿胪寺定期传令谢恩，如有无故逾限不行谢恩者，经鸿胪寺查参，将该员罚俸一年。

仪制 021：乾隆二十四年三奏准

应行陪祀各官，无故不行斋戒，一年内三次以上不到者，降一级留任，罚俸一年；八次以上不到者，降二级调用。

仪制 022：乾隆二十四年四奏准

守护陵寝世袭防御等官，遇祭祀之期如有迟误者革职，不准承袭。

仪制 023：乾隆二十四年五奏准

恭遇典礼上朝及常朝日期，官员坐次，按品排班，违者罚俸两月，该管大臣不行参奏，罚俸一月。

仪制 024：乾隆二十四年六奏准

凡遇斋戒之期，该旗不豫期将本旗应行陪祀斋戒官员职名，造册移送太常寺及转送都察院以备稽查，或册内有遗漏斋戒官职名者，将造册各官罚俸六月。

仪制 025：乾隆二十四年七奏准

恭遇皇帝亲祭坛庙，八旗应行迎送各官无故不到者，罚俸六月。

仪制 026：乾隆二十四年八奏准

八旗官员在公所办事，傥有越分违例任意行走者，照违令律罚俸九月。

仪制 027：乾隆二十九年覆准

八旗防御各员，不得仍前僭挂朝珠，倘有违犯，该将军等即行指参。

仪制 028：乾隆三十四年谕

嗣后各王公属下人等，惟京员向各门往来，仍照旧不禁外，现居外任职官，因事来京者，概不许于本管王公处谒见通问，以清弊源。著为令。倘仍不知省改，或久而复沿故辙，一经发觉，除本人从重治罪外，其本管王公等亦一体惩治，必不稍为宽贷。

仪制 029：乾隆三十七年奏准

凡遇祭祀日期，随驾前引后扈大臣、侍卫，及有执事侍卫官员拜唐阿等，俱于午门外骑马，一品跟役三名，二品跟役二名，三品以下侍卫官员拜唐阿俱各跟役一名，骑马跟随，如有多带跟役及无执事人等混入者，管辖大臣即行指名题参，分别治罪。

仪制 030：乾隆五十九年奏准

陪祀应行斋戒大臣，遇有出差告假等事，于册内注明，以凭查核。如不详悉填注，至奉旨交议后，始行声请扣除，将承办造册各员，照经手遗漏例罚俸一年，核对各员照不行详查例罚俸六月。

仪制 031：嘉庆五年谕

向来凡遇祭祀日期，随驾前引后扈之大臣及侍卫并有执事官员人等，俱准午门外骑马。本日朕披阅刑部进呈修改律例，内载一品大臣跟役三人，二品大臣跟役二人，三品以下侍卫官员等俱跟役一人，骑马行走，限制綦严。乃近年以来，随扈之大臣官员，所带跟役，在午门外骑马者过多，朕从前随侍皇考诣坛时，目击随从大臣等，不特骑从纷阗，较之定例人数多至数倍，并有妄行驰骤者，实为纵肆，此皆日久因循，无人稽核所致。嗣后凡遇祭祀驾出午门，所有随从大臣官员，应带骑马跟役，俱应按照定例，著交护军统领查察，如有例外多带人数者，即应据实严参，照违制律治罪。

仪制 032：嘉庆八年谕

朕近见出入祭祀坛庙拈香日期，随朕之御前乾清门大臣、侍卫等，豫备马匹之人，骑马俱离朕甚近，不成事体。嗣后凡遇朕幸各处，跟役人等豫备马匹，务须离远。现在朕明日诣先农坛行耕耤典礼，至更衣处，不须闲散多人，倘有混行争前者拿究，将其主重处。

仪制 033：嘉庆十一年谕

近有蓝翎侍卫伦布与笔帖式庆云在街斗殴一案，因伦布未戴翎顶，所以将伦布革职示惩，并特降谕旨训饬文武官员，嗣后倘有不戴翎顶闲行者，一经查出，即著降调，如另有游荡滋事等情，著即革职，再行审办。今伦布及从前在城门官厅咆哮之佟关保弟兄，皆系粘竿处侍卫蓝翎侍卫整仪尉，可见该领侍卫内大臣、銮仪卫大臣及粘竿处大臣，显系平日于该管之侍卫章京并不留心约束教导，虽经如此降旨训诫，该管大臣等不过将此旨阅看后，传令晓谕各侍卫章京等而已，而各侍卫章京等，或竟有不得闻见者。著交领侍卫内大臣、銮仪卫大臣、粘竿处大臣等，务将该管侍卫章京等传齐，著伊等恭传此旨，一一面加教导，训饬遵行，经此次训谕后，傥有违旨仍不戴翎顶，在外间行，或游荡滋事者，一经拿获，先将该管大臣等曾否传旨训饬该员，该员照从前所降谕旨治罪，若该管大臣等并未传旨训饬，不但将该员治罪，并将该管大臣一并治罪，决不宽贷。再，随围之侍卫章京官员内，朕曾见有不戴翎顶，及露首坐食街市者，即使无力不能携带火食，亦当在街市买至下处食用，岂有身系职官，竟不戴翎顶，坐食街市之理乎？著交总理行营王大臣等通行晓谕，嗣后凡在行营随往之侍卫章京官员等，傥仍有不戴翎顶，露首街市，游荡吃饭者，该总理王大臣等，立即拘拿，指名参奏治罪，断毋徇隐。

仪制 034：嘉庆十五年谕

朕在宫内之日，散秩大臣向例每日进内，该员等亦有兼管旗分营务者，日日入直，并有分管事务，未免积压，又以不能上衙门办事，藉口躲避。嗣后散秩大臣，除并未兼管旗营及仅兼管一处之员，仍照旧每日入直，如有二三处事务者，俱著于奏事之日进内，余日上衙门办事，毋庸进内。如遇朕出入天坛斋宫，及至各庙宇拈香，并临莅西苑等处，传膳办事，其无执事之散秩大臣，亦毋庸随往。著为令。

仪制 035：道光四年奉旨

嗣后各部院衙门旗营引见人员，应入禁门者，务各将应入人数，开单豫行咨送管门大臣，以备查核，傥若疏懈，致有混入者，一经查出，定行重处，决不宽贷。

仪制 036：道光七年谕

前据奕绍奏：初十日祭奉先殿，献爵侍卫，到班迟误，请交领侍卫内大臣查明具奏。当以所奏未能明晰，命军机大臣传旨询问。据称：献爵迟误十六员内，礼成后赶到者十二员，其余四员竟未赶到，系令献帛侍卫帮同献爵，于典礼尚未贻误等语。祀典至钜，执事者各有专司，均宜肃恭将事，即以献帛之员恭代献爵，已属不合，乃将初献之爵，先行陈设，尤属愆仪。现据领侍卫内大臣等将迟误各员查明参奏，本应严办示惩，念系初次不到，姑从薄罚。恒敏、永芚、中达、绵护四员，竟未到班，著即革去侍卫，仍交宗人府严加议处。承顺、祝康、敬斌、秀年、世增、奕幸、吉亮、秀鹤、兴昌九员，到班已迟，俱著交宗人府严加议处。康保因在内直班，伊家人未能将传牌送进，迟误尚出有因，著加恩免其交议。其宝龄在圆明园直班，敬凯未经接到传牌，既据领侍卫内大臣查明属实，均毋庸议。至奕绍以亲王奉派行礼，又系领侍卫内大臣，即应将该侍卫等迟误缘由，查明据实严参，何得含糊具奏塞责。嗣后凡遇祭祀应派执事人员，著该管官先期发给传牌，俾得早为豫备，如有迟误失仪等事，即著派出行礼之阿哥王公等据实参奏，毋得瞻徇姑息，以昭慎重。

仪制 037：道光十九年奉旨

敬敏奏：贝子奕绪接班迟误，据实奏明请旨。此次奕绪轮应进班，因赴园谢恩，以致到班迟误，与无故旷误者有间，著加恩免其议处。嗣后该班王大臣等，轮应进班之日，遇有应行赴园谢恩事件，著于出班之次日谢恩，以昭画一。

仪制 038：道光十九年议准

侍卫于引见时，带班错误，罚俸三月。

仪制 039：咸丰元年议准

带领八旗引见人员如将绿头牌呈递舛错者，将该大臣罚俸三月。

仪制 040：咸丰五年谕

武职大员有操练弁兵之责，理应骑坐马匹，以习勤劳，傥或自耽安逸，平时出入，违例坐轿，一旦身临行阵，安望其奋勇争先，为弁兵表率。向来武职坐轿，例禁綦严，犯者必加惩治，曾于乾隆、嘉庆年间，叠奉圣谕，训戒明切，自应永远恪遵，乃近年以来，渐就废弛。上年浙江黄岩镇总兵汤伦，即以擅坐肩舆被参，本日复据御史宗稷辰奏浙省武职大员，类皆违例坐轿，甚至闽省带勇来浙之偏裨小校，亦多效尤等语。浙省如此，他省亦恐不免。现在粤匪未靖，征兵会剿，各省武职大员，应如何实心操练，勤习技艺，以期缓急足恃，若惟知自图便安，不思振作，将来营伍积弊，更不可问。著再行通谕各直省驻防将军、副都统等及提镇各员，傥有违例坐轿者，一经奏参，必治以应得之罪。其驻防城守尉以下，绿营副将以下，犯者尤当从重治罪，决不宽贷。

仪制 041：咸丰八年议准

凡八旗兼任大臣，如遇各该衙门同日均有带领引见人员，应循照先后班次带领，傥有疏忽空误者，罚俸六月。

仪制 042：咸丰九年议准

八旗都统带领引见失仪，罚俸六月。

仪制 043：咸丰九年又议准

恭遇圣驾出入，应行站班之该大臣侍卫等，有排立错误者，罚俸三月。

仪制 044：咸丰九年三议准

恭遇大祀，献爵未到之章京革职，到迟之章京实降一级，折罚世职半俸三年，免其降调世职。

仪制 045：同治元年议准

前引差使空误，罚俸一年。

仪制 046：同治二年议准

分献之散秩大臣迟误未到者，革职。

仪制 047：同治三年议准

皇帝诣各处拈香，管辖之委散秩大臣空误未到者，罚俸六月；侍卫处司员漏未传知，罚俸一年。

仪制 048：同治四年议准

应行站班之委散秩大臣，误当前引差使者，罚俸六月。

仪制 049：同治五年议准

站班迟误者，罚俸六月。

仪制 050：同治十一年议准

跟随后扈临时迟延者，罚俸六月。

仪制 051：光绪二年议准

前引差使迟误，罚俸六月。

仪制 052：光绪二年又议准

拟陪引见之蓝翎侍卫，迟误未到，罚俸六月。

仪制 053：光绪九年议准

凡遇祭祀，临事跛倚者，革职。

仪制 054：光绪十三年议准

旗营大臣召见到迟者，罚俸六月。

印信〔例 13 条〕

印信 001：康熙三十三年奏准

官员关防印信模糊，不行请换者，查出罚俸六月，将军、都统、副都统等据详不行咨题者，亦罚俸六月，请换之员免议。其应交旧印，于开用新印日起，限四个月内缴部，违限者罚俸六月。

印信 002：康熙三十三年又奏准

内外武职旗员往来文移，及呈报上司事件，俱钤盖印信，如有倒用印信及漏用印信者，俱罚俸一年。如署事官及兼管官员错用印信者，罚俸三月。〔署事官如应用本任印信而错用署任印信，兼任官如参领兼佐领应用参领关防而错用佐领图记之类。〕

印信 003：雍正六年议准

八旗衙门封印前一日，于空纸及封套上豫行用印，登记数目，该都统等收存，以备封印后遇有紧要之事填用，仍登记用过数目，开印日将未用者验明销毁，有藉端作弊者，交部治罪，该都统等不行详查罚俸六月。

印信 004：雍正十二年奏准

差往马厂副都统起程之前，将空纸封套钤用本旗都统印信，酌量足用数目带往，以备咨行之用。回署将用过数目开明，知照都统存案，未用者当面销毁，傥有遗失者，将差往副都统罚俸三月。

印信 005：乾隆七年奏准

诸王、贝勒、贝子、公等，有行文该旗之事，该长史并办理家务之人列名，用府属参领关防，送至该旗；其有行文部院各衙门者，用府属参领关防，送至该旗，由该旗用印转行。如长史等不钤用参领关防，仍用白文，及该旗将白文接受者，各罚俸一年。

印信 006：乾隆三十五年奏准

八旗驻防武职署事官兼辖官，错用倒用印信，罚俸三月。至将定例后事件，作为定例以前年月日期，用印给予者，均降一级调用。

印信 007：乾隆三十五又奏准

官员领受印信关防图记之时，如查验所刻印文错误，即行呈明更换，若不将错误之处查验声明，日后被人查出者，将领印之员，罚俸六月。

印信 008：嘉庆六年奏准

佐领因本身借贷银钱，押典房地，并代人作保，于契券内妄用图记者，降一级调用。

印信 009：嘉庆六年又奏准

旗人捏造假契，希图诓骗，该佐领徇情私用图记者，降三级调用。如该佐领漫无查察，辄于假契内擅用图记者，降二级调用，失察之参领、副参领罚俸一年。旗人捏造假契，贿嘱佐领私用图记，或佐领通同捏契私用图记，诓骗银钱者，将该佐领革职治罪，失察之参领、副参领降一级留任，都统、副都统罚俸一年。

印信 010：道光二年奏定

佐领图记，如不谨慎收藏，致被盗贼偷窃，实有盗窃情形可据者，将该佐领降二级调用。若将图记质当，或潜携在外遗失，装点情形，捏报偷窃者，革职提问。

印信 011：咸丰十一年题准

旗营官员领取印钥，将执照牌遗失者，罚俸一年。

印信 012：同治十二年题准

在京各衙门库储印信，如有窃失者，看库直班之员，革职留任。

印信 013：光绪七年议准

盗用印信，该管官自行查出者免议。若失察盗用，已行者降一级调用，未行者罚俸一年。如于行用后自行查出究办，减为降一级留任。尚未行用，别经发觉，获犯究办，减为罚俸六月。

送考〔例 15 条〕

送考 001：雍正七年题准

八旗乡会试，由礼部于四个月之前，行文咨取名册，各该旗将应考人等，查明实系本旗满洲蒙古汉军，并无混冒，应行咨送者，开具姓名年貌，备造清册，于两个月之前，咨送礼部。如该旗造册迟延，礼部查参，承办官迟延十日以上者罚俸三月，一月以上者罚俸六月。若遇乡试之年，不拘四月两月之限，于科考后该旗速行造册送部，如所送名册内不详加查核，致有汉军冒入满洲额内取中者，将混行造报之承办官降一级调用，不行详查出咨之该管大臣降一级留任。其临考时，每旗派参领一员，每参领下派贤能章京一员送考，该佐领及该内管领各派领催一名，带领应试人等，与派出送考之参领、章京识认，各旗将派出之参领、章京及领催等职名，同应试名册一并咨送礼部，该部查对名册时，传集参领等对阅。至入场时，令参领等识认送考，如对册入场时，该参领等本身不到者，指名参奏，罚俸一年。其会试之年，该旗豫行造册咨送礼部，转咨兵部查对，考试骑射，仍令各旗出派参领章京等，于监射入围时识认送考，如有入场时代倩顶替者，将识认送考之参领章京等，降一级调用。

送考 002：雍正七年又题准

八旗考试进士，兵部考试骑射之日，每旗派参领章京各一员，佐领内管领下领催一名，带领应试之人识认。如参领章京等本身不到者，罚俸一年，领催鞭五十。

送考 003：雍正七年覆准

凡遇文武乡会试及翻译乡会试之期，各旗副都统于兵部咨取职名时，即各派所管旗分参领、章京，并挑选本旗老成勤慎，能识清汉字领催，于宣旨之日，带至午门前豫备，派出后，即将该参领、章京、领催等带领入场。凡应试旗人，于所编号房栅栏之外，俱令领催等加意看守，查照卷面字号放进封号，率同参领等稽察，不许私出。若该副都统管辖不严，罚俸一年。或领催生事不法，将该参领、章京指名题参，降一级调用。至考试八旗文生员并翻译生员，如有士子等越号换卷代倩等弊，及所带之领催等生事不法，该管之副都统参领章京等，均照此例分别议处。

送考 004：雍正十二年覆准

内外八旗生员及汉军武生，遇有事故应行补考者，该旗委员送考，如该生捏词托故，抗不赴考，该旗各官混行造册详报，除该生除名外，佐领、骁骑校降一级调用，参领、副参领罚俸六月。

送考 005：乾隆四年谕

朕从前降旨将代赔祖父亏空，已奉恩免人等，停选停补者，准归入伊等班次铨用，其应追赔祖父亏空革职之员，亦准其一体开复。今朕念旗人有因代赔祖父亏空，力不能完，治以枷责之罪者，此等人员，与本身亏空及缘事枷责者，究属有间，概行摈弃，情亦可悯。伊等如愿考试，著该旗查明，除原案内载有"不准考试"字样外，俱准一体考试，俾各奋勉自新，以昭朕格外加恩之至意。钦此。遵旨议定：旗人有因祖父亏空，力不能完，治以枷责等罪者，如系闲散人，应准其考试。其有已经出仕及进士、举人、贡监、生员等，均照闲散人等，准其一体应童子试，并得预旗下翻译等项考试。其有曾经发遣及入辛者库赦回者，其本身亦不准考试。若将不准考试之人，及缘别事黜革之人，咨送考试者，将承办造册官降一级留任，出咨之该管大臣罚俸一年。如有顶冒应考人等审查不实，混行咨送考试者，将承办之造册官降二级调用，率行出咨之该管大臣降二级留任。若系临场时顶冒者，将该旗识认之章京降二级调用，承办造册之员免议。

送考006：乾隆九年奏准

考试之期，每翼派贤能参领，协同点名官，于贡院砖门外，点名给签，毋许送考人等混入砖门。如送考之参领章京及砖门参领不行管束，以致送考人等混入砖门，经巡察御史查参者，即将该参领等罚俸一年。

送考007：嘉庆十五年谕

向例入场之日，各该旗俱有参领、领催等亲行识认送考，乃奉行日久，视为具文，更不免顶替代倩之弊。所有各旗委出之参领、领催等，如有于考试日托故不到者，著稽察御史查明参奏。

送考008：嘉庆十六年奉旨

本年辛未科覆试中式武举姚三元、杨定泰、萧焕新、刘庆长，俱弓力不符，罚停殿试。由于原监射王大臣等校阅草率，不能认真拔取，所议罚俸之处，均著实罚，不准抵销。此后著为令。

送考009：道光元年谕

嗣后考试八旗翻译，著承办场务衙门，奏请简派左右翼副都统各一员，届期带领所属官兵，在点名之处稽查弹压，令士子等鱼贯入场，如有喧闹冒混者，按例惩办，并著该御史等据实参奏，以肃场规而除积弊。著为令。

送考010：道光二年奏定

会试武举揭晓后，兵部于殿试之前，将近派亲王、郡王兼管都统之亲王、郡王，六部满汉堂官开列，并上次曾否钦派阿哥覆试缘由声明，请旨钦点二三员，传集中式武举，覆勘马步箭，并按照会试原册所填弓刀石斤重号数，逐一演试，如前后参差者，即行参奏，将该武举罚停殿试一科，其原挑取之监射大臣、较射大臣附参，交部议处，每罚科武举一名，罚俸六月。

送考011：道光三年谕

向例八旗童试入场之日，由各该旗派出参佐领、领催等亲行识认，所以重甄拔而除积弊，定例綦严，乃日久视为具文，并不当堂识认，以致顶替代倩诸弊丛生。本日毛式郇等奏：考试汉军文童，镶蓝旗派出识认章京陈庆祥，无故不到，殊属藐玩，著交兵部照例议处。经此次饬谕之后，傥屡训不悛，各旗派出之员，仍复托故不到，一经参奏。必将该员从重议处不贷。

送考 012：道光九年奏定

八旗会试，对册入场时，参领等应识认送考，本身不到者，指名参奏，降一级留任。

送考 013：道光九年又奏定

八旗考试，兵部考试骑射之日，每旗派参领、章京各一员，佐领内管领下领催一名，带领应试之人识认，如参领、章京等本身不到者，降一级留任，领催鞭七十。

送考 014：道光十二年议定

嗣后旗籍应文乡试者，遇有应编官卷，由本家呈报佐领，由参领详加查核造册，一面咨送顺天府办理试卷，一面咨送礼部查核，其试卷应注明官字，如有混入民卷取中者，本家漏报，将本官革职，本生黜革，佐领漏报降二级调用，不行详查之参领降一级调用。

送考 015：光绪八年谕

顺天学政孙诒经奏：考试八旗童生，查出顶替四十四卷，照例查究，并请饬部严定章程等语。嗣后八旗童试，应如何革除积习严定章程之处，著礼部妥议具奏。钦此。遵旨议定：八旗童生考试骑射及入场考试时，该参佐领、章京、领催照例公同识认，如有顶名冒替情弊，即回明点名御史，将本童及枪替之人，送部究办，傥各该员等并未指拿，别经发觉，其失于识认之参领、佐领、章京降一级调用，领催鞭八十；知情容隐者，参领、佐领、章京革职，领催斥革；如有受贿情事，参领、佐领、章京革职治罪，领催斥革治罪。如本童入场后，在场内舞弊，其识认之参领、佐领、章京、领催不知情者免议。

守卫〔例 43 条〕

守卫 001：顺治初年定

凡值守禁门禁城大城旷班者革职，应巡查不巡查者降二级留任。闲人擅入禁门，守门官不行查出者罚俸一年。

守卫 002：顺治初年题准

守护城门官，纵令家仆依城搭盖席棚赁取房价者罚俸六月，奴仆鞭八十。纵人傍城住宿，致失火延烧城门者，城门领、城门吏、门千总各罚俸六月，领催、兵丁交刑部治罪。至失察蓄发僧人入城者，罚俸一月，兵丁交刑部治罪。

守卫 003：康熙十二年题准

值守城门旷班，例应革职，若因父母之丧及染病，不呈明该管官以致旷班者，罚俸一年。

守卫 004：康熙十二年又题准

守门官遗失锁钥者，该班护军校罚俸一年，同班护军校罚俸六月，错递锁钥者亦罚俸六月，失误闭锁殿门者革职，侍卫班领及直班侍卫皆罚俸一年。

守卫 005：康熙五十五年议准

南苑守门官稽查不严，致贼匪窃去御用物件者，降二级、罚俸一年，领催鞭八十，兵鞭一百。其不应在内行走之人，窃出紫禁城内各门上铜叶门钉等并各项物件者，守门官罚俸六月。若在内当差人役窃出者，守门官罚俸一月。

守卫 006：康熙五十五年又议准

王府守门官，不加意防范，致有贼匪行窃者，降一级、罚俸一年。因事旷班致误者，罚俸一年。

守卫 007：雍正八年题准

守卫禁门官兵，于门内排立正坐者，官降三级调用，兵鞭八十。

守卫 008：雍正九年覆准

恭遇御殿巡幸之地，有应开之门不开者，护军统领罚俸两月，直班护军参领、司钥长降一级、罚俸一年，同班护军参领罚俸一年，护军校罚俸三月。

守卫 009：雍正十二年议准

有醉卧于禁门内者，官革职，兵鞭一百。

守卫 010：雍正十二年题准

有人擅进紫禁城叩阍者，守门官罚俸六月，直班司钥长罚俸三月。

守卫 011：雍正十二年又议准

凡朝会之日，守卫午门、端门、阙左右门各官，不行拦阻闲人出入者，罚俸一月。

守卫 012：雍正十三年议准

兵丁私倩人代班者鞭六十，代班者同罪，不行查出之该管官罚俸六月，该管大员罚俸两月。

守卫 013：乾隆七年议准

闲人擅入禁门，守门官不行查出，旧例罚俸一年，但门有内外不同，其失察处分，亦应区别。嗣后协和门、熙和门、东华门、西华门、神武门并午门以外各门，有闲人擅入者，失察之守门官罚俸一月，兵鞭二十；左翼门、右翼门、昭德门、贞度门、中左门、中右门、后左门、后右门、景运门、隆宗门、禁苑门，有闲人擅入者，失察之守门官罚俸一年，兵鞭五十；乾清门、内左门、内右门禁苑内之宫门，有闲人擅入者，失察之守门官皆革职。

守卫 014：乾隆七年题准

守护禁门巡夜不接更筹传递者，护军鞭八十，该管护军校罚俸一年，护军参领罚俸六月。护军统领不将收放更筹时刻明白晓谕，以致失误传递者，罚俸三月。

守卫 015：乾隆七年又议准

城门领、城门吏、门千总，容留闲人近门住宿者罚俸六月。故纵闲人近门烤火延烧城门者革职，领催、兵丁交刑部治罪。失察蓄发僧人入城者罚俸一月，领催、兵丁鞭四十。

守卫 016：乾隆三十九年奏准

官员乞求外用叩阍者，及遇朝期叩阍者革职。若书他人姓名，顶替叩阍者，革职交刑部治罪。

守卫 017：嘉庆五年奉旨

紫禁城门内各王公大臣官员等随带跟役，例应少为带进，不得多人，将此交前锋统领、护军统领等严查管束，如有多带者，即行指名题参。再，景运门隆宗门以内，向来奏有定制，日久因循，复带进坐褥烟袋等物，此俱系前锋统领、护军统领平素不以为事所致。嗣后著御前大臣等一体严查，如有仍前带进者，将前锋统领、护军统领一并题参议处。

守卫 018：嘉庆六年奏准

看守禁门官员，如稽查不严，致有窃物出外者，该护军统领即行参奏，将门笔帖式、亲军校、护军校等降二级调用，司钥长、护军参领等降一级调用，兵丁责革，护军统领未经查出参奏，降一级留任，自行查出者免议。

守卫 019：嘉庆六年又奏准

恭遇圣驾在圆明园御门听政，及遇该衙门奏事必需前往者，即豫期换班，不得于暮夜擅开禁门，空班前往，如有此等情事，罚俸一年。

守卫 020：嘉庆六年三奏准

紫禁城内值六大班之王公文武大臣，无论圣驾在宫，驾临圆明园巡幸各处，务须昼夜该班，遇有应奏之事，即行具奏，傥有应奏不奏，降二级留任；如有旷误夜班不到者，降三级调用。

守卫 021：嘉庆十年遵旨议定

王公大臣官员，凡进午门、东华门、西华门、神武门，所带护卫仆从，有逾额多带者罚俸一年。其仆从人等，自王以下，文职三品以上，武职二品以上大员，并内庭行走各官，所带之人，准其至景运门、隆宗门，俱令于台阶下二十步以外停立，不得至附近台阶处所。此外跟随文职四品以下，武职三品以下官员者，俱令于左翼门、右翼门台阶下为止，均责令管门章京带领护军常川稽查，禁止踰越，其经由神武门者，出入俱令循东西夹道行走，毋许附近景运门、隆宗门外停立，违者将本人责处，仍将该管家主罚俸半年。

守卫022：嘉庆十二年议定

嗣后防守陵寝风水禁地，并后龙一带各拨汛，遇有盗贼潜入，并未伤损树株，即由本汛官兵拿获首犯者给予纪录二次，拿获伙犯一二名者给予纪录一次，拿获三名以上者给予纪录二次；兵丁首先拿获首犯者赏银八两，帮同拿获者赏银四两，拿获伙犯一二名者赏银四两，拿获三名以上者赏银八两，帮同拿获者减半赏给。若本汛树株已被盗砍之后，该管官兵始将贼犯捕获者，以功抵罪，免其查议，毋庸升赏。至邻汛官兵，能于隔汛地界，将贼犯拿获，而树株尚未被砍，拿获首犯者给予加一级，拿获伙犯一名给予纪录一次，按名递加；兵丁首先拿获首犯者赏银十两、记大功一次，帮同拿获者赏银五两、记功一次，拿获伙犯一二名者赏银五两，拿获三名以上者赏银十两，帮同拿获者减半赏给。若本汛官兵疏于防范，树株已被盗砍，而邻汛官兵能将首伙各犯查拿就获者，应逾格优奖，拿获首犯者以应升之缺即行升用，先换顶戴，拿获伙犯一二名者给予加一级，拿获三名以上者给予加二级；兵丁首先拿获首犯者赏银十六两，以外委拔补，帮同拿获者赏银六两、记大功一次，拿获伙犯一二名者赏银六两、记功一次，拿获三名以上者赏银十二两，帮同拿获者减半赏给。其奉文派委巡查之官，如能缉捕贼犯者，应查明指派汛地与拿获处所，亦分别本汛邻汛，树株已砍未砍，比照一律升赏，如有妄拿者，即照妄拿平民例治罪。

守卫023：嘉庆十二年定

陵寝后龙风水禁内，窃贼潜入偷砍海树，本汛官兵疏于巡查，经邻汛官兵拿获者，将本汛专管官革职，兼辖统辖各官降二级调用，兵丁责革。其窃贼潜入，并未伤损树株，经别汛官兵拿获者，将专管官降三级调用，兼辖统辖各官降一级调用，兵丁责革。如将海树偷出禁外，别经发觉者，专管官革职，兵丁革退，一并治罪，兼辖统辖各官革职，总兵降二级调用。

守卫024：嘉庆十二年又定

陵寝禁地红桩界内及白桩青桩界内，遇有回干风折树株，该管汛官弁，随时报明上司，转报该管大臣，勘验登记，咨报礼工二部及承办衙门，遇修整火道内拨房桥梁等项，酌量取用，如有不敷，于青桩外寻觅采取，倘有在青桩内擅行剪伐及匿报者，该大臣等参奏，将该管官兵治罪，上司分别惩处。

守卫025：嘉庆十九年谕

嗣后紫禁城内直班王并内大臣、文大臣、武大臣、前锋护军统领，俱著恪遵定制，各于辰刻至景运门内九卿朝房面行交替，接班后仍著在景运门内外班房会集，毋许远离，至申酉之间，始准各自散归直宿处所，如有怠惰偷安，不候交班，先行散去者，著接班之人，立时具折参奏，无论王大臣，即将爵职斥革，虽有勋绩，概不原宥，言出法随，各宜懔遵。至接班之人，若任意延玩，过辰刻尚不进内，亦著住班之人参奏。

守卫 026：道光九年奏定

城上该班兵丁取用什物，不由马道，乘便由城上缒取，经该管官查获者，将该兵照违制律杖一百、枷号一月。若该管官疏于稽察，经查城官员看出绳迹者，将该管官罚俸六月，兵丁按律治罪。

守卫 027：道光十年议准

兵丁因私事叩阍，失察之该管佐领、骁骑校各罚俸一年，兼辖之参领、副参领各罚俸九月，都统、副都统各罚俸六月。

守卫 028：道光十七年谕

道庆奏参：查出圆明园旷班官兵一折。圆明园附近堆拨，最关紧要，所有直班官兵，自应无分昼夜，敬谨看守。本年朕甫经临幸圆明园，该官兵等即行旷班，总由该管章京等平日并不严加约束，委护军参领齐克坦布，著交兵部议处；副护军校阿扬阿，委护军校乌能依、成志、三音布，护军如泰等十六名，著交该印房重惩斥革。嗣后该管大臣，务当随时稽查，倘有似此旷班者即行严参，断不可稍事姑容。

守卫 029：道光十七年议准

委护军参领于副护军校旷班未出，罚俸一年，毋庸查级议抵。

守卫 030：道光十七年题准

恭遇圣驾出入，官员跟役，乘马惊逸，其主罚俸六月。

守卫 031：道光十九年谕

昨因紫禁城内直班王大臣，于出班进班，不遵定例，任意迟早，并有应参不参等情，当降旨将该王大臣等交各该衙门分别严议议处。兹据各该衙门遵照嘉庆十九年谕旨，请将该王大臣等爵职一并斥革，实属咎所应得。惟念年岁久远，积习相沿，恐以前旷班者，尚不止此数人，若但将永康等惩治，转不足以昭平允，姑从宽免其斥革，予以薄惩。永康著罚公俸六年；觉罗常喜著革去副都统并一切差使，仍罚世职俸四年；张淳著革去散秩大臣，仍罚侯俸四年；庆郡王奕彩著退出内廷行走，仍罚王俸六年；肃亲王敬敏著革去宗令内大臣，仍罚王俸王俸六年；书桂著革去散秩大臣，仍罚侯俸四年；常恒、全庆、溥治、连贵、中山俱著降二级调用；济克默特著加恩改为降四级留任，不准抵销。

守卫 032：道光十九年又谕

嗣后该班之王大臣等，如轮应进班，借词推诿，旷误不到，及出班之人容隐不奏，俱仍照嘉庆年间谕旨，革去爵职，决不宽贷。其进班迟延，已逾辰刻，及出班之人彼此未经面晤，即自散归，并容隐不奏者，均酌量情形，仿照此次办理。

守卫033：道光二十二年奏准

城垣各处，任令闲人掏挖成穴，该汛守备降二级留任，参将、游击降一级留任，步军统领、左右翼总兵均各罚俸一年，毋庸查级纪议抵。

守卫034：道光二十六年题准

圣驾经行跸路，未能平垫洁净，该管步军校降一级留任，翼尉、协尉、副尉均罚俸一年。

守卫035：咸丰三年谕

两翼前锋统领、八旗护军统领，向系轮流一人在景运门外直宿，著添派一员，每日轮流在隆宗门外直宿，并著六班直宿之王公文武大臣等一体认真稽查，以昭严肃。

守卫036：咸丰十年谕

兵部等衙门奏：遵议失察官员处分一折。太监张府藏带腰刀一案，是日直班官兵未经查出，均有应得之咎。直班之副护军参领文寿著降一级留任，不准抵销；直班大臣科尔沁，镇国公棍楚克林沁，著罚俸一年，准其抵销。

守卫037：同治元年议准

禁门直班官兵，安然偃卧，不实力稽察者，兵丁革退，直班之副护军参领降三级调用，失察之司钥长罚俸一年。

守卫038：同治二年题准

城上直班官兵，偷拆堆拨木料售卖者，失察之章京降三级留任。

守卫039：同治六年题准

恭遇圣驾出入，直班护军未穿袍褂，该管之护军统领、护军参领均罚俸六月。站班之护军统领未能豫防，罚俸三月。

守卫040：光绪六年奏定

擅进禁门叩阍者，直班之司钥长罚俸三月，管声音章京罚俸六月，直班之前锋统领、护军统领罚俸一月。

守卫041：光绪七年奏准

慈宁宫各门，如有窃贼混入窃物外出者，直班之副护军参领、护军校均革职。

守卫042：光绪八年覆议

钦奉慈禧端佑康颐昭豫庄诚皇太后懿旨：前据内阁侍读学士文硕，内阁学士贵恒，御史陈启泰，先后陈奏请严申门禁，详定稽查章程等情，当谕令醇亲王奕譞会同御前大臣军机大臣、总管内务府大臣、前锋统领、护军统领妥议具奏。兹据王大臣等奏遵议覆陈，及紫禁城外围各该旗分定直班处所，并据恭亲王奕䜣等另奏会议未尽事宜，敬陈管见，管理神机营王大臣奏遵拨官兵协同巡查各折片。禁城重地，理宜严肃，官兵直班稽查，本有成法可循，乃日久废弛，甚至宵小潜踪，叠次偷窃，尚复成何事体？亟应认真整顿。兹览王大臣等所奏，或申明定例，或因时变通，尚为详细。所有紫禁城内地面，嗣后著该管大臣等及神机营官兵，分定段落，严密梭巡，并上城巡查，其各衙门公所，该衙门当随时查察，并开具官役清册，咨报景运门以凭稽查。内务府所属各官所直房，并各太监他坦等处当差官役苏拉人等，即令自行核定人数，开具清册，报明内务府景运门，每日由内务府官员会同三旗该班兵役前往查点，傥有不符，即行拿办。各该处如有容隐匪人及吸烟聚赌等事，即行从重治罪。官役人等应带腰牌，著严饬一体佩带，傥有不遵，及商贾闲人混入，并各他坦太监带入，拿获分别惩办。西苑三海等处，一并严禁闲人擅往。至紫禁城外围各门各朱车栅栏，即照所拟，每日下五旗分定处所，各有专管段落，公同直班。前锋护军各营直班弁兵，必须年力精壮，技艺娴熟，方资得力，著该统领详加查察，汰弱留强，严禁包揽替班等弊，遇有缺出，秉公拣选，不得以老弱充数，责成查营御史严查挑缺不公之弊。直班官兵，应如何酌加津贴以示体恤，由该管大臣酌度办理，并著步军统领衙门督饬兵役认真缉捕，一经获犯，优予赏项，毋任稍有侵蚀中饱。总管内务府大臣例应每日一人在署直宿，以次而代，嗣后仍著按日轮班宿署，不得率以司员代班。三院卿职司较简，并著与总管内务府大臣一体进班。文武职直班大臣，著查照旧章，指定奏派。经此次详定章程后，该管大臣等务当实力奉行，永毋懈弛，并不准稍有推诿，傥再稽察不严，致有匪徒混迹及盗窃案件，即将该管大臣等暨所属官兵分别严惩。前锋统领、护军统领、总管内务府大臣应如何严定处分，著该部分别酌议具奏。神机营官兵如协巡不力，亦著从重惩办。所有各该官兵如能拿获匪犯，均准照所拟酌量给奖。钦此。遵旨议定：嗣后前锋统领、护军统领遇有匪徒混迹及窃盗案件，未经查出参奏，均降二级留任；其自行查出参奏者，先事疏防，仍降一级留任。

守卫 043：光绪十一年谕

领侍卫内大臣统辖三旗侍卫，有稽查之责，近来该大臣等于直班之期，往往借词不到，以致侍卫旷班，无从稽察，殊非慎重门禁之意。嗣后该大臣等务当认真查察，如有侍卫旷误，即行严参，该大臣等亦不准无故借词推班，以重职守。

围场〔例 26 条〕

围场 001：顺治初年定

围场随猎官兵人等，如有行走不齐，前后杂乱，以致呼应不灵者，该管官罚俸一月，驮兽觅箭迁延落后者鞭三十，如该管官拔取本人箭者免议，被旁人查出，该管官罚俸一月，本人鞭二十七。越众骑射，扰乱围场者，该管官之马入官，系平人、委署之官鞭五十，侍卫护卫亦将马入官。隔山冈射箭者鞭三十，追银五两给首告之人。将同行人遗弃以致冻死者，委去首领之人鞭七十，系官罚俸九月。在禁约地方畋猎者，为首人鞭八十，为从者鞭五十，所获之兽入官，系官罚俸一年。

围场 002：顺治初年又定

围场内王、贝勒、贝子、公等，如误射王者，罚银三千两，给被射之王；误射贝勒者，罚银二千两，给被射之贝勒；误射贝子公，罚银一千两，给被射之贝子公；仍按本爵各罚俸两月。如不系射兽，无端妄射者，请旨审问。误射下人者罚俸两月，王、贝勒、贝子、公等射伤下人马匹者罚俸一月，马死者，除罚俸外，追马赔还。

围场 003：康熙二十二年谕

围猎之制，贵乎严整，不可出入参差，令左翼官在左，右翼官在右，统辖而行，宗室公等毋得越围场班次，在后逗遛，如在后逗遛，则众人停待，围场必致错杂，统围大臣，须严加管辖。

围场 004：康熙二十二年定

畋猎时每护军三人，令一人负旗，二人射兽，向内射者，沿围射毕，即回本队；向外射者，获兽取箭毕，即驰至围场，迁延落后者鞭三十，彼此匿兽鞭八十二，抢夺柴草鞭八十，追还柴草，该管官罚俸一月。

围场 005：乾隆十年谕

朕向来巡幸所过地方，特简大臣严查随往官兵人等，不许蹂躏农田，滋扰百姓，此次起行之时，正值秋成在望，禾稼尚未登场，诚恐约束不严，以致践踏禾黍，有妨农务。著都统护军统领等管理，多拨官兵，沿途稽察，严加钤辖，其随从官员兵丁，亦令将家人跟役自行管束，如有不遵禁令，伤及田禾者，即行参处。

围场 006：乾隆三十八年奏准

附近围场之察哈尔地方，该总管专派捕盗官员，不时巡察，傥有察哈尔蒙古潜入围场，偷打牲畜，砍伐木植等事，失察在三案以内者，该捕盗官佐领每案罚俸六月，该总管免议。若失察在四案以上，自第四案起，每案降一级留任，该总管罚俸一年。如能自行拿获者，每二案纪录一次。

围场 007：乾隆三十八年又奏准

察哈尔所属游牧地方兵丁闲散人等，偷窃牲畜等事，该佐领、骁骑校、护军校失察至三次者，该都统查参送部议处，领催、甲长鞭责；至二十次者，将该旗总管、参领、副参领送部议处。若窃贼经本佐领官兵缉获者，免其计算，系本旗官兵缉获，总管、参领等免其计算，该佐领、骁骑校、护军校等仍按次数查参议处。

围场 008：乾隆三十八年三奏准

热河围场，该管章京、骁骑校等拿获贼犯至十名者纪录一次，二十名者总管纪录一次，翼长等拿获贼犯至十五名者纪录一次。该管副都统，合计所属官员获贼至三十名者纪录一次，如获贼不足数者注册，俟足数时再行议叙。

围场 009：乾隆三十九年奏准

因行猎蹂躏人田禾者，系官罚俸一年，如系王贝勒贝子公等，交宗人府议处。

围场 010：乾隆三十九年又奏准

放鹰人役，抢夺民物，奸淫民妇者，拿交刑部治罪，其委为头目之官及委为从之官，系知情故纵者革职。如止于失察者，将委为头目之官降二级调用，委为从之官降一级留任，罚俸一年。

围场 011：乾隆三十九年三奏准

行围放马及看守周围处所，以奴仆代主前往者，将伊主鞭一百，该管佐领、骁骑校罚俸六月。

围场 012：乾隆四十九年奏准

盛京等处围场，有潜入偷打牲畜，私挖蘑菇，砍伐木植，访明该犯居住地方，并经越边口，如系吉林等处所属及威远等边口附近所属，将失察之该界官，均严加议处；巡察围场火班官员，查拿不力，被另派巡察官拿获者，将该火班官亦严参议处。

围场 013：嘉庆六年奏准

盛京等处围场，如有潜入偷打牲畜，私挖蘑菇，砍伐木植等事，讯明该犯，或系吉林等处所属，或系威远等边口附近所属，失察之该界官均罚俸一年。至巡察围场火班官查拿不力，亦罚俸一年。

围场 014：嘉庆六年又奏准

附近围场之察哈尔地方，有察哈尔蒙古人等潜入围场偷砍木植打牲等事，捕盗官佐领照例议处，该总管每案罚俸两月，其失察四案以上，仍照例核议。

围场 015：嘉庆十五年议定

察哈尔及札萨克旗下蒙古私入围场，偷打牲畜在十只以上，偷砍木植在五百斤以上者，发遣河南、山东；牲畜二十只以上，木植八百斤以上者，发遣湖广、福建、江西、浙江、江南；牲畜三十只以上，木植一千斤以上者，发遣云南、贵州、广东、广西。其零星偷窃随时破案者，牲畜五只以内，木植一百斤以内，鞭一百、枷号两月；牲畜十只以内，木植五百斤以内，鞭一百、枷号三月，案内从犯各减一等。其失察围场附近察哈尔，有犯罪应枷责者，该管佐领捕盗官罚俸六月；人犯应发河南、山东者，该管官罚俸一年；人犯应发湖广等省者，该管官降一级留任；人犯应发云南等省者，该管官降一级调用；其该总管于所属官至降级者罚俸一年。附近围场之札萨克旗下蒙古，有犯偷打牲兽偷砍木植，罪应枷责者，应将失察之该管官罚牲畜一七，札萨克罚牲畜一五；人犯应发河南、山东者，该管官罚牲畜一九，札萨克罚牲畜一七；人犯应发湖广等省者，该管官罚牲畜二九，札萨克罚牲畜一九；人犯应发云南等省者，该管官罚牲畜三九，札萨克罚牲畜二九；应罚牲畜，札萨克照例折抵罚俸，无俸者实罚牲畜。

围场 016：嘉庆十五年定

管理热河围场章京员弁，失察偷窃人数，一名至五名者罚俸六月，五名至十名者罚俸一年，十名以上者降一级留任，二十名以上者降一级调用，三十名以上者降二级调用，统由热河都统查审明确后，将人犯名数，确实声明咨部，再行核议。如所管兵丁，有受贿纵放情事，无论贼犯多寡，即将失察该管章京等，照失察营兵窝窃受贿例，降一级调用，兼辖围场翼长降一级留任，统辖围场总管罚俸一年，热河都统罚俸六月。该管员弁有包庇纵容，通同贿放情弊，即革职交刑部计赃议罪，该管围长、翼长降一级调用，统辖围场总管降一级留任，热河都统罚俸一年。

围场 017：嘉庆十五年又定

看卡员弁，如有贼犯偷入围场，不即据实呈报者，降一级留任。该总管不详查明确，率行具奏不实者，罚俸一年。

围场 018：嘉庆二十一年奏定

恭遇皇帝行围，圣驾至大营后，大臣官员等，如有晚间私出打牲者革职，兵丁革退，插箭游营。

围场 019：嘉庆二十一年定

前锋围场人等，如有不随蒙古围场行走，以致窜出牲畜，不行圈进者，经管纛大臣参奏，系大臣实降一级，系官员实降二级，兵丁鞭四十革退。

围场 020：嘉庆二十一年又定

管理围场大臣，如有管束不严以致落后者，实降一级。

围场 021：嘉庆二十一年三定

置买牲畜，作为自射跪献者，大臣官员革职，兵丁革退，俱交刑部治罪。

围场 022：嘉庆二十一年四定

每遇圈围之期，前一日如有在中途打牲者，系大臣官员实降三级，兵丁鞭四十革退。

围场 023：道光七年谕

前交富俊将巡查围场之官兵，如何随带军器，不致伤损牲畜，并捕贼得力之处，定拟具奏。今据富俊具奏：巡查围场官兵，如若携带鸟枪不惟伤损牲畜，并将围场内兽只尽行惊散。嗣后巡查围场官兵，仍不准携带鸟枪，除随带弓箭外，并令添带长枪，则官兵不致伤害牲畜，且于技艺亦不致废弛。所拟甚是，即照富俊所奏行，并著留心稽察该官兵等，傥有阳奉阴违，并不实心捕贼，任意伤害牲畜，一经查出，即行指名严参具奏，毋许姑容。

围场 024：道光十二年谕

前据富俊奏：吉林旗人向以捕打牲畜为业演习枪马，请酌改逃旗条例。当经降旨，嗣后吉林所属旗人，初次逃走，仍照旧例，被获者鞭一百，一年以内自行投回者免罪，一年以外投回者鞭六十；其二次逃走者，无论投回拿获，俱行销档为民，俾旗人得以从容操演鸟枪，赴山捕打牲畜，克成国家劲旅，此为吉林酌改办理，他省不得援以为例。其吉林所属闲山，并准旗人于左近山内随时捕打，所得牲畜，听其售卖，所买之人，给予照票，毋庸查禁，并令宝兴等将何地准其打牲，何地不准打牲，查明妥议具奏。兹据奏称：吉林捕打进贡牲畜围场，并打牲乌拉采捕蜂蜜场，及松花江西岸辉法河北岸一带，向系封禁，业经设有卡伦官兵防守，毋庸另议。其余闲旷山场，均设有卡伦，请仍循旧例，凡旗人携枪出卡捕打牲畜者，毋庸查禁，如有携带民人，不领票照，偷挖人参，私砍木植者，严行查拿治罪等语。著照所议办理，责成该将军等，随时严饬各卡伦官兵认真稽查，每年遴派协领、佐领等官，带同兵役，春秋巡查二次，觉有偷越人犯，严拿惩治，并将坐卡伦官兵暨携带之旗人，一并参办。其认买鹿角筋皮商人，饬令报验，给发路票，知照盛京将军、府尹、山海关副都统等衙门，毋庸截拿，该将军等即通行所属各城，一体遵办。

围场 025：咸丰八年谕

庆春奏：查明热河开荒，渐侵正围，酌拟章程，请将查办迟延之总管等交部议处一折。前因热河围场，地多闲旷，经前任都统瑞麟、麒庆先后分别科则，招佃展垦，乃日久展放，漫无限制，以致侵占正围，自应查明禁止。所有镶白旗伊逊川开垦荒地，即著照旧有大卡伦为界，其河东河西佃垦地亩，均著饬令一律封禁，并著严饬该总管等督修卡伦，建立红桩，毋令任意展垦。庆春拟于明岁春融后派原勘各员，前往查勘界址，按照科则，酌予年限，以次裁撤，并将私垦各户一律驱逐。旗民佃户领地后，陆续侵入山坡沟岔，以及领地以多报少各弊，出示禁止，定以惩罚章程，著库克吉泰到任后详细参酌，妥为办理。委员启章、王清，经庆春派令前赴围场，会同总管寿长，督催修卡建桩，乃任意迟延，迄未修整，实属咎无可辞，围场总管寿长，候补知州员启章，准补喀拉河屯巡检王清，均著交部议处，以示薄惩。钦此。遵旨议准：围场总管于封禁界址，督修卡伦，建立红桩，任意迟延者降一级留任，完日开复。

围场 026：咸丰九年题准

捕获鹿羔，若喂养不善，以致倒毙多只，不敷解交额数，经管之员降一级留任。

汛守〔例 29 条〕

汛守 001：顺治初年定

看守街道步军校，旷班不宿罚俸两月，擅离汛地罚俸一月。领催旷班鞭五十，擅离汛地鞭三十。步军旷班鞭四十，擅离汛地鞭二十；失察之步军校罚俸一月。

汛守 002：康熙二十二年议准

恭遇圣驾巡幸，由部行文满洲蒙古汉军八旗都统，于城上每旗增设堆铺六座，街道每旗增设堆铺十座，内城各门，于门内每旗增设堆铺一座，正阳门八旗轮直，其余各门八旗分设堆铺各一座，每座委官二人兵十人值守，仍令参领稽查。皇城内外紧要地方，将各门上原设步军移值看守，每旗令步军协尉一人直宿巡查，堆铺栅栏官兵，令捕盗步军校严行巡查，俟回銮日撤回，每年封印日起至开印日止亦如之，兵部委官以时稽查，有旷班及军器不全者，指名题参。

汛守 003：雍正五年议准

看守仓库官物等处旷班者，官降一级，兵鞭六十。

汛守 004：雍正十二年题准

圣驾巡幸，途次有叩阍者，如在官兵管辖之内，该管步军校罚俸六月，步军协尉罚俸两月，步军鞭八十。若冲突仪仗叩阍者，直班冠军使、云麾使、治仪正、整仪尉各罚俸六月。闲人充作校尉行走，銮仪卫堂司各官知而故纵者皆革职，失察司官故纵之堂官罚俸一年。其止于失察者，云麾使、治仪正、整仪尉各罚俸一年，冠军使罚俸六月，堂官罚俸三月。

汛守 005：乾隆五年议准

恭遇圣驾谒陵，城上增设堆铺六座，分委官兵值守，如遇圣驾巡幸口外，每旗应增设十五座，每座委官兵十人，昼夜值守，参领二人，往来巡查。

汛守 006：乾隆五年又议准

圣驾驻跸圆明园及南苑，八旗都统于城上每旗增设堆铺六座，每座委官兵十二名，与城上步军相间值守，仍令参领一人管辖。

汛守 007：乾隆六年奏准

恭遇圣驾巡幸，前三门外，向系巡捕营参将率所属各官直班看守。嗣后将八旗步军编设堆铺二十座，与营兵堆铺相间增置，令步军校十六人管辖，步军协尉四人巡查，其余各门外守备在各门吊桥处直班，千把各官在关厢处直班，加谨守护，俟回銮日撤回。

汛守 008：乾隆六年议准

凡直班处交代不清，即行回去者，照旷班例减一等处分。〔仓库旷班应降一级罚俸一年者，减一等罚俸一年；街道旷班应罚俸两月者，减一等罚俸一月。〕其接班之人，因交代不清，擅离汛守者，照前例再减一等，紫禁城大城直班交代不清者亦如之。

汛守 009：乾隆六年又议准

禁城外违禁开设店面，容留匪类，该汛步军校不行巡缉者，罚俸一年，步军协尉、副尉各罚俸六月，步军翼尉罚俸三月，统领罚俸两月。至蓄发僧人入城栖止，该汛步军校缉获者免议，如被旁人缉获，将步军校罚俸一月。

汛守 010：乾隆十二年题准

圣驾巡幸，途次叩阍者，若去御路稍远，在官兵管辖之外，该管步军校罚俸三月，步军协尉罚俸一月，步军鞭四十。

汛守 011：乾隆三十九年奏准

有人越过京城者，将该管城门之城门领、城门吏、门千总及城上堆拨该班之步军校，各降三级调用；越而未过者，各降二级调用。其外省驻防之城门，系旗员管辖者，遇有越城之事，将该管官照京城例各减一等处分。至越城之人未经上城，即被拿获者，该管官俱免议。

汛守 012：嘉庆六年谕

向来城上该班骁骑营与步营官兵，遇朕巡幸，则专派马甲，如值驻跸圆明园及封印后，步甲之外，又添马甲，办理本未画一，且闻兵丁等往往正身不到，私自雇人替代，有名无实。著交兵部步军统领衙门及直年旗等严禁雇替，并妥定章程，将如何轮派官兵分管，按日在城巡逻之处，详议具奏。钦此。遵旨议定：嗣后八旗骁骑营与步军营官兵，照原定数目，两营轮番派往该班，十日一换，所派官兵，亦在各该营内轮流更换，不得常川专派，以杜久驻滋弊。遇圣驾巡幸及驻跸圆明园与封印后，均令照此一例办理，由八旗都统及步军统领衙门派员不时前往稽察，兵部轮派司员分城巡查，如有旷误及顶名雇替者，兵丁鞭责，该管官议处。

汛守 013：嘉庆六年奏准

恭遇圣驾出入跸路，由该管大臣等派员管辖毋容闲杂人等行走喧哗，如疏于管辖，致有行走喧哗者，将专管官罚俸六月，兼辖官罚俸三月。若放闲人行走，以致冲突拥挤者，将专管官罚俸一年，兼辖官罚俸六月，统辖大臣罚俸三月。

汛守 014：嘉庆六年又奏准

看守仓库官物等处旷班者，系官降一级留任、罚俸一年，兵丁鞭六十，失察参领、副参领罚俸六月，都统、副都统罚俸三月，其派往稽查之员不行查出者罚俸六月。

汛守 015：嘉庆十五年议定

看守仓库兵丁，该旗造具年貌清册，交该班官员照册查对，该管大臣亲赴查察，仍派员不时稽察，如有旷班雇替情弊，查出参奏，将不行查出之该班官员罚俸一年，兵丁治罪。傥别经发觉，将该管大臣罚俸六月。

汛守 016：嘉庆十五年定

看守各馆官兵，该管大臣官员不时稽察，如有旷班者查出参奏，系官罚俸一年，兵丁鞭五十。

汛守 017：嘉庆十六年奏准

沿城八旗马道十九处，每处分道二股，各设栅栏一座，共栅栏三十八座，每马道一座，添设步军校一员，步甲十名，分派各栅栏看守，以昭严密，步军统领衙门不时派官稽查，如有疏懈者，系官严参，兵丁从重惩办。

汛守 018：道光五年谕

向例城上安设堆拨，并看守马道栅栏，责成八旗都统、副都统等按次稽查，立法本为周密，无如日久玩生，每多弊混，殊不足以昭慎重。嗣后各城大楼九座，马道口十八处，角楼四座，马道口八处，中心台十五座，马道口三十处，著责成八旗满洲蒙古汉军按期均匀分段看守，凡两旗分界及一旗所辖，应派堆拨官兵，准其照数酌派，仍照向例，满洲蒙古汉军轮派参领一员，在城住宿，派往兵丁，务择老成安静之人，由各该旗核定人数，交内务府制备腰牌发给。至马道栅栏，如果稽查严密，闲人不能混入，城上自然肃清，所有城下栅栏城门马道及中心台角楼马道口，即责成城门领及派出之步军校认真管辖，如有通同蒙混情事，即严行参办示惩。至查城应行开列都统、副都统衔名，无论兼管何项差使，均著全行开列，候朕点出八员，分左右翼管理，每届三年，由直年旗奏请更换。其掌管锁钥及官兵接班换班，并应派参领等官轮流巡查各章程，俱著照议办理，该都统等随时整顿，总期官有专司，兵归实用，毋得日久视为具文。

汛守 019：道光十年谕

盛京边外卡伦，前经富俊在盛京将军任内奏明，冬季不必移于边内，常川在边外安设，及奕颢莅任，止酌留紧要卡伦三处，常川驻守，其余俱奏请照常撤回。兹据富俊等查讯，偷砍木植人犯，多在冬季撤卡之后，虽留紧要卡伦三处，道路遥远，鞭长莫及，稽查难周。著照所请，所有边外卡伦，冬日不必撤回，仍令常川稽查，每届四月，另行派往更换，并责成守卡官兵实力严查，如有贿纵情弊，即行严参惩办。其珠鲁莽喀地方，及边内旧有之小石棚、佛小岛子、顶山拐等处卡伦，均关紧要，亦著照旧常川安设。此后边内外均有责成，且有按季派出之城守尉协领巡查，其密查之员，即行停止，该卡伦官兵盐菜，仍照奏定银数，由船规项下动支。

汛守 020：道光十五年谕

奇明保奏参：卡伦直班旷误之各员一折。俄罗斯边设立卡伦，关系紧要，乃佐领那丹察接受派班文书，并不赶紧往送，迟至四日，殊属懒惰糊涂。其原住班之骁骑校多尔济奔博诺依，不候换班人员，遽行藉口下班，亦属非是。佐领那丹察，骁骑校多尔济奔博诺依，均著交部分别严加议处。

汛守 021：道光十五年又谕

奇明保等询明出派卡伦直班疏忽之员参奏一折。毗连俄罗斯卡伦，最关紧要，不可一日旷误，该总管沙克都尔车楞、副总管车楞多尔济，率行传派卡伦官员，以致紧要卡伦之班旷误，殊属不知轻重。沙克都尔车楞、车楞多尔济，俱著交部议处。

汛守 022：道光十五年议准

俄罗斯边界卡伦，率将年轻之员派往者，总管、副管均降一级留任。

汛守 023：道光十六年议准

哈萨克偷越卡伦，该处坐卡官降二级留任。

汛守 024：道光二十二年谕

棍楚克策楞等奏参：擅自放回卡伦兵丁人员一折。俄罗斯界卡伦关系紧要，佐领诺木保因马甲那木萨赖等往取盘费，擅自给假，辄离卡伦，殊属不知慎重，诺木保著交部议处。嗣后著严谕卡伦各官兵等，务须慎重边疆。钦此。遵旨议定：坐放卡伦官员，并不迅速前往，以及不知谨慎，托病旷误者，均降一级留任、罚俸一年；其下班之员，不等候接班官交代明白，即行回去者，减一等议处。该总管于最关紧要卡伦，若不慎加选择，率行调派以致旷误者，该总管降一级留任。卡伦官员擅给兵丁假期，辄离卡所者，降二级留任。

汛守 025：道光二十二年题准

哈萨克越境潜居，审明由何处卡伦偷越，将守卡不严之该坐卡官降二级留任。

汛守 026：道光二十二年又谕

经额布等奏：遵旨查明土门江附近地方情形一折。前因宁古塔所属珲春地界与朝鲜接壤，难保无奸民潜赴土门江一带结屋垦地，降旨令该将军派员确查究办。兹据奏称：英安河密占卡伦等处，查有该处旗人结屋垦地，经该委员等将房屋数十处全行拆毁，地亩一千余晌，俱已平弃净尽，并派员覆查，此外实无隐匿遗漏等语。著该将军等咨明该处副都统确查盖房垦地，究系何佐领下旗人，何年潜往开垦地亩，照例惩办。失察各官，著查取职名交部议处。嗣后每年春秋二季，饬令该协领亲往周查，由该副都统加结呈报，该将军等仍不时严查，永远谕禁，毋得日久生懈，视为具文。

汛守 027：咸丰五年题准

出征官兵如将形迹可疑之人私带出关，经管关大臣查出参奏者，失察之带兵官降一级留任。

汛守 028：同治二年题准

俄罗斯人并无执照，越界行走，该卡官未能阻止者革职。总管巡卡等官，不按照通商章程，办理错误者罚俸一年。

汛守 029：光绪十三年议准

乌里雅苏台、科布多所属津吉里克、阿拉克鄂博、博多豁呢和垒、索果克、霍呢迈勒垦、昌吉斯台六卡伦侍卫，在卡无过，年满回京之日。若系现任侍卫，俟考验升等时作为尽先，各旗营官员，准指明应升一阶，或补用，或升用，不准保归尽先班次，或将各该员量予虚衔顶戴议叙优叙之处，统由该将军大臣等，考其平素当差若何，秉公酌保，一案内止准请奖一层，不准两层并保，用示限制。

营伍〔例 23 条〕

营伍 001：顺治年间定

八旗骁骑营，每月三旬，逢二逢六较射，凡六次，春秋擐甲胄步射二次，骑射二次，护军营每月较射六次，与骁骑营同。春秋二季验看骑射，并擐甲胄马步射一二次，三年一次考验甄别。

营伍 002：雍正八年议准

前锋营较射，照护军营例，每年春秋二季验看骑射，并擐甲胄马步射一二次，三年考验甄别一次。

营伍 003：乾隆十七年谕

近闻八旗于阅兵操演之际，该大臣等皆在帐幕内互相对阅，并不亲赴队伍操演，则进退之规，不获娴熟。嗣后阅兵操演之时，令该大臣等轮流入队，率领操演。钦此。遵旨议定：八旗合操时，阅兵王大臣等逐次前往监看稽察，如有无故不到者，同阅之王大臣，指名题参议处。

营伍 004：乾隆十八年谕

骑射国语，乃满洲之根本，旗人之要务，朕今岁校阅京城世爵，其骑射可观及人材英俊者，已施恩选取侍卫，并分在各处，令其学习行走；其射箭甚劣不堪教化者，查明革职别行承袭。至各省驻防，亦皆有世爵，若不教训骑射国语，伊等近于素餐安逸之习，必致学为不善，著各省将军都统等即指名参奏，革职另行承袭。

营伍 005：乾隆二十四年奏准

聚集之期，及射期不到者，罚俸一月。若官员监射步靶，多开箭数者，罚俸一年。

营伍 006：乾隆三十九年覆准

嗣后届应查炮之年，演炮十位之旗分，以中二十七出以上为合式。演炮九位之旗分，以中二十五出以上为合式。其中牌在二十六出二十四出以下者，将该旗炮营参领等官罚俸一年，炮手严加责惩。

营伍 007：乾隆四十五年奏准

八旗演炮，除一百步炮位不算外，二三百步炮位中数，若能符额，炮营参领纪录一次；若中不及额，欠少一二出，炮营参领纪过一次，其年终应得纪录，亦不准给予；欠少三出以上，将炮营参领罚俸一年，仍停升一年。

营伍 008：乾隆四十八年奏准

各省驻防兵丁鸟枪弓箭中靶数目，照绿营奏定之例，分别等第功过，汇造清册，送部察核，内有应行责革者，即由该管官随时责革；应行奖赏者，亦由该管官量加奖赏；倘该管官员不能留心操演，以致兵丁技艺生疏者，仍即时参处。

营伍 009：乾隆五十二年谕

此次八旗汉军演放火炮，镶黄正白二旗，不能如数合式，皆由该旗大臣等，平日并未认真严加督率所致，仅将官兵治罪，不足示儆，所有官员著交部议处。著为令。

营伍 010：乾隆五十二年奏准

炮位毋论大小轻重，均各于一百步设立炮靶演习，其多中一出者，炮营参领纪录一次，多中二出者纪录二次，若中数仅能合式，毋庸给予纪录。

营伍 011：嘉庆六年奏准

八旗习射官兵，如有无故不到至三次者，系官罚俸一年，兵丁责革，若该管大臣有徇庇官兵者降三级调用。

营伍 012：嘉庆六年又奏准

八旗官兵习射之期，该管大臣有不行亲往演射者，罚俸一月。

营伍 013：嘉庆六年三奏准

每年秋季八旗合操时，各该旗营大臣等，亲身入队，带领操演，总理操演王大臣前往查阅，各该旗营大臣官员内，如有托故不到者，即行查参，罚俸一年。

营伍 014：嘉庆六年四奏准

火器等营，经该管大臣操演枪炮，如有施放迟误，不能整齐者，将带操章京罚俸一年，监操翼长罚俸六月。

营伍 015：嘉庆六年五奏准

八旗火器鸟枪等营，演放鸟枪，务须严禁闲人，不得近靶拣拾铅子。如带操官员不行管束，任听闲杂人等近靶行走，以致兵丁放枪误伤平人者，将带操官员罚俸一年。

营伍 016：嘉庆六年六奏准

八旗前锋护军等营兵丁马步箭，如有技艺生疏者，将该管大臣降一级留任，该管官降二级留任。

营伍 017：道光九年谕

管理直年旗王大臣等核议富俊陈奏：旗营设立官弓，统较弓力拣选，议请挑缺时，仍视其箭之中靶与否以为去取，并称不得以专开劲弓便为合式，不知挽强而不能命中，固难取录，若止能命中，而弓力过软，亦岂旗营储才本意，所议皆一片畏难讨好之心，巧为驳斥，忘本偷安，不思振作，且于设立官弓何以难行，并未明白声叙，殊属含混，著仍交该直年旗另行妥议具奏。嗣后各项侍卫及各旗营练习技艺，选拔官兵，总期挽强命中，不得偏废，倘该员弁等于引见及校阅时，经朕察出弓软技庸者，除将该官员兵丁即行斥革外，并将该管大臣严惩不贷。

营伍 018：道光九年又谕

嗣后前锋、护军、健锐、火器各营，每营设立六力官弓数张，挑缺时先以官弓开试，裕如者方准较射，仍以中靶为去取，其挽强而不能命中，与中靶而弓力稍软者，俱不准挑取。其领催马甲挑缺，著仍照旧制办理。

营伍 019：道光十一年谕

朕本年阅看三旗侍卫弓箭，因思我朝自发祥以来，列圣垂训八旗兵丁，均以弓箭为重，必应永远遵行，于平时勤加训练，使知激劝，方足以成劲旅而资捍卫。现在八旗都统、副都统，均系朕宗支亲属及信任大臣，如果认真整顿，俾兵丁咸能得力，即养育兵闲散人等，亦均知所观感，八旗营务自然日有起色。该都统等尽心职守，克副倚畀，不独朕知人善任，深为嘉悦，即该都统等亦觉与有光荣。近因承平日久，武备渐就废弛，各都统等于挑选披甲时，往往计及于兵丁家口，并不视弓箭之优劣为去取，殊不知兵饷之设原以养有用之兵，并非养赡贫乏户口，各旗披甲，均有应行练习差使，与养育兵之调剂生计者不同，顾名思义，自不应以技艺平常庸懦无能者滥行挑补，虚糜帑项，且遇缺挑选，随时可以整顿，并非另立操练章程，何难实力奉行。各省驻防兵丁，固须悉心较阅，八旗拱卫神京，关系尤重，不可不加意讲求。著通谕八旗都统等，嗣后遇有披甲缺出，务当认真考验，必须弓力较强箭有准头者，方准挑补，不得藉口调剂，以致有名无实，并著查旗御史于各旗挑缺时留心查察，如该都统等意涉瞻徇，所挑之兵仍有弓箭平常者，即行据实严参。其各省驻防挑缺时，并著该将军等一体遵照，均以弓箭为重，以副朕讲明武备，训励旗人之至意。

营伍 020：道光十一年又谕

富俊奏：八旗定例，向系开六力弓，近日仍用本人弓射箭，往往以二三四力虚报六力。似此相习成风，兵力日形软弱，于武备大有关系，自应严加考核。著照所请，嗣后八旗各营，凡挑缺拣选，均遵定例用六力官弓校射，以定去取。富俊所管镶红旗满洲，据奏置有六力八力弓各二张，弓制一分，月月挑缺拣选，均以制准官弓校射，如有告拉八力弓者，若果裕如，即以八力弓为合式，每次挑选，并不乏人，可见我八旗原知向上，总在教训何如耳。至八旗各营，均有公费银两，不难置办官弓，著即仿照办理，该都统务当认真核实考验，不得仍令本人捏报弓力，日久视为具文，以致有名无实，并著查旗御史于各旗挑缺时留心查察。如该都统等意涉瞻徇，所挑之兵，仍有虚报弓力情弊，即行据实严参。其各省驻防挑缺时，并著该将军等一体遵照，均用六力弓为准，以符定例而重武备。

营伍 021：咸丰四年谕

柏葰、善焘奏：审明已革协领、佐领派兵自护私宅，并将军奕兴奏辩各情一折。此案已革协领塔芬布，因闻兵丁妄报，辄调集兵勇，已属轻举妄动，又拨兵在家守护，复任听伊子恩合派令练勇卫护私宅，实属假公济私，胆大专擅，塔芬布著即发往新疆效力赎罪。已革佐领恩合擅派练勇卫护私宅，亦属任性妄为，著即发往军台效力赎罪。盛京将军奕兴于属员擅调兵勇各情，并不据实奏参，迨经书元参劾后，又复不候查办，负气陈奏，哓哓渎辩，实属有心徇庇，前已有旨将奕兴交宗人府议处，并著革去盛京将军，以示惩儆。

营伍 022：同治二年谕

巴扬阿奏：请旨严禁驻防官兵吸食洋药及现在办理大概情形一折。洋药一项，前于咸丰九年间，经惠亲王等奏定弛禁章程内，官员兵丁吸食洋药，仍照例办理。上年因王庆云奏请严定限制，复明降谕旨，谆谆诰诫，原以兵丁奋力戎行，不宜以有用之精神，日形消耗也。乃本日据巴扬阿奏，现在整顿荆州驻防营伍，凡系有瘾之人，悉予弃置，并加惩儆，以冀令行禁止。又称本籍黑龙江地方，近闻开设烟馆，逐渐增加，请旨严禁等语。是兵丁吸食洋药之禁，各该省仍未能实力奉行，此风不止，则精壮者必成孱弱，孱弱者悉成无用，于整军经武之道，大有关系。著黑龙江将军及各省将军、都统、副都统恪遵前旨，一体设法严禁，不得虚应故事，有名无实。其绿营兵丁，恐亦不能扫除积习，并著各省督抚提镇严行查察，傥有仍前吸食不知自新者，即当斥革惩办。至内外文武官员，均各有应尽职守，一经吸食洋药，则百事废弛，关系尤重，著各该管上司留心访查，遇有此等官员，即行奏请罢斥，不准姑容徇隐。此旨并著该部行知各该省将军督抚提镇等晓谕旗绿各营，俾各懔遵，痛加涤洗，以肃戎行。

营伍 023：同治十一年谕

长善、果勒敏奏：请旨严禁旗营弁兵投效一折。军兴以来，旗营弁兵投效军营，其中奋勉图功者固不乏人，而贪缘幸进者亦复不少。至并无军务省分，纷纷投效，其为奔竞取巧，情弊尤属显然，亟应认真整顿。嗣后著各省督抚于此项人员，严加考察，不得任意请留，如遇保奖，不得滥请扣补本营实缺，以肃军政。所有广州旗营弁兵，现留湖北等处差遣之骁骑校贾润洸等七名，即著长善等咨调回营，责令认真操防，各该省不得藉词仍留差遣。

拔补〔例 12 条〕

拔补 001：顺治初年定

每佐领下亲军缺，由护军马甲闲散壮丁内拔补；前锋缺，由护军马甲闲散壮丁内拔补；鸟枪护军缺，由护军马甲内拔补；护军缺，由马甲闲散壮丁内拔补；马甲缺，由步军闲散壮丁及开户户下壮丁内拔补；步军缺，由闲散壮丁及开户户下壮丁内拔补；每佐领下领催，由马甲步军内拔补；该旗将拔补之数，按季报部查核，傥有悬缺不补冒领钱粮，或违例拔补者，查实劾奏。

拔补 002：康熙二十五年题准

西安等省驻防马甲病故，其已披甲之子弟内，有愿扶柩来京者，亦令来京；愿在外者，仍留充兵。如有额缺，该将军等于满洲蒙古旧壮丁内，选择补用，果无堪择人丁，移咨到部，拨人往补。如不令旧壮丁披甲，止以新丁充数者，该将军及该管官皆照例议处。

拔补 003：康熙二十六年覆准

每佐领下将不应披甲之人错误挑补者，该管佐领、骁骑校罚俸三月，参领罚俸一月，领催鞭五十。如系徇情拔补者，将徇情之参领、佐领、骁骑校降三级调用，领催鞭八十。如佐领、骁骑校、领催徇情而参领不知，或骁骑校、领催徇情而佐领不知，止于失察者，仍照错误拔补例处分，其披甲之人革退。

拔补 004：康熙二十六年议准

八旗马甲年未衰老，尚堪效力，辄称年老规避，令家人顶替者，鞭一百革退，容隐之该管佐领、骁骑校皆罚俸六月，参领、副参领罚俸三月，都统、副都统罚俸一月。其职官子弟，能入学肄业与考者，免其披甲外，若有指称读书，游荡失业，该管官容隐不令披甲者，皆照容隐例处分。

拔补 005：康熙五十二年题准

雇倩汉人壮丁，称为满洲，令其披甲，该佐领、骁骑校皆罚俸三月，领催鞭五十，其马甲所领饷银饷米，交与该旗，著落本主照数追取入官，其雇倩之人，仍令为民。

拔补 006：雍正二年覆准

领催缺，于该佐领下正身马甲闲散内选补，若佐领下人无可选者，会同护军统领，于本佐领下识字护军内调补，有不遵定例选补者，该参佐领、骁骑校、暨都统等一并照例议处。

拔补 007：雍正十三年奏准

选补马甲，该佐领等不将应补之人呈送都统等验看，私行顶替者，降三级调用，其顶替之人革退。

拔补 008：嘉庆五年谕

向来派出查旗御史，遇各旗有挑甲等事，应令该御史前往监察，以杜弊端而昭慎重。近闻派出各员，视为具文，日久懈弛，每月仅以一奏塞责，竟不亲身稽察，以致查旗之例，有名无实，殊属非是。嗣后各旗都统等，遇有挑甲等事，先行知照查旗御史会同办理，如该旗遗漏知照，即著该御史参奏，若该旗挑放稍有不公，该御史亦当指名查参，毋得瞻顾徇隐，该御史经该旗知照后，仍复不到则是有心玩误，亦著该都统等据实参奏。

拔补 009：嘉庆六年奏准

旗人捏名充当户下步甲匠役，及冒入民籍投充营兵，该管佐领、骁骑校失于查察，均罚俸一年。

拔补 010：道光二年奏定

八旗官兵缺出，该都统、副都统等，即按限定期，前赴本旗教场，或侍卫教场内，公同商酌拣选挑取，仍先知会查旗御史，如有逾期或不往教场挑取者，该御史即指名参奏，罚俸六月。

拔补 011：咸丰八年谕

前因载垣等奏：军营挑补炮手，恐有情弊，请旨饬查，当交西凌阿明白回奏。兹据该都统奏称：镶黄旗汉军副参领隆春，于呈请挑缺之时，率称宝荣熟习演炮，并未将甫经到营声明，迨经节次查询，始称出缺之后，指名调营挑补，实属有意蒙混，隆春著交部严加议处。西凌阿未能先事查出，亦属疏忽，著交部议处。钦此。遵旨议奏：挑补炮手，有意蒙混者，管带之员降三级调用，未能查出之大臣罚俸三月。

拔补 012：光绪七年题准

八旗挑补马甲，傥有雇倩顶名赴挑者，失于觉察之佐领降一级调用。

军器〔例 16 条〕

军器 001：康熙五十五年题准

城上直班官夤夜私移城上备用火药者革职，其同班官不行拦阻者罚俸一年。

军器 002：乾隆四年题准

各省将军、都统、副都统，于到任时，将所属同城本管旗营，一应军装器械，限两月委官盘验；其外属各营军装器械，限三月内委官盘验，各具题一次，仍取具该管官并无亏少印结，及委官并无捏饰印结存案，于年终汇题，仍将所属各营军器数目，造册送部查核。傥委盘汇题之后，仍有缺额，别经发觉者，将盘验之官罚俸六月，将军等罚俸三月，委官扶同捏结者降三级调用。

军器 003：乾隆十八年谕

八旗军器，例应每年特简王公大臣点验，但岁一点验，殊觉烦扰。嗣后著三年一次点验，既宽点验之限，临时务宜实心察核，不得草率了事，若朕亲阅时，军器仍有亏缺损坏者，必将点验之王公大臣治罪。至点验之年，将八旗前锋营、护军营、骁骑营、内府护军官兵军器，仍照例点验外，其内府佐领马甲及王公府属兵丁军器，皆停其点验。

军器 004：嘉庆七年议准

八旗官兵自备之弓箭撒袋腰刀缺少，情愿豫指俸饷制造者，该都统造册分送该部照定式制造给予，其工价银两，官员于俸银内作四季扣还，兵丁于钱粮内作二十个月扣还，俱造入俸饷册内，咨明户部坐扣。凡此等自备弓箭撒袋腰刀，如有年久损坏无力修制者，俱照此办理。

军器 005：嘉庆七年又议准

八旗兵丁遇有升迁事故，将军器酌定价值，给予新顶补之人，即将顶补之人应领钱粮，照指饷制造军器之例，限二十个月扣还，给付旧兵。

军器 006：嘉庆十七年奏准

直省八旗驻防营修制行军携带军械，应听各该省将军、都统、副都统酌量缓急，临时定限办理，如不依限速完，以致迟误，将承修承制、督修、督制之员严参，从重议处。修制寻常操演及换防需用各军械，俟报部核准后，即令领项兴工，如物料工价二百两以内者限一月，五百两以内者限两月，一千两至二千两以内者限三月，三千两至五千两以内者限四月，依限修制，如式完竣，即行详请将军、都统、副都统派委妥员，逐细查验，造具册结，将兴工完工各日期详细声明，以凭稽核。如不依限完竣者，将承修、承制、督修、督制之员，附参议处。

军器 007：嘉庆十七年又奏准

在京各旗营，八旗满洲蒙古骁骑营，汉军骁骑营、鸟枪营、炮营、藤牌营，满洲蒙古汉军新营房，左右两翼前锋营、八旗护军营、健锐营、火器营，圆明园八旗包衣三旗官兵处，内务府三旗护军营、前锋营、新枪营、陈枪营，城内九门，步军营及巡捕五营，凡兵丁操演军装器械，及守御救火器具，各该营大臣，于每年十月内派委妥员，逐细盘查，如果均属齐全，取具该管官员并无缺少印结，及委员并无捏饰印结，于十一月内将各项军装器械数目，注明原领原修年分，分营造具汉字细册，并印结咨送兵部查核，汇总具题，如有损坏，查明已届修制定限者，即照例报部修制，其自备者，即勒令自行修制整齐，若未届定限损坏，及无故缺额者，责令该管官照例赔补，仍交部议处，傥损坏缺少各械，委员盘验时，未经查出，别经发觉，并扶同结报者，均照例分别议处。

军器 008：嘉庆十七年三奏准

各省将军、都统、副都统等，于到任时，将所属同城亲标旗营，一切军装器械，限两个月委员盘查，其外属各旗营一切军装器械，限三个月委员盘查，保题一次，仍取具该管官员并无缺少印结，及委员并无捏饰印结存案，又于每年十月内，将所属各旗营，委员盘查造册，详送该将军、都统、副都统，于封印前保题，将所属各旗营一切军装器械，及守御救火器具数目，原制原修年分，分析造册，送部查核，如任意迟逾，即照造册迟延例议处。其每年十月以后，有收支军械，即造入下年题报册内送部，傥委查保题之后，仍有缺少，别经发觉者，将从前委查之员罚俸六月，将军、都统、副都统罚俸三月，傥委员明知缺少，扶同捏结，报称并无缺少者，将缺少本员及委验之员，各降三级调用。

军器 009：道光二年奏定

点验军器时，盔甲弓矢等项全无者，系官革职，兵丁鞭一百革退。军器缺额及箭上无字，并书写他人姓名者，系官罚俸一年，兵丁鞭五十。如点验军器不堪者，系官罚俸两月，兵丁鞭二十。如所属官兵，有盔甲弓矢等项全无，及军器缺少不堪，一名至五名者，该都统等罚俸三月，该管参领等罚俸六月；六名至十名者，都统等罚俸六月，参领等罚俸九月；十名以上者，都统等罚俸九月，参领等罚俸一年；二十名以上者，都统等罚俸一年，参领等降一级留任；三十名以上者，都统等罚俸二年，参领等降一级留任、罚俸一年。至佐领骁骑校等所管兵丁，有一名至三名者罚俸六月，四名至六名者罚俸一年，七名至十名者降一级留任，十名以上者降一级留任、罚俸一年，二十名以上者降二级留任。

军器 010：道光二年又奏定

八旗官兵如有将关给军器私卖质当者，系官革职兵丁革退，均交刑部照律治罪，其失察之该管官罚俸一年。

军器 011：道光二年三奏定

看守城池仓库街道等处，遗失本身器械者，系官降一级留任，兵丁鞭七十。若遗失在官器械者，官员降一级留任、罚俸一年，兵丁鞭八十。

军器 012：道光二年四奏定

八旗炮营参领等接任时，炮局所存炮位及一切应用什物，按册查明，具结交代，如有残缺损坏，即据实申报都统，著落原官赔补，傥徇情容隐接受者，将接管官降一级留任，所有残缺损坏物件，即著落接管官赔补。

军器 013：道光二年五奏定

八旗汉军炮营及内外火器营官员，将收存炮位，并不加意看守，以致被贼偷窃者，专管官降三级调用，兼辖官降二级调用，营总降一级调用，翼长降一级留任，该管大臣罚俸一年。

军器 014：道光二年六奏定

凡官员制造紧急军器，不依限速完迟误者革职，督制官降三级调用，将军、都统、副都统降三级留任。若修制寻常操演，及换防需用各军械，如有贻误，承修、承制官逾限不及一月者免其议处，一月以上者罚俸六月，两月以上者罚俸一年，三月以上者罚俸二年，四月以上者降一级调用。督修、督制之员违限一月以上者罚俸三月，两月以上者罚俸六月，三月以上者罚俸一年，四月以上者罚俸二年，五月以上者降一级留任。将军、都统、副都统违限一月以上者免议，两月以上者罚俸三月，三月以上者罚俸六月，四月以上者罚俸九月，五月以上者罚俸一年。如承修、承制之员将应领之帑，请领迟延者，按其违限月日，照修制逾限例，分别议处。傥该上司故意勒掯，以致迟误者，将该上司降二级调用，承修、承制官免议。

军器015：咸丰八年题准

旗营库存铅丸等物，傥不加意看守，以致被贼偷窃者，直班之员降一级留任，兼辖官罚俸六月，统辖官罚俸三月。

军器016：同治十一年谕

内务府奏：端门楼库存军械，查有失窃情事，请旨办理一折。端门楼存储军器，向系五旗护军营直班官兵等轮流看守，本年十一月间，经直年司员查得库存腰刀失去九十三把，撒袋失去八分；本月十二日，该司员等前往该处查验箭枝，复见库房东次间有撬开窗隔等处情形，是该官兵等视典守为具文，任意懈弛，实堪痛恨，且禁门重地，断非外来窃贼所能涸迹，更难保无监守自盗情事。著前锋统领护军统领，查明此次撬门失于看守之直班官兵等，送交刑部严行审办。该管前锋统领护军统领失于觉察，交部议处。嗣后应如何严密巡查看守之处，即著前锋统领护军统领妥议章程，奏明办理。

约束〔例13条〕

约束001：原定

旗人私往各处藉端挟诈，嘱托营私，扰累平民者，系官革职，交刑部治罪。佐领、骁骑校知而令去者，降一级调用；失察者，佐领罚俸三月，骁骑校罚俸六月，领催鞭八十。若奴仆以事差遣，有犯此等者，其主知情故纵，系官革职，常人鞭一百，奴仆交刑部治罪。至旗人私往各处取债探亲者，系官革职，常人鞭一百；佐领、骁骑校如有令去者，罚俸一年；失察者，佐领罚俸一月，骁骑校罚俸三月，领催鞭五十。差遣奴仆前往取债探亲者，家主系官罚俸一年，常人鞭八十，奴仆亦鞭八十。其屯庄居住之人，并奴仆私自出境，亦犯此等者屯领催照在京领催例鞭责，该佐领、骁骑校在京领催及奴仆之主皆免议。

约束002：原又定

八旗庄头家人，在外倚势害民，霸占平人子女，威逼人命，把持衙门，此等事发，系内务府所辖，将该管官降一级留任；系王公府属所辖，将办理家务官降一级留任，系民公以下大小官员家人，将其主降一级留任。

约束003：乾隆二十四年奏准

八旗佐领下，如有不肖匪类，饮酒赌博生事，引诱旗人者，该管佐领即行呈报都统等送部，发往黑龙江三姓地方折挫当差，如不悛改，该将军报部，即发云贵川广等省，交地方官严加约束，仍有过犯，即照民人例治罪，该将军于岁底，将有无改发之处汇奏，傥失于觉察，该管参领、佐领、骁骑校、领催、族长等，俱交部察议。至旗下游荡幼子内，十五岁以上者一体发遣，十五岁以下者不必发遣，交与伊亲族人等加谨教育。

约束 004：乾隆二十六年奏准

官员兵丁人等，概不准居住城外，违者，官员交该衙门察议，兵丁责惩，该管大臣失于约束稽查者一并交部察议。如系宗室，交宗人府严加议处，其管理宗人府王公，交部照例察议。

约束 005：乾隆四十五年题准

赏给为奴人犯，在外行凶为匪等事，将不行约束之家主，罚俸一年；其失察之该管各官，俱按事理轻重，分别议处。

约束 006：嘉庆六年谕

各省及新疆遣犯内发给兵丁为奴者，均系情罪甚重，特令其备尝艰苦，俾知悔过自新，该管官于此等人犯，理应随时严加钤束，岂可令其充当长随，出入衙门，滋生事端。著通谕各将军、副都统及新疆大臣等，嗣后情罪重大发遣给兵丁为奴之犯，毋许夤缘服侍官长，致启干预公事之渐，倘阳奉阴违，一经察出，定将容留服侍之员及失察之该管大臣等，一并交部议处。

约束 007：嘉庆六年奏准

旗人私自出境，藉端挟诈营私扰害者，佐领、骁骑校知而不禁，降二级调用；参领、副参领不能查出者，罚俸一年；失察者，佐领、骁骑校罚俸一年，领催照例鞭责，参领、副参领罚俸六月。如系闲散，佐领、骁骑校知而不禁，降一级调用；参领、副参领不能查出者，罚俸九月；失察者，佐领、骁骑校罚俸六月，领催鞭六十参领、副参领罚俸三月。至旗人私自出境，取债探亲者，系官照例革职，兵丁革退；该佐领、骁骑校知而不禁，降一级留任；参领、副参领不能查出，罚俸六月；失察者，佐领、骁骑校罚俸六月，领催鞭六十，参领、副参领罚俸三月。如系闲散，佐领、骁骑校知而不禁，罚俸一年；参领、副参领不能查出者，罚俸三月；失察者，佐领、骁骑校罚俸三月，领催鞭五十，参领、副参领罚俸一月。以上族长系官，照佐领例议处；无职人，照领催例鞭责。前锋护军步军匠役人等，有犯此者，将前锋校、护军校、步军校照佐领例议处；前锋侍卫、参领、护军参领、步军协尉、副尉照骁骑校参领例议处。各省驻防官兵私自出境，将专管官照在京佐领例议处，兼管上司照在京参领例议处。如佐领等官有犯，其随同办事之防御骁骑校等，明知隐匿不行揭报者，与专管官一律议处。

约束 008：嘉庆六年又奏准

赏给为奴人犯，如有在外行凶为匪滋事，将不行约束之伊主，分别轻重办理，其失察各官皆免议。

约束 009：嘉庆六年三奏准

八旗佐领下，如有不肖匪类，饮酒赌博生事，引诱旗人，不行呈报都统等送部发遣者，将失察之佐领、骁骑校罚俸一年，参领、副参领罚俸六月，族长系官照佐领、骁骑校一例议处，系平人与领催均鞭六十。

约束 010：道光二年奏定

八旗庄头家人，在外倚势害民，霸占平人子女，威逼人命，把持衙门，此等事发，如知情隐讳，系内府包衣所辖，将该管官降二级调用；系王贝勒贝子公家人，将办理家务官降二级调用；系民公以下大小官员家人，将各主降二级调用；若止于失察者，均降一级留任。

约束 011：道光二年又奏定

八旗官员兵丁人等，概不许居住城外，违者，官员罚俸一年，兵丁鞭五十，失察之该管各官俱罚俸九月。如系宗室，交宗人府严加议处；其管理宗人府王公，交吏部照例察议。

约束 012：道光九年奏定

旗员外任，如族亲内有品行端方，谙练公事，情愿令其随任帮办公务者，或有笃睦家族亲党，带往令其读书肄业者，大员准其咨报该本旗，余则呈报上司，转咨该本旗，查取本人父兄情愿令其随任甘结报部，发给路照前往，不愿者听。其非由本任职官呈请，而本人愿往者，一概不准。如有呈请尊长随任者，由该族长出具并无抑勒甘结，该佐领加结呈报本旗，查核属实，准其随任。该参领等如有故意挑剔，藉端勒掯刁难等情，从重惩办，如有私行潜往者照例治罪。至到署后，如有不服管束，轻者报明将军等咨遣回旗，重者照例惩办，仍令该管官严加查察，如有不安本分滋事，本员失察者，照失察例议处，徇庇者照徇庇例议处，其本员查出呈报者免议。

约束 013：道光十二年奏定

旗人告假外出及逃走在外，如有不安本分滋事者，即由各该地方官审理，如犯笞杖枷责罪名，与民人一体板责，毋庸知照京旗。犯徒流军遣及死罪，与民人一体办理，将原领图记执照，咨缴京旗销档。若投往亲族任所，倚恃尊长挟诈需索，准本官呈明上司究办，轻则递解回旗，重则照例惩办，销除旗档。

马政〔例 24 条〕

马政 001：顺治十二年议准

蒙古进贡马驼之外，如有多带，愿于途间卖听，若有通晓蒙古语之人，前往边界与蒙古交结，并远相迎接，买其马驼者，交刑部治罪，所买马驼入官，守口官私放此等人出口者革职。至蒙古到馆之后未进贡之先，有入馆私买贡马贡驼者，系官降一级、罚俸一年，常人鞭一百。如有抢夺偷盗者，无论官民，皆交刑部治罪。

马政 002：康熙十一年题准

驻防官不呈明该将军报部，私差家人来京买马者，罚俸一年。

马政 003：康熙十二年议准

在京旗人私往外省贩马，系正户，将该佐领、骁骑校罚俸一年，领催鞭五十；系仆人，伊主有官者罚俸一年，常人鞭一百，该管佐领等免议，于马贩名下追银十两，给拿首之人，仍交部治罪。

马政 004：康熙二十六年议准

八旗出厂马驼，沿途不加管束，践食田禾者，兵鞭八十，专管官罚俸九月，兼管官罚俸六月，副都统罚俸三月，领催鞭六十。出口并不在厂牧放，至有纵逸侵扰者，兵鞭一百，专管官罚俸一年，兼管官罚俸九月，副都统罚俸六月，领催鞭八十，照马驼侵扰之数赔偿地主。至兵丁强令他人代为牧放，及勒索酒食扰累生事者，交刑部治罪，专管官降一级调用，兼管官罚俸一年，副都统罚俸九月，领催鞭一百革退。

马政 005：康熙三十一年覆准

八旗官兵屯庄牧养之马被偷，失主即行报该营汛官弁，带领兵丁追缉，到交界地方，交与邻近营汛官弁接递追缉，获贼官每案纪录一次。若失主呈报，该营汛员弁不即领兵追缉，邻境不即接递追缉者，每案降一级、罚俸一年。

马政 006：康熙四十二年奏准

八旗官兵因公事领骑官马，给马旗分该佐领别作记号印烙，于回京交还时，照原印烙记号验收。若领骑之官兵，欲将好马留用，诈称倒毙遗失，赔补后，其原印烙记号之马，经本人认出，将领骑官兵，照偷马例治罪。

马政 007：康熙四十二年又奏准

八旗官兵因公事领骑官马，宜令加意照看，不许倒毙遗失。嗣后领骑各该处，先将官兵及佐领姓名，并应领马数，造册送部，由部照册编立印单，注明给马旗分，领马时各该处出具印领，交该管官赴部亲投，由部查对相符，给予印单，照数领骑，回京时，领马官兵，将马交还原给旗分，如有未交还者，该旗将领马官兵及佐领姓名，开明咨部，由部行文各该处，限两月交还，若马有倒毙遗失，逾两月之限，尚未赔补，由部参奏，将倒毙遗失马匹之人，系官罚俸一年，兵鞭八十，不催追之都统等及该管各官罚俸六月，领催鞭五十，仍著本人赔补。倘再逾两月，仍不赔补，将倒毙遗失之人，系官降三级留任，完日开复，兵鞭一百，都统及该管各官罚俸一年，领催鞭八十，仍著本人赔补。其因公事领用官驼者，亦照此例行。

马政 008：雍正三年议准

八旗马驼前往牧厂，该参领官员及骁骑校等，果加意牧放，无有损伤，令出牧之副都统点验。如一参领下马驼较胜别参领者，将该参领下各官及骁骑校，各纪录一次。如一旗马驼肥壮无有损伤，该参领纪录二次，各官及骁骑校各纪录一次。

马政 009：雍正三年奏准

八旗出厂马驼，所有在厂各官，遇切近丧事，该副都统即令回京，有患病者，副都统验实亦令回京，均移咨该旗，补人前往。至于婚嫁之事告假者，准给一月之限，行咨该旗，于事竣催令前往。若马驼于一月二十日之间，将次进口，其回京之人，均不必赴厂若告假，各官逾限不赴厂者罚俸一年，副都统不查明给假者罚俸六月。

马政 010：雍正三年又奏准

八旗各官，奉委出厂牧放马匹，若逗遛观望，不即前往及到厂潜回者，皆革职。

马政 011：雍正三年三奏准

八旗兵丁所养马驼，如有疲瘦不堪用者鞭五十，该佐领、骁骑校罚俸三月，参领、副参领罚俸一月。若并不喂养，冒领钱粮者，鞭一百革退，冒领钱粮追缴，该佐领、骁骑校罚俸一年，参领、副参领罚俸六月。

马政 012：雍正十年题准

八旗官驼有私卖与人者，系官革职，系兵鞭一百革退，该管官不能查出罚俸六月，该管都统等罚俸三月。

马政 013：雍正十三年议准

八旗马驼于出厂之时，各造具毛齿清册，送部存案，俟回京日按册点验印烙，统辖副都统以该翼之马驼核算，兼管官以兼管之马驼核算，专管官以专管之马驼核算，如十分之内疲瘦各不及三分者免议，若疲瘦至三分者罚俸九月，四分以上者罚俸一年，五分以上者降一级留任，六分以上者降二级留任，七分以上者降三级调用。以上疲瘦分数，均就副都统、兼管官、专管官各名下，详细分别，不准将在厂马驼通融摊算，如官兵希免议处，将马驼彼此顶换，使疲瘦皆不至三分者降三级调用，兼管官降一级留任，副都统罚俸一年。

马政 014：雍正十三年覆准

八旗马驼每年出厂牧放，其佐领下留京之马，原备紧要差遣，必待本部印文，方准拨用，若官员以私事乘骑驮载者，罚俸九月。

马政 015：乾隆二十五年奏准

乌鲁木齐设马厂一处，以骒马三百八十二匹，儿马四十八匹，驹二百四十匹，分为二群，每群派千把一员为牧长，外委一员为牧副，兵十五名为牧人，三年均齐一次，每马三匹，取孳生马一匹，其有多余缺额者，照例赏罚。又，拨给额鲁特儿骒马二百二十三匹，驹七十四匹，派护军校等为牧长、牧副，额鲁特兵十五名为牧人，均齐赏罚，均照绿营之例。

马政 016：乾隆二十六年奏准

伊犁有牧放备用驼及由乌里雅苏台解到驼内，挑出牝牡驼一千五百一十只，交额鲁特牧放孳生，五年均齐一次，如有倒毙，将所生之驼抵补，其余算入孳生，每驼一百只取孳生驼四十只，其额外孳生，或孳生不及额，一只以上，十一只以上，二十一只以上，定为三等赏罚。总管承办之额鲁特翼长照绿营承办守备之例，佐领照牧长千把之例骁骑校委署官照牧副、外委之例，牧放额鲁特人等照兵丁之例，一体赏罚。其额鲁特官员应列一二三等赏者，不必加级纪录，均折赏缎布。

马政 017：嘉庆十三年奉旨

本年派出牧厂之副都统巴龄阿，护送应交二道河左右两翼马三千九百八十八匹，据钦派监牧之丹巴多尔济等查验，牧放马匹内，倒毙之数，比去年较少，抑且膘分尚好，请将左右两翼牧放马之副都统、总管、侍卫及承领牧放此项马匹之官员等，照例交部议叙，兵丁等赏给一月钱粮等语。已降谕旨依议行矣。著将此交原派在京监收马匹之明亮、英和、广兴等，俟副都统王集将出青应交八旗圈马二千四百匹护送到京时，明亮等查验，如果牧放之马，膘分肥壮，亦著照此奏请将官员交部议叙，兵丁等赏给一月钱粮；傥马匹膘分疲瘦，多有残疾者，即据实参奏，将官员兵丁等照例分别治罪。著为例。

马政 018：道光二年奏定

塔尔巴哈台牧厂马匹牲畜，每年查验，若膘分在三分以上，倒毙不逾定额者，由该处办事大臣奏明，将领队大臣、总管、副总管、牧厂佐领，俱纪录二次，兵丁记名，遇拣选处列名。如倒毙虽未逾额，而膘分在三分以下者，毋庸议叙。傥膘分平常，倒毙过多者，将领队大臣、总管、副总管、牧厂佐领，一并参奏议处，仍将倒毙过多之牲畜，著落赔补，兵丁重责。

马政 019：道光二年又奏定

伊犁等处，派员解送乌鲁木齐等处马牛，妥协解送之员，准其加一级。

马政 020：道光二年三奏定

官员解送官马官驼，有走失者，罚俸一月，领催鞭三十，兵丁鞭五十，走失马驼，著落官赔一半，兵丁分赔一半。若于看守处走失者，将看守官兵，亦照此例处分。

马政 021：咸丰八年议准

察哈尔等处牧厂，凡遇奉调送京马匹，如该总管未能迅速挑选，依限齐集，降二级留任，查催不力之员降一级留任。

马政 022：同治元年谕

兵部奏：请整顿马政以利军需等语。军营马队，最为得力，然必须膘壮精良，方能制胜。近来马政废弛，积弊日深，以致调赴军营马匹，时多疲瘦，若不认真整顿，何以搜军实而挽颓风。著照该部所拟，责成各牧厂大臣等官，妥为照料，年终将实在情形，据实具奏，如调用时或惫疲不堪，将原奏大臣严加议处，监牧等官从重治罪。至途中报倒，例有定数，沿途马干，业已酌加，不得藉口例价不敷喂养，如有例外报倒者，照数追赔，数多者照例分别治罪。向来牧厂孳生，限三年一均齐，自咸丰四年经太仆寺奏准展缓后，历年各该厂，仅于年终咨报兵部，并未照均齐例案分析载明。嗣后每届年终，著将孳生数目咨报，并将历届均齐年分，由该部统接递核算，造具细册报部，以杜弊混。其京外各营各直省驿站额设马匹，支应操差及接递公文，均关紧要，并著各该管大臣确切查核，年终具奏，如查有缺额及疲乏等弊，即著从严参办。

马政 023：同治四年谕

阿克敦布等奏：讯明太仆寺牧群固山达监守自盗，牧长亏短官群一折。此案乌勒哲依达赖，除本管牧长亏群扶同徇隐轻罪不议外，惟以管群之员，胆敢抵换官马十三匹，侵蚀官马十八匹，实属玩法营私。著照所拟，即行革职，杖一百、流二千里，并永不叙用，以儆官邪；亏群牧长除齐默特业经病故外，其党苏伦札布十四员，均著革去顶戴，仍留牧长差使，并各加鞭责一百；牧副色克巴勒卓尔十五名，均著鞭责八十，所亏马匹，责令照数赔补归群；委署固山达色德、锡礼色丕勒等二员，均著暂行革去顶戴；失察之翼长门都巴雅尔，著降一级留任；原告拉普坦假公济私，殊属不合，著交部察议；总管拉什于牧长亏群，毫无觉察，迨经拉普坦具控，又复徇庇，并不即时究办，著交部严加议处。至官拴马一项，系各牧群巧立名目，私将官马自行乘骑，积弊相沿，殊属不成事体，著察哈尔都统等，通饬各牧群总管等，嗣后将官马名目永远革除，倘敢阳奉阴违，仍藉名私乘官马，一经查出，即行从严参办。

马政 024：光绪五年覆准

乌里雅苏台所属官厂备差马匹，不敷应用，就近由孳生厂内提用三百匹。嗣后如备差马匹不敷应用，即就近由孳生厂内提取。

巡洋〔例 9 条〕

巡洋 001：康熙五十三年议准

盛京海洋，以佐领、防御、骁骑校为分巡，协领为总巡，如有行船被盗，由该将军题参，将分巡、总巡各官，照江浙闽广之例议处。

巡洋 002：乾隆二十九年奏准

盛京所属洋面并内外海洋事主货船，如有同日在一处连次被劫二三只者，无论是否一案盗伙，三月限满不获，将分巡、委巡、专汛、兼辖并协巡佐领、防御、骁骑校等官降二级调用，统巡、统辖、总巡并总巡协领等官降二级留任。若巡哨各官，能于限内将一案盗伙全获者，免其议处，不准议叙；能获盗过半兼获盗首者，分巡协巡等官降二级留任，统巡、总巡各官降一级留任，逸犯照案缉拿。

巡洋 003：嘉庆三年奏准

盛京地方海洋失事，疏防限满，该将军题参，将协巡官住俸，限一年缉贼，二参限满不获，协巡官降一级留任，再限一年缉贼，三参限满不获，协巡官降一级仍留任，再限一年缉贼，四参限满不获，降一级调用。总巡官初参罚俸一年，限一年缉贼，二参降一级留任，罚俸一年，贼犯照案缉拿。

巡洋 004：嘉庆六年定

官员在洋因擒拿盗匪被害，该管巡哨各官，捏报遭风淹毙，或本系遭风淹毙，捏报被贼戕害者，俱革职。将军等不行查明，率行题报，俱降二级调用。

巡洋 005：道光二年奏定

驻防水师署任人员，轮派出洋巡哨，遇有失事，如在疏防限内撤巡，并卸委署之任者，照离任官例议结。如已经撤巡，而署任尚未交卸者，仍照承缉官例议处。

巡洋 006：道光二年又奏定

江宁将军京口副都统，每月派协领等官二员，驾船二只，每船带旗兵二十名，江宁官兵东巡至京口，京口官兵东巡至狼山，西巡至江宁，将所到日期，报明该将军、副都统、总督、巡抚、提督、总兵，互相查考，倘有不按期接界巡查，该将军等查出题参，将派巡之员降一级调用，失察之将军等罚俸六月。

巡洋 007：道光二年三奏定

海洋接缉盗案之员，如系两月三月一轮巡哨者，俱俟该员二次轮巡，仍不获贼，该将军等将职名咨参，将该员罚俸三月。如系四月换巡者，二次轮巡不获贼，罚俸六月。在洋巡缉半年者，回哨无获，罚俸六月。一年在洋侦捕者，限满不获，罚俸一年，贼犯俱照案缉拿。如接缉限内，但能获贼，虽不及半，均免其议处。若能拿获过半者，纪录二次，全获者纪录三次。若贼伙止二三名，接缉官于限内拿获一半，兼获盗首及接缉过半者，于免议之外，仍纪录二次。其拿获一半，盗首未获者，止免其议处，毋庸议叙。

巡洋 008：道光二年四奏定

盛京沿海地方，遇有失事之案，如盗从外洋窃发，原非守口官所能越汛稽察，咎在出洋巡哨之员，将守口官免议。若盗由海口以内夺坐船只，出洋为盗，将失察之守口官，降二级调用，若守口官自行拿获者免议。至外洋行劫之盗，散党登岸，混冒入口，守口官失于觉察者降一级留任，限一年缉拿，全获开复，限满不获，降一级调用，如于限内盗犯被邻境拿获者，减为降一级留任。

巡洋 009：道光四年奏定

金州之铁山至菊花岛等处，盛京所属海汛，令水师营官兵巡查，至铁山与山东隍城岛中间相隔一百八十余里，并无泊船之所，自铁山起九十里之内，令盛京官兵巡哨，隍城岛起九十里之内，令山东官兵巡哨，如遇失事，量其境界相近，详查议处。

捕盗〔例81条〕

捕盗 001：康熙十七年议准

八旗前锋、护军、骁骑及执事人等，行劫被获，或被人出首，经刑部审实，将该管佐领、骁骑校、领催议处；每佐领下有一二人者，佐领罚俸一月，骁骑校罚俸两月，领催鞭五十；三四人者，佐领罚俸两月，骁骑校罚俸三月，领催鞭七十；五六人者，佐领罚俸六月，骁骑校罚俸一年，领催鞭八十；七人至十人者，佐领罚俸一年，骁骑校降一级、罚俸一年，领催鞭一百；十人以上者，佐领降一级、罚俸一年，骁骑校革职，领催鞭一百；二十人以上者，佐领革职，骁骑校革职、鞭一百折赎，领催鞭一百革退。如前锋护军匠役人等，于该班当差日为盗，将前锋校、护军校、有顶戴司匠皆照骁骑校议处，无顶戴司匠照领催例议处，其本佐领、骁骑校、领催免议。如平时在家为盗，将本佐领、骁骑校、领催照例处分，前锋校、护军校、司匠皆免议。在京闲散人及坟园居住之正身为盗，一人至三人者，佐领罚俸一月，骁骑校罚俸两月，领催鞭五十；四人至六人者，佐领罚俸两月，骁骑校罚俸三月，领催鞭七十；七人至十人者，佐领罚俸六月，骁骑校罚俸一年，领催鞭八十；十人以上者，佐领罚俸一年，骁骑校降一级、罚俸一年，领催鞭一百；二十人以上者，佐领降一级、罚俸一年，骁骑校革职，领催鞭一百革退。有窝盗之事发觉者，亦照此例议处。若佐领、骁骑校等奉差在外，所属内有为盗窝盗者，将署事之佐领、骁骑校、领催分别议处，其奉差之佐领、骁骑校等皆免议。至差遣在外之人行劫被获，将同差遣之该管官，照佐领骁骑校例分别议处。内务府管领及王、贝勒、贝子、公各府属管领、管屯、领催、庄头，八旗满洲蒙古汉军屯领催等所管之人，有为盗窝盗者，内务府管领照佐领例议处，内务府副管领及王府管领照骁骑校例议处，贝勒以下各府管领、管屯、领催、庄头、八旗屯领催皆照领催例议处，该管官于事未发觉之先，自行查出送部治罪者免议。奴仆为盗窝盗，家主系官，照兵役为盗之该管骁骑校例议处，常人照兵役为盗之该管领催例议处，其该管之各官皆免议，若家主于事未发觉之先，自行查出送部治罪者亦免议。

捕盗 002：康熙十七年题准

京城内撬门掘壁踰墙行窃，其贼系旗人正身，将同居父兄议处，系户下人，将家主议处。初次行窃者，其同居父兄及家主皆免议；二次者，同居父兄及家主系官罚俸一月，常人鞭四十；三次者，同居父兄及家主系官罚俸二月，常人鞭五十。

捕盗 003：康熙十七年又题准

外省驻防兵丁有一二人为盗者，该管佐领、防御、骁骑校罚俸一年，协领、参领、总管、城守尉、防守尉罚俸九月；三四人者，佐领等降一级留任，协领等罚俸一年；五六人者，佐领等降一级、罚俸一年，协领等降一级留任；七人至十人者，佐领等降二级调用，协领等降一级调用；十人以上者，佐领等革职，协领等降二级调用。如闲散人内有一二人为盗者，该管佐领、防御、骁骑校罚俸六月，协领、参领、总管、城守尉、防守尉罚俸三月；三四人者，佐领等罚俸一年，协领等罚俸九月；五六人者，佐领等降一级留任，协领等罚俸一年；七人至十人者，佐领等降一级调用，协领等降一级留任；十人以上者，佐领等降二级调用，协领等降一级调用。其统辖之将军、都统、副都统等，本管兵丁有一二三人为盗者罚俸三月，四五六人者罚俸六月，七人以上者罚俸九月，十一人以上者罚俸一年，十六人以上者降一级留任，二十一人以上者降二级留任，三十一人以上者降三级调用。闲散人为盗，一人至五人者，将军等罚俸三月，至十人者罚俸六月，十五人者罚俸九月，二十人者罚俸一年，三十人者降一级留任，三十一人以上者降二级留任。若兵丁之奴仆有一二人为盗者，家主鞭一百，三人以上者枷一月、鞭一百，该管之佐领、防御、骁骑校罚俸六月，将军、都统、副都统、总管、城守尉、协领、参领、防守尉各官皆免议。如将军、都统以下驻防各官之奴仆为盗一二人者，将家主罚俸一年，三四人者降一级调用，五六人以上者降二级调用，十人以上者革职，该管官皆免议。如该管官及家主于事未发觉之先，能自行查出治罪者免议，兵丁闲散人为盗，该管各官奉差在外者免议。

捕盗004：康熙二十五年题准

步军校于一年内拿获强盗五名者纪录一次，十名纪录二次，十五名加一级，三十名加二级。协尉、副尉所属步军校等，于一年内拿获强盗十名者纪录一次，二十名纪录二次，三十名加一级。翼尉所属本翼步军校等，于一年内拿获强盗二十名者纪录一次，四十名纪录二次，六十名加一级。统领所属八旗步军校及番役等，于一年内拿获强盗四十名者纪录一次，八十名纪录二次，百二十名加一级。以上各官拿获之数多者，各照应得议叙，计数递加。步军校于一年内拿获窃贼光棍六十名以上者纪录一次，一百二十名以上加一级，二百四十名以上加二级。协尉、副尉所属步军校等，于一年内拿获窃贼光棍一百二十名以上者纪录一次，二百四十名以上加一级。翼尉所属本翼步军校等，于一年内拿获窃贼光棍二百四十名以上者纪录一次，四百八十名以上加一级。统领所属八旗步军校及番役等，于一年内拿获窃贼光棍四百八十名以上者纪录一次，九百六十名以上加一级。以上各官拿获之数多者，各照应得议叙，计数递加，如系副尉、协尉、翼尉拿获者，照步军校例议叙。至步军校拿获之数，虽不及纪录，统领、翼尉仍总计议叙，其拿获各犯，均由刑部定拟之后，咨部议叙。

捕盗005：康熙三十一年议准

外省驻防城内，强盗劫掠城池，抢夺仓库狱囚者，将军、都统、副都统各罚俸六月。

捕盗 006：康熙三十七年议准

京城内有盗贼白昼杀人，抢夺财物，该汛步军校等，将盗贼当场全获及一月之内全获者免议，一月内获一半者，步军校罚俸一年，步军副尉、协尉罚俸六月，盗贼照案缉拿。一月内无获者，步军校降二级调用，步军副尉、协尉降一级调用，所有加级纪录，不准抵销，步军翼尉罚俸一年，步军统领罚俸六月，该汛步军各鞭一百，盗贼交接任官照案缉拿。

捕盗 007：康熙三十七年又议准

盛京所属看坟及居住之人，有偷采人参者，将故纵之屯领催枷一月、鞭一百，失察者鞭一百。各旗佐领下人有偷采人参者，将故纵之佐领、骁骑校革职，领催革退，枷一月、鞭一百；失察者，佐领骁骑校罚俸一年，领催鞭一百。内务府佐领下有偷采人参者，将故纵及失察之佐领、骁骑校、领催皆照旗人例分别议处，故纵之无顶戴管领枷一月、鞭一百，失察者鞭八十。奴仆偷采人参，家主不知者不坐，知而故纵者，系官革职，常人鞭八十；知而诈称不知者，系官革职，常人鞭一百。其应采人参之人，必领票以为执照，若无票私自行走，或有票擅自越界，并不照票内定数，多带人畜，该巡察官徇情故纵者革职，领催革退、枷一月、鞭一百，兵鞭一百。若得财纵放及将人参隐匿入己者，交刑部治罪。因巡察人参，藉端诬拿无辜之人者，官革职，兵枷两月、鞭一百；夺取财物者，官革职，交刑部治罪，兵枷三月、鞭一百；若被拿之人，以受诬捏控审虚者，照诬告律治罪。至盛京凤凰城等处边界，有人毁坏寨栅，私自出入，官兵不行缉捕及通同受贿者，皆照巡察官兵之例治罪。

捕盗 008：康熙三十七年三议准

步军领催将拿获盗贼得财私放，该管步军校失察，其赃在十两以下者罚俸一年，十两以上者降一级留任，知情故纵者革职。

捕盗 009：康熙四十一年议准

京城内盗贼伤人劫去财物，将该汛步军副尉、协尉各罚俸九月，步军翼尉罚俸六月，步军统领罚俸三月，盗贼照案缉拿，该汛直日步军校降二级留任、罚俸一年，限一年缉拿，本汛看街领催、步军及本汛看守栅栏步军各鞭一百。如一年内拿获一半，步军校准其开复，一年限满，获不及一半，无别案失事者，步军校降二级调用，领催步军皆枷一月、鞭八十，限内无获，又有失事者，步军校降三级调用，领催步军枷四十日、鞭一百、革退，未获之犯，交接任官照案缉拿。马甲堆拨相近处失事，该管官罚俸一年，马甲照步军例鞭责。

捕盗 010：康熙四十一年又议准

恶徒肆行无忌，或藉端挟诈，勒骗财物，公然抢夺，搅扰肆市行凶者，责成该汛步军校并步军翼尉、协尉、副尉随时巡缉，有失察者，将步军校罚俸六月，步军协尉、副尉罚俸两月，翼尉罚俸一月，领催步军鞭一百。倘明知而不缉拿者革职，如得财私纵，谎称逃脱者革职，领催、步军皆交刑部治罪。若领催、步军得财私纵，谎称逃脱，该步军校并不知情者，照失察步军犯赃例议处。

捕盗 011：康熙四十一年三议准

拿获恶徒，刑部审实，照光棍例治罪者，每佐领下一年内有一二人犯者，佐领罚俸一月，骁骑校罚俸两月，领催鞭五十；三四人犯者，佐领罚俸两月，骁骑校罚俸三月，领催鞭七十；五六人犯者，佐领罚俸六月，骁骑校罚俸九月，领催鞭八十；七人至十人犯者，佐领罚俸九月，骁骑校罚俸一年，领催鞭一百。有顶戴管领并该管司匠，皆照骁骑校例议处，屯领催照在京领催例治罪。奴仆为光棍者，家主系官，照骁骑校例议处，常人照领催例治罪，该管官免议。如该管官及其主于事未发觉之先，自行查出，送部治罪者免议。至一应有犯光棍之人，若该管官奉差在外者免议，将署理之人议处。

捕盗 012：雍正八年议准

地方有窃贼之案，该汛步军校等于事主呈报之日，即转报步军统领，勒限半年缉拿，限内获贼免议，逾限不获，将该汛步军校罚俸三月，步军协尉、副尉各罚俸两月，直日领催、步军各鞭五十。被获之贼供由何栅栏行走者，将守栅栏步军鞭一百。如别汛之官于限内获贼者，纪录一次。

捕盗 013：雍正十二年议准

奉天各州县及旗庄地方，均照直隶各省州县之例，编立保甲，互相稽察，如遇失事，同参疏防，协领、城守尉无论专管兼辖，照督缉例与奉天府理事通判一律议处，佐领、防御等照承缉例与州县官一例议处，骁骑校照吏目典史例议处，有因获盗议叙者亦照此例。若奉天各处旗人有犯盗案，经地方文职官访知确实，行文关会拘缉，该管官有心牵制，不差人协拿，致盗脱逃者，降二级调用，失察者罚俸一年，屯领催不协力缉拿者鞭八十，若受财故纵，交盛京刑部治罪。如同城地方文职官获盗，同城之旗员得免议处。

捕盗 014：雍正十二年议准

兴京、岫岩、凤凰城三处界内，如遇失事，将旗员劾参，勒限缉拿，地方文职官，令其协缉。

捕盗 015：雍正十二年又议准

吉林、伯都讷、宁古塔等处，设番役缉拿盗贼，其管辖番役官，如能实心督率，于限内将一案盗贼全获者，每案纪录二次，逾限不获，照州县印捕官初参二参三参四参之例议处。

捕盗 016：雍正十二年三议准

西四旗游牧察哈尔总管所属蒙古有为盗者，照外省驻防兵丁及闲散人为盗例，按其名数，将专管、兼管、统辖各官分别议处。其太仆寺牧厂官所部蒙古有为盗者，查参到日，将专管之协领，兼管之翼领，统辖之总管，照此例分别议处。

捕盗 017：雍正十二年四议准

看守一应仓库之官兵拿获窃贼者，每案官纪录一次，兵于窃贼名下追银二两给赏。

捕盗 018：乾隆五年议准

捕盗步军校，每旗五人轮流直月，遇该旗地方有强窃之案，将捕盗步军校勒限承缉，不获照例议处。

捕盗 019：乾隆五年奏准

直月捕盗步军校，该旗地方遇有强盗之案，于事主呈报之日起，勒限半年缉拿，限内获盗免议，不获降一级留任、罚俸六月，再限一年缉拿，一年内获半，准其开复，不及半者，照所降之级调用，捕盗步军鞭八十。遇有窃贼之案，于事主呈报之日起，勒限半年缉拿，限内获贼免议，不获罚俸三月，捕盗步军鞭三十。

捕盗 020：乾隆五年覆准

京城内强窃各案，经直月捕盗步军校于限内缉获者，该汛步军校等免议。若别管官缉获者，直月捕盗步军校免议，其该汛步军校仍行议处。

捕盗 021：乾隆七年议准

京城内有强盗之案，该汛步军校隐讳不报，或以强报窃，以多报少，或贿嘱事主通同隐讳者，将步军校革职，步军副尉、协尉、翼尉扶同隐讳者降三级调用，失察者降二级调用，步军统领知情降一级留任，失察罚俸一年，如盗已全获皆免议。若事主未经呈报，及失事未有实据，别经发觉者，仍照承缉定议，免以讳盗议处。

捕盗 022：乾隆七年又议准

京城内有窃贼之案，该汛步军校隐讳不报者，降一级留任，勒限半年缉拿，限内获贼，准其开复，不获降一级调用，步军副尉、协尉扶同隐讳者照步军校例议处，失察者罚俸六月，勒限半年缉拿，限满不获，罚俸一年，窃贼照案缉拿，能查出呈报者，仍照承缉例定议。若事主未经呈报，该汛步军校免议，仍于发觉日为始，将贼犯勒限半年缉拿，不获罚俸三月，贼犯照案缉拿。

捕盗 023：乾隆七年三议准

看守仓廒各官，被贼窃米者，罚俸三月，看守之兵鞭三十。

捕盗 024：乾隆七年四议准

漕粮运送到京，有拦路戳袋及钻越踰墙进仓偷米之贼，审系食饷之人，将该旗都统、副都统罚俸三月，参领罚俸六月，佐领、骁骑校罚俸一年，领催鞭一百。若闲散人，其父兄系官罚俸一年，常人鞭一百。若奴仆，其家主系官罚俸一年，常人鞭一百。

捕盗 025：乾隆七年覆准

东四旗察哈尔总管所属蒙古遇有盗案，照西四旗例分别议处。

捕盗 026：乾隆十四年议准

旗人为窃，罪至发遣以上者，不能管束之该管官及家主，皆照旗人为盗例议处。

捕盗 027：乾隆二十四年奏准

京城内遇有盗贼白昼杀人抢夺财物，一月内获一半者，步军校降一级留任，步军协尉、副尉罚俸九月，盗贼照案缉拿，一月内不行严缉，致贼脱逃者，步军校降三级调用，步军协尉、副尉降二级调用，步军翼尉、步军统领及汛地步军仍照旧议。

捕盗 028：乾隆二十四年又奏准

京城内盗案，该汛步军校隐讳不报，或以强报窃，以多报少，或贿嘱事主通同隐讳者，步军统领知情，降三级调用。

捕盗 029：乾隆二十四年三奏准

八旗察哈尔遇有盗案，承缉官照内地无墩铺防兵例议处，获贼及半兼获盗首窝家者免议。其接缉前官未获盗犯，照内地接缉例，以到任日起，勒限一年缉拿，不获罚俸一年，盗犯照案缉拿，限内但能获盗，虽不及半亦免议，过半者纪录二次，全获者纪录三次。若盗伙止二三名，于限内缉获一半，兼获盗首及缉获过半，于免议之外，仍纪录二次。其缉获一半盗首未获者，止免议处，毋庸议叙。一月内缉获邻境盗犯，照内地缉获邻境盗犯例议叙，首盗每名加一级纪录一次，一月外拿获邻境首盗每名加一级，拿获伙盗，无论一月内外，每名纪录一次，该都统等将获盗月日报明兵部，分别议叙。

捕盗 030：乾隆二十四年四奏准

盛京、吉林、黑龙江等处驻防官员，承缉窃案，照步军营窃案例议处。其驻防官员讳窃，亦照例议处。

捕盗 031：乾隆二十四年五奏准

盛京、吉林、黑龙江等处驻防官员讳盗及失察窃盗承充捕役，捕役为盗为窃，并隐讳捕役为盗为窃，与发冢开棺、衙署失事等案，俱照文职例定议。

捕盗 032：乾隆三十五年奏准

京城内盗窃各案，经直月捕盗章京于限内缉获者，该汛承缉之步军校等，俱照例酌减议处。若经邻汛官缉获，本汛直月捕盗章京、步军校等亦俱酌减议处，不准互相援免。

捕盗 033：乾隆三十五年又奏准

盛京各城盗案，如同城地方文职官获盗，将同城旗员照承缉案犯被邻境拿获之例酌减议处，不准互相援免。

捕盗 034：乾隆三十八年奏准

达里岗爱牧厂地方遇有盗案，缉捕官照内地设有厂铺失事例议处，该处牧长人等有一二人为盗者，专管官降一级留任，兼辖官罚俸一年；三四人者，专管官降一级留任、罚俸一年，兼辖官降一级留任；五六人者，专管官降二级调用，兼辖官降一级调用；七人以上者，专管官革职，兼辖官降二级调用。统辖官有一二三人为盗者罚俸六月，四五六人者罚俸九月，七人以上罚俸一年，十一人以上降一级留任，十六人以上降二级留任，二十一人以上降三级调用。

捕盗 035：乾隆四十四年奏准

八旗前锋护军等项兵丁，有犯为盗者，无论名数，将专管前锋校、护军校、佐领、骁骑校革职，领催鞭一百革退，前锋侍卫参领、护军参领、骁骑参领降三级调用、统辖前锋统领、护军统领、都统、副都统罚俸一年。如前锋护军匠役人等，于该班当差日，及平时在家为盗，其前锋校护军校、有顶戴无顶戴司匠、及本佐领、骁骑校、领催均照此例分别议处。

捕盗 036：乾隆四十四年又奏准

仓廒米石被窃，看守之员，照防范不严例，每案降一级留任，披甲人等鞭七十。

捕盗 037：乾隆四十四年三奏准

内外八旗另户闲散及户下人犯窃，讯明系独行掏摸绺窃者，该管佐领、骁骑校及同居父兄家主均罚俸三月。纠伙偷窃，赃未满贯者，该管佐领、骁骑校及同居父兄家主均罚俸六月，兼辖官罚俸三月。赃已满贯者，该佐领、骁骑校及同居父兄家主均罚俸一年，兼辖官罚俸六月，统辖官罚俸三月。同居父兄家主，如系兵丁，照例鞭责。

捕盗 038：乾隆四十九年奏准

在京八旗闲散及坟园居住之另户为盗，佐领等官降一级留任，领催鞭七十，兼辖上司罚俸一年。纠伙为盗数至五名以上者，佐领等官降二级调用，领催鞭九十，兼辖上司降一级留任。至十名以上者，佐领等官革职，领催鞭一百革退，兼辖上司降二级调用。

捕盗 039：乾隆四十九年又奏准

外省驻防兵丁为盗，无论名数，将该管佐领、防御、骁骑校革职。协领、参领、总管、城守尉、防守尉降三级调用，统辖将军、都统、副都统罚俸一年。闲散为盗及纠伙为盗，照在京八旗例议处。

捕盗 040：乾隆四十九年三奏准

察哈尔都统、副都统、太仆寺牧厂、总管上驷院、庆丰司牧厂所属蒙古有为盗及纠伙为盗者，专管兼辖官，照外省驻防闲散人为盗伙盗例，分别议处。

捕盗 041：嘉庆五年奏准

内外旗人犯窃，若系食钱粮之人，讯明系独行掏摸绺窃者，该管官罚俸六月，兼辖上司罚俸三月。纠伙偷窃，赃未满贯者，该管官罚俸一年，兼辖上司罚俸六月。赃已满贯者，该管官降一级留任，兼辖上司罚俸一年，统辖大臣罚俸六月。

捕盗 042：嘉庆五年又奏准

察哈尔所属之张家口、独石口及口内千家店等处旗人犯窃，讯系独行掏摸绺窃者，每案该管佐领、防御、骁骑校罚俸三月。纠伙偷窃，赃未满贯者，该管佐领、防御、骁骑校罚俸六月，兼辖上司罚俸三月。赃已满贯者，该管佐领、防御、骁骑校罚俸一年，兼辖上司罚俸六月，统辖大员罚俸三月。如系兵丁犯窃，即照内外八旗食钱粮人犯窃之例，一体办理。

捕盗 043：嘉庆六年奏准

步军营兵丁为盗为窃，照绿营兵丁例议处，步军校照专管官例，协尉、副尉照兼辖官例，翼尉照统辖官例，统领、总兵照提督总兵例，其讳饰不报，亦照绿营兵丁例处分。

捕盗 044：嘉庆六年又奏准

八旗步军营失察兵丁诬良为盗为窃及诬窃为盗，并将曾经犯窃之人，指为现在躧缉之盗犯，均照绿营例，分别已未致死，步军校照专管官例，协尉、副尉照兼辖统辖官例，翼尉照总兵例，统领、总兵照提督例，分别议处。其上司查出揭参及该管官自行查究者，均照例分别核议。

捕盗 045：嘉庆六年三奏准

八旗步军营兵丁窝盗窝窃受赃，该管兼辖、统辖各官，照绿营兵丁窝盗窝窃例，分别议处。其该管各官明知徇纵，不行查究及不自行查拿者，亦照此例行。

捕盗 046：嘉庆六年四奏准

统辖大臣所属闲散及坟园居住之另户为盗，罚俸三月，纠伙为盗数至五人以上者罚俸六月，十人以上者罚俸一年。

捕盗 047：嘉庆六年五奏准

驻防统辖大臣所属闲散人为盗，照在京闲散人为盗例议处。将军、都统以下驻防官员家人为盗，一二名者，本主降二级调用，三名以上者革职。

捕盗 048：嘉庆六年六奏准

盛京等处旗员承缉盗犯，限内拿获伙盗过半，而盗首不获者，照绿营千把总承缉盗首例议处。察哈尔旗员承缉首盗，亦照此例减一等议处。其捏报盗首病故，希图免议者，仍照例革职。

捕盗 049：嘉庆六年七奏准

佐领图记，不谨慎收存，被贼偷窃，实有情形可据者，该佐领降二级调用。若将图记质当，或潜移在外遗失，装点被贼情形，捏报偷窃者，革职提问。

捕盗 050：嘉庆六年八奏准

八旗闲散人，将进仓漕粮拦路戳袋，挖掘仓墙，偷窃漕米，佐领、骁骑校罚俸六月，参领等罚俸三月，伊父兄仍照旧例分别议处鞭责。

捕盗 051：嘉庆六年九奏准

驻防旗员任内，遇有勒限承缉盗案未获，例应限缉展参者，不准升迁离任。如有将承缉之员，已经勒限缉拿，错拟保送者，除本员撤回本任，仍令限缉外，将违例保送之该管上司降一级留任，该管大臣罚俸一年。

捕盗 052：嘉庆六年十奏准

察哈尔所属游牧地方兵丁闲散人等，偷窃牲畜，该佐领、骁骑校、护军校失察至三次者罚俸六月，领催、甲长鞭六十；至二十次者，该旗总管、参领、副参领罚俸六月。

捕盗 053：嘉庆六年十一奏准

达里岗爱牧厂地方牧长人等，有一二名为盗者，统辖官罚俸六月，三四名者罚俸九月，五六名者罚俸一年，七名以上降一级留任。

捕盗 054：嘉庆六年十二奏准

察哈尔都统、副都统、太仆寺牧厂、总管上驷院、庆丰司牧厂所属蒙古，有为盗及纠伙为盗者，统辖大臣照外省驻防闲散人为盗伙盗例，分别议处。

捕盗 055：嘉庆二十二年谕

向例京城地方盗案，三月无获，始行题参，未免过宽。嗣后京城外七门以内，寻常窃盗案件，三月限满题参，如有执械吓禁强劫之案，二月无获，即行题参。其九门以内，寻常窃盗案件，二月题参，强劫之案，一月无获，即行题参。著为令。

捕盗 056：嘉庆二十二年又谕

嗣后京城九门以内及外城七门以内强劫之案，该坊汛员弁，俱先行革去顶戴，勒限严缉。

捕盗 057：道光二年奏定

京城内遇有伙众白昼抢夺财物至十人以上，或赃至满贯，或拒捕伤人，均照京城盗案例议处；不及十人，赃未满贯，亦未拒捕伤人者，该汛步军校等，初参二月限满不获，将专汛步军校住俸，兼辖步军协尉、副尉罚俸六月，限一年缉拿督缉，二参一年限满不获，将专汛步军校降一级留任，兼辖之步军协尉、副尉罚俸一年，汛地步军各鞭一百，贼犯照案缉拿。

捕盗 058：道光二年又奏定

恶棍在街肆行无忌，或藉端挟诈，勒骗财物，搅扰市肆行凶者，责成该汛步军校，并该步军翼尉、协尉、副尉不时巡查缉拿，如失于查察者，将步军校降一级留任，步军协尉、副尉罚俸一年，步军翼尉罚俸六月，如自行查拿者均免议，步军领催、步军鞭一百。傥明知恶棍，不行缉拿者革职。如得财私纵，谎称失脱者革职，交刑部治罪。若步军领催、步军得财私纵，谎称失脱，俱交刑部治罪。该步军校等并不知情，失于查察者，照失察步军犯赃例处分，十两以上者降一级留任，不及十两者罚俸一年。

捕盗 059：道光二年三奏定

步军营官员所管地方仓厫，有被贼偷窃米石者，将步军校每一案罚俸一年，步军协尉、副尉罚俸六月，步军翼尉、帮办翼尉罚俸三月。

捕盗 060：道光二年四奏定

旗人窝藏窃贼分赃者，系食钱粮之人，该管官及同居父兄均降一级留任，兼辖官罚俸一年，统辖大臣罚俸六月。如系闲散，将该管官及同居父兄均罚俸一年，兼辖官罚俸六月，统辖大臣罚俸三月，同居父兄如系兵丁折鞭责。如系奴仆窝藏窃贼分赃者，将该家主系官照该管官例议处，系平人照例折鞭责。

捕盗 061：道光二年五奏定

盛京、吉林、黑龙江驻防旗员所管番役，如诬拿良民为盗及诬良为窃，私用非刑，害人致死者，将失察之该管官革职，兼管官降二级调用，将军、副都统罚俸一年。诬良为盗，未经致死者，专管官降二级调用，兼管官降一级调用，将军、副都统罚俸六月。诬良为窃，未经致死者，专管官降一级留任，将军、副都统罚俸六月。上司查出揭参者免议，该管官自行查出，已致死者降二级留任，未致死者免议。

捕盗 062：道光二年六奏定

番役诬窃为盗及将曾经犯窃之人，指为现在躧缉之强窃盗犯，及将窃犯指为盗犯致死者，将该管官降三级调用，未致死者降一级调用。如自行查出，已致死者降一级留任，未致死者免议。

捕盗 063：道光二年七奏定

盛京、吉林、黑龙江番役豢养窃贼，坐地分赃，该本官平时不行稽查，或已经查拿，不依法究治，止藉端责革者，降二级调用，兼管官同城者降一级调用，不同城者降一级留任，将军、副都统罚俸一年。如该管各官明知徇纵，不行查究者，照讳盗例分别议处。

捕盗 064：道光二年八奏定

八旗步军营官员拿获邻境盗犯，由步军统领衙门奏请议叙者，俟刑部核覆后，如实系外来潜匿，罪应凌迟斩绞立决，并请旨即行正法者，准其送部引见，候旨升用。如系寻常斩绞监候人犯，每一名加一级。如并非外来潜匿，止系各该管地方命盗案犯，由别汛地方拿获者，照拿获邻境盗犯分别议叙。其由前官任内脱逃，接任官拿获者，照接缉盗犯例议叙。

捕盗 065：道光二年九奏定

承缉官如有能将一案盗犯，于疏防限内迅速全获者，每案纪录二次。若止系一人抢劫，虽限内拿获，止免疏防处分，不准议叙。

捕盗 066：道光四年奏定

吉林、黑龙江驻防审拟盗案各官，总限八个月成招，定拟之员，分限五个月审解，该管城守尉等，分限一月解该管副都统，该副都统分限一月解将军，该将军分限一月咨题完结。如不由副都统核转者，将副都统限期扣裁，接审官分限照承审官例，倘有逾限，将迟延之员，分别迟延月日，查参办理。至盛京驻防，照奉天府例，限两月内审解盛京刑部办理。

捕盗 067：道光九年奏定

盛京等处城内官署被劫，仓库监狱有失者，照限参处疏防，将承缉佐领、防御、骁骑校俱革职留任，勒限一年缉拿；同城协领、城守尉、防守尉降三级留任，限一年督缉；若限满不获，将承缉佐领、防御、骁骑校俱革职，协领、城守尉、防守尉降三级调用，贼犯交与接任官照案缉拿，不同城协领、城守尉，初参降一级留任，限一年催缉，限满不获，降一级调用，贼犯交与接任官照案缉拿。其被劫之本署官，有管辖兵丁之责者，照专管官例议处，同城之将军、副都统罚俸一年。若止劫署中物件，仓库监狱无失者，承缉督缉官俱照城内被劫例议处，如兼统官获贼一半免议，承缉官获贼及半兼获盗首者亦免议。若系被劫之本署官拿获，地方官未及协拿，或地方官自行拿获，被劫之本署官未及协拿，均照邻境获犯之例议处。

捕盗 068：道光九年又奏定

盛京等处驻扎城外衙署被劫，仓库有失者，照限查参疏防，限满不获，将承缉之佐领、防御、骁骑校住俸，限一年缉拿，二参限满不获，降一级留任，再限一年缉拿，三参限满，仍未弋获，照所降之级调用，贼犯令接任官照案缉拿。督缉之协领、城守尉、防守尉，初参罚俸六月，限一年缉拿，不获罚俸一年，贼犯照案缉拿。其失事之本衙门官，有管辖兵丁之责，照专管官一体议处。若止行劫署中物件，仓库无失者，承缉督缉各官，俱照盛京所属旗庄地方被劫之例议处。其被劫之本署官，有管辖兵丁之责者，亦照专管官例议处。至承督缉各官获贼免议，及本署官并地方官拿获酌减议处之处，俱照前例办理。

捕盗 069：道光九年三奏定

衙署被盗，如有管辖兵丁之责者，隐匿不报及以强报窃者，将本官革职。其无兵丁责任之员，衙署被劫不报，降一级留任，已报者免议。

捕盗 070：道光九年四奏定

盛京等处衙门被窃失事之员，即行申报，除有关仓库钱粮者，仍照盗案，分别城内城外，题参疏防外，其行窃署中物件，赃未满贯者，承缉官扣限六月查参，限

满不获，罚俸一年，贼犯照案缉拿；如赃已满贯，承缉官初参罚俸一年，再限一年缉
拿，限满仍未拿获，罚俸二年，贼犯照案缉拿。其管辖兵丁之员，衙署被窃，无论赃
数已未满贯，均再罚俸一年。若不行申报，别经发觉，将失事之员降一级留任，贼犯
限一年缉拿，限内拿获，准其开复，限满不获，照所降之级调用。其无兵丁责任之
员，衙署被窃不报者，照讳窃不报例罚俸六月，已报者免议。

捕盗 071：道光九年五奏定

盗贼在京城内伙众伤人，劫去财物，该汛直班步军校革职留任，兼辖步军协尉、
副尉俱降二级留任，统辖步军翼尉降一级留任，步军统领总兵罚俸一年，均戴罪勒限
一年缉拿。本汛看街步军领催、步军及本汛看守栅栏步军各鞭一百，限满不获，该汛
直宿步军校革职，兼辖步军协尉、副尉俱降二级调用，统辖步军翼尉降二级留任，步
军统领、总兵俱降一级留任，所有加级纪录，俱不准抵销，贼犯交接管官照案缉拿，
看街步军领催、步军、看守栅栏步军俱枷号四十日、鞭一百、革退。马甲堆拨相近处
失事，将该直班之员罚俸二年，马甲照步军例治罪。

捕盗 072：道光九年六奏定

直月捕盗章京，遇有盗伙劫杀之案，将该章京降二级留任，勒限一年缉拿，限
满不获，将直月捕盗章京降二级留任，勒限一年缉拿，限满不获，将直月捕盗章京照
所降之级调用，捕盗步军鞭一百，所有加级纪录，俱不准抵销。

捕盗 073：道光九年七奏定

京城内寻常盗案，一月限满无获，该汛步军校降三级留任，步军协尉、副尉俱
降一级留任，步军翼尉罚俸一年，步军统领、总兵罚俸六月，本汛看街步军领催、步
军及本汛看守栅栏步军各鞭八十，俱限一年缉拿，二参限满，获盗不及一半及全未获
盗者，该汛步军校降三级调用，步军协尉、副尉降一级调用，步军翼尉降一级留任，
步军统领、总兵罚俸一年，看街步军领催、步军、看守栅栏步军鞭一百革退，如一年
限内全获及拿获首伙过半，准其开复，盗犯照案缉拿。如获盗过半，而盗首窝家未
获，步军校罚俸一年，步军协尉、副尉罚俸六月，步军翼尉罚俸三月，限一年缉拿，
二参限满不获，步军校罚俸二年，步军协尉、副尉罚俸一年，步军翼尉罚俸六月，再
限一年缉拿，三参限满不获，步军校降二级留任，步军翼尉罚俸一年，盗首照案缉
拿。马甲堆拨相近处失事，将该直班之员罚俸一年，马甲照步军例鞭责。

捕盗 074：道光九年八奏定

直月捕盗章京，遇有寻常盗案，一月限满无获，将该章京降一级留任，捕盗
步军鞭六十，勒限一年缉拿，限满无获，将直月捕盗章京降一级调用，捕盗步军鞭
八十。如一年限内全获及拿获首伙过半，准其开复，盗犯照案缉拿。如获盗过半，而
盗首窝家未获，将该章京罚俸六月，限一年缉拿，不获罚俸一年，再限一年缉拿，不
获罚俸二年，盗首照案缉拿。

捕盗 075：道光九年九奏定

盛京等处驻防旗员，承缉盗犯，如于初参限内离任，盗犯交与接任官，限一年缉拿，限满不获，将接缉官罚俸一年，再限一年缉拿，二参不获，再罚俸一年，贼犯照案缉拿。如前官于初参限外去任，接缉官限满不获，罚俸一年，贼犯照案缉拿，其接缉未满年限卸事者免其议处，贼犯令再接缉官，勒限一年缉拿，限满不获，按疏防限内限外议处。如接缉官于议处之后离任，其再接缉之员，亦免其查议。凡接缉官限内但能获盗，虽不及半，亦免其议处，能拿获及半者纪录二次，全获者纪录三次。若贼伙止二三名，接缉官于一年限内拿获一半兼获盗首及拿获过半者，于免议之外，仍纪录二次，其拿获一半，盗首未获者，止免其议处，毋庸议叙。

捕盗 076：道光九年题准

步军两翼八旗地面寻常窃案，一季内每翼每营，未获正贼在十案以上者，将该翼正、副翼尉，该营副将、参将、游击等罚俸六月。如一季内并无报窃之案，纪录一次。

捕盗 077：道光十六年题准

黑龙江等处驻防地方，遇有窃案，该管官讳匿不报，每案罚俸六月，不行查揭之该管上司罚俸三月。

捕盗 078：道光二十六年奏准

内外旗营该管大臣及各省将军、都统、督抚，于营汛各员弁疏防失事，摘去顶戴之案，无论正任署任及撤任留缉者，如限内获犯，即奏请开复，如未获犯，统俟本案二参四参期满，分别议结后，题请开复。

捕盗 079：同治二年题准

盛京等处驻防城内及道路旗庄，如有一夜连劫数处，无论是否一案盗伙，三月限满不获，将专管官降二级调用。

捕盗 080：同治四年议准

城内被劫及寻常盗案，未满疏防例限以前，经该督抚奏请先行交议，仍限严缉，限满不获从严参办者，俟限满严参到部，即将地方官议以降一级调用。

捕盗 081：同治十年奏准

京城内无论何项盗案，该地面官所得处分一概不准抵销。

捕逃〔例 65 条〕

捕逃 001：顺治十五年议准

旗下奴仆逃走，在京限五日，二百里内限十日，四百里内限十五日，其主即据实呈报，投递逃牌。如限内不投递者，系官罚俸一年，常人鞭二十。若竟遗漏不行投递及投回未经销案，又复逃走，其主并不再行投递逃牌者，系官降一级留任，常人鞭七十。奴仆未曾逃走捏报逃走者，系官降一级调用，常人鞭八十。若将姓名年月错开投递者，系官罚俸一年，常人鞭五十。至本主之逃牌已给领催，而领催遗漏不投递者，领催鞭七十。

捕逃 002：康熙七年题准

旗员窝隐逃人者革职，系常人交刑部治罪。

捕逃 003：康熙九年题准

旗员将良民冒认为伊家奴仆逃走者，降一级、罚俸一年。

捕逃 004：康熙十年议准

旗下逃人，在驻防旗员所辖地方居住，六个月以内者免议，如过六月不行查拿，窝家邻佑等亦不行出首，或被逃人之主控告，或被旁人出首，将失察之该佐领、防御、骁骑校各降一级留任；过一年者，将失察之该佐领、防御、骁骑校每一人降二级调用，若明知纵容居住者革职。协领、参领于该管属官，二年内有一员失察逃人者罚俸一年，二员失察者降一级留任，三员失察者降二级调用。将军、都统、副都统于所属官，二年内有一员至四员失察逃人者罚俸六月，五员以上者降一级留任。如于所辖地方查拿逃人十五名者，将佐领、防御、骁骑校各加一级，三十名加二级。协领、参领于该管属官查拿逃人三十名者加一级，六十名加二级。将军、都统、副都统于所管属官查拿逃人二百名者纪录一次，四百名加一级。比此数多者，各照查拿之数递加，统以一年议叙一次，若不足加级纪录之数者，又并一年议叙，仍不足者，将前一年之数截去，止留一年之数，于次年接算，不准三年合算。以上均令将军、都统、副都统等于岁终造册报部，并报刑部查核。

捕逃 005：康熙十年又议准

旗人逃走，不许私自差拿，或报部行提，或在该地方官处首告拿解，如私自差拿者，系官罚俸一年，常人鞭一百，失察之地方官及窝家之罪毋庸议。若私差家人往窝家取讨衣物者，亦照此例议处。

捕逃 006：康熙十二年题准

凡八旗各官有逃走者革职，拿交刑部治罪。若官逃走，该管官捏作常人投递逃牌者，罚俸一年。

捕逃 007：康熙十二年又题准

兵丁逃走，该管佐领、骁骑校不于限内投递逃牌者罚俸一月。若竟遗漏不行投递，及投回未经销案，又复脱逃，该管官并不再行投递逃牌者，皆降一级留任。兵丁未经逃走捏报逃走，投递逃牌者降一级调用，若将姓名日月错开投递者罚俸一年。如已经投递逃牌后，忽谎称不曾逃走者罚俸六月。

捕逃008：康熙四十一年议准

黑龙江、宁古塔等处将军打牲总管等，将发遣人犯，每月收领若干人，逃走若干人，未获若干人，已获若干人，造册咨送刑部，至年终该将军等将总数开明具奏，刑部会同兵部查对，若发遣人犯，有逃走一名者，其主系官罚俸三月，常人鞭五十，至二三名者，按数加罪。一年内逃至五名者，该佐领、防御、骁骑校各罚俸一月，领催鞭五十；逃至十名者协领罚俸一月，佐领、防御、骁骑校各罚俸三月，领催鞭五十；逃至二十名者，将军、副都统等罚俸一月，协领罚俸三月，佐领、防御、骁骑校各罚俸六月，领催鞭八十；逃至三十名者，将军、副都统等罚俸三月，协领罚俸六月，佐领、防御、骁骑校罚俸一年，领催鞭一百；逃至四十名以上者，将军、副都统等罚俸六月，协领罚俸一年，佐领、防御、骁骑校各降一级、罚俸一年，领催枷二十日、鞭一百。打牲总管照协领例议处，翼领照佐领例议处，将军按统辖地方逃人总数议处，副都统有专管地方者照该管处逃人数目议处。其逃人之主，如在城内居住者限即日呈报，离城百里以内者限次日呈报，百里以外者限三日内呈报，该管官随差本佐领、骁骑校，率兵协同逃人之主追缉，如骁骑校公出，即令记名领催，率兵追缉，仍将逃走缘由呈报该上司，报部查核。如本主已经呈报，而该佐领等不即转报，迟至十日以内者，佐领、防御、骁骑校罚俸六月，领催鞭四十；十日以外者，佐领、防御、骁骑校罚俸一年，领催鞭六十；一月以上者，佐领、防御、骁骑校降一级调用，领催鞭八十；两月以上者，佐领、防御、骁骑校革职，领催鞭一百。如家主逾限迟延不报，系官照佐领例，常人照领催例，分别议处，该管官免议，若家主于限内呈报者免议。其各省驻防旗下家人，及发往当差为奴人等，私自逃走者，伊主及该管官，皆照此例。满洲汉军副都统按翼分设者，按该翼逃走人数议处。

捕逃009：康熙四十一年又议准

边界管汛管渡官兵，将贸易割草之人，于去时登记数目，回时按名核对，若人数短少，即行文知会蒙古缉拿。若并不稽查，致发遣人犯混入贸易割草人数内，逃入蒙古地方者，将管汛管渡官降一级调用，兵鞭八十。

捕逃010：康熙四十一年三议准

王公府属之人，有犯命盗重罪逃走者，该衙门缉拿时，即行文知会该府属协拿，如一年限满不获，该衙门题参，将办理府属家务官罚俸一年，该王公等交宗人府察议，未获逃犯仍令照案协同缉拿。

捕逃011：康熙六十一年议准

旗员解送重犯及强盗，防范不严，以致脱逃者革职，解送流徒等犯脱逃及看守之处脱逃者降一级、住俸一半，解送入官之犯脱逃及看守之处脱逃者住俸一半。以上各犯，或本身拿获，或别处拿获，皆准开复，解送进京。此等人犯，中途脱逃及看守之处脱逃者，皆照此例议处。至看守此等人犯之官，若得财释放，革职治罪。犯人自尽，无抑勒拷逼情弊，罚俸一年。

捕逃 012：康熙六十一年又议准

兵丁解送犯人，若佥差不慎，致与犯人同逃者，该管官罚俸一年。

捕逃 013：雍正元年议准

负罪潜逃之犯，容留之家，除确系不知情者，照律免议外，知情容隐笞杖罪犯者，系官革职；知情容隐流徒以上罪犯者，系官革职治罪，不准折赎，常人交刑部治罪。该管官失于觉察，如所容隐之人犯笞杖罪者，将佐领、骁骑校罚俸两月，领催、族长鞭二十五；犯流徒罪者，佐领、骁骑校罚俸一年，领催、族长鞭五十，参领、副参领罚俸六月；死罪及重案要犯，佐领、骁骑校降一级、罚俸一年，领催、族长鞭六十，参领、副参领罚俸一年，都统、副都统罚俸六月；若所属隐匿流罪以下人犯，该管官知情不首报者降二级调用，领催、族长鞭八十；死罪及重案要犯，该管官知情不首报者革职，领催、族长鞭一百，凡族长系官皆照佐领例议处。外省驻防官兵隐匿罪犯，该佐领、防御、骁骑校照在京佐领例，总管、城守尉、协领、防守御照参领例，将军、副都统照都统例，分别议处。

捕逃 014：雍正六年议准

在京奉旨捕缉人犯，并命案关系重案人犯，在城内脱逃者，责成该汛将步军校住俸，限一年缉拿，如于一月内拿获者免议，一年限满不获降一级调用。若非经管应捕之官，并各该管上司各官，于一月内拿获一名者纪录二次，一月以外拿获一名者纪录一次。

捕逃 015：乾隆五年议准

广东驻防旗员，有所属兵丁或闲散人及奴仆逃走者，该旗访知确实下落，密移该地方文武官，拨兵给票，协同缉拿，如不移会地方官，径自差拿者罚俸一月。如逃人已出广东地方，移会该省协缉报部，旗员不得越境差拿。

捕逃 016：乾隆二十四年奏准

步军校一年内拿获逃人六十名者加一级，步军协尉督率步军校拿获逃人一百二十名者加一级，步军翼尉督率所管四旗步军校拿获逃人四百八十名者加一级，步军统领督率八旗步军校及番役拿获逃人九百六十名者加一级，比此数多者照数递加。

捕逃 017：乾隆二十四年又奏准

步军协尉、副尉、步军校拿获在逃单身军流遣犯者，每一名纪录一次；携带妻子者，全获一起，纪录一次；拿获在逃徒犯者，二名纪录一次；准其前后接算，统俟岁底该步军统领汇册送部查办。

捕逃 018：乾隆二十四年三奏准

赏给王公大臣为奴之重囚人犯逃走，勒限一年内缉拿，不获，承缉官罚俸一年，家主罚俸六月，逃犯照案缉拿。

捕逃 017：乾隆二十四年四奏准

发遣太监，一年内逃走一名至三名者，佐领、防御、骁骑校罚俸六月，领催鞭八十，协领罚俸三月，将军、副都统罚俸一年；四名至六名者，佐领、防御、骁骑校罚俸一年，领催鞭一百，协领罚俸六月，将军、副都统罚俸三月；七名以上者，佐领、防御、骁骑校降一级留任、罚俸一年，领催鞭一百、枷号二十日，协领罚俸一年，将军、副都统罚俸六月。

捕逃 018：乾隆二十四年五奏准

旗人逃走，有私自差拿者，系官罚俸一月。

捕逃 019：乾隆二十四年六奏准

旗下奴仆逃走，其主不于限内投递逃牌者，系官罚俸一月。

捕逃 020：乾隆二十四年七奏准

各省驻防闲散脱逃，照吉林、黑龙江等处发遣人犯例办理。

捕逃 021：乾隆二十四年八奏准

世职旗员疏脱重犯，革职后暂免开缺，勒限五年戴罪缉拿，限内拿获，准其开复，不获，开缺另袭。袭职后或能获犯，查系伊子孙袭职，毋庸另议。如系族人，该管大臣验明该员年力才具尚堪驱使，素有劳绩，自云骑尉以上世职，酌量以五六品官保题，送部带领引见，恭候钦定。若年迈才庸，素无劳绩者，毋庸保题。

捕逃 022：乾隆三十八年奏准

各省驻防兵丁逃走至三名者，该管佐领、防御、骁骑校罚俸一年；至五名者，协领、参领、城守尉、总管、防守尉罚俸六月；至十名者，都统、将军、副都统罚俸三月。如逃兵未及名数，该管大臣详记档案，俟扣满年限名数，咨参议处。

捕逃 023：乾隆三十八年又奏准

新疆改发吉林、黑龙江等处驻防遣犯脱逃，该将军等查明该犯原籍，咨报兵刑二部，行文原籍及直省各督抚，一体严拿务获，百日限满不获，专管官降一级留任，兼辖官罚俸六月，自行拿获者准其查销。

捕逃 024：乾隆三十八年谕

设立卡伦，原为缉捕逃人，近年以来，各处逃人甚多，而拿获者甚少。如库车系叶尔羌、喀什噶尔回境冲途，为逃人所必由之路，乃数年来未经拿获一人，可见平日并不以严缉为事。即如伊犁塔尔巴哈台等处逃人，定由乌鲁木齐、哈密、巴里坤经过；叶尔羌、喀什噶尔等处逃人，定由库车、哈喇沙尔、辟展经过；如果实力缉拿，断无不获之理；其不上紧缉拿者，皆由逃人经过地方，官兵未经定有处分所致。嗣后各处拿获逃人时，著审明从何处经过，将该处办事大臣并驻扎卡伦官兵，应交部议处者即行议处，应治罪者即行治罪，其承缉不力之大臣官兵作何处分，著交该部详悉定议具奏。钦此。遵旨议定：伊犁各处盘获逃犯，究出经过卡伦地方，未经查拿者，将该处失察官降一级留任，该管大臣罚俸一年，兵丁鞭七十。如经过地方藏匿潜逃之罪犯，将失察官降一级调用，该管大臣降一级留任，兵丁鞭八十。

捕逃 025：乾隆三十八年三奏准

发遣额鲁特等犯逃走，其主系官降一级调用，系兵鞭八十，该管专兼各官均罚俸一年，将军、副都统罚俸六月，若将军等不行参奏严缉者降二级留任。

捕逃 026：乾隆三十八年四奏准

发遣吉林、黑龙江等处之积匪猾贼，该将军等严饬属员防范管束，如有脱逃一名者，该将军咨参送部，将该管佐领、防御、骁骑校罚俸六月，协领罚俸三月，将军、副都统罚俸两月。

捕逃 027：乾隆三十八年五奏准

拉林、阿尔楚喀移居人等脱逃，该管专兼、统辖各官，均照驻防兵丁逃走例咨参，分别议处。

捕逃 028：乾隆四十二年奏准

新疆由京发往之步甲及在该处曾经犯逃之兵丁，复行逃走者，专管佐领、防御、骁骑校降一级留任，兼辖协领、步军翼尉罚俸一年，统辖将军、领队大臣罚俸六月。寻常兵丁逃走，佐领、防御、骁骑校罚俸一年，协领罚俸六月，将军、领队大臣罚俸三月。

捕逃 029：乾隆四十四年奏准

八旗职官逃走，该管官捏作常人投递逃牌者，降二级调用。

捕逃 030：乾隆四十八年奏准

驻防兵丁脱逃，该管大臣详记档案，无论年分，俟扣满名数，即行送部议处，不得以一年限满未及名数，即行扣除，冀免处分。如逃兵于一年限内投回及自行拿获者，即将档记查销。

捕逃 031：乾隆四十八年又奏准

旗员解送流徒等犯脱逃及看守处脱逃者，限百日缉拿，不获照例议处，再限一年严缉，不获降一级留任。解送入官人犯脱逃，亦限百日缉拿，不获照例议处，再限一年缉拿，不获罚俸一年，逃犯照案缉拿。系本身拿获，准其开复，别处拿获，即照邻境获盗例，按其应得处分，酌减完结。其解送京城人犯中途脱逃者及看守处脱逃者，亦照前例议处。

捕逃 032：乾隆四十九年奏准

递解各项人犯中途脱逃，金解兵丁与犯同逃，虽系畏罪潜逃，亦照案犯脱逃之例，按限严缉，如遇限不获，即照承缉本案逃犯不获例，一体办理

捕逃 033：乾隆四十九年议准

分赏在京官兵为奴回犯脱逃，一年限满不获，家主系官罚俸一年，系兵鞭六十，其步军营承缉各官罚俸一年，逃犯照案缉拿。

捕逃 034：乾隆四十九年又奏准

新疆发遣为奴人犯，一年内并无逃走行窃事件，虽有脱逃即行拿获者，该管官纪录二次。

捕逃 035：乾隆四十九年三奏准

伊犁步军协尉等官，一年内拿获贼匪逃犯至五次者纪录一次，若不能拿获者参奏议处。卡伦台站官员拿获逃犯一名者纪录一次，兵丁酌赏，若犯被别处拿获，将失察经由之卡伦台站官员，参奏议处，兵丁责惩。

捕逃 036：乾隆五十九年奏准

吉林、黑龙江及新疆内外驻防各处发遣人犯脱逃，每岁十月内该将军大臣等，将总数开明，分别已获未获，咨报军机处、刑部汇奏，交兵部核议，其应议各官，均照例加一等议处。各省驻防闲散逃走，亦照此例行。

捕逃 037：嘉庆六年奏准

逃兵已满名数，仍藉词未满一年之限，迟不送部者，以规避处分论。

捕逃 038：嘉庆六年又奏准

职官及有顶戴人员逃走，该管上司失察，罚俸一年，该管大臣罚俸六月，族长系官罚俸一年，系兵鞭六十。倘该管官捏作常人投递逃牌，该管大臣不能查出参奏者，降一级留任。

捕逃 039：嘉庆六年三奏准

奉旨捕缉人犯及关系紧要人犯脱逃，限满不获，将承缉步军协尉、副尉罚俸九月完结。

捕逃 040：嘉庆六年四奏准

旗人原拟斩绞，遇赦减等者，发往驻防当差，如有脱逃者，该管佐领、防御、骁骑校降一级留任，协领罚俸一年，将军、副都统罚俸六月。

捕逃 041：嘉庆六年五奏准

奉天等处所属旗界地方居民人等，因犯事发配他省，由配所潜逃回籍者，该旗界官不行查拿，罚俸一年。

捕逃 042：嘉庆六年六奏准

伊犁步军协尉等官，总计一年内失察逃犯一二名者罚俸三月，三四名者罚俸六月，五名以上者罚俸一年。

捕逃 043：嘉庆六年七奏准

伊犁卡伦台站官员，有逃犯经由该处，经别处拿获，失察一二名者降一级留任，三四名者降一级调用。

捕逃 044：嘉庆六年八奏准

分赏驻防兵丁为奴之回犯逃走，约束不严之该管佐领、防御、骁骑校罚俸一年，兼辖协领罚俸九月，统辖将军、副都统等罚俸六月。

捕逃 045：嘉庆六年九奏准

旗人藏匿逃犯，该汛步军营各官不行查拿，将步军校照该管佐领例议处，步军协尉、副尉照参领例议处。

捕逃 046：嘉庆六年十奏准

旗下逃人，在驻防旗员所辖地方，潜住在三月以内者免议，如过三月不行查拿，别经发觉，将失察之佐领、防御、骁骑校罚俸一年，协领、参领罚俸三月；半年以上者，失察之佐领、防御、骁骑校照旧议处，协领、参领罚俸六月，将军、都统、副都统罚俸三月；一年以上者，失察之佐领、防御、骁骑校照旧议处，协领、参领降一级留任，将军都统、副都统罚俸一年。

捕逃 047：嘉庆六年十一奏准

发遣额鲁特等犯逃走，该将军等即行参奏，饬属严缉务获，其主系官降一级留任，系兵鞭七十，该管官罚俸一年，兼辖官罚俸九月，将军、副都统仍照旧例办理。

捕逃 048：嘉庆六年十二奏准

八旗前锋、护军、亲军、领催逃走，该旗营将逃走情由奏闻，交部通行缉拿治罪，其管束不严之该管官，罚俸一年。

捕逃 049：嘉庆六年十三奏准

旗员解送流徒等犯脱逃及看守处脱逃者，百日限满不获罚俸一年。解送入官人犯脱逃，百日限满不获罚俸六月，仍均勒限严缉。其限满不获及解送京城人犯脱逃者，均照旧例议处。

捕逃 050：嘉庆六年十四又奏准

驻防官员解送人犯，将派出护解兵丁徇情少带，以致人犯中途滋事及乘间脱逃者，降三级调用。若受贿将派出护解兵丁少带，或全行私留，以致人犯中途脱逃滋事者，革职提问。

捕逃 051：道光二年奏定

兵丁派出随围及各项公务差遣外出，在差所私行逃回者，交部治罪。如无别故者鞭一百，将管束不严之该管官罚俸一年，该旗佐领、骁骑校失于查出者罚俸六月。若中途潜逃回旗捏病呈报，或竟藏匿未赴差所，除将该兵治罪外，其失于查察之该佐领、骁骑校降一级留任，参领、副参领罚俸六月。

捕逃 052：道光二年又奏定

回民夥贼肆窃，遣给驻防兵丁为奴之犯，在配潜逃，该将军等即行参奏，严缉务获，如系一名单身脱逃，或二名同日脱逃，初参专管之佐领、防御、骁骑校罚俸一年，兼辖协领罚俸六月，俱限一年缉拿，不行查察之将军、副都统罚俸六月；二参限满不获，专管官降一级留任，兼辖官罚俸一年，逃犯照案缉拿。如有脱逃至三名以上，初参专管之佐领、防御、骁骑校降一级留任，兼辖协领罚俸一年，俱限一年缉拿；二参限满不获，专管官降二级留任，兼辖官降一级留任，逃犯照案缉拿。脱逃至六名以上，初参之专管官佐领、防御、骁骑校降一级留任，兼辖协领罚俸一年，俱限一年缉拿；二参限满不获，专管官照所降之级调用，兼辖官降二级留任，失于查察之将军、副都统俱于初参罚俸六月。如专兼各官疏脱二名六名以上，拿获数名，未能全获，仍按其未获名数分别议处，如二参限满未获在二名以上，专管官照二名同日脱逃二参之例降一级留任。余仿此。

捕逃053：道光二年三奏定

发遣人犯脱逃，如于逃后有妄行控诉原案者，将家主并该管官各罚俸一年，兼辖官及失于查察之统辖大臣均罚俸六月。如有越分呈递封章者，家主并该管官降一级留任，兼辖官及失于查察之统辖大臣均罚俸一年。其曾任职官罪犯遣戍，如有私自脱逃，将该管官罚俸一年，兼辖官及失于查察之统辖大臣均罚俸六月。如脱逃后复有妄行控诉原案，该管官降一级留任，兼辖官及失于查察之统辖大臣均罚俸一年。如有越分呈递封章者，该管官降一级调用，兼辖官及失于查察之统辖大臣均降一级留任。如有知情纵容者，将该管官革职审拟，兼统官如系自行查出详报者免议。若并无觉察，同城之兼统官降三级留任，不同城降一级留任。

捕逃055：道光二年四奏定

武职各官拿获邻境脱逃寻常遣犯，每一名纪录二次；例应正法之遣犯，每一名加一级。

捕逃056：道光二年五奏定

塔尔巴哈台卡伦外，俱系哈萨克游牧地方，关系紧要，其台站坐卡侍卫官员，若失察逃人一名至五名者罚俸六月，六名以上者罚俸一年，十五名以上者降一级留任。如另有疏纵别情，严参治罪。至拿获逃人一名至五名者纪录一次，六名以上者纪录二次，十五名以上者仍纪录二次，并于应升之处列名。其失查逃人应议罚俸之员，如另有拿获逃人事件，即将应得纪录抵销。

捕逃057：道光二年六奏定

旗人犯罪，经刑部拟定枷责，因时逢热审，交该旗领回，饬令该管官及亲属或族长看守，俟秋后送部发落之犯，不严行防范，以致疏脱者，系职官降一级留任，无职人鞭一百，该佐领骁骑校失于稽查罚俸一年。若当送部发落之时，该管佐领、骁骑校并不慎派兵丁押解，以致人犯中途脱逃者，将佐领、骁骑校罚俸一年。

捕逃 058：道光二年七奏定

城内发交各城门看守之枷号人犯，如该管官弁防范不严，以致乘间脱枷逃走者，将城门领、城门吏、门千总均降一级留任，自行拿获者免议。若兵丁受贿松枷，致令乘间脱逃者，将兵丁从重治罪，失察之该管官各降一级调用。至外省驻防各门枷号人犯脱逃，其看守旗员亦照此例议处。

捕逃 059：道光九年奏定

职官逃走，若于一月内自行投回，经刑部审明实系病迷，并非有心逃走者，将本员照擅离职役例议处，该管各官免议。

捕逃 060：道光九年又奏定

八旗兵丁闲散初次逃走，一月内投回者免罪，拿获者鞭一百，俱仍准挑差。若逾限一月二次逃走者，虽自行投回，均即行销除旗档。

捕逃 061：道光九年三奏定

各省驻防兵丁闲散逃走，于一月内投回拿获及逾限一月，无论投回拿获并二次逃走者，该管大臣逐案报部，并于年终分析造册咨报刑部汇题，交部查核，除兵丁逃走，于一月内投回及拿获者，毋庸核计外，如一年逃走至五名者，将该管佐领、防御、骁骑校罚俸一年；至十名者，协领、参领、城守尉、总管、防守尉罚俸六月；至二十名者，将军、都统、副都统罚俸三月。如有逃人，即将系何员名下注明，该管各官如有隐匿捏报，及呈报迟延遗漏，仍照八旗兵丁逃走例办理。

捕逃 062：道光十七年议定

发遣宗室私离配所，该将军未经查出者罚俸六月，该管总族长交宗人府议处。

捕逃 063：道光二十一年议准

宗室觉罗逃走，将失察之佐领罚俸六月。

捕逃 064：同治七年题准

闲散觉罗，因案交旗收管，在途逃走，该佐领并未即时查报者，罚俸一年。

捕逃 065：光绪八年题准

疏脱流犯，捏报被匪抢逃，将管解官降一级调用。

禁赌〔例 32 条〕

禁赌 001：原定

八旗闲散人，有犯赌博及开场容留赌博者，该管都统、将军、副都统失察五次者罚俸一月，该总管、城守尉、参领、署参领、协领失察三次者罚俸一月，佐领、防御、骁骑校每次罚俸一月，族长系官每次罚俸两月，常人鞭二十五，领催每次鞭五十。

禁赌 002：原又定

兵役人等差遣在外，有犯赌博者，将领去之该管官照佐领例议处，领催照佐领下领催例议处，该旗各官皆免议。

禁赌 003：原三定

内务府及王公府属佐领下人，有犯赌博者，将该管领、副管领、府属参领、骁骑校、领催、族长皆照旗下参领、佐领、骁骑校、领催、族长之例，分别议处，该旗各官免议。

禁赌 004：原四定

旗下奴仆犯赌博，家主系官罚俸两月，常人鞭二十五，该管官免议。在屯居住之人有犯，将屯领催鞭五十，在京该管官免议。至奴仆在屯有犯，其主在屯居住者，照例议处，在京居住者免议。

禁赌 005：雍正二年议准

失察赌博应议各官，若有因公他往者免议，该管之上司拿获者亦免议。

禁赌 006：雍正二年又议准

在京旗下各官，失察赌博，如本旗拿获，准其免议，若被别衙门拿获者，其失察之都统、副都统、参领、佐领等仍议处。外省驻防各官，失察赌博，如本旗拿获，准其免议，若被别衙门拿获，其失察之该管将军、都统、副都统、协领、参领、佐领等仍议处。

禁赌 007：雍正二年三议准

旗人制造赌具，该管官访缉拿获者，佐领、防御、骁骑校加一级。若拿获之赌具，系描画纸牌，经刑部减等拟罪者，拿获官纪录二次。该管上司于所属，一年内并无别案失察制造赌具，旧藏赌具，贩卖赌具及失察赌博等事，于岁终汇册报部，由部核明，系拿获制造赌具之案，将参领、副参领、协领、城守尉、总管各官每案纪录二次，都统、将军、副都统各官每案纪录一次；系拿获描画纸牌之案，经刑部减等拟罪者，参领、副参领、协领、城守尉、总管各官每案纪录一次，将军、都统、副都统等毋庸议叙。该管上司于所属，一年内但有一案失察者，将别案拿获赌具，一概不准议叙，如所属有失察等案，该上司自行查出者，将查出之上司，按其拿获起数议叙，傥该上司因所属拿获赌具，希图议叙，将别案失察通同徇隐不报者，降二级调用。以上拿获之赌具，造自别处者，将别处失察官议处，拿获之官议叙，其造自本处之赌具，实系新制，不过半年者，方准议叙。如系远年存留赌具，或虽新制而失察已过半年，止免失察处分，不准议叙。傥有远年存留赌具，捏报现经制造及制造已过半年，而捏报在半年以内者，将应议叙加一级者即降一级调用，应议叙纪录二次者即罚俸一年，应议叙纪录一次者即罚俸六月。其各该上司中能有将捏报情由，查出揭参者，将捏报之官议处，仍查明本案，如上司例应议叙，即将揭参之上司议叙，如例不应议叙，因其查出揭参，准免议处。此等拿获赌具议叙各官，均由承审衙门声明，咨部定议。

禁赌 008：雍正六年议准

八旗凡有查拿赌博之责，若明知不即查拿，代为隐讳者，官降三级调用，兵鞭八十。若已获受贿纵放及借查拿名色，诈害平人，挟雠诬指者，官革职，兵革退，皆交刑部治罪，该管官不揭参者罚俸一年。

禁赌 009：雍正六年又议准

八旗赌博，委官专司查拿，如未经查拿别经发觉者，罚俸一年。

禁赌 010：雍正九年奏准

八旗内外官兵及佐领下正身人等，有制造赌具者，将失察之佐领、防御、骁骑校降二级调用，参领、副参领、协领、城守尉、总管降二级留任，将军、都统、副都统罚俸一年，族长系官降二级调用，常人鞭七十，领催鞭八十。至描画纸牌，经刑部审明将该犯减等拟罪者，失察之佐领、防御、骁骑校各降一级调用，参领、副参领、协领、城守尉、总管降一级留任，都统、将军、副都统罚俸九月，族长系官降一级调用，常人鞭六十，领催鞭七十。以上内外各官失察制造赌具，如本旗拿获，准其免议，若别衙门拿获者，失察之该管各官仍议处。

禁赌 011：雍正九年又奏准

旗员失察赌具，未及半年，别经拿获者，准其免议，若失察已过半年，别经拿获者，仍议处。

禁赌 012：雍正十一年议准

八旗后任官拿获制造赌具之人，查明前任官如失察未及半年离任者免议，失察已过半年者仍照例议处。若将失察已过半年之前任官，捏报未及半年，改移月日，代为掩饰者，除将该员拿获之案，不准议叙外，仍罚俸一年，未经查出之该管上司罚俸六月，该管大员罚俸三月，能查出者皆免议。至拿获之后官到任半年以内，因赌博发觉，究出制造赌具，或旧存牌板刷印，不过半年即能拿获者，皆准议叙。其应议处议叙之各官该管大员，查明到任离任日期，于咨疏内声明，以凭定议。

禁赌 013：雍正十二年覆准

失察赌博各官，于议处时，将该员从前拿获赌具议叙之加级纪录悉行注销，即该员已经数任，后有失察赌博之案，将前任内拿获赌具议叙之加级纪录一并注销。其该管上司，除因所属别员拿获议叙之加级纪录，不必注销外，如因失察赌博之属员，从前拿获赌具同案议叙之加级纪录，亦悉行注销。若该员失察赌博时，该上司先已离任，或该员调任别省，其失察之处，已与原上司无涉，所有该上司从前因该员议叙之加级纪录，免其注销。至上司本身失察赌博，仍将从前自行拿获赌具之加级纪录，并因属官拿获赌具之加级纪录，悉行注销。其失察制造赌具，旧藏赌具，及贩卖赌具，皆照此例行。

禁赌 014：雍正十二年议准

凡开赌场斗鹌鹑、斗鸡、斗蟋蟀者，照开场赌博例治罪，其该管官亦照赌博例议处。

禁赌 015：乾隆元年议准

旗人操演射鹄者，不必查禁外，傥有特开赌场抽头，及容留不射箭买局卖局之人，并大赌银钱者，即行缉拿交部，照开场赌博律治罪。

禁赌 016：乾隆三年奏准

旗员赌博及开场容留赌博，并上司与属官赌博者，皆革职治罪。凡稽查属官赌博佐领、防御、骁骑校等官，责之参领、副参领、协尉、城守尉、总管等；参领、副参领、协领、城守尉、总管等官，责之都统、将军、副都统等；如明知属员赌博不揭参者，将专责之官降三级调用。其有在该旗赌博，失于觉察者，该佐领、防御、骁骑校每次罚俸六月，参领、副参领、协领、城守尉、总管等失察三次者罚俸六月，都统、将军、副都统失察五次者罚俸六月。如在该衙门及直班公所赌博，将该处失察之官，降一级留任，本旗该管各官免议，若查出揭报者亦免议。

禁赌 017：乾隆三年议准

官员赌博，经刑部审实，系旗员拿获者，将首先拿获之人，每次纪录一次，如系番役拿获者，将步军统领每次纪录一次。

禁赌 018：乾隆三年又奏准

兵丁犯赌，将失察之该管佐领、防御、骁骑校每一次罚俸三月，该参领、副参领、协领、城守尉、总管有失察三次者罚俸三月，该管都统、将军、副都统有失察五次者罚俸三月。

禁赌 019：乾隆三年三奏准

兵丁犯赌，该族长系官每一次罚俸两月，常人鞭二十五，领催每次鞭五十。

禁赌 020：乾隆三年四奏准

兵丁在直班当差处赌博，将该处失察之官照兵役犯赌例议处，本旗该管各官免议。若在别处赌博，本旗该管各官仍议处。

禁赌 021：乾隆三年五奏准

旗下奴仆，有犯制造赌具及描画纸牌等事，家主照佐领例议处，该管各官免议。若奴仆在屯庄居住制造赌具者，将失察之屯领催，照在京领催例议处，家主在屯居住者照例议处，在京居住者免议。至旗人在屯制造赌具，亦将屯领催议处，在京该管官免议。

禁赌 022：乾隆四年议准

奉天等处地方，并无绿营武职，其驻防旗员，即有稽查地方之责，如有赌博赌具等案，将该将军、副都统等照提镇例定议，协领、参领等照绿营兼辖官例定议，佐领、防御、骁骑校等照绿营专汛官例定议。至在京步军营各官，各有分管地方，如有赌博赌具等案，将步军统领翼尉照提镇例定议，步军协尉、副尉照绿营兼辖官例定议，步军校照绿营专汛官例定议。

禁赌 023：乾隆四年奏准

内务府及王公府属之人，有制造赌具及描画纸牌者，将该管领、副管领及府属参领、佐领、骁骑校、领催、族长等，照旗下参领、佐领、骁骑校、领催、族长之例分别议处，内务府总管、王公府属长史、贝勒府司仪长照都统、副都统之例议处，该旗各官免议。

禁赌 024：乾隆五年议准

旗员拿获赌具，系首先访缉者，将该员并该上司议叙，如系文官及营员内首先访缉，该员系协同拿获者，协拿之官纪录一次，即同任旗员，此官首先访缉，彼官协同拿获，其协拿之官，亦纪录一次。如系拿获描画纸牌之案，经刑部减等拟罪者，将协拿之官二案纪录一次，至协拿之上司，毋庸议叙。此等协拿缘由，协拿之官申报该上司转报该管大员查实，于咨疏内声明，准其议叙，若并未协拿，假捏协拿希图议叙者降二级调用，扶同隐饰之该上司降一级调用。若该上司并非有心扶同，但据详转报者罚俸六月，该管大员未经查出罚俸三月。如制造赌具之人，该管官失于觉察，该上司及该管大员拿获者，将属员仍行议处，拿获之上司及该管大员议叙。

禁赌 025：乾隆十四年奏准

出境贩卖赌具未过半年者，首先拿获之官加一级，协拿之官纪录一次，该管上司于年终汇议时，查照本案议叙，如首先拿获之官系加一级者，该管兼辖官每案纪录二次，统辖官每案纪录一次。

禁赌 026：乾隆三十年谕

嗣后应行坐轿大臣，各将所雇轿夫，严行管束，禁止赌博，如再有赌博情事，朕必将该大臣严加议处，断不轻恕。著交提督衙门不时严查，一经拿获，即行参奏。

禁赌 027：乾隆三十八年奏准

旗人造卖贩卖赌具，该管官能首先访缉，拔本清源，销毁器具者，照旧加一级，协拿之官亦纪录一次。若拿获描画纸牌及贩卖赌具，不能访究根源销毁器具者，首先拿获之官，每二案纪录一次。

禁赌 028：乾隆四十四年奏准

官员访获赌具照例议叙，失察赌博照例议处，其因失察赌博查销从前获赌级纪之处，应行删除。

禁赌 029：嘉庆六年奏准

存留赌具，在该管官公出之前，仍照例议处。

禁赌 030：嘉庆六年又奏准

八旗步营地方，如有匪徒开局诱赌，该管地面兵丁受贿窝庇，不行查拿者，别经发觉，步军校降一级调用，协尉、副尉降一级留任，兵丁革退，自行查出究办者免议。

禁赌 031：嘉庆六年三奏准

八旗接任署任官拿获赌具，回护前官，捏详并未失察，除该员不准议叙外，仍降一级留任，该管各上司失察均罚俸六月。

禁赌 032：道光十九年议定

旗下官员畜养蟋蟀，任令家人赌斗，并亲至茶馆观看者革职。

救火〔例 9 条〕

救火 001：顺治初年定

八旗火班八处，每处满洲、蒙古、汉军三旗，每旗或都统或副都统一人，参领以下官十人，兵八十名，轮流直宿，如遇失火，都统等即领一半官兵往救，其余官兵仍留该班处备用。

救火 002：康熙三十年议准

城外失火，步军统领即率属官开门往救，两翼步军翼尉亲督官军在门防守，次日报部存案。

救火 003：雍正二年题准

旷误火班，官罚俸一年，兵鞭六十，失察之该班都统等罚俸两月。

救火 004：雍正二年议准

海子内失火，该管官不行扑灭，以致延烧者罚俸一年，看守兵丁鞭一百，即行扑灭者免议。

救火 005：雍正八年谕

嗣后东南失火，著正蓝镶白二旗往救；西南失火，镶蓝镶红二旗往救；东北失火，镶黄正白二旗往救；西北失火，正黄正红二旗往救；若皇城之内；每翼二旗往救。步军等见失火处，即报相近旗分，不可有误。

救火 006：雍正八年议准

凡遇内城公廨仓库及该旗地方失火，其报火之步军及救火之旗分，如有迟误，皆照旷误火班例，分别议处责惩。

救火 007：嘉庆六年奏准

八旗各营衙署，如不谨慎巡查，以致失火烧毁库房档册等项者，将直日章京降一级留任，该管参领等官失于防范罚俸一年。

救火 008：道光十二年题准

圆明园八旗官兵所住官房，如有失火烧毁者，失察之该管官罚俸一年，兼辖官罚俸六月。

救火 009：道光二十四年题准

京通各仓，如有失火延烧廒座，将该花户交刑部审办，防范不严之兵丁照律鞭责，失察之直班章京降一级留任。

夜禁〔例 7 条〕

夜禁 001：顺治初年定

京城内起更后闭栅栏，王以下官民人等不许任意行走，步军校等分定街道界址轮班直宿，步军协尉往来巡逻，由部委官稽察，有不闭栅栏及不传筹击柝者，查明议处。至夜行之人，除奉旨差遣及各部院差遣外，其因丧事、生产、问疾、请医、祭祀、嫁娶、燕会者，该直宿官兵详问事故，记其旗分佐领姓名住址，开栅放行，按汛递交，不得羁留，若系无故夜行，王以下官及妇女均询记姓名，送至其家，对邻佑说知被获时刻，民人即羁候，均于次日呈报步军协尉，转报步军统领，将无故夜行之王公及各官等，请旨交宗人府部院查议，旗人鞭五十，民人笞五十。若直宿兵丁徇隐不报，或受贿纵放，被旁人拿获首报者鞭一百，仍罚银三两给首报之人，该管步军协尉等分别议处。

夜禁 002：康熙十二年题准

街道栅栏不传筹击柝及夜行人犯获后脱逃者。直宿步军校罚俸两月。步军协尉罚俸一月。领催鞭三十。兵丁鞭二十七。若未起更之先妄拿者。直宿步军校罚俸三月。步军协尉罚俸两月。领催兵丁各鞭一百。

夜禁 003：康熙十二年又题准

各官因问病、祭祀、嫁娶等事夜行，步军故为留难勒索者鞭五十。若因勒索不休，即行责打致伤者罚俸六月，无故夜行罚俸一月。至将步军捉至家中者，审实革职，殴伤者交刑部。

夜禁 004：乾隆七年议准

失察步军得财纵放夜行人犯者，直宿步军校罚俸三月，步军协尉罚俸两月。知其受贿扶同徇隐者，步军校革职，步军协尉降三级调用。

夜禁 005：嘉庆六年谕

向来紫禁城内派有六大班，诸王文武大臣及前锋统领护军统领等轮流直宿，严密稽查，乃日久渐涉疏懈。又，总管内务府大臣等从前均轮班上夜，后亦废弛，以致太监及护军人等，竟敢乘夜赌博，无所畏忌，禁地森严，岂可不加意整肃。嗣后总管内务府大臣等，著照旧轮班直宿，除该六大班之诸王体制宜尊，领侍卫内大臣职分较大，毋庸派令查夜外，其该六大班之文武大臣、前锋统领、护军统领、总管内务府大臣等，俱著轮流查夜，以昭严密。该大臣等，务须不时周历巡查，如各处地方，查有夜深不息灯火及赌博等事，立即锁拿究办，次早即行具奏，不得瞻徇情面。如该班大臣等巡察不严，再有疏懈，必一并议处，若日久废弛，亦不轻恕。

夜禁 006：咸丰十一年奏准

步军统领衙门，旧有技勇兵及新挑技勇兵，暂停派往堆拨，责令管理四场章京等管带，于皇城内外八旗地面，轮班下夜，认真巡缉，遇有明火聚众抢劫盗匪，务即拿获，不准疏脱，拒捕者格杀毋论。如有居民铺户聚集人多，吸烟聚赌及三五成群夜游街巷者，立即拿获究办，并责成两翼翼尉督饬与各旗固山达步军校所带下夜步甲，一体巡逻，仍查照向章申明夜禁，以符定制。该管带章京等捕获盗犯，于定案时酌量保奏，怠惰疏防者，即与下夜巡缉之章京及该地面官从严参办。

夜禁 007：同治二年谕

给事中福宽奏：请稽查夜间城门一折。京师为五方杂处之地，奸宄最易潜踪，惟在各城门慎司启闭，严密防范。如该给事中所奏，近来夜间正阳门启后，并不见一官一兵看守，不但入者毫无觉察，即出者亦并不拦阻，殊属不成事体。著该管衙门严饬城内外官堆，认真稽察，务遵旧制，凡黉夜进城人等，均须查明确系当差者，方准放入，非至黎明，一概不准放出，毋得仍前玩泄，致干重咎。

绿营处分例

守卫〔例22条〕

守卫001：原定

陵寝有关风水地方，竖立红桩，外留火道二十丈，禁止樵采种地，守口弁兵不时巡查，如有纵民犯禁及自犯禁限者，照违制律从重治罪。如该管上司失察弁兵纵民樵采，降一级调用；失察弁兵自行犯禁樵采，降二级调用。其火道以外，听民自便。各口樵采、种地民人，领取地方官印票，守口官弁验票放行，按季报部查核，如有夹带违禁货物，守口官弁明知故纵者革职，失察者降一级调用。其给票验票书役兵丁，有需索等弊者，照关津留难律治罪，赃重者计赃以枉法从重论。

守卫002：原又定

承德府属地方民人，潜入围场，偷砍打牲，经围场总管拿获，即会同该州县等查办，将失察之该管都司、守备、千总、把总等官，一年内失察在三案以内，每案罚俸六月，如至四案以上者，自第四案起，每案降一级留任。该管副将失察在三案以内者免议，四案以上者，自第四案起，每案罚俸一年。傥该员弁有能拿获邻汛偷砍打牲人犯者，每一案纪录一次，拿获本汛偷砍打牲人犯，每二案纪录一次。

守卫003：嘉庆十二年定

陵寝后龙风水禁内，窃贼潜入，偷砍海树，本汛官兵疏于巡查，经邻汛官兵拿获者，将本汛专管官革职，兼辖、统辖各官降二级调用，兵丁责革。其窃贼潜入，并未伤损树株，经别汛官兵拿获者，将专管官降三级调用，兼辖、统辖各官降一级调用，兵丁责革。如将海树偷出禁外，别经发觉者，专管官革职，兵丁革退，一并治罪，兼辖、统辖各官革职，总兵降二级调用。

守卫004：嘉庆十二年又定

陵寝后龙风水禁内，盗贼潜入，并未伤损树株，即由本汛官拿获首犯者，给予纪录二次，拿获伙犯一二名者纪录一次，拿获三名以上者纪录二次。兵丁首先拿获首犯者赏银八两，帮同拿获者赏银四两，拿获伙犯一二名者赏银四两，拿获三名以上者赏银八两，帮同拿获者减半赏给。若本汛树株已被盗砍之后，该管官兵始将贼犯捕获者，以功抵罪，免其查议，毋庸升赏。至邻汛官兵，能于隔汛地界，将贼犯拿获而树株尚未被砍者，拿获首犯给予加一级，拿获伙犯一名纪录一次，按名递加。兵丁首先拿获首犯者赏银十两，记大功一次；帮同拿获者赏银五两，记功一次；拿获伙犯一二名者赏银五两，拿犯三名以上者赏银十两，帮同拿获者减半赏给。若本汛官兵疏于防范，树株已被盗砍，而邻汛官兵能将首伙各犯查拿就获者，应逾格优奖，拿获首犯者以应升之缺即行升用，先换顶戴，拿获伙犯一二名者给予加一级，拿获三名以上者加二级；兵丁首先拿获首犯者赏银十六两，以外委拔补；帮同拿获者赏银六两，记大功一次；拿获伙犯一二名者赏银六两，记功一次；拿获三名以上者赏银十二两，帮同拿获者减半赏给。其奉文派委巡查之官，如能缉捕贼犯者，应查明指派汛地与拿获处所，亦分别本汛邻汛树株已砍未砍，比照一律升赏，如有妄拿者，即照妄拿平民例治罪。

守卫005：嘉庆十二年三定

陵寝禁地红桩界内及白桩青桩界内，遇有回干风折树株，该营汛官弁，随时报明上司，转报该管大臣勘验登记，咨报礼工二部及承办衙门，遇修整火道内拨房桥梁等项，酌量取用，如有不敷，于青桩外寻觅采取，傥有在青桩内擅行斲伐及匿报者，该大臣等参奏，将该管官兵治罪，上司分别惩处。

守卫006：嘉庆十五年奉旨

军机大臣会同刑部议奏：私入围场偷窃牲只砍伐木植人犯罪名一折。此等人犯潜入围场，于牲兽木植，私行偷窃，并窃取茸角，不可不严行禁止。该犯等多系围场外附近居民及蒙古人等，该管官若查拿严密，自不致奸民屡干例禁。嗣后拿获此等人犯，如审系附近围场外居民，将该管厅县议处；如系蒙古，将该管札萨克议处；其如何立定处分，著原议军机大臣会同该衙门详议具奏。至围场北栅外向有开设店铺，自系该民人贪利，在彼窝窃茸角等项，亦应严行驱逐，此后相去栅口若干里，方准开设之处，著一并议奏。

守卫007：嘉庆十五年定

围场南面西面地方，系滦平、丰宁二县及承德府管辖。由东南逶迤至北面系喀喇沁、翁牛特、巴林蒙古旗地，其民人属平泉州赤峰县管辖，北面系克什克腾蒙古旗地，西北面系察哈尔正蓝旗地，该处民人，东附于赤峰县，西附于多伦诺尔厅，如承德府属地方民人及围场附近居民，有潜入围场，偷打牲兽，盗砍木植，经围场总管拿获者，失察之该管地方都司、守备、千总、把总等官，按人犯之罪名轻重议处，如一案内有首从各犯，按首犯应拟之罪名议处，人犯罪应拟徒者，该管官罚俸六月；人犯罪应拟流者，该管官罚俸一年；人犯应发乌鲁木齐等处种地者，该管官降一级留任；人犯应发乌鲁木齐等处给兵丁为奴者，该管官降一级调用；该管副将于所属失察仅止罚俸者，免其处分；若属员例应降级者，罚俸一年，傥该员弁有能拿获邻汛偷砍打牲人犯者每一案纪录一次，如拿获本汛偷砍打牲人犯者每二案纪录一次。蒙古札萨克、察哈尔等处贼犯，有从承德府属武职该管汛地潜入围场，偷打盗砍，人犯罪应枷责者，专汛官罚俸六月；人犯应发河南、山东者，专汛官罚俸一年；人犯应发湖广、福建、江西、浙江、江南者，专汛官降一级留任；人犯应发云南、贵州、广东、广西者，专汛官降一级调用；该管副将亦照前例分别议处，有能拿获者亦照前例议叙。

守卫 008：嘉庆十六年谕

毓秀、温承惠奏：查办围场北栅外店铺窝铺一折。所有北栅外旧有大道旁开设各店铺，即著照所议，分别留存拆挪办理，其该处租种蒙古地亩民人，亦应立定章程，不得在距栅木三十里以内招认开垦，搭盖窝铺，以杜偷漏围场鹿只茸角。嗣后距栅木三十里以内，有开设店铺及开垦地亩者，如何责成查禁，其查禁不力之该管地方官，并招募民人开垦之蒙古札萨克、章京等，作何查察查参办理，并著妥议章程具奏。

守卫 009：嘉庆十六年定

围场栅木三十里以内，该管地方武职随时稽察，如有民人开设店座及蒙古王公等召募民人私垦地亩，该管官即拆毁驱逐，申报热河都统，将蒙古王公等查参。如地方官失于查察，别经发觉，照管理围场章京员弁失察偷窃之例议处，失察开店及垦地人数一名至五名者罚俸六月，六名至十名者罚俸一年，十名以上降一级留任，二十名以上降一级调用，三十名以上降二级调用。如兵丁受贿纵容，无论名数多寡，该管官降一级调用。

守卫 010：道光三年奏定

陵寝后龙风水禁内，盗贼潜入，偷砍海树，查系红桩界内者，将失察之专汛、兼辖、统辖各官均革职，兵丁责革治罪，总兵降三级调用，提督降二级调用。如系白桩界内者，将失察之专汛官革职，兵丁责革治罪，兼辖、统辖官各降三级调用，总兵降二级调用，提督降一级调用。若系青桩界内者，将失察之专汛官降三级调用，兵丁责革治罪，兼辖、统辖官降二级调用，总兵降一级调用，提督降一级留任。青桩以外官山界内者，将失察之专汛官降二级调用，兵丁责革，兼辖、统辖官降一级调用，总兵降一级留任，提督罚俸一年。至各界专汛失察，邻汛拿获盗犯者，除专汛官仍照本例议处外，其兼统及提督、总兵各官，均照邻境获犯之例减等议处。至汛弁得财包庇，或得财通信，致盗贼远扬者，无论红桩、白桩、青桩等处，均革职交刑部从重治罪，计赃以枉法从重论。如该管上司明知徇隐者革职，若仅止失察者照本例上加一等议处。其窃贼潜入，并未伤损树株，经别汛官兵拿获者，将失察之专汛、兼辖、统辖各官，分别红桩、白桩、青桩内外，照邻境获犯例减等议处。

守卫 011：道光六年谕

那彦成奏：勘明东陵风水重地，请添设红桩以明禁限一折。前据庆惠奏：苇子峪门外，南自雁飞岭起，北至低头安止，请一律添设红桩，当降旨令该督派员履勘。兹据查明该处树株稠密，几与民树相连，自应明定界限，以昭慎重。著照所请，自雁飞岭至低头安十八里，在旧有火道之旁，添设红桩五十四根，所需桩即由石门工部备办，其红桩火道以外，附近居民田园庐舍，相安已久，毋庸再添白桩、青桩，以符定制。

守卫 012：道光六年又谕

庆惠奏：拿获偷牲匪犯，并究出弁兵勾结贿纵一折。风水重地，附近居民，肆行结伙弋猎，已属藐法，外委崔思通及该处兵丁，巡查地方，是其专责，竟敢招致匪徒，引入红桩以内，言明得牲后卖钱分赃，尤为可恶，经该总兵派委弁兵拿获多名，究出实情，甚属认真，可嘉之至。崔思通著革去经制外委，同兵丁杨大成、李秉端及已获贼犯何洪等十四名，并起获鸟枪等件，均解交刑部严审定拟。在逃兵丁崔得玉及偷牲首犯李五并各逸犯，著饬属严缉务获，归案惩办。该匪犯两次均由老厂沟所管地方偷入红桩界内，该汛把总张毓秀，事前毫无觉察，事后又不认真查拿，实属阘茸无能，著先行革职，予限一月，令其带罪缉犯，俟限满有无弋获，分别办理，并将失察兵丁查明责革。

守卫 013：道光六年三谕

已革外委崔思通，有巡查地方之责，辄嘱令兵丁招引匪徒偷入红桩以内，打牲分肥，情尤可恶，崔思通著发往新疆酌拨当差，仍照偷牲本例，在犯事附近地方，先行枷号两个月，以示惩儆。其偷牲为从罪应满徒各犯内何洪、李起怀、张秉和三名，虽据供亲老丁单，著不准留养。在逃兵丁崔得玉及首犯李五并各逸犯李四等，仍著马兰镇总兵，并直隶总督，一体饬属严缉务获，归案审办。

守卫 014：道光七年谕

富俊奏：查明围场内私放民人砍伐树木各员，分别定拟请旨一折。围场一带卡伦，原为禁止偷打牲畜砍伐树木而设，乃卡官晋海、领催委官锡永保，希图行窃之富起馈送柴薪小利，辄敢私放民人，砍伐树木，惊散牲畜，殊属不堪。晋海、锡永保俱著革职，在围场枷号一月示众。翼长兼佐领伊郎阿，管围十六年之久，并不严加约束，转为民人富起喂养牛只，在卡伦房内堆积柴薪，以致砍伐许多树木，殊属目无法纪，有玷厥职，伊郎阿著交部严加议处。协领济龄阿，虽于上年甫在围场内行走，并未拿获一贼，亦属非是，济龄阿著交部议处。

守卫 015：道光十二年谕

特登额奏：拿获私入风水禁地，偷打牲畜遗火烧荒之贼犯，请交刑部审办一折。陵寝重地，理宜敬谨小心守护，何至任听该犯袁九等，私入红桩火道以内，偷打牲畜，遗失火种，以致延烧，实为从来未有之事，且该犯等胆敢携带鸟枪，擅入风水禁地，尤为藐法，可恶已极。其全案人犯共二十一名，获犯仅止七名，该管各官形同木偶，所司何事？所有现获之袁九等七名，俱著解交刑部严行审讯，除兵丁彭惠、艾文春业已责革外，千总王勾，外委高登举，俱著革职，勒限一个月，严拿逸犯米益琢等十四名务获，解部究办。中军游击塔克兴阿，右营守备陈春标，俱著先行交部严加议处，所有逸犯限内全行拿获，著奏明请旨，倘逾限不获，必将特登额交部严议，王勾等从重治罪，决不宽贷。

守卫 016：道光二十四年题准

园寝树株被窃，将看守不慎之该管官，及失于查察之地方官，均罚俸二年。

守卫 017：咸丰元年谕

明训等奏：遵旨严讯官弁贿纵盗伐树株，分别定拟一折。此案永陵管山防御庆谦、花什布，管理山界，稽查树株，是其专责，乃漫不经心，以致树株屡被盗砍，迨拿获人犯，复听嘱纵放，收受馈送食物，实属卑鄙不职。庆谦、花什布，俱著革职，发往新疆充当苦差。前任总管全喜，系统辖之员，于官树屡被盗砍，漫无觉察，并失察防御受贿故纵等情，著即革职，以肃功令。

守卫 018：咸丰元年又谕

奕兴奏：恭查陵山树株酌拟章程开单呈览，另片奏三陵办理章程均拟画一等语。朕详加披阅，如红桩以内，稽查树株，酌分界限，明定赏罚，查山防御轮替更换，并陵山树株造册存案，分别应存应除，严密抽查。其青桩禁地，划分界限，以专责成，并添设卡房酌派官兵守护，所议均属周妥。嗣后每年查验树林，著该将军恭诣福陵、昭陵，兴京城守尉恭诣永陵敬谨查看，仍由该将军遴派协领等官，会同该总管等监视伐除，如有含混影射等弊，将监视各员一并参处。至永陵前烟筒山树株，并著责成兴京厅通判，常川稽查，以昭慎重，该将军务当严饬该管各官，遵照现定章程，核实查办，毋致日久视为具文。

守卫 019：咸丰八年谕

玉明奏：遵旨修补红桩，并酌办章程一折。永陵照山周围红桩糟朽，既经该将军派员敬谨查勘，著即饬令该员等先期采办木植，俟明岁春融，如数栽补，并按月轮派防御一员，会同该界官常川稽查，如遇有樵采等犯，即行查拿究办，并饬兴京城守尉通判，按季亲往巡视，加结呈报，仍著该将军随时派委妥员严密查察，如有扶同徇隐情弊，一并从严参办。其马尔墩岭原设红桩，并著一体补栽，以符旧制。

守卫 020：咸丰十年谕

前因奕欐等奏：陵寝树株，有偷伐情形，当经谕令李菡于查工时详细查勘。兹据该侍郎奏称：昌陵后宝山前后两坡，大小新旧树株，查有砍伐痕迹，至四百四十余株之多，陵寝重地，该员弁并不小心稽查，致令营兵汛弁，任意偷伐，文职各员复呈报不符，多方掩饰，实属肆无忌惮，且难保无通同舞弊情事。所有现获之马喜、王安二犯，并树户郑狗儿、周群泰、赵全得、薛二得、贾薰、汤进孝、何永儿、张福成，把总刘振，兵丁高代，革兵李祥，俱著交刑部严行审讯，务期水落石出，不得稍涉含混。

守卫 021：光绪六年议准

嗣后守护陵寝之总兵官，于库存器皿被窃，未能豫防者，实罚俸三年，不准抵销。

守卫 022：光绪十九年谕

兵部奏：遵议管理陵寝仪行树株，请饬分别专管，以专责成一折。陵寝仪行树株，内务府职司主守，责有专归，八旗弁兵，既经设立直房多处，则巡逻缉捕，皆属分所应为，责任虽有重轻，防卫均难诿卸。嗣后东西陵树株，除海地仍归绿营专管外，所有仪行树株，即著内务府专管，八旗兼管，内务府司员与八旗直班章京，务当督率树夫甲兵，轮班驻守，分段巡查，以专责成而昭敬慎。此次明谕之后，著为定章，永远遵守，不得互相推诿，致干咎戾。

营伍〔例52条〕

营伍 001：顺治十一年题准

武职官并不操演，或傲慢怠惰，托病规避，擅离汛地，以致废弛营伍者，革职。兼辖、统辖官不参劾者，照不揭报劣员例分别议处。

营伍 002：雍正十一年谕

各省营伍，必须武职大员平日亲行巡察，庶可以除怠惰废弛之弊。提督一官，节制全省，统辖之地甚广，难以亲身遍历。至于总兵官分辖地方，道里不甚辽阔，巡察尚易周遍。嗣后各镇臣有应行巡察者，著先期奏闻请旨，候朕批示遵行，不必拘定限期，免各营豫备供应，致滋扰累。倘有苛累所属弁兵者，经朕察出，定行从重议处。

营伍 003：乾隆元年议准

各省营汛属总兵官所辖者，该总兵官亲身查阅；专属提督所辖者，该提督亲身查阅。至于提镇驻扎窎远，不能亲身往阅者，委附近之副、参、游等官查阅详报，如有苛累及阅报不实，一例议处。

营伍 004：乾隆六年谕

武备所关紧要，外省营伍，整饬者少，废弛者多。嗣后各督抚提镇等，当尽职守以励戎行，如一二年后朕命公正大臣，前往验其优劣，其骑射果否娴熟，军容果否改观，皆显而易见难于掩藏者，倘仍前废弛，朕必将该管大员严加处分。

营伍 005：乾隆九年奏准

凡钦差大臣查阅营伍，其器械之坚脆，技勇之生熟，人数之虚实，粮马之亏盈，自难掩盖。惟是旗帐、甲胄、弓刀、马匹等项，修整买补，势所不免，不肖官弁，或乘此藉端科敛，或坐扣营兵月粮，皆未可定。应饬各督抚、提镇等严行稽察，如有前项情弊，立即参劾，傥容隐徇庇，一并严加议处。

营伍006：乾隆十一年议定

嗣后各省如遇钦差大臣查阅之年，该省督抚、提镇停其查阅，各省将军督抚、提镇，务期加意整饬，毋事虚文。陆路不徒以甲胄鲜明饰观，水师不徒以演就阵图塞责，兵粮朋马，毋许虚冒浮开，挪移掩饰。至军政荐举，尤关钜典，更当慎重遴选，务令出于公允，俾人知自奋，以收干城之用，如有因循旧习，一经钦差大臣指参，照例严加议处。

营伍007：乾隆十一年议准

营伍技艺生疏，器械缺少，经督抚、提镇将该管官以废弛营伍题参者，于题参本内将该将备何年月日到任，及该处营伍向来情形，据实声明，如任事已满一年者仍照例革职，若在半年以上者革职留任，三月以上者降四级留任，三月以下者暂免议处，令其加意整顿，以观后效。

营伍008：乾隆二十五年奉旨

直隶各省俱有补放绿营满洲官员，难保无有废弛营伍，不能勤练兵丁，并身废骑射，惟图安逸，该管大臣姑容瞻徇，不行参奏者，著交该省总督提督，毋得丝毫瞻徇，即行据实参奏。著通行晓谕外省绿营满洲官员，到任后务须操练兵丁，整饬营伍，学习骑射，以为兵丁表率。

营伍009：乾隆二十五年奏准

腹内省分，每兵一千名，设立鸟枪三百杆；沿边沿海省分，每兵一千名，设立鸟枪四百杆。该管官弁精专操练，提镇时加考验，如不精练娴熟者，指名题参，照废弛营伍例议处。

营伍010：乾隆二十七年谕

旗员补放绿营员缺，特因满洲人员骑射素优，可作绿营官兵表率，并非欲令伊等在外安逸，徒占绿营之缺也。伊等自应加意勤习骑射，可以为法绿营，何至偷安怠惰，骑射生疏。在该管大臣等，理应不时查验，一遇此等人员，立时参奏，何至拘泥成例，直待将行军政时，始行参奏耶。著通行晓谕各省督抚、提镇，务将所属武职，不时留心查阅，令其勤加练习，嗣后傥仍有不能骑射之人，不惟该员等罪无可逭，必将该督抚、提镇一并治罪。

营伍011：乾隆三十四年谕

各省营务，从前特派大臣巡阅，后因钦差外出，徒令各省酬应纷繁，于简核究无实济，遇兵部奏请时，即令该督抚就近查阅，以督抚等系本省统辖大臣，重其责成，自当悉心训练，乃伊等因无人纠摘，遂尔视为具文，不实心振刷，以致营务日弛，皆历任督抚玩愒所致。国家设立营制，原以养有勇知方之士，若终年糜饷，徒蓄庸懦无用之人，岂复兵防本意。著饬谕各直省督抚，嗣后务同提镇等，督率将备，加意策励，训练精严，遇当查察时，实力澄汰纠参，毋以虚文塞责，庶为不负任使，倘经此番严饬，仍复不知悛改，日后查出，或别经发觉，必当重治其罪。

营伍 012：乾隆三十五年谕

近来各省营伍废弛，积习罔知悛改，此皆督抚、提镇等，并不加意简练，年来各省营伍，皆派本省总督及兼管提督之巡抚查阅，伊等因系本属之兵，未免心存姑息，不能实力振作，似此日就因循，营政岂可复问，殊不思简派在京大臣，原系定例所当然，特因一时不得可派之人，是以多令各省就近查办，初非专委督抚等，遂听虚应故事，不复留心体查。嗣后务期力改前非，实心振刷，使绿营痛惩恶习，士气改观，庶国家得收养兵诘戎之实济，倘复仍前玩纵，并不谆切教诫，督率员弁，及时操演，一任兵丁等糜饷误公，将来朕或派公忠大臣前往查阅，伊等岂能豫行揣度，而所派大臣又岂敢稍为袒徇，一经查出参劾，朕必将该督等重治其罪，以挽颓风。将此通行传谕，俾知亟图省惕，毋谓不教而诛也。

营伍 013：乾隆三十七年谕

向来各营伍巡阅整饬，乃总督专责，滇省营制，既较他处为繁，且绿营积习委靡，尤须勤加训练，但近年来总督承办边务，不能常驻省城，提督、总兵亦均有差务公出，其各营弁兵等因无大员阅视，操演驯致废弛，甚有关系。嗣后如该督驻扎永昌，及提督、总兵驻防关隘，所有各标协营官兵，即著巡抚于上下半年，随便代为巡查考核，从严甄别，如有应行参劾者，即咨明该督会同具奏。其省城督标及城守营，更为切近，亦即代为董率训练，庶于营务有裨。

营伍 014：乾隆三十九年谕

旗员简用外任，原因绿营弓马平常，令其表率，俾有所观法，咸成劲旅，方为无忝委任，若徒虚糜廉俸，贪逸养安，尚何足为绿营标准乎？嗣后各省绿营旗员，如有弓马生疏废弛营伍者，著解任回京，该部带领引见，再降谕旨，不得复为姑容。

营伍 015：乾隆四十年覆准

各省轮应巡查之年，经钦派督抚大臣等，查出提镇本标所辖将备内，有以营伍废弛参处者，即将该提镇照例降二级留任。至提镇本标所辖将备，如有年力衰颓弓马不堪之员，该提镇即宜随时参处，其不豫行题参，经督抚查阅之时参者，将该提镇均照徇庇例降三级调用。

营伍 016：乾隆四十年奉旨

各省提镇所辖将备，如果年力衰惫，弓马不堪，并不豫行参劾，原应酌予处分，但各标营员甚多，督抚于巡察营务时，必不能不察一二员塞责，若因此一二将备，即将提镇实降，则应降调者岁不知凡几，人材难得，亦属可惜，且恐督抚等因立法过严，虑提镇之轻罹参处，即实遇衰颓庸劣之员，亦竟姑容不劾，日久流弊，转致营伍废弛，甚有关系。著交部另行酌议，不必定以实降处分。钦此。遵旨议定：嗣后督抚查阅营伍时，遇有将备等弓马不堪，年力衰迈，经督抚参劾者，将不豫行揭参之该提镇降二级留任。

营伍 017：乾隆四十三年覆准

嗣后鸟枪兵丁打靶准头及进步连环，责成总兵于每年巡查之时，每兵十名，打靶三十枪全者，并进步连环精熟者为头等，备弁分别记功；著靶在二十五枪以上，并鸟枪连环平顺者为二等，千把记功；其著靶在二十枪以上，及连环合式者为三等，毋庸给赏；其著靶不及二十枪，及连环枪生疏者，分别议处，将管操千总照不操演军士律降二级留任，该营将备降一级留任。总兵巡查事竣，将著靶分数赏罚等第，造册送部查核。至提督本标鸟枪兵丁打靶分数，亦照此例办理。傥提镇不认真查办，将打靶分数，以少报多，以生为熟，已经查出，不据实参奏，将该提镇照捏饰具报例降一级留任。

营伍 018：乾隆四十四年奉旨

校核鸟枪兵丁中靶不及分数之案，若由总督、提督查参者，该管总兵自应照例议处。此案系自行校阅，据实具奏，并自请交部，其诚实尚属可嘉，并无可罪之处。乌大经著毋庸议处，嗣后有自行查奏者，俱著照此案办理。

营伍 019：乾隆四十四年覆准

嗣后绿营操演弓箭，每兵以五箭为率，能中靶三枝以上者为一等，量予奖赏；中靶二枝者为合式，其该管将弁统计所属，每兵十名，中靶合式七名以上者记功，六名者毋庸记予功过，仅止五名而内有二三名列为一等者，亦准其功过相抵。如合式止能及半，并无堪列一等暨不及五名者，将该管官弁照操演鸟枪不及分数之例议处。

营伍 020：乾隆四十四年又覆准

打靶处分，原为整顿营伍起见，但立法过严，转恐营员不能奉行，致起隐讳欺饰之渐。嗣后绿营兵丁操演鸟枪，每十名打靶三十枪，中二十枪以上者列为一等，官弁记功；中靶十五枪以上者列为二等，中靶十枪以上者列为三等，毋庸记予功过；其不及十枪者，将该管官弁职名送部，仍照例分别议处。傥恃打靶之分数过宽，不复实心训练，仍令各该督抚时加详察，一经察出，即行据实参奏，照废弛营伍例革职。

营伍 021：乾隆四十八年议准

黔省添设屯军，责成古州等镇协营武职官员，于农隙时就近点验一次，其督抚、提督每年巡边阅兵之时，即行就近调集试操，如有年力衰惫技艺生疏者，分别更换责惩，该管官弁并予参处。

营伍 022：嘉庆五年谕

直省为京师屏翰，各营兵丁，自应勤加操演，俾将勇兵强，作王畿之捍卫。前因营汛墩台多有坍塌损坏，曾降旨令该督等饬属加意整顿，但修葺墩台，尚可藉口于无款可动，若操演兵丁，岂亦须动用款项乎？此等训练不力各营员，最为锢弊，直省总督等，务须督率将备，力加振奋，认真操演，冀成有用之师，一二年后，必随时特派钦差前往查看，如营伍再不能整齐精练，必将该督抚提镇等一并治罪，断不宽贷。

营伍 023：嘉庆五年又谕

黔省地控苗疆，界连川楚，兵防最关紧要。云贵总督驻扎云南，离黔省较远，其贵州营伍，不能随时校阅，而镇将平日训练之勤惰，亦恐耳目难周。嗣后黔省总兵以下，均著巡抚节制，所有各镇协营官兵，责成该抚随时校阅，如有怠玩废弛，即知会总督分别参革。著为令。

营伍 024：嘉庆六年奏准

各省所属营伍废弛，兼辖、统辖官，知情姑容者降三级调用，失于查察不豫行揭参者降二级留任。

营伍 025：嘉庆六年又奏准

总巡查所属营汛，随带亲标兵丁，如擅役民夫，私受各营供应，除照旧例革职外，若该督提徇庇不行纠参，降三级调用；不能查出者，降一级留任。其各营汛骑射是否优娴，军装器械是否整齐，均出结申送该督提核转报部，如结报不实，将总兵降一级调用，率行核转之提督降一级留任，总督咨送吏部议处。至提督所辖之营汛，自行巡查，如有前项情事，亦照总兵例议处。其驻扎窎远，委附近之副参等官查阅，如有扰累及阅报不实，并率行核转者，俱一例分别议处。

营伍 026：嘉庆六年三奏准

直省设有防兵地方，专汛千把外委等官随时整饬，统辖之副将、参将、游击，兼辖之都司、守备等官，每季巡查一次，倘汛弁草率怠玩，以致营伍废弛，将汛弁照例革职，不行揭参之兼辖、统辖官降二级留任。倘巡查员弁藉端需索，照因公科敛例革职。

营伍 027：嘉庆六年四奏准

应行查阅之省，如官兵调赴军营，一时未能撤回者，即于折内声明，将何省暂停查阅，其存营官兵，仍令督抚提镇不时稽察，如有废弛，即行参奏。

营伍 028：嘉庆六年五奏准

武职官员因公他出，将城守事务交与不应管之人，及上司将城守官弁尽行传去，以致城空，或并非紧要事件，将游击、都司、守备、千总、把总等官，违例滥行差调者，俱降一级留任。若上司差调属员，以致贻误城守者，将滥调之上司革职，属员免议。如不因差调，自行贻误城守者，将本员革职提问。

营伍 029：嘉庆六年六奏准

绿营将备，有因弓马生疏，经该管大臣上司等揭参议处者，照军政纠参才力不及例降二级调用。

营伍 030：嘉庆六年七奏准

督抚、提镇按年轮巡，自行查阅营伍，如有千把总等官年力衰颓，弓马不堪，经督抚、提镇查出参劾者，将不豫行揭报之该管上司降二级留任。

营伍 031：嘉庆十二年议定

兵丁技艺生疏，军装器械不能整齐，旧例止载该管官到任在三月以下者暂行免议，以观后效，其兼统各官不豫行揭参，已有失察处分，并未分别任事月日，应添载兼统各官，如到任在三月以下者不能查出，亦免其失察处分。

营伍 032：嘉庆十二年议准

凡各直省标营库储立限修制各项炮位，均应建置炮车，谨慎盖藏，安置高燥处所，各按应演日期操演。其安设各城门及各海口炮台等处炮位，必须洗演洁净，方可经久，应于每年霜降之前，用火药洗演一次，如有收储不慎及不行洗演，以致起锈渐蚀者，查出题参，将该管官罚俸六月。

营伍 033：道光三年奏定

直省如有地方官员给饷稽迟，营弁侵扣暴虐，以致兵哗，系提督总兵标兵噪变，该管官及提督总兵失察者俱降二级调用。至中军官承理钱粮，如系伊本营兵丁噪变者革职，若别营兵丁因给饷稽迟噪变，查其钱粮，系由中军官承理者，与该管官一体降二级调用，非由中军官承理者免议。如非提督总兵本标所辖，遇有营兵噪变，总兵降一级留任，提督罚俸一年，提督总兵徇隐不行揭参，及揭参不以实者，亦降二级调用。如营兵噪变，该管各官随同附和者，革职治罪。若该管各官，不据实呈明巧饰具报者，俱行革职，营兵唆使兵丁噪变者革职治罪。兵丁鼓噪畏罪脱逃者，失察之该管各官，均降一级留任，总兵罚俸一年。

营伍 034：道光三年又奏定

叛逆案内，如审有在营兵丁随同附和者，将失察之同城该管各官俱革职，不同城之兼辖、统辖各官降二级调用，提督总兵降一级留任。

营伍 035：道光三年三奏定

营汛武弁拿获窃贼，并不移送有司审理，擅自责打致死者革职，兼辖、统辖官降一级留任。

营伍 036：道光三年四奏定

该汛武弁生事扰害百姓，责打民人致死者，革职治罪，兼辖、统辖官失察者降一级调用，总兵降一级留任，提督罚俸一年；未致死者，将该弁革职，兼辖、统辖官失察者降一级留任，总兵罚俸一年，提督罚俸六月。若并未生事扰害，偶因细故责打百姓者，将该弁降二级留任，兼辖、统辖官失察者罚俸一年。

营伍 037：道光三年五奏定

营兵在该管汛地滋事酗酒，寻衅斗殴，扰害百姓，专管官失察者降一级留任，兼辖、统辖官罚俸一年，总兵罚俸六月。若恃强欺压，伙同营兵助殴伤人已经致死者，失察之专管官降二级调用，兼辖、统辖官降一级调用，总兵降一级留任；未经致死者，失察之专管官降一级调用，兼辖、统辖官降一级留任，总兵罚俸一年。若执持军器及鸟枪金刃伤人致死者，失察之专管官革职，兼辖、统辖官均降二级调用，总兵降一级留任，提督罚俸一年；未经致死者，失察之专管官降三级调用，兼辖、统辖官降一级调用，总兵罚俸一年，提督罚俸六月。如有纵容等情，将纵容之员革职提问。

营伍 038：道光三年六奏定

武职专汛官私役兵丁差遣回籍及令他处贸易，以致兵丁在所往地方，生事扰民，专汛官革职。若并未生事扰民，专汛官降二级调用，兼辖、统辖官降二级留任。

营伍 039：道光三年七奏定

武职该管兵役人等，诬拿良民，指为盗贼，私用非刑害人致死者，别经发觉，将失察之该管官革职，兼辖、统辖官降二级调用，总兵降一级留任，提督罚俸一年；如未经致死者，该管官降二级调用，兼辖、统辖官降一级调用，总兵罚俸一年，提督罚俸六月，上司各官查出揭参者免议。该管官自行访获究出，已致死者降二级留任，未致死者免议。如兵丁诬窃为盗及将曾经犯窃之人，指为现在躧缉之强窃盗犯，拷逼教供致死者，将失察之该管官降三级调用；未致死者，降一级调用；如自行查出，已致死者，降一级留任；未致死者免议。

营伍 040：道光三年八奏定

营兵为盗，专管官革职，同城同营之兼辖官降三级调用，统辖官降二级留任，提督总兵罚俸一年，不同城百里以内之兼辖官降二级调用，统辖官降一级留任百里以外之兼辖官降二级留任，统辖官罚俸一年，提督总兵罚俸六月，如系专管官自行查拿究办者均免议。若兵丁为盗，讳饰不报，别经发觉，倒提年月，开除名粮，或捏作平民呈报者，将专管官革职提问。至就抚人丁情愿为民者，听其为民，情愿为兵者，该管官保留为兵，若有为兵之人，复行为盗为窃，将该管兼辖、统辖各官，照营兵为盗为窃例议处。

营伍 041：道光三年九奏定

贴防兵丁为盗者，将被劫地方专汛兼辖统辖各官，照地方失事例议处，领兵贴防官革职，贴防驻扎之兼辖官，同城者降三级调用，统辖官降二级留任，提督总兵罚俸一年，不同城百里以内之兼辖官降二级调用，统辖官降一级留任，百里以外之兼辖官降二级留任，统辖官罚俸一年，提督总兵罚俸六月，如系领兵贴防官自行查拿究办者均免议。若兵丁为盗，讳饰不报，别经发觉，倒提年月，开除名粮，或捏作平民呈报者，将贴防官革职提问。如各营汛弁及随营效力人员，如有勾通贼匪行劫，及纂盗受赃者，即与为盗无异，一经发觉，将该管兼辖、统辖及提督总兵各官，均照贴防兵丁为盗例分别议处。若系提督总兵标下人员，将该提督总兵照该管官例议处。

营伍 042：道光三年十奏定

营兵窝隐盗贼及豢盗受赃漏信脱逃者，失察之专管官革职，兼辖官同城者降二级调用，不同城者降一级调用，统辖官降一级留任。如该管各官明知曲纵，不行查究者，革职治罪，兼辖、统辖官照讳盗例分别议处。营兵窝窃受赃者，该管官降一级调用，兼辖官降一级留任，统辖官罚俸六月，若该管官自行查拿究办者均免议。若兵丁窝盗受赃等事月日，在该管各因公他出之前，事发于公出之后，亦照此例议处。如在管官公出之后，事发于未回之前者，俱免议。

营伍 043：道光三年十一奏定

在营食粮兵丁犯命案事件，专汛官即能拿送有司审理者降一级留任，如凶犯脱逃，将专汛官降一级调用，逃兵令接署接任官，协同文职限一年缉拿，限满不获，罚俸一年。其兵丁于未经犯事之先革退，名字编入里甲有案者，听地方文职缉拿，武职免其协缉。如别营兵丁犯命案脱逃，邻境员弁有能拿获者，每名纪录一次。

营伍 044：道光三年十二奏定

各直省拣发人员，有弓马生疏不谙营伍者，旗员饬令回旗，汉员分别降级休致。

营伍 045：道光三年十三奏定

绿营将备有不练习弓马以致生疏，经该管大臣上司等揭参送部议处者，降二级调用。

营伍 046：道光十四年奏准

营兵有犯违禁，经有司官拘责，同营兵丁率众赴署滋闹，将不能约束之专管官革职，失察之兼辖官降一级留任，统辖官罚俸一年。

营伍 047：道光十七年谕

御史刘梦兰奏：外省绿营兵丁，多染吸食鸦片习气，请饬查办等语。国家设立营伍，训练兵丁，原期悉成劲旅，巡防御侮，方能得力。道光十二年间，连州瑶匪滋事一案，因兵丁吸食鸦片烟，临时不能得力，降旨将李鸿宾、刘荣庆革职发遣，用昭炯戒。若如该御史所奏，近来各省兵丁，多染此习，积重难返，虚糜粮饷，是此风尚未尽戢，若不严行查禁，何以肃营务而励戎行？著各直省督抚提镇振刷精神，加意整饬，申明律令，严行访拿，该兵丁等有犯此弊者，即著按名裁革，照律惩办，各营员弁如有染此习气者，亦著严行参办，毋稍徇纵。

营伍 048：道光二十八年谕

前据兵部奏陈水陆各营积弊，并酌定劝惩章程一折，当交军机大臣悉心核议具奏。兹据该大臣等分别准驳，拟议覆奏，国家设立营伍，原以卫民，必须积弊尽除，劝惩互用，方足以资整饬，水陆各营武弁恶习，但知克扣利己，不畏参罚，如遇情节较重，仅止照例革职，该武弁等囊橐已充，转置身事外，殊不足以示惩儆。嗣后于奏参各案，遇有舞弊营私情节较重者，著加枷号，或发遣军台，或遣戍新疆，由各该督抚分别定拟具奏。至惩创业经加重，奖励自宜从优，向例副将以下官员，拿获邻境盗犯至三名以上，准送部引见，惟该武弁等每因筹费维艰，但求外奖，不愿送部，遂不肯实力巡缉，又或明知本境盗犯，并无议叙，竟置应缉之犯于不问，缉捕疏懈，安能期其得力。嗣后水师将备直班巡洋，能于轮巡期内，无论邻境本境，拿获斩枭斩决洋盗四名以上，陆路将备拿获邻境斩枭斩决盗犯四名以上，均准各该督抚会同提督奏明，遇有应升之缺，即行升用，先换顶戴，毋庸送部引见，俟补缺时再行送部。至水陆将弁，实在得力之员，原宜保举示奖，然以每年年终保奏为定例，始而尚觉认真，继而遂成具文，渐至滥竽充数，钻营奔竞，流弊甚多，于营伍殊属无益。嗣后遇有谙习营务，缉捕勤能，或管兵严明，实心训练，均确有实据者，准各该督抚会同提督，秉公核实，随时专折保奏，候旨定夺，所有兵部原请年终保奏之处，著毋庸议。至每届五年特派大臣查阅营伍之时，弁兵技艺，均应校阅，其抽拨查阅之营，亦必将弁兵各项技艺，认真考校，定其优劣，其才具平庸者即行参奏，若有操兵认真人才出众之员，著准其据实保奏，以昭激劝。至各营枪靶箭靶，亦应明定远近章程，以防弊混，嗣后操演抬枪抬炮，立靶著以一百五十弓为率，一人施放鸟枪以八十弓为率，步箭以三十弓为率，各直省将弁兵丁，务当恪遵功令，如法练习，操演之时，各该管官必应亲自履勘，按例设靶，一经查有任意加高加宽及改近情弊，立即惩办，毋稍宽贷。

营伍 049：咸丰三年谕

各直省陆营额设兵数，统计六十余万之多，如果该管各官认真训练，俾技艺日精，自足备干城之选。现在逆氛未靖，各省官兵，俱有征调，而存营兵丁尚复不少，著各该督抚、提镇严饬各营将弁，将存营官兵裁汰老弱，挑选精壮，定期分练合操，其应差兵丁，亦必照常操演，仍由各督抚、提镇颁给章程，明示赏罚，每月委员会同校阅，傥有老弱充数，技艺生疏，或查有空粮情弊，即著从严参办，毋稍瞻徇。其各省驻防官兵，著一律照此办理。

营伍 050：咸丰五年题准

内外武职各官，业经派定统带征兵，始行告病呈请解任，虽经委验属实者革职，身兼世职一并革退另袭。

营伍 051：同治元年谕

兵部奏：请饬各省督抚及各路统兵大臣，按期具报兵勇数目一折。各省兵额，例于年终题报到部，岂得藉词军务未平，延不造报，任令提镇协营互相徇隐。现据该部奏称，除湖北、四川两省依限题到外，其余各省均未依限造报，实属疲玩已极。嗣后各省督抚，务须痛除积习，将存营出师各兵数，核实稽察，按限造报，傥再任意迟延，即由该部奏参，将该督抚及各营员从严议处，以警玩泄。

营伍 052：同治八年奏准

军营派员招勇，不能慎选贤能，致勇丁沿途结伙肆抢杀人，该管带官讯无纵容情事，止系不能钤束者，管带官递籍管束，不准再行投营，蒙混开复，其原营选择不慎之该管大员革职留任。

考察〔例29条〕

考察 001：原定

军政五年举行一次，将上届军政以后所行之事并事故，详行开注，副将以下各官，属总兵官管辖者，总兵官注考，不属总兵官管辖者，该副将、参将等官注考。其注考时，将各官履历贤否实迹造具清册，填入考语，径送督提等，再详加考核，确定去留，造册密封送部。其应自陈之提督、总兵官，与各官文册起送之日，一并自陈。在内銮仪卫汉銮仪使，令其自陈，冠军使以下、整仪尉以上等官，由满汉堂官注考，造册密封送部。巡捕三营，乾隆四十六年奏准，添设巡捕五营，将备及各门千总，由步军统领注考，造册密封送部。直省卫所经管钱粮各官，由布政使司及粮道详注考语，密呈督抚，督抚再详加考核，造册密封送部。

考察 002：康熙十一年议准

军政考语，含糊参差，及将应注考者不注，不应注者注考，或开报年岁不符，并失注去留者，督抚、提镇罚俸六月，申报之该管官罚俸一年。

考察 003：康熙三十六年谕

军政大典，五年一举，所以黜陟将弁，砥砺官方，使贤者知劝，而不肖者知儆，关系綦重。每见督抚、提镇不能实心奉行，辄向所属需索部费，恣意诛求，因而将弁以下，节次侵削，重为兵害。至于所举所劾，或瞻徇情面，或曲庇私交，将扣克额饷，虚冒兵粮，滥受馈遗，虐取规例，委系贪酷及衰懦阘茸不能骑射之人，不行纠劾，止将微员细事，草率塞责，以致贪婪庸劣之辈，无所戒惩，而守法奉公，宣劳尽职者，抑遏不扬，无所激劝，殊负朝廷旌别淑慝之意。可即通行各督抚、提镇，此次举行军政，务矢公矢慎，力破积弊，俾举一人众皆以为贤，劾一人众皆以为不肖，庶激扬咸当，而国家允收得人之效，倘因仍陋习，不知悛改，后有发觉，定将该管官，一并从重治罪。

考察 004：康熙三十六年议准

官员值军政之年，有藉端科敛者，革职提问，若该管官知而隐匿不揭报者革职，如已经揭报，该提镇不题参者降五级调用。

考察 005：雍正元年谕

五年举行军政，其居官优者列为卓异，劣者分别重轻，置之八法，所以澄叙官方，劝善惩过，典至重也。朕思卓异八法，所举所劾不过十数人，而平等供职，不列举劾者尚多，如武官骑射之优劣，训练之勤惰，皆未填注考语，是考课尚有遗漏之处也。嗣后军政除卓异八法，照旧例举行外，其平等官员，自守备以上，皆于军政之年，令督抚、提镇注明考语，造册详报兵部，务期秉公核实，不得徇情任意，颠倒是非。

考察 006：雍正元年议准

不入举劾武官，自守备以上，详开履历，造具文册，并将该员散给兵饷，训练营伍，骑射年力，缉盗安民各如何之处，由该管官详细填注考语。至卫所官经手钱粮，有无亏空，及办事勤惰之处，亦令该管官详细填注考语，造册送部，以凭考核。

考察 007：雍正五年奉旨

向来军政之年，该管官往往以千把总举劾塞责，似此微员，优者可以随时拔用，劣者原可咨部斥革，何必待五年军政之时。嗣后千把总于军政举劾之处，著停止。

考察 008：乾隆六年奏准

京口、福州、广州将军所辖旗员军政，仍照八旗军政例遵行外，其所辖绿营各官，遇军政之年，照提督之例办理，有应议者亦照提督之例议处。

考察 009：乾隆六年又议准

军政注考违例，若不由该管官申报，系督抚、提镇自行填注者，照申报官例议处。如将举劾官合为一本具题者，该督抚、提镇罚俸一年。

考察 010：乾隆七年谕

各省军政，五年一举，乃黜陟将弁鼓励戎行之要务，为督抚提镇者，留意于平时，而举行于此日，必公正无私，甄别允当，举所当举而众人皆知奋兴，劾所当劾而众人皆知儆戒，将见人材辈出，士气益励，国家于以收干城腹心之效，所关匪浅鲜也。昔我皇祖、皇考，加意武备，训谕谆谆，其因举劾不公，降旨申饬，至严且切。今当军政之期，傥司其事者，或瞻徇情面，庇护私人，将居官贪劣及衰懦阘茸不能骑射之人，姑容在职，止将微末员弁数人填注充数，而使技勇过人，劳绩素著，或秉性质朴，实心效力者，遏抑隐藏，无所表见，则赏罚不明，贤否倒置，人心懈怠，戎政废弛，重负朝廷委任之意，其罪不可逭矣。用是特颁此旨，务各洗心涤虑，将从前情弊陋习，一一屏除，以肃钜典，傥有仍蹈前辙者，经朕访闻，或被科道纠参，必当加以严谴。

考察 011：乾隆二十七年议准

嗣后绿营千总，一体入于军政，将历俸三年，堪膺保荐者，送部引见；寻常供职者，照例填注考语，造册送部查核；八法人员通为一本参奏，照例议处；其引见人员，于奉旨准其卓异后注册。

考察 012：乾隆二十七年又议准

卫所守备千总，五年军政，令粮道与藩司各出考语，同注军政册内，详送漕抚二臣，详核具题。

考察 013：乾隆三十一年议准

卫所守备、千总，五年军政，令粮道详核，申送漕臣细加甄别，会同督抚具题。

考察 014：乾隆六十年奏准

各省甄别千总，年终汇咨，如果无衰庸恋缺应行甄别之处，令该督抚等将有无参劾缘由，声明具奏，其奏明无可参劾省分，或别案究出衰庸贻误者，将该督提等严加议处。

考察 015：乾隆六十年又奏准

各省千总年逾六十，尚堪供职者，展至六十三岁，再行甄别，仍可留任者，送部引见，恭候钦定。如年力就衰之员，滥行送部，将该督抚提镇严加议处。至卫所千总亦照此例行。

考察 016：嘉庆六年奏准

卫千总分别营卫后，三年甄别一次，该漕督考验年力精强，办事熟悉，弓马可观者，留任候升；年力尚壮，办事熟谙，弓马平庸者，留任停升；年至六十三岁，精力就衰者休致；精力壮健，漕运得力者，送部引见，可否留任，恭候钦定。其候推及留任千总二次甄别，均照营千总二次甄别之例办理。

考察 017：嘉庆九年谕

前闻张承勋年老有疾，当经降旨将明俊补放杭州将军，令张承勋来京授为散秩大臣。本日张承勋到京，即奏称途次感受风寒，不能见面，乞假数月，在家调养，可见张承勋老病属实，若无调回之旨，仍在杭州观望逗遛，必致误事而后已。从前如提督珠隆阿、藩司姜开阳等，俱经朕访知年力衰迈，谕令开缺来京，珠隆阿果属龙钟，姜开阳旋即病故，岂此等衰老之员，必待朕一一访闻，酌量更换耶。各省督抚、将军、都统、提镇及藩臬大员，俱有地方营伍专责，安可容衰病人员，日久恋栈，致有贻误，蒙混君上，市恩僚佐，不顾公事，惟博私恩，若本人自揣精力不能胜任，即应具折陈明，而同城官员，见闻更确，尤当随时奏闻。乃近日相率姑容，即经朕降旨询问，仍复含混其词，不肯遽行参奏，试思大员衰老多病，众所共见，犹复曲为容隐，其官阶较小各员，老病恋职，及年虽强壮不能任事，声名平常者，更不知姑容几许，于吏治官方，大有关系。嗣后各督抚、将军、都统、提镇等，各发天良，于所属各员留心查察外，其同城文武大员，遇有年老多病及官声平常者，俱著据实具奏，倘仍前徇隐袒护，经朕访闻确切，必当一并究治，决不宽贷。

考察 018：嘉庆十二年奏准

凡官员甄别时，呈报考验迟延，按其违限月日，酌量分析议处。各省副将以下，千总以上官员，如遇甄别之年，期限届满，即行呈报考验，该管上司亦即随时考察，分别应保应留，或应参劾，详请报部核办。如本员并不呈请考验，迟延三月以上者罚俸六月，半年以上者罚俸九月，一年以上者罚俸一年。该管上司未能查出调考属员呈报迟延，三月以上者罚俸三月，半年以上者罚俸六月，一年以上者罚俸九月，其已经查出调考者免议。若本官有因年衰技疏，希图恋栈，规避考验，不行呈报，经该管上司查出调考者，照规避例革职。

考察019：嘉庆二十三年谕

孙玉庭奏：嘉庆二十二年分，届应举行计典军政，会商江苏、安徽、江西巡抚，将应举应劾各员，具本分题，各省藩臬两司填注切实考语，同所辖六镇开列等第，照例造册咨部汇办，所有各员密考，应请毋庸具奏等语。所奏非是，向例各省督抚于年终将所属藩臬、道府及总兵出具考语，开单密奏，朕将原单存留，以备随时披览，与三年大计军政举劾各员，将藩臬总兵考语履历造册咨部汇奏者，本属两事，兹该督因举行计典军政，即请将江苏等三省司道知府及总兵年终密考，毋庸具奏，实属错误。孙玉庭著传旨申饬，所有江苏、安徽、江西两司道府及总兵各员，著该督迅即出具切实考语，密行陈奏。

考察020：道光三年谕

兵部议覆云贵总督明山等奏黔省随营世职，赴滇考验，请就近交贵州巡抚甄别一折。黔省云骑尉、恩骑尉各世职，向例于未经补缺之前，每届三年甄别，均归总督考验，惟该省各标协营距滇遥远，该世职等长途跋涉，需费较艰，自应量加体恤，以归简易，著照部议，准将云骑尉、恩骑尉各世职，三年甄别，俱由贵州巡抚就近考验弓马，分别应留应斥，据实报部。至云骑尉拣选补缺，仍著赴滇交总督考校；恩骑尉应补千总，著照各营千总补缺之例，以营分远近，归巡抚提督考拔。此外两江、闽浙、两广、湖广、陕甘等省随营世职，有与总督所驻省分较远者，著各该督抚体察情形，悉心筹议，具奏到日，交部再行核办。

考察021：道光三年又谕

兵部议覆孙玉庭等奏江苏等省世职人员，各就本省考验甄别一折。江苏、安徽两省云骑尉、恩骑尉世职人员，于未经得缺之前，每届三年甄别，仍照例隶督标者归总督考验，隶抚标者归巡抚考验。其安徽省隶各镇协标之随营世职，相距总督驻扎处所，本属隔省，往返较远，该省巡抚兼提督衔，嗣后该世职等三年甄别，著照云贵等省之例，准其改归安徽巡抚，就近考验弓马，据实甄别报部，仍令该抚移咨总督查核。至江苏省提督驻扎松江，凡附近提督镇协营分，著即就近由提督考验甄别，移咨总督察核报部，其附近总督镇协各营，如隶提标之江宁城守协，并京口协镇江扬州等营，均距总督衙门甚近，若令前赴松江考验，再送总督衙门甄别，往返千余里，殊滋劳费，著即径送总督考验甄别，知照提督备案，不必因隶提标，再由提督考转。其云骑尉补缺，仍照例由总督考选，恩骑尉例拔千总仍视营分远近，分别各归督抚就近考拔，以昭核实。

考察 022：道光八年谕

各卫所守备、千总等官，办理漕运事务，虽与绿营专事操防者不同，但究系武职，平日自当练习弓马，不惟该管上司例应考验，其引见赴部时，该部亦必先行堂考，于绿头牌内填注，遇有技艺生疏者，应即扣除。昨兵部将选补江苏兴武卫五帮领运千总崔廷兰带领引见，该弁一经开弓，即将箭放落地，实由平时全不演习，本应即行斥革，念其年力正强，著降为把总，交直隶总督留营学习当差。此次兵部考验之堂官，著查取职名，交吏部照例议处。嗣后该部每遇堂考，务宜认真校阅，详加甄别，毋得虚应故事，稍涉姑容。

考察 023：道光八年又谕

穆兰岱奏：请与西宁镇一体校阅营伍一折。西宁办事大臣，向遇军政之年，会同该督出考举劾，并不阅看官弁骑射，平时亦不督同操演，兹穆兰岱因接奉前此训饬新疆各城大臣勤加操练谕旨，请督同西宁镇一体阅伍，尚为核实起见。著照所请，准其督同该镇随时勤加训练，每遇军政之年，阅看副将以下官弁骑射，再行出考，以符名实。

考察 024：道光二十五年谕

向来武职引见人员，弓箭生疏，降旨将原保官交部议处，吏部议以降留，兵部议以降调，殊不画一。嗣后俱著定以降一级留任，可否准其抵销，声明请旨。

考察 025：道光三十年谕

直省司道府厅州县以及营伍员弁内，各督抚见闻所及，随时察看，自必知之最悉，如查有才德兼优，诚心任事，确有实据者，著出具切实考语，秉公具折酌保数员，候朕简用。履任后除公罪不论外，如有作奸犯科，身罹私罪，惟该保之督抚是问。如有贪婪不法，以刻为明，或年老昏愦不能办事者，亦著据实参奏，不准姑容。

考察 026：咸丰三年谕

詹事府赞善清安奏：军营获罪发遣劣员，不准逗遛，并请饬令地方大吏，严加考核以儆官邪等语。军兴以来，地方文武各员，不能先事筹防，以致逆匪经过地方，惨遭蹂躏，其武职将弁，平日既懈于操防，临时又毫无布置，积习相沿，实堪痛恨。总由各该省督抚大吏，平时瞻徇情面，不能认真考核属员，任令贪劣无能之辈，滥竽充数，及至贻误事机，即将该员等从重治罪，于事何济。著各省督抚于该管文武各员，随时严加考察，如有庸懦不职者，即行据实严参，毋稍徇隐。至军营失事各员，业经定罪发遣，著于奉旨后迅速起解，不准藉词逗遛，以肃军律而昭炯戒。

考察 027：咸丰三年议准

各直省绿营春秋两操，自副将以下，大小各官，均须兼阅枪炮，不得专视弓箭优劣，以定弃取，每员演放以三枪三炮为出数，中一枪一炮为合式，两枪两炮以上为有准，需用铅丸火药，由官弁自行备办。如有训练不精，施放无准者，该督抚即据实参劾，并将各员弁枪炮出数，造册咨部查核。

考察028：咸丰六年谕

王懿德年终密考单内奏称：提督李廷钰精力尚健，韬略素娴，惟二年之内，未经出洋等语。李廷钰系浙江提督任内获咎人员，前因剿办本省匪徒，克复厦门，著有劳绩，是以弃瑕录用。巡查洋面，乃水师提督专责，何以该员二年以来并未出洋，是否精力就衰，抑或性耽安逸，现当查拿艇匪海防吃紧之际，李廷钰于提督重任，能否胜任，著王懿德详细察看，据实具奏，毋稍徇隐。

考察029：光绪九年奏准

军营打仗受伤员弁，不能射箭者，查验实系手足重伤，准予请免骑射，傥有捏饰情弊，将本官及验看出结之员，代为奏请之督抚大臣，照告病不实例分别议处。所有请免骑射各员弁，俱令改练枪炮，凡遇军政阅伍及一切操练，亦均考验枪炮，傥演习不精，照弓马生疏例奏参惩处。其送部引见者，照水师章程，二、五、八、十一等月，二十八日考验之期，先期给咨赴部，由钦派大臣会同兵部考验枪炮，如不能合式，将该员咨回本省，勒限演习，并将保送之督抚提镇议处。其考验合式者，兵部带领引见，于绿头牌内详细声明，恭候钦定。

军政卓异〔例11条〕

卓异001：顺治十二年题准

绿营军政卓异各官，必须才技优长，年力精壮，驭兵有术，纪律严肃，给饷无虚，兵民相安，食俸已满三年者，方准以卓异具题，由部院核覆，其与例相符，应准卓异之人，如系游击以上各官，引见未满三年者，由部具奏请旨，不必送部引见。至引见已过三年，及未经引见，并都司以下引见未满三年者，均令送部引见后，以卓异注册。若不候部院题覆，遽行赴部者，给咨之督抚、提镇，罚俸六月。

卓异002：顺治十二年议准

武职军政卓异，必须详慎，方足以符钜典。如将有盗案之官保荐者，督抚、提镇各罚俸六月，申报之该管官罚俸一年。

卓异003：康熙二十三年议准

督抚、提镇滥将匪人徇情荐举者，降二级调用，申报之该管官降三级调用。

卓异004：雍正六年议准

卓异之官，原任内有贪酷不法，原荐举官即行揭报题参者免议，如不揭报题参，将原荐举之督抚、提镇降五级调用，副参游等官皆革职。若卓异后，或回本任，或升转他省，别犯贪赃不法之款审实者，其原荐举各官，仍与卓异之官同在一省，未败露之先，查出揭参者免其处分，若不揭报题参，将督抚、提镇降二级调用，副参游等官降三级调用；原荐举各官，已不与卓异之官同在一省，于贪赃不法之处，无从揭报题参者，将督抚、提镇降一级调用，副参游等官降二级调用。此等皆降实级，任内虽有加级、荐纪、军功、卓异、即升，不准抵销。

卓异005：雍正十二年谕

各省卓异人员，均有现任地方之责，每当大计之年，理应先行具本，候旨交部院察议，其与例相符，应准卓异者，奏闻令其来京引见；其与例不符，不准卓异者，候朕酌量，应令引见与否，再降谕旨。如此则地方事务不致废弛，而与例不符之人，亦不徒费往返。永著为令。

卓异006：乾隆五十一年奏准

五年军政，武职荐举计缺定额，巡捕营荐守备以上二员，千总一员；直隶省荐守备以上八员，千总四员；山东省荐守备以上三员，千总一员；山西省荐守备以上四员，千总二员；河南省荐守备以上二员，千总一员；江南省荐守备以上六员，千总三员；江南河标〔今裁〕荐守备以上二员，千总一员；漕标卫所荐守备二员，千总六员；江西省荐守备以上三员，千总一员；浙江省荐守备以上六员，千总三员；福建省荐守备以上七员，千总四员；广东省荐守备以上九员，千总四员；广西省荐守备以上四员，千总二员；湖南省荐守备以上四员，千总二员；湖北省荐守备以上三员，千总一员；陕西省荐守备以上六员，千总二员；甘肃省荐守备以上九员，千总三员；云南省荐守备以上五员，千总二员；贵州省荐守备以上六员，千总三员；四川省荐守备以上五员，千总三员；河东河标荐一员，怀豫二河营荐一员，漕标营荐一员，西安将军标荐一员，伊犁将军标荐一员，成都将军标荐一员。又，各处驻扎屯田绿营武职，乌里雅苏台、科布多、乌什、吐鲁番、叶尔羌、英吉沙尔、库车、喀什噶尔、和阗、古城、喀喇沙尔、塔尔巴哈台、阿克苏、赛里木拜城、伊犁铅厂，以上各处驻扎屯田官员内，果有人材出众者，荐举一员。

卓异007：乾隆五十二年奏准

卓异在俸满以后，并甄别拔置题补即用，及仍留候升各项千总，均系业经引见之员，毋庸再行送部。

卓异008：嘉庆十四年覆准

湖南省苗疆处所，添设屯守备、千总等官十二员，为数无多，毋庸计缺定额，其举行军政之处，归入该省营员额缺之内一体办理。

卓异009：嘉庆十七年题准

陕西西安军标三营改为西安镇，其举行军政，陕西省各营额设副参游都守等官，共一百四十余员，按例应额荐七员，通省向准荐六员，旧制军标原准荐举一人，今改为西安镇，应统归陕省各标镇营将备等官项内酌定，以符定额。

卓异 010：嘉庆十七年又题准

卓异人员，续有题升推升等项，均归入卓异案内，给咨送部，此系激扬大典，如给咨文内有遗漏"卓异"字样者，将经手遗漏之员议处。

卓异 011：嘉庆十七年三题准

军政之年，各省提督、总兵等将履历事实造册，于十月内送部，如不遵照例限送部者，将该提督、总兵，照违令公罪律，罚俸九月。

军政纠劾〔例 14 条〕

纠劾 001：雍正元年议准

军政八法，除贪酷不谨外，其余纠参各官，有曾经出征受伤立功，若例应革职者，仍给本身空衔；例应休致降调者，令子弟一人入伍食粮。

纠劾 002：乾隆二年议准

军政年老各官内，如从前曾经出征效力，今系年老衰迈实难胜任者，准以原品休致，令子弟一人入伍食粮，如无子弟，给守粮一分，以资养赡。其年齿虽老，而精力未甚衰惫，尚可办事者，该督抚、提镇酌量仍留原任，或行调简，俾效力之人，不致因年老失所。

纠劾 003：乾隆五年谕

绿旗武职军政年老各官，前降旨将曾经出征效力者，准其原品休致，令子弟一人入伍食粮，如无子弟，给守粮一分，以资养赡。至军政有疾，曾经出征受伤得功之人，虽有子弟食粮之例，其无子弟者尚未议给养赡，并著议给。再，有疾各官，曾经出征效力之人，有以老病告休者，因未届军政之年，转不得援养赡之例，情殊可悯。嗣后各省除副参等大员外，都守以下各官，有以老病告休者，著该督抚、提镇，核明该员实有出征效力之处，于题咨内分别声明，亦照军政年老有疾之例，一体加恩优恤。

纠劾 004：乾隆六年奏准。

军政八法，除贪酷不谨悉行议革外，其罢软官，有曾经出征受伤立功者，给予本身空衔；年老官，有曾经效力，今衰惫不能胜任，准原品休致，有子弟者，令一人入伍食粮，无子弟者，给守粮一分，以资养赡，若精力未甚衰惫，或留任，或调简，该督抚、提镇酌量请旨遵行。有疾官，曾经出征效力者，准以原品休致，有子弟者，令一人入伍食粮，无子弟者，给守粮一分。至满洲蒙古汉军外任营官，如遇军政填注老疾，曾经出征受伤及得有功牌者，仍照在旗武职老疾休致之例，分别优恤。

纠劾 005：乾隆十年谕

向例军政纠参年老有疾休致各官，及都守以下老病告休者，如曾经出征，准令子弟一人入伍食粮，如无子弟，给守粮一分，以资养赡。其各省甄别候补守备之年满千总，因年力就衰，咨部休致者，亦照此例办理，如因人材平常，弓马生疏，则例不准给，朕思此内不无曾经出征著有勤劳之人，应一并加恩以示优恤。嗣后著该督抚等核明实有出征效力之处，于题咨内声明，亦照前例准令子弟一人入伍，无子弟者，给守粮一分，俾不致于失所。

纠劾 006：乾隆二十三年议准

满洲蒙古汉军人等，身任绿营，如遇军政参劾曾经出征打仗受伤及有功牌者，俱照绿营之例办理。

纠劾 007：乾隆二十六年奏准

军政入于计典官员，如有情愿赴部，该总督、巡抚、提督、总兵掯不给咨，勒令回籍者，许其呈明原籍总督、巡抚、提督、总兵，给咨赴部引见。

纠劾 008：乾隆二十六年又奏准

军政参劾人员，情属冤抑，及避重就轻等弊发觉，将该总督、巡抚、提督、总兵降一级调用，原报之兼辖等官各降二级调用。其平时特参官员，有浮躁才力不及等款者，亦照此例行。

纠劾 009：乾隆二十六年三奏准

将廉能官员屈为贪劣，题参审问涉虚者，原揭之该管等官降二级调用，总督、巡抚、提督、总兵各降一级调用。

纠劾 010：乾隆三十九年奏准

军政纠参罢软年老有疾官员，无论曾否出兵，仍照例革职勒休。

纠劾 011：嘉庆六年奏准

军政案内休革千把外委，虽经出师打仗受伤，毋庸给予养赡。

纠劾 012：嘉庆八年谕

各省军政，关系激扬钜典，向来六法劾参人员，循例引见者，均系按例降革勒休，原以甄别人材，责成既专，自当照议黜陟，以示劝惩。昨日兵部带领武职官员引见内，有劾参有疾之原任湖南岳州卫守备周岱暄，参劾罢软之原任山西吉州营千总许大诏，均系军政案内应劾之员，本应照例休致革职，朕以该二员从前在河南湖北军营曾经出力，且所参系有疾罢软，尚无别项劣款，特降旨将周岱暄以千总补用，许大诏以把总补用，此系朕轸念微劳，格外施恩，非可援以为例。此后军政被参之员，不得妄思侥幸也。

纠劾 013：嘉庆十二年奏准

凡军政举劾案内，劾参有疾休致续经调治痊愈者，照随时休致之例，于正项之外，加十分之五，准其捐复。又，满汉武职革职离任等官，有情愿捐复原衔者，准其报捐。至军政举劾六法各官，例不准其捐复原衔，但此项人员，究无奸赃情罪，仍准其捐复原衔。

纠劾 014：道光九年奏准

军政计典勒休官员，身兼世职系世袭罔替者，兵部行令该督抚查明应袭之人，另行承袭。如该休员有不甘废弃，情愿赴部，经兵部带领引见，奉旨加恩降等录用者，其从前身兼世职，准其留于本身兼袭，支食世职全俸，毋庸开缺另袭。

武职荐举〔例 21 条〕

武荐 001：原定

直省总兵官不准荐举，其副将、参将、游击、都司、守备，每二年半荐举一次，陕西荐举五人，直隶、江南、福建、浙江、湖广、四川、广东各荐举四人，山东、山西、江西、广西、云南、贵州各荐举三人，河南荐举二人，必才技优长，年力精壮，驭兵有术，纪律严肃，给饷无虚，兵民相安者，各按省分额数荐举，准其纪录一次。如无贤能之员，即停其荐举。若将有盗案之人荐举，及荐举后现任内有劣迹发觉，将原荐举官皆照军政例议处。当荐举时，如有劣员一并纠参，照军政八法例分别议处。

武荐 002：康熙三十七年议准

若遇军政之年，将举劾停止。

武荐 003：乾隆十一年议准

漕运总督于二年半举劾标员之外，又别将各省沿途催漕各官举劾，但催漕各官，该本省既有二年半举劾之例，自应归各本省督抚、提镇举劾，若漕运总督复行举劾，事属重复，应行停止。

武荐 004：嘉庆五年奏准

直省武职二年半应荐举一次，副将以下，守备以上，令该督抚等悉心详查，实有贤能出色之员，任内并无违碍者，每省准其荐举一二人，专疏保题，给咨送部引见，如奉旨准其荐举，回任候升。

武荐 005：嘉庆十九年谕

章煦等奏：查明同兴前在军营保举文武各员，办理草率，有劳绩相同而弃取互异者，开单请旨饬询等语。朕前谕令章煦等密查同兴前在军营保举各员弁，有无冒滥不公之处，原恐其有听情受贿等弊，即当治伊之罪，此时若据所开已未保举名单，将同兴传至军机处按名询问，伊不过饰言恐人数太多，难以入奏，或托言一时查访未确，记忆不真，安能得其实据，治以重罪，仍著章煦将同兴所保各员，向东省官吏密查，如有受贿情弊，即据实参奏，再行治罪。至副将宁德办事不公，已明降谕旨，将宁德拔去花翎，交部议处。该副将既经同兴派充翼长，总理营务，军营所保将弁，皆由伊登记册报，更难保无听受贿嘱之事，著再行确查，据实严参，毋稍徇纵。其武职内如杀贼九名擒贼三名之阿纳布，杀贼七名擒贼三名之成顺等，著章煦再询访众论，如劳绩属实，前为同兴所屈抑，该署抚即据实续行保奏，照佐领苏珲请赏蓝翎之例，恳恩奖励，以昭平允。

武荐 006：嘉庆二十年谕

嗣后王大臣验放俸满卫千总，除弓马平常者，仍以卫缺用外，其年力精壮，弓马可观者，即于折内声明请旨以营缺录用。

武荐 007：道光三年谕

陶澍奏：保举副将堪胜总兵一折。前因陆路总兵简放乏人，降旨令各该督抚于所辖副将内保奏送部以备录用。兹据该抚奏称：安徽省现任安庆营副将长喜，堪胜陆路总兵，请俟历俸三年，再行送部。长喜系道光元年六月内补授该协副将，莅任仅逾两载，遽膺专阃之寄，未免过骤，此奏不可行，长喜毋庸送部引见。

武荐 008：道光七年谕

昨日兵部带领引见人员内，豫行保举之云南东川营左军千总谢安邦，箭不到靶，其平日才技已可概见。谢安邦著不准其豫保注册，并即降为把总以观后效。前署云贵总督伊里布将此等技艺生疏之弁，滥行保举，著交部议处。各省豫保人员以备升用，不可不加意慎重，若技庸者得列荐章，必至技优者转多屈抑，何以整营伍而励人材。嗣后各省豫保武职，务须认真遴举，择其年力精壮，才技优娴，不得任意滥保，如再有似此等庸劣之人，必将该员即行革职，所保之上司交部严议。

武荐 009：道光九年奏准

江西抚标中军参将，广信营参将，铅山营、浮梁营、永新营各都司，九江镇标后营守备缺出，该总督巡抚于通省参将、都司、守备内拣选合例之员，题请调补。如所调之员不能抚绥地方，安辑棚民者，将该管上司降一级调用。凡有棚民各省调补营缺，如拣选未协，照此办理。

武荐 010：道光十二年谕

著兵部传知各省将军等，嗣后保送堪胜绿营都司等官，俱著自春间开印后起至九月止，送部引见，候朕阅射布靶，观其挽强命中之能，以拔真才而修武备。

武荐 011：道光十二年奏准

江南、浙江、福建、广东、山东武进士并候补候选等官，有熟习水性，愿改外海水师者，均呈明该督抚豫先列名咨部，饬令出巡将备带赴外洋试验，定以一年为期，所有带验出洋月日，经过地方，该将备出具印结详悉开载，并令该管总兵于巡洋时，将该员随带出洋，亲加考验，果否谙习水师，不畏风涛，加具保结，报明督抚认真稽核，并报部备查。果能熟谙水性，擒贼立功者，由该督抚保题送部引见叙用；其有不谙水师者，即将该员照蒙混具呈例降一级调用。若各省陆路改用水师人员，呈明该督抚豫先列名咨部，发交出洋试验，亦定以一年为期，如果谙习，悉照候补候选呈改等官，由出巡将备及该管总兵，一律加具印结题请改补，业经题补之后，仍复勤加考察，傥于外海不宜，即随时甄汰，照例议处，并将冒昧出结之原验官降一级调用，率行题改之督抚交吏部议处。至世职云骑尉、恩骑尉并随营武举，有愿改外海水师者，于发标学习时，即呈明督抚豫先列名咨部，分派外海各营，随同出洋巡哨，扣满三年，果能熟谙水性，擒贼立功者，该督抚悉照候补候选呈改等官，一律取具带验出洋镇将印保各结，分别结送部引见，咨留补用。如试验时，查有不谙水务，及准改补缺后，傥于外海不宜者，亦照例分别议处。

武荐 012：道光十七年谕

前据麟庆奏：请将江南睢南河营守备秦盛，越缺升补淮扬河营游击，昨经兵部带领引见，该守备年已七十七岁，精力就衰。河营将弁，虽不专事操防，但遇险工抢护，奔走河干，不避风雨，必须年力强壮，方足以资差委，似此衰迈之员，即守备已难称职，早应淘汰，该河督不惟不加参劾，复请越升游击，是于所属员弁既不认真甄别，又复滥行保举，一味姑容，意存见好，殊非核实秉公之道。麟庆著交部议处，秦盛著即勒令休致。

武荐 013：道光十八年谕

给事中曹宗瀚奏：豫储水师人材一折。各省水师员弁，必得谙习水性，不畏风涛，方足以资巡缉。现在海洋静谧，而武备不可不实力讲求，是在各督抚平日留心，豫储干城之选，朕叠经降旨，令直省督抚于副将内保举堪胜总兵之员，以待擢用，各督抚有遵旨保奏者，亦有奏称无员可保者，自系意存慎重，惧干滥保之愆。但思该督抚职司校阅，如果平时训练有方，举劾悉当，自必咸知勤奋，何至竟乏人材？况水师副将，亦有表率营伍之责，如有不谙水性，不习风涛者，早当参撤，何以平日姑容，迨至保举之时，辄称无员可保。嗣后著两江、闽浙、两广总督等，认真甄别，将庸劣各员严行参处，毋得任其恋栈，其有操防得力缉捕勤能者，随时察核，据实保奏，以昭激劝，庶几收得人之效，而武备益修矣。

武荐 014：道光二十二年谕

著各直省督抚、提镇，于所属水师陆路参将、游击、都司、守备内，择其晓畅营伍，认真操练，人亦体面，缓急可靠者，无论曾经出兵与否，不拘名数，秉公酌保数员具奏，候朕简用。此项人员，豫储干城之选，必须才能出众，为守兼优，方昭核实，若无员可保，亦不必勉强塞责，虚应故事。所保各员，将来除犯公罪仅处本员外，傥涉私罪，并将原保之督抚提镇一并惩处。

武荐 015：道光二十五年谕

耆英奏：副将要缺请调乏员，恳请越级升署一折。前因营务人材难得，降旨令各督抚留心访察，如有才能出众之人，准不拘资格奏请升调。兹据该督奏称：广东抚标右营游击昆寿，年壮才明，晓畅营务，现因督标中军副将员缺紧要，请以该员越级升署，系为营务得人起见。昆寿著准其升署广东督标中军副将，送部引见，仍俟扣满年限，再请实授。惟陆路员弁与水师不同，向不准越级升署，一经破格录用，即与特保人员无异，各督抚务于平日秉公考核，如有训练精勤，兵民悦服，确有实据者，方准破格保奏，越缺请升，若仅能循分供职，即不得藉词滥举。此后特保各员，除公罪不计外，倘另有各项私罪劣款，定将原保之督抚，照滥保匪人之例严加议处，不稍宽贷。

武荐 016：咸丰二年谕

现在湖南军务未竣，贼踪窜扰靡定，各路带兵攻剿，需材孔亟，因思满汉各营中，岂乏材技出众，足备干城之选者，或因官职较卑，限于资格，无由及时自效，殊为可惜。著各该将军、都统、督抚等留心简练，随时考察，自镇将以下，无论官职大小，有谋勇兼裕，或材力堪任折冲御侮者，即行据实保奏，候朕简用。其邻近湖南省分，如保奏之员，可资军营差遣，即奏明请旨，饬令该员前赴军营，听候钦差大臣等酌量委用，该将军等其慎加遴选，毋滥毋遗，用副朕整军经武之至意。

武荐 017：咸丰三年谕

前据御史隆庆奏保琦忠等四员，请发往直隶差委一折。已革吉林副都统琦忠，前任福建漳州镇总兵文兴，前任云南临元镇总兵常安，蓝翎侍卫前任江南狼山镇总兵顺保，均著毋庸发往。琦忠等均系曾任二品大员，如果才堪驱策，朕心自有权衡，非如微末人员无由上达者可比，何必胪列荐章，希图起废录用，致开幸进之门。

武荐 018：咸丰十一年谕

嗣后除各省驻防营员仍准保升绿营外，其吉林黑龙江等处营员，各路军营，均不准保升绿营员缺，以示限制。

武荐 019：咸丰十一年又谕

御史朱潮奏：请饬各路军营保举将才，并起用告病人员各折片。现在军务未竣，前经皇考大行皇帝通谕各直省督抚及各路统兵大臣，访察堪胜将帅之任者，据实保奏，送部引见，现在遵旨保奏者尚属寥寥。值此时势多艰，各省军营将骄兵惰，非有经济非常之士，何能申明纪律，克奏朕公。近年带兵各员，虽一介寒畯之士，但能剿贼立功，无不蒙皇考大行皇帝破格录用。此外或岩栖谷隐，莫能周知，或下吏偏裨，末由自达，各路统兵大臣及各督抚，果能虚心物色，亦何地无才，患在膜视时艰，非徇私滥保，即苟且塞责，而真才不出耳。著各统兵大臣及各该督抚留心咨访，如军营将弁中有谋勇出众，并有僻处山林，熟谙韬略，堪备干城之选者，均著不拘资格，据实保奏，候朕简用。其有滥保庸才，以盗袭虚声之人，谬登荐牍，将来或至失机偾事，朕惟原保之人是问。至因病乞休，打仗受伤人员，未必无尚堪起用之人，并著中外大吏，举其久历戎行，实孚舆论，无论曾任现任，或任用未竟其长者，奏请擢用，以副朕整饬戎行至意。

武荐 020：同治三年谕

贾洪诏奏：滇省历年军务徇私滥保，轻亵名器，请饬一律更正一折。军兴以来，各直省保举军营打仗出力，收复城池，实在著有劳绩者，一经奏到，无不立沛恩施，以昭激劝。乃据贾洪诏奏：徐之铭在滇奏报战功，无非任意铺张，以为保举地步，其所保之人，有并未到营，并未入滇，而得邀奖叙者。至赏给功牌，五品以上，即应奏明给奖，而该抚等竟有赏给功牌至二三品者，其司道府及武职等官亦公然以四五品功牌充赏，该抚滥赏二品顶戴不下百余人，甚至舆台贱役无不滥膺顶戴，尊卑等级，荡然无存，叠据自滇来川官绅，众口金同，姓名确凿，实难枚举等语。朝廷名器，以待有功，徐之铭在滇，竟敢以国家赏功之典，为该抚市恩之具，等威陵替，厮役混淆，坏法乱纪，至于斯极，不但开僭滥之门，启徼幸之渐，即该省实在出力著有劳绩人员，亦无以自别，军心士气，何由而振？现在徐之铭业经革职，饬令来京听候治罪，该抚前后所保文武各员，即著该部概行一律注销，其有实在立功者，仍准劳崇光、贾洪诏于抵滇后，查明核实保奏，以示区别。至该省各督抚所赏功牌，除六品以下仍准戴用外，所有擅赏之二品至五品功牌，并文武各员擅赏功牌，均著一并革去，以重名器而肃官方。嗣后滇省人员，惟当争自濯磨，仰副朝廷维新之治，于劳崇光、贾洪诏到滇后，振刷精神，力图报效，毋得沾染旧习，自蹈愆尤。朝廷论功行赏，仍当核实加恩，不至没其实在劳绩也。

武荐 021：同治六年谕

前因提镇员缺关系紧要，特经寄谕各统兵大员并各疆臣，令将所保记名提镇各员，另片密注"堪以胜任"字样，其实在不能胜任者，亦即随时具奏，迄今遵行者仍属寥寥。军兴以来，各路兵勇，有打仗出力历保佐领参副等官者，续有劳绩，无可再加，往往奏请以副都统提镇记名简放，朝廷破格施恩，无不立允所请，而其人之才具识略如何，究未能概行深悉。现在军务未竣，需才孔亟，各营带队将领并曾经记名副都统提镇中，如有材具出众，谋勇兼优，并战功久著，堪膺专阃之任者，仍著各路统兵大臣及各督抚等遵奉前谕，详细出具考语，随时具奏，以备任使，或未能骤膺专阃，而材堪造就，将来阅历较深，尚堪胜任者，亦著分别具奏。各该员现在军营所司何职，统带兵勇若干，或因事撤去差委，或缘事离营回籍者，均著按季造册送报军机处，以备查核。其籍贯年岁履历，并著随时详细造册咨送兵部，毋得延宕。

参劾〔例 22 条〕

参劾 001：顺治年间定

武职各官，经上司纠参之后，乃将上司列款讦首者，将讦首之事不准行，仍照例处分。

参劾 002：康熙十一年议准

武职大员将曾经奉旨永不叙用之人，私用为官者革职。至参官有不书名者，将揭报具题官，各罚俸六月。

参劾 003：康熙四十二年覆准

内外武职大员，如有廉能属官，屈为贪劣题参，审明涉虚，将原诬揭官降二级调用，具题官降一级调用。

参劾 004：康熙四十二年题准

提督贪婪，总督不据实参奏；总兵官贪婪，提督不据实参奏；发觉审实之日，无论同城不同城，皆降三级调用。

参劾 005：康熙四十二年又覆准

直省武职该管上司，将属官经管事务，并在任月日错误开报，以致本官革职者，将开报上司降二级调用，督抚、提镇降一级留任；降级者，将开报上司降一级调用，督抚、提镇罚俸一年罚俸者，将开报上司罚俸六月，督抚、提镇罚俸三月。如将不应参之官开报误参，未经处分，经查出改正，系革职降调，将开报上司罚俸一年，督抚、提镇罚俸六月。系虚革虚降住俸罚俸者，将开报上司罚俸六月，督抚、提镇罚俸三月。

参劾 006：雍正五年谕

官员先参婪赃革职提问者，原因婪赃被参，故革职以便审讯，如审无婪赃，其罪不至于革职，自应准其开复，傥因已经革职，遂谓毋庸议，未免冤抑。嗣后凡被参革职讯问之员，审系无罪者，皆著以开复定拟，不得称已经革职毋庸议。将此永为定例。

参劾 007：雍正五年覆准

在籍武举并候选卫所千总等微员，有把持公务，武断乡曲，一切犯法之事例应革职审问者，该督抚咨部斥革汇题，如审系无辜，咨部汇题开复。若在籍微员，有犯法之事，不行惩治，将地方官照徇庇劣员例议处。至该微员本无劣迹，而地方官挟嫌捏款揭报者，将地方官照捏报劣员例议处。

参劾 008：雍正六年议准

直省副将、参将至千总、把总贪婪，该管官不据实详揭，经督抚、提镇题参，审实之日，系知情者，无论同城不同城，将亲标该管官降三级调用，统辖官降二级调用，失察者同城之亲标该管官降一级留任，统辖官罚俸一年；不同城在百里以内者；亲标该管官罚俸一年，统辖官罚俸九月；百里以外者，亲标该管官罚俸九月，统辖官罚俸六月。在京巡捕营不详揭属官贪婪者，照此例行，及卫所各官不详揭属官贪劣者，亦照此例行。如统辖官将贪劣属官申报督抚提镇，该管官未经详揭，或该管官申报统辖官，统辖官不申报督抚提镇，或该管官申报督抚提镇，竟不申报统辖官者，亦照此例分别议处。其不同城各官，于疏内将里数声明，以凭查议，倘里数声明失实，将转详官照徇情例议处。至贪婪之处，该管上司正在访查，而督抚提镇先已发觉，即行详揭者，该管上司止照失察例议处。再，题参贪劣属员，不将未经详揭之该管各官附参者罚俸一年，署印官不详揭贪劣属官者，如任事不及一月免议，一月以上与实授官一例议处。至科道纠参贪劣官款迹，审实之日，将不详揭之该管统辖各官，分别议处，不题参之督抚、提镇，皆照统辖官议处。

参劾 009：雍正六年又议准

督抚、提镇等闻有贪劣属员，行令该管官访查，该管官不即速申覆，或洩漏风声，以致贪劣官自尽潜逃者，将该管官罚俸一年；其自尽者，如有威逼致死情由，审实有确据者，将威逼之官革职提问。至属员互相讦告，该管官不行详报，及经督抚、提镇知觉，行令访查，又复详报迟误，或督抚、提镇访查属员优劣，该管官不即速申覆者，罚俸一年。若该管官未奉督抚、提镇明文，即将属员拘拿羁禁者，革职。

参劾 010：雍正十年奉旨

向来大计参劾官员，除贪酷发审外，其余著送部引见。嗣后特参文武官员，比照大计之例，如浮躁不及等款者，亦著送部引见。永著为例。

参劾 011：乾隆二十四年谕

封疆大臣，表率属员，其责綦重，倘于平日意所不惬者，或因事揑构重款，登诸白简，以冀耸听，即审属全虚，而其人去官涉讼，经年沉滞，已抱不白之冤，在原参者转得以风闻未确，立身无过之地可乎？且即事经昭雪，例当复职，而上官又或拘牵斥驳，无可控诉，其情尤属可悯。嗣后各省督抚等参劾属员，务在虚公持正，悉心体访，固不得姑息示恩，亦岂容挟嫌诬奏，倘有所参重款，一加审讯，全属子虚者，将原参之人作何议处，至审案已结，该员例得开复，而督抚不为题请，应准本人赴部告理，如所控不实，即治以虚揑之罪。若承审之员，或因原参已经去任，有意为之开脱，或回护原参，及掯扯一二轻款以实之，亦应分别议处，以示惩创，其如何详悉定例之处，著该部妥议具奏。钦此。遵旨议定：总兵等参奏属员，革职审讯，承审官审明所参重款，全属虚诬者，若系该管大臣挟嫌诬报，将诬报大臣等革职提问。至审案已结，事经昭雪，将被参之员，于本案声明，准其开复，倘拘牵斥驳，不为题请，经本人赴部告理，查核得实，除将本人照例题请开复外，将不行题请之官，照偏祖不公例降二级调用；系承审官不详请开复者，亦照此例降二级调用；如所控虚捏不实，将本人交刑部照例治罪。其或承审之员，因原参之大臣已经去任，有意审虚，使参员幸图开复，照故出例革职。或系原参重罪，全属虚妄，承审官回护原参大臣，不行审雪，有心锻炼，照故入例革职。并有重款虽已审虚，拶扯一二轻款以实之，代原参掩饰者，照徇情例降二级调用。其被参革职发审之员，本案审系全虚者，俱声明奏请开复，不得称已经革职毋庸议完结。如革职发审之员，先经另案降革者，本案审虚止将审虚之案开复，其从前降革之案，不得概予开复。其先经另案革职留任、降级留任者，本案审虚，亦止将审虚之案开复，补官之日，仍将从前降革留任之案，带于新任。至原参重罪审虚，而该员尚有轻罪应降级罚俸者，该总督巡抚将该员原参革职之案，随本声请开复，按其所犯轻罪，应降级者降级，应罚俸者罚俸，原任内所有加级纪录等项，应抵销者仍准抵销。武职官员因公缘事降革后，或留于地方效力，及案犯未获留缉人员，续立功绩，并缉获本案之犯，总督巡抚核其功过相抵，请旨开复者，千总以上官员，均令该督抚出具考语，给咨赴部引见，其引见时，或发往该省以原官用，或留部选用千总，可否发回原省以千总补用之处，俱于折内声明，恭候钦定。把总外委微员，应请开复之案，兵部核与定例相符者，题请开复，毋庸送部引见。

参劾 012：乾隆三十五年奏准

提督总兵等官若属员有亏空钱粮及盗案繁多，营务废弛者，该科道于年底查实题参，将提督、总兵降三级调用。

参劾 013：乾隆三十五年又奏准

该管上司将所属官员经管事件并月日不行查明，错开揭参，以致本官革职者，查系无心致错，将申报之上司降一级调用，转详官降一级留任，督抚、提镇罚俸一年。降级调用者，将申报之上司降一级留任，转详官罚俸一年，督抚、提镇罚俸六月。罚俸者，将申报之上司罚俸六月，转详官罚俸三月，督抚、提镇免议，其本官原议革职降调罚俸处分均予开复。如将不应参之官，误行题参，未经处分，经部查出，系实降实革者，将误报之上司罚俸一年，转详官罚俸六月，督抚、提镇罚俸三月；系降革留任住俸罚俸者，将误报之上司罚俸六月，转详官罚俸三月，督抚、提镇免议。

参劾 014：乾隆三十五年三奏准

凡有委员驻扎地方，经督抚题准，该员仍恋居城邑，不即移往驻扎者，照规避例革职。该管地方官听其规避不即行详报，及督抚、提镇司道等官不行揭参别经发觉，将该管武职地方官降二级调用，兼辖官降一级调用，督抚、提镇降一级留任。如该管官及兼辖官已经揭报，而督抚、提镇不行题参者，将督抚、提镇降一级调用，其揭报之官俱免议。如该管兼辖等官不行揭报，经督抚、提镇纠参，将该管地方官降三级调用，兼辖等官降二级调用，督抚、提镇免议。

参劾 015：嘉庆六年奏准

地方遇有失察等案，该管官先已奉差公出，及调署交卸离营，或非本任所辖，上司不加详查，率行开参，经部题明处分，本员降革离任之后，复行申明更正者，除将本员开复外，将不行申明错报之上司降一级调用，转详官降一级留任，督抚提镇罚俸一年。若本员系降革留任者，除开复外，将错报之上司降一级留任，转详官罚俸一年，督抚、提镇罚俸六月。

参劾 016：嘉庆六年又奏准

官员互相讦告，该管各官不行申报，及经督抚、提镇访闻行查，又迟误不速行查报者，均降一级留任。或属员贪劣，督抚、提镇密行查访之时，泄漏风声，以致本员自尽脱逃者，均降一级调用。

参劾 017：嘉庆八年谕

嗣后除特旨交部严议之案，仍加等核议外，其各省参劾属员，如有情节本轻，而上司遽请严议，或情节较重，仅请议处者，著该部即将奏请处分未协之原参督抚等，随折声明，候朕定夺。

参劾 018：嘉庆八年议定

官员应行处分，该督抚、提镇照例分别题咨参奏，不准用"严加议处"字样，如有情节本轻，而遽请严议者，除将所参之员照例议处外，仍将原参未协之大臣，随折参奏，若奉旨将原参大臣交部议处者，照误揭属员经部查出未经处分例分别议处。

参劾 019：嘉庆二十二年谕

蒋攸铦奏：广东雷琼镇总兵洪鳌年力就衰，请旨勒休一折。国家简用督抚大吏，统辖文武，所属官员，如有年力衰颓才不称职者，俱当留心查察，据实纠参。嘉庆二十年，曾经降旨通饬，兹蒋攸铦奏雷琼镇总兵洪鳌衰老无能，即行参奏，雷琼距省城较远，该督尚能留心体察，不肯姑容，较之衡龄与藩司习振翎近在同城，乃于该藩司老病昏庸，有心徇庇，匿不奏闻，二人相提并论，其公私明闇，岂不大相悬殊。嗣后各督抚于所属文武官吏，务当认真考察，而于藩臬、提镇大员，尤当秉公查核，不可瞻徇情面，听其贻误地方。雷琼镇总兵洪鳌，著即勒令休致。

参劾 020：咸丰三年谕

向荣奏参违抗军令之将官，请先斥革一折。湖南九溪营游击尽先副将郑魁士，带领兵船，随同剿贼，经该大臣持令往催，竟不遵行，自应立正军法。据向荣奏称：该员平素尚属勇往，为将备中得力之员，著暂从宽典，先行革职，责令戴罪立功，作为前队，以观后效，如再稍有玩误，即于军前正法。此后军营带兵将弁，傥有仍蹈疲玩畏葸恶习，不遵调度，贻误军机者，该大臣等于查明后，如系提镇大员，即奏闻请旨正法；其副将以下各官，即著一面正法，一面奏闻，毋庸先行请旨，以肃军律。

参劾 021：咸丰八年谕

张芾奏：已革游击纵兵扰民，统兵大员袒护保留各等语。据称已革游击杨国正，在江山一带，抢掠铺户，奸掳妇女，与团丁互斗，以致县城失事。明安泰路出龙游，兵多淫掠，周天受兵过汤溪，占房焚屋，金华乡团以兵勇夺牛赴营具控，周天受辄行捕杀数十人，指为通贼，并欲将杨国正保留录用等语。杨国正先经晏端书以带兵退避参奏，并未将其扰民激变之处声叙，迨经奉有谕旨革职拿问，何以任其逗遛军营，到处骚扰，龙游、汤溪距省较近，晏端书岂无闻见，何以不闻参劾？总由平日意存见好，以致带兵将领，任听兵勇扰害地方，毫无顾忌。著晏端书仍遵前旨。即行提省严审。并将纵兵殃民各情。一并严切根究。此等滋事兵勇。该抚一有所闻，即当严饬将弁正法数人，以儆其余，如有袒护之员，即行从严参劾，自然畏法敛迹，亦不致相率效尤。嗣后该抚如闻各营再有不遵军律骚扰乡民者，即派大员持令前往，会同带兵之员，将滋事兵勇以军法从事，毋得一味姑容，自干重咎。

参劾 022：同治元年谕

吏部等部奏称：武职官员向归督抚、提镇分别管辖，毋庸再由地方官兼辖，惟千总、把总以下等官，恃非地方官管束，有任意妄为情事，请饬下各督抚严饬地方官，剔除弊端各等语。营汛与郡县并设，所以保卫地方，自应相助为理，乃近来营规日坏，于应行派兵巡缉守护等事，漫不关心，遇事袒护，与文员龃龉，种种弊端，于营制殊有关系，亟应大加整顿。著照该部所议，嗣后文员关会营员调兵防剿，傥敢迁延推诿，著该督抚即行严参。兵丁不法滋事，经地方官关会，或武职各官袒庇，或奉行不力，照失察容隐例参处。监狱城池营汛，不派兵协守，遇有缓急，不随地方官同行，均准地方官据实禀揭。至抢劫重案，州县会营缉拿，往往营弁并未获案，捏报协同，著各督抚饬令各州县，于月终将营汛有无获案，详报备查，如互相捏报，均照瞻徇例参处，以昭平允。

营私〔例 23 条〕

营私 001：康熙二十三年议准

武职各官，因事贪缘馈送礼物，与者受者皆革职提问。如馈送虽未收受，并未出首，后经发觉，将不出首官罚俸一年。

营私 002：康熙二十三年又议准

武职各官，有将任所民人买为奴仆者，降二级调用。纵容家人私买，及委托营兵代买者，亦照此例议处。失察之该管官，降一级留任。

营私 003：康熙二十三年题准

武职现任官员，听任亲友招摇撞骗者，革职。

营私 004：康熙三十八年议准

武职进京引见，藉端科敛所属官兵，以充私橐者，革职提问。该督抚、提镇不查参者，照不揭报劣员例议处。

营私 005：雍正十一年议准

武职因公科敛不入己者，为首降一级调用，为从罚俸一年，该管官不揭报者罚俸九月。

营私 006：乾隆五年奏准

武职家人犯赃，本官失察者，降一级调用。

营私 007：乾隆六年奏准

在官兵役指称公事犯赃，该管官知情者革职，失察赃至十两以上者降一级留任，十两以下者罚俸一年。

营私 008：乾隆六年又奏准

武职各官所用食物工料，将价值给发迟延者罚俸一年，半给半不给者降二级调用，全不给发者革职，所欠价值，照数追还。

营私 009：乾隆二十五年奏准

官员值军政之年，有藉端敛派者，革职提问。若都司守备等官敛派，该管副将、参将、游击等知而隐匿，不行揭报者革职；如已经揭报；该提督、总兵不行题参者；将提督、总兵降五级调用。

营私 010：乾隆二十五年又奏准

官员失察亲友在外招摇撞骗者，降一级调用。

营私 011：乾隆二十五年三奏准

武职人员，假借公事挟制官府，及将暧昧不明奸赃情事，污人名节，报复私雠者，革职分别治罪。

营私 012：乾隆三十八年覆准

外省官员随任子弟，俋任信子弟，听其藉办公事，与人接见，致有营私滋弊等事，干涉本官者，革职治罪。虽未营私滋弊，而听其与人接见，出入无忌者，降一级调用。该管上司明知属员信用子弟，以致营私滋弊，不行查参者降三级调用，若仅止失察者降一级留任，兼辖上司罚俸一年。

营私 013：乾隆四十五年奏准

督抚衙门需用物件，俱给价平买，不得交中军购办，违者照违制律革职，中军照溺职例革职。其有勒令属员买送物件，及短发价值者，俱革职治罪。各省提督、总兵以下各员，如有交所属员弁买办物件者，均照此例办理。

营私 014：乾隆四十九年奏准

武职提督、总兵等官，如有收受属员门包押席银两，并令属员承直筵席者，均革职治罪。

营私 015：嘉庆六年奏准

武职提督、总兵等官，如有纵容家人收受属员门包者革职，失察者降一级调用。

营私 016：嘉庆十二年议定

武职将备巡查营汛，如有藉端需索，经该督抚、提镇据实纠参，照因公科敛入己律革职，计赃治罪。

营私 017：嘉庆二十四年谕

御史黄中模奏：请禁外省武职滥役兵丁，并摊扣月饷一折。直省武职衙门，不准私役兵丁，节经降旨饬禁，其各营月支兵饷，为该兵等养赡身家，亦不得藉端摊扣，惟恐日久懈弛，仍蹈故习。著各督抚、提镇等通饬所属员弁，申明例禁，如有辄将在伍兵丁滥行役使，及藉口营中公用摊扣月饷，以致兵丁苦累，不能尽心操练者，即行据实查参，以肃戎政。

营私 018：道光十五年谕

嗣后回城伯克、外藩夷使及蒙古王公、台吉等，如有违例候问，及投赠等事，该大臣等务即申明禁例，力斥其非，概行辞却，以杜请托贪缘之弊，傥不能破除情面，违例收受，一经发觉，定将该大臣等从重治罪，决不宽贷。

营私 019：咸丰三年奏准

武职官员因事倩人嘱托及代人请托者，事发均革职，该上司不立时揭参降三级调用。

营私 020：咸丰七年奏准

营员于该上司信任之人，交接馈送，不知远嫌者，降三级调用。

营私 021：同治元年谕

御史孟传金奏：各省兵差骚扰，请申明定例核实办理一折。国家命将出师，原冀拯民水火，而贪官污吏，反藉以苛敛分肥，虽民间控告频仍，而同官代为开脱，大吏曲为优容，习染相沿，病民实甚。夫军需供应，定例本属详明，地方有司何难详稽例案，妥为遵办，乃开销之浮冒则必托例而行，而供亿之疲繁则多违例而取，该员等身牧攸司，清夜扪心，其何以仰副朝廷爱民之意耶？著各直省督抚严谕所属，嗣后凡遇兵差过境，务须遵照定例办理，不准丝毫扰累，如有纵容书役，妄拿平民车马，指官勒索，藉端苛派等弊，一经发觉，即将该官役等严参治罪，并将徇隐之上司议处，决不宽贷。至带兵官弁，尤应恪遵叠次谕旨，严明约束，经过地方，不得秋毫骚扰，傥敢不遵纪律，或横行街市，欺侮商民，或揭案哄堂，需索规费，有一于此，即著带兵大员查明参奏，按照军法从事，以肃戎行。

营私 022：同治三年谕

前因李鸿章奏参：将孙家烺讹诈降众马文彪银两，并搜抢难民江义和财物措勒使女等情。当经降旨将孙家烺革职，交该抚从严讯办。兹据该抚奏称：查明孙家烺吓诈马文彪银两后，旋即呈缴给回，其搜抢江义和财物一节，系误听章庆昌讹传，即将江义和并伊妻江汪氏及使女等拿回审问，搜出洋钱七圆，分赏亲兵，旋因江义和讯不承认，遂送交善后局审办，先将江汪氏等分别释回各等语。孙家烺本有查拿奸细之责，乃误听人言，辄将江义和获解，虽查无搜抢揣勒各情，而办理实多草率，其吓诈马文彪银两，虽即给还，究属贪鄙无耻。孙家烺著发往黑龙江充当苦差。

营私 023：光绪六年谕

何璟奏：特参私役练兵之署任总兵，请旨革职一折。各省设立练营，原期一兵得一兵之用，岂容将弁隐占私役，致误操防。署福建建宁镇总兵唐寅清，私派练兵前往湖南，久未归伍，署内夫役冒占兵额，实属有干军政，仅予革职，不足示惩。唐寅清著革职永不叙用。

患病〔例 19 条〕

患病 001：乾隆二十五年奏准

提镇一时患病，年力未衰，平日居官素优，该督抚于本内声明请旨解任，留于原任省分调治。副将以下，营卫守备以上，一时患病，年力未衰，平日居官尚好，该将军、督抚、提镇委员确验，出具切实印结，由该将领覆验加结，题咨解任。游击以下，准其回籍调理。其副将、参将应否回籍之处，声明请旨。营千总、把总告病之时，如有居官好，人材尚可驱使者，该将军、督抚、提镇确查，委员亲验，取具委员及专管官印结，并居官汉仗如何之处，于咨呈文内声明，解任回籍调理，均俟病痊日补用。如提督总兵告病不实，本官降二级调用，代题督抚降一级留任。至副将以下等官告病不实，本官及验看出结官俱革职，加结上司降三级调用，转报之提督、总兵降二级留任，具题出咨之督抚降一级留任。营千总、把总告病不实，将本官验看出结官，及加结转报具题出咨各上司，均照副将以下告病不实例分别议处。

患病 002：乾隆三十七年奏准

现任官员病故，该管官稽迟不报，及员缺不行申报者，均罚俸一年。若现任官员潜逃，该管官不行申报，降二级调用。

患病 003：乾隆四十五年谕

嗣后吏兵二部，于文武员弁在部具呈告病者，查明该省如系紧要事务，显有托故规避情节，即行具折参奏，不必行查该督抚。

患病 004：嘉庆六年奏准

提督、总兵患病请假，该督抚照例声明请旨，准其解任，或回籍，或在原任省分调理。副将以下守备以上题请解任，营卫千总、把总咨请解任，均声明"病痊尚堪起用"字样，准其回籍调理。其试用候补官，照现任官例，若甫经授职，尚未到任，及分发拣选官员，如在京及中途患病，不能赴任赴省者，在京报明司坊官，在外报明地方官，照例验看出结报部，准其回籍调理。以上各官，均俟病痊之日，照例办理。至旗员补放绿营，如有患病情事，均照此例行。

患病005：嘉庆六年又奏准

现任官员赴部引见及因公抵京，并已经引见人员，未及起程，如有患病情事，即在本城正指挥处具呈，该指挥即亲往详加验看，出具切实印结申部，告假在三月以内者，均准其给假调养，假满痊愈之日，即行起程，报部查核。如告病假限已逾三月不痊者，司坊官再覆加查验，果系患病属实，再行出具印结，申送该城察院转咨兵部，五品以上具题开缺，准其回籍调理，如病痊之日，可否起用之处，令原籍督抚验看报部，照例具题，送部引见，以原缺补用。

患病006：嘉庆九年谕

各省武职大员，有营伍地方之责，衰病人员，岂能卧理？上官多一日姑容，公事即多一日废弛。前经叠降谕旨，令各查明具奏，若因此等老病人员，内有从前曾经出力者，亦何妨据实陈明，朕自当酌量施恩，或令在京当差，俾资禄养，总不应听其贪恋外任，以致误公。即如前此将军张承勋，提督珠隆阿，总兵孝顺阿，均经朕访闻老疾，谕令来京，迨到京以后，果系龙钟衰病，可见各省似此者必有，若必俟朕一一访察，则安用封疆大吏为耶？嗣后各宜秉公查察，如属员内有实在老病者，即行分别奏劾，不得仍前徇庇，市私恩而废公义，倘经此次饬谕之后，再不据实陈告，将来该员等遇有陛见及引见来京，经朕看出衰老，必将该督抚、提镇等治以容隐之罪。

患病007：嘉庆十二年议定

世职官员患病，该督抚委员确验，酌量给以假期，总不得过六个月之限，如六个月仍未痊愈，将俸禄停止，俟病痊当差之日起支俸，如停俸至一年之后，调养未愈，不能当差，令该督抚查验实在情形，如果残废，即行开缺，将应袭之人另请承袭，如无应袭之人，该督抚查明咨部办理。

患病008：嘉庆二十年谕

先福奏：审明已革守备单怀义，规避屯防毁骂总兵一案，请将该革员先在省城枷号一个月，满日发往伊犁等语。此案已革守备单怀义，因派往新疆屯防，辄敢捏病规避，又不赴省验看，复因向总兵常禄借贷不遂，肆行谤詈，种种刁狡情节，甚为可恶。单怀义著先在省城枷号两个月，满日折责四十板，再行发往伊犁效力赎罪。至该省营员，遇派往新疆屯防，往往捏病规避，著照该督所议，嗣后派定换防人员，如有告病者，查验明确，准其改派，仍将该员存记，下届补派换防，若托病规避，即照此案参办。其在屯防处所，当差勤慎，班满之日，由该管将军都统大臣咨明总督，撤回本营，准其挨次酌量升用，分别劝惩，以肃军纪。

患病 009：嘉庆二十五年谕

御史佟济奏：请严禁督抚，勒令属员告病一折。所奏是。各省督抚表率属吏，举劾皆当一秉至公，使人知所劝惩，若如该御史所奏，督抚授意属员，勒令告病，外示宽容，使其暂行离任，至该劣员再出服官，贻误地方，均所不计，岂实心任事之道。嗣后各督抚于所属文武职官，有劣迹显著，及才不胜任者，著俱据实劾参甄别，或改教降补，或用京职，分别核办，除实系患病之员，仍照例取结奏咨外，其余概不许勒令告病，以杜虚伪。其现在告病之江苏试用同知联璧，著该旗于到京日，验明是否属实，据实具奏。

患病 010：道光二年谕

玛呢巴达喇等转奏：蓝翎侍卫苏尔慎染患痰疾，不能在侍卫上行走，恳将蓝翎侍卫开缺调养等语。苏尔慎去年获罪甚重，今伊患病，恳将侍卫开缺，理应斥革，但苏尔慎前在军营，屡次效力，曾蒙特赏巴图鲁名号，著赏给二等侍卫，即以原品休致，令回原旗调养，其应如何给俸之处，著兵部照例办理。

患病 011：道光二十六年谕

布彦泰奏：请将剿番不力，具禀告病之总兵交部严议一折。所参甚是。西宁镇总兵站住，前经该督派往黑错寺督剿番匪，该总兵并不认真攻剿，辄私遣人先往关说，并以千总杨正才等赴寺作质，换其头目来营一见，即谓为悔惧投诚，办理已属颟顸，迨番族献贼寥寥，该总兵转置主谋纠党之凶徒于不问，仅将弱小之那沙灭、力迭二庄攻打，即请撤兵归伍，显蹈从前将就了事恶习，怯懦无能，可恨之至。现因达洪阿等剿焚庄寺，大振军威，该总兵辄行告病，希免参劾，实属辜恩溺职。站住毋庸交部严议，著即革职，发往乌鲁木齐效力赎罪，以示惩儆。

患病 012：道光二十七年谕

李星沅奏：请将巡洋不力之总兵革任留缉一折。江南苏松镇总兵林明瑞，于海洋劫掠多案，既不能先事豫防，迨经降顶革留，仍复不知愧奋，以致旧案既多未获，新案又复频仍，辄敢称疾回署，并不竭力督拿。当此捕务吃紧之时，即革任留缉，亦不足以资驱策，林明瑞著即行革任，饬令回籍。

患病 013：道光二十八年谕

徐广缙奏：副将患病开缺，请旨简放一折。广东南雄协副将员缺，著兵部照例办理。向来各省副将告病告养丁忧等项缺出，例由具题请旨，从无专折请简之例，该副将马凤图告病开缺，自应遵例核办，徐广缙不谙定例，率行具折请旨，著传旨严行申饬。

患病 014：咸丰二年谕

兵部奏：请将八旗及各省驻防官员告休定例，改归画一等语。定例绿营官员，凡遇军政之年，不准告病乞休，八旗则例虽无专条，向俱照绿营办理，惟各省驻防，多有临考告休，仍请食俸者，办理殊未画一。嗣后各省驻防旗员，均著与在京八旗，按照绿营定例，如有于军政之年，告病乞休者，即行勒令休致，其出兵受伤，非在三处以上，亦不得题请给俸，以杜规避而免歧异。

患病015：咸丰二年又谕

朕因向荣久历戎行，才尚可用，于道光三十年八月，特旨调任广西，该提督到任以来，偶有战功，无不立加优叙，其官村、古束两次战败，辄即称病迁延，久旷职守，朕以忠厚待人，不为逆亿，仅予薄惩，旋复任提督，赏还花翎，并念其保守省城劳绩，开复革职留任处分，加恩伊子向继雄以同知用。前据吴文镕、张亮基参其夸诈冒功，饰智欺人；徐广缙亦查其趋避过明，非人是已，朕俱不为深究。该提督宜如何激发天良，痛改积习，感朕弃瑕录用之恩，力图杀贼立功之效，乃本日据徐广缙参奏，向荣于六月二十七日，先已接印，至七月初六日奉到饬令任事之旨，竟称病难速痊，求该督奏请开缺，朕不料向荣丧心昧良，胆大貌玩，至于此极。国家用人，原期才能干济，即使功过不掩，亦不妨舍短取长，若向荣如此存心，殊出情理之外。现当粤楚军务吃紧之际，文武员弁殚智竭力之时，而该提督从容观望，竟欲置身局外，且可藉口于朝廷不能用其才，统帅不能尽其力，若军营相率效尤，兵骄将玩，更复何所惩戒耶。向荣著即革职，发往新疆效力赎罪，以为辜恩巧避者戒。

患病016：咸丰三年谕

张亮基等奏：查明已革湖北提督及参将下落等语。前因岳州失守，叠经降旨，谕令该督抚等查明已革提督博勒恭武如何下落，迅速具奏。兹据该署督等奏称：该革员自岳州溃逃后，带兵径回武昌，又弃军私回汉川，复藉养病辄回谷城提督本署，今又欲前赴江南军前报效，种种荒谬，实出情理之外。该革员以湖北提督大员，奉旨防守岳州，乃始则见贼先遁，继复辗转偷生，若不明正典刑，何以严申纪律。博勒恭武俟提解到省，著即处斩，毋庸再行请旨。

患病017：咸丰四年奏准

武职推选各官，遇有军务省分，藉病延不赴任，即委验属实，仍照规避例革职。

患病018：咸丰五年题准

内外武职各官，业经派定统带征兵，始行告病呈请解任，虽经委验属实，仍照规避例革职。如身兼世职，一并革退另袭。

患病019：同治元年谕

曾国藩奏：请将私行远扬之将领革职一折。记名总兵副将陈由立，前因调赴河南军营，经曾国藩奏留皖南军营，该副将竟与记名总兵余大胜、郑阳和等，托病告假，并遣人潜诱哨弁，相率扬去。现在郑阳和在湖南本籍带勇，陈由立亦奉郑元善札委赴湘募勇，该员等托故离营，并不具禀候批，辄敢任意远扬，别谋投效，实属大干军令。陈由立、余大胜、郑阳和著一并革职，并著毛鸿宾撤去郑阳和带勇差使，查明陈由立、余大胜等现在何处，派员押送曾国藩军营。其随同陈由立等扬去之李殿华、吴太、龙德亮等各员，并著毛鸿宾一并查明，押送曾国藩军营，听候酌办。嗣后各路军营，于外来投效将弁，非有统兵大员移咨文件，一概不准留营，以杜效尤而肃军律。

限期〔例 68 条〕

限期 001：顺治初年定
武职各官赴任，违限一月以上者罚俸三月，二月以上罚俸六月，三月以上降一级调用，四月以上降二级调用，五月以上降三级调用，半年以上革职，不及一月者免议。后改赴任违限，三月以上降一级留任，四月以上降一级调用，五月以上降二级调用，半年以上降三级调用，一年以上革职。

限期 002：康熙十一年题准
凡钦部事件，督抚、提镇皆以文到日为始，限四月具题。兼管二省之总督，所管隔省事件，限六月具题。福建之台湾，广东之琼州，湖南、广西、云南、贵州之苗疆，陕西之安西，四川之宁远府，所属州县，各该督抚于正限之外分别展限，该省提镇亦照巡抚例展限，江南等处提督管两省者照总督例展限。至违限月日，皆专责督抚、提镇计月议处，不分坐属官。若违限不及一月者免议，违限一月者罚俸三月，二月者罚俸六月，三月者罚俸九月，四五月者罚俸一年，半年以上降一级留任，一年以上降二级留任，二年以上降三级调用。悦事属繁重，限内难结者，承查承办官，将情由申详该督抚、提镇，题明展限，如将易结之事，迟延不结，或将难结情由，不申详督抚、提镇，将属官题参，或限内并违限不及一月者，将承查承办官罚俸三月。若事已完结，将属官以迟延题参，违限不及一月者，督抚、提镇免议，属官亦免议；若违限一月，承查承办官罚俸一年，督抚、提镇仍计月处分。

限期 003：康熙十一年又题准
提镇新任及接署者，皆以受事之日扣限，若科场监试按日扣算展限，不必具疏题请，其因公务在本省内经行者，不准展限。

限期 004：康熙十一年议准
副参以下各官，推补得缺之后，无故不赴兵科画凭，违限一月以上者罚俸一年，两月以上者革职。如两月以上，无故不赴部领札者，亦革职。〔后改违限两月者降一级调用。〕违限两月无故不赴部领札票者，亦降一级调用。

限期 005：康熙十一年又议准
武职裁汰复职降调初授等官，自原任处所及原籍地方，起文赴部投递，在京者限十五日，直隶限两月，山东、山西、河南限三月，江南、江西、浙江、湖广、陕西限四月，福建、四川、广东、广西、贵州限五月，云南限六月，如有违限者，照赴任违限例议处。

限期006：康熙十一年三议准

营卫升任各官，于札付限票到日，该督抚、提镇委官署理，限两月交代明白离任，如升任官有经管未完钱粮盗案事件，署任官或新任官，不于两月内核明呈报上司，或升任官迟延不交，及署任新任官推诿不接者，各罚俸一年，上司督催不力罚俸六月。若已申报上司，该管上司不即转报，或于升任官札票已到，不即委官署理者，各罚俸六月；该管上司已经转报，督抚提镇具题迟延者，亦罚俸六月；无未完钱粮盗案，上司藉端勒索稽留者，将该上司降二级调用，督抚提镇降一级留任。署任新任官，如有勒索稽留，亦照此例议处。其升任官不候札票，即行离任，或不与署任新任官交代明白，即赴新任者，将升任官降二级调用。至钱粮盗案，未经清楚，署任新任官，即听升任官径赴新任者，将署任新任官降一级调用，督抚提镇罚俸一年。升任官有钱粮册籍未清，捏称完结，或假捏印结，申详上司或增改投递者，均革职。升任官将册籍等项，于未交代之前，或被兵丁字识烧毁弃掷藏匿者降一级调用。兵丁字识，有乘机作弊，侵匿银钱者，照失察衙役犯赃例议处。其解任裁汰降调各官，不候交代擅自离任，及署任新任官并督抚、提镇听其离任者，亦照此例议处。

限期007：康熙二十二年题准

兵马钱粮册结，造报皆有定限，必须详慎核对明白，若蒙混造报，故留疑窦，以致款项不符者，降一级调用，转报官罚俸一年，提镇罚俸六月。系提镇核参者将造报转报官议处，若册内数目或有舛错遗漏者，造报官罚俸一年，转报官及提镇各罚俸六月。如册系提镇自造，有舛错遗漏者，亦罚俸六月。至造报转报官，将册籍迟延不送，经提镇题参，或限内并违限不及一月者罚俸三月，违限一月者罚俸六月，二月者罚俸九月，三月者罚俸一年，四五月者降一级留任，六月以上者降二级调用，一年以上者革职。若册结已经申送，而提镇不即题咨，违限五月以下者照造报官例议处，六月以上者降二级留任，一年以上者降三级调用。至造送寻常一应册籍不关系钱粮者，若有舛错遗漏，罚俸三月，转报官罚俸一月，如有迟延，仍按月分议处。

限期008：康熙二十三年议准

武职衙门，前官有侵欺挪移拖欠未清之项，接任之署任官新任官，于交代限期内徇隐不报，至交代后始行查出者，不议前官，竟坐接任官名下，照例议处。如有侵挪拖欠等弊，接任官不受交代，通详督抚、提镇及该上司，而督抚、提镇及上司不揭报题参，徇庇前官，逼勒接任官交代者，接任官即据实报部，将逼勒各官以徇庇例议处，接任官调补别省。

限期009：康熙三十二年覆准

福建之台湾澎湖升任官，均令新旧交代。其直隶、山东、山西、河南、江西、湖北、湖南、陕西、甘肃等省升任官，札票到日，照部定限期速赴新任，所有营务委官署理，不必新旧交代。江南、福建、浙江、四川、广东、广西、云南、贵州等省升任官，如有人堪以委署，该督抚、提镇即行委署，不必留候交代，如无可委署之人，仍留候新旧交代，将留候交代违限缘由报部，如无故违限照赴任违限例议处。

限期010：康熙四十五年覆准

提镇有奉旨调取来京者。行文该督抚计程定限。给咨赴部投递听候引见。仍将起程日期豫行报部。引见后回任日期。亦行报部。

限期011：雍正九年议准

督抚、提镇核参武职交代迟延案件，将迟延情由详细确查，如旧任希图掩饰，不于两月内，将任内钱粮等项造册送交，经督抚、提镇指参，将旧任官罚俸一年，接任官免议。旧任官迟至例限将届始将册籍造送，接任官又不上紧查核，以致迟延者，旧任官罚俸一年，接任官罚俸六月。旧任官已明白造册交送，而接任官推诿不接，以致迟延者，接任官罚俸一年，旧任官免议，其督催不力之上司仍照例罚俸六月。

限期012：雍正十二年议准

在京銮仪卫汉銮仪使及巡捕营各官领俸清册，春季于上年十二月十五日以前，秋季于六月十五日以前，各造送到部，移咨户部关支，其有降罚事故，由部于奉旨后注册，并知会户部备案，领俸之时，该衙门将各官有无事故造册送部，由外任升调者，若有随带降罚之案，该员具呈该衙门，即于册内注明，均交稽俸厅将各官降罚，并现在照何品级食俸之处，核对确实，一并移送户部，傥造册遗漏舛错，照例议处。

限期013：雍正十三年议准

武职各官赴任，如有中途旅店舟次，患病难行，及风水阻滞，违限止一二月者，该员呈报该省督抚、提镇咨报部科，免其参处。若违限至三月以上，果有阻滞实情，取具该地方官印结，申送部科免议，如无地方官印结，及并无事故，藉端观望迟延，不赴新任，并绕道归里，捏称中途患病者，皆按违限月日议处。

限期014：乾隆元年奉旨

朕因各省提督总兵官，未经识认者甚多，是以降旨令其酌量先后来京陛见。向来提镇到京，皆赴部投文，听候引见，但此例不行已久，督抚、提镇同为封疆大吏，督抚既不赴部引见，则提镇到京，亦准其即赴宫门请安，候朕宣召，不必先行赴部。至起程赴京及回任日期，仍照旧例报部，以便稽查。

限期015：乾隆三年议准

凡通行督抚、提镇，按本地情形详细查议事件，各该督抚于四月六月正限之外，若事易结者展限两月，难结者展限四月，该督抚分别题咨，按限完结。各省提镇有总督统辖者，凡通行查议事件，由总督汇覆，该提镇毋庸别定限期。其无总督统辖之提镇，遇通行查议事件，照该省巡抚易结难结之例，分别题咨，按限完结。如逾限不结，皆照钦部事件迟延例分别议处。

限期 016：乾隆六年奏准

在京革职官曾经问有罪名者，限一月起程回籍，五城司坊官将起程日期报部，并知会原籍，倘不即起程，违限一月以上者，本人照例治罪，巡捕营专汛官不于限内催令起程，容留一人者降一级留任，二人者降一级调用，三人者降二级调用，四人者降三级调用，五人者降四级调用，六人以上者革职。兼辖官容留一二人者罚俸一年，三四人者降一级留任，五人以上者降二级调用，十人以上者降四级调用。步军统领于所属巡捕营地方容留一二人者罚俸三月，三四人者罚俸六月，五人以上者罚俸一年，十人以上者降一级留任。

限期 017：乾隆六年又奏准

武职各官有例应议处之案，奉该管上司行取职名，该员开送迟延者罚俸一年，转催官罚俸六月。若属官例应议处，并无应询缘由，该管上司揭报迟延者，按限期处分，不得藉属员开送迟延，希图推卸。至行取例应议处职名，该管官不行开送，经督抚提镇以徇庇附参者，降二级调用。

限期 018：乾隆六年三奏准

外任革职官交代完日，即行起程，不得过五月之限。该督抚、提镇等将起程日期报部，并知会原籍，倘不即起程，违限一月以上者，本人照例治罪。专汛官不于限内催令起程容留一人者降一级留任，二人者降一级调用，三人者降二级调用，四人者降三级调用，五人者降四级调用，六人以上者革职。兼辖官容留一二人者罚俸一年，三四人者降一级留任，五人以上者降二级调用，十人以上者降四级调用。提镇所属地方容留一二人者罚俸三月，三四人者罚俸六月，五人以上者罚俸一年，十人以上者降一级留任。其有冤抑欲赴都察院具呈申理者，地方官给咨来京，事竣发回原籍，如藉端留滞者，照例治罪，徇情容留之五城司坊官交吏部议处。

限期 019：乾隆六年四奏准

汉侍卫及銮仪卫行走之汉世爵等官请假回籍者，呈该管官酌定日期，具奏请旨。其往返程途，在京者限十五日，直隶限两月，山东、山西、河南限三月，江南、江西、浙江、湖广、陕、甘限四月，福建、四川、广东、广西、贵州限五月，云南限六月，除往返日期外，在家均许住四月，依限回京。如违限一年以上者罚俸一年，二年以上者休致。

限期 020：乾隆十一年奏准

各省督抚、提镇奉到部文，务令按限完结题覆，咨覆之日，将准咨月日及有无迟逾，随案声明，若遗漏不声明者罚俸六月。

限期 021：乾隆十四年奏准

豫行保举及调取引见官回任，由部给予验票，向未定有限期，此等官均有现任职守，如或逗遛日久，职任久悬，于营伍地方，不免遗误。嗣后豫保送部，以及奉旨调取引见仍回原任各官，发给验票，照赴任限期填注，令依限回任，将验票申缴督抚、提镇查核，将有无违限之处，声明报部，如有违逾，照赴任违限例议处。至拣发各省补用者，亦照此例办理。

限期 022：乾隆十五年覆准

钦部事件，承查承办官，逾限不及一月完结者，比照逾限不及一月罚俸三月之例，酌减罚俸一月。

限期 023：乾隆十五年又覆准

办理边疆、海疆、苗疆省分事务，提镇与督抚相同，所有限期应展不应展之处，照各督抚现定州县按营汛坐落之地，分析声明。至加展限期地方，不准再扣道里日期。

限期 024：乾隆十五年议准

各省提镇有通行查议事件，系专行一营者限四月完结，系通行各营易结者限六月完结，难结者加展两月完结。至通行查议之事，有不需各营议详，在本标将领可以核定声覆者，限两月完结，如逾限不结，查照违限日期议处。至新任接署以及巡查营汛，均照例加展。

限期 025：乾隆十五年奏准

营汛各官，遇有承缉承修承造等项事件，均于初参限满之日，接扣二参限期，不得以接到部覆之日始行起限。

限期 026：乾隆十五年又奏准

承缉各项人犯，营汛各官，原有协同地方文职查缉之例，应照文职盗案限四月，无名凶犯限六月，叛逆人犯将原定三年之限，减去一年，限以二年。如限满不获，各照原例议处。

限期 027：乾隆十五年三奏准

候选候补武职各官，赴部投文违限，向照赴任违限例议处，但赴任者皆系已经得官之人，恐其逗遛规避，贻误地方，是以定例綦严。至候补候选，与已经得官者不同，未便概照赴任例议处。嗣后投文违限，无故迟延，违限在半年以上者得官日罚俸六月，一年以上者得官日罚俸一年，如果有患病及风水阻滞等情，取具该地方官印结送部，免其查议。

限期 028：乾隆二十五年奏准

官员承审案件，准其于本限内扣除公出日期，其余承缉等案，均不准扣除公出日期。

限期 029：乾隆二十五年又奏准

营卫裁缺复职降调初授等官，起文赴部，如无故违限，照候补候选人员议处。

限期 030：乾隆二十七年奏准

武职官员赴任，违限至三月以内，果系中途患病，呈明该地方官验实具报督抚，先行咨明任所，俟病痊日给予印结，载明起程日期咨报部科，或系风水阻滞，一面给予印结，一面详报督抚转咨任所，均于咨缴札票文内，逐细声明查核。如违限在三月以外，即有确实文结，止准扣除三月之限，其余仍按违限月日，分别查议。或有报明患病，至三月以上不痊者，该处地方官即亲往详加验看，出具确实印结，申报该省督抚，分别题咨开缺，准其回籍调理，病痊之日，照告病官员例查办，倘有心迟逾，捏称中途患病等情，一经查出，将本员不准扣除病限外，逾限三月以上者降二级调用，四月以上者降三级调用，五月以上者革职。如迟至三月以上，捏称风水阻滞，亦照捏称患病违限三月以上之例，一体查参议处。其率行通同出结之地方官，均照徇情给结例降二级调用，转详官罚俸一年。至现任武职推升、题升、甄别、保送、保留、卓异、荐举各员，赴部引见，均照此例查议。

限期 031：乾隆三十年奏准

汉侍卫回京逾限，至年满应升之时，如逾限四月者停升一年，逾限八月者停升二年，逾限一年者停升三年。

限期 032：乾隆三十一年奏准

在京官员，无论初任补任，总以奉旨之日起，定限十日内到任，该衙门即于五日内咨部，如无故到任逾限，将本官罚俸三月。若已经到任，该衙门不能按限咨部，即将承办之员逾限一日至十日者罚俸一月，十日以上者罚俸三月。此内倘有患病及别项事故，不及限内到任，取具同乡官印结，以凭查核。

限期 033：乾隆三十二年奏准

嗣后凡一切应行送部之题补、豫保、卓异、推升各员弁，该督抚于接准部覆之日，即照钦部事件之例限四月给咨送部。兼管二省之总督，所管隔省人员，限六月给咨送部，如逾限不行送部，将该督抚照迟延例议处。其有承办要差，不能依限赴部者，该督抚先行声明报部，俟差竣之日，即行赴部。

限期 034：乾隆三十三年题准

督抚提镇于武职官员及民人一切呈请案件，俱以呈报之日为始，定限三月分别咨题完结，并将具呈月日声明，以凭查核，如有逾限，即照钦部事件迟延例议处。倘原呈内实有舛错遗漏，应驳查者，俱于案内将初次呈报及批驳换详月日，摘取简明情由声叙，如有毛举细疵，故为驳饬，并捏改月日者，除按迟延日期照例议处外，系故为驳饬罚俸六月，系捏改月日罚俸九月。

限期 035：乾隆三十三年奏准

巡捕营官员议处案件，有由部查取职名者，步军统领衙门扣限于五日内咨送。

限期 036：乾隆三十三年议准

行查外省公文，即将限何日到省之处，于封面上注明，该省咨覆到部公文，亦将限何日到京之处于封面上注明，各该衙门接到公文时，按日核对，直隶限四日，山东限九日，河东河道总督限十一日，山西限十二日，河南、奉天限十五日，漕运总督、江南河道总督限二十日，江宁限二十三日，安徽、陕西限二十五日，江苏限二十七日，湖北限二十八日，浙江限三十日，江西限三十二日，湖南限三十七日，陕西限四十一日，四川、福建限四十八日，贵州限四十九日，广西限五十五日，广东限五十六日，云南限六十日，如有逾违，查系何处迟延，即将该管官照例议处。其各省督抚、提镇等衙门，除自行参奏案件，即将职名附列疏内送部，毋庸起限外。其由部查取职名者，该省查办，虽由所属两司副将参将等官核转，总以接奉部咨之日为始，定限十日出文咨送，如有必须行查所属者，即按转查程途月日若干，逐一扣明咨部核定，兵部即将何日咨行，何日覆到，叙入本内，如有逾违，查明迟延缘由，照事件迟延例分别议处。

限期 037：乾隆三十七年奏准

嗣后一切承追案件，该督抚一面督属严追，一面查明该员历过任所，分咨各省严查有无隐寄，照例办理，毋庸俟本籍无追，始行咨查任所，其任所地方，自文到日起，勒限三月，据实查明，申详该督抚咨明原籍办理，并令该督抚严加督催，如有逾违，即照钦部事件迟延例议处。

限期 038：乾隆三十九年奏准

嗣后六法人员，如有情愿赴部者，自部覆文到之日起，定限六月即在原任省分呈请给咨赴部引见，如过限期，毋庸送部。

限期 039：乾隆四十一年奏准

推升武职，统照文职给凭之例，于奉旨后十日内，即将限票封发各该督抚，俟该员交代清楚领票之日起，亦限十日内严催，照限令其赴任，其有应需交代营务日期，仍令督抚随咨声明，准其扣展，并将起程日期报部存案，如该督抚不于限内将限票给发者，照钦部事件迟延例分别议处，所迟月日，准该员于原限内扣算加展，以昭平允。

限期 040：乾隆四十四年题准

嗣后承督各官，遇有赴部及差派出省，并本省紧要事件，准其随本声明，将公出各日期扣除计算。如借名调考调署别缺，以图规避者，除不准扣除外，仍将滥委之上司一并议处。

限期 041：乾隆四十四年又题准

官员开报本身应议职名，违限不及十日者免议，十日以上者罚俸六月，一月以上罚俸一年，三月以上降一级留任，半年以上降二级留任，一年以上降二级调用。如有心延挨者，查明属实，照规避例革职。如并非本身职名，开报违限不及十日者免议，十日以上罚俸三月，一月以上罚俸六月，三月以上罚俸一年，半年以上降一级留任，一年以上降二级留任。

限期 042：乾隆四十六年谕

开复加级之案，系朕特恩，各该督抚、提镇等何以迟至年余尚有未经咨部者，该部酌限六个月造报，为期尚宽。嗣后此等事，著定限奉文三个月内查明报部，如逾限不行咨部者，该部即予销除。钦此。遵旨议定：嗣后武职办差，钦奉恩旨加级，并开复任内降罚事故，于文到日为始，定限三个月内查明造册报部核办，如逾限不行咨报，即将该营造册迟延之员销除，其办差人员仍照例议处，其查办迟延之总督、巡抚、提督、总兵，概予销除，仍照钦部事件迟延月日，分别议以罚俸。至造送办差议叙职名册籍迟延官员，如系办差应行议叙者，即将该员应叙之处查销，若并未办差不在议叙之列者，仍按其迟延月日，分别议处。

限期 043：乾隆四十八年奏准

武职官员造具交代册结，逾限十日以上者罚俸三月，一月以上罚俸六月，三月以上罚俸一年，半年以上降一级留任。上司督催不力，迟延三月以上者罚俸六月，半年以上罚俸九月。若已申报上司，该管上司不即转报，或于升任官札票已到，不即委官署理者，各罚俸一年。

限期 044：乾隆四十九年奏准

营卫升任官员札票到日，该督抚、提镇委员署理，陕西、甘肃二省督抚、提镇标下中营，俱限四十日交代明白；云南督标提标临元等六镇，以及贵州提标安义等四镇，俱限五十日交代明白；其余各标协营，并江苏、安徽、江西、山东、直隶、山西、河南、浙江、福建、四川、湖南、湖北、广东、广西十四省，俱限一月内交代明白，准其离任。至暂行委署之员，不及三月者，毋庸交代，统归后任并案结报，以归简便。

限期 045：乾隆四十九年又奏准

属员开报迟延，例应议处，该管上司不行揭报，经督抚、提镇徇庇题参者，降二级调用。

限期 046：乾隆五十年覆准

回任各员到任后，令该督抚等将有无违限之处，一体咨会兵科，以便查核。

限期 047：乾隆五十七年奏准

营卫各员造送关系钱粮册结，迟延违限不及一月者罚俸六月，一月以上罚俸一年，三月以上降一级留任，六月以上降二级留任，一年以上降二级调用。如造送非关钱粮册结，迟延违限不及一月者罚俸三月，一月以上罚俸六月，三月以上罚俸一年，六月以上降一级留任，一年以上降二级留任。如册结已经申送，而提镇不即申转，以致迟延者，照造册官例酌减议处。

限期 048：乾隆五十九年奏准

各省督抚于部院咨取事件，以文到日为始，扣除往返程途，限二十日内出咨。如必须辗转行查，以及行款过多，应行造册者，限一月咨覆。如有迟延，按违限月日，分别议处。

限期 049：嘉庆四年奏准

属员开报职名迟延，督催不力之上司，除违限十日以上者免其处分外，至一月以上者罚俸三月，三月以上罚俸六月，半年以上罚俸九月，一年以上罚俸一年。

限期 050：嘉庆五年议准

各省遇有巡船遭风之案，巡洋员弁迅速呈报督抚，如迟延一月以上降一级留任，三月以上降一级调用，六月以上降二级调用，九月以上降三级调用，一年以上革职。至督抚一闻禀报，即速差员覆勘明确，出具保结题请修补，其具题日期，以半年为限，如于半年之外，迟延三月以上罚俸一年，六月以上降一级留任，一年以上降一级调用，二年以上降二级调用。其有无迟延，均于具题本内先行声明，如有迟延，按其年月，会同吏部照例议处。

限期 051：嘉庆六年奏准

官员任内有承督之案，仅将初参开送，其展参职名不行开参，或将二参三参开送，其四参职名又不开参者，其漏报展参职名各官，照遗漏不报例罚俸一年。

限期 052：嘉庆六年又奏准

武职官员赴任违限，统由兵科题参，移会兵部议处，其违限不及三月者，兵科将应否宽免之处，声明请旨。至拣发人员赴省缴照，有违限者，照赴任违限例查办。

限期 053：嘉庆六年三奏准

在京汉官回籍问有罪名者，限一月起程。外任汉官革职离任，交代完日，即行起程，不得过四月之限。至巡捕营并外省地方专汛各官，不于限内催令起程，如容留一官及伊家口在地方潜住，三月以上降一级留任，兼辖、统辖官罚俸一年，提督、总兵罚俸六月；半年以上，专汛官降一级调用，兼辖统辖官降一级留任，提督总兵罚俸一年；一年以上，专汛官降二级调用，兼辖、统辖官降一级调用，提督总兵罚俸二年。至回籍人员，如有患病难行，及中途阻滞逗遛等情，该地方官查明报部查核，其解任休致给假等官回籍，听其自便，〔后改：外任汉官革职回籍。〕在地方潜住半年以上，专汛官降一级留任，兼辖、统辖官罚俸一年，提督、总兵官罚俸六月；一年以上，专汛官降一级调用，兼辖、统辖官降一级留任，提督、总兵官罚俸一年。

限期 054：嘉庆六年四奏准

绿营武职官员缘事降调，奉旨由该督抚出具考语送部引见者，暂停开缺，俟该员到京带领引见，请旨分别去留，该督抚于接奉部文之日，即委员署理，饬令交代清楚，勒限三月赴省领咨赴部，不准藉词稽延，该督抚将该员赴省请咨日期，于文内声明报部办理，如违限一月以上，将该员罚俸一年，三月以上降一级留任，半年以上降二级留任，一年以上停其送部，即照原议实降实革具题。如督抚、提镇不饬催依限领咨，或该员赴省请咨，不即给发，以致迟延半年以上者，将督抚、提镇罚俸一年，一年以上降一级留任。其年老保题留任人员，例应送部带领引见，分别去留者，亦照此例办理。〔后改：降调革职送部引见人员，违限一月以上者免议，三月以上者罚俸一年，半年以上者降一级留任。〕

限期055：嘉庆七年谕

嗣后军营逃兵，著展限三个月报部一次，以归核实。

限期056：嘉庆八年谕

兵部具题：富僧德、富翰等军功议叙一本，已依议行矣。此案富僧德、富翰等因赶剿樊曾股匪，打仗勇往，交部议叙，系上年六月之事，乃该部迟延一年之久，始行具题，延缓已极，虽经声明奉旨后行查该员等旗分实缺营制，于本年五月始据参赞成都将军德楞泰咨明办理，但富僧德、富翰二员，均系侍卫，上年降旨议叙时，该部何以不就近自侍卫处咨查，转欲行查外省，以致辗转稽延，实属拘泥。至外省奉到部文后，自应即速查明，早为咨覆，何以直至本年五月，始据覆到。此外尚有行查之协领明德等六员，至今并未查覆，亦属因循怠玩，均著传旨申饬，其未经查覆各员，仍著该部速行咨催办理。近来内而部院各衙门，外而督抚司道，所办之事，延缓怠弛者多，急公任事者少，朕深以为愧，若再不加振作，力矫颓风，朕惟执法严惩，毋谓教之不豫也。

限期057：嘉庆十二年议定

官员造册舛错迟延，文职例载按三月内外分别议处，武职事同一律，应行仿照。凡营卫武职造送各项册结，因有舛错遗漏，经该管上司驳查更正，迟延在三月以内者，照造册舛错例议处。其因舛错遗漏，以致迟延三月以外者，仍照造册迟延例议处。

限期058：嘉庆十五年议定

凡官员造报各项钱粮文册，因舛错以致迟延，除初次往返程途并各上司查核日期，均准其扣除外，其有屡经驳饬遵照更正者，皆由该员不能悉心核对，以致辗转稽迟，所有再次驳查以后往返程途月日，并各上司查核日期，概不准其扣除，仍按其违限月日，分别议处。至该管各官，亦不得故意驳饬，如违将该管官罚俸六月，兼辖上司罚俸三月。

限期059：嘉庆十七年奏准

凡官员制造紧急军器，不依限速完迟误者革职，督制官降三级调用，总督、巡抚、提督、总兵降三级留任。若修制寻常操演及换防需用各军械，如有贻误，承修、承制官逾违不及一月者免其议处，一月以上者罚俸六月，两月以上者罚俸一年，三月以上者罚俸二年，四月以上者降一级留任，五月以上者降一级调用。督修、督制之员，逾限一月以上者罚俸三月，两月以上者罚俸六月，三月以上者罚俸一年，四月以上者罚俸二年，五月以上者降一级留任。总督、巡抚、提督、总兵，逾限一月以上者免议，两月以上者罚俸三月，三月以上者罚俸六月，四月以上者罚俸九月，五月以上者罚俸一年。如承修、承制之员，玩视军储，将应领之帑，延挨请领者，按其违限月日，照修制逾限例分别议处，倘该上司故意勒掯，以致迟误者，将该上司降二级调用，承修承制官免议。

限期 060：道光三年谕

向来卫所各员弁，五年俸满后，每届三年甄别一次，分别去留，如有迟延，按照月日议处，定例綦严。兹据兵部查明卫千总刘权本等六员，自到任后至今俱未咨报俸满，并逾甄别例限，捐升卫守备未经离任之千总田治邦等六员，议叙尽先升用之千总杨寿春等二员，均系不计俸满，仍应甄别之员，亦未按次报部，节经该部查催，仅据开报初次甄别，又未将千总张景魁等二员考验咨报，显违成例，任令该员弁等迟逾至十余年及二十余年之久，恋缺规避情弊，在所不免，不可不严行查办。著交魏元煜即将该卫千总等从前因何并不按次呈报之处，详细确查，据实具奏，其历任办理迟延之漕运总督，并著查取职名交部议处。

限期 061：道光九年奏准

卫千总历俸月日，及俸满后三年甄别，均由漕运总督衙门扣算年限，勒限三月考验给咨，并将给咨日期，先行咨报部科，以凭稽核，倘该弁等托故耽延，即行革职，其非托故耽延者，仍照迟延本例议处，如漕运总督办理迟延，交吏部议处。

限期 062：道光九年又奏准

八旗外任绿营职官，因裁缺另补，或缘事降革休致及丁忧事故，应行归旗者，任内并无未清事件，离任之后，无论前任文职武职，统限六月，由该管上司催令起程回旗，照各省程途远近定限，大路有驿站者日行一站，僻路无驿站者日行五十里。其由水路行者，即于起程之先呈明，由某省水路，仍按照原定限期计算，到京俱咨报部旗查核。若限满不即起程，及起程而中途逗遛，或不行进京而在他处居住，违限在三月以上者，有职者降一级调用，半年以上者降二级调用，已革职者照闲散告假之例办理。如实因患病，或任内有未清事件，该督抚查明确实，咨报部旗，准其展限三月，如限满病尚未愈，及事件未清，准其再行展限，倘展限满后不即起程，亦照前例办理。至起程后行至中途患病，及因风水阻滞，取具地方官印结，报明部旗，其应展例限及违限处分，亦照此例办理。

限期 063：道光十年谕

前因御史刘光三奏参直隶省于奉旨勒限严缉盗案，含混延搁，降旨令吏兵二部将各省参限已逾之案，一并查参。兹据各该部查明具奏，并将屡催未覆各案开单呈览，各省员弁承缉案件，关系紧要，内有奉特旨勒限严缉者，该管上司于限满时，尤应遵照办理，乃往往任意迟延，逾限不行题参，及由该部查取应议职名，经年累月，并不咨覆，甚至避重就轻，分案开参，现在未覆各案，据吏部查明至七百二十三件，兵部查明至二百五十四件之多，似此有心延玩，屡催罔应，显系为属员规避处分地步，相率因循，日积日多，尚复成何政体。嗣后除寻常承缉咨案，仍照旧办理外，其奉特旨勒限严缉，限满无获，该管上司不行参奏，该部即查明将该督抚照例严参，所有该二部现在查出各案，并著勒限咨覆，将开报迟延在任各员，及历任不行饬催之督抚，各按在任月日，开送咨部，一并议处。

限期064：道光十二年奏准

各省分发营卫武进士，并汉人驻防各武举，赴部呈请分发时，各取具同乡京官印结，并本旗图结，分别道路远近，照武职凭限日期，给予定限验票投标，如有无故不到，任意逗遛者，该督抚查明逾限日期，咨部存案，倘逾限在六月以上，即将随营之处注销。

限期065：咸丰六年谕

载龄奏：差派并告假赴京各员，请严定逗遛处分等语。各陵差派并告假赴京各员，自应如期销差，兹据该总兵查明在京逗遛各员，竟有二十余人之多，实属不成事体。著各该衙门查照单开各员名，迅速催令销差回任，以重职守。嗣后因差及告假各员，如有在京逗遛者，著该部明定逾限处分，即由守护陵寝大臣会同该总兵查明参奏。

限期066：咸丰八年奏准

武职员弁，奉该管上司调遣有紧要事件，任意耽延者，降一级调用。

限期067：同治元年谕

兵部奏：请饬各省督抚及各路领兵大臣按期具报兵勇数目一折。各省兵额，例于年终题报到部，岂得藉词军务未平，延不造报，任令提镇协营互相徇隐。现据该部奏称：除湖北、四川两省，依限题到外，其余各省均未依限造报，实属疲玩已极。嗣后各省督抚务须痛除积习，将存营出师各兵数核实稽察，按限造报，倘再任意迟逾，即由该部奏参，将该督抚及各营员从严议处，以儆玩泄。其各路军营征调兵勇，及添裁数目，粮台文案，既有册载可稽，何难随时报部备查。嗣后各路统兵大臣，著于此次奉旨之日起，限三个月内，将现存兵勇名数，并管带员名，征防处所，一并分析报部，此后随时有无增减，均照按限三个月咨报一次，如敢视为具文，延玩不报，即著该部查明严参，请旨办理，以杜浮销而除隔阂，并著各省抚及各路统兵大臣，另备详细册籍一分，按限送报军机处，以备查核，毋许藉词稽延。

限期 068：光绪十二年奏准

卫所等官承办报销未完分数文册，照户部奏定限期，依限造报，违限不及一月者罚俸六月，违限一月以上者罚俸一年，违限三月以上者降一级留任，违限六月以上者降二级留任，违限一年以上者降二级调用。如册报已经申送，而粮道不即转送，以致奏报迟延者，该卫所官免议，将不即转送之粮道及奏报迟延之漕运总督交吏部分别议处。

休致〔例 26 条〕

休致 001：顺治年间定

武职老病乞休，二品以上，具疏自陈；三品以下，在京由都统奏请，在外由将军等具题，交部核覆。

休致 002：乾隆元年奉旨

定例举劾官员送部引见者，恐有被参屈抑情由，是以令其赴部，如年老官员原系衰迈之员，亦难于假捏，若仍令赴部，徒劳往返。嗣后俱不必送部引见，其有情愿赴部者，仍令该督抚给咨送部引见，著通行各该督抚、提镇知之。

休致 003：乾隆二年奏准

老病乞休各官，曾出征临阵受伤，得有功牌者，请旨令其原品休致，给以全俸，以养余年。其出征并未御敌，及无功牌者，请旨令其原品休致，给以半俸。

休致 004：乾隆二十四年奏准

内外三品以下官员，有年至六十以上，因老病告休，曾经出征打仗受伤，及得有功牌者，请旨令其原品休致，给予全俸。其出征并未打仗，及无功牌者，请旨令其原品休致，给予半俸。

休致 005：乾隆二十四年又奏准

内外三品以下官员，有年至五十以上，病废告休，曾经出征打仗，得有功牌者，准其休致，将可否赏给半俸之处，具奏请旨。虽经出征，并未打仗，及无功牌者，准其休致，毋庸议给俸禄。

休致 006：乾隆二十四年三奏准

内外三品以下官员，有年至四十以上，患病告休，虽出征打仗，得有功牌，亦准其休致，毋庸议给俸禄。

休致 007：乾隆二十四年四奏准

内外三品以下官员，出有戍兵次数，老病告休，俱照例准其原品休致，毋庸题请给予俸禄。

休致 008：乾隆二十五年奏准

提镇老病请休，有总督省分总督验明具题，无总督省分巡抚验明具题，副将以下，营卫守备以上，老病请休者，该将军督抚题请休致；卫所千总，咨请休致。

休致 009：乾隆三十一年奏准

内外六品以下呈请休致官员，该处大臣毋庸具奏，将该员军功造册送部，应否给予俸禄，由部查核具题。

休致 010：乾隆三十五年奏准

内外三品以下官员，有老病不肯告休，随时纠参者，毋论年岁曾否出征打仗，俱勒令休致，不得题请给予俸禄。

休致 011：乾隆四十九年谕

向来武职旗员，年至六十以上，因老病告休，曾经出兵打仗受伤者，皆加恩给予全俸，其绿营并无此例。惟念绿营人员，既能效力行间，打仗受伤，为国家出力，后因老病告休，不能与旗员一体邀恩食俸，未免向隅。朕于满汉官员，从无歧视，嗣后绿营告休人员，除未经受伤者，仍照向例办理外，其年届六十以上，因老病乞休，曾经打仗受伤者，俱著照旗员之例，一体给予全俸。著为令。钦此。遵旨议定：副将以下，守备以上，老病乞休官员，曾经出征打仗受伤者，年至六十以上，请旨令其原品休致，给以全俸；五十以上，请旨令其原品休致，给以半俸；若非自请告休，经该管上司勒令休致者，不准给俸。

休致 012：乾隆五十五年谕。

鄂辉等奏：阜和协副将郎撎升历俸期满，兵部调取引见，饬令来省考验，该副将精力渐衰，骑射软弱，请将郎撎升勒令休致等语。郎撎升年已衰迈，难胜副将之任；李世杰患病，精神不能周到，鄂辉等早应据实奏请勒休，以重营伍，乃竟任其恋栈，直届该员俸满，经部调取之期，恐引见时为朕看出，始为此奏，殊属非是。孙士毅甫经到任，会衔具奏，尚可免其交部，鄂辉、观成俱著交部察议。嗣后文武官员年力就衰者，如系呈请告休，或将军、督抚、提督等察看不能胜任，即行奏请勒休，方准以原品休致，如有似此俸满推升，经部调取，恐来京时看出衰老情形，始行具奏者，除将军、督抚等交部议处外，即将该员降顶戴二级休致，所有副将郎撎升即照此办理。

休致 013：乾隆五十九年奏准

内外三品以下老病告休旗员，曾经出征打仗，或杀贼，或捉生，或受伤，有一二项功绩者，年至六十以上，请旨令其原品休致，给以全俸；五十以上，请旨令其原品休致，给以半俸。其出征打仗而未经杀贼、捉生、受伤，及出征未经打仗，而得有功牌者，年至六十以上，请旨令其原品休致，给以半俸；五十以上，请旨令其原品休致，给以半俸之半。

休致 014：嘉庆四年奏准

告休人员，遇有杀贼、捉生、受伤各项功绩俱全者，年至五十以上，请旨令其原品休致，给以全俸。若仅止出征二三次，并未打仗，亦未得有功牌者，虽年在六十以上，亦止准其原品休致，毋庸给予俸禄。

休致 015：嘉庆六年奏准

东三省食半俸旗员，因老病告休，例应请给全俸者准给予原食半俸，应给半俸者给予原食半俸之半，应给半俸之半者于原食半俸之半再减一等。系无俸之员，虽经出征打仗，止准以原品休致，毋庸给予俸禄。

休致 016：嘉庆六年又奏准

把总以上官员，因老病乞休，该督抚、提镇查验属实报部，准其原品休致，若非自行呈请，系该管上司揭报者，俱勒令休致。至外委究非职官，如有老病，经该上司揭报者，即行革退。若系呈请辞退者，俱准其辞退，毋庸议革。

休致 017：嘉庆六年三奏准

卫千总年力就衰，令该督随时咨部勒休，其年至六十岁尚堪供职者，展至六十三岁，再行甄别，如仍堪留任，给咨送部引见，可否留任，恭候钦定。若将年已就衰之员，滥行保留送部，将该督严加议处。留任之后，如有精力已衰，立即勒休。倘因业经留任姑容，照徇隐回护例议处。年至六十六岁以上，实有精力强健，办事熟练者，仍准保留，均于咨内声明，送部引见，恭候钦定。

休致 018：嘉庆八年谕

向来军政之年，不准告病，原以杜武员规避之渐，其奉旨查阅营伍年分，事关考核，即与军政无异，该营员如果自揣老病，何不及早呈明，必待临时始行具报，其恋栈规避，情节显然，若不明定章程，无以整肃戎政。嗣后各省凡遇奉旨查阅营伍之年，均著照举行军政之例，不准告病乞休，违者照例参办。著为令。

休致 019：嘉庆九年奉旨

兵部议奏：特清额甄别年老技庸之副将等员请照例勒休一折。内有副将舒隆阿曾出师三次，受伤七处，此等打仗受伤人员，其自请告休者，向例给予半俸，今舒隆阿系勒休之员，是以兵部声明毋庸议给，但念其屡次随征，受有多伤，著加恩仍给半俸，以养余年。此后勒休武职人员，其有出征受伤在三处以上，又无贪私劣迹者，无论年岁，俱给予半俸，著纂入则例，用示朕眷念戎行恩施格外至意。钦此。遵旨议定：副将以下，守备以上官员，因老病告休，准其原品休致，其曾经出征打仗受伤者，无论有无杀贼捉生，年至六十以上，以可否赏给全俸请旨；五十以上，以可否赏给半俸请旨。如出征、打仗、杀贼、捉生、受伤各项功绩俱全者，年至五十以上，以可否赏给全俸请旨，若非自请告休，经该管上司勒令休致者，不准给俸。如该员打仗受伤在三处以上者，无论年岁及告休勒休，均以可否赏给半俸请旨；其受伤不及三处，并因贪私劣迹纠参者，仍毋庸给予俸禄。至千把外委曾经出师打仗受伤，续经辞退告休，年在五十以上者，给予步粮一分；如该弁曾经出征打仗，因伤病举发，或年老力衰，以致弓马生疏，不能差操，经督抚咨革勒休者，给予守粮一分；如该弁打仗受伤，有在三处以上，毋庸论其年岁，系辞退告休者，给予步粮一分；若因弓马生疏，咨革勒休者，给予守粮一分。其休革各弁，如有产业可倚，及有子嗣在营食粮，及因贪私劣迹斥革者，均毋庸给予。

休致 020：嘉庆十二年奏准

凡休致官员，如有前任事发到部，照例议处注册，若所犯事件例应降调者，仍按级降去顶戴，例应革职者即革去职衔。其原品休致官员，原任内如有应行议叙案件，仍照例议叙注册，遇有续议处分，仍按其公私分别抵销。

休致 021：嘉庆十二年又奏准

武职官员俸满推升，经部调取引见后，该督抚、提镇始以衰老题请休致者，将该员降顶戴二级休致，其不能先事察看之该提镇降一级留任，督抚交吏部议处。

休致 022：嘉庆十二年三奏准

外委究非职官，如有年老患病，经该管上司查出揭报者，即行革退，按照千把总一律办理。若非自行呈请，即勒令休致，以归画一。

休致 023：嘉庆十二年议准

武职各官五品以上，告病勒休开缺，及二品以上降革留任开复，并降调、革职、告病、告休、勒休，向系专案题覆，以题覆奉旨之日开缺，参将以下告休者，以揭帖到部之日先行开缺，入于半月汇题。

休致 024：嘉庆十二年奏定

各省武职，如遇查阅营伍之年，告病乞休者，即勒令休致。若告病乞休，系在钦差大臣查阅之后者，仍准其告病乞休。

休致 025：道光九年奏准

内外老病休致及勒休官员，除前任内犯贪劣营私等项款迹仍行核办外，若所犯事件例应降调者仍按级降去顶戴，例应革职者仍革去职衔。至应议降俸、住俸、降职、罚俸及降革、留任等项，俱免其查议。其休致、勒休例应食俸之员，除犯贪私劣迹不准请俸外，若前任有应降调处分，即按所降之级食俸，应行革职者即不准食俸，该休员等原任内加级纪录及应行议叙案件，仍照例议叙注册，遇有续议降调处分，仍按其公私分别抵销。

休致 026：同治元年谕。

刘庆奏：请将因病乞休曾经打仗受伤人员饬部查明擢用等语。前因军务未竣，将才需人，降旨令各路统兵大臣，及各该督抚留心咨访，据实保奏，叠经中外大吏遵保录用。兹据该御史奏称，从前因病乞休人员，其有曾经打仗受伤者，尚不乏人，该员等或忠勇性成，或熟谙韬略，若令坐废终身，不无可惜。所奏不为无见，著兵部于满汉二品武职以下，因病乞休人员内，查明曾经打仗受伤者，迅即行文各该旗籍察看，该员等如已病痊，年力尚堪起用，即由各该旗籍给咨赴部带领引见，以备录用。

给假〔例 11 条〕

给假 001：乾隆二十七年覆准

武职告假回籍之员，假期已满，委系患病，一时难痊，该督抚验明具题开缺。如年力未衰，俟病痊后照例办理。

给假 002：乾隆三十七年奏准

武职官员在部呈请给假，无论是否顺道，系回籍省亲祭扫者给假二十日，修墓迁葬者给假一月，并准其一体扣算程途。如于假限程限之外，尚有迟逾，仍照赴任违限，按其逾限月日议处，仍按月汇题一次。

给假 003：乾隆四十九年奏准

汉侍卫告假，如有逾限，至年满应升时，按其所逾日期，另行扣足，方准升用。

给假 004：嘉庆六年奏准

汉侍卫告假回籍，如遇亲丧，准其在籍守制一百日，该督抚声明咨部，假满回京时，准其扣除，该省督抚不行详明报部者罚俸六月，该员不自行呈明督抚报部者罚俸一年。如于四月限期已满，遇有患病不能起程，呈明地方官具结，申详督抚，先行咨报兵部，病痊之日，严催依限起程，于咨内声明，回京时准其扣除，如有冒混等弊，照捏词蒙混例降一级调用。

给假 005：嘉庆六年又奏准

汉侍卫等官，甫经授职，未逾一年，不准呈请省亲修墓乞假回籍，一年之后，如有省亲等事，取具同乡京官印结，呈明该管大臣具奏，奉旨准其回籍者，赴兵部亲领定限执照，其往返程途，在京者限十五日，直隶限两月，山东、河南、山西限三月，陕西、甘肃、浙江、江苏、安徽、湖南、湖北、江西限四月，福建、广东、广西、四川、贵州限五月，云南限六月，除往返日期外，在家准住四月，依限回京，即将原领执照在部呈缴，如有逾限者，至年满应升时，逾限不及一月，按所逾日期，另行扣足，方准升用；逾限一月以上停升三月，逾限二月以上停升六月，逾限三月以上停升九月，逾限四月以上停升一年，逾限八月以上停升二年，逾限一年以上停升三年，逾限二年以上休致。

给假 006：嘉庆六年三奏准

旗员补放绿营，如有子弟告假省亲，在本旗具呈给假，赴部请给路引，前往任所者，限满之日，地方武职不即催令起程，无故在任所逗遛，经管旗大臣参奏，将本人解京治罪，其父兄容留不行催令回旗，逾限半年以上罚俸一年，一年以上降一级留任，二年以上降一级调用。至并未请领路引，赴任所不行呈明解京者，一经查出，无论久暂，将伊父兄俱降三级调用。

给假 007：嘉庆十二年议准

武职承缉督缉案件，如于限内丁忧，告假回籍治丧者，均准扣除告假日期，俟假满回营之日，前后接算，扣限查参。

给假 008：嘉庆十七年谕

嗣后王公及满汉文武大臣官员等，遇有妻丧，除遵照定例期年之内，不与朝会祭祀外，其初丧时，应如何分别等级，给予假限，及如何报明陈奏之处，著交军机大臣会同宗人府、礼部详议具奏。

给假 009：同治元年谕

曾国藩奏：带兵大员闻讣丁忧可否循例毋庸开缺等语。浙江提督鲍超，现在闻讣丁忧，呈请给假奔丧，惟宁国一带，现值剿防吃紧之时，该提督系带兵大员，勇敢善战，久为各军倚重，更不可轻离防所。鲍超著照例毋庸开缺，改为署理，即著在军营穿孝二十七日，俟江南军务大定，再由该大臣奏请给假回籍营葬，以遂孝思。

给假 010：同治六年谕

左宗棠奏：记名提督刘厚基因母病请假省视等语。目前陕西军务吃紧，刘厚基朴勇著名，现值攻剿甘泉安塞等处贼巢，正属得手，未可遽令离营。刘厚基著毋庸给假，加恩赏给伊母人参四两，由左宗棠发交该提督祗领，以示体恤。

给假 011：同治十年谕

李瀚章奏：提督郭松林因母病请假归省等语。提督系专阃大员，湖北地方操防尤关紧要，郭松林因母病请假，原无不可，惟应奏明请旨，或由督臣奏请，俟经予假期后，方准起程，乃该提督不俟谕旨，辄即回籍，实属非是。郭松林著交部议处，仍赏假一个月，假满后迅即回任，毋许耽延。李瀚章于郭松林请假，未经请旨奏定假期，先准回籍，亦属不合，李瀚章著一并交部议处。

越职〔例 6 条〕

越职 001：康熙二十三年议准

武职擅受民词者，降一级调用。

越职 002：乾隆四十八年奏准

营员擅受民词，该管上司失察，罚俸一年。

越职 003：嘉庆六年奏准

武职擅受民词，不移送有司，擅行批断者，降三级调用，失察之该管上司降一级留任，若上司自行查出揭参者免议。

越职 004：嘉庆十二年议定

营汛武弁拿获盗贼，并不移送有司审理，擅自责打致死，比照擅责平民致死例，减等议以革职，兼统各官降一级留任。

越职 005：道光二十四年谕

署河庄营千总世袭云骑尉郭兆魁，身为武弁，辄敢擅受民词，致酿人命，实属胆大妄为，玩法已极，著从重发往新疆效力赎罪。太原营参将得升，靖安营都司岳升，于属员擅受酿命，毫无觉察，实属形同木偶，著交部严加议处。太原镇总兵关亮，滥委酿命，暂行毋庸交部议处，著即送部引见。梁萼涵兼管提督，未能先事查察，著交部一并议处。

越职 006：同治二年谕

据曾国藩奏：代陈李世忠因胜保逮京治罪，恳请褫职立功赎罪一折。将帅为国家大臣，贻误军务，罪有攸归，刑章宪典，禀之列祖列宗，非朝廷所得而私。胜保以督师大员，种种贻误，叠经中外参劾，犹恐被人诬毁，复密派大臣，确切访查，始行逮京治罪，此岂臣下所得代为乞恩。曾国藩据李世忠之禀，率行具奏，揆诸体制，殊有未协。现在江南逆匪纷纷渡江，李世忠受恩优渥，官居专阃，自当迅速立功，以图报称，即前此该提督经胜保拊循保全，亦由仰承文宗显皇帝如天之度，准其投诚，得以邀此异数，该提督自应力矢公忠，不得专顾私谊，如此渎请，姑念李世忠本系武夫，不深责备。所有李世忠自请褫职之处，加恩改为革职留任。曾国藩即转饬该提督迅将九洑洲等处贼匪，奋力击剿，不使该逆旁窜，办理确有成效，由该大臣奏闻，听候谕旨。胜保功罪，朝廷自有权衡，固毋庸臣下喋喋为也。

赴任〔例 7 条〕

赴任 001：雍正八年议准

八旗外任武职各官，于到任三月内，将所带家人姓名籍贯，册报督抚、提镇。如管事家人有更换者，亦随时册报，倘本官有亏空等弊，将管事家人一并审究。若册报不实，或听其赎身为民，将该员照隐匿逃人例议处。不详查之该管上司，照失察逃人例议处。得财者，并计赃以枉法从重论。

赴任 002：嘉庆六年奏准

旗员身任绿营，如接任官不将起程日期申报者罚俸六月。如不将该故员眷口查明造具册结呈报，或不代为请咨依限归旗者，将接任官罚俸一年。

赴任 003：嘉庆六年又奏准

接任官将前任旗员家口听其隐匿，不行造报者降一级留任，不行查参之兼统各官罚俸一年，督抚提镇俱罚俸六月。

赴任 004：嘉庆七年谕

嗣后满汉文武大员简放之后，虽不必定以限期，亦须两三日即行请训，请训后总当迅速起程赴任，毋得藉词濡滞，致旷职守。

赴任 005：嘉庆十八年谕

先福奏：请留升任守备以资差缉一折。江西抚州营千总苏兆熊，前因节次缉获匪犯，加恩以守备用，兹既选升广东韶州镇右营守备，即应令其领札前赴新任，乃先福违例奏请，将苏兆熊留于江西省题补，折内称近年匪徒敛迹，比户辑宁，实属缉捕著有成效等语，竟似苏兆熊一人将江省盗贼缉获净尽者，任情夸美，不自知其言之失实，况部选将备各有定例，若外省请留之例一开，纷纷援照，殊于铨法有碍，所奏不准行。

赴任 006：咸丰四年谕

罗绕典等奏：防堵紧要，仍请暂留署任总兵等语。升授广西左江镇总兵色克精阿，前因接替无人，暂准留署镇远镇篆务，兹新任镇远镇总兵金刚保，业已到黔，应即交卸，况现在广西伏莽未清，土匪不时出没，该省又无实缺总兵，正在需员督剿，著罗绕典、蒋霨远即饬色克精阿速赴广西新任，毋许再留黔省。镇远下游一带，即饬金刚保严为防范，该总兵于贵州情形尚未熟悉，并著随时察看，如其人地不宜，即著该督等酌量拣员调署，总期营务边防，实有裨益，是为至要。

赴任 007：同治四年谕

刘长佑奏：请饬催实缺镇将赴任，并请酌调军营凯撤武职大员委用一折。据称：直隶现在武职，多系拣发人员，于练兵设防诸事，殊少谙习，直隶实缺镇将，多在各路军营，请催速回本任，如该员实系带兵防剿吃紧，未能即时赴任，可否将湖广等省现撤诸军内，酌发镇将数员来直差委等语。直隶为畿辅重地，选兵练将，最为切要之图，况现当豫省贼氛未靖，与直境毗连，尤须豫筹防堵。直隶镇协各员，求其谋勇兼优，缓急可恃者，实属寥寥，营务安能大有起色。除娄云庆、宋国永等，将来尚须随同鲍超出关剿贼，及统带兵勇接替乏员者，均未能即时赴任，毋庸饬赴本任外，其余实缺镇将各员，均著各该督抚催令赴任，以重职守。现在湖广、江南、江西、江苏等省，均有遣撤队伍，其中均不乏得力镇将，投闲置散，既属可惜，若派令来直整饬营务，实为有益。著官文、曾国藩、李鸿章、沈葆桢，各于现撤诸军内，择其胆识过人，战功卓著之镇将，保奏数员，发往直隶，交刘长佑差委，并著刘长佑随时考察，如该员等真能出力，准由该督随时请旨补用。

离任〔例 9 条〕

离任 001：顺治年间定

老病休致武职各官，任内有承督未完之案，令接任官完结者，本官已经休致免议，若有侵挪贪酷营私等弊，仍照例处分。

离任 002：康熙二十九年奏准

八旗外任武职各官，因降革休致事故归旗，任内并无未清之事者，离任之后，该督抚、提镇即令接任官，将该员家口查明造册，出具并无遗漏隐匿印结，一并咨报部旗，于五月内催令起程，照程途远近定限，有驿大路日行一站，无驿僻路日行五十里，接日计算，扣定到京日期。其有水路省分，愿由水路行者，豫先呈报，仍照原定限期计算，到京均咨报部旗查核。如无故不即行起程，逾限一月以上，或中途逗遛，或潜居别处，或本身进京，而家口仍住别处，有职者革职，交刑部治罪，已革职者，交刑部从重治罪。若于原任地方起程，逾限不及一月，或实因患病，及有别项情由，不能起程，或中途实因患病，及有别项情由，不能前进者，取具地方官印结报部免议。至接任官将前任旗员家口，听其隐匿，不造入册内，并该员已经起程，不将日期申报，或已经申报，而督抚、提镇不咨报部旗，以致逗遛生事，及中途妄借事端，勒取印结，地方官不据实申报，遽给予印结者，发觉皆照例议处。

离任 003：康熙二十九年又奏准

外任武职例应归旗者，专管官不速催起程，容留一人者降一级留任，二人降一级调用，三人降二级调用，四人降三级调用，五人降四级调用，六人以上革职。兼辖官于所辖地方容留一二人者罚俸一年，三四人降一级留任，五人以上降二级调用，十人以上降四级调用。提镇所辖地方容留一二人者罚俸三月，三人罚俸六月，五人以上罚俸一年，十人以上降一级留任。

离任 004：乾隆二十五年奏准

升任官员，有承办未完钱粮盗案事件，经署任官揭报该督抚、提镇题参，将本官照离任官例，每案罚俸一年。

离任 005：乾隆三十七年奏准

卫所官员将候选官初授官病故情由不行转报，或由部提审对质之官不行报明，经部选给予札票后始行补报，或未报上司讹称已报上司者，将卫所官罚俸一年，其申报情由舛错者罚俸六月，上司免议。如卫所官员已报上司，上司不行申报者，将不报之上司罚俸一年，卫所官免议。如上司将已报情由不行承认，推诿属员者亦罚俸一年。如候补候选官病故，家属未经具报者，卫所官免议。

离任 006：嘉庆六年奏准

八旗外任武职，应行归旗者，专管官不速催起程，容留一官及伊家口在彼潜住，在三月以上降一级留任，兼辖、统辖官罚俸一年，提督、总兵罚俸六月；半年以上，专管官降一级调用，兼辖、统辖官降一级留任，提督总兵罚俸一年；一年以上，专管官降二级调用，兼辖、统辖官降一级调用，提督、总兵罚俸二年。

离任 007：嘉庆十二年议定

凡直省副将、参将、游击、都司、守备、千总等官，接任交代时，将营中库储一切军装炮械救火器具，并城门堆拨墩汛等处，排列各项军械，各就本管之处，查明交代。陕西、甘肃二省，督抚、提镇标下中营，俱限四十日交代明白。云南督标提标临元等六镇，以及贵州提标安义等四镇，俱限五十日交代明白。其余各标协营，并江苏、安徽、江西、山东、直隶、山西、河南、浙江、福建、四川、湖南、湖北、广东、广西等十四省，俱限一月内交代明白。离任官员，取新任官查收清楚回文，方许起程，接任官员如已经交盘，并无缺少，造册出结，声明到任交盘清楚各日期，通报总督、巡抚、提督、总兵，专案造册报部。如交盘之时，旧官推卸玩延，新官勒掯隐捏，以及交代迟延，均照交代钱粮盗案例分别议处。如军械有缺额残损者，照军器缺额及修整器械例分别议处赔补。

离任 008：嘉庆十二年又议定

旗员身任绿营，如有告病告休丁忧，及缘事降革回旗者，该督抚给予兵牌，若该员并未赴站报明，粘贴印花，以致沿途地方官无凭拨护者，将不行赴站粘贴印花之员罚俸六月。

离任 009：嘉庆十五年议定

旗员身任绿营，遇有事故回旗，并不呈明总督、巡抚请给兵牌者，罚俸一年。

随任〔例10条〕

随任 001：雍正五年奏准

八旗外任武职各官，所有族人及十八岁以上之亲子弟皆不准带往任所，如子弟有实不能相离者，由该都统将情由具奏。其未至十八岁子弟欲带往任所者，呈明该佐领、参领、都统存案，准其带往。至十八岁时，该旗行文该督抚、提镇勒限归旗，倘私自带往任所，及隐瞒年岁，将该员降一级调用。

随任 002：乾隆三年奉旨

嗣后旗员请留子弟随任者，该部务须查明实有不能相离情由，方可奏闻请旨。

随任 003：乾隆四年奏准

八旗外任武职各官随任子弟，因赴选应试等事来京，该父兄由任所造具本人履历年貌清册，呈报该管督抚、提镇移咨部旗，仍具文交本人亲投该旗查对，若该父兄系提镇大员，可自行出咨者，即自行出咨，其不候给咨私自来京，或领咨潜往他处，有职衔人革去职衔，闲散人鞭一百。如该父兄不为请咨给咨，擅令来京，罚俸一年；若已将情由呈明，而该督抚、提镇不给咨者，罚俸九月。至有事来京，仍回原处者，呈明该旗移咨该督抚、提镇，仍具文给本人投该任所上司查对，如不候给咨私回，或领咨潜往他处者，该随任子弟照前例议处。其各官内有缘事解任，应留任所者，如随任子弟，有质问之处，由接任官申报该上司咨明部旗，仍留任所质问，若无可质问，其应先归旗之随任子弟，接任官不为请咨，私令归旗者，降一级留任。随任子弟不候给咨，私离该父兄任所，及潜往他处，该地方官未经查出申报者罚俸九月，其子弟亦照前例议处。

随任 004：乾隆六年奏准

随任子弟，至应归旗之年，实有不能相离情由，欲留任所者，系提镇子弟，该提镇自行具奏，副将以下督抚、提镇代为具奏，由部查明实有不能相离情由，奏明准其随任，傥父兄将子弟私留任所，及隐瞒年岁不送归旗，将该员解任，令其亲送子弟来京，仍降一级调用。

随任 005：乾隆七年谕

向来旗员子弟，自幼随任在外，年至十八岁者，例应来京，若有欲留任所协办家务者，准督抚代为题请，听候部议。其新授外任之人，子弟在家长养，年过十八岁以上者，非奉特旨，不得随任，此旧例也。朕思旗员子弟，不许擅随任所者，一则恐在地方滋事，一则留京以备该旗当差，如外任旗员，能严加约束，为督抚者又不时稽察，则皆知守分循理，可无虑其多事。至该旗佐领，若本有可以当差之人，而父兄外任者，将子弟带往，则本人既可省两处之食用，该佐领闲散之人又得当差，支领钱粮，以资养赡，洵为两便之道。嗣后外任旗员子弟，年至十八岁以上者，在外仍令该督抚题请，在内著呈明该都统察奏，皆准其随任，其不愿随任者亦听之。若随任之后，或出署交游，及干预地方之事，著该督抚即行参奏，从重议处。

随任 006：乾隆二十五年奏准

外任旗员，武职自副将以上，驻防官自副都统以上，除止有一子者，准留任所外，其有二三子者准留一子随任，有四五子者准酌留一二子随任，余子年至十八岁以上，尽送来京挑取拜唐阿，如有托故规避者革职。

随任 007：嘉庆六年奏准

官员随任子弟，虽未营私滋弊，而听其与人接见，出入无忌者，本官照例议处，失察该管上司罚俸六月。

随任 008：嘉庆十二年议准

旗员将子弟私自带赴任所，及隐瞒岁数，不令回旗者，一经查出，将该员降一级调用，失察之该旗大臣罚俸六月。

随任 009：嘉庆十二年议定

官员任听随任子弟借办公事之名，与人接见，致有夤缘受贿滋弊等事，其父兄知情故纵者革职，照例治罪，仅止失察者降一级调用。该管上司知情徇隐不行揭参者降三级调用，仅止失察者降一级留任，提督、总兵俱罚俸一年。若子弟并无夤缘受贿滋弊情事，而听其与人接见，出入无忌，以致犯法滋事者，如酗酒赌博宿娼之类，将本官降一级调用，止于失察者降一级留任，该管上司罚俸六月。

随任 010：道光九年奏准

旗员外任，如族亲内有品行端方，谙练公事，情愿令其随任，帮办公务者，或有笃睦家族亲党，带往令其读书肄业者，大员准其咨报该本旗，余则呈报上司，转咨该本旗，查取本人父兄情愿令其随任甘结，报部发给路照前往，不愿者听。其非由本任职官呈请，而本人愿往者，一概不准。如有呈请尊长随任者，由该族长出具并无抑勒甘结，该佐领加结呈报本旗，查核属实，准其随任。该参佐领等如有故意挑剔，藉端勒掯刁难等情，从重惩办。如有私行潜往者，照例治罪。至到署后，如有不服管束，轻者报明督抚等咨遣回旗，重者照例惩办，仍令该管官严加查察，如有不安本分滋事之人，本员失察者照失察例议处，徇庇者照徇庇例议处，其由本员查出呈报者免议。

户口〔例 11 条〕

户口 001：顺治年间定

八旗外任武职各官，将任内所生之子，隐瞒不报本旗入册者，照旗人隐瞒壮丁例议处。

户口 002：乾隆五年议准

八旗外任武职各官，若将任内所生之子过继与人，潜匿别处居住者革职，该管上司罚俸一年，失察者罚俸六月，如于半年内查出揭报者免议。

户口 003：乾隆五十年议准

旗员升任绿营武职，副将以上官员，止留子弟一人，其参将以下等官，本员酌量详请，俟升至副将，由该旗查明子弟及孙年已及岁者，留一人外，其余年已及岁之子弟及孙，俱令回京，以备挑差。

户口 004：嘉庆六年奏准

外任武职旗员子弟，应行回京挑差，傥有逗遛，其瞻徇不行查催者罚俸一年，本员降一级调用，该旗都统、副都统等罚俸六月。

户口 005：嘉庆十二年议准

旧例武职由行伍出身，若不呈明籍贯，推升至守备都司，在原籍省分府分，始行呈明回避者，查无因缺希图改调之弊，将从前隐匿不行呈明之员降二级留任，比照吏部定例，推选官员，于过堂时，不行呈明回避处分，分析办理。如有未经呈明，经部推升至守备都司，在该员原籍省分府分，始行呈明回避者降一级留任；若并不呈明，别经发觉者，降一级调用。

户口006：嘉庆十二年又议准

向例副将以上官员，如休致缘事解退之后，不许在彼处入籍，其不能回籍者，该督抚亦不得代为奏请入籍。嗣后改照吏户二部例，凡武职官员罢职之后，有因在任年久，原籍并无产业宗族，无可依归，不得已而请入籍任所，或已经身故，其子孙欲于任所入籍者，副将以上等官，该督抚奏明请旨。

户口007：嘉庆二十一年谕

向来各项引见人员内，有大员子弟皆不声明，朕无由知悉，逮简用后，其父兄具折谢恩，朕始知之。嗣后无论京察军政及京外各项引见人员内，凡满汉文武二品以上大员之子弟，俱著自行呈报，引见时于绿头签内注明，如有漏报者，查出交部议处。

户口008：道光元年谕

刑部奏：查讯抱养过继官员一折。贵州安义镇总兵达凌阿，本系民人，三岁时，经旗人额勒登抱养为子，现被伊族兄舒凌阿呈控，并据伊自行呈首，刑部援照旧案，请将达凌阿作为另户。现在八旗查出抱养过继支食钱粮之人，均奏明另档存记，及身而止，达凌阿曾经两次出兵受伤，得有功牌，若与另档存记之人，一律办理，未免无所区别。达凌阿著加恩拨入正蓝旗汉军，其子孙俱照汉军例当差，伊留质之案已结，即赴贵州安义镇之任，其呈报迟延之处，交部照例议处。

户口009：道光九年奏准

旗员补放绿营，如有子弟告假省亲，系官员兵丁，照例赴部请给路引，前往任所，限满之日，不即起程，无故在任所逗遛，经该管大臣参奏，本人解京治罪，其父兄容留不行催令回京，逾限半年以上罚俸一年，一年以上降一级留任，二年以上降一级调用。至并未请领路引，私赴任所，不行呈明解京者，一经查出，无论时之久暂，将伊父兄俱降一级调用。若系闲散，照闲散告假之例办理。

户口010：道光九年又奏准

旗员补放绿营，其子弟年至十八岁以上，已有职官，欲请带赴任所者，提督总兵自行具奏请旨，副将以下官员于该旗呈报，由该旗都统查明具奏，均准其随带。如未经奏请自行带往者，本员降一级留任，失于查出之该管官罚俸半年。若系兵丁，照兵丁告假之例办理；系闲散并十八岁以下者，俱照闲散出外之例办理，俱毋庸具奏。其带往任所后，子弟年至十八岁以上，欲请留任所者，亦照闲散在外有事逗遛之例办理，毋庸具奏。至下五旗王公属下之人，升任外任，其子弟现在王公门上当差，该旗询明该管王公等，如无用伊之处，照兵丁告假之例办理；若未在王公门上当差，照闲散之例办理。

户口 011：同治四年谕

八旗都统等会同户部等部奏：遵议沈桂芬条陈筹费移屯，恤旗民而实边防一折。据称，旗人听往各省之法，道光年间曾经筹办有案，现拟量为推广，以裕旗人生计，请嗣后旗人有愿出外营生者，无论降革休致文武官员，及未食钱粮，本食钱粮举贡生监，暨兵丁闲散人等，准由该都统给照前往，如愿在外省落业，准其呈明该州县编为旗籍。其服官外省之降革休致文武各员，及病故人员之子孙亲族人等，无力回京者，亦准一体办理。所有词讼案件，统归该州县管理，如有不安本分，滋生事端者，即由该地方官照民人一律惩治。其愿入民籍者，即编入该地方民籍。文武考试章程，俟应试有人，再由督抚体察情形奏交该部核议。至八旗兵丁人等在外落业者，并准其挑补绿营马战守兵各等语。所筹尚属周妥，即著八旗都统将此次推广办法，逐节出示晓谕，俾众咸知，以裕生计而示体恤。

钱粮〔例 56 条〕

钱粮 001：原定

武职各官，将经手钱粮干没侵欺者，革职提问，照例勒追。如系兵丁字识侵欺者，照例治罪勒追，将该管官革职。

钱粮 002：原又定

武职各官，将正杂钱粮擅自挪移别用者革职，若因紧急军需，未经报明督抚，私自挪移应用者降一级留任，俟销算清完之日开复。至存留公用钱粮，因公挪用者免议，挪移米粮豆草，亦照此例分别议处。

钱粮 003：原三定

卫所田亩被灾奉蠲钱粮，卫所官或混征侵蚀，或不即通行晓谕，希冀暗吞，或捏称有蠲有不蠲，私图自得一半，或将赈济灾户银米及所免钱粮，借名肥己者，皆革职提问，或将奉蠲钱粮增减造入册内者降二级调用，或被灾尚未题请蠲免于报册内填入蠲免者罚俸一年。

钱粮 004：原四定

卫所官将经手钱粮蒙混销算者，降二级调用。应行完结钱粮，故留疑窦，并不分析，混行造册呈报，以致款项不符者，降一级调用，册内数目舛错遗漏者罚俸一年。若将册结迟延不送，经督抚题参，违限不及一月者罚俸三月，违限一月者罚俸六月，二月者罚俸九月，三月者罚俸一年，四五月者降一级留任，六月以上者降二级调用，一年以上者革职。至造寻常一应册籍不关系钱粮者，若有舛错遗漏，罚俸三月，如有迟延，仍按月议处。

钱粮005：原五定

各省漕粮经征卫所官，未完一分以上者罚俸六月，未完二分以上住俸，未完三分以上降二级，未完四分以上降三级，未完五六分以上革职，皆戴罪征收，完日开复。其参后仍违限未完者，加倍议处，应罚俸者住俸，应住俸者降二级，应降二级者降四级，应降三级者革职，皆仍戴罪征收，完日开复，应革职者即实降二级调用。白粮考成，亦照此例，署印官照屯粮署印官例议处。

钱粮006：原六定

随漕轻赍等项，经征卫所官，初参未完不及一分停升、罚俸一年，未完一分降职一级，未完二分降职二级，未完三分降职三级，未完四分降职四级，皆戴罪征收，未完五分以上者革职。署印官照正印官例议处，不及一月者免议。以上经征未完官，初参之后，再限一月全完，限内若仍不完，不复作分数，即照原参分数议处，不及一分者降一级留任，再限一年全完，若仍不完，降一级调用；未完一分者，限内完至八九厘降三级留任，再限一年全完，若仍不完，降三级调用；未完二分者，限内若仍不完，降四级调用；未完三分者，限内若仍不完，降五级调用；未完四分以上者，限内若仍不完，革职。

钱粮007：原七定

卫所官将应行起解钱粮，于奏销以前，如数全完，千两以下者纪录一次，千两以上三千两以下者纪录二次，三千两以上者纪录三次，征粮一石者作银一两，计算考成。其署事官于奏销前全完者，照此议叙，若止完地丁钱粮，而本色颜料并一应杂项未完者，不准议叙。

钱粮008：原八定

卫所官经征河银，一年全完三百两以上者，纪录一次。

钱粮009：原九定

兵饷应照例核实给发，若官弁扣克，或虚冒兵饷者，皆革职提问，不揭报之该管官，照不揭报劣员例，分别议处。若督抚、提镇于纠参疏内，不将不揭报各官并参者罚俸一年。

钱粮010：顺治十八年题准

经征屯粮，初参未完不及一分者停升，未完一分罚俸六月，未完二分罚俸一年，未完三分降俸一级，未完四分降俸二级，未完五分降职一级，未完六分降职二级，未完七分降职三级，未完八分降职四级，皆戴罪征收，完日开复，未完九分十分者革职。署印官未完一分二分者罚俸三月，未完三分四分者罚俸六月，未完五分六分者罚俸九月，未完七分八分者罚俸一年，未完九分十分者降一级调用，署印官不及一月者免议。以上经征未完官，初参之后，再限一年全完，限内若仍不完，不复作分数，即照原参分数议处，七分八分限内若仍不完革职，五分六分限内若仍不完降五级调用，三分四分限内若仍不完降四级调用。二分以上限内若仍不完降三级调用，一分以上限内完至八九厘者降三级留任，再限一年全完，不完降三级调用，限满未完不及一分者停升，罚俸一年。

钱粮 011：顺治十八年又题准

卫所官经征盐课，未完不及一分者停升，未完一分以上降俸一级，未完二分三分降职一级，未完四分五分降职三级，未完六分七分降职四级，皆戴罪征收，完日开复，未完八分以上者革职。署印官未完一分二分者罚俸三月，三分四分罚俸六月，五分六分罚俸九月，七分八分罚俸一年，九分十分降一级调用，署印官不及一月者免议。以上经征未完官，初参之后，再限一年全完，限内若仍不完，不复作分数，即照原参分数议处，不及一分者限内若仍不完降一级留任，再限一年全完，不完降一级调用，一分二分限内若仍不完降三级调用，三分四分限内若仍不完降四级调用，五分六分限内若仍不完降五级调用，七分以上者限内若仍不完革职。

钱粮 012：顺治十八年三题准

卫所官承销盐引，未完一分者停升，未完二分降俸一级，未完三分降俸二级，未完四分降职一级，未完五分降职二级，未完六分降职三级，未完七分降职四级，皆戴罪督销，未完八分以上者革职。其戴罪督销官，限一年销完，如限内不完，照屯粮限满未完例议处。至行盐地方卫所官，如有私勒户口买盐销引者革职，不行查报之上司各降三级调用。署印官销引未完一分二分者罚俸三月，未完三分四分罚俸六月，未完五分六分罚俸九月，未完七分八分罚俸一年，未完九分十分降一级调用，署印官不及一月者免议。

钱粮 013：康熙九年题准

武职各官解送钱粮，沿途停搁日期者，罚俸一年。

钱粮 014：康熙十四年议准

卫所官有限满未完钱粮，初参四分，系赦前二分，赦后二分者，若限内将赦前未完二分已经全完，照赦后未完二分议处；如限内赦前二分未完，仍合赦前赦后一并议处。至初参四分，皆在赦前限内未经全完，仍照原参分数，以初参例议处；如限满未完钱粮，限内又经遇赦者，扣除赦前月日，以赦后计算，年限满日，查明题参，照例议处。

钱粮 015：康熙十四年又议准

卫所官经征各项钱粮，于未完之先，别经降调离任者，罚俸一年。

钱粮 016：康熙十四年三议准

卫所官有未完杂项钱粮，不作分数者，由部核明题参，降俸二级，戴罪督催，完日开复，限内不完罚俸一年，仍令督催。署印官有未完不作分数杂项钱粮者，罚俸卫所官以未完钱粮捏作全完申报，或限内经一二官征完，捏作一官征完者皆革职。如卫所官申报未完，该管上司以全完转报者，将申报上司降二级调用，卫所官免议。至钱粮未经起解，申报起解，或库内无银，申报有银者，皆降二级调用，一应批回，未获称为已获，未发称为已发者，皆罚俸一年。

钱粮 018：康熙三十四年议准

凡有分数钱粮接征卫所官，以到任之日为始，限一年全完，如限内不完，将已完分数扣除，照现在未完分数，以初参例议处。

钱粮 019：康熙三十四年又议准

徐淮临德等仓，本色米及改折银，限一年全完，不完将卫所官照屯粮初参例议处，如再不完，照屯粮限满不完例议处。

钱粮 020：康熙三十八年谕

直省营制额兵，虚伍冒饷者甚多，甚干法纪，嗣后须加省改，如有滥行冒支扣克者，事发从重治罪。

钱粮 021：康熙三十八年议准

各营官弁给发兵饷之时，在省令布政使司、粮道，在府州县令各正印官，将兵饷会同该官弁如数封固，按名散给，如有扣克等弊，照例议处。

钱粮 022：康熙四十二年题准

运到军营米粮豆草，经收武职各官，延挨不收，及不收本色，勒索折价者，统兵将领查出题参，将经收官革职提问。此等延挨勒索情弊，经监放钱粮官据实申报，统兵将领徇隐不题参者，亦革职提问；若系失察，将统兵将领等降四级调用；经收武职之该管官革职。至统兵将领等及武职大小各官，贩卖米粮豆草，嘱托地方官多取价值，或将民间所买米粮豆草，作为己物，嘱托地方官，令其收买者，皆革职提问。如将此等情弊举首者，系官以应升之缺先用，常人授为七品官。

钱粮 023：康熙四十二年议准

提督给随粮八十名，总兵官随粮六十名，副将随粮三十名，参将随粮二十名，游击随粮十五名，都司随粮十名，守备随粮八名，千总随粮五名，把总随粮四名，均按名给予粮饷。此外有将使令家人混充兵额者，严参议处。

钱粮 024：雍正八年奉旨

提镇以至千把总，已给亲丁名粮，以资养赡，今各省增设外委千把，尚未议及，其所办者，千把总之事，而所食者，仍止本身一分马粮，一应费用，实有不敷。著将外委千把总，每人给予步粮一分，即令其子弟家人顶食，以资养赡。倘有仍藉办公名色，扣克兵饷，滋扰地方者，著该管官即行揭报指参。

钱粮 025：雍正十一年议准

武职应得随粮，各按本地营伍，将马步守均匀配搭支食，若于额定随粮之外多占者革职，该管上司不稽查揭报者降三级调用。

钱粮 026：雍正十二年议准

火药关系紧要，必须豫备，方为有益，督抚提镇将所辖各营，酌量每年应用之数，动用公费制造，潮湿地方豫备三年，高燥地方豫备五年，加谨收存，每年所用火药，即于收存数内动支，仍照动支数目，制造存库，出陈易新，按年造册报部，该管官如遇升迁事故离任，照仓库钱粮例交代，若有亏缺及不堪应用者，责令专管官赔补，仍罚俸一年，该管上司罚俸六月。

钱粮 027：乾隆三年议准

卫所官经征芦课未完，或初参，或限满题参，皆照徐淮等仓钱粮不完之例议处。

钱粮 028：乾隆三年又议准

卫所官凡有未完各项钱粮，经户工二部核明续完蠲免具题到部者，不俟题覆，即准销案。如户工二部疏内分数职名，与本部原案不符，咨询户工二部销案，如又有不符，仍行题明查办。

钱粮 029：乾隆六年奏准

军营贩卖米粮豆草，多取价值，及将民间所卖豆草，嘱托地方官令其收买，举首之常人，向例授为七品官，嗣后改为给予八品顶戴。

钱粮 030：乾隆六年议准

卫所经征接征各官，有未完钱粮，参后续完，或恩赦蠲免，应行开复本官，不呈请开复者，罚俸一年。

钱粮 031：乾隆二十五年奏准

总兵到任盘查营中银两，须亲临库存处所，不得提验，如有借提验名色侵挪入己者，该督抚题参，照侵盗钱粮例革职治罪。

钱粮 032：乾隆三十八年奏准

文武官员经征正杂等项钱粮，如系奉旨分年带征之案，应将原参降职降级，仍令戴罪征收各员，按其原议处分减等议处完结，仍以钦奉恩旨之日为始，另行起限催征，如年限内完解不足分数，将经催各官照例分别参处。

钱粮 033：乾隆四十年奏准

嗣后卫守备遇应升都司时，如有经征之案，俱于推升本内，声明扣除，令其离任，完日开复。

钱粮 034：乾隆四十八年奏准

各卫应征津贴余租银两，如不实力催征，致有拖欠，即照正项钱粮经征不足分数之例，分别议处。

钱粮 035：乾隆四十九年奏准

官员经征正杂等项，未完钱粮，如奉有恩旨，分年带征，其原参降职、降级、停升、戴罪征收之案，按其原议处分，照承缉案犯被邻境别汛拿获之例，减等议处完结，仍以钦奉恩旨之日为始，另行起限催征。如年限内完解不足分数者，将经征各官，照例分别参处。

钱粮 036：乾隆四十九年又奏准

承销盐引，未完一分二分三分四分者均照旧议处，至五分者降二级调用，六分降三级调用，七分降四级调用，八分以上革职。

钱粮 037：乾隆四十九年三奏准

卫所应征所属寄庄此县民人买彼县地亩，花户钱粮，于每年开征之始，即查明开造村庄户民钱粮数目清册，移交居住之州县卫所，代行催征，如至奏销未完，即交代征之员，照正项钱粮未完之例办理。

钱粮 038：乾隆四十九年四奏准

卫所经征耗羡，务与正项随同报解，若有未完，照正项钱粮之例，按其未完分数，一律处分。

钱粮 039：嘉庆六年奏准

外任武职员弁，应扣降罚银，每季请领俸饷时，该管上司查明案件，饬令领饷之员，造册同文另送藩司覆核，按数扣除，归入兵马奏销案内造报。降罚案多者，以原议奉文先后，挨次扣抵，不必拘定先扣现年之案，如各案一年内不能扣清，准入下年接扣，并于造报册内声注，应扣不扣，有心蒙混冒支者，将冒支之员革职，违例支给之员降一级调用。如系查核未清，以致误支者本员降一级留任，违例支给之员照违令公罪律罚俸九月。

钱粮 040：嘉庆六年又奏准

官员养廉建旷银两，并不随时完解，以致迟延，三月以上者罚俸六月，半年以上罚俸一年，一年以上降一级留任。

钱粮 041：嘉庆六年三奏准

武职衙门，前官有侵欺挪移情弊，接任官徇隐不报，经上司访闻查出者，将前官及接任官，一并严参。如接任官查出前任有侵挪拖欠等弊，不受交代，通详上司，上司不揭报题参，徇庇前官，逼勒新任官交代者，新任官即据实报部，除将逼勒上司照徇庇例议处外，督抚提镇降一级调用。

钱粮 042：嘉庆六年四奏准

卫所武职疏销盐引，能于奏销前如数全完者，照正项钱粮全完之例议叙。

钱粮 043：嘉庆六年五奏准

地丁、漕粮、盐课等项钱粮，奏销案内未完各官，参后续报征完，经户部议覆奉旨，该省督抚接准部文，将该员议处之案，题请开复。若以续完咨部者，在参案未经题覆之前，户部即于本案奏销内扣除，免其议处。或部议已经奉旨，尚未行文，户部亦即据咨改缮题本，请旨开复。如续报全完各官，已另案革职，该督抚毋庸具题，止咨报户部核明，转咨吏兵二部，分别扣除开复。至拖欠在民钱粮革职降级官员，未经离任之先，如能将拖欠钱粮全完者，即行开复，仍留本任，该督抚于题请留任之时，其员缺另拟有人，而未经奉旨者，将原官留任，如原缺所补之人，已经奉旨，将新任官令其赴任，原官留省另补。

钱粮 044：嘉庆六年六奏准

卫所经征接征未完各官，参后续完，本官已经申报，该上司勒掯不行转详及迟延不报者，将该管上司各官罚俸一年。

钱粮 045：嘉庆六年七奏准

地丁钱粮经征未完，卫所守备千总，照随漕轻赍初参未完例议处。

钱粮 046：嘉庆六年八奏准

经征钱粮卫所官，申报未完，该管上司转报全完者，降二级调用。

钱粮 047：嘉庆六年九奏准

卫所守备千总，征收田房税羡银两，随收随解，如延缓不解，该督抚查参，将该卫所各官罚俸一年。

钱粮 048：嘉庆六年十奏准

卫所官员承追钱粮，钦奉特旨豁免者，现参原议处分，一并查销。参限内奉旨宽免钱粮分数者，限满未完，除扣算赦免分数外，止照现在未完分数处分。至二参限内奉旨分年带征钱粮原参各官，以钦奉恩旨之日为始，另行起限催征，如年限内完解不足所分之数，仍照未完分数，分别参处。

钱粮 049：嘉庆六年十一奏准

卫所官员将已征钱粮挪用，谎称民欠，或加火耗，及私派加征，或豫征次年钱粮，俱革职拿问，其豫征钱粮即作为次年正项钱粮。

钱粮 050：嘉庆六年十二奏准

卫所各官将钱粮蒙混销算者，并不查明，率行转详之上司，降一级留任。

钱粮 051：嘉庆六年十三奏准

凡河工夫食银两，卫所各官于本年经征全完，数在三百两以上者，照例议叙。如经征未完一分二分罚俸三月，三分四分罚俸六月，五分六分罚俸九月，七分八分罚俸一年，九分十分降一级调用，不及一分并署印官不及一月者免议。

钱粮 052：嘉庆十二年议定

凡乌什阿克苏钱局所铸钱文，于正额之外，如能多铸一百串以上者，该管官纪录二次。

钱粮053：嘉庆十二年又议定

原例载官员将经手各项钱粮干没侵欺者革职提问，仍行追赃，如系兵丁侵欺者该管官革职，将侵欺之兵丁提审追赃，其该管上司不能先事查出，照八旗例载佐领等官干没侵欺，参领都统应得处分分析增载，如官员干没侵欺，该管上司豫先不行查出者降一级调用，提督总兵罚俸一年。

钱粮054：道光九年奏准

江南有漕州县，每年应征行月钱粮，于十月内先以六分完解道库，给丁济运，如不足六分之数，有误支放者，即行咨参，将经征之卫所各官罚俸六月，再限三月完解，如尚不完罚俸一年。若至奏销时，仍有拖欠，即作为十分考成议处。其浙江省嘉兴、湖州二府，催征白粮项下车夫等款钱粮，亦照此例行。

钱粮055：道光十二年奏准

出征效力辞休斥革勒休千把外委，并年老退伍及受伤患病残废兵丁，请给养赡，均令于离营之日，即行呈报该管官查明有无子弟在营食粮，分别给予粮饷，若离营日并未呈报，续行补报者，概不得支给，傥有浮冒，或离营呈报时，有勒索等情，将该管营弁参处。至阵伤亡故兵丁眷口半饷，如果该管州县详查确实，无论何时呈报，均予支食，即以呈请之日起支，以杜浮冒。

钱粮056：道光三十年议准

武职接收交代，查明前任各有亏挪，辄听情出结瞻徇私受者，出结官革职，分别追赔，该管上司失察不揭报者，降一级留任。

承追〔例12条〕

承追001：康熙四十二年议准

武职各官有追赔亏空赃罚及分赔等项银两，一千两以下者，于文到日限一年追完。不完，罚俸一年，再限一年；不完，降一级留任，再限一年，追完开复；不完，照所降之级调用。若承追一千两至五千两者，以五年为期，每案每年追完二分，不及二分者，初参降俸二级，二参罚俸一年，三参降一级，四参再降一级，皆留任；五年限满，追完开复，不完，照所降之级调用。承追五千两以上者，以十分为率，勒限五年，初参降俸二级，二参罚俸一年，三参降一级，四参再降一级，皆留任；五年限满，完至七分者开复，未完之银，再行按年起限，不及七分，照所降之级调用。至接任官以任事之日起，扣限承追，如本人实属无力完帑，承追官出结呈报，由督抚题请豁免，不得株连亲族，傥滥行著落亲族代赔，将承追官革职。若豁免后，本人现有产业，悉行入官，出结官革职，该管上司照文职例分别议处，所欠之银，著落出结官赔补。该管上司有逼勒出结之事，不行出首者，将出结官并逼勒之上司，皆革职。

承追 002：康熙四十二年又议准。

武职各官有承追之银，于一年限内追完三百两以上之案者每案纪录一次，一千两以上之案五年限内追完者纪录一次。接任官以任事之日起限，于一年限内追完一千两以上之案者加一级，五千两以上之案者加二级，一万两以上之案者加三级。此等加级，遇别案承追应降调者，即予抵销，若一年限内追完一万五千两以上之案者，以应升之缺即用。

承追 003：乾隆十六年谕

嗣后凡亏空案件到部，应详加察核，其有实在侵贪入己之劣员，仍令该上司等分赔，不得稍为宽贷。其他如挪移款项，与仓谷涅变等事，止将该员议罪著追，不必概令上司分摊赔补，致滋扰累。

承追 004：乾隆二十四年奏准

凡追赔亏空赃罚及分赔等项，一千两至五千两者，以四年为期，每年每案追完二分五厘，完不及数者，照例议处，至四年限满全完开复，不完照所降之级调用；五千两以上者，仍照旧例议处。至工程核减报销脚价，及一切欠项，数在三百两以下者，限六月追完，不完照杂项钱粮例议处。

承追 005：乾隆二十四年又奏准

承追官于一年限内追完一千两以上，四年限内追完五千两以上，及五年限内十分通完，各纪录一次。

承追 006：乾隆年四十九年奏准

官员征追未完银两，后经分赔代赔，无征追之责者，原议之案，悉照案犯被邻境拿获之例，按其参限应得处分，减等议处完结。

承追 007：嘉庆七年奏准

凡承追侵盗赃罚银两，数在三百两以下者，于文到日限六月通完，不完承追官降俸二级，再限六月，不完罚俸一年，另行起限承追。至承追因公核减，及分赔代赔等项银两，数在三百两以下者，六月限满不完降俸一级，再限六月，不完罚俸六月，另行起限。承追三百两以上至一千两者，一年限满不完罚俸六月，再限一年，不完罚俸一年，再限一年，不完降一级留任。一千两至五千两者，以四年为期，每年每案追完二分五厘，完不及数者，初参降俸一级，二参罚俸六月，三参罚俸一年，四参降一级留任。五千两以上者，勒限五年，每年每案追完十分之二，完不及数者，照承追一千两至五千两例议处，五年限满完至七分者开复，如完不及七分者，照所降之级调用。

承追 008：嘉庆七年又奏准

官员应缴银两，尚未完清，复奉文有应缴之案，如俱系寻常案件，力难并缴者，于前案清完后，再将后案定限完缴，其后案之承追督催各官，亦于定限之日起限，若系奉旨严追之案，不得援照此例。

承追 009：嘉庆七年三奏准

凡同案分赔公项人员，内有家产尽绝无力完补者，将其人名下应赔之数豁除，不得复于同案各员并通省养廉内摊扣，更不得于承追省分著落赔补，违者照违制律议处。

承追 010：嘉庆七年四奏准

回籍人员应追各项银两，该员一面按限完缴，如有部减不符，及任所派赔不公等情，于本旗本籍呈明，移咨任所核办，毋许擅求自赴任所清厘，倘该管官有混为声请者，照瞻徇例降二级调用。如案内情节，必须亲自质对，方能完结，将缘由咨部，移咨各旗籍，饬令前往，俟完竣之后，即行勒回本籍，若有藉端扰累情事，该督抚据实严参治罪。

承追 011：嘉庆七年五奏准

拖欠官项，本人力不能完，若分居析产之兄弟族属，不知情之亲友奴仆，若未侵渔公帑寄顿私财者，承追官有巧借认帮帛名色，勒令赔补，或藉称严查寄顿刑求吓诈者俱革职。倘受累之人告发，上司不为准理，照徇庇例降三级调用。

承追 012：同治元年谕

前因多隆阿奏参：记名提督赵既发擅自离营，并将勇丁口粮私行带去一千余两，当经降旨革职永不叙用。兹据给事中王宪成奏，请将该革员私带勇粮照数追还，并治以应得之罪等语。军营饷需，关系紧要，近来各路带兵将弁，往往浮冒克扣，中饱私囊，甚至任意取携，毫无顾忌，致令行间士卒，不免饥寒，积弊日深，殊堪痛恨。此项勇丁口粮，自系军营正款，若令该革员擅自携去，竟置不问，转使违令藐法之员，得遂其侵蚀营私之计，殊不足以肃纪律而重军糈。即著多隆阿将该革员赵既发私行带去勇粮，勒令如数缴出，仍计赃科罪，按律惩办，以肃戎行。嗣后各路军营，如有似此侵吞饷银藉端肥己者，除将所侵银两照数著追外，并著各该大臣督抚等于查明后，即行严参究办，从重治罪，以儆效尤。

缉私〔例 60 条〕

缉私 001：顺治年间定

地方行使废钱，专汛官不查拿者，一起降二级调用，二起降四级调用，至三起者革职。

缉私 002：康熙十七年题准

大伙卖贩私盐，至十人以上，带有军器，专汛官徇纵不拿者革职，兼辖官降二级调用，失察者专汛官革职留任，兼辖官降二级留任，皆限一年缉拿，获半即准开复，限满不获，专汛官革任，兼辖官降二级调用。其本汛虽未拿获，经别汛全获，亦免议，不全获者，仍照例议处。

缉私 003：康熙十七年议准

官弁一年内拿获十人以上带有军器大伙私盐者，一起纪录一次，二起纪录二次，三起加一级，四起加二级，至五起者不论俸满即升。兼辖官视其所属，一年内有拿获三起者纪录一次，六起纪录二次，九起加一级，再有多者，照此递加。

缉私 004：康熙三十九年覆准

私盐拒捕，能全获者，各官皆免议，若伙党众多，不能全获，或获二三名，及兵被杀伤，专兼各官，初参免其处分，限一年缉拿，限满不获，专汛官罚俸一年，兼辖官罚俸六月，统辖官罚俸三月，盐犯照案缉获。

缉私 005：康熙四十四年议准

小伙贩卖私盐，不及十人，及十人以上不带军器者，专汛官失察一次降二级，二次降四级，皆留任，至三次者革职。兼辖官一次降一级，二次降二级，三次降三级，皆留任，至四次者降三级调用。

缉私 006：雍正三年议准。

地方私铸钱及将制钱私毁，专汛官知情者革职治罪，失察者一起降三级调用，二起革职；兼辖官一起降二级，二起降四级，皆调用，至三起者革职；统辖官一起降一级，二起降二级，三起降三级，皆调用，至四起者革职；提镇一起降一级，二起降二级，三起降三级，皆留任，四起降四级调用，至五起者革职。如有从前失察，今能拿获，不论年月远近免议。文职拿获，同城之武职并免议，交界之所经别属之员拿获者亦免议。其拿获私铸私毁，不论本管及别属地方，一起纪录一次，二起纪录二次，三起纪录三次，四起加一级。

缉私 007：雍正三年又议准

经纪铺户将私钱贩卖，搀和行使，不查拿之专汛官，一起降三级调用，二起革职；兼辖官一起降二级留任，二起降四级调用，至三起者革职；统辖官一起降一级，二起降二级，皆留任，三起降三级调用，至四起者革职；提镇一起罚俸一年，二起降一级，三起降二级，皆留任，四起降三级调用，至五起者革职。船户夹带私钱，押船官知情者革职，失察者降三级调用。

缉私 008：雍正六年议准

地方矿徒私自聚集，该管官知情隐匿者革职；平日失察，及经发觉，并不实力查拿，以致全无捕获者降三级调用；获不及半者，降二级留任，限一年缉拿，全获开复，限满仅获半者降一级调用，获不及半者降二级调用，未获之犯，交与接任官照案缉拿。如一经发觉，比即获犯过半，降一级留任，余犯限一年缉拿，全获开复，限满仍止获过半者罚俸一年，余犯照案缉拿。

缉私 009：雍正十年议准

山东、山西、河南等省出产硝磺，有结伙私行贩卖者，不论出产及经过地方，失察之专汛官，照失察小伙私盐例议处；船户夹带者，押船官照夹带私盐例议处。

缉私 010：乾隆六年议准

失察小伙私盐，降级留任各官，限一年缉拿，限满无获，专汛官罚俸一年，兼辖官罚俸六月，各带所降之级，再限一年缉拿，限满无获，专汛官再罚俸一年，兼辖官再罚俸六月，各带所降之级，盐犯照案缉拿。

缉私 011：乾隆十四年奏准

天津、阿城、淮安、仪征等处，原系产盐地方，该督抚转饬地方营汛官弁，于粮船经过之时，严行稽察，舵丁水手应需食盐，每船总不许过四十斤之外，如不实力稽察，以致舵丁水手夹带过四十斤之外者，运官照例议处，该营汛官弁罚俸六月。

缉私 012：乾隆十六年议准

各省武职官弁，经上司委办盐务，即有缉私疏引之责，遇失察大小私盐，将承办官照专汛例议处，总办官照兼辖例议处。如拿获大伙私盐，照所获起数，分别议叙。

缉私 013：乾隆二十九年奏准

小伙兴贩私盐，不及十人，及十人以上不带军器者，专汛官失察一次降职一级，二次降职二级，三次降职三级，俱留任戴罪缉拿，一年限满无获罚俸六月，各带所降之级缉拿，限满不获，仍罚俸六月，各带所降之级缉拿，拿获之日，俱准其开复，失察四次降三级调用。兼辖官失察一次罚俸一年，二次降职一级，三次降职二级，俱留任戴罪缉拿，一年限满不获罚俸三月，各带所降之级缉拿，限满不获，仍罚俸三月，各带所降之级缉拿，拿获之日，俱准其开复，失察四次降一级调用。如止失察经由，并无窝留贩卖情事者，专汛官罚俸六月。

缉私 014：乾隆二十九年又奏准

盐徒拒捕，不及十人，及十人以上不带军器，致伤兵丁，不能擒获者，专汛官降二级留任，兼辖官降一级留任，统辖官罚俸六月，俱戴罪缉拿，拿获之日开复，一年限满不获，专汛官罚俸一年，兼辖官罚俸六月，仍带所降之级缉拿，统辖官罚俸一年，再限一年缉拿，限满不获，专兼各官，俱照所降之级调用，统辖官罚俸二年。

缉私 015：乾隆二十九年三奏准

兴贩私盐，十人以上，带有军器，失于觉察者，专汛官革职留任，兼辖官降二级留任，俱限一年缉拿，拿获一半者，准其开复，不获，革职留任者革任，降级留任者照所降之级调用。该督抚提镇于失察官员不行题参者，照徇庇例议处。

缉私 016：乾隆二十九年四奏准

十人以上，带有军器，兴贩私盐，失察武职各官，系本汛若已拿获一半者免议，其本汛并未拿获，被别汛全获者，专汛官仍革职留任，四年无过开复，兼辖官仍降二级留任，三年无过开复。若别汛拿获，虽少一二人者，仍照失察大伙私盐例议处。至限年缉拿之后，计未获人数拿获一半以上者，将拿获各官原参降级革职留任之案，准其开复，未经拿获各官，仍照二参例议处。若系别汛拿获，仍照别汛拿获例议处。

缉私 017：乾隆二十九年五奏准

私枭党众十人以上，带有军器，官兵不能拿获，或获二三名，及兵被杀伤，专兼各官，照失察兴贩大伙私盐例议处，统辖官降一级留任。

缉私 018：乾隆二十九年六奏准

十人以上，带有军器，兴贩私盐，纵放不行擒拿者，专汛官革职，兼辖官降二级调用，该管上司容隐不参，照徇庇例议处。

缉私 019：乾隆二十九年七奏准

贩私盐枭，由他处入境，督兵缉拿，拒捕杀伤或当场人盐并获，或于疏防限内拿获过半者，该地方武职免其疏防处分，余犯照案缉拿。隐讳不报者，照故纵盐枭例议处；不知情者，照失察大伙私盐例议处。

缉私 020：乾隆二十九年八奏准

粮船过天津、阿城、淮安、仪征等处产盐之乡，每船止许向官铺售买食盐四十斤，如丁舵人等多行夹带，该地方营汛员弁，不行实力稽察，别经发觉，照不行详查例罚俸一年。

缉私 021：乾隆二十九年九奏准

营千总把总守备都司专汛地方，及卫所千总守备该管地方，有私铸钱文之人，专管官知情故纵者，参革治罪；不知情失于觉察者，每起降二级调用，游击参将降一级调用，副将降一级留任，提督总兵罚俸一年。如该管地方经纪铺户，有贩卖私钱挽和行使，不行查拿者，该管官每起降二级调用，兼辖官降一级留任，统辖官罚俸一年，提督总兵罚俸九月。如有从前失于觉察，现在能拿获者，不论年月远近，俱免其处分。文官拿获，将武职无论同城不同城，均各照本例议处。交界处所拿获，未经协拿之该管官，不准援免，如仅获为从之犯，而首犯及匠人脱逃者，该管官照命案缉凶不力例扣限查参，接缉官亦照接缉命案例办理。

缉私 022：乾隆二十九年十奏准

武职该管地方，有翦边钱文挽和行使，失察之该管官，每起罚俸一年。

缉私 023：乾隆二十九年十一奏准

地方有奸民将制钱翦边毁化至十千以上者，将失察之该管官，每起降二级调用，兼辖官每起降一级调用，统辖官每起罚俸一年，提督、总兵每起罚俸九月。不及十千者，该管官每起降一级调用，兼辖官每起降一级留任，统辖官每起罚俸九月，提督、总兵每起罚俸六月。如数止一千文以下者，该管官每起罚俸一年，其仅能拿获从犯，而首犯匠人未获者，照本例酌减议处。如系文员拿获，或交界处所拿获，本汛武职并未协拿者，仍照本例议处。

缉私 024：乾隆三十七年奉旨

地方私盐承缉不严，官引必致壅滞，在江省各属文武员弁，以所行乃浙省盐斤，未免意存歧视，虽有缉私之名，不肯实力从事，而浙江盐政，又以缉私官弁兵役，皆隔省所辖，呼应不灵，松所盐务之疲，率由于此。浙江巡抚兼管盐政，未尝无考核缉私之责，而令不能行之江省，地方官往往阳奉阴违，因循已非一日，不知行盐虽在他境，而销引同属办公，司鹾者固不便因盐务所在之区，越俎干预他事，其有关盐政者，原可随时核计，如果江省地方官视缉私为具文，不知留心整顿，以致枭徒充斥，膜视误公，即当指参一二，予以应得处分，各员弁等自不敢仍前玩忽干咎。若仅如户部所议，专责江省大吏督查，恐日久尚成故套，于浙盐仍无裨益。嗣后松所缉私之事，除交江省督抚董饬各该省地方文武尽力严拿外，傥有稍分畛域，不肯实力缉私者，并准浙江巡抚核实参奏，照例议处，该上司等亦难辞督率不严之咎，如此则江省有司，既无敢膜视卸肩，松所商人，亦无由推托藉口，方为两得。

缉私 025：乾隆四十四年奏准

私枭过境，并未有在境贩卖情事，于犯案之时，供出从何处兴贩，向何处私卖，仅止经由该处者，地方武职失于查察，系大伙经由，专管官每起罚俸一年；小伙经由，专管官每起罚俸六月。若经由该汛处所，遇有兵役追缉，盐枭拒捕伤人，除失察出境仍查取兴贩地方专兼职名外，其失察拒捕不能协力擒拿，即将经由之地方专管兼辖统辖职名开送，系大伙拒捕者，照大伙拒捕之例办理；系小伙拒捕者，照小伙拒捕之例办理。

缉私 026：乾隆四十四年又奏准

大伙私盐拒捕，如于限内自行拿获过半者，专汛官降二级留任，兼辖官降一级留任，统辖官罚俸一年完结。小伙私盐拒捕，限内自行拿获过半，专汛官降一级留任，兼辖、统辖官俱罚俸一年完结。若犯由别汛全获者，亦照此例办理。其非自行拿获过半者，仍照本例议处。

缉私 027：乾隆四十九年奏准

浙江省定海所属内洋二十二岙，酌设四廒，归定海镇标中军收买余盐，如有售私案件，查明由何岙私售，何汛出口，除县属内港十五岙开参文职外，如在岱山内洋各岙，即将营员廒弁作专管官开参，照不实心稽察例降二级调用，其守口汛弁亦照此例一体议处。

缉私 028：乾隆五十八年奏准

江西省建昌、饶州等府私贩出没处所，俱选派文武员弁各一员，拨给盐快兵丁各十名，于水陆分头巡缉，半年一次更换，如能实力缉捕，销引溢额，该抚等核计分数，咨部查核，限内销引足额之外，多销引一分以上纪录一次，二分以上纪录二次，三分以上纪录三次，四分以上加一级，五分以上加二级，数多者以次递加。如不实力查缉，以致额引短销，不及一分者罚俸六月，一分以上罚俸一年，二三分降一级留任，四五分降一级调用，六分降二级调用，七分降三级调用，七分以上革职。

缉私 029：乾隆五十九年谕

昨因京城钱价过贱，已降旨令各省督抚酌量情形，将每年应行搭放钱文之项，改放银两，或动拨闲款，将银两按照市价收买钱文，以期银两流通，钱价略长，而小钱亦可渐次杜绝，乃各省小钱，在在充斥，以致钱价日贱，商民交累，岂可不力为整顿。小钱充斥，川省尤甚，近边宁远一带，尚仍沿用小钱，根株未能净绝，今值此甫经整顿之后，若能认真不避嫌怨，留心查办，以期弊绝风清，方为不负委任。此系朕为整顿钱法起见，特为详悉指示，该督抚务宜各矢天良，据实筹办，若希图钱局沾润，藉词含混，以致钱法日坏，私铸充斥，朕必追究来自何省，一经发觉，恐该督抚不能当其咎也。

缉私 030：乾隆五十九年又谕

前因各省小钱充斥，曾经降旨通饬查禁，实力收缴，并令各关口一体留心查验，俾私贩咸知儆畏。第思此等奸徒贩卖，盈千累百，捆载远行，必不肯由陆路贩运携带，多糜运脚，致有亏折，总由水路行走，便于装载，惟在责成各处关津，实力稽查，一体收缴，小钱方可净尽。著传谕各关监督等，于关津要隘处所，留心查验，并设立收缴小钱之局，一律查收，晓谕各商等赴关尽数呈缴，以清钱法而绝弊源。

缉私 031：乾隆六十年谕

各省小钱充斥，屡经降旨饬查收缴，而湖北省襄阳、汉口地方，滨临大江，为四川、云贵等省舟航辐辏之所，奸商聚集，尤为私贩小钱弊薮，该抚惟当饬属遵照节次谕旨，于汉口、襄阳地方，认真查察搜捕，务俾小钱尽绝根株，肃清圜法，实力遵循，方为妥善。倘将来仍有私贩之案，恐该省督抚不能当其咎也。

缉私 032：嘉庆六年奏准

地方有小伙兴贩私盐出境，或贩卖入境，在十人以下者，每一起专管官住俸，兼辖官罚俸三月，俱限一年缉拿，限满不获，专管官罚俸一年，兼辖官罚俸六月，再限一年缉拿，如仍不获，专管官降一级留任，兼辖官罚俸一年，盐犯照案缉拿。如于限内拿获过半者免议，如被他人拿获者，仍照例酌减议处。

缉私 033：嘉庆六年又奏准

小伙兴贩，一案之内，讯明同时或三起四起，各贩各私者，专管官降一级留任，兼辖官罚俸六月，俱限一年缉拿，限满不获，专管官降一级仍留任，兼辖官罚俸一年，再限一年缉拿，如仍不获，专管官降一级调用，兼辖官降一级留任，盐犯照案缉拿。

缉私 034：嘉庆六年三奏准

小伙兴贩，并未带有军器，临时拒捕伤人者，该地方武职不能擒拿，专管各官仍照例议处，俱限一年缉拿，全获开复，不能拿获，专管官降二级，兼辖官降一级，仍留任。

缉私 035：嘉庆六年四奏准

地方有大伙兴贩，十人以上，带有军器，兴贩私盐出境及入境贩卖者，该地方专管官降二级留任，兼辖官降一级留任，俱限一年缉拿，全获开复，如限内不获，专管官降二级调用，逸犯交与接任官缉拿，兼辖官降一级调用，逸犯交与接任官照案缉拿，于限内拿获过半者，专管官减为降一级留任，兼辖官减为罚俸一年。如系他人缉获者，该管官仍照例议处。

缉私 036：嘉庆六年五奏准

大伙私枭，伙众至十人以上，带有军器者，及二十人以上，虽未带有军器，而拒捕致伤兵役者，无论案内人犯，系一二起或三四起同时拒捕，均以大伙拒捕论，地方武职不能擒拿，专管官革职留任，兼辖官降二级，统辖官降一级，俱留任，戴罪限一年缉拿，全获开复，如限内不获，革职者即行革任，降级者俱照所降之级调用，逸犯交接管各官缉拿。如于限内拿获过半者，专管官减为降二级留任，兼辖、统辖各官俱改为降一级留任，如系他人拿获，该管官仍照例议处。

缉私 037：嘉庆六年六奏准

地方武职遇盐枭入境兴贩，及有拒捕情事，故为疏纵不即擒拿者，专管官革职，兼统各官均降二级调用，督抚提镇不行题参，照徇庇例降三级调用。

缉私 038：嘉庆六年七奏准

地方武职，专汛官一年内拿获过境十人以上，不带军器小伙私枭，每二起纪录一次。兼辖官一年内统计所属拿获小伙五起者纪录一次，十起者加一级。

缉私 039：嘉庆六年八奏准

出产硫磺地方武职，如有私贩，查系报部开挖之山，私煎硫磺出卖者，失察一次，专汛官降一级留任，兼辖官罚俸一年。未经报部之山，私行开挖煎卖者，失察一次，专汛官降一级调用，兼辖官降一级留任。其私煎硫磺偷漏出境希图贩卖，沿途地方武职，失察在境贩卖者，降一级留任，兼辖上司罚俸一年。如止失察经由，并无贩卖情事者，专汛武职罚俸一年，兼辖上司罚俸六月。

缉私 040：嘉庆六年九奏准

出产硝斤地方，如有私贩，查系收买积囤发卖者，失察一次，专汛官降一级调用，兼辖官降一级留任。若系偶然私煎，卖与过路客商者，失察一次，专汛官降一级留任，兼辖官罚俸一年。其私贩硝斤出境，及沿途地方武职失察在境贩卖者，降一级留任，兼辖上司罚俸一年。如止失察经由，并无贩卖情事者，专汛武职罚俸一年，兼辖上司罚俸六月。

缉私 041：嘉庆六年十奏准

湖北省宜昌府巡缉川盐，凡经由要隘汇归总要之处，令该管文武员弁，派拨兵役督率巡缉，遇有川省私贩偷越，协力追捕查拿，傥怠忽贿纵，分别查参究办，将该管文武员弁题参。

缉私 042：嘉庆六年十一奏准

江西省吉安府巡缉私盐，均令于皂口等五处，设立卡巡查拿，凡山僻小径要隘处所，多拨兵役，协同卡巡常川巡缉，如能拿获积窝巨贩者，官兵叙赏，巡查不周及有贿纵者，即行分别究参，该管官弁一并查参。

缉私 043：嘉庆六年十二奏准

云南省巡缉邻境私盐，凡经由津隘汇归总要处，分设员弁，酌带兵役驻扎，专司缉捕，傥该管员弁缉捕玩弛者，分别究参。

缉私 044：嘉庆六年十三奏准

山东省巡缉私盐，移兰山南汛把总，驻山东、江南两省私盐出入之庞家口，专司巡查。

缉私 045：嘉庆六年十四奏准

湖北省归州、巴东、兴山、长阳等州县民户，买食川盐，每人不得过十斤，如有汇总承买，并藉端转相货卖，及别州县民人越境影射私买者，失察之地方官，均照失察兴贩私盐例议处。

缉私 046：嘉庆六年十五奏准

地方有私宰耕牛马匹，该管官不行查拿，失察一二只者罚俸三月，四只者罚俸六月，五只以上者罚俸九月，十只以上者罚俸一年，三十只以上者降一级留任，自行拿获者免议。

缉私 047：嘉庆十二年议定

地方如有奸民甫经制炉做堆，制造钱模，尚未铸钱者，别经发觉，将失察之该地方武职降一级留任。

缉私 048：嘉庆十二年议准

营兵煎贩私盐，失察之该管官，原例既议以革职，嗣后兼辖官定为降一级留任，统辖官定为罚俸一年。

缉私 049：嘉庆十二年又议定

承缉兴贩私盐及贩私拒捕之案，初参应一律酌给四月为限。至承缉官未经限满离任，接缉官仍勒限严缉，酌予处分，以重缉捕。嗣后凡兴贩私盐及贩私拒捕之案，接任官如于初参限内到任接缉者，一年限满不获罚俸一年，再限一年缉拿，限满不获，再罚俸一年，盐犯照案缉拿。如于初参限外到任接缉者，一年限满不获罚俸一年，盐犯照案缉拿。

缉私 050：嘉庆十二年三议定

奸民私铸私销之案，如从前失于觉察，今能拿获者，不论年月远近，俱免其处分。若犯被文官拿获，及交界处所拿获，武职未经协拿者，仍照邻境别汛之例减等议处。如仅获为从之犯，而首犯及匠人脱逃者，止免其失察处分，仍照命案缉凶之例，勒限严缉，六个月限满不获，承缉官住俸，限一年缉拿；二参限满不获，罚俸一年，再限一年缉拿；三参限满不获，罚俸二年，再限一年缉拿；四参限满不获，降一级留任，逃犯照案缉拿。如承缉官于初参限内离任者，接缉官一年限满不获罚俸一年，限满不获再罚俸一年，逃犯照案缉拿。初参限外，接缉官一年限满不获罚俸一年，逃犯照案缉拿，承缉官因公出境者免议。

缉私 051：嘉庆二十五年谕

孙玉庭参奏：玩纵私枭之将弁，请旨革职一折。此案千总赵起凤，武举沈定元，奉派带兵一百六十名，截拿私枭船只，乃于枭船驶过时，推令商人督丁往捕，转自退入河湾，实属畏葸，著俱斥革，交该督提同目兵县快，严行审讯，审明照临阵退缩例，定拟具奏。参将那朗阿派委无能员弁，纵放私枭，并不亲身督捕，著即革职，仍责令缉捕自效，以示惩儆。

缉私 052：道光三年谕

嗣后如有洋船夹带鸦片烟进口，并奸民私种罂粟，煎熬烟膏，开设烟馆，文职地方官及巡查委员，如能自行拿获究办，免其议处，其有得规故纵者仍照旧例革职。若止系失于觉察，按其烟斤多寡，一百斤以上者该管大员罚俸一年，一千斤以上者降一级留任，五千斤以上者降一级调用。武职失察处分，亦照文职画一办理。

缉私 053：道光九年谕

著粤海关监督严谕洋行各商，嗣后各国夷人买卖，俱令以银易换制钱，并于洋船进口时，详加查察，如有夹带夷钱，不准开舱，饬令带回，如违，惟洋商是问。至依样仿铸及另立名号托为夷钱等弊，尤应随时稽察，如有此弊，即行查拿重究，并将该管地方官严参。

缉私 054：道光十二年谕

给事中邵正笏奏：两淮艍板等船私盐侵害浙鹾，请饬妥议章程，协力堵缉一折。著陶澍、程祖洛、林则徐、富呢扬阿，悉心妥议，或照京口盘盐厅之例，在于沿江隘口，移驻一二员弁专司盘验，或于三河之中，酌择一河通行舟楫，其余二河以及支港，概钉木栅，不准通舟，或修建闸座，派委妥员，司其启闭，以资捍御。此外如镇属丹徒、丹阳各口，滨临大江，淮私直达，亦著筹画堵截章程具奏。又据称：常、镇二府，盐行浙省，地属江南，与松所事同一律，必须地方官协力巡查，并著陶澍等督率员弁，一体认真缉私，如有稍分畛域，膜视浙鹾，准浙江巡抚据实参奏，将该上司一体议处。至淮场漏私营弊，有故纵情弊，尤须严加考核，其浙商亦毋许藉词诿卸，停运懈巡，总期于盐务大有裨益。钦此。遵旨议准：孟渎、德胜、澡港三河，原为通潮灌田，现于澡港河之圩塘港口门，用黄石三条钉堵，每石中间三尺，俾通潮汐以资灌溉，孟渎河小河口马桥地方，建闸一座，其新开之超瓢港口，暨德胜河魏村港石闸，均一律设卡巡缉。

缉私 055：道光十六年谕

圜法为经国重务，私钱充斥，百物腾贵，最为闾阎之害，不可不严行拿究，著两江闽浙各督抚，通饬所属，于开炉时严密查察，认真究办，民间所用私钱，务究其贩自何人，铸自何处。其岛屿私铸，著责成巡洋水师各将备，实力搜缉，傥查有得赇庇纵情弊，即行从严惩处。其夹板商船，如敢夹带他项违禁物件，尤当一律搜查，毋许疏懈。

缉私 056：道光三十年谕

淮南盐务，全在汉岸疏销，而湖广各州县均居腹地，邻私处处可通，现当整顿淮鹾之际，若仍前枭贩横行，甚至奸商亦藉官盐为影射，安望日有起色。该处盐务，虽统归两江总督管辖，而相隔既遥，有鞭长莫及之势，且缉私系地方文武应办之事，著湖广总督湖北、湖南各巡抚，严饬盐道督率所属，不分畛域，协力查拿，每获一起私盐，具详咨部，仍于一年期满奏报销引分数折内汇核，以凭稽考。如有查缉不力，或始勤终怠之员，即著严参，毋得视为具文，以挽颓纲而惩积弊。

缉私 057：咸丰三年奏准

用兵之时，不法弁兵，私贩硝磺，偷漏济贼，及将存营差操硝磺，盗卖济贼者，不分斤数，该管官知情故纵者，以同谋论，交刑部治罪；不知情者，该管官革职提问，兼辖官降五级调用，统辖官降四级调用，提督总兵降三级留任。如并无济贼情事，而采办硝磺，影射夹带，重复贩运者，出产地方专汛官及采办委员，知情故纵者革职治罪，不知情在百斤以上者革职，兼辖官降四级调用，统辖官降二级留任，提督总兵降一级留任；不及百斤者，专管官降三级调用，兼辖官降二级调用，统辖官降一级留任，提督总兵罚俸一年。若硝磺经过地方，该管官并不悉心稽查，任令放行，如有印票不符，及重复贩运，并夹带情事，别经发觉，将经过地方该管官降二级调用，兼辖官降二级留任。如系营兵得规包庇，将失察之该管官降三级调用，兼辖官降三级留任。关津渡口兵役人等得规包庇，该管官知情故纵者革职拿问，不知情者革职。傥弁兵私贩硝磺，转卖济贼，未出本境地方，该管官即首先访获，及协同获犯，俱免其失察处分。如已出本境，经邻境别汛拿获，除讯出本地该管官实系知情故纵者，仍照同谋律治罪外，若讯实系不知情，将该地方官及各上司，照例分别减等议处。如并无济贼情事，该地方武职能将该犯并硝磺起获如数，不及百斤者纪录一次，百斤以上者纪录二次，一千斤以上者加一级，二千斤以上者加二级，三千斤以上者加三级，五千斤以上者准其送部引见。若邻境武职，拿获兴贩济贼人犯罪应斩枭斩决者，每名加一级，三名以上者送部引见；或获犯不及三名，而起获硝磺，讯系济贼在一千斤以上者，亦送部引见；获犯三名以上，并起获硝磺三千斤以上者，由该督抚指定升阶保奏。

缉私 058：咸丰四年议定

大伙私铸，十人以上为大伙，无论有无拒捕伤人，专汛官每起降二级留任，兼辖官每起罚俸一年，俱限一年缉拿，限满不获，专汛官照所降之级调用，兼辖官降一级留任。私铸拒捕，专汛官讳匿不报，或将数起报作一起者俱革职，兼辖官降二级调用，统辖官降一级调用。如上司徇庇不参，降三级调用。京城步军统领衙门所属汛地兵丁，及外省各营汛兵丁，如有徇隐包庇受贿卖放私铸案犯等情，本管官故纵者革职，止于失察犯该杖徒者降一级调用，犯该军流者降二级调用，犯该斩绞者降三级调用，上司失察者每案降一级留任，若本管官自行访出究办者免议。如兵丁以查拿私铸为由，肆行抢夺，挟嫌诬告，失察之该管官照文职失察捕役诬良为盗例议处，已致死者革职，未死者降三级调用；系已革兵丁，已致死者降二级调用，未死者降一级调用，自行访拿审出未致死者免议，已致死者仍照例议处；系匪徒冒充汛兵，犯有前项情弊，将专汛官降一级留任。若奸民容隐私铸人犯，专汛官故纵者革职，失于觉察者降一级调用。京外地方官失察私造铸钱器具，降一级调用，如尚未行用，即行访拿与案犯并获者，无论本境邻境，每起加一级。如由在籍绅衿禀报大伙私铸得实者给予加一级，系小伙并私造器具得实者纪录一次；邻里军民首告得实者，由地方官酌给奖赏。营汛武职拿获大伙私铸，将案犯全数缉获者，无论本境邻境，由该督抚等奏请给咨送部引见，照获盗人员议叙；其并非大伙私铸，地方官访查破案，将首犯及匠人全获者，如连获三起以上，无论本境邻境，由该督抚并案奏请给予升衔，其有失察处分，并将拿获之案分起抵免。

缉私 059：咸丰五年谕

罗惇衍奏：江南泰州仙女庙，设立捐厘总局，弁兵官绅，多方阻滞刁难，侵欺商船，勒索挂号灰印等钱，稍不遂意，任意威吓，恐商贩裹足，与捐厘助饷章程有碍。另片奏：雕船贩运米石，接济贼营，镇江潮勇，讹索商民，包揽货物等语。江南省捐厘助饷，前据侍郎王茂荫、御史宗稷辰奏称：局卡太多，当经降旨查办，并据托明阿、文煜奏称：并无私设捐局等事，何以行之日久，仍有官绅兵弁，借盘诘稽查为名，多树旗帜，巧立名色，侵欺商贩，其为查禁不严，致滋流弊，已可概见。著托明阿等严饬各路员弁，如有藉端苛索者，即著从严拿办，以免扰累。至雕船运米济贼，尤属大干法纪，亟应杜绝，著托明阿、向荣等，饬令督带水师各员，严切访查，如有前项情弊，即行严办，以示惩儆。

缉私 060：咸丰七年谕

刑部奏：请饬严拿私铸人犯等语。制造私钱人犯，屡经降旨严拿惩办，乃近来直隶各州县，犯案者仍复层见叠出。据刑部审明该犯等皆系村舍小民，即在麦场树阴，开炉私铸，明目张胆，肆无顾忌，加以兵役人等，得贿包庇，闻拿逃逸者甚多，该地方文武员弁，竟至形同聋瞆，毫无觉察，迨经步军统领衙门派役往捕，始赶往会拿，冀免处分，废弛于前，取巧于后，实堪痛恨。著顺天府、直隶总督严饬所属，认真拿办私铸，毋稍疏懈，如查有兵役人等得贿包庇者，即将失察员弁参处。其由步军统领衙门及邻境访获者，该管上司，务当查明该地方文武，实系会同拿获，方准奏免处分，不得事后弥缝，概称协同拿犯，遽予末减，以杜取巧而示惩儆。

卫田〔例 22 条〕

卫田 001：顺治初年定

卫所各官，一年之内，劝民开垦荒地五十顷以上者纪录一次，一百顷以上者加一级，一百五十顷以上者加一级、纪录一次，二百顷以上者加二级。统俟水田六年，旱田十年起科时，该督抚取具印结，题请议叙。

卫田 002：顺治初年又定

卫所官有将未经开垦之地，捏报开垦者革职；若开垦后有复荒者，将开垦议叙之加级纪录销去。其开垦荒地，如有不照水田六年，旱田十年起科之例，或先期勒征，或过期不征，或私减地亩定额钱粮者，均革职。或不照起科定限豫详请征，或勒令民人开垦地亩，或将新垦地亩，以多报少，以少报多，或将已报开垦之地，重复捏报开垦，均各降一级调用。或将荒熟地亩，不分析明白，混行造报，及将应征在屯钱粮不行查出者，亦降一级调用。至丈量地亩迟延逾期，并派委监丈互相推诿不往，或将丈量地亩，详报不清，及不送文册，檄催又不申详者，皆罚俸一年。

卫田 003：顺治初年三定

卫所开垦地亩钱粮，征收全完，取具印结题报，应随奏销钱粮，一同具题，若有迟误，照违限例议处，逾限一月者罚俸三月，二月者罚俸六月，三月者罚俸九月，四五月者罚俸一年，半年以上者降一级留任，一年以上者降二级留任，二年以上者降三级调用。

卫田 004：顺治初年四定

卫所被灾田亩，该管官随时详报，夏灾不逾六月，秋灾不逾九月，如报灾迟延，半月以内者罚俸六月，一月以内罚俸一年，一月以外降一级调用，二月以外降二级调用，三月以外者革职。其被灾分数，于题报情形之后，卫所官限四十日内查明造册详报，如不依限详报，亦照报灾逾限例议处。至妄报被灾，及有灾不报者，皆罚俸一年。报灾之时，不送印结及册内不分析详明，或止报巡抚，不报总督者，皆罚俸六月。

卫田005：康熙十五年议准

卫所及武职各官，有隐匿熟地及新垦地一亩至九亩降四级调用，十亩以上革职，一顷以上革职、杖一百折赎，永不叙用。武进士、武举、武生隐匿一亩至九亩黜革，十亩以上黜革、杖一百折赎，一顷以上黜革、杖一百折赎，永不叙用，隐匿地亩入官，钱粮按年追征。至各官失察隐匿熟地及新垦地，至五十亩者降一级调用，一顷降二级调用，一顷五十亩降三级调用，二顷降四级调用，二顷以上者革职。如先因清厘隐匿及开垦荒芜，有加级纪录者，均准抵销。此内有升迁、降调、休致、告病已经离任者，经接任官查出，皆照现任官议处，已经革职者，如实系欺隐，仍行治罪，系失察者免议。

卫田006：康熙二十七年奉旨

出首开垦地亩，不必拘定年限，均自出首之年征收钱粮，该管官免其议处。

卫田007：乾隆二年议准

卫所地方被灾，若距省窵远，详报被灾情形分数，均扣算程途日期，如详报到省在限外，而扣算程途日期尚未逾限者，免其揭参，扣算已至逾限者，各按迟延月日议处。

卫田008：乾隆三年议准

贵州省苗疆屯军人等，将官给屯田私自典卖与人，该卫千总不行查出者，罚俸一年。至越界侵占苗人土田山场，并砍伐竹木，该卫千总失于觉察者降一级留任，徇情隐匿不报者降三级调用。

卫田009：乾隆三年又议准

卫所仓廒，该管官于渗漏处不行修补，及应盖造仓廒不详请盖造，以致米谷霉烂者革职，动帑代买，限一年照数追赔，限内不完，照损坏仓库财物律治罪。如侵盗入己，捏称霉烂亏欠者，照侵蚀例治罪。

卫田010：嘉庆六年奏准

贵州省苗疆屯军人等，将官给屯田私自典卖与人，该卫千总不行查出者，每一亩罚俸一年。

卫田011：嘉庆六年又奏准

军丁回赎屯田，一年限内赎不及十分之二者卫所官员罚俸二年，回赎二分以上者免议，回赎三分以上卫所官员纪录一次，捏报回赎不行查出者降一级调用。各该同知有清军之责，一并照例议处议叙。

卫田012：嘉庆十二年议定

凡遇灾荒之年，卫所官员并不详报，及将成灾报作不成灾者，均革职永不叙用，如不实心确勘，少报分数者革职。

卫田 013：道光三年奏定

卫所田地被灾奉蠲钱粮，有已征在官不留抵次年钱粮，有未征在官不与扣除蠲免，一概混征，以图侵蚀，或于督抚具题之时，先行停征十分之三，及部覆之后，题定蠲免分数，故将告示迟延，不即通行晓谕者，或称止蠲起运不蠲存留，使小民仅沾其半，或将赈济灾民及蠲免钱粮藉名肥己者，卫所官俱革职提问。若将蠲免银两，增多减少，造入册内者，卫所官降二级调用。或被灾之处，未经题免之先，误报册内填入蠲免者，卫所官罚俸一年。

卫田 014：道光三年又奏定

卫所应征所属寄庄花户钱粮，于每年开征之始，即查明开造村庄户名钱粮数目清册，移交居住之州县卫所，代行催征，如至奏销未完，即将代征之员，照正项地丁钱粮未完之例办理。

卫田 015：道光三年三奏定

卫所经征耗羡，务与正项随同报解，若有未完，照正项地丁钱粮之例，按其未完分数，一律处分。

卫田 016：道光三年四奏定

卫所官员，如将已征之钱粮，作为民欠，或私自挪用，谎称民欠，或加火耗及私派加征，或豫征次年钱粮，俱革职拿问，其豫征钱粮，即准为次年应征正项钱粮。

卫田 017：道光三年五奏定

卫所官征粮一石，作银一两考成，将一应起运钱粮，奏销前如数全完，一千两以下者纪录一次，一千两以上三千两以下者纪录二次，三千两以上者纪录三次。如止完地丁钱粮，而本色颜料并一应杂项钱粮未完者，不准议叙。署事官奏销前全完者，亦照此议叙。

卫田 018：道光三年六奏定

地丁钱粮经征未完，卫所守备、千总，欠不及一分者，停其升转，罚俸一年；欠一分者降职一级，欠二分者降职二级，欠三分者降职三级，欠四分者降职四级，俱留任，戴罪征收，欠五分以上者革职。其被参卫所各官，限一年征完，限内不完者，照原参分数议处，原欠不及一分，限内不全完者降一级留任，再限一年，如仍不全完，降一级调用；原欠一分，限内不全完者降三级调用，如能完至八九厘者降三级留任，再限一年，如仍不全完，降三级调用；原欠二分，限内不全完者降四级调用；原欠三分，限内不全完者降五级调用；原欠四分以上者，限内不全完革职。其随漕轻赍等项钱粮，卫所各官经征未完，亦照此分数议处。署印官亦照正印官例处分，不及一月者免议。

卫田 019：道光三年七奏定

各省漕粮经征卫所官未完一分以上者罚俸六月，二分以上者住俸，三分以上者降二级，四分以上者降三级，五分六分以上者革职，俱留任，戴罪督催，完日奏请开复，其违限不完者，应加倍议处，如应罚俸者住俸，应住俸者降二级，应降二级者降四级，应降三级者革职，俱留任督催，完日奏请开复，应革职戴罪者实降二级调用。至白粮考成，仍照漕粮例议处，署印官欠一分二分者罚俸三月，欠三分四分者罚俸六月，欠五分六分者罚俸九月，欠七分八分者罚俸一年，欠九分十分者降一级调用，署印官不及一月并欠不及一分者免议。

卫田 020：道光三年八奏定

卫官捏告运官，侵欠粮石，希图夺运迟误漕粮者，将捏告之卫官革职。

卫田 021：光绪六年奏准

严核各项奏销，各依定限，令各督抚一面具题，一面先将未完各员名，开具简明清单，专折奏报，由部核定处分，先行覆奏，仍各于题本内，将具奏各员声明备核，其有奏后续完者，准其续行奏请归本案开复。

卫田 022：光绪十二年奏准

嗣后各省续报免议减议之案，以本案奏参阁钞到部之日起限，其减免奏咨到部在三十日以内，即由户部转行兵部，于本案扣除。如在三十日以外，虽在户部未经具奏之前，概归另案核议。

屯田〔例 12 条〕

屯田 001：乾隆十七年谕

违例私将地亩典与民人之卡伦侍卫，系犯罪之员，非寻常派出军营者可比，著留军营，俟三年期满后，再留三年，效力赎罪。嗣后有似此者，俱照此办理。

屯田 002：乾隆三十七年奏准

伊犁等处屯兵，每人收获细粮十八石者，将管屯官加一级，督催官纪录二次；二十八石者，管屯官加二级，督催官加一级。

屯田 003：乾隆三十九年奏准。

管理新疆等处刨挖铜斤，及经管铁局官员，除定数外多交铜至三千斤，并得铁甚多者，均照屯田官员例议叙。

屯田 004：乾隆四十九年奏准

伊犁、塔尔巴哈台、乌什等处并古城、吉布库、蔡把什湖、牛毛湖屯兵，每名收获细粮至十八石；乌鲁木齐、库尔喀喇乌苏、精河等处屯兵，每名收获细粮至二十石；喀喇沙尔、巴里坤等处屯兵，每名收获细粮至十五石；哈密所属塔尔纳沁一屯，每兵收获细粮至十四石以上者，专管之千总、把总、外委加一级，兼管官纪录二次，统辖官纪录一次，兵丁赏给一月盐菜银两。如伊犁等处屯兵收获细粮至二十八石，乌鲁木齐等处屯兵收获细粮至二十六石，并济木萨收成分数，报至二十分，再能加增，喀喇沙尔等处屯兵收获细粮至二十五石，塔尔纳沁收获细粮至二十四石者，加倍议叙。伊犁、塔尔巴哈台、乌什、古城、吉布库、蔡把什湖、牛毛湖、乌鲁木齐、库尔喀喇乌苏、精河等处屯田，仅收获十五石以上；喀喇沙尔、巴里坤等处，仅收获十二石以上；塔尔纳沁收获至十二石者，均功过相抵，毋庸再议。如不及十五石十二石者，专管官降一级留任，外委官革去顶戴，兵丁量加责处，仍留屯所，督催兼管官罚俸一年，统辖官罚俸六月，视其次年收获分数，如足敷议叙者，准其开复，不准叙赏，其收获之数，例应加倍议叙者，准照寻常收获之例议叙，若次年收获粮石，仍不及数，专管官即照所降之级调用，外委官责革，兵丁重责，兼管官降一级留任，统辖官罚俸一年。至伊犁等处屯兵如收获不及十三石，乌鲁木齐等处并塔尔纳沁收获不及十石者，专管之千总、把总、外委立行责革，兵丁重加责处，兼管官降一级调用，统辖官降一级留任。

屯田 005：乾隆四十九年又奏准

新疆屯田遣犯，除巴里坤、哈密二处，俱与该处兵丁一例交粮，其劝惩之处，应照屯兵之例办理外，至伊犁屯田遣犯每名收获细粮九石，乌鲁木齐遣犯每名收获细粮六石六斗者，每名日给白面半斤，该管各官照屯兵收获粮石之例，减半分别议叙。伊犁屯田遣犯每名收获十二石，乌鲁木齐遣犯每名收获十石者，每名日给白面半斤，该管各官照屯兵收获之例分别议叙。若伊犁遣犯每名收获六石以上，乌鲁木齐遣犯每名收获四石以上者，准其功过相抵，如不及数，遣犯重责，该管官降一级留任，兼管官罚俸一年，其次年收获多寡分别黜陟之处，悉照屯兵开复议处之例办理。

屯田 006：乾隆四十九年三奏准

管理新疆等处经管铁局官员，除定数外，多交铁三万六千斤者，照屯田官员例加一级；多交铁至五万斤者，将挖铁人等酌量赏赉，官员照屯田官员加倍例议叙。

屯田 007：乾隆四十九年四奏准

乌鲁木齐种地为民人犯，应交粮石，如于每年十月内能催完者，该管千总、把总照文职管理种地民人完粮之例议叙。如至年底催完，毋庸置议，若年内不能催完，照例议处。

屯田 008：嘉庆六年奏准

科布多屯田官兵收获粮石，在八分以上者，专管官加一级，兼辖官纪录二次，统辖官纪录一次。如收获粮石不及五分者，专管官降二级留任，兼辖官罚俸一年，统辖官罚俸六月。

屯田 009：道光三年奏定

屯粮初参经征卫所等官，欠不及一分者停升，欠一分者罚俸六月，欠二分者罚俸一年，欠三分者降俸一级，欠四分者降俸二级，欠五分者降职一级，欠六分者降职二级，欠七分者降职三级，欠八分者降职四级，俱留任，戴罪征收，完日开复，欠九分十分者俱革职。署印官欠一分二分者罚俸三月，欠三分四分者罚俸六月，欠五分六分者罚俸九月，欠七分八分者罚俸一年，欠九分十分者降一级调用，署印不及一月并欠不及一分者免议。

屯田 010：道光三年又奏定

屯粮未完，卫所官参后，俱限一年全完，如限内不完，照原参分数处分，欠八分七分年限内不能全完者革职，欠六分五分年限内不能全完者降五级调用，欠四分三分年限内不能全完者降四级调用，欠二分以上年限内不能全完者降三级调用，欠一分以上年限内完至八九厘者降三级留任，再限一年催征，如不全完者降三级调用，限满未完不及一分者停升，罚俸一年。

屯田 011：道光十八年谕

前据金和奏：巴尔楚克屯田眷户，因委员等办理不善，以致纷纷逃回，当有旨令恩特亨额查明参奏，并令将在屯商户眷户妥为安集。兹据恩特亨额奏称：接据粮员禀报，当即缮具安抚屯民告示，委员前往确查，并经面为晓谕，仍令回归屯所，各安本业，屯民欣然乐从等语。巴尔楚克兴办屯田，该屯地土广沃，历年开垦，著有成效，即间有生碱之处，原可另觅佳壤，尽力垦种，何以纷纷呈诉，均欲散去。现据恩特亨额查明，由于委员王传书经理不善，屯民迫于饥寒，先有逃散之事，复因游击福珠凌阿等，未能妥为安抚，以致阖屯户民，年年所借委员牛具籽种口粮等项，贫穷者无力归还，丰稔之家亦复抗欠，希图一哄而散，于屯务大有关碍。著恩特亨额即将办理不善各员，据实参奏，毋稍徇隐。署参赞大臣金和于屯户逃散，并不妥为安抚，任令该游击等传集屯民，愿留者出具甘结，愿去者听其自便，以致全屯纷纷欲散，有无偏听妄为之处，并著查明参奏，该大臣仍传集屯民，剀切晓谕，其有因地生碱，以及无力耕种之户，即责成承办委员，或另拨善地，或酌给籽种，并将逃散各户，赶紧招回，分别安插妥善，毋致流离失所，以副委任。

屯田 012：咸丰六年奏准

派往出兵及新疆等处屯种驻扎之把总外委等微弁，因案降革者，暂停开缺，于事竣之日，由军营大臣暨该管各督抚将军，详加验看，出具考语，咨部查核。如该弁弓马可观，著有劳绩，准将降革暂停开缺之案，改为降革留任。若人本平庸不能得力，即行开缺。

捕蝗〔例 5 条〕

捕蝗 001：乾隆六年奏准

卫所地方蝗蝻生发，该管官不即申报上司者革职。不亲身实力扑灭，藉口邻境飞来，希图卸罪者，革职提问。至卫所及营员，奉上司差委协捕，不实力扑灭，以致养成羽翼，为害禾稼者革职。

捕蝗 002：乾隆六年又奏准

蝗蝻生发之处，能统率兵夫立时扑灭净尽者，将该员纪录一次。

捕蝗 003：乾隆十八年谕

蝗蝻为害甚大，朕屡敕督抚大员，躬亲督率搜捕，是以提镇亦有协同往扑者，然若携带多人，需索供应，则农民转受滋扰，捕蝗之害，更甚于蝗。此尤其大不可者，著通行传谕知之。

捕蝗 004：乾隆三十六年议准

嗣后武职各官，遇有蝗蝻生发，其不及早合力扑捕，以致长翅飞腾者，专汛官照例革职。该管上司不速催扑捕者，兼辖官降二级留任，统辖官降一级留任，提镇罚俸一年。至武职兼统提镇各官，有不行查报，及不移会督抚题参者，兼辖官革职，统辖提镇各官降三级调用。

捕蝗 005：嘉庆六年奏准

武职员弁专汛地方，遇有蝗蝻生发，其不及早合力协捕，以致长翅飞腾贻害田稼者，专汛官降二级调用，该管上司仍照例分别议处。若兼统各官，不行查明申报提督、总兵者，降三级调用。提督总兵不移会总督、巡抚题参者，降二级调用。

解运〔例 14 条〕

解运 001：乾隆十四年议准

运京铜铅一到，该营汛官弁即按站交替催趱，拨兵巡查，并将入境出境日期，申报该省督抚稽察。若运官无故逗遛，及有盗卖情弊，亦即据实申报，觉知情代为隐瞒，照徇庇例降三级调用。

解运 002：乾隆二十六年覆准

凡铜铅船入境，派委备弁亲身押护，觉失察运官沿途偷盗谎报沉溺者，一起罚俸六月，二起罚俸一年，三起降一级留任，四五起以上降一级调用，知情故纵者革职审究。如不行亲往稽察，滥差兵役，捏结搪塞者降三级调用，一年内有能拿获偷盗二起者纪录一次，再有多获，照此递加。

解运 003：乾隆二十六年奏准

铜铅船入境，即报明该地方官查验，至出境时，即具印结申报该管上司，并知会接省地方，一体盘查，如有在境盗卖，捏报遭风失火情事，经过地方弁兵徇隐不报，别经发觉者，照粮船谎报漂没汛地文武不亲临确勘例革职。

解运 004：乾隆二十六年又奏准

运京铜铅船到汛，遇有沉溺，地方官失于防范，罚俸一年，仍于一年限内停其升转，协同运员打捞，限内捞获过半者免议，如限满无获，或获不及半者，罚俸一年。

解运 005：乾隆三十九年奏准

浙江省委武职前赴江南、河南二省采办硝斤，定限六月运回，准其以到地之日，报明地方官起限，令该督抚饬令地方官协同委员采办，并派丞倅人员严加督催，按依定限办足运回，仍将委弁到境及运回各日期，先行报部备查，如产硝之地方官不实力督同采办，以及故为阻挡，并硝户将硝偷漏等情，许委弁报明该管上司查催，或委弁不上紧采办，或有意迟误，该地方官即禀报本省督抚查参。如委弁不能依期买运，降职一级，再限四月，照数办回，傥再迟延，即行革职，若系故意迟延，即照迟延例革职，均留于彼省办完，方许回籍，不准开复。其产硝地方官，如有瞻徇延误，一任过期，不行办竣，初限不完，将该地方官住俸，限四月赶办完竣，准其开复，如再逾限，即降二级调用。

解运 006：乾隆四十一年覆准

运京铜铅船只，经过省分，该省督抚专派游击、都司、守备等员，查催押送，如催趱不力，以致抵通逾限，即查取派出各员弁职名送部，按其逾限时日议处，如原限四日而行至五日以上者，专催官罚俸一年，六日以上者降一级留任，八日者降二级留任，九日以上者革职留任，其余程限，皆照此核算。

解运 007：乾隆五十年谕

锡船过境，如果有违例夹带情弊，恐该地方官查出，擅行越站前进，自应查明参奏，若并无情弊，则扬帆顺流而下，正可多趱程途，以期迅速解到，迟固当议处，速亦致议处，则为解员者难矣。嗣后凡遇铅锡等船过境，该督抚仍饬属照例护送，如有因顺风不及停泊，越站前进，查无夹带情弊者，止须将未经按站护送缘由，据实声明报部，毋庸咨取委员职名附参。

解运 008：乾隆五十九年奏准

凡运送铜锡铅斤等船，在途沉溺，运员与地方专催、协催、督催各官，果能设法全数捞获者，各纪录一次。

解运 009：嘉庆六年奏准

运京铜铅船入境，报明地方官查验，至出境时，即具印结申报该管上司，该上司傥有勒掯稽迟者降二级调用，其失察之该管各上司降二级留任。

解运 010：嘉庆六年又奏准

浙江等省派委员弁赴隔省采办硝磺，远省限十月，近省限六月，邻省限五月，本省限四月，办完运回，准其照例起限，如限满不能办足，将该委员照例处分，原限十月者再展限六月，原限六月者再展限四月，原限五月者再展限三月，原限四月者再展限两月，如再逾限不完，将该委员革职，留于该省采办事竣，押令运回，俟四年无过开复，若不上紧采办，故意迟延，即行参奏革职，仍留该省采办完竣，方许回籍，不准开复。至不赶紧协办，并督催不力之地方文武各官，均交部查议。

解运 011：嘉庆六年三奏准

各省委员采办硝磺完竣，依限运回交营，如在途迟延，照运送铜铅迟延之例，逾限不及一月者降一级留任，一月以上者降一级调用，二月以上者降二级调用，三月以上者降三级调用，四月以上者降四级调用，五月以上者革职。

解运 012：嘉庆十二年议定

台湾运解兵饷，原例定有限期，惟该处远隔重洋，风信靡常，傥因守风信，致稽时日者，取具该管地方官印结报部，免其迟延处分。

解运 013：道光十七年谕

前据贺长龄奏：黔省岁运四起京铅，酌拟归并两运，当有旨令户部议奏。兹据该部奏称：该抚系为铅运迅速起见，请如所奏办理。铅斤为鼓铸攸关，果能委用得人，自可刻期趱运，该省京铅四起，改作两起，运员等难保不以铅数较多，藉词延宕，又或以运费较繁，沿途滥行支借，不可不防其渐。著该抚遴委廉干妥员，分起督押，依限赶运交局，以免贻误，并著沿途各督抚，责成文武员弁，认真稽查，严防船户偷盗装点等弊。

解运 014：咸丰三年议准

弁兵采办硝磺，经过地方，该管官并不悉心稽查，任令放行，如有印票不符，及重复贩运，并夹带情事，别经发觉，将经过地方该管官降二级调用，兼辖官降二级留任。如系营兵得规包庇，将失察之该管官降三级调用，兼辖官降三级留任。

漕运〔例 153 条〕

漕运 001：原定

江南、江西、浙江、湖广，粮多路远，运官限内抵通全完者，一运加衔一等，二运加衔二等，三运议叙即升，不复加衔；至三运后，仍按运数加衔。山东、河南，粮少路近，运官限内抵通全完者，一运纪录二次，二运加衔一等，三运纪录二次，四运加衔一等，五运纪录二次，六运议叙即升，不复加衔；至六运后，仍按运数相间纪录加衔。其重运效力武举，系领运江南、江西、浙江、湖广远省者，每运全完，于补官日纪录二次。领运山东、河南近省者，每运全完，于补官日纪录一次，三运既满，咨部注册推用。

漕运 002：原又定

运官已经升任，遇前任内有应议叙即升者，于新任内加衔一等。

漕运 003：原三定

各省漕粮，江北各帮限十二月内过淮，江宁、苏州、常州、镇江及庐州帮限正月内过淮，江西、浙江、湖北、湖南限二月内过淮，山东、河南限正月内全数开行。其过淮各帮如违限十日者，运官捆打二十，仍令督运；违限一月者，捆打四十，革职，戴罪督运。如现在议处之时，户部咨到粮已全完者，准免议处。

漕运 004：原四定

过淮违限革职戴罪督运之员，于完粮后，由总漕题请开复。

漕运 005：原五定

各省漕粮，山东、河南限三月初一日抵通，江北限四月初一日抵通，江南限五月初一日抵通，江西、浙江、湖北、湖南限六月初一日抵通，均于三月内完粮，限内完粮者，准其议叙。若山东、河南、江北完粮在三月之外，江南、江西、浙江、湖北、湖南完粮逾九月初十日者，均以违限题参，违限不及一月者罚俸三月，一月以上者罚俸六月，二月以上者罚俸一年，三月以上者降一级留任，内有因过淮违限已经议处者，将抵通完粮各日期扣除，免其议处。过淮违限十日，将抵通完粮违限十日扣除，凡日期多寡，均照此算，领运白粮官亦照此例。

漕运 006：原六定

漕船抵通，运官以通帮之粮计算，如有挂欠不及一分者，责二十革职，发南限一年追完，免罪复职，不完革职；挂欠一分者责三十，挂欠二分者责四十，挂欠三分者责六十，皆革职，各按挂欠分数，发南限一年追完免议，不完交刑部治罪；挂欠四分者责四十，挂欠五分者责一百，皆革职，各按挂欠分数，发南限一年追完，仍听刑部议结；挂欠六分以上者，即交刑部治罪。旗丁管驾一船，即以一船之粮计算，如有挂欠，各按其分数，发南限一年追完，不完交刑部治罪。

漕运 007：原七定

运官挂欠漕粮，发南追比者，户部仓场咨到之日，即行开缺，限内全完，题请开复，赴部候补。

漕运 008：原八定

运官领运漕粮克削旗丁，或将应给钱粮侵扣不发，或将月粮修船等银自行领出收存抑勒不发，或因需索不遂酷责旗丁者，皆革职究拟。

漕运 009：原九定

奉旨差遣及赴任各官，均有定限，漕船应让路放行，其买卖并一应行船，均令照常行走。如漕船立纛竖旗，鼓吹张号，强横武断，运官不行查禁者，罚俸一年。

漕运 010：原十定

漕船到汛，不速催趱，无故容令先后越帮者，专汛官罚俸九月，兼辖官罚俸六月。其漕船入境日期，不查明转报者，专汛官罚俸六月。若前汛催趱不力，致碍次船，后汛之员申报仓场，将前汛之员查参议处。至不亲赴水次催趱，并坐视前船阻塞，不行申报者，亦照催趱不力例议处。

漕运 011：原十一定

漕船出运，以十年为满号，该管守备先期请领料价成造，傥有迟延致误冬兑冬开者革职。如捏报成造，或钉稀板薄不合式者降二级调用，仍将料价著落赔补。至奉委成造，托故推诿，并日久不告竣者，皆降一级调用。

漕运 012：原十二定

漕船在大江黄河洪泽湖遭风漂没，勘实题明，准予豁免，运官免议。其在内河失风，及冰凌擦漏沉溺，运官失于防范者罚俸一年。若遇汛水涨发，猝不及防，失事之船，果能戽救修舱，抵通全完，并无亏折，运官免议，仍照完粮例议叙，沿途催趱之汛官亦免议处。傥船非满号，米有挂欠，虽买补全完，仍照例议处。沿途催趱之汛官，不能协同护救，以致漂没者，照失于防范例罚俸一年。

漕运 013：原十三定

漕船遭风漂没，沿途催趱之汛官不即申报者罚俸一年，不亲临确勘遽出保结者革职。

漕运 014：康熙三年题准

运官领兑漕粮，抗不赴次及赴次恣意勒索淋尖，倚势殴打，或不约束旗丁，致令争索斛面酒席，耻辱粮官，或沿途生事骚扰，阻压行船，不许前进，恃强殴官，斗毙民命，运官纵容坐视及随帮领押回空，任意停泊，兵役前往催趱，抗不遵依，转纵旗丁殴打者皆革职究拟，沿途专汛官不查拿者降二级调用。若已抵天津、通州，责成天津总兵、通州副将稽察防范，如不行查拿，副将降二级调用，总兵降一级留任。如沿途专汛官及副将能查拿申报者概免议处，已经申报而该管之各镇不查参者降一级调用。

漕运 015：康熙三年又题准

运官缘事应革职审拟，其未经起程者，该督抚即行审拟，别佥领运，已经起程者，除命盗等项重情，即革职审拟。至寻常一切违误，俟交粮完日，押令回省审结。

漕运 016：康熙三年三题准

漕船所过地方，有汛兵需索银钱者，该管官照失察衙役犯赃例议处，汛官需索者将该管上司照不揭报劣员例议处，需索之人皆计赃以枉法论。如止收受土仪礼物，系官罚俸九月，兵丁笞四十。若汛官汛兵需索，或旗丁行贿，运官不申报者照应申不申例议处，知情故纵者照以财行求律与旗丁一并治罪。

漕运 017：康熙三年四题准

官员已金领运，若抗违规避误漕者革职。

漕运 018：康熙三年五题准

运官擅准呈词，拘系新金领运之人，以致误漕者，照误漕例议处。

漕运 019：康熙三年六题准

运官揽载客货及私载己货者革职，若旗丁于应载土宜之外，揽载客货，私载己货，运官失于觉察者降一级调用。

漕运 020：康熙三年议准

卫官捏告运官侵粮，希图夺运，以致误漕者革职。

漕运 021：康熙三年又议准

运官并非因公羁绊，以私事逗遛，不亲押运，至粮船抵通起卸之后，始行赶至者皆革职。其因公羁绊，于粮船抵通起卸后，始行赶到者罚俸六月。至领运北上，运竣南旋，托故回籍者革职。

漕运 022：康熙二十一年题准

抵通漕粮，有糠秕砂土者，领运官革职。如无糠秕砂土，收粮官抑勒不收者，降二级调用。

漕运 023：康熙二十六年题准

运官巡察不勤，以致失火烧毁漕船者降一级调用，该管专汛官不实力扑救，以致延烧别船者罚俸一年。

漕运 024：康熙二十七年题准

运官需索旗丁不遂，不顾风浪，逼渡江湖，以致漂没粮米，淹毙人口者，追埋葬银给死者之家，漂没粮米，著落赔补。

漕运 025：康熙二十八年题准

运官纵容旗丁捉船剥浅，漫无约束者，照例议处。

漕运 026：康熙二十九年题准

运官领运漕粮停泊，演戏逍遥，任催不理，或陵辱闸官，强开闸板泄水，以致误漕者，革职究拟。至不按程前进，沿途脱帮迟误者降二级，戴罪督运，若催趱不力，捏报水浅搪塞者罚俸六月。

漕运 027：康熙二十九年又题准

卫所官解送拨船迟误，或以朽坏之船应数者，罚俸一年。

漕运 028：康熙二十九年三题准

运官领运白粮，私行与人者，革职提问。

漕运 029：康熙四十六年题准

各省旗丁，限内过淮抵通全完者，总漕赏给花红。如抵通交粮，于额数之外，有管运三年，陆续多交百石者，仓场咨部注册；管运六年，于额数之外，陆续多交二百石者，以及管运二十年，虽交粮无多，而并无挂欠事故者，均由仓场核实咨部，给以九品顶戴荣身。

漕运 030：康熙四十六年又议准

给有顶戴之旗丁，及管运之捐纳贡监生、武生，有干犯漕规者，与旗丁一例惩治。

漕运 031：康熙四十六年三议准

运官除犯赃失守，军政纠参及隐匿逃人之罪者，不准以完粮议叙抵销。其因公诖误应降级调用者，准以现在议叙之加衔一等，抵销降一级，已加之衔，不准抵销。议叙纪录者，亦准抵罚俸，若罪至革职者，不准抵销。

漕运 032：康熙五十年议准

漕粮未经兑完，捏报兑完，漕船未经开行，捏报开行者，皆降二级调用。

漕运 033：康熙五十一年题准

卫所官收兑漕粮，多挽糠秕砂土，及将漕粮私自改折者，皆革职。

漕运 034：康熙五十一年议准

旗丁须金家道殷实之人，由该管千总查实，出具保结，呈报守备等官覆验加结，如有挂欠，将滥行出结之千总、守备，皆降一级调用。

漕运 035：康熙五十一年又题准

运官抵通无欠，仓场给发限单，令其即回，协同随帮管押漕船到淮呈验限单，如到淮违限者照规避例革职。

漕运 036：雍正二年覆准

卫所漕船开行过十二月者罚俸半年，过正月者罚俸一年，过二月者降二级留任。其湖南漕粮，限十一月运至岳仓，如州县漕粮，旗丁漕船，均到水次，运官收兑迟延，致过十二月者，照过二月开行例议处，如能依限过淮，题请开复。

漕运 037：雍正三年议准

漕船夹带私盐者，运官降三级调用，随帮褫革。如倚恃漕船，任意贩载，不服盘查者，运官革职，随帮责四十褫革。若于该管帮船，一年之内并无私盐者纪录一次，随帮于补官日纪录一次。至回空三次，并无私盐者，该管官将随帮出具印结，咨部以千总推用。

漕运 038：雍正四年议准

漕船失察私带炮者该管官降一级调用，失察私带鸟枪者罚俸一年。

漕运 039：雍正四年题准

领运漕船，若遇风色不顺，水势浩大，该专汛官与运官公同计议，暂停守候，即将守候日时，申报上司及总漕，于入境出境册内注明。傥不顾风色水势，催趱前进，在河内致有疏虞者，运官与专汛官皆罚俸一年。如捏称风水未便，停泊逗遛者，运官与专汛官皆降二级调用。

漕运 040：雍正四年又议准

漕粮潮湿霉变，致有亏折者，运官革职，限一年赔补，完日送部引见，请旨开复，不完究追。其居官优者，督抚保题留任，亦限一年赔补，完日开复，不完，革任究追。

漕运 041：雍正四年三议准

出运旗丁犯罪，责令该帮运官拿解有司究治，如疏纵脱逃及迟延不解者，按旗丁所犯轻重，照例分别议处。

漕运 042：雍正四年四议准

旗丁搀和水米，运官不能查出者革职。如隐匿不报，革职枷示，俟旗丁将粮米赔完日释放。

漕运 043：雍正十年议准

漕船夹带硝磺者，运官照夹带私盐例议处。

漕运 044：雍正十三年议准

漕船出运，遇有风火事故，应赔造而擅行雇募者，降一级调用。应赔造而擅行买补，及应买补而擅行雇募者，皆罚俸九月。

漕运 045：雍正十三年又议准

旗丁盗卖漕粮，领运官不能查出，皆降一级调用。其沿途稽察之专汛千把总，失察盗卖米数，不及五十石者，一起罚俸六月，二起罚俸一年，三起降一级留任，四五起以上者降一级调用。其有失察一二起合算米数至五十石以上者降一级留任，一起以至三起合算米数至百石以上者降一级调用。兼辖游守失察盗卖米数不及五十石者，一起罚俸三月，二起罚俸六月，三起罚俸一年，四五起以上者降一级留任，其有失察一二起合算米数至五十石以上者罚俸一年，一起以至三起合算米数至百石以上者降一级留任，专汛兵丁失察盗卖者每起杖八十。

漕运 046：乾隆五年议准

运官领运蓟粮，抵蓟全完，照山东、河南近省例议叙。

漕运 047：乾隆五年又议准

运官中途遇有降革病故等事，该上司委令随帮代押，限内抵通完粮者，如在天津以南，咨部归于代押重运班内推用；如在北河，委令代押者，补官日纪录一次。

漕运 048：乾隆五年三议准

运官在途患病，不能押运，详报所在地方印官，会同前后帮运官验实，出具并无假捏印结，请委随帮代押，俟抵通完粮后，将随帮分别议叙。

漕运 049：乾隆五年四议准

湖广漕船过淮以后失事，赔造不及者，将该船暂减一年，限一年修造，免其督造不力议处，其未经过淮以前失事者仍按限赔造。

漕运 050：乾隆五年题准

头船尖丁苛派，运弁串通分肥者，俱照因公科敛律计赃治罪。运弁知情徇庇者降一级留任，苛派不及十两者罚俸一年。

漕运 051：乾隆七年议准

领运蓟粮，有搀和蓟州白土者，照搀和水米例议处。

漕运 052：乾隆七年又议准

江南、江西、浙江、湖广远省运官，遇截留漕粮，如数通完，离水次五百里以外者纪录一次，千里以外者纪录二次，二千里以外者照抵通全完例加衔一等。山东、河南及不过淮之各帮，遇截留漕粮，如数通完，离水次五百里以外者纪录一次，千里以外者照近省抵通例议叙。至委运重运效力武举，及中途代押之随帮武举，管押江南、江西、浙江、湖广远省截留漕粮，如数通完，离水次五百里以外者补官日纪录一次，千里以外者补官日纪录二次。山东、河南及不过淮之各帮，截留漕粮，如数通完，离水次五百里以外，重运武举准作一运，随帮武举准作押空一次，千里以外者补官日纪录一次。

漕运 053：乾隆七年三议准

漕船隐匿逃人，将不行查拿之运官降二级调用，随帮武举于补官日降二级调用。若回空漕船隐匿逃人，该运官尚在交粮，未经上船者免议。

漕运 054：乾隆八年奏准

旗丁不亲管运，将金运之卫守备罚俸一年，运官不能查出降一级留任。

漕运 055：乾隆八年议准

戴罪督运之员，如于总漕题参未经议结以前，能以完粮报部者，准免议处。其已经题结者，照过淮违限例，令总漕于完粮后，题请开复。

漕运 056：乾隆九年议准

松江、江西、湖南漕船过淮，准于正限外展限十日。

漕运 057：乾隆十四年题准

漕船回次，责成随帮武举约束防范，遇有风火等事，将职名查参，如有新运千总接管，即将新运千总查参。其减存在次漕船，千总随帮不能兼顾者，责成该管地方官约束防范。

漕运 058：乾隆十四年议准

漕船丁舵水手，应需食盐，每船不得过四十斤，有逾数夹带者，运官照例议处，专汛官罚俸六月。

漕运 059：乾隆十五年题准

温州卫屯租征收济运，有限内不完者，照杂项钱粮例议处。

漕运 060：乾隆十七年谕

前因江西铅山等帮，沿途使用陋规一案，已降旨交该督抚河漕提镇，逐一参劾治罪。今漕运总督来京，朕命将南漕旧规，分别应裁应给各款数目，与军机大臣等会议，将各省漕船陋例，分别裁革，立定章程，通行晓谕遵守。夫因事馈遗，藉端勒索，均干禁令，况漕粮事关天庾，岂容不肖弁役，恣行婪贿，但据该总漕酌定规例章程之内，即有必不可尽革之处，则从前弁役虽借此侵渔，而按其情罪，究系相沿陋规，与营私纳贿者有间，所有从前令各该督抚河漕提镇参劾治罪之处，著加恩宽免。朕办理诸务，轻重自有权衡，裁制全无成见，既经察出弊窦，自应禁革，而经营承办，必不可已之费，亦当酌定条款，俾知法守。嗣后各该管上司官，不时严行稽察，如有不肖弁役，或将已裁陋规私自婪收，或于定数之外多行勒索，即据实严参，将与者受者一并治罪，该管官不行揭报及上司徇隐不即参劾，别经发觉，定将失察之督抚提镇等从重治罪。

漕运 061：乾隆十七年奏准

南漕旧规，既经酌给有条，裁革有禁，运官旗丁，傥或有婪收勒索诸弊，皆干严遣，惟是向来头帮旗丁，为诸弊丛生之根，则责成头帮旗丁，是亦剔弊清源之法。嗣后头帮旗丁，复行科敛，将已裁陋规私自婪收，或于定数之外多行勒索者，令各帮旗丁，于该管衙门呈控，审究确实，计赃分别首从定拟。若运官及营汛官受贿，令该管上司即行参革治罪。若兵丁受贿，运官及营汛官，或故纵，或失察，亦分别题参，交部议处。至旗丁挟嫌捏控者，照诬告律分别加等治罪。

漕运 062：乾隆十七年又奏准

旗丁盗卖漕粮，将运官捆责四十，数至五十石以上者降一级，一百石降二级皆调用，二百石者革职。

漕运 063：乾隆十八年议准

武职加衔，既经删除，嗣后运官领运远省者，一运全完加一级，二运全完加二级，三运即升。近省一运全完纪录二次，二运全完加一级，三运五运与初运同，四运与二运同，六运即升，所加之级，准其随带。

漕运 064：乾隆二十三年覆准

粮船被窃，该旗丁呈报本帮运弁，移知该地方官缉贼，即随帮前行，不必守候。

至强劫重案，候该州县会勘毕，立给印票，催趱前行，并将被盗守候缘由，报明漕督及巡漕御史〔后裁〕查核，倘有不肖兵役勒掯需索，照在官人役取受有事人财，计赃以枉法科罪，该管千把总照失察衙役犯赃例议处。

漕运065：乾隆二十三年又覆准

粮船水手犯命盗之案，领运官均降一级留任，如系行窃，每案罚俸三月。

漕运066：乾隆二十三年三覆准

漕船停泊之后，空运重运千总，率领本帮丁舵人等，轮流防护，遇有盗案，领运官每案罚俸一年，窃案每案罚俸三月，倘有隐讳，分别强窃，照例议处。

漕运067：乾隆二十三年四覆准

粮船经过汛地，如有强劫之案，将专管武职，照城内民舍被劫例，初参住俸，二参降一级调用，未获贼犯，交接管官勒限缉拿。

漕运068：乾隆二十三年五覆准

粮船空运重运千总，各准带鸟枪一杆，仍令漕督衙门编列字号，责令空运重运千总自行收存，以备稽查，如有私行多带者，照例议处。

漕运069：乾隆二十四年谕

各省漕船北上，雇募纤夫，应听运弁自为酌办，如有兵丁藉端抑勒，以老弱充数，横索雇值者，即时查拿究治，并将失察之该管将弁，题参议处。

漕运070：乾隆二十五年奏准

漕船食盐，有逾数夹带者，专汛官不实力稽查，罚俸一年。

漕运071：乾隆二十五年又奏准

漕船自淮安至天津，计程二千三百五十余里，沿途州县专汛各官，于卫所重运北上，催令出境，如原限半日而违限一时，原限一日而违限两时，原限一日半而违限三时，原限两日而违限半日，原限四日以上而违限一日，原限六日以上而违限一日半，原限十二日而违限二日者，专催官罚俸一年，督催上司罚俸半年。如原限半日而违限三时，原限一日以上而违限半日，原限两日以上而违限一日，原限四日以上而违限两日，原限六日以上而违限三日，原限十二日而违限四日者，专催官降一级调用，督催上司罚俸一年。如违限之期与原限之期相等，专催官降二级调用，督催上司降一级调用。如违限之期逾于原限之期，专催官革职，督催上司降二级调用。其回空漕船如遇逆流，其间设有闸坝蓄水之处，俱照重运定期，无闸坝之处，原限十二日改限九日，原限四日改限三日，原限三日改限二日，原限一日半改限一日。又顺流有闸坝之处，亦照重运定期，无闸坝之处，原限半日改为三时，一日改为半日，四日改为两日，五日改为两日半，如有不行力催，以致违限，沿途文武官弁并随帮官，俱照催趱重运例议处。自天津以北至通州，俱系逆流，重运粮船，每二十里限一日；其回空船只，系顺流，每五十里限一日，山阳以南至浙江，其重运粮船，如顺流每四十里限一日，逆流每二十里限一日。回空船只，如顺流每五十里限一日，逆流每三十里限一日。如有违限，催趱领运官员，按违限日期，俱照前例议处。湖广、江西并江南等处，自长江以至仪征，皆由大江，因风挽运，难以逐程立限，该督抚饬该地方文武各官，凡重运回空，俱作速严催出境，其自仪征至天津，如有违限，俱照前例议处。设有非常风阻冰冻浅滞之事，难以勒限，俱令报明免议。

漕运 072：乾隆二十五年三奏准

漕船到通完粮，如违定限不及一月者，领运官罚俸六月，一月以上者罚俸一年，二月以上者降一级留任，三月以上者降一级调用。

漕运 073：乾隆二十五年四奏准

运弁限内抵通全完者，远省三运，近省六运，届满，该漕运总督秉公考核，如果人材出众，踊跃急公，出具切实考语，送部引见，分别营卫，入于议叙班内，先行升用。如系循分供职，运满无误，照旧调取引见，分别营卫，入于议叙班内，照例升用。若三等之员，因循完公，运满报部，照例准其加级，不准归于议叙班内升用。四等之员，即行咨部斥革。每年总漕于八月内，将上年应叙各弁，汇报户部，户部查对仓场册籍，实系通完，汇咨兵部定议，若升任后，遇前任内有加级纪录议叙，准其于新任内加级纪录，如有过淮违限之员，抵通全完，俟总漕题请开复后，再行咨请议叙，若所管帮内抵坝起交，有一丁挂欠，即勒限全完，不准议叙。

漕运 074：乾隆二十五年五奏准

粮船在通勾买米石，抵补亏缺者，通永道并通州知州查拿究治，若将本帮众丁交剩食米完公，领运官免其责革，仍罚俸九月。

漕运 075：乾隆二十五年六奏准

满号漕船，奉派承造，其有托故推诿，并日久不告竣者，该管官督催不力及朽烂船只不估价申报，皆罚俸一年。

漕运 076：乾隆二十五年七奏准

承金千总守备，如将丁册无名之人混行金补，罚俸九月。

漕运 077：乾隆二十五年八奏准

粮船在内河失风，捏报大江黄河，领运官降一级调用。

漕运 078：乾隆二十五年九奏准

船已满号，本丁自雇民船，遇有风火事故，听其换船装运，粮米交纳无亏，失防领运官，免其议处。

漕运 079：乾隆二十五年十奏准

漂没粮船，由沿途催趱各官，及汛地文武官员，亲临确勘，各出保结，取具运官结状，该督抚勘查具题，到日照例豁免。如运粮官丁，将未经漂没粮船，谎报漂没，并故将船放失漂流，及虽系漂流损失不多，乘机侵盗者，照例治罪，米石照数赔补。其沿途催趱各官，及汛地文武各官，不将情由申报者，降一级调用。如督抚不严查确实，遽行题豁，后经诈冒事露，将具题督抚降二级调用。

漕运080：乾隆二十五年十一奏准

粮船如遇浅搁事故，领运官不即申报者，罚俸六月。

漕运081：乾隆二十五年十二奏准

粮船提溜打闸，兵役夫头勒添短纤，多索夫价，从中取利，该管地方武职，漫无觉察者，照失察衙役犯赃例分别议处；扶同徇隐者，照纵容衙役犯赃例革职。至丁舵人等，雇觅短纤，不照定价给发，以致滋事，领运官不行查出，降一级留任，若该管各官自行查拿者均免议。

漕运082：乾隆二十五年十三奏准

旗丁潜逃，运弁即行报卫移县，该县卫以文到之日起，限百日内拿获免议，如逾限不获，将承缉专管卫所官罚俸一年；其协缉之州县及原系州县承缉者，咨送吏部议处。

漕运083：乾隆二十五年十四奏准

漕粮起剥，该丁正副，分身管押，不得离帮，该领运守备千总，沿途营汛千把总，严行约束稽察，倘有偷漏情弊，均照盗卖漕粮例议处。

漕运084：乾隆二十五年十五奏准

旗丁不亲管运，随帮武举明知不行申报，照应申不申律罚俸六月。

漕运085：乾隆二十五年十六奏准

粮船到淮，遇有短少，该漕督即审明题参，米石留旗丁兄弟子侄一人，交与监兑官购买，赶帮兑交，押运官并领运千总，出具并无短少甘结呈报，如领运千总捏具甘结者，降二级调用。

漕运086：乾隆二十五年十七奏准

旗丁于应载土宜之外，揽载客货，私载己货，运官失于查察者，降二级调用。

漕运087：乾隆二十五年十八奏准

随帮武举管押回空船只，擅行离帮者，罚俸六月。

漕运088：乾隆二十五年十九奏准

头船尖丁苛派各船银两，运弁串通分肥者，题参审拟，计赃以枉法论；知情徇庇者，照纵容衙役犯赃例革职；失于觉察者，照失察衙役犯赃例分别议处。

漕运089：乾隆二十五年二十奏准

各省回空漕船，限十一月内齐到兑次，如有逾限者，照漕船到通违限例议处。

漕运090：乾隆二十五年二十一奏准

帮船兑运水次，已经题明后，混行私调者，领运官罚俸一年。

漕运 091：乾隆二十五年二十二奏准

私借减歇船只，装运漕粮者，领运守备千总及该管守备千总，均罚俸一年。

漕运 092：乾隆二十五年二十三奏准

领运官有升迁患病事故，在途离帮，总漕题参过淮违限，照离任官例罚俸一年。

漕运 093：乾隆二十五年二十四奏准

各省漕船遇有失风事故，本年新漕，准其雇募一次，俟次年赔造兑运。

漕运 094：乾隆二十五年二十五奏准

运粮官员，因公诖误，降级调用者，准将完粮加级抵销，免其降调。

漕运 095：乾隆二十五年二十六奏准

粮船回次及减存在次，遇有事故，将该管地方官开参，失风罚俸一年，失火降一级调用。

漕运 096：乾隆二十五年二十七奏准

粮船不许刨取白土，及向沿河铺户偷买上船，如经拿获审实，该运官及押空千总俱革职，丁舵交刑部治罪；地方专汛千把总，不行严查禁止，罚俸一年。

漕运 097：乾隆二十五年二十八奏准

粮船经过汛地，遇有窃案，照衙门被窃例，赃未满贯者，罚俸一年，贼犯照案缉拿；赃已满贯者，罚俸一年，限一年缉拿，限满不获，罚俸二年，贼犯照案缉拿。

漕运 098：乾隆二十七年覆准

旗丁逃匿，向照漕粮挂欠承金官滥行出结降一级调用例议处。嗣后湖南荆州、荆左、荆右、沔阳四卫，由湖北金丁，及湖南三帮内，有四船旗丁，由湖北武昌左卫金丁者，如有金定之丁，中途脱逃，将承金之守备降二级调用，虽有加级纪录，不准抵销。

漕运 099：乾隆三十五年奏准

旗丁盗卖粮米，沿途专汛千把总，一年内能拿获二起者纪录一次；兼辖游击等官，于所辖境内，一年内拿获至四起者纪录一次，再有多获，照此递增。

漕运 100：乾隆三十六年覆准

漕船北上，江广各帮过淮时，由漕运总督实力查验，山东、河南等帮，由各该巡抚转饬各粮道，一体查验，除应带土宜额数之外，毋许丝毫多带，仍严饬各运官弁，切实稽查，毋许中途包揽商货及隐藏货物，违者将旗丁照例治罪，运官照例议处。至漕船抵杨村后，如遇河水浅阻，先将应带土宜货物尽数起拨，如尚阻滞，再行酌量起剥粮石，并责令直隶总督遴委明干同知一员，于杨村会同总漕所派守备千总及运员帮员等，严密稽查，照例将货物尽行起剥，不许丝毫隐匿。至漕粮抵通后，交仓场侍郎查察，傥仍有货物在船，即行究明，将旗丁分别治罪，委查之员一并议处。

漕运 101：乾隆三十九年奏准

漕船丁舵人等，于食盐定数之外，多行夹带，如并非产盐地方，该汛员弁免其查参。

漕运 102：乾隆三十九年又奏准

粮船夹带私盐，除将运官及随帮武举照例议处外，至回空粮船，如运弁交粮后，例应引见，及委办公事，不能赶帮者免议；其托故逗遛，无论是否在帮，仍应将随帮武举一体参处。

漕运 103：乾隆四十一年覆准

司漕官员，责任各有专司，处分自应区别。如安徽、江西、湖广等省，监兑官例在水次验兑，并不押帮赴淮，傥查原兑本属好米，中途不能勤加风晾，甚至舞弊掺和，皆非监兑官员所能查察，止应将在帮各员参处追赔。其江苏、浙江二省，即以监兑之员押运抵通，应与督押领运等官一体查办，若系原兑米色本属平常，过淮之时，经漕臣盘验确实，经管各员，均难辞咎，即将该管道府及监兑押运各员弁，一体严参议处，仍将各该员分别立限追赔。其过淮以后，已经验明好米，应专责押运员弁照料，如有以霉暗之米交仓，则系该弁丁等不能勤加风晾所致，即将该帮员弁参处，并将不堪米石，著落追赔。

漕运 104：乾隆四十二年覆准

重运漕船，正供攸关，未便片刻稽延，如遇空重帮船，行抵闸口，均届出入之际，应令空船于河面宽处停让，俟重运船只每帮船尾船全行出口，再令回空船只，挨帮进闸南下。其满号回空应造之船，先行造册详明，并船尾书写"打造"字样，每起不得过五只之数，于重运尾帮出口后，即令先为越帮进闸，俾得及早抵次，赴厂成造，应责令该管厅员驻宿河干，专司弹压，道员往来稽查，遇有抢闸滋生事端者，立即严拿究治。傥不稽查弹压，仍有抢闸等事，兼管厅员照约束不严例降一级调用，统辖道员照失于查察例议处。傥闸官故意留难勒掯，一经运员详报，亦即照例揭参，以专责成。

漕运 105：乾隆四十二年又覆准

粮船遇有失风之案，除大江闸河及内河失风，仅止三只，并仍系原船复载者，仍照向例办理外，其在内河失风至三只以上者运弁降一级调用，五只以上者运弁革职，旗丁各杖一百、枷号一月，如有捏报失风，审实从重定拟。至盛夏之时，傥遇雨水骤发，冲坏数只者，由该督及巡漕御史〔后裁〕查明实在情形，奏明分别办理。

漕运 106：乾隆四十八年覆准

嗣后各省州县卫帮，承佥运丁，均以奉文佥派之日起，限两月佥解，并查明该丁田地房产，造具细册，呈送总漕衙门存案，以备该丁设有亏欠，即可变产赔补，傥违限两月，佥解不到，及查出原造田地家产册结不实，致有遗漏混开者，即将承佥之员，据实参奏，照有意误漕例从重议处。若佥派虽未逾限，而佥派之后，查明实系卖富差贫，以致贫乏之丁到帮误公滋事，或于管运后弃船脱逃，或已革之丁重金复入，以及徇情出结，混以军丁改入民籍者，将承佥之员，据实参奏，照佥选不实中途脱逃例降二级调用，虽有加级纪录，不准抵销，该管上司照失于查察例一并交部分别议处。

漕运 107：乾隆四十九年奏准

漕船舵工水手，私将奸匪勾留容隐，串同盗窃，失察之该运千总降二级调用；该运千总能拿获别帮别案寻常盗犯者，即照营员缉获别汛伙盗之例，每名纪录一次；拿获别帮盗首及破盗窃积案巨窝者，漕运总督于该运千总交粮事竣后，即照拿获邻境盗案之例，分别办理。

漕运 108：乾隆五十七年奏准

漕船在闸河内河失风及冰凌擦损沉溺，领运之弁，每只罚俸一年。至一运内失防漕船先后接算在三只以上者，运弁降一级调用，五只以上者革职。

漕运 109：乾隆五十八年谕

近年以来，各省漕船，已复冬兑冬开例限，回空船只，自应赶紧抵次受兑，但沿途情形，仍须量为催趱，如遇大江风汛，难以驾驶，亦可令其停泊港汊，暂时等候，若惟知促迫为事，势必冒险开行，运船漂没，未必不由于此。且回空船只，该管运员及运丁等，皆未免意在怠惰，或吝惜雇价，将熟识水手散遣，止留不谙驾驶水手数人，遇有缓急，全不足恃，而押运员弁，或因思家念切，先行回署，并不在船督率，以致有船只失风之事。著通谕各该督抚，嗣后漕船过境，务须饬令沿途各员，酌量情形催趱，不可过于急迫，令涉险失事，亦不得因有此旨，任其逗遛，以致迟逾定限。其押送回空船只，运员运丁等如有情弊，即应严行参办，庶漕务不致迟延，而行止亦昭慎重。

漕运 110：乾隆五十九年奏准

佥保旗丁，悦清查产业未实，混行造册出结，以致贫乏之丁到帮误公滋事者，将承佥及清查之千总守备，均照徇情例降二级调用。悦有故纵殷富军丁窜入民籍，并将田产代为隐匿脱漏者，一经发觉，将卫所官弁参奏革职，发往新疆效力赎罪，永不叙用，失察之粮道知府亦一并革职，不准捐复，其营谋脱漏之本丁，发往黑龙江给予兵丁为奴，该丁之弟兄子孙，仍编入军籍，佥派办运。

漕运 111：乾隆五十九年又奏准

重运漕船在闸河失风，及回空漕船失风，俱每只罚俸一年，毋庸按只接算。

漕运 112：乾隆五十九年三奏准

江西粮船开行时，巡抚及粮道派委妥员，带领兵役，于赣水十八滩以下，至鄱阳湖中溜两旁，分头插柳，标记深浅，悦船只经由，有走出标外，以致浅搁者，除运丁究治外，将领运之弁，照漕船失风例议处。

漕运 113：乾隆六十年谕

各省小钱，屡经降旨交查，并予限收缴，粮船限期紧迫，虽难停泊候查，但过淮金盘时，其船中有无小钱，无难一望而知，但各帮到杨村暂泊待拨时，亦可顺便抽查，除就近传知仓场侍郎外，并著交漕运总督一体严密查验，如该侍郎总漕并不认真妥办，任令帮船仍前夹带使用，别经发觉，惟该侍郎总漕是问。

漕运 114：嘉庆六年奏准

漕船未满年限，遽请成造，及尚未朽烂之船，谎报朽烂，或朽烂之船，估报不实者，将卫所官降二级调用。若将已届满限之船，留于水次，另雇民船出运者，将卫所官照违令公罪律罚俸九月。

漕运 115：嘉庆六年又奏准

漕船所过地方，有汛官需索银钱者，失察之该管官降一级调用，统辖官降一级留任。

漕运 116：嘉庆六年三奏准

远省三运，近省六运，届满人员，该漕运总督照旧出具考语报部，由部查核三运六运俱系抵通完粮，并无中途截留及失风挂欠等事，准其列为一等，咨部议叙，兵部具题，奉旨后，始准给咨送部引见，分别营卫，入于议叙班内，先行升用。如系循分供职，运满无误，列为二等，入于议叙班内，照例升用。

漕运 117：嘉庆六年四奏准

漕粮到通，各省原有定限，如有逾限，将领运官查明在途迟延次数，分别议处，一二处逾限者罚俸半年，三四处逾限者罚俸一年，五六处逾限者降一级调用，七八处逾限者降二级调用，十处以上者革职，在途迟延而抵通未逾限者免议。

漕运 118：嘉庆六年五奏准

回空漕船过境，如有夹带硝磺，在于地方私卖，及于各省产硝磺地方，私贩出境，地方武职不行搜查，该汛专管官，每一起降一级留任，兼辖官罚俸一年。

漕运 119：嘉庆六年六奏准

交仓漕粮潮湿，以致沿途霉变亏折者，除将领运官照例议处外，督催官降一级，完日开复，不完，照所降之级调用。若止失于风晾，以致潮湿尚未霉变者，后经风晾干洁，入仓并无亏折，将失于风晾之领运官，按其在通州风晾日月，照完粮违限例分别议处。至米色霉变虽有亏折，领运官能在通州即行赔补全完者免议。

漕运 120：嘉庆六年七奏准

漕粮挂欠，作为十分分赔，总漕半分，粮道一分，监兑官半分，金丁卫所官半分，押运官半分，运官一分半，旗丁五分半。总漕等官如不于限内赔完，照不作分数钱粮例议处，弁兵分赔米石，如限内不完，仍著落总漕粮道等官赔补。

漕运 121：嘉庆六年八奏准

各省成造漕船，先行咨部，每船额给料价银两，俱令粮道亲身如数给发，取具各弁丁并无需索克减甘结送部，傥有侵扣等弊，总漕查明题参，将捏具甘结之员降二级调用，粮道交吏部查议。

漕运 122：嘉庆六年九奏准

漕船出运，遇有风火事故，应买补而擅行雇募者降一级留任，应雇募而擅行洒带搭运者罚俸九月。

漕运 123：嘉庆六年十奏准

凡抵通迟延之船，仓场勒限交粮回空，不得有误新运，其不能依限回空者，令总漕查明该省减存船数，依限兑运开行，如无减存船，即将本省漕船搭运，或本省漕船不能搭运，即捐输雇船，依限兑运开行，其迟延船只，来年开冻时，沿河文武官员，严催抵次。如有不行雇船，依限兑运开行，即将粮道监兑州县及卫所等官题参，违限一月以上罚俸六月，二月以上罚俸一年，三月以上降一级调用。如不严催抵次，即将沿河催趱回空之文武各官题参，照催趱漕船违限例，核计迟误时日，分别议处。

漕运 124：嘉庆六年十一奏准

漕船失事，运弁隐匿不报，盗案降一级调用，窃案罚俸六月。

漕运 125：嘉庆六年十二奏准

无赖棍徒，率领短纤，多索价值，与丁舵水手人等聚殴成伤，地方武职不能弹压者降一级调用，自行查拿者免议。

漕运 126：嘉庆六年十三奏准

重运漕船抵通，未经逾限，其沿途催趱逾限之员俱免议。回空漕船逾限，不误冬兑冬开者，催趱官亦免议。

漕运 127：嘉庆六年十四奏准

漕船失风，既经捞救修艌，风息水平，不立刻催趱出境，藉词守候，任其停泊，或捏称风水未便，停泊逗遛者，运官照旧议处，地方官降一级调用。

漕运 128：嘉庆六年十五奏准

漕粮因失风挂欠，例准通帮余米抵补，其并无余米可抵，及抵补不能足额，实系无力在通完交者，准运官呈明仓场衙门，咨报户部，令其赶紧回南买补搭运，若不行呈明，率行带丁私回，由仓场衙门行查总漕，如系托故绕道回籍，将该弁革职，若已管押帮船到淮，赶赴水次买补者，按其所欠米石，分别议处，如挂欠五十石以上罚俸一年，一百石以上降一级留任，二百石以上降二级留任，三百石以上降三级留任，俟次年搭运抵通全完之日开复，若不将所欠米石于次年如数完交者，即照所降之级调用。

漕运 129：嘉庆六年十六奏准

山东省自备民船，及各省漕船因风火事故雇募者，俱按时价给发，不得滥行强拿，苦累百姓。若漕船应行出运，无故自雇募者，将领运员弁降一级调用。

漕运 130：嘉庆六年十七奏准

失风事故漕船，除山东省自备船只照旧雇募济运外，其余各省漕船，或至五六年，或未至五六年，有风火事故者，均责令旗丁赔造，如赔造不及，准其暂雇民船兑运一次，缓至次年赔造；倘遇新漕已届，赔造不及，准其暂行酒带，于回次时赔造；运至七八年而有事故者，责令买补，如买补船只至九运复有事故，并军船九运而有事故以及朽腐者，均令雇募宽大民船一次，以足十运；如七八运而无故朽腐者，亦责令赔造，十运限满，准其给价配造。总漕每年将应行雇募买补船只咨部查核，倘有将赔造补运之船，接算原船出厂年分，而减存年分，不行扣除，混行详请者，将卫所官降二级调用。

漕运 131：嘉庆六年十八奏准

领运官员巡察不谨，以致失火烧毁漕船，除照例议处外，船只米石俱着落领运弁丁赔补。若能抢获米石无亏，到通全完者，降一级留任，船只仍着落领运弁丁赔补。至地方武职扑救不力，延烧别船者，每只罚俸一年。

漕运 132：嘉庆六年十九奏准

搭解旧欠漕粮，均按原欠米色交兑搭运，过淮时总漕盘验，倘有搭运之米与原欠米色不符，以及运官将麦豆杂粮等项接受，以新粮抵解，或不随正米交船，过淮后用小船赶送者，总漕查明题参，将领运官弁降一级调用。

漕运 133：嘉庆六年二十奏准

粮船回空，由通州至天津，每船限定带钱三串，倘该船内家口较多者，准其零星易换使用，责令押空千总逐船查察，并令张湾通判务关同知杨村通判节节防范，天津总兵于过关查验私盐之时，一并稽查，步军统领仓场各衙门巡查御史等，不时访察，倘该船于定数之外，有多带钱文者，该同知通判运弁等，俱罚俸一年。

漕运 134：嘉庆六年二十一奏准

各省旗丁，嗣后管运十二年，并无挂欠事故者，由仓场核实咨部，给以九品顶戴荣身。

漕运 135：嘉庆六年二十二奏准

直隶河间、天津沿河武职员弁，各按本管河岸，于粮船入境之日起，回空之日止，一体查拿盗贼，如能获破大案，分别议叙，遇有疏防失事降一级留任。至该地方专汛官，不得因有他员协缉，辄行委卸，如有失事，仍照疏防例议处。

漕运 136：嘉庆十二年谕

山东寿张营游击周开第，收受南粮各帮船馈送米酒等物，已交杨志信审拟具奏矣。漕粮为天庾正供，各帮挽运北上，所有沿途经过地方，该营员等自应实力催趱，妥为照料，俾得迅速遄行，不容私通馈遗，乃周开第所受米酒等物，手折登记，已有五十余帮，均经致送，竟成相沿陋规。试思漕船挽运，经由处所，远近不一，沿河员弁，随在皆是，今周开第一人如此，则其他可知，是该旗丁等于帮船开运之时，即须先将应送酒米等物，豫为备办，无怪受兑则浮收漕粮，抵坝则短缺米石，且各帮因装载土宜过多，行走亦皆濡滞，粮船弊窦，恐不免由此丛生，不可不加意剔厘，以肃漕政。著漕运总督仓场侍郎及有漕省分各督抚，通行饬谕各员弁等，务须洁己奉公，毋蹈周开第覆辙，倘经此次训谕后，仍有私受馈遗簠簋不饬情事，即著据实严参惩办。

漕运 137：嘉庆十二年议定

各省漕船抵通，有因额米不足，米色霉变，听该旗丁自买本帮余米，抵补交仓，如有奸商渔利把持包买者，将不行严查禁止之地方专管官，罚俸一年。

漕运 138：嘉庆十二年奏准

卫所员弁，押运漕粮，中途如有失风失火事故，由总漕一面将失事船只数目，咨报户部查核办理，一面将失防职名，咨报议处，仍令该总漕于年终将失事船只数目，造册咨报，以凭查核。

漕运 139：嘉庆十二年又议定

嗣后漕船在内河失风，如系未满十运之船，果能抢救修固，抵通粮无亏折，或船满十运，已届修造之期，虽不能抢救，止将漕粮买补全完者，领运官免其议处，沿途催趱官亦免其处分。如船虽满运，而米有挂欠，及未满十运之船，不能抢救，米有亏折，虽买补全完，领运及沿途催趱官，仍照旧例议处。

漕运 140：嘉庆二十三年谕

前据润祥等奏：南粮头进兴武头帮米色搀杂霉变，当经降旨交刑部审讯。据该帮运丁王廷珠等供明，承运无锡、阳湖二县漕米，受兑之时，经领运千总孙文秀验明米色坚好，行抵淮关，经总漕盘验，并无霉变搀杂，因在途郁蒸霉变，起剥多次，将气头搅在好米之内，以致米色搀杂，已将该运丁等分别治罪，失察之千总孙文秀，总运通判陈元龄，交部察议。兹据李奕畴奏：米色霉变，虽由沿途未加风晾，然果水次兑交好米，何致遽行霉变，请将该领运千总革职，交刑部归案审办，经征之无锡县知县韩履宠，阳湖县知县李廷芊，监兑通判陈元龄，交部分别议处，并自请议处等语。漕米未兑以前，责在州县，既兑以后，责在旗丁，此案米色霉变搀杂，业经刑部讯明，系在途蒸郁起剥所致，事在既兑之后，自应将运丁治罪，千总通判交议，今该漕督乃以米色本未干洁，请将经征之知县议处，即使其言属实，当受兑盘验时，何以不早行参奏，迨至事后追究，岂足服该员等之心。领运千总孙秀文，押运通判陈元龄，著照前议办理，知县韩履宠、李廷芊，均毋庸议处，李奕畴办理前后矛盾，著交部议处。

漕运 141：道光三年奏定

漕船经过，沿途地方各官催趱出力，经该督抚奏请议叙者，给予纪录二次。

漕运 142：道光三年又奏定

经理民事之卫弁，其屯丁居住州县地方，犯有命盗等案，该州县一面移会卫所，一面严行缉拿，限满无获，该督抚题参疏防，将承缉州县官与卫所官弁，一并列参，照例议处。如卫所官弁因州县既有责成，徇庇屯丁，故意推诿者，许承审官揭报该督抚题参，照徇庇例降三级调用。其不经理民事，专管漕运者，遇有命盗等案，责令该州县提拿究审，疏防承缉，止将该管州县参处，管运卫弁均免其开参。至于出运之丁，如有事犯，即著落领运该帮守备千总，拿解有司，按律究治，若疏纵脱逃，并迟延不解者，该督抚查明题参，按该丁所犯之轻重，照例分别议处。

漕运 143：道光九年奏定

江南、浙江、江西、湖广远省运弁，一运全完加一级，二运全完再加一级，三运全完分别议叙，至三运后，仍准照前按运加级。山东、河南近省运弁，一运全完纪录二次，二运全完加一级，三运全完纪录二次，四运全完再加一级，五运全完纪录二次，六运全完分别议叙，六运后，仍准照前按运加级纪录，所有加级，俱准随带。其远省三运近省六运届满人员，该漕运总督秉公考核，如果人材出众，踊跃急公，出具切实考语报部，由部查核，远省三运，近省六运，俱系抵通完粮，并无中途截留及失风挂欠等事，列为一等；如系循分供职，运满无误，列为二等，均咨部议叙，兵部题明，准其给咨送部引见，奉旨后始准送部引见，分别营卫，一等以卫用者，入于卫守备一议叙班内升用，二等以卫用者入于二议叙班内升用；如以营用者，均归单月营守备班内升用；如有已因军政卓异俸满等项业经引见，分别营卫升用者，毋庸再行送部。若系三等之员，运满报部，照例准其加一级，不准归于议叙班内升用。四等之员，即行咨部斥革。其重运效力武举，系领运江南、浙江、江西、湖广远省者，每运全完，于补官日纪录二次；领运山东、河南近省者，每运全完，于补官日纪录一次，三运运满，即行咨部注册推用。漕运总督每年于八月内，将上年应叙各弁，汇报户部，户部查对仓场册籍，实系通完，汇咨兵部定议，若升任后，遇有前任内加级纪录议叙，准其于新任加级纪录，如有过淮违限之员，抵通全完，俟漕运总督题请开复后，再行咨请议叙，若所管帮内抵坝起交有一丁挂欠，即勒限全完，亦不准议叙。

漕运 144：道光九年又奏定

粮船水手，除犯寻常命案及丁舵水手人等聚殴成伤，旗丁水手沿途生事，扰害领运，及地方武职各官失于查拿，仍各按定例办理外，如有设立教名，敛钱聚众，残杀多命，传发溜子，欺凌运官，横索旗丁等事，领运押空及地方武职各官，有藉词慎重，畏葸不拿者，均照溺职例革职；如能将人犯立时拿获究办者，免其失察处分；其办理妥速之本管官，每一名给予纪录一次，四名加一级，再有多获，以次递加。至同案未经获犯之员，由该督抚查明，果无讳饰规避情事，仍照本例酌减议处。

漕运 145：道光九年三奏定

粮船北上南下，在船水手人等，均责令重运与押空各弁一体约束稽查，傥沿途生事，俱按例一体议处。如领运之弁，到通交粮后例应引见，及委办公事，不能赶赴帮次者，在船水手人等，专归押空之弁约束，并责令武职大员，严饬沿途地方武职，实力稽察，傥沿途生事，专处押空之员，并地方稽察之武职，其不在帮次之重运官免议。

漕运 146：道光十三年奏准

豫省漕粮，向归直隶、山东、江南三省之通州等十帮领运，豫省粮道督押赴通，其各帮弁，限于每年九月赴次，责成豫省粮道管辖，凡有迟逾及抗玩误公者，悉由该粮道就近详揭河南巡抚核办，其有记过扣运，并急公出力，应行奖励者，统俟漕竣，由该粮道分别开单呈送漕运总督衙门察核，分饬各该本道存案。至押空千总，并由漕督拣选明干之弁，先期派往，以备重运，或有事故差遣委用，该空运是否得力，亦由该粮道分别功过，详送漕运总督办理。

漕运 147：道光十九年谕

御史寻步月奏：请禁漕船夹带私货一折。漕船携带土宜，均有定数，不准逾额。据奏：山东台庄、姚湾等处，奸商囤积私货，于各帮经过之时，用价雇载，至直隶故城县郑家口卸卖，每船装载至七八百石之多，虽经官为禁止，而荒僻之地，夜静之时，奸商仍将私货夹带，卫弁闸官得有陋规，通同隐饰等语。以运载正供之船，为奸商劣丁之利薮，不肖官弁，得规包庇，以致船身笨重，吃水较深，偶遇闸河水浅，辄即阻滞难行，近年重运漕船，行走不能迅速，未必不由于此。著漕运总督、山东、直隶各督抚，于各帮渡黄以后，密派干员，认真抽查，傥遇前项弊端，即将旗丁奸商从重治罪，私货变价入官，失察员弁分别参处，如有得规故纵情事，立即严参惩办，毋稍姑容。又另片奏：卫弁旗丁，往往吸食鸦片，地方官难于周察，获案甚多等语。著漕运总督，分饬各省粮道认真稽查，遇有卫弁人等，沾染恶习，即照新定章程，严参重治，傥意存瞻徇，延不究办，日后别经破案，定将失察之该漕督及各粮道，一并严惩不贷。

漕运 148：道光二十七年谕

户部奏：运弁坐船跨带木植，据江西九江关申报，请饬查禁等语。本年湖北三帮漕船，例外多带木植，已属违例，乃该省押运千总，坐船两旁，亦各跨带木植，何以禁帮丁包揽之弊。著该督抚即向九江关查明，该帮千总何员违例，据实严参。嗣后并著各该省督抚及漕运总督，于漕船出运经过之时，实力稽查，严行禁革，如仍有漕船及帮弁坐船违例私带货木者，即著从严参办，以肃漕政。

漕运 149：道光二十八年奏准

卫守备于佥委正副军丁，不查明案据，是否军籍，有无屯产，辄据军丁误报，率佥民籍，充当正副军丁，承办运务，致受赔累，卫守备降二级留任，不准抵销。

漕运 150：道光二十八年题准

漕粮由海运抵津至通交仓，督押放洋及弹压出力之员，交部议叙者，各给予加一级。

漕运 151：道光二十九年谕

德诚、吴钟骏奏：请将米色潮湿及行走迟延各帮弁，并催趱不力之营汛各员弁，分别革职摘去顶戴一折。浙江台州前帮，米色潮湿，而失风之米，为数亦多，该帮千总胡廷彪，不能约束丁舵，致旗丁有搀和使水情弊，迨经坐粮厅查验，饬令赶紧挑晾，又不赶紧督办，由来此等劣弁，虽经惩治，永不悛改，可恨已极。胡廷彪著即行革职，永不叙用，并著该部存记，嗣后有似此者，即著按此惩办，毋稍宽纵，仍责令总运桂琳，严饬该帮弁丁，将湿米认真挑晾，傥有短少，即行严参。温州前帮千总王民彤押运行走，沿途逗遛，以致在后帮船不能前进，其沿河司漕营汛并不实力催趱，以致通坝停斛守候，均属延误，千总王民彤，署张湾营都司祥山，通协左营守备万善，杨村汛千总汪治平，务关汛千总马翰忠，署蔡村汛把总王永桢，蒲沟汛把总沈俊魁，马头汛把总张得洋，安平汛把总孙大谋，著一并摘去顶戴。至总运桂琳，未能实力督饬，亦属颟顸，著交部议处。

漕运 152：咸丰五年议准

督运米石，在洋遭风及在途被劫，致有损失，虽经分赔，而不赶紧雇船装运，彼此推诿者降二级，戴罪督运，该管大臣查明，如能依限运完，题请开复。

漕运 153：光绪十三年奏准

仓场衙门保奖巡粮出力人员，大通桥所调京营武弁，每届止准奏保十七员，其通州办运出力武弁，并未议定额数。嗣后该衙门保奖，每届不得过五员，如有逾额者，即将单内列名在后之员，奏请撤销，以杜浮滥而昭核实。

奏章文册〔例 48 条〕

章册 001：顺治初年定

提镇将庆贺表笺遗忘，推诿不奏，或将字样舛错遗漏者，均罚俸一年，不列职名。失用印信，及用印歪斜，模糊颠倒缮写潦草，破裂染污者，均罚俸六月。

章册 002：康熙十一年题准

提镇本章紧要之字，贴黄内遗漏，贴黄所有之字，本章内遗漏，或疏册互异者，皆罚俸三月。

章册 003：康熙十一年又议准

提镇将督抚职掌之事，擅自题奏者罚俸三月，越参文职者罚俸一年，所参之事不议。

章册 004：康熙十一年三议准

提镇有不系密事妄称密奏，及借公行私，以私事具奏者，降二级调用。至一应本章，有不应密而密者，罚俸六月。

章册 005：康熙十一年四议准

前任官题奏准行之事，续经题奏停止，后任官不查停止缘由，仍照旧行者，罚俸六月。

章册 006：康熙十一年五议准

武职各官，将敕书诰命质当者革职；其敕书诰命及札付关防收藏不谨，以致朽烂并损坏者罚俸六月；如被水火盗贼毁失者免议，均仍补给。

章册 007：康熙三十八年议准

提镇不许于遗本内荐举属官。

章册 008：康熙四十二年议准

督抚、提镇会题之事，有因错谬迟误，奉旨议处者，查明孰系承行具题，孰系列名具题，分别轻重议处。如承行具题官例应议以革职者，将列名具题官降四级调用；承行具题官降级调用者，列名具题官降一级留任；承行具题官降级留任者，列名具题官罚俸一年，承行具题官罚俸一年者，列名具题官罚俸六月；承行具题官罚俸六月者，列名具题官罚俸三月；承行具题官罚俸三月者，列名具题官免议。

章册 009：康熙四十二年覆准

督抚、提镇会议之事，并未会议画题，捏称合辞具题者，罚俸六月。

章册 010：康熙四十二年又议准

革职降级之武职各官，以冤枉控告者，如果有冤枉，该督抚提镇方许题奏，如将并无冤枉之事，混行题奏者，将督抚、提镇降一级留任，转详官降二级调用。若将实无冤枉之事，并不详查推卸咨部者，将具咨之督抚、提镇罚俸一年。

章册 011：康熙五十三年议准

各省提塘，除传递公文本章，并奉旨科钞事件外，其余一应小钞，概行严禁，违者照刷造小说淫辞例，革职治罪。

章册 012：雍正五年议准

凡提镇本章，事关紧要者，将副本揭帖用"密封"字样，封固投递通政使司，咨呈各本部院公文，有关紧要之事者，亦密封投递。在京各部院有紧要之事，咨札各省提镇，亦密封发递该提镇亲拆收存。至提镇与督抚并属官往来公文，系紧要之事，亦用密封投到，亲拆收存。如将应密之事不密，以致漏洩，重者降一级留任，轻者罚俸九月。

章册 013：雍正六年议准

提镇办理大小公事均用题本钤印，本身私事均用奏折，不准钤印。如有应用题本而用奏折，应用奏折而用题本者，罚俸三月。

章册 014：雍正六年又议准

提镇等题奏本章，如奉旨饬行者，遵旨饬行，若奉旨交部察议者，将该提镇等照在京各衙门错误本章例罚俸一月。

章册 015：雍正九年奉旨

文武官有将地方不可施行之事，妄行条奏举行，经后人复请更改者，将原奏之人交部议处。傥原奏本是，而后人妄行指摘，或有意翻案者，经朕察出，亦必从重议处。将此永著为例。

章册 016：雍正十一年议准

提镇折奏之事，奉有朱批谕旨，于下次奏事之时，封固恭缴，傥任意迟延及隐匿不缴者革职。

章册 017：乾隆三年奏准

提镇官本身病故，任内有应缴朱批，如子孙随任者，即于原任省分督抚、提镇，就近代为恭缴；如子孙有在他省者，即呈明现在省分督抚、提镇，代为恭缴；如隐匿收存，查出治罪。

章册 018：乾隆三年议准

提镇密封陈奏之事，关系重大，彼此关通商酌，以致漏洩，一经发觉，按事轻重议处。

章册 019：乾隆三年又奏准

各省提塘发钞本章，必须谨慎，有应密之事，必俟科钞到部十日之后，方许钞发，如有邸报先于部文者，该督抚将提塘参处。

章册 020：乾隆三年三奏准

提镇题奏本章错误，罚俸一月。

章册 021：乾隆三十四年奏准

恭遇谕旨内有宣示中外知之者，该提镇等衙门，俱刊刻誊黄，张挂晓谕，如有不行宣示者，罚俸一年。

章册 022：乾隆三十四年议准

外省文武各衙门凡有奏事之责者，毋论正任署任，所有奏案稿底，如奉旨准行事件，办理未竣，必需后任接办，及所奏虽未准行，仍应存案备查者，均于内署汇册，钤盖印信，恭照廷寄谕旨密封面交之例，封交后任，以便查核接办，傥旧任官不行移交者，即照经手遗漏例议处。

章册 023：乾隆三十五年议准

提镇请示咨报之案，若系必须奏请之事，无论应准应驳，兵部即据咨议准议驳具奏，并将应奏不奏之提镇附参，交部查议。

章册 024：乾隆三十五年奏准

职任官员违例填给牌文，给予不应给之人者革职。

章册 025：乾隆三十五年又奏准

凡副将、参将、游击、都司等衙门一切案件，如不自作主张，假手营书，致令作奸者，照溺职例革职；督抚、提镇不行题参，照不参劣员例降二级调用。

章册 026：乾隆三十八年覆准

各部院衙门，如有奏准及议覆应行发钞事件，该承办衙门即将原奏钞录钤盖印信，发交值季提塘，按日刊刻颁发，仍令该提塘将发钞底本及原奏印文，按十日汇报兵部存案，若承办衙门并未发交，该提塘等混行刊刻传布者，一经查出，即将该提塘查参，照例议处。

章册 027：乾隆四十一年议准

嗣后各省营县，承造一切册结，有不合式，可于题咨后补送者，由司道核转，即行更正汇造，将底册发换存案，其中并无因舛错遗漏以致迟延之处，该督抚量为记过，统入年终汇报功过册内，咨部查核。若必须营县另造随同送部之件，如有舛错遗漏，核明更正，驳回另造，以致迟延，该督抚仍于题咨时，将迟延缘由随案声明，核其或因舛错，或系遗漏，悉按例分别议处，其豫印空白之处，严行禁止。

章册 028：嘉庆六年奏准

保题官员，督抚、提镇有应列名会稿者，出具会题印结，随本送部，如有遗漏，照经手遗漏例罚俸一年。

章册 029：嘉庆六年又奏准

提镇题奏本章内，错写官衔，从旁添字，或错字者，照本章错误例议处。

章册 030：嘉庆六年三奏准

督抚、提镇请示咨报之案，若系必须奏请，兵部于议准议驳时，并将应奏不奏之提镇附参，议以降二级留任，督抚交吏部查议。

章册 031：嘉庆六年四奏准

提镇将督抚职掌事件，擅自题请，照违令公罪例罚俸九月。

章册 032：嘉庆六年五奏准

武职官将地方不可施行之事，妄行条奏举行，经后任复请更改者，将原奏之员，照言官撴拾具奏例降一级调用。傥原奏本是，而后任官妄行指摘，或有意翻案者，照与前任不合有意苛求例降二级调用。

章册 033：嘉庆六年六奏准

武职守备以上等官，缘事实降实革，题本送阁时，兵部将该员出身历任及出兵何处，并本案议革议降缘由，夹片声明，其因海洋盗案实降实革，题本送阁时，毋庸夹片声明。

章册 034：嘉庆六年七奏准

官员将袭官敕书收存不慎，以致遗失，当即具报者降一级，隐匿不报者降二级，俱留任。

章册 035：嘉庆六年八奏准

敕书、诰命、札付、关防等项，如系自行疏失者罚俸一年。

章册 036：嘉庆十二年奏准

官员将诰命、敕命自行疏失者议处，其被水火盗贼毁失，查有实据，免其议处，另行题请重给。其袭官敕书，被水火盗贼毁失，亦应一律免议，仍准题请重给。

章册 037：道光三年奏定

直省题奏各衙门，将装本原箱严密封固，令提塘及赍本差役，将装本原箱赍送通政司查阅，如内里霉湿破损，将题奏本官罚俸六月；外面霉湿破损，系专差赍进，将差官罚俸六月，差役笞四十；由驿递送进者，挨查各驿，于何处霉湿破损，将该驿马夫笞四十，司驿官罚俸两月。

章册 038：道光三年又奏定

官员将钦奉谕旨及特旨交办事件遗失遗漏者，经手之员降一级留任，罚俸一年。如系寻常事件，降一级留任。

章册 039：道光三年三奏定

提督、总兵将督抚职掌事件擅自题请者，罚俸一年。

章册 040：道光七年谕

明保系总兵降用副将人员，例本不应递折，其在署台湾镇总兵任内，因所属安平协地方，有营兵抢毁米船一案，意存诿卸，被参降调，毫无屈抑，自应静候部选，辄敢呈递封章，求赏差使，实属不安本分，胆大妄为。明保著即革职，交该旗严加管束。

章册 041：道光九年奏定

台站官员，接递新疆等处公文册籍，未能包护如法，以致破损者，将原递站弁及专管各官，均罚俸六月。

章册 042：道光九年又奏定

造送寻常一应册籍不关系钱粮者，若有舛错遗漏，造册官罚俸三月，转报官罚俸一月。如有迟延，照无关钱粮册结违限例，各按月日分别议处。

章册 043：道光九年三奏定

各省塘驿递送公文册籍等项，傥有沉匿，即详报上司题参，按其角数，照铺兵罪名减二等议处。其沉匿平常公文者，一角该管官罚俸六月，二角罚俸九月，三角罚俸一年，四角降一级留任，五角以上降二级留任。如官员亲赍文移匿失者，照此例加一等议处，若干涉军情机密一切文移，无论官员兵丁递送及匿失多寡，俱革职提问。

章册 044：道光十三年谕

瑚松额等奏：查明提督马济胜因节次奏报各折迟延，误以为传牌内不填里数所致，率于奏报驰赴凤山拿办粤匪一折传牌内，填写"限行六百里"字样，实属错误。马济胜著交部议处。钦此。遵旨议准：嗣后寻常折奏由驿接递，不得辄限四五六百里，傥有混行填发者，降一级调用。

章册 045：咸丰元年奏准。

内外武职大臣被人参劾，并不静听部议，候旨裁夺，妄自具折陈辩者降三级调用。

章册 046：同治十年奏准

内外武职大臣，如有已将奏折呈递，复向奏事处私行撤出，及擅撤他人奏折，系因原折错误查无情弊者，均照不应重律私罪，降三级调用；若有回护徇私等情，从重议以降五级调用。至属员被上司揭参擅行撤回者，革职交刑部治罪，其原发奏折之员，如明知撤回，不行参奏，照应奏不奏律私罪降三级调用；若止参奏迟延，照应奏不奏律公罪，降二级留任。

章册 047：光绪四年奏准

内外武职大臣，于奉旨饬查事件，含糊题奏者，降一级留任。其属员呈请上司代题代奏事件，如不将实在情节逐细声明者，将呈请之员亦降一级留任。该上司不行查明率为题奏者罚俸一年，如奉旨回奏并不据实回奏者降一级调用。

章册 048：光绪五年奏准

官员奏事，误将折底并递，以致折片重复者罚俸一年，本章漏写年月者罚俸三月。

仪制〔例 37 条〕

仪制 001：康熙十四年题准

圣驾巡幸所过地方，守备以上等官接送之处，临时由鸿胪寺具奏请旨，如所定里数之内，有一次不到者，罚俸一年；两次不到者，降二级调用。

仪制 002：康熙三十九年覆准

官兵人等越分僭用服色，如五爪龙、立龙、团龙补服之类者，系官革职，系兵枷一月、责四十板，僭用之物入官。未经查出之专管官，每案罚俸三月，兼辖官每二案罚俸三月，统辖官每三案罚俸三月。僭用寻常服色者，系官罚俸一年，系兵责二十板，未经查出之专管官每案罚俸一月，兼辖官每二案罚俸一月，统辖官每三案罚俸一月。

仪制 003：康熙四十二年覆准

武职各官，于应用朝服之日不用，及违例错用者，罚俸一月。

仪制 004：康熙四十二年又覆准

外任武职各官辞朝，不投职名者，罚俸三月。

仪制 005：雍正二年定

官员帽顶、补服、坐褥，皆有等级，不得越本职僭用。嗣后凡加级官员，该管大臣务查其于何任加级，及何处捐纳，傥不行严察，仍有僭用者，一并议处。

仪制 006：雍正八年奉旨

内外文武大小官员帽顶、补服、坐褥等项，悉照本身现任品级，不得藉称加级，以开僭越之端，在京著有稽察之责者严行稽查，在外著该管上司稽察，傥有不遵，除将本人议处外，其失察之官，一并处分。

仪制 007：雍正十三年议准

盔甲、旗纛、军装等项，除考验日期及本管大员经过查点，准其穿戴披执外，至一应钦差及往来大员经过之时，该营汛弁兵有违例披执迎送者，将该管官罚俸一年。

仪制 008：雍正十三年又议准

提镇赴任，所属官弁于是日迎接，除随役外，司事兵丁不得过十名，出城不得过五里。副将参游等官赴任，本标官弁于是日迎接，除随役外，司事兵丁不得过五名，出城不得过三里。至从境内经过者，止许在本管营汛经过处迎接，如大小官弁违越不遵者，皆照例议处。

仪制 009：乾隆元年奉旨

督抚有节制重寄，而提镇乃弹压大员，凡到任离任及因公出境入境，例应具题者，所以慎职守，重封疆也。查川陕江西等省提镇与总督隔省，驻扎遥远，无赴省相见之例，惟云南、广东、浙江、福建等省，有因赴任之初，由省而见总督者，有因巡查地方省不远，顺便谒见者，盖因苗疆重地，或滨海要区，当日军务倥偬，海氛未靖之初，是以不行题达，竟赴省城与总督面商机务，此乃一时权宜，遂尔相沿成习，此时若不酌定条规，恐大小官弁，视为固然，徒长奔竞趋谒之风，而不顾职守之旷误与否，是不可不防其渐也。嗣后提镇之与总督，若系平常事件，止许文移来往，如有紧要公务，必须亲见总督面言者，或总督有应行檄调面议者，俱将因公起程及回署日期，缮疏题明。永著为例。

仪制 010：乾隆六年奏准

副将参游都守等官，习安养惰，并不乘马，擅自违例乘轿者革职。

仪制 011：乾隆六年又奏准

官员帽顶、补服、坐褥，各照本身现任品级，不许计算加级，违者罚俸六月，该上司失察者罚俸三月，其补服顶戴不相符者亦照此例议处。

仪制 012：乾隆六年三奏准

属官多带兵丁越境迎送上司，有因事营求，或乘便贿赂者，革职提问，如止出境迎送并无营求贿赂者罚俸九月。至上司必欲属官越境迎送，属官畏其威势迎送者，如有勒索情弊，或被属官详揭，或经督抚参劾，将上司革职提问，如止令迎送无勒索情弊者罚俸一年，其迎送之属官免议。

仪制 013：乾隆十三年奏准

圣驾巡幸，有民人申诉，如去御路稍远，不在官兵管辖之内者，专汛官罚俸三月，兼辖官罚俸一月。

仪制 014：乾隆二十二年谕

外省驻防将军及绿营之提镇，出行则皆乘舆。夫将军提镇，有总统官兵之责，若养尊处优，自图安逸，亦何以表率营伍，而作其勇敢之气，况旗人幼习骑射，即绿营中亦必以其弓马优娴，始历加升用，乃一至大僚，转至狃于便安，忘其故步，此岂国家简擢之意耶。京师都统、副都统既皆乘马，而满洲侍郎则无论年逾六旬，亦俱不得乘舆，即朕巡省所至，尚每日乘马而行，乃外省武职独相沿陋习，此甚非宜。嗣后将军、提镇，概不许乘舆，其编设轿夫，并著裁革，如有仍前乘坐者，照违制例治罪。

仪制 015：乾隆二十二年又谕

今日朕至杭州省城，其接驾之绿营兵丁，有奏箫管细乐者。夫身隶行伍，当以骑射勇力为重，戍楼鼓角，不过用肃军容，即古者铙歌鼓吹之词，亦以鸣其得胜之气耳，若弹丝吹竹，技近优伶，岂挽强引重之夫所宜相效，此等绿营陋习，各省均所不免，可传谕各该督抚提镇等，转饬所属标营，嗣后营伍中但许用钲鼓铜角，其箫管细乐，概行禁止。

仪制 016：乾隆二十三年覆准

武职衙门应用办公之人役，准其酌带马步兵丁，仍令呈报该管上司查核，其平常跟役，准于余丁内轮直，傥将在伍兵丁任意役使，该管上司查参，照例议处。

仪制 017：乾隆二十五年奏准

月选各官及题升、拣发、豫行保举，并拣发卫守备，分别营卫之千总，军政卓异、保列一等及降调、革职、奉恩旨从宽留任之员，兵部开列职名，移送鸿胪寺，定期传令谢恩，如有患病丁忧事故，不能依限赴寺者，该员自行呈明鸿胪寺查核，补行谢恩，傥有无故逾限不到者，鸿胪寺查参，将该员罚俸一年。

仪制 018：乾隆二十九年谕

前因各省将军、都统等所辖弁兵滥行差遣，及私事随带役使，漫无节制，曾经酌定额数，旋以该弁等往来道途，远离职役，或致贻误操防，因降旨概行饬禁。今据大学士尹继善奏称：将军、督抚等来京陛见，祗候宫门，仆从所不能到，若无有职人员，供其使令，亦多未便。嗣后仍著照原定额数，酌带给用，但不得任意多派；致地方营伍旷弛，著通谕各将军、都统、督抚、提镇等知之。

仪制 019：乾隆三十二年奉旨

各省将军大臣等，嗣后除巡查该管地方按临阅操，及来京陛见回任，照例准带亲丁外，其调任携带官兵跟随之处，永行禁止，傥仍违越，经朕访闻，严加治罪。

仪制 020：乾隆四十九年奏准

武职各官，毋许彼此换帖，除调考之外，不得托故上省，上司属员毋庸燕会，各该督抚时加约束稽查，年终汇奏，违者，本员降三级调用，上司降一级留任。

仪制 021：嘉庆四年谕

前于乾隆二十二年高宗纯皇帝曾经降旨，通饬各直省驻防将军、副都统、提镇各员，以武职大员，理应训练兵丁，勤习操演，如有自耽安逸，辄行乘轿者，必严加惩治，圣谕至为明切。乃近年以来，日渐废弛，朕闻各省，不但将军提镇等公然坐轿，即副参以下多有坐轿出入者，现阅直隶提督衙门兵马册档内，开有轿夫十八名，俱系战兵充役，而凉州副都统亦以该处城守尉擅行坐轿参奏，可见外省大小武职，相习偷安，违例乘轿，竟同一辙，又安望其为各营表率，况武职官员，即自行雇夫抬轿，已属违例，乃竟以战兵充役，此风尤不可长。著再行通谕各省驻防将军、副都统等及提镇各员，嗣后如再有违例乘轿者，或经参奏，或经访闻，必治以应得之罪。如驻防城守尉以下，绿营副参以下有犯，尤当从重治罪，决不稍贷。

仪制 022：嘉庆六年奏准

承袭汉世职人员，引见奉旨后应行谢恩，其无故逾限不到者，照武职官员谢恩例核办。

仪制 023：嘉庆七年奉旨

番役一项，专司缉捕盗犯，原与隶卒无异，凡各衙门皂役人等，例不准其为官，其子孙亦不准应试，则番役自应比照此例，以昭画一。乃从前步军统领衙门，往往因番役拿获要犯，辄奏请赏给顶戴，如番子头役滥赏守备职衔，且子孙并有应试出仕者，殊不足以别流品而重名器。嗣后步军统领衙门，遇有番役缉捕勤奋，止准量加奖赏，即实有拿获要犯者，亦止可从优加赏，毋许给予顶戴，傥再行滥请，即以违制论。

仪制 024：嘉庆十一年谕

京外文武各大员，于升补后更换顶戴之处，前经大学士等会同该部详议具奏，业经降旨通行。所有在京各员，一经谢恩瞻叩，自应即将顶戴更换，以符体制，乃新授盛京侍郎成格，于上月二十九日降旨补放后，次日朕由南苑进宫时，该侍郎已于道旁叩头谢恩，迨至本月初一日召见之时，尚未更换顶戴，当经询以因何不换顶戴之故，据称因未蒙召对，是以不敢更换顶戴等语，殊属拘泥糊涂，叩头谢恩，即系见面，与宫中召对何异，试思在京补放人员，往往有具折谢恩不即召见，或隔至数日始行召见者，岂迟之又久均不更换顶戴乎。嗣后在京各大员，凡系加恩升补，其应行递折谢恩豫备召见者，若于是日召见，应俟召见后更换顶戴，若得旨后先经在道旁叩头谢恩者，即著于叩头后更换顶戴，毋庸俟至召见后。至遇朕巡幸之时，其前来行在具折谢恩豫备召见者，均照此行。如有降旨不令前赴行在者，亦著于奉到发回谢恩折时，一律更换顶戴。此外京员内有具呈代奏谢恩者，并著于奏闻后，即将顶戴更换。至外省各大员于奉到部文后，应行具折谢恩来京陛见，如准令来京，自应于瞻觐后更换顶戴，其有旨且缓陛见者，并著于谢恩折批回后，即行更换顶戴，以昭定制而示遵守。

仪制 025：嘉庆十五年定

同在一省之上司属员，概不得于现任内结亲，违者照违令私罪例罚俸一年。

仪制 026：道光三年奏定

武职官员丁忧不开明嫡母、亲母、继母、生母及有无过继为祖父母承重者，不开明是否嫡长子孙有无伯父及伯父各子，俱罚俸六月，若咨题供结内有一处开明者，免其议处。

仪制 027：道光三年又奏定

武职官员匿丧捏丧者俱革职，不准援赦，闻丧不报擅自离任者降二级调用。丁忧患病等官，不候督抚给咨，擅自回籍者罚俸一年。

仪制 028：道光三年三奏定

武职有应回避之缺，不行申报回避者，降一级调用。

仪制 029：道光三年四奏定

武职上司将伊所属末弁，如有事故，不行题参，任意笞辱者，罚俸一年。如笞辱守备以上官员者，降二级调用。

仪制 030：道光三年五奏定

武职官员升任别省，止准将原随亲丁带往，其营内经制之兵，不许带往新任，若将经制兵带往新任，十名以下者罚俸一年，十名以上者降一级留任。

仪制 031：道光三年六奏定

调补台湾武职，所带人役，总兵、副将三十名，参将、游击、都司二十名，守备以下等官十名，旗员外任绿营武职，照汉官加一倍，如违定数多带者，降一级调用。

仪制 032：道光三年七奏定

武职擅受民词，及接受兵丁控告户婚田土等事呈词加看移送者，降一级调用，该管上司失于查察罚俸一年。如不移送有司擅行批断者降三级调用，失察之该管上司降一级留任，若上司自行查出揭参者免议。

仪制 033：道光七年谕

严烺奏参不遵定制藐抗道员之都司一折。山东运河道兼兵备衔，各协营都司以下，应听节制，乾隆年间，久经部议通行，乃济宁城守营都司徐万荣，坚执远年未经修改《会典》内有掌印金书都司见各道平行一语，辄与运河道文移，抗不相下，经该署河督查明新修《会典》发给阅看，并面为开导，犹复盛气相向，藐抗不遵，实属蔑视上官，故违定制，徐万荣著先行撤任，交部严加议处。

仪制 034：道光十二年奏准

外省拣发营员，如不将本身现有二十七月服制未满缘由呈明，希图保送，有心蒙混者降一级调用，失于详查官罚俸一年，自行检举之该管大臣罚俸六月。

仪制 035：咸丰五年谕

武职大员有操练兵弁之责，理应骑坐马匹以习勤劳，傥有自耽安逸，平时出入，违例坐轿，一旦身临行阵，安望其奋勇争先，为弁兵表率。向来武职坐轿，例禁綦严，犯者必加惩治，曾于乾隆、嘉庆年间，叠奉圣谕，训诫明切，自应永远恪遵。乃近年以来，渐就废弛，上年浙江黄岩镇总兵汤伦，即以擅坐肩舆被参，本日复据御史宗稷辰奏：浙省武职大员，类皆违例坐轿，甚至闽省来浙之偏裨小校，亦多效尤等语。浙省如此，他省亦恐不免，现在粤匪未靖，征兵会剿，各省武职大员，应如何实心操练，勤习技艺，以期缓急足恃，若惟知自图便安，不思振作，将来营伍积弊，更不可问。著再通谕各直省驻防将军、副都统等及提镇各员，傥有违例坐轿者，一经奏参，必治以应得之罪。其驻防城守尉以下，绿营副将以下，犯者尤当从重治罪，决不宽贷。

仪制 036：咸丰八年谕

骆秉章奏：武职大员乘坐肩舆，私役弁兵，请先行交部严议一折。湖南永州镇总兵樊燮违例乘坐肩舆，本年陛见出省，私带兵弁三十余名之多，护送同行，其眷属寄寓省城，复派外委李士珍等藉差进省照料家务，闻该抚严查，始行回营。永州镇毗连两广，现当贼氛未靖边防紧要之时，该总兵以专阃大员，玩视军务，希便私图，实属胆玩，樊燮著交部严加议处，即行开缺。

仪制 037：光绪七年议准

地方官在任，百姓制造万民衣伞致送，并离任脱靴等事，最为陋习，久经饬禁，如有违禁收受者，照违制律革职。

印信〔例 18 条〕

印信 001：顺治初年定

武职各官一应文移，皆钤用印信，无印信者，钤用关防条记，均编列号数封发，不许擅用空白，致滋假捏增减之弊，若有擅用空白者罚俸一年，督抚提镇不能查出者罚俸六月。

印信 002：康熙三十三年议准

武职各官印信模糊，不详请换铸者罚俸六月，督抚、提镇不据详题咨者亦罚俸六月；若已换新印，不将旧印缴部者，亦照此议处。

印信 003：康熙三十三年又议准

提镇到任前一日，署事官将印信关防等项，遣官赍送。

印信 004：乾隆四年议准

武职各官来往文移及呈报上司事务，均于正面及年月之上，钤用印信，内有粘补字样及增注错落接扣之处，皆以印信钤盖，有漏用者，罚俸一年。

印信 005：乾隆五年议准

武职衙门有印信者，于封印前一日，酌量应需文册封套牌札等项之数，准将印信豫用空白，加谨收存，以备封印后遇有紧要之事填用，仍登记用过数目，开印日将未用者，验明销毁，如收用不谨，以致混冒作弊，按其事之大小，照例议处，不能查出之上司罚俸六月。

印信 006：乾隆三十五年奏准

武职署事官兼辖官，错用倒用印信，罚俸三月。至于私书手本，及田房税契等项，用关防条记钤盖，并将定例后事件，作为定例以前年月日期，用印给予者均降一级调用。

印信 007：乾隆三十五年又奏准

武职各官领受印信关防，及官刻图记钤记条记之时，不将错误之处，查验呈明更换，日后被人查出者，罚俸六月。

印信 008：嘉庆六年奏准

封印前一日，所用空白文移封套并牌札等项，如官吏藉端作弊，交部治罪，其该上司不行查参罚俸一年。

印信 009：嘉庆六年又奏准

各省武职应领印信关防，经部题准，均以接准部覆之日，限四月内领取，提镇派员赴部呈领，副将以下详明督抚派员，或附差便委员咨领，如逾四月之限，不派员呈领之提镇，及不行详明请领之副将以下等官，均罚俸三月。

印信 010：嘉庆十二年议定

查吏部条奏内称：吏役私雕本官印信，奸徒私雕伪印，行用后自行访闻，与别经告发，始行拿获者，情节不同，如行用后自行访闻，应予免议，若行用后，直至告发始行拿获，应照本例减等议处，文武事同一律，应照吏部原奏办理。如兵丁私雕本官印信，失察之本官降二级调用；描摹本官印信，降一级调用。如奸徒私雕伪印，已经行用，失察行用之地方武职，降一级留任；未经行用，罚俸六月；描摹印信，已经行用，该地方武职罚俸三月，自行访闻拿获者均免议处。若别经告发始行拿获者，仍各照本例酌减议处，应降级调用者减为降级留任，降级留任者减为罚俸一年，罚俸一年者减为罚俸六月，罚俸六月者减为罚俸三月，罚俸三月者减为罚俸一月。如犯被邻境别汛拿获，仍照本例议处。

印信 011：嘉庆十二年又议定

原例武职署事兼摄等官，错用印信，俱罚俸三月，若将印信倒用者，亦照此例处分。查律载倒用印信杖六十，定例官员犯杖六十公罪者罚俸一年，未免语涉含混，应将倒用印信处分，改为罚俸一年。

印信 012：道光三年奏定

旗员身任绿营，如有告病丁忧及缘事降革回旗者，该员呈明督抚给予兵牌，若遗漏呈明请给兵牌者，罚俸一年。

印信 013：道光三年又奏定

内外武职衙门往来文移差票传单，及呈报上司事件，俱钤盖印信，如有倒用印信及漏用印者，俱罚俸一年。如署事官及兼管官员错用印信者，罚俸三月。

印信 014：道光三年三奏定

文武大臣官员，遇有应奏事件，将奏折夹叙外用绵榜纸封固，接缝处钤盖印信，至钦差简用出京赴任者，沿途有折奏事件，先咨取兵部印花，其来京陛见在外奉差出境调任他省，随带本职印花，以备应用，如有遗漏粘贴印花，照遗漏用印例罚俸一年。

印信 015：道光十五年题准

武职因公他出，将钤记存储公寓，被民居失火延烧以致毁失者，本员罚俸一年。

印信 016：道光二十一年奏准

嗣后在京在外武职各官，遗失印信，如系本官自行收掌，或带行寓存储者革职；系在署封储者，有该班直宿官员，专司监守之员革职，有印官革职留任，俱公罪，五日拿获，未经行用者减为降一级调用，已行用者降二级调用；一月内拿获，未经行用者降三级调用，已行用者降四级调用。有印官自行收掌，将有印官降调；其非有印官自行收掌者，即将专司监守之员降调，有印官俱减照所降之级留任，俱公罪；如非自行拿获者，仍不准减议。至若印信在署封储，或随带公出，猝遇水火毁失，有实迹可据者，革职留任。其在署有专司监守，及公出曾派赍送者，即将监守赍送之员革职留任，有印官俱减为降三级留任；五日内自行寻获，准开复原参处分，仍分别减议，革职留任者减为降一级留任，降三级留任者减为罚俸二年；一月内自行寻获，系革职留任者减为降二级留任，降三级留任者减为降一级留任，俱私罪，如非自行寻获者，亦不准减议。

印信 017：咸丰五年题准

官员在籍办公，辄刻用关防，查无需索骚扰情事者，降二级留任。

印信 018：光绪七年奏准

盗用印信之案，该管官自行查出者免议，若失察盗用已行者降一级调用，未行者罚俸一年。如于行用后自行查出究办，减为降一级留任；尚未行用，别经发觉，自能获犯究办，减为罚俸六月。

守卫〔例 22 条〕

守卫 001：原定

陵寝有关风水地方，竖立红桩，外留火道二十丈，禁止樵采种地，守口弁兵不时巡查，如有纵民犯禁及自犯禁限者，照违制律从重治罪。如该管上司失察弁兵纵民樵采，降一级调用。失察弁兵自行犯禁樵采，降二级调用。其火道以外，听民自便。各口樵采种地民人，领取地方官印票，守口官弁验票放行，按季报部查核，如有夹带违禁货物，守口官弁明知故纵者革职，失察者降一级调用。其给票验票书役兵丁，有需索等弊者，照关津留难律治罪，赃重者计赃以枉法从重论。

守卫 002：原又定

承德府属地方民人，潜入围场，偷砍打牲，经围场总管拿获，即会同该州县等查办，将失察之该管都司、守备、千总、把总等官，一年内失察在三案以内，每案罚俸六月，如至四案以上者，自第四案起，每案降一级留任，该管副将失察在三案以内者免议，四案以上者，自第四案起，每案罚俸一年。倘该员弁有能拿获邻汛偷砍打牲人犯者，每一案纪录一次，拿获本汛偷砍打牲人犯，每二案纪录一次。

守卫 003：嘉庆十二年定

陵寝后龙风水禁内，窃贼潜入，偷砍海树，本汛官兵疏于巡查，经邻汛官兵拿获者，将本汛专管官革职，兼辖统辖各官降二级调用，兵丁责革。其窃贼潜入，并未伤损树株，经别汛官兵拿获者，将专管官降三级调用，兼辖统辖各官降一级调用，兵丁责革。如将海树偷出禁外，别经发觉者，专管官革职，兵丁革退，一并治罪，兼辖、统辖各官革职，总兵降二级调用。

守卫004：嘉庆十二年又定

陵寝后龙风水禁内，盗贼潜入，并未伤损树株，即由本汛官拿获首犯者，给予纪录二次，拿获伙犯一二名者纪录一次，拿获三名以上者纪录二次。兵丁首先拿获首犯者赏银八两，帮同拿获者赏银四两，拿获伙犯一二名者赏银四两，拿获三名以上者赏银八两，帮同拿获者减半赏给。若本汛树株已被盗砍之后，该管官兵始将贼犯捕获者，以功抵罪，免其查议，毋庸升赏。至邻汛官兵，能于隔汛地界，将贼犯拿获而树株尚未被砍者，拿获首犯给予加一级，拿获伙犯一名纪录一次，按名递加，兵丁首先拿获首犯者赏银十两、记大功一次，帮同拿获者赏银五两、记功一次，拿获伙犯一二名者赏银五两，拿犯三名以上者赏银十两，帮同拿获者减半赏给。若本汛官兵疏于防范，树株已被盗砍，而邻汛官兵能将首伙各犯查拿就获者，应逾格优奖，拿获首犯者，以应升之缺即行升用，先换顶戴，拿获伙犯一二名者给予加一级，拿获三名以上者加二级；兵丁首先拿获首犯者赏银十六两、以外委拔补，帮同拿获者赏银六两、记大功一次，拿获伙犯一二名者赏银六两、记功一次，拿获三名以上者赏银十二两，帮同拿获者减半赏给。其奉文派委巡查之官，如能缉捕贼犯者，应查明指派汛地与拿获处所，亦分别本汛邻汛树株已砍未砍，比照一律升赏，如有妄拿者，即照妄拿平民例治罪。

守卫005：嘉庆十二年三定

陵寝禁地红桩界内及白桩、青桩界内，遇有回干风折树株，该营汛官弁，随时报明上司，转报该管大臣勘验登记，咨报礼工二部及承办衙门，遇修整火道内拨房桥梁等项，酌量取用，如有不敷，于青桩外寻觅采取，傥有在青桩内擅行翦伐及匿报者，该大臣等参奏，将该管官兵治罪，上司分别惩处。

守卫006：嘉庆十五年奉旨

军机大臣会同刑部议奏：私入围场偷窃牲只砍伐木植人犯罪名一折。此等人犯潜入围场，于牲兽木植，私行偷窃，并窃取茸角，不可不严行禁止，该犯等多系围场外附近居民及蒙古人等，该管官若查拿严密，自不致奸民屡干例禁。嗣后拿获此等人犯，如审系附近围场外居民，将该管厅县议处；如系蒙古，将该管札萨克议处；其如何立定处分，著原议军机大臣会同该衙门详议具奏。至围场北栅外向有开设店铺，自系该民人贪利，在彼窝窃茸角等项，亦应严行驱逐，此后相去栅口若干里，方准开设之处，著一并议奏。

守卫007：嘉庆十五年定

围场南面西面地方，系滦平、丰宁二县及承德府管辖，由东南逶迤至北面系喀喇沁、翁牛特、巴林蒙古旗地，其民人属平泉州赤峰县管辖，北面系克什克腾蒙古旗地，西北面系察哈尔正蓝旗地，该处民人，东附于赤峰县，西附于多伦诺尔厅，如承德府属地方民人及围场附近居民，有潜入围场，偷打牲兽，盗砍木植，经围场总管拿获者，失察之该管地方都司、守备、千总、把总等官，按人犯之罪名轻重议处，如一案内有首从各犯，按首犯应拟之罪名议处，人犯罪应拟徒者该管官罚俸六月，人犯罪应拟流者该管官罚俸一年，人犯应发乌鲁木齐等处种地者该管官降一级留任，人犯应发乌鲁木齐等处给兵丁为奴者该管官降一级调用；该管副将于所属失察仅止罚俸者免其处分，若属员例应降级者罚俸一年。倘该员弁有能拿获邻汛偷砍打牲人犯者每一案纪录一次，如拿获本汛偷砍打牲人犯者每二案纪录一次。蒙古札萨克察哈尔等处贼犯，有从承德府属武职该管汛地潜入围场，偷打盗砍，人犯罪应枷责者专汛官罚俸六月，人犯应发河南、山东者专汛官罚俸一年，人犯应发湖广、福建、江西、浙江、江南者专汛官降一级留任，人犯应发云南、贵州、广东、广西者专汛官降一级调用，该管副将亦照前例分别议处，有能拿获者，亦照前例议叙。

守卫 008：嘉庆十六年谕

毓秀、温承惠奏：查办围场北栅外店铺窝铺一折。所有北栅外旧有大道旁开设各店铺，即著照所议分别留存拆挪办理，其该处租种蒙古地亩民人，亦应立定章程，不得在距栅木三十里以内招认开垦，搭盖窝铺，以杜偷漏围场鹿只茸角。嗣后距栅木三十里以内，有开设店铺及开垦地亩者，如何责成查禁，其查禁不力之该管地方官，并招募民人开垦之蒙古札萨克章京等，作何查察查参办理，并著妥议章程具奏。

守卫 009：嘉庆十六年定

围场栅木三十里以内，该管地方武职随时稽察，如有民人开设店座，及蒙古王公等召募民人私垦地亩，该管官即拆毁驱逐，申报热河都统，将蒙古王公等查参。如地方官失于查察，别经发觉，照管理围场章京员弁失察偷窃之例议处，失察开店及垦地人数，一名至五名者罚俸六月，六名至十名者罚俸一年，十名以上降一级留任，二十名以上降一级调用，三十名以上降二级调用。如兵丁受贿纵容，无论名数多寡，该管官降一级调用。

守卫 010：道光三年奏定

陵寝后龙风水禁内，盗贼潜入，偷砍海树，查系红桩界内者，将失察之专汛兼辖统辖各官均革职，兵丁责革治罪，总兵降三级调用，提督降二级调用。如系白桩界内者，将失察之专汛官革职，兵丁责革治罪，兼辖统辖官各降三级调用，总兵降二级调用，提督降一级调用。若系青桩界内者，将失察之专汛官降三级调用，兵丁责革治罪，兼辖统辖官降二级调用，总兵降一级调用，提督降一级留任。青桩以外官山界内者，将失察之专汛官降二级调用，兵丁责革，兼辖统辖官降一级调用，总兵降一级留任，提督罚俸一年。至各界专汛失察，邻汛拿获盗犯者，除专汛官仍照本例议处外，其兼统及提督总兵各官，均照邻境获犯之例减等议处。至汛弁得财包庇，或得财通信，致盗贼远扬者，无论红桩白桩青桩等处，均革职交刑部从重治罪，计赃以枉法从重论。如该管上司明知徇隐者革职，若仅止失察者照本例上加一等议处。其窃贼潜入，并未伤损树株，经别汛官兵拿获者，将失察之专汛兼辖统辖各官，分别红桩白桩青桩内外，照邻境获犯例减等议处。

守卫 011：道光六年谕

那彦成奏：勘明东陵风水重地，请添设红桩以明禁限一折。前据庆惠奏：苇子峪门外，南自雁飞岭起，北至低头安止，请一律添设红桩，当降旨令该督派员履勘。兹据查明：该处树株稠密，几与民树相连，自应明定界限，以昭慎重，著照所请，自雁飞岭至低头安十八里，在旧有火道之旁，添设红桩五十四根，所需桩即由石门工部备办，其红桩火道以外，附近居民田园庐舍，相安已久，毋庸再添白桩青桩，以符定制。

守卫 012：道光六年又谕

庆惠奏：拿获偷牲匪犯，并究出弁兵勾结贿纵一折。风水重地，附近居民，肆行结伙弋猎，已属藐法。外委崔思通及该处兵丁，巡查地方，是其专责，竟敢招致匪徒，引入红桩以内，言明得牲后卖钱分赃，尤为可恶，经该总兵派委弁兵拿获多名，究出实情，甚属认真，可嘉之至。崔思通著革去经制外委，同兵丁杨大成、李秉端，及已获贼犯何洪等十四名，并起获鸟枪等件，均解交刑部严审定拟。在逃兵丁崔得玉，及偷牲首犯李五并各逸犯，著饬属严缉务获，归案惩办，该匪犯两次均由老厂沟所管地方偷入红桩界内，该汛把总张毓秀，事前毫无觉察，事后又不认真查拿，实属阘茸无能，著先行革职，予限一月，令其带罪缉犯，俟限满有无弋获，分别办理，并将失察兵丁查明责革。

守卫 013：道光六年三谕

已革外委崔思通，有巡查地方之责，辄嘱令兵丁招引匪徒偷入红桩以内，打牲分肥，情尤可恶。崔思通著发往新疆酌拨当差，仍照偷牲本例，在犯事附近地方，先行枷号两个月，以示惩儆。其偷牲为从罪应满徒各犯内何洪、李起怀、张秉和三名，虽据供亲老丁单，著不准留养。在逃兵丁崔得玉，及首犯李五并各逸犯李四等，仍著马兰镇总兵，并直隶总督，一体饬属严缉务获，归案审办。

守卫 014：道光七年谕

富俊奏：查明围场内私放民人砍伐树木各员，分别定拟请旨一折。围场一带卡伦，原为禁止偷打牲畜砍伐树木而设，乃卡官晋海、领催委官锡永保，希图行窃之富起馈送柴薪小利，辄敢私放民人，砍伐树木，惊散牲畜，殊属不堪。晋海、锡永保俱著革职，在围场枷号一月示众。翼长兼佐领伊郎阿，管围十六年之久，并不严加约束，转为民人富起喂养牛只，在卡伦房内堆积柴薪，以致砍伐许多树木，殊属目无法纪，有玷厥职，伊郎阿著交部严加议处。协领济龄阿虽于上年甫在围场内行走，并未拿获一贼，亦属非是，济龄阿著交部议处。

守卫 015：道光十二年谕

特登额奏：拿获私入风水禁地，偷打牲畜遗火烧荒之贼犯，请交刑部审办一折。陵寝重地，理宜敬谨小心守护，何至任听该犯袁九等，私入红桩火道以内，偷打牲畜，遗失火种，以致延烧，实为从来未有之事，且该犯等胆敢携带鸟枪，擅入风水禁地，尤为藐法，可恶已极。其全案人犯共二十一名，获犯仅止七名，该管各官形同木偶，所司何事，所有现获之袁九等七名，俱著解交刑部严行审讯，除兵丁彭惠、艾文春业已责革外，千总王匀，外委高登举，俱著革职，勒限一个月，严拿逸犯米益琢等十四名务获，解部究办。中军游击塔克兴阿，右营守备陈春标，俱著先行交部严加议处，所有逸犯限内全行拿获，著奏明请旨，倘逾限不获，必将特登额交部严议，王匀等从重治罪，决不宽贷。

守卫 016：道光二十四年题准

园寝树株被窃，将看守不慎之该管官，及失于查察之地方官，均罚俸二年。

守卫 017：咸丰元年谕

明训等奏：遵旨严讯官弁贿纵盗伐树株，分别定拟一折。此案永陵管山防御庆谦、花什布，管理山界，稽查树株，是其专责，乃漫不经心，以致树株屡被盗砍，迨拿获人犯，复听嘱纵放，收受馈送食物，实属卑鄙不职。庆谦、花什布，俱著革职发往新疆充当苦差。前任总管全喜，系统辖之员，于官树屡被盗砍，漫无觉察，并失察防御受贿故纵等情，著即革职，以肃功令。

守卫 018：咸丰元年又谕

奕兴奏：恭查陵山树株酌拟章程开单呈览。另片奏：三陵办理章程均拟画一等语。朕详加披阅，如红桩以内，稽查树株，酌分界限，明定赏罚，查山防御轮替更换，并陵山树株造册存案，分别应存应除，严密抽查，其青桩禁地，划分界限，以专责成，并添设卡房酌派官兵守护，所议均属周妥。嗣后每年查验树林，著该将军恭诣福陵、昭陵，兴京城守尉恭诣永陵敬谨查看，仍由该将军遴派协领等官，会同该总管等监视伐除，如有含混影射等弊，将监视各员一并参处。至永陵前烟筒山树株，并著责成兴京厅通判，常川稽查，以昭慎重，该将军务当严饬该管各官，遵照现定章程，核实查办，毋致日久视为具文。

守卫 019：咸丰八年谕

玉明奏：遵旨修补红桩，并酌办章程一折。永陵照山周围红桩糟朽，既经该将军派员敬谨查勘，著即饬令该员等先期采办木植，俟明岁春融，如数裁补，并按月轮派防御一员，会同该界官常川稽查，如遇有樵采等犯，即行查拿究办，并饬兴京城守尉通判，按季亲往巡视，加结呈报，仍著该将军随时派委妥员严密查察，如有扶同徇隐情弊，一并从严参办。其马尔墩岭原设红桩，并著一体补栽，以符旧制。

守卫 020：咸丰十年谕

前因奕譞等奏：陵寝树株，有偷伐情形，当经谕令李菡于查工时详细查勘。兹据该侍郎奏称：昌陵后宝山前后两坡，大小新旧树株，查有砍伐痕迹，至四百四十余株之多。陵寝重地，该员弁并不小心稽查，致令营兵汛弁，任意偷伐，文职各员复呈报不符，多方掩饰，实属肆无忌惮，且难保无通同舞弊情事。所有现获之马喜、王安二犯，并树户郑狗儿、周群泰、赵全得、薛二得、贾薰、汤进孝、何永儿、张福成、把总刘振，兵丁高代，革兵李祥，俱著交刑部严行审讯，务期水落石出，不得稍涉含混。

守卫 021：光绪六年议准

嗣后守护陵寝之总兵官，于库存器皿被窃，未能豫防者，实罚俸三年，不准抵销。

守卫 022：光绪十九年谕

兵部奏：遵议管理陵寝仪行树株，请饬分别专管，以专责成一折。陵寝仪行树株，内务府职司主守，责有专归，八旗弁兵，既经设立直房多处，则巡逻缉捕，皆属分所应为，责任虽有重轻，防卫均难诿卸。嗣后东西陵树株，除海地仍归绿营专管外，所有仪行树株，即著内务府专管，八旗兼管，内务府司员与八旗直班章京，务当督率树夫甲兵，轮班驻守，分段巡查，以专责成而昭敬慎。此次明谕之后，著为定章，永远遵守，不得互相推诿，致干咎戾。

营伍〔例 52 条〕

营伍 001：顺治十一年题准

武职官并不操演，或傲慢怠惰，托病规避，擅离汛地，以致废弛营伍者革职，兼辖、统辖官不参劾者，照不揭报劣员例分别议处。

营伍 002：雍正十一年谕

各省营伍，必须武职大员平日亲行巡察，庶可以除怠惰废弛之弊。提督一官，节制全省，统辖之地甚广，难以亲身遍历，至于总兵官分辖地方，道里不甚辽阔，巡察尚易周遍。嗣后各镇臣有应行巡察者，著先期奏闻请旨，候朕批示遵行，不必拘定限期，免各营豫备供应，致滋扰累，倘有苛累所属弁兵者，经朕察出，定行从重议处。

营伍 003：乾隆元年议准

各省营汛属总兵官所辖者，该总兵官亲身查阅，专属提督所辖者，该提督亲身查阅。至于提镇驻扎窎远，不能亲身往阅者，委附近之副参游等官查阅详报，如有苛累及阅报不实，一例议处。

营伍 004：乾隆六年谕

武备所关紧要，外省营伍，整饬者少，废弛者多，嗣后各督抚提镇等，当尽职守以励戎行，如一二年后，朕命公正大臣，前往验其优劣，其骑射果否娴熟，军容果否改观，皆显而易见难于掩藏者，傥仍前废弛，朕必将该管大员严加处分。

营伍 005：乾隆九年奏准

凡钦差大臣查阅营伍，其器械之坚脆，技勇之生熟，人数之虚实，粮马之亏盈，自难掩盖，惟是旗帐、甲胄、弓刀、马匹等项，修整买补，势所不免，不肖官弁，或乘此藉端科敛，或坐扣营兵月粮，皆未可定，应饬各督抚提镇等严行稽察，如有前项情弊，立即参劾，傥容隐徇庇，一并严加议处。

营伍 006：乾隆十一年议定

嗣后各省如遇钦差大臣查阅之年，该省督抚提镇停其查阅，各省将军督抚提镇，务期加意整饬，毋事虚文，陆路不徒以甲胄鲜明饰观，水师不徒以演就阵图塞责，兵粮朋马毋许虚冒浮开，挪移掩饰。至军政荐举，尤关钜典，更当慎重遴选，务令出于公允，俾人知自奋，以收干城之用，如有因循旧习，一经钦差大臣指参，照例严加议处。

营伍 007：乾隆十一年议准。

营伍技艺生疏，器械缺少，经督抚、提镇将该管官以废弛营伍题参者，于题参本内将该将备何年月日到任，及该处营伍向来情形，据实声明，如任事已满一年者，仍照例革职，若在半年以上者革职留任，三月以上者降四级留任，三月以下者暂免议处，令其加意整顿，以观后效。

营伍 008：乾隆二十五年奉旨

直隶各省俱有补放绿营满洲官员，难保无有废弛营伍，不能勤练兵丁，并身废骑射，惟图安逸，该管大臣姑容瞻徇，不行参奏者，著交该省总督、提督，毋得丝毫瞻徇，即行据实参奏。著通行晓谕外省绿营满洲官员，到任后务须操练兵丁，整饬营伍，学习骑射，以为兵丁表率。

营伍 009：乾隆二十五年奏准

腹内省分，每兵一千名，设立鸟枪三百杆；沿边沿海省分，每兵一千名，设立鸟枪四百杆；该管官弁精专操练，提镇时加考验，如不精练娴熟者，指名题参，照废弛营伍例议处。

营伍 010：乾隆二十七年谕

旗员补放绿营员缺，特因满洲人员骑射素优，可作绿营官兵表率，并非欲令伊等在外安逸，徒占绿营之缺也，伊等自应加意勤习骑射，可以为法绿营，何至偷安怠惰，骑射生疏，在该管大臣等，理应不时查验，一遇此等人员，立时参奏，何至拘泥成例，直待将行军政时，始行参奏耶！著通行晓谕各省督抚、提镇，务将所属武职，不时留心查阅，令其勤加练习，嗣后傥仍有不能骑射之人，不惟该员等罪无可逭，必将该督抚、提镇一并治罪。

营伍011：乾隆三十四年谕

各省营务，从前特派大臣巡阅，后因钦差外出，徒令各省酬应纷繁，于简核究无实济，遇兵部奏请时，即令该督抚就近查阅，以督抚等系本省统辖大臣，重其责成，自当悉心训练，乃伊等因无人纠摘，遂尔视为具文，不实心振刷，以致营务日弛，皆历任督抚玩愒所致。国家设立营制，原以养有勇知方之士，若终年糜饷，徒蓄庸懦无用之人，岂复兵防本意？著饬谕各直省督抚，嗣后务同提镇等，督率将备，加意策励，训练精严，遇当查察时，实力澄汰纠参，毋以虚文塞责，庶为不负任使，傥经此番严饬，仍复不知悛改，日后查出，或别经发觉，必当重治其罪。

营伍012：乾隆三十五年谕

近来各省营伍废弛，积习罔知悛改，此皆督抚、提镇等，并不加意简练，年来各省营伍，皆派本省总督及兼管提督之巡抚查阅，伊等因系本属之兵，未免心存姑息，不能实力振作，似此日就因循，营政岂可复问？殊不思简派在京大臣，原系定例所当然，特因一时不得可派之人，是以多令各省就近查办，初非专委督抚等，遂听虚应故事，不复留心体查。嗣后务期力改前非，实心振刷，使绿营痛惩恶习，士气改观，庶国家得收养兵诘戎之实济，傥复仍前玩纵，并不谆切教诫，督率员弁及时操演，一任兵丁等糜饷误公，将来朕或派公忠大臣前往查阅，伊等岂能豫行揣度，而所派大臣又岂敢稍为祖徇？一经查出参劾，朕必将该督等重治其罪，以挽颓风。将此通行传谕，俾知亟图省惕，毋谓不教而诛也。

营伍013：乾隆三十七年谕

向来各营伍巡阅整饬，乃总督专责，滇省营制，既较他处为繁，且绿营积习委靡，尤须勤加训练，但近年来总督承办边务，不能常驻省城，提督总兵亦均有差务公出，其各营弁兵等因无大员阅视，操演驯致废弛，甚有关系。嗣后如该督驻扎永昌，及提督总兵驻防关隘，所有各标协营官兵，即著巡抚于上下半年，随便代为巡查考核，从严甄别，如有应行参劾者，即咨明该督会同具奏，其省城督标及城守营，更为切近，亦即代为董率训练，庶于营务有裨。

营伍014：乾隆三十九年谕

旗员简用外任，原因绿营弓马平常，令其表率，俾有所观法，咸成劲旅，方为无忝委任，若徒虚糜廉俸，贪逸养安，尚何足为绿营标准乎？嗣后各省绿营旗员，如有弓马生疏废弛营伍者，著解任回京，该部带领引见，再降谕旨，不得复为姑容。

营伍015：乾隆四十年覆准

各省轮应巡查之年，经钦派督抚大臣等，查出提镇本标所辖将备内，有以营伍废弛参处者，即将该提镇照例降二级留任。至提镇本标所辖将备，如有年力衰颓弓马不堪之员，该提镇即宜随时参处，其不豫行题参，经督抚查阅之时参劾者，将该提镇均照徇庇例降三级调用。

营伍 016：乾隆四十年奉旨

各省提镇所辖将备，如果年力衰惫，弓马不堪，并不豫行参劾，原应酌予处分，但各标营员甚多，督抚于巡察营务时，必不能不察一二员塞责，若因此一二将备，即将提镇实降，则应降调者岁不知凡几？人材难得，亦属可惜，且恐督抚等因立法过严，虑提镇之轻罹参处，即实遇衰颓庸劣之员，亦竟姑容不劾，日久流弊，转致营伍废弛，甚有关系，著交部另行酌议，不必定以实降处分。钦此。遵旨议定：嗣后督抚查阅营伍时，遇有将备等弓马不堪，年力衰迈，经督抚参劾者，将不豫行揭参之该提镇降二级留任。

营伍 017：乾隆四十三年覆准

嗣后鸟枪兵丁打靶准头及进步连环，责成总兵于每年巡查之时，每兵十名，打靶三十枪全者，并进步连环精熟者为头等，备弁分别记功；著靶在二十五枪以上，并鸟枪连环平顺者为二等，千把记功；其著靶在二十枪以上，及连环合式者为三等，毋庸给赏；其著靶不及二十枪，及连环枪生疏者，分别议处；将管操千总照不操演军士律降二级留任，该营将备降一级留任，总兵巡查事竣，将著靶分数赏罚等第，造册送部查核。至提督本标鸟枪兵丁打靶分数，亦照此例办理，傥提镇不认真查办，将打靶分数，以少报多，以生为熟，已经查出，不据实参奏，将该提镇照捏饰具报例降一级留任。

营伍 018：乾隆四十四年奉旨

校核鸟枪兵丁中靶不及分数之案，若由总督、提督查参者，该管总兵自应照例议处。此案系自行校阅，据实具奏，并自请交部，其诚实尚属可嘉，并无可罪之处，乌大经著毋庸议处，嗣后有自行查奏者，俱著照此案办理。

营伍 019：乾隆四十四年覆准

嗣后绿营操演弓箭，每兵以五箭为率，能中靶三枝以上者为一等，量予奖赏，中靶二枝者为合式。其该管将弁统计所属，每兵十名，中靶合式七名以上者记功，六名者毋庸记予功过，仅止五名而内有二三名列为一等者，亦准其功过相抵，如合式止能及半，并无堪列一等暨不及五名者，将该管官弁照操演鸟枪不及分数之例议处。

营伍 020：乾隆四十四年又覆准

打靶处分，原为整顿营伍起见，但立法过严，转恐营员不能奉行，致起隐讳欺饰之渐。嗣后绿营兵丁操演鸟枪，每十名打靶三十枪，中二十枪以上者，列为一等，官弁记功；中靶十五枪以上者，列为二等；中靶十枪以上者，列为三等，毋庸记予功过；其不及十枪者，将该管官弁职名送部，仍照例分别议处。傥恃打靶之分数过宽，不复实心训练，仍令各该督抚时加详察，一经察出，即行据实参奏，照废弛营伍例革职。

营伍 021：乾隆四十八年议准

黔省添设屯军，责成古州等镇协营武职官员，于农隙时就近点验一次，其督抚、提督每年巡边阅兵之时，即行就近调集试操，如有年力衰惫技艺生疏者，分别更换责惩，该管官弁并予参处。

营伍 022：嘉庆五年谕

直省为京师屏翰，各营兵丁，自应勤加操演，俾将勇兵强，作王畿之捍卫，前因营汛墩台多有坍塌损坏，曾降旨令该督等饬属加意整顿，但修葺墩台，尚可藉口于无款可动，若操演兵丁，岂亦须动用款项乎！此等训练不力各营员，最为锢弊，直省总督等，务须督率将备，力加振奋，认真操演，冀成有用之师，一二年后，必随时特派钦差前往查看，如营伍再不能整齐精练，必将该督抚、提镇等一并治罪，断不宽贷。

营伍 023：嘉庆五年又谕

黔省地控苗疆，界连川楚，兵防最关紧要。云贵总督驻扎云南，离黔省较远，其贵州营伍，不能随时校阅，而镇将平日训练之勤惰，亦恐耳目难周。嗣后黔省总兵以下，均著巡抚节制，所有各镇协营官兵，责成该抚随时校阅，如有怠玩废弛，即知会总督分别参革。著为令。

营伍 024：嘉庆六年奏准

各省所属营伍废弛，兼辖、统辖官，知情姑容者降三级调用，失于查察不豫行揭参者降二级留任。

营伍 025：嘉庆六年又奏准

总巡查所属营汛，随带亲标兵丁，如擅役民夫，私受各营供应，除照旧例革职外，若该督提徇庇不行纠参，降三级调用，不能查出者降一级留任。其各营汛骑射是否优娴，军装器械是否整齐，均出结申送该督提核转报部，如结报不实，将总兵降一级调用，率行核转之提督降一级留任，总督咨送吏部议处。至提督所辖之营汛，自行巡查，如有前项情事，亦照总兵例议处。其驻扎窎远，委附近之副参等官查阅，如有扰累及阅报不实，并率行核转者，俱一例分别议处。

营伍 026：嘉庆六年三奏准

直省设有防兵地方，专汛千把、外委等官随时整饬，统辖之副将、参将、游击，兼辖之都司、守备等官，每季巡查一次，悦汛弁草率怠玩，以致营伍废弛，将汛弁照例革职，不行揭参之兼辖统辖官降二级留任，悦巡查员弁藉端需索，照因公科敛例革职。

营伍 027：嘉庆六年四奏准

应行查阅之省，如官兵调赴军营，一时未能撤回者，即于折内声明，将何省暂停查阅，其存营官兵，仍令督抚、提镇不时稽察，如有废弛，即行参奏。

营伍 028：嘉庆六年五奏准

武职官员因公他出，将城守事务交与不应管之人，及上司将城守官弁，尽行传去，以致城空，或并非紧要事件，将游击、都司、守备、千总、把总等官违例滥行差调者，俱降一级留任。若上司差调属员，以致贻误城守者，将滥调之上司革职，属员免议。如不因差调，自行贻误城守者，将本员革职提问。

营伍 029：嘉庆六年六奏准

绿营将备，有因弓马生疏，经该管大臣上司等揭参议处者，照军政纠参才力不及例降二级调用。

营伍 030：嘉庆六年七奏准

督抚、提镇按年轮巡，自行查阅营伍，如有千把总等官年力衰颓，弓马不堪，经督抚、提镇查出参劾者，将不豫行揭报之该管上司降二级留任。

营伍 031：嘉庆十二年议定

兵丁技艺生疏，军装器械不能整齐，旧例止载该管官到任在三月以下者暂行免议，以观后效，其兼统各官，不豫行揭参，已有失察处分，并未分别任事月日，应添载兼统各官，如到任在三月以下者，不能查出，亦免其失察处分。

营伍 032：嘉庆十二年议准

凡各直省标营库储立限修制各项炮位，均应建置炮车，谨慎盖藏，安置高燥处所，各按应演日期操演。其安设各城门，及各海口炮台等处炮位，必须洗演洁净，方可经久，应于每年霜降之前，用火药洗演一次，如有收储不慎及不行洗演，以致起锈渐蚀者，查出题参，将该管官罚俸六月。

营伍 033：道光三年奏定

直省如有地方官员给饷稽迟，营弁侵扣暴虐，以致兵哗，系提督、总兵标兵噪变，该管官及提督、总兵失察者俱降二级调用。至中军官承理钱粮，如系伊本营兵丁噪变者革职，若别营兵丁因给饷稽迟噪变，查其钱粮，系由中军官承理者，与该管官一体降二级调用，非由中军官承理者免议。如非提督、总兵本标所辖，遇有营兵噪变，总兵降一级留任，提督罚俸一年，提督总兵徇隐不行揭参及揭参不以实者，亦降二级调用。如营兵噪变，该管各官随同附和者，革职治罪。若该管各官，不据实呈明巧饰具报者俱行革职，营兵唆使兵丁噪变者革职治罪，兵丁鼓噪畏罪脱逃者，失察之该管各官，均降一级留任，总兵罚俸一年。

营伍 034：道光三年又奏定

叛逆案内如审有在营兵丁随同附和者，将失察之同城该管各官俱革职，不同城之兼辖统辖各官降二级调用，提督总兵降一级留任。

营伍 035：道光三年三奏定

营汛武弁拿获窃贼，并不移送有司审理，擅自责打致死者革职，兼辖、统辖官降一级留任。

营伍 036：道光三年四奏定

该汛武弁生事扰害百姓，责打民人致死者革职治罪，兼辖、统辖官失察者降一级调用，总兵降一级留任，提督罚俸一年；未致死者，将该弁革职，兼辖、统辖官失察者降一级留任，总兵罚俸一年，提督罚俸六月。若并未生事扰害，偶因细故责打百姓者，将该弁降二级留任，兼辖、统辖官失察者罚俸一年。

营伍 037：道光三年五奏定

营兵在该管汛地滋事酗酒，寻衅斗殴，扰害百姓，专管官失察者降一级留任，兼辖、统辖官罚俸一年，总兵罚俸六月。若恃强欺压，伙同营兵助殴伤人已经致死者，失察之专管官降二级调用，兼辖、统辖官降一级调用，总兵降一级留任；未经致死者，失察之专管官降一级调用，兼辖、统辖官降一级留任，总兵罚俸一年。若执持军器及鸟枪金刃伤人致死者，失察之专管官革职，兼辖、统辖官均降二级调用，总兵降一级留任，提督罚俸一年；未经致死者，失察之专管官降三级调用，兼辖、统辖官降一级调用，总兵罚俸一年，提督罚俸六月，如有纵容等情，将纵容之员革职提问。

营伍 038：道光三年六奏定

武职专汛官私役兵丁差遣回籍及令他处贸易，以致兵丁在所往地方生事扰民，专汛官革职。若并未生事扰民，专汛官降二级调用，兼辖统辖官降二级留任。

营伍 039：道光三年七奏定

武职该管兵役人等，诬拿良民，指为盗贼，私用非刑害人致死者，别经发觉，将失察之该管官革职，兼辖、统辖官降二级调用，总兵降一级调用，提督罚俸一年；如未经致死者，该管官降二级调用，兼辖、统辖官降一级调用，总兵罚俸一年，提督罚俸六月，上司各官查出揭参者免议，该管官自行访获究出，已致死者降二级留任，未致死者免议。如兵丁诬窃为盗，及将曾经犯窃之人，指为现在躧缉之强窃盗犯，拷逼教供致死者，将失察之该管官降三级调用，未致死者降一级调用。如自行查出，已致死者降一级留任，未致死者免议。

营伍 040：道光三年八奏定

营兵为盗，专管官革职，同城同营之兼辖官降三级调用，统辖官降二级留任，提督总兵罚俸一年，不同城百里以内之兼辖官降二级调用，统辖官降一级留任，百里以外之兼辖官降二级留任，统辖官罚俸一年，提督总兵罚俸六月，如系专管官自行查拿究办者均免议。若兵丁为盗，讳饰不报，别经发觉，倒提年月，开除名粮，或捏作平民呈报者，将专管官革职提问。至就抚人丁情愿为民者，听其为民，情愿为兵者，该管官保留为兵，若有为兵之人，复行为盗为窃，将该管兼辖、统辖各官，照营兵为盗为窃例议处。

营伍 041：道光三年九奏定

贴防兵丁为盗者，将被劫地方专汛、兼辖、统辖各官，照地方失事例议处，领兵贴防官革职，贴防驻扎之兼辖官，同城者降三级调用，统辖官降二级留任，提督总兵罚俸一年，不同城百里以内之兼辖官降二级调用，统辖官降一级留任，百里以外之兼辖官降二级留任，统辖官罚俸一年，提督总兵罚俸六月。如系领兵贴防官，自行查拿究办者均免议，若兵丁为盗，讳饰不报，别经发觉，倒提年月，开除名粮，或捏作平民呈报者，将贴防官革职提问，如各营汛弁及随营效力人员，如有勾通贼匪行劫，及窝盗受赃者，即与为盗无异，一经发觉，将该管兼辖、统辖及提督、总兵各官，均照贴防兵丁为盗例分别议处，若系提督、总兵标下人员，将该提督、总兵照该管官例议处。

营伍 042：道光三年十奏定

营兵窝隐盗贼及窝盗受赃漏信脱逃者，失察之专管官革职，兼辖官同城者降二级调用，不同城者降一级调用，统辖官降一级留任，如该管各官明知曲纵不行查究者革职治罪，兼辖、统辖官照讳盗例分别议处。营兵窝窃受赃者，该管官降一级调用，兼辖官降一级留任，统辖官罚俸六月，若该管官自行查拿究办者均免议。若兵丁窝盗受赃等事月日，在该管各因公他出之前，事发于公出之后，亦照此例议处。如在管官公出之后，事发于未回之前者俱免议。

营伍 043：道光三年十一奏定

在营食粮兵丁犯命案事件，专汛官即能拿送有司审理者降一级留任，如凶犯脱逃，将专汛官降一级调用，逃兵令接署接任官协同文职限一年缉拿，限满不获，罚俸一年。其兵丁于未经犯事之先革退，名字编入里甲有案者，听地方文职缉拿，武职免其协缉，如别营兵丁犯命案脱逃，邻境员弁有能拿获者，每名纪录一次。

营伍 044：道光三年十二奏定

各直省拣发人员，有弓马生疏不谙营伍者，旗员饬令回旗，汉员分别降级休致。

营伍 045：道光三年十三奏定

绿营将备有不练习弓马，以致生疏，经该管大臣上司等揭参送部议处者，降二级调用。

营伍 046：十四年奏准

营兵有犯违禁，经有司官拘责，同营兵丁率众赴署滋闹，将不能约束之专管官革职，失察之兼辖官降一级留任，统辖官罚俸一年。

营伍 047：道光十七年谕

御史刘梦兰奏：外省绿营兵丁，多染吸食鸦片习气，请饬查办等语。国家设立营伍，训练兵丁，原期悉成劲旅，巡防御侮，方能得力。道光十二年间，连州瑶匪滋事一案，因兵丁吸食鸦片烟，临时不能得力，降旨将李鸿宾、刘荣庆革职发遣，用昭炯戒，若如该御史所奏，近来各省兵丁，多染此习，积重难返，虚糜粮饷，是此风尚未尽歇，若不严行查禁，何以肃营务而励戎行？著各直省督抚、提镇振刷精神，加意整饬，申明律令，严行访拿，该兵丁等有犯此弊者，即著按名裁革，照律惩办，各营员弁如有染此习气者，亦著严行参办，毋稍徇纵。

营伍048：道光二十八年谕

前据兵部奏陈水陆各营积弊，并酌定劝惩章程一折，当交军机大臣悉心核议具奏，兹据该大臣等分别准驳，拟议覆奏。国家设立营伍，原以卫民，必须积弊尽除，劝惩互用，方足以资整饬，水陆各营武弁恶习，但知克扣利己，不畏参罚，如遇情节较重，仅止照例革职，该武弁等囊橐已充，转置身事外，殊不足以示惩儆。嗣后于奏参各案，遇有舞弊营私情节较重者，著加枷号，或发遣军台，或遣戍新疆，由各该督抚分别定拟具奏。至惩创业经加重，奖励自宜从优，向例副将以下官员，拿获邻境盗犯至三名以上，准送部引见，惟该武弁等每因筹费维艰，但求外奖，不愿送部，遂不肯实力巡缉，又或明知本境盗犯，并无议叙，竟置应缉之犯于不问，缉捕疏懈，安能期其得力？嗣后水师将备直班巡洋，能于轮巡期内，无论邻境本境，拿获斩枭斩决洋盗四名以上，陆路将备拿获邻境斩枭斩决盗犯四名以上，均准各该督抚会同提督奏明，遇有应升之缺，即行升用，先换顶戴，毋庸送部引见，俟补缺时再行送部。至水陆将弁，实在得力之员，原宜保举示奖，然以每年年终保奏为定例，始而尚觉认真，继而遂成具文，渐至滥竽充数，钻营奔竞，流弊甚多，于营伍殊属无益。嗣后遇有谙习营务，缉捕勤能，或管兵严明，实心训练，均确有实据者，准各该督抚会同提督，秉公核实，随时专折保奏，候旨定夺，所有兵部原请年终保奏之处，著毋庸议。至每届五年特派大臣查阅营伍之时，弁兵技艺，均应校阅，其抽拨查阅之营，亦必将弁兵各项技艺，认真考校，定其优劣，其才具平庸者即行参奏，若有操兵认真人才出众之员，著准其据实保奏，以昭激劝。至各营枪靶箭靶，亦应明定远近章程，以防弊混。嗣后操演抬枪抬炮，立靶著以一百五十弓为率，一人施放鸟枪以八十弓为率，步箭以三十弓为率，各直省将弁兵丁，务当恪遵功令，如法练习，操演之时，各该管官必应亲自履勘，按例设靶，一经查有任意加高加宽及改近情弊，立即惩办，毋稍宽贷。

营伍049：咸丰三年谕

各直省陆营额设兵数，统计六十余万之多，如果该管各官认真训练，俾技艺日精，自足备干城之选，现在逆氛未靖，各省官兵俱有征调，而存营兵丁尚复不少。著各该督抚、提镇严饬各营将弁，将存营官兵裁汰老弱，挑选精壮，定期分练合操，其应差兵丁亦必照常操演，仍由各督抚、提镇颁给章程，明示赏罚，每月委员会同校阅，倘有老弱充数，技艺生疏，或查有空粮情弊，即著从严参办，毋稍瞻徇，其各省驻防官兵，著一律照此办理。

营伍 050：咸丰五年题准

内外武职各官，业经派定统带征兵，始行告病呈请解任，虽经委验属实者革职，身兼世职一并革退另袭。

营伍 051：同治元年谕

兵部奏：请饬各省督抚及各路统兵大臣，按期具报兵勇数目一折。各省兵额，例于年终题报到部，岂得藉词军务未平，延不造报，任令提镇协营互相徇隐，现据该部奏称，除湖北、四川两省依限题到外，其余各省均未依限造报，实属疲玩已极。嗣后各省督抚，务须痛除积习，将存营出师各兵数，核实稽察，按限造报，傥再任意迟延，即由该部奏参，将该督抚及各营员从严议处，以警玩泄。

营伍 052：同治八年奏准

军营派员招勇，不能慎选贤能，致勇丁沿途结伙肆抢杀人，该管带官讯无纵容情事，止系不能钤束者，管带官递籍管束，不准再行投营，蒙混开复。其原营选择不慎之该管大员，革职留任。

拔补〔例31条〕

拔补 001：顺治初年定。

步守兵选身材强壮，技艺可观者考拔，马兵于步守兵内考拔。

拔补 002：康熙四年题准

考拔营兵，必须秉公选择，若将使令之人混充者，降二级调用，未经查出之兼辖官罚俸一年，统辖官罚俸六月，督抚提镇罚俸三月。

拔补 003：康熙四年又题准

营兵拔补入伍，即为本营经制额数，若营官升任别省，将经制营兵带往十名以下者罚俸一年，十名以上者降一级留任。

拔补 004：康熙五十二年议准

台湾营兵以三年为满，由内地各营，选年力精壮有身家者，拨往换班，各该营造具年貌籍贯，并注明疤痣箕斗清册三本，一存原营，一交厦门点兵官核验，一交台湾验明收伍，换回之日，仍照册稽察，发回各原营。其在台湾逃亡裁革兵缺，不得在彼募补，于台湾呈报到日，各原营即照数选兵拨往厦门，无论水陆，计有十名以上，即委千把等一名，搭船管押前往归伍，如换班时有私相顶替，及换名不换人者，将管押官革职，内地该管官与台湾该管官各降二级调用，总兵官不稽察者降一级留任，提督罚俸一年，总督交与吏部察议，如查出揭报题参者免议。

拔补 005：康熙五十七年议准

营中若有假冒兵丁，挟制官司，扰累地方，该管官不能查察者革职，兼辖官降四级调用，不题参之提镇降二级调用。

拔补 006：雍正二年覆准

营兵悉属经制，原备巡防战守，除公务差遣之外，该管官有以私事驱使者，督抚提镇题参议处。

拔补 007：雍正五年奉旨

台湾换班兵丁，著该管官选勤慎可用之人拨往，倘兵丁到彼有生事不法者，或有发觉，或被驻台官参出，将选拨之该管官一并议处。

拔补 008：雍正十年议准

营兵有缺，该管官秉公考拨，报明上司查核，如有勒取财物者革职，计赃治罪，兼辖官统辖官知情不揭报者，皆降三级调用；失察者，兼辖官降一级留任，统辖官罚俸一年，督抚提镇不参究者罚俸六月；虽不勒取财物，或滥用私人，或听受嘱托，将该管官降三级调用；若将操练娴熟并无过犯之营兵，任意革退，补用匪人，以致营伍旷废者降二级调用，如因勒取财物不遂者革职，兼辖官不揭报者降一级调用。

拔补 009：乾隆六年奏准

台湾换班兵丁，由内地各营选拨，如到台生事不法，将原选拨官降一级调用。

拔补 010：乾隆八年谕

各省兵丁，全以册籍为凭，必姓名年貌人册相符，始足以杜钻营侵冒之弊。从前顶名食粮之人，屡经饬令首报更正，定有处分，不许复行徇隐，近闻各营尚有顶冒之习，皆缘旧册相沿，稽察不力，以致弊窦渐开，于营制甚有关系。今特再降谕旨，此次仍许其据实首报更正，造册报部，以严考核，并令各将军、督抚、提镇出结报部，嗣后仍留心稽察，倘再有顶名冒功等弊，或经参奏，或经访闻，定将各官弁照例严加议处，该将军、督抚、提镇等亦咎有攸归。

拔补 011：乾隆十年谕

国家养兵，将责以披坚执锐陷阵摧锋之用，故当召募之始，必择其身材强壮技艺可观者，方准入伍。朕闻外省兵丁有缺，惟马粮系督抚、提镇亲行拔补，至步粮则由营弁验补，因而徇情市惠，往往将孱弱不堪之人滥行收录，虚縻粮饷者有之。又，向例兵丁有缺，先尽余丁顶补，余丁不足，始募民人充伍。余丁一项，原系将营中清出火粮，收养兵丁子弟，每名月给饷银五钱，既可贴补兵丁之不足，且以造就人材，立法本非不善，乃兵丁因饷银有限，凡子弟之壮大者，皆令别业资生，而以幼小羸弱之丁充补其数，徒然占食半饷，难以造就成材，国家何能收养兵之实用。嗣后遇兵丁有缺，无论马步战守及余丁，务须亲自验收，不可惮劳，委之营弁，倘一时事冗不能亲阅，亦必令亲信大员代看，庶一兵即得一兵之用，于诘戎之道，方有裨补，其不实力奉行，或经科道纠参，必重处不贷。

拔补 012：乾隆三十三年议准

绿营挑补兵丁，如不确查来历，将别营犯法逃兵混收入伍，一经查出，将失察之员，照拔补非人例降一级留任。

拔补 013：乾隆四十六年谕

国家设兵卫民，原应卒伍充实，军纪严明，使各省精兵劲旅，棋布星罗，方足以壮声威而资防御。向来各省督抚、提镇，经朕屡加训饬，至再至三，此次又经挑补名粮，议给养廉，各营兵数既充，训练更宜实力，所有各省督抚、提镇标兵，务宜勤加操演，使器械进止，一一娴熟，督抚、提镇果能认真，通省营员自必观感振作，悉心训练，一洗从前疲玩之习，即军装马匹等项，军实所关，亦应随时修验，俾各省营伍，壁垒一新，马步兵丁练习纯熟，有勇知方，所谓兵可百年不用，不可一日不备者此也。朕此番整饬后，如仍有将不习兵，兵不贾勇，技艺不熟，器械不精，或经访闻，或钦差大臣查阅，必将该管之督抚、提镇从重治罪，毋谓朕诫之不早也。

拔补 014：乾隆五十八年覆准

挑补水师兵丁，令该管将备出具切实甘结，仍令该提镇于水操之便，亲加试验，如有畏水晕船等事，将兵丁斥革，其挑补出结将备，照冒领兵粮例治罪。

拔补 015：嘉庆四年谕

前因步军统领衙门各员，私用步甲，曾降旨令各省通行饬禁，在京都统等衙门跟班马甲，亦曾谕令不得过二人，今外省提镇以下，将在伍之兵任意役使，甚至以工匠人等亦令食粮，以致操防反属虚名，兵丁竟成虚设，并著各督抚、提镇查明严禁，以肃营制而昭核实。

拔补 016：嘉庆七年谕

嗣后军营逃兵，著展限三个月报部一次，以归核实。

拔补 017：道光三年奏定

将军、督抚、提镇等，将营外之人滥给委牌者，将军提督总兵，照徇庇例降三级调用，督抚交吏部议处。

拔补 018：道光三年又奏定

把总缺出，该将军、督抚、提镇，如将注册无名，未曾食粮之人拔补咨部者，将军、提督、总兵各降三级调用；该管官详报将军、督抚、提镇补授者，将详报官降三级调用；将军、提督、总兵失察者，各罚俸一年，督抚交吏部议处。

拔补 019：道光三年三奏定

各省千总、把总、外委、额外外委，归提督总兵考拔者，均详明总督咨部注册，遇该总督查阅营伍时，详加考验，如有校拔不公者，即将该弁斥革，其原拔之提督、总兵降二级留任。

拔补 020：道光三年四奏定

千把营弁，如因一时患病，弓马稍疏，平日当差勤谨，或年力尚属精壮，及差使偶然有误，而弓马尚堪造就，经督抚咨部降补，兵部核明，即准其降补以观后效。如弓马竟属生疏，操演枪箭均不到靶，及怠惰偷安，不堪调拨者，虽督抚咨请降补，亦一体令其斥革，不准降补。

拔补 021：道光三年五奏定

食粮兵丁，怠玩误公，及罪犯满杖者，即行革退，其小有过失及技艺稍疏，差操偶误，若年力少壮，堪以造就者，初次量加责惩，再犯马兵降为步兵，步兵降为守兵，派当苦差，均勒限半年演习，果能改观，即拔补原粮，复还差使，倘始终怙过不悛，即行革退，移交地方官严加管束。若兵丁别无事故，该管官擅将久练娴熟之兵，任意革退，令素不谙习之人顶补，以致技艺生疏者降二级调用，或因勒索财物得赃者，仍革职提究，该上司失于揭报，经督抚、提镇题参者，降一级调用。

拔补 023：道光三年六奏定

武职官员随任子弟，准其于隔属别营，充伍食粮，与兵丁一体操防差委考拔，该管官如有瞻徇，经督抚、提镇据实纠参，照徇情例降二级调用。

拔补 024：道光三年七奏定

各省随营武生，并由马步守兵考试取中，仍食原粮之武生，均一体随营差操较拔，倘有恃衿滋事者，失察之专管官降一级留任，若该管官徇纵不举者降一级调用，兼辖官失察者罚俸一年，统辖官罚俸六月。

拔补 025：道光三年八奏定

文生贡监，均不许入伍食粮，如营员滥拔入伍者，罚俸一年。

拔补 026：道光三年九奏定

各省边隘调防兵丁，原营将弁慎加选择，交于换防各员管束，带兵之员严加约束，毋致生事扰害地方，倘该兵违例不遵约束，经带防官申禀督抚驳回原营者，将选择不慎之该管官降一级留任，兼辖官罚俸一年。至由防所私行脱逃，带防官每一名降一级留任，兼辖官罚俸一年，逃兵责令原营该管各官勒限缉拿，百日限满不获，专管官每一名罚俸一年，兼辖官罚俸六月。

拔补 027：道光四年谕

前据赵慎畛奏：台湾营弁，请照海疆久任之例，计俸升补，当交兵部议奏。兹据奏称：驻台守备以上，久停更调，而千把总以下，仍系纷纷更换，于海疆情形未能周知，不足以资约束。嗣后台湾千把总、外委、额外外委等弁，三年期满，俱著毋庸调回内地，其留台分别保题升补之处，均著照所议行。至该督奏请千总俸满，先加升衔，未免过优，且留台将备等，向无此例，亦觉两歧，所请著不准行。该处营员，现虽更定章程，而班兵仍照旧三年更换，惟兵丁内有由台召募土著入伍者，一经著有劳绩，不得不加以甄拔，若年久拔补渐多，则营弁半属台地之人，易滋流弊，殊非杜渐防微之道，著该督等遇有千把、外委等缺，仍按嘉庆九年兵部奏定章程，凡由台募兵丁甄拔，并召募台地土著兵丁均不得过十分之一，以符定额。

拔补 028：道光十二年奏定

捐纳营千总到省发标后，在营效力一年期满，如实在弓马去得，当差勤奋，留营候补咨部存案，傥考验弓马平常营务未悉，酌量降休。

拔补 029：道光十二年又奏定

科布多、乌里雅苏台等处，换防屯田兵丁班满回营时，该管大臣详加察核，内有实在奋勉应行拔补者，山西省兵丁准保送一二名，直隶省兵丁每处每次核计原派额数，准于二十名内保送一名，每届保举之年，乌里雅苏台马兵内，止准保外委六员，实缺外委内，真有奋勉出力者，准保把总一人，马兵仍不得越保把总，回营后即分在本镇学习，再限一年，由该镇考验，如果弓马可观，遇有缺出，以第一缺补用。屯田保送人员，第二第三缺补用存营人员，其由把总保送应以千总用者，亦照此办理。若材技平常，难以造就者，即将保送之处注销，如先以经制外委补用，续因出力保用把总，仍著先补外委，随营学习一年俟弓马熟练，再行拔补把总，其由实缺外委保举把总者，始准先行轮缺坐补，屯防尚在防所并未回营各兵，拔补外委，遇轮应坐补之缺，先行坐补，咨部注册，俟该兵回营时，再行考验，如弓马生疏，仍令演习，傥不堪造就，即行斥革。

拔补 030：道光十二年三奏定

额外委当差勤慎者，遇有经制外委缺出，无论服制未满，准其一体考拔，如遇把总缺出，其服制未满者，仍不准其拔补。

拔补 031：道光十二年四奏定

河屯营副将标下千总一员、把总二员，并分防喀喇河屯千总、龙须门千总、僧吉图千总、大店子把总、马圈子把总、喇嘛洞把总、霓什哈把总、丫头沟把总、二沟把总、中六沟把总、八沟营左右司把总，共十五缺，于旗籍民籍弁兵内一体较拔。其余千总、把总各缺，归河屯营民籍兵丁及内地沿边弁兵内选择拔补，其本营兵丁，仍不准拔补本营弁缺。

军器〔例 46 条〕

军器 001：顺治五年议准

官弁制造紧急军器，不依限完竣以致迟误者革职，若迟误豫备军器者降一级调用。

军器 002：顺治五年定

点验军器，若盔甲弓箭等项全无者，系官革职，兵鞭一百革退。军器亏缺，及箭上无字并书他人姓名者，官罚俸一年，兵鞭五十。军器朽坏者，官罚俸两月，兵鞭二十。

军器 003：雍正元年奏准

官兵将军器质当者，官革职，兵鞭一百革退，军器追缴入官，失察之该管官罚俸一年。

军器 004：雍正二年题准

城上储火药屋，步军统领随时巡视，有闲人在近行走者，看守官罚俸九月；致有疏虞者，看守官革职。

军器 005：雍正二年议定

兵丁将所领火药私卖者革退，交刑部治罪，失察之该管官罚俸一年，该管大员罚俸六月。

军器 006：雍正三年奏准

官储军药，擅行弃毁者，官革职，兵鞭一百；至三百斤以上者，无论官兵皆革退，交刑部治罪；若遗失及误毁无多者，官罚俸一年，兵鞭五十；至三百斤以上者，官降一级，兵鞭八十，其缺少火药，悉著追赔。

军器 007：雍正五年覆准

官兵遇升迁事故，其本人旧有军器，系动官银制备者，给予顶补之人，若本人自备者，除官员兵器听其自便外，兵丁军器该管官视其利钝，酌量定价，给新补之兵，即将新补兵丁名下应领钱粮，陆续扣给原主。

军器 008：雍正六年奏准

官兵私卖军器者革退，交刑部治罪，失察之该管官罚俸一年。

军器 009：雍正十年议准

各营军装器械，以都守为专管官，副参游为兼辖官，若无故亏少，经督抚、提镇题参，将专管官罚俸一年，兼管官罚俸六月，照数分赔，系兼管官查出揭报者免议，止令专管官独赔，皆限六月赔完，如逾限不完，将专管官住俸，兼管官停升，俟赔完之日开复，若系兵丁缺少，经该管官查出揭报，追补足额者免议。至于新旧各官，将军装器械限一月交代，如无缺少，新官造册出结，详报督抚、提镇，年终报部，若交代之时，旧官推卸不交，新官勒索不受，皆照交代迟延例分别议处。至病故官弁缺少军装器械者，系兼管官病故，著落专管官独赔；专管官病故，著落兼管官独赔；傥专管官兼管官一时病故，著落从前未经查出之专兼各官分赔；其缺少各数，果系年久朽坏，出师缺损，及因公动用者，准动公费制备，免其议处，傥有藉端科累兵弁制备者，照因公科敛例议处。

军器 010：雍正十年又议准

直省各营军装器械，督抚所辖者督抚委官盘查，提督所辖者提督委官盘查，取具本营并无缺少及委官，并无捏饰印甘各结存案，各于年终汇题一次。至于各镇有属督提统辖者由该镇委官盘查，取印甘各结，并加具保结送督提查核，年终汇题，若无督提统辖各该镇委官盘查取结，亦于年终汇题，其汇题之时，各将所属军装器械数目，分析标营造册并保结送部查核，如汇题之后，仍有缺少，将从前盘查之官罚俸六月，督抚、提镇罚俸三月，傥委官明知缺少，扶同捏结，报称并无缺少者，降三级调用。

军器 011：雍正十一年议准

营中一应军器，遇有缺损，不按时修整，及修整而收储不谨，以致朽烂，或将豫备铁木等项，堆存潮湿地方，以致锈蚀者，将该管官罚俸六月，仍令照数赔补。

军器 012：雍正十一年又议准

营汛兵丁所带腰刀，该管官不时查验，遇有损坏，即时修整，如损坏不堪使用，及有白铁无钢者，将兵责革，该管官罚俸一年。

军器 013：雍正十一年三议准

大炮攻守兼资，必平时豫备齐全，临时方能得用，督抚、提镇严饬该管官，将现有大炮，建置炮车，加谨盖藏，以避风雨潮湿，每年十月间演放一次，以防锈蚀，一有损坏，详明动项制造，如本营未备，而别营有余者，通融拨取，若有盖藏不谨及遇有损坏并不修整者，将该管官照烧毁军器例议处。

军器 014：雍正十一年四议准

失火烧毁官兵房屋盔甲器械等物者，该管官罚俸六月，若因公他出者免议。

军器 015：乾隆元年议准

修补一应军装器械，该管官估定价值呈报该提镇，查无浮冒，即动用公费银修补，完日委官查验，出结申送提镇，该提镇陆续移会布政使司并详督抚存案，该营于年终将一营共计公费若干，各项开销若干，现存若干，逐一分析造册，送布政使司核对，傥有浮冒及与提镇原文舛错者，驳令核减更正，仍详督抚核参，将造册官罚俸一年。至于差遣官兵盘费，于公费内动支，取具各官领状，亦照此办理。

军器 016：乾隆元年又议准

民间不许私制鸟枪，其乡村险僻之处，防虎防盗，鸟枪在所必需，各该省督抚确查各州县内，有实在应用地方，照兵丁鸟枪式样制造，书鉴姓名，具呈地方官编号注册备案，如非应用地方，有私藏或私造售卖者，失察之该管官罚俸一年，若兵丁有藉稽察鸟枪扰害民间者革粮，该管官罚俸一年。

军器 017：乾隆二十九年奏准

地方有私铸红衣等大小炮位者，失察之该管官革职，兼辖官降四级调用，提督、总兵降二级留任。

军器 018：乾隆三十九年奏准

铁炮火器不得擅自私用，如有私藏火炮不行送库者，将失察之专管官降一级调用。

军器 019：乾隆三十九年又奏准

地方有违禁私制藤牌者，该管武职罚俸一年。

军器 020：乾隆三十九年三奏准

看守城池仓库街道等处，遗失本身器械者，系官降一级留任，兵丁鞭七十。若遗失在官器械者，官员降一级留任、罚俸一年，兵丁鞭八十。

军器 021：乾隆三十九年四奏准

私藏火炮及私造鸟枪者，系官革职，兵丁鞭一百革退，该管兼辖各官参处，如有讳饰等情，降二级调用。

军器 022：乾隆三十九年五奏准

各省存储火药局，该管各官不加谨巡防，以致被轰者，将同城专管兼统各官，俱革职留任，不同城兼统各官降一级留任，平时防范不严之提督总兵罚俸一年。

军器 023：乾隆五十六年奏准

各省库存完好军械，傥不加谨收藏，未届年限，竟至不堪演用者，将收藏不慎之员交部议处，仍将原械开销之价，按其未满年限，作为分数，勒令赔补。

军器 024：乾隆五十六年又奏准

各省库存军械，未届年限破损，匿不详请修制者，该督抚于阅操之时，查明参奏，照例议处。

军器 025：乾隆五十六年三奏准

各省军械有逾应制应修年限，尚属完固整齐者，毋庸拘泥限期修理，致滋糜费，如有因限期已届，将完固军械冒混请修者，别经发觉，除不准其开销外，仍将查验不实之各上司及冒混请修各官，一并从重议处。

军器 026：乾隆五十六年四奏准

修制军械，未经完竣，捏报已完者，查出议处。

军器 027：乾隆五十六年五奏准

各省标营原设军械，遇有损坏，详请督抚提镇派委大员，令其切实查明，已逾应制应修年分，实在破损者，准其动项修制，或有未届年限，竟至不堪演用者，如系承办之员草率偷减，查明不及定限之半者，责令全行赔补，及半以上者，将原械开销之价，按其未满年限，作为分数，勒令赔补，承办之员追不足数，于验收之上司名下追赔，仍各交部分别议处。

军器 028：嘉庆六年奏准

各省不许存留鸟枪地方，如有私藏鸟枪，一年内失察一次者，该管官降一级留任，兼辖上司罚俸一年；失察二次者，该管官降一级调用，兼辖上司降一级留任。其准留鸟枪地方，如不报官编号，私自收藏者，将不行查出之该管官随案查参，罚俸一年。

军器 029：嘉庆六年又奏准

官兵汛署系民间失火延烧，以致烧毁房屋盔甲器械等物者，该管官仍按向例烧毁房屋数目分别议处，房屋盔甲器械，准其动项造补，系该管兵丁汛守处所起火烧毁者，将该管官降一级留任，如系本管衙署巡防不谨以致烧毁者，将该管官降一级调用，兵丁治罪，烧毁之房屋盔甲等项，著落该管官赔补。

军器 030：嘉庆六年三奏准

营中火药器械，存储库局，营兵有偷窃私卖等事，将该管员弁革职提问，失察之统辖总兵降三级调用，提督降一级调用，自行查出者免议。

军器 031：嘉庆七年议准

凡提镇卸事时，将所属各营一切军器，注明名色件数，原制原修年分，并分别"堪用不堪用"字样，造具交代清册，移送新任提镇，照册点验，如果均属齐全，即加具并无缺少印结，径行送部，兵部与该督抚年终汇题册核对，倘有亏缺，照例议处，所少器械仍指名著落赔补。

军器 032：嘉庆十一年谕

德楞泰等奏：酌议陕甘各标营，于弓箭兵内挑十分之二，兼令习矛，制造丈尺有定，不得过长等语。营伍军器，以弓箭鸟枪为重，必当操演精熟，以昭武备。至长矛一项，止系挑刀藤牌等杂技中之一，前因河北镇总兵蔡鼎奏请于弓箭兵丁内，酌派十分之二，兼习长矛，曾谕令各省营制酌定额兵演习，因思长矛究非营伍要紧技艺，兵丁于弓箭鸟枪外，兼习其技，以资击刺，原无不可，若因练习长矛，于弓箭鸟枪，转致生疏，殊属轻重失宜，非所以饬戎器而讲武艺也，且矛杆过长，于运用不灵，尤不足资击刺，若云深林密箐，长矛较为便利，则更无此理。嗣后各省营制，训练卒伍，总当以操练弓箭鸟枪为正技，长矛止可令其兼习，著于额兵内止酌定十分之一，不许过额，其制造矛杆，不得过一丈，如有违式制用者，经该管大员查出，即严行惩治，并将该将领一并参处。

军器 033：嘉庆十二年定

出师官兵携带军装器械，先期报部备案，于凯撒回营之时，派委文员会同该管将备确切查验，将带回堪用之件数归额，其损坏各件，准其随时修制，如有浮冒，经部查出或别经发觉，将查验及承办各营员，严参议处。

军器 034：嘉庆十二年又定

水师省分，出洋捕盗，用去军火及损坏军装炮械，准其随时补制，于各营解司支存公费银两内动用，造册报部查核。直省各标营，遇有应行修制军装器械，需用银数在一千两以上督抚造册具题，一千两以下造册报部，均按例核明，俟覆准之后，方准动项修制请销，如同一标营同时修制军装军械，需用银数在一千两以上者，不准分案咨报，仍照例具题，如不候部文，擅自动项修制报销者，将承办转详出咨各官，照添建营房率行请销例议处。

军器 035：嘉庆十七年奏准

直省绿营修制行军携带军械，应听各该省督抚酌量缓急，临时定限办理，如不依限速完，以致迟误，将承修、承制、督修、督制之员严参，从重议处。修制寻常操演及换防需用各军械，俟报部核准后，即令领项兴工，如物料工价二百两以内者限一月，五百两以内者限两月，一千两至二千两以内者限三月，三千两至五千两以内者限四月。承修官员依限修制，如式完竣，即行详请督抚提镇，派委妥员逐细查验，造具册结，将兴工完工各日期，详细声明，以凭稽核，如不依限完竣者，将承修、承制、督修、督制之员，附参议处。

军器 036：道光三年奏定

各直省标营库存立限修制各项炮位，如有收藏不慎及未经洗演，以致起锈渐蚀者，将该管官罚俸六月。

军器 037：道光三年又奏定

各省营伍储库火药，霉湿不堪应用者，看守官罚俸一年，该管上司罚俸六月，其存储火药，令看守官赔补。

军器 038：道光三年三奏定

苗夷溪峒地方，傥有私造鸟枪私贩硝磺者，照贩卖出洋律治罪。其该管官知情故纵及失于觉察者，亦照贩卖出洋律分别议处。

军器 036：道光三年四奏定

地方失察私藏铁铳，专汛官罚俸九月；失察私藏竹铳，专汛官罚俸六月；自行查出究办者免议。

军器 039：道光三年五奏定

粮船重运押空千总，各准带鸟枪一杆，仍令漕运总督衙门编立字号，毋许私行多带，如有失察旗丁私带鸟枪者罚俸一年，私带铳炮者降一级调用，自行查出究办者免议。

军器 040：道光三年六奏定

各省水师战船，照陆路军火器械之例，该督抚、提镇委员点验，于岁底保题一次，如有渗漏损失，即行指参，照缺少军器例赔补，专管官仍罚俸一年，兼辖官罚俸六月。

军器041：道光三年七奏定

各直省副将、参、游、都、守、千总等官，接任交代时，将营中库存一切军装炮械救火器具，并城门堆拨墩汛等处排列各项军械，各就本管之处，查明交代；陕西、甘肃二省，督抚提镇标下中营，俱限四十日交代明白；云南督标提标临元等六镇，以及贵州提标安义等四镇，俱限五十日交代明白；其余各标协营，并江苏、安徽、江西、山东、直隶、山西、河南、浙江、福建、四川、湖南、湖北、广东、广西等十四省，俱限一个月内交代明白；离任官员，取新任官查收清楚回文，方许起程，接任官员如已经交盘，并无缺少，造册出结，声明到任交盘清楚各日期，通报督抚、提镇，专案造册报部，如交盘之时，旧官推卸玩延，新官勒掯隐匿，以及交代迟延，均照交代钱粮盗案例分别议处，如军械有缺额残损者，照军器缺额及修整器械例分别议处赔补。

军器042：道光三年八奏定

台湾地方，除熟番屯丁应用器械及民间菜刀农具外，如有私藏弓箭、腰刀、挞刀、半截刀、标枪、长矛等项及私造各色旗帜，该地方官均照失察贩卖军器例分别议处。

军器043：道光十年谕

官兵进征所用军器，至凯旋时，应责令带回验明收贮，乃该兵丁等，间有私将器械就地售卖获利，并不携带回营，实属大干法纪。回疆地方人心易动，若将内地坚利军器售给该处，必至私藏渐多，且恐牟利商人，私带出卡转售，各外夷均得仿照制造，尤有关系，不可不防其流弊。著长龄等饬知带兵各员，严行晓谕，该兵丁等于凯撤时，务将所用军器，逐件验明，如查有私售者，即行严究治罪。

军器044：道光二十一年议准

遇有燃放大炮炸裂致伤多命者，将监铸不精之员革职，督率不善之提镇副将均降二级留任，不准抵销。

军器045：道光二十二年议准

官员因库存火药不敷，不自督率备造，滥饬属弁，给发民人印照，代买硝斤，以致偷漏售卖者降三级调用，听从之属弁罚俸九月。

军器046：道光二十七年奏准

内外武职官员，捐资添造军器等物，经该管大臣以急公奏请议叙者，该员加一级。奉旨从优者，再给予纪录二次。

约束〔例60条〕

约束001：顺治初年定

凡营兵生事扰民，该管官失察者降一级留任，兼辖官罚俸一年，统辖官罚俸九月。若以私事差遣营兵，或令营兵贸易者革职。如营兵在于差遣贸易地方生事扰民者，照故纵例革职提问，兼辖官不揭报者降二级留任，统辖官罚俸一年。至于官弁生事扰民，责打平人者革职，致死者革职提问，兼辖官不揭报者降二级留任，统辖官罚俸一年，提镇罚俸六月。

约束002：顺治初年又定

营兵违禁贩马，该管官不查究者罚俸一年，兼辖官罚俸六月，统辖官罚俸三月。

约束003：康熙十年题准

官弁给饷稽迟，侵扣暴虐，以致营兵哗噪者革职；系提镇亲标，将该弁之该管上司及提镇皆降二级调用。至中军承办钱粮，本营兵哗噪者革职，若别营兵哗噪，照该管上司例降二级调用；系提标外属营兵哗噪，将该提督降一级留任；镇标外属营兵哗噪，将该镇降一级留任，提督罚俸一年。

约束004：康熙十年又题准

营兵哗噪，该提督徇情不参及参劾不实者降二级调用，若系该管官唆使哗噪者革职提问，巧饰呈报者革职。

约束005：康熙十一年题准

官弁苦累营兵，以致私逃者降一级调用，兼辖官降一级留任，统辖官罚俸一年。

约束006：康熙十一年又题准

营兵为盗，将该管官革职，兼辖官降三级调用，统辖官罚俸一年，能查报者免议。其营兵为盗日月，在该管官公出之前，事发于公出之后者，仍照例议处，若为盗日月，在该管官公出之后，事发于未回之前者免议，若该管官隐匿不报及以公出捏饰者革职。

约束007：康熙十一年覆准

贴防兵为盗，将该处专汛兼辖、统辖官照地方官失事例议处，领兵贴防官革职，贴防之兼辖官降二级留任，统辖官罚俸一年。

约束008：康熙十三年题准

营兵窝盗豢盗及受赃漏信令盗脱逃者，该管官降二级调用，兼辖官同城者降一级调用，不同城者降一级留任，统辖官降一级留任，如该管及兼辖统辖各官徇纵不察究者，照讳盗例分别议处。

约束 009：康熙十八年题准

营兵有系奴仆叛主投充者，该管官即行讯究，若知情不举，降二级调用，失察者罚俸一年。

约束 010：康熙十八年奏准

营兵容留反叛家属充伍，该管官知情不举者革职，失察者降二级调用。

约束 011：康熙二十八年覆准

营兵侵占官地，辱骂职官者，该管官降二级调用，兼辖官降一级留任。

约束 012：康熙三十八年奏准

武职上司将所属末弁，如有事故，并不揭参，任意笞辱者，罚俸一年，笞辱守备以上者降二级调用。

约束 013：康熙四十一年覆准

就抚人丁，情愿为民者听，若情愿为兵，该管官约束不严，以致复为盗者，将该管兼辖统各官，照营兵为盗例分别议处。

约束 014：雍正六年议准

营兵有应纳钱粮抗欠不完，州县官将数目开明，移会该管官，照数目追交州县，如不实力追交，照州县催征钱粮未完分数例议处。

约束 015：雍正九年议准

营兵犯赌，该管官自行查察者免议，失察者罚俸三月。若明知不究，别经发觉，罚俸一年。

约束 016：雍正十二年议准

营兵犯命案，该管官即时拿送有司审理者，降一级留任；如并不拿送致令脱逃，降一级调用；凶犯交与接任官协同文职限一年缉拿，限内拿获，照文职接缉命案例议叙，不获罚俸一年。若该兵于犯事之先，已经革职，编入里甲者，听文职缉拿，武职免议。如别营兵犯命案脱逃，邻汛官弁拿获，照文职拿获邻境凶犯例议叙。

约束 017：雍正十三年议准

营兵有犯窃案，经文职审确，即移交该管官捆打，插箭游营，再送文职照例发落，将约束不严之该管官降一级调用，如案未发觉，该管官能查拿送审者免议，俛嘱托文职代为开脱者革职，若既经发觉，捏称开除名粮在先，犯案在后者，降二级调用。

约束 018：乾隆四年覆准

营兵诬拿良民，指为盗贼，私用非刑致死者，该管官革职，兼辖官不据实呈报者降二级调用，未经查出之总兵官降一级调用，提督罚俸一年。如未致死，该管官降四级调用，兼辖官不据实呈报者降一级调用，未经查出之总兵官罚俸一年，提督罚俸六月。若诬拿曾经犯窃之人，指为现在躧缉强窃盗贼拷逼教供致死者，该管官降三级调用，未致死者降一级调用。

约束 019：乾隆六年奏准

营兵煎贩私盐，该管官自行察究者免议，若失察别经拿获者革职。

约束 020：乾隆六年议准

营兵因户婚田土之事与民评讼者，一面回明该管官，一面赴地方文职官呈告，听候审断，该管官不许收接兵词，加看移送，违者照擅受民词例议处。

约束 021：乾隆十二年议准

营兵私逃，除将苦累之该管及兼辖官仍照例议处外，若并无苦累，无故私逃，能于百日内拿获者，该管各官皆免议，如百日不获，该管官罚俸一年，兼辖官罚俸六月。其在军营私逃者，以五日为期，五日不获，即照此例议处。至于该管官规避处分，将私逃兵丁以革伍辞粮捏报者，照隐匿不报例议处。

约束 022：乾隆十四年议准

营兵有为窃者，除专管官照例议处外，将兼辖、统辖官各降一级留任。

约束 023：乾隆二十九年奏准

叛逆案内，如审有在营兵丁随同附和者，将同城该管各官俱革职，不同城之兼辖统辖各官降二级调用，总兵官提督降一级留任。

约束 024：乾隆四十七年奏准

营兵罪应满杖者，即行革伍，移交地方官收审详究，如止系细小过失及技艺稍觉生疏，差操偶尔遗误，初次量加责儆，再有违犯，马降为步，步降为守，守则派当苦差，再不悛改，即行斥革，移明地方官，另记年貌册，严加管束，按季点验稽查，毋许无故出外滋事，若有作奸犯科，照常人加一等治罪，并将管束不严之父兄邻佑，按本犯罪名轻重分别惩治，地方官照失于查察例罚俸一年，营员不知爱惜，任意革兵，即照例降一级调用。至分防各州县乡僻汛兵饷银，令汛弁领回，会同各该州县，按册逐名给领，出结具报，傥值印官公出，即会同该处佐杂教官前往监放，如有克减，据实详参，若监放官不亲临抽兑，致有弊混及通同扣克者，均照定例分别参处。

约束 025：乾隆四十八年奏准

嗣后营兵有窝盗受赃及漏信纵盗脱逃情事，将专管官照溺职例革职，兼辖官同城者降二级调用，不同城降一级调用，统辖官降一级留任。

约束 026：乾隆四十九年奏准

兵丁违禁重利放账者，将兵丁革退。若本管官希图射利，放与本营及别营兵丁，以致坐扣钱粮者，题参革职，仍计赃治罪。

约束 027：乾隆五十七年奏准

武职该管兵役人等，诬良为窃，私用非刑，害人致死者，将失察之该管官革职，兼统官降二级调用，总兵官降一级调用，提督罚俸一年；未经致死者，该管官降一级调用，兼统官降一级留任，总兵官罚俸一年，提督罚俸六月，上司查出揭报者免议。

约束 028：乾隆五十九年奏准

派往军营兵丁脱逃，原籍原营该管武职，以军营咨到之日起，勒限一年缉拿，限满不获，该督抚按其名数，分别咨参，一二名以上不获者，专管官罚俸九月，兼辖、统辖官罚俸六月；五六名以上不获者，专管官罚俸一年，兼辖、统辖官罚俸九月；十名以上不获者，专管官罚俸二年，兼辖、统辖官罚俸一年；均再限一年缉拿，限满不获，一二名以上者，专管官降一级留任，兼辖、统辖官罚俸一年；五六名以上者，专管官降一级调用，兼辖、统辖官罚俸二年；十名以上者，专管官降二级调用，兼辖、统辖官降一级留任完结。如承缉官未经限满离任，接任官限一年缉拿，限满不获，罚俸一年；提镇于接到文移之日起，一年内统计所属获不及半者，总兵官罚俸一年，提督罚俸六月，均再限一年督缉，一年限满，统计所属拿获仍不及半者，总兵官罚俸二年，提督罚俸一年。

约束 029：嘉庆五年奏准

各省边隘调防兵丁，原营将弁慎加选择，交与换防各员管带，严加约束，毋致生事扰害地方，若在防守地方酗酒，殴打平民，或行窃为匪及持刃杀伤人命者，将带防之员，照例参处，由防所私行脱逃，责令原营该管各官，勒限缉拿。

约束 030：嘉庆六年奏准

绿营兵丁派往军营，如有脱逃情事，该管官即行申报统兵大员，饬营查拿，统兵大员据报覆核明确，即开明逃兵年貌，行文原籍原营，并移咨附近省分，转行各省督抚，自奉文之日起，一体按限严缉，仍将逃兵名数及该管官职名，每月汇奏，交部核议。若兵丁逃走，于半月内拿获者，该管官免议，如逾限不获，专管官罚俸一年，兼辖官罚俸六月；如一月内有报逃三名以上未获者，专管官降三级调用，兼辖官降一级留任，该营统辖大员罚俸六月；如一月内有报逃十名以上未获者，专管官革职，兼辖官降一级调用，该营统辖大员罚俸一年；如一月内有能拿获者，仍各按数递减。若兵丁本日脱逃，不即申报转报，迟至两三日后申报者，将迟报之员罚俸三月；如已逃走数日，捏报本日脱逃者，将捏报之员降一级调用；如竟隐匿不报，将隐匿之员革职；倘该管官苦累兵丁，以致逃走者，将苦累兵丁之员革职。至附近大营百里内外，有能拿获逃兵者，每一名赏银二两；二百里以外，每一名赏银三两；三百里以外，每一名赏银六两；兵丁除赏给外，仍行记功，官员一并记功，如系逃走兵丁之该管官员拿获，不准给赏，仍将功抵过。

约束 031：嘉庆六年又奏准

余丁脱逃，将军营带兵之该管各官及原营该管各官，均照征兵脱逃例酌减议处。

约束 032：嘉庆六年三奏准

兵丁奉派出征，如在军营行凶持刃杀伤人命者，兵照军法治罪，带兵之该管官降一级调用，兼辖上司降一级留任，领兵大员罚俸一年。

约束 033：嘉庆六年四奏准

营兵在该管汛地滋事，酗酒寻衅斗殴扰害百姓，该管各官仍照向例议处，若恃强欺压，伙同营兵助殴伤人，专管官降一级调用，兼统各官降一级留任，总兵官罚俸一年；若执持军器及鸟枪金刃伤人致死者，专管官革职，兼统各官均降二级调用，总兵降一级留任，提督罚俸一年，如有纵容等情，专汛官革职提问。

约束 034：嘉庆七年谕

向来军营带兵人员，于所辖官兵有脱逃情事，处分綦重，此次剿办教匪，将届七年，官兵跋涉险阻，昼夜奔驰，异常辛苦，此内私自潜逃者，固所不免，但亦有因受伤患病，以致不能随队行走，中途落后，或伤病身故，或遇贼戕害等情，皆不可知，并有该管之员派兵寻觅，而寻觅之兵又因他故久无下落，此与实在潜逃者，其情迥异，若因粮缺虚悬无著，即以脱逃具报，辄将该管之员照失察逃兵例一律惩治，则诖议者多，未免漫无区别。现在大功将蒇，各路官兵均次第凯旋，著详查各营内无著兵丁，或实系携带物件私自潜逃，众证确凿，或拿获之后，审讯明确，无可支饰者，自应将该逃兵照律办理，其专兼管辖之官弁等，亦属咎无可宽，均仍交部查议，如该兵丁等实系落后有因，不及归伍，查无有心脱逃情节，均可毋庸深究，其该管各员应得失察处分，均著加恩宽免。

约束 035：嘉庆八年奏准

军营逃兵情节未明之案，原籍原营承缉各员，仍按初参二参立限，其应得处分，照本例酌减议处，俟逃兵拿获投首后，如审系有意潜逃，仍照旧例补议，若实系落后有因，将该员弁等缉限查销，其减等处分一并宽免，随征余丁脱逃之案，向照额兵脱逃之例减等议处，嗣后俱照此次酌定章程，再行减等核议。

约束 036：嘉庆十年谕

乡僻汛兵饷银。仍照旧派令州县及佐杂教职等官监放，并著该管督抚随时查察，如有扶同徇隐克扣情弊，立时参办，其镇将驻扎地方，给发兵饷，就近责成道府大员会同监放，如有克扣情事，即据实揭报，傥代为徇隐，扶同克扣，别经发觉，必将监放之员，一并按例惩治。

约束 037：嘉庆十二年谕

国家养兵备用，编隶营伍，给予钱粮，无论新兵陈兵，皆一视同仁，并无区别，从前剿办邪匪时，川楚陕三省雇募乡勇过多，迨大功告蒇后，就其中情愿入伍者，格外施恩，令其一律归入营汛食粮补额，乃自作不靖，藐法逞凶，如陕省之宁陕瓦石坪，川省之绥定叛匪等，先后纠众滋事，内除宁陕叛匪于乞降后，俱屏诸远方，余则概予骈诛，即时扑灭，罪孽实由自取，非独于新兵执法从苛也。即如桂涵、罗思举皆系乡勇出身，因其奋力戎行，屡著劳绩，即不次超擢，用至专阃大员。马兵罗贵，于剿捕绥定叛匪杀贼立功，仰邀破格殊施，加赏巴图鲁名号。可见良莠不齐，同一新兵，而倡乱者若彼，宣力者如此，赏罚惩劝，各按其功罪酌核办理，祸福惟其自取耳。至楚省新兵，恪守营规，甚为循谨，仍当随时训饬，俾益精娴，并著川楚陕三省总督提督等，通饬营汛，剀切晓谕，令新兵等不必妄生疑虑，惟当以宁陕绥定瓦石坪叛匪为戒，切勿作奸犯科，自取诛殛，若能急公出力，则仰沐恩施，如桂涵、罗思举等，皆其明验，正不必以入伍新陈，意存畛域，并当晓谕陈兵，一体勤加训练，如有桀骜滋事逞凶不法者，立即惩办，其奋勉效力者，并当随时奖拔，如此明白宣示，加意整饬，庶新陈各兵，皆知安分守法，熟习操防，于军纪营务，实有裨益。

约束 038：嘉庆十二年又谕

德楞泰等奏：查讯方柴关打仗退回兵丁，将约束不严之镇将参奏，请旨惩办一折。此次官兵在方柴关剿贼，实系先胜后败，并非遇贼即溃，但临敌退后官兵，即均有应得之罪，德楞泰等查讯情形，与勒保前日所奏，俱相符合。此次川北兵丁，昨因各营合队，不能确指先退之人，已加恩免究，其带兵镇将，并各从宽谪处，所有陕省此次打仗退回兵丁，亦著加恩免其查究。至总兵游栋云到任甫经七日，即带兵剿贼，当贼匪追扑官兵时，该总兵赶紧督率兵丁放枪轰击，尚无恇怯情事。田朝贵任川北镇较久，平日疏于训练，前将伊革去提督衔巴图鲁名号，留川北镇总兵，仍带革职留任。游栋云与田朝贵过失相等，念其旧有劳绩，况在任日浅，著加恩免其降调，留河州镇总兵，仍带革职留任，以示薄惩。副将祝廷彪到汉中协任甫经三日，在方柴关打仗时殿后冲杀，嗣剿除瓦石坪叛匪，超众出力，现另旨加恩赏给巴图鲁名号，此案约束不严之咎，竟予免议。苏勒芳阿系满洲大员，剿贼不能获胜，前已降旨革职，念其打仗时曾受箭伤，后随同剿捕瓦石坪贼匪，亦有微劳，著加恩赏给蓝翎侍卫，另降清字谕旨，令往新疆换班。朕申明军纪，权衡功罪，一秉至公，各营员应知感知奋，平时训练有方，临事克敌致果，用副朕整饬戎行至意。

约束 039：嘉庆十二年议定

营兵恃强欺压，伙同营兵助殴伤人，已经致死者，专管官降二级调用，兼统各官降一级调用，总兵降一级留任。营兵执持军器及鸟枪金刃伤人致死者，专管官革职，兼统各官降二级调用，总兵降一级留任，提督罚俸一年；未经致死者，专管官降三级调用，兼统各官降一级调用，总兵罚俸一年，提督罚俸六月。

约束 040：嘉庆十二年又议定

台湾换班兵丁脱逃，管带官防范不严，每名降一级留任，其原营派拨不慎之员，每名罚俸一年。

约束 041：嘉庆十二年三议定

营兵窝隐窃盗，专管官自行查拿究办者，革职留任。

约束 042：道光三年奏定

营汛武弁拿获窃贼，并不移送有司审理，擅自责打致死者革职，兼辖、统辖官失察者降一级留任。

约束 043：道光三年又奏定

苗疆地方塘汛兵丁，擅役苗民，需索强买，及各衙门差使经由苗寨，擅动苗夫，科敛索诈，该管员弁，如有心故纵者，革职提问，失于查出之游击、都司等官降二级调用，副将、参将降二级留任，提镇降一级留任。如兵役滋事扰累，该管员弁，事发不行申报，希图掩饰，曲为徇隐者革职，失于查出之游击都司等官降一级调用，副将、参将降一级留任，提镇罚俸一年。如并不知情止于失察者，将该管员弁降一级调用，游击、都司等官降一级留任，副将、参将罚俸一年，提镇罚俸六月。

约束 044：道光三年三奏定

苗疆地方文武官弁，互相稽察，如游击守备以下等官，有将苗夷科派扰累，及将土目索诈陵辱等情，将该员弁革职提问，参将、副将、总兵如徇庇不行揭报者均降三级调用，止于失察者均降一级调用。若文职同知以下等官，有扰累苗夷索诈土目等情，同城武职瞻徇隐匿不行告知督抚者降一级留任。其出征官兵，如有不亲身前往，将剿贼办粮重任，专委土弁经理，致恶弁乘机抢夺生杀任意及泄漏卖放等情，亦令文武互相稽察，告知该督抚、提镇题参治罪，如瞻徇隐匿，亦照此例分别议处。

约束 045：道光三年四奏定

营兵煎贩私盐，该管官知情徇纵者革职，失于觉察者降一级调用，兼辖官失察者降一级留任，统辖官罚俸一年，若该管官自行查拿究办者免议。

约束 046：道光三年五奏定

出征官兵，如有不遵纪律，欺压良民，肆行掳掠子女者，仍按律治罪，其于凯撤回营时，沿途遇有良民子女，并非逃失，该官兵等强行携带者，系官革职，兵丁革退，均按律治罪，领兵之专管官失察者降二级留任，兼辖、统辖官降一级留任。其有逃失良民子女辄行携带者，系官革职，兵丁责革，领兵之该管官失察者降一级留任，兼辖、统辖官罚俸一年，该管官知情故纵者革职，兼辖、统辖官降一级调用。

约束 047：道光三年六奏定

出征兵丁，沿途生事不法，扰害地方，除将该兵革退治罪外，其约束不严之专管官降一级调用，兼辖将领罚俸一年，提督总兵罚俸九月。如系该管各官纵令生事者，将纵令生事之员革职；如武弁跟役生事不法扰害地方者，将伊主降一级调用；其约束不严之该管官罚俸一年，兼辖将领罚俸九月，提督总兵罚俸六月；如系该管各官纵令生事者，将纵令生事之员降三级调用。

约束 048：道光三年七奏定

台湾游击、守备等官，有贪酷乖张，以致起衅生事，革职提问；参将、副将、总兵如徇庇不行揭报者，均降三级调用；止于失察者，均降一级调用。若文职同知以下等官，有贪酷乖张，武职瞻徇隐匿，不行告知督抚者，降一级留任。

约束049：道光三年八奏定

兵丁有违禁重利放账者，将兵丁革退，失察之本管官降一级留任，能自行查出者免议，傥明知故纵，不行禁止者，降三级调用。若本管官希图射利，放与本营及别营兵丁，以致坐扣钱粮者，题参革职，仍计赃治罪，该管上司知情不报者降三级调用，不知情失察者降一级留任。

约束050：道光三年九奏定

台湾系海疆重地，换班兵丁，由内地各营派往，该管官详加遴选，将勤慎安分之人派往，其不安分者，当即革伍，不准派往。至到台后，责令台营该管各官严行约束，如兵丁酗酒殴毙人命，将台营约束不严之该管官降一级调用，兼辖官降一级留任，原营派拨不慎之员均罚俸一年。若结会拜盟，纠伙持械，欺压良善，及逼索诈奸，扰害地方，以致酿成事端者，将台营约束不严之该管官革职，兼辖、统辖各官均降二级调用，总兵降一级调用，原营派拨不慎之员降一级留任。

约束051：道光九年奏定

在营兵丁，如有纠伙夺犯殴官之事，该管各官虽立时首从全获，仍将平日约束不严之专管官革职，兼辖官降一级调用，统辖官降一级留任。

约束052：道光九年又奏定

营兵革伍后，专管官即照例移交地方官约束编氓，如不移交地方官编氓，以致该革兵伙劫为匪，一经事发，即将该专管官照承办错误例降一级留任。如已移地方官，而地方官失于约束者，吏部照例处分，原营免议。

约束053：道光十四年奏准

营兵有犯违禁，经有司官拘责，同营兵丁率众赴署滋闹，将不能约束之专管官降一级留任，统辖官罚俸一年。

约束054：同治元年谕

嗣后各省统兵大员，于撤回兵勇启行时，着另派随营委员，协同总带官弁，管领官兵到营，民勇到籍，如系外省兵勇，并着于送出本境后，由下站派员接递，以资约束而防扰害，如有逗遛滋事，抢掳民物，不服管束者，即着各该地方官，按照军法，立即斩枭。

约束055：同治三年谕

嗣后各路征调官兵，经过各州县地方，均着住宿城外，不准擅自入城，应给米面等项，由地方官先期送至城外，若带兵官不能严加约束，致兵勇索扰商民者，即由该地方官据实禀揭，由该督抚参办，并着各路统兵大臣，于出征弁兵，严加约束，一体懔遵，不准入城骚扰，以明纪律而肃戎行。

约束 056：同治六年谕

刘长佑奏：查明不守军律之都司从严惩办等语。都司陈希协，经刘长佑派赴军营剿贼，辄敢于贼匪经过村庄，掠取民间衣物，私自运回，实属胆大妄为，业经刘长佑讯明正法。所办甚是。行军以纪律为先，若管带之员，先不能洁己守法，更何能约束兵丁，近闻各营兵勇，于经过地方，颇有骚扰民间之事，皆由带兵各员束身不严，难申军律所致，积习实堪痛恨。嗣后各路统兵大臣，务当严明约束，凡官兵经过城市乡村，概不得丝毫扰累，如查有前项情弊，即照军法惩治，毋稍宽纵。

约束 057：同治七年谕

曾国藩奏：霆营勇夫闹饷，应行查办各官审明定拟一折。上年十月间，霆字正左等营，在湖北襄阳府属东津湾因饷滋闹，经李瀚章参奏，降旨将营官史宗兴等先行革职，讯明后再行从严惩办。兹据曾国藩督同省局司道讯明霆营闹饷，实因上年七八两月，江西省未能筹解饷银，各营筹款垫放，至十月放饷，该营官等扣还前款，适值米价昂贵，又因开差黄安勇丁需用无赀，相率滋闹，藉端抢掠，营哨各官，虽讯无扣饷重情，究属办理乖谬，咎实难辞。已革总兵史宗兴、杨谦万、邹连升，任意扣款，本有应得之咎，业经革职，均毋庸议。约束不严之哨官参将刘明高，游击罗朝魁，副将莫志友，总兵李仁寿，均著革职永不叙用。副将陈敬德、彭在中、杨友胜均以游击降补，参将殷昌南著以都司降补，游击冯文质著以守备降补，以示惩儆。已革总兵陈由立，当勇丁滋事之时，首先抢其坐船，其平时不协军心，发饷含糊，已可概见，被参后又延不到案，畏罪玩法，厥咎甚重，著发往新疆效力赎罪。未获之守备徐正元等五名，仍著该督查拿惩办，以肃军律。

约束 058：同治八年奏准

军营派员招勇，不能慎选贤能，致勇丁沿途结伙肆抢杀人，该管带官讯无纵容情事，止系不能钤束者，管带官革职，递籍管束，不准再行投营蒙混开复，其原营选择不慎之该管大员革职留任。

约束 059：同治九年谕

迩年以来，各省遣散勇丁，往往潜匿各处，乘机抢掠，扰害地方，并有造言惑众藉端生事各情，亟应严拿惩办。著各路统兵大臣，暨各直省将军督抚，督饬该地方官，遇有此等编造谣言乘机滋事之勇丁，立即查拿从严惩治，毋稍宽纵。

约束 060：同治十一年谕

嗣后各路统兵大臣，遇有差委员弁，著即申明纪律，严加约束，所给执照，务将勇丁马匹，及所携带枪械数目，并应需车辆若干，以及程途期限，详细开明，经过驿站暨关津隘口，均令呈验放行。如有不遵盘查，及骚扰逾限情弊，准由地方官查拿，随时禀报督抚奏明惩办。至各营中记名提镇之员，除统帅外，其余在营差遣者，如有奉差经过驿站关津，均著恪遵功令，听受地方官稽查，概不准多带勇丁，滥索车马，尤不准夹带货物，私载妇女，如敢故违，即由各该地方官禀明严参，从重究办。

马政〔例 41 条〕

马政 001：原定

各营官兵马匹缺额赴部领解，于沿途倒毙过多者，罚俸一年。

马政 002：康熙三年覆准

官员解送军前马匹，沿途应加谨喂养，不许漫不经心，以致疲瘦，若疲瘦三匹以下者免议，十匹以下者罚俸三月，二十匹以下者罚俸六月，三十匹以下者罚俸九月，四十匹以下者罚俸一年，五十匹以下者降一级留任，六十匹以下者降一级调用，六十匹以上者革职。

马政 003：康熙三年题准

军需马匹有交与州县喂养者，若有疲瘦，照解送军前马匹例，计数议处。

马政 004：康熙三年又题准

民人违禁养马者，失察之该管官，罚俸一年。

马政 005：康熙十一年题准

官兵不扣朋银者，该管官罚俸一年，提督罚俸六月，无提督之省，总兵官罚俸六月。

马政 006：康熙十一年又题准

领解马匹，如十分内倒毙三分以上者罚俸一年，六分以上者降一级调用，八分以上者革职。如将马匹私卖私给，并缺马仍支草料者，革职提问。

马政 007：康熙十五年题准

大小官弁将自己马匹勒令营伍收买，多取价值者，照贪官例革职提问。

马政 008：康熙十五年又题准

提镇差遣官役买马者，若于部发号票外多买，及携带马贩私买者，许经过地方官严行查拿，若被旁人拿首，或别处查获者，经过地方官俱降一级留任，官役从重治罪，差遣之提镇罚俸一年。

马政 009：康熙十五年议准

提镇特参贪官巨憝，及具题军政荐举奏销钱粮等事，准用火牌一张，填马二匹；如同驻扎一城，同日拜发者，统用火牌一张，亦止填马二匹；其余寻常事汇至三件以上，封固由驿站递送，倘事简衙门填及三件者，亦封固由驿站递送；倘违例专差填用火牌者，部科核参，照多填马匹例议处。

马政 010：康熙十六年议准

奸匪图利，将马在贼境接壤贩卖与贼者，不论官兵民人，各照例治罪。该管官知情故纵者，以同谋论；失察者，武职专汛官革职提问，兼辖官皆降五级调用，该管总兵官降三级调用，提镇降三级留任。若贩马之人，由本汛拿获，文武各官皆免罪，将拿获之官议叙，十名以上者纪录一次，多者照数纪录，五十名以上者加一级，百名以上者加二级。其不系本汛，有能盘获十名以下者纪录一次，十名以上者加一级，二十名以上者加二级，三十名以上者加三级，四十名以上者加四级，五十名以上者不论俸满即升，百名以上者越升一级即用，拿获贩马之人，将所获之马尽行赏给。

马政 011：康熙三十一年覆准

向来各省买马，均先在部领票，经过地方文武官，验票放行，如有奸匪将私马附入票内，影射行走，难于稽察。嗣后各省将军、提镇等，若须买马，令豫先报部，部内暂停给票，听其往各口及京城照数购买，买到之日，由部印烙，然后给票，票内驻明马数，并所往该省路径，令经过地方文武官，将票内马数及部内印烙验明放行，若无部内印烙，及马比票内数多者，查拿治罪，如经过文武官不行查拿，文官交吏部议处，经过地方之专汛官罚俸一年。

马政 012：康熙三十九年覆准

偷盗之马，经过地方，该官弁无从知系偷盗之马，所有职名，免其查参，该官弁能拿获偷马贼者，每案纪录一次。

马政 013：雍正元年覆准

将军提镇以下各官，如有家人衙役擅骑驿马，需索驿递财物，令司驿官申报上司，该上司即行指参。

马政 014：雍正十二年议准

买补营马，遵照定价发给，不得短少分厘，所买之马，果系膘壮，方准收营，如有扣克扰累，该营官革职，计赃治罪，若任兵丁以不堪用之马充数者，该管官降三级调用。

马政 015：雍正十三年覆准

提镇差官赍送本章，除紧要者连站驰递外，其寻常事务，各照该处题定到京限期，日行站数，于火牌内注明，经过司驿官查明应付，如有越站急驰至伤驿马者降一级调用，因而伤死驿马者降二级调用，仍追马还官，若倚恃奉差索取驿递财物者交刑部治罪。

马政 016：乾隆元年议准

陕西甘州提标，凉州、西宁、肃州三镇标，各设马厂一处，每厂牧牡马一千二百匹，以游击一人为总统，每厂分为五群，每群牧马二百匹，牡马四十匹，以千把总一人为牧长，外委千把总一人为牧副，兵十名为牧人，三年均齐一次，所牧马匹不论牝牡，每三匹取孳生马一匹，三年内一群之马，多孳生一匹以上者为三等赏，千把总加一级，外委纪录二次，兵每名赏银一两；多孳生八十匹以上者为二等赏，千把总加二级，外委加一级，兵每名赏银二两；多孳生一百六十匹以上者为一等赏，千把总外委均以应升之官即用，兵每名赏银三两。如少孳生二十匹以下者为三等罚，千把总罚马五匹，外委及兵各责四十；少孳生四十匹以下者为二等罚，千把总罚马七匹，外委及兵各责五十；少孳生八十匹以下者为一等罚，千把总罚马九匹，外委及兵各责六十。如于原牧数内缺少者千把总革职，罚马十八匹，外委革去顶戴，仍责八十，兵责八十，所罚之马归入马群核算。其提镇游击统计五群以为赏罚，五群得赏之游击加二级，提镇加一级，四群得赏一群得罚之游击加一级，提镇纪录二次；三群得赏二群得罚之游击提镇，毋庸议赏议罚；三群得罚二群得赏之游击降一级留任，提镇罚俸六月；四群得罚一群得赏之游击降一级调用，提镇罚俸一年，五群全罚之游击革职，提镇降一级调用，若于原牧数内缺少者，除将千把罚出马数补入外，余著落游击提镇各半分赔。

马政 017：乾隆六年奏准

大小官员将自畜马匹，抑勒营伍收买，多取价值，若经营驿据实详揭，该督抚提镇不题参者，照徇庇例议处，详揭之营官，以应升之官即用，督抚、提镇失察者罚俸一年。

马政 018：乾隆十三年议准

甘州提标，凉州、西宁、肃州三镇标，各设驼厂一处，每处牝牡驼二百为一群，每群以千把总一人为牧长，外委千把总一人为牧副，兵九名为牧人，委守备一人督率经理，以五年均齐一次，每牝牡驼一百，于五年内孳生四十者毋庸议赏，于额数之外多孳生一驼至十驼者为三等赏，千把总纪录二次，外委纪录一次，兵每名赏银一两；多孳生十一驼至二十驼者为二等赏，千把总纪录三次，外委纪录二次，兵每名赏银二两；多孳生二十一驼以上者为一等赏，千把总加一级纪录一次，外委加一级，兵每名赏银三两。每牝牡驼一百，于五年内倒毙二十驼者毋庸议罚，若倒毙逾二十驼之额，不论多寡，总以续得孳生抵补，其余再计孳生，如少孳生一驼以上者为三等罚，千把总罚俸六月，外委及兵各责四十；少孳生十一驼以上者为二等罚，千把总罚俸九月，外委及兵各责五十；少孳生二十一驼以上者为一等罚，千把总罚俸一年，外委兵丁各责六十。至经理守备，如千把总外委得一等赏者准其纪录三次，得二等赏者纪录二次，得三等赏者纪录一次。如千把总外委得一等罚者经理守备罚俸一年，得二等罚者罚俸九月，得三等罚者罚俸六月。孳生牡驼于五年均齐之后，照例配搭孳生，其余牡驼骟割别牧，以备拨用。再，孳生驼内如有老弱不孳生者，准其据实呈验变价，所有空缺，在于孳生驼内顶补，仍算入孳生之数，以定功过。

马政 019：乾隆三十三年奏准

巴里坤原牧孳生及雅尔解来马，共五千二百八十余匹，仍归一厂，水草不敷，请分为东西二厂，除原派游击外，添派都司一员，董率经理，每厂五群，派千把总五员为牧长，外委五员为牧副，按每马二十四匹派兵一名为牧人，均齐赏罚，均照旧例。惟统辖总兵，既兼理两厂十群，应改为十群得赏者加一级，九群八群得赏者纪录二次，七群得赏者纪录一次，其六群五群得赏者免其议处，六群得罚者罚俸半年，七群八群得罚者罚俸一年，九群十群得罚者降一级调用。

马政 020：乾隆三十六年谕

兵部前次议处解马倒毙各官一案。旧例所定倒毙六十匹以上，不计多寡，概予革职而止，实未平允，著军机大臣会同该部另行按所解马成数，分析定例具奏。钦此。遵旨议定：凡解送军营赔补马匹之数，每百匹准其倒毙三匹，如倒毙至四五匹者罚俸六月，六七匹者罚俸一年，八九匹者降一级留任，十匹十一匹者降一级调用，十二匹十三匹者降二级调用，十四匹十五匹者降三级调用，十六匹至二十匹者革职，二十匹以上者革职、杖一百，三十匹以上者杖六十、徒一年，三十五匹以上者杖七十、徒一年半，四十匹以上者杖八十、徒二年，四十五匹以上者杖九十、徒二年半，五十匹以上者杖一百、徒三年，如有盗卖别情，从重治罪。至总理督解之员，合其督解总数，按其倒毙多寡，亦照此分别议处治罪。

马政 021：乾隆四十年奏准

巴里坤东西两厂，孳生马八千四百余匹，若仍归两厂牧放，原派官兵照料难周，应分为三厂，添派守备一员，董率经理，每厂五群，每群以千把总一员为牧长，外委一员为牧副，每马二十四匹，派兵一名为牧人，均齐赏罚，均照旧例。惟统辖总兵，既兼理三厂十五群，其赏罚应改为十五群得赏者加一级，十四群十三群十二群得赏者纪录二次，十一群十群九群得赏者纪录一次，其八群七群得赏者免其议处。至九群十群得罚者罚俸半年，十群十一群十二群十三群得罚者罚俸一年，十四群十五群得罚者降一级调用。

马政 022：嘉庆六年奏定

奉派出师官兵，应需马匹，在于各镇营内挑选，如将不堪备用之马充数，将承办挑选之员，照以不堪用营马充数之例降三级调用，不行饬驳更换之该管上司降一级调用，提镇降一级留任。如系提镇自行挑选，即将提镇降三级调用；如能挑选妥善，差使无误者，准其加一级。

马政 023：嘉庆十一年奏准

直隶省领喂旗马三千一百八十八匹，每年于秋间归营喂养，至次年立夏时交察哈尔牧放，出青时由提督验明膘分，分别等第造册，由总督察核送部，如列为一等者给予纪录一次，列为二等者毋庸议叙议处，列为三等者罚俸一年。如有喂养不善，以致马匹疲瘦不堪乘骑者，即据实参奏，将经管之员降一级留任，马匹仍著落赔补。

马政 024：道光三年奏定

军营撤回马匹，解回原营及新疆台站马匹，如有倒毙逾额，均照解往军营马匹倒毙之例，减等分别议处。

马政 025：道光三年又奏定

购买营马，不许短价侵渔，如本官有克扣摊派等弊，该将军督抚提督题参，将本官革职，计赃治罪。若任听兵丁以不堪营马充数者，该管官降三级调用。

马政 026：道光三年三奏定

督抚提镇标营朋马奏销，限于次年五月内，由该督抚题报，甘肃省有乌鲁木齐等营，道里较远，限于次年十月内，由该总督具题，如各标营迟延不申，或已申而督抚不即送部以致逾限者，照营卫各官造送钱粮册结迟延例议处。

马政 027：道光三年四奏定

各省办解军需马骡，足数膘肥，由该督抚奏明请旨议叙，将解送之员照军功加一级。

马政 028：道光三年五奏定

伊犁牧厂马匹，于年终查明，如膘分肥壮，倒毙不逾定额者，官员纪录二次，兵丁记名于拣选时列名。若马匹疲瘦倒毙过多者，著落赔补外，将官员参奏议处，兵丁责惩。

马政 029：道光三年六奏定

乌鲁木齐、伊犁、库尔喀喇乌苏、精河、济木萨营，吐鲁番等处屯田兵丁遣犯，应需牲畜，如马匹驴骡倒毙不及三分，牛只倒毙不及一分五厘，将该管各官记功；其马匹驴骡倒毙不及二分，牛只倒毙不及一分者，该管各官纪录一次。

马政 030：道光三年七奏定

伊犁等处派员解送乌鲁木齐等处马牛，妥协解送之员，准其加一级。

马政 031：道光三年八奏定

蒙古进贡马驼之外，途间有愿卖者，听其货卖，若有通晓蒙古语言之人，与蒙古交结，前往边界迎买驼牛马匹者，交刑部治罪，所买牲畜入官，守口官员私放出口者革职。其蒙古到馆后未进贡之先，有入馆私买贡马驼者，系职官降一级留任、罚俸一年，系平人鞭一百，如有抢夺偷盗者，交刑部治罪。

马政 032：道光三年九奏定

营驿各官需用马匹，不详请督抚、提镇咨呈兵部，私差人来京买马者罚俸一年。

马政 033：道光三年十奏定

屯丁兵丁违禁贩马不严行察出者，将卫千总、营千总、把总各罚俸九月，游击、参将、副将等官罚俸六月，将军、提督、总兵各罚俸三月，督抚交吏部议处。

马政 034：道光三年十一奏定

牧厂马匹，除口老残伤应行变价者，拨出官卖外，如有将在厂牧放之马，偷卖与贸易人等，一经查出，或被首告，将偷卖之人，系官革职，系兵丁杖一百革退，将私买之人送部从重治罪，马匹交入原厂，仍于卖马人名下，追出马价一半入官，一半赏给首告之人，其失察之该管官罚俸六月，兼辖统辖官罚俸三月。

马政 035：道光三年十二奏定

凡私自出口贩买马匹及各省差来买马弁役，领票出口，于票填数目之外，有夹带进口者，责成守口员弁稽查盘获，将马入官，人犯送刑部治罪，倘各口暨沿途经过地方失于查拿，以致偷越，将守口及经过地方之该管官罚俸一年。

马政 036：道光五年奏定

伊犁孳生官群赢余马匹，由乌鲁木齐、巴里坤、哈密等处查明次年需用若干，于年前移咨伊犁尽数赶用外，余剩马匹，拨解内地，以补缺额，由该将军挑选膘壮烙用印记，按照陕甘总督咨文，酌量数目，派委妥员解至乌鲁木齐，遴员拨解巴里坤，至巴里坤时，该总督委员会同验收，仍令巴里坤总兵严饬解员等，妥解肃州。其自伊犁至巴里坤，虽有戈壁，尚可绕道而行，不准倒毙，自巴里坤至肃州，戈壁相连，水草缺乏，遇有倒毙，应令该解员割取耳尾烙印，据实报验，免其赔补，其倒毙之数，不得过三成，如有虚浮开报，及烙印不符倒毙过多者，该督抚查明严参治罪，责令赔补。若解到马匹，验明烙印无误，虽膘分稍减，该营员毋许藉端勒掯，任意批驳，如有此等情弊，亦准解员据实呈报该将军等参奏治罪。

马政 037：道光九年奏定

甘肃甘州提属六厂，巴里坤、古城、济木萨各厂孳生马厂内，七岁以下之骟马，留厂经牧，以备拨用，每年每百匹，准开报倒毙马六匹；八岁以上之骟马，遇有各营倒毙合例营马缺出拨补；至二十岁以上之骒马，及口老残废碎小之儿马，交地方官分别据实变价解司；甘州提属六厂，三年均齐后，准挑变一次；巴里坤各厂，六年两次均齐后，准挑变一次；每百匹均准挑变马六匹，不得逾额，其孳生牧厂倒缺儿骒马数，即以续得孳生儿骒马匹抵补，分析造册送部，俟考成时，将顶补过马驹，仍算入孳生案内，以定功过。

马政 038：道光二十一年题准

营马倒毙，该营员并不照例分别年限追赔桩银官为买补，概令兵丁自买者，照不应重律降二级留任。

马政 039：道光二十三年题准

营马喂养不善，以致膘分不足，驰骤无力，经阅伍大臣参奏者，将该管官降一级留任。

马政 040：道光二十五年议准

甘肃提镇大员，于该管营厂马匹被抢，弥缝赔补，扶同徇隐者降三级调用；马匹被抢，虚报夺回者革职；若于前任亏短，失于查察不行揭报者降二级留任，俱分别着落赔补。

马政 041：同治二年谕

嗣后牧群升途，以该群孳生之马数较多兼能膘壮者，以次拣补，如有马匹疲瘦等弊，即将该翼领等严行参处，牧长以下等官，即于查验马匹之时，分别责惩参革。

驿递〔例32条〕

驿递 001：原定

扈跸官员领骑驿马有倒毙者照分数议处，十分内倒失三分以上者罚俸一年，六分以上者降一级调用，八分以上者革职，如将马匹私卖私给并缺马仍支草料者革职提问。

驿递 002：康熙十一年覆准

提镇有本章并公务例应驰驿者，准用部颁勘合火牌，司驿官验明，方准应付，有私用驿递夫马，并差遣家人兵役私发牌票索取夫马者皆降二级调用，副将以下各官私发牌票索取夫马者降二级调用，该管之提镇失察者降一级留任。如提镇及副将以下各官之家人兵役，并无牌票，倚势索取夫马，本官查出拿究者免议。驻防将军都统以下各官，私用驿递夫马及私发牌票者，照此例议处。

驿递 003：康熙十五年题准

买补驿马，若以少报多，滥行开销者，照贪官例革职提问。

驿递 004：康熙十六年议准

驰驿官员将同行之领催差官并从役人等，不行约束，以致殴伤驿递员役，或不系紧差，故将驿马驰毙，或故意越站索取财物者，令州县驿递官员，一面申报上司，一面申报兵部，核查实情，将本官革职，其领催差官等交刑部从重治罪。

驿递 005：康熙十六年又议准

奉差官役不遵勘合火牌填注，枉道扰驿者，降二级调用。

驿递 006：康熙十六年题准

在外提镇以下大小官员，将自己马匹送入驿站，多取价值者，照贪官例革职提问。

驿递 007：康熙二十八年题准

官兵额外多索船夫及强勒越站行走者，照驰驿越站多索例处分。

驿递 008：康熙三十七年覆准

官员运送军营米粮及一应军需等物，所用官车，若损坏一车至十车者，为数甚少，免其议处，仍照常议叙，如损坏十一车至二十车者降一级，二十一车至三十车者降二级，三十一车至四十车者降三级，四十一车至五十车者降四级，五十一车至六十车者降五级，皆留任。此等损坏驿车之现任、候选、候补各官所有议处，准将应得议叙、加级减等降抵，如有议叙在一等者应降一级改作二等，应降二级改作三等，应降三级改作四等，有议叙在二等三等者，亦照此按等降抵，内有微员无级可降者革职留任，三年无过开复。其投诚外委闲散赎罪人等，除照议叙等第降抵外，如无级可降免议。

驿递 009：康熙三十九年覆准

奉差官役有例应拨兵护送者，若有藉称紧急，将兵牌不与验看，额外多索扰累者，系官革职，系役杖一百；多索兵一名者官降三级调用，役杖八十；二名者官降四级调用，役杖九十；三名以上者官革职，役杖一百；倘并无兵牌，诈索护送兵者，有职者革职，无职者审究治罪。至奉差官役，并无扰累多索，营汛藉端迟延，不即钤盖印信者，将该营汛官降一级调用。

驿递 010：康熙四十二年议准

口外驿站钱粮，皆司驿官豫先支领，若不存储在官，私借与人图利者革职交刑部治罪。

驿递 011：康熙五十一年覆准

一应奉差官役，所领勘合火牌兵牌，事竣即行缴销，如迟延不行缴销者，官罚俸三月，役笞五十。

驿递 012：雍正五年覆准

直省本章遇有霉湿破损，或由本处拜发之时，包封不谨，或由沿途赍送不谨，应分别参处。嗣后提镇有本章，将装本原箱，严密封固，于到京之日，令提塘及赍本官役，将装本原箱，由通政使司阅看，或系内里霉湿破损，抑或外面霉湿破损，查验明确，一面揭送内阁，一面咨明兵部行查议处，如内里霉湿破损，将具题官罚俸六月，外面霉湿破损。系专差者，将专差官罚俸六月，差役笞四十，由驿站递送者，挨查系何驿霉湿破损，将马夫笞四十，司驿官罚俸两月。

驿递 013：雍正七年议准

驻防官兵家口及寡妇，由水路归旗者，该将军等将押送官兵并家口数目确核合算，如五十人拨头号船一只，四十人拨二号船一只，三十人拨三号船一只，骨殖一具算家口一人，其口粮照家口实数发给，如押送家口之官私揽货物者革职，兵私揽客货，该员失察者降一级调用。

驿递 014：雍正九年议准

文武各员来往公文，有事关军机及紧要刻难迟缓者，一面由马上飞递，一面将飞递缘由知会驿道备案，其收受飞递公文之衙门，并沿途转送之各州县驿，亦将何年月日收受转送飞递公文之处，知会驿道，该驿道查明，按季汇册呈报督抚，督抚于年终咨部查核，其一应寻常事，不准飞递，有违例者降三级调用。

驿递015：雍正十三年议准

奉差官役所带之包，不许过六十斤，首站应付包马时，称准斤数无浮，于应付簿上注明钤印，每夜住宿之司驿官，再加查验，亦于簿上注明"某驿验过，并无重包"字样，若有过六十斤者，称出斤数详报，重至七十斤者，官降一级调用，役杖六十，再有重者，每十斤加一等，重至百斤以上者，官革职，役杖一百。

驿递016：乾隆六年奏准

奉差官役，执有勘合火牌，藉称紧急，不与司驿官验看，骚扰驿递，多需夫马车船者，司驿官毋得钤盖印信，一面将多索骚扰情由，揭报兵部并都察院据揭参奏，将骚扰驿递者，系官革职，系役杖一百。多索马一匹车一辆船一只者，官降三级调用，役杖八十；马二匹车二辆船二只者，官降四级调用，役杖九十；马三匹车三辆船三只者，官革职，役杖一百。至每马一匹不用者，止准折夫三名，若多索夫一名者，官降一级调用，役杖六十；二名者，官降二级调用，役杖七十；三名以上者，官降三级调用，役杖八十；六名以上者，官降四级调用，役杖九十；九名以上者，官革职，役杖一百。

驿递017：乾隆十九年议准

各省赍送本章，俱拨差二人，填马二匹，傥一人有病留滞中途，该地方官查明出结，于火牌内注明，扣骑马一匹，令一人依限驰送。如该差捏称患病稽留，该地方官不行查出，遽行出结者，照不行查明给结例罚俸一年。其庆贺表笺豫期封固严密，给发传牌，定立限期，交与塘站递送，令各该提塘收接投递，即将传牌缴部查核。

驿递018：乾隆三十九年覆准

各省饷鞘数在十万两以下者，仍照向例令沿途逐汛千把外委等按程接送，其数至十万两以上者，俱令豫行咨明沿途督抚，酌派该营附近大路之将备等官，督率弁兵，分起护送，逐程交替明白，始准回营，遇有疏失，除银两仍令文员照例分赔外，该管将备照地方州县一律议处。

驿递019：乾隆三十九年议准

军台官兵，如有将报匣夹板及兵部加封事件擅敢拆动，以致泄漏事情者，无论官兵马夫，均即按军法从事，其专管台站之文武员弁革职拿问，该管台站大员降四级调用。至军营往来文移札禀，凡有关军需粮饷调遣兵马及升调参革官员等项情事，应令发递时，俱用钉封钤盖印记，如台站书吏人等有将公文私自拆阅，察出者究明情节问拟流罪，其专管台站员弁知情不举者降三级调用，失察者降三级留任，管理台站大员降二级留任。若下站官弁接递上站公文，见有拆动形迹，不行具报者，降一级留任；如该管官及该管大员自行查出，报明究治者，准予免议。

驿递020：乾隆五十四年谕

前因本月初四日京中本报迟误，经兵部参奏交直隶总督逐站挨查，于何处耽延，据刘峨查覆：系在密云迤北之沙峪沟、穆家峪、石匣、瑶亭至古北口一带，因山水陡发，耽误十五刻，业交在京吏兵二部，将文武各员弁议处，十九日复因本报迟到，亦经兵部参奏议处矣。本报驰递耽误，因山水骤发所致，尚非有心迟误可比。嗣后如有实因山水陡发，迟延三日者，将文武员弁查明议处，以示惩儆，若在一两日内者，竟可免议。所有此两次文武员弁应行议处之处，俱著加恩宽免。

驿递 021：乾隆五十四年定

恭遇圣驾巡幸，递送行在之本章，除实在河水涨发，舟楫难施，以致迟延一二日者，令其随报声明，送行在兵部查核，仍令地方官确查实在情形，于文内声明，送部查核，果系实情，免其议处。若非雨水泥淖，藉词稽迟等情，概不得援免，仍照驰递紧要公文逾限例议处。

驿递 022：嘉庆六年奏准

嗣后各省塘驿沉匿平常公文一角者，马夫杖六十，每一角加一等，罪止杖一百。该管之员沉匿一角者罚俸六月，二三角者罚俸一年，四五角者降一级留任，六七角者降二级留任，八九角者降一级调用，十角以上者降三级调用。如官员亲赍文移匿失者，照此例加一等议处，应议降三级调用者议以革职。若于军情机密一切文移，无论官员兵丁递送及匿失多寡，俱革职提问。

驿递 023：道光二年奏准

凡驰驿本章及紧要文报，应有员弁押送者，如不亲身押送，即行革职，失于觉察之该管上司罚俸一年。奉派台站员弁，递送紧要事件，如有亲身不行驰递，令人代替者革职，甚至刻剥官役，故意跑死驿马及勒索好马，干预地方事务，扰害百姓者，俱按例治罪，签派不慎之上司降一级调用，督抚、提镇徇情不参，提镇降二级调用，督抚交吏部议处。

驿递 024：道光二年定

应由驿站驰递公文，不得由军站驰递，傥该管员弁违例滥行签发者降一级调用，若失于详查误行签发者降一级留任。

驿递 025：道光二年又定

台站武职员弁，接递内外衙门公文，如不依原行公文封面填写处所，错递他处，系紧要公文，将误递之首站官，每案降一级调用，失于详查辄行转递之下站官降一级留任；常公文，首站官罚俸一年，转递之下站官罚俸六月。

驿递 026：道光二年三定

凡奉旨差遣重大事务及紧要军务，官役闭门，不容进城，抗不应付，或殴打差员者，俱革职提问。或驿马额缺，不行买补者革职。如赍送上用物件，应付稽迟，或迟误紧要奏章者降二级调用，若稽迟应付迟误寻常奏章者降一级调用。

驿递 027：道光六年奏定

台站官员接递新疆等处公文册籍，未能包护如法，以致破损者，将原递站弁及专管各官均罚俸六月。

驿递 028：道光十三年议准

寻常奏折由驿接递，不得辄限四五六百里，傥有混行签发者降一级调用。

驿递 029：咸丰三年谕

现在军务未竣，文报往来，最关紧要，如道路遇有梗塞，该管驿站地方官，即应设法绕道驰递，若不知事体缓急，辄将文报擅自递回，贻误匪细，著各该省督抚，严饬臬司，通行晓谕所属州县，凡遇紧要军报，傥道路偶有阻隔，藉词递回，以致贻误者，即著该督抚奏明严参，并著兵部随时稽察，将管理驿站之臬司暨该督抚一并参处。

驿递 030：咸丰五年谕

嗣后各省学政，除派办防剿事务及实有紧要事件迫不及待者，准其发报外，其余概不准擅用驿递，以示限制。

驿递 031：咸丰七年谕

嗣后各路军营奏报，所奉谕旨，该部即迅速钞录，由驿驰递，不准稍有积压，如再迟误，以致各该省纷纷奏请补发者，著该堂官查明，系何处迟延积压，即行参处。

驿递 032：同治元年谕

前因各路军报驿递任意迟延，叠经皇考文宗显皇帝屡次严加申饬，现在各路军报仍未能按照里数克期递至，事关军务，岂容如此延玩。嗣后著兵部于接到后，按计日期里数，如有迟误者，即行文各直省督抚，沿途挨查，严行参处。其寻常奏事，该直省督抚，亦不得率行由驿驰递，以符定制而杜骚扰。

墩台营房〔例 15 条〕

墩营 001：国初定

边境设立墩台营房，以司侦瞭，遇有紧急，举烟为号，寇至百人者，挂席一领，放炮一声；至三百人者，挂席二领，放炮二声；至五百人者，挂席三领，放炮三声；至千人者，挂席五领，放炮五声；至万余人者，挂席七领，连放炮声，接递传报。

墩营 002：康熙七年题准

各省孔道，均设墩台营房，拨兵看守，如有紧急军机，接递传报。

墩营 003：雍正十二年议准

墩台营房，该管官会同地方文职，按汛地建造，严饬汛兵，加谨保护，如遇残缺坍损，亦会同文职修理，若该管官疏纵，致令汛兵作践拆毁者降一级调用，仍著落赔补，兵丁责革，兼辖官不揭报者罚俸一年。至该管官离任时，将墩台营房与接任官交代，取结详报存案，傥在任之日，不会同文职修理，经接任官详揭者，将该管官降一级调用，仍著落赔修，若该管官无力，即著落平日不稽察之兼辖官分赔，接任官滥行出结，亦著落赔修，或墩台营房并无缺损，接任官故意勒索，照交代勒索例议处。

墩营 004：乾隆二年议准

墩台营房，如遇残缺坍损，该管官移会文职，按照地方冲僻，次第修理，如迟延不报，照迟延例议处。

墩营 005：乾隆三年奉旨

各省水陆孔道之旁，设立墩台，驻宿兵丁，所以护卫行人，稽察匪类。朕闻外省情形，种种不一，其间兵卒成行，器械成列，于行李往来之时，留心防护者有之；防汛止二三人，而不成行列，器械不整者有之；营房虽设，而阒其无人，一任偷窃潜行，漫无知觉者亦有之；大抵与督抚提镇等驻扎大营相近者，尚觉整齐，其远者即多废弛。夫防汛兵丁，既无差操之劳，专司稽察之事，而乃怠惰纵逸至此，则国家设立汛兵之意安在？皆该管官弁约束不严，董率不力，有以致之，其如何增设惩儆之法，令督抚、提镇等转饬所属将弁实心奉行，俾各勤于职业，不似从前之耽逸偷安任意旷误，著兵部定议具奏。钦此。遵旨议定：各省督抚、提镇将所属地方，详细筹画，除汛兵已经足额者，毋庸再行拨补外，其有汛兵缺少之处，各按地方冲僻情形，悉心酌定，即行拨补，拨补之后，不许缺额，所有器械务须整齐，仍令该管官不时查验，傥有离汛偷安，旷误汛防者，将兵丁责革另补，该管官稽察不力者，照约束不严例议处。

墩营 006：乾隆二十八年覆准

巡阅营伍，原为考验兵丁，盘查器械，庶不致技艺生疏，老弱弊混。至塘汛兵丁，有护解饷犯巡查奸宄之责，若遇巡阅，该管将备即调集合操，未免旷误汛守，有顾此失彼之虞。嗣后凡钦差以及督抚、提镇巡阅营伍，其经过之塘汛兵丁，即便道阅验，毋庸调集该营驻扎之城合操会验。至偏僻不能遍及之塘汛兵丁，在十名以上者调验一半，仍将一半留汛防守，其不足十名者毋庸调集，即令该巡阅大臣委员分差前往查验，如有老弱弊混并技艺生疏者，即据实详革参处，傥委员查验不实，后经查出，将委员一并参处。

墩营 007：乾隆三十五年奏准

墩台营房，遇有坍塌倾圮之处，专汛武弁，随即详报，系总兵所辖者即责令总兵，副将所辖者即责令副将，会同地方官亲往查勘，实因风潮坍塌工大费繁者，呈报提督，移报总督，核明估报，动项兴修。如因节年坍塌者，著落节年不行粘补之地方官赔修，其未经总兵副将查勘之处，毋得滥请动项兴修。如专汛之弁不即详报者，该管将备揭报题参，将该汛弁照承查迟延例议处。

墩营 008：嘉庆四年谕

各省设立塘汛，额设弁兵，原为稽查奸匪，缉拿盗贼，护送差使，理应一律整齐，以壮观瞻而严稽察。著通谕各省督抚、提镇等实力整饬，稽查塘汛弁兵，毋得怠玩，致干咎戾。

墩营 009：嘉庆五年谕

营汛安设器械，原以防奸究而安行旅，著通饬直省各督抚、提镇严饬所属，将各汛应设器械，务令一律坚利，不得有名无实，如仍前懈弛，即将该管之员据实严参，交部议处。

墩营 010：嘉庆六年奏准

墩台营房，遇有坍塌倾圮，如汛弁不即详报者，经该管将备揭报题参，将该汛弁降二级留任。

墩营 011：嘉庆六年又奏准

各省汛地添建营房墩台，千两以上督抚具题，千两以下报明兵部，入于汇题案内，俟覆准之后，方准动项建造请销。如不候部文，擅自动项添建报销者，将承办之员照擅自动支例降一级调用，转详官照率行详转例降一级留任，率行出咨之督抚交吏部议处。

墩营 012：嘉庆十二年议定

城外失事，离城五里以内者，疏防各官照设有墩铺之例议处；其离城五里以外者，照未设墩铺之例议处。

墩营 013：嘉庆十七年谕

长龄奏：湖北差弁中途被贼戕劫，勒限缉拿，先将原折进呈。此案湖北差弁赍折进京，经由河南许州地方，与脚夫同被劫杀，身受多伤，非寻常疏纵可比，著该抚勒限严拿务获，并将地方营汛官严参示儆。直省驿路安设墩铺营房，原以稽查盗贼，乃近日率皆有名无实，致令奸究肆行，为害商旅，甚至将赍折员弁中途戕毙，废弛已极。著通谕各督抚严饬所辖文武员弁，于驿站塘汛认真整顿，实力巡缉，务使宵小屏迹，道途肃清，以靖盗风而安行旅。

墩营 014：嘉庆十七年又谕

直省驿路通衢，设立塘汛，亭墩相望，即间有盗贼伏伺，而兵役巡逻，声气联络，不难立时擒捕，规制最为周密，乃近日奉行不力，渐就废弛。朕于来往奉使臣工，询问沿途所经，据称营房大半坍圮，兵丁驻守巡查者甚属寥寥，寒冬昏晓，孤行商旅，胥有戒心，甚至河南地方竟有戕劫差弁之案，若不严加整饬，则奸究肆行，尚复成何政体？向来各省塘汛辽阔之处，州县官并增设更铺夫役，来往搜巡，近亦相率裁汰，不以缉捕为事，宵小益无顾忌，著通谕各督抚严饬所辖文武员弁，会同协力筹办，将境内墩汛塘铺查明，一律修整，派拨兵役，常川守望稽查，如有疏纵失事者，严参究办，若督抚讳匿不举，查出一并惩处，务使戢暴安良，共臻荡平之治。

墩营 015：咸丰十一年谕

现在直隶境内抢劫之案，层见叠出，著顺天府、直隶总督严饬各州县，将境内墩铺一律修葺，添设兵勇，认真巡逻，并责令所辖文武员弁，会同邻境地方官，每月会哨数次，以资联络。嗣后遇有盗案，该州县不即行详报者，即照讳盗律治罪。该管上司，不即行参奏，以及参限将满，复改调他任，巧为开脱处分者，一体交部严加议处。

保甲〔例 15 条〕

保甲 001：国初定

凡州县乡城，每十户立一牌头，十牌立一甲长，十甲立一保正，每户给印牌一张，书姓名丁数，出则记其所往，入则稽其所来。其客店亦令各立一簿，将每日宿客姓名，所带行李牲口，及作何生理，往来何处，逐一登记明白。至于寺观，亦分给印牌，上书僧道人数姓名，稽察出入。如有奉行不力，或徒委吏胥需索扰害者，参劾照例议处。

保甲 002：康熙二十五年题准

近京屯庄，旗民杂处各州县，将旗民均编立保甲，各立甲长，稽察盗贼，如有面生可疑者，即拿送地方官讯究。傥甲内旗人为盗，屯庄领催窝盗者，即解送刑部治罪。

保甲 003：康熙三十六年覆准

八旗内务府佐领下人，有在近京地方开窑者，亦令地方官编立保甲，令甲长不时稽察，如在地方生事，即解送刑部治罪。

保甲 004：雍正四年谕

弭盗之法，莫良于保甲，乃地方官惮其烦难，视为具文，奉行不实，稽察不严，又有藉称村落奇零，难编保甲，至各边省更藉称土苗杂处，不便比照内地者，此甚不然。村庄虽小，即数家亦可编为一甲，熟苗熟僮，即可编入齐民，苟有实心，自有实效。嗣后不实力奉行，作何严加处分，保正甲长及同甲之人，能据实举首者，作何奖赏，隐匿者作何分别治罪，著九卿详议具奏。钦此。遵旨议定：嗣后每户给印牌一张，书姓名丁数，偶有出入，必使注明，不许容留面生可疑之人，若村落奇零，户不及数，即就数编立。至熟苗熟僮，已经向化，应一例编立保甲，如地方官不实力编排，以致盗贼窝藏，将州县及营汛专管官，照不能查缉奸民例，降二级调用，兼辖官同城者降一级调用，不同城者降一级留任，能查出详揭者免议。保正、甲长、牌头及同甲之人，果能实力察访，据实举首，照捕役获盗过半以上例，地方官按名数酌量奖赏，傥牌头于所管内瞻徇隐匿，事发之日，系强盗照不应重律折责，系窃贼分别轻重酌量惩儆。若牌头曾于甲长、保正处首告，不据实转首者，一经发觉，甲长照牌头减一等发落，保正减二等发落，牌头免坐。若屯堡村庄聚族百人以上，保甲不能遍查者，选择族中人品刚方者立为族长，如有匪类，令其报官究治，傥瞻徇隐匿，与保正一例治罪。

保甲 005：雍正五年覆准

绅衿一例编入保甲，听候稽察，如抗不遵依，比照脱户律治罪，地方官徇情不详报者，照徇庇例议处。其保正甲长，绅衿免充，轮直支更看栅等役亦准免。至齐民内有衰老废疾，及孤寡之家，子孙尚未成丁者，均准免支更看栅及一应差徭。

保甲 006：雍正五年又覆准

各处大小船易于藏奸，令地方官取具船户邻佑保结，编列号数，于船两旁刊刻某处船户，某人姓名，给以执照，该船户持照揽载，地方及营汛官弁不时稽察，其采捕渔船，奸良更难分辨，照陆路保甲之例，以十船编为一甲，一船有犯盗窃者，令九船公首，若隐匿不报，事发将同甲九船一并治罪。至渔船停泊之处，百十成群，多寡不等，十船一甲之外，如有余船，即以奇零之数编为一甲，地方及营汛官弁，随时留心点验，不得虚应故事。

保甲 007：雍正五年三覆准

保正甲长，准免本身差徭，如有藉名武断乡曲者，严查革究，一切户婚田土，不许干预，专以稽察盗贼，及人命赌博等事。

保甲 008：雍正五年四覆准

保甲之法，苗民谓之合桩，除隔省并生苗地方，或村寨相远，不必合桩外，其村寨附近，令其合桩防守。

保甲 009：雍正十一年议准

台湾多流寓之人，除立有产业，兼有父母妻子者，自有十家甲牌可稽，其并无家室产业，如佃户佣工贸易之类，取具业主房主邻佑保结，附于甲牌之末汇报，以备稽察。

保甲 010：乾隆二年议准

编立保甲，原为消弭盗贼，务令保正甲长逐户稽察，如有踪迹可疑者，即行呈报，傥有瞻徇隐匿，按律治罪。至于塘汛兵丁，原非徒供差使，实为弭盗安民而设，各该督抚提镇，饬令营汛官弁，严饬塘汛兵丁，昼则循环守望，夜则轮流巡逻，如遇行踪诡秘，逐加盘诘，若有抢截劫掠，不能救护擒拿，甚至盗贼出没，漫无知觉者，除将兵丁斥革重加责惩外，该管官知情徇隐者降三级调用，失察者罚俸一年。

保甲 011：乾隆四年议准

广东州县民人，有入山搭寮、取香、舂粉、砍柴、烧炭为业者，照保甲例编排，每寮给牌一张，令寮人互相保结，择老成谨慎者为寮长，寮户听其钤束，遇有迁移加增，寮长及互结之人，将牌赴县更正，傥窝藏奸宄容隐不报者，发觉连坐。营汛官弁，每月拨兵巡查一次，不许生事扰累，内有未经报官搭寮居住者，即送文职官查审，如漫不经心约束，以致窝藏奸匪者，照例议处。

保甲 012：乾隆二十三年谕

游食穷民，行止无定，探囊胠箧，无所不有，诚使各遣归乡里，编入甲中，严加管束，自是清狱讼息事端之良法，但此辈辗转流移，城市村落，所在多有，必一一拘查押送，责成原籍保甲等收管，事理颇属烦琐，且恐沿途办理不善，未免转致滋事，此辈既已流移，随地乞食，地方官向来积习，往往视为流丐，不加约束，是以若辈无所顾忌，甚至呼朋引类，恣为奸匪，此皆有司不行弹压之所致也。夫流丐在境，固不必过为迫逐，亦自当加以管束，与其纷纷移解，责成原籍收管，不若就近所在地方，设法查禁，尚属简便易行。嗣后地方官凡遇流丐在境，务须督率保甲人等，谆切晓谕，仍不时留心察访，如有逞强不法者，即严拿惩治，以儆愚昧，庶于听其营食之中，即寓禁其滋事之意，既不必解送纷烦，亦不致漫无约束矣，直省诸大吏其督率所属实力奉行之，毋视为具文也。

保甲 013：嘉庆五年谕

向来保甲一法，原系比闾族党之遗制，稽查奸宄，肃清盗源，实为整顿地方良法。饬令各督抚等实心讲求，妥为办理，但定立章程，惟在简而易遵，切而可久，方能得有成效。如缮造循环册籍，务令地方公举诚实甲长，俾司其事，不经吏胥之手。至于稽查之法，地方官势难周历四境，应于因公下乡，随时询问，据其所言丁口，阅对牌册，或于审理词讼时，随意详诘，取册较核，则甲长等自不敢从中弊混，任意捏报，加以化导有方，戒勉有法，条析利害，申明约束，如有干犯禁例，牌甲知情不举者，查明随案示惩，庶几法立而人不敢欺，小民相劝于为善矣。

保甲 014：嘉庆十七年谕

保甲为弭盗诘奸历来奉行良法，此事编查切近，全在责成牧令，所谓有治人，无治法，近来地方官视保甲为虚应故事，虽章程周备，亦属徒托空言。著通谕各直省分饬所属，各就地方情形，参酌保甲旧章，认真经理，期于行之有效，毋得以具文塞责。

保甲 015：道光十六年谕

保甲一法，著之令甲，立法本极周密，最为弭盗良规，地方官果能实力奉行，原可使风移俗易，无如法立弊生，检防难及，以致编查徒为具文，未能遍收实效。嗣后著各直省督抚责成各道府慎选委员，会同地方正佐各官，亲历编查，不准携带多人，致滋纷扰。傥虚行故事，或不安本分，地方官据实禀详，该上司即严行参办，如徇隐不报，亦著一并严参。至一切纸张册籍，俱令地方官自行捐给，不准丝毫扰累，其领牌缴册及丁役规礼，概行革除，违者从重究办。

关禁〔例70条〕

关禁 001：顺治十一年题准

出口印票，令霸昌道查验分给，每季将人数造册报部。

关禁 002：顺治十三年题准

盛京贸易民人，府州县给发印票；出山海关之外藩蒙古人员，理藩院咨部取票给发。

关禁 003：顺治十五年题准

旗人出关，该都统咨部给票；采木人，工部咨部给票。

关禁 004：顺治十八年题准

宗室差人往候外藩公主及结婚等事，由礼部题明咨部给票。

关禁 005：康熙元年题准

各关口出入人等，须按名验票，查对年貌籍贯，注册放行，将出口人数花名造册，按季送部察核。

关禁 006：康熙元年又题准

王府属下人至民人等，有愿出古北口烧炭者，由部给发印票。

关禁 007：康熙元年三题准

给票出关采伐材木者，限一年缴换；砍柴烧炭者，限六月缴换，逾限者送工部察议。

关禁 008：康熙元年四题准

凡愿往古北口、石塘路、潮河川、墙子路、南冶口、二道关外砍柴烧炭者，据工部咨文给票。

关禁 009：康熙十一年题准

私给外国接壤边口印票者革职拿问，其余边口私给印票者革职。

关禁 010：康熙十八年题准

潘家口、桃林口，听旗民采木外，其潮河川、墙子路、南冶口、二道关等处，有愿往采伐材木者，将人畜数目呈报工部，咨部给票，亦准出口。

关禁 011：康熙十九年题准

愿出龙井口采木者，亦照例给发关票。

关禁 012：康熙三十年题准

直隶省各州县，若有往盛京贸易者，各该府州县官问明于某年月日去，某年月日回，开明印文，给予本人，令其贸易，行令山海关守门满汉各官查验该府州县印文放出，如无印文，不准出关，若有违限月日，亦不准贸易，即行逐回。

关禁 013：康熙三十三年题准

商人出董家口、铁门关采木，亦准给票。

关禁 014：康熙三十四年覆准

内地民人不许在边外居住，如有私出边外居住者，查出将守口旗员，一并严加治罪。

关禁 015：康熙四十年谕

近来蒙古贼盗尽息，沿边地方百姓，如有偷盗口外蒙古牲畜者，著交与兵部行文沿边地方各官，严行禁止，若百姓仍照前偷窃，发觉之时，将地方各官一并从重治罪。

关禁 016：康熙四十年覆准

凡砍木烧炭之人，工部咨部给票，定以限期，采木者限一年缴换，烧炭者限六月缴换，每人由部给小票一张，以备口外盘查。又，造人数年貌清册，发守关口官逐名点验，守关口官仍令票头将部给小票，并年貌册内均挂明字号，始行放出，限满进口，仍令票头将所领之人率齐到口，该守关口官照册验票相符，按名销号，然后放入，票内之人如有逃盗，罪坐票头；在外病故者，准票头禀明守关口官存案；其诈称病故者，事发将票头一并从重治罪。守关口官不行详查，有混冒放出，及遗留在外之匪类，不行查拿者，降一级调用，加级纪录，不准抵销。如口外庄头恃势容留匪类，事发治罪。

关禁 017：康熙五十一年覆准

盛京、黑龙江等处官兵及闲散来京人等，均令由山海关行走，进口时详记人数姓名，回时仍照原进口所记之名查对放行外，其盛京、吉林、黑龙江各处人等，有来京买者，具呈该将军衙门，该将军给以咨部印文，准其买人。出关时仍令山海关总管等，将从京城买去之人数详查报部。如有拐骗别故，即拿送该部察议。若无别故，或系印文所买，或系白契所买，男妇每名纳税银五两，幼童幼女每名纳税银三两，将纳税人数确验明白，移咨该将军照咨逐一详加查询。如有诓骗诱买别故，将人一并解送刑部严审具题。将军等所属地方，有买人、卖人者，亦皆查询明白，收税准买。收过税银数目，年终汇报该部，交与盛京户部察核。有自京城往盛京、黑龙江等处者，仍照例起票，至山海关令总管〔后改副都统〕验票，询明所往，别给咨文，仍令各该处地方官验文呈报，如数目舛错，送部察议，自京领票出山海关人等，回时令山海关总管仍照出口数目查明放入，数目舛错者，亦令报部察议。再，往吉林、黑龙江去者，由喜峰口、冷口亦可行走，凡所买之人，不准出此二口，如有诓骗之人，设法携带出口，严责各该衙门管辖番役旗员等不时查拿。

关禁 018：康熙五十一年又覆准。

古北口至山海关除堵塞关口外，现存外九门边口，凡买去之人，不准放行，令该部行文严行禁止。山海关行走旗人甚多，侍卫、官员、前锋护军、当差马甲人等，往盛京、吉林、黑龙江等处上祖父坟茔，探亲戚取家眷人等，或有将诱买之人买去，杂入役从内带至彼处转卖者，亦未可定。嗣后八旗官兵及闲散人等，前往盛京、吉林、黑龙江等处所属地方者，系侍卫，令领侍卫内大臣将役从人等逐一验明，令其领取部票前往；系前锋护军，令前锋统领护军统领验明；系骁骑校、领催、马甲、闲散人等，令都统、副都统逐一验明；令其领取部票前往，如有将此等人隐漏多行夹带者，各该管大臣题参，交部治罪。

关禁 019：雍正二年覆准

采办官用木植，该抚将所属采木商人给以执照，开明何项应用，数目若干，知照守关口官存票备案。

关禁 020：雍正四年覆准

旗人商民有进威远堡、法库等处边口者，呈明该管官给予印照，管关口官验照放行。如给照验照之官稽迟勒索者，皆降二级调用。需索财物及贿纵无照人进口者，皆革职提问。若所属人等勒索财物，照衙役犯赃例议处。至无照人私行进口，守关口官不查拿者降一级调用，加级纪录不准抵销。

关禁 021：雍正五年议准

出兵种地坐台人员，如遣人进京，呈明该将军并管理种地驿站官给发印照，守关口官验照注册，令其进口，按季造册报部。如无印照，拿解刑部治罪。倘不实力稽察，听其入口，守关口官降一级调用，加级纪录不准抵销。

关禁 022：雍正五年覆准

奉天、吉林、黑龙江、山海关及凡有边口地方，每年将出口人数按季造册申报，取具并无匪类出口印甘各结。倘守关口官不验明印票及受贿任其蒙混出入，经该管官查出，即行详报该将军督抚提镇题参，交刑部严加治罪。若该将军督抚提镇通同徇庇，不严查参处，以致匪类越境生事，发觉日，皆照徇庇失察例分别议处。

关禁 023：乾隆七年议准

关口锁钥，责成旗员专管，若将无票私出之人不行查拿，该守关口官降一级调用，加级纪录不准抵销，关口直班兵丁鞭八十。无票之人冒入别伙出口，或潜行偷越及私带人出口者，皆鞭一百。若放出私贩人口者，守关口官革职，兵丁加一等治罪。受贿纵放者，守关口官革职，计赃以枉法论，兵丁以衙役枉法犯赃论，从重治罪，皆遇赦不宥。

关禁 024：乾隆七年又议准

奉天等处与朝鲜接壤地方，如有在朝鲜境界渔采，或沿海盖房居住及无票出口越境生事者，该地方防守官弁，明知故纵，不行查拿，该管城守尉等官揭报该将军题参，将防守官弁革职提问。傥通同徇庇，不行揭报题参者，该管城守尉等官降三级调用，该将军副都统降二级调用。若系私行越渡，该地方防守官弁失于觉察，拿获之日，审明由何处出口，将该处防守官弁降四级调用，该管城守尉等官降一级调用，该将军副都统罚俸一年。

关禁 025：乾隆七年三议准

山东省民人往奉天佣工者，该州县询明姓名年貌籍贯，给予印票前往。守关口官查对印票年貌相符，准其出口，回时该地方官于原领票内钤印，令其带回本地方察核。如佣工人等无印票，或与票内年貌不符及兵役人等刁难勒索者，守关口官自行察出免议，如有疏纵等情，降二级调用。

关禁 026：乾隆九年奏准

兴京、开原、辽阳三城，该将军委协领一人前往巡察，凤凰城边门，熊岳副都统委协领一人巡察。盛京近海之牛庄、盖州、熊岳、金州、旅顺、岫岩、凤凰城等处，该将军三年巡察一次。

关禁 027：乾隆十年议准

官商有私立小票，远接刨采私参之人，至宁古塔货卖，巡察官未经拿获者降三级调用，知情故纵者革职，给票官亦照此例议处。

关禁 028：乾隆十四年议准

察哈尔八旗牧厂等处官兵容留无票民人者，查出照容隐例议处，系官降二级调用，兵鞭九十，邻近蒙古知而不首者亦照此例处分。至看守官兵，出具并无票民人私行煎碱刨掘物件甘结，该总管钤印转报后，有别经发觉者，看守官降二级调用，兵鞭九十，转报之总管罚俸一年，如总管等自行察出拿获者免议。

关禁 029：乾隆十四年又议准

察哈尔总管委出官兵，移扎产碱地方，随时巡察，其牛羊群捕盗官兵，仍令访缉牧厂盗贼，该总管等各按所辖地方，每年酌定亲往稽察，遇有游民窃马盗碱等事，将看守官兵照窝隐逃人例议处；总管等失察，别经发觉者，照约束不严例降一级调用。

关禁 030：乾隆二十七年谕

奉天、直隶海船往来运贩米豆杂粮，向有例禁，今夏近京一带雨水过多，市价未免稍昂，而奉属连年丰稔，若令商贩流通，于小民生计甚有裨益。著暂开海禁一年，俟明岁秋收后，再行停止。至商贩船只出入，应行验票稽查，其由京往奉省者令于步军统领衙门给票，由奉省来京者于奉天将军衙门给票，庶彼此察核有凭，可杜冒滥诸弊。

关禁 031：乾隆二十九年奏准

直隶省宣化镇属之东栅口、西栅口、镇岭口、青平、塘子、盘道口、四望砖墩、新镇楼、野鸡山、门楼口、安边墩、静楼墩、镇冲台、盘道台、凤凰台、镇宜台、镇水台、水关台、镇口台、小水口、四海营盘、镇河台口，古北口提督所属之遵化口、喜峰口、潘家口、义院口、大毛山、黄土岭等关口，如有民人出入樵采枭籴耕种佣工者，呈明该州县每年给予印票一次，将年貌姓名造册移交该口官弁，按册验票，年貌姓名相符，准其出入。该州县将给过印票，守口官将放过人数，于岁底汇造清册，呈报兵部查核。如无州县印票，或票与册内所开年貌姓名不符，概不许其出入。又，山西各隘口，如有远去民人，取有张家口同知，或本籍地方官印票，及种地庄头带有绥远城将军及右卫城守尉满汉木牌，方许出入，其近边民人，出入采捕枭籴佣工耕种之人，取有乡地保结，并连名互结，开明年貌丁口，注定档案，交守口弁兵按档验明，准其出入。

关禁 032：乾隆三十五年奏准

五台等处喇嘛前往普陀进香者，由该督抚咨明理藩院转咨兵部给发路引，该管督抚转咨浙省，饬令守口官弁查验放行。回棹后，守口官弁验明放进，呈报浙江巡抚，于年终将出入人数，造具清册，分送兵部并理藩院查核。如出口人数与部发路引不符，将守口官弁照盘查不实例议处。

关禁 033：乾隆三十九年奏准

蒙古民人自外入口，带有无鞍马驼成群牛羊，执有照票保结，守口官弁验明注册放行，于岁底造具册结，送部查核。若无票结放入者，照失察无票民人出口例议处，如纵令兵役留难阻抑，照关津留难律议处，需索受财者计赃以枉法论。至偷盗马驼牛羊进口，查系雇与商民骑载，实有档案可凭者免议。

关禁 034：乾隆三十九年又奏准

各处逃遣匪徒等犯，无照偷越威远堡等处边栅者，将巡查边栅之武职降一级调用，如系偷越边门，将稽察边栅之武职罚俸一年。

关禁 035：乾隆三十九年三奏准

盛京、吉林、黑龙江等处官兵闲散人等来京，该地方大臣官员给予印票，守关口官查验放行。如有来京买人者，填明男女口数，具呈该将军等咨报兵部，准其买人。所买之人，仍报明兵部查核，与原咨数目相符，准其带回，于口票内填明，并咨覆该将军，俱从山海关行走，别口不准放行，仍由部行文该副都统照数确查。如有拐骗别故，拿送刑部治罪。在京八旗官兵闲散人等，前往盛京吉林黑龙江等处，俱著该管大臣将伊等跟役逐一查明，移咨兵部给票，如将诱买之人，杂入跟役数内，带至彼处转卖，各该管大臣题参，交部治罪。自京领票至山海关，该副都统验票放行，仍移咨出关之人所往地方，令该处地方官据咨查明，呈报该将军查核，回时该副都统查照出关人数放入。如有舛错，报明兵部，移送刑部讯明情由治罪。其该管关口官不实力稽查，致有拐卖出口情弊，即将该管关口官照放出私贩人口奸棍例议处。

关禁 036：乾隆三十九年四奏准

甘肃嘉峪关，每日辰开酉闭，将进关之人盘诘放行，如有情愿出关垦种民人，呈明地方官给予照票，守口员弁验明年貌，方准其出口。失察盗犯逃犯偷渡边口，一名守口官罚俸一年，二名降一级留任，三名降一级调用，五名以上降三级调用，十名以上革职。失察无票民人偷渡边口，一二名守口官罚俸一年，三名以上降一级留任，五名以上降一级调用，十名以上降三级调用。放出私贩人口者革职，受贿放出者革职治罪。出口之人带有印票，该管官不即验票放行，稽迟掯勒者，降二级调用。至验票兵丁有需索等弊者，该管官照衙役犯赃例议处，十两以上者降一级留任，十两以下者罚俸一年。如有夹带违禁货物，守口官徇纵令其出口者，按其所带之物，分别治罪。

关禁 037：乾隆三十九年五奏准

宁夏所属关津甚多，每年秋季派副都统一员，于九月中带兵四百名巡查。

关禁 038：乾隆四十二年奏准

外省民人寄居滇境沿边各处，在可以出入，惟滇省永昌有路江一处，顺宁有缅宁一处，皆为通达各边总汇之区，应特派员弁专司稽察，遇有江楚客民，即驱令归回。其向来居住近边之人，如有进关回籍等事，俱用互结报明，官给印票，关口验明放行，回滇时仍验票放行。若无印票，即属新来之人，概不准以探亲觅友等故，藉词出外。如各员弁混放偷漏，查明参处。

关禁 039：乾隆四十二年谕

伊犁、乌鲁木齐，均系新疆地方，距哈萨克、布鲁特边界甚近，此项化缘喇嘛，行同乞丐，如令伊等任意在新疆各处行走，偶出卡伦边界，流入哈萨克、布鲁特地方，殊多关碍，非但不宜令往哈萨克、布鲁特地方，即喀尔喀地方与俄罗斯境界相通，亦不可令其前往。嗣后如有内地喇嘛及实在商人出境，驻扎该处大臣等查明，准其换给路引遣往，若化缘游方行丐之喇嘛等，务须严查，实力禁止，毋令出口。

关禁 040：乾隆四十九年奏准

云南省临安、开化二府所属土司，均通外境，于要隘处所设立关口，专派员弁驻扎巡查。如有疏漏一名者，守口官罚俸一年，二名降一级留任，三名降一级调用，五名以上降三级调用，十名以上革职。

关禁 041：乾隆四十九年又奏准

边地汛渡弁兵，将贸易割草之人，于去时登记人数，回时若人数短少，即行文蒙古查拿。若弁兵不随时稽察，致发遣人犯混入贸易割草人中，逃入蒙古境内者，将汛渡员弁降一级调用，兵丁鞭八十。

关禁 042：乾隆四十九年三奏准

广西省南宁、太平、镇安三府汉土各属，路通安南〔今名越南〕之处，其有内地民人潜越出外开矿者，押回原籍，照律治罪，若兵丁擅离汛地，互相推诿者责革，贿纵者追赃治罪。沿边各官稽察不力，以致民人出口潜越安南者，专汛官降二级调用，兼辖同城者降一级调用，不同城者降一级留任，统辖将领降一级，照旧办事，贿纵者革职，计赃治罪。如往安南开矿之人，经由全州、宾州、南宁等处，该地方专汛官不行查拿者，各降一级留任。

关禁 043：乾隆四十九年四奏准

内地喇嘛并商人载货在归化城请票出口者，令该同知验明，申报归化城副都统，就近查核，给发路票。其由张家口行走者，令张家口同知验明，申报察哈尔都统，就近查核，给票放行。至游方喇嘛以及孤身蒙古民人，严行查禁，不许擅给路票，令其出口。如不行详查，擅给路票者，将该都统、副都统罚俸六月。

关禁 044：乾隆四十九年奏准

凡口外游牧居住之公主格格等请安及他事差令太监进口者，呈明札萨克给予印文。京城居住之公主格格等，遇圣驾在热河，差令太监前往请安及他事出口者，报知理藩院转咨兵部给予口票。王公等福晋妻室差太监前往热河请安者，呈报该旗转咨兵部给票。

关禁 045：乾隆五十七年谕

直隶省今年京南各属被旱较广，地方官散赈，恐有未周，若不设法办理，则京城、热河就食者日聚日众。古语救荒无善策，现询据热河道府等称：热河领赈贫民，有每日赴厂食粥者，有领过一二次不复再来者，该道府访询情形，此等领赈贫民，并非俱藉粥赈度活，其稍有力者，即分赴他处手艺佣工，各自谋生等语。可见领赈贫民内，稍资接济，原即有可以自谋生计之人，并非一律嗷嗷待哺，专资粥赈度日。除已令热河道府就近晓谕各贫民，由张三营、博洛、河屯等处分往各蒙古地方谋食者不禁，其京南地方，亦应一体妥办。著梁肯堂即转饬各州县，于赴京出口通衢，令各地方官，遇有贫民，详悉晓谕，今年关东、盛京及土默特、喀喇沁、敖汉、八沟三座塔一带，均属丰收，尔等何不各赴丰稔地方佣工觅食，俟本处麦收有望，即可速回乡里。如此遍行晓谕，并令其或出山海关赴盛京一带，或出张家口、喜峰口赴八沟、三座塔暨蒙古地方，不必专由古北口出口，则贫民中稍可力图自给者，知有长远觅食之路，自必分投谋生，不至齐赴粥厂，致滋拥挤，人多致病，庶更妥协。但总须善为开导，不可加之拦阻，此事该督既贻误于前，再不实力稽查，任令地方官吏克扣浮冒，其咎已不止于革职留任，若复将赴赈贫民阻其生路，则其咎更重，断不能稍为宽贷也，将此传谕知之。

关禁 046：乾隆五十八年谕

嗣后各处关隘，务须督饬该管各员小心弹压，严密稽查，如有脱逃遣犯私行进口者，即将疏防员弁查明参奏，以示惩儆。

关禁 047：嘉庆六年奏准

八旗官兵告假前往外省，应给路引口票者，由该都统出具印文，咨报兵部核明给予；现任文职官员告假前往外省者，由该衙门咨明吏部转咨兵部给予路引。均于文到之日，兵部始行给发引票。如兵丁闲散人等，告假前往外省，承办官不行报部请给路引，私给关防牌票令其前往者，承办官罚俸三月。

关禁 048：嘉庆六年又奏准

汉官请领口票路引，如系现任京职，由该员本衙门核明，移咨兵部办给；如系候补候选人员，并非现任京职者，取具六品以上同乡京官印结，呈明兵部办给。

关禁 049：嘉庆六年三奏准

旗员补放绿营，如有子弟告假省亲，在本旗具呈给假，并未请领路引，私赴任所，父兄不呈明解京，一经查出，无论时之久暂，将伊父兄均降三级调用。

关禁 050：嘉庆六年四奏准

武职守口官员，如不实力稽查，致有逃走太监偷越出口者，每名降一级留任。

关禁 051：嘉庆八年奉旨

向来各关口遇有民人出入，其是否凭票验放，自有一定章程。兹据密云副都统永惪奏称：古北口一处，出入商民及载货车辆，向止检查行李，验系平民，即便放行，并无验票之例。所奏自系相沿旧例，但关隘职任稽查，现在山海关于经过民人，即系凭票验放，何以古北口一处独无验票之例，办理殊未画一。所有永惪原折著交部，俟各关口奏到时，如何酌定章程查核之处，一并详晰妥议具奏。

关禁 052：嘉庆八年奏准

嗣后各关口民人出入，凡只身前往者，无论贸易佣工及就食穷民，皆令呈明该地方官给票，到关查验放行，原票令该民人自持，以凭进关时查照。其贸易民人，如在原籍贸易者，即由原籍领票，如在他处贸易者，即由该贸易地方领票，不得一概向近关口之地方官请领。所有放过票张，仍令造册报部，并令守口员弁将验票放行者，照例册报外，仍将并无放过无票出口民人之处，按季加结呈报，以备查核。至山海关以外，系东三省地方，为满洲根本重地，遇有携带眷属及出口就食民人，其中恐不免有图利民人私往开垦，于东三省旗人生计大有关系，应将携眷民人出口之处，永行禁止。其所属之喜峰口、冷口，亦一体严禁，设关内地方偶值荒歉，应由该督抚察看灾分轻重，人数多寡，酌量情形，据实具奏，俟奉旨允行，方准出关。并令守口员弁及附近州县，将人数记档，仍于本年成熟之后，由盛京等处将军出示晓谕，劝令回籍安业，不得任听久住，以杜私垦等弊。再，盛京复州、海城、盖平、宁海等县，与山东登、莱、青等府隔海对岸，若民人携眷乘船径渡，甚属便捷，今山海关既经禁止携眷出关，所有山东沿海地方，亦应饬令一体加意严查，其热河、承德府所属朝阳、建昌等县，与盛京锦州、义州接壤地方边关，尤应通饬查禁，庶稽察更为周密。至古北口以外滦平、丰宁二县，向系土著民人按册输粮，由来已久，若将携眷出口者概行禁止，于蒙古民人均有未便，可令该民人呈明原籍，给票放行，无票照者，即行阻止，其余张家口、独石口二处，关外数十里，即系坝上草地。又，罗文峪关外，山路难行，并无携眷出口百姓，亦应随时严查，总不得任听无票放行，致违定例，至该处出口贸易商民，应照山海关之例，或由原籍，或由贸易处所，给票验放。其近口民人，逐日出入，亦应令该地方每年给予印票一次，常川照验。嗣后沿边各关口，如有并不验票放行者，该都统、副都统将守口官参奏，照失察无票民人出口之例，按其所放名数，分别议处。奉旨：山海关外系东三省地方，为满洲根本重地，不准流寓民人杂处其间，私垦地亩，致碍旗人生计，例禁有年，乾隆五十七年，京南偶被偏灾，准无业贫民出口觅食，系属一时权宜抚绥之计，事后即应停止。乃近年以来，民人多有携眷出关，并不分别稽察验票，概准放行，即因嘉庆六年秋间畿南被水成灾，间有穷黎携眷出口之事，迨至上年直隶收成丰稔，民气已复，何以直至今春，尚有携眷出关数百余户。嗣后民人出入，除只身贸易佣工就食贫民，仍令呈明地方官给票，到关查验放行，造册报部外，其携眷出口之户，概行禁止。即遇关内地方偶值荒歉之年，贫民亟思移家谋食，情愿出口营生者，亦应由地方官察看灾分轻重，人数多寡，报明督抚据实陈奏，候旨允行后，始准出关。仍当明定限期，饬令遵限停止，毋得日久因循，致滋弊端。此次立定章程以后，并著直隶、山东各督抚接到部咨，遍行出示晓谕，饬禁民人携眷出口。该民人等当各在本籍安业谋生，不得轻去其乡，希图出口谋食，相率赴关，以致半途而返，庶民人知干例禁，不至徒劳跋涉也。

关禁 053：嘉庆八年覆准

盛京一带地方，为国家根本重地，旗人生计攸关，不但携眷出口民人不便令其纷纷杂处，侵占田地，即只身佣工民人出关，务令在原籍州县起票，始准验放。至商贾民人，令在原籍及贸易所在地方随处起票，近关州县，实系贩易所在，亦准给票验放，不得专向临榆一县起票。关内、关外数十里以内居民等，有系姻亲眷属，彼此往来探望者，在本州县出具文结，报明关口，定限进出日期，以杜冒混。至进关民人，无论有无票据，概准放行，惟当严密稽查，不致东三省脱逃遣犯得以混入，并私带违例之物入关。向来出关原票，令本人收执，以备进关查验，今既准无票进关，恐民人等将出关原票藏匿带进，转给他人，影射出关。嗣后出关原票，验明后存留关上，以杜假冒。又，喜峰口、冷口等处出口民人，照出入樵采㑨枭之例，令其呈明附近地方官，每年给予印票一次，常川照验。

关禁 054：嘉庆八年谕

前因山海关地方，多有内地民人携眷出口，经兵部议定章程具奏，当即降旨饬令直隶、山东各督抚出示晓谕居民，明定限期，禁止出口。近闻内地民人，前往山海关守候出关者，尚复不少，贫民亟思移家谋食，相率赴关，系在未经定限以前，若令仍回原籍领票，该民人等力有不能，如任其拥挤关口，概不放行，则日聚日多，成何事体？著策拔克即驰驿前赴山海关，会同来仪查点欲行出口之户，现有若干，逐一放行。仍著直隶、山东各督抚再行定限，出示晓谕，该民人等自此次定限之后，断不得携眷出口，致干例禁。仍各将如何出示定限缘由，先行具奏。

关禁 055：嘉庆八年奉旨

兵部议驳来仪具奏：出关民人就近给票一折，所驳甚是。商民出口既定有章程，各州县早经出示晓谕，凡领有照票者，到关验放，若无票据，不准放行。该商民等自应一体懔遵，乃该关前有载铁锅车九辆，车夫九名，行至关口，并无商人持票呈验。商人以贩货为生，岂有将货车尽委之车夫，并不跟随同行之理？乃来仪奏称：将来如有载货车辆车夫未在原籍起票，商人亦未持票到关者，俱请由临榆县发给照票验放。此端一开，各商民必致仍前混冒出口，与不起票何异？明系该关兵役受贿私放，来仪听其怂恿，并未根究商人实在下落，率即放令出关，殊属不合，著传旨申饬。嗣后凡商民出关，仍须遵照奏定章程，或在原籍，或在贸易处所，起票验放。即揽载车夫，亦应将其年貌姓名，同商人总一票，以凭查核放行，毋得再任其冒干例禁，致滋弊混。

关禁 056：嘉庆八年又谕

策拔克、来仪奏：查阅携眷出关民人各情形一折。据称：六月初间，有携眷出口民人十户，计三十七名口，因到关方知新例，均纷纷回籍。此外有贸易民人百有余人，未经本籍给票，经来仪照旧放行。又，策拔克到后，适有出口民人五户，计十六名口，因不知新例，不准出关，亦经策拔克等给票放行等语。所办尚是。各关口禁止民人等携眷出口，前经兵部于五月初间奏定章程，朕特降谕旨，令直隶、山东各督抚等，遍行晓谕，原欲使民人早知例禁，不致纷纷冒昧赴关，复被阻止，徒劳往返跋涉。此事已阅两月，何以民人等尚未知悉？试思小民居家乏食，至远涉数千里觅地佣工，其穷苦已可概见，因格于新例，到关后不能放行，复须回归本籍，往来跋涉，徒费盘缠，岂不倍形拮据？若不早为禁止，大张示谕，实无以体恤贫民。著再传谕直隶、山东各督抚等，于接奉此旨后，迅即将现定章程，速行宣布，俾小民等共见共闻，家喻户晓，自不致冒干例禁。该督抚等于出示晓谕后，即一面知会来仪互相照察，庶无歧误。再，此次小民等因不知新例，纷纷到关，经朕施恩准放，但恐此外各处愚民闻知，不持票引，仍可出关，未免心存希冀，相率前来，不可不明示限期。著定以本年十月初一日为限，除限内到关者仍准放行外，如限外到关者，并无票据，即当遵例停止，毋许擅放。

关禁 057：嘉庆十年谕

昨据富俊奏：部议挖参刨夫，每票一人，碍难办理，请酌添每票五人一折。已降旨姑允所请，即责成富俊试办一年，再行具奏矣。因思此项刨夫，既已按票增添，所交参数，自较旧额有加，当命军机大臣向富俊询问。据称：从前每票一人，交参五钱，此后每票五人，仍系交参五钱，缘刨夫出口挖参，携带衣履及料理炊爨等事，非一人所能兼顾，旧例每票一人，其中私自夹带者实不止此数，是以奏明酌定五人，制给腰牌，可按数而稽，免致私行偷越。惟折内未将照旧交参五钱之处，明晰声叙，著交部议处，并请嗣后仍以每票一人交参五钱，每一人票后，准其带炊爨人四名出边等语。刨夫出口挖参，一切炊爨等事，需人帮同照料，自系实在情形，著仍定为每票一人，准其携带炊爨人四名出边，即由该将军给予腰牌，严饬各卡伦官兵查验出入。自此次酌增人数之后，倘再有影射夹带，或复私行增添，即惟富俊是问，毋自蹈疏纵欺饰之咎也。

关禁 058：嘉庆十五年议定

秧参之弊，责成该将军、副都统并奉天府尹，令该地方文武官弁，不时严密稽查，具结呈报后，将军、副都统、府尹文武员弁，分投往查。如有偷种等弊，即将各该地方官实降三级调用，知情纵容者革职治罪，稽查之员未经查出，与失察之地方官一体降调。如有瞻徇容隐等情，并参革治罪，该将军、副都统、府尹自行查出，免其处分，倘被别人告发，降三级留任。官参到局后，先令局员认看，倘有秧参搀杂，系何界何人所交，即将该地方官禀明将军等参处，稽查官亦如之，将军、副都统、府尹及钦派侍郎降三级调用。

关禁 059：嘉庆十五年又议定

偷漏私参，多由海口前往山东登州府销售，应令该将军会同府尹每年遴派委员，轮往查拿，并责成该地方官于商贾上船之时，查验踪迹，留心盘诘。如在登州海口盘获私参，讯明由奉天何处海口上船，即将巡察官并该地方官一并参处。

关禁 060：嘉庆十五年谕

每年奉天巡察海口，仅由将军、府尹派员前往，恐仍不免疏漏，著将军奏明，请派盛京侍郎一员，带领协领一二员前往缉拿。如拿获私参，即著该侍郎具奏，将参斤解京，并将该侍郎及协领等一并议叙。其山东海口，专令登州总兵巡缉，亦尚未周，著添派登莱青道会同稽察。如拿获私参上岸，即报明山东巡抚具奏参斤解京，将该镇道议叙，并将派查盛京侍郎、协领等官一并议处。

关禁 061：嘉庆十五年奏准

直省城门及各府州县城门锁钥，均归城守武职掌管，务须督率兵丁，按例以时启闭，稽查出入。倘有任意迟留放人出入者，该管城守官罚俸一年。若将锁钥不亲自收管，任听兵丁私行开门放奸匪出入者，将专管官降二级调用。

关禁 062：嘉庆十七年谕

御史陈超曾奏：请饬各关监督及总理兼理关务各员慎选家人、书吏，并随时严行约束一折。各省关口征收税课，势不能不派家丁、书吏代为经管。该丁役等、有诚实谨守者，或不敢作奸犯科。若贪诈之徒，用度侈靡，则亏缺侵隐之弊相因而起。近年各省关税，每多短绌，未必不由于此。嗣后各直省有经征关税之责者，务宜选择诚实家丁、书吏分派经管，并不时查察，严行约束。其狡伪侵欺者，即随案惩办，庶榷务肃清，自于公帑有裨。

关禁 063：嘉庆十九年谕

昨经降旨，以乾隆五十六年，陕西地方有盘获八卦教邪匪刘照魁，赴喀什噶尔代王子重传信滋事之案，通谕新疆办事大臣，将上年逆案遣犯，加意管束，有犯必诛。兹查刘照魁当日由陕西解部审讯之时，诘以如何出口。据称：系在肃州地方，假认王子重亲戚，前往探望，到肃州衙门起票出口，沿途得以照验无阻等语。当经皇考高宗纯皇帝特颁谕旨，查明管关给票及沿途不行查验之员，严行惩创在案。现在逆案内发遣人犯，较之当日王子重之仅习邪教者，情罪尤重，岂得任其亲属人等私相往来，藉探望为名，致滋事端。著传谕陕甘总督严饬该管肃州认真查察，毋得轻给口票。其嘉峪关以外，南北两路，并著各该处办事大臣，认真查验。如有假冒隐混起票出口者，立即严拿审办。傥有疏纵情事，一并惩处不贷。

关禁 064：道光四年谕

那彦成等奏：蒙古喇嘛出口请酌定章程一折。青海地方，自上年驱逐野番后，恐有汉奸私贩粮茶。经该督等奏定章程，沿边各营卡，严禁无票之人，不准出口。惟北口各部落，蒙古喇嘛十人以下无票赴藏熬茶者甚多，若概令由原处请票，非所以示体恤。然现当立法严禁之时，亦未可令无票之人，任意出入。著照所请，嗣后凡有北口各部落，蒙古喇嘛赴藏熬茶，十人以上者，仍由原处请票，十人以下无票出口者，由西宁何处营卡行走。即责令该营卡官弁，详细查验人畜包物数目，报明青海衙门核给执照，一面移咨驻藏大臣查照，将票缴销。回时由驻藏大臣发给路票，在青海衙门查销，以免烦扰而昭慎密。

关禁 065：道光十二年谕

据祁埇奏：探明越南谅山镇地方，改设巡抚，因管辖七州，操演兵丁，系循照旧例。该国贸易客商，年终按户取银二两，今加倍收银四两，贴补新兵口粮，并非屯粮。至高平新开道路，设立塘卡，为稽查盗匪递送公文起见。其另有通谅山镇大路，令兵丁铲剔荆榛，因贡使将次回国。该国金银厂，仍行开采，照常抽课。业饬左江镇文哲珲驰赴镇南关，查看边墙坚固，居民安堵，委无别项情事各等语。越南素称恭顺，现据该抚查明，该国设立巡抚等事，系为自行整饬地方起见，实无他意。惟边防要地，必当加意防闲，认真查察，不得有懈周巡。切毋稍涉张皇，使彼转生疑惑。尤须严禁内地匪徒，及一切游民，潜出关外，别滋事端。著李鸿宾等督饬派守各官兵实力稽察，严密守御，并著祁埙、苏兆熊就近明查暗访，随时防范，以重边防。

关禁 066：咸丰三年谕

御史萧时馥奏：请严禁私贩硝矿等语。硝矿私贩售卖，例禁綦严，全在该地方官严密稽查，庶免偷漏滋弊。现当各省办理团练之时，尤应加意严防。上年江苏拿获丰县差役等，兴贩私硝至二十五万数千斤之多，此外破获之案，甚属寥寥。即如本年署山西巡抚哈芬行至平定州属，饬令查拿私硝，该州锡龄竟敢饰词推诿。可见各该地方官，因循疲玩，积习相沿，以致奸贩肆行，毫无忌惮，殊堪痛恨。著各该督抚等严饬地方文武员弁，各于隘口认真巡查，傥有私贩拿获从重惩办，毋得视为具文，致干重咎。

关禁 067：咸丰九年谕

胜保、翁同书奏：请饬各路统兵大臣及各省督抚严禁偷贩私磺等语。据称：参将李世忠详禀，逆匪横行，皆由私磺接济，并指出大江南北水陆口岸各要隘，奸商通匪偷贩各情，亟应严行查禁，以杜私售。惟现在用兵地方，袤延数省，隘口过多，私磺贩运之处，断绝非易。其各省会及著名镇市商贾辐辏之所，尤应详加盘诘。除山西等处产磺之地，严禁私磺出售外，其各路军营及用兵省分，非有统兵大臣及该督抚委员解送印文知照者，概不准擅行采买。其经过关津隘卡，如无印文护票者，即著查拿惩办。傥有不肖官吏私行贿放者，查出严行治罪。军营兵勇，如有偷漏硝磺火药接济贼营者，即以军法从事。著官文、德兴阿、和春、胜保、曾国藩、张芾、傅振邦等，及各直省督抚，严定章程，实力盘禁，毋稍松懈。至所呈该参将原禀，太平关、无为州等处，粤逆日收税银，为数甚钜，并著和春、何桂清等严饬地方员弁，于东坝一带晓谕商民，不准在太平关等处贩卖货物，使该逆收税日少，无从接济米粮，以冀制贼死命。

关禁 068：同治四年谕

山海关地方紧要，恐有盗匪出入，著长善督饬弁兵，将各处隘口，实力巡防，遇有成群结队，形迹可疑之人，即行拿办，不准虚应故事。

关禁 069：同治四年又谕

崇厚奏：选派马步官兵，驰赴蓟州一带，会捕马贼，长善奏：贼匪突窜入口，请将骁骑校等官议处，文谦奏贼由遵蓟东窜情形，顺天府奏访得贼匪居址姓名，请饬飞速掩捕各等语。马贼聚众多人，突入喜峰口，肆扰遵化蓟州宝坻一带，复行东窜出关。经过州县地方，任贼横行，毫无阻遏，虽有官兵追捕，未受惩创，若不认真堵遏，任贼肆意出没，其患何所底止。刘长佑身任封圻，责无旁贷，著懔遵叠次谕旨，迅派兵弁，会同顺天府所属地方文武员弁，合力剿办。崇厚已派邓启元管带马步三百余员名，驰赴蓟州东路一带捕拿，并密派姚怀德访查窝藏勾结之人，知会各路官兵搜捕。此股贼匪，倏忽往来，必有窝藏之处，且难保无各州县蠹役串通消息。即著照崇厚所拟，严饬派出各员，知会各路官兵，密速搜捕，以遏乱萌。长善、连成、徐廷楷均有稽察关口之责，著懔遵前旨，遴派明干员弁官兵，于要隘各口，严加堵御，并随时盘诘奸宄，庶免该匪出入自由。长善于山海关教练马兵，谅已著有成效。本日所请将防守不力之骁骑校等官分别议处，已明降谕旨照所拟办理，仍著严饬该员等，加意巡防。如敢仍前玩忽，致贼匪任意往来，必将该员等从重治罪，不仅以参处了事。现在贼踪离关不远，匪首谅在其中，并著刘长佑、长善等密饬派出兵勇，一体捕拿务获，毋令远扬。

关禁 070：同治六年谕

赵长龄奏：严禁渡口豫筹防范一折。山西、归绥等处，均与甘肃、蒙古接壤，近有回民假扮客商，或由蒙古乌兰察布经过，或由河路至三公旗登岸，寄住包头，绕赴归化，购买马匹军装，伪造文书护照，形迹种种可疑，若任听其往来，奸宄必多潜迹，滋生事端。包头镇、南海子各渡口，晋省虽有防兵驻扎盘诘，并将船只提泊东岸，而迤西百余里，皆系蒙古四公旗地段，大小渡口，并无防兵，回民多由此过渡，潜赴内地，包头镇西通宁夏，商回亦时往时来，隘口纷歧，行人溷杂，均属可虞，著穆图善知照现署宁夏将军，并著裕瑞、桂成一体防范。凡甘蒙毗连晋界，及阿拉善四公旗蒙古地段，沿河一带渡口，多派兵丁，逐段防守，认真巡查奸宄，不准有船停泊。该处所辖各营地，如有兵民商贩，私自卖买马匹军装，均著严行禁止。至宁夏与山西贸易往来地界，亦应严防奸回溷入，并著穆图善知照现署宁夏将军，体察情形，严定章程，知照赵长龄办理，庶思患豫防，益臻周密。赵长龄仍当饬令马升等，将沿河地方，随时稽查，毋稍大意。

边禁〔例 62 条〕

边禁 001：顺治初年定

朝鲜国人私带硝磺等违禁之物，守关口官搜获即行报部，交与礼部察议。若纵令私带者革职提问，失察者革职，该管上司降五级调用。傥已经搜获，不即报部，私带之人赴部出首后，始行报部者，守关口官罚俸六月。

边禁 002：顺治初年又定

青海蒙古贸易，在西宁、洪水二处。

边禁 003：康熙十一年题准

蒙古擅进内地，抢掠牲畜，专汛官罚俸一年，兼辖官罚俸六月。有抢掠杀人者，专汛官革职，兼辖官降二级调用，总兵官降二级，提督降一级，皆戴罪图功。

边禁 004：康熙十一年议准

青海蒙古在镇海堡、北川二门，各委头目贸易，每次不得过二百人。其因祈禳等事，在内地寺庙诵经者，止许百人以内，按数令头目管辖，百人以外不许进边。

边禁 005：康熙十二年题准

外国人私行进口，该地方官不察报者，降一级调用，该管上司罚俸一年。

边禁 006：康熙十二年又题准

凡外国人不论蓄发与否，均不许擅进边口，违者守边官弁皆从重治罪。

边禁 007：康熙二十三年题准

喀尔喀、额鲁特贡使来京，从各该旗汛地经过者，守汛官即委官二人、兵五名，按次护送，交与张家口官。回时张家口委官一人、兵五名，护送出界。如贡使回时，有在张家口贸易者，事毕，守口官速催起身，各汛仍照前按次送出汛地。如无故淹留，将守边口官议处。若贡使在归化城贸易，归化城、土默特二旗，亦照例委官二人、兵五名，按次递送出汛，违者议处。

边禁 008：康熙二十八年奏

俄罗斯所据尼布楚，本系茂明安部游牧之所，雅克萨系达呼尔总管倍勒儿故址，本非两界隙地。其黑龙江、松花江、嫩江、库尔瀚江，及乌拉、宁古塔、锡伯、科尔沁、索伦、达呼尔、恒滚、牛满、精奇里江口等处，均系鄂伦春、奇勒尔、毕拉尔等人民。及赫哲、费雅喀所居，皆属我地，不可弃之于俄罗斯。又逃人根特本尔等三佐领，及续逃之人，悉应索还，与之画疆分界，贸易往来。奉旨：以尼布楚为界。如彼国恳求，可即以额尔古纳为界，寻遣官立界牌于格尔弼齐河诸地，用满、汉字，及俄罗斯、喇第讷、蒙古字。〔谨案：牌文共七条：一将格尔弼齐河为界，凡山南溪河属中国，山北属俄罗斯；一将流入黑龙江之额尔古纳河为界，南岸属中国，北岸属俄罗斯，其南岸之眉勒尔喀河口，所有俄罗斯房舍迁移北岸；一将雅克萨地方俄罗斯所修之城，尽行除毁，雅克萨所居俄罗斯人民及诸物用，尽行撤往察汉汗；一凡猎户人等不许越界，违者拿送该管官惩处，聚众持械捕猎杀人抢掠者，奏闻正法；一中国所有俄罗斯之人，及俄罗斯所有中国之人，不必遣还；一一切行旅有准令往来文票者，许其贸易不禁，一会盟之后，有逃亡者，不许收留。〕

边禁 009：康熙五十九年议准

哲布尊丹巴呼图克图库伦地方，俄罗斯与喀尔喀互相贸易，民人丛聚，难以稽查。嗣后内地民人有往喀尔喀库伦贸易者，令该管官出具印文，开明货物人数，报理藩院给予执照，出何边口，令守口官弁验照放行。如带军器禁物，立即查拿送部治罪。

边禁 010：雍正二年议准

山海关及奉天吉林等处巡踪官兵，除搜获参须、参末、细小歪斜珠子，以及为数无多者，毋庸给赏外，如一年内搜获人参至二十斤，珠子至四两者，该管官纪录一次，巡查人等共赏银二十两；搜获人参至四十斤，珠子至八两者，该管官纪录二次，巡查人等共赏银四十两；搜获人参至六十斤，珠子至十二两者，该管官纪录三次，巡查人等共赏银六十两；搜获人参至八十斤，珠子至十六两者，该管官加一级，巡查人等共赏银八十两。再有多获者，照数加赏，移咨户部给发。如搜查不力，以致私带过关进口者，该管官降三级调用，巡查人等鞭八十。明知故纵者，该管官革职，巡查人等鞭一百、枷一月。贿纵者计赃以枉法论，从重治罪。

边禁 011：雍正五年奏准

与俄罗斯分定疆界事宜。除东界额尔古纳等处，前经定议以归彼国外，今自额尔古纳河岸，至阿鲁哈当苏、阿鲁奇都勒、齐克太、奇兰等处，并设内地卡伦，应以相对之楚库河为界。自此以西，沿布尔古特山，以博木沙毕霸岭为界。定界之后，有容纳逋盗等犯者，互相捕治。复定恰克图口为贸易所，遣理藩院司官一人管理，贸易人数不得过二百。其京城俄罗斯馆，令修整以居使臣。来京读书幼童及教习等，亦令同居，官给养瞻，愿归国者听。

边禁 012：雍正七年覆准

张家口、独石口出入人等，令旗员验票盘查。如有失察私带违禁之物，责在旗员，营弁免其处分。

边禁 013：雍正九年议准

沿边关隘守关口官，遇有废铁、铁货潜出边境货卖者，立即拿究。如徇纵出口者革职，贿纵者革职提问。其铁锅、农器，准其前往黑龙江等处贸易。若商民在内地转相货卖，守关津兵弁藉端勒索财物者，计赃治罪。

边禁 014：雍正十三年议准

青海蒙古人贸易，不准在洪水、镇海堡等处，令其在丹噶尔设市，每次不得过二百人。或有喜丧煎茶诵经等事进边，亦不得过百人。令该札萨克呈明办理青海蒙古事务大臣查核，给予印票，守口官弁验票，始准行走，回日缴销。如蒙古有擅自进口者，该办理蒙古事务大臣，视其事酌量办理，报明理藩院查核。

边禁 015：乾隆元年谕

向来八旗台站官兵，于每年二、八月间携货物前往中江，与朝鲜贸易。朕思旗人等，但有看守巡查之责，原无暇贸易，且亦不谙此事，远人到边，恐致稽迟守候，多有未便。嗣后著内地商民与朝鲜国人贸易，即令中江税官实力稽查，务须均平交易，毋得勒掯滋扰，以示朕加惠远人之至意。

边禁 016：乾隆七年议准

蒙古进口守关口官兵查明人数军器数目注册，出口时查对原册，多带者不许放出。其喀尔喀、额鲁特，及各札萨克等，如有新编佐领，初次置买军器，或将年久破损军器修补者，该札萨克开明所买军器数目，出具印结，呈送理藩院查核。如为数过多，或系全副者，具奏请旨，再令购买。如所买无多，系寻常带去应用者，咨部给票，该守关官验明部票放行。若比票内多带，或与原进口之数目多带者，报明理藩院议处。其官员民人将军器卖给蒙古，及守口官兵知情故纵者，皆交刑部治罪。不知情放出者，守关口官革职，该管上司降五级调用。

边禁 017：乾隆七年又议准

硝磺、牛角、钢铁等物，及各项军器，不许卖与俄罗斯、额鲁特回子。如有私卖偷出边口，不行严拿，该管官及兵役知情故纵者，皆交刑部治罪；不知情者，守关口官革职，该管上司降五级调用。

边禁 018：乾隆八年谕

上年九月间暹罗商人运米至闽，朕曾降旨免征船货税银，闻今岁复带米来闽贸易，著自本年为始，嗣后凡遇外洋货船带米一万石以上者，著免其船货税银十分之五；带米五千石以上者，免其十分之三。其米听照时价公平发粜。若民间米多，不需籴买，即著官为收买，以补常社等仓，或散给沿海各标营兵粮之用。

边禁 019：乾隆十四年议准

民人往察哈尔等处贸易，令多伦诺尔、独石口、张家口等处同知验明人数，给以印票，并将年貌、姓名、车数详载于册，以便回日核对。如有不领票私往者，照偷渡关津例治罪。

边禁 020：乾隆二十四年谕

向来前往蒙古部落贸易商人，由部领给照票，稽核放行，懋迁有无，彼此均为便利。近因互市日久，不无争竞生事，是以议令禁止。殊不知商贩等前往乌里雅苏台等处，亦必由各该部落经过。若中途一切货物，俱令不得通融易换，未免因噎废食。嗣后凡有领票前赴贸易人等，所过喀尔喀各旗，仍照旧随便交易，俾内地及各部落商货流通，以裨生业。其一切稽查弹压，地方官及各札萨克留心妥协经理，毋任巧诈奸商，逗遛盘踞，以滋事端。

边禁 021：乾隆二十五年奏准

裕拉里克卡伦送到巴勒提贸易人等，系头目默默斯帕尔、乌苏完两处遣来贸易，称该部落相隔一河，各有八千余人，甚属和好，向来在叶尔羌贸易，今平定回部各城，愿来归附。其所携货物无多，以初次前来，免纳税银，并酌给口粮，俟贸易事竣，护出卡伦。

边禁 022：乾隆二十五年谕

内地银两，携至外藩交易，有发无收。今舒赫德奏请将绸缎多为解送，较原价酌增运费，则未免太廉。即如绸缎亦内地所贵重，行至外藩，自当酌量物情，以定价值。若初次价贱，则奸商回人等私行兴贩，徒为伊等之利。应随时筹画，酌量定价，行之数年，再为平减亦可。惟不得任商贩私行携带，减价售卖。钦此。遵旨议定：布鲁特、塔什罕等回人，欲将银两前赴哈密贸易，与内地甚有裨益，概照新疆贸易之例，行知该处办事大臣，善为妥办。

边禁 023：乾隆二十六年谕

哈萨克等由塔尔巴哈台至新设卡伦，甚为径直，傥与北路商贩等贸易，则伊犁、乌鲁木齐等处，难于得马。外藩贸易一事，原应官为经理，若听其与北路商贩往来，则新疆难得马匹，而伊等债负争斗之衅，皆从此起。传谕各驻扎大臣札萨克，及卡伦侍卫台吉等严行禁止，该大臣等仍不时巡查。如有私行贸易者，一经查出，即从重治罪，并将侍卫台吉等参奏。

边禁 024：乾隆二十六年又谕

哈萨克本年自五月贸易后，迄今未来。伊等见小贪利，若概从优渥，则难乎为继，或过示减省，则远人疑阻。惟在大臣等悉心筹酌，调剂得宜，更宜加意体察，固不可刻核以阻归顺之忧，亦不可虚糜以启觊觎之渐。总之内地货物有余，而边境马匹最要，化无用为有用，莫善于此，但不可因朕此旨，遂不加节制。著传谕该管大臣，悉心妥协办理。

边禁 025：乾隆二十七年谕

回部荡平，内地商民经由驿路及回人村落，彼此相安。台站回人又疏引河渠，开垦田地，沿途水草丰饶，行旅并无阻滞。若商民不时前来贸易，即可与哈密、吐鲁番一体办理，于官兵亦有裨益。但须听商民自便，不可官为勒派。有愿往者即给以印照，毋使胥吏需索，人自乐于趋赴矣。

边禁 026：乾隆二十七年又谕

哈萨克遣使贡马九匹，所带马四百余匹，已派台吉等禁止贸易，护送入觐。哈萨克来使，著派出为首者数人，前往热河候旨。伊等所带马匹颇多，自必乘便贸易，从前禁止哈萨克北路贸易，盖虑伊等贪程途近便，遂不肯远至伊犁。但伊犁、乌里雅苏台皆属内地，如过示区别，亦于体制未协。惟应禁止私市，概从官办，而稍增物值，减其马价，伊等惟利可图，自必专向伊犁。即令其仍贪近便，情愿减价，则乌里雅苏台官库缎匹等物，尚有雍正年间收贮者，与其徒为朽腐，即以易马，或就近收放，或酌量拨解，亦无不可，应准其一体开市。伊等若谓物价较伊犁有加，亦谕以蒙古地方价值情形，难与伊犁一例。至卡伦台站人等私行交易，断宜严禁。

边禁 027：乾隆二十七年三谕

哈萨克全部，均为臣仆，其在西边游牧者，与伊犁、乌鲁木齐相近，自应在彼贸易。至阿布赉游牧与古尔班察尔相近，在北路贸易为便，伊等情愿来乌里雅苏台，亦无不可。其贸易之处，不必停止。

边禁 028：乾隆二十七年四谕

哈萨克向来未至回地贸易，苟非贪图重利，焉肯前往。现在伊犁等处贸易，上等马匹，仅估银价三四两，而回地则加倍有余，往来日久，不但伊犁等处贸易大减，亦恐滋生事端。但阿布赉素称恭顺，此次既经准其贸易，嗣后伊等再来，必禁绝回人私市，但从官买，较之伊犁等处价值更减，不可稍令获利。仍晓以回地无须多购马匹，其各项牲只，自有拔达克山、安集延、布鲁特等处商贩，尔等不必前来。如此则伊等自不肯远赴，将此传谕该驻扎将军、大臣等知之。

边禁 029：乾隆二十七年五谕

嗣后查拿私行卖参、买参、飞参人等，其查出银两，如在一百两之内，著不必入官，即行分赏原拿人等；如在一百两以上，作为三分，二分入官，一分赏给原拿人等。永远为例。

边禁 030：乾隆二十八年谕

哈萨克等同布鲁特来乌什贸易，恐伊等至特穆尔图淖尔游牧，昨传谕该大臣派员前往伊犁，向西吹、塔拉斯等处巡查。若有哈萨克、布鲁特等偷越游牧，即行驱逐。特穆尔图淖尔亦著一体巡查。

边禁 031：乾隆二十八年又谕

哈萨克人贪鄙性成，若听其来往，难免盗窃争斗之事。嗣后再有贸易人来，应交察达克图布慎，谕以内地商人俱在伊犁乌鲁木齐，尔等若欲贸易，自可前往，且此间并无管理贸易之员，万一滋生事端，亦于尔等无益，是以禁止。并将此交军机大臣于哈萨克人到京时，亦照此明白晓谕知之。

边禁 032：乾隆二十九年奏准

富商巨贾用车船运贩糟曲，经过关津隘口，不能查拿者，守口官罚俸三月。

边禁 033：乾隆二十九年又奏准

文武官员出差赴任归籍，及商民人等出外贸易等事，除鸟枪不许携带外，如有携带弓箭、刀、长枪各项军器，途中防护者，在京由兵部给票，在外由该差遣上司及该管地方官取具印票。将所带件数于票内注明，以备出城沿途照验。俟到日将原票缴官，转送各该处查销。如无票私带及票外多带者，罚俸六月。若隐匿原票一月以外不缴者，罚俸三月。

边禁 034：乾隆二十九年三奏准

云南省白税口黑铅不许贩运出口，如有潜行出口，地方官不行查禁者，照失察废铁出口例议处。

边禁035：乾隆二十九年四奏准

青海蒙古有置买铁锅、铁撑、铁杓等器，并耕种所用之犁头，鞍辔所用之铁什件，在西宁置买者，将所买数目，报明办理青海蒙古事务大臣查核。其为数无多，填明照票，听其出入。如数多，即酌量减除。在丹噶尔口置买者，该处将弁查照数目，准其置买，仍转报办理青海事务大臣查核。至青海蒙古兵丁，如有弓箭等械缺少，应须制造添补者，该札萨克呈报办理青海蒙古事务大臣酌定具奏请旨。玉树等处番人所需锅犁，亦准其置买。其余铁器，一概禁止。

边禁036：乾隆三十九年奏准

外省官员差人置买盔甲等项军器，用印文投部，方准购买。兵部仍给印文，令守门官验实放行。如无印票，即系私买，守门官盘获呈解兵部，转送刑部议罪。如无印票，将军器私行放出者，将城门领、城门吏、门千总各罚俸三月，领催兵丁，鞭五十。

边禁037：乾隆四十二年奏准

吉林库尔讷窝集地方，系出参山场，八旗官兵砍采木植，起程以前，每年照例出派官兵，拣选当差勤慎诚实者，令其前往。仍派能于管辖之协领，带领官兵先行前往江上游口隘等处稽查。此项砍伐木植人等，如有违例于票外多带人等，并夹带米粮者，即行查拿，加倍从重治罪。

边禁038：乾隆四十三年谕

据额尔谨等奏：拿获私贩玉石之吴苣洲等，搜出玉石，并无官给照票，自系私贩，但向无治罪专条，请敕部定拟分别治罪等语，转可不必如此办理。自平定回部以来，所产玉石，除将所余招商变价外，其违禁私卖、私买，载回内地制器牟利者，并不始于此时。而迩年来苏州所制玉器，色白而大，不一而足，非自回疆偷售而何？朕久经深悉，第以国家幅员广辟，地不爱宝，美玉充盈，以天地自然之利，供小民贸易之常，尚属事所应有，故虽知之而不加严禁，此即取玉于山之意。至高朴驻扎回疆，敢于明目张胆，偷卖官玉，价逾钜万，实出情理之外。虽已审明在该处正法，尚不足抵其罪愆。其案内之商人张銮、乡约赵钧瑞，胆敢交结大臣，伙同其家人沈太李福常永辈，偷贩觅利，情罪可恶，自难轻逭。至吴苣洲等既讯与赵钧瑞等不相认识，并非高朴案内有名人犯，何必与张銮等同科。吴苣洲所贩之玉，既无官给照票，其为私贩无疑，但究非与高朴通同贩卖，尚可末减。若将此七人治罪，则前此私贩回疆玉石之人，转得漏网，亦非情法之平。今该犯等所贩之玉，俱已查明入官，亦足以蔽辜，毋庸另行治罪。昨陈辉祖奏襄阳盘获玉商杨添山等十七名，解到时亦著详细研鞫，是否与张銮赵钧瑞同伙，或不相干涉，讯取确供，分别办理具奏。其现在或有续获者，亦照此办理。此乃朕格外之恩，凡属商众，俱当感激改悔。若经此次查办之后，复有私赴新疆偷买玉石者，一经查获，即照窃盗满贯例计赃，不能复邀宽宥矣。

边禁 039：乾隆五十二年谕

都兰哈喇地方，与札哈沁游牧相近，若聚集多人挖铅，贫民众多，俱系不肖之徒，未免滋生事端，著严行禁止。仍不时出派官兵搜查，如有偷挖者，一经拿获，从重治罪示惩，断不可草率办理。

边禁 040：乾隆五十四年奏准

哈密、北山、葫芦沟等四处，出产大黄，其性甚寒，难以合药。现在内地严禁大黄，惟恐奸民希图重利，不分好否，因嘉峪关稽查严密，在哈密地方偷挖贩往新疆各处。嗣后饬地方文武官员及坐卡官员，照禁止硝磺之例严查。如兵役不行详查，以致偷挖，一经查出，商民从重治罪，兵役责革，地方文武官员，参奏交部严加议处，哈密大臣一并交部议处。奉谕：哈密、葫芦沟等四处，均出产大黄，虽难以合药，究与内地相似，奸商民人知内地严禁贩卖大黄，偷往此等地方挖取贩卖，假充内地大黄，诓骗回子人等，亦属不可，著一体禁止。

边禁 041：乾隆五十四年奉旨

玛纳斯所产一项绿色玉石，虽非和阗等处所产白玉，究系绿玉，若不禁止，傥被奸商夹带此项玉石贩至内地，亦同白玉得受重利，理宜一体禁止。如有夹带偷贩内地者，一经拿获，即照私带玉石之例治罪。经过之吐鲁番、巴里坤、哈密大臣，亦令严察。

边禁 042：乾隆五十四年谕

前因恰克图业经闭关，不准与俄罗斯贸易，而大黄药料，尤为俄罗斯必需之物，恐商贩私行偷漏，节次传谕新疆驻扎大臣严加查禁。并因各省地方，不特广东滨临洋面，即盛京、江南、闽浙、直隶、山东等处，俱有沿海口岸。谕令各督抚等，饬属实力稽查，毋许奸商偷贩出洋，致转售与俄罗斯，希图厚利。复因内地需用大黄疗治疾病，不可查办过当，以致因噎废食，续经降旨令该督抚妥协酌办矣。大黄一种，不特内地民人用资疗疾，即出口地方，如热河、八沟等处，人烟辐辏，亦与内地无异。若查禁过严，致商贩裹足不前，于民间亦多未便。第各省查禁私贩，固不可有意从严，亦不可漫无稽察。著该督抚等各就地方情形，妥立给票章程，定以限制斤两。酌议每处需用大黄若干，发给官票，于经过各关隘时将票呈验。如无官票可凭，即系私行贩运，查拿治罪。饬令地方官妥为经理，毋任不肖吏胥藉端需索。有票者不禁，无票者即系私贩，并通衢僻壤出示晓谕。以现与俄罗斯不通贸易，是以不准大黄出口，俟将来俄罗斯送出贼犯后，仍可开关通市。则大黄一种，原应照常贩运，自毋庸给予官票，有累经商。各督抚一面酌议奏闻，即一面遍行出示，不必俟部覆到时始行办理，免致往返稽迟，有误闾阎需用。

边禁 043：乾隆五十四年又谕

大黄药料为民间疗病所必需，前因不准与俄罗斯交通贸易，恐奸商私行偷漏，是以谕令沿海各省督抚饬属实力稽查。旋经续降谕旨，不可查办过当，以致因噎废食，并令各就地方情形，妥立章程，发给官票，以凭查验。原恐各处海口地方，偷贩出洋，转售俄罗斯希图厚利，必须严加查禁。至内地各州县，本可任其商贩流通，若一概令请官票，始准采买行运，地方官办理不善，非特胥吏藉端勒索，扰累商人，而各州县不肖官员，亦难保无从中染指之弊，以致商贩裹足。药材短缺，于民间多有未便，殊非朕惠爱闾阎之意。嗣后大黄一种，止须于各省沿途口岸，及直隶之山海关等关口近边地方，严行饬禁，毋许丝毫偷漏。即陕甘两省，亦止当于嘉峪关榆林等处，加意查察。其内地省分，如台湾、琼州、崇明等处，地悬海外，仍著各该地方官，酌定限制，给予官票呈验，以防私贩偷漏。其余各州县，均听其照常贩运，毋庸给发官票，以免纷扰而便民用。

边禁 044：嘉庆二年谕

上年商民公峨往乌梁海地方贸易，西北两路内地民人与外藩交易，俱系彼处人等前来该将军大臣所辖地方，方准贸易。乌梁海地方，系在卡伦之外，商民等私自前往贸易，俱由该将军大臣等平日不能留心所致，不可亟为禁止，将此通谕西北两路各城驻扎办事将军大臣等。嗣后内地商民，各宜留心体察，如有应与外藩贸易物件，俟该处人等到后，再令互相交易，毋得任意越界妄行，永著为令。再有似此者，必将该将军大臣从重治罪。

边禁 045：嘉庆六年奏准

出关之人，夹带违禁货物，守口官徇纵令其出口者，按其所带之物，分别治罪。其不由应出之口越渡者，失察之员罚俸一年。

边禁 046：嘉庆六年又奏准

察哈尔、归化城蒙古人等，若将军器偷卖者，除本身治罪外，失察之该管各官，降三级调用。

边禁 046：嘉庆九年奉旨

乌里雅苏台地方贸易民人，前往喀尔喀四部落各台站居住之三佐领下唐努乌梁海等处贸易，俱由将军衙门领取照票办理。究系边界卡伦，觉奸商枉法取利，偷越卡伦，必致滋生事端。嗣后将唐努乌梁海三佐领乌里雅苏台北边九台站民人贸易之处，永行禁止。奉旨：著照所奏，严行禁止。其乌梁海人等有买取什物者，于进皮张之便，前往乌里雅苏台贸易。

边禁 047：嘉庆九年奏准

嗣后乌梁海、库伦彼此交易，务用现银置买物件，商民断不准借与该处人等银两，赊给物件，偷至游牧地方讨债，违者从重治罪。

边禁 048：嘉庆十年谕

蒙古游牧人等负欠民人账目，即饬分别还清，将欠债者重责示惩。又民人海嵩岱，抢劫蒙古罗卜桑牛只鸟枪等物，蒙古人性质淳厚，理应永守旧业，民人图利，前往游牧开地耕种，放账与蒙古人，其习甚陋，致蒙古人大亏生计。是以朕节经谕禁，即如民人海嵩岱藉讨债为名，纠众殴人，强取物件，甚属不知法纪，俟审明后分别首从，即行按律正法。嗣后止准正商在彼，其无照奸民，即刻驱逐，酌定章程具奏。钦此。遵旨议定：嗣后账目已完者令其速回，未完者展限完结，方令其归，以后若再有无照私往者，即行拿送将军大臣照例治罪。该札萨克官员容隐不报，一经查出，一并参处。

边禁 049：嘉庆十一年谕

据吴熊光等奏：查明口□路口□臣国来广贸易情形一折。口□路口□臣国即俄罗斯国，向例止准在恰克图地方通市贸易，本有一定界限，今该国商船驶至粤东恳请赴关卸货，自应照例驳回，乃延丰擅准进浦卸货，实属冒昧。且该国商船于十月初八十七等日先后进口，延丰于二十九日始行具奏，又于咨商总督后，并不候那彦成回咨，辄以意见相同之语，捏词入告，其咎甚重。前经降旨将延丰降为七品笔帖式，尚不足以示惩，延丰著即革职，仍令在万年吉地工程处效力行走。接任监督阿克当阿，因延丰已准该夷商起卸一船货物，亦即不候那彦成移知，率准后船进浦卸载，吴熊光、孙玉庭未经详查明确，遽准开船回国，均属办理未协，不能无咎。吴熊光、孙玉庭、阿克当阿均著交部议处。嗣后遇有该国商船来广贸易者，惟当严行驳回，毋得擅准起卸货物，以昭定制。

边禁 050：嘉庆十六年奉旨

黄芪为药植所需，附近贫民，零星挖卖，在所不禁，若至聚集多人，并倚众拒捕，则必应按律治罪。现将偷挖黄芪，明定科条，稽查严密，小民自不敢干犯禁令。但近年口外游民众多，伊等本系无业之徒，趋利若鹜。边外所产，如铅斤木植，不一而足，设奸民等舍此趋彼，聚集既众，必仍滋事端。若逐案增定条例，亦属繁碎，此事总在沿边关隘，于无业游民出口时认真查禁。出口之民既少，自不致群相纠集，牟利逞凶。从前所定守口文武员弁处分较轻，率多视为具文，以致关禁废弛。著吏兵二部会同核议，将守口兵弁纵放及失察无票民人出口处分，酌改加重，庶该员等自顾考成，实力稽查，不致仍前懈玩。钦此。遵旨议定：凡边关隘口，令该管官弁严行盘查，若民人并无用印文票，及有文票而人数浮多，情节不符，该管文武员弁，失察偷渡一二名者降一级留任，三四名者降一级调用，五名以上降二级调用，十名以上降三级调用，放出私贩人口者革职，受贿纵放者革职治罪。若夹带货物，守口官徇纵放出者，按其所带之物分别治罪。其有盗犯逃犯偷渡边口，失察一名者降一级留任，二名者降一级调用，三名以上降二级调用，五名以上降三级调用，十名以上革职。至威远堡、凤凰城、法库等处边门边栅，向来文职、武职分别专管兼管，如有失察贿纵等事，系文职专管，吏部将文职照此例议处；系武职专管，将武职照此例议处。其专管官应降级留任者，兼管之员罚俸一年；专管官应降级调用者，兼管之员降一级留任；专管官应革职者，兼管之员降三级留任。其各处小沟守口官失察者，均分别专管兼管，悉照此例议处。如有聚众偷挖黄芪，未及十人并十人以上，囤积黄芪，十斤及五十斤以上，罪应杖枷者，失察之地方文武官罚俸六月；人数在五十名，囤积黄芪，在一百斤以上，罪应拟徒者，失察之文武官罚俸一年。

边禁 051：嘉庆十七年谕

贡楚克札布覆奏刨挖黄芪章程，所议是。察哈尔牧厂等处游民私挖黄芪，上年甫经议定章程，限以人数斤数，严禁聚众刨采。今若又开领票认采之例，奸民趋利若鹜，势必多方影射，聚众纷争，转致难以稽查。阿勒精阿所奏不可行，著该都统等仍照原议章程，督饬所属，实力查办，毋得日久生懈。

边禁 052：嘉庆十七年奏准

苗疆地方，如有外来民人携带眷口，夹带无藉之徒入境为匪者，除兵丁责革外，失察之专管官降一级调用，兼辖官罚俸一年。

边禁 053：嘉庆十七年又谕

和宁等奏：接据朝鲜国义州府尹驰报，该国境内有土贼滋扰，当即飞饬凤凰城城守尉福宁密派官兵，于边门及沿江各卡，巡查防守严密堵御等情一折。朝鲜国臣服本朝，最为恭顺，今该国有土贼啸聚，据城劫掠，现经该国将剿捕情形移报，谊难膜视。该国与凤凰城边界接壤，仅有一江之隔，该处土贼被剿紧急，或逃窜过江，逸入边门，和宁等现虽饬令城守尉福宁，密派官兵巡查防守，恐福宁一人督办不能得力。著派禄成前往凤凰城，督率弁兵，于边门及沿江一带，严密巡防。如有朝鲜国土贼潜行窜入，其面貌服色，易于辨识，立即擒拿，讯问大概情形，一面报明将军具奏，一面将贼匪解至边界，交该国押回，自行办理。并严饬各处边门守卡官弁，毋许容留土贼一人。

边禁 054：嘉庆十七年三谕

阳春等奏：接据哲孟雄部长来禀，恳将唐古特庄子赏给一所，俾资居住，并求差派汉番官员，前往分断界址，经伊等严行驳斥，并饬帕克哩营官等，豫为防范，不令偷越等语，所办甚是。哲孟雄部落并非藏属，因畏惧廓尔喀侵欺，虑及日后不能保守疆土，禀求在唐古特居住。伊现在尚存日呢杵、冈多二处地方，非比失土无归，辄豫为营窟之计，妄希赏给藏属庄子。边外部落甚多，若因强邻侵逼，俱纷纷效尤，乞赏地方，则藏内疆域，岂能遍为容纳。至外番犬牙相错，各守地界，亦不能差派官员，一一代为清厘界址。著传谕瑚图礼等，此次哲孟雄部长既经驳斥之后，或仍怀贪鄙，再行渎禀，并以后边外各部落，有似此妄生希冀，饰词禀求者，俱当严词檄谕，绝其妄想，一面严饬边界营官，加意巡防，毋致偷越为要。

边禁 055：嘉庆二十二年谕

长龄奏：请饬禁哈密小南路以重巡防一折。新疆地方经由道路，俱设有墩台营汛，稽查往来行旅，且沿途更换路照，定制綦严。此小南路系后来踹出僻径，其间三百余里，并无台汛，屡经封闭，若复任听行走，不特奸商私贩，致多偷越，即逃匪潜行，亦无从盘诘。著将由哈密至奇台之小南路，永远封闭。如再有商民私由此路行走者，查获照律治罪。再有新疆大臣奏请复开，或私令商民行走者，亦治以违旨之重罪，决不姑恕。

边禁 056：道光元年谕

文干等奏：哲孟雄部长来藏熬茶，妄求地方人口，严行驳斥遣回，并拟定该部来藏年限一折。哲孟雄部落在唐古特边外，从前福康安进剿廓尔喀时，曾檄令该部乘势进攻，收回被夺之地，该部长观望不前，及事定之后，屡次妄行祈求，均经驳斥。今来藏熬茶，又向噶勒丹锡呼图萨玛第巴克什禀恩，或赏给帕克哩营官之缺，或将所属卓木族卓百姓及卓木雅纳绰松百姓赏给管理。该部长贪鄙无知，竟敢妄求藏地所属职官民人，交伊管理。文干等饬令该喇嘛严行驳斥，以绝其妄念，仍酌赏银物以示体恤，所办俱是。该部长向准来藏礼佛，文干等因其每次来藏，辄多乞请，拟定以或五年或八年来藏一次，以示限制，著即以八年为限。但所定年限，乃杜其非时前来，若届期不来，亦听其便，如未至八年，即行斥驳。至边防理宜严密，如该部长禀请来卓木避暑时，自当随时批驳，江孜守备帕克哩营官等，小心防范，以安边圉。

边禁 057：道光三年谕

那彦成等奏：请定商民与蒙古贸易章程，并封闭边外金厂，西宁凉州等处。向来商民携带货物，由西宁办事大臣衙门给票出口，径赴蒙古游牧贸易，既不指定地方，去来亦无期限，以致汉奸混杂，并夹带违禁器物，于边陲大有关系。惟念蒙古以游牧为业，若将羊客禁绝，诚恐生计日艰，如漫无稽查，又复诸弊丛生。该督等请严立章程，明定地界，自应如此核实办理。嗣后无论何州县羊客，与河北蒙古及河南蒙古番子交易，即以现定地界为限，不许径赴蒙番游牧处所收买。至甘凉肃州羊客，准由野马川沿边一带行走，先行报明西宁办事大臣衙门，分别发给大票小票，逐一注明，严定期限。由西宁府知会各提镇，饬知守卡弁兵，据实查验，毋许浮冒。其蒙古羊只，每年定以四月至九月，按照指定处所售卖，事竣不准逗遛，以杜弊端。至河南番族出售羊只，并饬循贵两厅，于贸易时照给票之例办理。此外甘州之野牛沟，肃州之赤金湖等处，向有汉奸偷挖金砂，现经该督等严拿查禁。惟大通县属之札马图官金厂，该匪徒等难保不乘间潜往开采，著即严行封闭。所有应纳正撒课金二十八两零，即停其交纳。此项人夫纠聚已久，该督等务须妥为安插，毋致流而为匪。倘经理不善，仍有匪徒溷迹偷挖，致生事端，惟该督等是问。

边禁 058：道光四年谕

赵慎畛等奏：请严禁民人私垦生番境内地亩一折。福建台湾彰化县所辖水里、埔里两社，系在生番界内，向以堆筑土牛为限，民人樵采，例禁侵越。近年以来，该处生番，因不谙耕作，将熟番招入开垦。据该督等查明，该熟番与汉民交契结姻者颇多，恐汉奸私入，溷杂难稽。或因生番懦弱，逞强欺占，该生番野性未驯，必致争斗肇衅，酿成巨案，不可不严行饬禁。现在农事已毕，著即饬令各社屯弁及通土等，查明越入各熟番，概行召回，不准逗遛在内，以后亦不许再有潜往。如敢抗违，该厅县等立即会营拿究，并著于集集铺内木栅二处隘口，设立专汛。即饬北路协副将于彰化营内，就近移拨弁兵，实力防堵，毋许番民擅自出入。鹿港同知、彰化县，每年分上下两班轮往巡查一次。仍按月取具汛弁及屯弁通土等切结，由厅县加结通报，并责成台湾镇会同该道府，严行查察。该弁兵如有疏懈徇纵情弊，即行分别斥革治罪。傥该厅县视为具文，督查不力，亦即据实参奏，交部议处。该处开垦一事，嗣后不必开端，永当禁止。该督等务饬属认真稽查，毋得日久生懈，以靖地方。

边禁 059：道光六年谕

嵩溥奏：请筹办苗疆保甲一折。黔省汉苗杂处，近来客民渐多，非土司所能约束，自应编入保甲，以便稽查。除苗多之处，仍照旧例停止外，其现居寨内客民，无论户口田土多寡，俱著一律详细编查，惟令各该管地方官查办，转致胥役滋扰。据该抚奏称：现署永安协副将抚标中军参将李可仁，诚实明练，能通苗语。黎平府知府杜友李，在黔年久，熟悉苗疆情形。即著该二员会同查办，将客民户口田产造册通报，由地方官随时稽核。傥再有勾引流民，擅入苗寨，续增户口，及盘剥准折等事，立时驱逐，田产给还苗人，追价入官，仍照例加倍治罪。若地方官徇庇不究，并纵令差役擅入苗寨滋事，即行严参惩办。至该参将等俱系现任，既经委办清查，地方辽阔，不必限以时日。其缺著拣员接署，并令委带员弁，随同帮办。所需饭食夫马等项，不许派累地方，由藩库筹项发给。该抚务饬该员弁等尽心妥办，绥靖苗疆。

边禁 060：道光二十年谕

固庆奏：俄罗斯夷人越入卡伦，妥为劝谕，令其归国等语。此次俄罗斯夷人达噶玛勒萨满等，所属男妇大小一百二十余人，越入科布多卡伦，声称伊国差重法严，逃出偷生，该大臣等晓谕盟长等，令其折回本国，所见甚是。外夷逃入卡伦，断不可因其恳乞收留，愿作仆役，遂尔私容潜住。惟该夷等被难偷生，一味严行驱逐，或致激成事端。现已逃入巴里坤界内，著阿精阿妥为办理。如折回科布多，即著固庆等照依此次办理章程，派员护送出卡，令其归国，并谕知该管官妥为安置，各归游牧。傥由巴里坤潜入哈密古城、乌鲁木齐、库尔喀喇乌苏、伊犁等处，即著该将军都统大臣等，一体晓谕，令其归国。固不许私留潜住，亦不可强逐滋事，并著库伦办事大臣，转饬该国严禁伊等西路一带卡伦，毋任夷人出外滋扰。

边禁 061：咸丰九年谕

乐斌奏：土尔扈特汗喀屯鄂斯库吉尔噶勒，因伊孙年幼孤单，差员禀请延接喇嘛教经延寿等语。喀喇沙尔游牧之土尔扈特部落，久隶藩服，素称恭顺，著照所请，所有现回洮州卓尼寺已革诺们罕阿旺札木巴勒楚勒齐木，著准其前赴土尔扈特教习经典，并著伊犁将军喀喇沙尔办事大臣，随时稽查，不准出外滋事。俟教习三年后，仍行解回内地，饬交该原籍地方官管束，毋任逗遛。

边禁 062：同治七年谕

据都兴阿奏称：近来游民续行出边占地者，络绎不绝，若不赶紧查办，势必愈聚愈多，何所底止。著都兴阿、恩锡会同拣派委员，于春融后，先往浑江迤西覆加查勘，将各该处游民户口，及荒熟地亩详细查明，酌核情形，妥筹办理，务期经久无弊，方为妥善。其暖江一带地方，游民尤多，且有伐木山匪溷迹其间，出没无常，虽一时未能处置，然亦岂可听其自然，致滋他患。都兴阿等务当先行访查明确，熟筹办法，一俟浑江西岸办理就绪，即可次第查勘也。

海禁〔例 112 条〕

海禁 001：顺治十二年题准

海船除给有执照许令出洋外，若官民人等擅造两桅以上大船，将违禁货物出洋贩往番国，并潜通海贼，同谋结聚，及为向导劫掠良民，或造成大船，图利卖与番国，或将大船赁与出洋之人，分取番人货物者，皆交刑部分别治罪。至单桅小船，准民人领给执照，于沿海近处捕鱼取薪，营汛官兵不许扰累。

海禁 002：康熙十一年题准

居住海岛民人，概令迁移内地，以防藏聚接济奸匪之弊。仍有在此等海岛筑室居住耕种者，照违禁货物出洋例治罪，汛守官弁，照例分别议处。

海禁 003：康熙二十三年题准

山东、江南、浙江、广东各海口，除夹带违禁货物照例治罪外，商民人等有欲出洋贸易者，呈明地方官，登记姓名，取具保结，给发执照，将船身烙号刊名，令守口官弁查验，准其出入贸易。

海禁 004：康熙二十三年覆准

焰硝、硫磺、军器、樟板等物，违禁私载出洋接济奸匪者，照例治罪。该管汛口文武官弁，盘查不实者，革职；知情贿纵者，革职提问。兼辖官降四级调用，统辖官降二级留任，提督降一级留任。

海禁 005：康熙四十二年议准

出洋贸易商船，许用双桅，梁头不得过一丈八尺，如一丈八尺梁头，连两披水沟统算有三丈者，许用舵水八十人；一丈六七尺梁头，连两披水沟统算有二丈七八尺者，许用舵水七十人；一丈四五尺梁头，连两披水沟统算有二丈五六尺者，许用舵水六十人。若舵水越数多带，或诡名顶替，守口官弁盘查不出者，降三级调用；藉端勒索者，降二级调用；受贿者革职，计赃治罪。若兵有需索情弊，将该管官照衙役犯赃例议处。

海禁 006：康熙四十二年又议准

渔船梁头不得过一丈，舵水不得过二十人，取鱼不许越出本省境界。欲造船者，先报明地方官，取澳甲里族各长并邻佑保结，方准成造。完日，地方官亲验，将船身烙号刊名，舵水人等，取具船户保结，然后给照。照内将在船之人年貌籍贯，分析填明。

海禁 007：康熙四十六年议准

福建省渔船桅，听其用双用单，各省渔船止许单桅。欲出洋者将十船编为一甲，取具一船为匪余船并坐连环保结。若船主在籍，而船只出洋生事者，罪坐船主。

海禁 008：康熙四十七年覆准

出洋船所带食米，不得过五十石，如多带出洋贩卖者，照例治罪，将米入官。

海禁 009：康熙五十年议准

商民渔船给发执照，系州县专责，如营官擅给执照者，降二级调用。觅借执照为匪，将擅给执照之营官革职。

海禁 010：康熙五十六年覆准

出洋船按道里远近，人数多寡，停泊发货日期，每人一日准带食米一升，并带余米一升，以防风信阻滞。出口时，守口官弁逐一验明放行，不许藉端需索。

海禁 011：康熙五十六年又覆准

台湾产米，不许私运出洋贩卖，至漳泉厦门等处，米少价贵，有船从台湾带米至该处者，准其照时价粜卖。

海禁 012：康熙五十六年三覆准

商船准在沿海省及东洋贸易外，其南洋之吕宋、噶喇巴等处，不许前往，皆在南澳等地方稽查截住。令广东水师各营盘缉，违者治罪。其外国夹板船，照旧准其贸易，地方官严加防范，不许生事。

海禁 013：康熙五十六年四覆准

渡海人民，必由地方官给照，守口官弁查验放行。若无照偷渡者，严行禁止。如有巡哨船私带偷渡者，将该管专辖官议处。

海禁 014：康熙五十九年议准

出洋商船，初造时先报明海关监督并地方官，该地方官确访果系殷实良民，取具澳甲里族各长并邻佑保结，方准成造。完日地方官亲验，梁头并无过限，舵水并无多带。取具船户不得租与匪人甘结，将船身烙号刊名，然后给照。照内将在船之人年貌籍贯，分析填明。及船户揽载开放时，海关监督将原报船身丈尺验明，取具舵水连环互结。客商必带有资本货物，舵水必询有家口来由，方许在船。监督验明之后，即将船身丈尺、客商姓名人数、载货前往某处情由，及开行日期，填入船照。

海禁 015：康熙六十一年覆准

外洋番国进贡，顺带货物，愿自出夫力带京贸易者听。如欲在彼处贸易，该督抚委廉能官监看，贸易完日，造册报部。如贡船到岸，未曾报官盘验，先行售卖，及内地民人为外国收买违禁货物者，皆照例治罪。至不系进贡之船，有装载货物前来贸易者，照例投行纳税，听其贸易。回棹之日，不许收买违禁货物。

海禁 016：康熙六十一年议准

商渔船被风飘至朝鲜，如领有执照者，该国王照例送回。若匪类并无执照，私自前往生事者，许该国王缉拿，照该国法审拟，咨礼部题请钦定，令该国王于彼处完结，仍报部存案，并究明由何处出口，将失察守口官弁降四级调用，该管上司降一级留任，提镇罚俸一年。如守口官弁知情故纵者，革职提问，不揭报该管之上司，降三级调用，不题参之提镇，降二级调用。

海禁 017：雍正元年题准

出海商渔船，自船头起至鹿耳梁头止，大桅上截一半，各照省分油饰，江南用青油漆饰，白色钩字，浙江用白油漆饰，绿色钩字，福建用绿油漆饰，红色钩字，广东用红油漆饰，青色钩字。船头两披，刊刻"某省某州县某字某号"字样。沿海汛口及巡哨官弁，凡遇商渔船，验系照依各本省油饰刊刻字号者，即系民船，当即放行。如无油饰刊刻字号，即系匪船，拘留究讯。

海禁 018：雍正三年奉旨

无照民人，夹带船内偷渡者，发觉之日，将该管督提一并议处。

海禁 019：雍正三年议准

西洋人附居广东澳门，共有大小二十五船，地方官编列号数，刊刻印烙，各给执照一纸，将船户舵水及商贩夷人该管头目姓名填注照内，即以此二十五船为定额，不许增置。若实系朽坏不堪修补，呈明地方官查验，取具印甘各结申报督抚，准其补造，仍用原编字号。

海禁 020：雍正三年覆准

广东渔船，梁头不得过五尺，舵水不得过五人。

海禁 021：雍正三年又议准

附居广东澳门之西洋人，所有出洋商船，每年出口时，将照赴沿海该管营汛挂号。守口官弁，将船号人数姓名，逐一验明，申报督抚存案。如出口夹带违禁货物，并将中国之人偷载出洋，守口官弁徇情疏纵者革职。至入口之时，亦将船号人数姓名，逐一验明，申报督抚存案。除头目遇有事故，由该国发来更换者，准其更换外，其无故前来者，不许夹带入口。及容留居住，若稽查不到，将守口及地方该管各官，照失察例议处。

海禁 022：雍正三年又覆准

福建省产米无多，往贩外番船，酌定带回米以资民食，往暹罗者，大船带米三百石，中船带米二百石；噶喇巴大船带米二百五十石，中船带米二百石；吕宋、东埔寨、马辰、柔佛四处，大船各带米二百石，中船各带米一百石；�仔、六昆、安南、宋腒朥、丁家卢、宿雾、苏禄七处，中船各带米一百石。于入口时将数目验明，若有多余，一并造报，均听照时价发卖。如不足数，及有偷漏情弊，照接济奸匪例治罪。

海禁 023：雍正三年三覆准

外洋行走之船，动经数月，铁钉、油灰、棕丝、黄麻等物，准酌量携带，于照内填注数目，以备查验。如有动用，同船之人出具甘结存案。倘有藉端多带者，照例治罪。

海禁 024：雍正五年覆准

南洋诸国，准令福建商船前往贸易。

海禁 025：雍正五年又覆准

广东省地狭民稠，照福建例，准往南洋贸易。

海禁 026：雍正五年议准

山东边海，除外来商船，各照该省执照查验外，其登、莱二府民人，前往奉天贸易，及奉天等处民人，有赴山东贸易者，入口出口，该州县均给执照，将客商船户姓名货物往贩地方一一填注，守口官弁挂号验照放行。若并不稽查，或有勒索扰累者，照例议处。

海禁 027：雍正六年议准

出洋商船，于出口之处，将执照呈守口官弁验明挂号，填注出口月日放行，造册详报督抚。该督抚于每年四月内，造册报部。回时于入口处，守口官弁将照与船比对相符，详报督抚销号。该督抚于每年九月内，造册报部。如出洋人回而船不回，大船出而小船回，及出口人多而进口人少者，该督抚严加讯究。果系番欠未清，俟来年六七月间，乘风驾回。其被风飘往别省者，船户取具彼处地方官印结，赍回呈验。遭风覆溺者，若有余存之人，及同行邻船客商舵水等，即讯取确供保结，再加地方官印结详报，均于入口册内，声明报部，免其讯究。倘留番清欠之船，来年仍不驾回，捏报遭风飘溺，并无彼处地方官印结，及余存之人邻船客商舵水甘结者，该督抚严查治罪，原出结地方官交部议处。

海禁 028：雍正六年又议准

商船在各省沿海贸易者，于出口之处，将船照呈守口官弁验明挂号。经过之处，于要汛验明挂号。入口之处，由守口官弁验明。回棹之日，仍从各原处覆验挂号进口。

海禁 029：雍正六年覆准

商船渔船，不许携带枪炮器械。至往贩东洋南洋之大船，原与近洋不同，准其携带。鸟枪不得过八杆，腰刀不得过十把，弓箭不得过十副，火药不得过二十斤。洋商投行买货，即同牙人将应带军器数目，呈明海关给票照数制造，鉴书姓名号数，完日报官点验，填入照内，守口官弁，验明放行。回日如有短少，即行讯究。果系遗失，取通船甘结存案。

海禁 030：雍正七年议准

台湾南路北路一带山口，生番熟番，分界勒石。界以外，听生番采捕。如民人越界垦地搭寮抽藤吊鹿，及私挟货物擅出界外者，失察之该管官降一级调用，该上司罚俸一年。若有贿纵情弊，该管官革职，计赃治罪。如三年之内，民番相安无事，将该管官纪录一次，社甲兵丁人等，该督抚酌加奖赏。

海禁 031：雍正七年覆准

江南、浙江两省商民，准照福建商民往南洋贸易。其前往南洋，必经由福建，所有商船姓名数目，该督抚先期知会福建总督，转饬守口官弁，查验放行。回棹之日，仍由福建总督知会江浙，互相稽查。

海禁 032：雍正七年又议准

福建省商船，值渔期欲出海取鱼者，赴地方官呈明，换领渔照，取具澳甲里族各长，并邻佑保结，同船连环互结，准其入海取鱼。俟渔期过后，将渔照缴销，仍换给商照。该地方官将换给船照缘由，汇报上司存案。如过期不归，即行查究，永不许出海取鱼。

海禁 033：雍正七年又覆准

出洋船食米，若于酌定数目之外，多带售卖，或实系接济奸匪，或止系图利，查出将米入官。卖米之人，分别治罪。守口官弁，隐讳不报者，革职；如受贿故纵，革职治罪。

海禁 034：雍正八年覆准

往贩东洋、南洋大船，准携带之炮，每船不得过二位，火药不得过三十斤。造炮时，呈明地方官给予印票，赴官局制造。完日，地方官亲验，鉴凿"某县某人姓名、某年月日制造"字样，仍于照内注明所带之炮轻重大小，以备海关及守口官弁查验。回日缴官存库，开船再行请领。傥本船遭风，炮致沉失，即于所在地方官报明，免其治罪。如其船无恙，妄称沉失者，即行讯究。若商船内买有外番红铜炮，许其带回交地方官，给予时价，以充鼓铸之用。

海禁 035：雍正九年奉旨

铁器不许出洋货卖，律有明禁。乃闻粤东出产铁锅，凡洋船货卖，向来禁止。夷船出口，每船所买铁锅，少者百连至二三百连不等，多者买至五百连，并有至千连者。每连约重二十斤不等，五百连约重万斤，千连约重二万斤。计算每年出洋之铁，为数甚多，诚有关系。嗣后铁锅应照废铁之例，一概严禁，无论汉夷商船，均不许货卖出洋，违者照捆载废铁出洋之例治罪。官役通同徇纵，亦照徇纵废铁例议处。凡遇洋船出口，仍交与海关监督一例稽察。至于商船每日煮食之锅，仍照旧置用，官役不得藉端勒索滋扰。倘地方官弁视为具文，奉行不力，经朕访闻，或别经发觉，定行从重议处。各省洋船出口之处，均令一体遵行，永著为例。

海禁 036：雍正九年覆准

一切废铁，除内地贩卖，听从民便，毋庸禁止。如有将废铁潜出边境，及海洋货卖，立即拿究，照例治罪。该管官知情故纵者革职，受贿者革职提问。

海禁 037：雍正九年议准

商渔船篷上，大书州县船户姓名，每字各大径尺，蓝布篷用石灰细面，以桐油调书，簟篷白布篷用浓墨书，黑油分抹字上，不许模糊缩小。

海禁 038：雍正九年奏准

商渔船桅披，照省分漆饰，及篷上书姓名，原为稽查奸匪，若官弁怠惰偷安不稽查者，革职；兼辖统辖官不揭报者，降二级调用；不行题参之总兵官，罚俸一年，提督罚俸六月。

海禁 039：雍正九年又议准

商船在洋遭风落浅，巡哨汛守兵丁不为救护，转抢夺财物，拆毁其船，以致商人毙命，或未致毙命，皆照例分别首从治罪。在船该管官弁，如同谋抢夺，虽兵丁为首，该员亦照为首例治罪；虽不同谋，但分赃者，照为从例治罪；实系不能约束，并无通同分肥情弊者，革职。若遭风被淹，商人救援得生，兵丁因而捞取财物者，坐赃治罪，该管官钤束不严，降二级留任；其商人淹毙在先，见系飘没无主船货，因而捞抢入己不报者，亦坐赃治罪；如见船覆溺，因不许抢夺捞取财物，阻挠不救，以致商人毙命者，阻救之人系官，革职，兵，革粮，皆分别首从治罪。至沿海汛口弁兵，极力救护遭风人船，不私取丝毫财物者，该管官据实申报督抚提镇记功，遇有水师千把总员缺拔补。其守备以上各官，救护船二次者，纪录一次。倘弁兵内因救护人船，或受伤被溺，该督抚提镇保题，照因公差委弁兵受伤被溺例，给予恤典。

海禁 040：雍正十年议准

台湾海外重地，文武官弁必互相稽察，若有贪酷乖张，以致起衅生事者，如系武职游击守备以下等官，将不揭报之副将参将降三级调用；不题参之总兵官，降二级调用；不告知督抚之文职，降一级留任。如系文职同知以下等官，将不揭报之道府降三级调用；不告知督抚之武职，降一级留任。

海禁 041：雍正十一年议准

往贩外洋商船，准用头巾插花，并添竖桅尖。其内洋商船及渔船，不许用头巾插花桅尖，如违例私用，守口官弁不行查报者，罚俸一年。

海禁 042：雍正十二年议准

商人置货出洋，必在本籍地方取结给照，以防偷越及夹带违禁货物之弊。其中有小本商人，领照出口，迨由外番回至内地，到各处发卖货物，并别置货物赶回，因风信届期，又应放棹，不能奔回本籍地方请照，在福建者准呈明厦防厅，在广东者呈明南海县，在浙江者呈明乍浦海防厅。各取具行户船户保结，给予执照前往，该厅县将执照缘由，行知该商本籍地方官备案。该商回棹之日，各赴请照衙门缴销。如该船舵水客商，有在番地交易未清，及别项事故，原给照衙门取具同行邻船客商舵水甘结，移行该商本籍地方官存案，下期回日验销。

海禁 043：雍正十二年又议准

商船于出口之际，舵水遇有事故，该船户就近召募，取具保结，由守口官弁批发执照，准其顶补。

海禁 044：雍正十二年三议准

民人偷渡外洋，该汛官弁拿获十名以上者，专管官纪录一次，兼辖官毋庸议叙，兵各赏银二两；二十名以上者，专管官纪录二次，兼辖官纪录一次，兵各赏银四两；三十名以上者，专管官加一级，兼辖官纪录二次，兵各赏银六两；四十名以上者，专管官加二级，兼辖官纪录三次，兵各赏银八两；五十名以上者，专管官以应升之官即用，兼辖官加一级，兵各赏银十两。赏银即于船户名下追给。倘不实力稽查，致疏纵十名以上者，专管官罚俸一年，兼辖官免议，兵各责二十板；二十名以上者，专管官降一级留任，兼辖官罚俸六月，兵各责三十板；三十名以上者，专管官降二级留任，兼辖官罚俸一年，兵各责四十板；四十名以上者，专管官降三级留任，兼辖官降一级留任，兵各责四十板，革粮；五十名以上者，专管官降一级调用，兼辖官降二级留任，兵革粮，枷一月，责四十板。其降级留任之人，如能拿获别案偷渡，按其所获名数抵销，若三年内稽查严密，汛内肃清，该督抚、提镇题请开复。

海禁 045：雍正十二年五议准

洋船偷渡民人，每在初出洋面之际，福建海船挂验出口之时，该汛官弁，押交大担汛，转交浯屿汛拨船押送东碇以外洋面，俟其乘风放洋后，方许回汛。广东海船挂验出口之时，该汛官弁，押交虎门协拨船押送外洋洋面，俟其乘风放洋后，方许回汛。浙江乍浦海船，出口即系大洋，宁港海船，由鄞县盘查。至蛟门即系大洋，普陀海船，由定海盘查。至旗头即系大洋，毋庸拨船押送。

海禁 046：乾隆元年奏准

渔船出口入口，守口官弁验明船照，准其出入。如盘查不实，及藉端勒索者，降二级调用，受贿者革职。

海禁 047：乾隆元年议准

沿海一应樵采，及内河通海之各色小船，均报明地方官，取具澳甲邻佑保结，编烙船号姓名给照，遇晚必停泊人家塘汛处所。傥船被贼押坐出洋，立即报官，将船号姓名，移咨营汛缉究。若租船与人，必报明本处澳甲，出结报官存案。其呈报行船遭风者，验明人伙有无落水受伤，必有实据，方准销号。其出口入口，止赴就近守口官弁挂号稽查，不必豫定处所日期，或风信不齐，进口愆期者，取具结状存案。如盘查不实，及藉端勒索者，照渔船例议处。

海禁 048：乾隆元年覆准

米谷偷运出洋，及在洋接济奸匪，该管文武官弁，除通同受贿知情故纵，仍照律治罪外，如系失察，偷运米一百石以上，谷二百石以上者，降一级留任；米一百石以下，谷二百石以下者，罚俸一年；米不及十石，谷不及二十石者，罚俸六月。

海禁 049：乾隆二年覆准

洋船换买钱文，若数目过多，恐有贩销之弊，令守口官弁实力稽查，如有奸商图利，多载钱出洋者，即拿治罪。

海禁 050：乾隆三年覆准

沿海樵采小船，每船许带食锅一口，所需斧斤，每人许带一把。在船人数不得过十名，均于照内注明，出入查验，不得越数多带，及进口时故意缺少。

海禁 051：乾隆四年议准

内地民人，出洋贸易，违禁买回外番人口，守口官弁稽查不力者，照外国之人私自进口不报例，降一级调用，该管上司罚俸一年。如知情故纵者，革职，贿纵者，革职治罪。

海禁 052：乾隆四年又议准

外洋商船，头巾插花，照旧准其备用，毋庸禁止。至沿海各省，凡系内洋商渔船只头巾插花，并所竖桅尖，一例严行禁止。如有私带出洋，查出照例治罪，守口官弁，照失察夹带违禁货物例，分别议处。其山东省出外洋商船，亦照各省之例，准其制用头巾插花。其内洋商渔各船，一概不许制用。如有私用者，查出治罪，失察员弁，照例议处。

海禁 053：乾隆五年议准

沿海守口官弁查验挂号之处，不许藉端需索，故意留难，如有此等情弊，即行题参，将守口官弁降二级调用，督抚、提镇失于觉察者罚俸一年。若兵有需索留难，将兵计赃治罪，守口官弁，照失察衙役犯赃例议处。

海禁 054：乾隆六年奏准

拿获偷渡之民人，隐匿不报者，官革职，兵责四十板，革粮；贿纵者，官革职，兵革粮，皆治罪。

海禁 055：乾隆六年又奏准

拿获偷渡之人，讯明从何处开船，将该守口官弁，照疏纵偷渡外洋例，按人数分别议处。拿获者照拿获偷渡外洋例，按人数分别议叙。若弁兵因公差委，所乘船将无照之人偷载，专管官知情者革职提问，不知情者革职。兼辖、统辖官不揭报题参者，皆照不揭报劣员例议处。

海禁 056：乾隆六年议准

南洋诸国，米多价贱，商船回棹，买米压载，或有余剩，或未买米载回，均听从商便。其商船往贩诸番，自宜定限，应以三年为限，逾期不归，舵工水手人等，不许再行出洋。其外洋汛地如有停泊洋船，查验船照，有经阅多年者，勒令入口，交地方官查讯详究。

海禁 057：乾隆七年谕

内地米谷，偷载出洋，例有严禁，昔我皇祖皇考训谕地方文武官弁，至再至三，但恐日久法弛，人心玩忽。上年冬月巡抚陈大受奏称：崇明一县，坐落海边，旧例准其采买邻近地方之米，及查考清册，竟有指称崇明多买，并不装运回崇发卖者，是其私贩下海，情弊显然。著沿海地方之督抚提镇等，转饬文武官弁，申明禁约，实力奉行，务绝偷越之弊。傥或视为具文，仍有疏漏，经朕访闻，必于该督抚提镇是问。

海禁 058：乾隆七年覆准

商船在内地沿海省分贸易者，以二年为限，二年之后始归者，嗣后不许再行出口。往贩外洋者，以三年为限，逾限不归者，该商及舵水人等，勒还原籍，永远不许出口。其外洋停泊船查验船照，已逾多年者，勒令入口，交地方官讯究详查。

海禁 059：乾隆九年谕

此后台湾武职大小各官，创立庄产，开垦草地，永行禁止。傥有托名开垦者，将本官交部严加议处，地亩入官，该管官通同容隐，并行议处。

海禁 060：乾隆十一年奏准

奉天南面，均系海疆，宁海复州熊岳、盖平等处地方，与山东登莱两府对峙，商船不时来往。凡带有无照之人来奉天者，商货仍听起运外，其照上无名之人，查出递解回籍，船户治以夹带私人之罪，不必递解，船亦免其入官。

海禁 061：乾隆十二年谕

各省沿海口岸，设立塘汛，更有哨船游巡，原以防偷渡及透漏禁物之弊。朕闻福建省巡查兵役，惟以需索为事，出入船只，俱有规例，需索既遂，一切不查不问，该管官员所司何事，乃漫无觉察，一至于此。嗣后务须痛革陋弊，毋使仍蹈前辙。至于各省俱有口岸，闽省如此，谅他省未必不然，著各该管官员一体严行查察，实力革除。

海禁 062：乾隆十三年议准

民人偷渡，兵在外洋拿获者，仍照例分别给赏。如偷渡船尚在沿海口岸，兵于本管界内拿获，原系分内之事，毋庸给赏。若将别汛沿海口岸偷渡民人，盘查擒获者，照外洋拿获例，减半赏给。但不得因有赏银，将沿海口岸不应盘查之船，藉端需索滋扰。

海禁 063：乾隆十三年覆准

杂粮麦豆偷运出洋，除接济奸匪者，与米一例科断外，若止系图利，计所运数目，照二谷一米之例，减等问拟。至官弁受贿故纵及失察处分，仍照米谷例行。

海禁 064：乾隆十四年议准

红黄铜器及铜，私贩出洋货卖者，分别首从治罪，铜及铜器并船均入官。守口官弁知情故纵者革职，受贿者革职提问，失察者降一级调用。

海禁 065：乾隆十九年议准

嗣后商船实因贸易稽留在外，今愿回籍，或本身已故，遗留妻妾子女愿回籍者，均准其附船回籍。令船户出具保结，于进口时报明该管官，令归本籍安插。携回货财，地方官不得藉端需索。至无赖之徒，原系偷渡番国，潜住多年，充当甲必丹，供番人役使，及本无资本，流落番地，哄诱外洋妇女，娶妻生子，迨至无以为生，复图就食内地，以肆招摇诱骗之计者，仍照例严行稽查，该督抚随时酌量办理。

海禁 066：乾隆十九年又议准

嗣后出洋贸易者，无论年分久近，概准回籍。若本身已故，遗留妻妾子女，亦准回籍。责成带回之船户，出具保结存案，仍令该督抚于沿海口岸地方，出示明白晓谕，令其不必迟回观望。其携回货财，有不肖官役，藉端扰累需索者，即严行参处。

海禁 067：乾隆二十四年覆准

江浙等省丝价日昂，以该处地方滨海，不无私贩出洋之弊，令江浙各省督抚，转饬滨海地方文武各官严行查禁。倘有违例出洋，每丝一百斤，发边卫充军，不及百斤者，杖一百，徒三年；不及十斤者，枷号一月，杖一百。为从及船户知情不首告者，各减一等，船只货物俱入官。其失察之汛口文武各官，照失察米石出洋之例，分别议处。各该省督抚，每于年终，将有无拿获奸商私贩出洋之案，专折奏闻。

海禁 068：乾隆二十五年奏准

渔船原止采捕鱼鲜，非比经商贸易，向无绸缎皮张以及远方货物，即或遇有带回，亦应令赴置货之地方汛口验明给单，以便沿海游巡官兵及守口员弁查验。如单外另带多货，即移县查明来历。倘沿海哨船及汛员盘查不实，或受贿徇纵，一经发觉，照例参处。

海禁 069：乾隆二十五年又奏准

嗣后福建省商渔船帆樯编号字迹，不必拘定颜色，如帆樯本色青黑者，即书粉字，如帆樯黄白色者，即书黑字，务依船照原编字号。书"福建省某府某号某商渔船户"字样，于船樯两披大书深刻，每字长阔一尺，帆上每字长阔二尺，漆以黑白颜色，饰以桐油。沿海汛口验有油饰字号者，即系民船，准其放行。如无油饰字号，及帆樯虽有字号，而与船照不符者，立即根究缘由。如系贼船，即行擒捕解报，毋使兔脱。

海禁 070：乾隆二十五年三奏准

各省渔船赴县领照，及商船改换渔照时，先将船主取具族邻澳甲保结，然后令船主慎雇驾船舵水，开具年貌籍贯，出具各舵水不敢为匪甘结，送县核明，开列入照，并取十船连环互结存案，于春冬两汛出口之前，移知各汛口员弁，查验放行。如年貌籍贯不符，即行严拿究讯。倘一船为匪，余船连坐，余船能将为匪船户首捕到官者免罪。如船主及原保结之澳甲不早首报者，一并严处。其有将船给予伯叔弟兄子侄亲友代驾出海者，取代驾出海之人族邻甘结，船主赴地方官呈明立案。

海禁 071：乾隆二十五年四奏准

守口员弁，拿获无照偷渡民人，查明本籍，解回一名至十名者，将本籍地方官罚俸一年；十名以上，降一级留任；二十名以上，降一级调用。

海禁 072：乾隆二十六年奏准

内地民人无照偷渡台湾者，该地方官拿获人犯，详报该总督提督，讯明由何处出口入口，一名至九名者，将守口员弁罚俸一年；十名以上，降一级留任；二十名以上，降一级调用。其兵目澳保在本管汛地拿获者，毋庸给赏。如在洋面拿获偷渡人犯十名以上同船户客头并获者，赏银四两，每十名以上照数递加。如偷渡船只尚未出洋，别汛兵目澳保盘获者，减半赏给。所赏银两，即令地方官先行垫给，俟定案后于偷渡船只变价充公银内给还。守口员弁，拿获一起，准其记功一次注册，积至十次者，查其平日居官果属才优，即量予拔擢。若非偷渡之人，而员弁兵役敢于妄拿，图功邀赏者，一经审出，即行严参，从重治罪。

海禁 073：乾隆二十六年又奏准

厦门为渡台之总路，而台属淡水厅，及台湾、凤山、诸罗〔今改嘉义〕、彰化四县所辖各小港，均为进台咽喉，拿获偷渡人犯，究明由何处出口入口，将失察纵放出入之口岸员弁，一并严行参处。

海禁 074：乾隆二十九年奏准

直隶、山东、江南、浙江、福建、广东等省民人，许令海上贸易捕渔，各于沿海州县给领照票，填明籍贯年貌，系往何处贸易，于出口入口之时，呈明守口官查验。

海禁 075：乾隆三十年议准

海关口岸，凡一切例换照票，务须查验人数登填号簿，钤盖印戳，方准放行。进口时稽查诸事，并责成该委员吏役，兼司查办。如有人照不符船货互异，即送地方官审究。如失于查察，致匪船滥出滥入，审明系由何处口岸，有委员者，将该委员照盘查不实例，降二级调用，无委员者，即将该吏役责革，枷号一月，并将失察该管官，照失于查察例，罚俸一年。如关口员役藉端需索，仍分别参奏议处，照例治罪。

海禁 076：乾隆三十年谕

前因内地丝斤绸缎等物价值渐昂，经御史先后条奏，请定出洋之禁，以裕民用。乃行之日久，内地丝价，仍未见减，且有更贵者，可见生齿繁衍，取多用宏，非尽关出洋之故。盖缘出洋丝斤，本系土丝及二三蚕粗糙之丝，非腹地绸缎必需精好物料可比，徒立出洋之禁，则江浙所产粗丝转不得利，是无益于外洋，而更有损于民计。又何如照旧弛禁，以天下之物，供天下之用，尤为通商便民乎。况所产粗丝，既不准出洋，势不得不充杂于头蚕好丝之内，一体售卖，与民间组织尤多未便。且英吉利噶喇巴等国，先后以织纴不供，恳请赏给货买，俱已特旨准其酌量配用，是外洋诸国取给于蚕丝者，正复不少，亦宜一视同仁，曲为体恤，所有出洋丝斤，即著弛禁。其各省情形或微有不同，应作何酌定章程，及设法稽查之处，该部详细妥议具奏。钦此。遵旨议定：采铜商船出洋，准其照例配带绸缎二三蚕土丝，其余商船，止准照额携带二三蚕土丝出洋贸易。如有违例多带，及私贩头蚕湖丝出洋，该汛口文武各官，知情故纵者，革职；贿纵者，革职提问。如失察偷带一百斤以上者，降一级留任；一百斤以下者，罚俸一年；不及十斤者，罚俸六月。

海禁 077：乾隆三十年奏准

海船装载货物，接渡人口，汛口官不行查禁者，罚俸一年。

海禁 078：乾隆三十年议准

嗣后除商船仍遵旧例，将在船舵水人等并填给照外，其渔船止将船主年貌姓名籍贯、及作何生业、开填给照，将船甲字号，于大小桅篷及船旁大书深刻。仍于照后多留余纸，俟出口时，即责成守口员弁，将该渔船前往何处，并在船舵水年貌的实姓名籍贯，逐一查填入照，钤盖印信，并将所填人数，登注号簿，准其出口入口。如查填及盘查不实，降二级调用，并责成沿海关口委员，兼司查办。如失于查察，致匪船滥出滥入，降二级调用，受贿者革职，计赃论罪。若船主在籍而船只出洋生事，惟船主是问。

海禁 079：乾隆三十四年谕

向来硫磺出入海口，俱有例禁，原因磺斤系火药所需，自不便令其私贩。若奸商以内地硫磺偷载出洋，或外来洋船私买内地硫磺载归者，必当实力盘诘治罪。乃定例于洋船进口时，亦不许其私带，殊属无谓。海外硫磺运至内地，并无干碍，遇有压舱所带，自可随时收买备用，于军资亦属有益，何必于洋船初来，多此一番诘禁乎。嗣后惟于海船出口时，切实稽查，不许私带硫磺，以防偷漏之弊，违者照例究治。其各省洋船入口禁止压带硫磺之例，概行停止，著为例。

海禁 080：乾隆三十九年奏准

江南小羊山地方，如有赴山佣工贸易者，地方官给予印票，守口员弁稽查验放，仍令巡洋及守口员弁严行稽查。如有无照民人偷漏赴山者，将疏漏之守口员弁，分别参处。

海禁 081：乾隆四十九年奏准

山东民人私往奉天，守口武弁私纵出口，降二级调用。其在洋巡哨武职失察流民私行渡海者，照失察偷渡无照民人例议处。

海禁 082：乾隆四十九年又奏准

台湾流寓民人，情愿回籍者，概免给照，准其自赴鹿耳门总口，将姓名年貌，在台湾在籍住址，告知船户，开列总单，由船户持交口岸员弁验戳挂号，随时放行。其南北一带口岸，不许内地船只往来之处，仍照旧例严禁，不许私越。

海禁 083：乾隆四十九年三奏准

内地民人往台湾者，该地方官给予照票，由厦门盘验出口，其无照偷渡者，严行禁止。若拿获偷渡之人，详报该总督提督，讯系逸犯逃遣，问明沿海陆路在何处进口，何处藏匿。如知情卖放窝隐者，俱革职治罪外，其失察进口员弁，降二级调用；失察藏匿地方员弁，降一级调用；如失察无照民人眷属偷渡过台者，降二级调用；失察只身民人偷渡者，降一级调用；徇隐不报者，革职。该地方官能盘获逸犯逃遣，每一名准予纪录二次，拿获携带妻子脱逃者，每一起准予加一级。其兵目澳保能将偷渡各项人犯在洋拿获，讯明属实，即将船只货物赏给兵丁，以示奖励。其有照商船，因风飘泊到岸者，验明牌照，立即放行。如兵役藉端需索，将该管官降二级调用，兼辖官降一级调用。倘有积惯船户客头，在于内地沿海小港，揽载图利，致奸民私越出洋，地方官能拿获者，即照拿获逸犯逃遣之例议叙。如不实力查拿，照偷渡之例查议。至官兵因公差委，将所乘船只偷渡无照人等，专管官知情者革职提问，不知情者革职，兼辖统辖官不行揭报，均降一级调用，总兵降一级留任，提督不行题参，罚俸一年，总督不行题参，交吏部察议。

海禁 084：乾隆五十四年议准

各处海岛，惟有于闽省漳泉各地盗犯出没之所，设法禁止，严行稽查，饬令该地方官于给票时查明人数，并取具地邻甘结，方许给票。俟回船缴照时，倘有人数短少，年貌不符者，若系病故淹毙，即令同船之人，出具切实甘结，其无故不回，准令地方邻出首，将来盗案破时，若有同票之人在内，即将同船出结者，及原出甘结又不禀首之地邻，一并分别治罪。至船只出口时，务令各弁兵按照查验，如所载之人，较照上人数浮多，即将船只扣留，移交地方官查明严办。如守口弁兵不实力稽查，甚或私行卖放，一经发觉，务须审明该犯于何年月日在何处口岸偷漏出口，即将该弁兵治罪，并将不行觉察之上司从重议处，该管上司自行查出者免议。其沿海各省给予票照，及口岸稽查，俱照此办理。

海禁 085：乾隆五十四年奉旨

沿海小港，查禁既严，凡有搭载前往台湾民人，非由正口，无从径渡，恐不特胥吏兵役等从中多索钱文，即守口文武员弁，亦难保无通同染指。是私渡之弊，或可禁绝，而勒掯卖放之端，即由此起。总在该督抚及台湾镇道等，督饬守口文武员弁，实力稽查，随时严密。若查出胥吏兵役人等婪索私放，即行严办示惩，不得视为具文，久而生懈。自此次立定章程之后，再有多索搭载船租饭食银两，故意刁难，及得赃放行私越海口诸弊，惟该督抚及镇道等是问，不仅将海口文武员弁从重治罪已也。

海禁 086：乾隆五十七年奏准

奉天各属海岸河口，流寓闽人，及本地旗民人等领票驾驶船只，内有长自二丈五尺至四五丈者，宽自六尺六寸至一丈二尺五寸者，有单桅舱盖蒙板者，向系船户自行修造，并无定制，是以长宽不一。今以三年为限，令其一律改造，量为收小，以三丈二尺为限，止准安用单桅，不盖蒙板，仅于沿海口岸驾驶，不能驾驶入洋，而于渔期风信，亦无关碍。如有不遵定式改造者，照违制例治罪，枷号示众。仍饬各处照例火烙印号，严饬守口员弁实力稽查，毋至怠玩，并严禁兵役人等，不得藉端需索滋扰。倘有情弊，即行查参。

海禁 087：乾隆五十八年奏准

外洋商船人等，如有在外国置买炮位防御盗贼者，进口之时，即开明铜铁炮位斤重数目，告知守口员弁，前赴有司衙门呈缴，地方官称验轻重，酌给价值，收存局库，由督抚咨部查核。其中有可备用者，拨给炮位较少之营分，以供操防，仍由督抚衙门于年底将一年内商船进口有无呈缴炮位之处，汇报户兵二部，以备稽查。倘商船不即呈缴，一经查出，即照私藏军器律治罪。如不携带进口，抛弃沙滩藏匿者，查实亦照违令律治罪。地方官失于查缴，降一级调用。守口员弁查出炮位，不即令其呈缴者，革职。

海禁 088：乾隆五十九年奏准

沿海有底无盖拨船，一体报官，验烙编号给照。责成守口员弁，将该船舵水年貌姓名查填入照，钤盖印戳登号，准其出口入口。如盘查不实，及兵役藉端勒掯者，均降二级调用。

海禁 089：嘉庆四年奏准

奉天回棹之江浙商船，按海道远近，人数多寡，照各省商船出口之例，每人每日带食米一升之外，准带余米一升，以防风信阻滞。其米石杂粮，一概严行禁止，毋许多带，私贩出洋，仍于南船回棹时，先令查卡官兵留心查访，不使各行户暗行卖给，并令海口旗民地方官，不时严密稽查，毋使偷漏。若有多带米谷以及麦豆杂粮，汛口员弁隐匿不报者革职，贿纵者革职提问。如失察偷运米一百石以上，谷麦豆杂粮二百石以上者，降一级留任；米一百石以下，谷麦豆杂粮二百石以下者，罚俸一年；米不及十石、谷麦豆杂粮不及二十石者，罚俸六月。

海禁 090：嘉庆四年又奏准

商民领票，该管各官盘诘明确，取具保结备查。傥有乘间冒领，滥行给发，或办票书役，及验票坐卡官兵，多方抑勒，藉端需索，一经发觉，均从重究治。失察之该管官降二级调用，并于紧要海口派员专司稽查。傥有奸匪从该处偷渡，将派出之员降一级调用。

海禁 091：嘉庆四年三奏准

奉天洋面往来商船，令其先赴旅顺口水师营挂号，点验人数姓名年貌箕斗相符，即于原票内粘贴某年月日验过印花，发交该船持往贸易海口投验。如到口商船验无水师营印花字样，不准入口卸货，该水师协领等时加查察。如有留难勒索情弊，一经发觉，即照失察给发印票藉端勒索之例办理。

海禁 092：嘉庆五年谕

朕闻闽省漳泉地方，营汛兵弁，平时于汛地漫不稽查，傥遇有缉捕盗匪，辄向地方官需索供给费用。甚或有不法兵弁，私通巨盗，得受贿赂，反为容隐藏匿，以致缉捕徒劳，案悬不结。海洋地方所设营汛兵丁，原以资捕盗之用，今不但不实力查拿，而转受盗赃，为其通信，并闻此等恶习，不独漳泉为然，即沿海各省分营兵等，亦多有勾通洋匪，利其赃贿，名为海俸之事，顶凶承认，以致真盗漏网，似此玩法养奸，何以绥靖海疆，肃清洋面。特此通谕沿海省分各督抚及提镇等，务须一体实心查察，严行饬禁。傥有前项不法兵弁，即当据实核办，按律惩治，毋得视为具文，仍致有名无实，各干重谴。

海禁 093：嘉庆五年又谕

向来沿海地方打造渡船，例应呈明州县，查取澳甲人等保结并非为匪之人，方许成造。至造完时，仍须报明地方官验明，印烙字号，发给执照，出口时责成守口员弁稽查，定例本属周详。如果地方州县及守口员弁恪遵成例，实力奉行，则船只无由私造私渡，盗风何难渐息。乃日久废弛，地方官不肯认真查办，而不肖员弁吏胥等，甚或利其厚贿，明知故纵，以致劫案频闻，督抚等又以失察私造偷渡处分较重，不无迥护，止将盗犯按律究治，而置私造偷渡处所之员弁于不问。似此疏纵懈怠，洋面何能肃清。嗣后沿海各督抚，务须督饬地方州县及守口将弁，遵照定例，实力严察，毋得仍前疏懈，听其私造渡船。如遇缉获洋盗，务将船只系由何处成造，何员验照放行，有无代运物件之人，及知情故纵收受陋规情弊，随折声明附参，以凭查办。倘经此番申明例禁训饬之后，仍复因循旧习，必将该督抚等一并议处，以示惩儆。

海禁 094：嘉庆六年奏准

各省海岛，除例应封禁者，不许民人渔户扎搭寮棚居住采捕外，其居住多年，不便驱逐之海岛村墟，及渔户出洋采捕，暂在海岛搭寮栖止者，责令沿海巡洋员弁，实力稽查，毋致勾藏为匪。倘不严加稽查，致有勾引洋盗潜匿者，将沿海巡洋各员降三级调用，提督总兵降一级留任。如沿海巡洋各员知情贿纵者，革职提问，提督总兵降一级调用。

海禁 095：嘉庆六年又奏准

山东、浙江两省海岛居民，除不许增添房屋外，其现住居民，令沿海各州县并守口员弁，实力巡查。并责成该管镇道，于出洋之时，严密查察，毋使稍有容留。仍于年底查明，有无增添，专折具奏。

海禁 096：嘉庆六年三奏准

江南省小羊山地方，如有无照民人偷漏赴山者，守口官照无照民人出口例，一二名者，罚俸一年；三名以上，降一级留任；五名以上，降一级调用；十名以上，降三级调用。巡山员弁，亦照此例议处。

海禁 097：嘉庆六年四奏准

台湾南北一带口岸，如有私越之人，将不行查禁之口岸员弁，罚俸一年。

海禁 098：嘉庆九年谕

前据裘行简奏：请仍禁商船配带炮械出洋，降旨谕令玉德等体察情形，详议具奏。兹据奏称：往返外夷之大洋船，该商等货本重大，应仍准其照例每船携带炮位、火药、鸟枪、腰刀、弓箭等项，不得逾例多带。其在内地南北两洋贸易商船，一概不准配带炮械等语。外洋商贩船只，货重道远，若不准令配带炮械，设中途遇盗，不足以资防御。然准令配带，漫无稽核，恐出洋以后，盗匪乘机劫夺，转致藉寇兵而赍盗粮，并恐奸商牟利，以之济匪，亦所不免。嗣后除内洋船只不准配带外，其外洋商船，著照所议，准其按照旧例，携带炮位器械等件，不得有逾定额，仍著于船只出洋时，饬令海口员弁，将携带炮械数目验明并无多带，填给执照放行。俟该商进口时，仍将原领执照送官查验，并令该商将在洋曾否御盗，据实呈明。倘炮械或有短缺，即令将因何失落缘由，详细声明，一一登记，以备稽考。如有捏报情事，别经发觉，即将该商按例惩治。如此立定章程，自可不致滋弊，该督抚当严饬海口员弁，实力奉行，毋得纵容吏胥，启勒索讹诈之端为要。

海禁 099：嘉庆十二年议定

商渔船只，如将米谷麦豆，及一切应用物件，接济奸匪者，后经发觉，无论石数多寡，将失察之守口官弁，降三级调用。如不经由海口、从沿海偷运接济者，将守口官弁并巡海武职，均降二级留任。

海禁100：嘉庆十四年谕

米石出洋，例禁綦严，节次降旨谕令各督抚等，于沿海口岸，实力稽查，以杜偷漏，乃积习因循，仍不免视为具文。即如浙江省本年并无水旱偏灾，所产米谷，自足供间阎粒食，市价亦应平贱，乃甚为昂贵，自系入市者少，出海者多，以致民食不能充裕。可见地方官平日严断接济，竟属纸上空谈，浙省如此，他省可知。试思各口岸如果食米不放出洋，则盗匪日形困乏，何以现在浙闽粤三省盗船尚多，犹烦兵力剿捕，且各衙门不肖胥吏兵役，为之护庇，通同济匪，得受陋规，甚至有食海俸名目。而各海关所用之人，又多系官亲长随，牟私骩法，其纵容包庇者，正复不少，不可不严行饬禁，用杜弊源。著各该督抚及管理海关大员，一体严密留心，实力查察，将前项弊端，剔除净尽，务使盗源尽绝，民食日充，以期海洋宁谧，地方丰裕。设经此次严谕之后，阳奉阴违，仍致偷漏，朕惟执法从事，恐该督抚等不能当此重咎也。

海禁101：嘉庆十四年定

往贩外番船只，各按船之大小，地方产米之多寡，带米回内地，暹罗大船带米三百石，中船带米二百石；噶喇吧大船带米二百五十石，中船带米二百石；吕宋、柬埔寨、马辰、柔佛四处，大船各带米二百石，中船各带米一百石；砵仔、六昆、越南、宋腒朥、丁家卢、宿雾、苏禄七处，中船各带米一百石。于入口时，将米石数目确查，除米石多余一并造报查核外，如米石不足原数，即严讯偷漏情由，照接济外洋例治罪。

海禁102：嘉庆十四年又定

商渔船只，各按海道远近，人数多寡，每人每日带食米一升之外，并带余米一升，以防风信阻滞。若有多带米谷，以及麦豆杂粮，即系偷运。汛口员弁隐匿不报者，革职；贿纵者，革职提问。如并无隐匿贿纵情弊，止于失察者，按米谷多寡，分别议处，偷运米一百石以上，谷麦豆杂粮二百石以上者，降一级留任；米一百石以下，谷麦豆杂粮二百石以下者，罚俸一年；米不及十石，谷麦豆杂粮不及二十石者，罚俸六月。

海禁103：嘉庆二十二年谕

蒋攸铦奏：请严禁茶叶海运一折。闽皖商人，贩运武彝松萝茶叶，赴粤省销售，向由内河行走，自嘉庆十八年，渐由海道贩运。近则日益增多，洋面辽阔，漫无稽查，难保不夹带违禁货物，私行售卖。从前该二省巡抚，并不查禁，殊属疏懈，念其事属已往，姑免深究。嗣后著福建、安徽及经由入粤之浙江三省巡抚，严饬所属，广为出示晓谕，所有贩茶赴粤之商人，俱仍照旧例，令由内河过岭行走，永禁出洋贩运。倘有违禁私出海口者，一经拿获，将该商人治罪，并将茶叶入官。若不实力禁止，仍听私运出洋，别经发觉，查明系由何处海口偷漏，除将守口员弁严参外，并将该巡抚惩处不贷。漏税事小，通夷事大，不可不实心实力，杜绝弊端也。

海禁 104：道光元年谕

孙玉庭等奏：查议海关茶船出口情形，仍请照例纳税放行一折。江省江海关，向准茶叶出口，运往北省销售，嗣因防其载往闽广，禁止贩运。上年经该抚奏请弛禁，而给事中孙世昌又以事多流弊，请仍饬禁。兹据该督等详查江海关出口茶船，与闽广浙省之船，可以利涉深洋者不同，舵水人等，又不能谙习南洋沙线，势难偷越，自系实在情形，著照旧例。凡北赴山东天津奉天等处茶船，仍准其纳税放行其向由内河行走输税者，著照旧禁止出洋，不容紊越。该督等即饬知管关道员，认真稽查，凡遇商贩出口船只，查明给予关牌税单，行知所往口岸，核实查验。如有携带违禁货物偷漏出洋之事，即行截拿治罪，若守口员弁私行纵放，一并严参惩办，毋得视为具文。

海禁 105：道光二年谕

御史黄中模奏：请严禁海洋偷漏银两一折。所奏是。定例广东洋商与夷人交易，止用货物收买转贸，不准用银，立法甚为周备。近因民间喜用洋钱，洋商用银向其收买，致与江浙等省茶客交易，作价甚高，并或用银收买洋货，实属违例病民，不可不严行查禁。著广东督抚暨海关监督，派委员弁，认真巡查出口洋船，不准偷漏银两，仍不时查察，如有纵放之员，即行参革治罪。至洋商与外夷勾通贩卖鸦片烟，重为风俗之害，皆由海关利其重税，隐忍不发，以致流传甚广。著该督抚密访海关监督，有无收受黑烟重税，据实奏闻，并通饬各省关隘，一体严密查拿。如系何处拿获，即应究明于何处行走，所有各关纵放员弁，即参办示惩。倘该督抚访查不力，或瞻徇不奏，别经发觉，立即加之惩处，务期洋船出入积弊革除，以清关隘而裕民生。

海禁 106：道光三年谕

闽省滨临大海，幅员辽阔，禁奸诘匪，稽查宜周，至晋江惠安同安各县渔船，偶因采捕乏食，逢船劫抢，舟师在洋巡缉，莫辨其为渔为盗，未能即时弋获。嗣后著饬令沿海各县，将各澳商渔船只，于该船头尾两披，印烙县分甲号，渔户姓名，并在风篷两面书写大字，以便易于识认。仍严饬汛口员弁，确加查验，毋许偷放，庶期洋面肃清。

海禁 107：道光十三年谕

程祖洛奏：福建金门厦门一带，沿海奸民，有私造小船，多装划浆，一名白底舢，一名草乌船，藏有炮位军械，沿海伺劫，贩运违禁货物，其疾如飞，并有阑入粤浙洋面之事。该督访知同安县属之潘涂等乡，素为贼巢，即函致提臣陈化成，并密行兴泉永道周凯，督饬水陆文武官将，克期捣穴，四面兜拿，该匪等望见官兵，早已逃逸，挖起船只铁炮火药铅子鸟枪藤牌等件，获犯陈圈等三名。又在官浔乡起获匪船抬炮等件，尚有柏头等乡，亦为匪薮等语。该匪等胆敢私藏炮位军火，窝顿海滨，驾船伺劫，实属罪不容诛。现在巢穴虽已捣毁，起获匪船，共有数十只，而匪犯止获三名，恐柏头乡等处，尚有匪类余船，另行窝顿，互相勾结情事。著该督即行知照该巡抚提督，飞饬该镇道，并通行沿海各营县，分咨粤浙两省，一体实力堵拿。凡属沿海岛屿，责令水师营将，按处搜寻，迅速追捕，务将人船并获，不使一名漏网，一船藏匿。陈化成统辖水师，尤属责无旁贷，傥捕治不力，获犯仍属寥寥，审往浙粤等省，别经拿获，惟该督等是问，懔之慎之。其匪犯陈圈等，著即饬臬司提省严究，根追伙党窝家姓名人数船只，有无窝藏另处，及炮位军火来历，务得确情，严行审办。员弁中如实有奋勇出力，准酌量保举，不得冒滥，傥有玩忽疏纵，即查明指名严参，毋稍徇隐。

海禁 108：道光十七年谕

御史朱成烈奏：银价昂贵，流弊日深，请饬查办一折。所奏甚是。近来钱价日贱，自系纹银不足所致，推原其故，固由于风俗奢侈，耗于内地，而洋烟一物，贻害尤甚，耗银尤多。若如所奏广东海口，每岁出银至三千余万，福建浙江江苏各海口，出银不下千万，天津海口，出银亦二千余万，一入外夷，不与中国流通，又何怪银之日短，钱之日贱也。前据邓廷桢奏：拿获出洋纹银，业有旨将出力各员弁，量加鼓励，并准其将所获之银，全数充赏。惟所拿之数，尚不及百分之一，且此等奸民，情变百出，难保不因广东查拿甚紧，遂暗于浙闽诸处交通，巧为偷漏，是一处之搜拿，不足戢众奸之偷越。著直隶山东江苏浙江福建广东各省督抚，并海口各监督，严饬所属文武员弁，统于沿海要隘处所，随时随地，认真稽查，遇有出洋快蟹等船，务当实力巡查。傥敢装载纹银，妄冀偷漏出洋，立即设法截拿，按律惩办，毋稍轻纵除将搜获银两全数分别充赏外，并著查明实在出力各员弁，据实保奏，请旨鼓励，如有疏纵，亦即严参惩办。

海禁 109：道光十七年又谕

昨因沿海各口岸纹银出洋，于国计民生，关系匪细，已降旨严饬沿海各督抚认真查办。该督抚等均受朕厚恩，自必共矢忠勤，力加整顿，但思锢习已久，非破格示以劝惩，骤难挽回。嗣后如该督抚等仍视为具文，并不实力查办，必当从严惩处。其沿海文武员弁，巡缉不力，甚至书役包庇，奸民勾串，仍有偷漏即著该督抚严参，加等治罪。如海口文武员弁，果能实力堵缉，或连获数起，或破除巨案，即著该督抚据实保奏，朕必施恩，破格升用，以示奖励。自此次谆谕之后，该督抚等其各竭诚体国，务绝弊源，勉副朕力挽颓风至意。

海禁 110：道光二十一年谕

据讷尔经额查明闽广每年到津洋船水手，约计万余人，其实驾船力作者，每船不过二十余人，亟应核实稽查，以防冒充滋弊。著颜伯焘、吴文镕、祁垍、怡良严定章程，嗣后洋船北来，雇募水手，大号船不得过四十名，中号船不得过三十名，责成船户，召募有室家之良民，连环保结，呈明该管州县点验，将姓名年貌住址，详细填注照内。其携带米粮，每船止准六十石，以供往还食用，如有溢余，治以违令之罪，并于驶进天津口时，饬令报明天津镇道，详加查验，如有不符者，即令严办。似此防范周密，庶汉奸不至溷迹，而夷匪亦断绝接济，海面渐就肃清矣。

海禁 111：道光二十一年又谕

祁𡎴等奏：严定商船驶赴天津等处章程一折。闽广两省商船，贩运货物，驶往天津各处贸易，固属例所不禁，惟现当海氛不靖之时，稽查稍有未周，沿海奸徒，因而溷迹，或接济逆匪水米，或夹带违禁货物，均难保其必无。著通饬沿海各督抚，转饬海口文武员弁，于商船出口入口时，严密稽查，如有前项情弊，立即从重惩办，务使汉奸无从溷迹，洋面日就肃清。傥查有稽查不严，及得规纵庇藉端讹诈情事，即著严行参究，毋稍姑容。

海禁 112：咸丰五年谕

怡良等奏：请申明定例，严饬沿海地方，不准私船出海等语。广东潮州等府，人民繁庶，素性犷悍，其失业游民，每多觅食外省，千百成群。近年以来，以充当潮勇为名，纷纷航海，由乍浦、上海等处登岸，其中良莠不齐，往往聚众滋事，本年苏州地方，即有抢夺行李之案，虽将该犯马泳风等拿获正法，而现在寄食游民，尚复不少。著该督等严饬地方官，查明此项广勇，内有并非官雇，不受约束，或私贩违禁货物，不安本分者，责成地方各官，督同会馆董事，清查惩办，并著沿海督抚各饬所属，于海船出洋时，务须悉遵旧例，给予执照，将在船商民年貌籍贯注明，如有人照不符，及照外夹带，即行查拿治罪，并不准私造船只，渡载人口货物。责成守口员弁挂号验照，如有无照人民，私自渡海者，除将偷渡人船照例办理外，并将失察私造船只之地方官，查验不力之守口员弁，严参惩办。得赂故纵者，从重治罪。

巡洋捕盗〔例 48 条〕

巡洋 001：顺治初年定

沿海督抚、提镇严饬官弁，及内地所属地方官，将海盗立法擒拿，务期净尽。如果无海盗，令该管各官按季具结，申详督抚、提镇报部。傥出结之后，此等海盗，经别汛拿获，供出从前潜匿所在，将供出之该管汛口地方官，降二级调用。

巡洋 002：康熙十一年题准

海盗侵犯城池，杀伤兵民，专汛、兼辖各官皆革职，镇守总兵官降二级调用，提督降二级戴罪图功。焚毁乡村，劫掳男妇，杀伤兵民者，专汛官革职，兼辖官降二级调用，镇守总兵官降二级，提督降一级，皆戴罪图功。若兼辖各官闻报退缩，不前往缉拿者，革职。提镇闻报不即领兵会剿者，降二级调用。盗船飘突夺掳，同往追缉官不相救援，率师径返，以致官兵损伤者，革职提问，专汛官降二级，兼辖官降一级，皆戴罪图功，提镇罚俸一年。海盗乘夜入城，杀伤兵民，专汛官击盗受伤，盗即退遁者，专汛官仍降二级，兼辖、统辖官，仍各降一级，皆戴罪图功。

巡洋 003：康熙四十六年题准

江浙闽广海洋行船被盗，无论内外洋面，将分巡、委巡、兼辖官，各降一级留任，总巡、统辖官，各罚俸一年。盗限一年缉拿，不获，将分巡、委巡、兼辖官，各降一级调用，总巡、统辖官，各降一级罚俸一年。如被盗地方有专汛之官，照分巡官例议处。其巡哨期内，本汛并无失事，别能拿获海盗一船者，将专汛、分巡、委巡、兼辖官，各纪录一次；拿获二船者，将专汛、分巡、委巡、兼辖官，各纪录二次，总巡、统辖各官，纪录一次；拿获再多者，照数递加。

巡洋 004：康熙五十五年议准

海洋缉盗，较陆地倍难，无论内外洋面，但能获一半者，各官皆免议处。

巡洋 005：康熙五十六年议准

山东省海洋行船被盗，照江浙闽广之例议处。

巡洋 006：康熙五十六年又议准

山东省登州南汛失事，以分巡千把为专汛，胶州游击为兼辖。北汛失事，以分巡千把为专汛，登州守备为兼辖。东汛失事，以分巡千把为专汛，成山守备为兼辖。

巡洋 007：雍正三年议准

洋面失事，巡哨各官，恐吓贿嘱，不行通报者，照讳盗例议处。

巡洋 008：雍正七年议准

外洋失事，咎在出洋巡哨之官，将守口官免议，至外洋行劫之后，散伙登岸，混冒入口，守口官弁失于觉察者，罚俸一年。其有盗由海口内夺船，出洋行劫，将失察守口官弁降一级留任。盗犯限一年缉拿，全获开复，限满不获，照所降之级调用。若本案盗犯，经别汛拿获，定以三年之内，有能拿获别汛盗船，或本汛并无失事者，该督抚具题，准其开复。

巡洋 009：雍正八年议准

广东省将军、总督、提镇各标，轮拨官兵，驾船游巡附近河道。遇有失事，在巡期获盗过半者，免其议处。若疏防四月限期未满，先已回营，盗尚无获，将游巡官照离任官例议处。接巡之官，能将盗犯拿获，照接缉官例议叙，不获亦照接缉官例议处，皆免限年缉拿，其盗犯令该地方专汛官承缉接缉。至陆路，于每年八月起，至次年二月止，亦轮拨官兵裹粮游巡，不许扰累，遇有失事，亦照河道游巡例议处。

巡洋 010：雍正十三年议准

海洋接缉盗案之官，如系两月三月一轮巡哨者，初次巡期不获，记过图功，下次轮巡仍不获，罚俸三月。系三月一轮巡哨者，初次巡期不获，亦记过图功，下次轮巡仍不获，罚俸六月。在洋巡缉半年者，回哨无获，罚俸六月。一年在洋侦捕者，限满不获，罚俸一年，盗犯皆照案缉拿。

巡洋 011：乾隆六年奏准

海洋接缉官，如限内但能获盗，虽不及半，皆免处分。若能拿获盗首伙盗者，照陆路接缉获盗例，分别议叙。

巡洋 012：乾隆二十九年奏准

盗犯由海口以内夺坐船只，出洋为盗，失察守口各官，降二级调用。至外洋行劫之盗，散党登岸，混冒入口，守口官失于觉察，降一级留任，限一年缉拿，全获开复，限满不获，降一级调用。如于限内盗犯被邻境拿获者，降一级留任。

巡洋 013：乾隆三十年议准

嗣后内洋失事，仍照旧例文武带同事主会勘外，如外洋失事，应听事主于随风飘泊进口之处，带同舵水赴所在文武，不拘何衙门呈报。该衙门即隔别讯明，由何处放洋，行至被劫处所，约有里数若干，即将该事主开报赃物，报明各该处印官。该文武印官，即查照洋图，定为何州县营汛所辖，一面飞关所辖州县，会营差缉，其事主即予保释，毋庸候勘。至于详报督抚衙门，毋论内外洋面失事，总以事主报到三日内出详驰递，以便据报行查海关各口，将税簿赃单，互相较核。有货物相符者，即将盗船伙党姓名，具呈关拿。至守口员弁，傥有规避处分，互相推诿，或指使捏报他界者，查明将推诿之员弁，照申报盗案互相推诿例，降一级调用。其稽查关口员弁，于文檄未至之先，拿获匪船者，照拿获邻境首盗之例，加一级。如已奉到文檄，能据实查出，将盗犯拿获者，免其盘查不实处分。

巡洋 014：乾隆三十一年谕

海盗纠伙行凶，虽在洋面，而所窃赃物，不能不向城市变卖，其妻孥家属，亦必于陆地寄居，诚使地方员弁，平日留心察访，见有行踪诡秘，并衣物可疑者，随时盘诘，鬼蜮复何所遁形。至界连数省之处，盗匪出没，每闻此地严拿，即窜入彼境，以图避匿。若彼此同心，上紧协缉，则四路堵截，匪徒又何从狡脱乎？总在封疆大吏，严饬有司实力稽查，设法躧捕，使洋面永远清静，方不负戢暴安民之意。傥此后该地方官复敢因仍故习，玩视盗案，不行严密查拿，及讳匿不报者，一经发觉，必重治其罪。督抚等不能严缉董率，责有攸归，朕不能为之宽贷也。

巡洋 015：乾隆三十四年谕

江湖积盗犯案，牵连数省，实为地方大害，为督抚者，平时即应饬属于水面毗连处所，躧缉搜拿，不得稍分畛域。其在隔属，差捕远出跟缉，或以呼应不灵，势不得不告知本省，派人协助，即本属官役，因有别省差捕追寻，并力会同拿获，皆情理所必有，彼此并无妨碍。乃各省兵役人等，希图以先获见功，而官弁等又恐以不及预闻获咎，非彼此相持争竞，即互为照应周全，此在有司营弁，及隶役微末之人，所见已极为鄙琐，乃封疆大吏，亦为伊等各占地步，竟至形诸奏章，甘于蒙混，是诚何心。前因积习相沿，最为陋劣，已屡经降旨训谕，至再至三，何以日久因循，牢不可破耶。嗣后有缉捕案犯，实系何处发觉，何处营弁先行盘获，有两处会缉就获者，亦必确查何人得信知会，何人助力协拿，督抚等于折内明晰声叙，以定功罪，毋得仍存争竞周全之私见，自干咎戾。

巡洋 016：乾隆三十五年奏准

洋面失事，巡哨各官，有恐吓贿嘱，不行通报者，将武职专兼统辖各官，照讳盗例议处。或商渔船只，实被强劫，捏报抢夺者，照讳盗为窃例议处。属员讳匿已经告发，武职上司不查明揭报题参者，照徇庇例，降三级调用。

巡洋 017：乾隆四十四年奏准

匪船混冒出口后，于入口时洋面尚无失事报案，守口官能细心盘察获犯解究者，免其从前失察出口处分。若案已别经发觉，知会关拿，于匪徒进口时盘获破案，将失察出口应议降调者，改为降级留任，扣满年限开复。至失察匪船沿边私驾出洋，例止降二级留任，改为罚俸二年完结。傥官员于获犯时，意存回护，不将盗犯偷越地方，究明指出者，降二级调用。

巡洋 018：乾隆四十五年谕

本日兵部进呈引见武职人员履历内，有系因洋盗未获部议降调送部引见之员，已饬令该部将名签撤扣，不准引见。本年粤省盗犯，纠伙多人，肆劫洋面，各员弁如果留心盘诘，于盗犯初次下洋，潜行上岸时，严行查察，缉获无难，何至海洋有肆劫之事。乃该员弁等，平时既不能实心查缉，及至盗案发觉，部议降调，该督复为中上考语，给咨送部引见，是适启其傲幸之心，于海疆营伍，大有关系。嗣后广东福建等省，外洋水师营分各该员弁，如有失察洋面盗案者，俱著部议实降，内阁票拟时，毋庸双签进呈。

巡洋 019：乾隆四十九年奏准

广东省永靖营，驻扎番禺县属沙湾茭塘地方，如各处拿获盗犯，讯系沙湾、茭塘两处民人，究明偷越月日，将失察之汛口员弁，照失察奸民出口例议处：一二名者，罚俸一年；三名以上，降一级留任；五名以上，降一级调用；十名以上，降三级调用。若因沙湾、茭塘俸满业经升用人员，前任内有该二处强劫之案，别经拿获者，照不实力稽查例，降一级调用。其非由沙湾、茭塘俸满即升者，仍止照前例分别名数议处。

巡洋 020：乾隆五十九年奏准

台湾水师将弁，按照巡期，亲历各处，实力巡哨，遇有失事，若于巡期内将本境应行缉捕之犯，能于疏防限内拿获及半者，免其议处；一案盗犯全行拿获者，准其加一级；疏防限外全获者，准其纪录二次；能首先拿获邻境劫掠盗犯一案，本任并无承缉逃盗者，准其送部引见。

巡洋021：嘉庆三年奏准

福建、浙江、江南、广东、山东五省水师武职各官任内，有承缉洋盗未获案件，应得处分，如能于邻境失事未经拿获之案，及本辖洋汛从前失事未获之案，将盗犯全获，或拿获及半一案，均准其抵销本任承缉一案处分。该督抚等将拿获邻境及本辖之案，先行报部注册，俟本身承缉盗案已满四参送部时，再行声明报部议抵，若本身并无承缉盗案，能获邻境盗犯一案者，准其送部引见。如拿获邻境盗案未能及半，止准按名议叙，不准抵销。倘有捏报拿获，及以少为多，报部请抵，别经发觉，将本员革职提问，咨报之督抚、提镇等官，照徇庇例，降三级调用。

巡洋022：嘉庆三年又奏准

福建、浙江、江南、广东、山东五省海洋，按期轮派官兵巡哨，若行船被劫，无论内外洋面，初参限满不获，专汛兼辖、分巡各官住俸，俱限一年缉贼；二参降一级留任，再限一年缉贼；三参降一级仍留任，再限一年缉贼；四参降一级调用。如有委巡、随巡之员，照分巡官例议处。统辖、总巡、统巡各官，初参罚俸一年，再限一年缉贼，二参降一级留任，罚俸一年，贼犯俱照案缉拿。

巡洋023：嘉庆四年奏准

福建、浙江、江南、广东、山东等省水师人员，遇有疏防盗案，一体改照陆路设有墩铺之例：初参分巡、兼辖、专辖各官住俸；二参无获，降一级留任；三参无获，降一级仍留任；四参无获，降一级调用。

巡洋024：嘉庆四年又奏准

各省水师人员，能拿获洋盗一案，无论本辖邻境，俱准其抵销本任承缉一案。如并无承缉疏防之案，遇有拿获，仍照向例办理。

巡洋025：嘉庆五年奉旨

海洋处分，从前本系二参，为期较迫，嗣经兵部按照陆路设有墩铺之例，改为四参，期限已宽，若仍照二参不获之例，声请开复，则水师员弁，势必无所顾忌，将致缉捕懈弛，殊非整饬海疆之道，四参开复之处，著照部议停止。

巡洋026：嘉庆六年奏准

海洋巡船被盗焚劫，巡哨各员革职，船只著落各该员分赔补造，地方专汛兼统之员，能于限内拿获盗犯首伙过半者，免其处分。若疏防限满不获，该督抚据实题参，将专兼之员，降二级留任，统辖及总兵官，降一级留任，俱戴罪限一年缉拿。限满获盗尚未及半，将专兼、统辖各员，均照原降之级调用，提督降一级留任，盗犯照案缉拿。巡船在洋被盗焚劫，希图动项造补，捏报遭风，规避处分者，巡哨各员均革职提问，扶同徇隐之专汛兼统各官，一并革职。不据实揭报之总兵，照徇庇例，降三级调用，不行查参之提督，降二级调用，未经查出遽行题报之督抚，降二级留任。专兼各员，并无随同徇隐情事，督抚、提镇查明据实参奏者，均免其处分，仍令题参疏防，照巡船被盗之例办理。

巡洋027：嘉庆六年又奏准

外国夷船被劫，巡洋各弁失于防范，初参限满不获，分巡、委巡、专汛、兼辖各官，降二级调用，总巡、统辖官，降一级调用，盗犯交接巡各官勒限缉拿，统巡总兵官，降一级留任。

巡洋028：嘉庆六年三奏准

洋面失事，事主于何营呈报，该管协巡等官，即速知会失事洋面连界之汛，带领事主，赴洋会勘。定为何州县营汛所辖，立即禀报统巡、总巡官，转详该将军、督抚、提督，一面行查海关各口，将税簿赃单，较核呈验，一面严饬水师各营，勒限缉拿，一俟疏防限满，即将曾否获贼，开具职名题参。如与邻境互相推卸，或指使捏报他界，或藉词耽延，并不赴洋速行查勘，依限呈报，致题参疏防逾限半年以上者，系守口官弁查验迟延，即将守口员弁，降一级调用，若系巡洋员弁会勘迟延，将巡洋员弁，降一级调用，或统巡官转报职名迟延，及将军、督抚等题参迟延者，均降一级留任。

巡洋029：嘉庆六年四奏准

邻境盗匪，被官兵追缉到汛，在洋巡缉之员，未能协同拿获，致被别汛获犯，供出追捕地方，并经由月日，将该汛未能协捕之巡洋各员弁，降二级留任，总巡上司，降一级留任。

巡洋030：嘉庆六年五奏准

海洋巡哨，如遇失事，有以千总、把总，作统巡、总巡开参者，除将千总、把总照专汛本例议处外，其未经出洋之统巡、总巡官，仍照本例议处，勒限缉贼，并查明滥行派委之该管上司职名送部，将总兵降二级调用，不据实查参之督抚、提督，降一级调用。

巡洋031：嘉庆六年六奏准

官员因擒拿盗匪被害，该管巡哨各员捏报遭风淹毙，或本系遭风淹毙，捏报被贼戕害者，俱革职。该督抚、提镇不行查明，率行题报，俱降二级调用。

巡洋032：嘉庆九年奉旨

兵部议处吴淞内洋连劫商船，将疏防之提镇各员请旨革职一折。江南省水师废弛日久，此案吴淞内洋地面，竟被洋匪劫掳商船至四十号之多，其时该处炮台额兵四十名，仅有二人在彼防守，其余三十八人，全行离汛，即使此二人技艺过人，亦岂足资缉捕。是该管镇将等于所属营汛，平日漫无约束，其因循玩误，实非寻常疏防可比，除把总朱成秀等前已降旨分别严惩外，提督哈丰阿、总兵谢恩诏、参将陈配高，均应照部议即予革职。但念该员等曾任大员，尚不至全行废弃，哈丰阿著赏给二等侍卫，另降清字谕旨，令其前往新疆换班。谢恩诏降为都司，陈配高降为千总，仍交兵部将该二员带领引见。嗣后水师该管大员，务当实力训练，于防汛班兵常川巡察，毋使一名旷误，遇有应行缉捕之时，亲身督率，不避艰险，俾洋面日就肃清，毋得仍前息玩，致干重咎。

巡洋 033：嘉庆十二年奏定

海贼上岸，止系掳劫，并未焚毁乡村者，专汛官降三级调用，兼统各官降一级调用，总兵降一级留任，戴罪图功，提督罚俸一年，在洋分巡、随巡官，照专汛官例议处。总巡统巡官，照统辖官例议处。如海边居民，被贼登岸劫掠，并未掳去男妇，亦未焚毁乡村者，该督抚题参疏防，照海洋失事例议处。如海贼甫经登岸，并未杀伤兵民，即能击剿杀退者，免议。

巡洋 034：嘉庆十二年议定

嗣后海洋失事，所有统辖各官二参罚俸一年之处，改为二参降一级留任。

巡洋 035：嘉庆十二年奏准

嗣后巡洋员弁所获盗犯，除该督抚业经查明邻境本境，及全获获半之案，仍照旧例办理外，如所获之犯，不能灼知其为邻境本境，及全获获半者，即以名数多寡，定其甄叙等差。有能拿获盗犯十名者，准其抵销本任承缉一案；拿获二十名者，准其抵销本任承缉二案；如所获邻境盗犯，除抵销之外，再有多获者，按其所获名数，仍照旧例给予议叙。

巡洋 036：嘉庆十二年又议定

嗣后拿获海洋行劫盗犯，罪应斩枭斩决，数在三名以上者，方准该督抚奏请送部引见。如所获系绞罪以下，并斩枭斩决等犯未及三名，自应照拿获伙盗例议叙，不准送部引见。傥所获实系重犯应凌迟者，即拿获一二名，亦准该督抚奏请送部引见。

巡洋 037：嘉庆十五年议定

副将以下，无论候补人员，仍照原例核给议叙。如总兵果能留心缉捕，首先拿获盗犯，核与副将以下等官引见之例相符者，准其给予加一级。其与引见之例不符者，仍照拿获伙盗例，每名纪录一次。若系督同属员协拿者，仍毋庸给予议叙。

巡洋 038：道光十三年谕

程祖洛奏：参总兵营伍废弛，并巡洋惰误之守备，请一并革职办理一折。福建海坛镇总兵万超，身任专阃，素耽安逸，所属洋面，劫案频仍，除前此魏元烺查参各案不计外，据程祖洛续经查出在洋被劫至十二案之多，且督率无方，种种乖谬，必应从严惩办。海坛镇标右营守备陈承恩，惰误巡洋，致多失事，亦难宽贷。万超、陈承恩著一并革职，仍将万超留于闽省，责令随同舟师巡缉，勒限三个月，将被劫各案，全数弋获，再准回籍。如届限无获，即将万超在海滨枷号一个月，满日释回，以示惩儆。

巡洋 039：道光十三年又谕

向来海疆巡洋定例，各省皆以总兵为统巡，其次有总巡、分巡、委巡、随巡各目，遇有失事，应与该管洋面之专汛兼辖统辖人员，一并开参，分别议处。勒缉赃盗，原冀众志协同，各齐心力，以肃洋政。近来闽、浙二省海洋失事之案，往往止参专汛兼统一二人，余悉置之不议，迨兵部饬查，始行开参。而限期已逾，案多悬宕，并有积至数案，始行开参者，以致案多遗漏。巡洋人员，遂以议处不及，渐生懈弛之心，海洋寥廓，匪船易于窜逸，不分责于协缉，而欲以一二专汛兼统之力，肃清海面，势必不能。嗣后闽浙督抚、提镇，暨有洋面地方督抚、提镇，凡遇有海洋失事，将专汛、兼辖、统辖、统巡、总巡、分巡、委巡、随巡各员弁，均照例按限开参，勒令缉贼。不得一案止参一二人，亦不得积至数案，始行开参。倘仍蹈前辙，即将该督等交部照规避徇庇例，严加议处不贷。

巡洋 040：道光十六年议定

闽、浙等省洋面，以千、把总为专巡，以外委为协巡，以都司、守备为分巡，副、参、游击为总巡，总兵为统巡。遇有失事，仍以二参完结，初参限满不获，将专巡、协巡、分巡各官，均降一级留任，贼犯限一年缉拿；二参不获，各降一级调用。贼犯交接巡官照案缉拿，若总巡、统巡各官，初参限满不获，总巡官罚俸一年，统巡官罚俸六个月，俱限一年缉拿；二参不获，总巡官降一级留任，统巡官罚俸一年，贼犯照案缉拿。至随巡员弁，倘遇失事，咎与所随之人同，如系随统巡之人，二参即以罚俸一年议结；系随总巡之人，二参即以降一级留任议结；系随分巡之人，二参即以降一级调用议结。如有统巡而无总巡，或有分巡而无随巡，准该督抚于折内声明，以免驳查。惟闽浙提标五营，每年酌派员弁，巡查内地各镇协所属洋面，名曰游巡，遇有失事，在巡期内获盗过半者，免议。若疏防限期未满，先已回营，盗尚未获，即照离任官议以罚俸一年完结。贼犯交接巡官勒限一年缉拿，限满不获，将接巡官罚俸一年，贼犯照案缉拿。

巡洋 041：道光十七年谕

钟祥奏：筹议合巡洋面，核实稽考等语。闽浙洋面辽阔，虽有会哨旧章，恐稽考难周，必须设法整顿，以归核实。据该督等筹议应立合巡箍制之法，使官弁不能畏险偷安，而稽察易周，亦不能捏饰混报，所议井井有条，用心周到，可嘉之至。著照所请，所有闽省南洋九营，除提标中营毋庸添拨船只外，其余提标左右等八营，准其添拨哨船八只，北洋四营，准其添拨哨船五只。每船俱配兵载械，派员统带，各按南北，逐营会合，来往梭巡。无论南北巡船，行至闽安镇海口，俱令禀报该督。其南境哨船巡回之时，必过厦门，即令就近禀报该提督。北境哨船巡回之时，必过福宁镇，即令就近禀报该镇总兵，以凭稽察，庶足杜偷安而壮声势。其每营分段巡查，仍照旧章办理，至此项合巡船只，仍随时换派官兵，俾均劳逸，所需口粮等费，查照常例一体支发，毋庸另筹。浙江洋面，亦著该督咨行该抚及提镇等一体办理，该督仍督饬镇将实力整顿，随时分别勤惰，以示劝惩。如该营员弁等再有畏险偷安巡缉不力等弊，即著严参惩办。

巡洋042：道光十九年奏准

巡洋员弁，果能熟谙水性，不畏风涛，于巡哨期内并无失事案件，每哨一次，准记功二次，于每季换班时，详报上司存核。有记功至八次者，无论俸满与否，如系千总，由督抚、提镇严加考核，发交统巡大员，带领出海试验属实，即报督抚出具考语咨部核明，准其送部引见。如系把总，由副参等官严加考核，详明督抚、提镇，饬交隔营副将参将，带领出海试验属实，准其拔补千总。其守备以上各官，均由该管统领随时察看，详记档册，于保荐案内切实声明。若有不谙水性，畏惧风涛，初次暂行记过二次，再行出洋试看，傥仍不得力，即改拨陆路，令其习练弓马，以观后效。至所带兵丁，如有熟谙水性，不畏风涛者，每哨一次，亦准记功二次，于换班时报明存案，积至记功八次，遇有外委缺出，秉公考验，尽先拔补。如系不谙水性，畏惧风涛，其记过之处，亦查照千总等官，一律办理，并令该督抚等将记功记过人员，随时报部，以备查核。

巡洋043：道光十九年又奏准

巡船舵工，如熟悉海洋驾驶事宜，准其给予舟师外委之牌，照额外外委之例，造册咨部，遇经制外委缺出，一体遴选拔补。

巡洋044：道光二十三年谕

禧恩奏：酌议巡洋会哨章程一折，览奏均悉。哨船会哨，必得三省联为一气，方能周密，既据该将军妥议章程，酌加缜密，以期慎重。著照所议，准其将水师营额设战船十只内，每年派拨六只，每船派兵丁水手六十名，分为三路，派官三员，带领巡洋。南至山东交界之隍城岛以北地方，赴山东登州镇衙门呈验照票。东至岫岩大孤山，与朝鲜交界处所，由岫岩城守尉查验照票。西至锦州洋面，与直隶交界之天桥厂，赴锦州副都统衙门呈验照票，以杜弊混。其直隶通永镇哨船，巡至天桥厂，亦著赴锦州副都统衙门呈验印照，其山东哨船，巡至隍城岛以北地方，即由水师营协领查验照票，并著该将军分咨直隶总督，山东巡抚，以归画一。该副都统等，各将每年验过船只，造册报明该将军衙门查核，该将军仍会同各副都统严密稽察，明定赏罚，以示劝惩。该会哨官兵等，果能认真巡缉，于一年之内，捕获盗匪三起，官则遇缺升转，兵亦记名拔补。傥敢畏避风涛，潜匿逗遛，贻误会哨，立予严参惩办，俾知儆畏，庶几巡查周密，不致日久视为具文。

巡洋045：道光二十三年又谕

嗣后沿海水师各提镇，著于每岁出洋时具奏一次，俟出洋往返事毕，洋面如何情形，据实具奏。其实在因公不能出洋，即著自行奏明，均令咨禀该省总督，以凭查核，并责成各该总督破除情面，密访明查。倘敢偷安畏避，及奏报不实，随时分别参办。各该总督皆系朕特简大员，受恩深重，如稍存瞻顾之私，扶同徇隐，经朕别有访闻，除将该提镇严行惩处外，必将各该总督一并严惩不贷。

巡洋 046：道光二十七年谕

各省沿海匪徒，在洋行劫，最为地方之害，水师将弁，务须竭力兜擒，毋任远扬。倘遇该匪声称投首，难保非穷蹙无路，藉辞脱逃，若遽信以为真，必致堕其诡计。且此等匪徒，在洋抢劫，扰害商贾，罪不容诛，尤未便于仓猝接仗之时，不察情之真伪，遽欲准其投首。嗣后著无论江面海面，该管兵等遇有盗匪，正在开仗兜拿之际，倘该匪等乞怜投诚，一概不准，务宜尽力搜捕，毋许一名漏网，以靖洋面而杜奸诡。

巡洋 047：道光三十年谕

陈庆偕奏：洋面防捕情形一折。东省洋面甚长，水师四散分巡，习成怯惰，以致船炮废弃，劫掠横行，亟应大加整饬。兹据该抚亲勘情形，奏请将三汛师船，四县水勇，合而为一，专派统带、协带等官，往来策应，并于最要岛屿，安设大炮，以壮声援，责成登莱青道督查调遣，随时劝惩。所办尚称妥协，该水师将弁等自当振刷精神，不使兵勇狃于积习，如能出洋尽力防捕，奏闻即予恩施，若再因循懈弛，著即从严参办。

巡洋 048：同治十一年谕

瑞联等奏：拟拨轮船巡缉，并筹议经费一折。据称：奉天省南滨大海，口岸甚多，时有贼匪游弋，若调轮船巡缉，实为便捷等语。著文煜、王凯泰酌度情形，派拨小号轮船一只，配齐舵工水手，委员驶赴奉天牛庄海口停泊，听候调遣，并将船内经费章程，详细咨明都兴阿等核实支给，俟轮船驶抵奉省，都兴阿等当遴派得力弁兵，随时出洋，认真巡缉，并可令该弁兵等随同驾驶，以资练习。

巡洋船只〔例 10 条〕

巡船 001：顺治初年定

武职看守战船，损坏二船者降二级留任，三四船者降二级调用，五六船者降四级调用，七船以上者革职。该督抚、提镇仍不时委副参等官巡查，其官兵所乘之船，若未战以前，既战以后，闲住之时，即交督战官看守，统兵大员不时委员巡查，如有损坏，俟凯旋日，将看守官亦照前例议处。

巡船 002：乾隆三年议准

修造内河巡哨船，照战船扣限，如有逾违，不及一月者，免议；一月以上者，承修官罚俸六月；两月以上者，罚俸一年；三月以上者，罚俸二年；四月以上者，降一级留任；五月以上者，降一级调用。督修官违限一月以上者，罚俸三月；两月以上者，罚俸六月；三月以上者，罚俸一年；四月以上者，罚俸二年；五月以上者，降一级留任。

巡船 003：乾隆二十九年奏准

不应修理船只，限前混行申详修理者，都司、守备、千总、把总，降二级调用；转报之副将、参将、游击，降一级调用；具题之提督、总兵，罚俸一年。

巡船 004：乾隆二十九年又奏准

水师修造战船，如有不肖营员，希图射利包修者，将承修官与包修官俱革职，督修官照徇庇例，降三级调用，提督、总兵降一级调用。

巡船 005：嘉庆五年奏准

巡船遭风击碎，水师巡洋官员呈报迟延，一月以上者，降一级留任；三月以上者，降一级调用；六月以上者，降二级调用；九月以上者，降三级调用；一年以上者，革职。至督抚将军等官，一闻禀报，即速差员覆勘明确，出具保结，题请修补，以半年为限，如于半年之外，迟延三月以上者，督抚将军等官，罚俸一年；六月以上者，降一级留任；一年以上者，降一级调用；二年以上者，降二级调用。均于题报本内，声明有无逾限，如有迟延，按其年月，分别议处。

巡船 006：嘉庆六年奏准

船只配载官员出洋巡哨，俱令照向例兵丁额数配驾，傥出洋时不如额配足，以致船只不能管驾，遭风击碎者，将派拨之员革职，船只著落巡哨各员赔造。不行稽查之总巡官，降二级调用，总兵降一级调用。

巡船 007：道光九年奏准

山东登州镇水师营修造额设战艍船只，除小修例限三月完工，大修例限五月完工外，如应改造补造拆造，均委令实缺守备一员，会同文员，前赴江南监造，勒限一年完工。该抚将委员等领银起程，以及抵江打造工竣各日期，逐一报部，以备查核。如该委守备，能于一年限内造竣，航海驾回无误，经该镇道等验明如式坚固，即由该抚给咨送部引见，请旨照豫保之例，注册升用。如至一年限外，始行完工，计其迟逾月日，分别议处，违限一月以上者，罚俸三月；两月以上者，罚俸六月；三月以上者，罚俸九月；四月以上者，罚俸一年；五月以上者，降一级留任；半年以上者，降一级调用。傥该委员等承造船只，不堪应用，及有偷减工料等情，即行严参革职，著令赔补。如该登州镇总兵验收不实，亦将该镇降一级调用。

巡船 008：道光九年又奏准

巡船回哨，停泊海口被风，实系风力猛勇，难以收泊，并非看守不慎者，船只仍免其赔补。如未经被风，或船内并无官弁受困，止于兵丁受困，官员并未在船，显有捏报情弊者，看守之员革职，兵丁革退，严审治罪，捏报之员，一并革职，扶同加结之员，降二级调用。

巡船 009：道光九年三奏准

承修督修战船各官，如有修不如式，不能坚固，未至应修年分损坏者，著落承修官赔六分，督修官赔四分，仍将承修官革职，督修官降二级调用。至小修限四月完工，大修拆造限六月完工。傥有迟误违限，未及一月者，承修官罚俸一年，督修官罚俸六月，将军、提督、总兵，罚俸三月；违限一月以上者，承修官降一级调用，督修官罚俸一年，将军、提督、总兵，罚俸六月；违限两月以上者，承修官降二级调用，督修官降一级留任，将军、提督、总兵，罚俸一年；违限三月以上者，承修官降三级调用，督修官降一级调用，将军、提督、总兵，降一级留任；违限四月以上者，承修官降四级调用，督修官降二级调用，将军、提督、总兵，降二级留任；违限五月以上者，承修官革职，督修官降三级调用，将军、提督、总兵，降三级留任。

巡船 010：道光二十年谕

祁寯藻等奏：战船修造草率，及迟延积压各情，据实参奏一折。沿海战船，巡洋缉匪，关系綦重，遇有修造届期，自不得草率从事。已故盐法道王耀辰，承修福厂成字四号大船一只，甫经拆造，即致破坏，其为从前修造草率无疑，著即令该家属赔补。其承修草率之委员，及滥行收领之营员，著查取职名，交部议处。至该省修造战船，向有积压情形，现经该大臣等查明，自道光六年起至今，积压竟有三十只之多，实属不成事体，亦著该部查取职名，分别议处，并著该督等逐案查明，系何员任内之事，分析核办，其承修领收文武各员，并各衙门书吏，有无情弊，一并彻底严究。现当洋务吃紧之时，水师需船孔亟，所有从前积压及遭风击碎各船，除已经筹款，及本无驳查，并原驳情节无关紧要者，著该督等即饬令赶紧兴办，其余驳查未覆，及驾厂挨修各船，亦著一并严催赶办，傥复任意迟延，即行指名严参。至水师配兵巡洋之外，各船例应随时操练，著该提镇督令将弁，按期操练，并更番燂洗，毋任停泊海壖，日炙风干，致有朽坏，以利驾驶而肃洋政。

外海巡防〔例 44 条〕

海巡 001：康熙二十八年议准

水师总兵官俱应亲身出洋，督率官兵巡哨，违者照规避例革职。

海巡 002：康熙四十三年覆准

广东省沿海地方，以千把总会哨，副参游每月分巡，总兵官于每年春秋二季出洋总巡。

海巡 003：康熙四十七年覆准

江南省苏松、狼山两镇，各于本管洋面，亲身总巡，每岁一轮，将出洋回汛日期，呈报该督提察核。

海巡 004：康熙四十七年又覆准

浙江省定海、温州、黄岩三镇出洋总巡，每年定于二月初一日起至九月底止。

海巡 005：康熙五十年谕

朕于水陆兵丁，年久深悉其情事，船至海洋，必俟风候，若不候时不察风汛而欲强行，必至兵船同损。官兵皆系朕历年养育之人，如遇有贼，自应效死，若无贼而徒以巡哨受伤，实为可惜，该总兵官须留意于此，大加谨慎。

海巡 006：康熙五十一年议准

海洋巡哨官弁，盘获形迹可疑之船，如人数与执照不符，并货物与税单不符者，限三日内稽查明白。如系贼船，交与地方官审究，果系商船，即速放行，申报该上司存案。如以贼船作为商船释放，或以商船作为贼船，故意稽迟扰害者，皆革职；索取财物者，革职提问；该上司察出揭参者，免议。如释放贼船，该上司失察者，照失察讳盗例议处。稽迟扰害商船，该上司失察者，照失察诬良为盗例议处。

海巡 007：康熙五十三年覆准

各营巡哨船，刊刻某营某字某号，舵工水手人等，各给予腰牌，备书姓名年貌籍贯。

海巡 008：康熙五十三年又覆准

山东省与盛京对峙，水师官兵各巡本管洋面。金州之铁山、旧旅顺、新旅顺、海帽坨、蛇山岛、并头双岛、虎平岛、筒子沟、天桥厂、菊花岛等处，皆系盛京所属，令该将军委拨官兵巡哨。北隍城岛、南隍城岛、钦岛、砣矶岛、黑山岛、庙岛、长山岛、小竹岛、大竹岛，至直隶交界武定营等处止，并成山头、八家口、芝罘岛、崆峒岛、养马岛，至江南交界等处止，皆系山东所属，令登州总兵官委拨官兵巡哨。至铁山与隍城岛中间，相隔一百八十余里，其中并无泊船之所，自铁山起九十里之内，盛京官兵巡哨，自隍城岛起九十里之内，山东官兵巡哨。如遇失事，各照地界题参。

海巡 009：康熙五十三年三覆准

官弁驾船巡哨，如船被贼焚劫者，革职提问，船仍著落赔补。若实系遭风击碎，该管上司查明出结，详报该督抚提镇保题，免其赔补，动支钱粮修造。倘有捏报情弊，将该官弁革职提问，滥行出结之该上司革职，保题之督抚、提镇，降一级留任。

海巡 010：康熙五十五年覆准

福建省水师提标五营，澎湖水师二营，台湾水师三营，分拨兵船，各书本营旗号，每月会哨一次，彼此交旗为验。如由西路去者，提标哨至澎湖交旗，澎湖哨至台湾交旗，皆送台湾镇查验。由东路来者，台湾哨至澎湖交旗，澎湖哨至厦门交旗，皆送督抚查验。如某月无旗交验，遇有失事，照例题参。

海巡 011：康熙五十六年覆准

福建省台湾、澎湖两协副将，岁率三船亲身出洋，总巡各本管洋面，两协游守分巡各本汛洋面。海坛、金门二镇，各分疆界为南北总巡，每岁提标拨出十船，以六船归巡哨南洋总兵官调度，四船归巡哨北洋总兵官调度。其台、澎二协副将，金门、海坛总兵官，均于二月初一日起九月底止，期满撤回。至各营分巡官兵，挨次更换，如遇失事，各照例题参。

海巡 012：康熙五十七年覆准

广东省南澳属闽粤交界，琼州孤悬海外，南澳总兵官，及琼州水师副将，各率营员专巡各本营洋面。自南澳以西，平海营以东，分为东路，以碣石镇总兵官、澄海协副将，轮为总巡，率领镇协标员，及海门、达濠、平海各营员为分巡。自大鹏营以西，广海寨以东，分为中路，以虎门、香山、二协副将，轮为总巡，率领二协营员，及大鹏广海各营员为分巡。自春江协以西，龙门协以东，分为西路，以春江、龙门、二协副将，轮为总巡，率领二协营员，及电白、吴川、海安、硇洲各营员为分巡。共分为三路，每年分为两班巡察，如遇失事，照例题参。

海巡 013：雍正三年议准

官弁出海巡哨，如有洋面失事，隐讳不报者，该将军督提访实，题参革职。

海巡 014：雍正四年题准

直隶省天津水师官兵，于四月起至九月止，驾船出洋巡哨。

海巡 015：雍正八年议准

福建、浙江两省巡哨官兵船，挨次两月更换，如风潮不顺，到汛愆期，统俟陆续到汛交代，具报该上司查核，遇有参处之案，凭报文内职名揭参。

海巡 016：雍正八年又议准

各省沿海营汛，原分水陆，水师惟在大洋游巡，其陆路滨海途岸，潮退胶浅，为水师巡船之所不到，其中各色小艇，随潮飘泊，或有暗载违禁货物，甚至乘机偷劫，此等处所，设立小号巡船。

海巡 017：雍正九年议准

凡巡海船于未出口之前，取同船兵丁不敢抢物为匪连名甘结，在船该管官加结申送该上司存案，回哨日仍取同船兵丁在洋并无抢物为匪、扶同隐匿、事发愿并坐甘结，送该上司查核。如弁兵在洋抢夺商人财物，该管官不系同船，失于觉察，照失察营兵为盗例议处，若通同庇匿，革职提问。督抚、提镇不题参者，照徇庇例议处。

海巡 018：雍正十三年覆准

福建省南澳镇左营，及金门镇之铜山洋汛，归南澳镇巡察。每年上班巡期，委右营守备与广东镇协会哨，左营游击与海坛、金门两镇会哨，该总兵官驻镇弹压。下班巡期，委右营游击出巡，总兵官亲率兵船与两镇会哨，以左营游击留营弹压。

海巡 019：乾隆元年覆准

广东省西路洋面，分为上、下二路。自春江至电白、吴川、硇洲为上路，上班以春江协副将为总巡，下班以吴川营游击为总巡，率领春江、电白、吴川、硇洲各营员为分巡，均于放鸡洋面会巡。至硇洲一带，自海安至龙门为下路，上班以海安营游击为总巡，下班以龙门协副将为总巡，率领海安、龙门各营员为分巡，均于琼州洋面会巡所属一带。至上路之电白营游击，上班随巡，听春江协副将统领，电白营守备，下班随巡，听吴川营游击统领，如遇本营洋面失事，分别题参。

海巡 020：乾隆十二年奏准

江南海洋，每年二月至九月，苏松镇标中、左、右、奇四营之游守八人，分为四班，每营游击分巡两月，各营守备与游击错综换班，每人随游击分巡两月。川沙、吴淞二营之参将、守备共四人，每人分巡两月，未轮班之各营，委拨弁兵驾舟随巡。至于十月至正月，令镇标四营，川、吴二营，每营各管二十日。如有失事，将分管之营题参，该镇总兵官仍亲身巡察，所有出洋回汛日期，仍报督提稽考。狼山镇标于二月初一日起，右营游击率领中、左、右三营官兵，在于内外洋面巡哨，至九月底期满回营，该镇总兵官亦亲身巡察，将出洋回汛日期，报督提稽考。

海巡 021：乾隆十七年议准

山东省登州镇水师，每年五六七八月间，官兵出洋，南北东三汛，各在该管地界，彼此往来巡防，其沿海陆路营汛，亦令不时瞭望，不许怠惰推诿。

海巡 022：乾隆十七年又议准

江南省苏松、狼山二镇，各有所管洋面，皆系一望汪洋，并无岛澳可以收泊船只，仅能暂时寄碇，每年分委将备轮班出巡，饬发令箭，逐汛交传，设立印簿，填明接到月日，仍令该镇总兵官不时出洋，上下梭织巡察。

海巡 023：乾隆十七年覆准

福建省海坛镇于三月初一日、九月初一日，与金门镇会哨于涵头港，五月十五日，与浙江温州镇会哨于镇下关。金门镇于三月初一日、九月初一日，与海坛镇会哨于涵头港，六月十五日，与南澳镇会哨于铜山大澳。南澳镇于六月十五日，与金门镇会哨于铜山大澳。会哨之期，总督豫遣标员前往，指定处所等候。如两镇同时并集，即取联衔印文缴送，或一镇先到，点验兵船，取具印文先行缴报，即准开行，一镇后到，别取印文缴送，总以两镇赴指定处所为准。如迟至半月以后不到者，查系无故偷安，即行参处。至分巡洋汛，相离本不甚远，一月会哨一次，该镇总兵官差员取结通报。如有违误，即行揭参，若徇隐及失察者一并参处。

海巡 024：乾隆十七年又覆准

浙江省定海镇，于三月十五日、九月十五日，与黄岩镇会哨于健跳汛属之九龙港，五月十五日，与江南崇明镇会哨于大羊山黄岩镇，于三月初一日、九月初一日，与温州镇会哨于沙角山，三月十五日、九月十五日，与定海镇会哨于九龙港，温州镇于三月初一日、九月初一日，与黄岩镇会哨于沙角山，五月十五日，与福建省海坛镇会哨于镇下关。其会哨之期，总督豫遣标员前往，指定处所等候，及两镇出具印文缴送之处，均照福建之例行。

海巡025：乾隆十七年三覆准

广东省水师各营总巡，指地定期会哨，如同时并集，联衔具文通报。傥因风信不便，先后参差，先到者即具文通报，巡回本路洋面，后到者亦于到日具文通报，巡回本路洋面。至分巡各官，每月与上下邻境会哨一次，或先西后东，或先东后西，豫为酌定，一经会合，即联衔通报。如有懈怠捏饰，即令总巡官揭参。

海巡026：乾隆二十九年奏准

广东省沿海各镇协营总巡，三月初十日，碣石镇巡至深澳与南澳镇会同通报左翼镇，与春江协副将会哨于广海大澳。海安营游击，与琼州协副将会哨于白沙，仍巡回本路龙门，与龙门协副将会印通报，系本路地方，毋庸定以日期。五月初十日，碣石镇与左翼镇会哨于平海大星澳，春江协副将，与海安营游击会哨于硇洲。八月初十日，澄海协副将，与香山协副将会哨于平海大星澳，硇洲营都司，与吴川营都司会哨于广州湾。十月初十日，南澳镇，与澄海副将会哨于莱芜，香山协副将，与吴川营都司会哨于广海大澳，龙门协副将，与琼州协副将会哨于白沙。其总巡以及各营分巡定期会哨，立法稽查之处，悉照福建浙江之例行。

海巡027：乾隆三十九年奏准

巡哨官员，将拿获在洋违禁货物，隐匿不报者，革职提问。

海巡028：乾隆四十九年奏准

盛京所属海汛，由该将军于水师营旗员内，择其熟悉舟师者，轮流拣派，令三品官一员作为总巡，四、五品等官三、四员作为协巡，带兵往来巡查严缉，按季造册报部，如遇失事，即行题参议处。

海巡029：乾隆五十四年谕

海洋会哨，立法綦严，该镇将等订期会巡洋面，本有一定章程，原不得因偶遇风信，观望不进，但念巡洋会哨，非出兵打仗机不容缓者可比，若届期遇有飓风陡发，该镇将等因恐迟逾程限，身获重谴，辄冒险放洋前进，使专阃之员及将弁兵尝试于暴风巨浪之中，国家政体，亦不忍出此。嗣后各该镇定期会哨，如实有风大难行，许其据实报明督抚，并令该镇等彼此先行知会，即或洋面风大，虽小船亦不能行走，不妨遣弁由陆路绕道札知，以便订期展限，再行前往。该督抚等务须详加查察，设有藉词捏饰，即应严参治罪，若果系为风所阻，方准改展日期，以示体恤而崇实政。前闻闽省海面，每遇九月飓风较多，而江南浙江广东海洋风信，大略相同，曾经降旨，令该督抚按照各处洋面风信平顺之期，另行会商，酌定月分，不必拘定三月九月会哨。海坛金门二镇，每年三九两月于涵头港会哨之期，因其时风信靡常，并多海雾，改为四八两月，已如议准行，嗣后自必遵照定期，不致冒险。今复格外加恩，若该镇将等恃有此恩旨，遂尔任意托故迟延，或藉词耽逸，致误巡洋要务，一经查出，必照例治罪。若该督抚并不留心察访，辄据该镇等捏词禀报，扶同徇隐，亦必一并治罪，断不能稍为宽贷也。

海巡 030：乾隆五十七年奏准

各省驻防水师人员，轮派出洋巡哨，遇有失事，如在疏防限内撤巡，并卸委署之任者，即照离任官例议结。如已经撤巡，尚未交卸者，仍照承缉官例议处。

海巡 031：乾隆五十八年议准

江南、山东两省交界洋面，有大沙从江南盐城县起，横亘千里，直抵北洋。其沙尖与莺游山相对，沙尖以南属江南，沙尖以北属山东，即以莺游山为界，如遇失事，一据事主具报，即日飞关邻汛，确实查勘被盗界址，系何省营汛所辖，即责成该管营弁上紧缉拿，按限参处。如有推诿及指使捏报他界者，该督抚等据实查参，即行革职。

海巡 032：乾隆五十八年谕

向来东省洋面，以莺游山为界，江南洋面，以牛车山为界，而牛车山距莺游山中间隔一百二十里，从前未经立定界址，以致遇有盗劫案件，彼此互相推诿。今据该总兵等亲往勘明，即以牛车山分界，立定缉盗责成，亦止可如此办理，所有奏请划定界址，及巡哨捕盗事宜，俱著照所请行。

海巡 033：乾隆五十九年奏准

水师各营配兵出洋，务须慎选明干弁兵，实力巡哨，并将原派将备衔名，先报督抚存案。倘该弁兵等在洋遇有匪船，或退缩不前，或转被盗劫，该督抚等查明，即将本船弁兵严行治罪，原派之将备参奏革职，仍令自备资斧，在于洋面效力三年，方准回籍，该总巡总兵降三级调用。

海巡 034：嘉庆四年奏准

奉天水师营旗员内，择其熟悉舟师者，仿照各省巡洋之例，轮流拣派三、四品官一员，作为总巡，带领官兵往来巡查严缉，仍照例造册报部，如有疏失，即按册参送职名。

海巡 035：嘉庆五年议奏

各营水师人员，按季巡洋，以总兵为统巡，亲身出洋，督率将备巡哨，以副将、参将、游击为总巡，都司守备为分巡。倘总兵遇有紧要事故，不能亲身出洋，止准以副将代统巡。副将遇有事故，偶以参将代之，不得援以为常。其余游击都司，均不准代总兵为统巡。都司守备，不准代副参游击为总巡，千总把总，不准代都守为分巡，目兵不准代千把外委为专汛。派员出洋，责令统巡总兵专司其事，按季轮派，一面造册送部，一面移送督抚、提督查核。如于造册报部后，原派之员，遇有事故不能出洋，应行派员更换者，亦即随时报明，出具印甘各结。傥违例滥派代替，或无故滥行更换者，该督抚提督据实严参，将统巡总兵官降二级调用，督抚提督如不据实查参，率行转报题咨者，将督抚提督降一级调用。傥本官畏怯风波，不肯出洋，临期托病，私行转委所属员弁代替，经总督提督总兵查出揭参者，将本官革职提问。奉旨：各省沿海水师，向例设有统巡、总巡、分巡及专汛各员出洋巡哨，近因各省奉行日久，渐有代巡之弊，即如统巡一官，系总兵专责，今则或以参将、游击代之，甚至以千总、把总、外委及头目兵丁等递相代巡，遇有参案到部，则又声明代巡之员，希图照离任官例罚俸完结，殊非慎重海疆之道。著通谕沿海省分督抚，嗣后均令总兵为统巡，以副参游击为总巡，以都司守备为分巡，傥总兵遇有事故，止准副将代巡，或副将亦有事故，准令参将代巡，不得以千总、把总、外委等滥行代替，以杜藉端规避之弊。至山东水师三汛，向不参送统巡疏防职名，殊未允协，嗣后该省亦应一律遵办，以昭画一。此次通谕之后，各督抚等务令水师各员亲身出洋，梭织巡查，以期绥靖海洋，傥敢仍前代替，藉端推诿，一经部臣查出，或被科道纠参，则惟各该督抚等是问。

海巡 036：嘉庆五年奏准

巡洋官员，由统巡总兵按季照例轮派，务于应届出洋之前，先期派定，并将职名一面具文造册送部，一面移送督抚、提督查核，并将具呈报部日期填明。春季不得逾正月，夏季不得逾四月，秋季不得逾七月，冬季不得逾十月。如呈送迟延，违限十日以上者，将总兵官罚俸一年；一月以上者，降一级留任。

海巡 037：嘉庆六年奏准

江南省巡洋官兵，以三月为一班。广东省巡洋官兵，以六月为一班，每年分为上下两班。福建省巡洋官兵，每年自二月起至五月止为上班，六月起至九月止为下班，十月起至次年正月，按双单月轮班巡哨。浙江省巡洋官兵，每年二月起至九月，以两月为一班，十月至次年正月，以一月为一班。山东省登州水师，每年于三月内出洋巡哨，于九月内回哨。各省水师，俱令总兵统率将备弁兵，亲身出洋巡哨，遇有失事，分析开参，照例议处。

海巡 038：嘉庆六年又奏准

各省沿海水师分巡各官，如派拨不敷，即以千总、把总出洋，作为协巡开报。

海巡 039：嘉庆六年三奏准

山东省登州水师营员较少，不能如闽、浙等省，按照总巡、分巡各名目轮派，所有南、北、东三汛出洋巡哨，以该管总兵为统巡统辖，遇有疏防事件，照闽浙海洋失事例议处。

海巡 040：嘉庆六年四奏准

巡船回哨，停泊海口，拣派官兵加意防范，即遇暴风，非驾船出洋人力难施者可比，倘有因碰坏船只，断缆漂失，该将军督抚提镇委官确验各海口被风情形相同，实系风力猛勇，难以收泊，并非看守不慎者，船只仍免其赔补。若所报之日，各海口船只均未被风，或船内并无官兵受困，或止兵丁受困，官员并未在船，显系捏报情形，看守之官员革职，兵丁革退，严审治罪，捏报之员一并革职。

海巡 041：嘉庆六年五奏准

水师镇弁俱各按期出洋巡哨，如总兵官不能亲身出洋监督官兵巡哨，该总督题参革职，副将以下等官，不亲身出洋巡哨者，经总兵揭报革职，总督提镇不据实揭参，均照徇庇例降三级调用。

海巡 042：道光九年奏准

巡船遭风击碎，水师巡洋官员，呈报迟延，一月以上者，降一级留任；三月以上者，降一级调用；六月以上者，降二级调用；九月以上者，降三级调用；一年以上者革职。至总督、巡抚一闻禀报，即速差员覆勘明确，出具保结题请修补，以一年为限，均于题报本内声明有无逾限。如总督、巡抚具题迟延，移咨吏部议处。

海巡 043：咸丰三年题准

山东省登州镇总兵，改为水师，兼辖陆路，文登协副将，改为水师副将，仍兼辖陆路，新旧水师共三营。其新改文登水师营所辖洋面，分为西南路、西路两路洋面。自成山头起迤西至马头觜交界止为西南路，内龙口、崖马、山竹岛、养鱼池、俚岛、倭岛、碍矶岛、石岛各外洋，成山头、孤石、杨家葬、马头觜各洋面，以左哨千总为专巡。自成山头起迤西至芝罘岛交界止为西路，内海驴岛、鸡鸣岛、刘公岛、浮山岛、栲栳岛、养马岛、崆峒岛、芝罘岛各洋面，以右哨把总为专巡。两路洋面，以守备为分巡，以副将为总巡，以总兵为统巡。每年会哨处所，左哨千总由成山头迤西南，巡至马头觜交界，与水师前营文武互相结报，右哨把总由成山头迤西，巡至芝罘岛交界，与水师后营文武互相结报。其前营所辖洋面，自江南交界之莺游山起，至新改文登水师营交界之马头觜止，共计洋面一千六百八十里，各按所辖洋面，实力巡缉。自胶州头营口起，至莺游山交界止，洋面八百四十里，以左哨千总为专巡，自头营口起，至乳山口交界止，洋面五百四十里，以右哨二司把总为专巡。自乳山口起，至马头觜交界止，洋面三百里，以右哨头司把总为专巡。以上各洋面，以守备为分巡，游击为总巡，其经制额外等弁，分配船只，随时调派。至每年会哨处所，分为东、西两路，西路以左哨千总巡至莺游山交界，与江省东海营会哨，东路以右哨头司把总巡至马头觜交界，与新添文登水师营会哨，互相结报。其后营所辖洋面，自天桥口起往东至芝罘岛西，与文登水师营交界止，计洋面二百四十里，往西至直隶省大沽河交界止，计洋面七百二十里，往北至北隍城岛迤北洋面，与奉天旅顺洋面交界止，计洋面三百三十里，共计一千二百九十里，各按所辖洋面实力巡缉。自天桥口起，由长山岛迤东至芝罘岛西至文登水师营交界止，洋面二百四十里为东路，内有长山岛、大小竹山岛、纱帽岛、湾子口刘家旺、八角各外洋，以左哨头司把总为专巡。惟西路洋面七百二十里，较四路绵长，裁拨一百二十里，均匀西北路管辖。嗣后西路自天桥口由龙口西起，至直隶省大沽河交界止，洋面六百里为西路，内有小依岛、屺㟀岛、叁山岛、小石岛、芙蓉岛各外洋，以右哨头司把总为专巡。自天桥口由龙口往西北至高山岛西北外洋止，洋面二百四十里为西北路，内有桑岛、黄河营、大小黑山岛、猴鸡岛、高山岛各外洋，以右哨二司把总为专巡。自天桥口由砣矶岛往东北至北隍城岛迆北洋面，与奉天旅顺洋面交界止，洋面二百四十里为东北路，内有南北隍城岛、大小钦岛、砣矶岛各外洋，以中哨千总为专巡。四路洋面，以中军守备东路东北两路为分巡，游击为四路总巡，总兵为四路统巡。从前水师后营守备专顾北路，今改为东路东北两路分巡之责，并改饬西北路把总，就近与天津兵船会哨。其北路仍饬千总在隍城岛迆北洋面，与奉天旅顺营兵船会哨，东路仍饬东路把总在芝罘岛迆西交界，与文登水师营兵船会哨，互相结报。凡三营所辖洋面，遇有疏防案件，指名岛屿，各按所巡界址，照例开参。如并不亲身出洋者，该抚据实指参，仍将巡洋各职名，会哨各日期，按季造册送部查核。

海巡 044：同治十一年谕

彭玉麟奏：请停止水师肄习弓箭，以期专精一技等语。水师所用，本以使柁放炮为优劣，何得藉口演习弓箭，致开陆居之渐。著照所请，所有长江水师，及江苏新改之外海、内洋、内河水师，均著专习枪炮，毋庸兼习弓箭，该提督随时操演，及考拔各缺，亦著照旧章办理。经此次训谕后，该提镇及各该管督抚等，务当随时访察，遇有前项情弊，即行从严参办，庶不至真才废弃，陋习日深，用副朝廷廑念东南整饬戎行至意。

内河巡防〔例 13 条〕

河巡 001：雍正七年覆准

四川省自巫山至三江口，绵亘二千余里，所有一带水塘，设立巡船，交与汛官更番巡哨，该管官弁不时稽察。

河巡 002：雍正十年议准

江南、江西两省沿江营汛官弁，上下往来巡缉，每月彼此会哨二次，对换令箭为凭，将会哨日期，报明督抚、提镇稽考。分巡之上，再设总巡。狼山总兵官，每月委官二人，东巡至廖角觜，西巡至京口。京口将军，每月委官二人，东巡至狼山，西巡至江宁。江宁将军，每月委官二人，东巡至京口。江南总督，每月委官一人，西巡至安庆。安庆巡抚，每月委官二人，东巡至江宁，西巡至江西交界。江西南昌总兵官，今改副将，九江副将，今改总兵，每月各委官一人，巡至江南交界。九江副将，每月委官一人，巡至湖广交界。所到日期，皆报明督抚、提镇稽考，傥不按期接界会巡，将委出巡哨官降一级调用，兵丁责革。

河巡 003：雍正十年又议准

湖广省兴国、道士洑二营，东巡至江西交界，西巡与武昌城守营会哨。武昌城守营，与岳州营上下来往巡缉会哨，施州营东巡与岳州营会哨，西巡至四川交界。其报明督抚、提镇及不按期接界会巡处分，悉照两江之例行。

河巡 004：雍正十年三议准

各省江河中流要处，一例设立巡船官兵，往来游巡，其船造入该营交代册内，遇有盗案，照海洋行船被劫例议处。

河巡 005：乾隆四十九年奏准

山东省运河自峄县台庄至德州柘园，水路迢遥，设立巡船三十只，均匀驻泊，责令沿河十八州县，选派干役，营汛派拨弁兵，督驾巡缉。遇有失事，将派巡官照地方失事专汛例办理。

河巡 006：嘉庆六年奏准

沿海各省所属陆路滨海汛口，及江河中流要处，该总督、巡抚、提督、总兵官，详酌确勘，设立巡船，在于该处巡缉。遇有失事，照道路疏防无墩铺之例办理。若于限内卸事，照离任官议结。

河巡 007：嘉庆六年又奏准

广州将军、总督、巡抚、提督各标，每标备哨船十只，按季轮派官兵，并于附近水师内酌派舵水教习配船游巡，遇有失事，游巡官照地方失事专汛例办理。若于限内卸事，疏内确实声明，照离任官例，罚俸一年完结。江南内河轮派官兵游巡，遇有失事，亦照此议处。

河巡 008：嘉庆二十年谕

御史石承藻奏：江湖水次设法巡缉一折。据称：两湖地方，从前各督臣认真缉盗，水次肃清，近来劫案甚多，皆由缉捕不密之故，请定水面缉捕章程等语。两湖及三江地方，长江延亘数千里，帆樯云集，其间奸宄潜伏，较之陆地稽察尤难。现在直省城市乡村，严行保甲，匪徒无所栖止，或遁入水乡，亦事之所有。著传谕湖北、湖南、江南、安徽、江西督抚，各于所属江湖水面，认真稽查，或船只编列号次，责成地方营汛文武员弁，慎密巡防，以期摘奸发伏，有犯必惩，用补保甲所不逮。务各实力整顿，毋令吏胥扰累，以副朕戢暴安良至意。

河巡 009：道光十五年题准

江面行船，连次被劫，专汛官降二级留任，协防官革去顶戴，勒限严缉。

河巡 010：同治七年谕

丁日昌奏：筹办禁绝枪船情形一折。江浙枪船匪徒，前经郭柏荫会同马新贻等派员查拿，将首犯擒获正法，胁从解散，河道渐可肃清，惟枪匪为害闾阎，必须尽绝根株。著该抚会同李瀚章，于苏松嘉湖四府向有枪船来往之处，督饬府县，编查水路保甲，凡有渔船农船，均于户下注明。倘敢窝匪枪船，即治以连坐之罪，各该地方官等，仍随时切实开导，务使勉为善良，并令水陆居民藏有枪炮军器者，悉数呈缴，不准差役藉端骚扰。此后官民人等，概不准乘用枪船，其无军器者，勒限改作农船，如仍有打造枪船式样者，立将该船截毁，并将制造工匠及雇船之人，严行惩办，以靖地方。

河巡 011：同治七年又奏准

江面抢劫之案，四月限满不获，题参疏防，都守以下五项哨官，均住俸，副参游三项营官，均罚俸一年。二、三、四参各予限八月，二参限满不获，哨官降一级留任，再限八个月缉拿，营官降一级留任，贼犯照案缉拿，三参限满不获，哨官降二级留任，再限八月缉拿，四参限满不获，哨官降二级调用，不准抵销，贼犯令接任官照案缉拿。如有一夜连劫，及会勘迟延，隐匿不报，协捕不力，讳劫为窃等案，均照海洋例办理。其江面获盗之案，亦照海洋例议叙。

河巡 012：同治七年三奏准

嗣后江中渔船，皆归水师编查，如水兵通同渔船窝隐盗贼，及豢盗受赃，漏信脱逃，营哨各官明知故纵，不行查究者，均革职治罪。如并不知情，止于失察者，哨官革职，营官降一级调用。如渔船窝隐盗贼，水兵并不知情，仅失于查拿者，哨官降二级调用，营官降一级留任。

河巡 013：光绪元年奏准

江苏省专防黄浦江，及派防该处之官塘干河，并其支河汊港之里河五营水师，与该省之外海内洋各水师，均系住船巡哨，遇有失事，按照长江水师参限处分，将营哨各官分别核议。

捕盗〔例 193 条〕

捕盗 001：顺治初年定

武职各官讳盗不报者，革职。

捕盗 002：顺治初年题准

营汛官弁能获大盗窝家者，纪录二次。获小盗窝家，督抚、提镇酌量给赏。如不实力查访，别经获盗供出窝家，将该管专汛官罚俸一年。

捕盗 003：顺治十八年题准

山海大盗，千百成群，攻陷城池，官弁临阵败遁，该督抚、提镇题参，照律治罪。

捕盗 004：顺治十八年又题准

镇店路途，被盗劫失饷鞘，将护送营汛官弁革职。

捕盗 005：康熙四年题准

盗案疏防，将经制专汛官题参，不得以外委官题参塞责。

捕盗 006：康熙五年议准

营汛官弁遇有盗案，系杀人劫物者，务讯问明白，一面追捕，一面申报该管之上司，以便通行缉拿。若不申报，或借名擒剿杀害良民者，该官弁革职提问。该提镇于此等劣员不申报总督，及总督不即题参，总兵降一级留任，提督罚俸一年，总督交吏部议处。如无总督省分，听提督题参，无提督省分，听总兵题参。

捕盗 007：康熙五年又议准

盗案失事，限年缉拿各官，若将未获盗犯捏报死故者，革职，兼辖官不详查转报者，罚俸一年，督抚提镇不详查具题者，罚俸六月。

捕盗 008：康熙七年议准

城内被盗劫掠杀伤官民，并抢夺仓库狱囚者，专汛官住俸，限一年缉拿，全获开复。限满一名不获，降一级调用，获未全者，降一级留任，再限一年缉拿，全获开复。如仍未全获，但能获过半者，再降一级留任，未获盗犯，照案缉拿，全获开复。如二年限满，获盗尚不及半，降二级调用，若能于一月内获盗一半者停升，未获盗犯，限一年缉拿，全获免议。限满仍不全获，降一级留任，未获盗犯，照案缉拿，全获开复。同城兼辖官，皆照此例议处，其同城副参等官，作统辖题参者，照兼辖官例议处。不同城兼辖统辖官，初参罚俸六月，限一年缉拿，限内获一半者免议，未获盗犯，照案缉拿。若限满不获，罚俸一年，仍令照案缉拿。同城提镇，罚俸六月，限一年督缉，限满不获，罚俸一年。

捕盗 009：康熙十年题准

总督题参盗案，本省限四月，兼管省分限六月，巡抚、提镇题参盗案限四月，均以失事之日为始，扣算具题。如有逾限，专责具题之督抚、提镇，计月处分，不分坐属官。

捕盗 010：康熙十一年题准

盗贼伪称名号侵犯城池者，事属叛逆，专汛兼辖各官皆革职，总兵降二级调用，提督降二级戴罪图功。若盗贼聚集一二百人，竖旗放炮，焚毁乡村，抢劫掳杀者，专汛官革职，兼辖官降二级调用，总兵降二级，提督降一级，皆戴罪图功。聚集六七十人，焚毁乡村，抢劫掳杀者，专汛官革职，兼辖官降二级，总兵降一级，皆戴罪图功，提督罚俸一年。至盗贼聚集地方，邻近之提镇并驻防官，及副参游各官，不亲领兵剿灭，止差守备千把总末弁前往者，各降二级调用。其专汛、兼辖、统辖各官，闻有盗贼聚集，不递行申报者，皆革职。督抚、提镇闻报，不遣官兵会剿，以致贼势蔓延，官兵失利者，皆降三级调用。若有此等盗贼窃发，即能剿抚净尽者，皆免议。

捕盗 011：康熙十一年议准

地方道路村庄被盗失事，其设有墩铺防兵者，专汛官住俸，限一年缉拿，兼辖官罚俸六月，限一年督缉；限满不获，专汛官降一级留任，再限一年缉拿，兼辖官罚俸一年，盗犯照案缉拿；三限不获，专汛官仍留任，再限一年缉拿，如再不获，降一级调用。若系偏僻村庄，旷野道路，向未设有墩铺防兵者，专汛官停升，兼辖官罚俸三月，皆限一年缉拿；限满不获，专汛官罚俸一年，再限一年缉拿，兼辖官罚俸六月；三限不获，专汛官罚俸二年，再限一年缉拿；四限不获，专汛官降一级留任，盗犯照案缉拿。其副参等官作统辖题参者，照兼辖官例议处，若兼辖、统辖官获盗一半者免议，专汛官获盗过半，兼获盗首窝家者亦免议。至失事地方有无墩铺防兵，该督抚、提镇于题参本内声明，以便分别察议。

捕盗 012：康熙十一年又议准

道路村庄被盗失事，毋论有无墩铺防兵，提镇皆不议处。

捕盗 013：康熙十一年三议准

奉差及赴任官员被盗失事，无护送官兵者，专汛兼辖官，照地方被盗失事例议处。有护送官兵者，若在该管地方，又系所属官兵护送，将专汛官降二级调用，兼辖官降一级留任，统辖官罚俸一年。若被杀掳，无护送官兵者，专汛官降二级调用，兼辖官降一级留任，统辖官罚俸一年。有护送官兵者，专汛官革职，兼辖官降二级调用，统辖官降一级留任。

捕盗 014：康熙十一年又题准

盗贼行劫，事主于本日或次日据实呈报，该管官不即接受，或接受不即申报，及接受呈报不即缉拿，或追及盗贼，不能擒获，致令脱逃，或不亲身追捕，止差弁兵前往者，皆革职。若事主二三日呈报者，盗贼已经远逃，止照地方被盗失事例议处。至附近营汛各官，事主呈报不即接受者革职。如以非本管营汛不即缉拿，或追及盗贼，不能擒获，致令脱逃，或不亲身追捕，止差弁兵前往者，降一级调用。其盗贼经过营汛，该管官止追出界外，不能缉拿，及不亲率官兵追捕，止差弁兵前往者，降一级留任。该督抚、提镇于题参疏防本内，将各官曾否接受申报，及曾否亲身追捕情由声明，如含糊隐饰，后经查出，将具题之督抚、提镇，罚俸一年。

捕盗 015：康熙十一年三题准

盗案疏防，不将经制专汛官职名开报，仅以外委开报者，开报官降二级调用，转报官降一级留任，具题官罚俸一年。

捕盗 016：康熙十一年四题准

各标协中军官经管钱粮，不作兼辖，若失事系该员营汛地方者，仍照例题参疏防。

捕盗 017：康熙十一年五题准

盗案失事，因公出境之官皆免议。

捕盗 018：康熙十五年题准

该管营汛内遇有盗案，彼此推诿不报，皆照讳盗例议处。如已经申报复又推诿者，推诿官降一级调用，转详官罚俸一年。

捕盗 019：康熙三十二年奉旨

官弁兵丁有擒拿盗贼中伤及伤亡者，皆照阵伤阵亡例分别恤赏。

捕盗 020：康熙三十五年覆准

盗案处分，有加级纪录者，皆准抵销。若于现年缉获之后，捐有加级纪录者，不准抵销。

捕盗 021：康熙三十六年议准

督抚、提镇题报盗案，将获盗月日备载本内，如不开明具题者，罚俸一年。

捕盗 022：康熙三十七年议准

盗案均于限内题参疏防，其有强窃仇盗疑似未明者，限内报部存案，俟文职审明，如实系被盗，即将疏防各官查参，照例议处。

捕盗 023：康熙四十一年议准

近京地方被盗失事，不先报地方官，径自报部，迁延时日，致盗逃脱者，概不准行。

捕盗 024：康熙四十一年又议准

京城巡捕营地方，窃贼挖门掘壁，偷窃财物，在该管营汛内拿获，或经别管营汛官兵拿获者免议，若经民人拿获送究者，将该管官罚俸三月。

捕盗 025：康熙四十一年三议准

京城前三门关厢内被盗失事，将专汛守备兼辖参将、游击，皆降二级留任，仍罚俸一年，该汛千把总送部各责四十板，马步兵各责四十板，皆限一年缉拿。不获，专汛、兼辖各官，皆降三级调用，千把总革职，兵丁革粮，送刑部枷四十日，责四十板，盗犯交与接任官限一年缉拿。

捕盗 026：康熙四十一年覆准

京城前三门关厢内，盗贼白昼抢夺财物，伤人致死，该管营汛官弁当时全获，及一月内全获者免议。一月内获一半者，专汛官罚俸一年，兼辖官罚俸六月。如一月内无获，专汛官降二级调用，兼辖官降一级调用，加级纪录不准抵销，盗贼交接任官照案缉拿，该汛兵责四十板。直省城内，盗贼白昼抢夺财物，伤人致死，该管营汛各官，照城内被盗失事例议处。

捕盗 027：康熙四十一年题准

盗贼潜匿居住，该管地方，不能查拿，别经被获，供出从前居住地方，将该管专汛官降二级调用，兼辖官同城者降一级调用；不同城者降一级留任，统辖官亦降一级留任。

捕盗 028：康熙四十三年议准

守备不作兼辖，至水师守备、有带兵轮防哨巡之责，盗案疏防，同参游一例议处。

捕盗 029：康熙四十五年覆准

老瓜贼肆行不法，营汛官弁差兵，在该管地方昼夜更番巡缉。如不实力巡缉，责二十板。知情故纵者，照窝藏容隐例治罪。能拿获并出首者，照拿获邻境盗贼例给赏。如营汛官弁不能稽察，致兵懈于巡缉，降一级调用。若能拿获别汛老瓜贼，照拿获邻境盗贼例议叙。

捕盗 030：康熙四十五年议准

道路掩埋无主身尸，有被勒戳伤形迹，系老瓜贼谋害，查验确实，将专汛、兼辖、统辖官题参疏防，照地方被盗失事，设有墩铺防兵之例议处。傥滥以仇盗未明详请立案者，照讳盗例议处。

捕盗 031：康熙五十一年议准

京城前三门关厢内被盗失事，一年内获盗一半者，专兼各官皆免议，如一年内获不及半，专兼各官，仍照例议处。

捕盗 032：康熙五十二年议准

官员兵丁，有擒拿盗贼中伤平复能当差者，仍照阵伤例给赏。若中伤残废不能复当差者，照八旗兵丁例，减半给赏。

捕盗 033：雍正元年议准

直隶省四路捕盗同知地方被盗失事，捕盗千把总于失盗之日，即住俸停升，一年限满不获，责二十棍，全获开复。如该汛地方三年并无盗案，或三年内凡有盗案均能全获者，该督查明具题，将千把总不论俸满，以应升之官即用。

捕盗 034：雍正元年又议准

广东将军、督抚、提镇标下官弁，有贴防地方者，若附近村庄河道失事，将贴防官兵并参，照专汛一例议处。

捕盗 035：雍正元年三议准

地方不逞之徒，歃血结盟为盗，专汛官不查拿者，革职提问。如平日失察，一遇发觉即能擒者免议。

捕盗 036：雍正二年议准

失事隐讳不报，或以强为窃，以多为少，贿嘱事主通同隐讳者，专汛官革职，兼辖统辖官扶同隐讳者，降三级调用。如止系失察，同城者降二级调用；不同城百里以内者，降一级调用；百里以外者，降一级留任。提镇知情者，降一级留任；失察者罚俸一年。均于题参本内，将知情失察，及同城不同城，并道里百里内外，逐一声明，分别议处。如专汛官隐讳，兼统各官查出申报者免议。

捕盗 037：雍正三年议准

盗案必有为首之人，承缉专汛官务获盗首，如盗首初限不获，虽获盗过半，仍罚俸一年；再限不获，罚俸二年；三限不获，降一级留任。如盗首果系病故有确据者，准免议处。若假借别州县所获之盗，指为本案盗首，或先报盗首脱逃，后经审出，仍在该地方隐匿，或捏报盗首病故，后于别案发觉者，假借隐匿捏报官，照讳盗例革职。

捕盗 038：雍正三年又议准

承缉官能将一案盗犯全获者，纪录二次。

捕盗 039：雍正三年三议准

营汛官弁，能于一月内拿获邻境失事案内盗首者，加一级纪录一次，拿获伙盗者，每一名纪录一次；一月以外拿获邻境失事案内盗首者，加一级，拿获伙盗者，每二名纪录一次。其兵丁系一月以内，拿获邻境失事案内盗首者，赏银二十两，拿获伙盗者，每名赏银十两；一月以外，拿获邻境失事案内盗首者，赏银十两，拿获伙盗，每三名赏银五两。均令原失事地方各官捐给，若原失事地方官离任，该督抚、提镇捐给。

捕盗 040：雍正四年议准

盗案实无窝家者，即于招内声明，若审有窝家，承缉专汛官必获盗过半，兼获盗首窝家，始免议处。如限内止获盗首，并获盗过半，而窝家不获者，仍照不获盗首例议处。傥实有窝家，因畏避处分，将窝家删除者，照讳盗例革职。

捕盗 041：雍正五年议准

饷鞘被盗失事地方，专汛官革职留任，限一年缉拿，全获开复。如限内获盗过半，兼获盗首者，仍留任缉拿。傥逾限一年获不及半，及虽获半而盗首未获者革任。未获盗犯，交与接任官缉拿。同城兼辖官住俸，限一年缉拿，全获开复，限内不获，降一级调用。不同城兼辖官，初参罚俸六月，限一年缉拿。统辖官不论同城不同城，皆照不同城兼辖官例议处。提镇初参罚俸三月，限一年督缉，限满不获，罚俸六月，盗犯照案缉拿。若一经失事，当即获盗过半，兼获盗首者，专汛、兼辖、统辖官，皆免议。或经营汛及州县各官，当即获盗过半，兼获盗首者，专汛兼辖、统辖官，亦皆免议。未获盗犯，照案缉拿。

捕盗 042：雍正五年又议准

解官押运饷鞘，潜行小路，不由大道，并不执票赴营汛挂号，拨兵护送者，遇有失事，该营汛官止照地方被盗失事例议处。

捕盗 043：雍正五年三议准

卫所官有经理民事者，其旗丁屯军居住州县地方，有犯命盗等案，该管州县移会卫所，严行缉拿，限满不获，将卫所官同州县一并题参议处。如卫所官因州县既有责成，徇庇旗丁屯军，或故意推诿者，许承审官揭报督抚题参，照徇庇例议处。其不经理民事专管漕运者，旗丁屯军，犯命盗等案疏防承缉，止将州县官参处，卫所官免其并参。

捕盗 044：雍正六年议准

京城巡捕营，有奉旨缉拿要犯，并关系重大盗贼等犯脱逃，经管应捕之官，城外者责成专汛官，住俸限一年缉拿，一月内拿获者免议，一年限满不获，降一级调用，人犯交接任官缉拿。若非经管应捕之官，能于一月内拿获者，一名纪录二次；一月以外拿获者，一名纪录一次。

捕盗 045：雍正六年又议准

地方被盗失事，外委千把总停其拔补，限一年缉拿，限满不获，责二十棍，再限一年缉拿，三限不获，革去顶戴，仍限一年缉拿，四限不获，革去外委，盗犯交与接任官照案缉拿。若能限内拿获过半，兼获首窝者免议，获盗过半，首窝未获者，仍照例按限参处。

捕盗 046：雍正六年三议准

饷鞘到境，如解官欲就小路行走，不遵营汛官弁劝阻，该营汛官弁，即详报督抚、提镇题参。如希免护送，听其行走小路，将该营汛官弁，罚俸一年。其解官执票赴营汛挂号，该营汛官弁不照定数拨兵，及所拨之兵中途私回者，解官径报该督抚题参，将该营汛专管官弁，罚俸一年。

捕盗 047：雍正七年议准

衙署被窃，该员据实申报者免议，其承缉承审之文职，仍照窃贼例处分。若讳匿不报，将该员降一级留任，限一年缉拿，获贼开复，一年限满不获，降一级调用。

捕盗 048：雍正八年议准

城内及地方被盗失事，该提镇照定限查取疏防职名，开报总督题参。无提督省分，该镇开报提督题参。无提督省分，该管、兼辖、统辖官开报该镇题参。如逾限不开报者，罚俸六月。

捕盗 049：雍正八年又议准

前官讳盗之案，接任官于到任三月内查出揭报者免议。如逾限不能查出，别经发觉，将接任官革职留任。接任兼辖官同城者降一级留任，不同城者罚俸一年。到任未及三月者免议，接署官亦照此例议处。

捕盗 050：雍正八年三议准

前官去任，未获盗犯，交与接缉官限一年缉拿，限满不获，罚俸一年，盗犯照案缉拿。限内但能获盗，虽不及半，亦免议处。获过半者纪录二次，全获者纪录三次。若盗止二三名，接缉官于一年限内，拿获一半兼获盗首，及获盗过半者，免其议处，仍纪录二次。其仅获一半，盗首未获者，止免议处，毋庸议叙。

捕盗 051：雍正八年四议准

盗贼远扬他省，潜匿居住，已有实据，经失事地方官关移查缉，该管专汛官不实力协拿，致令辗转窝藏邻境者，降二级调用。

捕盗 052：雍正九年议准

衙署被盗失事，专汛、兼辖、统辖官，皆照城内被盗失事例议处。

捕盗 053：雍正九年又议准

衙署被盗失事，据实申报者，该督抚、提镇依限题参疏防，照例议处。讳盗不报者革职，仍留原任地方，勒令出资悬赏，与接任官协同缉拿，俟获盗过半，准其回籍。

捕盗 054：雍正十年议准

盗案疏防，均照该督抚、提镇题本议结，有应开复者即准开复，应议处者即行议处，皆知照刑部存案。如题审覆核之时，有讳报捏报等弊，将专汛、兼辖、统辖官，各照本例议处。

捕盗 055：雍正十一年议准

拿获盗犯，供出先次行劫之处，审明即为行查。若事主已经呈报，将专汛各官，照讳盗例议处。事主未经呈报，或失事未有实据者，该督抚、提镇取具专汛兼辖、统辖各官并无讳盗印结报部，毋庸查驳，即照疏防例议处。

捕盗 056：雍正十一年又议准

讳盗之案，若盗全获者，各官皆免议。

捕盗 057：雍正十二年议准

窃贼一伙至十人以上，虽不行强，营汛官弁不能查拿，照强盗例，以疏防查参。

捕盗 058：雍正十二年又议准

盗窃田野谷麦果菜，及器物无人看守者，专兼各官皆免查参。

捕盗 059：雍正十三年议准

盗首未获，除现在勒缉限内，例应扣限查参者，仍逐案查参外。至勒缉年限已满，照案缉拿后，该督抚、提镇于年终汇题，将承缉、接缉、督缉各官，一年内已获几名，未获几名，详晰声明。二三名不获者，罚俸六月，四五名不获者，罚俸九月，六七名以上不获者，罚俸一年。

捕盗 060：雍正十三年又议准

凡遇十人以上窃案，以获犯讯供之日起限，将疏防各官查参。

捕盗 061：雍正十三年三议准

因公出境各官，遇有盗案疏防及失察等事，该督抚、提镇将该员于何月日因何事公出之处，声明报部。如并未因公出境，捏报规避处分者革职，徇情转报官，降二级调用。其升迁降调及有事故离任之人，原任内遇有疏防失察等事，果系因公出境，接任官查明，具详督抚、提镇报部。傥不具详，误将职名开送者，罚俸一年，转报官罚俸六月。

捕盗 062：乾隆三年议准

弁兵拿获邻境窃犯，该管官查其所获多寡，酌量记功鼓励。

捕盗 063：乾隆四年议准

京城巡捕营地方窃案，止将专汛官议处，兼辖官免其参劾。

捕盗 064：乾隆四年又议准

盗入城内，抢夺仓库狱囚者，不同城之提镇，罚俸六月。

捕盗 065：乾隆四年三议准

承缉接缉官，能于照案缉拿之后，年终汇题之先，获盗三名以上者，纪录一次，六七名以上者，纪录二次。督缉各官，总计所属之地方盗案，一年内获盗不及一半者，罚俸六月，过半者纪录一次。若承缉接缉督缉官，一年内拿获之数，与不获之数相当，功过相抵，毋庸议处议叙。至汇题一次之后，即免重复参处，盗犯照案缉拿。

捕盗 066：乾隆四年四议准

官员该管营汛内，有窃贼临时拒捕伤人者，若贼无获，及虽获贼，而为首及下手之人未获者，将专汛、兼辖各官题参疏防，勒限缉拿，照盗案失事例，分别议处。其已获为首及下手之人者，免参疏防。未获贼犯，照案缉拿，如于限内将案内贼犯全获者，纪录二次。

捕盗 067：乾隆四年题准

道路村庄，盗贼白昼抢夺财物，伤人致死，若犯未获，及虽获犯，而为首及下手之人未获者，该管专汛各官，照地方被盗失事例议处。已获为首及下手之人，虽伙党未全获者，免参疏防。

捕盗 068：乾隆六年奏准

京师五城巡捕营地方盗案，于报官之日为始，扣限三月缉拿，若逾限无获，都察院会同步军统领题参。

捕盗 069：乾隆六年又奏准

城内被盗失事，外委千把总初参停其拔补，限一年缉拿。限满一名不获，革退外委。获未全者，革去顶戴，再限一年缉拿，全获开复，获过半者，仍留外委。未获盗犯，照案缉拿，全获开复。如二年限满，获盗尚不及半，革退外委。未获盗犯，交与接任官照案缉拿。

捕盗 070：乾隆六年三奏准

被盗失事地方，原未设有经制专汛官，止令外委巡防者，督抚、提镇于本内声明，止将外委题参疏防。

捕盗 071：乾隆六年四奏准

兼辖官统计一年之内，所属各员，有拿获邻境盗犯，议叙至加一级，或纪录四次者，由督抚、提镇查明咨部，将兼辖官纪录一次。再有多者，照此递加。

捕盗 072：乾隆六年五奏准

被盗失事官员，因公出境，经该管上司委官署理营务者，遇有盗案，该督抚、提镇于参本内声明，免其承缉处分。回任之后，照接缉官例察议，盗犯照案缉拿。若系暂行差委，未经委官署理营务者，仍照承缉官例察议。

捕盗 073：乾隆六年六奏准

署印官系题署咨署者，照承缉官例察议。若暂行委署者，照离任官例，罚俸一年。该督抚提镇于题参本内声明，分别察议。

捕盗 074：乾隆六年七议准

地方有仇盗未明之案，该管专汛官协同文职缉拿，以呈报之日为始，限三月内访查明白。若不能查出仇盗实情者，罚俸三月，仍限一年缉拿，限满不获，照文职缉凶不力例议处。

捕盗 075：乾隆八年题准

京城巡捕营地方缉案，以失事之日起，限四月缉拿，限内全获，及获贼过半者免议，限内无获，及获不及半者，将专汛官住俸，限一年缉拿，俟全获或获过半，皆准开复。若逾限不获，将专汛官罚俸一年，贼犯照案缉拿。

捕盗 076：乾隆十五年议准

地方有关涉叛逆之犯，向例承缉督缉各官，均限以三年缉拿，今减去一年，将承缉之专汛官革职，戴罪限二年缉拿，不获，降二级调用，犯人照案缉拿。督缉之兼辖官降二级，戴罪限二年缉拿，不获，降一级调用。统辖总兵官，罚俸一年。其接缉协缉各官，以案发之日计算，如未满二年，停其升转缉拿，俟满二年，将各官罚俸一年，犯人照案缉拿。以上各官，若遇有恩赦，免其处分。承缉者仍停升转，照例勒限缉拿，以案发之日算起，计满三年开复。接缉协缉者，不停升转，犯人照案缉拿。

捕盗 077：乾隆十六年议准

嗣后武职及卫所各官承缉盗案，除奉特旨升调与回避别补，及别案革职降调丁忧治丧等事离任者，仍照离任官例处分。至告请病假并终养者，如初参未获，例应住俸，处分既轻，为期尚远，亦照离任官例议处外，其二参、三参例应降一级留任者，遇有病假终养离任，即议以补官日降一级留任，三年开复，四参例应降一级调用者，遇有病假终养离任，即议以补官日降一级调用。该督抚提镇将各该员因何事离任之处，于题咨内随案声明，以凭核议。

捕盗 078：乾隆十七年议准

邻境官弁，有能拿获发冢见尸为首凶犯，每名纪录一次，拿获四名以上者，加一级。

捕盗 079：乾隆二十三年谕

嗣后承缉官虽经四参，本身不致离任者，仍应入于汇题，按年照例议处，以专责成。其接任代缉人员，既汇题一次之后，即免其续参。

捕盗 080：乾隆二十四年奏准

盗案疏防限内接缉无获之案，照命案凶犯脱逃，承缉官初参已经限满，接缉官始行到任者，仍照例处分外，如承缉之员未满初参之限，遇有升调事故离任者，接缉官一年限满无获，罚俸一年，再限一年缉拿，限满不获，仍再罚俸一年，逃犯照案缉拿。

捕盗 081：乾隆二十五年议准

凶恶盗首接缉官本身未经离任，于照案缉拿后，仍入汇题，按年核参。如一二名不获，罚俸六月，三四名不获，罚俸九月，五六名以上不获，罚俸一年。

捕盗 082：乾隆二十五年奏准

武职衙署被窃，除有关仓库钱粮者，仍照疏防之例题参外，其止行窃署中物件，赃非满贯者，承缉官扣限六月查参，限满不获，罚俸一年，贼犯照案缉拿。其赃已满贯，承缉官初参罚俸一年，再限一年缉拿，限满不获，罚俸二年，贼犯照案缉拿。其管辖兵丁之武职专管官衙署被窃，无论赃数已未满贯，均照防范不严例，再罚俸一年。若不行申报，别经发觉者，将不行申报之弁降一级留任，窃犯限一年缉拿，限内全获，准其开复，限满不获，降一级调用。其无兵民责任之弁，衙署被窃不报者，照讳窃不报例，罚俸六月，已报者免议。

捕盗 083：乾隆二十六年奏准

各省盗窃案件，务令兼辖员弁，督率兵丁协同捕役，于所属境内实力查拿，该管大员不时稽察。其获贼众多，或小窃而破大案者，该省督抚查明分别奖赏。倘有藉端扰累，以及诬拿平民者，兵丁按律治罪，营员照例参处。

捕盗 084：乾隆二十六年又议准

邻境他省拿获首盗者，仍照例分别一月内及一月后，准予加级纪录外。其拿获邻境伙盗之文武各官，无论一月内外，均照拿获邻省军流逃犯例，每一名准其纪录一次。

捕盗 085：乾隆二十七年议准

嗣后如有实系衅起一时，并非豫谋聚众者，将失察之地方官免其议处。持械肆横，豫先纠众，该地方官实系失于觉察，不行查拿者，降一级留任。如能将在场首从各犯严拿，全获惩治，免其处分。如案犯未能全获，仍应照例议处。若地方官有心故纵，一经查出，仍照知情故纵例革职。如于获犯到案时，不严行惩治，代犯开脱，即照故出人罪例，从重议处。

捕盗086：乾隆二十八年谕

地方文武均有缉匪之责，乃州县捕役中之狡猾者，平时以豢贼为故智，或经弁兵首先躧获，既不利于己，而有司等亦以非获自捕役，未免心存畛域，辄于送审之时，任其狡展，巧为开脱，外省积习相沿，亦非一日。若遇有翻供之案，令州县官移询原获弁兵，据实确讯，诡计自无可施，而营伍缉捕，责成更专，于民生殊有裨益。

捕盗087：乾隆二十九年谕

嗣后有能盘获劫掠大案者，准督抚专折具奏，送部引见请旨。其查出寻常逃人贼匪，自一案至数案者，令各省于年终详具事实等差，汇折奏明，交部分别议叙。

捕盗088：乾隆二十九年议准

各省拿获盗案重犯，在本省犯案，供出外省曾犯行劫者，研讯明确，毋庸解往质审。即邻省地方官自行盘获别省盗犯，及协同失事地方差役缉捕拿获者，均令在拿获地方，严行监禁备证。或失事地方有伙盗待质，必须移解者，令拿获省分即行解送，遴派文武官各一员，带领解役兵丁，亲身管解押送。仍豫先知会前途经由地方，一体遴派员弁，挑拨兵役，接递管解。遇夜寄监收禁，其道远州县不及收监者，即令该地方官豫期选拨干役，前赴住宿处所，传齐地保，知会营汛，随同押解官弁锁锢防范。倘有不小心管解，致犯脱逃，即将各役严审有无贿纵情弊，照例从重治罪，官员交部严加议处。

捕盗089：乾隆二十九年又议准

武职员弁，令提督、总兵一体督率，就近查考。除拿获小贼随时酌赏外，如缉拿多赃，及抢劫重案，并举发捕役豢纵，暨拿获积窝者，守兵拔补马战兵，马战兵拔补外委，外委拔补把总，把总拔补千总。至千总以上各员，如果实力缉捕，屡破积窝，拿获重大案犯，该督抚提镇保题请旨，可否送部引见之处，恭候钦定。如该管营员不行尽心稽查，该督抚、提镇查出，即行题参，将专汛官降二级调用，兼辖官降二级留任。

捕盗090：乾隆二十九年奏准

凡外省一人行劫，及一人行窃，临时行强之案，毋庸题参疏防，于一年限内拿获者，专管营员亦不得滥邀议叙，如限满不获，仍照例参处。至京城城内遇有此等案件，毋庸题参疏防，扣限四月咨参议处，其二参、三参、四参之限，仍分别有无堆拨墩铺，照盗案例办理。

捕盗091：乾隆二十九年又奏准

城内被盗，如系入民舍强劫者，专汛官住俸，限一年缉拿，全获开复，限满不获，降一级调用。同城兼辖官住俸，限一年督缉，全获开复，限满不获，降二级留任，贼犯照案缉拿。同城统辖官初参罚俸一年，限一年催缉，限满不获，降一级留任，贼犯照案缉拿。同城提镇初参罚俸六月，限一年催缉，限满不获，罚俸一年。不同城兼辖、统辖官罚俸六月，限一年催缉，限满不获，罚俸一年，贼犯照案缉拿。不同城提镇罚俸三月，限一年催缉，限满不获，罚俸六月。其失事后一月内拿获一半，兼获盗首窝家者，初参免其处分，专汛官仍停升，余贼限一年缉拿，兼辖统辖官限一年催缉，全获者免议。如所限一年内不能全获，专汛官罚俸一年，兼辖官罚俸六月，统辖官罚俸三月，贼犯照案缉拿。

捕盗092：乾隆二十九年三奏准

官署卫所仓库被劫，及抢夺狱犯，将专管武职革职留任，勒限一年缉拿。同城兼辖官，降三级留任，统辖官，降一级留任，均限一年催缉，全获开复，限满不获，专管官革任，同城兼统各官，照所降之级调用，贼犯交与接任官照案缉拿。同城提镇，初参罚俸一年，限一年催缉，限满不获，降一级留任。不同城兼辖官，初参降一级留任，限一年缉拿，限满不获，降一级调用，贼犯交与接任官照案缉拿。统辖官，初参罚俸一年，限一年缉拿，限满不获，降一级留任。提镇，初参罚俸六月，限一年催缉，限满不获，罚俸一年。如能于限内拿获一半，及获盗首窝家其降革留任各员，均准其再留任一年缉拿，如仍不获，革职留任者，即行革任，降级留任者，照所降之级调用。其被劫之本署官，照专管官例议处。

捕盗093：乾隆二十九年定

各省地方，遇有发冢开棺见尸之凶犯在逃，武职初参勒限六月缉拿，限满不获，将专汛承缉官停升，再限一年缉拿。限满不获，罚俸六月，再限一年缉拿，限满不获，罚俸一年，再限一年缉拿。如仍未拿获，罚俸二年，凶犯照案缉拿。倘有隐匿不报，及见尸捏作见棺，即照知情隐匿例革职，凶犯交与接管官勒限缉拿。又奏准，地方遇有发冢止见棺椁之案，照例扣限六月查参，将武职专管官罚俸六月，人犯照案缉拿。如将刨挖见棺之案，匿不详报者，罚俸九月，凶犯仍扣限缉拿。

捕盗094：乾隆二十九年四奏准

大盗纠伙多人，在京城关厢内三营〔今五营〕地方，将人杀伤，劫去财物，专管官革职，兼辖官降二级留任，统辖官降一级留任，加级纪录俱不准抵销，兵丁革退，交刑部治罪，盗犯交接任官勒限严缉。限满不获，照京城盗案例参处。

捕盗095：乾隆二十九年五奏准

地方武职拿获邻境小盗窝主者，纪录一次。

捕盗096：乾隆二十九年六奏准

地方强劫案件，署事官照承缉官例议处。限内卸事，照离任官例，罚俸一年。

捕盗 097：乾隆二十九年七奏准

丢包贼犯，地方员弁严行缉拿。倘赃至满贯，及拒捕伤人者，照盗案四参例，扣限查参，分别议处。

捕盗 098：乾隆二十九年八奏准

附近京城地方坟茔树木，如有偷砍盗卖者，将失于查察之地方官，罚俸一年。

捕盗 099：乾隆二十九年九奏准

伙盗脱逃，至勒缉年限已满，照案缉拿后，除罪止军流者，仍令照案缉拿外，其罪应斩绞者，俱以结案题咨部覆到日为始，再限一年缉拿，该督抚于每岁十一月底汇册核参，将武职承缉职名，及一年内已获几名未获几名声明。一二名不获者，将承缉官罚俸六月，三四名不获，罚俸九月，五六名以上不获，罚俸一年，再限一年缉拿，限满不获，仍照此例参处，贼犯照案缉拿。提督，统计一年内通省所属，获不及十之一二，总兵，统计所属，获不及十之三四者，均罚俸一年。兼辖统辖官，统计所属，获不及十之三四者，罚俸六月。仍令该督抚于十一月底，将某营疏防新旧失盗之案，已获几案，未获几案，逐一开单，咨报军机处汇奏，交部查核。倘该处强劫频闻，并未获盗者，即据实指参议处。至承缉窃匪，按其功过多寡，亦于十一月底咨报军机处汇奏，交部查核。

捕盗 100：乾隆二十九年十奏准

缉拿惨杀事主、放火烧人房屋、奸人妻女、劫掠仓库、干系城池衙署、并积至百人以上之凶恶盗首，接缉官本身未经离任，照案缉拿后，该督抚按年汇参，并声明一年内已获几名，未获几名。如一二名不获者，罚俸六月，三四名不获者，罚俸九月，五六名以上不获者，罚俸一年，仍按年汇题议处。其寻常盗首二三名不获者，罚俸六月，四五名不获者，罚俸九月，六七名以上不获者，罚俸一年。汇参一次之后，免其重复参处，仍令照案缉拿。倘接缉官能于照案缉拿之后，岁底汇题之先，拿获首盗二三名以上者，纪录一次，六七名以上者，纪录二次。兼辖、统辖官一年统计所属，拿获不及十之三四者，罚俸六月。总兵统计所属，获不及十之三四，提督统计所属，获不及十之二三者，罚俸一年。

捕盗 101：乾隆三十年奏准

各省营汛地方，统计一年内报窃之案，能拿获及半者，毋庸记功记过，其获不及半者，每八案记过一次。拿获及半之外复有多获者，每五案记功一次。凡记过至四次者，罚俸六月，记功至四次者，纪录一次，俱以次递加。如缉获前官任内窃案，及邻境贼匪，俱准将记过之数抵销，其未及一年离任，接任官员按其在任月日，报窃几案，缉获几案，分别办理。兼辖、统辖并总兵，统计所属一年内窃案，获不及十之三四，提督统计通省所属窃案，获不及十之二三者，均罚俸六月。

捕盗 102：乾隆三十一年奏准

承缉盗案限内，派委出征屯田者，均照离任官例，罚俸一年完结，盗犯交与接任官勒限缉拿。

捕盗 103：乾隆三十四年谕

地方文武官弁承办公事，固应协力交济，功罪均难诿卸，但其中事理各有专属，则职司亦有区分，自当酌理准情，俾文武各员处分均得其平，方为允协。即如地方有聚众抗官，及江洋盗劫私盐拒捕等案，武弁之责，应重于文员，一经闻信，即当实力追拿，毋任窜逸漏网。其有缉捕不力，及不能先事弹压防范者，自应将该弁等严定处分而于文员稍为酌减。若民间邪教赌博烧锅等事，体察查办，乃有司专责，与汛弁无与，即寻常鼠窃小案，州县官设有捕役人等，自能随时加紧缉拿惩治，原可不资营兵之力，遇有疏防处分，当以文员为重，而武弁次之。即此类推，其情形不可枚举。乃向来旧例，辄以文武俱干吏议，不复条分缕析，何由使伊等各知劝惩，转视为具文，谬为抱屈，甚无谓也。著交吏兵二部将各项案情通行较核，悉心厘定，何者为文员专管，何者为武弁专管，何者为文武并有考成，而同案之中，或应文重武轻，或应武重文轻，一一明切分别定议，著为则例，使犁然不致牵混，以便永远遵循。又如文员获犯兼免武弁，武弁获犯兼免文员一条，亦属从前相沿陋例，该部其举一反三，详查例案，逐一酌定条款具奏。

捕盗 104：乾隆三十五年议准

凡承缉盗案及各项限缉人犯，其初参、二参、三参、四参限内，被邻境别汛拿获，及非文武员弁协同拿获者，如承缉之员限满，应议降职降俸者，以罚俸一年完结，住俸停升者，以罚俸六月完结，罚俸三月者，以一月完结，罚俸六月者，以三月完结，罚俸九月者，以六月完结，罚俸一年者，以九月完结，罚俸二年者，以一年完结，其限满应降级留任者，以罚俸二年完结。其本系降级留任，限满再留任一年缉拿者，以罚俸三年完结。其限满应革职留任者，以降三级留任完结。其限满无获，应行降调者，改为照所降之级留任。革职者，改为革职留任，照例分别扣满年限开复。至该管上司，系所属员弁代为拿获，仍照旧例免议。系别属员弁拿获，照承缉官酌减例、于各该上司本例酌减议处，令该管大臣，将是否所属员弁之处，随案声明办理。如发觉之日，即有应得处分，例无给限缉拿之案，仍照本例议结，不准互相援免。

捕盗 105：乾隆三十五年奏准

巡捕三营〔今五营〕地方，如有被窃案件，令事主报明，该管武职勒限缉拿。若事主呈报，该管官隐讳不报者，步军统领查参，将专管都司守备千把外委，均降一级留任，限六月缉拿，全获开复，限满不获，降一级调用。兼辖副将、参将、游击，徇隐不揭，亦照该营专管官之例处分。如事主不报，该管官实无讳窃情弊，仍照缉窃之例办理。

捕盗 106：乾隆三十五年又奏准

前三门关厢内失事，专汛守备，降三级留任，兼辖参将、游击，俱降二级留任，专汛千把总，在兵部各责四十板，该汛马步兵丁，各责四十板，俱限一年缉拿，限内全获，准其开复，拿获一半者，专兼各官免其议处，盗犯照案缉拿。如盗首窝家未获，仍照盗首例查参，一年内获贼不及一半者，专汛守备降三级调用，兼辖官降二级调用，千把总革职，兵丁革退，交刑部治罪，未获贼犯交与接任官，限一年缉拿。

捕盗 107：乾隆三十五年三奏准

京城关厢内，遇有白昼贼盗致死人命，夺去财物，该管武职将贼犯当场全获，以及一月之内全获者免议。如一月之内拿获一半者，将专汛官降一级留任，兼辖官罚俸九月，贼犯照案缉拿。如一月之内，该管武职不行查拿，致贼免脱者，将专汛官降三级调用，兼辖官降二级调用，所有加级纪录俱不准抵销，贼犯令接管官照案缉拿，该汛马步兵各责四十板。其直隶各省城内，遇有白昼贼犯致死人命夺去财物之事，该管武职不行查拿者，照强盗入城池行劫之例议处。

捕盗 108：乾隆三十五年四奏准

巡捕三营〔今五营〕武职，有捕务克勤，所辖地方盗窃稀少，遇有保题之时，许其开明保奏外，其限满后，上一年照案缉案之犯，该步军统领分别已获未获，于年终汇核咨部，照司坊官员窃案记功记过之例察议。

捕盗 109：乾隆三十六年谕

匪徒滋事不法，原当责成地方官，如平时漫无稽察，迨发觉后又复迁延怠缓，不即勇往擒拿，酿成事端，其咎自所应得。若当端倪初露，即能上紧查拿，迅速获犯结案，尚属有功无过，倘仍加以议处，既不足以昭劝惩，且恐庸劣员弁，遇有地方奸匪重案，惧干吏议，致启弥缝匿讳之渐，于除奸转为无益。嗣后凡匪犯纠众等案，如事在三月以内，即能查办擒获者，毋庸复予失察处分，著为令。

捕盗 110：乾隆三十九年奏准

巡捕营专汛武职承缉窃案，每年截至十一月底止，汇册开参，其十二月初一日以后，俱归入下年汇造。提督衙门于十一月底查明，按数造册，咨报兵部核议。如能于二参年限之内拿获贼犯者，每二名纪录一次，以次递加。倘一年内参限未满之案，在五案以上未获一名者，降一级留任，十五案以上未获一名，及三十案以上未获十分之二者，俱降一级调用。

捕盗 111：乾隆三十九年又奏准

地方具报失窃案件，经文职官讯明，如有强劫情节，会同营汛亲诣事主之家查验，果系强劫，据实通报。如实系窃案，亦将事主原报呈词，备细钞录，出具并无抑勒讳饰印甘各结，随文申送。其呈词内如有强劫情节，该管武职并未声明亲诣查验，令该武职上司指驳查验。如文员会同武职查验，而该管武职并不亲诣确查，及该上司并不指驳查验，参送到部，即实系窃案，亦将不亲诣之武弁，降二级调用，不指驳之上司，降一级调用。如该管武职有畏疏防承缉处分，藉端吓阻，抑勒事主改供，以强报窃，及删减强劫情形转报者革职，若事主以强报窃之案，后经发觉，仍令该管武职据实确查，该总督、巡抚、提督、总兵，取具专管兼辖各官从前有无讳盗印结报部。其未经确查，蒙混出结者，将捏报官革职，扶同加结之上司，降三级调用。

捕盗 112：乾隆三十九年三奏准

水师中军守备，有带兵轮防巡哨之责，凡遇盗案，与参游一例处分。

捕盗 113：乾隆三十九年四奏准

官员盘获邻境劫掠大案，并积年山海巨盗，本任内无未获逃盗，并虽有未获逃盗，系接缉再接缉者，准督抚具奏，送部引见请旨，仍将该员本任内有无未获盗犯案件，报部查核。其拿获邻境劫掠大案，并积年山海巨盗，而本任尚有逃盗未获者，止准照例分别议叙加级纪录，不准奏请送部引见。

捕盗 114：乾隆三十九年五奏准

官员查出寻常逃人贼匪，该督抚开列案数等次，于年终汇奏。除列为三等各员毋庸议叙外，将拿获五名以上者，列为一等，准其纪录二次，拿获三名以上者，准其纪录一次。

捕盗 115：乾隆三十九年六奏准

拿获邻境盗犯，例应引见，该督抚声请议叙者，由部查核合例，即题请送部引见。

捕盗 116：乾隆三十九年七奏准

巡捕三营〔今五营〕如有仇盗未明之案，照文职缉凶之例，一体扣限查参。若限内将凶犯缉获，审系盗案，仍令提督衙门确实声明，将专兼各官，改照盗案例分别办理。如审明实系盗案，隐匿不报者，照讳盗例办理。

捕盗 117：乾隆四十一年谕

各省捕盗地方官，于缉盗一事，果能实心侦捕，匪犯原可立时就获，不致远扬漏网，若能认真办理，盗风自当尽戢。乃承缉者既不肯上紧购访，而督抚等又以非奉特旨查拿，不加督促，虽有四参议处及年终汇奏之例，亦多视为具文，每致逸盗经久未获。是以盗不知惧，而犯法者转多，岂除暴止辟之道。著通谕各督抚，嗣后遇有盗案，严饬所属州县，实力擒拿全获，毋使稽延窜匿，以副朕绥靖闾阎之至意。

捕盗 118：乾隆四十二年议准

直省地方人命案件，除毫无失物者，仍将武职职名报部存案外，傥有疏失情形，无论多寡，即照盗案扣限题参，送部议处。若隐讳不报，虽无失物情事，武职亦照讳盗之例议处。

捕盗 119：乾隆四十八年奏准

官员协获盗犯，无论首从，止准其前后接算，数至二名者纪录一次，四名者纪录二次，五名以上者加一级，均不准送部引见。

捕盗 120：乾隆四十九年奏准

各省一年内所报窃案，武职总兵并兼辖、统辖官，统计所属一年内窃案，获不及十之三四者，罚俸六月。督抚、提督统计通省所属窃案，获不及十之二三者，罚俸三月。

捕盗 121：乾隆四十九年又奏准

各省承缉强劫窃盗，如参限未满之案，一年内统计通省所属，获不及十之二三者，督抚提督罚俸三月，总兵统计本镇所属，获不及十之三四者，罚俸六月。又承缉接缉盗首未获之兼统各官，参限已满之盗案，总兵一年内统计所属能获十之三四者，免其议处，不及十之三四者，罚俸六月。督抚、提督统计通省所属，获不及十之二三者，罚俸三月。

捕盗 122：乾隆四十九年三奏准

地方命案，如有强夺情形，无论多寡，即照盗案扣限题参。若以仇盗未明具报，希图幸免处分者，亦照讳盗例办理。

捕盗 123：乾隆五十一年谕

各省营员领解兵饷，理宜签派都司守备等员赴省关领，方为慎重。乃湖南临武营请领本年夏秋二季饷银，仅派把总赴省关领，把总系微末之弁，以致中途失去饷桶，实属疏玩。嗣后各省营员领饷，应如何按照银数签派大员之处，著该部议奏。钦此。遵旨议定：各营领饷，统计每月应领银数在一万两以下者，遴派守备一员，一万两以上者，遴派都司一员，赴司请领。营务暂委邻近营员兼理，其离省窵远，或地近苗疆营分，按两月及一季或两季请领银数，于遴委都司之外，加派千总一员，协同领解。其分防营分，计一营应领银两为数无多，或都司不便径离汛地，即遴选强干千总一员，再加派外委一员，协同照料。至请领银两，数在一千两以上至一万两者，拨兵一名，民壮二名，一万两以上至二万两者，拨兵二名，民壮四名，二万两以上者，酌量添拨，逐程护送。并令于住宿处所，酌拨兵役，协同巡防。如有疏失，将承领之员革职，原委上司官降二级调用，虽有加级不准抵销。该管总兵降一级留任，其沿途接护地方员弁，及该管将备等官，均照饷鞘被失之例，分别议处。所失银两，著落承领之员分赔十分之六，失事地方州县分赔十分之四。如承领之员实系力不能完，即著落签差不慎之上司赔补。

捕盗 124：乾隆五十四年覆准

营弁拿获盗犯，立即解交该弁所驻之地方衙门严行究讯，供出首伙姓名，一面通报各上司，即一面迅速移知该处营弁，设法缉拿，毋许稍有迟延。至地方捕役拿获盗犯，该州县讯出之伙党姓名，亦即移会地方武弁，一体协缉。

捕盗125：乾隆五十四年又覆准

直省营员，有承缉盗案未获，如能拿获邻境盗犯二案，准其前后接算抵销本任之案。其有本任承缉二三案以上未获者，总以拿获邻境二案以次抵销本任一案，俟抵销完毕后，再有多获邻境一案者，即准其送部引见。至拿获邻境海洋盗犯未能及半，陆路虽能及半，未获盗首者，仍照例按名议叙，不准抵销。

捕盗126：乾隆五十七年奏准

京城前三门关厢内被盗，限内获盗及半，而盗首未获，初参专汛官罚俸一年，兼辖官罚俸六月。二参无获，专汛官罚俸二年，兼辖官罚俸一年。三参无获，专汛官降二级留任，兼辖官降一级留任。未获盗首，仍入于年终汇参。

捕盗127：乾隆五十七年议准

嗣后承督各官，遇有赴部及差派出省，并本省要紧事件，准其随本声明，扣除计算。如借名调补调署别缺，以图规避者，除不准扣除外，仍将滥委之上司一并议处。

捕盗128：乾隆五十七年又奏准

军政卓异官员，任内如有盗案例应降级降调者，仍不准其荐举外。如例止罚俸，无碍升用，准其一体卓异。

捕盗129：乾隆五十九年谕

向来武职承缉盗案，限满无获，例应降调之把总，因其无级可降，例得询问居官，该督等若查其平日居官尚好者，仍准留任，即文职内未入流一项无级可降者，亦系如此办理。而各省督抚，往往以平日居官尚属可用，咨部留任，是此等承缉不力人员，徒有降调之名，无惩戒之实，总由督抚等意存姑息，不能严行查核，率请留任，以致该员弁等无所顾畏，于承缉案件，不肯认真出力。国家爱惜人材，如系因公处分尚无大过者，原可弃瑕录用，若此等微末员弁，其才具非必不可少之人，且业有应得处分，亦无足深惜。嗣后文武各员内，职分较小，无级可降者，遇有承缉降调处分，除居官平常者，照例斥革外，其经该督抚等察其居官尚属可用者，把总即以经制外委补用，不准食饷。

捕盗130：嘉庆四年谕

向来各省交界地方，境壤参错，遇有缉盗案件，互相推诿，延搁不办，以致盗贼无所儆惧，遂以交界之区，为逋逃之薮，名为三不管，可见督抚等平日因循疲玩，凡遇邻省交错之处，彼此卸责，竟置地方于不管，故尔有此俗名。全在督抚随时督饬，断不可存小不忍姑息之见，此疆彼界之心，致宵小从而潜匿。著各该督抚彼此会议，酌派员弁兵役常川驻扎该处，稽查弹压，以专责成。

捕盗 131：嘉庆五年奏准

营汛员弁平日不严加缉捕，致被邻境拿获盗犯，供出窝主者，各督抚即于题参疏防案内指名附参，将专汛官降二级调用，兼统各官降二级留任。能于未经破案之前自行访获者免议，协同邻境拿获者，均减一等议处。

捕盗 132：嘉庆五年又奏准

承缉盗首不获，若在本案三参以前，有墩铺者，初参罚俸二年，二参降一级留任；无墩铺者，初参罚俸一年，二参罚俸二年完结。若在本案三参以后，有墩铺者，降一级留任；无墩铺者，罚俸二年完结。

捕盗 133：嘉庆五年三奏准

各项案犯，该管武职，有能自行访拿，及破案后迅速全获者，仍照例分别议叙。

捕盗 134：嘉庆五年四奏准

各省设立营汛，以千把为专汛，外委为协防，副将以下守备以上等官为统辖、兼辖，遇有地方失事，该督抚等分别开参，以专责成。如统辖、兼辖各官，遇有紧要差务离任，按其官阶次第，酌令代署，不得令千把等弁越级护理。至千把外委因公差遣，须拣派效力候补各弁暂署，不得以兵丁署理。如有仍前滥行委派，即将该委派之上司，降一级调用。

捕盗 135：嘉庆五年五奏准

嗣后失察盗犯窝主，致被邻境拿获盗犯，供出窝主者，各督抚即于题参疏防案内，指名附参。将该管汛弁，照失察犯案盗贼潜匿地方例，降二级调用，兼统官降二级留任。

捕盗 136：嘉庆五年六奏准

四路同知所属地方，遇有失事，该督题参疏防，将捕盗千总、把总、外委照地方设有墩铺防兵之例议处。千总、把总，初参住俸，二参降一级留任，三参降一级仍留任，四参降一级调用。外委初参停其拔补，二参重责二十棍，三参革去顶戴，四参革退外委，贼犯俱令接缉官照案缉拿。如于限内全获，及获首伙过半者，准其开复，如首犯未获，仍照有墩铺地方盗首不获之例查议。

捕盗 137：嘉庆六年奏准

各省营汛设立经制千把及协防外委，各有巡防之责，如专汛千把，因公离汛，其协防外委，不准再行离汛。遇有差委另行委弁署理者，如署专汛不准兼署协防，如署协防不准兼署专汛。傥于开送疏防之时，声明专汛协防，均系该弁署理者，将派委之上司各官，均降二级留任。并令各省督抚，将通省千把外委分防汛地，造册送部，以备查核。

捕盗 138：嘉庆六年又奏准

巡捕营地方，遇有窃案，事主呈报后，提督衙门严饬专汛员弁勒限缉拿，仍三月一次，将被窃之案，按其月日先后汇造，报部查核。限满不获，将专汛官职名照例开参，如于限内该汛自行拿获，及邻境拿获者，随时报部销案。

捕盗139：嘉庆六年三奏准

五营承缉窃案人员，缘事离任，责令接缉之员，勒限一年缉拿，无论初参限内限外到汛接缉，均限一年缉拿，限满不获，罚俸一年，贼犯照案缉拿。

捕盗140：嘉庆六年四奏准

京城各门关厢以外五营所属地方盗案，于被劫报官之日为始，扣限三月题参疏防到部，照道路村庄失事四参设有墩铺之例办理。

捕盗141：嘉庆六年五奏准

京城内遇有白昼盗贼致死人命，夺去财物，如一月之内，该管武职不行查拿，致贼兔脱者，将统辖官降二级留任。

捕盗142：嘉庆六年六奏准

京城五营地方，发冢开棺见尸之凶犯在逃，扣限六月查参，初参限满不获，承缉官住俸，勒限一年缉拿。限满不获，罚俸一年，再限一年缉拿。限满不获，罚俸二年，仍再限一年缉拿。限满不获，降一级留任，凶犯照案缉拿。倘有隐匿不报，及见尸捏作见棺，即照杀死人命知情隐匿例，革职。凶犯交接缉官勒限缉拿，接缉官能于限内拿获首犯，准其纪录一次，首从全获者，准其纪录二次。若承缉官于初参限外离任，接缉官一年限满不获，罚俸一年，凶犯照案缉拿。如承缉官系于初参限内离任者，接缉官限满不获，罚俸一年，再限一年缉拿，二限不获，再罚俸一年，凶犯照案缉拿。若刨坟止见棺椁，并未见尸，承缉官罚俸一年，凶犯照案缉拿。如将刨挖见棺匿不详报者，再罚俸一年。

捕盗143：嘉庆六年七奏准

刨坟见尸之凶犯在逃，接缉官如于初参限内接缉者，一年限满无获，罚俸九月，再限一年缉拿。限满无获，罚俸九月，凶犯照案缉拿。如于初参限外接缉者，一年限满无获，罚俸九月，凶犯照案缉拿。

捕盗144：嘉庆六年八奏准

大盗纠伙多人，在京城关厢内五营地方，将人杀伤劫去财物，专汛都司、守备、千总、把总、外委，革职留任，兼辖副将、参将、游击，俱降二级，统辖官俱降一级，均戴罪勒限三月缉拿。限满不获，专汛都司等官革任，兼辖副将、参将等官降二级调用，统辖官降二级留任，加级纪录俱不准抵销。盗犯交接任专汛兼辖各官，勒限缉拿，限满不获，专汛官初参降一级留任，兼辖官罚俸一年，限一年缉拿。限满不获，专汛官降一级调用，兼辖官降一级留任，贼犯照案缉拿。

捕盗145：嘉庆六年九奏准

道路村庄，遇有白昼伙众抢劫财物，无论曾否伤人，将该管各官题参疏防，照盗案分别有无墩铺办理。未伤人者，以起意抢夺之人为盗首，伤人者，以下手致伤之人为盗首。如止系一人抢夺伤人者，照一人行窃拒捕之例，毋庸题参疏防，扣限一年咨参到部，照盗案例议处。

捕盗146：嘉庆六年十奏准

城外大小文武衙门失事，该督抚照限查参疏防，限满不获，专汛官停其升拔，限一年缉拿。二参限满不获，降一级留任，再限一年缉拿。限内全获，准其开复，三参限满不获，降二级调用。如于限内获盗过半，减为降一级留任，余盗照案缉拿。兼统各官疏防限满不获，罚俸六月，二参限满不获，罚俸一年，贼犯照案缉拿。其失察之本衙门官，有兼辖兵丁之责者，照专汛官一体议处。

捕盗147：嘉庆六年十一奏准

四路同知所属地方，遇有失事，该督题参疏防将捕盗千总、把总、外委，照地方设有墩铺防兵之例议处。千总、把总，初参住俸，二参降一级留任，三参降一级仍留任，四参降一级调用。外委官，初参停其拔补，二参重责二十棍，三参革去顶戴，四参革退外委，贼犯俱令接缉官照案缉拿。如于限内全获及拿获首伙过半者，准其开复。如首犯未获，仍照有墩铺地方盗首不获之例查议。

捕盗148：嘉庆六年十二奏准

城内及道路村庄，如有一家连夜被劫，及一夜连劫数处，无论是否一案盗伙，三月限满不获，将专管官降二级调用，兼辖官降二级留任，统辖官降一级留任。如于限内将一案盗伙全获者，免其议处，不准议叙。能获盗过半兼获盗首者，专汛官降二级留任，兼辖官降一级留任，统辖官罚俸一年，逸犯照案缉拿。

捕盗149：嘉庆六年十三奏准

协防外委承缉盗首，在本案三参以前，有墩铺者，一年限满不获，停其拔补，再限一年缉拿，不获，革去顶戴完结；无墩铺者，一年限满不获，停其拔补，再限一年缉拿，不获重责二十棍完结。承缉盗首在本案三参以后者，一年限满不获，有墩铺者，革去顶戴完结；无墩铺者，重责二十棍完结。

捕盗150：嘉庆六年十四奏准

伙窃拒捕之案，按限题参疏防，照盗案例议处，以下手拒捕之人为首犯。若获贼过半，而下手拒捕之人未获者，仍照盗首不获例议处。如能将伙犯拿获及半，兼获拒捕首犯，免参疏防，再有余贼，照案缉拿。若将一案贼犯全获附招请叙，每案纪录二次。

捕盗151：嘉庆六年十五奏准

承缉盗案参限以内，拿获伙盗过半，未获盗首，照盗首不获之例开参。若于限内仅止拿获伙盗及半，未获盗首，仍照本例勒限缉拿，不准照盗首不获例开参。

捕盗 152：嘉庆六年十六奏准

新疆配所遣犯，责令该管官不时稽查。如有在配犯窃，每一案将该管官罚俸一年，兼管官罚俸六月。在配为盗，每一案将该管官降二级调用，兼管官降二级留任。

捕盗 153：嘉庆六年十七奏准

各省武职，本任内有承缉盗案未获，如能拿获邻境五六名以上首伙盗犯一案，该督抚即行报部注册，俟本身承缉盗案已满四参送部时，无论应议降留应议降调，均准其议抵。案数多者，照此以次抵销，若本任内先有四参议以降留之案，亦即准其开复。

捕盗 154：嘉庆六年十八奏准

各营汛弁及随营效力人员，如有勾通贼匪行窃，及豢盗受赃者，一经发觉，将亲标该管各官降三级调用，不同城之兼辖官降二级留任，统辖总兵官降一级留任。若系提镇标下人员，将该提督、总兵，降三级调用，自行查办者免议。

捕盗 155：嘉庆六年十九奏准

盗贼聚集至六七十人，焚烧乡村，劫抢财物者，专汛官革职，兼统各官降一级调用。

捕盗 156：嘉庆九年谕

倭什布、孙玉庭奏：审办叠劫盗犯，并审明署把总罗鸣亮得贿纵盗透漏米石，分别定拟一折。其情罪尤为可恨，营弁等分汛防守，专司诘奸缉捕之事，况滨海地方，盗风正炽，尤关紧要。此案署把总罗鸣亮派防万山西炮台，以该处逼近外洋，米谷稀少，辄起意商同民人伙开米店，得利均分，往来船只，无论良匪，一体卖给。是米石出洋，该弁不但不能查禁，转藉此牟利，接济盗粮，而于乡民拿获盗犯杜亚复送到时，因讯系曾当杜元受渔船水手，该弁复起意传唤杜元受，令其保领回家，乘机勒取银两，与兵丁等均分，致将正盗卖放。此而不严行惩办，何以肃营伍而靖海疆。前据该督等奏防守石狮炮台之外委杨耀，一见盗船，首先奔避，以致兵房炮位，俱被焚劫，而此次罗鸣亮竟至利欲熏心，济匪纵盗，该省营伍，废弛已极，尚安望其实心捕盗，肃清洋面乎。倭什布等请将罗鸣亮改拟斩决，所办甚是。著接奉此旨后，传齐该弁犯事地方，附近营汛官兵及民人等，将罗鸣亮对众正法，以昭炯戒。并将办理此案缘由，通饬各营伍知悉，俾弁兵等一体懔惕，该督等仍当随时申明训诫，务令痛改积习，以期整饬戎行。

捕盗 157：嘉庆十二年议定

凡京城巡捕五营，及各省城内城外，如有贼犯白昼抢夺，至十人以上，虽未拒捕伤人，赃非满贯，及窃贼至十人以上，虽不行强，将专兼统辖各官题参疏防，各照盗案本例议处。

捕盗 158：嘉庆十二年又议定

凡京城巡捕五营，及各省城内城外，如有一人行劫，或一人行窃，临时行强，或一人白昼抢夺，拒捕伤人，及并未伤人而赃至满贯者，均毋庸题参疏防，巡捕营扣限四个月咨参，各省城内城外扣限一年咨参，仍各照盗案本例，分别议处。

捕盗 159：嘉庆十二年三议定

吏部例载，外省白昼抢夺伤人及抢夺未伤人而赃至满贯者，照盗案例参处，抢夺未伤人赃未满贯者，照窃案例查议。兵部例载，京城白昼抢夺伤人，仿照盗案办理，其未经伤人者，并未议及，至外省白昼抢夺，不论曾否伤人，与赃之已未满贯，概照盗案例议处，办理两歧，应照吏部定例酌拟。凡贼犯伙众白昼抢夺财物拒捕伤人，及并未伤人而赃至满贯者，将该管各官照盗案例题参疏防。如在京城关厢内，照关厢内盗案例议处，如在各省城内照城内失事例议处，若系关厢以外，及道路村庄，均照地方失事例，按其有无墩铺防兵，分别议处。未伤人者以起意抢夺之人为盗首，伤人者以下手拒捕之人为盗首，如已获起意抢夺及下手拒捕凶贼，免参疏防，余贼照案缉拿。若抢夺并未伤人，而赃亦非满贯者，巡捕营承缉官，初参住俸，二参罚俸一年，外省承缉官，初参罚俸六月，二参罚俸一年，贼犯照案缉拿。

捕盗 160：嘉庆十二年四议定

凡巡捕五营，承缉窃案二参限满，照案缉拿后，上年议结之案，归入下年汇参。该步军统领分别已获未获，于年终汇核咨部，统计一年内报窃之案，能拿获及半者，毋庸记功记过，其获不及半者，每五案记过一次。拿获及半之外，复有多获者，每五案记功一次。记过至四次者，罚俸六月，记功至四次者，纪录一次，俱以次递加。缉获前官任内窃案，及本任内窃案满贯之案，每案记功一次，俱准其将记过之数抵销。

捕盗 161：嘉庆十二年五议定

凡城内衙署被劫，若止行劫署中物件，仓库监狱无失者，承缉督缉官俱照城内民舍被劫例议处，本署官亦照专管官例议处。其城外衙署被劫，若止行劫署中物件，仓库无失者，承缉督缉官俱照地方失事设有墩铺之例议处。至衙署被窃，如系有关仓库钱粮者，即照盗案例，分别城内城外，题参疏防，以昭平允。

捕盗 162：嘉庆十二年六议定

窃贼拒捕之案，吏部例载，若拒捕之犯未获，照强盗例题参疏防，已获拒捕之犯，而起意行窃之犯未获者，照窃案例议处，文武事同一律，嗣后照吏部定例酌拟。惟外省窃案，武职例无承缉处分，应照向例归于年终汇参。

捕盗 163：嘉庆十二年七议定

旧例地方武职拿获邻境大盗窝主者，纪录二次，小盗窝主者，纪录一次。嗣后按照拿获盗首加一级之例，改为加一级，不论大小盗案窝主，以昭平允。

捕盗 164：嘉庆十二年八议定

失察属员讳盗之案，正任不同城兼统各官，亦应按其是否百里内外，分别议处，所有不同城百里以内之接任兼统官，仍照原例罚俸一年，其百里以外之兼统官，减为罚俸六月。

捕盗 165：嘉庆十二年九议定

凡一案盗犯拿获首伙及半，内有承缉武职拿获数名，又有邻境别汛文职拿获数名，或事主拿获及盗犯自行投首数名者，如一案盗犯九人十人，均以拿获五名为及半。承缉官仅拿获一二名之类，承督缉各官，于酌减之中，再行减等议处。如应议罚俸三月减为罚俸一月者，再减即免议，降职降俸减为罚俸一年者，再减则为罚俸九月，革职减为革职留任者，再减则为降三级留任，其余照此递减。其经制外委，遇有此等减议案件，悉照千把总应得处分酌减。

捕盗 166：嘉庆十二年十议定

凡官员任内承缉督缉案件，将初参职名送部议处后，其展参职名并不开参者，如系无故迟延，仍照迟延例，按其年月分别议处外，若于展参限内，已将盗犯拿获，例得免议之案，该员并不随案报部销案。或于承缉、督缉各员，遗漏一二名，未经开参，续行补送，其漏报各官，照遗漏不报例罚俸一年。

捕盗 167：嘉庆十二年十一议定

地方失事，接缉官未满一年之限卸事者免议，贼犯令再接缉官勒限一年缉拿，限满不获，仍按疏防限内限外，分别议处。如接缉官于议处之后离任者，其再接缉之弁即免议。

捕盗 168：嘉庆十二年十二议定

官员拿获盗犯，自应随时抵销，以示鼓励。所有原例拿获邻境盗犯抵销本任承缉处分条内，将俟届满四参送部时议抵之语，应行删改。

捕盗 169：嘉庆十二年十三议定

四川省察木多迤东乍丫一带，向称为恶八站，兼通三暗巴，夹坝不时出没，防范难周。江卡、梨树、石板沟、阿足、乍丫等处汛弁，如一年内所管地方，并无夹坝滋事之处，由驻藏大臣查明，将在汛备弁咨部给予纪录一次。如有抢劫案件，俱照内地盗案疏防之例，加等议处。

捕盗 170：嘉庆十五年议定

各省督抚参奏革职留于地方协缉，奉旨准行。及奉特旨革职留缉官员，协缉限内，遇有丁忧治丧事故，准其给假百日，回籍经理丧事，假满仍赴协缉地方协缉。如接任官将应缉人犯拿获者，其给假回籍守制等官，限满应降调革职并革职留任者，悉照邻境拿获之例，酌减议结。

捕盗 171：嘉庆二十二年谕

向例京城地方盗案，三月无获，始行题参，未免过宽。嗣后京城外七门以内，寻常窃盗案件，三月限满题参。如有执械吓禁强劫之案，二月无获，即行题参。其九门以内，寻常窃盗案件，二月题参，强劫之案，一月无获，即行题参。著为令。

捕盗 172：道光五年谕

御史隆勋奏：请定南营巡察章程一折。京师系辇毂重地，前三门外五方聚处，司坊捕役，额设无多，而南营弁兵星罗棋布，果能实力稽查，何至宵小溷迹。如该御史所奏，近来报窃之案，几无虚日，移营会缉，视同具文，甚至街巷堆拨，仅存空屋，疲玩已极。著步军统领衙门，严饬该营参将游击等官，督率各汛员弁，无分畛域，严密稽查，有犯必惩，缉拿务获。其各处堆拨，务须昼夜巡逻，毋许旷班贻误。如有仍前玩误员弁，即著严参惩处，兵丁重责斥革，并著五城御史督同司坊官一体严缉，以戢奸宄而靖闾阎。

捕盗 173：道光九年谕

给事中吴敬恒奏：请严定缉捕章程一折。京师为辇毂重地，理宜肃清，岂容宵小潜迹，屡经降旨谕令各该衙门认真缉捕，并严禁捕役纵庇。乃近来五城窃案，愈积愈多，即间有报获之犯，亦赃物微细，暂为搪塞，其计赃逾贯情节较重者，迄无弋获，总由该捕役等纵容包庇，平日利其赃物，临时得钱卖放，此等积弊，实为可恶。著通谕步军统领、顺天府、五城，嗣后务当严行督缉，有犯必获，每年将报窃各案，统计已获未获，及获犯过半各若干，于春秋二季开列清单具奏，分别勤惰，照例核办。如捕役等仍复豢贼养奸，立即从重究治，傥该管官视为具文，漫不经心，或隐漏规避，致蹈故习，即著严参，照例惩处，毋稍宽贷。

捕盗 174：道光九年又谕

嗣后八旗五营报窃之案，责令翼尉副将等官，务各督同所属，实力缉拿。若一季之内，每翼每营未获在十案以上者，即将该翼正副翼尉，该营副将、参将、游击等官，交部议处。如一季之内，并无报窃案件，准将该旗营各员等交部议叙。

捕盗 175：道光九年奏准

京城五营地方如有被窃案件，令事主报明该管武职，勒限缉拿。若事主呈报，该管官隐讳不行详报者，步军统领查参，将专管都司、守备、千总、把总、外委均降一级留任，限三月缉拿，全获开复，限满不获，降一级调用。窃犯交接任官勒限缉拿，兼辖副将、参将、游击明知被窃扶同隐讳者，亦照专管官之例处分。失于查察者，罚俸六月，自行查出揭报者免议。如事主未报，该管官实无讳窃情弊，仍照五营缉窃之例办理。

捕盗 176：道光九年又奏准

凡城外大小文武衙署仓库被劫，该总督巡抚照限查参疏防，限满不获，专汛官停升，外委官停其拔补，限一年缉拿，二参限满不获，专汛官降一级留任，外委官革去顶戴，再限一年缉拿，三参限满不获，专汛官降一级调用，外委官革退。贼犯令接任官照案缉拿，兼辖统辖官，疏防限满不获，罚俸一年，限一年缉拿，二参限满不获，罚俸二年，贼犯照案缉拿。其被劫之本署官，有兼辖兵民之责者，照专汛官例议处。若止行劫署中物件，仓库无失者，承缉督缉各官，俱照地方失事设有墩铺之例议处。其被劫之本署官，有兼辖兵民之责者，亦照专汛官例议处。如兼辖统辖官获贼一半者免议，承缉官获犯及半，兼获盗首者亦免议。若系被劫之本署官拿获，地方官未及协拿，或地方官自行拿获，被劫之本署官未及协拿，均照邻境获犯之例议处。

捕盗 177：道光九年三奏准

外省城内民舍被劫，疏防限满不获，专汛官住俸，外委官停其拔补，限一年缉拿，二参限满不获，专汛官降一级调用，外委官革退，贼犯交与接任官照案缉拿。同城兼辖官，初参住俸，限一年督缉，二参限满不获，降一级留任，贼犯照案缉拿。同城统辖官，初参罚俸一年，限一年督缉，二参限满不获，降一级留任，贼犯照案缉拿。同城提督总兵初参罚俸六月，限一年催缉，二参限满不获，罚俸一年，贼犯照案缉拿。不同城兼辖、统辖官，初参罚俸六月，限一年督缉，二参限满不获，罚俸一年，贼犯照案缉拿。不同城提督、总兵，初参罚俸三月，限一年催缉，二参限满不获，罚俸六月，贼犯照案缉拿。若兼辖、统辖各官获贼一半者免议，承缉官获犯及半，兼获盗首者亦免议。如被邻境及文职拿获，均照例酌减议结。

捕盗 178：道光九年题准

京城巡捕五营汛地寻常窃案，每年按春秋二季分别有无报获，以定副将、参将、游击功过。若一季之内，每营未获正贼在十案以上者，将该营副将、参将、游击罚俸六月，如一季之内，并无报窃案件，将该营副将、参将、游击纪录一次。每季由步军统领咨报兵部，汇核具题。

捕盗 179：道光十六年谕

向来武职引见，遇有弓箭平常之员，朕必停其升阶，或酌予处分，其有缉捕勤奋，亦必量加甄叙。昨兵部将升署安徽泗州营都司王梦熊带领引见，该员箭无准头，本应驳斥，但念该员前在守备任内，拿获盐枭二十余名，私盐十五万余斤，著有微劳，是以降旨仍准其升署都司，其缉捕之案，不复加恩甄叙。朕准情酌理，一秉大公，务昭平允。嗣后武职各员尽心职守，固当以缉捕为先，尤应以弓马为重，其各勤加练习，以副朕整饬戎行至意。钦此。遵旨议定，升任武职引见，弓箭平常，如缉捕勤奋，仍准升补，其获盗之案，不复再予甄叙。

捕盗 180：道光二十年谕

直隶任邱县知县何绳武，千总李毓清，于广东折弁过境时，并不小心防护，致贼匪截抢行凶，拒伤差弁，并将批折拆动，非寻常疏懈可比，何绳武、李毓清著先行撤任，交部严加议处，仍勒限两月，留于该地方协缉正贼，务获究办，俟限满有无弋获，再行分别办理。钦此。遵旨议定：京外盗案，于未满疏防例限以前，经步军统领各督抚，奏请先行交议，或摘去顶戴先行交议者，将该管官照防范不严例降一级留任。若承缉盗劫伤人重案，未满疏防例限以前，该督抚先行奏请摘去顶戴，勒限严缉，或先行交议，仍勒限严缉，或撤任勒限协缉，限满不获，从严参办者，俟限满严参到部，将专汛官降一级调用。如奏请严加议处，或奉旨严加议处者，于降一级调用例上加等降二级调用，其原参摘顶之案，准予查销。

捕盗 181：道光二十五年奏准

捻匪幅匪强梁讹索业已得财之案，无论人数多寡，营汛各官如有疏防讳匿，均照盗案例参处。其本境捻匪幅匪滋事之案，于一月限外获犯过半兼获盗首者，准其功过相抵。若一月限内，获犯过半，兼获盗首，或俱系斩枭斩决从犯三名，或系斩决首犯一名，斩候绞候从犯四名，或系斩决绞决首犯一名，遣罪从犯六名，或系斩候绞候首犯一名，遣罪从犯八名，俱给予加一级。总以一案内获犯过半兼获首犯，方准议叙。如仅拟军流徒罪等犯，毋庸给予议叙。若拿获邻境捻匪幅匪案内斩枭斩决首伙三名以上者，准其送部引见，五名以上者，给予应升官阶，免其送部引见。拿获斩枭斩决绞决首犯，每名加一级纪录二次。斩枭斩决绞决从犯，斩候绞候首犯，每名加一级纪录一次。斩候绞候从犯，每名加一级。遣罪首犯，每名纪录二次。遣罪从犯，每名纪录一次。军流徒杖以下人犯，毋庸给予议叙。如邻境有捻匪幅匪滋事之案，不即协力堵拿，以致窜入本境滋事者，照本境疏防例开参。傥接到协拿知会，任令潜匿，不为严缉者，降三级调用，不准抵销。其并未接到邻境知会，失于查拿，在本境亦无滋事案情者，均照不上紧缉拿例，降一级留任。设或地方士民，有能确知捻匪幅匪踪迹，随同官弁指线搜捕者，分别案情轻重，奏请给予职衔，或拔置营弁。其余并非捻匪幅匪之案，概不得援以为例。

捕盗 182：道光二十七年议准

窃贼拒捕殴毙兵丁，该管官知情隐匿，不行申报者革职。

捕盗 183：咸丰十一年谕

近来捕务废弛，地方官恐干处分，大半讳盗不报。其遇抢劫重案，不能弥缝者，迟之又久，始行呈报，虽经该督抚奏参勒缉，而盗踪早已远扬。迨限满无获，该上司又复饰词改调他任，豫为开脱处分地步。地方官既视捕缉为具文，遂致宵小朋比为奸，蠹役为之庇护，棍徒为之窝藏，玩法扰民，殊堪痛恨。现在直隶境内抢劫之案，层见叠出，该省地近京师，岂可任令奸宄涸迹，亟应严行惩办，以清畿辅而卫闾阎。著顺天府直隶总督，严饬各州县，将境内墩铺一律修葺，添派兵役认真巡逻，并责令所辖文武员弁，会同邻境地方官，每月会哨数次，以资联络。嗣后遇有盗案，该州县不即行详报者，即照讳盗律治罪，该管上司，不即行参奏，以及参限将满，复改调他任，巧为开脱处分者，一体交部严加议处。

捕盗184：同治元年谕

前因吏部议覆，宽减州县缉捕处分章程，业经降旨将捕役窝盗一节，如经该管官自行查出，即将失察处分，概行宽免。各该州县等既无所用其回护，于破获盗案，如审有衙役包庇情事，自当据实申明该管上司，严行惩办，以杜盗源。惟缉捕贼匪，全在兵役互相搜拿，实力盘诘，而贼情狡谲，往往将原拿兵役捏词诬陷，任意株连，承审官听贼一面之词，辄将原拿弁兵提案对质，牵连拖累，受害滋深，以致兵役视捕盗为畏途，并不实力协缉，无怪盗风日炽，劫案繁兴。嗣后各直省将军督抚府尹等，于所属地方，务当饬令该管文武明白晓示，如遇有抢劫盗匪，准兵役及居民行旅等格杀毋论。其拿获者，立即讯明正法，不准其任意妄供，牵连原拿之人，致滋拖累。并著内外问刑各衙门，于移交贼犯，破除锢习，认真审办，不准轻听贼犯一面诬攀之词，将原拿兵役率行提质，以杜累扰而重缉捕。

捕盗185：同治二年谕

骆秉章奏：请将获盗人员仍复送部引见旧例等语。向例获盗人员，俱系交部分别议叙，即所获盗犯较多，亦止于送部引见。自咸丰五年，部议章程，凡获盗人员，有拿获斩枭斩决一案六名以上，或两案三案，每案均在三名以上者，毋庸分案议叙，俱准督抚核实保奏，给予应升官阶，免其送部引见。原以四方多故，盗贼横行，故奖励不妨稍优，庶缉捕可收实效。乃自此例一开，获盗请奖之案，层见叠出，其认真缉捕者，固不乏人，而诈伪日滋，竟或徇亲友之请托，以盗犯相赠贻，在予之者以首先获盗让人邀功，而自居协获，仍免处分，在受之者毫无劳绩，优奖幸邀，似此夤缘为奸，巧于干进，殊于吏治有碍。嗣后获盗人员，仍著照旧例送部引见，其由督抚指定官阶专折保奏章程，著即停止，以杜幸进而重名器。

捕盗186：同治三年议准

千总以上官员，如系举发巨案，拿获著名巨盗，及邻境大伙案犯，并外来潜匿凶盗，与寻常盗犯不同者，准该督抚声明案由，择优保奏。如奉旨允准，仍由兵部核其获盗劳绩，并本任有无承缉未完要案，如系合例，即遵旨知照，俟补缺时，将该员弁系因获盗例应送部引见之处，并案声明。如查有承缉未完要案，无论应议降留降调，均声明请旨，即以该员弁所得优奖，照例议抵，仍酌予加级纪录。至拿获寻常盗犯，虽系斩枭斩决，仍照各本例办理。若把总以下，例不引见人员，其获盗核与引见之例相符者，把总以千总拨补，外委以把总拨补，毋庸送部。

捕盗187：同治四年谕

嗣后拿获马贼之案，如系大伙横行，攻围城寨，焚劫乡村，有抗拒官兵情事，地方官拿获著名巨盗二三名，或斩枭斩决盗犯十名以上者，或两案、三案，每案均在五名以上者，俱准核实保举，或酌赏翎枝，或酌予升阶升衔，随案奏明，即照军功例破格奖叙。拿获著名巨盗一名，或斩枭斩决盗犯五名以上者，或两案、三案，每案均在三名以上者，俱比照拿获捻匪章程，保奏指定应升官阶，免其送部引见。拿获斩枭斩决盗犯三名以上者，仍遵定例送部引见，其拿获斩枭斩决盗犯不及三名者，每名准其加一级。至各官任内，如有疏防马贼之案，照例准将拿获邻境盗犯之案抵销。其案数多者，亦准其逐案查抵。如抵销完结后，再有获盗之案，即准按所获名数，给予奖励。其拿获斩枭斩决盗犯三名以上者，准抵本任内降调革留之案，拿获著名巨盗一二名，或斩枭斩决盗犯五名以上及十名以上者，准抵本任内议革之案。若所获止系胁从之犯，罪不至斩枭斩决者，毋庸请奖，亦不准其抵销。其武职官员，缉捕伙众横行，焚劫乡村，抗拒官兵马贼，即比照拿获著名巨盗邻境大伙案犯，并外来潜匿凶盗章程，优加奖叙。如拿获罪应凌迟之犯，至二三名，斩枭斩决盗犯十名以上者，或两案、三案，每案俱在五六名以上者，核其劳绩，实与战功无异，准由该督抚等核实保奏，或酌奖翎枝，或予升阶升衔。如拿获巨盗一名，邻境斩枭斩决盗犯五名以上，或两案、三案，每案俱在三名以上者，俱准其指定应升官阶保奏。如查有承缉未完要案，无论应议降留降调，即以该员所得优奖议抵。如拿获邻境斩枭斩决盗犯三名以上者，准其酌保升衔，其拿获未及三名者，每名给予加一级。其本任内有疏防之案，能拿获邻境斩枭斩决盗犯三名以上者，准抵本任内降调革留之案。拿获著名巨盗一二名，及斩枭斩决盗犯五名至十名以上者，准抵本任内议革之案，若案数多者，亦准逐案查抵，如拿获寻常斩枭斩决之犯，仍著咨部照例办理。

捕盗 188：同治四年奏准

京外地方发冢开棺，显露尸身，或抛弃尸骨，及将控告人杀死之案，以失事之日起，四月限满不获，题参疏防。将承缉接缉及兼辖统辖各官，均照盗案例议处。二、三、四参，均按限开送职名，照例办理。觉隐匿不报，及见尸捏作见棺者，亦照讳盗例革职。承缉各官于参限内拿获及半兼获盗首者，将原参处分均予查销。其发冢止见棺椁，凿孔锯缝，摸取衣饰，并未见尸者，以失事之日起，六月限满不获，将承缉接缉武职各官，亦照命案缉凶例，按限查参。觉隐匿不报，亦照容隐命案凶犯例，革职。如邻境地方武职各官，有能拿获发冢开棺见尸，或抛弃尸骨，及将控告人杀死案内凶贼，罪应斩枭斩决首伙三名以上者，准其送部引见。未及三名，及仅获伙犯，止准声请议叙，给予加级纪录。拿获首犯一名，加一级，再纪录一次，拿获伙犯，每一名纪录一次，毋庸送部。至凿孔锯缝摸取衣饰并未见尸案内首从各犯，罪止拟绞，获犯之员，比照拿获命案凶犯之例，一名者纪录一次，二名者纪录二次，三名者纪录三次，四名以上者加一级。

捕盗 189：同治五年谕

董文涣奏：请将获盗人员，于定案后再行给奖等语。据称：步军统领衙门拿获近畿盗犯，往往于奏交刑部时，即行保举多员，惟交部之犯，尚未审明虚实，而保举之员，早已迁转官阶，殊非核实之道。所奏不为无见，嗣后著步军统领衙门，仍照旧例，凡拿获此等案犯，于刑部定案后，再行声明请旨，不得先行保奏。

捕盗 190：同治五年议定

大盗纠伙多人，在京城关厢内，及外城七门关厢内，杀人劫财，一月限满无获开参，专汛都司、守备、千总、把总、外委，俱革职留任，兼辖副将、参将、游击俱降二级留任，统辖提督、总兵俱降一级留任，均戴罪勒限一年缉拿。二参限满不获，专汛都司等官革职，兼辖副将等官，降二级调用，统辖提督、总兵，降二级留任，加级纪录，俱不准抵销，兵丁革退，交刑部治罪，盗犯交接任专汛兼辖各官，勒限缉拿。限满不获，专汛官初参降一级留任，兼辖官罚俸一年，限一年缉拿。二参限满不获，专汛官降一级调用，兼辖官降一级留任，贼犯照案缉拿。

捕盗 191：同治八年奏准

京城关厢内，及外城七门关厢内，寻常盗案，两月限满无获，专汛都司、守备降三级留任，兼辖副将、参将、游击俱降二级留任，千总、把总、外委在兵部各责四十板，该汛马步兵丁，各责四十板，俱限一年缉拿。二参限内获盗不及一半，及全未获盗者，专汛都司、守备降三级调用，兼辖副将参将、游击降二级调用，千总、把总、外委革职，加级纪录，俱不准抵销，兵丁革退，交刑部治罪，盗犯交接任官勒限缉拿。如一年限内全获，及拿获首伙过半，准其开复，盗犯照案缉拿。如获盗过半，而盗首窝家未获，专汛官罚俸一年，兼辖官罚俸六月，限一年缉拿。二参限满不获，专汛官罚俸二年，兼辖官罚俸一年，再限一年缉拿。三参限满不获，专汛官降二级留任，兼辖官降一级留任，盗首照案缉拿。

捕盗 192：同治八年又议准

长江水师，专管江面，遇有失事，查取长江水师营汛各官应议职名，扣限开参，毋庸开参陆路营汛，其陆路营汛地面失事，亦毋庸开参水师。

捕盗 193：光绪七年奏准

步军统领衙门获盗请奖员数，以获犯多寡为断，如拿获邻境曾经杀伤官兵确有证据之从逆伙犯，罪干凌迟二三名，或罪应斩枭斩决七名以上，或斩枭斩决二三名，斩候绞候七名以上，首先拿获者准保四五员，协同拿获者准保七八员。拿获罪干凌迟一名，或罪应斩枭斩决四名以上，或斩枭斩决一二名，斩候绞候四名以上，首先拿获者准保二三员，协同拿获者准保四五员。拿获罪应斩枭斩决三名者，首先拿获者准保一员，协同拿获者准保二三员。该衙门请奖折内，均应声明，何员首先拿获，何员协同拿获，首先拿获者准给升阶班次，协同拿获者止准给予升衔加级。其获犯尚未及数，暨拿获本境盗犯，仍照各本例办理。五城练勇局、水会获盗请奖之案，一律照此核办。

捕逃〔例 8 条〕

捕逃 001：顺治十一年议准

卫所及营汛官弁，获解八旗逃人十五名者加一级，三十名者加二级。兼辖官视其所属，有获解逃人三十名者加一级，六十名者加二级。统辖总兵官所属，有获解逃人四十五名者加一级，九十名者加二级。提督所属，有获解逃人二百名者纪录一次，四百名者加一级，再有多者，各照此递加。总以一年一叙，若不至加级纪录之数者，又并一年议叙，仍不足者，将前一年获解之数截去，仍留一年获解之数，于次年接算，不准三年合算。

捕逃 002：顺治十一年又议准

官员拿获八旗逃人，详报总督、提督给咨递解；属巡抚、总兵官统辖者，详报巡抚、总兵官给咨递解。该督抚、提镇，均于每年四月内，将所属官弁获逃数目，造具清册二本，一送兵部备案，一送刑部，俟刑部核明，咨部议叙。

捕逃 003：康熙四十一年议准

京城巡捕营守备、千总、把总，拿获八旗逃人至六十名者加一级；参将、游击督率属员，拿获逃人至一百二十名者加一级，再有多者，照此递加。

捕逃 004：康熙四十一年又议准

近京地方有卖身旗下之人，原有房产，守分度日，于民人并无扰累者，许令居住；原无房产者，均令伊主收回。若倚仗卖身旗下，恣意横行，把持武断，赌博奸淫，窝盗勾逃，讦讼作证，扰累民人者，该管专汛官申报上司，照逃人例查拿，送部治罪。若仍容居住，不行申报，专汛官罚俸一年，兼辖官罚俸六月，统辖官罚俸三月。

捕逃 005：乾隆三年议准

八旗逃人居住卫所营汛地方，该管官并不查拿，别经发觉捕获，查其居住未过六月者，免议；已过六月者，该管官降一级留任；过一年者，降二级调用；傥知情容留居住，不查拿者，革职。至兼辖官视其所属，二年内有一官失察逃人者，罚俸一年；二官失察逃人者，降二级留任；三官失察逃人者，降二级调用。统辖总兵官所属，二年内有一官失察逃人者，罚俸九月；二官失察逃人者，罚俸一年；三官失察逃人者，降一级留任；四官失察逃人者，降二级留任；五官失察逃人者，降二级调用。提督所属，二年内有四官以下失察逃人者，皆罚俸六月；五官以上失察逃人者，降一级留任。

捕逃 006：乾隆五年议准

驻防逃人居住地方营汛官弁，接到该旗及各衙门移会，即差兵役协同拿获者免议。如不差兵役协拿，以致脱逃，查系居住六月以内者，将该员罚俸二年。至失察居住过六月及一年，并知情容留，仍照例分别议处。

捕逃 007：乾隆四十九年奏准

巡捕营都司等官，一年内拿获逃人六十名者加一级。副将等官督率所属，查解逃人一百二十名者加一级。再有多者，照数递加。

捕逃 008：嘉庆六年奏准

失察逃人潜住在三月以内者免议，如过三月不行查拿者，将该地方专汛及卫所各官，罚俸一年。潜住半年以上者，将专汛及卫所各官降一级留任，兼辖、统辖各官罚俸六月，提镇罚俸三月。潜住一年以上者，将专汛及卫所各官降二级调用，兼辖、统辖各官降一级留任，提督、总兵罚俸一年。该专汛及卫所各官，明知逃人纵容潜住者革职。

缉解〔例 41 条〕

缉解 001：康熙三年题准

监犯踰城及由水门逃走者，城守官罚俸三月。已开城门时逃走，责在有狱官，城守官免议。

缉解 002：康熙三年议准

营汛各官，将应解犯人迟延不解者，罚俸一年。

缉解 003：康熙十一年题准

城门已闭上锁，监犯将锁扭坏逃走者，城守官革职，当时全获者免议，获一半者降一级留任。

缉解 004：雍正三年议准

押解斩绞重犯，该管官签差不慎，未经如数拨兵加锁以致脱逃者，降一级调用。已经如数拨兵加锁脱逃者，降一级，限一年缉拿，全获开复，不获，照所降之级调用。押解军流以下等犯，及遣犯脱逃后，例不正法者，未经如数拨兵加锁以致脱逃者，罚俸一年。已经如数拨兵加锁脱逃者，罚俸六月。

缉解 005：雍正七年议准

府州县监内有重犯，该管专汛官拨兵协同文职巡防，如监内有大盗过十人以上者，加兵巡防。其府州县内有提镇副参等驻扎者，轮委千把总稽查，倘监犯越狱，文职会同该千把总各差兵役追捕，不获，照盗案专汛官例议处。

缉解 006：雍正七年又议准

军犯到配所，免其墩锁，该管卫所官案军犯到配现归州县官管束，曲为防范，不使至于饥寒。如在配所本犯单身脱逃，初参将该管官罚俸六月，兼辖官罚俸三月，限一年缉拿，限满不获，该管官罚俸一年，兼辖官罚俸六月。携带妻子脱逃者，初参将该管官罚俸一年，兼辖官罚俸六月，限一年缉拿，限满不获，该管官降一级留任，缉获之日，准其开复，兼辖官罚俸一年。若在中途脱逃者，签差不慎之营员住俸，勒限一年督缉，限满不获，罚俸一年，军犯照案缉拿。

缉解006：雍正七年三议准

斩绞重犯越狱，系斩绞及遣犯脱逃后，例应正法者，邻境营汛官于一月内拿获者，每名加一级，再纪录一次，一月外拿获者，每名加一级。邻境兵丁拿获越狱之犯，系斩绞者，及遣犯脱逃后，例应正法者，每名赏银二十两。军流以下，及遣犯脱逃后例不正法者，每名赏银十两，于原疏防官名下追给。

缉解007：雍正八年议准

押解人犯，经由之处，该营汛官拨兵护送时，照牌票点明犯人，及拨兵数目相符，再行起解。如兵数缺少，或有代解等弊，即详报上司核参，将签差之官，按罪犯轻重，照签差不慎例，分别议处。如隐匿不报，别经发觉，亦照签差不慎例，分别议处。

缉解008：雍正十三年议准

武职拿获邻境逃犯，如系军流之罪，单身脱逃者，每一名纪录一次；携带妻子脱逃全获者，每一起纪录一次。拿获徒犯二名纪录一次，准其前后接算。

缉解009：乾隆二十八年议准

押解决不待时重犯，中途脱逃，将签差不慎之营员，革职留任，限一年缉拿，缉获开复，不获，即行革任。

缉解010：乾隆二十八年奏准

发往新疆等处要犯，中途脱逃，将签差解送之营员，降二级留任，限一年督缉，全获开复，不获，降二级调用。其不行访获之兼辖官，降一级留任，限一年督缉，不获，照所降之级调用。倘该管地方疏脱二次者，降二级调用。

缉解011：乾隆二十九年题准

递解人犯过境，其未设监狱处所，该管官接收，多拨兵役看守。如有藉词推诿，仅令原解兵役看守，致犯脱逃者，降三级调用。

缉解012：乾隆二十九年奏准

发往巴里坤人犯递解到站，如止设有驻扎武员者，责令该员弁稽察收禁驿馆监内。倘有疏虞，降一级调用。

缉解013：乾隆二十九年覆准

斩绞人犯，及发遣新疆要犯，中途脱逃，签差官未满初参之限离任者，接缉官以到任之日为始，限一年缉拿，限满不获，罚俸一年，仍限一年缉拿，不获，再罚俸一年，逃犯照案缉拿。至决不待时之重犯中途脱逃，签差官未满初参之限离任者，接缉官以到任之日为始，限一年缉拿，限满不获，罚俸一年，仍限一年缉拿，不获，降一级留任，逃犯照案缉拿。

缉解 014：乾隆二十九年又奏准

发往巴里坤种地人犯，在配脱逃，限百日内追捕，不获，将专兼统辖各官查参。系寻常罪犯，照军犯脱逃例，分别议处，俱二参议结。如情罪重大之犯，于二参限满后，再限一年缉拿，限满不获，系单身脱逃者，该管官降一级留任，兼辖官罚俸一年；携带妻子脱逃者，该管官降一级调用，兼辖官降一级留任。至邻境地方官弁有能拿获者，照拿获邻境逃犯例，按名数起数分别议叙。其发往巴里坤赏给兵丁为奴人犯脱逃，议处议叙，亦照此例分别办理。

缉解 015：乾隆三十一年奏准

发遣新疆人犯，脱逃后例应正法者，逃回原籍居住，原籍官曾经奉文密缉者，无论已未出结，降二级调用，未经奉文密缉者，降二级留任。若别处逗遛在半月以上者，将失察之地方官，降一级留任。

缉解 016：乾隆三十三年奏准

新疆改发内地遣犯，脱逃后例应正法者，携带妻子脱逃者，专管官降二级留任，兼辖官降一级留任，俱限一年缉拿，获犯开复，不获，专管官降二级调用，兼辖官降二级留任，获犯开复，不获，扣满年限开复。不行查察之统辖官，罚俸一年。其单身脱逃者，初参专管官降一级留任，限一年缉拿，获犯开复，不获，照所降之级调用；兼辖官初参罚俸一年，限满不获，降一级留任；不行查察之统辖官，罚俸六月。

缉解 017：乾隆三十四年奏准

各省如遇紧要官犯，务择现任员弁派委押解，其试用效力未经历练者，概不得滥行派委。如有违例滥派，以致疏失者，将原委上司降一级调用，如无疏失，罚俸一年。

缉解 018：乾隆三十七年奏准

各省疏脱遣犯脱逃后例应正法者，至五六名，不能追拿者，将该管官革职留任，戴罪勒限一年缉拿，全获开复。逾限一名不获，降二级调用；二名不获，降三级调用；三名不获，革职。

缉解 019：乾隆四十五年谕

遣发新疆为奴人犯，俱系身罹重罪。发遣极边地方，复不安静，肆行逃走，经朕曲加矜全，改发伊犁乌鲁木齐，自应安分悔罪，今复潜逃，情殊可恨，若不严缉务获，不能示惩于众也。著即行实力严拿，无论何处地方拿获，即在该处正法，以示炯戒。嗣后如有似此者，务须上心查拿，傥不实力严缉，一经别处拿获，究出经过地方官员，俱行治罪，其各该管上司一并交部议处。仍将此等在逃人犯，共有若干，拿获正法者若干，未经拿获者尚有若干之处，该大臣等于年终查明汇奏。

缉解 020：乾隆四十九年奏准

递解各项人犯，中途疏脱，签解兵丁与犯同逃，虽系畏罪潜逃，亦照本案脱逃人犯之例，按限严缉。如逾限不获，即照承缉本案逃犯罪名不获之例，一体办理。

缉解 021：嘉庆六年奏准

押解决不待时重犯，该管官未经如数拨兵加锁以至脱逃者，革职；已经如数拨兵加锁脱逃者，革职留任，限一年缉拿，拿获开复，不获，即行革任。发遣新疆等人犯，脱逃后例应正法者，中途脱逃，系未经如数拨兵加锁者，该管官降一级留任，限一年缉拿，拿获开复，不获，照所降之级调用；系已经如数拨兵加锁者，降一级，限一年缉拿，拿获开复，不获，照所降之级留任，逃犯照案缉拿。军犯中途脱逃，照流徒等犯脱逃例议处。

缉解 022：嘉庆六年又奏准

兼辖官于所属员弁签差不慎，将决不待时重犯中途疏脱，属员例应革职者，上司降一级调用；属员例应革职留任者，上司降一级留任，限一年督缉，全获开复，不获，照所降之级调用。如系新疆发遣人犯，脱逃后例应正法者，兼辖官罚俸一年；系军流以下人犯，及遣犯脱逃后例不正法者，兼辖官罚俸三月。如属员于限内获犯例得开复，该管上司亦一体开复，职名尚未送部者，即予免议。

缉解 023：嘉庆六年三奏准

改遣以上人犯，中途脱逃，接缉官照接缉斩绞人犯脱逃例议处。

缉解 024：嘉庆六年四奏准

各项起解人犯，递至邻境，未交之先，在途脱逃者，将原签差之武职官议处；已经交与邻汛者，原签差之武职官免议，将邻境之接解官议处。

缉解 025：嘉庆六年五奏准

各省秋审发回监候及他省解递人犯，如系斩绞重犯，短差兵丁，不加肘锁，以致自尽者，签差不慎之营员，降一级调用；并未短差兵丁，已加肘锁，该犯仓猝自尽者，降一级留任。军流徒罪，短差兵丁，不加肘锁，以致自尽者，降一级留任；并未短差兵丁，已加肘锁自尽者，罚俸一年。其递至中途寄监自尽者，将管狱官照监犯自尽例议处。斩绞重犯自尽者，罚俸一年。至军流徒罪人犯自尽者，罚俸九月，原解之员免议。若在村庄坊店歇宿自尽者，仍将原解、添解之员，分别议处，原解之员应降调者，添解之员，减为降留；原解之员应降留者，添解之员，减为罚俸；原解之员应罚俸一年者，添解之员，减为罚俸六月。

缉解 026：嘉庆六年六奏准

各省接递罪犯，傥管解兵丁有受贿纵放，捏词具报脱逃者，将兵丁治罪，签差不慎之员革职，兼辖、统辖各官，降一级调用。一月之内，将罪犯自行拿获者，准其开复。自行查出究办者，均减一等议处。

缉解 027：嘉庆六年七奏准

斩绞及遣犯在监越狱脱逃，例应正法者，地方专兼武职，多差兵役追捕。如疏防限满不获，专汛官住俸，限一年缉拿，不获，降一级调用。同城兼辖、统辖各官，初参罚俸一年，限一年督缉，二参限满不获，降一级留任。不同城兼辖、统辖官，初参罚俸六月，限一年催缉，二参限满不获，罚俸一年。如遣犯脱逃例不正法，及军流以下人犯越狱，专汛兼统各官疏防处分，俱减一等。

缉解 028：嘉庆六年八奏准

武职各官拿获邻境发遣人犯，系单身脱逃者，每名纪录一次。

缉解 029：嘉庆七年奏准

军流人犯，及遣犯脱逃后例不正法者，逃回原籍居住，原籍官曾经奉文密缉，取具甘结者，降二级调用，自行拿获者免议。如逃回于未经咨缉之先，及逃回于取结地方官离任之后者，罚俸一年。若在别处逗遛计半月以上者，失察地方官罚俸六月。

缉解 030：嘉庆七年又奏准

斩绞发遣重犯越狱逃走例应正法者，邻境武职拿获，照旧例按其一月内外，分别议叙。如遣犯脱逃例不正法，及军流以下人犯，邻境武职拿获，议叙俱减一等。

缉解 031：嘉庆八年奏准

凡未定罪名人犯中途脱逃，除供证确凿，罪无可疑者，即据实声明，照例议处。至供证未确，罪难悬拟者，亦于文内声明，照军流以下人犯中途脱逃例议处。俟日后获犯，审明如罪止军流，毋庸更议，傥系军流以上罪名，或罪止徒杖，即照仇盗未明改议之例，各按本例议处。

缉解 032：嘉庆十二年议定

凡发往巴里坤种地人犯，及发往巴里坤赏给兵丁为奴人犯，在配脱逃，如系寻常罪犯携带妻子脱逃者，百日限满不获，该管官罚俸一年，兼辖官罚俸六月，限一年缉拿，二参限满不获，该管官降一级留任，缉获之日开复，不获，扣满年限开复，兼辖官罚俸一年，逃犯照案缉拿；如系单身脱逃者，百日限满不获，该管官罚俸六月，兼辖官罚俸三月，限一年缉拿，二参限满不获，该管官罚俸一年，兼辖官罚俸六月，逃犯照案缉拿。若系情罪重大之犯，如诈为制书，诈传诏旨，伪造印信，谋反叛逆，强盗私盐，及左道妖言，妄言煽惑，商渔夹带违禁物件，谋杀出使官吏，泄漏机密，走漏消息，走洩事情，采生折割，毒药杀人，以药迷人之类，在配携带妻子脱逃者，百日限满不获，该管官罚俸一年，兼辖官罚俸六月，限一年缉拿，二参限满不获，该管官降一级留任，缉获之日开复，兼辖官罚俸一年，再限一年缉拿，三参限满不获，该管官降一级调用，逃犯令接任官照案缉拿，兼辖官降一级留任，缉获之日开复，不获，扣满年限开复；如系单身脱逃之犯，百日限满不获，该管官罚俸六月，兼辖官罚俸三月，限一年缉拿，二参限满不获，该管官罚俸一年，兼辖官罚俸六月，再限一年缉拿，三参限满不获，该管官降一级留任，缉获之日开复，不获，扣满年限开复，兼辖官罚俸一年，逃犯照案缉拿。

缉解033：嘉庆十二年又议定

发遣巴里坤人犯脱逃，定例初参予限百日，至发遣新疆及军流以下人犯，中途脱逃，亦应一律计其百日为初参之限，若斩绞监候重犯中途脱逃，签差不慎之上司，亦应按限酌予处分。如原例属员革职留任及降一级调用者，上司均降一级留任，属员降一级留任者，上司罚俸一年，属员降职一级者，上司罚俸六月。

缉解034：嘉庆十二年三议定

新疆改发内地遣犯脱逃，初参限期，旧例并无明文，应照巴里坤人犯脱逃之例，携带妻子脱逃者，初参予以百日限期，二参专管官降调，逃犯令接任官照案缉拿，兼辖官降留，拿获开复，不获，扣满年限开复；单身脱逃者，二参兼辖官降留，拿获之日，准其开复，不获，扣满年限开复。

缉解035：嘉庆十二年四议定

凡寻常监犯越狱，系遣犯脱逃例不正法，及军流以下人犯脱逃，疏防限满不获，专汛官停升，同城兼辖、统辖官，罚俸六月，不同城兼辖统辖官，罚俸三月，限一年缉拿。二参限满不获，专汛官降一级留任，同城兼辖统辖官，罚俸一年，不同城兼辖、统辖官，罚俸六月，逃犯照案缉拿。邻境武弁，如能拿获此等越狱监犯，无论一月内外，俱减一等议叙，每一名纪录三次。

缉解036：嘉庆十二年五议定

京城巡捕营，有仇盗未明之案，照文职缉凶之例查参，承缉处分，初参住俸，二参罚俸一年，三参罚俸二年，四参降一级留任，凶犯照案缉拿。

缉解037：嘉庆十二年六议定

凡盗犯投首，交营管束后，如有脱逃，百日限满不获，专管官降一级留任，兼辖官罚俸一年，逃犯照案缉拿。

缉解038：嘉庆十二年七议定

各省军流到配，俱系文职收管，其有卫所省分，文职例载有发卫著伍者，以出具收管之员为专管，应将原例军犯“到配所”字样，改为发配卫所。

缉解039：嘉庆十二年八议定

官员藉名搜擒贼党，伤害良民，失察之提督总兵，例既定以处分，其失察之兼辖、统辖官，亦应一律酌予议处，兼辖官降二级调用，统辖官降一级调用。

缉解040：嘉庆十九年谕

嗣后拿获最要、次要人犯，该督抚等讯明后，一面录供具奏，即一面派委妥员押解来京，交刑部覆审。不得以该犯刑伤甚重，恐幸逃显戮为词，奏请即于该省正法，以慎刑章而杜冤滥。

缉解 041：道光九年议准

看守解任质审官员，如于未经完案之先，有乘间自缢身死者，将疏于防范之看守官，降一级调用。奉委派拨之该管上司，革职留任。

禁赌〔例 32 条〕

禁赌 001：原定

官员赌博及开场容留赌博者，皆革职治罪。

禁赌 002：雍正九年议准

稽察属官赌博，专汛官责之兼辖官，兼辖官责之统辖官，如明知不揭参者，别经发觉，将稽察官降三级调用。若失察系同城者，降一级留任，不同城者，罚俸一年，察出揭参者免议。

禁赌 003：雍正九年又议准

地方有制造赌具之家，不查拿者，专汛官革职，兼辖官革职留任，统辖官降一级留任。若系旧制赌具藏留在家，专汛官在任半年不查拿者，降一级调用。

禁赌 004：雍正九年三议准

地方有制造赌具之家，经官弁拿获，查系新制未及半年者，专汛官加二级，兼辖官加一级，统辖官纪录二次。

禁赌 005：雍正九年四议准

地方有描画纸牌之家，不查拿者，专汛官降二级调用，兼辖官降二级留任，统辖官罚俸一年。若将描画纸牌出境贩卖，贩卖地方专汛官不查禁者，罚俸三月，拿获之员，照拿获赌具例议叙。

禁赌 006：雍正九年五议准

本汛有制造赌具之家，经别处访闻查拿，本汛协同拿获，或本汛有制造赌具之人，携往别处贩卖，经本汛访闻查拿，而彼处协同拿获者，此等协拿情由，由拿获之人，申报该督抚察核，于疏内声明，皆免失察处分。

禁赌 007：雍正十年奏准

专汛官失察民人赌博者，每案罚俸一月。

禁赌 008：雍正十年又奏准

民人赌博，专汛官能查拿，及经同城文武官查拿者免议，因公他出者亦免议。

禁赌 009：雍正十年三奏准

拿获赌具之人，随本案议叙，其该管兼辖统辖官，统俟查明所属，一年内别无失察制造赌具，及旧制赌具，贩卖赌具，与失察赌博等事，始准将所属拿获赌具之案，于岁终汇册报部，分别起数议叙。如所属一年之内，但有一案失察者，即别案拿获赌具，亦不准议叙。如属官有失察等案，该管兼辖统辖官能察出揭参者，将揭参之官仍按起数议叙。倘兼辖统辖官，因所属拿获赌具，希图议叙，将该属别案失察赌具，徇隐不报者，降二级调用。

禁赌 010：雍正十一年议准

官员拿获赌具，系武职拿获，免同城文职处分，文职拿获，免同城武职处分。若经接壤邻境拿获，其制造赌具地方之该管官，系失察未过半年者免议。至并非接壤邻境，及失察已过半年者，如曾经差人协拿者免议，未经差人协拿者，仍照例议处。

禁赌 011：雍正十一年又议准

后任官拿获造卖赌具之人，其前任官，如失察未及半年离任者免议，失察已过半年者，仍照例议处。若将失察已过半年之前任官，捏报未及半年，改移月日，代为掩饰者，除将该员拿获之案不准议叙外，仍降一级调用，未经察出之兼辖官，罚俸一年，统辖官罚俸六月，能察出者免议。至拿获之后，接任官到任半年以内，因赌博发觉，究出制造赌具，或旧存牌版刷印，不过半年即能拿获者，均准议叙。其应议处议叙各官，该督抚查明前后官到任离任日期，均于题咨内声明。

禁赌 012：雍正十一年三议准

官员将邻境新制赌具，未及半年之案，协同拿获者，每起纪录一次，至四起者加一级，同属该管上司管辖者，上司功过相抵，不准议叙。

禁赌 013：雍正十二年议准

失察赌博之专汛官，于照例议处时，将该员从前拿获赌具议叙之加级纪录，悉行注销。如该员已经数任，后有失察赌博之案，将前任内拿获赌具议叙之加级纪录，一并注销。其该管各上司，除因所属别员拿获赌具议叙之加级纪录不必注销外，如因失察赌博之属官，从前拿获赌具同案议叙之加级纪录，亦悉行注销。若该员失察赌博时，该上司先已离任，或该员调任别省，其失察之处，已与原上司无涉，所有该上司从前因该员议叙之加级纪录，免其注销。至上司本身失察赌博，仍将从前所有自行拿获赌具议叙之加级纪录，并因属官拿获赌具议叙之加级纪录，悉行注销。其失察制造赌具，旧制赌具并贩卖赌具等案，皆照此例。

禁赌 014：雍正十三年覆准

拿获赌具，如系旧制存留，或虽新制而失察已过半年，止免失察处分，不准议叙。倘将旧制存留赌具，捏报新制，及失察已过半年，而捏报在半年以内者，将捏报官降二级调用，滥行转报之兼辖官，降一级调用，不加详察之统辖官，罚俸一年。至兼辖统辖各官，能将捏报情由察出揭参者，其本案如兼辖统辖例应议叙，即将揭参之兼辖、统辖官照例议叙，如例不应议叙，既经揭参，准免议处。

禁赌 015：乾隆五年议准

官员同城拿获制造赌具者，不分文武，将首缉之人加二级，协拿之人纪录二次。

首缉兼辖、统辖官，照例议叙。协拿之兼辖、统辖官，不准议叙。此等协拿情由，拿获之人，申报督抚察核，于题咨内声明，分别议叙。若并未协拿捏报协拿者，革职，扶同捏报之兼辖官，降二级调用，统辖官罚俸一年，提镇罚俸六月。若兼辖官据详转报，并非有心扶同者，罚俸一年。如地方有造卖赌具之人，该专汛官漫无觉察，经兼辖、统辖官拿获者，将失察之人议处，拿获之人照例议叙。

禁赌 016：乾隆九年议准

拿获赌具议叙，不论文武，每案止准首缉一人，协拿一人。如有以三四人题请滥邀议叙，除不准议叙外，仍将题请官照例议处。

禁赌 017：乾隆十四年奏准

地方有制造赌具之家，经营汛官弁于半年内拿获者，因其可以搜查销毁，拔本清源，自应照例优叙。若系拿获经过贩卖之赌具，与拿获制造者有间，止将首缉之人加一级，协拿之人纪录一次，其该管兼辖、统辖官，于岁终汇册报部，查明所属有议叙加一级者，兼辖官纪录二次，统辖官纪录一次。

禁赌 018：乾隆二十九年奏准

制造赌具之家，审明出于某汛，将该汛专管官降二级留任。如系自行拿获，将如何拿获缘由，据实申详督抚提镇，将专管官加一级。傥境内有藏匿牌版，并存留旧制赌具，希图售卖者，该汛专管官不行查出，罚俸一年。

禁赌 019：乾隆二十九年又奏准

地方有描画纸牌，将失察之专管官降一级留任，至拿获描画纸牌，及贩卖存留，如能访究根源，销毁器具者，照拿获制造赌具例议叙。其地方有将描画纸牌贩卖者，失察之专管官，罚俸二月。其地方因聚赌将纸牌存留者，失察之专管官，罚俸一月。

禁赌 020：乾隆二十九年三奏准

武职官员无论赌银赌饮食等物，及开场容留赌博，并上司与属员赌博为乐者，均革职照例治罪，永不叙用。

禁赌 021：乾隆二十九年四奏准

武职因文员承审斗殴等案，究出赌博赌具，始行协同拿获者，止应免其从前失察处分，毋庸议叙。

禁赌 022：乾隆二十九年五奏准

兵役犯赌，本官自行查出申报者免议，失于查察者，每次罚俸三月。如明知赌博，不行查究，别经发觉者，将本官罚俸一年。

禁赌 023：乾隆三十年覆准

外结赌博案件，该州县通报之时，臬司衙门详记档案，俟审结后，察其是否该员自行拿获，抑系别经发觉，统于季终摘叙事由，将失察之员汇参，照例议处。傥该专汛武职隐匿不报，或经告发，或被访闻，将隐匿不报之员，罚俸九月。

禁赌 024：乾隆三十一年奏准

压宝赌博之案，查明实系寻常日用之盒，并非宝盒者，毋庸以失察赌具查参，即经拿获，亦不准滥请议叙。如确系雕镂铜锡等盒，专为压宝之用者，于案内详晰声明，将失察及拿获各官，悉照制造赌具例，一体议处议叙。

禁赌 025：乾隆三十一年又奏准

首先拿获赌具之员加一级，协拿之员纪录一次。其失察制造赌具，革职留任，描画纸牌，降二级留任，旧存赌具，降一级留任。

禁赌 026：乾隆三十二年奏准

拿获描画纸牌，及贩卖赌具之案，能访究根源，销毁器具者，首先访缉之员加一级，协拿之员纪录一次。至但经拿获，不能访究根源，销毁器具者，首先访缉之员纪录二次，协拿之员毋庸议叙。

禁赌 027：乾隆四十四年奏准

官员前经访获赌具议叙，得有级纪后，复失察赌博者，免其查销从前级纪，仍照例议处。

禁赌 028：乾隆四十九年奏准

匪徒诡立花会名色，编号制筹，邀集多人，摇骰聚赌，该地方武职失于查察者，降二级留任，自行访知，于旬日内拿获者免议。觊规避处分，讳匿不报，及有心纵容，经上司访获者，严参革职，讯明如有贿纵情弊，照例治罪。

禁赌 029：嘉庆十二年议定

凡地方有经旬累月开场聚赌之案，破案时未能供出次数者，将不行查拿之专管官，罚俸六月。

禁赌 030：道光九年议准

官员拿获制造赌具，将如何拿获缘由，据实申详督抚提镇，如系铜锡宝盒印板纸牌骨骰等项，将首先拿获者加一级，协护者纪录一次；若系描画纸牌，首先拿获之员，纪录二次，协拿之员，二案纪录一次。此等拿获赌具之员，武职每案止准一员首缉，一员协拿，分别议叙，如系文职首获，文职协获，其武职随同协拿者，亦准一员议叙。

禁赌 031：道光九年又议准

武职专汛官并未协拿赌具，捏称协拿者，降二级调用。兼辖统辖官扶同隐饰者，均降一级调用。提督总兵未经查出者，各罚俸三月，督抚交吏部议处。若兼辖统辖官并非有心扶同，但据详转报者，各罚俸六月。

禁赌 032：光绪十二年覆准

嗣后武职人员拿获赌具之案，必将拿获缘由，照例分析声明，如本汛之员随同协拿者，止免其失察处分，不得请给议叙。若实系拿获邻境赌具，方准分别首先协获，并所获何项赌具，逐一叙明，咨请议叙，并将本汛失察之员，随案咨参，不得率以随同协拿等词声叙，希图开脱处分。如仅将议叙之员咨送者，仍俟失察职名开送到后，一并核议，以杜取巧。

救火〔例9条〕

救火001：康熙九年议准

京城巡捕营地方有奸细凶徒放火，不能查拿之专汛官降四级调用，兼辖官降二级调用。

救火002：康熙九年又议准

武职各官所管地方失火，延烧文卷仓廒者，专汛官罚俸一年。如将钱粮文卷擅藏私家，以致焚毁者，将该员降一级调用。

救火003：康熙二十六年议准

京城巡捕营地方失火，延烧民房十间以下，即能扑灭者免议。如不能扑灭，延烧十一间至三十间者，千总、把总、守备、都司罚俸九月，游击、参将、副将罚俸六月；三十间以上者，千总、把总、守备、都司罚俸一年，游击、参将、副将罚俸九月；二百间以上者，千总、把总、守备、都司降一级调用，游击、参将、副将降一级留任；四百间以上者，千总、把总、守备、都司降二级调用，游击、参将、副将降一级调用；六百间以上者，千总、把总、守备、都司降三级调用，游击、参将、副将降二级调用。

救火004：乾隆十年覆准

各省地方失火，延烧民房，如系城内，将在城驻扎之专汛及兼辖官，照巡捕营例，按间数分别议处。至城外村庄失火，延烧民房，有该管官在于该处驻扎者，亦照巡捕营例，按间数分别议处。若驻扎与失火地方相隔，扑救不及，延烧民房十间以下，即能扑灭者免议；十一间至百间者，专汛官罚俸九月，兼辖官罚俸六月；一百间以上者，专汛官罚俸一年，兼辖官罚俸九月；五百间以上者，专汛官降一级调用，兼辖官降一级留任。

救火005：嘉庆六年奏准

巡捕营所属地方，有失火延烧民房，至四百间以上者，步军统领、总兵罚俸一年；六百间以上者，步军统领、总兵降一级留任。

救火006：嘉庆六年又奏准

各省城内失火，延烧民房，同城提镇，照京营步军统领总兵例议处。

救火007：嘉庆六年三奏准

监狱失火，烧毙罪囚，扑救不力之专汛武职降二级留任，同城兼辖、统辖官降一级留任，不同城兼辖，统辖官罚俸一年。

救火 008：道光十七年题准

营兵藉名救火乘机抢掠，将约束不严之专管官降二级调用，兼辖官降二级留任，统辖官罚俸一年。若专管官立行查拿究办者，均免议。如讳饰不报，有意消弭者，将该管官革职。

救火 009：道光十七年又题准

外省凶徒放火延烧房屋，无论曾否致死人命，俱以失事之日起，扣限四个月题参疏防，将承缉接缉及兼辖统辖各官，均照盗案例，按限参处。傥该管官讳匿不报，亦照讳盗例革职。如放火尚未延烧，即经救熄，或烧人空闲房屋及田间积聚之物，本犯罪止军流者，扣限六个月查参，限满不获，专汛官罚俸一年。

杂犯〔例 18 条〕

杂犯 001：康熙三十八年议准

武职宿娼者，革职；奸家下人有夫之妇者，降一级，罚俸一年；强奸军民妻及奸官员妻者，革职治罪；和奸军民妻者，革职；拿获奸夫、奸妇私放者，罚俸一年，得财者革职。

杂犯 002：雍正五年议准

绿营官弁暴厉殴死奴仆者，照八旗殴死奴仆例议处。

杂犯 003：乾隆二十四年覆准

现任大小官员，如将犯案刺字之长随滥行收用，系刺面之犯，显然可验者，降一级调用；系刺臂之犯，误行收用者，罚俸一年；明知系犯案刺臂之犯，仍容留在署者，降一级调用。

杂犯 004：乾隆三十五年奏准

在京在外有将秧歌脚、惰民婆、土妓、流娼、女戏、游唱之人容留在家，有职人员革职，照律拟罪。其平时失察窝留此等妇女之该管武职，罚俸六月。

杂犯 005：嘉庆六年奏准

奴仆逃走，该本主不行呈报者，系官罚俸一年，自行申报地方官查拿究治者免议。

杂犯 006：嘉庆六年又奏准

官员奸军民妻者，该管上司明知徇隐，不行揭参，降三级调用。如系失察，同城降一级留任，不同城罚俸一年，其自行查出揭参者免议。

杂犯 007：嘉庆六年三奏准

匪徒诱买良家妇女，在境潜匿卖奸及窝聚光棍朋赌，该地方武职不行查拿者，罚俸一年。若兵丁知情徇隐，该管官失于觉察者，降一级留任。若兵丁在内串通勾伙取财者，该管官降一级调用，兼统各官罚俸一年。

杂犯008：嘉庆六年四奏准

城市乡村于当街搭台酬神者，止许白昼演戏，如深夜唱戏，男女混杂，致生斗殴、赌博、奸窃等事，该管武职官不严行禁止，罚俸一年。

杂犯009：嘉庆六年五奏准

匪徒伙众兴贩妇人子女，藏顿境内，该地方专汛武职失于查拿，罚俸一年。知情故纵者，降一级调用。地方有兴贩妇人子女，转卖图利等事，专汛官不能查出申报者，罚俸六月。

杂犯010：嘉庆十六年奏准

西洋人潜住内地传教，并民人传习西洋教者，该督抚据实查参，将失察容留传教之地方专汛官降二级调用，兼辖官降二级留任，统辖官降一级留任，提镇罚俸九月。知情讳匿不报者，专汛官照讳盗例革职，该管上司照讳盗例分别议处。如在地方潜住，并未传教者，专汛官降一级调用，兼辖官降一级留任，统辖官罚俸一年，提镇罚俸六月。如西洋人仅止过境，并未逗遛，失察之专汛官降一级留任，兼辖官罚俸一年，统辖官罚俸六月，提镇免议。如该管官能先事访闻拿获破案，或密报上司，知会邻封查拿究办及协获首伙人犯者，均照失察邪教获犯破案之例办理。〔谨案：此例同治元年删。〕

杂犯011：道光六年谕

张师诚奏：阜阳县处决罪囚错误审明定拟一折。此案已革阜阳县知县李复庆等，监视处决秋审罪囚，将斩绞两犯错误，经该抚讯因人多拥挤，所有该兵役等应得罪名，著交刑部议奏。各省秋审情实人犯，一经予勾，各该州县营弁自应慎重办理，乃近来各省屡有斩绞错误之案，总因未能严肃弹压，押犯兵役又复因忙乱拥挤，不及点验清楚，以致每有错误，实属不成事体。嗣后著各该督抚严饬州县，于秋审勾决各犯，先期会营多派兵役弹压，肃清地面，毋任人多嘈杂，并著各该营弁亲视行刑，毋得仍前玩忽。

杂犯012：道光九年议准

地方有奸民倡设邪教，附和邪术，煽惑愚民，以致酿成叛逆不法，将平日漫无觉察之该地方武职革职，兼辖、统辖官俱降二级调用，提督、总兵降一级留任。自称为神为佛，传布符水经板，煽惑愚民，聚集多人，结会敛钱，张旗鸣锣者，专管官降二级留任，兼辖、统辖官罚俸一年，提督、总兵罚俸六月。或私行邪教，尚无聚众结会敛钱等事者，专管官降一级留任，兼辖、统辖官罚俸六月，提督、总兵罚俸三月。如该管官能于未经发觉以前，先事访闻，查拿破案，或一经发觉，即勇往擒治，将传教案犯，迅速拿获，由该督抚临时奏请奖励，恭候钦定。或先已访闻，因匪党众多，力不能办，立时密报该管上司，及知会邻境查拿破案，准其功过相抵，免其议处。若系文职及别汛访闻究办，该地方官能协同拿获首犯，或拿获伙犯多名，均照本例减等议处。其前任未经访出各员，均照例办理。傥该管官明知故纵，隐匿不报，事发，照违盗例革职，从重治罪，该管上司照本例加等议处。若该管官通同讳饰，一并革职治罪。如属员业已详报，该上司隐饰不即查办者，将该上司革职治罪，详报之员免议。

杂犯 013：道光九年又议准

巡捕五营地方遇有钱铺奸商诓骗银两，一经具报，该地方武职即行飞速严拿，详送究办。如失于查拿，以致奸商逃逸者，步军统领勒限两月查参，限满不获，将专汛都司、守备、千总、把总、外委住俸，兼辖之副将、参将、游击罚俸六月，限一年缉拿。二参限满不获，将专汛都司、守备、千总、把总降一级留任，外委官革去顶戴，兼辖之副将、参将、游击罚俸一年，人犯照案缉拿。

杂犯 014：道光九年奏准

京城巡捕五营及各省州县，设有墩铺防兵地方，遇有伙众抢夺良家妇女，及用药迷拐男妇子女之案，巡捕营扣限两月题参，各省扣限四月题参，初参限满不获，专汛官住俸，外委官停其拔补，兼辖、统辖官罚俸六月，俱限一年缉拿。二参限满不获，专汛官降一级留任，外委官革去顶戴，再限一年缉拿，兼辖、统辖官罚俸一年，人犯照案缉拿。三参限满不获，专汛官降一级调用，外委官革退，人犯交与接任各官照案缉拿。若失事地方向未设有墩铺防兵者，初参限满不获，专汛官停升，外委官停其拔补，兼辖、统辖官罚俸三月，俱限一年缉拿。二参限满不获，专汛官罚俸一年，外委官重责二十棍，再限一年缉拿，兼辖、统辖官罚俸六月，人犯照案缉拿。三参限满不获，专汛官降一级留任，外委官革去顶戴，人犯照案缉拿。如于限内获犯及半，兼获盗首者，免议。若获犯及半，盗首未获者，专汛协防官照盗首不获例议处。如承缉官于初参限内去任，接缉官初参限满不获，罚俸一年，再限一年缉拿，二参限满不获，罚俸一年，人犯照案缉拿。如系初参限外去任，接缉官一年限满不获，罚俸一年，人犯照案缉拿。傥有讳匿及事主未报等情，悉照讳盗及失察事主被盗不报例分别办理。

杂犯 015：道光二十一年议准

地方设立粥厂、饭厂、米厂以及散放棉衣，该管官务令承领男妇鱼贯而入，挨次散放，如任其拥挤，不加约束，以致伤毙人命，该管官降一级调用，兼理官罚俸一年。

杂犯 016：道光二十二年覆准

官员因火药不敷，不自督率备造，滥饬属弁给发民人印照，代买硝斤，以致偷漏售卖者，降三级调用，听从之属弁罚俸九月。

杂犯 017：咸丰四年谕

嗣后遇有匪徒潜匿及奸细勾结重案，无论被人呈告，或被邻境查拿，本地方官审有确据，即行申详严办者，准将应得处分，奏请免议。其本地方官自行访拿首要逆匪及通贼奸细，实有劳绩可称者，并准其酌量鼓励。倘事前既不能查察，及事发到官，又复畏难徇隐，即立予革职，治以应得之罪，决不宽贷。

杂犯 018：同治十年奏准

地方遇有民教滋事，起于仓猝，不能即时解散，止于失察未经查拿者，该管官降一级调用。

河工〔例 27 条〕

河工 001：原定

武职修筑黄河堤岸保固一年，运河堤岸保固三年，如黄河堤岸于半年内冲决，运河堤岸于一年内冲决者，将承修官革职。黄河堤岸过半年冲决，运河堤岸过一年冲决者，将承修官降三级调用。如过年限冲决者，将该汛管河官革职，戴罪修筑，工完开复。其有将督修之兼辖官并参者，照文职河道例议处。

河工 002：原又定

堤岸冲决，限十日内具报，如过十日具报者，降一级调用。沿河堤岸不豫先修筑，以致漕船阻滞者，降一级调用。

河工 003：原三定

堤岸冲决，以少报多者，降三级调用，转报者降二级调用。若于年限内将所修堤岸冲决，隐匿不报，指他处呈报冲决者革职，转报官降五级调用。

河工 004：原四定

武官修筑堤岸工程，均限半年完工，如限内不完，承修官罚俸一年，督修官罚俸六月，再限三月完工，如再不完，承修官降一级调用，督修官罚俸一年。

河工 005：原五定

武职修筑堤岸，有一处夯杵不坚，盛水即漏，并有一二丈不丰满合式者，降一级调用；两处夯杵不坚，盛水即漏，并有三四丈不丰满合式者，降二级调用；三处夯杵不坚，盛水即漏，并有五丈以上不丰满合式者革职。督修官察其所属有一人议处者罚俸一年，二人议处者降一级调用，三人议处者降二级调用，四人以上议处者革职，如有议处议叙相同者准其抵算。若督修官查出揭参者免议。

河工 006：原六定

卫所官委办河工私自潜回，以致卫夫星散者，革职戴罪督催，工完日开复。

河工 007：原七定

堤岸冲决，有例应革职戴罪赔修者，限六月完工，督修官降四级留任，均俟工完开复，如限内不完，赔修官革职，督修官降四级调用，未完工程仍令赔修。

河工 008：雍正三年议准

山东、河南、江南各河营，每兵每年栽柳百株，栽不足数者，专管千把总罚俸一年，守备罚俸六月。栽不及半者，专管千把总降一级留任，仍令补栽，守备罚俸一年。至各官捐栽柳秧，成活五千株者纪录一次，一万株者纪录二次，一万五千株者纪录三次，二万株者加一级。种苇一顷者纪录一次，二顷者纪录二次，三顷者纪录三次，四顷者加一级。

河工 009：雍正四年议准

武职修筑堤岸工段丈尺桩埽料物等项，有估计过多，存心浮冒者，将该员革职。承查官扶同徇隐者，照徇庇例议处。

河工 010：雍正十二年奏准

运河堤岸专汛官督率兵丁，照本汛应取土方数目，堆积备用，不如数者罚俸一年，不及一半者降一级留任，戴罪堆积，完日开复。

河工 011：乾隆三年议准

河营官弁于汛河官地内，捐栽小杨树五百株者，纪录一次，一千株者纪录二次，一千五百株者纪录三次，二千株者加一级。如所栽不及议叙之数，准于次年补栽，合算议叙。其树交该管之汛官，照管培养。倘有枯损偷盗，在一百株以内者，责令赔补，至一百株以上者，降一级留任，赔补完日开复。若将民地指为官地，强占栽植，希图议叙者，照强占官民山场河泊律治罪。

河工 012：乾隆九年议准

河工采买苇柴武职各官，于每年定额之外，多采买五万束者，该督计功奖赏，至十万束者纪录一次，再有多者照数递加纪录。

河工 013：乾隆二十三年谕

豫东黄河大堤，相隔二三十里，河宽堤远，不与水争，乃民间租种滩地，惟恐水漫被淹，冀图一时之利，增筑私埝，以致河身渐逼，一遇汛水长发，易于冲溃，汇注堤根，即成险工，不知堤内之地，非堤外之地可比，原应让之于水者，地方官因循积习，不加查禁，名曰爱民，所谓因噎而废食者也。著交与河南、山东巡抚，严饬该地方官，晓以利害，严行查禁，俾小民知所顾忌不许再行培筑，地方官不实力办理，及厅汛员弁明知徇隐，即行参处。嗣后如有仍沿积习，为害河防者，惟该抚等是问。

河工 014：乾隆二十五年奏准

江南、山东、河南黄河两岸滩地，每年霜降后，营汛各官将冲刷支河几道，长宽深浅丈尺若干，应筑土坝几道，高矮长宽丈尺若干，逐一亲加确勘，移会地方官覆勘，核计土方数目，先尽兵夫力作，将额积土方，分派兵夫堵筑。如兵夫额土不敷，地方官即拨民夫堵筑，统限霜降后一月内会造清册，详道核转，定限次年春融兴工，桃汛前如式完竣，结报该管河道，亲验转详。经过伏秋汛后，所筑土堤并无坍塌，承筑官加一级，二年内无误准加一级，随带三年内始终无懈，于河道实有裨益，该督抚保题以应升之缺即行题补。如于水落后，不即亲勘估计，移会印官覆勘，及桃汛前不能完竣者，经管官降一级调用，兼管官罚俸一年，总河交吏部议处。

河工 015：乾隆二十五年又奏准

江南苇荡营额柴，按年照数清完，依限运交，未完一分者，该汛千把总罚俸一年，守备罚俸六月，参将罚俸三月；未完二分者，千把总降职一级留任，戴罪督完，守备罚俸一年，参将罚俸六月；未完三分以上，千把总革职，守备降职一级留任，戴罪督完，参将罚俸一年。均勒限一年，照数督催，全完开复，不完照所欠柴束分赔，千把总赔六分，守备赔三分，参将赔一分，赔完之日，俱准其开复。

河工 016：乾隆二十五年三奏准

失火烧毁河工料物，如有藉端捏掩者，该管官革职究追，若巡查不力，烧毁料价数在一千两以下者，该管官罚俸一年，勒限一年赔完，不完降一级留任，全完开复，再一年不完降一级调用；一千两至五千两者，该管官降三级留任，戴罪赔补，限一年赔完开复，不完照所降之级调用，加级纪录俱不准抵销，离任后仍勒限一年，不完革职；五千两以上者，革职暂免离任，戴罪赔补，限一年赔完开复，不完革任。其降调革职革任人员，俱留工勒限一年追完，如不赔完，著落原籍追赔。

河工 017：乾隆二十五年四奏准

河标苇荡营战守兵丁勤劳出力，首先采柴完缴，并能熟练弓马者，准其拔补外委千把总。如采办迟延，运交短少，不能练习弓马者，即行责革，照例追赔。

河工 018：乾隆二十五年五奏准

黄河两岸捕鱼小船，令清河县造册编号，责令该处管河县丞、河标、把总经管，遇有粮船失风，该把总不行约束稽查，致有乘机抢掠之事，或被旗丁首告，或经催漕之员禀报查参，照约束不严例降一级调用。

河工 019：乾隆二十五年六奏准

河工部驳核减银两，以奉准部咨之日为始，三百两以上勒限一年全完，三百两以下勒限六月全完，将俸廉尽数扣抵，傥扣不足数，或不支俸廉之员，勒令自行完纳，如逾限不完，现任官停其升调，效力官停其补授，再勒限完纳，不完，现任官暂行解任，效力官暂行革职，仍留河工，再令完纳，完日开复。如仍不完，现任官即行革职，效力官即行革去职衔，俱交巡抚监追治罪，其现任汛弁责令该管守备承追，现任守备责令该管游击承追，现任参将游击责令河库道〔今裁缺〕催追。其承追不力各官，初参降俸二级，戴罪督催，完日开复，如逾限不完，罚俸一年，仍令督催。

河工 020：乾隆二十五年七奏准

河工岁修抢修工程银两，经总河核减，以题销之日起限，数在三百两以下者，扣限三月追完，不完及完不足数者降一级留任，再限三月，全完开复，傥仍不完，照亏空例革职监追；数在三百两以上者，扣限六月追完，不完及完不足数者罚俸一年，再限三月追完，傥仍不完，降一级留任，再限三月，全完开复，如不完，照亏空例革职监追，交部从重治罪。其督催不力之该管上司，如本员罚俸一年者将上司罚俸六月，本员降一级留任者上司罚俸一年，本员革职者上司降一级留任，三年无过开复。

河工 021：乾隆二十五年八奏准

河工工段修做不如式及物料价值稍浮，经河臣核减后升调缘事离任者，俟交代清完，接任官方准出结，如有未完，即行揭报，如不揭报，欠项著落接任官赔补，仍照徇情例降二级调用。该管上司不行转揭请参者，亦照此例著赔议处。如已经升调缘事离任后经核减，行文各该抚查追。

河工 022：乾隆二十八年议准

河工办料，以厅员为专管官，以守备为兼管官。修做工程，以守备为专管官，以厅员为兼管官，互相稽查。如厅员豫备料物，不能依限全到，守备据实揭报者免议，傥容隐不报。经该管上司查出，将兼管之守备降一级留任。至营员修做埽工，不能如式，厅员据实揭报，或厅员容隐，而该管上司查出，将专管之守备降一级调用，兼管之厅员罚俸一年。

河工 023：乾隆三十七年奏准

河工漫口，在工员弁如能抢护平稳，合龙迅速者，该河道总督分别等差，送部议叙，兵部将列为一等各员纪录三次，二等纪录二次，三等纪录一次。

河工 024：嘉庆六年奏准

河北一带运河，流沙淤浅之处，令巡河武职各汛官弁及时疏浚，如不速为挑浚，有误空重漕艘者，将各汛官降一级调用，该管上司罚俸一年。

河工 025：嘉庆六年又奏准

凡重运经临，令管河各厅汛于河道两旁详细查勘，如有倒卸堤岸，存留旧桩并插入树根未经挖刨者，即时起除，河道总督等不时委员查察，据实申报。其有因河底石块旧桩及柳根等项触漏沉溺者，领运官免其失防处分，将专管河务文武各官，照沿途堤岸豫先不行修筑例降一级调用，兼管河务之地方官罚俸一年，查报不实之委员，罚俸六月。

河工 026：道光九年奏准

黄河堤岸半年内，运河堤岸一年内，有冲决者，将修防守备、千总、把总、外委等官均行革职，游击、参将等官降四级调用。如黄河堤岸过半年，运河堤岸过一年外冲决者，将修防守备、千总、把总、外委等官全行革职，游击、参将降三级调用。

如过固限冲决者，经修官免议，管河防守各官革职戴罪修筑，游击、参将降二级调用，督修工完开复。若固限之内，修筑之官已去，而防守之官疏忽，致有冲决者，将原修防守之官一体处分。凡堤岸冲决，河流迁徙者，照前例处分外，若堤岸因河水漫决，河流不移，系在保固限内者令经修官赔修，在保固限外者令防守官赔修，俱革职留任，戴罪限六个月修完，游击、参将降四级督赔，工完开复。如赔修官逾限不完，游击、参将不行揭报，各降三级调用。堤岸冲决，限十日内申报，如过十日后申报者，本管官降二级调用。

河工 027：光绪七年奏准

河工修防各员减料偷工，图饱私囊，以致动辄溃溢，险工叠出，又复多领帑项，从中侵渔，经该上司奏参者，原修防守各武职，均革职治罪。

工 部 禁 令

坛庙禁令〔例 8 条〕

坛禁 001：康熙五年议准

各坛庙遇有损坏，该管官即行具报。如迟延不报，以致盗失砖石、木植等物，将该管官题参议处。

坛禁 002：康熙五年又题准

离天地等坛，十有五步之内，不许埋葬，开沟栽种。其附近坟茔，令该城御史察勘，有力者自行迁葬，无力者报部，酌量给银迁葬。

坛禁 003：康熙二十四年奏准

牺牲所牧管理畜牧，准于天坛附近处给房居住。

坛禁 004：康熙三十三年遵旨议定

天坛风沙淤壅之处，于大路旁栽种柳树御风，所栽之树，交巡捕三营看守。

坛禁 005：雍正十二年议准

太庙、社稷坛内承直人役，各于街门上设门籍，备书姓名于上，并令各带腰牌，责成看守旗员，验明出入。如无腰牌出入者，立即拿究。倘该员不敬谨查验，一经查出，指名参处。至旗员内监及刘卓人夫，令太常寺造具清册呈部，并知会内务府御史一同严查。

坛禁 006：乾隆四十七年谕

凡祭坛行礼派出查坛之王大臣等，皆在门外站班，虽属遵循旧制，但恐于管理坛内执事人员声音行礼齐班，稽察难周，大典攸关，内外理应一体致敬。嗣后凡派出之王大臣，若四人，著门外二人，坛内二人，站班轮流稽察，若二人，亦著一体分管，断不可稍有疏忽。

坛禁 007：嘉庆八年奉旨

向来天坛神乐署两廊以外空地，有太常寺官生建屋居住，并租给铺户收息，以为贴补当差修理之用。但郊坛重地，理宜内外肃清，自不便任听该官生率行租给平民，在彼贸易。惟相沿已久，若骤令搬移，则现在开设店铺之人，赀本货物恐多抛弃。著照长麟等所请，即令步军统领、顺天府衙门，于天坛外墙之外，指定隙地一处，准令各官生等将坛内自建房间移于坛外，仍准其收租贴补，该铺户民人，亦可不致失业。

坛禁 008：咸丰四年谕

牧放马匹，偷砍树株，例禁綦严，必当认真查察。所有天坛围墙以内，著太常寺饬令坛官、奉祀官，率同坛户人等，敬谨看守。其围墙以外，著步军统领衙门，饬令直班官兵，梭织巡查，以昭慎重。仍著太常寺堂官及步军统领等，不时亲往稽查，倘有疏懈，即著将该班官员兵丁等严参惩办，毋得视为具文。

城垣禁令〔例 9 条〕

垣禁 001：顺治二年定

内外城楼及城上堆拨，不许闲人登视，违者交部治罪。

垣禁 002：顺治十七年题准

内外城垣，凡有顽民窃砖盗卖者，送刑部依律治罪。

垣禁 003：雍正八年奏准

令步军统领严饬该管营弁，不许附近居民于城根取土。

垣禁 004：乾隆九年谕

各省城垣，自应加谨防范，以资保障。其残缺处所，修理虽有缓急，若地方官果能随时补葺，自不至介然成路，岂可纵容民人登陟，不为查禁整理。朕从前经过地方，现有残缺之处，听民人踰越渐成路径者，令各省督抚董率有司，留心整饬，毋得仍前玩视。

垣禁 005：乾隆十三年议准

陕省边墙，在河套内者二千里，在河西者三千里。套内之地，沙浮无土而轻扬，墙当浮沙之上，坍塌者多。河西之沙，兼土而实，坍塌者少。套内旧建十二堡，现在居人八百十九砦，七十八小墩，十五大墩，尚有坚完可观者，其墙虽傅浮沙，亦可为中外之限，一切砖石自不应听其倒塌，为闲人取去。若河西之墙，则尤不可使之渐坏。令陕西督抚，将现在边墙，饬令该管官弁加意保护，其有坍塌砖石，收储备用，毋许听人窃取。如漫不经心，即将该管官弁照例指参。凡有边墙各省，均照此例办理。

垣禁 006：嘉庆十一年奏准

嗣后各省城垣，通身按门分定段落，钉牌注明某段派某门卡兵专管，由县铸给斧、镰、箕担各一具，存卡交代，令各兵随时照管。其城身里外皮、女墙、垛口、台基等处，遇有荆棘萌生，立为芟除，雨漫坑洼，即为填整，禁人践踏。该兵丁等如有懈惰，即行斥革，勤加守护者，随时奖拔。

垣禁 007：嘉庆十三年奉旨

著派费淳、常福，前往崇文门外履勘现在所挖土坑宽深丈尺，相距城根远近若干，并将修城取土则例详悉查明。如向无定例，则察看情形，将挖土处有无妨碍，据实具奏。钦此。遵旨覆奏：前往崇文门外详细履勘挖土处所，计长十七丈余，宽二丈五尺至三丈五尺不等，深一尺五寸至三尺余不等，相距城根二丈八尺至四丈余不等，系在灰土散水以外，于城垣尚不致有妨碍。复查修城取土远近，向无定例，在京各工需用土方，系每方例价银一两一钱七分，交各该工自行采取。惟城工需土较多，若非就近取土，一时骤难敷用，且恐运费多糜，但不定以限制。又恐离城太近，有碍城根。今拟以离五丈为度，现在该工取土之处，有离城根及炮台在五丈以内者，应令承修之员，即行填垫完固。其在五丈以外者，亦随将渣土补还，毋致坑洼积水，统于工竣之日，一律坚实坦平等因。奉旨：城垣切近地面，挑取土方，自应定以限制。著即照所议定例，以距城五丈为限，五丈以内不准取土。所有崇文门外现在挑挖土坑，在五丈以内者，即令承修之员，勒限填筑完固，并补还低洼处所，以免积水。此次因向无成例，承修官免其议处，若定例以后，再有于近城五丈限内取土修工者，即著该管官查禁参奏。

垣禁 008：嘉庆十六年谕

前派兵、工二部堂官前往各城，周历四面城垣，详查有无缒物绳痕。兹据覆奏：各城垣上绳痕共有一千余道，其中有因兴举城工缒取料物者，有因芟除城墙草木系绳缒下者，并有堆拨官兵乘便取用什物，以致日久牵曳绳迹滋多等语。京师重地，周围城垣自应一律整齐，每遇兴举大工，例有架木天桥可以转运，本不应于城上缒取。即寻常工程，或就近缒取料物及芟除草木，所有牵曳绳迹，事竣后，著随时责令立加修整。至堆拨官兵应用什物，各城均有马道可行，何得于城上乘便取物，毫无忌惮，实属藐玩。除旧有绳迹著工部堂官等勘明修葺外，此后附近堆拨地方城垣，如再有缒物绳迹，即将该处堆拨官兵治以应得之罪，其应如何酌定罪名，著刑部另议专条具奏。

垣禁 009：道光二十二年谕

昨据御史安诗奏：阜成门外城墙，有人穿穴睡卧，请饬查禁一折。当派玉明、载增前往查勘。兹据查明，阜成门北城墙有横穿一穴，穴内平坦，可容睡卧等情。城垣少有缺损，即当随时修治，何得任令掏挖睡卧，毫无觉察。步军统领及左右两翼总兵，著交部察议，并著将该管员弁指名参奏。其穿穴处所，著即赶紧缮修，务令完固。此外各门城墙，如查有缺损之处，亦著一律缮治。经此次训谕之后，傥再玩泄从事，致城墙有掏挖情形，别经查出，定将该管各官从重惩处。

第宅禁令〔例 6 条〕

宅禁 001：顺治初年定

王府营建悉遵定制，如基址过高，或多盖房屋者，皆治以罪。

宅禁 002：顺治四年

郑亲王建造王府，殿基踰制，又擅用铜狮龟鹤，罚银二千两。

宅禁 003：雍正十二年议准

京师重地，房舍屋庐自应联络整齐，方足壮观瞻而资防范。嗣后旗民等房屋完整坚固，不得无端拆卖。倘有势在迫需，万不得已，止许拆卖院内奇零之房。其临街房屋，一概不许拆卖。

宅禁 004：乾隆八年奏准

兵民人等临街房屋，皆其恒产，非有急故，谁肯轻弃。或因年久倾圮，修整无力，即欲变价，苦无售主，又碍禁令，不敢违例拆卖，势必日久坍倒，砖瓦木植尽归无用。嗣后除旗人指俸认买官房扣限未满私行拆卖者照例治罪外，其已清帑项作为本人产业，或因倾颓无力修整，或有万不得已拆卖济急情由，城内报明该地方步军校，城外报明司坊官存案，准其拆卖。其有不告官司，将认买官房私行拆卖者，查出照例治罪。至于兵丁自置产业，无论院内临街，均听自便，番役人等不得藉端勒索。

宅禁 005：乾隆八年又奏准

京城庐舍，观瞻所系。今旗民临街房屋准其拆卖，虽属便民之举，但不为设法办理，恐将来拆毁过多，不足以肃观瞻。嗣后旗民人等临街房屋，实在拆卖济急者，呈明该地方官察看，果系僻巷尚可建筑墙垣，令其拆卖，即行筑墙遮蔽，联络整齐。其余临街房屋，不可建筑墙垣者，仍一概不准拆毁。

宅禁 006：乾隆十九年谕

京师为万方辐辏之地，街衢庐舍，理应整齐周密，以肃观瞻。乃近来京城内外，多有拆售房屋者，行户等亦藉以居奇射利，此陋习也。现因八旗人众，居住不敷，特发帑金增置，以资栖止。该管大员祇图近便，率购旧料，致将已成之屋辗转拆盖，料物必多耗折，是因增而转减，于生计亦属无益。著工部、步军统领、顺天府尹、五城御史出示，严行禁止。

物材禁令〔例 35 条〕

材禁 001：顺治四年题准

禁止马鞍等山樵牧，以山内柴草供烧石灰之用。

材禁 002：顺治十五年覆准

京城北面一带地方，不许烧窑掘坑，勒石永禁，违者指名参处。

材禁 003：康熙二年覆准

凡筑砖瓦窑，均令于离城五里不近大路之处烧造，违者治罪。

材禁 004：康熙十二年题准

内廷公所，如在工匠役偷盗物料，监工官罚俸六月，外人偷盗者，罚俸一月。不应内廷行走之人偷盗者，守门官罚俸六月，应行走之人偷盗者，罚俸一月。

材禁 005：康熙二十一年覆准

工程所需大木，如树在寺庙中及坟茔内者，不许混报封采。其近于寺庙坟茔者，亦不得藉口隐匿，违者治罪。

材禁 006：康熙二十二年题准

交送物料，若不精好，将铺户匠役惩处换送。如堪用物料，管工官役抑勒不收，系内务府者，部会内务府总管核参；系在外者，由部题参，书役皆交该部治罪。

材禁 007：康熙二十二年又题准

验收物料，不必等候全完，随到随收，给发实收。若逾限不给，事发，交部议处。

材禁 008：康熙二十二年三题准

看管物料，被人盗去者，该管官罚俸一年。

材禁 009：康熙二十七年议准

官民房屋墙垣，不许擅用琉璃瓦城砖，如违，严行治罪，该管官一并议处。

材禁 010：康熙二十七年覆准

采买解送竹木等项经收人员，若藉端抑勒，令解送官役指告，由部确查题参，严加治罪。

材禁 011：康熙三十三年覆准

管窑监督新旧交代，将库银及烧造物料验明注册，不许外卖。

材禁 012：康熙三十九年覆准

建造备办木植，酌定工程大小，定限催完。如有迟延，即照定例处分。

材禁 013：康熙三十九年题准

各处工程，铺户所送物料，在工官员勒索不收，被铺户出首，即题参治罪。

材禁 014：康熙四十年奉旨

桅杉架槁木植解到日，著司官即行验收，若藉端勒索以致迟误，经朕察出，或被科道纠参，定行严加议处。

材禁 015：康熙四十年题准

各工所需木植等项应发钱粮，由部取具监督印领发银，限定日期运收，违限，将该监督题参，照例处分。

材禁016：康熙五十二年题准

红石口、蝎子山，自青龙山往北高儿山、破头山、杨家顶一带，行文顺天府、大兴宛平二县、五城、三营、八旗及内务府管领等，通行严禁，毋许采伐。如有将禁止处所私行偷采石料者，拿交该部严加治罪。嗣后如有修造处应用物料，仍著钦天监官前往踏勘，果无关风水之山，方许采用。

材禁017：康熙五十八年题准

工程应用架木，管工官于工完日，将领过通梢架木，近处限四十日，远处限八十日，交回木仓。除损坏锯截外，于限内交回十分之九者免议，逾限全不交者参处。如木仓监督、该司满汉官等，徇情不行举出，一并题参。再，关系内廷工程，内务府官与部官彼此推诿，不于限内缴回木料者，工部会内务府总管，一同题参，交部议处。

材禁018：雍正三年覆准

各处取用物料，部委司官笔帖式，监令商人铺户备送，将收过物料数目，该处给发印文，会同查核，毋许私行销算，给发钱粮。如交送迟延，及捏称已交，竟不交送者，将监送官交部察议，商人等从重治罪。其物料交完，而该处抑勒不出收领，许监送官及商人等呈明，题参察议。

材禁019：雍正五年谕

各省采办木植等项，著该督抚遴选贤员办理，照民间价值给发，不许丝毫扣克，务令均沾实惠，仍著该督抚等时刻留心察访，俾属官敬谨遵奉。傥不遵谕旨，将该都督从重治罪。

材禁020：雍正五年奏

各处工程应用器具，设一收纳公所，委官监督，工程报完，即将准给器具，该管工官照数缴工，以三次为限，方准换给。奉旨：凡一应工程，日期多寡不等，所用器具若概以三次为限，然后换给，转难办理。嗣后工完时，可将所用器具，详查收贮，果有损坏，于再用时酌量换给。

材禁021：乾隆十二年议准

各省办解架、槁二木，公平木牙评价采买，不许借采办名色，将树木砍伐及将商木选择号记，其桅、杉二木，如必须在苗境购觅，令地方官询问苗民情愿，然后照依时价买砍。如有混买抑勒，指名题参。傥该管官不行揭报，亦即一并究参，分别议处。委员办理木植，除额解外，必须备带帮木，令所给批牌内，将额木、帮木名色数目，逐一填注，如有夹带私木，即行入官，该解员照例查参。并令本省督抚于开行之日，一面报部，一面咨会沿途督抚，饬行地方官，照粮船铜船之例，催趱出境。或有风水阻滞，地方官结报本省督抚，移咨解木省分，报部备案。若沿途无故逗遛私卖，地方官据实揭报请参。徇隐者查出，一并议处。

材禁 022：乾隆三十九年奉旨

嗣后惟搭天棚木植，准其锯截二成，此外概不准锯截。其工程向例，有将一工内行取架木对给别工应用，及数处工程互相对用之处，仍俱准其通融对用。

材禁 023：乾隆四十一年奏准

扎搭筵燕及供应一切棚座，其面宽进深，出檐调脊，以及添设隔断墙，并开做门口，均按定式丈尺扎搭，头停周围，缝席遮盖，必须一律整齐，方与房屋无异。原领架木，长短未能合式应用，若不准锯截，实难办理，所用架木，准其锯截一成。

材禁 024：嘉庆三年议准

各工取用架木，如有别工对用，及连对数处工程应用者，俱准其通融对用。至锯截成数，除初次取用照例锯截外，其对用各工，俱不得递行锯截。

材禁 025：嘉庆三年又议准

内外各工取用架木，工部木仓监督将欠交数目，按季造册付承办司分，并于每年年底汇总造册付司，该司按季严催。如有逾限，即将拖欠之员指名参处。

材禁 026：嘉庆三年议定

各省解送竹木等项到日，工部即派委司员验收，若经收人员藉端勒索，以致迟误，许解送官役指名首告，由部确查题参，或科道访查纠参，严加议处。

材禁 027：嘉庆八年奏准

刑部每年咨取秋审梨木板片，向例请领例价，派员在京采买，并非外省解交存储之物，又非如别项工程必须估修者可比，该衙门刊刻时，原可领价自行就近采买，且事经一手，又可拣旧抵新，通融办理。嗣后刑部咨取梨木板片，即由刑部自行采买，所需例价，仍由工部按年核给。其换下旧板，如有尚可刨刮抵用之处，由刑部自行派员核实拣抵。其余钦天监等衙门，所有咨取此项梨木板片之处，即照此一律办理。

材禁 028：嘉庆十四年奏准

嗣后各工架木，如实系大座工程，自兴工日起至工竣日止，用至一年以上者，果有损折，即于所领十成之内交价一成。用至二年以上者，果有损折，亦于十成之内交价二成。傥损折在所定成数之外者，即勒令买补还仓，不准交价。其损折数目，仍令该工于工竣日报部，由部移咨收工大臣勘验，附折声明，以凭核办。傥于收工之后，复行补报者，概不准行。至寻常工程，竣事在一年以内者，概令全数缴回，不得援请交价。再，各工架木，有彼此对用者，各就本工扣算年分，不得前后接算，致滋牵混。

材禁 029：嘉庆十五年奏准

内务府咨取同乐园雀鸟房天棚，应用通梢架木八十二根，锯截通梢架木三十四根更换。此项棚座，向例自搭造之后，不即拆卸，亦不交回，仍俟年久木植糟朽再行拆换。

材禁 030：嘉庆十七年奏准

嗣后各处行取架木，工完后均令交回，不准援照内务府咨取雀鸟房天棚之案，以杜弊混。

材禁 031：嘉庆十七年又奏准

各处行取木植大小不等，向每概行咨取大件木植，并不开明做法尺寸。嗣后各工行取木植，务将所做工程，开具做法尺寸清单，送部查核，如系必须桅木截木者，再行发给大件。其余一切零星工作，及年例行取笆笤、杆抹、扒杆等项，按其丈尺径寸，俱于累年积存架木内打截发给应用，以归核实。如按工计料，足敷应用，并无错讹，而该工因系架木不肯领取，即将不行领取缘由，知照该处销案，毋得再行补领。

材禁 032：嘉庆十九年覆准

嗣后办解木植，仍令遵照定例，于木植会聚之所，凭牙平价采办，不许擅行号记。其在苗境采办者，亦须访问苗民情愿，再行照依时价买砍。办木委员如有轻价勒买等弊，地方官不行揭报，即将委员并该管地方官一并查明指参，毋许再有百根选一选二诸名目。各木商亦应凭牙平价卖给，毋得居奇违抗。至委员买带护木，亦不得过额办木植之数，均令遵照旧例，将木植名色数目，于批牌内填注。如有夹带私木，沿途贩卖等事，一经查出，即将木植入官，并将该解员照例查参。

材禁 033：嘉庆二十三年议准

乌鲁木齐距京万里，其各属设商领票砍木输税，年终令商缴回照票，换给新票，仍将旧票送部，委难遵办。所有商头执照，由镇迪道验充，如有事故，地方官随时革除，另招妥商取结接充，咨部立案。

材禁 034：嘉庆二十四年谕

广惠奏：粮船跨带木植请定限制一折。江广重运粮船，向例准带天棚木植，不得高过二尺。自嘉庆十八年，经湖南巡抚奏准，船身两旁均准跨带木植，未经议有定额，以致各帮运丁，逐年增带，较从前多至五六倍，统计江广三省粮船，跨木六七十万根之多，既滋夹带漏税之弊，且于遄行有碍。该监督请明定章程，惟所称每船不得过二百根，木植之大小粗细本属不齐，仍易弊混。嗣后江广重运粮船，跨带木植，著即照天棚竹木之例，宽不得过二尺，以示限制。各帮运弁于未开行之前，先行查禁，到关时，该监督随时查验，如有违例多带者，分别参惩，以杜隐漏。

材禁 035：道光七年谕

富俊奏：请移卡伦稽查偷砍木植保护参山一折。吉林、黑龙江造船木植，及八旗兵丁砍取房木烧柴，向系以包勒萨木溪河为界。惟该处地方辽阔，山径丛杂，并未明立界址，近来吉林八旗兵丁木票，间有与木商私雇代砍，以致远赴参山大林，肆砍无忌，实于参山大有关碍。著照所请，即于通江之包勒萨木溪河沿江两岸，展宽地址，派员挖立封堆，所有八旗砍取房木烧柴，即在封堆以内，不准出封堆以外。该兵丁所领木票，毋得与木商私雇代砍。其吉林、黑龙江造船应用大木，查明照件发给官票，派员按数出界往砍，如有携带私木者，即照例治罪。至所砍木植，由上江顺流而下，不能陆运，江沿必须设立卡伦，以防奸民私运之弊，著将三岔岭一处卡伦裁撤，移设于包勒萨木溪河江沿东岸，其西岸即以原设辉法卡伦展立近江，互相稽查，官票木植，照验放行，查有私运，即行拿获治罪，木植入官，兵记功奖赏。倘有贿放者，一经查出，即严参治罪。

采捕禁令〔例 6 条〕

采禁 001：康熙二十年题准

宁古塔乌拉人在禁河内采捕蛤蜊，及采蜂蜜捕水獭人偷采东珠者，照偷采人参例，为首者拟绞监候，为从者枷两月鞭一百。各项捕牲人，将本身印票转卖他人者，买卖之人，各枷两月鞭一百。

采禁 002：康熙二十三年议准

凡民人在口外居住者，不论有无产业，悉令移进口内。如有违禁潜住，及避居山谷中捕牲者，令屯领催、村庄头，拿交守口官，转解刑部治罪。其喜峰口、古北口外附近地方，有别处人来捕牲，或在山谷中搭窝铺捕牲者，交管驿官长人等查拿。呼搭哈山谷中，有指称淘金聚集匪人者，交与鹰手并喀尔沁王查拿。波罗城附近村庄，有匪人潜住者，交与巴林翁牛特之各主驱逐，不听驱逐者，亦行拘拿。此等拿获之人，皆交送守口官转交刑部从重治罪。如守口官推诿，迟延日期，所拿之人竟解刑部，将守口官从重议处。至内务府走山之人，并鹰手及采取木料之人，悉照捕牲人例，由户部起票；伐树烧炭之人，由工部起票。其口外有地之人，雇觅内地民人种地者，亦由户部起票，方许出口。若口外无票行走之人，令所在地方查拿。八旗口外居住庄头人等，到别旗村口捕牲，或在山谷中搭窝铺捕牲，所在之人不行查拿，或被旁人出首，或被巡察人等拿获，将失察之人交守口官，一并解送刑部从重治罪。庄头革去，交伊主更换，如不更换，一并治罪。其屯领催、庄头及驿站头领人役，将应查拿之人不拿，或互相推诿不与协拿者，事发，俱听刑部从重治罪。若巴林翁牛特之庄头等，将无票之人隐匿不逐，又不查拿，被人首发者，庄头交理藩院治罪。雅图沟、黑山、度山、流河口、波罗城等处地方，有在彼处存住，窝藏无票匪人者，皆交附近居民查拿，若有诈称伐树烧炭起票转卖，及匪人私买假票潜藏居住，并违禁放鸟枪行走者，俱从重治罪。

采禁 003：雍正二年议准

山海关等关口，除搜获细小歪斜珠子及分两无多者，毋庸给赏外，如有搜获珠子至四两者，该管官纪录一次，巡察人等赏银二十两；搜获珠子至八两者，该管官纪录二次，巡察人等赏银四十两；搜获珠子至十二两者，该管官纪录三次，巡察人等赏银六十两；搜获珠子至十六两者，该管官加一级，巡察人等赏银八十两。再有多获者，照数递加赏给，由户部给发。至东珠有大小不同，有光无光之分，难以悬定，如有拿获者，临时酌量赏给。傥搜查不力，致有私带珠子过关者，该管官照失察律降三级调用，巡察人等照不应重律杖八十；明知故纵者，该管官革职，巡察人等杖一百、枷一月；受贿卖放者，计赃以枉法论，从重治罪。其巡察踪迹官员兵丁，应行赏给治罪之处，仍照旧例行。

采禁 004：乾隆三十年议准

采珠人等私藏珠子不行交官者，拿获时，不论珠子多寡分两轻重，俱杖一百、流三千里，旗人销去旗档，同民人一体发遣。总领采珠之骁骑校，并总领翼长，均交部分别议处。

采禁 005：乾隆三十一年议准

嗣后打牲乌拉壮丁内，有将珠子隐匿盗卖者，即在该城永远枷号，三年具奏一次。同排人知而不举者，鞭一百、流三千里，领排委官、领催，各鞭一百革退，本排珠轩头目分别鞭责。革退头目，作为牲丁，令其采珠，骁骑校革职。如入别排采捕者，降三级调用，照内务府官员降级之例议抵，罚俸三年。总管交该衙门分别议处，其采珠之骁骑校委官领催头目内，能将排内之人严行搜查，采捕牲丁又有多得珠者，于本处委官头目缺出，按等次升奖。兵丁内有应保举者，出具考语咨送内务府，于应升处列名。凡五旗各王属下人内，有将珠子隐匿盗卖者，亦照上三旗人等之例治罪。

采禁 006：嘉庆四年奏准

山海等关巡查人员，如有搜获私带珠子者，将户部按数给赏之例停止，余仍照旧例行。

河工禁令〔例74条〕

河禁 001：顺治二年定
旗下军船，不许零星过闸，非时启闭，致妨漕运。

河禁 002：顺治五年题准
安山、南旺两湖地业经升科者，听民佃种。其余湖地，不许开垦妨漕，永为令。

河禁 003：顺治五年覆准
卫河渠口，每年四月以后，尽行堵塞，不许偷放。

河禁 004：顺治七年覆准

运河行舟，虽系进贡及装载官兵，亦不得擅自开闸。

河禁 005：顺治九年覆准

沛县湖田，禁民垦种，令蓄水济漕。

河禁 006：顺治十三年覆准

南旺临清大浚，及各处河官挖浚本境淤浅、筑坝，未开之先，豫颁告示，禁止一应官船，不得先期逼勒开坝，贻误工程。

河禁 007：顺治十三年又覆准

令河臣申明各闸启闭禁令，先放粮船，次放官船，又次放商民船。如有启闭不时，泄水误漕者，指名题参。

河禁 008：康熙二年覆准

凡奉差及赴任各官，定有限期者，令粮船让路。

河禁 009：康熙二年定

差船到闸，随漕启闭，有攒越漕运者，照例参处。

河禁 010：康熙四年奉旨

河臣请严定闸河启闭。奉旨：有奉紧要敕旨差遣者，著照前行。如粮船、商船齐到闸，粮船先过，商船继过。如粮船未到，商船先到，闸官勿得指称粮船将到，强行拦阻，仍著放过，违者从重治罪。其一应往来官船，立有钦差牌匾，著永行禁止。如此等官船藉名紧急，擅行启闭，于粮船之前争先者，著该督抚指名题参。

河禁 011：康熙四年议准

凡内外显要职官，多置号船，纵容家人于漕运河道往来贸易，或奉差赴任各官，额外私带货船，并奸徒假藉名色，恃强闯闸者，河道各官指名呈报河漕总督，题参究处。河道各官徇情不报，亦即题参。如已呈报，而总督徇情不举者，事发一并治罪。

河禁 012：康熙七年议准

畿辅堤岸，关系紧要，禁止附近庄佃私开渠口。

河禁 013：康熙八年议准

直隶省浑河堤上，禁止车行，如有损坏者，咎归该管官。

河禁 014：康熙十一年题准

运官停泊漕船，不听督催，陵辱闸官，责打闸夫，攫去闸版，致泄水误漕者，革职究拟。

河禁 015：康熙二十一年议准

运河浅涩，漕船艰于程限，各处兵船，务随漕启闭停泊。如有扭锁掀版，恣意争先者，该督指名题参，将领兵将弁严加议处。

河禁 016：康熙二十九年议准

漕河开堤迟则稽重运，煞堤早则阻回空。嗣后每年定于十一月十五日煞堤，正月二十六日开堤。

河禁 017：康熙三十年覆准

河南省河内县丹河，发源太行山，至丹河口分渠九道，内惟小丹河、上秦河二渠通卫济漕。嗣后如雨足之年，于三月初用竹络装石，横塞河渠，使水归小丹河入卫济漕，仍留涓滴灌田。至五月杪重运已过，则开放河渠，塞小丹河口，以防山水漫溢。傥遇亢旱之年，自三月朔至五月望，令三日放水济运，一日塞口灌田，过此以后，仍从民便。至辉县束刀泉为卫水之源，民间设五闸以蓄水灌田，向例于五月初一日封版放水济运，但五月正农功需水之时，应量渠之高下，用竹络装石堵塞，使各渠之水常盈，则正流足以济运，余润可以灌田。其安阳县之万金堤，亦令仿束刀泉五闸之法，用竹络装石，相时塞闸通渠，务使民漕两无妨碍。

河禁 018：康熙三十五年谕

山东漕船，不得过闸以致迟延，著差官带户部印封，前去封固闸版，须俟水满开闸，以便漕船行走。如水不满，虽奉旨事务，亦不许开闸。果有紧急，陆路亦可以行。凡内廷需用之物，悉停解送。

河禁 019：康熙三十五年又谕

自通州以至大通桥，民船不行，皆有禁令，今若令小船行走，于民似有裨益。著户、工二部，会同仓场侍郎会议具奏。钦此。遵旨议定：嗣后通州至大通桥，应令民船贸易行走，若遇粮运紧急之时，暂行禁止。

河禁 020：康熙三十五年奉旨

打鱼小船，亦著行走。

河禁 021：康熙三十九年覆准

里河淤垫，俟粮船过尽，即煞坝疏浚。一应差使，令暂由陆路。

河禁 022：康熙四十四年覆准

南旺湖涸出滩地，不许违例耕种，令地方官出示严禁。

河禁 023：康熙四十四年又覆准

嗣后有故决、盗决南旺、昭阳、蜀山、安山、积水等湖，扬州高宝湖、淮安高家堰、柳浦湾、及徐邳上下滨河一带各堤岸，并阻绝山东省泰安等处泉源，有干漕河禁例者，不论军民，概发边卫充军。其闸官人等，用草卷搁闸版，盗泄河水，串通取利，犯该徒罪以上，亦照前问遣。

河禁 024：康熙四十四年议准

漕河各闸，务依漕规启闭，官员经过，不许徇情擅自开放洩水，致稽重运，违者不宥。

河禁 025：康熙四十五年

遣官往运河阅视封闸。谕：今年水浅，自临清至天妃闸七八百里，一时尽封，则不利于商人矣。当从上流封闸蓄水，俟水满后再开一闸，粮船过时，他船不许滥放。

河禁 026：康熙五十三年覆准

粮船过闸，务遵漕规启闭，按帮放行，则水势充足，不致迟误。至于水涨闸溜，撞沉抢修，乃意外间有之事，均准于单内注明，务于八月内全数卸完回空。如逾定限，仓场侍郎题参。

河禁 027：康熙五十四年谕

大浚动工之日，一应往来船概行禁止。驻防兵船、回空粮船，有恃强开坝者，拿解究处。

河禁 028：雍正元年谕

每年漕船迟滞，皆由运河阻浅。运河之水，全赖山东诸湖蓄水以资灌注，近岁渐就淤积，居民或占成田地，以致水少不能济运。今宜乘夏秋雨水之时，豫为蓄水之计。凡沿河田地，已经成田者，不必追究，其未经耕种者，速宜严禁，不可侵占。至诸湖堤防，须修筑坚固，引水闸坝，务启闭得宜，则湖水深广，运河流通不竭，漕艘自无阻滞之虞。

河禁 029：雍正二年谕

运河之设，未尝禁商船之往来，但水少时则加意管束，水大时听商船行走。京师百货，取给于东南之商贾，今若严禁，则各种载船必一概阻滞，商贾安能流通，于民生日用，均属未便。钦此。遵旨覆准：令总河总漕，直隶、山东、河南各督抚，檄饬沿河地方官弁，遇有商贾客船，许于漕船先后乘隙而行，毋许漕船拦阻，亦毋许商船拥挤。

河禁 030：雍正二年议准

运河一带，用强包揽闸夫、溜夫二名以上，捞浅、铺夫三名以上者，发附近充军。揽当一名，并未用强生事者，枷一月、杖一百发落。

河禁 031：雍正二年又议准

小丹河、洹河各闸，令该抚严饬河官，不时疏浚，仍遵旧制，三日放水济运，一日塞口灌田。于粮船趱行回空之期，该河官亲至水口，秉公启闭，将水势情形，设立循环号簿，五日一次报明该管印官，仍严禁偷放。如河官通同卖水，以致漕船阻滞者，指名题参，严加治罪。

河禁 032：雍正五年议准

河工关系重大，嗣后有指称夫头包揽代雇，希图抑勒良民者，照运河一带用强包揽闸夫、溜夫之例治罪。二名以上者，发附近充军。一名者，枷一月、杖一百发落。

河禁 033：雍正十一年议准

黄、运河工堤顶民房，无论旧盖新修，概令迁移。

河禁 034：乾隆元年题准

山东运河，自江南省邳州交界，北至德州桑园镇，绵长千二百余里，水无来源，全赖各闸层层关束，务令启闭以时，蓄洩得宜，庶于漕政有益。

河禁 035：乾隆二年谕

江南黄、运两河堤工，向有民人盖房居住者，经河臣等议令拆毁迁移，以防作践，旋以小民安土重迁，止令移去险要工所之房屋，其余仍旧存留，此国家体恤贫民之恩泽也。各堤民房，皆无额征租税，惟高邮、宝应、江都、甘泉、山阳五州县，每年有应征租税三百八十余两，其间拖欠不完，往往有之。若留此输公之项，虽为数无几，而追呼不免，恐有胥吏藉端苛索之弊。著将此项租银，永行停止，并将累年拖欠，悉予豁除。惟是堤工乃河渠之保障，理宜加意慎重，以固河防。除现在已成房屋无碍堤工者，免其迁移外，将来不许增盖。如有违禁增盖者，即驱逐治罪，并将徇纵容隐之官弁分别议处。

河禁 036：乾隆二年又谕

今年五月山东雨少，运河水浅，粮艘不能衔尾而进，沿途挖浅起剥，甚费经营，而临清以北，更多阻滞。朕细加访察，临清以北，全赖卫水合汶济运，而卫水发源于河南卫辉府，至临清五百余里，居民往往私洩灌溉，经前任河臣题定，每岁于五月初一日尽堵渠口，使卫水全归运河。今日久法弛，卫水来源，小民不无偷放，遂致运河水势长落不时，重运艰于北上。目前正当紧要之时，所当稽查严禁者，著直隶、河南督抚速行办理，务使卫水不致旁洩，粮运遄行无阻。

河禁 037：乾隆二年奏准

运河旧例，于十一月十五日煞坝，今改于十一月初一日。开坝日期，旧例于正月二十六日，今不必拘定，总以南漕帮船至台庄闸为准。

河禁 038：乾隆二年覆准

山东运河，自峄县台庄起，至临清州南版闸，计四十八闸，闸河水无来源，照南旺挑湖之例，遇重运盛行，官民等船均随漕开放，不许逼勒开闸，并颁发告示，刊立木榜，令各闸永远遵行。

河禁 039：乾隆二年又奏准

运河各闸，收束水势，全在启闭得宜。会牌未到，催漕各官，不得逼令启版。会牌已到，司闸官亦不得故意迟延。如有违误，该督题参治罪。

河禁 040：乾隆四年奏准

江南省河工，天然、南北二坝，收束诸湖之水，为洪泽湖之关键，责令管河道员封固，永不许开。

河禁 041：乾隆二十三年议准

山东省大小支干各河，村市毗连，人民稠密之处，令地方官劝谕居民，搭盖木桥，以便行走，毋许村民填垫路埂，私种芦苇，以及捕鱼篝簖，壅塞水道，仍于每年汛后，逐一查勘，如有浅阻梗塞之处，即督率民夫挑浚深通，年终出结存案。如失时不治者，将该管官照紧要堤桥不行豫修例，罚俸一年，兼辖官罚俸六月。

河禁 042：乾隆二十三年又议准

东省南旺、马踏、蜀山、马场、安山诸湖，原属济运水柜，除安山湖久经淤高不能济运外，现在济北运者，止有马踏一湖，若水势不足，严闭寺前铺闸，使蜀山湖水，由利运闸放出，令济北运，并将各湖地亩逐一清查，如有额设祀田等项，照旧留存，明定界址，其余凡有官民占种，概行禁止。

河禁 043：乾隆二十三年谕

豫东黄河大堤，相隔二三十里，河宽堤远，不与水争，乃民间租种滩地，惟恐水漫被淹，止图一时之利，增筑私埝，以致河身渐逼，一遇汛水长发，易于冲溃，汇注堤根，即成险工，不知堤内之地，非堤外之田可比，原应让之于水者。地方官因循积习，不加查禁，名曰爱民，所谓因噎而废食者也。著交与河南、山东巡抚，严饬该地方官，晓以利害，严行查禁，俾小民知所顾忌，不许再行培筑。地方官不实力办理，及厅汛员弁明知徇隐，即行参处。嗣后如有仍沿积习，为害河防者，惟该抚等是问。

河禁 044：乾隆二十三年又谕

芒稻一闸，乃归江第一尾闾，向因淮南盐艘，皆由湾头河转运，必须芒稻闸门下版，方可蓄水遄行，以致不能启放合宜。前据该督等奏：闸东有旧越河一道，应令盐船由越河直走金湾北闸，是泄水与运盐，已自分为两途，芒稻闸自可常年启放矣，但终恐狃于蓄水运盐之习，仍不免因循观望。夫蓄水运盐，不过少省纤挽之劳，而下河数州县之民生攸系，此其轻重，岂不较然耶。嗣后芒稻闸，应永远不许再下闸版，俾畅流归江，则诸湖积水自可减退，遇伏秋大汛，亦足以资容纳，而下河一带，将来蒙乐利之休矣。该督等将此旨勒石闸畔，俾后来司事者知所遵守。

河禁 045：乾隆二十三年三议准

东省府河，系运河分支，自兖州府金口坝，由府城绕济宁州东关北门，西入马场湖，收蓄济运，每遇水大，淹及民田。济宁州东关杨家坝，改建闸座，水小则闭闸收水入湖，水大则启闸放水入运，原属紧要关键，交济宁州州判专管，运河同知兼辖，报运河道勘明启版，水势稍退，立即闭版，则湖水常盈，漕运有济。

河禁 046：乾隆三十七年谕

淀泊利在宽深，其旁间有淤地，不过水小时偶然涸出，水至则当让之于水，方足以畅荡漾而资潴蓄，非若江海沙洲，东坍西涨，听民循例报垦者可比。乃滨水愚民，惟贪淤地之肥润，占垦效尤，所占之地日益增，则蓄水之区日益减，每遇潦涨，水无所容，甚至漫溢为患。在闾阎获利有限，而于河务关系匪轻，其利害大小，较然可见，是以屡经降旨饬谕，冀有司实力办理。今地方官奉行，不过具文塞责，且不独直隶为然也，即浙江之西湖葑地，居民占者亦多。向日虽曾申禁，恐与直隶之玩忽，大略相同，而他省滨临河湖地面，类此者谅亦不少。此等占垦升科之地，一望可知，存其已往，杜其将来，无难力为防遏，何漫不经意若此。著通谕各督抚，凡有此等滨水地面，除已垦者姑免追禁外，嗣后务须明切晓谕，毋许复行占耕，违者治罪。若仍不实心经理，一经发觉，惟该督抚是问。

河禁 047：乾隆四十六年谕

河滩地亩，居民开垦日久，必致填塞河身，于河道甚有关系。且居民庐舍占据滩地，猝遇水涨之时，势必淹浸，于民居亦多未便。因特降谕旨，令确加履勘，其堤外地居高阜者，仍听照常居住耕种，若占居堤内，于水道有碍，即行明切晓谕，俾陆续迁徙，并令该督抚等妥为经理，毋致贫民失业。但此事当为之以渐，持之以久，因思滩地居民，垦地结庐，已非一日，小民自谋生计，亦必非当冲刷滩地，聚居垦种，若偶然河徙冲刷，是伊自取，即水退亦不可复令居住。若其目前无事，不免安土重迁，且河堤以外，均属民田，亦无隙地可以迁徙。所有旧居堤内滩地，无碍河身者，民人已经筑室垦种，仍加恩准其各守旧业，毋庸押令移居，以副朕廑念穷黎之意。至此后河南、山东、江南、直隶等省，凡属滨河堤内滩地，该督抚、河臣必当严切查禁，毋许再行住居占种。如有从前侵占滩地，阻遏水道者，惟该督抚、河臣等是问。

河禁 048：乾隆四十七年奏准

山东省黄河滩内村民房屋，查明有碍水道者，概令迁移。

河禁 049：乾隆五十年奏准

江南省运河，分段设立志桩，以水深四尺为度。如水深四尺以外，任凭两岸农民戽水灌田。如止消存四尺，毋致车戽，致碍漕运。

河禁 050：乾隆五十年又奏准

江南省宿迁境内骆马湖滩地，严禁附近居民私行垦种，并不准藉名升科，希图侵占。如有仍前任听私种者，将失察之该管地方官及汛员一并严参，民人照例治罪。

河禁 051：乾隆五十五年谕

大堤以内河滩，逼近黄河，每遇盛涨时，留为河流荡漾地步，原应禁民居住，庶不致与水争地，以免漫溢之虞。今江南王平庄一带，村庄多在堤内，其豫省滨河之处，及直隶永定河两岸地方，在堤内河滩居住者，想亦不少。从前巡视永定河，经朕屡降谕旨饬禁，而地方官奉行不力，小民等又罔知后患，止图目前之利，以致村庄户口，日聚日多，若不申明禁例，转非爱护黎元之意，但民人等安居已久，未便令其迁移，转致失所。著各督抚等转饬地方官，将各该处堤内河滩，现在村庄实有若干户，房屋若干间，查明确数，造具清册，嗣后毋许民人等私自增添。其有迁去人户，即于册内删除，以杜影射占居之弊，并著各督抚于年终汇奏一次，务须认真查禁，毋得视为具文，以副朕慎重河防，保卫生民至意。

河禁 052：嘉庆四年谕

河工省分，各设厅汛员弁，专管修防，其地方守令无兼河之责者，原不应派令办理河务。乃闻近来遇有堵筑挑浚大工，多藉帮办为词，派州县令其贴解银两，并将上司应赔工程，亦令州县代赔，以致派累百姓，挪移仓库，地方职守，且多旷废。著直隶、江南、山东、河南各督抚，及河道总督，通行禁止。嗣后办理河工，止准调派丞倅、佐杂等官，不得再派州县，致滋弊窦。

河禁 053：嘉庆四年又谕

河工省分，各设厅汛员弁，专管修防，若派州县代办，不但本任地方公事旷废，兼至赔累难堪。嗣后遇有挑筑工程购料雇夫等事，附近沿河地方，亦止准派委丞倅佐杂帮办，不得调用州县。至距河千余里及数百里之处，即地方丞倅佐杂，亦不准其派往。

河禁 054：嘉庆十四年谕

微山湖附近处所，多被民人开垦，不惟侵占湖地，势必将上流泉水截住，以资灌溉，是近日湖水渐少，河身日浅，其弊未必不由于此。著山东巡抚会同河东河道总督，派明干大员前往履勘，如所垦之地已经成熟者，姑听耕种外，其余未垦及已垦复荒地亩，出示严禁，毋许再行私垦，庶滨湖一带，泉流灌注，毫无阻滞，湖水愈蓄愈深，于运道方有裨益。傥此次示禁之后，仍有不遵，查明严行究办，以利漕运。

河禁 055：嘉庆二十一年谕

卫河发源豫省，由直隶流入东境，经过州县，农民闸水灌田，设有定制，乃私自筑坝拦截，本干例禁。著河南、直隶、山东地方，一体申明定例，严行查禁。山东恩县四女寺滚坝下游，系在直隶地方，尚未挑浚深通，以致去路不畅，德州哨马营滚坝，并已淤塞，著各该督抚一并会筹妥办。至催漕委弁，沿途需索，实为漕运之蠹，著漕运总督大加裁汰，其水次扼要之处，必须守催者，务派诚实干弁，责令轻骑减从，并严禁需索，以肃漕政。

河禁 056：嘉庆二十三年谕

山东运河，全赖泉源接济，汶、泗之间出泉处所本多，闻地方官因恐报出新泉，越时衰涸，致干吏议，往往隐匿，不肯造册送验。莫若量为变通，各该州县境内报出泉源，不认真疏瀹，任听淤塞，自应加以惩处，若实系源流涸弱，该管上司查验明确，准予宽免处分。庶地方官无所畏忌，探有新泉，即行呈报，可广收挹注之益。

河禁 057：嘉庆二十三年又谕

前据御史卢浙奏：漕艘经过闸坝，关缆人夫，由漕委经管，每多需索，是以降旨责成闸官经管。兹据孙玉庭等奏：江南运河各闸坝关缆，需用人夫众多，前因帮丁惜费误运，漕督始派员经理，历久相安，运行无误。若改归闸员经管，帮丁非其所属，转恐互相争持，有稽挽运，自系实在情形，且裁撤漕委，原虑其藉端需索。闸官贤愚不一，于雇夫给价等事，亦难保其不浮多滥索。著准其仍照旧章，分派漕委经理，但每闸坝止许派委一员，专司其事，如有额外多委，及本员勒派苛索情弊，查出随时参处。其闸官职司启闭，饬令稽查弹压人夫，俾职有攸归，不致互相推诿，以利漕运。

河禁 058：嘉庆二十三年议准

东省疏出新泉，可以经久者，于查勘具奏后，该州县将泉名勒石，申报各上司，由巡抚汇册咨部。

河禁 059：嘉庆二十三年又议准

东省微山湖存蓄湖水，如在志桩九尺以下，蔺家山坝工不便开放，致湖水耗竭。如湖水充裕，在九尺以上，应开放蔺家山坝工，分济邳境运道，仍于重运经临时，察看湖水情形，由两江总督、江南总河同河东总河，彼此知照，酌定奏明开放。

河禁 060：道光三年奏准

蔺家山坝宣洩微山湖水，向由江省经管启闭，嗣后如遇微湖盛涨，东境一面咨会，即委员启放蔺家山坝，先行盘筑裹头，酌定口门宽长，毋令出槽浸溢，期于运道民生，两有裨益。

河禁 061：道光六年谕

东省上年各湖存水，未能如志，近时泉源，又复微弱，自应通计熟筹，严司启闭。先经张井筹议，先尽北路水势铺灌后，将上年回空军船，并塘打放，衔尾南下。将来盘坝重运北来，著陈中孚通饬各帮，均须连檣前进，不准一只脱空，亦不许藉故齐帮停泊。其装卸货载，如有可停卸之处，准其暂泊，以示体恤。如水浅河窄，后有跟帮，即不准停泊装卸，致碍船行。若遇水浅起剥，先卸随带货物，不得遽起米石，以免折耗。并著河东河道总督，于本年重运过竣后，即筑朱姬庄拦河大坝，收蓄湖水，必须迟至九月间，将湖水收足，再启坝放令回空南下。其先期折回空船，暂令在长河守候，同时南旋。总期节省湖潴，以备来年重运。

河禁 062：道光六年又谕

河工要务，全在冬勘春修，每年豫发岁料银两，饬交工员乘时购备，将料垛土牛堆积如式，该河督向于霜清水落之后，前往沿河详验，以杜架空浮松之弊，将应办春工，悉心核估，一交春令，次第兴修，克期竣事，再行亲往验收，查明料物用存确数，以备伏秋雨汛之需。朕闻自嘉庆以来，各河督等习于安逸，往往不于霜降后如期逐段勘验，以致工员等将应贮花堆克扣偷减诸弊，视为固然，甚或有估办春工时，辄以不应修而修，转将应修处所，暗留为大汛抢险地步，以便藉另案工程，事起仓卒，易滋侵冒。著各该河督等，于例届冬初，及次年工竣时，务须亲历河干，详加勘验，料垛必禁其虚松，工程必期其坚实，各宜不惮勤劳，力除结习。

河禁 063：道光七年谕

御史盛思本奏：请饬禁南河工员远离汛地，以重修守一折。河员职任修防，定地驻扎，原因往来工次，梭织巡查，若无故聚集会垣，易启奔竞贪缘之渐。今如该御史所奏，河工习尚繁华，以奔走趋承为能事。徐属之丰北、丰南各厅，则常住徐城，扬属、海属之外北中河、海防山、安海、安海卓各厅，以及佐杂员弁，则常住清江，甚至平居饮食聚会，任意花销，惟俟派委工段，藉将所领银两，弥补私亏。如果属实，必当严行禁绝。著蒋攸铦、张井、潘锡恩，严饬各工员，遵照部定地址，分段巡防，不许藉端逗遛会垣，远离工次。所有修守事宜，务当亲身经理，毋得诿之幕友家丁之手，弊混开销，致滋浮冒。

河禁 064：道光八年议准

扬河厅高邮汛东岸，设有车逻、南关、五里、中新四坝，以资分洩，惟今昔情形不同，应酌中定志。以运河之水，长至一丈二尺八寸，方可开放车逻坝。长至一丈三尺二寸，再开放南关大坝。长至一丈三尺六寸，再开五里中坝。长至一丈四尺，再开南关新坝。俟河水长符定志，即由该厅州随时启放。其中新二坝，地势较低，俟水势平定，首先堵合，并较准水则尺寸，勒石各坝，永远遵守。

河禁 065：道光十三年谕

黄河大堤滩地，向以里四外六丈量，共宽十丈，归官栽种柳草，以护堤根。其河北运河堤堰，则内外滩地，多系民业，自应划分官民界限，以重堤防。著仿照黄河大堤留宽十丈之例，减定留宽二丈，将河北之运河、中河两厅所属运河两岸，自堤根起，内外各留宽一丈。其应完钱粮数目，由地方官查核，分别豁免，禁止耕种，归官栽植柳株，非特可以护堤根，并可备河工采料之用。经此次立定章程之后，总须实力奉行，断不可有名无实，并著责令汛员，随时稽查。如再有侵越盗种者，拿解地方官审办，倘有隐匿不报及弁兵自行偷种者，一经查出，将该管官严参示惩。

河禁 066：道光十三年奏准

南河地方，设有减水闸坝，分洩异涨。现惟北岸之苏家山，南岸之天然闸，十八里屯等处，尚皆可用。向以徐州府城北志桩存水丈尺，为启放准则，嘉庆二十四年定以一丈八尺为度，道光六年改为二丈七尺，兹奏明定为二丈五尺。嗣后总须长逾定志，始准启放，水落即行堵闭。

河禁 067：道光十五年奏准

十字河囊沙引渠内，向有沙坝一道，长十九丈，底宽六丈，高一丈一尺，距西河唇十九丈，今移筑于三十五丈之外，高与原坝相平，俾坝外引渠展长，既能容沙，仍可蓄水。至十字河为微山湖收水之路，今既移筑沙坝，收水应有定制。如微湖存水，在一丈三尺以外，则沙坝毋庸启除。若消至一丈三尺以内，俟重运报完，即酌量挑启，以资收蓄，逮符定志，仍即堵筑。

河禁 068：道光十六年谕

水手发给腰牌，原所以杜混冒，著各该督抚等严饬漕河运弁，及地方文武各官，随时认真查察。傥有隐匿腰牌游荡为匪，伪造腰牌冒充水手沿途滋事者，一经查出，均于应得本罪上加一等治罪。

河禁 069：道光十九年谕

江苏丹徒、丹阳县境内，河身淤垫，每岁兴工，巡抚责成道府州县，州县公事繁多，往往责成家丁，该家丁串通胥吏，勾结工头，浮开夫价。向例设有土圭，内藏灰印，该胥吏等通同舞弊，乘夜将土圭托高，巧做原封样式，偷减草率，糜帑误漕。著即查明各项弊窦，出示革除。经此次训谕之后，如仍有委任家丁，以致吏胥工头串通分肥，即著从严参办。

河禁 070：咸丰元年奏准

江苏省高淳县之东坝，为下游苏、松等府保卫。嗣后永远不准在勘定坝基南北十二丈之内盖屋搭棚，其应行建复庙祠，均饬于岸上购觅隙地盖造。

河禁 071：咸丰九年谕

通惠河引河，业已挑挖工竣，水势一律通畅。著奉宸苑随时稽查，毋令再有淤塞。至沿河洩水沟涵洞等处，新筑土坝，堆培泊岸，不准附近民居私行偷挖，以资宣洩而利漕行。

河禁 072：光绪元年议准

直隶省河淀淤地，无碍水道，可资耕种者，分给贫民认种，每户自十亩至三十亩。如私垦年久，未经升科在百亩以内者，仍听本人自种输租。其百亩以上多余之地，俱行撤出。毋许绅衿富户，以及豪强胥役，诡名侵占。

河禁 073：光绪元年又议准

永定河十八汛河员，俱兼巡检衔，将附近村庄分拨兼管，凡遇河工修防，应用民夫，准令纠集约束，不得越分干预地方事务。

河禁 074：光绪元年三议准

高邮冯蛮子沟，在五里中坝、南关新坝、南关大坝下游，为吸引三处坝水，汇入澄子河要路，如有附近居民拦筑土堰，以致宣洩不畅，由地方官严行禁止。

工关禁令〔例 27 条〕

工关禁 001：顺治十六年议准

喜峰口外所属蒙古及八旗网户木匠，砍伐柏板进口贩卖，亦照十分取二之例征取。如有私行进口不遵征税者，该差官指名报部，题参治罪，木植入官。

工关禁 002：顺治十七年议准

凡边外伐木之处，不许恃强占据，如违，指名参奏。

工关禁 003：康熙元年题准

旗人采木人役，以兵部给发关票之日为始，限半月内出口，其关票限一年缴销。如过限不回，及不销票者，送该部议罪。

工关禁 004：康熙十六年题准

凡各商木植进口，该管官亲身查验，照数征取，以备各工取用。如有隐漏长大木植，止征短小者，题参重处。

工关禁 005：康熙二十二年议准

盛京佟家江地方所产大木，有愿采伐贸易者，听工部、盛京工部、宁古塔将军发给执照，令沿海运至天津贸易，不许夹带禁物，窃捕貂鼠，私采人参。

工关禁 006：康熙二十六年题准

古北口木税，该差官于任满日起，限四月内明白交完。潘桃口收税，系由海运，以任满日起，限八月。如限内不完者，照各关拖欠铜斤例议处，商人亦照交纳铜斤缺少例治罪。如差官隐漏大木，止收小木，及通惠河分司差满报部，有遗漏舛错者，一并题参议处。

工关禁 007：康熙二十九年覆准

嗣后领部票商人木植，被水冲散，有恃强偷盗者，照常人盗官物例治罪。

工关禁 008：康熙三十三年题准

凡木商出口，带领人夫，令监督将姓名年貌逐一开填票内，给发验收，兵部行文管口官，将出入人夫与票内所开逐一查对明白放出，进口时亦照此例。或有病故者，商人豫报管口官注册。如管口官不稽查人数，任其出入，交部议处。如商人捏报人夫病故者，交刑部治罪。

工关禁 009：雍正七年谕

各关开放船只之处，向例有部颁号簿，以便稽查。兹闻各关另设私簿征收，惟于报部之时，始将号簿挨日填造，其意以水路船只往来多寡不齐，若据实填簿，则不能逐日有征收之数，恐干驳查，是以设法匀派填造，如此则簿内全非实收数目，与商船过税串票全不相符，殊非政体，且凡事据实则可以无弊，作伪则弊窦丛生，今既系任意匀派填造，则号簿亦为虚设矣。嗣后各关于部颁号簿，务须据实填写，如无船只过税之日，亦即注明，不得仍蹈前辙，如敢故违，定行严加议处，该部亦不得混行指驳，致滋弊端。

工关禁 010：雍正八年议准

潘桃口木植所经之地，路僻水险，沿河匪类，或因水发木漂乘机盗窃，或结党截道拦阻木筏，或暮夜上筏砍绳乘机捞抢，一经商人呈告，该监督即会同永平府审讯明确，照白昼抢夺律治罪。

工关禁 011：雍正十一年覆准

荆关征收竹木钞税，所给商票，照船税一例换用联二串票，饬令将应完钞银开载，照票给商过关，根票截存缴部。

工关禁 012：雍正十三年覆准

潘桃、古北、杀虎等口，商人砍木，部给印票，向系兼书清汉字样，但该处系蒙古地方，或有不肖商人，捏书汉文，以欺蒙古，混入砍木，亦未可定。嗣后令各该监督详领兼书清、汉、蒙古三体字印票，俟给发到日，即将旧票缴回，并转咨乌拉特札萨克、归化城都统，严饬蒙古，不时稽查。傥有并无清、汉、蒙古字印票，混入砍木者，即时拿获，送部治罪。如蒙古徇庇不报，即将蒙古一并治罪。至大青山木植，不免贪夜偷放木筏，以图漏税等弊。嗣后令杀虎口监督，并该御史不时稽查，傥漫不经心，以致差役商贾夤缘漏税，一并交部议处。

工关禁 013：雍正十三年又覆准

宿迁关所管丰、沛、萧、砀四县应征陆地税银，照依现收税银则例刊刻晓谕，遴选干办书役，前往彼地据实征收，不得稍有侵隐。所收税银，汇同该关征收税银，照例按季解部，期满具题考核。该监督不时严行稽查，毋致书役征多报少，刻意苛索，苦累商民。如有此等情弊，一经查出，严行究治，仍令该地方官将税老、土豪人等严行禁革，不得盘踞把持，以杜包收侵隐之弊，并令将各属经征陆地等税彻底清厘，饬该地方官照数尽收尽解。如有土豪包收情弊，一概严行禁革，傥经管官希图通同侵隐，照例参究。

工关禁 014：乾隆六年覆准

龙江关征收木税，嗣后水平横量簿面，如中高一尺，边低一尺，将高低折实，除还一半，止以五寸科算，永禁飞量之法。

工关禁 015：乾隆十年覆准

宿迁关散装船货，不拘头稍仓跨，悉照成包成捆货物，一例签验现数，按担征收，永禁通船一载之例。

工关禁 016：乾隆十四年定

各省关口征收正税赢余，责令该监督按月咨明督抚，无论两任三任，俱扣足一年。其所收赢余并无亏少，及彼此两任能抵补者，均毋庸议。不能抵补者，将短少之员议处。俱不足者，均分别议处。

工关禁 017：乾隆三十一年议准

潘桃口征收税银，照现行则例，在大河口地方刊刻木榜晓示，永远遵行。其办课商人，如有不遵功令，捏混透漏等弊，一经查出，除木植全行入官外，仍将该商从重治罪。

工关禁 018：乾隆三十七年奏准

浑河税口各商陆运各项木植，一体赴局挂号查点，照例分别折征。如无印票，私行运售者，查出，照漏税例查办。其余各河口，如有改造板片，以及陆运偷运等弊，一体查办。

工关禁 019：嘉庆十九年谕

关市之设，所以通商便民，成法极为详备，近日该管官奉行不实，日渐废弛。各关口应立之税课木榜，并详单小本，均不竖立刊刻，商贾不知税则多寡，任听家人吏役，额外抑派，多收少报，亏课病商，丛滋弊窦。至各省牙行，亦不按年清查，率多顶冒朋充，甚或假托官差，多方苛索，俱应随时查禁。著通饬管理税务衙门，及直省地方官，申明例禁，实力奉行，毋任奸胥市侩勾串欺蒙，以除积蠹。

工关禁 020：同治十年奏准

通永道征收板木船窑等税，遵照钦定税则章程，刊刻颁行，俾垂久远。

工关禁 021：同治十年又奏准

通永道工关木税，内将榆杨柳伐树税课裁除，并撤去草桥、三家店、张房片、单家桥分口，刊入工部税则，永为定制。

工关禁 022：光绪元年奏准

通永道经征工关木税，无论何项紧要钦工，遇有饬商采办木植，一概不准援免税课。

工关禁 023：光绪十二年奏准

钦工木植，仍著照例征税，所收税银，即解由工部转交内务府呈进，嗣后均照此办理。

工关禁 024：光绪十二年又奏准

各关征税科则，责令该管官详刻木榜，竖立关口街市，并责令地方官将税则刊刷小本，每本作价二分，听行户颁发遵照。傥该管官将应刊木榜不行设立，或书写小字悬于僻处，掩以他纸，希图高下其手者，该督抚查参治罪。地方官将应刊税则不行详校，致有舛漏，或更扶同徇隐者，并予严参。

工关禁 025：光绪十二年三奏准

各关征收税银，除该督抚监督奏报缺额予限完缴外，其余各项应赔银两，如违限不完，现任管关人员，工部指名查参。离任人员，内任者，旗员由该都统咨部，汉员由工部查明参办；外任者，旗员、汉员均由该督抚咨部查参。

工关禁 026：光绪十二年四奏准

管关之员任满时，傥有将征收之数以多报少，或于亏短之数以少报多，即与侵蚀仓库钱粮无异，各该督抚立予严参追缴。傥徇隐不报，一并照例议处。

工关禁 027：光绪十二年五奏准

奉天府所属，边内山场附近殷实居人，有情愿砍木者，具呈盛京工部给票，砍木输税。给票之时，即知会盛京将军，饬令兴京、凤凰城等处城守尉不时稽查，如有违禁生事，及砍伐木植以多报少情弊，将领票商人照例治罪，失察之城守尉监督等一并题参。

陵寝禁令〔例 37 条〕

陵禁 001：原定

陵寝外围墙外，周环每里立红桩三为界，禁止樵采耕种。距红桩四十步设白桩，又于白桩十里外设青桩，上悬禁牌，令军民人等，不得于青桩内取土、取石、设窑、烧炭，违禁者论罪。

陵禁 002：乾隆三十九年奏准

陵寝后龙重地，例禁设窑烧炭，节经奏准，于红桩四十步外另立白桩，又于白桩十里外另立青桩为限，遵化、蓟州、密云、热河等处，俱遵立定禁。惟易州泰陵后龙地方，未经一体照办，巡查员弁，并无限定里数可遵。应勘明所属州县，照立新桩，悬牌示禁，仍责令文武各员会同巡防。

陵禁 003：嘉庆九年奏准

嗣后凡在红桩以内盗砍树株，取土取石，开窑烧造，放火烧山者，仍照旧例办理。其在红桩以外，白桩以内，所有民间取土取石，不及一丈，自种私树，概不禁止外，其开山采石，掘地成壕，开窑烧造，放火烧山者，即照红桩以内减一等，为首发近边充军，从犯杖一百、徒三年。白桩以外青桩以内，再减一等办理。

陵禁 004：嘉庆十年谕

陵寝重地，风水攸关，从前设立红桩，禁止樵采耕种，其白桩、青桩，本属后来添设。彼时白桩以内居民田庐茔地，并未迁易，各循其旧。至青桩去白桩远在十里之外，向止禁设窑烧炭，而定例白桩以外，青桩以内，取石取土，罪名綦重，是此例与原办章程，本系两歧。夫既有田亩，即不能无耕种；既有庐舍，即不能无修筑。此时该处居民相安日久，若将田庐撤出，概行拨换，事涉纷扰，且尚有坟茔在内，势难并令迁移。至于营汛房间，尤为守护官兵巡逻栖息之所，亦不便远移界外。所有红桩以内应行禁止章程，仍照定例办理。其白桩以内及青桩地方，应如何酌量示禁，有犯应如何分别罪名准情定拟之处，悉心参核妥议具奏，候朕定夺，永远遵行。

陵禁 005：嘉庆十年又谕

西陵西、北二面，现有居民茔地，相安已久，拨换既涉纷扰，迁移亦多未便。今议请嗣后不准再有添筑添葬，但民将所盖房屋，难保年久不就倾圯，该居民等于房舍颓坏后，复拆做筑建，亦所时有。至该处居民旧立茔地，设有本家先逝之人，业经安厝，其后殁者欲续行合葬，亦情事之常。若嗣后不许再筑再葬，必须于白桩外另觅茔地，究于居民多有未便。惟是西、北二面，向有房屋茔地，既不禁止其动工修理，恐东、南二面本无居民田茔之处，亦欲仿照西、北二面地方，盖建房屋，设立茔地，则大干严禁，其时即按例办理，又觉格碍难行。朕再四思维，莫若将现在设立之红桩，改为白桩，其现有之白桩，即行裁撤，改设之白桩以外，听居民等修理房茔，概不禁止。再于白桩以内，酌量地方若干丈，另立红桩，照旧定章程，示以禁条，并著该管大臣等严加看护。似此一转移间，于居民既无妨碍，而陵寝益昭慎重。其应如何量定地面改建红桩，及如何责成汛兵巡查之处，著恒宁、果勒丰阿会同范建丰，悉心妥议具奏。

陵禁 006：嘉庆十一年谕

西陵白桩界内，间有居民茔地，前经谕令恒宁等，带同通晓风水之人，敬谨查勘，如何将桩位挪进，奏明办理。兹据奏称：带同相度官亲赴查勘，于风水并无关碍，自应照所请将红白桩分别挪进。恒宁等当带同相度官详细酌勘，务期于山向年分，一无妨碍，方为妥善，不得稍有草率。至改建之后，当严示禁条，晓谕该处附近居民，以陵寝重地，白桩界内禁止耕作营葬，本应将该居民等茔地房屋概行迁撤，今蒙皇上格外施恩，念尔等安居已久，尚系在圈进禁地以前，此时不令迁移，特将原建红白桩挪进另设，尔等具有人心，自必共知感激。嗣后白桩以内，不得再有侵越，私行兴作，即树木土石等件，亦毋得擅有攀折移取，如有犯者，即当加倍治罪。庶该处居民，咸知感恩畏法，俾界内永远肃清为要。钦此。遵旨：于西陵风水外围西北二面，带同相度官，查勘得原设红桩之处，改立白桩，其改设白桩之处，向里酌挪进四十步，或二十步，另立红桩，遍示禁条。

陵禁 007：嘉庆十二年议准

嗣后防守陵寝禁地，并后龙一带树株，如窃贼潜入该汛，并未伤损树株，即行拿获首犯者，该管官纪录二次；拿获伙犯一二名者，纪录一次；三名以上者，纪录二次。兵丁首先拿获首犯者，赏银八两；帮同拿获者，赏银四两；拿获伙犯一二名者，赏银四两；拿获三名以上者，赏银八两；帮同拿获者，减半赏给。若本汛树株已被盗砍，该管官兵能将贼犯捕获者，以功抵罪，免其查议。至邻汛官兵能将贼犯拿获，树株未砍者，拿获首犯之官加一级，拿获伙犯纪录一次，按名递加，至四名以上，给予纪录四次。兵丁首先拿获首犯者，赏银十两，记大功一次；帮同拿获者赏银五两，记功一次；拿获伙犯一二名者，赏银五两；拿获三名以上者，赏银十两；帮同拿获者，减半赏给。若本汛官兵疏于防范，树株已被盗砍，而邻汛官兵能将首伙各犯查拿就获者，拿获首犯之官，以应升之缺即行升用，先换顶戴；拿获伙犯一二名者，加一级；三名以上者，加二级。兵丁首先拿获首犯者，赏银十六两，以外委拔补；帮同拿获者，赏银六两，记大功一次；拿获伙犯一二名者，赏银六两，记功一次。其巡查之官兵能缉捕贼犯者，应查明指派汛地，与获犯处所，亦分别本汛、邻汛，树株已砍、未砍，比照一律升赏。如该官兵妄拿无辜，藉邀功利者，即奏明照妄拿平民例治罪。所需赏项银两，应于就近库项内酌筹动用，报部核销。

陵禁008：嘉庆十二年又议准

红桩界内及白桩青桩界内，回干风折树株，令该管营汛官弁随时呈报，该管上司转报将军大臣，详加勘验，造具清册，注明某色回干树若干株，某色风折树若干株，并将丈尺大小一一登记，咨报礼、工二部及承办衙门，凡遇修整拨房桥梁等项，即于此项木植内酌量取用，其尺寸短小不堪应用者，即作为祭祀烧柴，均于年终咨题核销，如不敷用，准其于青桩以外寻觅采取，不得于青桩内擅行翦伐。仍责成该管将军大臣等，派员查验桩楂，如有捏报擅伐情事，一经查出，即将该管官兵奏明，严行治罪，该管上司分别惩处。

陵禁009：嘉庆十二年谕

前因弘谦奏：马兰镇陵寝重地，尚有各隘口七处，请添派满洲官兵与绿营互相巡缉。当经降旨，令庆杰详查具奏。兹据该总兵确勘酌核，其中如鲇鱼关、兴隆口、西峰口、苇子峪四处，均系外层山口，已有绿营弁兵把守，毋庸再设旗员。惟查东口、东便门、正关口三处，系围墙禁门要口，请添派八旗章京、骁骑校等官兵丁互相稽查，庶防守益昭慎重等语。著照庆杰所请，于各陵额设章京、骁骑校兵丁内，拨出旗兵六员，满兵二十四名，分作两班更替，在东口、东便门、正关口三处，轮番巡缉，毋稍疏懈，并著石门工部，照绿营拨房，一体建盖草房三处，俾资栖止。

陵禁010：嘉庆十二年奏准

东陵昌瑞山后内火道约一百二三十里，原设堆拨十八处，每隔六七里不等，共设外委六名，兼管连汛，每汛之兵仅设四名，应按汛均各添足五名之数，责令两营守备轮流督饬防护，相机巡查。至后龙火道将军关地方有龙潭口一处，口面宽敞，内隔海查堆拨计十七八里，其中松柏葱葱，郁然佳茂，沟口火道以外，斜对雨淋沟，沟口内有路直通将军关口外各村栅，上下两汛俱有山角遮掩，不能兼顾，应设拨汛一处。墙子路地方有了坡沟一处，内通拦马墙，外通好地子一带村栅，上下两汛，南有大梁隔阻，北有山角遮掩，中系了坡沟口，此处应添一汛。鲇鱼关所管大洼一处，沟峪分杂，内通适中之兴隆山、双洞子等处，外接东沟，该处向派额外外委一人，带兵四名，在彼协防，不足以资防范，应添经制外委一人，加带兵四名。再，专管木门沟地方之石镶子一汛，北距大洼十三里余，紧在雁窝岭之后身，西北一带，即系木门沟之山洼以内，直通扒扒石，北连大峪，东南一带则系南天门等处村栅，居民较多，应于此处加派额外外委一人，带兵防守。大洼迤北约二十里，有乌头牛一汛，该处沟谷相交，外多民舍，向设有外委该班，应循其旧。计鲇鱼火道通长六十八里，拨汛十一处，自石庙子至鲇鱼关，尚有四十余里，该管把总实难兼顾，应专派经制外委一人，额外外委一人。

陵禁 011：嘉庆十二年又谕

庆杰奏：酌拟采取官用木植章程一折。据称：各禁地青桩以外，树株丛茂之处居多，然亦有全无树株处所，或间有杂小树木不足采用者，现经分别查明，酌定于青桩内外及邻近分属地界采取。至昌瑞山以后内火道，并陵寝围墙内外各处拨汛，距青桩地界较远，其应需木植，不能远赴搬运，请在于附近地面，选觅回干坚实之件，伐除备用，并将查验根件及核对应修工作，造具册档各事宜，条晰议奏，俱极妥协，应即照所请办理。著庆杰先将各禁地青桩内外，分别有无树株之处，逐细勘验，绘具图说进呈，交军机处备查，庶将来按照界址采取，不至再有牵混。至红白桩界内，每年回干风折树株，原可备存该处，为修理拨汛桥座及鹿圈木猫等项之用，但恐日久易滋弊端，该总兵应饬本管营弁，随时查报，亲往验明后，即造具清册咨部存案。嗣后遇有应用之时，即于此项木植中酌量取用，仍归入年终一并题销，以杜弊混。所有盛京三陵及西陵事同一体，均著该将军等仿照办理，并绘图呈览。此系永远奉行之事，该将军总兵等，惟当随时随地，实心经理，不可久而生懈，用副委任。

陵禁 012：嘉庆十二年三谕

前据弘谦奏：请东陵各隘口添派满洲官兵，与绿营官兵互相巡缉。经庆杰查议，于正关口、东口、东便门三处增设。兹据积拉堪详查，奏请停止。陵寝地界围墙以内，本设有满洲官兵，与绿营官兵互相稽查。其隘口外，额设千总、把总带领兵丁驻守巡防，已足以昭严慎。所有正关口、东口、东便门三处，著仍遵旧制，毋庸添设满洲官兵，以归画一。其需用柴薪，庆杰前奏数目不敷，据积拉堪查明，每岁实在额需四十八万九千九百余斤，著准其更正，仍照旧额支给。

陵禁 013：道光二年谕

恩铭奏：拿获盗砍树株贼犯，聚众拒捕夺犯殴伤官兵一折。贼犯盗砍风水山树，虽在青桩以外，实属大干法纪，况复聚众拒捕伤兵，藐法已极。著即将冯万良等二十四名，一并解交刑部严审，定拟具奏。把总卢万年、外委赵荣均著革职，都司富隆阿著交兵部议处。

陵禁 014：道光二年又谕

安福等奏：筹议量展青桩章程一折。墙子路所立青桩，相距遥远，界限不清，著照所请，自杨老石塘附近之榆林子沟起，至马蹄子沟止，仿照火道，铲削明界，择树截为青桩，明书禁令，俾青桩内外地界分明，便于防守。除杨老石塘旧有拨汛外，大马蹄子沟口及水泉沟，俱著增设拨汛，专司防守。青桩归墙子路管辖，其杨家堡官山，著于旧设堆拨外，添设窟窿、猫儿洞、苇坑、米铺四处拨汛，专司防守，官山归杨家堡管辖，并著于古北口提、标守兵内，拨归墙子路十五名，拨归杨家堡四十名，以资缉捕。其杨家堡旧设把总，不足以资弹压，著与墙子路千总对调。再，向来青桩外官山界内，盗伐树株，例无治罪明文，应如何妥议定罪，及员弁疏防贿纵，分别议处治罪之处，俱著该部核议具奏。

陵禁 015：道光二年三谕

刑部奏：审明盗砍风水山树各犯，分别定拟一折。此案已革外委李贵、陈连二犯，私伐红桩以内树株，本应照例斩决，惟念所伐树株，究系回干，例得伐除，该犯等止于未经报明擅伐，尚可少从末减。李贵、陈连俱著改为斩监候，秋后处决。王豪因伊子盗砍树株被获，辄起意纠伙，将伊子王九孔解放，致另伙贼犯张礼亦得脱逃，著依拟绞监候，秋后处决。已革外委邓有贵等，以典守汛弁，竟敢得赃包庇至七八年之久，被窃树木至一万五千余株之多，实属目无法纪，而邓有贵一犯首先纵贼，情节尤重。邓有贵著发往新疆充当苦差，周恒、李之懋、梁有成、贺国清俱著发往新疆效力赎罪，尹同以包衣旗人，明知贼犯盗卖禁地树株，辄敢窝留鬻贩，情殊可恶，著即销除旗档，发往新疆充当苦差，到配枷号两个月。至历任马兰镇总兵，稽察防范，是其专责，庆惠在任最久，漫无觉察，负恩溺职，其咎甚重，著先行摘去顶戴，交部严加议处，即来京听候部议。徐锟前任古北口提督，均系其任内之事，著交部严加议处。前任总兵恩铭，虽经失察于前，究因伊获犯破案，著交部议处。提督杨芳到任未久，著交部察议。其自嘉庆二十一年以后，历任直隶总督及失察文武地方官，著吏、兵二部查取职名分别议处。

陵禁 016：道光二年四谕

嵩年奏：守护后龙风水各营汛，除鲇鱼关等十处，青桩以外，尽系荒山民地，毋庸立界，致涉纷烦。其墙子路所管青桩以外，茂树丛林，若以二十里立定界址，界外又有林木，愚民转易砍伐，拟于山树林边所止之处，定界立石，以资防守，并请交直隶总督严饬地方文武员弁会同稽察等语。后龙风水，向距白桩十里安设青桩，禁止附近居民偷砍树株，必应严密巡查，方能永臻肃谧。著照所议，将墙子路、杨家堡、镇罗关等处有树官山，不拘里数，悉以山树林边所止之处，定立界址，安竖界石，上刻"禁地官山界石"字样，俾该处居民共知遵守，有犯必惩。并著颜检申明旧例，分饬地方文武员弁，于后龙风水一带青桩，遵照成案，每年于二月十日，订期会同亲历巡查，仍按月责令专管巡检、千、把等官，不特会查通报，并令乡地牌头，按月出具所管地方并无设窑烧灰甘结存案。如有违犯，即行严参惩办。

陵禁 017：道光三年谕

营兵刘佩等，胆敢在陵寝左近行窃白枣椀子砍折树枝，情殊可恶。刘佩、张涌凝、张帼兴等三犯，著解往马兰峪枷号三个月，再发往新疆充当苦差。

陵禁 018：道光三年又谕

刑部奏：裕陵琉璃门被窃铜帽钉，审明定拟一折。此案陈黑子等，辄敢于陵寝重地，肆行偷窃，实属胆大藐法。陈黑子、杜常贵二犯，俱著斩立决。吴牛子一犯，听纠同窃，在外看人，并未随同进内，情稍可原，著改为斩监候。

陵禁 019：道光六年谕

庆惠奏：拿获偷牲匪犯，并究出弁兵勾结贿纵一折。风水重地，附近居民，肆行结伙弋猎，已属藐法。外委崔思通及该处兵丁，巡查地方，是其专责，竟敢招致匪徒，引入红桩以内，言明得牲后卖钱分赃，尤为可恶。经该总兵派委弁兵拿获多名，究出实情，甚属认真，可嘉之至。崔思通著革去经制外委，同兵丁杨大成等十四名，并起获鸟枪等件，均解交刑部严审定拟。在逃兵丁及偷牲首犯并各逸犯，并饬严缉务获归案惩办。该匪犯两次均由老厂沟所管地方，偷入红桩界内，该汛把总张毓秀，著先行革职，予限一月，令其带罪缉犯，俟限满有无弋获，分别办理，并将失察兵丁查明责革。

陵禁 020：道光六年又谕

那彦成奏：勘明东陵风水重地，请添设红桩，以明禁限一折。前据庆惠奏：苇子峪门外，南自雁飞岭起，北至低头安止，请一律添设红桩，当降旨令该督履勘。兹据查明，该处树株稠密，与民树相连，自应明定界限，以昭慎重。著照所请，自雁飞岭起至低头安止十八里，在旧有火道之旁，添设红桩五十四根，所需桩木，即由石门工部备办。其红桩火道以外附近居民田园庐舍，相安已久，毋庸再添青桩白桩，以符定制。

陵禁 021：道光七年谕

那彦成等奏：改立禁地碣桩一折。东陵青桩内石界，半多碎石浮垒，日久书字恐易脱落，前经降旨改用石碣，并令清查山内民户确数。兹据该督奏称：现就各地面相机办理，将有石处所，用本山浮石栽立石碣，深凿界石字样，其无石之处，间用木桩深凿界桩字样。所有民户地段，逐一查明勘丈，栽立石碣木桩，均已一律完竣。惟地面辽阔，看守宜严，著马兰镇责成汛弁，各按汛地梭织巡查。如有增添民户，展垦地亩，并将石桩挪移短少者，随时移会地方官查拿究办，按月取具该乡地牌头甘结存案，每年仍令该督派委大员，周历查勘一次。

陵禁 022：道光八年谕

宝兴奏：审拟朱华山千总衙署收藏木料一折。此案署守备酒成章，于该管千总署内收藏木料，该总兵查问时，并不据实禀明，前已降旨将酒成章交部议处。兹据宝兴讯明该署守备，于宝兴业经奏办后，含混具禀，又不将匿赃讳窃情节确实指出，希图蒙混。酒成章著再交部议处，宝兴于此案查访得实，办理尚属认真，所有自请交部议处之处，著加恩宽免。

陵禁 023：道光十一年谕

钟昌奏：酌拟巡查内外火道章程一折。东陵内外火道，地界辽阔，附近居民，间有偷窃树株牲只之事，必应严密巡防。从前历任总兵办理章程，未能一律周妥。兹据钟昌议请添设梭巡，著照所请，所有左右两营巡查弁兵，准改为四起，每次两翼同日并出，分为东西两路互查，俱赴兴隆山与总巡会哨，二十日轮替，前二起将及归伍，后二起即行接巡。其曹墙两路巡查兵丁，由北而南，亦至兴隆山会哨。至内火道十八拨及五关汛，于东三关派外委一名兵五名，黄、将二关派外委一名兵五名，与双洞子总巡会哨归伍后，后起接巡。又南北边一带，仍派海巡分为六段，每段派外委一名兵五名梭巡，十日轮替。其附近墙内外，仍照旧设立双筹，两营往来传送，交踵巡查。该总兵务当随时密派委员认真稽察，毋得日久生懈，以昭严肃。

陵禁 024：道光十二年奉谕

马兰镇总兵奏：巡查后路风水情形。奉谕：东陵窃木偷牲之案，层见叠出，不可因业已亲查，概置度外，尤当刻刻留心，密行查访。

陵禁 025：道光十五年谕

容照奏：后龙全局地面，酌筹分段环查章程一折。风水重地，必须分段巡查，方为周到。据容照奏：拟将内外火道地界全局，分为四大段，制造木牌，编写号头识认，加之印信，逐日发给各段巡兵递送，限定日期，扣算至发完后，复逐日将牌收回，以此为每日有人巡查之据。其传牌收回，至镇署呈缴挂号，仍照一周之法，相接再查。有经过千总把总之营汛，俱各挂号以备稽查。倘逾限一日，立即查出惩办。又拟制合缝牌六面，加之印信，发交各汛适中之地，差弁往查，巡环换验，如是则分缉与总查，不至有名无实，俱著照拟办理。

陵禁 026：道光十六年谕

容照奏：查革历年陋习一折。破除一切，可嘉之至。马兰镇属十三营汛，向年采取各种药草，呈交镇署，并各该管上司衙门，均有馈送。汛兵既以采药有误差操，甚至雇觅居民人等进内采取，难保无匪徒混入，藉此砍树刨参，不可不防其渐。至金莲花、鹿衔草二种所产之地，尤关紧要，何以令人擅入采取馈送，殊出情理之外。著容照即将此项陋习，查明始自何年，据实具奏。又每年派割火道兵丁内以二十名专为打草，缴镇署二万束，以备修补房间之用，每年摊派钱文，其置买镰刀草爬，即用此项，难保无指差为名，任意滋扰情事。著照所议，即动用该处库存废铁，制造镰刀，分给应用。其价值及草爬一项，均由营中公费支用。该总兵务将此项兵丁供给镇署草束一节，查明始自何人任内，一并据实覆奏。

陵禁 027：道光十七年谕

容照奏：请于春令派兵前赴各处陵寝附近地方打扫一折。向来围墙风水地方，每年九月开采后，准令兵役树户人等入内打扫，惟其中橡树、波罗树，春夏之交，方始落叶，地面仍未洁净。嗣后除照向例开采外，该总兵于春夏之交，酌派千总、把总二员，带领兵丁一百名进内，将此项树株败叶打扫洁净。所有入内兵丁，著派员稽查，不准携带违禁物件，并不许闲人混入。

陵禁028：道光十七年又谕

容照奏称：所管内务府拜唐阿及首领太监各圈，俱在围墙以内，幼丁雇工人等为数不少，请派员按日稽查等语。风水重地，理应严肃，惟地方辽阔，耳目势难周遍，著照所请，各圈内派郎中、员外郎、主事、内管领、内副管领等官，按日轮流一员，在各圈内衙门直宿，报明承办衙门立册存记。如幼丁内有滋扰等事，查明何员之班，惟该员是问，并派员将各圈内雇工人等清查明确，由该家长报明本处内务府衙门注册，或因事故增减，均著报明存案。傥敢援引亲族，影射居住，一经查出，立即驱逐，并将该家长根究惩办。如雇工人等，讯有不法情事，除犯事之人照例治罪外，并将该家长讯明究办。其失察之直宿官，奏明惩处。

陵禁029：道光二十年谕

据讷尔经额奏：游击禀讦前官挪移白桩，当降旨将鄂尔端喜顺革职，派隆文会同讷尔经额查明严讯。兹据该尚书等勘明讯结，已革总兵鄂尔端，于陵寝重地，无端任性挪移白桩，并不奏明请旨，辄令喜顺查看，致将民田坟冢圈占，迨查知后，复回护处分，并不据实参办，又令私行挪进，种种狂谬，胆大妄为，可恶之至，著发往黑龙江充当苦差。游击喜顺奉委查看白桩，并不按照原定章程，擅自挪移，侵占民田坟冢，实属藐法，著发往乌鲁木齐充当苦差。易州直隶州知州阿达顺有守土之责，并不据实禀明直隶总督，辄任该弁等将白桩挪移，亦属昏愦，著革职发往军台效力赎罪。贝子载钧、公溥吉，于该总兵挪移白桩半年之久，不得诿为不知，既不阻止，又不参奏，均有应得之咎，著交宗人府严加议处。所有桩内田地坟冢，著交现任总兵松峻确切查明，谕令各该民人照旧管业，并于来岁春融，逐段丈量，奏明将各桩安置妥协，仍复旧制，并于丈量时详细绘图，录存册档，以备稽查而昭慎重。

陵禁030：咸丰元年谕

明训等奏：遵旨严讯官弁贿纵盗伐树株分别定拟一折。此案永陵管山防御庆谦、花什布，管理山界，稽查树株，是其专责，乃漫不经心，以致树株屡被盗砍，迨拿获人犯，复听嘱纵放，收受馈送食物，实属卑鄙不职。庆谦、花什布，俱著革职，发往新疆充当苦差。前任总管全喜，系统辖之员，于官树屡被盗砍，漫无觉察，并失察防御受贿故纵等情，著即革职，以肃功令。

陵禁031：咸丰八年谕

玉明奏：遵旨修补红桩并酌办章程一折。永陵照山周围红桩糟朽，既经该将军派员敬谨查勘，著即饬令该委员等先期采办木植，俟明岁春融，如数栽补，并按月轮派防御一员，会同该界官，常川稽查，如遇有樵采等犯，即行查拿究办，并饬兴京城守尉、通判，按季亲往巡视，加结呈报。仍著该将军随时派委妥员，严密查察。如有扶同徇隐情弊，一并从严参办。其马尔墩岭，原设红桩，并著一体补栽，以符旧制。

陵禁 032：同治九年谕

前因署工部侍郎于凌辰奏：西陵树株承办司员舞弊，并自请议处，当派志和胡家玉前往查办，旋据志和等查明，职官入伙贩运各情，当经降旨，将尚膳正李春华等解任审讯。兹据该侍郎等查勘各处树株，与历年册报相符，委无蠹剥情弊，并审明职官伙同贩运情事定拟具奏。此案尚膳正李春华，虽无伙开福盛粮店等情，惟以承办招商变价之员，辄与商人合伙，致滋物议。防御贵普即贵溥，以职官合伙贩运，均有应得之咎，著一并交部严加议处。郎中文明、喜春，员外郎常松，承办招商变价事宜，并不妥为经理，致商人高详等于验赀后，陆续将赀取回，办理亦属不善。文明又商令贵普、李春华入股，尤为不能远嫌。文明、喜春、常松均著交部分别议处。守护公荣颐、载迁，泰宁镇总兵兼总管内务府大臣清安，拣派喜春等办理变价，未能妥协，并于贵普等贩运各情，漫无觉察，亦难辞咎，均著交各该衙门议处。另片奏于凌辰上年未能将树株情形查出，亦属疏忽，著交部议处。

陵禁 033：同治九年议准

昭西陵前金星山，原设红桩六十根，改为石桩，刷染红色。荒厂地方，低洼处所，栽杨柳万株。

陵禁 034：同治十三年谕

前因醇亲王奏：慕陵隆恩殿改饰不合旧规，请旨更正，当令工部查明具奏。兹据奏称：查据承修大臣董恂等咨覆，此项工程，系因擦漆较重，未免颜色过深，近于黄黑，惟做法系遵照原估细册修理，未敢轻改旧规等语。董恂、崇厚承修此项工程，于本色楠木梁柱各处颜色，未能与旧相符，著交部议处。仍著董恂等敬谨赔修，将厚漆刷去，另罩薄漆，以复旧规。至此次验收之大臣，著一并交部议处。

陵禁 035：光绪六年谕

工部奏：东陵围墙屡次兴修，总由弁兵看守不严，致有毁坏情形，请饬责成实力看守等语，系为慎重工程起见。著景瑞查照该部所奏，严行责成各营弁，认真看守，倘实系年久坍塌，亦不得率行专案请修，以符旧制。

陵禁 036：光绪七年谕

惇亲王等奏：伐除树株情形一折。马兰镇总兵景瑞于普祥峪定东陵有碍神路树株，未俟二十日所奏吉期，先于开工之日伐除，与成案办理不符，景瑞著交部议处。

陵禁 037：光绪九年谕

伯彦讷谟祜、阎敬铭奏：查明马兰镇营兵起衅滋事情形，分别定拟，并前任总兵景瑞办理不善，致亏帑项，据实参奏，勒限追赔各折片。前因马兰镇营兵滋事，特派伯彦讷谟祜、阎敬铭驰往查办，兹据查明详晰具奏。此案兵丁王淀漳等，因马兰镇修造营房工程不实，先经匿名呈控，嗣复纠合新旧兵二百余人，呈册控告。总兵桂昂咨请直隶总督派队查办，该兵丁等闻信，辄敢聚集多人，围绕官厅，擅取库械，并有轰伤官弁掠取财物各情。现经研讯明确，为首倡乱之兵丁王淀漳、徐汶如、李憬瀂、宋潮淋，均著即行正法，以昭炯戒。其余听从滋事各兵丁，均照所拟分别完结。马兰镇总兵桂昂，于兵丁呈控时，并不妥为查讯，率请调队会办，以致众情疑惧，酿成重案，实属昏庸畏葸，著交部严加议处。游击清保办理不善，任意妄禀，又复饰非透过。把总阎文选、王贵荫，甘受逼辱，懦劣无耻，均著革职，发往军台效力赎罪。外委杨蕴秀任意妄为，王懋印轻躁喜事，均著革去外委，杖一百、徒三年。守备邓启华、杨捍侯，各有专辖，未能约束，均著以千总降补。把总刘振麟于委查事件，毫无振作，著以外委降补。外委王懋谦、卢晋，于兵丁商议递呈，未能阻止，均著革去外委。贝子毓慵、公荣毓，有守护陵寝之责，乃于兵丁滋事重案，并未即时具奏，均著交宗人府议处。至营房工程，款项甚钜，正黄旗满洲副都统景瑞，前在马兰镇总兵任内，首议建造，身任承修，并不核实经理，任令属员借支薪水，挪移亏短，迨饬令明白回奏，又复巧为掩饰，谬妄欺蒙，著即行革职。所有亏短银两，除各员弁等借支各款分别追缴外，其已故革弁徐永兴所短银二万八千六百十九两零，著责令景瑞与徐永兴之子徐晋笏各半赔缴，景瑞应缴银两，著依限自行交纳部库，如限满不完，照例监追，倘再完不足数，定行从重治罪。守备隋登第，把总李荫长、段瑞征，支借银两，为数最多，著即行革职。其余借用银两之游击万禄，著革去游击，仍留骑都尉世职兼世管佐领，回旗当差。守备李瑛，著以把总降补。千总郝作霖，著以外委降补。把总徐永绥、刘定方、荣振邦、李良贵、刘振武，均著以外委降补。千总刘广仁、侯廷梁、刘宝堂，均著以把总降补。把总梁丙升、王仲、卢承志、郝晋恒，均著以外委降补。外委李良福、段春林，均著革去外委，仍留马兵钱粮。稿房外委杨锡恩，著即斥革。商人邢锡昌，揽修营房，含混草率，工料不实，著即革去布经历及五品职衔，仍勒限赔修，如限满工程不完，收工时再有弊端，即行从重治罪。另片奏：员外郎懿绵，查无倚官压商情事，惟于应发款项，并未全数发给，致令商人挪垫偷减。东陵工部员外郎懿绵，著交部照例议处，懿绵应交银一千二百两，并景瑞应交挂扁银一千两，均限于一月内交纳。

盛京陵寝禁令〔例 14 条〕

盛陵禁 001：顺治十年议准
陵寝官员兵丁匠役所住房屋，有碍风水者，悉令迁移。

盛陵禁 002：顺治十三年定
陵山周围立界，禁止界内樵采。

盛陵禁 003：雍正三年奏准
福陵官山周围设斥堠四所，分委官兵守护。

盛陵禁 004：雍正九年谕

福陵红门前大路，与宝城甚近，车马均由山根左畔行走，有关风水。著行文奉天将军府尹，嗣后于浑河东南、西南无关风水之处，设立船只，以渡行人，红门前大路及山根左畔，严行禁止行走。再，浑河以北，凡系风水之地，所有草木，不许擅动。至迁移房屋，禁止耕种地亩，著赏给房价，补还地亩。

盛陵禁 005：乾隆十五年奏准

昭陵四面设斥堠守护，如福陵之制，各建屋三间。

盛陵禁 006：乾隆十九年奉旨

永陵东山树木不宜砍伐。严行禁止。

盛陵禁 007：乾隆三十一年议准

陵寝重地，窑座未便屡更，应令侍郎等严饬详查，毋任壮丁及旗民等藉端私行采卖，务期窑座烧灰，足供岁修，不致频易山场，以昭慎重。

盛陵禁 008：乾隆四十三年特命大臣

谨于陵寝附近地方查出坟冢数处，俱令迁移，官给葬费。

盛陵禁 009：乾隆四十三年议准

永陵于红桩二十丈外，设白桩六十四；于白桩十里外，设青桩三十六。福陵于红桩二十丈外，设白桩二百六十一；于白桩十里外，设青桩四十。昭陵于南北西三面红桩二十丈，东面红桩十余丈外，共设白桩九十；于白桩十里外，设青桩四十。凡白桩之内，禁止樵采耕牧及行走葬瘗等事；青桩之内，禁止设窑烧灰。均于桩上悬牌示禁，并福陵前毗连明堂地面，禁止车马行走。

盛陵禁 010：道光十八年覆准。

三陵重地，防护綦严，青桩以外，旧设界牌，早经糟朽，应照旧安设，以清界限。至巡卡弁兵，无直宿房间，恐难昼夜巡查，自应于通衢紧要处所，添盖卡房，以资栖止。其永陵青桩，于九十余里之间，仅设三十六根，一桩相距二三里之遥，实系地阔桩稀，所请添设六十四根，统计新旧青桩共百根，不越一里，即有一桩，似为加密，均应如该将军所奏办理。至严禁开采煤窑一款，附近产金处所，及兴京所属地方，皆宜加意禁防，俾护地脉。亦应如该将军所请，将兴京开原、铁岭、抚顺所属界内山厂，一概禁止，不准开采。责成旗民地方官，按季查报，将军、府尹等归并淘挖金沙案内，年终汇奏，以杜觊觎而严防范。

盛陵禁 011：咸丰元年谕

奕兴奏：恭查陵山树株酌议章程，开单呈览，另片奏三陵办理章程，均拟画一等语。朕详加披阅，如红桩以内稽查树株，酌分界限，明定赏罚，查山防御轮替更换，并陵山树株造册存案，分别应存应除，严密抽查。其青桩禁地，划分界限，以专责成，并添设卡房，酌派官兵守护，所议均属周妥。嗣后每年查验树株，著该将军恭诣福陵、昭陵，兴京城守尉恭诣永陵，敬谨查看，仍由该将军遴选协领等官，会同该总管等监视伐除，如有含混影射等弊，将监视各员一并参处。至永陵前烟筒山树株，并著责成兴京城守尉、兴京厅通判，常川稽查，以昭慎重。该将军务当严饬该管各官，遵照现定章程，核实查办，毋致日久视为具文。

盛陵禁 012：咸丰八年谕

玉明奏：永陵地面，请添设堆房，派兵驻守等语。永陵北面，地方空阔，稽查难周。著照所请，添设堆房四处，酌派官员常川驻守，并原设堆拨四处，分段梭巡，即令八旗防御，每旗二员按月轮流直班，并派左右翼长互相稽查，责成该总管随时查察，以昭慎重。

盛陵禁 013：咸丰八年又谕

玉明奏：遵旨修补红桩并酌办章程一折。永陵照山周围红桩糟朽，既经该将军派员敬谨查勘，著即饬令该委员等，先期采办木植，俟明岁春融，如数栽补，并按月轮派防御一员，会同该界官，常川稽查，如遇有樵采等犯，即行查拿究办。并饬兴京城守尉、通判，按季亲往巡视，加结呈报，仍著该将军随时派委妥员严密查察，如有扶同徇隐情弊，一并从严参办。其马尔墩岭原设红桩，并著一体补栽，以符旧制。

盛陵禁 014：光绪四年谕

崇厚奏：永陵龙冈封堆以外护山各沟塘请一律查禁一折。永陵龙脉正冈，有关风水各处，前经设立封堆，永远查禁，其随山护砂各沟塘，自应一律慎重，保护正冈，永杜侵垦之弊。著该署将军查明地址，添立红桩，详定界牌，逐一标记，即交兴京副都统，督饬旗民各界地方官边门章京等，按月稽查，永远封禁，不准耕牧樵采。该处地亩，向系闲荒，边民耕种有年，并著查明已垦各熟地，无论曾否升科，均准择地拨补，以示体恤。

煤窑禁令〔例 11 条〕

煤禁 001：顺治十二年题准

西山过街塔山、玉泉山、红石口、杏子口一带煤窑，永行封禁。

煤禁 002：顺治十七年题准

浑河大峪山场，关系京城风水，不许开窑采石，违者从重治罪。

煤禁 003：康熙三十七年题准

宣化之采马坡、马鞍寺等处，勒石永禁私采。

煤禁 004：康熙六十一年议准

开采采马坡等处各窑，每年纳课银三千两。其小西口四处，悉行禁止私采。

煤禁 005：雍正元年奉旨

采马坡等处煤窑，仍准民间开采。

煤禁 006：乾隆元年奏准

昌瑞山附近地方开设窑座，有碍山川脉络，饬令填实。

煤禁 007：乾隆五十二年奏准

过街塔封禁各煤窑，除东尾子一窑仍不准开采外，所有东风口、兴贵、西盛等窑，悉弛其禁。

煤禁 008：嘉庆十七年奏准

宛平、房山二县官煤窑，每座岁纳课银六十两，作为定额。如窑不出煤，照例封闭。

煤禁 009：道光十八年奏准

兴京开原、铁岭、抚顺各属界内山场，禁止煤窑，责成旗民地方官，按季查报，归并偷挖金沙案内，年终汇奏。

煤禁 010：同治七年奏准

吉林开采火石岭子等处四座煤窑，并抽收煤厘，利少弊多，仍行封闭。

煤禁 011：光绪九年奏准

江宁、镇江交界之青龙等山，禁止开挖煤矿铁沙。

理藩院禁令

理藩院军律〔例 13 条〕

藩军律 001：国初定

派令出兵规避者，王等罚马百匹，札萨克贝勒、贝子、公七十匹，台吉五十匹。所属全旗俱不往者，按军法治罪。违期约一日不至者，王罚马十匹，札萨克贝勒、贝子、公七匹，台吉五匹。迟误数日，按日倍罚。

藩军律 002：国初又定

出征将官马骑瘦者，王罚马三十匹，札萨克贝勒、贝子、公二十匹，台吉十匹。

藩军律 003：国初三定

擅杀降人隐匿者，王等罚十户，札萨克贝勒、贝子、公七户，台吉五户。被人首告者，王罚马十匹，札萨克贝勒、贝子、公七匹，台吉五匹，给出首人，令赴愿往旗分。其为首杀人者斩，仍罚牲畜三九，余人免死罚三九，皆给予降人所投之王贝勒等。若所投未定，则以一半给出首人，余入官。

藩军律 004：国初四定

凡邻旗有警而不率所属甲兵速即议征者，王罚马百匹，札萨克贝勒、贝子、公七十匹，台吉五十匹。

藩军律 005：顺治三年题准

若得出征人遗失马驼各物及逃人者，皆收养送还，隐匿不送者，以盗论。

藩军律 006：康熙十三年题准

蒙古王、贝勒、贝子、公、台吉等遇敌交锋，他旗败遁，一旗王贝勒等力战，有裨于他旗者，将败遁旗分之王、贝勒、贝子、公、台吉，各撤出一佐领人丁，给予力战之旗。他旗皆战，一旗败遁者，将一旗之王、贝勒、贝子、公、台吉，革去爵秩，废为庶人，所有佐领人丁，尽给力战之王等。若一旗内一半攻战，一半败遁，将败遁之王、贝勒、贝子、公、台吉，革去爵秩，废为庶人，所有佐领人丁，尽给本旗力战之人。如一旗内半旗无计前进，半旗攻战败遁，将败遁之王、贝勒、贝子、公、台吉，革去爵秩，废为庶人，所有佐领人丁，尽给本旗无罪之王、贝勒等，其力战之王、贝勒等各给赏。若各旗未及整备，而一旗之王、贝勒、贝子、公、台吉，独能准备攻战，按其功之大小，获之多寡给赏。凡旷野交战，王、贝勒、贝子、公等，及领兵官弁，不按队伍，轻入敌阵，或见敌兵单少，不行问明，擅自奔驰者，将所乘之马，并此次所获人口入官。凡列阵攻战时，须从容纵马，各按队伍前进，若不按队伍前进，尾附他队，或杂本伍入他伍，或他队皆进立视不前者，各按所犯治罪，罪重者斩。凡队伍排齐之后，毋得稍前稍却，如敌兵败阵，令壮丁健马追北，王、贝勒、贝子、公、管旗章京等，毋得突前，必树旗整队后，再行追蹑。若追者或遇伏兵，或遇游兵，王、贝勒、贝子、公等再行接战，起兵时各按纛分队而行，乱行者，回取什物者，醉者，喧哗者，随所见闻惩责。如有一二人离纛行走，拿送该旗札萨克管旗章京处论罚。夜行毋鸣螺，毋哗，违者罪之。行兵之际，有一二人离伍抢掠被害者，将妻子入官，该管官治罪。失火者斩，不许拆毁庙宇，不许妄杀平人，抗拒者击，投顺者抚。其俘获之人，不得剥取衣服，拆散夫妇。至不堪俘获者，亦毋得伤害剥取衣服。俘获之人，毋令看守马匹。凡出征王、贝勒等，务平定地方，救济生民，严禁官兵，不许抢掠，不许陷害良民，平定之日升赏。若纵兵抢掠，指民为贼，妄行杀戮者，从重治罪。与敌人合战时，有将堕马之人救出，与以马骑者，系公以下、副都统以上酬马十匹，参领、轻车都尉以下六匹，庶人二匹，均于堕马人名下取给。

藩军律 007：康熙十三年定

札萨克王、贝勒等，不整理军器，至期会之处，察出何旗兵丁器械残毁恶劣，即将本旗该管札萨克罚俸六月。台吉之兵丁人等器械残毁恶劣，罚牲畜五。其盔尾甲背无名牌，军器自马绊以上无名牌者，罚牲畜三；马不烙印不系名牌者，罚牡牛一头；梅针大箭兔叉骲箭上无名字者，罚惨牛一头，各给拿获之人。

藩军律 008：康熙十三年又题准

官员擅杀投降人者，为首绞，余人革职，罚三九。

藩军律 009：康熙十五年题准

差出从征官员，规避者革职，罚三九，交与该管王等，仍令充兵押赴出征。领催、兵丁人等鞭一百，仍遣往军前。

藩军律 010：康熙十五年定

军兵有犯边者，王、贝勒、贝子、公、台吉等，无论管旗不管旗，将各户口收敛，一面率领合属兵丁，速赴侵犯之处，一面行文邻近旗分，即领兵公同救援，齐集后共商进讨。若于侵犯之处，不速赴集，及邻近旗分之王等奉调，不即领兵赴援者，皆革爵。

藩军律 011：康熙十五年又定

凡奉差出兵之札萨克王、贝勒、贝子、公、台吉等，不亲身前往者，革爵，仍令从军。不全将旗人带往者，以军法论。于所期约地方，一日不到者，罚俸三月；二三日不到者，罚俸六月；四日不到者，罚俸九月；五日以上者，罚俸一年。

藩军律 012：康熙十五年三定

奉文出兵将官马骑瘦者，王、贝勒、贝子、公、台吉，无论管旗不管旗，皆罚俸六月。无俸之台吉，仍照例罚马十匹。

藩军律 013：同治二年议定

饬调官兵马匹，迁延玩误者，罚俸三年。

内蒙古部落禁令〔例 27 条〕

内蒙禁 001：顺治七年题准

外藩人出境，令在本旗管旗章京处陈明，违者，将失察之管旗章京、副章京、参领、佐领、什长，一并议处。如偷卖马匹被人执送者，以其半给执送之人。

内蒙禁 002：顺治十四年题准

固伦公主亲王以下，县君公以上，或以朝贡，或以嫁娶及探亲等事来京者，皆报院请旨，不得私来。

内蒙禁 003：康熙五十一年覆准

喀喇沁、杨树沟、雅图沟、大波罗树等处产铅，察明地方，令其开矿。属内地者，由民人开采。属蒙古地方者，由蒙古开采。户部及理藩院各委贤能司员一人监视，其所定课，即令每年纳铅交于钱局，但不许造房种地，致滋事端。

内蒙禁 004：康熙五十六年覆准

翁牛特、巴林、克什克腾交界地方树木，行文三旗，各令本旗协理台吉、管旗章京、副章京等，公同验勘，分为三分，明立界限，如有越界砍伐树木者治罪。将分定界限，令各造印簿，送院备考。

内蒙禁 005：康熙六十一年奏准

喜峰口、雅图沟、庙儿岭、白马川等处产铅，委内务府部院司官各一人，会同砍木人等开采。

内蒙禁 006：雍正元年奏准

现在各处之矿，皆令封禁，雅图沟等处铅矿，一例禁止开采。

内蒙禁 007：雍正元年议准

公主等下嫁蒙古，成婚之后，久住在京，与蒙古无甚裨益。嗣后公主等下嫁蒙古，非奉特旨留京者，不得过一年之限。若因疾病事故不能即往者，奏明展限。

内蒙禁 008：雍正六年定

王、贝勒、贝子等，有前往五台山诵经礼拜者，随往之人，王不得过八十人，贝勒、贝子不得过六十人，照例给予进口印票。

内蒙禁 009：雍正六年又定

内外札萨克蒙古，皆令由山海关、喜峰口、古北口、张家口、独石口、杀虎口出入，入关口时，均告明该管官弁，详记人数，出口时，仍令密对原数放出。若有置买物件，报院转行兵部，给予出边执照。除此六边口外，别处边口，不准行走。

内蒙禁 010：嘉庆十一年奏准

嗣后下嫁蒙古之格格等，除已逾十年后遵例来京外，如实系有紧要事件来京，务先呈明札萨克报院奏准，方许来京。或该母家实有事故，令其来京，由该母家王公报院奏准后，行文该札萨克，准令来京，其未逾十年呈请来京者不准。如未经呈报该札萨克，私自来京及往他处者，令该札萨克严行查禁。傥该札萨克任听格格等私自往来，一经查出，除将格格、额驸一并治罪外，并将该札萨克照失察例议处。如格格额驸托故来京，或往他处，该札萨克扶同捏报者，格格、额驸各罚俸二年，该札萨克罚俸一年。

内蒙禁 011：嘉庆十六年议准

嗣后格格等实有紧要事件奏明来京，自到京之日起，限六个月催令起程，并将起程日期报院。格格等回游牧后，札萨克亦将格格到游牧日期，声明报院。如因病进京调理者，亦自到京之日起，限六个月起程，傥届期不能痊愈，母家于限内报院，再展限六个月，若仍不能痊愈，由该母家详细声叙报院，具奏请旨。此次定例后，如格格等仍有进京逾限者，将该母家王公及札萨克一并参处。

内蒙禁 012：嘉庆二十年谕

近年蒙古渐染汉民恶习，竟有建造房屋，演听戏曲等事，此已失其旧俗，兹又习邪教，尤属非是。著交理藩院通饬内外诸札萨克部落，各将所属蒙古等妥为管束，俾各遵循旧俗，仍留心严查，傥有游民习学邪教，即拿获报院治罪。

内蒙禁 013：嘉庆二十二年定

王、公、台吉，若非额驸，即照本身职衔书写，毋得滥称额驸。

内蒙禁 014：嘉庆二十二年又定

蒙古地方寄居民人，择其良善者，立为乡长、总甲、牌头，专司稽察，有踪迹可疑之人，报官究办。如有作奸犯科者，将该乡长等一并治罪。

内蒙禁 015：嘉庆二十三年谕

嗣后格格等之父母，如有年逾六旬者，著五年准其进京。

内蒙禁 016：嘉庆二十三年奉旨

近日蒙古王公，豢养优伶，大改敦朴旧习，殊为忘本逐末，嗣后各蒙古部落挑取幼丁演戏之事，著永远禁止。

内蒙禁 017：道光三年谕

凡聘与蒙古额驸之宗室王公等之格格进京归省，嗣后毋庸拘十年之例，果有正事情愿来京者，即报院察核，如无捏报情节，即准其进京，事毕，该院催令即回游牧，如有推故逗遛不回者，指名参奏。

内蒙禁 018：道光七年奏准

喀喇沁、土默特等旗，除前经奏准开采煤窑，仍照旧开采外，其未经奏准出煤山场，著永远封禁，不得私招民人开采，以杜流弊。

内蒙禁 019：道光十六年奉旨

嗣后蒙古人，止准以满洲、蒙古字义命名，不须取用汉人字义。

内蒙禁 020：道光十九年定

蒙古公以上谒见钦差大臣，若事系因公，均按仪节行礼，毋得滥行跪拜。

内蒙禁 021：道光十九年又定

王、公、台吉等，不准延请内地书吏教读，或充书吏，违者照不应重私罪议处，书吏递籍收管。

内蒙禁 022：道光二十三年定

各旗蒙古及喇嘛等出境，于各管官名下发给票据，并移咨交界各旗，派员巡查，如有私自出境者，勒令回归本处治罪。其地方交界，并责成各该管官巡查，如有别旗无业蒙古隐迹其间，立即逐回该旗治罪，仍将容留之蒙古，量予责惩。

内蒙禁 023：道光二十四年定

内札萨克各旗，除旧有煤窑烧锅外，不得擅请增开，违者严参治罪。

内蒙禁 024：道光二十四年又定

王、公、台吉等，不准将属下之阿勒巴图，彼此馈送，违者罚俸斥革，授受同科，所馈仍归本主。

内蒙禁 025：咸丰三年谕

蒙古人起用汉名，又学习汉字文艺，殊失旧制，词讼亦用汉字，更属非是。著理藩院通谕各部落，嗣后当学习蒙文，不可任令学习汉字。

内蒙禁 026：咸丰六年奏准

喀喇沁地方停止开采金矿。

内蒙禁 027：光绪二年奏定

蒙古公文呈词等件，不得擅用汉文，违者照例科罪。其代书之人，递籍管束，若事涉词讼，代写汉呈者，无论有无串通教唆情事，均按讼棍律治罪。

外蒙古部落禁令〔例18条〕

外蒙禁 001：康熙二十一年题准

额鲁特、喀尔喀等人谢恩，不得过二百名，若来人众多，分为数次。

外蒙禁 002：康熙二十四年题准

喀尔喀进贡人违禁得罪者，大事照内例治罪，小事行文札萨克处，令交所罚牲畜。

外蒙禁 003：康熙二十六年覆准

兴安后济达齐老地方，禁止巴尔呼私进哨地游牧。

外蒙禁 004：康熙二十六年又覆准

嗣后著喀尔喀车臣汗严禁所属，毋得擅入哨地游牧。

外蒙禁 006：康熙二十八年议准

喀尔喀台吉从人，在库尔齐呼地方违禁放枪游猎者，该台吉罚五九牲畜，从人鞭八十。

外蒙禁 007：康熙三十一年覆准

喀尔喀等每札萨克，各颁给律例一册。

外蒙禁 008：乾隆四十八年谕

嗣后喀尔喀各汗王等，于本旗所属之阿勒巴图内，拿乌拉廪给作为达尔汉犹可，若非本旗所属，任意越旗拿乌拉廪给，则断乎不可，将此传谕喀尔喀各蒙古等知之。

外蒙禁 009：乾隆四十八年又谕

喀尔喀汗王札萨克等，皆赖属下人等供应以为生计，若属下人等无所交纳，该汗王札萨克等必不能度日，即内札萨克等亦皆如是。若于意外恣意过累属下，与无故越旗骚扰攒凑勒索不法等事，一经告发，必当照例治罪。将此通行晓谕喀尔喀四部落汗王札萨克等，嗣后务须体恤属下蒙古，除照例收纳所属之外，断不可恣意苦累，及越旗侵扰。

外蒙禁 010：嘉庆二十二年奏定

青海所属奎屯、希哩鄂伦布、曲玛尔屯次、三卡迤西十余里蒙古地面，设卡伦五处，中间草地各立鄂博，蒙古番子俱不准越境，以免滋事。

外蒙禁 011：嘉庆二十二年定

番子抢掠蒙古之案，于生番内设立千户、百户，责令稽查管束，每年查开户口丁数，报厅存案。傥有逃往别处，及潜留蒙古，勾结窃盗等事，立赴厅营禀报，知而不举，照例治罪更换。

外蒙禁 012：嘉庆二十二年又定

蒙古内有将人户施舍喇嘛寺院者，并有被番子裹去及自往番族存住者，均宜清查归还原旗。其察罕诺们汗旗下有存留番子，亦令交出归还本族，不得私相留住。

外蒙禁 013：道光二年议准

乌梁海地方哈萨克，聚至数千户，即严行驱逐，毋任再潜入内地。

外蒙禁 014：道光二年奏定青海番子事宜

一、蒙古衣帽均有定制，如有服用番族式样者，即拟发遣。甚有假冒野番，随同抢掠者，一经拿获，即行请旨正法。

一、蒙番歇家，毋令有代蒙番销赃，及代买违禁货物。或有奸徒私充歇家者，从严治罪，店舍入官。

一、青海西北产鱼盐之地，准穷苦蒙古领照运售，其沿边回、汉人等，概不准私赴口外，挖盐捉鱼。

一、循化、贵德等处野番，惟阿里克一族，系奏明搬至河北，其余如有纠众过河，即发烟瘴地方充军。但犯抢夺，不分首从，一概请旨正法。

一、番户众多，其部落在千人以上设千户一名，百人以上设百户一名，千户之下设百长四人，百户之下设百长二人，其不及百户之部落设百长一人，遇有缺出，在各旗内公举承充，不得据为世职，强以子孙承袭。

一、野番穷苦者，该千百户长于所管界内，劝谕垦种，俾资养赡。

一、番地不准奸商夹带硝磺，私行售买。

外蒙禁 015：道光十四年奏准

四爱曼蒙古等，多以打牲为业，现已弛禁鹿茸，即可随时赴城售卖，于蒙古生计有益。

外蒙禁 016：道光十八年奏定青海番族章程

一、该番等安插后，宜遵照界址住牧，不得侵占别旗。

一、该番等远出打牲，恐不肖番子勾引，应着落百户、百长、番目等管束，仍令该郡王不时稽察。

一、该番等宜照现在清查户口住牧，不得招引玉树各族番子前来。

一、该番等每年交纳贡马银两，照旧输纳，其从前拖欠银两，分年清厘以免积欠。

一、该番等照依蒙古易粮之例，按季赴青海大臣衙门领票，易买粮茶。

一、该番等既住蒙古界内，即与蒙古一律防范游牧，如遇番贼行抢，协同蒙古兵堵御。

一、该番等既住青海地方，令该郡王稽察，倘不安本分，按律惩办。

一、该番等除例应贡马兵差外，倘有苛派差徭，暨不肖章京等苦累番民，将该章京并郡王、百户、百长、番目等，按例究治。

外蒙禁 017：道光十九年定

喀尔喀四部落应出差使，不准擅行私议更张，违者，照不应重私罪例分别议处。

外蒙禁 018：道光十九年又定

喀尔喀四部落已授职台吉，及正项佐领下人等，不准资助呼图克图喇嘛商上为徒，违者，本人还俗，该札萨克等照违制律议处。

西藏禁令〔例9条〕

藏禁 001：乾隆五十八年奏准

西藏地方与廓尔喀、布鲁克巴、哲孟雄、宗木等处部落，皆系接壤，向来外番人等，或来藏布施，或讲论事务，达赖喇嘛发给书信，原无禁例，但相沿日久，毫无稽察，甚至卫藏地方紧要事务，亦并不关白驻藏大臣，辄私行往来通信，彼此关说，弊窦丛生。将来遇有廓尔喀禀请之事，均由驻藏大臣主持，与达赖喇嘛、班禅额尔德尼前呈进土物等事，亦令驻藏大臣代为酌定回谕，方可发给。平日如有关系地方事件，及通问布施，均报明驻藏大臣，听候办理。至布鲁克巴素信红教，每年遣人来藏，至达赖喇嘛等呈递布施，哲孟雄、宗木、洛敏达等小部落，如差人来藏布施通问，亦应立法稽查，以昭体制。嗣后各外番部落差人来藏者，均由边界营官查明人数，禀明驻藏大臣，验放进口，并令江孜、定日驻扎备弁，实力稽查。其到藏瞻礼后，所有各该部落禀达驻藏大臣，由驻藏大臣给谕具呈达赖喇嘛等禀帖，俱应呈送驻藏大臣译出查验，由驻藏大臣与达赖喇嘛将谕帖酌定给发，查点人数，再行遣回。其噶布伦虽系达赖喇嘛管事之人，不准与各部落私行通信，即各部落有寄信噶布伦者，亦令呈送驻藏大臣，与达赖喇嘛商同给谕，仍不准噶布伦等私行发给。傥有私相往来暗通信息之事，驻藏大臣即将该噶布伦革退，以示惩儆。

藏禁 002：乾隆五十八年议准

藏内各寨番众供应乌拉人夫马匹，本为急公起见，向来达赖喇嘛、班禅额尔德尼及用事亲族并大呼图克图等，往往听受富户大族恳求嘱托，即给予免差照票。又，噶布伦戴琫及大喇嘛所管之庄佃人户，亦多恳求牌票，或免差徭，或免税赋，未为公允，节经奉有谕旨，令粮官等务须平给价值，设法招徕，是以该处番民，踊跃从事，其从前番众藉有照票，规避不前，最属疲玩积习。嗣后严加查禁，将各处免差照票，概行缴销，务使徭役均平，不得专派穷番，致滋苦累。如实有劳绩者，令达赖喇嘛告知驻藏大臣，方准给票。至番民挑定额兵者，仍由驻藏大臣及达赖喇嘛，于挑兵时发给照票，填写住址名字，免其门户差使。如有事故革退，即将原票缴销，该兵等既可专心操演，亦可杜藉端规避之弊。

藏禁 003：乾隆五十八年又议准

嗣后凡遇蒙古王公等延请喇嘛者，令西宁办事大臣行文赴藏，再由驻藏大臣给予执照，并咨明西宁办事大臣，庶彼此各有关会，来往时日，皆可按照而稽，永杜私相往来之弊。

藏禁 004：乾隆五十八年三议准

卫藏地方，番俗相沿，遇有唐古特番民争讼，及犯人命窃盗等事，多系罚赃减免，原不能按照内地律例科罪，但仍其旧例，亦必须按其罪名之轻重，定罚赎之多少。近年以来，该管之噶布伦朗仔等，剖断不公，意为高下，遇有家道殷实之人，于议罚本例外，加至数倍，并不全数归公，侵渔肥橐，又或怀挟私嫌，竟将偶犯小过之人，捏词回明达赖喇嘛，辄行抄没家产。嗣后罚赎多寡，按照向来旧例译写一本，交驻藏大臣衙门存案，如有应议罪名，总须回明驻藏大臣，核拟办理。其查抄家产之例，除婪索赃数过多，回明驻藏大臣酌办外，其余公私罪犯，俱令凭公处治，严禁私议查抄之弊。

藏禁 005：乾隆五十八年四议准

藏内噶布伦，向由达赖喇嘛拨给房屋，原俾养赡身家，兼资办公，自应照内地衙署廉俸之例，俾现充之人居住管理，一经事故出缺，交代后任，方为允协。若噶布伦等据为己有，则更换一人，又须另拨一分，商上房屋庄田有限，势必不敷分拨，且非核实办公之道。嗣后噶布伦、戴琫等应得官房庄田，随任交代接替，毋许侵占。

藏禁 006：乾隆五十八年五议准

喇嘛等按期支领钱粮，原为随时养赡之资，既不容稍有冒混，亦毋许稍有克扣，方为慎重钱粮体恤众僧之道，若豫期支放，不但喇嘛等易滋浮冒蒙混之弊，即经手之人，亦难保无藉端舞弊之处。嗣后令按期支食，不许丝毫豫领，交济隆呼图克图随时查核。若因严禁豫领，或至短少克扣，即将支放之人，查明究治，以除积弊而归核实。

藏禁 007：道光元年奏定

哲孟雄部长来藏熬茶，八年一次，届期不来，亦听其便。如未至八年，即行斥驳。如请来卓木避暑，即随时批驳。

藏禁 008：道光四年奏定

青海地方，凡有北口各部落蒙古喇嘛，赴藏熬茶，十人以上仍留原处请票，十人以下无票出口者，由西宁何处营卡行走，即责令该营卡官弁，查验人畜包物数目，报明青海衙门，核给执照，一面移咨驻藏大臣查照，将票缴销。回时由驻藏大臣发给路票，在青海衙门查销。

藏禁 009：道光二十八年覆准

四川省西南通藏大路，及与土司草地连界等处，严定界址，不准商民越界典当夷地，以杜争端。

喇嘛禁令〔例30条〕

喇嘛禁001：顺治十四年题准

格隆班第等，如为人治病，必告知达喇嘛，限定日期，方许前往。若有私往违限，并擅宿人家，或藉端留妇女于寺庙者，皆依律治罪。再，游方之徒，不得擅留，违者亦治罪。

喇嘛禁002：顺治十五年题准

喇嘛徒众，除院册有名外，不得增设。

喇嘛禁003：顺治十七年题准

归化城喇嘛有事往额鲁特、喀尔喀地方者，均令具题请往，都统不时稽查，毋许妄为。额鲁特、喀尔喀往来人，格隆班第等亦不许擅留，违者治罪。

喇嘛禁004：康熙元年题准

外藩蒙古八旗游牧察哈尔蒙古等，欲送家人为喇嘛徒弟，及留住外来之格隆班第，皆令开具姓名，送院注册，违者坐以隐丁之罪。

喇嘛禁005：康熙五年题准

在京喇嘛等奉使达赖喇嘛地方，擅带彼处班第等回来者，罪之。

喇嘛禁006：康熙十年定

唐古特喇嘛徒众，非奉旨不许私来。

喇嘛禁007：康熙十年题准

凡喇嘛将自己家奴，及受他姓送到之人作为班第，并容留无藉之格隆班第者，将该管之达口喇嘛革退，罚牲畜三九，格隆班第等各罚三九。如内地家人，作为班第，送至喇嘛处，或隐匿在家，及容留无藉游行之格隆班第者，将都统以下，领催以上，同本人一并交部分别议处治罪。再，外番蒙古地方，除册籍有名之喇嘛外，其游牧之喇嘛班第，皆令驱逐，傥不行驱逐，或隐匿容留，及将各该属家奴私为班第者，事发，王、贝勒、贝子、公、札萨克台吉等，各罚俸一年；无俸之台吉，罚马五十匹入官，仍革职；闲散鞭一百；该管之王、贝勒、贝子、公、台吉等，各罚俸九月；都统、副都统等，各罚牲畜一九；佐领、骁骑校各罚二九；领催、什长各鞭一百。所罚牲畜，给首告人三分之一，如经属下家奴首出，即准开户，将私为班第及收留之喇嘛班第，勒令还俗，拨回本旗，给还原主。其八旗游牧察哈尔马厂人等有犯，亦照此例。

喇嘛禁008：康熙十年又定

凡蒙古地方骁骑壮丁，不准私为乌巴什，违者，照私为格隆班第例治罪。其年老残废丁册除名之人，愿为乌巴什者听。

喇嘛禁 009：康熙十年三定

蒙古妇女，不准私为齐巴罕察〔即尼僧〕，违者，亦照私为班第例罪之。

喇嘛禁 010：康熙四十二年谕

以民田展修庙宇，有关民生。嗣后凡修庙有碍民地者，著永行禁止。

喇嘛禁 011：雍正三年题准

洮、岷地方喇嘛，以治病禳灾为名，诓骗蒙古，即令札萨克严禁。如果治病有益，分别保留，其余一概逐回原籍。嗣后有隐藏者，发觉，将札萨克等一并议处。

喇嘛禁 012：雍正六年议准

五台山乃名山清净佛地，若埋葬尸骨，有污净土。嗣后喇嘛、僧、道、旗民、蒙古人等骨殖，禁止送往五台山埋葬。如外藩蒙古达喇嘛等，有愿将骨殖送往五台山埋葬者，该部具奏请旨。其本处喇嘛僧道尸骨，亦令其在远处埋葬。

喇嘛禁 013：乾隆四十年奉旨

向来台吉等不准私当喇嘛，但蒙古等素敬佛教，若台吉中有愿当喇嘛者，亦可不必禁止。嗣后无论内札萨克、喀尔喀、额鲁特、土尔扈特台吉内，有以愿当喇嘛报院者，即照所请，准其充当喇嘛，俟年终汇齐奏闻。

喇嘛禁 014：嘉庆二十二年定

蒙古各部落呼毕勒罕绰尔济喇嘛等，系乾隆五十八年设立金奔巴瓶以前出世，奏准有案者，准其报院代奏请安。如在设立金奔巴瓶以后出世，并无奏案者，不准请安。

喇嘛禁 015：嘉庆二十二年又定

喇嘛呈请劄付度牒者，由院给予，年终汇奏。

喇嘛禁 016：嘉庆二十二年三定

喇嘛班第等私自逃走，自行投回者，初次鞭六十，二次鞭八十，三次鞭一百，革退。拿获者，鞭一百，革退。

喇嘛禁 017：嘉庆二十二年四定

喇嘛寺院，不准开设棚厂店口。

喇嘛禁 018：道光十年奏定

西藏喇嘛世家，与番民一体当差纳赋。其实有劳绩，应免徭役者，由驻藏大臣给票准免。严禁各商上私给免票。

喇嘛禁 019：道光十一年谕

呼图克图喇嘛等，与随从阿哥之谙达太监交结，殊属不合。著理藩院转饬该呼图克图喇嘛等，嗣后傥有此等事件，一经查出，除将该谙达太监等严行加罪外，定将该呼图克图喇嘛一并治罪，决不宽贷。

喇嘛禁 020：道光十七年谕

呼图克图，嗣后除喇嘛事务仍准管理外，所有喇嘛蒙古交涉事件，止应将人证送旗转解，不准传讯取供，以符定制而杜侵越。

喇嘛禁 021：道光十九年定

内外札萨克汗、王、贝勒、贝子、公、台吉、塔布囊及闲散王、贝勒、贝子、公之子，有未及岁充当喇嘛者，将系第几子充当，随时报院。

喇嘛禁 022：道光十九年又定

喇嘛班第等，但宿于无夫之妇人家，无论是否犯奸，均剥黄鞭一百，勒令还俗。

喇嘛禁 023：道光十九年三定

盛京、锡呼图、库伦内外札萨克各旗所属喇嘛，如遇治病念经，前往他处，以及朝贡，除报明该管喇嘛外，并报明该管札萨克，方准行走。

喇嘛禁 024：道光十九年四定

喇嘛所住庙宇内，不准妇人行走，若住房内令妇人行走者，容留之大喇嘛罚二九，德木齐罚一九，格隆班第等罚五牲畜。

喇嘛禁 025：道光十九年五定

喇嘛容留犯罪盗贼者，与犯人一律科罪，至死者，减一等办理。

喇嘛禁 026：道光十九年六定

喇嘛等因事拘审，先行革退，讯明无罪，仍复其喇嘛。

喇嘛禁 027：道光十九年七定

各寺庙班第等不守清规，该师呈请驱逐，须该管达喇嘛等讯明果有实迹，方准驱逐。如有屈抑之处，概不准行。

喇嘛禁 028：道光十九年八定

各寺庙徒众更名，即时呈报，若遗漏不报，该达喇嘛等罚钱粮一月。

喇嘛禁 029：道光十九年九定

外寺升到之达喇嘛等，不准将本身徒众，带赴新任，侵占庙内额缺，违者革退。

喇嘛禁 030：道光二十五年奏定

嗣后领有度牒之喇嘛，概不准其承袭爵职。

回部禁令〔例 6 条〕

回禁 001：道光八年奏定

寄居伊犁之安集延，在十年以外者，准其编入伊犁种地回户，不准婚娶置产。

回禁 002：道光八年又奏定

南路各城流寓之未经驱逐各外夷，一体编入回户当差种地。如有犯禁者，即行驱逐，每年逐出若干，将增减户口，查核具奏一次。

回禁 003：道光八年三奏定

嗣后凡阿齐木伯克以下，至四品伯克〔今裁汰〕，及尽忠有功之子孙，方准蓄留发辫，其余均不准蓄留，以示限制。

回禁 004：道光九年谕

回子当阿浑者，止准念习经典，不准干预公事。其阿浑子弟，有当差及充当伯克者，亦不准再兼阿浑。

回禁 005：道光九年奏准

回疆应行查禁私矿私硝，严防私毁私铸，稽查回子出卡与外夷勾结，禁止大小伯克占据水利。稽查居住卡内之安集延，每月增减人数，不准与回子联姻，严禁招引回户私入满城。饬禁牧放营马，践食回子田禾，禁止商民重利盘剥穷回。稽查内地汉回出关充当阿浑，擅娶回妇，慎选回子阿浑，严禁兵丁私入回庄游荡，及防兵汉民霸占回子园地。稽查内地汉民私赴回疆。

回禁 006：咸丰八年奏准

喀什噶尔昌巴尔山铜厂，永远封禁。

理藩院刑法名例〔例 50 条〕

藩名例 001：国初定

边内人在边外犯罪，依刑部律。边外人在边内犯罪，依蒙古律。八旗游牧蒙古牧厂人等有犯，均依蒙古律治罪。

藩名例 002：国初又定

凡罚以九论者，马二，犍牛二，乳牛二，牡牛二岁牛二，惨牛三岁牛一。以五论者，犍牛一，乳牛一，牡牛一，惨牛二。

藩名例 003：国初三定

凡罪应罚牲畜而言无有者，三九以上，择令其旗内大员设誓；一九以下，令其佐领设誓。

藩名例 004：国初四定

凡犯罪应罚称无牲畜者，令该佐领，或佐领内择一人设誓，后有隐瞒发觉者，仍将其牲畜罚取，设誓之人罚一九。

藩名例 005：国初五定

凡王、贝勒、贝子、公、额驸、协理旗务台吉，不令设誓，于其旗台吉内，择令一人设誓。

藩名例 006：国初六定

凡罪罚牲畜，少一数者鞭二十五，二数鞭五十，三数鞭七十五，四数以上罪止鞭一百。

藩名例 007：国初七定

凡罪罚牲畜，交该盟长札萨克等照数追取，赏给旗内实心效力之人，仍将赏过牲畜报部查核。

藩名例 008：国初八定

受犯人所罚牲畜者，其札萨克使人，取牡牛一。被罚牲畜人之札萨克使人，于十畜内取一，二十内取二，三十内取三，此外不准多取。

藩名例 009：国初九定

凡取罚牲畜，本主计九数取一，不足九者不取。

藩名例 010：国初十定

凡首告者，于所罚牲畜内，取一半给之。

藩名例 011：康熙二十六年定

凡食俸之蒙古王、贝勒、贝子、公、台吉官员，有犯私罪，应罚取马匹牲畜者，照常罚取。若犯公罪，律应罚马匹牲畜者，皆视所犯之罪罚其俸币，无俸者仍罚马匹牲畜。

藩名例 012：康熙二十六年又定

凡犯罪两造毋得私和，如私自议结，有职者罚三九，庶人罚一九。著该旗札萨克使人，至罪人之札萨克处会议，迟至二日不使人者，计日将札萨克罚牡牛一，每二日罚牡牛一。罪未结之前，不骑乌拉，不与供给。罪已结给罚之时，议骑罪人旗乌拉，与以供给。授罚牲畜之札萨克使人，无论几九牲畜，所取不得越三数。此外给札萨克礼马一匹，受罚牲畜之札萨克使人，无论几九，止取牡牛一。十日内不全给所罚牲畜者，罪人之旗，系王，罚马十匹；贝勒、贝子、公等，罚马七匹；台吉，罚马五匹；即于彼牧厂内拿取。如将拿取之马抢夺者，将情由声明报部，除抢夺所罚王、贝勒等马匹，及罪人应罚之马匹牲畜照数追取外，王、贝勒等皆罚俸三月。

藩名例 013：康熙二十六年三定

凡首告人罪，不令出首之人设誓，令被告设誓。

藩名例 014：康熙二十六年四定

凡出首人罪之人，及讹误之人，有应于本旗内听其情愿归投者，不准归投管旗之王、贝勒、贝子、公、协理台吉及伊等之子孙名下，于不管旗之王、贝勒、贝子、公、闲散台吉内，任其择主归投。

藩名例 015：康熙二十六年五定

凡不招承应死重罪，又无证据，概为疑狱，令设誓完结。

藩名例 016：康熙二十六年六定

凡蒙古殴人至死应拟绞者，遇赦免罪，于免罪之人追罚三九牲畜，给死者亲属。

藩名例 017：康熙二十六年七定

凡犯死罪于事未发觉之前来部首控者，免死，鞭一百，并妻子发遣邻境，给予效力之台吉等为奴，畜产给予事主。

藩名例 018：康熙二十六年八定

凡收赎蒙古死罪人犯，令给九九马准赎。赎其妻子者，听两造家主之便。如蒙古人犯死罪，事关内地民人者，其妻子向无给内地民人之例，欲赎此等罪人，视其妻及十岁以上子女数目，各取二九牲畜，妻子一并令赎，如不赎妻子，其罪人亦不准赎。

藩名例 019：康熙二十六年九定

凡收赎蒙古死罪人犯，令出九九马匹入官，再令其出三九牲畜给付尸亲。如无尸亲，将三九牲畜存公备赏。

藩名例 020：康熙二十六年十定

盗犯未至十岁者，不以盗论。

藩名例 021：康熙二十六年十一定

台吉官员等袒护贼盗，设誓后原赃发觉，称非袒护贼盗发誓不承认者，令其伯叔设誓，如不设誓，台吉罚五九，官员及十家长罚三九。

藩名例 022：康熙二十六年十二定

凡籍没盗犯之畜产，如事主系喇嘛，不准给主，按法罚取。盗旗人、民人牲畜正法之犯人妻子，亦不准给事主，皆赏给蒙古内公务效力之台吉为奴。

藩名例 023：康熙二十六年十三定

凡蒙古人犯罪，照刑部拟以笞杖者，各照数鞭责。拟以军流徒者，免其发遣，分别枷号，徒一年者，枷号二十日，每等递加五日，总徒准徒亦递加五日；流二千里者，枷号五十日，每等亦递加五日；附近充军者，枷号七十日；近边者，七十五日；边远沿海边外者，八十日；极边烟瘴者，九十日。

藩名例 024：乾隆六年定

蒙古王等犯公罪应罚马百匹或九九牲畜，贝勒、贝子、公等应罚马七十匹或七九牲畜，台吉等应罚马五十匹或五九牲畜者，皆定为罚俸一年。王等若应罚马四十匹或五九牲畜，贝勒、贝子、公等应罚马三十匹或四九牲畜，台吉等应罚马二十匹或三九牲畜者，皆定为罚俸九月。王等若应罚马三十匹、或二十匹、或三九牲畜，贝勒、贝子、公等应罚马二十匹、或十五匹、或二九牲畜，台吉等应罚马十匹、或一九牲畜者，皆定为罚俸六月。王等若应罚马十匹或一九牲畜，贝勒、贝子、公等应罚马七匹或一七牲畜，台吉等应罚马五匹或一五牲畜者，皆定为罚俸三月。如系私罪，及所犯虽公而无俸者，仍依本罪罚其马匹牲畜。

藩名例025：乾隆二十七年议准

嗣后罪罚牲畜，除本案具题者毋庸议外，其照例罚取并未题奏之案，札萨克等将一年内罚过牲畜若干，于某项公事效力人员赏给牲畜若干之处，详细造册报院，年终汇奏一次。

藩名例026：乾隆二十九年奏准

罪罚牲畜，停止年终汇奏，仍于年终将一年内罚过数目、用去数目、所余数目，及原办案情，一并详细报院，以备查核。

藩名例027：乾隆四十三年奏准

未得品级之台吉行窃者，将应得品级停止，给予邻近盟长严加管束。

藩名例028：乾隆四十四年谕

嗣后台吉内有因犯他罪革退者，过三年后若知改悔，照例准给原衔。其因行窃革退台吉者，概不准其开复。如此办理，庶蒙古等人知儆惧，行窃之风渐息，于伊等实大有裨益，著为令。

藩名例029：乾隆四十四年又谕

从前准噶尔时，各城伯克〔今裁〕实有向属下回子勒索者，自回部平定以来，伯克等均有俸廉赏赐，如仍蹈旧习，一经控告，审明属实，自应将该伯克治罪。若并非勒取，诬告倾陷，亦不可不防其渐。嗣后回子等控告伯克勒索等事，各该处办事大臣审明属实，即将伯克治罪。如系虚妄诬控，即将诬告之回子拟斩，在本处正法。

藩名例030：嘉庆十四年奏准

内外札萨克等蒙古地方，凡故杀谋杀情重者，概不准收赎外，其寻常斗殴致死情轻者，仍照旧例收赎。

藩名例031：嘉庆二十二年定

凡办理蒙古案件，如蒙古例所未备者，准照刑例办理。

藩名例032：嘉庆二十二年又定

失察行窃之台吉官员所罚牲畜，均赏给获贼之人，若系事主拿获，所罚牲畜存公，如该管台吉官员自行拿获者免罚。

藩名例033：嘉庆二十三年谕

嗣后蒙古地方抢劫案件，如俱系蒙古人，专用蒙古例；俱系民人，专用刑律。如蒙古人与民人伙同抢劫，核其罪名，蒙古例重于刑律者，蒙古与民人俱照蒙古例问拟，刑律重于蒙古例者，蒙古与民人俱照刑律问拟。

藩名例034：道光十九年定

各案首从贼犯应发遣者，均照例刺字交驿站充当苦差。应鞭责者，蒙古照例鞭责，民人折责发落。

藩名例 035：道光十九年又定

行窃者，十五岁以下照刑例收赎，十六岁以上照例科罪。

藩名例 036：道光二十年定

内外札萨克应议处分，凡蒙古例所未备者，准咨取吏、兵、刑三部则例，比照引用。

藩名例 037：道光二十年又定

蒙古等在内地犯事，照依刑律定拟。民人在蒙古地方犯事，照依蒙古律定拟。

藩名例 038：道光二十年三定

蒙古王公等有犯奉旨交议处分，除蒙古例有专条，仍照定例办理外，如犯律不应为而为之事轻者，公罪罚俸三月，私罪罚俸六月。重者，公罪罚俸三年，私罪罚俸五年。如犯奉旨严加议处者，公罪革职留任，私罪革任。不兼职任者，罚世职俸六年。无俸台吉以下应罚俸者，折罚牲畜，应革职留任者，革去顶戴，应革职者革职。不兼札萨克之闲散王公世职官员等，应罚俸者，均照无俸各官一律罚九；应革职留任者，罚世职俸三年；应革职者，罚世职俸六年。傥案情较重，临时加重酌拟请旨。

藩名例 039：道光二十三年定

绥远城土默特世职兼管参佐领官，私罪降级调用者，照兵部职任兼世职罚俸例办理，无俸官员折罚牲畜。

藩名例 040：道光二十三年又定

因公处分罚俸者，均罚札萨克俸，其议罚世职俸者，随案声明"罚世职俸"字样。

藩名例 041：道光二十三年三定

缘案罚俸者，无论所罚系札萨克俸系世职俸，均止罚银两，免罚缎匹。其罪至革职折罚世职俸者，连俸缎一并议罚。

藩名例 042：道光二十三年四定

罚俸者，均由本年应领俸银内全行坐扣完结，不得分年坐扣。

藩名例 043：道光二十四年定

凡应罚牲畜，每九限三十日完交，各予五日余限，届限不交，台吉官员革去顶戴，展限勒交，展至三限，实在无力完交者，革去台吉，三年无过开复，免其追交，官员径行革职。平人短交牲畜一二数者鞭二十五，三四数者鞭五十，五六数者鞭七十五，七数至九数者鞭一百，九数以上加枷号一月，免其追交。

藩名例 044：道光二十六年定

王、公、台吉无论公私罪，均将应罚马匹牲畜折罚俸外，但犯有应罚马匹牲畜给付事主之案，仍罚交给付事主。

藩名例 045：道光二十六年又定

本犯恃无赃证踪迹，坚不承认者，令其设誓具保完结，不肯设誓，即照案科罪。

藩名例 046：道光二十六年三定

设誓完结后，别经发觉，按本案加等治罪，其原保设誓之佐领等官，各减本犯一等。

藩名例 047：道光二十七年定

事出两造私议完结，王、公、台吉等罚俸一年，不管旗王、公、台吉、官员均罚二九，平人鞭八十，仍由官审理。

藩名例 048：道光二十八年定

蒙古家奴犯罪，亲老丁单，准一体留养。

藩名例 049：咸丰五年议准

各旗属下人等，缘事发往邻盟，如系亲老丁单，及因病未能起解者，查照所犯非赃私及军营重情，令其收赎。

藩名例 050：同治元年谕

嗣后各路定拟罪名，均著照律定拟，所有查经议罪一节，著永远停止。

理藩院刑法盗贼〔例 105 条〕

藩盗贼 001：国初定

失去牲畜过三日，禀明附近札萨克缉捕，若不禀明缉捕，每牲罚羊一。冒认亡失牲畜者罚三九，错认者罚一九，因无失主隐匿者罚一九，收骑遗失牲畜者罚一五。

藩盗贼 002：国初又定

遗失牲畜，行人毋得擅取，取者以盗论。为人收留失羊过一宿者，二十以下准取一羊，多则每二十取一，给予收留之人。

藩盗贼 003：国初三定

窝隐盗贼者，王罚九九，札萨克、贝勒、贝子、公、罚七九，台吉罚五九。台吉为盗者罚七九，若事发不承认者，令其伯叔设誓，无伯叔，令伯叔之子设誓。但知盗情而不首者，王罚三九，札萨克、贝勒、贝子、公、罚二九，台吉罚一九。

藩盗贼 004：国初四定

贼已发觉，王等不行拿解，致疏脱者，以窝盗论。

藩盗贼 005：国初议准

失察所属数人行窃，该管旗章京梅楞章京，照台吉失察例议处

藩盗贼 006：康熙四年题准

外藩蒙古各旗佐领下有为盗者，该佐领罚二九，骁骑校罚一九，领催罚一七，十

家长鞭一百罚一九。佐领下有盗二次者，佐领罚二九，骁骑校罚一九，皆革职；领催鞭一百，罚一九，革役；十家长鞭一百，籍其家。一参领下有盗三次者，参领罚三九。一旗下有盗三次者，管旗王、贝勒、贝子、公等各罚五九，管旗章京、副章京各罚三九。所属人为盗者，该王、贝勒、贝子、公、台吉各罚三九。庶人家奴为盗，其主罚一九。王以下若能严察所属，将为盗人拿解者免罪，仍给所罚之半。若失于稽察，被他人拿获者，管旗章京以下所罚并给之，王等所罚入官。八旗游牧察哈尔蒙古人为盗，被获二次者，该总管罚三九，副管及佐领各罚二九，骁骑校、领催、十家长等咸照外藩例科之。牧厂人为盗，其牧长亦照佐领例治罪。

藩盗贼 007：康熙五年题准

外藩地方，有伙劫喀尔喀马匹等物者，除照例治罪，如数赔还外，共罚给一九，所余家产妻子入官。若喀尔喀人多报失物，令其设誓，照数赔给。不设誓，止赔现在之数。若喀尔喀人伙劫内地者，为首一人斩，二人以上斩一人，余人鞭一百，罚该本主一九，移文令其送至。

藩盗贼 008：康熙五年定

台吉为匪为盗者，即革去台吉为庶人，将马匹牲畜取回，给予被盗之人，将其所属人丁撤出，给予近支兄弟，该札萨克照疏忽例议处。若为匪之台吉仍不悛改，复为匪者，该札萨克即充作奴仆服役。若改过不复为匪，三年后，该札萨克将情由报院转奏，复给台吉原衔。

藩盗贼 009：康熙六年题准

捉获盗贼不报院私议完结者，以盗论，所罚牲畜给首告人，管旗王以下至十家长一并治罪。

藩盗贼 010：康熙六年定

凡蒙古偷盗他人马驼牛羊四项牲畜，一人盗者，不分主仆绞决，二人盗者一人绞决，三人盗者二人绞决。纠众伙盗者，为首二人绞决，为从者皆鞭一百，罚三九。其正法之盗犯妻子畜产，皆籍没给事主。

藩盗贼 011：康熙十六年题准

在边界禁地偷窃劫夺被获者，该管王贝勒等以下，并该本主严行治罪。若不获，将所入汛地该管王贝勒治罪，兼令赔偿窃夺之物。

藩盗贼 012：康熙十七年题准

旁人捉获盗马贼者，所籍没家产牲畜，以一分给之，一分给事主。

藩盗贼 013：康熙十七年定

王、贝勒等讳盗者，无论管旗不管旗，各罚俸一年，无俸之台吉各罚五九。

藩盗贼 014：康熙十七年又定

凡被盗牲畜，务将数目毛齿及失事月日报明札萨克存案，日后有一不符及并未报明存案者，皆不准行。

藩盗贼 015：康熙十七年三定

凡被盗牲畜本主认出，有言他人所给者，即令其人对质，其人不承认，即令原人设誓，如设誓，不治罪，但将所认牲畜还本主。

藩盗贼 016：康熙十七年四定

被盗马匹，在围场军前认识，其人别有所得情由者，别给以马，将所认之马取回。

藩盗贼 017：康熙十七年五定

偷盗牲畜，被旁人邀获者，一牲给价，二牲以上十牲以下者给一牲，多则每十给一。事主称非被盗而不给者，令佐领、骁骑校设誓，设誓者不取价，否则取价。若并未邀获贼物，诈取发觉者，其诈取之人以盗论。

藩盗贼 018：康熙十七年五定

偷宰牲畜遗去旁人收取其肉者，即令赔补原赃，踪迹在界内，令管旗章京设誓，如不设誓者，治以罪。

藩盗贼 019：康熙十七年六定

凡失去马匹，访有踪迹而无见证者，不令设誓。行人若于旷野失去，并无见证，跟踪追寻，于经过村庄访取见证。

藩盗贼 020：康熙十七年七定

凡失去牲畜，于旧游牧处访有踪迹，虽经他往游牧，仍令设誓。

藩盗贼 021：康熙十七年八定

凡踪迹去人居处一箭之内者，令其设誓，过一箭者毋庸设誓。

藩盗贼 022：康熙十七年九定

凡搜检须同见证，不容搜者，以盗论。

藩盗贼 023：康熙十七年十定

被盗牲畜，因人潜来密告，认出原物，即将藏牲畜者以盗论。

藩盗贼 024：康熙十七年十一定

凡被盗之人，因人密告具控者，务将其人姓名指出，所告属虚，或别经寻获，罚密告之人三九牲畜，令前设誓之台吉及被诬之人平分，罚具控人三九牲畜，全给被诬者。

藩盗贼 025：康熙十七年十二定

凡偷盗金银器皿及皮张布匹并衣服食物，均按数赔补，所盗物件至二岁牛价者罚三九，至羊价者罚一九，未至牛价者罚一九，未至羊价者罚犅牛一。

藩盗贼 026：康熙十七年十三定

盗猪狗者罚牲畜五，盗鸡鹅鸭者罚犅牛一，仍追赔所盗物件。

藩盗贼 027：康熙二十二年题准

外藩蒙古人入内地为盗者，事发，令赔所盗物，仍籍其妻子畜产入官。

藩盗贼 028：康熙四十四年奉旨

前此数年口外偷马之事断绝，今又有盗者，殊属可恶，将此为从贼人，皆解进京给予大臣之家为奴。

藩盗贼 029：康熙四十四年覆准

偷马为从贼盗，仍留在外，必复为贼，应将伊等本身妻子，及正法或在逃为首贼盗之妻子，皆令解送内务府。其疏脱贼犯之骁骑校，皆著来京当苦差行走。

藩盗贼 030：雍正元年谕

偷盗一二牲饩，即将蒙古立绞，人命重大。嗣后应改为拟绞监候，暂行一年。若蒙古盗案从此渐少，则照此例行，倘比往年较多，则照原定之例拟罪。

藩盗贼 031：雍正四年奏准

八旗游牧察哈尔及各牧厂马群内，差出捕盗兵丁，若拿获盗犯，即将盗犯所骑之马，给予原拿之人。拿获三次之后，系护军，于护军校、骁骑校内列名，马甲选取护军，闲散选取马甲，牧厂马群人等亦俟有应升之缺录用。若行窃之人，系承缉兵丁之亲属，而瞻徇不拿，照隐匿盗贼例治罪。

藩盗贼 032：雍正五年奏准

凡盗四项牲畜为数无多，情节甚轻者，拟绞监候，仍籍没畜产，给付事主，其妻子暂留该旗，俟本犯减等，金解邻近盟长，给效力台吉为奴。

藩盗贼 033：雍正五年定

凡官员庶人伙众，或一二人行劫至杀人者，不分首从斩枭；伤人已得财者，不分首从斩决；妻子畜产皆籍没，给付事主。若止伤人未得财者，为首拟斩监候，畜产给事主，妻子暂寄该旗，俟本犯减等，金发邻近盟长，给效力台吉为奴。为从盗犯，籍没畜产给付事主外，并妻子金发邻近盟长，给效力台吉为奴。

藩盗贼 034：雍正五年又定

一人行劫未至杀伤人者，将本犯妻子畜产，一并解送邻近盟长，给效力台吉为奴。如二三人以上，将起意一人拟绞监候，籍没畜产，给付事主，妻子暂寄该旗，俟本犯减等，金发邻近盟长，给效力台吉为奴。为从盗犯妻子畜产，一并解送邻近盟长，给效力台吉为奴。

藩盗贼 035：雍正五年三定

凡盗贼被事主或旁人追赶，致拒捕杀人者，为首斩决，妻子畜产籍没，给付事主；从犯并妻子发遣南省，给驻防兵丁为奴，畜产给事主。伤人不致死者，为首拟斩监候，畜产给事主，妻子暂寄该旗，俟本犯减等，金发邻近盟长，给效力台吉为奴；从犯并妻子畜产，解送邻近盟长，给效力台吉为奴。

藩盗贼 036：乾隆五年议准

嗣后一二人盗牲畜者，仍照前例，若三人以上偷盗者，止将起意之一人为首，余皆以为从论。若偷盗之际分路而行，或偷盗二三处，或从前偷盗数次者，各按其情节，分别首从治罪。

藩盗贼 037：乾隆五年定

官员庶人，或一二人伙同抢夺物件，杀人伤人，或偷窃牲畜等物，被事主人等知觉追赶，以致杀人伤人者，旧例不分首从皆斩，妻子牲畜给予失主。嗣后除行强之盗案，仍不分首从外，其偷窃牲畜以致杀伤人者，将为首一人拟斩立决，从犯拟斩监候，家产牲畜，仍追给事主。

藩盗贼 038：乾隆七年定

嗣后八旗游牧察哈尔蒙古偷盗牲畜，及犯别项罪名者，皆照蒙古律例，如蒙古律例所未载，再照刑部律例办理。

藩盗贼 039：乾隆十四年奏准

蒙古地方均系游牧，并无墙垣，易于偷窃，是以定例綦严，但蒙古一切衣食等物，大半买之内地，内地人持货赴边，日积月累，迄今归化城八沟、多伦诺尔数处所集之人，已至数十余万，今蒙古偷窃内地人牲畜，皆照蒙古律拟绞，内地人偷窃蒙古牲畜，仍依内地窃盗计赃治罪，蒙古内地人相聚一处，未免情同罪异。嗣后内地人如在边外地方偷窃蒙古牲畜者，照蒙古例为首拟绞监候，为从议罚三九。

藩盗贼 040：乾隆十四年定

蒙古偷窃四项牲畜，为从之犯，发遣邻近盟长，虽属定例，但此等不肖蒙古，妻子家产仍在一处，究亦罔知畏惧，徒有益于邻近盟长。按喀尔喀行窃从犯，既改为鞭一百，罚三九牲畜，给予事主，人犯仍留本旗。嗣后各蒙古行窃为从之犯，皆照此例行，将发遣邻近盟长给台吉为奴之处停止。

藩盗贼 041：乾隆二十四年议准

蒙古偷窃四项牲畜，因而杀人伤人者，仍照旧例办理，其偷窃十牲以上，为首之犯拟绞，入于秋审情实；窃六牲至九牲为首之犯，发遣云南、贵州、广东、广西极边烟瘴；窃三牲至五牲为首之犯，发遣湖广、福建、江西、浙江、江南等省；窃一二牲为首之犯，发遣山东、河南等省；皆交各该处驿站充当苦差。其民人在蒙古地方偷窃九牲以下者，亦照此例分别治罪。为从之犯，均仍照旧例办理。如有在围场中偷窃马匹者，不论蒙古民人，五匹以上拟绞立决；三匹以上发遣云、贵、两广极边烟瘴；一二匹者发遣湖广、闽、浙、江西、江南等省；均交驿站充当苦差。为从及知情故买者，民人照正犯减一等，蒙古仍照旧例办理。

藩盗贼 042：乾隆二十五年议准

蒙古行劫伤人得财者，将首从加功人等，法应立决，并偷四项牲畜等犯内秋审予勾者，俱解往原犯事地方正法，应枭示者枭首示戒。

藩盗贼043：乾隆二十六年覆准

蒙古偷窃四项牲畜不能赔偿者，著落该管台吉照数赔补。旗民偷窃四项牲畜不能赔偿者，著落该管官员照数赔补。

藩盗贼044：乾隆二十八年奏准

旧例内蒙古强盗夺劫等案内，将妻子给效力台吉者，改照偷窃四项牲畜数少之例，发遣山东、河南等省驿站充当苦差。

藩盗贼045：乾隆二十九年议准

偷窃四项牲畜为从之犯，俱就近解交地方官监禁勒追，应罚牲畜，限满不交，仍照例停罚发遣。其三次失察所属盗案之该管官员，交部分别查议，罚取牲畜，分别赏给事主及捕盗之人。

藩盗贼046：乾隆二十九年奏准

蒙古强窃劫盗等案内原发遣山东河南之犯，逃亡者，照民例初次枷号一月，改发福建、湖广等省；二次枷号两月，改发云、贵、两广极边烟瘴；至三次枷号三月，仍发回原遣。其免决减等充军由配所逃亡者，亦照民例一体加罪改遣，仍分别逃亡次数枷号刺字，并审明逃亡后有无凶横不法情事，分别定拟。

藩盗贼047：乾隆二十九年又奏准

蒙古充军发遣罪犯，家口例不一并发遣，有情愿随往者，听其自便，毋庸官为解往。其例应一并发遣之妻子，随同该犯发往各省驿站充当苦差。至原犯已经正法止发遣妻子者，酌发近南各省给驻防兵丁为奴，其一并发遣递解之处，俱照连坐罪犯家口之例办理。

藩盗贼048：乾隆四十三年奏定

台吉未授职衔以前，初次行窃者，不准授职，发往邻近盟长处，严加管束，将伊所有牲畜给予事主。傥不悛改，复行偷窃，照平人例治罪。

藩盗贼049：乾隆四十五年奉旨

杜尔伯特乃新归顺之人，今贼犯乌尔精起意二次窃伊等马五匹，不得仍照内地蒙古例拟罪，著解至科布多即行处绞。

藩盗贼050：乾隆四十八年奏定

台吉等收留惊逸马匹不报，照窃盗例革去台吉，六年无过，该札萨克等据实保奏，由院奏请开复。

藩盗贼051：乾隆四十九年奏准

蒙古偷窃牲畜之案，犯在各札萨克地方者，虽遇恩赦，不准援减，其事犯在内地者准其援减。

藩盗贼 052：乾隆五十年奏定

偷窃牲畜三十匹以上者，不分首从绞监候，秋审俱入情实；为从并未同行，但于窃后分赃者，减等发遣云南、贵州、广东、广西烟瘴地方。偷窃牲畜二十匹以上至三十匹者，首从俱绞监候，为首者入于情实，为从同行分赃者入于缓决；虽经同谋并未同行，但于窃后分赃者，减等发遣湖广、福建等省，均交驿站充当苦差。偷窃牲畜十匹至二十匹者，为首者绞监候，秋审入于情实；为从同行分赃者，发遣云南、贵州、广东、广西烟瘴地方；虽经同谋并未同行，但于窃后分赃者，发遣山东、河南地方，均交驿站充当苦差。偷窃牲畜六匹至九匹，为首者发遣云南、贵州、广东、广西烟瘴地方；为从同行分赃者，发遣湖广、福建等省，交驿站充当苦差；虽经同谋并未同行，但于窃后分赃者，鞭一百。偷窃牲畜三匹至五匹，为首者发遣湖广、福建、江西、浙江、江南；为从同行分赃者，发遣山东、河南，交驿站充当苦差；虽经同谋并未同行，但于窃后分赃者，鞭一百。偷窃牲畜一二匹，为首者发遣河南、山东，交驿站充当苦差；为从同行分赃者，鞭一百；虽经同谋并未同行，但于窃后分赃者，鞭九十。至羊只一项，与牛驼马匹价值迥异，以羊四只作牛驼马一只，计算所窃之羊，不及四只者，为首鞭一百，为从同行分赃者鞭九十，虽经同谋并未同行但于窃后分赃者鞭八十。

藩盗贼 053：乾隆五十三年覆准

蒙古行窃，应发山东、河南、湖广、福建、江西、江南等省者，所属台吉罚一九牲畜；应发云南、贵州、广东、广西、等省者，所属台吉罚二九牲畜；应行正法者，所属台吉罚三九牲畜。

藩盗贼 054：乾隆五十四年议定

蒙古偷窃马匹，首犯逃匿，即将为从者拟以正犯应得之罪，严行监禁，俟正犯拿获时，再照例定拟。如正犯不获，将为从者永远监禁。

藩盗贼 055：乾隆五十四年奉旨

嗣后凡偷马贼犯，一年内行窃数次，一并计赃科罪，逾年者不并计。

藩盗贼 056：乾隆五十七年定

凡偷窃案件现获之犯，若供首犯在逃，即将现获之犯，按其所犯本罪发遣各省，将来拿获逃犯，审出该犯实系起意为首，由配所提审，治以应得本罪。

藩盗贼 057：乾隆五十八年奉旨

哈萨克偷盗伊犁察哈尔马畜，拿获后将被窃马匹入官，虽系照例办理，但伊等究系贫乏兵丁，若被窃马匹全行入官，恐失生计。嗣后此等被窃马匹，一半入官，一半给还失主。

藩盗贼 058：嘉庆元年奏定

凡聚众行劫，及同谋殴伤事主等案，如获犯讯供首犯在逃，将为从者照例定拟羁禁，俟逃犯弋获时，质讯明确，再行定拟。

藩盗贼059：嘉庆三年议准

蒙古盗窃微物，折价值牡牛一、羊一等案，仍照旧例罚九办理。其折价值银至八两以上者，即照盗窃马驼牲畜之例，按数分别定拟。

藩盗贼060：嘉庆四年奉旨

偷盗杜尔伯特马十二匹之乌梁海，照蒙古例新投诚乌梁海盗窃十牲之数，不论首从，俱拟绞监候，秋审时入于情实。奉旨：边内杜尔伯特、土尔扈特等，若偷盗马匹等物，皆立行正法。今乌梁海偷盗杜尔伯特马十二匹，定拟绞候，不足示儆。嗣后边内如有此等偷盗事件，即照此将为首者拟绞立决，为从者拟绞监候，入于秋审情实。

藩盗贼061：嘉庆五年奏准

偷窃马匹牲畜，一年内数次者，毋庸并赃计算，仍照二罪并发，从其重者科断办理。

藩盗贼062：嘉庆七年定

蒙古地方偷窃四项牲畜者，不论首从，如其祖父母、父母年老有疾者，由该札萨克等详细查核，取具甘结后，均准其存留养亲。

藩盗贼063：嘉庆八年议准

偷窃金银皮张布匹粮米等物，如赃自十两至四十两，仍照旧例鞭责；五十两至七十两者，发山东、河南等处；八十两至一百两者，发湖广、福建、江西、浙江、江南等处；自一百两以上至一百二十两者，发云南、贵州、广东、广西等处；一百二十两以上者，绞监候。

藩盗贼064：嘉庆九年奏准

蒙古地方喇嘛等，有犯偷窃等罪，声明亲老丁单，援请留养之例，查明该犯亲老丁单属实，平日在该旗当差，仍与老亲同居藉以养赡者，方照例留养。如居住庙宇不养老亲者，不准。

藩盗贼065：嘉庆九年定

蒙古地方偷窃牛马驼案内，有四岁牛犊，五岁马驹，五岁驼驹者，照偷羊之例，以四匹为一匹办理，不及四匹者，照偷羊不及四只例，分别鞭责发落。

藩盗贼066：嘉庆十年奏准

蒙古地方牧厂官兵，偷窃官牧牛马驼只，或私行售卖，或宰杀私食，或为己产者，一匹至九匹牧官革职，发往黑龙江当差，牧兵不分首从，仝妻子发往黑龙江给兵丁为奴。虽经同谋并未同行，无论窃后已未分赃，均枷号六十日，满日鞭一百。十匹以上者，无论官兵首从，一并拟绞，将首犯立决，同行为从者监候，秋审入于缓决。虽经同谋并未同行，无论窃后已未分赃，均拟发遣云南、贵州、广东、广西烟瘴地方，交驿站充当苦差。其并未同谋，仅止窃后知情分赃换赃故买代卖代存者，均枷号六十日，满日鞭一百。其蒙古民人伙同官牧人等偷窃牛马驼只者，照官役人等一律问拟。其并未同谋，仅止窃后知情分赃换赃故买代卖代存者，亦枷号六十日，满日鞭一百。其蒙古民人偷窃官牧牲畜，照此办理。其官牧羊只一项，仍按四只合一问拟。至牧厂官兵自行偷窃之案，其失察之该管札萨克罚俸二年，台吉官员罚二九牲畜。他人偷窃之案，该札萨克罚俸一年，台吉官员罚一九牲畜。

藩盗贼067：嘉庆十五年定

蒙古地方偷窃银两什物，其价值自一两至十两，为首者鞭九十，为从同行分赃者鞭八十。虽经同谋并未同行，但于窃后分赃者，鞭七十。偷窃十两以上至四十两，为首者鞭一百，为从同行分赃者鞭九十。虽经同谋并未同行，但于窃后分赃者，鞭八十。偷窃四十两至七十两，为首者发遣山东、河南，交驿充当苦差。为从同行分赃者，鞭一百。虽经同谋并未同行，但于窃后分赃者，鞭九十。偷窃七十两以上至一百两，为首者，发遣湖广、福建、江西、浙江、江南。为从同行分赃者，发遣山东、河南，均交驿充当苦差。虽经同谋并未同行，但于窃后分赃者，鞭一百。偷窃一百两以上至一百二十两，为首者，发遣云南、贵州、广东、广西烟瘴地方。为从同行分赃者，发遣湖广、福建等省，均交驿充当苦差。虽经同谋并未同行，但于窃后分赃者，鞭一百。偷窃一百二十两以上，为首者，绞监候，秋审入于缓决。为从同行分赃者，发遣云南、贵州、广东、广西烟瘴地方。虽经同谋并未同行，但于窃后分赃者，发遣山东、河南，均交驿充当苦差。台吉等有犯以上各项罪名者，俱照偷窃四项牲畜之例办理。

藩盗贼068：嘉庆十五年又定

首犯拟死罪案内，如有虽经同谋，并未同行分赃，及并未同谋、并未同行，仅止窃后分赃者，台吉等罚三九牲畜，平人鞭一百。首犯拟遣案内，如有虽经同谋，并未同行分赃，及并未同谋、并未同行，仅止窃后分赃者，台吉等罚二九牲畜，平人鞭八十。首犯拟鞭责案内，如有虽经同谋，并未同行分赃，及并未同谋、并未同行，仅止窃后分赃者，台吉等罚一九牲畜，平人鞭六十。

藩盗贼069：嘉庆十五年三定

凡有知情窝赃买赃代卖换赃，无论首犯定拟何罪，台吉等罚七牲畜，平人鞭五十，不知情者不坐。

藩盗贼070：嘉庆十五年四定

偷窃各案知情隐匿不报者，台吉等罚五牲畜，平人鞭四十，不知情者不坐。

藩盗贼071：嘉庆十六年奏定

官员平人伙众强劫什物，除杀人伤人从而加功者，仍照旧例办理外，其仅止随从入伙，并未加功杀人伤人者，比照刑例未伤人伙盗情有可原免死，发遣云南、贵州、广东、广西烟瘴地方，充当苦差。

藩盗贼 072：嘉庆二十二年定

台吉亲属相盗者，期亲罚五牲畜，大功罚一九，小功罚二九，缌麻罚三九，无服之本宗罚四九，俱仍追赃给主。

藩盗贼 073：嘉庆二十二年又定

哈萨克私入卡伦偷窃牲畜贼犯就获，将赃马一半给事主，一半存公。于存公马匹内，以一半给获贼之人。

藩盗贼 074：嘉庆二十二年三定

台吉行劫罪至斩立决者，该札萨克罚俸二年；罪至斩绞监候，及发遣伊犁、乌鲁木齐者，该札萨克罚俸一年；罪至革去台吉职衔发邻盟者，该札萨克罚俸九月；罪至革去台吉职衔不准开复者，该札萨克罚俸六月。

藩盗贼 075：嘉庆二十二年四定

偷窃牲畜人犯，例发山东、河南、湖广、福建、江南、江西、浙江者，该管台吉罚一九；应发云、贵、两广者，罚二九；应正法者，罚三九。

藩盗贼 076：嘉庆二十四年议准

大青山外界连之蒙古札萨克，一体安设卡伦巡缉，缉捕不力蒙古员弁，分别三限惩处，俟数年后一无劫案，再停止此例。

藩盗贼 077：嘉庆二十四年定

被劫案件，经同知详报将军，派员带同事主，赴就近札萨克处守候缉贼。其札萨克属下人拿送者，奖赏，窝留者，治罪。

藩盗贼 078：嘉庆二十四年又定

沙毕诺尔窝藏抢劫黑徒，应交锡勒图呼图克图严拿。倘有窝留及不查缉者，该管十家长发遣，札萨克喇嘛斥革。

藩盗贼 079：道光十九年定

哈萨克私入卡伦窃案，得财者首犯正法，从犯发极边烟瘴。劫案得财者，不分首从，即行正法。

藩盗贼 080：道光十九年又定

台吉强劫罪至斩决者，虽亲老丁单，不准留养。若罪至斩绞监候，及发往邻盟者，准其留养一次，再犯不准留养。

藩盗贼 081：道光十九年三定

强劫未伤人之案，在恩诏以前，内有窃劫牲畜未及十匹者，免其强劫之罪，仍照偷窃牲畜分别发遣鞭责。十匹以上者，不准援减。

藩盗贼 082：道光十九年四定

台吉强劫问拟斩绞缓决各犯，将来减等时，发往邻盟严加管束。

藩盗贼 083：道光二十年定

凡偷窃牲畜，遭配逾二十年，或未及年限，犯年已逾七十，及因病成废者，如遇恩诏，准令释回。其在配行窃，及脱逃被获调发者，俱不准查办。

藩盗贼 084：道光二十年又定

台吉亲属相盗，罪犯罚九。无力完交者，革去台吉，六年无罪，开复。

藩盗贼 085：道光二十年三定

捕盗兵丁拿获盗犯，即将盗犯所骑马给原拿之人。

藩盗贼 086：道光二十年四定

王公等有为盗贼窝主者，罚俸三年，无俸台吉，罚六九牲畜。

藩盗贼 087：道光二十二年定

新疆土尔扈特、杜尔伯特、额鲁特、和硕特、辉特、乌梁海等处蒙古偷窃马牛驼只，照各札萨克一律办理。其羊只一项，仍以四羊作一牲畜合计科罪。

藩盗贼 088：道光二十二年又定

官员平人偷窃牲畜拒捕杀死事主，为首者拟斩立决。为从者并妻子，金发云、贵、两广烟瘴地方。首从均籍没产畜，给付被死者之家。

藩盗贼 089：道光二十二年三定

偷窃牲畜拒捕伤人未死，为首者拟绞监候，籍没产畜，付被伤之人；为从者并妻子，发河南、山东，交驿当差。

藩盗贼 090：道光二十三年定

承缉盗贼之官员兵役，将已获盗贼之牲畜财物侵蚀入己者，罚五牲畜，追赃给付事主。系贼犯财物，给付贼犯。

藩盗贼 091：道光二十三年又定

蒙古偷窃俄罗斯马匹，照例赔罚，仍照蒙古例拟罪。

藩盗贼 092：道光二十四年定

青海及各蒙古抢夺未经伤人得财，数在三人以下者，首犯发云、贵、两广，从犯发湖广、福建、江西、浙江、江南。如四人以上至九人，不分首从，俱发云、贵、两广极边烟瘴地方，交驿充当苦差。但有伤人及捆缚事主者，绞监候，杀人者斩立决，为从绞监候。抢夺牲畜在十匹以上，财物在一百二十两以上者，为首斩监候。纠伙至十人以上者，无论伤人与否，为首斩立决，为从绞监候。所有各犯产畜，均籍没给付事主。

藩盗贼 093：道光二十四年又定

台吉强劫杀人，为首及为从动手者皆斩，为从同行并未动手，但于劫后分赃者，斩监候。造意不行，无论分赃未分赃，革去台吉，枷号三月鞭一百，发往伊犁。同谋未同行分赃，及已行未分赃者，均革去台吉，枷号两月。同谋未同行亦未分赃者，革去台吉，枷号一月，均鞭一百，发往邻盟严加管束。

藩盗贼 094：道光二十四年三定

台吉强劫伤人未死得财者，首犯斩监候，为从动手者，革去台吉，枷号两月鞭一百，发往乌鲁木齐。同行未动手但分赃者，革去台吉，枷号一月。造意不行，无论分赃未分赃，革去台吉，枷号两月。同谋未同行分赃，及已行未分赃者，革去台吉，均鞭一百，发往邻盟。同谋未同行又未分赃者，革去台吉，鞭一百，永不准开复。

藩盗贼 095：道光二十四年四定

台吉强劫伤人未死未得财者，首犯绞监候，为从动手及造意未行者，革去台吉，枷号一月。同行未动手者，革去台吉，均鞭一百，发往邻盟。同谋未同行者，革去台吉，鞭一百，永不准开复。

藩盗贼 096：道光二十四年五定

台吉强劫未伤人得财者，不分首从革去台吉，发往邻盟。同谋未同行亦未分赃，暨未同谋又未同行，仅于劫后分赃者，俱革去台吉，鞭一百。未得财造意之犯，革去台吉，鞭一百。同谋无论已未同行，革去台吉，均永不准开复。

藩盗贼 097：道光二十四年七定

台吉强劫之案，除罪应斩绞，并发往邻盟各犯，其产畜家奴毋庸查议外，如罪止革去台吉不准开复者，产畜家奴，俱照台吉行窃例办理。

藩盗贼 098：道光二十五年定

强盗案内，为从妇女情有可原者，发往邻盟，给效力台吉为奴。

藩盗贼 099：道光二十五年又定

蒙古各居亲属相盗者，期亲减凡人五等，大功减四等，小功减三等，缌麻减二等，无服之亲减一等。

藩盗贼 100：道光二十五年三定

蒙古地方遇有窃案，该管十家长，罚马一；十家长自首，免罚；三年无窃，赏马一。该盟长年终汇册报院。

藩盗贼 101：道光二十五年四定

台吉塔布囊平人名下未入册档之庄头，及家奴行窃，该管台吉塔布囊家长分别罚九。其已入档册之披甲人等行窃，该管佐领分别罚九。

藩盗贼 102：道光二十六年奏准

再犯偷窃牲畜一二匹，为首者加枷号二十日；为从同行分赃者，加枷号十五日；同谋未同行，但分赃者，加枷号十日。三犯，为首者，加枷号四十日；为从同行分赃者，加枷号三十日；同谋未同行但分赃者，加枷号二十日。

藩盗贼 103：同治二年谕

蒙古各札萨克旗与内地州县有间，如遇抢劫盗匪，一体照依内地章程，准其格杀毋论，并拿获者立即讯明正法，恐办理未能详慎，或致妄杀无辜。嗣后蒙古缉捕盗贼，及拿获抢劫重案者，均遵照旧章办理。

藩盗贼 104：同治五年议准

嗣后贼盗聚众在三人以上，执持兵器，倚强肆掠，以及伙同拒捕，持械杀伤官兵者，不分首从皆斩。

藩盗贼 105：同治五年议准

蒙古官兵获盗三次，如有升阶，即行升用；如无升阶，官员赏一九牲畜，兵赏五牲畜。

理藩院刑法捕逃〔例 35 条〕

藩捕逃 001：国初定

外藩逃人被获者，罚逃人之主一半，给拿获之人，逃人鞭一百，窝隐逃人者，罚牲畜一九给逃人之主，窝主之什长，罚牲畜一九给逃人之什长。

藩捕逃 002：国初又定

外藩蒙古全旗逃者，不拘邻近与否，即刻往追，以军法从事。若王等不追者，罚马百匹，札萨克贝勒、贝子公七十匹，台吉五十匹。

藩捕逃 003：国初三定

王贝勒等遇有他处逃来之人，于二日内将为首逃来者解院，若过二日，王罚马十匹，兼札萨克贝勒、贝子七匹，贝勒、贝子五匹。

藩捕逃 004：国初四定

带弓矢逃者，二十人以下，止令本旗追捕，二十人以上，并令邻旗札萨克王贝勒等，量逃人多寡，备马匹行粮，穷其所往。若不紧追，王罚马二十匹，贝勒贝子公十五匹，台吉十匹。中道而返者，为首罚牲畜一九，余各罚牲畜五。匿逃不速题报者，王罚马十匹，贝勒、贝子公七匹，台吉五匹。

藩捕逃 005：国初五定

见逃故纵者，王等罚十户，札萨克、贝勒、贝子、公罚七户，台吉罚五户，庶人罚牲畜三九。

藩捕逃 006：国初六定

卡伦官兵疏纵逃犯及追赶不力者，佐领罚三九，骁骑校罚二九，皆革职，领催革役，鞭一百，罚牲畜五，马甲鞭一百。

藩捕逃 007：国初七定

凡捕逃人与逃人斗死者，逃人如有奴仆，偿还一人，并罚给牲畜三九。

藩捕逃 008：国初八定

蒙古买人出边者，永行禁止。

藩捕逃 009：顺治五年题准

蒙古王贝勒等所属人有私来内地者，一概发还。

藩捕逃 010：顺治五年议准

食俸之札萨克、王、贝勒、贝子、公等，失察窝留逃人者，罚俸一年。

藩捕逃 011：顺治五年又题准

蒙古地方，有流离散失游食糊口，卖身年久之疏远族人恳求归宗者，均不准行。傥于住久之旗逃赴别旗，即著逐回。别旗不即逐回者，照窝逃论，逃人亦鞭一百，仍发回原住之旗。

藩捕逃 012：康熙五年题准

他处逃来之人至各卡伦者，卡伦人即送至所投王贝勒处。

藩捕逃 013：康熙五年又题准

与逃人斗死者，逃人如无奴仆，向逃人原主札萨克、王、贝勒等取三九赏给。

藩捕逃 014：康熙十三年题准

出卡伦逃往外国之人，如追时不曾抗拒者，被获之日，将为首一人斩，余绞。若持兵抗拒，皆斩。逃往外国被执送院，曾拒捕伤人者斩；未伤人者鞭一百，交还原主；逃而未伤人自还者，免罪，交原主。

藩捕逃 015：康熙十六年题准

追杀率先逃走之人，即以其人家产牲畜给之，不更给赏。如逃人无畜产可给者，卡伦佐领，赏给蟒缎缘领缎袍一件，缎三匹，布二十匹；骁骑校，赏给粧缎缘领缎袍一件，缎二匹，布十五匹；骁骑校，给缎一匹，布十匹。

藩捕逃 016：康熙十六年定

他处逃来之人，不于二日内解院者，王贝勒贝子公台吉等皆罚俸三月，无俸者仍照例罚马。

藩捕逃 017：康熙二十六年覆准

蒙古四十九旗及索伦达呼尔等，将内地民人及满洲家下逃人窝留，以为奴仆子孙妻妾者甚多，嗣后蒙古等雇内地民人耕种之处，永行禁止。凡边外生事流民，及旗下家奴逃人，交与各该管札萨克各旗佐领，不时严加缉捕送院，照例从重治罪。窝留内地逃民之窝主，系官，革职，鞭一百，罚牲畜三九，闲散，鞭一百，亦罚三九，将所罚牲畜给拿获之人。若该札萨克所管人等，不加严察，经院察出，或被旁人出首，将窝隐正犯照例治罪。出首之人，奴仆开为另户，闲散人从窝主罚出牲畜三九给予。失察之该札萨克，及协理旗务台吉等，皆罚牲畜九九；管旗章京、副章京、参领等罚五九；佐领、骁骑校，皆革职罚三九，皆入官；领催、什长等各鞭一百。

藩捕逃 018：康熙三十一年奏准

蒙古犯罪，发遣山东、河南者复行逃脱，初次，枷号一月，调发福建、湖广等省；二次，枷号两月，调发云南、贵州、广东、广西最远极边烟瘴等处；至三次，枷号三月，仍发回原调发处。原发福建、湖广者，按照脱逃次数，止调发最远极边烟瘴处所。蒙古等免死减等充军自配所脱逃，拿获时审未为匪者，亦一体加等调发。仍分别脱逃次数，初次，枷号两月；二次，枷号三月，刺字。再人犯已经正法，其妻子应流者，酌发南省驻防处所给兵丁为奴。

藩捕逃 019：康熙三十二年覆准

凡无票私自出口之民，被获杖一百，其妻及未分居之子，安插山海关外辽阳等处。

藩捕逃 020：康熙三十八年奏准

官兵等自军营带来之额鲁特回子内，另有关涉重情者，仍令声明缘由具奏，恭候钦定，遵照办理。如非关紧要并无别情之逃犯，无论拿获及自行投回，系初次，枷号一月鞭一百，交原主严加管束；二次，发福州、广州，给予旗下官兵为奴。其在京居住之额鲁特回子王公等，自原籍带来之额鲁特回子家奴，如有逃走者，仍照八旗逃奴例，计其逃走次数年月，分别办理。

藩捕逃 021：康熙四十九年奏准

嗣后凡发遣为奴之犯，逃至蒙古地方，如有知情容留藏匿者杖一百，徒三年，官员革职，照例治罪。其不知情冒昧容留者，杖八十。已未管旗之王、贝勒、贝子、公、台吉、塔布囊等，如有知情容留发遣为奴人犯者，罚俸一年，无俸者罚二九牲畜。其不知情冒昧容留者，已未管旗之王、贝勒、贝子、公，罚俸六月，副台吉、塔布囊，各罚一九牲畜。其失察之该盟长，罚俸三月。

藩捕逃 022：康熙五十一年覆准

喀尔喀因前噶尔丹之战，失散人口，若于会集处未经收回之人，离居已久，均在各旗分编佐领载入丁册，难以给还，嗣后有恳请归族等事，概不准行。如从久住地方逃往别处者，追回照逃人例治罪，有不追回隐匿者，照隐匿逃人律治罪。晓谕各旗内外众札萨克八旗游牧察哈尔各旗下，永著为例。

藩捕逃 023：康熙五十一年又覆准

鄂尔多斯七旗内，有卖去壮丁及马甲人口逃散糊口甚多，委官查明弃卖逃亡是实，该管王贝勒贝子等罚俸三年，协理台吉等罚三九，管旗章京、副章京，罚二九。其前未协理旗务，至补授后不查明呈报之台吉等罚一九。本旗未卖人丁听属下逃散不能收养者，贝勒罚俸一年半，协理台吉等罚二九，管旗章京、副章京，罚一九。其擅卖人丁之台吉，罚二九。台吉已故者，其妻罚一九。擅卖人丁之骁骑校，鞭一百。骁骑校已故，其妻罚牲畜五。若买主有籍贯姓名者，行文该管札萨克及地方官，追还人丁，交该旗收领，不给原价。无籍贯姓名者，行文内札萨克众喀尔喀，及沿边神木等处，概行严查，限一年送还。如一年内不能查交，或被告发，将该管札萨克官员等治罪，其查出送还者，该旗收领，行文报院。嗣后各旗养育人丁，不时严查，若再有卖去壮丁，及逃散人口者，将该札萨克经管之人，皆从重治罪。

藩捕逃 024：嘉庆二十二年定

归化城土默特地方命盗案内逃犯，派员承缉，初次勒限六月，逾限不获，展限一年；二次逾限不获，再限一年；三次逾限不获，罚五牲畜。

藩捕逃 025：嘉庆二十二年又定

归化城土默特逃犯不知旗分佐领者，另行派员承缉。如知其实系土默特人犯，即责成该佐领照承缉之例，勒限缉捕。如系别旗之人，一面派员缉捕，仍行令该札萨克严拿。如人犯在该旗地方藏匿，不行缚送，经归化城官员访获，或他人首出者，罚该札萨克一九牲畜。

藩捕逃 026：道光十九年定

口外游民、满洲家奴，逃至蒙古地方，各札萨克立即缉拿，解交地方官照例治罪。如有知情容隐不报，经他人出首拿获者，台吉官员革职，平人鞭一百，俱罚三九。不知情者，免其革职鞭责，仍照罚牲畜，失察之札萨克罚俸一年；管旗章京、参领等各罚二九；佐领、骁骑校，俱革职罚二九；领催、十家长等，鞭一百。

藩捕逃 027：道光十九年又定

凡发遣为奴人犯，逃至蒙古地方，如有容隐者，台吉官员革职，鞭一百，平人鞭一百，枷号一月，俱罚三九。不知情者免其鞭责枷号，仍革职照罚牲畜，失察之札萨克罚俸二年；管旗章京、参领等俱革职罚二九；佐领、骁骑校，俱革职，鞭一百，罚二九牲畜；领催、十家长等鞭一百，加枷号一月。

藩捕逃 028：道光十九年三定

札萨克旗下蒙古及家奴无故逃走，由该管札萨克派员查拿到案，鞭一百。他人拿获，赏给一牲畜。隐匿者，均罚一九牲畜。

藩捕逃 029：道光二十年定

王公台吉等，知人逃往外国给马遣往者，革退封爵职衔，撤其属下之人，官员绞，抄没家产；平人斩，仍抄没家产。

藩捕逃 030：道光二十年又定

台吉逃走，失察之札萨克，罚俸六月。缉获后讯明无别项情弊者，交札萨克严行管束。

藩捕逃 031：道光二十年三定

阖旗逃走，若札萨克、王、贝勒、贝子、公、台吉等不追者，各罚俸一年。

藩捕逃 032：道光二十年四定

系撒袋人逃走，王公台吉等不追者，各罚俸六月。并不即将逃亡缘由报院者，各罚俸三月。

藩捕逃 033：道光二十三年定

故纵贼人不擒，令其脱逃者，照窝盗例治罪。贼已发觉，不即查拿以致脱逃者，照窝盗例，减一等治罪。

藩捕逃 034：道光二十四年定

缉捕命盗逃犯，初次勒限三月，限内缉获，官员赏一九牲畜，兵丁赏五牲畜；限满无获，官员罚三牲畜，兵丁鞭六十。二次勒限六月，限内缉获，官员赏六牲畜，兵丁赏四牲畜；限满无获，官员罚四牲畜，兵丁鞭八十。三次勒限九月，限内缉获，官员赏四牲畜，兵丁赏三牲畜；限满无获，官员罚五牲畜，兵丁鞭一百。四次勒限一年，限内缉获，官员赏三牲畜，兵丁赏二牲畜；限满无获，官员革职，鞭六十，兵丁枷号一月。四次限内人犯就获，该札萨克加一级；无获，罚俸一年。

藩捕逃 035：道光二十五年奏准

缉捕谋杀人命重犯，四参限满未获者，将该札萨克照罚俸一年例上，加等再罚俸半年。如系两案重犯至二名者，加等再罚俸一年，再予限半年。限满仍未拿获，将承缉官照二参限例，折罚牲畜，该札萨克再行罚俸一年。

理藩院刑法疏脱罪囚〔例 4 条〕

藩脱囚 001：康熙二年题准

死罪犯人逃脱者，收管官，罚三九；骁骑校，革职罚二九；领催，鞭一百；兵丁，鞭八十。若非死罪犯人脱逃者，收管官，罚二九；骁骑校，罚一九；领催，鞭八十；兵丁，鞭五十。如被旁人拿获，即以所罚牲畜给之，所拿获人给札萨克王贝勒等。

藩脱囚 002：康熙十三年定

劫夺死罪犯人者，不分首从皆斩。劫夺非死罪人犯者，为首人罚三九，余各罚一九。

藩脱囚 003：道光十七年定

解审死罪人犯中途脱逃，金差不慎之札萨克罚俸一年，非死罪人犯罚俸六月。如有贿纵情弊，加一等科断。

藩脱囚 004：道光十七年又定

抢夺拟定罪名人犯，照刑律劫囚例治罪。

理藩院刑法发冢〔例3条〕

藩发冢001：康熙十三年题准

发掘王、贝勒、贝子、公等墓者，为首一人拟斩监候，妻子家产籍没，余各鞭一百罚三九。发掘台吉墓者，为首一人拟绞监候，余各鞭一百罚二九。发掘官员墓者，为首一人鞭一百罚三九，余各鞭一百罚一九。发掘庶人墓者，为首一人鞭一百罚一九，余各鞭八十罚一九。所籍没家产及牲畜，皆给予墓主。

藩发冢002：康熙十三年定

平人发掘王、贝勒、贝子、公、札萨克、台吉及福晋夫人等坟冢，已行未见棺者，为首拟绞监候，为从发山东、河南，交驿充当苦差；见棺者，为首绞立决，为从绞监候；开棺见尸者，为首斩立决，为从绞立决；毁弃撒撒死尸者，不分首从，皆斩立决。

藩发冢003：康熙十三年又定

平人发掘平人坟冢未见棺者，为首鞭一百罚三九牲畜，为从鞭九十罚二九牲畜；见棺者，为首发山东、河南，交驿充当苦差，为从鞭一百罚三九牲畜；开棺见尸者，为首发极边烟瘴，为从发山东、河南，均交驿充当苦差；毁弃撒撒死尸者，为首绞监候，为从发极边烟瘴，交驿充当苦差。若盗未殡未埋尸棺，及发年久穿陷之冢未开棺椁者，为首鞭一百罚三九牲畜，为从鞭九十罚二九牲畜。开棺见尸一次者，为首发山东、河南，交驿充当苦差，为从鞭一百罚三九牲畜；二次者，发江南、浙江、江西、湖广、福建等省，为从发山东、河南；三次者，为首发云南、贵州、广东、广西等省，为从发江南、浙江、江西、湖广、福建等省，均交驿充当苦差；三次以上者，为首绞监候，入于缓决，为从发云南、贵州、广东、广西等省，交驿充当苦差。

理藩院刑法违禁采捕〔例15条〕

藩采捕001：康熙十七年题准

外藩蒙古王、公主、郡主等所属人，私向禁地盗采人参者，为首拟斩监候，妻子家产牲畜并所获皆入官，为从鞭一百，家产牲畜并所获入官，妻子免其籍没。王、公主、郡主以下，台吉以上，遣属下人往者，各罚九九。管旗章京以下，骁骑校以上，遣家奴往者，皆革职。领催、十家长另户遣家奴往者，鞭一百，革去领催、十家长，各罚一九。所遣家奴，本身妻子家产牲畜并所获皆入官。遣另户人往者，管旗王以下，十家长以上，皆照遣家奴例治罪。另户人及家奴偷采人参，其该管与家主不知情者，皆鞭一百罚三九。旁人首发者，交户部照入官之参折半价给赏。私买私卖者，系蒙古，鞭一百罚一九。

藩采捕 002：康熙十七年定

私入禁地采参捕貂被获，其主明知故遣者，不分王、贝勒、贝子、公、台吉，皆罚俸九月。无俸之台吉，及官员庶人，皆罚三九。所获参貂入官，车及牲畜，均赏给旗下效力之人。

藩采捕 003：康熙十七年又定

王、公主、郡主等所属旗人，及家人捕牲人，有私赴禁地采参捕貂被获者，财主及为首之人皆拟绞监候，家产牲畜籍没。为从者另户鞭一百罚三九，家奴枷两月鞭一百，罚伊主三九，现获参貂尽行入官。

藩采捕 004：康熙十七年三定

凡偷采参貂私行买卖被旁人拿获者，将参貂交纳户部，买者卖者各鞭一百罚一九，赏给拿获出首之人。

藩采捕 005：康熙十七年四定

王以下、庶人以上，有往黑龙江瓜尔察索伦买貂，明知违禁，遣人邀取贩卖者，王、贝勒、贝子、公、台吉、罚俸一年；无俸之台吉、罚五九；官员、庶人、罚三九。携商私往，为首者拟绞监候，为从者罚三九，所携价本入官。

藩采捕 006：乾隆四年议准

拿获围场内偷捕牲畜之犯，若系蒙古，交八沟理事同知，初犯、再犯皆鞭一百，三犯罚一九，毋庸送部。

藩采捕 007：乾隆六年奏准

偷捕围场内牲畜者，初犯枷一月，再犯枷两月，三犯枷三月，令在围场附近地方示众，满日皆鞭一百，系蒙古交札萨克严行约束。

藩采捕 008：乾隆十年奉旨

此汇奏在围场内私行采捕之案，皆民人及察哈尔蒙古，并无札萨克蒙古，可见附近围场之札萨克等，平素留心公事，能将所属人等严加约束，殊属可嘉，著传谕奖励，俾益加勉力。再察哈尔总管及同知等，平素疏忽不严行管束所属，并交部察议。

藩采捕 009：乾隆十三年奉旨

从前拿获偷入围场射猎樵采之人，由该总管送部治罪，后因设立地方官，将此等人犯停止送部，即交地方官办理，但禁约围场，究与地方官无涉，嗣后如有斗殴词讼等事，照常令地方官办理完结外。傥围场内有偷入射猎樵采等事，该总管拿获时，仍照旧例送部治罪，即交该地方官转行解部，岁终该总管将拿获数目报部汇查。

藩采捕 010：乾隆二十七年议奏

围场禁地，向例拿获贼犯，分别初犯再犯三犯递加枷号，殊不足以示惩，嗣后有犯，除偷采蔬果及割草者，仍照定例办理外，其盗砍木植偷打牲畜之犯，审系初次二次，发往乌鲁木齐等处种地，犯至三次，即发乌鲁木齐等处给种地兵丁为奴。地方同知通判等官，照约束不严例，降一级调用，道员，照失于查察例，罚俸一年，该总管照兼辖官例，降一级留任，该札萨克照疏忽例，加一等罚札萨克俸一年，协理台吉罚俸九月，无俸者罚牲畜七。现获偷木民犯十一名，打鹿民犯四名，及应议各官，即照此例办理。奉旨：旗民私入围场盗伐木植，偷打牲畜，及防范不严之该地方蒙古札萨克等，自应照现定之例惩治，但此次拿获贼犯及应议各员，尚在未定新例之前，俱著从宽照旧办理，嗣后有犯，即照新例定拟，传谕蒙古札萨克等知之。

藩采捕 011：嘉庆十五年奏准

察哈尔及各札萨克旗下蒙古，有□省者，该管官罚二九牲畜，札萨克罚一九牲畜。犯应发云南等省者，该管官罚三九牲畜，札萨克罚二九牲畜。其札萨克应罚二九牲畜者，折罚札萨克俸一年，应罚一九牲畜者，折罚札萨克俸六月，应罚一七牲畜者，折罚札萨克俸五月，应罚一五牲畜者，折罚札萨克俸三月，无俸者实罚牲畜，存公备赏。

藩采捕 012：嘉庆二十三年谕

嗣后拿获私入围场人犯，除照例分别拟罪外，不论首从已得赃者，皆面刺盗围场字。未得赃者，皆面刺私入围场字。

藩采捕 013：道光七年议准

嗣后私入木兰等处围场，及南苑偷窃菜蔬柴草野鸡等项者，初犯枷号一月，再犯枷号两月，三犯枷号三月，满日各杖一百。若盗砍木植偷打牲畜者，初犯杖一百徒三年，再犯三犯，及虽系初犯而偷窃木植至五百斤以上，牲畜至十只以上，或身为财主、雇倩多人者，改发极边足四千里充军。为从及偷窃未得者，各照为首及已得减一等，贩卖者又减一等。旗人销除旗档，照民人一体办理。兵丁俱先插箭游示，加一等治罪。受贿故纵者与犯同罪，失察者杖一百，再犯折责革伍。该管员弁失于觉察者，交部议处。察哈尔及札萨克旗蒙古，私入围场盗砍木植偷打牲畜，亦照此例办理。蒙古人犯应拟徒罪者，照例折枷。应充军者，发遣湖广、福建、江西、浙江、江南，交驿充当苦差。以上盗围场人犯，均面刺"盗围场"字样，偷窃未得之犯，均面刺"私入围场"字样。

藩采捕 014：道光十九年定

私往禁地偷捕偷挖貂鼠人参，除人犯照例治罪外，其失察之王公台吉塔布囊，均罚俸一年，不管旗者罚二九牲畜。

藩采捕 015：道光十九年又定

黑龙江瓜尔察索伦貂皮违禁购买者，王公台吉塔布囊均罚俸一年，不管旗者罚二九，平人鞭一百，仍将价物追出入官，其遣往购买之人鞭八十。

理藩院刑法人命〔例24条〕

藩人命001：国初定

外藩蒙古斗殴，伤人目、折人手足，致成残疾者，罚牲畜三九，平复者罚一九。伤孕妇致堕胎，及殴损人齿牙者，各罚一九。断人发辫及帽缨，或以鞭杆殴人者，各罚牲畜五。互殴有伤相等者无罪。

藩人命002：国初又定

凡未管旗王、贝勒、贝子、公、札萨克、台吉、塔布囊等，将别旗之人故杀、雠杀、谋杀者，罚六九牲畜，给被杀者之妻子，罚三九牲畜，给被杀者之主人，仍罚俸一年。闲散台吉、塔布囊等罚三九牲畜，给被杀者之妻子，罚二九牲畜，给被杀者之主人，仍革去台吉、塔布囊职衔。平人照刑例办理。至擅动金刃之物伤人，若未致重伤者，各罚俸六月，无俸台吉塔布囊等，罚一九牲畜，平人罚五牲畜。

藩人命003：顺治十五年题准

斗殴伤重，五十日内死者，将殴人之犯拟绞监候。

藩人命004：顺治十五年又题准

无故杀妻者，拟绞监候。

藩人命005：康熙五年题准

射砍家奴割截耳鼻者，王罚五九，贝勒、贝子、公罚四九，台吉罚三九，职官罚二九，庶人罚一九，赏给被伤家奴。致死者以故杀论。

藩人命006：康熙五年定

王等以刃刺杀所属人及家奴，并故杀、雠杀、醉杀者，罚马四十匹，贝勒、贝子、公罚马三十匹，台吉罚牲畜三九，死者亲属一并开出，赏给所罚，于旗内听所欲往投主。若无雠隙误伤致死者，报明情由。不报者，王等各罚俸九月，无俸之台吉等，仍罚三九入官，死者亲属不准开出。管旗章京、副章京，杀死家奴者罚三九，参领、佐领、骁骑校，罚二九，庶人罚一九，皆给死者亲属，听所欲往投主。误伤致死者，于札萨克处报明情由，不报者仍按数罚牲。

藩人命007：康熙六年题准

奴仆杀家主者凌迟。

藩人命008：康熙十三年题准

因戏误伤人致死，有人见证者罚三九，无见证可疑者，令其设誓，设誓者罚三九，不设誓者拟绞监候。

藩人命009：康熙十三年又题准

官民人等与妻斗殴误伤致死者，罚三九给妻家。妻有罪不报明而擅杀死者，罚三九入官。

藩人命 010：康熙十三年三题准

故杀他旗之人及谋杀、雠杀者，除偿人外，王罚马百匹，贝勒贝子公七十匹，台吉五十匹，给死者亲属。庶人为首拟斩，为从拟绞，各监候，皆籍没家产牲畜，给死者亲属。为从不加功者，本身并妻子家产牲畜，皆解送邻近盟长，给效力台吉为奴。

藩人命 011：康熙十三年四题准

为首迎杀投到之逃人者，官拟绞，庶人拟斩，各监候。为从者，罚三九。

藩人命 012：乾隆三十七年奏准

蒙古伤人致死，拟绞缓决遇赦减等者，仍照向例罚三九牲畜给予尸亲。其无力交纳者，照偷窃四项牲畜为从应罚牲畜不能交纳例，发遣山东、河南等省驿站充当苦差。

藩人命 013：乾隆四十三年谕

嗣后回子等有寻常命案，应照回子例绑于巴咱尔立行打死，即行办理，于年终汇奏，毋庸专折请旨。

藩人命 014：乾隆四十五年议定

科布多地方命案，毋庸解送刑部，即由该参赞大臣审明定案后，将该犯解往乌里雅苏台将军处，由该将军覆核，入于秋审汇奏。

藩人命 015：乾隆五十七年奉旨

嗣后驻扎新疆大臣办理一切事务，均应相机酌办，不可拘泥内地律例。即如回民内若有侄杀胞伯叔、弟杀胞兄、侄孙杀胞伯叔祖之案，自应照内地律例定拟。其远宗命案，仍应照回民之例办理，不必拘泥内地服制律例。

藩人命 016：道光十九年定

凡管旗之汗、王、贝勒、贝子、公、台吉、塔布囊，故将人鞭殴致死者，系家奴，罚俸一年；系闲散属下人，罚俸二年；系旗下官员披甲，罚俸三年。致死闲散王公台吉名下者罪同，仍各罚三九牲畜，给付死者之家，其妻子弟兄一并遣赴别旗听其自便。其闲散王公台吉有犯，各视其致死之人，照管旗之王公台吉罚俸年分，分别折罚牲畜存公，仍各罚二九牲畜，给付死者之家，其妻子兄弟止令出户，听其择主自投，毋庸遣往别旗。如致死者系札萨克名下，及同旗王公台吉名下人，各视本例加一等科罪。其管旗章京、副章京、参佐领、骁骑校有犯，各视其致死之人，照闲散王公台吉例办理。如致死者系札萨克名下，及同旗王、公、台吉名下人，均照刑例以凡论。如实系由误致死，各减半科罪，死者之妻子兄弟，均毋庸令其出旗出户。

藩人命 017：道光十九年又定

王公等故将人鞭殴成伤者，系家奴罚俸半年，系闲散属下人罚俸一年，系旗下官员披甲罚俸二年。致伤闲散王公台吉名下者罪同，仍各罚一九牲畜，给付伤者之家，其妻子兄弟均令出户。其闲散王、公、台吉有犯，各照管旗之王、公、台吉罚俸年分，分别折罚牲畜存公，仍各罚五牲畜，给付伤者之家，其妻子兄弟均令出户。如致伤者系札萨克名下，及同旗王、公、台吉名下人，各视本例加一等科罪。其管旗章京、副章京、参佐领、骁骑校有犯，各视其致伤之人，照闲散王公台吉例办理。如致伤者系札萨克名下，及同旗王、公、台吉名下人，均照刑例以凡论。如实系由误致伤，各减半科罪，伤者之妻子兄弟，均毋庸令其出户。

藩人命 018：道光二十三年定

王公等擅用金刃伤人者，罚俸二年，无俸台吉、塔布囊，罚四九牲畜。因而致残废者，罚俸三年，无俸台吉、塔布囊，罚六九，仍各罚一九，给予残废者之家。其因而致死，并擅用金刃杀人者，闲散台吉、塔布囊，照刑例定拟，汗、王、贝勒、贝子、公、札萨克，均查照刑例声明请旨。其以手足他物伤人，及因而致残废者，各减一等科罪。其以手足他物伤人，因而致死，并以手足他物杀人者，各照擅用金刃例，分别科断。

藩人命 019：道光二十三年又定

蒙古官员平人擅用金刃伤人者，官员革职，罚二九牲畜，平人鞭一百。因而致残废者，官员革职罚四九，平人加枷号一月，仍各罚一九，给残废者之家。其因而致死，并擅用金刃杀人，及以手足他物伤人，因而致死，并以手足他物杀人者，照刑例科断。

藩人命 020：道光二十三年三定

假捏人命冒认尸亲移尸讹诈者，照刑例问拟，徒罪发山东、河南，军流发湖广、福建等省，均交驿充当苦差，不准折枷。

藩人命 021：道光二十五年定

过失杀妻者，官员革职，枷号六十日鞭一百，平人鞭一百枷号六十日。各罚二九牲畜，给妻之母家。汗、王、贝勒、贝子、公、札萨克有犯，仍查照刑例声明请旨。

藩人命 022：道光二十五年又定

蒙古戏杀过失杀伤人，俱照刑例定拟。

藩人命 023：道光二十七年定

凡以手足他物伤人案内，系妇人因而堕胎者，汗王、贝勒、贝子、公罚俸二年，无俸台吉塔布囊罚四九牲畜，官员革职，罚四九牲畜，平人鞭一百加枷号一月。仍各罚一九，给堕胎者之家。其因而致死，并讯有谋故等情者，均照刑例办理。

藩人命 024：道光二十七年又定

斗殴揪落帽缨者，罚三牲畜。

理藩院刑法失火〔例 5 条〕

藩失火 001：国初定

因薰野兽窟穴致失火者，罚一九给见证人。延烧致毙人者，罚三九给死者之家。其余失火者，罚牲畜五给见证人。延烧致毙人者，罚一九给死者之家。延烧致毙牲畜者，照数赔偿。

藩失火 002：康熙十三年题准

挟雠放火致毙人者，官拟绞，平人拟斩，各监候，除妻子外，皆籍没畜产给予事主。致伤牲畜者，官革职，庶人鞭一百，除妻子外，畜产皆给予事主。

藩失火 003：乾隆十八年覆准

嗣后内地民人出口贸易，不戒于火，致延烧牧厂者，皆照蒙古薰野兽窟穴失火例，罚取牲畜，无牲者，比照牲畜折价罚银。

藩失火 004：乾隆五十八年奏定

凡蒙古打牲失火延烧民人货物者，查明所烧货物若干，如数追出赔给民人。若民人失火延烧者，亦照此例办理。

藩失火 005：道光十九年定

各旗因不戒于火，致延烧档案军器等物者，未能先事豫防之札萨克罚俸一年，协理台吉折罚二九牲畜，其监守之协理台吉罚四九，台吉罚三九，蒙古官员革职，兵丁鞭一百革退。但讯有旷班致失守护情形，协理台吉革任，台吉革去台吉，官员革职鞭一百，兵丁革退鞭一百，加枷号一月。

理藩院刑法犯奸〔例 5 条〕

藩犯奸 001：国初原定

王等奸人妻者罚九九，贝勒、贝子公等罚七九，台吉、官员、庶人等罚五九，皆给予本夫。以他人之妻为妾者，罚三九。与主母私通者，奸夫凌迟，奸妇斩决，将奸夫妻子没为家奴服役。

藩犯奸 002：国初定

凡台吉等之家奴奸台吉妻妾者，照刑例家奴奸家长妻妾办理。家奴当喇嘛者，亦照此例办理。至兼辖之属下阿勒巴图等奸台吉等之妻者，奸夫、奸妇俱绞监候。奸台吉等之妾者，奸夫奸妇俱鞭一百。兼辖之属下阿勒巴图当喇嘛者，亦照此例办理。

藩犯奸 003：国初又定

平人和奸者，奸夫枷号一月鞭一百，奸妇枷号一月鞭一百。奸拐妇人者，奸夫枷号两月，发遣山东、河南、交驿当差，奸妇鞭一百枷号两月。奸妇鞭决枷赎交本夫领回，听其去留。

藩犯奸 004：道光十九年定

王、贝勒、贝子、公、台吉、塔布囊奸平人妻者，罚俸三年，仍罚三九牲畜，给奸妇之夫。无俸台吉、塔布囊，折罚六九牲畜存公，仍罚一九牲畜给奸妇之夫。

藩犯奸 005：道光十九年又定

平人与福晋通奸，奸夫凌迟处死，福晋斩决，奸夫妻子发邻盟为奴。

理藩院刑法略卖〔例 6 条〕

藩略卖 001：康熙二十二年定

凡蒙古人将内地男妇子女诱骗贩卖或为妻妾奴婢者，不论良贱已未卖成，如被诱之人不知情，将为首诱人者拟绞监候，为从者鞭一百，罚牲畜三九，被诱之人不坐。若被诱之人知情，为首鞭一百，罚牲畜三九，为从及被诱之人，各鞭一百。

藩略卖 002：康熙二十二年又定

蒙古人诱骗良人为妻妾子孙奴仆，贩卖与人者，不论已卖未卖，皆鞭一百罚三九，被诱之人知情鞭一百。

藩略卖 003：乾隆三十七年议准

已入档之蒙古属下人，不准擅行售卖与内地旗人，即未入档之庄头，亦止准本旗互相买卖，不准卖与别旗及内地之人。违者将承买售卖之人，罚三九牲畜存公，失察之札萨克盟长，罚俸三月，协理台吉，罚一九牲畜。所卖之人不给原价，撤出交本旗充当差使。

藩略卖 004：乾隆四十七年议准

凡回子等买外藩之人，若无诱买强骗等情，按原买价罚十分之三，赏给拿获之人，所买之人，留与买主。若有诱买强骗等情，罚原买价十分之一，赏给拿获之人，所买之人，撤出赏有功之伯克〔今裁〕等，将该回子量其情节轻重，或枷号，或惩责示儆。

藩略卖 005：道光十九年定

蒙古私卖私买壮丁、附丁在十名以内者，罚五九牲畜，追还人丁，交本旗收领，不给原价。其失察之该管札萨克，罚俸半年，协理台吉罚一九，管旗章京罚二九，佐领罚三九。骁骑校责革。十名以上者，以次递增。查出不送还本旗，加一等治罪。

藩略卖 006：道光十九年又定

蒙古虽无私卖私买人口情形，但任听属下人丁逃散不能收养，经别旗查出在十名以内者，其失察之札萨克等，照私卖减半科罪。

理藩院刑法杂犯〔例31条〕

藩杂犯 001：国初定

帽纬长出帽檐，及戴卧兔帽，翦开沿毡帽，胁间系偏练垂，皆系违禁。被人见者，王、贝勒等罚马一匹，庶人罚犙牛一。

藩杂犯 002：国初又定

庶人在王前明出恶言者罚三九，犯札萨克、贝勒、贝子、公等罚二九，犯台吉等罚一九。虽非面言而审实者亦坐，诟骂管旗章京者罚一九，犯副章京罚七，犯参领罚五，犯佐领罚三。

藩杂犯 003：国初三定

札萨克所遣人，贝勒等擅责，罚三九，庶人擅责，罚一九。

藩杂犯 004：国初四定

凡挟雠首罪而取牲畜者，王罚三九，贝勒、贝子、公罚二九，台吉罚一九。雠取牲畜给还原主，随所愿处发往。

藩杂犯 005：国初五定

外藩蒙古以他日为岁朝者，王罚一九，札萨克、贝勒、贝子、公罚七，台吉罚五，庶人罚马一，皆给予出首之人。

藩杂犯 006：国初六定

射砍他人牲畜致死者，除抵偿外，罚一九，致死马者加赔抵偿，未致死者罚犙牛一。

藩杂犯 007：国初七定

蒙古人等有欲修筑坟墓者，准其修筑，若伊等欲从蒙古例葬埋，各听其便。人死毋许杀马，毋插嘛呢杆子，渡口山岭，毋许挂幡哈达。如违，被人首告者，罚五牲畜，给首告之人。

藩杂犯 008：国初八定

奉差之人，由某旗经过，其旗下卡伦章京等，宜妥为照料护送。傥不照料护送以致被窃，将卡伦章京等罚三九牲畜，披甲人等鞭一百。

藩杂犯 009：康熙十三年题准

庶人在不管札萨克事之贝勒、贝子、公、台吉前明出恶言者，亦照札萨克例，罚取牲畜。

藩杂犯 010：康熙十七年题准

外藩各旗，庶人冒称台吉进贡者鞭一百，骁骑校冒称佐领进贡者革职，仍各罚牲三九。同来台吉知情冒赏者，革去台吉，罚牲五九。

藩杂犯 011：康熙二十八年定

王、贝勒、贝子、公、台吉等出边口，除票内开载军器外，带出金刃者各罚俸六月，无俸之台吉等罚一九，庶人有犯罚一五。

藩杂犯 012：康熙二十八年又定

不令行人歇宿致冻死者罚一九，未致死者罚犍牛一。令其歇宿而被盗者，所失财物牲畜，概令房主赔偿。

藩杂犯 013：康熙二十八年三定

将行人所乘牲口，以为伊所遗失而误取者，罚牲畜五，给被取之人。

藩杂犯 014：康熙二十八年四定

出痘病人歇宿人家，或设法禳病，因而传染致死人者，罚三九，虽痊可罚一九，如未传染罚马一匹。

藩杂犯 015：康熙二十八年五定

凡有疯疾之人，令其祖父、伯叔、兄弟、子侄亲属看守。如无亲属，令邻舍里长看守。如失于看守致伤人者，鞭八十。

藩杂犯 016：康熙二十八年六定

凡行凶之人，不可留于本旗者，并妻子解送邻近盟长，给效力之台吉为奴。

藩杂犯 017：嘉庆二年奏定

伊犁等处，如有哈萨克迷路擅入卡伦拒捕者，照窃马例，拟以绞决。

藩杂犯 018：道光十六年议准

蒙古金银矿砂处所民人偷挖，该蒙古无包庇情形，承缉官罚一九牲畜，札萨克罚俸三月。如蒙古本身偷挖，承缉官革职，札萨克罚俸六月。如蒙古招留民人得钱包庇伙挖，承缉官革职鞭一百，札萨克罚俸一年。倘承缉官有知情故纵等弊，加枷号一月，札萨克罚俸二年

藩杂犯 019：道光十九年定

汗、王、贝勒、贝子、公等之封号，应全行称写，如有任意举出数字者，管旗之王公等罚俸半年，未管旗者折罚一九牲畜。

藩杂犯 020：道光十九年又定

官员失查商民偷渡出口者，降一级，无级可降，折罚二九牲畜。

藩杂犯 021：道光二十三年定

科布多住班乌里雅苏台牧放牲畜之喀尔喀四部落公、札萨克，每空班一次，罚俸三年。若至三次者，罚世职俸三年。

藩杂犯 022：道光二十三年又定

青海年例祭海，该处王公等陪祀，无故不到者，罚俸二年。

藩杂犯 023：道光二十四年定

科布多屯田，收获不及五分者，该管官员罚一九，兵丁责惩。

藩杂犯 024：道光二十四年又定

赁唱戏文者，管旗王公罚俸二年，不管旗王公台吉等，罚四九牲畜，失察之盟长札萨克，罚俸半年。在家教幼丁演戏者，管旗王公、视本例加等治罪，不管旗王公，罚世职俸一年，台吉、塔布囊，革职，三年无过开复。蒙古官员径行革职，平人鞭一百，失察之盟长札萨克，罚俸一年。

藩杂犯 025：道光二十七年定

内外札萨克，遇有该处将军都统大臣差官到境，滥送财物者，管旗王公台吉，均降三级调用，官员无级可降，折罚札萨克俸，不管旗及无俸者，折罚牲畜。

藩杂犯 026：道光二十七年又定

先后贺年者，王公台吉官员，均罚一九，平人鞭八十。

藩杂犯 027：道光二十八年定

盗挖金银矿砂者，除首从各犯，仍照刑例定拟外，将得钱招留之地主，均于本罪上加一等科断，罪止极边烟瘴充军。

藩杂犯 028：道光二十八年又定

服饰丧葬违禁，王、公、台吉、塔布囊，均罚俸三月；不管旗王、公、台吉官员，均罚五牲畜；平人鞭五十。

藩杂犯 029：道光二十八年三定

平人诽谤王、公、台吉、塔布囊等者、罚三九。诽谤管旗章京、副章京等者、罚一九。

藩杂犯 030：道光二十八年四定

私行雕造描摹假印者，照内地例办理。

藩杂犯 031：道光二十九年定

王公等奉旨派出寺庙拈香差使，临期不到，罚俸六月，无俸人员，折罚牲畜。

理藩院刑法审断〔例 49 条〕

藩审断 001：国初定

凡王等审理已决之事复行控告，覆审无冤抑者，罚妄告人一九。札萨克、贝勒、贝子、公等所审者，罚告人牲畜五。官员所审者，罚告人马一匹。

藩审断 002：国初又定

凡词讼令本人控告，若旁人代控，及罪已审结，本人不告旁人代诉者，皆罚马一匹，给原审人。

藩审断003：顺治八年题准

外藩蒙古人有讼，赴各管旗王、贝勒等处伸告，若审理不结，令协同会审旗分之王、贝勒等公同审讯。仍不结，王等遣送赴院。如未在王、贝勒处伸告，越次赴院者，一概发回。

藩审断004：康熙元年题准

蒙古拟定死罪犯人，由札萨克审明报院，由院会三法司定拟具奏。其应监候秋后处决者，照刑部秋审例，会满洲九卿议奏。

藩审断005：康熙九年题准

凡已结事件称有冤枉者，仍赴本院告理。又称冤枉，许赴通政使司鼓厅告理。

藩审断006：康熙十三年题准

不兼札萨克之贝勒、贝子、公、台吉等有犯，照札萨克贝勒等一例议处。

藩审断007：康熙三十三年覆准

山海关外科尔沁土默特等旗，凡偷盗争夺之事，旧例皆由盛京刑部行文到院会审，往返定议，方得完结。嗣后遴选应升蒙古旗员一人，笔帖式二人，令往盛京居住，除人命大案确审取供咨部具题外，一应细事，即会盛京刑部审结。其有与口外札萨克会审，与该将军会审之事，并令一并审结，毋得迟延。

藩审断008：雍正二年议准

蒙古人告状必列姓名，方与准理。若诬告者，原告及见证皆罚三九。

藩审断009：雍正二年定

蒙古王等以下，庶人以上，因争户口致讼，雍正元年以后者审理，雍正元年以前者不准审理。

藩审断010：雍正二年又定

凡提拿大盗致脱逃者，王、贝勒、贝子、公、台吉等，皆罚俸一年。无俸之台吉等，罚牲畜五九。

藩审断011：雍正二年三定

凡捕获盗贼，送该札萨克处收禁。若在盛京，及归化城等处拿获者，即在犯事处收禁，该札萨克率领会审之台吉审讯。

藩审断012：乾隆六年议准

凡应拟斩绞监候之蒙古等，系科尔沁、札赉特、杜尔伯特、郭尔罗斯十旗，喀喇沁三旗，土默特两旗，札鲁特两旗敖汉旗、奈曼旗，喀尔喀左翼旗者，送八沟理事同知监禁。巴林两旗，阿巴哈纳尔两旗，翁牛特两旗，乌珠穆沁两旗，阿巴噶两旗，苏尼特两旗，浩齐特两旗，阿鲁科尔沁贝勒旗，克什克腾札萨克台吉旗，及喀尔喀土谢图汗部落十九旗，车臣汗部落二十一旗，额鲁特旗者，送多伦诺尔理事同知监禁。鄂尔多斯七旗，归化城土默特两旗，乌喇特三旗，喀尔喀右翼旗，茂明安札萨克台吉旗，四子部落旗，喀尔喀三音诺彦部落二十一旗，札萨克图汗部落十五旗者，送归化城理事同知监禁。

藩审断 013：乾隆六年又议准

凡在多伦诺尔地方蒙古民人互讼事件，令该同知会该旗审拟完结。凡八旗游牧察哈尔命盗重案，呈报刑部会院完结。其喀尔喀札萨克各旗蒙古命盗重案，呈院完结。至商民事件，仍由口北道转报该督完结。

藩审断 014：乾隆七年议准

八旗游牧察哈尔命盗案件，如凶犯、盗犯、尸亲、失主，皆系蒙古，并无内地民人者，令该总管等会同该同知、通判审明定拟，鞭责轻罪，照例发保，徒流以上罪犯，即交该同知、通判等收禁，一面报部，一面将鞭责之犯先行发落，俟院会刑部等衙门奏准之后，将应决之人犯，即于犯事处正法，军流以下人犯，照例折枷完结，其定拟斩绞监候之犯，并令严行监禁，秋审时该总管造具年貌清册报部。若蒙古内地人交涉命盗案件，该总管委官会该同知、通判审明定拟，应保出者准其保出，应监禁者交该同知、通判等收禁。系直隶民人，该同知等即呈报口北道、直隶按察使、总督，该督覆核具题。系山西民人，即呈报归绥道、山西按察使、巡抚，该抚覆核具题。仍各咨该总管存案，若所定之罪与该总管意见不同，亦著申文报部，俟刑部会本院详加改正，定拟覆奏，立决人犯，于犯事处正法，军流以下，照例完结，监候人犯，仍令该同知、通判、监禁，秋审时由该督抚详查具奏。

藩审断 015：乾隆十一年议准

八旗游牧察哈尔蒙古，应入直省秋审之犯，令该同知等于每年四月初旬，查明各犯年貌旗分佐领及犯罪原由，出具切实看语，申送该督抚核题，免其提审，以省拖累。再，口外蒙古人犯，分定旗分，解送多伦诺尔同知等处监禁者，原指各旗自行审理案犯而言，至沿边理事同知、通判，均有办理蒙古内地民人之责，所有承审人犯，自应本处监禁，不得藉词解送。

藩审断 016：乾隆十二年议准

八旗游牧察哈尔蒙古民人交涉事件，仍会同同知、通判审理。如案犯专系蒙古，与内地人无涉者，令各总管自行审理。

藩审断 017：乾隆十二年又议准

八旗游牧察哈尔蒙古，偷盗牲畜拟绞减等之犯，正身蒙古照旗人例折枷，家奴仍照旧例发邻近盟长，给效力台吉为奴。

藩审断 018：乾隆十五年议准

八旗游牧察哈尔左翼四旗蒙古，与民人交涉之案，在镶黄旗地方犯事，附近张家口者，即归张家口同知收禁。在正白旗地方犯事，附近独石口者，即归独石口同知收禁。在镶白、正蓝二旗地方犯事，附近多伦诺尔者，仍归多伦诺尔同知收禁。

藩审断 019：乾隆二十五年覆准

归化城同知、通判，承办蒙古命盗等案，及蒙古民人交涉命盗事件，由该厅等呈报绥远城将军。就近会同土默特参领等官办理。蒙古事件，由将军咨院具奏完结。蒙古与民人交涉事件，由巡抚咨院具奏完结。其由札萨克派员会审之处，永行停止。

藩审断 020：乾隆二十五年又覆准

张家口、独石口、多伦诺尔等三处同知，与察哈尔交涉案件，仍照例会同察哈尔游牧处部院章京审办外，八沟、塔子沟二厅与各部落札萨克交涉案件，会同乌兰哈达三座塔部院章京审办。多伦诺尔同知与喀尔喀交涉案件，会同察哈尔游牧处理事部院章京审办。其由札萨克会审之处，均行停止。

藩审断 021：乾隆二十五年三覆准

山西省丰镇厅所属，与察哈尔正黄旗、正红旗接界，宁远厅所属，与察哈尔镶红旗、镶蓝旗接界，此四旗又与苏尼特、四子部落旗接界，所有四旗地方蒙古民人交涉命盗案件，并二厅所辖境内蒙古民人交涉命盗案件，不论察哈尔旗下蒙古，及苏尼特等旗蒙古，俱令该厅员等会同察哈尔四旗官员审办。其行取札萨克旗下官员会审之例，均停止。至察哈尔各旗蒙古，往归化城各同知通判所属地方，与土默特蒙古，并民人交涉命盗案件，亦毋庸由察哈尔旗分，行取会审官员，即令归化城厅员，会同土默特官员审办。

藩审断 022：乾隆二十六年覆准

伯都讷地方，办理蒙古命盗案件，毋庸专派司官，由院于笔帖式内，遴选办事好，通蒙古语者一员引见，以委署主事遣往，三年一次更换。三年内办事果好，准吉林将军保题坐补主事。傥有劣迹，即参奏治罪，派出之员，令其驰驿来往，遇有大事，会同该将军审理，日支廪给银，照库伦等处减半，定为七钱五分，于该处地丁银内支销。

藩审断 023：乾隆二十九年覆准

蒙古民人交涉命案，一经报官，该地方官即往相验，取供通详，其蒙古官员会验之例停止。

藩审断 024：乾隆二十九年奏准

陕西、甘肃两省交涉蒙古案件，在延榆绥道所属境内者，会同神木部员办理，在宁夏道所属境内者，会同宁夏部员办理，在山西保德州、河曲县等处，仍由神木部员、会同雁平道办理。其鄂尔多斯蒙古民人案件，仍照例会同两处部员办理。

藩审断 025：乾隆三十一年议准

归化城土默特两旗命盗重案，如正犯系蒙古，由归化城参领会同同知审明拟罪，该参领呈报归化城副都统，该同知亦即申报归绥道，覆审相符后，呈明将军咨院办理。其审供案情，仍由该道详报按察使司，转由巡抚存案，以备查核。

藩审断 026：乾隆三十三年奏准

各处台站地方命盗重案，如系蒙古民人交涉案件，仍交该地方官办理。若止系蒙古，照察哈尔旗办理之例。审明后，报察哈尔都统覆核咨院完结。

藩审断 027：乾隆三十五年奉旨

嗣后归化城土默特命盗重案，著绥远城将军亲往归化城覆审后，再行定拟。

藩审断 028：乾隆三十七年议准

归化城土默特命盗各案，有关取各札萨克旗分之犯，及行查事件，并特拿要犯应各定限期，喀尔喀等处定限六月，内札萨克等处定限四月。无故逾限者，将该札萨克等照例察议。

藩审断 029：乾隆三十九年奏准

蒙古等词讼，不先在札萨克盟长处具控，竟赴院越诉者，无论事之虚实，系台吉官员罚三九，系属下家奴鞭一百。寻常案件，仍交该札萨克盟长办理。其命盗重案，由院详讯。应派大臣办理之处，具奏请旨。如已在札萨克盟长处呈控，或不为秉公办理，复赴院呈控者，由院按事之轻重，或派员办理，或奏遣大臣办理。如札萨克等办理不公，将该盟长札萨克等照例议处。倘所告虚诬，原告之人反坐。

藩审断 030：乾隆四十年奏准

蒙古与民人有关人命事件，仍照向例办理。若止系蒙古有关人命，应行相验事件，各处驻扎部员，会同该处附近地方官，带领件作详细检验。仍会同该札萨克办理后报院，照例会同刑部覆核定拟。

藩审断 031：乾隆四十一年议准

鄂尔多斯、阿拉善两旗蒙古民人交涉命案，就近地方官，会同蒙古官员相验后，仍与宁夏、神木、安边三处同知就较近者，会同蒙古官员审明定拟，咨报该处部员，及该处道员覆审完结。

藩审断 032：乾隆四十二年奉旨

嗣后库伦办事部员，即令驻扎库伦大臣兼管所有蒙古民人交涉案件，俱著呈报该大臣办理。

藩审断 033：乾隆四十四年奏准

库伦等处贸易民人，有不守本分滋生事端者，解至赛尔乌苏部员处，转解交张家口都统递回原籍，严加管束。

藩审断 034：乾隆四十五年奏准

库伦等处商民，在库伦地方有人命案件，仍交库伦部员办理。其库伦、恰克图两处商民出张家口在察哈尔、苏尼特等处地方，有人命案件，即交察哈尔部员办理，由张家口都统定拟具奏。若在喀尔喀所属地方，有人命案件，亦就近交库伦部员办理，俱由驻扎库伦大臣定拟具奏。其往恰克图之商民，或在恰克图界内，或在边外，有人命案件，交恰克图部员办理，一面报院，一面申报驻扎库伦大臣，将罪犯一并解送库伦定拟具奏。

藩审断 035：乾隆四十六年议准

札萨克图汗、三音诺彦部落蒙古与商民交涉案件，由该盟长于乌里雅苏台将军驻扎科布多、库伦两处大臣内，就近具报办理。其应报院者，仍行报院。〔嘉庆十六年议定，内札萨克乌兰察布、伊克昭二盟各旗遣犯，俱就近在山西归化城同知衙门监禁，接准院文起解，仍将起解日期，申详该抚报院。其锡林郭勒盟各旗遣犯，就近在直隶多伦诺尔同知衙门监禁，接准院文起解，亦将起解日期申详该督报院。〕

藩审断 036：乾隆四十六年议定

土谢图汗、车臣汗二部落蒙古民人交涉人命盗案，由库伦办事大臣办理。蒙古与蒙古盗案，由盟长办理。其蒙古与蒙古寻常人命案件，该盟长审明拟罪报明库伦办事大臣详审无异，转为报院。傥案情不确，录供拟罪与例不符者，该大臣饬驳另审。如紧要命案，该盟长实不能审办者，该大臣亲提案内人犯审拟，应报院者报院，应奏者具奏。其札萨克图汗、三音诺彦二部落案件，由定边左副将军，照库伦办事大臣一体办理。

藩审断 037：嘉庆二十年谕

理藩院管理蒙古事务，向无与该王贝勒等议析私产之例，嗣后蒙古王公等有以析产私事涉讼者，概令驳回，毋庸准理。

藩审断 038：嘉庆二十二年定

青海蒙古抢劫之案，如有被伤人命，必须报明西宁办事大臣，验系被伤，方为查缉。傥呈报抢劫并无踪迹，被伤人命毫无证据，除驳斥不行准理外，仍将捏报之札萨克，严行参处。

藩审断 039：道光十年奏定

热河绥远城各旗，奉旨关提人命抢劫重案人犯，逾限一月，章京等革职，三年无过，方准开复，札萨克罚俸六月，台吉罚五牲畜，盟长罚俸三月。逾限三月以上，章京等革职，札萨克罚俸九月，台吉罚一九牲畜，盟长罚俸六月。如现有其人，该盟长札萨克延不起解，从重治罪。寻常命盗案件，以次递减，其解犯程限定日行六十里。凡系奉旨关提之犯，无论何案，但逾限期，各照本例，加一等拟议。

藩审断 040：道光十九年定

承审反叛人犯，未经审出实情者革职，凌迟人犯，罚俸三年，斩绞人犯，罚俸二年，军流人犯，罚俸一年，徒杖人犯罚俸半年，无俸台吉等折罚牲畜。

藩审断 041：道光十九年定

应审事件不即收审者，罚俸一年，因致酿成人命，罚俸三年。

藩审断 042：道光十九年三定

蒙古越诉，台吉官员加罚一九牲畜，属下家奴加枷号两月。

藩审断 043：道光十九年四定

各札萨克应拟徒罪以上人犯，一面报院，一面即解赴应禁地方官暂令监禁。

藩审断 044：道光十九年五定

科尔沁十旗应行寄监人犯，归昌图厅寄监。札鲁特二旗，归赤峰县寄监。鄂尔多斯七旗，及乌喇特东西中三旗，附近靖边、定边、榆林、怀远、神木、萨拉齐、清水河、托克托城、河曲、偏关等处，各归就近之州县寄监。土默特四子部落达尔汉贝勒、茂明安车臣汗等旗，归归化城同知寄监。

藩审断 045：道光十九年六定

盛京、吉林、黑龙江，及直隶等省，关提哲哩木、锡林郭勒、乌兰察布三盟人犯，如遇命盗重案，该将军大臣专差径赴该旗守提，该旗加差解送。其寻常案件，于行提文内，照例定限期解送。

藩审断 046：道光十九年七定

各盟长札萨克等办理案件，除去往返行查日期，于奉到该管札文，及接准所属呈报之日起，限二十日办结报院。违限一月以上罚俸三月，半年以上罚俸六月，一年以上罚俸一年，无俸官员照例罚九。如遇特旨交查，及院查钦案事件，违限者各加一等拟议。

藩审断 047：道光十九年八定

发遣人犯内遣发之省分，其路途由京经过者，解部发遣其路途迂远者，毋庸解部，由院议奏后，由彼就近照部定配所递解发遣。

藩审断 048：道光二十五年议准

札萨克被人控告抑勒赃私重情，不候交审之将军大臣讯办完结，任意藉词咨行公文于该将军大臣者，罚俸五年。

藩审断 049：咸丰七年议准

汗王台吉等奉本盟长，及该管上司委办要案，有托故推诿规避情形罚俸二年，无俸之员，罚四九牲畜。

内务府刑禁

内务府处分例〔例 6 条〕

内府处分 001：康熙十一年奏准

议处内务府官员，有与吏、兵二部颁定律例相符者，即照依吏部、兵部律例定议。

内府处分 002：雍正十二年奏准

内务府官员应议降级调用之案，免其调用；应降一级调用者，加罚俸一年；应降二级调用者，加罚俸二年；虽有纪录，不准抵销。

内府处分 003：乾隆七年奏准

嗣后内务府官员遇有降调之案，将有加级可抵者，照依抵降，免其罚俸。其无级可抵者，仍照雍正十二年原议，虽有纪录，不准抵销。

内府处分 004：乾隆五十三年谕

嗣后内务府官员遇有降级调用之案，著照吏部处分则例办理，分别实降抵销。其从前降调改为罚俸之例，即行停止。

内府处分 005：道光二十五年奏准

由内管领降一级调用者，以副内管领补用。由内管领降二级，副内管领降一级调用者，均以六品虚衔委署主事补用，支食七品笔帖式俸。由内管领降三级、四级、五级，副内管领降二级、三级、四级调用者，均以七、八、九品笔帖式补用。

内府处分 006：道光二十八年奏准

嗣后各该处应交参斤变价银两，如有限满未完，照关税赢余银两未完例，由内务府按其未完分数交部议处，欠不及一分者免议，一分以上者罚俸一年，二分以上者罚俸二年，三分以上者降一级留任，四分以上者降一级调用，五分以上者降二级调用。其分年代交之项，如有未完者，照关税赢余银两例酌减议处，欠不及一分者免议，一分以上者罚俸六月，二分以上者罚俸一年，三分以上者罚俸二年，四分以上者降一级留任，五分以上者降一级调用。系公罪，均准其将寻常议叙及事前捐加之级纪议抵。再，每年各处应领参斤，以各该处应领之日起，按限具文请领，如有逾限未领者，将承领之员降一级留任，勒限饬令赶领。如再未领，即照所降之级调用，从严议以不准抵销。

内务府审谳〔例 8 条〕

内府审 001：顺治十八年定

凡首告机密及干涉职官之事，皆请旨鞫问。

内府审 002：顺治十八年奏准

凡审理重案，有应夹讯者，呈堂移咨刑部，取用刑具，并取用刑人役。有应检验尸伤者，移咨刑部，委司官率领仵作、稳婆会同检验，填录尸格。

内府审 003：康熙十一年奏准

审拟罪案，皆依刑部律例定拟。凡拟罪律例及处分则例，均于各该部移取。

内府审 004：康熙十一年又奏准

凡奉特旨及奏准交慎刑司审理之案，有情罪重大，应拟死罪者，移咨三法司会审，由内务府主稿具题，奉旨后，交刑部照原题治罪。

内府审 005：康熙十六年奏准

凡奉旨交审及各衙门咨送审拟，并内务府佐领内管领下人互相控告，及有职官控告等案内，如有执持兵器，并罪至杖一百以上及事关旗民者，皆送刑部定拟。其一切枷示刺字人犯，皆交刑部枷示刺字。

内府审 006：乾隆三年奏准

内管领下汉人及旗鼓佐领下人，有犯军流徒罪者，皆照八旗汉军之例折枷。

内府审 007：乾隆三十五年谕

内务府所属庄头、鹰户、海户人等，俱系散处近京州县，与民人无异，不当与在京居住当差之旗人一例问拟，嗣后如犯军、遣、徒等罪，俱照民人一律定拟。

内府审 008：道光十三年奉旨

嗣后逆案律应拟凌迟之犯，其子孙讯明，实系不知谋逆情事者，无论已未成丁，均照乾隆五十四年之例，解交内务府阉割，发往新疆等处给官兵为奴。其年在十岁以下者，令该省牢固监禁，俟年届十一岁时，解交内务府照例办理，并著内务府大臣，遇解到阉割人犯，即遴派司员认真看验，并出具无弊切结送交刑部。刑部堂官于该犯送交后，即派司员再行覆验，如有情弊，即回堂奏参，总须查验明确，再交兵部发往新疆给官兵为奴。著内务府、刑部存记，遇修例时纂入则例。

内务府发遣〔例 3 条〕

内府发遣 001：顺治十六年奏准

凡内务府应发遣打牲乌拉人犯，及各部院衙门咨送发遣打牲乌拉人犯，均呈堂移送都虞司发遣。应发黑龙江宁古塔等处，及云贵等省烟瘴地方人犯，呈堂咨送兵部发遣。

内府发遣 002：雍正五年奏准

凡拨发庄屯之犯，将伊妻及同居之子一并发往，其分居当差之子，准其存留。至已经拨发屯庄人等，有私自逃回潜住京师者，或被番役拿获，或被旁人首告，皆发遣广西、云南、贵州等省烟瘴地方。其窝藏之家，系旗人鞭八十，民人责三十板。如庄头呈过逃牌者，免其治罪，未呈逃牌者鞭一百，傥有受贿徇情等弊，审明按律重惩。

内府发遣 003：乾隆二年奏准

拨发庄屯人犯，如遇父母切近亲属在京身故等情，准其禀明该管庄头，给予执照来京。再，跟随庄头赴京办差者，不以逃论，其无故初次逃走者，鞭一百；二次者，鞭一百、枷四十日，皆仍充原庄壮丁；三次者，鞭一百、枷两月，发充口外壮丁；四次者，发遣云贵等省烟瘴地方。再，拨发庄屯人等，其妻子一同发往，至本犯身故之后，其妻子向无回旗之例，嗣后照发遣打牲乌拉人犯之例，其妻子有不愿随往者听。至本犯身故后，其妻子愿来京者，呈报该管官查明，准其来京。

内务府设监〔例 1 条〕

内府监 001：雍正五年奏准

内务府佐领内管领下犯罪人，除现审及奉旨交慎刑司枷示锁禁者，照常在慎刑司监禁，其已经审明定罪及尚在候审，并欠帑催追人等，将入官房屋修理三所，分别男女监禁，内务府三旗各委官一人，领催三名，马甲七名，每日轮班看守。女犯移付掌关防内管领处，传唤年老妇人看守。

内务府矜恤监犯〔例 3 条〕

内府恤囚 001：雍正三年奉旨

慎刑司监禁人犯，并无官饭，伊身虽有应得之罪，亦照刑部之例，赏给官饭。钦此。遵旨议定：照刑部之例，每人日给老米一升，移咨户部领取，其运米车及煮饭锅，均移文各该处取用。罪犯五十名以内，给煮饭煤三十三斤，炭三斤四两，咨工部领取，合计一年所用米煤炭数目，各造清册二分，一呈堂存案，一送户部核销。

内府恤囚 002：雍正六年奏准

煤炭改用木柴，每人日给木柴一斤八两，移付营造司。每年夏至日起，至七月三十日止，日用冰二块，移付掌关防内管领处交送。

内府恤囚 003：雍正六年又奏准

监犯有患病者，移咨刑部，传医官诊视。

内务府追比赃赎〔例 2 条〕

内府追赃 001：康熙十一年奏准

凡老幼废疾收赎，职官纳赎银，追交广储司库。

内府追赃 002：雍正四年奉旨

嗣后内务府催追拖欠官帑及应完赃私，应枷禁锁禁者，著枷禁锁禁催追，俟交完日，再行治罪，著为例

内监犯罪〔例 43 条〕

内监犯 001：顺治十八年奏准

内监有罪，由上驷院拘禁。

内监犯 002：康熙三十年奉旨

有罪拘禁内监，著发往新设瓮山马厩铡草。

内监犯 003：雍正五年奉旨

发往瓮山铡草人犯，皆极恶之徒，该管人员不行严加管束，急忽从事，以致犯罪内监近有脱逃者，不可无专管稽察之人。嗣后著内务府总管稽察，如果有遵法改过自新者，即著宽免，怙终不悛者，再加惩治。若厩长、厩副等仍然急忽，不严行管束者，亦加惩治。

内监犯 004：雍正五年奏准

瓮山拘禁内监等，亦照慎刑司监犯之例，由上驷院日给官饭。

内监犯 005：雍正六年奏准

瓮山铡草内监等，每年春季，各给粗蓝布夹袄一件，单裤一条。冬季，各给粗蓝布棉袄一件，棉裤一条，棉袜一双，三年一次。冬给老羊皮袍一件，均呈堂移咨广储司支领。

内监犯 006：乾隆八年奏准

将拿获逃走二次之内监，定为鞭一百，发往瓮山永远铡草。

内监犯 007：乾隆十年议奏

内监初次逃走被获，仍照例发往瓮山铡草，一年期满。内廷行走者，交畅春园当差，不许出门。掌仪司营造司所属者，交该司当差，其二次逃走被获者，改为发瓮山带锁铡草，三年后，均交掌仪司严加管束，充当苦差。其三次逃走被获者，比照刑部督捕则例三次逃走发宁古塔、黑龙江之例，发往打牲乌拉充当苦差。至瓮山地方，地敞墙低，惟厩长、副二三人，稽察难周，不免疏纵之虞，将内监等现在居住房屋墙垣，交与该处酌量修整，务令住宿一处，增委内务府领催一名，马甲五名，严加看守。此内如系限年铡草者，该厩长于将满之前呈报，该司仍照旧例奏请释放。如缘罪发往铡草，不定以年限者，每年查明数目呈司，于岁终声明情罪奏闻，再按向例，内监逃走自行投回者，枷三月、鞭一百，交掌仪司充当苦差。嗣后内监初次逃走，六月以内自行投回者，鞭八十；六月以外者，枷一月、鞭八十。二次逃走，三月以内自行投回者，枷一月、鞭八十，三月以外者，枷两月、鞭一百。三次逃走，一月以内自行投回者，枷两月、鞭一百；一月以外者，枷三月、鞭一百，皆令在掌仪司充当苦差。三次后复行逃走者，虽自行投回，亦照初次逃走被获发瓮山铡草一年例治罪。奉旨：嗣后瓮山铡草年满内监，不必交畅春园当差，发往热河当差，令彼处总管内监严行管束，不许出门，如畅春园当差内监数目不敷，于热河旧内监内拨给。

内监犯 008：乾隆十三年奏准

逃走内监内，有更名改姓，私投王公、宗室、宗室女及大臣并口外蒙古王、额驸门下潜身者，限一年准其投首，如果于限内将逃出私投王公门下情节据实首出，除将本犯免罪外，其收留之家，概从宽免。倘仍照前隐忍不报，过限不行首出，一经拿获，不论逃走次数，除将本犯发遣打牲乌拉充当苦差外，其不行详查即行收留之家，一并交该衙门查议。嗣后凡王公、宗室、宗室女及大臣并各蒙古王、额驸等收留内监时，务须留心询访的确，方准收留，倘情形稍有可疑者，即咨送内务府查验。

内监犯 009：乾隆十七年奉旨

三次逃走内监，发往黑龙江给兵丁为奴，永著为令。

内监犯 010：乾隆十七年又奉旨

嗣后拿获逃走内监，著交宫殿监督领侍等办理。

内监犯 011：乾隆十八年奉旨

嗣后初次逃走内监拿获者，交吴甸铡草一年，期满交进。自行投回者，免其铡草一年，交宫殿监督领侍等办理。

内监犯 012：乾隆二十八年奏准

嗣后二次逃走内监，拿获者，发往黑龙江给索伦为奴。

内监犯 013：乾隆三十年奏准

传心殿、门神库、帘子库内监，如有逃走，拿获之日，照内外围当差内监之例，按照次数，一体治罪。

内监犯 014：乾隆三十一年奏准

嗣后王公大臣召募内监，呈报内务府查明素无劣迹，非在逃者，方许收留当差。若私相汲引，并不呈报内务府查对，一经事发，将王公大臣议处外，内监照例加倍治罪。

内监犯 015：嘉庆五年奏准

逃走内监，二次逃走，俱系自行投回者，交吴甸铡草一年，期满交进。初次逃走拿获，二次逃走投回者，责二十板，交吴甸铡草二年，期满交进。初次逃走投回，二次逃走拿获，及三次逃走俱系自行投回者，责四十板，交吴甸铡草三年，期满交进。初次二次逃走俱拿获者，发黑龙江给兵丁为奴。三次逃走内有一次拿获者，责四十板，枷号一月，发黑龙江给兵丁为奴。发遣后遇赦释回，复行逃走者，无论投回拿获，责六十板，枷号一月，发黑龙江给兵丁为奴。其初次逃走自行投回，并铡草期满应行交进内监，俱交总管内监分拨外围当差。

内监犯 016：嘉庆六年奏准

逃走内监应行发遣者，照旧办理外，初次逃走自行投回者，责三十板交进，分别在一月之内者，减食一两钱粮一年；在两月之内者，减食钱粮二年；在三月之内者，减食钱粮三年；在三月之外者，责四十板，减食钱粮四年。初次逃走拿获，及二次逃走俱系自行投回者，停其铡草，枷号一月，责三十板交进，拨在外围当差，减食一两钱粮十年。初次逃走拿获，二次逃走自行投回者，停其铡草，枷号两月，责四十板交进，拨在外围当差，减食一两钱粮十年。初次逃走自行投回，二次逃走拿获，及三次逃走俱系自行投回者，发往吴甸铡草三年，责四十板交进，拨在外围当差，减食一两钱粮十年。以上逃走内监减食钱粮，俱俟应减年限满日，仍给二两钱粮。

内监犯 017：嘉庆十一年奉旨

著总管内务府大臣，将发遣太监，嗣后定以年限释回。钦此。遵旨议定：嗣后除酗酒偷窃，擅动金刃，拟以发遣之太监，毋庸定以年限外，其二次拿获逃走太监，发往黑龙江；三年期满赦回，三次复行逃走，发往黑龙江，六年期满赦回；四次若再逃走，仍发黑龙江，永不赦回。

内监犯 018：嘉庆十一年奏准

嗣后发遣年满应行释回太监，由各该处派拨兵役，严行递解，沿途地方官照依前途即行转递，以免在途逗遛滋事。

内监犯 019：嘉庆十三年奉旨

嗣后太监等进殿当差，如遗金刃之物，未经带出者，枷号一年，满日责四十板，罚当下贱差使。如遗失零星物件，交总管责四十板，仍在本处当差，永著为例。

内监犯 020：嘉庆十三年又奉旨

嗣后太监在宫内欲行自戕、自缢、自尽，经人救活者，本人绞监候。在园庭欲行自戕、自缢、自尽，经人救活者，本人发伊犁给兵丁为奴。在宫内自戕、自缢、自尽身死者，将尸骸抛弃荒野，其亲属发伊犁给兵丁为奴。在园庭自戕、自缢、自尽身死者，尸骸免其抛弃，其亲属发往乌鲁木齐给兵丁为奴，即载入宫中现行则例。钦此。遵旨改定：太监在宫内用金刃自伤者，斩立决。欲行自缢自尽，经人救活者，绞监候。在园庭欲行自缢、自尽，经人救活者，发伊犁给兵丁为奴。

内监犯 021：嘉庆十五年议奏

膳房太监于进忠，将伊侄德林容留在内，复因责打，以致伊侄在内投井，将该太监拟责四十板，发黑龙江给兵丁为奴。奉旨：已革首领太监安平安，著加恩免罚月银。总管太监马喜，著减罚月银三月，仍罚月银三月。孙进朝著减罚月银一月，仍罚月银两月。太监于进忠著照所议，责处发遣。嗣后如有似此容留不应在内居住之人，即照此案办理，并著传谕宫内各处总管首领太监等知之。

内监犯 022：嘉庆十七年奉旨

著传知吉林、黑龙江、伊犁将军，嗣后遇有发往各该处年满应行释回太监，著该将军等，先将各太监发遣案由，行文内务府，由总管内务府大臣开单具奏，候朕酌核案情，准其释回者，再行释回。再，凡遇庆典肆赦之年，亦著该将军等，将发往该处永不释回之太监等，详叙案由，行文内务府，著总管内务府大臣开单具奏，候朕降旨。嗣后释回之太监，俱著总管内务府挑选，如年力衰迈，仍拨换亲王、郡王家太监进内当差。

内监犯 023：嘉庆十八年谕

所有现在发黑龙江给披甲为奴之太监，人数无多，著即全行改拨于黑龙江官员名下为奴，俾其役使管束，毋许再蹈赎身陋习，如有故违者，太监加重治罪。

内监犯 024：嘉庆十八年奏

太监初次逃走被获者，枷号两月，责四十板交进，拨在外围当差，减食五钱赏银六年。初次二次逃走俱被拿获者，枷号一月，责四十板。三次逃走，内有一次被获者，枷号两月，责八十板，均发黑龙江赏给官员为奴，三年期满释回。发遣释回后复行逃走者，毋论投回被获，枷号两月，责八十板，再行发黑龙江赏给官员为奴，六年期满释回。初次逃走，自行投回，枷号二十日，责四十板交进；在一月内者，减食五钱赏银一年；两月内者，减食二年；三月内者，减食三年；三月外者，枷号一月，责六十板，减食四年。初次二次逃走，俱系自行投回者，枷号两月，责四十板。初次逃走被获，二次逃走自行投回者，枷号三月，责六十板交进。初次逃走自行投回，二次逃走被获，及三次逃走俱系自行投回者，枷号一月，责六十板，发吴甸铡草四年，期满交进，均拨在外围当差，减食五钱赏银六年。如系越省远扬被获，初次逃走被获者，枷号一月，责四十板。初次逃走自行投回，二次逃走被获者，枷号两月，责六十板。二次逃走俱被获，及三次逃走内有一次被获者，枷号三月、责八十板，均发黑龙江赏给官员为奴，三年期满释回。发遣释回后复行逃走者，枷号四月，责八十板，发黑龙江赏给官员为奴，六年期满释回，发遣释回后应行送进者，均减食五钱赏银六年。随围太监初次逃走被获，枷号两月，责八十板，发吴甸锄草二年，期满交进，拨在外围当差，减食五钱赏银六年。初次逃走投回者，枷号两月、责四十板交进，减食二年。二次逃走投回者，枷号两月责六十板，发吴甸锄草二年，期满交进，减食三年。二次逃走被获者，枷号两月，责八十板，发黑龙江赏给官员为奴，三年期满释回应送进者，减食六年，如从前逃走有案，仍按次数核计，照本例治罪，发吴甸锄草，期满交进。复行逃走投回者，枷号一月，责四十板；拿获者，枷号两月、责四十板；越省远扬被获者，枷号三月，责六十板；均发黑龙江赏给官员为奴，俟三年期满，由该将军咨行内务府具奏，请旨遵行，应送进者，均仍食二两钱粮，减食五钱赏银六年。奉旨：应减食钱粮十年，尚欠一年者，著加恩过半年后赏给二两钱粮；尚欠二年、三年者，著加恩过一年后赏给二两钱粮；尚欠四年、五年、六年者，著加恩过二年后赏给二两钱粮；尚欠七年、八年、九年、十年者，著加恩过三年后赏给二两钱粮；均著扣满十年原限，再给赏银五钱。

内监犯 025：嘉庆十九年奏

初次逃走太监被获。奉旨：太监崔成，著改为枷号三个月，满日责六十板，嗣后内殿太监逃走，俱照此治罪。

内监犯 026：嘉庆二十四年奉旨

逃走太监，嗣后初次逃走投回，原拟减食赏银一年者，改为二年。其初次、二次、三次逃走被获，均原拟减食赏银六年者，改为七年。如至四次逃走者，著毋庸拟减食年限，永不准赏给。

内监犯 027：嘉庆二十五年奏准

逃走太监治罪，酌复嘉庆六年条例，嗣后无论随围越省，均照依逃走次数科罪。

内监犯 028：道光四年奏准

酌增太监犯赌则例五条：一、压宝诱赌及斗鹌鹑、蟋蟀，开场及同赌者，俱照赌博例治罪，出首者免。一、开场诱赌放头抽头者，初犯枷号两月，责四十板，发黑龙江给官兵为奴；再犯拟绞监候，附近赌场处所，徇隐不举首者，责三十板；得财者，计赃准窃盗从重论。一、首领与所属太监同赌者，革职，枷号三月，责四十板，作为太监，永不升用。一、邀集抓金钱会、终身会等名目，邀约者，枷号两月，责四十板；上会者，枷号一月，责三十板，均永拨外围当差。失察之总管首领，照失察赌博例科罪。一、在园及随围犯事，不随往之本管总管首领免议，住班代管并本地面总管首领，照该管总管首领失察罪名处治。

内监犯 029：道光六年奏定逃走太监治罪例

初次逃走投回，责六十送进当差，减食五钱赏银一年。被获及二次逃走俱系投回，均责六十，发吴甸铡草一年。二次逃走内有一次投回，责八十，发吴甸铡草一年半。俱系被获，责一百，发吴甸铡草二年。三四五次逃走，无论投回被获，均责一百。三次发吴甸铡草三年，四次四年，五次五年，铡草未满年限逃走，及五年期满交进后复行逃走，无论投回被获，俱永远枷号。

内监犯 030：道光七年谕

嗣后凡逃走太监，无论投回被获，到案时俱著慎刑司详细查验，再行定拟罪名。

内监犯 031：道光七年又谕

嗣后黑龙江等处年满释回太监，俱著当差，三年无过，再给加赏银五钱，著为例。

内监犯 032：道光七年奏准

昇平署应差太监逃走治罪专条，初次投回，责四十交回，三月不准告假。初次被获及两次俱系投回，均责六十，仍交回，半年不准告假。两次内有一次投回，责八十，仍交回，一年不准告假。两次俱被获责一百，仍交回，二年不准告假。三四五次，无论投回被获，俱责一百，三次加枷号一月，四次两月，五次三月，均仍交回，二年不准告假。至六次，无论投回被获，俱永远枷号。

内监犯 033：道光八年奏定太监犯赌条款

一、太监初犯，枷号三月，责四十板，发往东陵、西陵当差，再犯，拟绞监候。一、无分禁地外围，偶然会聚开场窝赌，抽头无多者，初犯照旧例治罪，再犯即行正法。有敢开场诱引赌博，经旬累月，聚集多人，放头抽头者，初犯，即拟绞监候。左右附近处所，虽未同赌，如有通同徇隐，不即举首者，照不应重律，折责三十板，再枷号两月，得财者计赃准窃盗从重论。一、稽查赌博太监，责之首领，首领责之总管，查出呈报者，免其处分。如明知犯赌，隐匿不报，有心纵容者，首领革去官职，再罚月银六个月；总管降为首领，再罚月银三个月。如止系失察者，总管罚月银一年，首领罚月银二年。如审有贿纵情事，从重论罪。其同伴太监，如有知觉，即告知该管首领，首领即呈报总管查办，同伴太监免其治罪，如同伴太监心存瞻顾，不行举发，无论知情不知情，一概照初犯旧例，枷号两个月，责四十板，交原处当差。并令该管首领太监，逐日详查，每月出具本管太监并无赌博情事甘结，报明总管太监，由总管太监，派人随时密察核实据奏，仍加结交敬事房存案。

内监犯 034：道光九年奏定行营太监滋事罪名条款

一、行走前营太监，如有向地方官藉端讹诈，一经发觉，计赃无论多少得受与否，枷号三个月，责六十板，发往打牲乌拉给兵丁为奴。首领犯者罪同。前营总管及敬事房首领纵容知而不举，别经发觉者，总管降为首领，罚月银三月；首领革去官职，罚月银六月；不随往之本管首领免议。如首领查出，告知总管，总管不行查办，别经发觉者，总管降为首领，罚月银三月，首领免议。如该管总管、首领止于失察者，总管罚月银一年，首领罚月银二年。其不行走前营失察之总管，罚月银三月；本管之首领，罚月银半年。一、本营太监如有滋事之人，照例治罪；其失察之总管，罚月银半年；本管之首领，罚月银一年；如有向地方官讹诈之人，亦照前营之例治罪。一、随围时沿途如有向地方官藉端讹诈情事，事后发觉，当日之首领及代管之总管、首领，均罚月银二年，其不随往之本管总管首领免议。一、随往之总管首领太监，如有亲属潜行跟随，或行走前营，藉端诈索者，查出，除将其人交刑部加等治罪外，将带往之总管、首领太监，照本人犯罪例惩治。一、随往各他坦之披甲苏拉人等，如有指称招摇撞骗等事，一经查拿，除将本人交刑部治罪外，严讯主使之人，一并交刑部审办。如本处太监即时举发，由内务府奏明量加鼓励，若虽无通同染指，而瞻徇情面，知而不举者，本处首领罚月银三月，太监责四十板，询不知情者免议。

内监犯 035：道光九年谕

此次随往盛京之总管、首领太监等，人数众多，恐有不法之人沿途生事，业经谕令总管内务府大臣，定立章程，严查需索讹诈之人，按例究治矣。因思寿康宫及寿康东宫、储秀宫、钟粹宫之首领太监等，恃无见证，难保无假捏指称诸弊，著随扈之总管内务府大臣等，随时严密稽查，此四处之首领太监内，如有向随扈大臣官员或地方官员，指称传行情事，无论事之大小，著禧恩等即行指名封奏，立将该首领太监锁拿，交慎刑司重责八十板，即日发黑龙江给兵丁为奴，遇赦不赦。该管之总管罚月银半年，首领罚月银半年，革退首领。如系首领犯法，其该管之总管罚月银一年，决不宽恕。此系朕防微杜渐之深意，如有此等情弊，必当随时具奏，如缮折不及，面告军机大臣可也。

内监犯 036：道光十一年谕

内监潜逃，例有应得之罪。嗣后各直省督抚府尹等，遇有逃走太监，一经地方官盘获，无论有无滋扰情事，著一面具奏，一面解交内务府。

内监犯 037：道光十三年奏准

初次逃走太监投回者，责六十板交进，减赏银半年。初次逃走被获，及二次逃走俱投回者，责六十板，枷三十日交进，拨下贱当差，减赏银半年。二次逃走内有一次投回者，责八十板，枷四十五日。二次俱被获者，责八十板，枷六十日交进，拨下贱当差，减赏银一年。三次逃走，无论投回被获，责一百板，发吴甸铡草三年，交进拨外围当差。四次逃走，责八十板，发打牲乌拉给官兵为奴，三年释回，拨外围当差。五次逃走，责一百板，发黑龙江给官兵为奴，四年释回，拨外围当差。如释回复逃及未满年限潜逃者，俱永远枷号。

内监犯 038：道光二十四年谕

嗣后刑部案件内有应行传讯太监之处，著行文内务府，该大臣据文传到太监，派送刑部。其情节较重者，自应照例收禁，即使情节稍轻，供据确实，亦应备文咨送内务府。其应否发还本处当差之处，由内务府奏明，请旨办理。

内监犯 039：道光二十四年又谕

嗣后刑部如有传讯首领太监之案，著内务府缮写奏片，并将其原文一并呈览，送回时亦必有该部文书，方准收留具奏。如无文书，连人犯不准收留，驳回该部。其文书无论印文白文，俱著呈览。

内监犯 040：道光二十七年奏准

凡因病为民之太监，傥有病痊不报者，将为民执照追销，发吴甸铡草三年，交进当差。

内监犯 041：道光二十八年谕

太监郭洪鹏逃走四次，曾经发打牲乌拉为奴，期满释回后，仍敢潜逃在外，持刀伤人，怙恶逞凶，不法已极，著发往黑龙江给官兵为奴，遇赦不赦。嗣后遇有在逃太监在外滋事，除伤人至死，按律问拟外，但有执持金刃伤人，确有可据者，俱著照此办理。

内监犯 042：咸丰元年谕

总管内务府奏：援案请将永远枷示之逃走太监，改为发往黑龙江，永远监禁一折。向来逃走太监永远枷号，均在慎刑司羁禁，原以该太监等愚顽性成，就近枷示，以昭惩儆，若改发黑龙江监禁，恐稽查难周，或仍致在配脱逃，转不足以示儆。其如何变通之处，著总管内务府大臣等，再行妥议具奏。钦此。遵旨议准：近来太监纷纷报逃，瞥不畏法，即遵谕就近枷示。查番役衙门，距慎刑司衙门较近，嗣后永远枷号之太监，若积聚较多，即令在番役衙门分禁枷示，由管辖番役司员等妥为稽查。

内监犯 043：同治四年谕

本监并各项厮役人等，随驾外出，著内务府堂官晓谕首领太监等，毋得恃众滋事，如有强取民间什物者，一经查出，即照抢夺例治罪。

内务府番役处员役〔例8条〕

内府番役 001：雍正四年议准

于各佐领管领下领催内选取四名，作为番役头目，于兵丁内选取四十名，充当番役，于番役内挑取四名，作为副头目。

内府番役 002：雍正四年奏准

管辖番役，于内务府司员内拣选二人，直年管辖。

内府番役 003：乾隆二十四年奉旨

所有内务府番役，著通行裁革。

内府番役 004：乾隆二十五年奏准

缉拿事件甚多，仍照例添设番役及管辖官员，所有一切应行事件，仍照旧例办理。

内府番役 005：乾隆五十年奏准

添设委署番役头目一名，照番役副头目例，给予无品级顶戴。

内府番役 006：嘉庆十一年奏准

番役处留顶戴领催一名，顶戴头目四名，顶戴副头目四名，裁顶戴委署头目一名。

内府番役 007：嘉庆十四年奉旨

嗣后太监逃走至二次、三次者，著内务府番役，会同步军统领衙门番役一体缉拿。初次逃走者，如有偷窃等事，情节较重，亦著会同步军统领衙门番役缉拿。其寻常初次逃走者，仍著专派内务府番役缉拿，若经步军统领衙门番役拿获，仍送内务府具奏。至番役应得奖赏银两，著各该衙门自行照例赏给。

内府番役 008：咸丰元年奏准

慎刑司监狱狭窄，若永远枷号之太监积聚较多，即在番役衙门分禁枷示。

内务府番役劝惩〔例 7 条〕

番役劝惩 001：雍正四年奏准

管辖番役官员，如一年任内查管称职，奏请议叙，倘有疏纵情弊，即行参处。其番役头目等，果能实力查缉，准其列名拣选，补放骁骑校、副内管领。倘有吓诈以及私刑拷打情弊，查出从重治罪。

番役劝惩 002：雍正六年奏准

缉获部咨及紧要罪犯者，管辖官纪录一次，番役赏银二十两。如官员赌博暨私卖例禁物件，拿获一次者，番役赏银十两，二次者管辖官纪录一次。如拿获屠宰牛只，为民内监潜藏京师，及回籍为民内监复行逃回者，番役赏银五两。如拿获斗鹌鹑、斗鸡及寻常案犯者，番役赏银三两。其缉获逃仆五件以上者，亦赏银三两。其赏过银两数目，暨直年官员应得纪录之处，俱于岁底缮折具奏。

番役劝惩 003：雍正七年奏

番役等一年拿获事件，赏过银两数目，暨直年官员赏给纪录。奉旨：嗣后著每月具奏。

番役劝惩 004：乾隆十二年奏准

嗣后管辖番役官员，除番役等自行访拿事件内，应得纪录者，照旧给予外，至饬交奉文各案件，俱定限三月缉拿，果于限内拿获，应得纪录者，照例给予，倘逾限六月不能拿获，即将官员记过一次。

番役劝惩 005：乾隆二十二年奏准

嗣后奉命缉拿案件，逾限不力者，除将该管官员照例议处记过外，并将番役头目及番役等从重惩责。

番役劝惩 006：乾隆二十五年奏准

嗣后番役等拿获逃走内监，照二等例赏银十两。至旗人指称婚丧冒领恩赏，取租官房谎报空间，暨旗民违禁取利各案，访拿实者，亦俱照二等例赏给。

番役劝惩 007：嘉庆十一年谕

嗣后番役，或果有能事出力之人，擒获紧要案犯者，朕酌量加赏顶戴，不得作为定例，亦不准该衙门奏请赏给。

内务府番役缉捕禁令〔例 3 条〕

番役缉捕 001：乾隆元年奏准

凡番役差往外省访拿案件，俱奏请差委，不许私差越境，以杜滋事。

番役缉捕 002：乾隆元年奉旨

将白役等尽行革退，不许私留一人。

番役缉捕 003：乾隆元年定

番役等毋许私用细绳细锁。

太监禁令〔例 49 条〕

太监禁 001：顺治三年定

凡有私自阉割者，本身及下手之人皆处斩，全家发边远充军。两邻及歇家不举首者，一并治罪。有司里老人等，仍不时查访，如或容隐，一并治罪。

太监禁 002：顺治三年又定

民间有四五子以上，愿以一子报官阉割者听，有司造册送部，候收补之日选用。

太监禁 003：顺治三年三定

先年内监曾经发回者，若非奉旨取用，有地方官文书起送，而私自来京图谋进用者，问发边卫充军。

太监禁 004：顺治十年谕

朕稽考官制，唐虞夏商，未用寺人，自周以来，始具其职，所司者不过阍闼洒扫使令之役，未尝干预外事。秦汉以后诸君，不能防患，乃委以事权，加之爵禄，典兵干政，流祸无穷，岂其君尽闇哉！缘此辈小忠小信，足以固结主心，日近日亲，易致潜持朝政，且其伯叔弟侄，宗族亲戚，实繁有徒，结纳搢绅，关通郡县，朋比贪缘，作奸受贿，窥探喜怒，以张威福。宫廷邃密，深居燕间，稍露端倪，辄为假托，或欲言而故默，或借公以行私，颠倒贤奸，混淆邪正。依附者得致云霄，迕抗者谋沉渊阱，虽有英毅之主，不觉堕其术中。权既旁移，变多中发，历观覆辙，可为鉴戒，但宫禁役使此辈，势难尽革。朕酌古因时，量为设置，首为乾清宫执事官，次为司礼监、御用监、内官监、司设监、尚膳监、尚衣监、尚宝监、御马监、惜薪司、钟鼓司、直殿局、兵仗局，满洲近臣与寺人兼用。各衙门官品虽有高下，寺人不过四品，凡系内员，非奉差遣，不许擅出皇城，职司之外，不许干涉一事，不许招引外人，不许交结外官，不许使弟侄亲戚暗相交结，不许假弟侄等人名色置买田屋，因而把持官府，扰害人民。其在外官员，亦不许与内官互相交结，如有内外交结者，同官觉举，院部察奏，科道纠参，审实一并正法。防禁既严，庶革前弊，仍明谕中外，以见朕酌用寺人之意。内院即传谕该衙门遵行，著刊刻满汉字告示，自王以下以及官吏军民人等，咸宜知悉。

太监禁 005：顺治十二年谕

中官之设，虽自古不废，然任使失宜，遂贻祸乱，近如明朝王振、汪直、曹吉祥、刘瑾、魏忠贤等专擅威权，干预朝政，开厂缉事，枉杀无辜，出镇典兵，流毒边境。甚至谋为不轨，陷害忠良，煽引党类，称功颂德，以致国事日非，覆辙相寻，足为鉴戒。朕今裁定内官衙门，及员数职掌，法制甚明，以后但有犯法干政，窃权纳贿，嘱托内外衙门，交结满汉官员，越分擅奏外事，上言官吏贤否者，即行凌迟处死，定不姑贷，特立铁牌，世世遵守。

太监禁 006：顺治十八年谕

十三衙门尽行革去，凡事皆遵太祖、太宗时定制行，内官俱永不用。

太监禁 007：康熙四年题准

凡私自阉割子孙者，从重治罪，其该管大小官员，一并分别治罪。

太监禁 008：康熙十九年题准

服役用内监，除王以下入八分公以上，公主以下郡君以上不议外，县君不入八分公以下，至觉罗民公以下官民人等，除先有内监不议外，嗣后如买用投充者，内监入官，收用之人，交该部从重治罪。

太监禁 009：康熙二十三年题准

凡年老患病内监，愿归民籍者听，其不能归者，令礼部收养，每四名合给房屋一间，每名月给银五钱，米一斛，房屋银米由户部工部支给，亡故者交五城埋葬。

太监禁 010：康熙二十三年定

嗣后有诓骗及强勒阉割者，仍照律治罪外，其父母情愿将伊子阉割，及本身情愿阉割者，免治罪。

太监禁 011：康熙二十四年奉旨

满洲家仆及内监家仆，有逃走在外私自阉割者，不宜内用，有已经内用者，发回原主，嗣后著严行禁止。

太监禁 012：雍正元年奉旨

嗣后十七岁以上内监不必收。

太监禁 013：雍正二年奉旨

嗣后新进内监，查明不系旗人，年二十五六岁以下者，著掌仪司会同会计司官，并首领内监验明引见。若将旗人带来，一经查出，将原保人员，验看首领内监，一并治罪。

太监禁 014：雍正四年奉旨

为民太监，不回原籍潜留京师者，著步军统领出示晓谕，速令回籍，如晓谕后仍不回籍者，即严行查拿。内务府总管，亦令番役等查拿。其内廷行走有年，或缘老病退役者，著宫殿监督领侍等具保，由内务府给予印票，仍行该地方官，亦给予印票，任其在京在籍居住。

太监禁 015：雍正四年奏准

内府及诸王贝勒等府，放出为民之太监，除效力年久本管本主保留外，不许私自留京居住，违者将容留之人送部治罪，内务府总管、步军统领、巡城御史，一并交部议处。如保留之太监有生事犯法者，将保留之人交部议处。

太监禁 016：雍正五年谕

从前放出为民之内监，并诸王贝勒等放出为民之内监，潜住京师者不少。此等多系年老有病，平昔怠惰不守本分之人，既经放出，除效力年久，本管本主保留外，不许仍留京师居住，屡降谕旨甚明，今仍有留京生事者，可见向来全不查拿，虚应故事，且在京必有容留之人，著交内务府总管、步军统领、五城御史，似此放出为民之内监，除有保留外，在京潜住者，著严缉发回原籍。嗣后放出为民之内监，仍然违旨者，一经发觉，将容留之人，从重治罪，总管内务府大臣、步军统领、巡视五城御史，一并交部议处。如保留为民之内监有生事犯法者，将保留之人，亦著议处。

太监禁 017：乾隆五年奏

嗣后新进内监在二十岁以内者，仍许投礼部移送，其二十岁以外者，均责令本籍州县官出具文结，申部转送，仍将文结存部备查。奉旨：新进内监在二十岁以内者，著改为十五岁以内。

太监禁 018：乾隆八年定

新进内监，由礼部咨送内务府，内务府验收后，即将收到名数，咨部注册备案。

太监禁 019：乾隆十三年议准

看守坛庙应用之内监有缺，向例由太常寺咨呈礼部，将各王公府第放出之旧内监召募转送充补，惟此辈既不由地方官保送，又不由各王公府第移送，惟凭现在坛庙当差之内监，具结认保，其中虽有盗逃等情，部中无凭稽核。嗣后缺人需补，太常寺咨呈到部，由部咨呈宗人府，于近支王等府第，轮流挨次，慎选老成敬谨，堪以供役之内监，拨送到部，由部转送充补。

太监禁 020：乾隆三十三年奏准

王公门下为民奴太监，向来并不给执照，即任其各处流落，是以地方官无凭查其是否为民，难保不滋生事端。嗣后各王公家下遇有逐出为民太监，令其一体咨报礼部，得给为民执照，交该地方官安插为民，听其自行生理，不许潜出境外。

太监禁 021：乾隆四十一年谕

收录太监一节，自应总归内务府大臣画一办理，嗣后太监报名，不必仍由礼部。

太监禁 022：乾隆四十一年又谕

向来养心殿太监等，遇有一应零星活计，辄传唤造办处各项匠役整理，漫无稽核，殊属非是，圆明园等处亦然。宫殿重地，岂容外人出入，即有应行修整之事，亦应告知总管内务府大臣等，派员放匠，不得任听太监等专擅径行。昔皇祖时，曾有谕旨饬禁，载在宫史，今相沿日久，太监等又复漫无顾忌，不可不实力整顿。著交总管内务府大臣，将太监传唤匠役进内之事，严行禁止。嗣后如有必须放匠修整活计之事，俱令呈明该总管大臣，派员查点，仍将某处放进次数，于年底汇折具奏。

太监禁 023：乾隆五十二年谕

朕恭阅《世宗宪皇帝实录》，内载直隶州县太监之父兄弟侄，在地方不无生事，令该州县详报总督具题，并交内务府约束惩治。又，内务府大粮庄头，并诸王大臣庄头等滋事梗法之处，分别严惩二条。煌煌圣训，实万世所当遵守，我朝家法相承，太监止备内廷洒扫供役，不令干预政事，从无似前代内监假窃威福，任意妄行之秕政，即内务府庄头及王公大臣属下庄头人等，均知畏法，设有不肖者，亦皆有犯必惩，实与编氓无异，经我皇考复加整饬，宫府肃然，朕御极以来，守而勿替。方今纲纪修明，各内监等皆敬谨守法，其父兄弟侄，亦不敢藉端生事，而总管内务府大臣及诸王公等，身荷重恩，于伊等属下亦必严行管束，不致倚势招摇，是目今实无此等情事，但奉行既久，或恐视为泛常，积久生玩，防范稍疏，于政体甚有关系。著交直隶总督严饬各州县实力查察，傥有太监家属及庄头等在外生事，轻则随时惩治，重则参奏办理，不得因现在尚无此等弊端，稍存玩忽，以副朕祗承前训杜渐防微之至意。此后著直隶总督十年一奏，永为例。

太监禁 024：嘉庆四年奉旨

嗣后宗室王公等名下太监，著年终报明宗人府查核，一品文武大臣等名下太监，著年终报明都察院查核，俱各汇奏一次，著为例。

太监禁 025：嘉庆十年谕

本日朕恭阅皇考《高宗纯皇帝实录》，乾隆四十一年二月内钦奉谕旨：养心殿太监等，遇有零星活计，辄传唤造办处各项匠役整理，漫无稽核，殊属非是，圆明园等处亦然，宫殿重地，遇有应行修整之事，应告知总管内务府大臣派员放匠，不当任听太监等专擅径行。昔皇祖时曾有谕旨饬禁，载在宫史，今相沿日久，太监等漫无顾忌，著交总管内务府大臣严行禁止，嗣后如有必须放匠修整活计之事，俱令呈明该总管大臣派员查点，仍将某处放进次数，于年底汇折具奏。钦此。仰见皇考祗循成宪，训诫详明，允宜实力奉行，日久弗懈，朕前曾叠次降旨申严门禁，原以宫廷重地，本非外人所可擅进，其应行进内者，如豫备召见引见人员，及内廷行走大臣官员，各有职司。又，奏事太监带领，立法原属周备，至匠役等人数混杂，岂容漫无查考，必当派员带领出入，方符体制。今原立章程，久而废弛，每岁年底，并未见该管大臣等汇奏，不可不重申旧制，加之整顿。嗣后禁城及圆明园等处，遇有应行放进匠役修整活计等事，著太监呈明总管太监，总管太监呈明总管内务府大臣，派员查点明晰，将某处放进次数人数，按月具折随月折汇奏，毋许太监任意传唤，擅自出入，以昭严肃。所有乾隆四十一年二月内原奉圣谕，及此次所降谕旨，均著该馆敬谨纂入宫史，垂示久远，遵行勿替。

太监禁 026：嘉庆十六年谕

朕恭阅皇考《高宗纯皇帝实录》，内载乾隆四年十二月钦奉谕旨：四执事总管首领，将太监李蟠放假四五日，往弘晳处，将宫内之事信口传说，太监等告假不过一日两日，岂有四五日在外之理，将四执事总管首领查明议罪，尔总管等晓谕旗下太监等，既已身离旗下，复往何为，现今将李蟠夹讯，即是榜样等因。钦此。仰见我皇考整肃宫廷严禁弊端之至意，旗下太监送进宫内服役，即不应再行回伊原主家中，所以严内外之防，而杜关通之渐。乾隆年间，宫中太监尚多，其由旗交进者少，彼时尚有如弘晳家所交之李蟠，藉放假为名，竟敢私回伊原主家中，传说宫内之事，况近来宫内太监较少，由旗下交进者，岂能皆是善良，兹特严定章程。嗣后旗下太监，一经送进宫内当差，不许再回本主私宅，该王公等于交出后，再见该太监潜来私宅，即著立时斥逐，毋准片刻逗遛。如斥逐不遵，或仍行潜往，即著锁拿奏交，以便惩治该太监之罪，其本主皆毫无不合，若不斥逐拿解，或竟任其传说宫内之事，一经发觉，不但重治该太监之罪，其本主亦获戾不小，必不姑贷。将此旨通谕诸王公知之，仍载入宫中现行则例。

太监禁 027：嘉庆十八年谕

御前太监出入，由总管内务府大臣派领催一名，披甲人一名，随同前往，并著设立册档一本，将伊等出入时刻到去所在，及由内派出何人随往，由外派出何人随往，详细注写，以便稽查。

太监禁 028：嘉庆十八年又谕

嗣后总管太监等，俱不得任各处太监藉词告假，独自私出禁门，其有不得不暂时给假者，并著首领太监限以时刻，必须两三人同行，方准放出，如违，除本人治罪外，将该管首领太监一并治罪。

太监禁 029：嘉庆十八年奉旨

内监交结匪人，总由告假出外得有暇隙，著内务府大臣详议规条，务令防微杜渐，以绝奸萌。钦此。遵旨议奏：一、太监等遇有祖父母及亲丧事故，御前太监，由总管太监请旨给假。其总管首领太监、随侍太监，应给假二十一日，其余各等处太监，均给假十四日。至伊等弟兄叔侄，遇有婚娶之事，各处总管太监、首领太监等，统予假三日，并派官役前往该太监门首稽查，毋许在外间游听戏赌博。一、宫内太监等，遇有办买什物等事，不得不暂时给假者，著该首领太监查问确实，限以时刻，如逾时不到，即由该总管首领太监自行责处，至太监等遇有应派差务使令外出者，亦一律办理。一、宁寿宫各等处太监，遇有办买一切什物，若有额设官人可以办买，即不准该太监等借买物为名，私行出入，至必须给假等事，准其按照宫内太监之例办理。一、太监等恭遇圣驾出入，应行随往备差者，于差竣后一同进内，不准托故迟延。一、凡遇圣驾巡幸，各处随往之太监等，于起身前自有应行备办一切随围物件，即令该管总管太监，限以时日放假，并著该首领太监等实力稽查，不准任意在外，违者，均由敬事房报明，即派番役查访办理。一、太监等出入，如该管首领太监私行放出，不报明总管太监者，即将该管首领太监罚钱粮三个月，如首领太监呈报总管太监，该总管太监不报明查访办理，亦将该总管太监罚钱粮三个月。一、圆明园各园庭及掌仪司、营造司各等处太监，亦遵照一体办理。奉旨：嗣后总管太监随侍太监，遇有祖父母及亲丧事故者，准其放假十六日，其余各等处太监，准其放假十二日，著总管内务府大臣，派官役前往该太监门首稽查，俟其假满进内，再将官役撤回，但不许太监等向官员兵丁民人等无故攒收分金。至巡幸应行随往之太监等，于起身前准其放假二日备办一切，不许过夜。余依议。

太监禁 030：嘉庆十八年三谕

嗣后王公等之首领太监，毋许与宫中太监交接往来，著内务府大臣留心查察，如有阳奉阴违者，严参治罪。

太监禁 031：嘉庆二十一年谕

嗣后内廷行走之亲王、郡王，遇有应奏事件，交外奏事官员呈递，不准径交内奏事太监，其奏事太监亦不准接收。

太监禁 032：道光二年谕

圆明园为警跸出入之地，该太监等辄私带货物售给内外各官，殊与体制不合。至太监家属在圆明园左近开设茶馆，招引附近旗民饮酒聚赌，尤属大干法纪，并著严行查禁。

太监禁 033：道光二年奏准

太监在内廷承应差使，必俟年力就衰，实在不能当差，及得有废疾者，查验属实，始准为民，听其自谋生理。如系年未衰老，身无残疾，暂时患病者，应拨出调养，病痊后即行进内当差。或系久病不能痊愈，查验确实，亦准其为民，均由该地方官于该太监到境后发给执照，安插妥协，仍不时稽查，如遇病痊，由该地方官呈报送内当差。倘该太监等捏改名姓，投往各王公大臣家服役者，一经查出，除将该太监治罪，及未能觉察之该地方官参处，引进之人加倍治罪外，并将率行收用为民太监之王公大臣奏请议处。

太监禁 034：道光三年谕

内廷向存各省道府名单以备查阅，朕因历年已久，不符者居多，将名单另钞一分，面交军机大臣等，谕令查明更换，并未向奏事处太监等提及一字，乃曹进喜妄逞己见，辄敢在勤政门外，向军机大臣等查问，声称吏部疲玩，词色俱厉，经军机大臣面奏，朕特派绵课、汪廷珍、那清安，将太监曹进喜面讯。据曹进喜供认，系伊自出主见，令吏部开单送伊阅看，并欲定以期限，如到期不换，伊须查问，并欲向兵部堂官要武职各册等语。我朝列圣相承，家法极为严肃，太监不过供宫廷洒扫奔走之役，从不许干预朝政，所以杜渐防微者，至深且远。曹进喜在内廷豢养多年，于伊职分内不应办之事，辄敢越分干预，出言无状，实属狂妄，可恶之至，此风断不可长。曹进喜著革去五品总管，交乾清门总管太监重责二十板，另派差使，并将此旨载入宫中现行则例。

太监禁 035：道光五年谕

我朝家法严明，从不准太监与外人交结，至差往各省之事，尤属从来所未有，此内外诸臣无不知者。前据张师诚等于浒墅关盘获在逃太监马长喜，竟敢假冒顶戴，捏写奉旨进香黄旗，标插坐船，似此招摇恣肆，更非潜踪溷迹者可比，现已将该犯按律治罪，其失察过境之地方官，此次姑免深究。著通谕直省各督抚严饬所属，凡遇通缉在逃太监，务当认真缉拿，若有称奉差等事，无论已未犯法，立即锁拿奏明惩办，毋稍疏纵。倘再失于查拿，将来别经发觉，定将该犯经过之地方官严惩不贷。

太监禁 036：道光七年谕

前于道光四年，经内务府具奏，将宫内各处原设器械火药等项，全行交出，更换木棍。其圆明园内，除技勇学所留长枪腰刀等项军器，并绮春园存留巡更鸟枪八杆外，其余鸟枪撒袋，均经交出，更换木棍。是宫内圆明园即不应另有收存军器，傥有私行藏匿，即属大干例禁，况太监等供奉内廷，尤宜安分守法，敬谨当差，岂得以违禁器械，任意携入宫禁，总由该总管太监等，平日漫不经心，应查不查，遂至视为故常，致有自鸣钟太监刘得英、吴喜，在园内私放鸟枪之事。除此案交内务府严审定拟外，各等处太监或不免有私藏军器之处，自应严加整饬，以肃宫禁，惟令立时概行交出，转恐该太监等心存畏惧，仍复隐匿，不能核实，著予限十日，令各该处首领太监等出具并无私藏器械甘结，报明本管总管太监，由总管太监于本管处所，复行逐细严查核实具奏，仍加结交敬事房并总管内务府衙门存案。经此次查办后，除技勇学太监仍照前定章程，准其学习技艺外，如有瞽不畏法，胆敢仍蹈前辙私藏军器之人，查系弓箭弩弹等物，即照例治罪，傥竟敢将鸟枪火药金刃器械仍前收藏，一经发觉，必将其人照违旨例加等问拟，即行正法。该管首领太监，匿不随时报出，即照为从例治罪。本处同伴太监，耳目切近，尤易知觉，果能立即告知该首领，不难随时败露，如经告知首领，首领尚为隐匿，则专治首领之罪，首报太监，即应免究。若太监心存瞻顾，不行举发，事犯时，本处太监无论知情不知情，一概照为从例治罪。其各门首领太监，于各处太监出入私行携带时，未能查出，一并从严究治。该总管太监等，此时不行详查，将来别经发觉，一并严惩不贷。

太监禁 037：道光八年谕

陵寝总管首领太监，均有看守之责，未便听其因病呈请告退，若纷纷效尤，殊不成事。杨进忠著在彼调养，不准归家，以杜趋避。

太监禁 038：道光八年又谕

朕每日召对内外大小臣工，分起进见，一遵旧制，法至善也，但宫中园内，以至巡幸处所，殿宇规模不一，颇有不能严密之处，亦不可不防其渐。嗣后无论何处，凡豫备次起召对之人，及奏事处带领之总管首领太监等，俱著在廊下祗候，不准擅进明殿。著军机大臣，传知奏事处总管太监随时稽察，如有不遵约束之人，据实奏闻，候旨办理。若日久生懈，稍有不法情事，一经发觉，除本人从重治罪外，总管太监一并重处不贷，并著军机大臣留心查看，一有弊端，即行参奏。

太监禁 039：道光八年奉旨

嗣后各处太监，如有因病在本处调养数日者，该首领不准私行给假，俱随时报明该管总管，由该总管核实查验。

太监禁 040：道光九年谕

此次跸路经过地方，如太监有指称各项款目需索之事，准其禀明该管大臣据实奏闻，从严究办。

太监禁 041：道光十九年谕

向来钦安殿当差之首领太监等，每年正月、二月、八月、九月、十月、十二月，均有办道场之期，每月又有拜斗之日。朕思该太监等供役内廷，原为洒扫殿宇差使，嗣后该处首领太监，在钦安殿办道场及拜斗等事，著永远停止。其八月初十日传进光明殿法官道众在钦安殿办道场，及十二日在顺贞门外搭台举走香灯之处，亦著停止。至圆明园佛楼、慈云普护、舍卫城、永日堂、广育宫、关帝庙、法慧寺、河神庙，亦俱有首领太监充当僧人上殿念经等事，著一并裁撤。该首领太监等，均著留发当差，有年老不愿留发者，听其在原处当差，终身而止，亦不必上殿念经。至佛楼念经之幼僧十三名，道童十名，原系由外庙拨进，著全行撤出，仍令归庙，由内务府妥为安置。其每年传进外庙僧官在佛楼念经等日，亦著不必传进。嗣后每届钦安殿天穹宝殿斗坛，及圆明园佛楼等处拜斗拈香日期，著敬事房圆明园司房先期请旨，并著总管太监等，传谕各该处首领太监，此后照常供献上香，敬谨洒扫。著为例。

太监禁 042：咸丰元年谕

朕每日御殿，召见内外大小臣工，询事考言，因以通上下之情，尤当防漏泄之渐，皇考宣宗成皇帝前曾特颁朱谕，饬令豫备次起召对之人，及奏事处带领之总管首领太监等，俱著在廊下祗候，不准擅进明殿，圣谕昭垂，寓有深意。上年因冬令严寒，诸臣分起进内，待召需时，暂令在懋勤殿房屋祗候，以示体恤。惟思该处系里边太监执事之所，语言交接，易启嘱托之渐，若辈行为，何所不至，所关匪浅。著内务府于乾清宫西阶下，添设板棚一座，嗣后豫备召对之大小臣工，即令在棚内憩息，藉蔽风雨，于挨次召见，亦可不致迟误，并著御前大臣军机大臣等，随时留心稽查，凡召见引见官员人等，概不准与太监接谈交涉，在诸臣各知自爱，当不至故违训诫，自蹈愆尤。倘太监等有不遵约束者，即著该大臣等指名参奏，加等治罪。

太监禁 043：咸丰元年又谕

嗣后著各门直班官员，与内务府衙门互相查察，除该太监等照例差使，及买办食物等事，准其照常出入外，如查有违例私自出入，及私带外人混入禁门等弊，即著奏明究办，毋稍疏懈。

太监禁 044：同治元年谕

太监服役禁近，宫卫森严，尤不准以洋药带入禁地，著总管内务府大臣，饬知内廷总管太监等，严行禁止。

太监禁 045：同治三年谕

朕奉慈安皇太后、慈禧皇太后懿旨，御史贾铎奏风闻内务府有太监演戏，将库存进贡缎匹裁作戏衣等语。库存银缎有数可稽，非奏准不能擅动，兹事可断其必无，惟深宫耳目难周，并著该大臣等随时查察，责成总管太监认真严禁所属。嗣后各处太监，有似此肆意妄行，在外倚势招摇等事，并著步军统领衙门一体拿办，总管太监不能举发，定将该总管太监革退，从重治罪。

太监禁 046：同治四年谕

御史穆缉香阿奏：左右侍从宜豫加慎选一折。据称：历代朝政之失，半由宦寺，宦寺进身之始，每以小忠小信，便捷逢迎，善其固宠邀恩之计，及至党与已成，则骄肆专横，竟有百计不能除之者，请防微杜渐，选择忠正老成，万不可使年轻敏捷之人，常侍左右，庶将来亲政之时，不至受其欺蒙蛊惑等语。所奏不为无见，前代阉寺之患，史不绝书，社鼠城狐，足为殷鉴，我朝列圣相承，不但不准此辈，干预公事，并不稍假辞色，是以宫庭静谧，谗谄面谀之辈，无所施其伎俩，二百余年永绝斯患。我两宫皇太后垂帘以来，恪承家法，远绝金壬，曾明降谕旨，饬令总管内务府大臣随时稽察，毋使萌蘖潜滋。兹览该御史所陈，深以此辈或邀宠任，贻误事机，虑远思深，诚得履霜坚冰之意，仍著总管内务府大臣，督率总管太监认真查察，如有此等便辟侧媚之辈，惑乱聪明，妄肆簧鼓，即著据实直陈，严加惩办，毋得因循畏事，退有后言。倘该总管太监扶同徇隐，并著该大臣一并严参究办，以期侍御仆从，罔非正人，用副朝廷远佞闭邪之意。

太监禁 047：同治八年谕

丁宝桢奏：据德州知州禀称，有安姓太监，乘坐大船，捏称钦差织办龙衣，船旁插有龙凤旗帜，携带男女多人，沿途招摇煽惑，居民惊骇等情。当经谕令直隶、山东、江苏各督抚，派员查拿，即行正法。兹据丁宝桢奏：已于泰安县地方，将该犯安得海拿获，遵旨正法。其随从人等，本日已谕令丁宝桢分别严行惩办。我朝家法相承，整饬宦寺，有犯必惩，纲纪至严，每遇有在外招摇生事者，无不立治其罪，乃该太监安得海，竟敢如此胆大妄为，种种不法，实属罪有应得。经此次严惩后，各太监自当益知儆惧，仍著总管内务府大臣，严饬总管太监等，嗣后务将所管太监严加约束，俾各勤慎当差，如有不安本分，出外滋事者，除将本犯照例治罪外，定将该管太监一并惩办，并通谕直省各督抚严饬所属，遇有太监冒称奉差等事，无论已未犯法，立即锁拿，奏明惩治，毋稍宽纵。

太监禁 048：同治十一年谕

御史袁承业奏：近闻太监在京城内外开列多铺，并蓄养胜春奎戏班，公然于园庄各处演戏等语。我朝纲纪严肃，从不准太监任意妄为，若如所奏各节，实属大干禁令，著总管内务府大臣、步军统领衙门、顺天府、五城，一体严行查禁，并著嗣后随时稽查，如有前项情事，立即据实奏明，从严惩办。经此次训谕后，倘有太监在外生事，别经发觉，除将该太监严行惩办外，并将该管大臣及地面各官，惩处不贷。

太监禁 049：同治十二年谕

御史文明奏：宦寺驰行越礼，请旨严禁一折。据称：本月十三日，祭祀礼成还宫之先，突有众太监骑马争驰，自正阳门起，擅走各门中洞，并厮役等亦俱骑马由中路跟随，冲越仪仗，直至午门外始行下马，各门官兵并不向前拦阻，请旨严禁等语。乘舆出入，凡扈从各官，皆宜懔遵步行，若如该御史所奏，该太监等越礼驰行，实属不成事体，亟应严行禁止。著总管内务府大臣，饬令总管太监，严加约束。嗣后该太监等当差出入，皆当恪遵功令，不准恣意妄行，并严饬各门章京，督率官兵等，每遇乘舆出入各路，如再有太监及厮役人等擅走御道，不听拦阻者，立即禀明该管大臣，奏请从严惩办，毋稍宽纵。

步军统领禁令

断狱〔例9条〕

断狱 001：康熙十三年定

凡审理八旗三营拿获违禁犯法奸匪逃盗一应案件，审系轻罪，步军统领衙门自行完结，徒罪以上录供送刑部定拟。

断狱 002：雍正二年议准

崇文、宣武、朝阳、阜成、东直、西直、安定、德胜八门，每门各设监狱，凡旗人获罪，刑部议定枷示，或步军统领衙门奏明永远枷示人犯，皆发门监羁禁。如封印后，步军统领衙门监内人犯过多，亦发门监羁禁。崇文门监镶白旗人，宣武门监镶红旗人，朝阳门监正蓝旗人，阜成门监镶蓝旗人，东直门监镶黄旗人，西直门监正黄旗人，安定门监正白旗人，德胜门监正红旗人。

断狱 003：雍正二年定

旗人命案已经验明，令其抬送，如有勒索拦阻者，该堆拨及城门直班官兵，拿送刑部治罪，若知而不拿，将直班官罚俸一年，兵丁鞭五十。

断狱 004：雍正七年谕

步军统领衙门事务繁多，所有刑名事件，应派部院堂官一员协同办理，参酌律例，以期允当。著为例。

断狱 005：乾隆七年定

八旗满洲、蒙古、汉军正身犯奸案件，流罪以下，步军统领审理，以清字文案自行完结。其因奸罪至死者，步军统领会同三法司满堂官审明定拟，用清字具奏。

断狱 006：乾隆三十九年谕

递解人犯一事，五城、提督等衙门，向俱自行办理，究不免有流弊。京师五方云集，众所环依，苟非下贱匪类凶顽生事，及实患疯病之人，原可毋庸摈归原籍，而递解之案亦不可无所稽查。嗣后五城提督、顺天府各衙门，遇有应行递解人犯，除系直隶就近递回者，听各该衙门照旧办理外，其余应解回别省人犯，均著叙明案由，交送刑部核明应解与否，妥协办理，交该地方官管束，并著刑部三月汇奏一次，以昭慎重。各该衙门不得仍前自行递解。著为令。

断狱 007：乾隆四十三年谕

向来步军统领衙门设有协理刑名事务部臣一人，参酌刑律，原因步军统领或从武职简放，恐于一切刑名律例未及周知，是以酌设协理大臣，以资参核。今步军统领，皆系朕简用部院内亲信大臣，遇有刑名事件，皆能自办，无所庸其参酌，且协理所办刑名，不过杖罪以下，之稿又大抵随同画诺，初未尝置可否于其间，殊属有名无实。嗣后步军统领有由都统、副都统等官简放者，该部声明请旨简派，其由尚书、侍郎简放者，即不必复派协理之员。著为令。

断狱 008：乾隆五十一年奏准

各门监内监禁永远枷犯，多系不安本分匪徒，数十年来，按月支给口粮，更需官兵昼夜严密看守，于城门重地，所关尤重。嗣后此项人犯，逾十年后，交刑部核其罪名轻重，于伊犁、乌鲁木齐、黑龙江等处，分别发遣为奴，各门要地既可肃清，口粮亦归节省。

断狱 009：嘉庆四年谕

向来各省民人赴都察院、步军统领衙门呈控案件，该衙门有具折奏闻者，有咨回各该省督抚审办者，亦有径行驳斥者，办理之法有三，似此则伊等准驳，竟可意为高下。现当广开言路，明目达聪，原俾下情无不上达，若将具控之案擅自驳斥，设遇有控告该省督抚贪黩不职及关涉权要等事，或瞻顾情面，压搁不办，恐致启贿嘱消弭之渐，所关匪小。嗣后遇有各省呈控之案，俱不准驳斥，其案情较重者，自应即行具奏，即有应咨回本省审办之案，亦应于一月或两月，视控案之多寡，汇奏一次，并将各案情于折内分析注明，候朕披阅。倘有案情重大，不即具奏，仅咨回本省办理者，经朕看出，必将各堂官交部严加议处。著为令。

门禁〔例 35 条〕

门禁 001：顺治初年定

午门外朝会坐班行礼处各官随从，交该旗委出之骁骑校，并管守朝房之步军校，概行驱逐，倘有容留，将骁骑校步军校及从役之本主，皆罚俸一月。

门禁 002：顺治初年又定

每月逢五常朝日，由礼部咨兵部转行步军统领衙门，于黎明启正阳门。

门禁 003：顺治初年三定

恭遇御门听政日，城外居住官员应早入者，由兵部行文，于晓钟后启正阳门。

门禁 004：顺治初年四定

恭遇坛庙祭祀日期，内外城陪祀各官有应早入城出城者，均由太常寺先期咨兵部转行，于五鼓后启门。内务府衙门，遇有祭祀出城取水，豫期行文，或早启，或迟闭。其余各部院八旗，有应早启城门出入者，均豫具印文，移咨兵部，核明应行者，转行步军统领衙门启门放行，如无兵部印文，概不准启。

门禁 005：顺治初年五定

凡遇朝会之期，派步军协尉四人，副尉四人，步军校十有六人，步军酌量差拨在午门外大清门内，御道两旁，禁止喧哗。又于长安左右门外，每门委捕盗步军校二人，阻逐闲人。

门禁 006：顺治初年六定

凡遇圣驾行幸地方，有叩阍者，该管步军校罚俸六月，步军副尉罚俸二月，该汛步兵鞭八十。进紫禁城叩阍者，守门官罚俸六月。

门禁 007：顺治初年七定

凡失察偷越京城者，将管城门之城门领、城门吏、千总及城上直班之步军校，各降三级调用。越城而未过者，各降二级调用。若越城之人，未经上城，即被拿获者，该管官皆免议。

门禁 008：顺治八年题准

官民人等摘缨有服者，不许于阙左右门、长安左右门出入。大清门下马牌石栏前，不许民人贸易。

门禁 009：康熙十二年题准

直守禁门旷班者革职，若有故不向该管官呈明以致旷班者，罚俸一年。

门禁 010：康熙十三年定

官民出殡者，正阳门永行禁止。如遇祭坛，安定门于祭前十日，祭日坛、月坛，朝阳、阜成二门，各于祭日，均由太常寺知会，转传各门，一体禁止。

门禁 011：康熙二十三年题准

大内中路乃銮舆经行御道，不许官民行走。午门内交与守门直班护军参领、护军校，阙左门、阙右门、天安门、大清等门交与直班步军校、步军，严加查察。〔雍正七年，均改交直班护军参领等查察。〕直行御道上者，系官交部题参议处，系兵民送刑部治罪。如直班官员兵丁徇情不举，被科道官纠参，将直班官员兵丁，一并交部议处。

门禁 012：康熙三十一年定

凡遇行幸驻跸畅春园，城内各衙门按日前往奏事，传知西直门、德胜门、西便门。驻跸南苑，传知正阳、永定等门，均酌量早启迟闭。其平常行人，仍于黎明时放行。

门禁 013：康熙三十八年议准

正阳门城门领骁骑等，皆由八旗充补，毋庸议调。其崇文等八门城门领、城门吏、千总，若令各按本翼调门看守管辖，不致瞻徇，于门务有益，应将镶黄、正蓝二门城门领、城门吏、千总等，即对调看守。其正白、镶白二门，正黄、镶蓝二门，正红、镶红二门，城门领、城门吏、千总等，亦令照此对调看守，其兵丁等，仍按各旗留门看守。

门禁 014：雍正四年奉旨

步军统领衙门及正阳、西直二门，各给阴文合符一扇，传谕步军统领，如遇夜有奉旨差遣及紧急军务，应即时启门者，正阳、西直二门，俟大内持出阳文合符至门，该城门领将该门之阴文合符，照验明白，即行启门，仍报知统领。其余各门，遇阳文合符至门，该城门领即报统领，亲赍阴文合符至门，与阳文合符照验启门，于次日具奏。平时启门，仍遵例行。

门禁 015：雍正七年奉旨

大清、天安、端门，此三门向系步军营看守，若调用护军八旗护军校、护军等，是否足敷差遣，令护军统领等酌议具奏。钦此。遵旨议定：上三旗看守之处甚多，下五旗参领、护军校、护军，惟有看守紫禁城之责，请将大清门、天安门、端门，每门委下五旗护军参领一人，护军校二人，副护军校二人，护军十有六名看守，其洒扫仍令步军营管理。

门禁 016：乾隆十二年议准

凡遇圣驾巡幸，有叩阍人在步军营管辖之内者，该管步军校等照例议处。若在御路稍远，步军营管辖之外者，步军校罚俸三月，步军协尉罚俸一月，步军鞭四十。

门禁 017：乾隆十二年定

凡遇驾宿斋宫，步军统领于附近城门内直宿，翼尉一人、协尉副尉四人于坛内直宿。外垣以内，设八旗步军汛二十四处，步军校十六人，每汛领催一名，步军六名，竟夕巡逻。三营参将、游击各一人，在要路防守，外垣以外三营共设汛四十处，每汛步兵四名，每十汛千把总各一人，彻夜巡逻，守备二人往来稽查。

门禁 018：乾隆十二年又定

凡遇乘舆经过，在大城内各街道，由步军统领率属督领步军，修垫扫除。若大城外属京汛所辖之街道，由步军统领率八旗步军及三营官兵，修垫扫除。如遇桥梁有应行修理者，即行大兴、宛平二县，搭盖修理。

门禁 019：乾隆二十五年奏准

皇城禁地，周围墙垣，最关紧要，乃近日附近城根之民居僧寺及兵丁堆拨，往往接墙筑至城根，作为后院，并有看守仓库堆拨小房，皆倚靠城根建盖。应令或拆毁，或挪建，务使城根房屋，一律与城垣相隔，以昭整肃。

门禁 020：嘉庆六年奉旨

嗣后五仓及通仓放米之期，应如何酌定章程，不致城门拥挤之处，著步军统领衙门妥议具奏。钦此。遵旨议定：嗣后外城开仓放米之期，令该监督将米车挨次逐辆放出仓外，不准齐放。自仓门口起，至朝阳门止，交该营将备多派千把总带领兵丁，逐段稽查。其朝阳门起，至城内大街止，责令左翼翼尉该城门官及步营官员管束，交该营员多派官兵，逐段稽查。所有寻常车辆，亦令分上下车辙，逐段随行，毋许挽越停留，如有车户人等不遵者，枷号示众。至通仓放米之日，亦令该营自东岳庙之东管辖起，俱令循辙鱼贯而行，设遇城外五仓齐开之日，饬令该营将寻常来往买卖轻车，俱令绕道由东直门行走。至各门外车辆，行人出入，事同一辙，严饬各门及该管官员，一体严行稽查，不使稍有拥塞。

门禁 021：嘉庆八年奏

嗣后凡遇恭祀天坛，无论王公大臣官员，俱仍准其在二层门外下马，其乘轿坐车骑骡之人，概不准入头层门。奉旨：郊坛重地，凡陪祀王公大臣，理宜倍加敬谨，于头层门外一体下轿，但念汉大臣内，有年老不能乘骑者，嗣后凡遇天坛大祀，仪亲王、成亲王虽年未六十，著加恩准其乘轿至二层门外，其余诸王以下，及满汉头品大臣年在六十五岁以上者，亦准其乘轿至二层门外，仍各严饬家丁管束轿夫等，毋许嘈杂，傥有滋事之处，惟该王大臣是问。此外不准乘轿至头层门内，以崇体制而昭画一。

门禁 022：嘉庆八年谕

京城九门外，附近城垣地面，原应修治平坦，以肃观瞻。今城垣下各处皆有积土，而前三门外，竟有高至丈余者，即间有风沙壅积，亦必不至如此之甚。揆厥由来，皆因修筑城工时，不遵照定例，将余剩砂砾加工运远，以至填委城下。又，前年挑浚护城河时，将河内挑出淤沙，全行堆积两岸，彼时承办各员，希图减省运脚，此时又复派人挑运，转多糜一番工费。著交步军统领衙门，即将九门外沙土淤垫之处，逐一履勘，查明具奏，除实系风沙吹壅官为挑运外，其余如系曾经修筑城工地段，即著落承修之员，自行雇觅人夫挑运。系护城河岸地面，即著落原办挑浚河渠之员，自行雇觅人夫挑运。俟一律修治平坦，具报工竣查验后，步军统领衙门仍于每年霜降前周历查勘，随时修整，以符定制。再，前曾降旨谕令步军统领衙门，将城墙树木靠近仓廒易于攀援者，相度芟除。此次并著该衙门于履勘城外积土时，再行查看，除根株盘结与城上砖石相连者毋庸刨挖外，其丛生杂树，量为翦伐，并饬令该管弁兵，不时留心巡查，毋致日久懈弛。

门禁 023：嘉庆十五年谕

向来粗米不准颗粒出城，所以杜回漕之弊，至若升斗细米，准乡人入城籴买，以资口食，本不在禁止之例，乃近日该营员等，往往规避处分，概行拦阻，以致实系附近乡民买食细米，亦一概不准出城，殊于小民生计有关。著步军统领衙门，通饬各营员及城门领等，嗣后该商户等，如有偷运贩卖及囤积牟利等弊，该地方文武员弁自当随时实力访拿，其附近居民籴买细米，数在一石以内者，著照旧定章程，准其出城，毋得拦阻。

门禁 024：嘉庆十六年谕

前因太平仓廒座有从城上钓扇之事，因思万安仓亦近城墙，特派玉福等前往履勘。据奏：该处堆拨地方城墙上亦有乘便缒取什物，致此痕迹，亦未可定。著派兵、工二部堂官，带同司员书算人等，前往周历城上，详查四面城垣，有无似此绳拉痕迹，并查各堆拨是否完整，足资兵丁栖止，及各处马道栅栏是否一律整齐，如有应需修葺堆拨，更换砖石之处，著该堂官等详晰勘估，开单具奏。

门禁 025：嘉庆十六年又谕

前派兵、工二部堂官前往各城，周历四面城垣，详查有无缒物绳痕。兹据覆奏：各城垣上绳痕共有一千余道，其中有因兴举城工缒取料物者，有因芟除城墙草木系绳缒下者，并有堆拨官兵乘便取用什物，以致日久牵曳，绳迹滋多等语。京师重地，周围城垣自应一律整齐，每遇兴举大工，例有架木天桥可以转运，本不应于城上缒取，即寻常工程，或就近缒取料物及芟除草木，所有牵曳绳迹，事竣后，著随时责令立加修整。至堆拨官兵应用什物，各城均有马道可行，何得于城上乘便取物，毫无忌惮，实属蔑玩。除旧有绳迹，著工部堂官等勘明修葺外，此后附近堆拨地方城垣，如再有缒物绳迹，即将该处堆拨官兵，治以应得之罪。

门禁 026：嘉庆十六年议奏

嗣后九门城上守卫官兵，仍令八旗骁骑营，照原定人数轮流拨派，昼夜巡逻，并将栅栏锁钥改交本地面步军校司掌，每逢换班日，该管官兵眼同各该处掌钥官启栅，分别点验出入。沿城八旗马道十九处，每处分道二股，各设栅栏一座，共栅栏三十八座，每马道一座，添设步军校一员，步甲十名，分派各栅栏看守，以昭严紧。合计每座栅栏，建盖堆拨房三间，共盖房一百一十四间，官兵得栖止之所，不致有藉口旷误之事，仍不时派官稽查。如有疏懈者，官则严参，兵丁则从重惩办。

门禁 027：嘉庆十六年三谕

军机大臣庆桂等议奏城班章程，所议俱是。京师城垣守卫，旧制本极周详，止因日久废弛，以致该兵丁等包班舞弊，而该管之大臣视为具文，并不认真查察，殊堕旧制。经此番申明定例，分别责成，各该大臣等务当督饬官兵，实力遵行，毋再始勤终惰，方于守卫有益。嗣后该都统、副都统等，并著于本管官兵直班之时，轮流亲往密查，不必约令时日，使该班官兵常存畏忌，庶免懈弛滋弊。设该都统等查明有包班旷玩等情，惟当据实严参，毋稍瞻徇，其失察之咎转可宽免，折内著毋庸自请处分，慎毋仍前疏慢因循，致干咎戾。

门禁 028：嘉庆十六年四谕

据吉纶奏：伊接任步军统领，据禄康交到合符，并无匣贮印封，仅用布袱包裹，其存在正阳门、西直门者，即由该处城门领掌管，伊亦未查验等语。京城内外门及皇城、紫禁城各门，设立合符，规制綦严，今步军统领衙门如此轻率交代，殊不足以昭慎重，著交军机大臣详细查明，一并妥议章程具奏。钦此。遵旨议奏：恭查雍正四年，奉旨发出阴文合符八扇，景运门、隆宗门、东华门、西华门、神武门存储各一扇，步军统领衙门及正阳、西直二门存储各一扇，如遇夜间有应即时启门者，俟大内持出阳文合符至门，其景运、隆宗、东华、西华、神武各门，由该司钥长护军参领等，将该衙门阴文合符照验，即行启门，仍报知直班统领。其正阳、西直二门，由该城门领，将该门之阴文合符照验，即行启门，仍报知步军统领。至未经颁给阴文合符各门，遇阳文合符至门，该护军参领、该城门领，即时具报紫禁城内直班统领，京城由步军统领亲赍阴文合符至门，与阳文合符照验启放，次日具奏。此项合符，典制綦重，其收储自应加倍谨密，向来景运门等五处阴文合符，系用黄缎包裹，加储木匣。正阳、西直二门，系用木匣盛储，外加黄袱。该司钥长护军参领等，每日换班，该城门领五日换班时，均启匣看视，接收交代。嗣后各门所储阴文合符，先用黄纸包封，外用木匣存储，在紫禁城各门存储者，内封加贴左右翼前锋统领印花，匣外加贴镶黄旗护军统领印花，每届一月，由该直班统领亲加启验一次，该司钥长护军参领城门领换班时，仍验明匣外印封无损，不许擅拆，若印封损动，立时报明该直班统领步军统领亲加核验。如止系外匣印花擦损，即换贴新印花。如内封印花启动，根究明确，再行加封，面交各该管官谨领收储。步军统领衙门所储阴文合符，令自行加制木匣，敬谨如封存储。其夜间照验合符启门，仍由各门该管官照定例遵行。

门禁 029：嘉庆十六年五谕

京都内城九门城垣，分段安设堆拨及马道栅栏，轮派官兵驻守巡逻，本年复经增议章程，钤束稽查，恐该官兵等或仍有顶替旷误等弊，本管官纠察未能周密。著派润祥、李钧简，自正阳门东马道上城，查至朝阳门马道下城。派诚安、费锡章，自朝阳门马道上城，查至德胜门马道下城。此二段并查看近仓情形，有无绳痕索链等事。派曹师曾、贵庆，自正阳门西马道上城，查至阜成门马道下城。派砥柱、彭希濂，自阜成门马道上城，查至安定门马道下城。均于本月二十一日辰刻，同时随往，详细点查，次日将察看情形，各自具折覆奏。如查有该兵丁等包班旷误等弊，即行据实参奏。

门禁 030：嘉庆十七年奉旨

上年因京都内城九门城上堆拨官兵旷误班期，特定章程，令各旗都统、副都统、参领等，每月分次查城，并交步军统领按月查明汇奏，以凭稽考。自上年十二月初四日起，两届奏报，均无旷班之人。此次副都统、参领内有误班一次二次者，未免渐萌怠惰，不可不予以处分。所有此次查城不到之副都统兴肇、华聘、舒明阿，均著交部察议。其参领等，著各该旗查取职名，交部一并察议。嗣后如查有三次不到者，即著交部议处，若再旷误多次，并当交部严加议处。该副都统等务当按期上城，认真稽查，毋得日久生懈，视为具文。

门禁 031：嘉庆十八年谕

本月十五日，贼匪擅入禁城，系由宣武门入东华门、西华门，进苍震门，该管步军统领等门禁懈弛，已将吉伦、玉麟革职。是日紫禁城直班，系署护军统领杨澍曾，其咎更重，杨澍曾著革职，即日发往伊犁效力赎罪。至此三门，苍震门系在大内，疏防最重，东华门、西华门次之，宣武门又次之，所有该班之官员兵丁等，除受伤身故及受伤者，将功抵过，毋庸议外，其余著托津等查明，会同刑部分等治罪。

门禁 032：嘉庆二十四年谕

福园门切近大内，岂容负贩人等杂沓往来，漫无禁约。著步军统领衙门立即查明，除该处原花洞阿哥他坦王公大臣寓所，及太监等各他坦房屋外，其余铺肆板棚，概行拆毁，驱令即行迁移。嗣后此处地面，即肩挑背负，亦不准开设，责成步军统领等管理稽查，如再有违禁潜居开肆者，惟该衙门是问。

门禁 033：嘉庆二十四年奏准

王公大臣官员人等车马，概不准过八旗头堆拨，庶免喧杂。

门禁 034：咸丰三年奏准

京城内外十六门，每门加派八旗官二员，兵二十名，分为两班，在本旗本门官厅，协同门官门兵一体稽查。

门禁 035：咸丰三年又奏准

内九门城堆兵丁，每日于起更后在城上传筹。步军统领衙门于内城根加添步营兵丁，击梆走筹。外城根加添五营兵丁，鸣锣走筹。

编查保甲〔例 5 条〕

编保 001：嘉庆十八年谕

御史嵩安等奏：酌筹内城编查保甲事宜，请交步军统领衙门核办一折。内城地面，向系步军统领管辖，旧有十家户名目，即仿照保甲规制核实编查，较为简易。所有内城旗民户口编查保甲事宜，著专责成步军统领衙门认真妥办，毋稍延缓。此内除王公满汉文武官员三品以上者，令其自行查察外，其四品以下职官均与旗民一体编查，有升任三品者，随时具报开除。

编保 002：嘉庆二十年饬

步军统领衙门就所辖地面，设法严查，遇有外来之人，务详究来历，毋令不法之徒，涸迹市廛。

编保 003：道光元年饬

步军统领衙门于铺家业户门牌户册，随时严密稽察，如有迁徙增减，按照章程逐一更正。

编保 004：同治元年饬

步军统领衙门会同五城，认真整顿保甲，并申明夜禁。

编保 005：光绪十年饬

步军统领衙门督饬所属，举行保甲，认真稽察，毋得有名无实，视为具文。

缉捕〔例 64 条〕

缉捕 001：顺治初年定

京城盗贼伤人劫财者，该汛直宿步军校罚俸六月，步军副尉罚俸两月，步军总尉罚俸一月，看街领催兵丁鞭一百。

缉捕 002：顺治初年题准

光棍藉端诈人财物，抢夺市肆，如得财私纵者，步军总尉、步军副尉、步军校等革职。领催兵丁枷号一月，鞭一百。如失于觉察者，步军校罚俸六月，步军副尉罚俸两月，步军总尉罚俸一月，领催兵丁鞭一百。

缉捕 003：顺治初年又题准

步军尉获强盗审实者，一名赏银五两。缉获光棍审实者，一名赏银三两。缉获窃盗审实者，一名追窃盗银一两赏给。

缉捕 004：康熙二年题准

凡穿窬窃盗、翦绺割包、夺人衣帽、刺取银钱等贼，或经失主暨别管官拿送与该管汛地拿获者，一体免议。若被他人拿送者，步军校罚俸三月，步军副尉罚俸一月，直日领催兵丁鞭五十。

缉捕 005：康熙九年定

京城内有奸细放火，不查拿者，该管步军校降四级调用，步军协尉、副尉降二级调用，步军翼尉降一级留任，步军统领罚俸一年。

缉捕 006：康熙十一年题准

正阳门、崇文门、宣武门外关厢被盗者，巡捕营照城内失事例议处。

缉捕 007：康熙十二年题准

窃盗被获，系某栅栏走出者，该管步兵鞭一百。

缉捕 008：康熙十六年题准

步军统领下番役与步军校等，一年内拿获强盗或光棍十五名者，强盗每名赏银五两，光棍每名赏银三两，向户部取给。不及十五名者，不准给赏。

缉捕009：康熙二十一年题准

前三门关厢内失事，马步兵丁当时有能擒获二三名贼盗者，免其责究。如一名不获，该汛马步兵丁等，各责四十板。

缉捕010：康熙二十四年议准

步军所管汛地，有犯私铸私毁及搀和小钱行使，事发，该管官知情者革职，照例治罪。失察者，步军校降一级罚俸一年，步军协尉、副尉降一级留任，步军翼尉、统领各罚俸一年。有能拿获者，不论年月远近皆免议。系本衙门官拿获者，该汛失察官免议，若经别衙门拿获，失察之该管官仍议处。

缉捕011：康熙二十四年定

步军营兵并无私雠别故，因公事教训，将该管官杀死者，步军统领、翼尉罚俸六月，步军协尉、副尉罚俸一年，步军校罚俸二年。私雠杀死，或因公挟雠刃伤该管官者，步军统领、翼尉罚俸三月，步军协尉、副尉罚俸六月，步军校罚俸一年。

缉捕012：康熙二十四年又定

城内粘贴匿名揭帖，该步军校等官不行缉拿，别经发觉者，步军校罚俸一年，步军协尉、副尉各罚俸六月，步军翼尉罚俸三月，步军统领罚俸一月。

缉捕013：康熙二十四年三定

番役兵丁私用非刑害人，该管官不约束者，革职。

缉捕014：康熙二十四年四定

步军校汛内有违禁开设店面，容留来路不明之匪类者，将步军校罚俸一年，步军协尉、副尉各罚俸六月，步军翼尉罚俸三月，步军统领罚俸两月。

缉捕015：康熙二十五年题准

旗下逃人，若步军校拿获至六十名者加一级，步军协尉督率步军校拿获百二十名者加一级，步军翼尉统计所管四旗步军督率拿获至四百八十名者加一级，步军统领督率八旗步军校及番役拿获至九百六十名者加一级，数多者，照此递加议叙。

缉捕016：康熙二十五年议准

步军校等所管汛地内有在路身死者，步军校不将情由申报刑部，罚俸六月。

缉捕017：康熙二十五年定

步军营兵有犯斗殴致死者，步军统领、翼尉罚俸三月，步军协尉、副尉罚俸六月，步军校罚俸一年。

缉捕018：康熙二十五年又定

旗员将步军拿至家中禁打者，审实革职。如禁打损伤者，审实革职，交部治罪。若延医、祭祀、嫁娶、燕会因而夜行，步军勒索不肯放行者，步军鞭五十，因被步军勒索即责打有伤者罚俸六月。

缉捕 019：康熙二十五年又题准

步军校于一年内拿获强盗五名者纪录一次，十名纪录二次，十五名加一级，三十名加二级。步军协尉、副尉所管步军校等，一年内拿获强盗十名者纪录一次，二十名纪录二次，三十名加一级。步军翼尉所管一翼步军校等，一年内拿获强盗二十名者纪录一次，四十名纪录二次，六十名加一级。步军统领所管八旗步军校番役等，一年内拿获强盗四十名者纪录一次，八十名纪录二次，百二十名加一级。其所获多者，各照本管应得议叙，按数递加。步军校于一年内拿获窃贼及强恶六十名以上者纪录一次，百二十名以上者加一级，二百四十名以上者加二级。步军协尉、副尉、所管步军校等，一年内拿获窃贼及强恶百二十名以上者纪录一次，二百四十名以上者加一级，步军翼尉所管一翼步军校等，一年内拿获窃贼及强恶二百四十名以上者纪录一次，四百八十名以上者加一级。步军统领所管八旗步军校及番役等，一年内拿获窃贼及强恶四百八十名以上者纪录一次，九百六十名以上者加一级。拿获多者，均照数议叙，如系步军翼尉、协尉、副尉亲身拿获者，照步军校议叙，至步军校名下所获之数，虽不及纪录，其步军统领、翼尉仍总计议叙。拿获强盗、窃贼、恶徒，均由刑部定拟，汇咨兵部议叙。

缉捕 020：康熙二十六年覆准

拿获持刃伤人之贼，首先擒拿之人赏银十五两，第二人赏银十两，第三人赏银五两，若所获系但持刃而未至伤人者不给赏。

缉捕 021：康熙三十三年覆准

巡捕三营地方盗贼发觉，千把总免其住俸降调，如城内失事，责三十板停升，限一年缉贼，全获免议，如限内不获，加责三十板，仍勒令照案缉拿，免其停升。如有拿获逃人，例应议叙者照例议叙，若有加级纪录，准其抵责。

缉捕 022：康熙三十七年议准

京城内遇有强盗白昼伤人，抢夺财物，该汛步军校等将贼犯当场拿获，及一月之内全获者免议。如一月内拿获一半，步军校罚俸一年，步军协尉、副尉罚俸六月，贼犯照案缉拿。如一月内不严缉，致贼远逸者，步军校降二级调用，步军协尉、副尉降一级调用，所有加级纪录，不准抵销，步军翼尉罚俸一年，步军统领罚俸六月，汛地步军等各鞭一百，贼犯交与接管官照案缉拿。其关厢内遇有强盗白昼伤人，抢夺财物，该管官员俱照此议处，汛地马步兵丁各责四十板。

缉捕 023：康熙三十七年又议准

步军领催等，将拿获贼犯得财私放，该管步军校失于觉察，其赃在十两以下者罚俸一年，十两以上者降一级留任，知情故纵者革职。

缉捕 024：康熙四十一年议准

京城内盗贼伤人，劫去财物，将该汛步军协尉、副尉各罚俸九月，步军翼尉罚俸六月，步军统领罚俸三月，〔嘉庆四年定：两翼总兵同。〕盗案照数缉拿，该汛直宿步军校降二级留任，罚俸一年，限一年缉获，本汛管街领催步军，及本汛看守栅栏步军，各鞭一百。如一年内拿贼一半，步军校准其开复。一年限满，获不及半，无别案失事者，步军校降二级调用，本汛领催步军、看守栅栏步军，皆枷号一月，鞭八十。一年不获，又失事者，步军校降三级调用，本汛领催步军、看守栅栏步军枷号四十日，鞭一百，革退，未获逸犯，交接任官照案缉拿。骁骑堆拨相近处失事，该直班官罚俸一年，骁骑照步军例治罪。若前三门关厢内失事，将三营专汛守备降三级留任，〔乾隆四十六年定：都司同。〕兼辖参将游击降二级留任，专汛千把总在兵部各责四十板，该汛马步兵俱责四十板，限一年内缉贼，全获者准其开复，不获专汛兼辖各官照原参所降之级调用，千把总革职，兵丁革退，仍交刑部枷号四十日，责四十板，未获贼犯，交接管官照案缉拿。

缉捕 025：康熙四十一年又议准

恶徒在街肆行无忌，或藉端挟诈，勒骗财物，公然抢夺，搅扰市肆行凶者，责成该汛步军校，并步军翼尉、协尉、副尉，不时缉捕。有失察者，步军校罚俸六月，步军协尉、副尉罚俸两月，步军翼尉罚俸一月，领催步军鞭一百。傥明知恶徒不缉拿者革职，如得财私纵谎称脱逃者革职，领催步军皆交刑部治罪。若领催步军得财私纵，谎称脱逃，该步军校并不知情者，照失察步军犯赃例议处。

缉捕 026：康熙五十一年覆准

前三门关厢内失盗，专汛兼辖各营弁，一年内获贼一半者，留任效力，如一年无获，仍照旧例处分。

缉捕 027：雍正六年议准

嗣后在京奉旨捕缉人犯及殴毙人命，并关系要案人犯脱逃，在城内者，责成该汛步军校，住俸，限一年缉拿，如于一月内拿获者免议，一年限满不获降一级调用，人犯令接管官缉拿。若非经管应捕之官，并该上司大员，能于一月以内拿获一名纪录二次，一月以外拿获一名纪录一次。

缉捕 028：雍正八年议准

京城内有失窃之案，汛地步军校等，于事主呈报被窃之日，即报步军统领衙门，勒限半年缉贼，限内拿获免议，逾限无获，该汛步军校罚俸三月，步军协尉、副尉各罚俸两月，直日领催步军各鞭五十。夜间行窃被获，供由何处栅栏走出者，将该处守栅步军鞭一百。如别汛步军校能于限内拿获贼犯者，纪录一次。

缉捕 029：乾隆四年议准

步军营各有分管地方，如有赌博赌具等案失察、缉获，皆照标营武职例，将步军统领、翼尉照提督、总兵例定议，步军协尉、副尉照兼辖之副将、参将、游击、都司、守备例定议，步军校照专管之都司、守备、千总、把总例定议。

缉捕 030：乾隆五年奏准

直月捕盗步军校遇强盗案，于事主呈报之日起，勒限半年缉贼，限内拿获免议，逾限不获者，降一级留任，罚俸六月，仍限一年缉贼，一年内缉获一半，准其开复，不及一半，将捕盗步军校照所降之级调用，捕盗步军鞭八十。如遇窃案，亦于事主报窃日起，勒限半年缉贼，逾限不获，捕盗步军校罚俸三月，捕盗步军鞭三十，限内缉获者免议。

缉捕 031：乾隆五年覆准

京城内强窃之案，捕盗步军校于承缉限内将贼犯拿获者，专汛步军校等皆免议，若经别管官缉获者，捕盗步军校免议，其专汛步军校等仍行处分。

缉捕 031：乾隆七年议准

京城内盗案，该汛步军校隐讳不报，或以强为窃，以多为少，或贿嘱事主，通同隐匿者，将该汛步军校革职。步军协尉、副尉、翼尉扶同徇隐者，皆降三级调用，失于查报者降二级调用，步军统领知情降一级留任，不知情罚俸一年，如贼已全获，皆免议。若事主未报，失事无实据，别经发觉者，仍照承缉例定议，免其讳盗处分。讳窃不报，该汛步军校降一级留任，限半年缉贼，限内拿获，准其开复，限满不获，降一级调用，窃犯交接管官照案缉拿。步军协尉、副尉明知被窃，扶同隐讳者，照步军校例议处，失察者罚俸六月，勒限半年缉拿，限满无获，罚俸一年，窃犯照案缉拿。有能察出揭报者，仍照承缉例定议。其事主未报，该汛步军校无从查缉，别经发觉者，免其讳窃处分，仍于发觉之日为始，将未获贼犯限半年缉获，限满不获，罚俸三月，窃犯照案缉拿，已拿获者免议。

缉捕 033：乾隆八年议准

三营地方窃案，照五城司坊之例。凡遇失窃，巡捕营专汛武职，于失事之日起，勒限四月缉拿，限内全获及拿获得半者，皆免查参。如四月限满，贼未全获，获不及半，皆由步军统领衙门参送兵部，将专汛官住俸，勒限一年缉拿，限内全获，或缉拿及半，准其开复，逾限不获，按限劾参，将专汛官罚俸一年，贼犯照案缉拿。

缉捕 034：乾隆二十五年议准

嗣后京城内外，如有迷失幼孩之案，内城由该管地方步军校即日报明步军统领，转行顺天府，外城由各该管衙门报明该城，并一面行知内外看守城门官兵，层层逻访，加意盘诘，即飞饬所属该管员弁，选差躧缉，并通饬内外城附近地方官弁一体稽查严缉。如该管官弁据报不即转报关缉，以致迟误者，照推诿事件例议处。缉获之日，审系迷拐，将失察员弁照例分别议处。其邻境地方员弁，有能盘获迷拐之犯，量予纪录二次。

缉捕 035：乾隆二十九年议准

巡捕三营专汛员弁，呈报盗贼案件，步军统领衙门向俱移会都察院，严饬司坊官一体勒限严缉。嗣后遇有失盗事发，一面呈报通缉，一面飞关大兴、宛平二县，该县亦即关会前途州县一体协缉。

缉捕 036：乾隆二十九年又议准

巡捕三营所管汛地，遇有不知姓名人被伤身死，即呈报步军统领，报明兵部，勒限严缉正凶，俟审明是盗是雠，照例察议。其捕役勒限严缉，如一月不获者责比，三月至五月不获者责革枷号。如于限内缉获正凶者，于房租项下酌量动支给赏。

缉捕 037：乾隆三十八年奏准

嗣后八旗步军校等，如果平日勤慎，管理地方亦好，二年之内并无贻误，该管地方又无人命窃盗案件，由步军统领衙门查核，将该员职名送部议叙，纪录一次。

缉捕 038：乾隆五十七年奏准

嗣后京城前三门关厢被盗疏防，如限内获盗及半，而盗首未获者，初参，专汛官罚俸一年，兼辖官罚俸六月。二参无获，专汛官罚俸二年，兼辖官罚俸一年。三参无获，专汛官降二级留任，兼辖官降一级留任，未获盗首，仍入年终汇参。

缉捕 039：嘉庆四年谕

京城前三门外居民稠密，商贾辐辏，宵小最易藏奸。近因查办长新店被劫一案，究出盗匪，多有在城外各处潜踪，及茶坊酒肆会聚者。京师重地，岂容宵小藏奸，贻累地方。因思提督例系驻扎城内，城门上锁以后，外城巡捕员役或未能实力巡防，不可无大员弹压稽查，以专责成。著派左右两翼总兵二人，每月轮出一人，在南城外驻扎半月，督率所属，昼夜认真巡缉，并赏给入官房屋一所，为该总兵住宿办公之所。该总兵等务须实力稽查督缉，俾盗匪敛迹，居民安堵，以副委任。

缉捕 040：嘉庆六年奉旨

本年夏间雨水过多，城中军民居住房间，墙垣多有坍塌。今值秋间，恐贼盗未免乘机偷窃，城中仅有步军统领衙门大员一人，夜间巡查，恐亦不能周密。著将前门外住班之总兵，暂令进城轮流稽查，庶可宁谧。俟明岁春融后，军民等将墙垣修理整齐，再著左右翼总兵赴前门外轮住。

缉捕 041：嘉庆七年谕

左右翼总兵向来轮替一人，在南城外住宿弹压，但城外各营官弁，因有大员在彼，遇事转存观望，恐渐启推诿之习。嗣后该总兵等，不必在城外住宿，仍随时出城，亲行察查，以专责成。

缉捕 042：嘉庆七年奉旨

御史书兴奏：请慎重仓粮专责巡查一折。京城内外仓厫，原有额设弁兵，以资巡查，今该御史请添设堆拨，增派兵丁番役，并严定处分，其应如何酌定章程之处，著交步军统领衙门妥议具奏。钦此。遵旨议定：查内城七仓，俱系砖墙，高一丈有余，其堆拨相隔不过五十丈，俱属严密，毋庸添设，惟城外太平仓，随仓门之五堆至六堆相隔一百七十四丈，七堆至八堆相隔一百十四丈有余，未免过远，即于折中添设堆拨二座，照各堆拨兵丁名数，拨派防守，以资严密。

缉捕043：嘉庆七年奏定

京城关厢五营地方，大盗纠伙，将人杀伤，劫去财物者，专汛都司、守备、千总、把总、外委革职留任，兼辖副将、参将、游击俱降二级，统辖提督、总兵俱降一级，均戴罪勒限三个月缉拿，限满不获，专汛都司等官革任，兼辖副将等官降二级调用，统辖提督、总兵俱降二级留任，所有加级纪录，俱不准抵销。兵丁革退，交刑部治罪，盗犯交接任专汛兼辖各官，勒限缉拿，限满不获，专汛官，初参降一级留任，兼辖官罚俸一年，限一年缉拿，限满不获，专汛官降一级调用，兼辖官降一级留任，贼犯照案缉拿。

缉捕044：嘉庆九年谕

嗣后著步军统领、五城御史，严饬所属营汛司坊等官，各将所管地面昼夜巡查，俾匪类不能潜踪，如再有强劫之案，一经发觉，必将疏防文武各员严行惩办，不稍宽贷。

缉捕045：嘉庆十二年谕

据给事中周廷森奏：京城各堆栅额设兵丁，令其轮班昼夜巡守，立法至为严密，近年来渐就废弛，每于定更后，击柝两三次，旋各闭门安寝，寂不闻声，甚或灯烛不设，内外城一律如是，以致窃案日多，请敕令步军统领衙门，严饬各营员认真稽查等语。京师都会殷繁，五方杂处，外来匪徒，易于潜踪，向来各街市，设立堆拨栅栏，昼夜巡逻，不容偶有疏懈。今据该给事中奏，西城一月中，屡报有翻墙入室之案。著步军统领衙门严饬弁兵等，严密巡防，毋得久而生懈。至该给事中请于冬三月敕令左右翼总兵分班驻扎外城稽察一节，此可不必。各堆栅巡夜支更，本属弁兵专责，该管提督、总兵，惟当认真整饬，随时教诫，自不致日久废弛，岂必身亲驻宿该处，方足以资弹压，即如现在该提督、总兵，皆在内城驻扎，而内城弁兵亦不免有偷安怠惰者，岂外城一经有总兵驻彼，营伍即顿然改观乎。嗣后著该提督、总兵于所属各弁兵，实心督察，并日间随时亲赴外城，逐段稽查，以肃营伍而戢奸宄，不必纷更定制也。

缉捕046：嘉庆十四年谕

京城为荤毂重地，向例各营汛设立堆卡，以司稽察，各胡衕建置栅栏，以谨启闭，所以昼夜巡防，肃清地面者，至周且备。乃营汛日久玩生，竟不认真巡缉，甚至官民往来车辆，间有被窃衣包等项，向该处汛兵查问，越一二日，仅以失物当票给还事主取赎，并不根究正贼，严行惩办。其各街栅栏，近有朽腐损折之处，毫无关阑，以致宵小贪夜出入，乘间滋扰，而支更各汛兵，又复相率因循废弛，外城疏懈，更复视为具文，报窃之案日多，缉获之贼十无一二，所谓戢盗安良者何在。嗣后各处栅栏，著步军统领衙门派员详加察看，其必应整理者，即当量为修葺，以资防御，仍严饬各营汛弁兵，昼夜认真巡缉，加意防守，务使宵小潜踪，地方宁谧。倘经此次饬谕之后，再有废弛玩巡情事，一经发觉，定将专管各员从重惩治。

缉捕 047：嘉庆十五年谕

刑部奏：审拟已革世管佐领善福，同伊子五十三逃走，自行投回一案，已依议行矣。此案善福于本年八月初六日，因心慌病发，带同伊子五十三逃往西山，在彼住歇，直至九月十九日自行投回，前后凡四十余日之久，当该旗行文知照之初，如果各该衙门认真缉拿，则西山离京不远，而该革员又系父子二人，患病在彼居住，非只身潜匿者可比，一经访察，踪迹显然，无难立时就获，又何至宕延日久，直待其自行投回，皆由各衙门缉捕废弛，番役等任情疏懈，凡遇查拿案犯文书，知照到日，官员等先已视为泛常，不过奉行故事，交番役照例缉拿，而番役等怠玩性成，动辄疏纵，甚且有阴为庇护情事，以致易破之案亦不能破，易获之犯亦不就获。即如广兴案内之杨玉，李十儿案内之刘老儿，此皆有名姓可查之人，迄未拿获。又何况马谭氏一案，未查出凶手姓名，经年累月，躧缉无踪，又安用此等番役为耶。再如太监中亦时有报逃者，其声音状貌，尤易识别，捕获更自不难，而该衙门亦从未有拿获者，俱不过日久听其自行投回，成何事体。著通谕步军统领、顺天府、五城及内务府各衙门，嗣后各加意督饬，凡有应缉案犯，俱著严立限期，责成番役等上紧捕获，其限满不获者，将该堂司各官分别议处，番役等立予重惩，以儆懈玩。

缉捕 048：嘉庆十六年奉旨

京都内城九门城垣，安设堆拨，轮派官兵驻守巡查，本年五月复经新议章程，严密稽察，恐该官兵等仍有顶替旷误等弊，昨派润祥等八人前往分段查点。兹据各查明覆奏：其该班之章京兵丁等，有全无旷误者，亦有旷班不到者，人数多寡不齐者，且有包班顶替应名者，均应分别查办。著军机大臣汇核详议具奏，领催兵丁著先交刑部审讯。

缉捕 049：嘉庆十六年又奉旨

京都内九门城垣，分段安设堆拨，轮派八旗官兵驻守巡逻，全在统辖大员认真稽察，方不致日久懈弛。嗣后除亲王、郡王、御前大臣、军机大臣、领侍卫内大臣兼都统者，或军机大臣有兼副都统者，均毋庸上城巡查外，所有各旗都统、副都统，无论内廷行走，及兼管事务繁多之员，均著上城巡查。都统每月上城二次，副都统每月上城三次，不必豫定日期，随时亲往密查，并著步军统领衙门饬知管理马道官员随时具报，该衙门每月汇奏一次，如有旷误不到者，据实参奏。其各旗参领每月上城六次，轮流派查，不必在城住宿。至城垣旧有绳痕，前经饬令工部勘明修整，兹朝阳门迤北附近万安仓一带城垛内面修补整齐，外面仍间有绳痕，自系前次派出承修之员办理草率，著工部查明此段原派之员，罚令赔修，以示惩儆。

缉捕 050：嘉庆十七年谕

近日京城内外窃案繁多，甚至皇城内有贼犯拒捕伤人之事，巡缉懈弛，罔知儆畏，并闻缉获贼匪内，多有徒遣释回之犯，诘讯供词，则称外省居民散处，编设保甲，稽查较严，不似京城人居稠密，易于潜藏。京师乃辇毂近地，理宜加倍肃清，定制设立步军统领衙门、五城御史，又有顺天府大、宛二县，其所属营汛司坊兵役牌甲，棋布星罗，百倍于外省，原令其盘诘奸宄，绥靖市廛，乃相率废弛，致宵小易于潜踪，转不若外省之整肃。以首善之乡，为逋逃之薮，朕实深抱愧，自知用人不当，该管官所司何事，宁不赧颜知愧乎。著通谕步军统领、五城、顺天府督饬所属，激发天良，各思禁暴戢奸，为职守所当尽，分率兵役，严密巡查，弭盗安良，俾首善之区，俗靖风淳，勉副朕谆谆训戒至意。

缉捕 051：道光五年谕

御史隆勋奏：请定南营巡察章程一折。京师系辇毂重地，前三门外，五方聚处，司坊捕役，额设无多，而南营弁兵，星罗棋布，果能实力稽查，何致宵小溷迹。如该御史所奏，近来报窃之案，几无虚日，移营会缉，视同具文，甚至街巷推拨，仅存空屋，疲玩已极。著步军统领衙门，严饬该营参将、游击等官，督率各汛员弁，无分畛域，严密稽查，有犯必惩，缉拿务获。其各处堆拨，务须昼夜巡逻，毋许旷班贻误，有名无实。如有仍前玩误，员弁严参惩处，兵丁重责斥革。并著五城御史督同司坊官一体严缉，以戢奸宄而靖闾阎。

缉捕 052：道光九年谕

嗣后八旗五营报窃之案，责令翼尉、副将等官，务各督同所属，实力缉拿，若一季之内，每翼每营未获在十案以上者，即将该翼正、副翼尉，该营副将、参将、游击等官，交部议处。如一季之内，并无报窃案件，准将该旗营各员等交部议叙。

缉捕 053：道光九年又谕

京城内外地面，除重大案件，及缉捕废弛之员，由该步军统领随时奏参外，其寻常报窃，承缉官例止罚俸之案，每翼每营于一季内未获正贼在十案以上者，翼正、副翼尉、副将、参将、游击等官，罚俸六个月。如一季内并无报窃之案，各给予纪录一次。

缉捕 054：道光九年三谕

耆英等奏：请严禁军流徒罪暨递籍人犯脱逃来京一折。著通谕顺天府暨直省各督抚，严饬所属，嗣后每遇军流徒罪及递籍人犯到配，务各遵照定例，于每月朔望，亲身按名点验，如有脱逃，立即申报上司及原犯事地方查拿，并将疏纵之总甲人役等照例严惩，毋任隐匿，并著步军统领衙门逐案稽核，遇有军流等犯脱逃来京，抢劫叠窃，获犯后究出脱逃日期，查明该省有无申报，随时声明。其赃数无多，罪名较轻者，仍咨刑部照例核办。

缉捕 055：道光二十八年奏准

副翼尉二员，专管督催更鼓，巡查街道。如协尉以下各官空误，厅堆更鼓不齐至三次，及地面报窃至三次者，将该副翼尉罚俸六个月，不准抵销。如能认真稽察，地方安静，半年无窃案，将该副翼尉咨部，给予纪录二次。如地面失事，该旗隐匿不报，照扶同徇隐例，一并附参。

缉捕 056：道光二十八年又奏准

每甲喇遇有承办步军校缺出，先由该翼尉择年富力强，认真办事之员，秉公保举，再由步军统领拣派，责成该员办理一甲喇事务，遇有升阶，即在本旗承办官员内拣选升补。如该管地面报窃案多，事务废弛，即将该员降革。

缉捕 057：道光二十八年三奏准

每甲喇设立巡夜兵十名，八旗共八百名，分为两班，每夜每甲喇轮派步军校一员管带，如有窃案，除将该地面官照例参办外，仍将本甲喇直班巡夜兵从重责惩，限十日缉拿，限满无获，从严惩办，直班管带官咨部记过，如一季之内记过三次者，折罚俸半年，不准抵销。如认真稽查，扣足一年，并无过失，将管带官咨部给予纪录二次，兵丁优加奖赏。

缉捕 058：道光二十八年四奏准

八旗捕盗兵四百名，分为四班，每夜以一百名，责令各该旗直班管带官，督饬巡查，赏罚与巡夜兵一律办理。

缉捕 059：道光二十九年奏准

凡营城与大、宛两县，及附京交界处所，互相会哨巡逻。

缉捕 060：咸丰元年谕

步军统领衙门所属旗营官员，前拟公事错误处分专条九款于通行则例，显有窒碍。又旗营窃案，每年按季奏请议处议叙章程，赏罚未能平允，均毋庸议。旗营各员，缉捕为要，惟在认真督察，惩劝公明。嗣后著仍遵守旧章，于各员公事勤惰，随时酌量赏罚，分别办理，俾疲玩积习，日就涤除，正不在多设科条，转滋避就也。

缉捕 061：咸丰三年奏准

拣派捕盗步军校四员，各带技勇兵丁，作为海捕章京，通查一翼四旗缉捕事务。如有盗贼，会同该地面极力兜拿，不得互相推诿。

缉捕 062：咸丰十一年谕

现在山东土匪扰及直隶大名一带，京师居民稠杂，恐有奸匪溷迹，窥探虚实。著周祖培等实力办理团防，并著步军统领衙门、顺天府，严密查拿形迹可疑之人，毋得日久生懈。城内每有抢劫盗案，亦应督率兵役昼夜巡逻，认真缉捕，以期内患肃清。至城外地方，前经胜保派兵查拿土匪，渐臻安谧，此时无兵弹压，恐匪徒复行抢掠，著张祥河、董醇，严饬各属，编查保甲，严缉奸宄，不得视为具文，颟顸了事。

并著瑞常等督饬将弁，于城外地方随时稽察，遇有匪徒，即行拿获，从严惩办，以除奸宄而靖地方。

缉捕 063：同治元年奏准

铺户邻佑人等，协同拿获盗犯，经刑部审结后，步军统领衙门于入官房租项下，五城于赏捕生息项下，酌量情形，分别给赏。

缉捕 064：同治三年奏准

八旗五营员弁，拿获邻境斩枭斩决盗犯，在四名以上者，并本境结伙抢劫情形较重之凶盗拿获过半者，随时择尤核实保奏，如有承缉未完要案，以所得优奖，照例议抵。

巡夜〔例 1 条〕

巡夜 001：同治元年谕

京师为辇毂重地，近时抢劫盗案层见叠出，捕务实属废弛。兹据瑞常等酌拟下夜章程，并请严定缉捕处分，著即照议办理。所有该衙门旧有及新挑技勇兵，著准其暂停派往堆拨，责令管理四场章京等管带，于皇城内外八旗地面，轮班下夜，认真巡缉，遇有明火聚众抢劫盗匪，务即拿获，不准疏脱，倘敢拒捕，准其格杀勿论。如查有居民铺户，聚集多人，吸烟聚赌，及三五成群夜游街巷者，立即拿获究办。并责成两翼翼尉督饬，与各旗固山达步军校所带下夜步甲，一体巡逻，仍查照向章，申明夜禁，凡兵民人等不得于深夜无事闲游，以符定制。该兵丁等，果能实心巡查，捕获盗犯，除官给重赏外，准其将尤为出力者格外超拔。该管带章京等，准其于定案时，立即酌量保奏。倘有怠惰疏防等弊，即著将下夜巡缉之章京，及该地面官等，从严参办。其外城以及各城门外关厢集镇，并责成巡捕五营将弁，督率兵丁，按照现拟章程，酌量分起，各按所管地面，会同本汛团防，访查巡捕，不准疏懈，其一切赏罚，均照皇城内外八旗地面，一律办理。至两翼翼尉，及巡捕营将弁等，倘敢狃于积习，不知振作，于现拟章程，阳奉阴违，意存掣肘，一经查出，即著步军统领等从严参革。其各官厅办事人等，如查有把持地面，徇情受贿，容留盗匪，暗通信息，藉端讹诈等弊，刻即解交刑部治罪。若系该翼尉等自行查出者，免其参处，别经发觉者，即将该翼尉等随案解任，一并交刑部严行究办。

禁令〔例 69 条〕

禁令 001：顺治初年定

御道上不许闲人坐立。亲王以下出入，不许由御道上行。

禁令 002：顺治初年又定

看守城门官弁，纵令奴仆依城搭盖席棚，赁人取租者，罚俸六月，奴仆鞭八十。如容闲杂人等近门歇宿，将直班城门领、城门吏、门千总，罚俸六月。若纵容闲杂人近门向火，致延烧城门者，直班城门领、城门吏、门千总，革职，领催、步军，交刑部治罪。若将蓄发僧人不行查拿，致入城门者，将直班城门领、城门吏、门千总，各罚俸一月，领催、步军，鞭四十。若蓄发僧人入城栖止，该汛步军校拿获者免议，如被旁人拿获者，将该汛步军校罚俸一月。

禁令 003：顺治初年三定

京城内起更后闭栅栏，自王以下官民人等，概禁行走，步军校等分定街道轮班直宿，步军协尉仍行巡逻，兵部不时委官查验。若栅栏不闭及不直更者，领催鞭三十，步军鞭二十七，直宿步军校罚俸两月，直宿协尉罚俸一月。除奉旨特差各部院衙门差遣外，其因丧事、生产及问病、延医、祭祀、嫁娶行走者，直宿步军校、领催、步军等，详问事故，记其旗分佐领姓名，开栅栏听出，仍跟随递送，交与附近该直步军放行。其无事故夜行者，如王公等，登记姓名，系官或妇女，即送至其家，向邻佑说明被获时辰，系民人即于拿获处所羁留，均于次日呈报协尉，转报步军统领翼尉，将无事故夜行之王公等，请旨交宗人府察议，官员请旨交部罚俸一月，平人鞭五十。若拿获之人脱逃者，直宿步军校罚俸三月，直宿协尉罚俸两月。如得财及徇情纵放者，直宿步军校革职，直宿协尉降三级调用。若未经起更之先妄拿，俟起更以后，向邻佑说明，或不向邻佑说明即行送部者，将直宿步军校罚俸三月，直宿协尉罚俸两月，领催步军各鞭一百。

禁令 004：顺治初年四定

步军校看守街道，旷班不直宿者，罚俸两月；不俟天明擅离汛地者，罚俸一月；领催有旷班不直宿者，鞭五十；擅离汛地者，鞭三十。步军旷班不直宿者，鞭四十；擅离汛地者，鞭二十。其失察领催、步军之步军校，罚俸一月。

禁令 005：顺治初年五定

看守仓库官物等处旷班者，系官降一级、罚俸一年，兵丁鞭六十。

禁令 006：顺治初年六定

皇城内住居人家，遇有丧事，但令僧道诵经礼忏外，不许大作鼓吹，送丧日，皇城内不得撒扬纸钱。

禁令 007：康熙十三年定

每岁小暑起至立秋止，由礼部移知传行三营，禁止砍伐树木，焚化纸钱。清明节，由礼部知会行内九门，禁止挂纸钱佛朵出城。

禁令 008：康熙二十九年谕

起火原系禁止之物，城外空地无人之所尚无妨碍，今街道间即混行点放，房屋稠密，草庐众多，甚属可虞，应严禁查拿。其大臣院内点放者，亦著一并严禁。再，花爆每于年节点放，由来已久，仍听其便，至唱秧歌，不论忌辰素服日期，皆于通衢肆行唱演，且成群女装，穿甲执棍，互演跳舞，甚属非理。著步军统领严加巡察缉捕，余仍听其戏演。

禁令 009：康熙三十四年奉旨

风筝从前亦系禁止者，今著准撒放，其系铃鸽尾者，严行拿禁。

禁令 010：康熙四十三年奉旨

街道铺户人等，从前设立木牌，续于木牌地方改立卷篷，后又于卷篷之前设立木牌，多方占据街途。嗣后著该衙门查勘，如有似此者，断不可准其修造。

禁令 011：康熙五十九年奉旨

大城根下立有粪场，致有秽恶之气。再，天坛、地坛，乃至洁之处，而附近地方亦有似此者，悉令迁移于大道空远处。

禁令 012：雍正二年定

城内步军人等，遇有失火之处，即报知相近该旗。如系东南，令正蓝镶白；西南，令镶蓝镶红；东北，令镶黄正白；西北，令正黄正红；各二旗往救。如皇城之内，每翼两旗往救，傥报火之步军有误，照旷误火班例，官员罚俸一年，兵丁鞭五十，失察之该管官罚俸两月。

禁令 013：雍正四年谕

妇女入庙烧香，早行禁止，今仍有拴系驾马前赴烧香者，此习甚陋，著严行禁止。

禁令 014：雍正七年奉旨

提督衙门及内务府番役，凡系奉公守法实心效力者，朕已加优赏，以示鼓励，乃伊等小人，竟有乘该管大臣耳目之不及，生事讹诈，至被骗害之人因番役皆系尔等所属，惟恐瞻徇庇护，不敢控诉，隐忍含冤，以致不法番役毫无忌惮，不可不立专司稽察者。今特简王大臣等，不时严察，并出示晓谕，如有番役仍前生事，妄行讹诈等情，许于稽察王大臣处具呈首告，王大臣等量其情罪轻重，或即奏闻治罪，或知会该管衙门惩治，俾番役咸知畏惧，而无辜之人不致负屈，于以辑暴安良大有裨益。

禁令 015：雍正十年奉旨

京城旧例，每值三伏，居民人等，晚间听其露处乘凉，现今天气炎热，传谕步军统领，著仍照例行。

禁令 016：雍正十二年议准

凡开鹌鹑圈、斗鸡坑、蟋蟀盆互相赌斗者，照开局赌博例治罪，其该管官亦照失察赌博例议处。

禁令 017：雍正十三年奉旨

目今天气渐寒，京城内外居民稠密，火烛尤宜谨慎，著步军统领饬所属弁兵小心防范，毋得稍有疏懈。再，嗣后傥遇有失火处，如延烧房屋至三四十间以上，即行奏闻。

禁令 018：雍正十三年谕

古之葬者，厚衣之以薪，葬于中野，后世圣人易之以棺椁，所以变通宜民，而达其仁孝之心也。本朝肇迹关东，以帅兵为营卫迁徙靡常，遇父母之丧，弃之不忍，接之不能，故用火化以便随身奉持，聊以遂其不忍相离之愿，非得已也。自定鼎以来，八旗蒙古各有宁居，祖宗墟墓，悉隶乡土，丧葬可依古以尽礼，而流俗不察，或仍用火化者，狃于沿习之旧，不思当年所以不得已之故也。朕思人子事亲，送死最为大事，岂可不因时定制，痛自猛省乎。嗣后如远乡贫人，不能扶枢回里，不得已携骨归葬者，姑听不禁外，其余一概不许火化，傥有犯者，按律治罪，族长及佐领等隐匿不报，一并处分。朕又闻汉人多惑于堪舆之说，购求风水，以致累年停枢，渐至子孙贫乏，数世不得举葬，愚悖之风，至此为极。嗣后守土之官，必多方劝导，俾得按期葬埋，以妥幽灵，以尽子职，此厚人伦美风俗之要务也。钦此。遵旨议定：京城旗民，饬令步军及巡捕三营，每岁春秋严禁火化，犯者重惩，并出示劝令及时安葬，以厚风俗。

禁令 019：乾隆元年谕

据都察院审讯，首告因事行贿刑部司官得银五百两一案，全系步军统领衙门番役等伙同匪类，捏辞诬陷，供证确凿。都察院又称，番役私用之白役人等，俗名圆扁子，并非额设衙役，亦无定数，每藉番役名色吓诈生事，若遂其所欲，则将事件消弭，否则告知番役捕治，得受赏银，饱其溪壑，且往往出银设计诱人犯法，民间甚为扰累。向来步军统领衙门番役及内务府番役恣行不法，往往遇事生风，戕败良善，其索诈骗害之恶，不可枚举，是以我皇考特命王大臣不时约束稽察，比时稍知畏法敛迹，今则日久废弛，复逞故智。即如此案，乃目前之显然败露者，其他更不知凡几。朕又闻，番役等竟将京城内外地方，各人私自分管，且将六部等衙门事件，各令一人访察，此则可恶之尤甚者。从来番役之设，不过缉捕潜藏之盗贼，逃窜之罪人，与赌博宰牛等类，至于部院之事，自有该管大员职司稽察，番役何人，而敢于私自窥伺，以持其短长乎。著步军统领严行禁止，并将白役、圆扁子之类尽行革退，不许私留一人，致滋间阎之扰。嗣后傥有被番役等骗害者，准本人赴刑部、都察院控告，该部院即据实奏闻，朕必将番役等严审治罪，不稍宽贷。

禁令 020：乾隆元年议准

操演射鹄者，准其演射外，傥有特开赌场抽头，及容留不射箭买局卖局之人，并大赌银钱者，即行拿送刑部，照开场赌钱律治罪。

禁令 021：乾隆二年议准

五城关厢设立米厂平粜，原以接济贫民，自应严禁囤贩，但民间买米之人，有离厂遥远，老弱妇女每藉小贩到门就便买食，此等小铺，有米春碓，然后米可流通，价不昂贵。嗣后除不许奸民串买囤积至四五十石，及买作烧锅之用，其余肩挑背负不过数石者，概免查究。

禁令 022：乾隆三年议准

禁止米铺不许堆积米过五十石，原为使市米流通，若有奸商多赁房屋，一铺散作数家，或数十家等，巧为囤积者，即由步军统领、五城御史、顺天府尹，不时稽察，严拿惩治。其肩挑背负不过数石者，仍准其籴买。

禁令 023：乾隆五年奏准

盛京等处旗人身故，祖茔遥远，不能送回，呈请火化归葬者，由该佐领申报都统，移咨步军统领衙门，委官往验火化。再，京外旗人奉差告假，出外身故，无力扶枢回京者，呈报该处官员，火化携回，其余概不准火化，违者治罪。佐领、族长隐匿不报者，交部议处。

禁令 024：乾隆二十五年谕

前经降旨将官员俸禄先行借放，米石倍为充裕，而商贩乘时落价，收买存积，及至支放已停，则乘机昂价获利，在在有之。京城重地，设官纠查弹压，至为详备，顾任一二刁民乘间居奇，甚至齐行把持，累及闾阎口食，而莫之惩儆可乎。著步军统领衙门，会同五城御史、顺天府，严行饬禁，如有藉此多收囤积，高抬市值者，即行查拿究处，以为逐利病民者戒。

禁令 025：乾隆三十年谕

王大臣等抬轿人夫，聚众赌博，其风甚陋。王等抬轿之人与大臣等抬轿之人必须雇觅者不同，王等俱有包衣名色官属人等，抬轿用人无几，尽可于此内选用，况王等分例所得蓝甲甚多，即分蓝甲之钱粮，作伊等抬轿食用，或用包衣人等，毋庸另觅人夫，二者皆为有益。今王等惟计省俭蓝甲钱粮，所雇人夫又不多给工价。再，王府甚深，如有此等赌博之事，谁能进其角门拿缉耶。嗣后若欲坐轿，俱用伊等包衣之人，毋庸雇夫，若欲省俭，即应骑马，又可学习武艺。至坐轿之大臣，亦当严饬所雇人夫，禁止赌博，若仍有此事，朕必重治其罪。著交步军统领衙门严查参奏。

禁令 026：乾隆三十九年议准

内城统计旧存戏园共有九座，不准再行加增，嗣后无论城内城外戏园，概不许旗人潜往游戏，即交各旗该管大臣严加诫谕，随时查察，步军统领衙门巡缉访查，如有旗人擅入戏园，一经拿获，除将本人照律惩治外，并将管束不严之该都统等交部议处。

禁令027：乾隆四十一年奉旨

火烟已属无益，因相沿日久，未便饬禁，今更流为水烟，尤非所宜。著交步军统领衙门，暨五城御史，概行禁止。

禁令028：乾隆五十一年谕

前经降旨，凡在京文武官员有降级、革职留任者，其应得俸米俱准照原品支领，原所以体恤臣工，且令京师米石流通，俾民食充裕，粮价亦得平减，实为两有裨益。第恐市侩逐利之徒，一闻此信，即暂将米价减落，以遂其贱买垄断之私，迨贩粜入手，又复囤积居奇，米价仍恐不能平减，是朕加惠臣工之举，转为奸商牟利之资，其流弊不可不严行禁绝。朕因米粮价值，民食攸关，凡可以设法调剂者，无不豫为筹画，且商人亦系四民之一，皆当激发天良，改其垄断恶习，今流风日下，但知为利，无怪天时之不和，朕亦愧诚感之不至，道德之未淳，天下之商人，皆当各发其天良，而尤临民之官所当加之意者也。此次晓谕之后，若仍有奸贩贱粜贵粜，其情甚属可恶，著交步军统领、顺天府、都察院衙门，严密访拿处治，以示惩儆。其通州近仓处所，商贩尤易居积，并著一并严查饬禁。

禁令029：乾隆五十一年奏

外城大街有东晓市、西晓市等处，每乘天未明时即摆摊各货，匪窃乘机出售，奸徒利其便宜，私相收买。如本城所窃之物，即于黑夜赶赴别城所属之晓市变卖，稽查匪易。嗣后各处晓市，严申禁令，仍俟天大亮后方许摆货交易，不准于未明时开市。奉旨：著步军统领衙门、五城御史，一体饬禁。

禁令030：乾隆五十七年议准

亲王、固伦公主、郡王、和硕公主及贝勒门首，俱应设立行马下马桩，亲王、固伦公主之下马桩高一丈，郡王、和硕公主之下马桩高九尺，贝勒之下马桩高八尺。其行马，亲王、固伦公主安设八块，郡王、和硕公主安设六块，贝勒安设四块，每块以五尺为率。自亲王至贝勒之园居，除遵旨不准建盖朝房外，其门首应设行马，城内府第应设下马桩之远近，惟视其地势之宽窄，酌量安设，总期于街衢无碍，其安设与否，听其自便，若安设者不得过此制，贝子以下不得滥行僭用。

禁令031：乾隆五十七年奉旨

铺户包揽旗员俸米，兵丁甲米，与仓书斗级私自交结，赴仓支领，希图从中取利，其弊由来已久。著步军统领衙门、顺天府，密访严拿，如有此等包揽领米铺户，即行拿获，人犯枷号，米石入官示惩，以儆其余。

禁令032：嘉庆四年谕

向来京城九门以内从无开设戏园之事，嗣因查禁不力，夤缘开设，以致城内戏馆日渐增多，八旗子弟征逐歌场，消耗囊橐，习俗日流于浮荡，生计日见其拮据，况城内一经开设戏园，则各地段该管员役即可藉端讹索，为舞弊肥囊之计，朕亦有所闻知。现当遏密之时，除城外戏园将来仍照旧开设外，其城内戏园，著一概永远禁止，不准复行开设，并令步军统领先行示谕，俾开馆人等趁时各营生业，听其自便，亦不必官为抑勒。自禁止之后，并著步军统领、八旗满洲都统，一体查察，如该旗地段有违禁开设，经该都统查奏，即免置议，傥并不奏闻，别经发觉者，除将步军统领及司员等严加议罪外，并将该旗都统一并严加议处。

禁令 033：嘉庆四年又谕

向来放债人等，私用短票扣折，重利盘剥，例禁綦严，乃日久废弛，仍行违例巧取，候选官员等，既不知自爱，堕其术中，又复自顾考成，隐忍甘受，遂使谋利之徒，罔知顾忌，而所借债账，日久累重，无以清偿，因而挪移官项，朘削小民，此等弊端，实所不免，不可不申严例禁。著步军统领、顺天府、五城各衙门，严行禁止，密行查拿，傥有前项情事，即随时惩办，毋得阳奉阴违，致干咎戾。

禁令 034：嘉庆四年三谕

西山煤窑最易藏奸，闻该处竟有匪徒，名为水工头者，往往哄诱良人入窑，驱使操作致毙，殊有关系。著顺天府会同步军统领衙门，派委妥员，密为查访，如有此等棍徒，即行查拿具奏，按律治罪。

禁令 035：嘉庆五年谕

京师米粮，无论官民铺户，一概不准出城鬻卖，久经严行饬禁，但恐各衙门奉行日久，稍有废弛，现在漕米将次抵通兑交，若京城米粮任听门军、车户、米铺人等私贩出城，难保无勾串挪移之弊，并恐市侩之徒居奇囤积，以致米价渐昂，实于民食有关，自应重申禁谕。著步军统领并顺天府、五城各衙门，酌派番役人等轮流查察，如有私贩出城及囤积各弊，俱当严行禁止。该衙门等经此番严禁之后，务须实力奉行，久而无懈，傥番役人等藉稽查之名，任情讹索，滋生事端，一经访闻，必将该管各员及番役人等，分别严办示惩，不稍宽贷。

禁令 036：嘉庆五年奏准

五城铺户所存米麦杂粮等项，每种不得过八十石，逾数囤积居奇者，照违制律治罪。

禁令 037：嘉庆五年又谕

朕恭阅皇考《高宗纯皇帝实录》内载：小民知识短浅，种种惑于鬼神，祈求祷祀，为费不赀。如越省进香一事，程途则有千余里及二三千里之遥，时日则有一月及二三月之久，以有限之盖藏，坐耗于酬神结会之举。直隶、山东、山西、陕西等处，风俗大率如此，而河南为尤甚。著各省督抚访察所属，有越省进香者，善为化导，徐徐转移，毋得呼朋聚众，跋涉山川，以致误农耗财，渐成人心风俗之害。仰见皇考牖民善俗谆谆教诫至意，朕在藩邸时，即素知民间有赴丫髻山、天台山等处进香之事，而近京各省相习成风，亦所不免，往往千百为群，填塞街道，其间男女杂遝，奸良莫辨，不独耗费钱财，且恐别滋事端，风俗人心，殊有关系。在蚩蚩者氓，于福善祸淫之理不能深晓，每以进香虔礼，即可仰邀福祐，又或遇父母疾病，许愿酬神，以冀速痊，殊不知父母有疾，正当亲身侍奉汤药，焉可越境远离，而神灵随处降格，即于本境祠庙，虔诚祝告，亦无不可，况小民果能竭诚事亲，诸恶莫作，众善奉行，自蒙神祇默祐，又何必远劳跋涉，为此无益之祈祷乎。是此等酬神之事，其始原为求福免祸起见，但分途四出，结队成行，其为会首者，藉此敛钱滋事，日久相沿，人数众多，渐至流为邪教，此而不严行禁止，何以正人心而厚风俗。嗣后京城内外及各直省，所有民间一切越境酬神联群结会等事，俱著该管衙门及各督抚等出示晓谕，严行禁止，违者按例惩治。

禁令 038：嘉庆五年三谕

向来市曹处决朝审重囚，刑部侍郎会同刑科给事中等，前赴法场监视行刑，先期派委营城文武地方官，清理街道，严闭栅栏，不许闲人往来，立法本为严密，但恐日久玩生，各员弁等视为具文，不能认真弹压，虽现在纲纪肃清，断无他虑，然谳狱大典，行刑之地，自应慎重严肃。著于每年朝审决囚时，都察院及步军统领衙门，一体严禁巡察，毋许街市闲人拥挤，并著派是日轮住城外之京营总兵，亲往巡查弹压，倘派出城营各员弁及兵役等，不能实力奉行，街市闲人仍前拥挤，著监视行刑之侍郎、给事中，据实指名参奏。

禁令 039：嘉庆六年奉旨

步军统领衙门私用步甲一事。前年正月内，早经降旨饬禁，今仍复私行擅用，将来日渐加增，于营务大有关系。嗣后步军统领、左右翼总兵、翼尉等，毋许私用步甲一名，倘经此次饬禁之后，尚有阳奉阴违者，经朕访闻，或被人参劾，必当从重治罪。

禁令 040：嘉庆六年又奉旨

京师五城各铺户，所存米麦杂粮等项，定例每种不得过八十石，倘逾数囤积居奇，即照违制例治罪，但念小民无知趋利，若照定数止准存贮八十石，违制罹法者必多。嗣后各米铺存贮各种米麦杂粮，俱准存贮一百六十石，以便流通粜卖，其现在所余粮石，若按全数入官，该铺等必致亏折资本。著五城御史，查明各铺户存贮粮石，除现定额数，每种准积至一百六十石外，余俱著加恩准其平价粜卖，不许稍有囤积，该吏役等亦不得藉端滋扰，致干咎戾。

禁令 041：嘉庆六年三奉旨

嗣后除京城各官庙照例不准招租外，所有私庙房间仍准照旧出租，惟当饬令僧道等，将租住庙宇之人，查照来历清楚者，方许容留，仍出具切实甘结，呈报地方官存案。倘该僧道将来历不明之人，私自存留，一经犯案，必当按例惩办。

禁令 042：嘉庆七年奉旨

番役一项，专司缉捕盗犯，原与隶卒无异，凡各衙门皂役人等，例不准其为官，其子孙亦不准应试，则番役自应比照此例，以昭画一。乃从前步军统领衙门，往往因番役拿获要犯，辄奏请赏给顶戴，且番役子孙并有应试出仕者，殊不足以别流品而重名器。著步军统领衙门，查明番役中从前得过顶戴者，止准暂留顶戴，不准以实缺补用。其子孙曾经进学及中式者，留其举贡生员，不准选用官职，此后亦不准再行考试。如现有出仕者，概令撤回。嗣后步军统领衙门，遇有番役缉捕勤奋，止准量加奖赏，即实有拿获要犯者，亦止可从优加赏，毋许给予顶戴，傥再行滥请，即以违制论。

禁令 043：嘉庆七年谕

朕恭阅皇考《高宗纯皇帝实录》，内载乾隆十八年七月钦奉谕旨：满洲习俗淳朴，自我朝一统以来，始学汉文，曾将《五经》及《四子通鉴》等书翻译刊行，近有不肖之徒，不翻译正传，反将《水浒》、《西厢记》等小说翻译，使人阅看，诱以为恶，甚至以满洲单字还音钞写鄙词者俱有，满洲习俗之偷，皆由于此，不可不严行禁止等因。仰见我皇考崇正黜邪，为风俗人心计者，至深且远。从前满洲尽皆通晓清文，是以尚能将小说鄙词翻译成编，皇考深恐为习俗之害，严饬禁止，今满洲非惟不能翻译，甚至清话生疏，不识清字，其粗晓汉文者，又以经史正文词义深奥，难于诵习，专取各种无稽小说，日事披览，而人心渐即于偷，此不独满洲为然，汉人亦更多蹈此陋习。如经史为学问根柢，自应悉心研讨，至诸子百家，不过供文人涉猎，已属艺余。乃乡曲小民，不但经史不能领悟，即子集亦束置不观，惟喜鄙词俗剧及一切鄙俚之词，更有编造新文，广为传播，大率不外乎草窃奸宄之事，而愚民之好勇斗狠者，溺于邪慝，转相慕效，纠伙结盟，肆行淫暴，概由看此等书词所致，于世道人心，大有关系，不可不重申严禁，但此时若纷纷查办，未免假手吏胥，转滋扰累。著在京之步军统领、顺天府、五城各衙门及外省之各督抚，通饬地方官出示劝谕，将各坊肆及家藏不经小说，现已刊播者，令其自行烧毁，不得仍留原板，此后并不准再行编造刊刻，以端风化而息诐词。

禁令 044：嘉庆七年又奉旨

近来宗室觉罗人员多有不系红黄带，侍卫职官不戴翎顶，在街市闲游者，其意自以穿用常人服色，可以往来自便，必非学习正务，有志向上之人，此风不可不亟行饬禁。嗣后著步军统领衙门，留心稽查，如有仍前违制者，即行参处。

禁令 045：嘉庆七年三奉旨

候补巡捕营都司郭起麟，亦系番役之子，若照新例止应准其顶戴荣身，不准选用官职，但该员从前带兵赴湖北等处，剿贼打仗一百余次，曾经赏戴花翎，是以该员于休致后带领引见，特降旨以都司补用，如此时遽行撤回，是著有劳绩之员，转不能仰邀禄糈。郭起麟著加恩仍以巡捕营都司补用，不准再行升擢，此系朕俯念劳勚，格外施恩，其余番役子孙，不得援以为例。

禁令 046：嘉庆八年奉旨

向来天坛神乐署两廊以外空地，有太常寺官员建屋居住，并租与铺户收息，以为贴补当差修理之用，但郊坛重地，理宜内外肃清，自不便任听该官生率行租给平民，在彼存留贸易。惟相沿已久，若骤令搬移，则现在开设店铺之人，资本货物恐多抛弃。著步军统领衙门，在坛外围墙之外，指定隙地一处，准令各官生等，将自建房间移于墙外，仍准其收租贴补，该铺房民人亦可不致失业。其该衙门未经指定饬令搬移以前，不必遽行驱逐。

禁令 047：嘉庆八年谕

嗣后著步军统领衙门、五城巡城御史，于外城开设酒馆戏园处所，随时查察，如有官员等改装潜往，及无故于某堂某庄游宴者，据实查参，即王公大臣亦不得意存徇隐。

禁令 048：嘉庆八年又谕

巡城御史和静等奏：现在街市有买卖零星之小押铺，牟取重利，凡偷窃物件，俱赴典质，请旨饬禁等语。所奏尚是。此等小押铺，不过希图谋利，而鼠窃匪徒，往往藉以销赃，并闻各街市于天尚未明，即摆摊售卖，最易藏奸，而售主亦贪图便宜，即明知实是贼赃，亦不查询来历，殊非日中为市之义。此时若将小铺概行查禁，在生理微薄者，或不免生业无依，然不示以例禁，则奸宄公然售卖赃物，尚复何所顾忌。嗣后著步军统领衙门及五城出示晓谕，不得仍前开设小押，其在街市摆摊者，总于日出后方准售卖，倘其中有来历不明之物，于犯案后查出，即将知情买卖之人按律治罪，以清市肆而靖闾阎。

禁令 049：嘉庆八年三谕

御史王麟书奏：步军统领衙门请将番役一项仍准子弟居官，实属率意妄奏。番役人等，专司缉捕，与各衙门隶卒无异，其子孙亦不准入仕应试，上年特降谕旨，著之令典，如有再行滥请，以违制论，原所以别品流而重名器。今禄康等辄以召募无人，仍请准其子弟居官，妄行吁恳，初奏上时，朕即以为事不可行，敕交该部详议具奏，谅部议自必驳饬，即或经部议准，朕亦断不允行。王麟书据实劾奏，实属持正可嘉。隶卒人等，所以不准入仕考试者，贱其役非贱其人，寻常氓庶，原系良民，一经充当差捕，则执役微贱，自不得滥邀登进，若谓系由良民而来，则各衙门皂役，独不自良民来乎。况上年甫经降旨定例遵行，番役等从前得过顶戴，不准其实缺补用，其子孙应试中式者，止准留其贡举生员，不准选用官职，其现在出仕者，概令撤回，今未及一年，复请准令入仕，予夺靡常，成何政体。且据禄康面奏，此项番役即不便令其滥厕文员，或请加恩准令备官武职，俾知鼓励，更属非是。国家文武分途，名器则一，有何高下，若准令补授武职，日后必致渐厕文阶，又将何以限制。如谓良民咸知贱役，不肯踊跃充当，则各衙门皂役，设亦挟制官长，以此为词，岂将隶卒子孙亦概准其居官考试，有是理乎。看来禄康等未免为番役所挟制，或竟受其怂恿，意存市恩，故为此奏，殊属冒昧。禄康、范建丰、皂保，著交部议处。所有禄康等原奏之折，该部毋庸议奏，仍著照旧例行。

禁令 050：嘉庆十年谕

京师设立西洋堂，原因推算天文，参用西法，凡西洋人等，情愿来京学艺者，均得在堂栖止，乃各堂西洋人，每与内地民人往来讲习，并有刊刻书籍，私自流传之事。在该国习俗相沿，信奉天主教，伊等自行讲论，立说成书，原所不禁。至在内地刊刻书籍，私与民人传习，向来本定有例禁，今奉行日久，未免懈弛，其中一二好事之徒，创其异说，妄思传播，而愚民无知，往往易为所惑，不可不申明旧例，以杜歧趋。嗣后著管理西洋堂务大臣，留心稽察，如有西洋人私刊书籍，即行查出销毁，并随时谕知在京之西洋人等，务当安分学艺，不得与内地民人往来交结，仍著提督衙门、五城、顺天府，将坊肆私刊书籍一体查销，但不得任听书役藉端滋扰，致干咎戾。

禁令 051：嘉庆十一年谕

御史杨昭奏：请严堆卡之守以重巡防。据称：近来京师南城七门以内，惟初更传梆，更尽收梆，其一更以至五更，堆卡间既不巡更敲梆，栅门不掩，夜行不禁，城外亦复如是等语。京城内外设有堆卡，专司巡防，该兵丁等自应各就地面彻夜往来，按更击柝，互相联络，栅门必扃，夜行必禁，稽查方能得力。从前左右翼总兵，轮流在南城外驻扎，尚可就近督察，近年来自因总兵移驻城内，该处营汛将弁，未免渐形怠弛，兵丁等巡逻亦相率疏懈，是以窃盗频闻，该御史所奏，不为无因。禄康、文宁、福会，均著传旨申饬。嗣后京城内外，著步军统领等申饬各营汛，随时严督堆卡实力巡防，如有惰误偷安者，立予惩治，庶官兵共知惩儆而警备亦昭严肃。

禁令 052：嘉庆十一年又谕

禄康等奏：番子头目杜成德所遗七品顶戴虚衔之缺，应否选役充补。番役一项，原与隶卒无异，前曾明降谕旨，不准请给顶戴，即杜成德等亦因所得顶戴在前，姑准暂留，岂有沿为额缺之理。本无所谓缺，何得另选一人充补。禄康等所奏，著不准行。嗣后番役或果有能事出力之人，擒获紧要案犯者，朕酌量加赏顶戴，不得作为定例，亦不准该衙门奏请赏给。

禁令 053：嘉庆十三年奉旨

朝阳门外太平等仓，既系附近东便、广渠等汛营弁看守，其丰益仓亦系巡捕营汛地面，自应仿照派管，以归画一。著照连庆所请，准其改归中北二营，选派官兵，在该仓门及原设堆拨处所，分段住守，即责成该管官实力稽察，毋任稍有疏懈，其住宿房间应行修补之处，著交仓场总督查明，照例咨部核办，以资栖止。

禁令 054：嘉庆十四年奉旨

据禄康等奏：内城向有茶馆十余座，演唱十锦杂耍，并无戏班登台演剧之事，嗣因禁止内城演戏，所有十锦杂耍茶馆亦全行关闭，伊等空无手艺，恳仍前在茶馆演唱等语。此项杂耍，不过无业贫民藉资口食，著准其仍旧在茶馆营生，但不许各馆影射唱戏，如违例不遵，即将开馆之人严拿治罪，各该衙门仍随时查察，毋令滋生事端。

禁令 055：嘉庆十五年奉旨

此案书吏钱秉初，辄敢将兵部远年稿案私卖钱文，铺户刘姓收买衙门稿案，作为废纸，均属藐法，著交刑部审拟具奏，其起出兵部稿案，并交兵部查明，一并归案办理。兵部堂司各官自请处分，著照所请，交部分别察议。至各衙门稿案均关紧要，该书吏等敢于偷窃售卖，或另有作弊营私，意图销毁情事，亦未可知。著通饬各衙门，一体留心检查，妥为防范，并著步军统领衙门，出示晓谕各铺户等，如遇有售卖稿案者，立即呈首到官，必当官给赏钱，以示奖励。伊等知售卖废纸，所获有限，而一经首缴之后，获利转多，自不肯私自收买，以致获罪，而书吏等亦必知畏惧敛迹矣。

禁令 056：嘉庆十五年谕

庆桂等奏：据广宁门巡役人等盘获杨姓身藏鸦片烟六盒，请交刑部审办。鸦片烟性最酷烈，食此者能骤长精神，恣其所欲，久之遂致戕贼躯命，大为风俗人心之害，本干例禁，该犯杨姓，胆敢携带进城，实属藐法，著即交刑部严审办理。惟此项烟片，近闻购食者颇多，奸商牟利贩卖，接踵而来，崇文门专理税务，仅于所属口岸地方稽察，恐尚未能周到，仍著步军统领五城御史，于各门禁严密访查，一有缉获，即当按律惩治，并将其烟物毁弃。至闽省出产之地，并著该督抚关差查禁，断其来源，毋得视为具文，任其偷漏。

禁令 057：嘉庆十五年又谕

御史西郎阿奏：访闻专典八旗兵丁钱粮之山东民人，请旨严禁一折。向来民人向八旗兵丁施放转子、印子等钱，月取钱粮，例禁綦严，今据该御史所称，竟有山东民人在八旗各衙门左近，托开店铺，潜身放债，名曰"典钱粮"，以一月之期，取倍蓰之利，每月届兵丁等支领钱粮，该民人即在该衙门首拦去扣算，该兵丁于本月养赡不敷，势不能不将次月钱粮逐月递典，到被层层盘剥，受亏无穷，似此设计取利，较施放转子、印子等钱，尤为刁恶，于八旗兵丁生计大有关系。著步军统领衙门严密查拿，勿令潜踪。

禁令 058：嘉庆十六年谕

本日据步军统领衙门奏，拿获偷窃丰益仓米石贼犯，已交刑部严审定拟具奏矣。丰益仓距圆明园宫墙甚近，该贼匪胆敢偷窃官仓米石，并拒捕扎伤巡夜弁兵，实属目无法纪。因思皇城及紫禁城内，如有拒捕逞凶及自戕案犯，俱从重问拟，例有专条，以示禁地森严，非恒常可比。朕今驻跸圆明园，则相近地界，即与禁城无异。著交刑部酌议，如朕驻跸圆明园及巡幸之处，其左近地方，遇有窃盗逞凶等案，距宫墙若干里，应仿照紫禁城之例，拟何罪名，稍远若干里，应仿照皇城之例，拟何罪名，酌定科条奏明，载入则例。如值不驻跸之日，仍照常例行。所有此案贼犯，即照新例办理。

禁令 059：嘉庆十六年奉旨

绵课等奏：会议查仓章程一折。朝阳门外太平等五仓，于嘉庆五年改定旧例，由步军统领衙门派拨北左二营弁兵看守，仍照向例钦派王大臣每月夜间轮流出城稽察数次，原以防范该弁兵等偷安误班情弊，但稽查之日，须先行知该衙门委弁前往札门，则看仓官兵，自必早得查仓之信，不难豫作准备，迨查毕后，仍可抽减人数，懈怠旷班，于防弊之道，殊属有名无实。且城门夤夜启闭，该王大臣随从多人，看门官兵势不能逐名盘诘，恐奸宄得以夹混出入，尤非所以昭慎重。嗣后毋庸钦派王大臣夜出查仓，即照依丰益仓之例，由步军统领衙门添派北左二营将官，在该仓厫等处上夜，认真稽查，如查有旷误，即禀报禄康等严参究办，倘徇隐不报，当并治以重罪。

禁令 060：嘉庆十六年又谕

京师第宅云连，市廛棋布，为四方会极之区，大小街巷，设立堆拨栅栏，分派弁兵，昼夜巡察，法至备也。向例房舍墙垣，遇有倾圮，即令报官修整，以复旧观，乃近年以来，竟有私拆房间，将砖瓦木植零星售卖者，积日既久，衢巷之间，渐多隙地，何以壮肃观瞻。甚至巷宇毗连之处，来往成蹊，而栅门之启闭转同虚设，于击柝禁暴之义，必致防检多疏。步军统领衙门专司管辖，废弛若此，咎将谁归。嗣后内城房屋，遵照定制，概不许私行拆毁，其岁久坍塌者，责令随时修葺完整，倘有仍前私售砖木，该管地界官兵立即报明饬禁，若官兵明知故纵，查明惩处。从前步军统领有兼御前大臣、军机大臣、尚书，事务繁渎，稽查未周，今禄康管理吏部，又不兼司旗务，尤当专心将步军营一应事宜，详考旧章，认真整顿，毋得因循姑息，置诸废弛于不问也。

禁令 061：嘉庆十六年三谕

番子王鉴等，既在步军统领衙门充役，自应畏法奉公，一切犯禁滋事之徒，皆当随时侦缉，乃于禄康、明亮所用轿夫开设赌局，并不拿送，虽据供禄康系本管官，素未奉有查拿自家轿夫之谕，不敢辄查，何以明亮轿夫，亦任其开局聚赌，显系知情故纵，本当彻底究明，立予发遣，惟念禄康一味宽纵，平日于查赌博等事，毫无整顿，此次伊轿夫局赌一案，系于上月二十九日，轿夫闻风逃散之后，始饬令查拿，前此竟未谕及，是该番役等胆玩骫法，皆禄康懈弛所致，现在案犯尚未全获，仍应责令上紧缉拿。王鉴、闻国祥、李瑛，著俱革去顶戴，刘起凤交该衙门量加责处，以示薄惩。嗣后该衙门务须严行管束，若再有玩纵情弊，即当从重治罪，毋许隐庇。

禁令062：嘉庆十六年奏

棚铺与人搭盖凉棚，以及婚丧之事搭用棚座，原无干例禁，若与赌局搭棚，即将租与开设赌局之房间棚座，概行入官，其中官房，应将官房库经管之人，交内务府查明惩治，仍于京城内外出示晓谕，傥再有犯者，不但将房间棚座入官，并将房主铺户一并治罪。其窝娼及软棚之案，一经拿获，同此示惩。奉旨：步军统领衙门奏请将出租开设赌局之房间棚座入官惩创，并请嗣后明定规条等语。此等游手匪徒，经年累月，聚赌不散，其房主及搭棚铺户，断无不知，明系将房间棚座重利出租，知情容隐，不可不一并惩创，但从前既未饬禁，此时亦未便坐罪，姑先酌量薄惩，所有此次聚赌各案之房间棚座，著概行入官。至此后若再有似此干禁图利者，则不但将房间棚座入官，并当将房主铺户治以应得之罪。如系租住官房，并著内务府将经管官房之人，查明惩治。此外窝娼及软棚等案，其房间棚座，均即照窝赌之例究办。

禁令063：嘉庆十六年又奉旨

向来制造火药，即官局俱在旷阔地面，此案民人崔大花爆作坊，开设阛市，本属非宜。著五城逐一查明，俱饬令迁徙空闲处，以昭慎重。

禁令064：嘉庆十七年谕

给事中甘家斌奏：请禁止妇女入庙，以维风化。寺院庵观，不准妇女进内烧香，本有例禁，京城庙宇丛多，或日久奉行不力。著步军统领、顺天府、五城，出示晓谕，如有开设会场，招摇妇女入寺者，一并查禁。至所奏庙宇收留匪徒一节，各寺院闲旷房屋，招租取利，在所不禁，但亦须分别良莠，若知情容留奸宄，一经发觉，将该僧道从重治罪。

禁令065：嘉庆十七年又谕

京师首善之区，商贾云集，正阳门大街两旁，向有负贩人等，列肆贸易，势难查禁，但毋许侵占轨辙，以便车马往来。著步军统领，及督理街道衙门，随时稽查。如沿街铺户及市侩等，搭棚露积，致碍官街者，即押令移徙，以利经途。

禁令066：嘉庆十七年三谕

京城街巷沟渠，每年循例疏治，以利经途，若虚应故事，致有壅塞，值大雨时行，必致停潦，有碍往来。著交工部、步军统领，暨督理街道衙门，随时稽查，如有沟渠坍塌，及街巷积水之处，查明修整，其修费著落承办之员分别摊赔。

禁令067：嘉庆十七年奉旨

崇文门税务，从前征收课额并无缺少，近年何以遽形短绌。吉纶所奏，白役冒充海巡，勾通透漏等弊，自系实在情形。前正副监督因家丁人少，稽查难周，吉纶、玉麟现任步军统领左翼总兵，兼管税务，所属兵役人众，足敷稽查。著即分饬周巡，将冒充海巡之白役人等，严拿惩办，如有私收私放，及藉端讹索等弊，一并严惩。崇文门稽查税货地面，多系京营所辖，即著该管营汛官员，分任巡查之责，将来吉纶、玉麟任满后更换监督，亦著照此办理。

禁令 068：同治六年奏准

碧云寺后现有后尾子窑一座，密迩园庭，即饬封闭，永禁开挖。嗣后如有在京营地面报开窑座者，悉令报明步军统领衙门、顺天府，酌核情节，分别准驳，以便稽查。

禁令 069：同治六年又奏准

如有匪徒指称官厅早年欠债，藉词构讼者，无论在何处控告，均不准行。倘有胆敢在厅影射办事，身后把持，一经发觉，即照棍徒扰害地方例，加等治罪。设有不肖之员，借其私债，即一并从重治罪。

参 考 书 目

（明）陈遇文著：《大明律解》，日本东京高桥写真株式会社据明万历二十一年（1593）著者刊本缩影印行本，1974年。

（明）顾应祥等纂：《重修问刑条例》，明嘉靖（1522—1566）年间刊行本。

（明）何广著：《律解辩疑》，洪武（1368—1398）年间刊印本。

（明）胡琼纂：《大明律解附例》，日本东京高桥写真株式会社据日本藏经阁文库藏本缩影印行本，1974年。

（明）辑者不详，闲闲子订注：《萧曹遗笔》，明万历四十二年（1614）瑞云馆重刊本。

（明）辑者不详，郑继芳等订正：《大明律集解附例》，明万历（1573—1619）年间浙江官府刊印本。

（明）辑者不详：《大明九卿事例案例》，明抄本，抄录者及抄录年份不详。

（明）辑者不详：《大明律直引》，日本东京高桥写真株式会社据日本藏经阁文库藏本缩影印行本，1974年。

（明）辑者不详：《嘉靖各部新例》，明手抄本。

（明）辑者不详：《明律统宗》，日本藏经阁文库藏明万历三十五年（1607）陈奇泉积善堂刊本缩影印行本，1974年。

（明）辑者不详：《条例备考》，日本藏经阁文库藏明印本。

（明）辑者不详：《新镌订补释注霹雳手笔》，美国国会图书馆藏明刻本。

（明）辑者不详：《一王令典·六科奏准御制新颁一王令典法律》，日本东京高桥写真株式会社据日本藏经阁文库藏本缩影印行本，1974年。

（明）焦竑重校：《新锲翰林标律判学详释》，明万历二十四年（1596）书林刘经乔山堂刊印。

（明）雷梦麟著：《读律琐言》，明嘉靖四十二年（1563）歙县知县熊秉元刊印本。

（明）刘惟谦撰：《大明律》，明嘉靖范永銮刻本。

（明）明允注释：《大明律例注释祥刑冰鉴》，日本藏经阁文库藏明万历二十七年

（1599）南都嘉宾堂刊印本。

（明）彭应弼辑：《明律刑书据会》，日本藏经阁文库藏明刊本。

（明）丘濬撰：《大学衍义补》，清文渊阁四库全书本。

（明）沈应文校正，萧近高注释，曹于汴参考：《重镌六科奏准御制新颁分类注释刑台法律》，日本东京高桥写真株式会社据日本尊经阁文库藏本缩影印本，1974 年。

（明）史继辰等纂：《增修条例备考》，日本东京高桥写真株式会社据日本藏经阁文库藏明印本缩影印行，1974 年。

（明）舒化等纂：《大明律附例》，日本藏经阁文库藏万历内府刊印本。

（明）苏茂相辑，郭万春注：《大明律例临民宝镜》，日本藏经阁文库藏明王振华刊印本。

（明）汪宗元辑：《大明律例》，明嘉靖三十三年（1554）江西布政使司刊印本。

（明）王楠：《大明律集解》，明嘉靖（1522—1566）年间河南布政使司衙门重刊本。

（明）王樵、王肯堂著：《大明律附例笺释》，日本藏经阁文库藏明印本。

（明）徐昌祚辑注，翁愈祥校：《大明律例添释旁注》，日本藏经阁文库藏明刊本。

（明）徐石麒撰：《官爵志》，清钞本。

（明）姚思仁著：《大明律附例注解》，日本藏经阁文库藏明刊本。

（明）应槚著：《大明律释义》，日本东京高桥写真株式会社据日本藏经阁文库藏本缩影印行本，1974 年。

（明）应槚撰：《大明律释义》，明嘉靖刻本。

（明）张楷著：《律条疏议》，日本东京高桥写真株式会社据日本尊经阁文库藏本缩影印，1974 年。

（明）张卤辑：《嘉隆新例及万历新例》，明万历（1573—1619）年间刊印本。

（明）郑汝壁纂注：《大明律解附例》，明万历二十二年（1594）刊本。

（明）朱敬循辑，冯仲寅校：《大明律例致君奇术》，日本藏经阁文库藏明末余彰德书林萃庆堂刊印本。

（明）著者不详：《大明律例附解》，日本藏经阁文库藏池阳秋浦象山书舍重刊本。

（清）官修：《清太祖实录》，中华书局 1985 年影印本。

（清）官修：《清太宗实录》，中华书局 1985 年影印本。

（清）官修：《清世祖实录》，中华书局 1985 年影印本。

（清）官修：《清圣祖实录》，中华书局 1985 年影印本。

（清）官修：《清世宗实录》，中华书局 1985 年影印本。

（清）官修：《清高宗实录》，中华书局 1985—1986 年影印本。

（清）官修：《清仁宗实录》，中华书局 1986 年影印本。

（清）官修：《清宣宗实录》，中华书局 1986—1987 年影印本。

（清）官修：《清文宗实录》，中华书局 1986 年影印本。

（清）官修：《清穆宗实录》，中华书局 1987 年影印本。

（清）官修：《清德宗实录》，中华书局 1987 年影印本。

（清）阿桂等纂：《户部军需则例》，清乾隆五十年（1785）军机大臣会同户部、兵部、工部刊印本。

（清）北洋洋务局纂辑：《约章成案汇览》，清光绪三十一年（1905）上海点石斋刊本。

（清）编者不详：《汇纂各国条约洋务成案事宜》，清光绪年间（1875—1908）朱丝栏钞本。

（清）卞宝第著：《卞制军政书》，清光绪（1875—1908）年间卞綍昌等刊本。

（清）伯麟、庆源等纂：《钦定中枢政考》，清道光三年（1823）官刊本。

（清）伯麟等纂：《钦定兵部处分则例》，清道光三年（1823）官刊本。

（清）蔡国桢著：《澳门公牍录存》，清宣统二年（1910）泉唐汪康年刊印。

（清）蔡乃煌等纂：《约章分类辑要》，清光绪二十六年（1900）湖南商务局印行本。

（清）蔡嵩年、蔡逢年辑：《律例便览》，清同治九年（1870）江苏书局刊印本。

（清）岑毓英著：《岑襄勤公奏稿》，清光绪二十三年（1897）武昌督粮官署刻本。

（清）曾国藩著：《曾文正公重定营规》，清咸丰十一年（1861）刊印本。

（清）曾国荃撰：《（光绪）湖南通志》，清光绪十一年刻本。

（清）曾恒德辑：《律表》，清光绪二年（1876）京都书局刊印本。

（清）陈璧著，陈宗蕃辑：《望岩堂奏稿》，台北文海出版社中国近代史料丛刊本，1967 年。

（清）陈瑸著，台湾银行经济研究室辑：《陈清端公文选》台湾银行所刊之台湾文献丛刊，1965 年。

（清）陈秉直著：《上谕合律批注》，清康熙十八年（1679）著者刊印本。

（清）陈方坦辑：《淮鹾驳案类编》，清光绪十八年（1892）金陵刊本。

（清）陈宏谋辑：《五种遗规》，清道光二年（1822）同文堂重刊本。

（清）陈宏谋著：《培远堂偶存稿》，清光绪二十二年（1896）湖北藩署排印本。

（清）陈仅辑：《南山保甲书》，清道光二十五年（1845）继雅堂刊印本。

（清）陈康祺撰：《郎潜纪闻》，中华书局点校本，1997 年。

（清）陈枚辑：《留青新集》，清康熙四十七年（1708）沈心友序素位堂刊印本。

（清）陈梦雷撰：《松鹤山房诗文集》，清康熙铜活字印本。

（清）陈乃勋辑：《成案杂钞》，清光绪年间（1875—1908）钞本。

（清）陈溥：《刑部案牍汇录》，清乾隆年间（1736—1795）钞本。

（清）陈其元撰：《庸闲斋笔记》，中华书局1989年版。

（清）陈乔枞著，陈绍钊辑：《礼堂遗集》，清同治十二年（1873）辑者刊印本。

（清）陈庆年著：《两淮盐法撮要》，清光绪十八年（1892）维扬辕门桥文富堂刊印本。

（清）陈庆镛撰：《籀经堂类稿》，清光绪九年刻本。

（清）陈士矿著：《折狱卮言》，清道光十一年（1831）六安晁说之刊印本。

（清）陈廷桂：《说帖辑要》，据傅斯年图书馆藏清嘉庆年间钞本影印本。

（清）陈廷桂编：《说帖》，清嘉庆十六年（1811）序钞本。

（清）陈毅、陈宗藩纂：《轨政纪要》，清邮传部刊印本，1908年。

（清）陈忠倚辑：《皇朝经世文三编》，清光绪二十八年（1902）上海书局刊本。

（清）崇厚辑：《盛京典制备考》，清光绪四年（1878）奉天督署刊印本。

（清）储方庆撰：《储遯庵文集》，清康熙四十年储右文等刻本。

（清）达鼐纂：《西宁青海番夷成例·番例条款》，嘉庆十四年（1809）重缮本。

（清）戴敦元辑：《新纂刑案说帖类编》，清道光十四年（1834）序澴川森宝斋藏板刊本。

（清）戴兆佳著：《天台治略》，清康熙六十年（1721）著者序承德堂活字重刊本。

（清）戴肇辰著：《从公录、续录、三录》，清同治（1862—1874）年间刊印本。

（清）戴肇辰著：《求治管见》，清咸丰二年（18S2）著者刊印本。

（清）但湘良辑：《湖南厘务汇纂》，清光绪十五年（1889）刊本。

（清）但湘良著：《湖南苗防屯政考》，清光绪九年（1883）蒲城但氏刊印本。

（清）淡水县辑：《设改章程总册》清光绪十四年（1888）造册抄本。

（清）邓承伟：《西宁府续志》，青海人民出版社1982年版。

（清）邓经元、骈宇骞点校：《历代刑法考》，中华书局1985年版。

（清）丁宝桢等纂：《四川盐法志》，清光绪八年（1882）官刊印本。

（清）丁宝桢著，徐冕等辑：《丁文诚公奏稿》，清光绪二十二年（1896）刊本。

（清）丁人可编：《刑部驳案汇钞》，清乾隆四十三年（1778）日本京都咏春堂藏板。

（清）丁日昌著：《抚吴公牍》，台北华文书局据清光绪刊本影印，1968年。

（清）杜受田等纂：《钦定科场条例》，清咸丰二年（1852）内府刊印本。

（清）端方辑：《大清新法令》，清宣统元年至三年（1909—1911）上海商务印书馆刊印本。

（清）对哈纳等校：《大清律例硃注广汇全书·大清律例批注集解》，清康熙四十五年（1706）京都琉璃厅听松楼刊印本。

（清）多卡夏仲·策仁旺杰著，汤池安译：《颇罗鼐传》，西藏人民出版社 1988 年版。

（清）额勒和布著：《蒙古律》，台北华文书局据清手抄本影印，1969 年。

（清）鄂尔泰、花善等纂：《钦定中枢政考》，清乾隆七年（1742）武英殿刊印本。

（清）鄂尔泰等辑：《朱批谕旨》，雍正（1723—1735）年间内府递刊本。

（清）鄂尔泰等纂：《八旗通志初集》，清乾隆四年（1739）内府刊本。

（清）鄂尔泰等纂：《钦定八旗则例》，清乾隆年间武英殿刊印本。

（清）鄂尔泰等纂：《钦定军卫道里表》，清乾隆八年（1743）内府刊印本。

（清）恩桂、薛鸿皋等纂：《钦定吏部处分则例·道光》，清刊本。

（清）恩桂、薛鸿皋等纂：《钦定吏部稽勋司则例·道光》，清刊本。

（清）恩桂、薛鸿皋等纂：《钦定吏部铨选汉官品级考·道光》，清刊本。

（清）恩桂、薛鸿皋等纂：《钦定吏部铨选汉官则例·道光》，清刊本。

（清）恩桂、薛鸿皋等纂：《钦定吏部铨选满洲官员品级考·道光》，清刊本。

（清）恩桂、薛鸿皋等纂：《钦定吏部铨选满洲官员则例·道光》，清刊本。

（清）恩桂、薛鸿皋等纂：《钦定吏部验封司则例·道光》，清刊本。

（清）樊增祥著，夏午诒辑：《樊山政书》，台北文海出版社据清宣统二年（1910）汤明林聚珍书店刊本影印，1971 年。

（清）樊增祥著：《樊山公牍》，清光绪二十年（1894）渭南本衙刊行。

（清）樊增祥著：《樊山批判》，清光绪二十年（1894）渭南本衙刊行。

（清）方大湜著：《平平言》，清光绪十三年（1887）常德府署刊印本。

（清）方观承著：《方恪敏公奏议》，台北文海出版社近代中国史料丛刊 1968 年影印本。

（清）方浚颐撰：《二知轩文存》，清光绪四年刻本。

（清）方濬师辑：《蒢政备览》，清光绪二年（1876）两广运使署刊印本。

（清）丰顺公著：《察吏六条》，清同治八年（1869）应宝时跋江苏书局刊印本。

（清）冯桂芬撰：《校邠庐抗议》，清光绪十年豫章刻本。

（清）福格著：《听雨丛谈》，中华书局点校本，1959 年。

（清）福建布政使司纂：《闽省赋役全书》，清道光二年（1822）官刊本。

（清）福建盐局编：《福建票盐志略》，清同治五年（1866）福建盐局印行本。

（清）福隆安、百庆等纂：《钦定中枢政考》，清乾隆四十九年（1784）武英殿刊印本。

（清）福长安、敷森布等纂：《嘉庆工部则例》，清内府刊印本。

（清）福长安等原纂，曹振镛等续纂：《钦定工部则例》，清嘉庆二十年（1815）济南官府刊印本。

（清）傅恒等纂：《钦定吏部稽勋司则例》，清乾隆刊本。

（清）傅恒等纂：《钦定吏部铨选汉官品级考》，清乾隆刊本。

（清）傅恒等纂：《钦定吏部铨选汉官则例》，清乾隆刊本。

（清）傅恒等纂：《钦定吏部铨选满洲官员则例·乾隆》，清刊本。

（清）甘厚慈辑：《北洋公牍纂》，清光绪三十三年（1907）北京益森印刷公司刊印本。

（清）甘眠羊辑：《皇朝经世文新编续集》，清光绪二十八年（1902）商绛雪斋书局刊印本。

（清）甘汝来撰：《甘庄恪公全集》，清乾隆赐福堂刻本。

（清）刚毅辑：《秋谳辑要》，清光绪十年（1884）刑部刊印本。

（清）刚毅著，葛士达辑：《牧令须知》，清光绪十五年（1889）江苏书局刊印本。

（清）刚毅著：《审看拟式》，清光绪十五年（1889）江苏书局刊印本。

（清）高廷瑶著：《宦游纪略》，清光绪二十年（1894）王文韶重刊本。

（清）葛士浚辑：《皇朝经世文续编》，清光绪十四年（1888）上海图书集成书局印行本。

（清）恭阿拉、童璜等纂：《钦定学政全书》，清嘉庆十七年（1812）内府刊印本。

（清）恭阿拉等纂：《钦定台规·嘉庆》，清官刊本。

（清）龚景瀚，李本源校：《循化志》，青海人民出版社1981年版。

（清）龚炜撰：《巢林笔谈》，中华书局1981年点校本。

（清）龚自珍：《论青海事宜书》，上海广百宋斋光绪十七年校印本。

（清）顾麟趾著：《山右谳狱记》，嘉平王漼饮庐刊印本，1833年。

（清）官修：《大清会典事例》，中华书局1991年影印本。

（清）官修：《康熙起居注》，中华书局1984年版。

（清）官修：《苏省赋役全书》，清光绪元年（1875）铅印本。

（清）官修：光绪《大清会典》，台湾新文丰出版公司据清光绪二十五年原刻本影印本。

（清）桂丹盟著：《宦游纪略》，台北广文书局1972年印行。

（清）郭嵩焘著，王先谦辑：《郭侍郎奏疏》，清光绪十八年（1892）刊印本。

（清）郭琇著，郭廷翼等校：《华野奏稿》，清雍正十年（1732）郭廷翼跋刊印本。

（清）国英等辑：《增订刑部说帖》，清光绪九年（1883）广西臬署刊本。

（清）海宁原纂，刚毅重修：《晋政辑要》，清光绪十三年（1887）刚毅序刊本。

（清）韩世琦撰：《抚吴疏草》，清康熙五年刻本。

（清）韩文绮撰：《韩大中丞奏议》，清道光刻本。

（清）何耿绳辑：《学治一得编》，清光绪七年（1881）仁和葛元煦刊印本。

（清）何良栋辑：《皇朝经世文四编》，清光绪二十八年（1902）鸿宝书局印行本。

（清）何绍基撰：《东洲草堂文钞》，清光绪刻本。

（清）贺长龄等纂：《江苏海运全案》，清道光（1821—1850）年间江苏官刊本。

（清）贺长龄辑：《皇朝经世文编》，清道光七年（1827）刊印本。

（清）弘昼、朱轼、三泰等纂：《大清律例》，清乾隆三十三年（1768）官府刊印本。

（清）弘昼等原纂，董诰、蒋攸銛、英昭等续纂：《钦定大清律例》，清道光（1821—1850）年间刊印本。

（清）洪彬编：《驳案成编》，清乾隆三十二年（1767）刊本。

（清）洪弘绪、饶瀚编：《成案质疑》，清乾隆二十年（1755）刊本。

（清）洪亮吉撰，刘德权点校：《洪亮吉集》，中华书局2001年版。

（清）洪亮吉撰：《卷施阁集》，清光绪三年洪氏授经堂刻洪北江全集增修本。

（清）鸿雪斋主辑：《皇朝经世文五编》，清光绪二十八年（1902）上海宜今室石印本。

（清）胡承珙撰：《求是堂文集》，清道光十七年刻本。

（清）胡凤丹辑：《刑案汇要》，清同治六年（1867）胡氏退补斋刊本。

（清）胡林翼撰：《胡文忠公遗集》，清同治六年刻本。

（清）胡调元辑，吴朝琛参订，张曾霭等校刊：《刑部说帖揭要》，清道光十三年（1833）金匮张曾霭等校刻本

（清）户部拟定：《商会简明章程》，清刊本。

（清）户部制订：《户部试办银行奏稿章程》，清刊本。

（清）户部纂：《海防捐输事例》，清光绪（1875—1908）年间刊本。

（清）户部纂：《海防新例铨补章程》，清光绪（1875—1908）年间刊本。

（清）户部纂：《户部续纂则例》，清手抄本。

（清）户部纂：《廷议甘肃清查弥补章程》，清道光手抄本。

（清）户部纂：《新疆甘肃盘查事例册》，清嘉庆（1796—1820）年间手抄本。

（清）户部纂：《增修筹饷事例条款》，台北华文出版社据清刊本影印，1968年。

（清）户部纂：《增修现行常例》，台北华文书局据清刊本影印，1968年。

（清）户部纂：《郑工新例》，清光绪（1875—1908）年间刊印本。

（清）黄恩彤辑：《大清律例按语》，清道光二十七年（1847）番禺潘德畲海山仙馆刊印本。

（清）黄六鸿：《福惠全书》，康熙三十八年（1699年）种书堂刊本。

（清）会典馆编，赵云田点校：《钦定大清会典事例·理藩院》，中国藏学出版社2006年版。

（清）嵇曾筠撰：《防河奏议》，清雍正刻本。

（清）嵇璜等著：《皇朝通典》，清文渊阁四库全书本。

（清）嵇璜等著：《皇朝通志》，清文渊阁四库全书本。

（清）嵇璜等纂：《皇朝文献通考》，清文渊阁四库全书本。

（清）辑者不详：《驳案续编》，清光绪九年（1883）上海图书集成局印行本。

（清）辑者不详：《刺字条款·刺字便览》，清手抄本。

（清）辑者不详：《大清缙绅全书》，清光绪十八年（1892）荣录堂刊印本。

（清）辑者不详：《度支津梁》，清手抄本。

（清）辑者不详：《法部审定法制汇编》，清宣统元年（1909）刊印本。

（清）辑者不详：《福建盐法志》，清道光十年（1830）刊印本。

（清）辑者不详：《淮南缉私章程》，清光绪（1875—1908）年间刊本。

（清）辑者不详：《奸杀殴伤全案事例稿》，清光绪年间（1875—1908）钞本。

（清）辑者不详：《监察御史奏稿》，清朱丝栏抄本。

（清）辑者不详：《历年通行成案》，清钞本。

（清）辑者不详：《例案备较》，清道光九年（1829）仲春刊本

（清）辑者不详：《六部新例成案》，清雍正九年（1731）刊本。

（清）辑者不详：《南河成案》，清刊本。

（清）辑者不详：《钦定王公处分则例》，清刊本。

（清）辑者不详：《清閟山房随录》，清抄本。

（清）辑者不详：《清巡警章程》，清刊本。

（清）辑者不详：《秋审实缓比较成案》，清同治十二年四川臬署存版。

（清）辑者不详：《山东盐法续增备考》，清道光（1821—1850）年间山东盐运使司署刊印本。

（清）辑者不详：《上谕条例》，清江苏布政使司衙门刊印本。

（清）辑者不详：《上谕条奏》，清光绪（1875—1908）年间刊印本。

（清）辑者不详：《说帖》，清道光十九年至二十八年（1839—1848）律例馆钞本。

（清）辑者不详：《说帖》，清手抄本。

（清）辑者不详：《通行条例》，清光绪十四年（1888）江苏书局校刊本。

（清）辑者不详：《通行章程》，光绪壬辰板存京都琉璃厂刊本。

（清）辑者不详：《通商条约章程成案汇编》，清光绪十二年（1886）序刊本。

（清）辑者不详：《铜政便览》，清手抄本。

（清）辑者不详：《刑部迭次通行章程》，清光绪十八年（1892）京都善成堂刊印本。

（清）辑者不详：《刑部各司判例》，清道光十二年至十三年（1832—1833）钞本。

（清）辑者不详：《刑成案》，清手抄本。

（清）辑者不详：《续增驳案新编》，清嘉庆四年（1799）刊本。

（清）辑者不详：《选录刑部驳案》，清秀文斋朱丝栏抄本。

（清）辑者不详：《则例》，清渡鸡口同春馆手抄本。

（清）江苏按察使司制订：《扬州保甲巡警章程》，清光绪（1875—1908）末年官刊本。

（清）江西按察使衙门：《定例汇编》，东京大学东洋文化研究所藏本。

（清）钱之青、陆凤来编校：《大清律笺释合钞》，清康熙四十一年序钱氏思补堂刊本。

（清）江西按察司辑：《西江政要》，清光绪（1875—1908）后期江西按察司衙门原刊本。

（清）姜宸英撰：《湛园集》，清文渊阁四库全书本。

（清）蒋超伯辑：《爽鸠要录》，清同治五年（1866）广州刊印本。

（清）蒋伊辑：《万世玉衡录》，康熙（1662—1722）年间蒋陈锡重刊本。

（清）蒋永修撰：《日怀堂奏疏》，清康熙天藜阁刻本。

（清）蒋兆奎著：《河东盐法便览》，清乾隆五十五年（1790）刊本。

（清）景清撰：《武场条例》，清光绪二十一年刻本。

（清）蒯德模著：《吴中判牍》，清同治十二年（1874）刊本。

（清）奎濂、张瑞芳等辑：《户部银库奏案辑要》，清光绪（1875—1908）年间京师官书局刊印本。

（清）奎润等纂：《钦定科场条例》，清光绪十三年（1887）内府始刊本。

（清）魁联辑：《前后守宝录》，清同治十三年（1874）刊本。

（清）来保、曹理等纂：《钦定中枢政考》，清乾隆二十九年（1764）武英殿刊印本。

（清）来保等原纂，穆克登额等续纂：《大清通礼》，清光绪九年（1883）江苏书局刊印本。

（清）来保等纂：《大清通礼》，清乾隆二十四年（1759）内府刊印本。

（清）来保等纂：《乾隆朝大清会典则例》，清乾隆二十九年（1764）内府刊印本。

（清）蓝鼎元著，刘鹏云、陈方明译：《鹿洲公案》，群众出版社1985年版。

（清）郎汝琳增辑：《例限汇编》，清刊本。

（清）黎简堂辑：《公门不费钱功德》，清光绪六年（1880）天壤阁刊印本。

（清）黎培敬著，黎承礼辑：《黎文肃公遗书》，清光绪十七年（1891）湘潭黎氏刻本。

（清）礼部纂：《钦定学政全书》，（台北）广文书局1974年影印本。

（清）李秉衡著，翟文选辑：《李忠节公奏议》，台北文海出版社中国近代史料丛刊本，1968 年。

（清）李凤仪辑：《时务分类与国策》，清光绪二十三年（1897）上海书局石印本。

（清）李绂撰：《穆堂稿》，清道光十一年奉国堂刻本。

（清）李馥堂钞订，邵绳清校刊：《两歧成案新编》，清道光十三年（1833）常熟邵氏校刊巾箱本。

（清）李馥堂辑：《加减成案新编》，清道光十三年（1833）常熟邵氏校刊巾箱本。

（清）李刚己辑：《教务纪略》，清光绪三十一年（1905）南洋官报局刊印本。

（清）李桂林修：《（光绪）吉林通志》，清光绪十七年刻本。

（清）李瀚章、张建基等纂：《大清律例汇辑便览》，清同治十一年（1871）冬月湖北谳局新刊。

（清）李瀚章著，李经畲等辑：《合肥李勤恪公政书》，台北文海出版社中国近代史料丛刊本，1967 年。

（清）李鸿宾、余步云著：《钦差广东上谕奏折》，清手抄本。

（清）李鸿章著，吴汝纶辑：《李文忠公全集》，清光绪三十一年（1905）金陵刊印本。

（清）李鸿章撰：《李文忠公奏稿》，民国影金陵原刊本。

（清）李鸿章纂：《通商约章类纂》，清光绪十二年（1886）天津官书局刊本。

（清）李桓：《耆献类征初编》，清光绪十年至十六年刻本。

（清）李卫等原纂，延丰等重修：《钦定重修两浙盐法志》，清嘉庆七年（1802）浙江盐署刊印本。

（清）李卫等纂：《两浙盐法志》，清乾隆五十七年（1792）浙江盐法道刊印本。

（清）李雯撰：《蓼斋集》，清顺治十四年石维昆刻本。

（清）李星沅著，李榕等辑：《李文恭公奏议》，台北文海出版社近代中国史料丛刊本，1969 年。

（清）李星沅撰：《李文恭公遗集》，清同治五年李概等刻本。

（清）李毅手抄：《广西税则》，抄录年份不详。

（清）李有棻辑：《续通商条约章程成案汇编》，清光绪二十五年（1899）秦中书局排印本。

（清）李渔辑：《资治新书·新增资治新书全集》，清康熙六年（1667）周亮工序带月楼刊印本。

（清）李珍璘著：《本朝题驳公案》，清康熙五十九年（1720）刊本。

（清）李之芳著，李钟麟辑：《李文襄公全集》，清康熙四十一年（1702）程光袷跋清彤堂刊印本。

（清）李之芳著、李仲麟校：《棘听草》，清康熙四十一年（1702）刊本。

（清）李之芳撰、李钟麟编：《李文襄公奏疏》，清康熙刻本。

（清）李治运编：《成案续编二刻》，清乾隆二十八年（1763）刊本。

（清）李宗羲著：《开县李尚书政书》，清光绪十一年（1885）武昌孙壁文校刊本。

（清）梁恭辰撰：《北东园笔录初编》，江苏广陵古籍刻印社影印本，1983年。

（清）梁国治等纂：《钦定国子监志·乾隆》，清文渊阁四库全书本。

（清）梁他山著：《读律琯朗》，清光绪五年（1879）葛氏刊印本。

（清）梁章矩、朱智纂：《枢垣记略》，中华书局2003年点校本。

（清）梁章巨编：《退庵随笔》，江苏广陵古籍刻印社1997年版。

（清）梁章巨撰：《浪迹丛谈》，福建人民出版社1983年点校本。

（清）梁章巨撰：《制义丛话》，清咸丰九年（1859）刻本。

（清）梁章钜：《枢垣记略》，中华书局1984年版。

（清）两广总督署辑：《两广官报》，清宣统三年（1911）两广总督署印行。

（清）两淮盐务署辑：《两淮盐案汇编》，清乾隆（1736—1795）年间两淮盐务署刊印本。

（清）林则徐著：《林文忠公政书》，清光绪二十四年（1898）天津文德堂石印本。

（清）凌铭麟撰：《律例指南》，清康熙二十七年（1688）刻本。

（清）刘璈著：《巡台退思录》，清光绪十五年（1889）刊本。

（清）刘秉璋著，朱孔彰辑：《刘尚书奏议》，台北文海出版社中国近代史料丛刊本，1968年。

（清）刘衡著：《读律心得》，清咸丰三年（1853）云海楼刊本。

（清）刘衡著：《蜀僚问答》，清咸丰三年（1853）云海楼刊印本。

（清）刘衡著：《庸吏庸言》，清咸丰三年（1853）云海楼刊印本。

（清）刘衡著：《庸吏余谈》，清咸丰三年（1853）云海楼刊印本。

（清）刘锦棠著：《刘襄勤公奏稿》，台北文海出版社中国近代史料丛刊本，1968年。

（清）刘锦藻纂：《清朝续文献通考》清光绪三十一年（1905）坚匏盦刊印本。

（清）刘坤一著：《刘忠诚公遗集》，（台北）文海出版社近代史料丛刊影印本，1966年。

（清）刘崐著：《刘中丞奏稿》，台北文海出版社近代中国史料丛刊本，1967年。

（清）刘铭传著，陈澹然辑：《刘壮肃公奏议》，台北台湾中华书局据清光绪刊本排印，1971年。

（清）刘蓉著：《刘中丞奏疏》，台北文海出版社据清光绪思贤讲舍校刊本影印本，1968年。

（清）刘郇膏等纂：《江苏省减免赋全案》，清同治五年（1866）李鸿章等序刊本。

（清）刘豫师：《豫师青海奏稿》，吴丰培编，青海人民出版社 1981 年版。

（清）柳堂著：《宰德小记》，清光绪三十二年（1906）笔谏堂刊印本。

（清）龙启瑞撰：《经德堂文集》，清光绪四年龙继栋京师刻本。

（清）陆曾禹原辑，倪国琏节录：《钦定康济录》，清乾隆（1736—1795）年间武英殿刊印本。

（清）陆建瀛著，卢靖辑：《陆文节公奏议》，台北文海出版社近代中国史料丛刊本，1968 年。

（清）陆陇其：《三鱼堂外集》，清康熙四十八年（1709）张伯行序刊印本。

（清）陆陇其撰：《三鱼堂集》，清文渊阁四库全书本。

（清）陆燿著：《切问斋集》，清乾隆五十七年（1792）晖吉堂刊印本。

（清）鹿傅霖著：《筹瞻疏稿》，清光绪二十六年（1900）刊本。

（清）鹿善继著：《福建盐法》，清光绪（1875—1908）年间定兴鹿氏刊印本。

（清）罗惇曧撰：《宾退随笔》，台北文海出版社 1987 年版。

（清）罗正钧著：《劬盦官书拾存》，湘潭罗正钧养正斋刊印本，1920 年。

（清）吕贤基著：《吕文节公奏议》，台北文海出版社近代中国史料丛刊本，1967 年。

（清）马世璘等编：《所见集》，清嘉庆十年（1805）三余堂刊巾箱本。

（清）马新贻辑：《浙江海运漕粮全案重编》，清同治（1862—1874）年间粮储道库刊印本。

（清）麦仲华辑：《皇朝经世文新编》，清光绪二十四年（1898）上海大同译书局刊行本。

（清）麦仲华辑：《增辑皇朝经济文新编》，清光绪二十八年（1902）上海译书局印行本。

（清）莽鹄立等原纂，吉纶等续纂：《新修山东盐法志》，清嘉庆十四年（1809）山东盐署刊印本。

（清）莽鹄立等原纂，杨弘俊等增纂：《山东盐法志》，清雍正十二年（1734）山东盐署刊印本。

（清）莽鹄立等纂：《新修长芦盐法志》，清雍正（1723—1735）年间刊印本。

（清）孟海著：《西藏奏稿》，清手抄本。

（清）闵补篱编：《成案新编二集》清乾隆二十八年（1763）刊本。

（清）明亮、纳苏泰等纂：《钦定绿营中枢政考》，清道光五年（1825）官刊本。

（清）明亮、纳苏泰等纂：《钦定中枢政考》，清道光五年（1825）官刊本。

（清）明亮等纂：《钦定五军道里表》，清嘉庆十四年（1809）内府刊印本。

（清）铭安著：《吉林奏稿》，清手抄本。

（清）穆翰著：《明刑管见录》，清光绪九年（1883）仁和葛元煦刊印本。

（清）穆彰阿等撰：《（嘉庆）大清一统志》。

（清）那彦成，宋挺生校注：《那彦成青海奏议》，青海人民出版社1997年版。

（清）那彦成著，章佳容安辑：《那文毅公奏议》，清道光十四年（1834）章佳容安刊印本。

（清）那彦成著：《平番奏议》，清咸丰三年（1853）兰州阿公祠印行。

（清）内阁印铸局编：《内阁官报》，（台北）文海出版社1965年影印本。

（清）年羹尧：《年羹尧奏折专辑》，（国立）故宫博物院印行，1971年。

（清）宁立悌等纂：《粤东省例新纂》，清道光（1821—1850）年间刊本。

（清）潘耒撰：《遂初堂集》，清康熙刻本。

（清）潘世恩、松年等纂：《续户部则例》，清道光十八年（1838）户部刊印本。

（清）潘文舫、徐谏荃辑：《新增刑案汇览》，清光绪十四年（1888）上海图书集成局仿袖珍版印行。

（清）盘峤野人辑，李元春重订：《居官寡过录》，清道光十五年（1835）朝邑蓟振清刊印本。

（清）庞际云、方濬颐纂：《淮南盐法纪略》，清同治十二年（1873）淮南书局刊印本。

（清）彭玉麟著，俞樾辑：《彭刚直公奏稿》，清光绪十七年（1891）刊印本。

（清）戚学标撰：《鹤泉文钞》，清嘉庆五年刻本。

（清）祁韵士著：《西陲要略》，清道光十七年（1837）筠渌山房刊印本。

（清）钱陈群撰：《香树斋文集》，清乾隆刻本。

（清）钱澄之撰：《田间文集》，清康熙刻本。

（清）钱大昕撰：《潜研堂集》，清嘉庆十一年刻本。

（清）钱鼎铭著，钱溯耆、钱溯时辑：《钱敏肃公奏疏》，清光绪六年（1880）存素堂刊印本。

（清）钱沣撰：《钱南园先生遗集》，清同治十一年刘昆长沙刻本。

（清）钱仪吉撰：《衍石斋记事稿》，清光绪六年钱彝甫印本。

（清）秦世祯著：《秦公疏稿檄草》，清顺治九年（1652）申绍芳序刊本。

（清）秦瀛撰：《小岘山人诗文集》，清嘉庆刻增修本。

（清）清年：《刑部说帖各省通行成案摘要抄存》，清道光十一年（1831）序刊本。

（清）庆桂、彩柱等纂：《钦定吏部处分则例》，清嘉庆十二年（1807）内府刊本。

（清）庆桂、彩柱等纂：《钦定吏部稽勋司则例》，清嘉庆十二年（1807）内府刊印本。

（清）庆桂、彩柱等纂：《钦定吏部铨选汉官品级考》，清嘉庆十二年（1807）内府刊印本。

（清）庆桂、彩柱等纂：《钦定吏部铨选汉官则例》，清嘉庆十二年（1807）内府刊印本。

（清）庆桂、彩柱等纂：《钦定吏部铨选满洲官员品级考》，清嘉庆十二年（1807）内府刊印本

（清）庆桂、彩柱等纂：《钦定吏部铨选满洲官员则例》清嘉庆十二年（1807）内府刊印本。

（清）庆桂、彩柱等纂：《钦定吏部验封司则例》，清嘉庆十二年（1807）内府刊印本。

（清）庆桂等纂：《钦定吏部处分则例》，同治年间内府刊本。

（清）庆恕等纂：《甘肃陕西文武各官及防勇练兵及各署役夫等支款章程》，清光绪二十一年（1895）户部陕西司校刊本。

（清）全士潮等辑：《驳案新编》，清乾隆四十六年（1781）刊本。

（清）全祖望撰：《鲒埼亭集》，清姚江借树山房本。

（清）饶玉成辑：《皇朝经世文编续集》，清光绪八年（1882）双峰书屋刊印本。

（清）任彭年辑：《大清律例增修统纂集成》，清同治七年（1868）龙威阁书坊刊印本。

（清）任彭年原辑，陶骏、陶念霖增辑：《大清律例增修统纂集成》，清同治七年（1868）京都龙威阁书坊刊印本。

（清）阮本焱著：《求牧刍言》，台北文海出版社近代中国史料丛刊本，1968年。

（清）阮葵生辑：《七录斋文钞》，清稿本。

（清）阮吾山著：《西曹议稿》清手抄本。

（清）阮元纂：《两广盐法志》，清道光十六年（1836）粤东省城九曜坊林兴堂承刻本。

（清）瑞禧纂：《金吾事例》，清咸丰元年（1851）纂者序刊本。

（清）赛尚阿等纂：《咸丰户部则例》，清咸丰元年（1851）刊印本。

（清）三泰修：《大清律例》，清文渊阁四库全书本。

（清）桑春荣编：《驳案续编》，清光绪九年（1883）上海图书集成局仿袖珍版印行。

（清）桑春荣辑：《秋审实缓比较汇案》，清光绪六年（1880）北京撷华书局印行本。

（清）邵晋涵撰：《南江诗文钞》，清道光十二年胡敬刻本。

（清）邵三棠辑：《皇朝经世文统编》，清光绪二十七年（1901）上海宝善斋印

行本。

（清）沈葆桢著，吴元炳辑：《沈文肃公政书》，台北文海出版社近代中国史料丛刊本，1967 年。

（清）沈家本、郭安仁同辑：《刺字集》，清光绪二十四年（1898）江苏书局重刊本。

（清）沈家本、俞廉三等纂：《大清现行刑律案语》，清宣统元年（1909）法律馆刊印本。

（清）沈家本：《历代刑法考》，中华书局 1985 年版。

（清）沈家本编：《大清现行新律例》，清宣统元年排印本。

（清）沈家本著：《沈寄簃先生遗书甲编》，（台北）文海出版社 1964 年影印本。

（清）沈家本撰：《寄簃文存》，民国沈寄簃先生遗书本。

（清）沈家本纂：《钦定大清刑律》，清宣统三年（1911）刊印本。

（清）沈如焞辑：《例案续增新编》，清乾隆二十四年（1759）刊本。

（清）沈森著：《借箸杂俎》，清光绪十二年（1886）沈申佑刊印本。

（清）沈廷瑛编：《成案备考》，清嘉庆十三年（1808）刊本。

（清）沈贤书、孙尔耆辑：《钦定增修六部处分则例》，清道光二十九年（1849）刊本。

（清）沈辛田辑：《名法指掌增订·附钱谷刑名便览》，清乾隆十年（1745）杭州有文堂重刊本。

（清）沈衍庆著，夏燮辑：《槐卿遗稿·附槐卿政绩》，清同治元年（1862）刊印本。

（清）沈之奇：《大清律辑注》，法律出版社 2000 年版。

（清）沈之奇著：《大清律集解附例》，中华书局 1997 年版。

（清）沈祖燕著：《案事编》，清光绪三十三年（1907）刊印本。

（清）盛康辑：《皇朝经世文编续编》，上海图书集成书局印行本，清光绪十四年（1888 年）。

（清）石麟等纂：《河东盐法志》，清雍正七年（1729）河东盐署刊印本。

（清）时庆荣著：《一得汇存》，清抄本，抄录者及抄录年份不详。

（清）世铎等纂：《钦定宗人府则例》，清光绪三十四年（1908）奏请纂辑刊印本。

（清）世铎等纂：《钦定宗室觉罗律例》，北京宪政编查馆印行本，1911 年。

（清）世杰等辑：《户部陕西司奏稿》，清刊本。

（清）世宗著，允祥等辑：《上谕》，乾隆六年（1741）武英殿刊印本。

（清）松筠：《钦定新疆识略》，（台北）文海出版社 1965 年版。

（清）松筠等纂：《钦定台规·道光》，清官刊本。

（清）松筠著：《镇抚事宜》，清道光三年（1823）刊印本。

（清）松森等纂：《钦定理藩部则例·光绪》，蒙藏委员会编译室据 1908 年本重印本，1942 年。

（清）宋楚望辑：《公门果报录》，清光绪十八年（1892）江苏书局刊印本。

（清）宋荤著，吴元炳辑：《西陂类稿》，清光绪五年（1879）吴元炳刊印本。

（清）宋谦辑：《说帖》，清嘉庆十六年（1811）陈桂廷序手抄本。

（清）宋谦重编：《说帖辑要》，朱丝栏钞本。

（清）苏昌臣辑：《河东盐政汇纂》，清康熙二十九年（1690）河东盐运使司署刊本。

（清）素尔讷、魏晋锡等纂：《钦定学政全书》，清乾隆三十九年（1774）内府刊印本。

（清）孙宝瑄：《忘山庐日记》，上海古籍书店 1983 年版。

（清）孙嘉淦撰：《孙文定公奏疏》，清敦和堂刻本。

（清）孙纶辑、孙绘校阅：《定例成案合镌》，清康熙四十六年（1707）序刊本。

（清）孙玉庭著，李宪乔注，孙毓汉校：《盐法隅说》，清同治十一年（1872）孙毓汉印行本。

（清）孙玉庭著：《延厘堂集》，清同治十一年（1872）孙毓汉刊印本。

（清）太常寺纂：《钦定太常寺则例》，清道光（1821—1850）年间内府朱丝栏抄本。

（清）谈迁撰：《北游录》，中华书局点校本，1960 年。

（清）汤斌著，吴元炳辑《汤子遗书》，清光绪五年（1879）吴元炳刊印本。

（清）陶骏、陶念霖增修：《大清律例增修统纂集成》，光绪十三年扫叶山房本。

（清）陶澍著：《陶文毅公奏疏》，清道光二十年（1840）两淮淮北士民公社刊印本。

（清）陶澍撰：《陶云汀先生奏疏》，清道光八年刻本。

（清）特登额、长秀等纂：《钦定礼部则例》，清道光二十四年（1844）刊印本。

（清）特通保等纂：《钦定军器则例》，清嘉庆二十一年（1816）刊本。

（清）田文镜著：《抚豫宣化录》，清雍正五年（1727）嵇曾筠序手抄本。

（清）田文镜著：《州县事宜》，清文宗咸丰九年（1859）许乃普刊印本。

（清）铁保等纂：《钦定八旗通志》，清嘉庆四年（1799）刊本。

（清）铁保重纂：《两淮盐法志》，清嘉庆十一年（1806）刊本。

（清）同德编，张至德校订：《成案续编》，清乾隆二十年（1755）刊本。

（清）童学贞汇抄：《国初六部则例》，抄录年份不详。

（清）屠仁守著，刘廷琛辑：《屠光禄疏稿》，潜楼校刻本，1922 年。

（清）托津、赛尚阿等纂：《钦定理藩部则例》，清道光二十三年（1843）刊印本。

（清）托津等纂：《嘉庆朝大清会典》，清嘉庆二十三年（1818）内府刊印本。

（清）托津等纂：《嘉庆朝大清会典事例》，清嘉庆二十三年（1818）内府刊印本。

（清）托津等纂：《钦定户部漕运全书》，清乾隆三十一年（1766）刊本。

（清）万维翰著：《荒政琐言》，清乾隆二十八年（1763）艺辉堂刊印本。

（清）万维翰著：《幕学举要》，清光绪十八年（1892）浙江书局刊印本。

（清）万维翰纂：《律例图说辨伪》，清乾隆二十六年（1761）刊本。

（清）汪辉祖著：《病榻梦痕录》，清同治（1862—1874）年间温陵郡斋刊本。

（清）汪辉祖著：《续佐治药言》，清乾隆五十一年（1786）长塘鲍廷博刊印本。

（清）汪辉祖著：《学治臆说》，清嘉庆五年（1800）桐川颐修刊印本。

（清）汪辉祖著：《佐治药言》，清乾隆五十一年（1786）长塘鲍廷博刊印本。

（清）汪进之辑：《说帖辨例新编》，清道光十六年（1836）钱塘汪氏活字刊本。

（清）汪师韩撰：《韩门缀学》，清乾隆刻上湖遗集本

（清）汪士仁辑：《吉林交涉汇编》，台北华文书局据清光绪年间（1875—1908）手抄本影印，1968年。

（清）汪廷楷初辑，祁韵士补纂，松筠审定：《西陲总统事略·伊犁总统事略》，清嘉庆十四年（1809）北京通志馆印行本。

（清）汪志伊辑：《荒政辑要》，清嘉庆十一年（1806）苏州藩署刊印本。

（清）王杰等纂：《钦定学政全书》，清乾隆五十八年（1793）内府刊印本。

（清）王明德著：《读律佩觽》，清康熙十三年（1674）冷然阁刊印本。

（清）王庆云著：《石渠余纪》，清光绪十六年（1890）龙氏刊印本。

（清）王庆云著：《熙朝纪政》，清光绪二十八年（1902）同文仁记印行本。

（清）王仁堪著，王孝绳辑：《王苏州遗书》，台北文海出版社据1934年王孝绮印行本影印，1967年。

（清）王汝砺辑：《刑部通行章程》，清光绪十八年（1892）北平路南宏道堂始刊本。

（清）王汝砺辑：《刑部奏定新章》，京都琉璃厂刊印本，1900年。

（清）王士禛著：《池北偶谈》，中华书局1988年点校本。

（清）王守基著：《九省盐务议略》，清手抄本。

（清）王守基著：《盐法议略》，清同治十二年（1873）吴县潘祖荫印行本。

（清）王棠撰：《燕在阁知新录》，清康熙刻本。

（清）王韬著：《弢园文录外编》，清光绪九年铅印本。

（清）王先谦辑：《十朝东华录》，清光绪二十年（1894）上海积山书局石印本。

（清）王乂槐辑：《钱谷备要》，清乾隆五十八年（1793）自序刊本。

（清）王乂槐著：《办案要略》，清光绪十八年（1892）浙江书局刊印本。

（清）王永吉撰：《人臣儆心录》，清文渊阁四库全书本。

（清）王植著：《崇雅堂稿》，清乾隆二十四年（1759）王鸣盛序崇雅堂刊印本。

（清）魏若虚辑：《刑部平反节要》，清乾隆五十四年（1789）都门求生堂刻本。

（清）魏息园编：《不用刑审判书》，清光绪三十三年（1907）刊本。

（清）魏象枢著：《寒松堂文集》，清嘉庆十六年（1811）魏煜刊印本。

（清）魏裔介著，詹明章辑：《魏文毅公奏议》，清光绪五年（1879）定州王灏谦德堂刊印本。

（清）魏源撰，韩锡铎、孙文良点校：《圣武记》，中华书局1984年版。

（清）文孚，魏明章标注：《青海事宜节略》，青海人民出版社1993年版。

（清）文孚、清平等纂：《钦定吏部处分则例·道光》，清道光十五年（1835）官刊印本。

（清）文孚、清平等纂：《钦定增修六部处分则例》，清同治四年（1865）沈椒生、孙眉山校勘刊印本。

（清）文孚等纂、堵焕臣校：《钦定重修六部处分则例》清光绪十八年（1892）上海图书集成印书局刊印本。

（清）文庆等纂：《钦定国子监志》，清道光十四年（1834）奏进。

（清）文煜等纂：《光绪工部则例》，光绪十年（1884）官府刊印本。

（清）倭仁、承启等纂：《钦定户部则例》，清同治四年（1865）户部刊印本。

（清）倭仁撰：《吏治辑要》，清光绪元年升泰刻本。

（清）吴潮、何锡俨原纂，蓝佩青删订：《刑案汇览续编》，清光绪二十六年（1900）蓉城李保和刻本。

（清）吴潮等编：《刑案汇览续编》，清光绪十三年（1887）刊印本。

（清）吴达海等纂：《大清律集解附例》，清康熙三年（1664）续刊本。

（清）吴光华辑：《谋邑备考》，清乾隆年间（1736—1795）刊本。

（清）吴光耀著：《秀山公牍》，清刊本。

（清）吴宏：《纸上经纶》，康熙六十年自刻本。

（清）吴荣光辑：《吾学录初编》，同治九年（1870）江苏书局刊印本。

（清）吴坛等著，吴重熹辑：《大清律例通考》，清光绪十二年（1886）辑者刊印本。

（清）吴文镕著，吴养原辑：《吴文节公遗集》，台北文海出版社近代史料丛刊本，1966年。

（清）吴翼光辑：《新疆条例说略》，清乾隆六十年（1795）朱晋阶刊印本。

（清）吴玉纶撰：《香亭文稿》，清乾隆六十年滋德堂刻本。

（清）吴长元：《宸垣识略》，北京古籍出版社 1983 年版。

（清）吴振棫著：《养吉斋丛录》，北京古籍出版社 1983 年点校本。

（清）锡珍、施人镜等纂：《钦定吏部处分则例·光绪》，清刊本。

（清）锡珍、施人镜等纂：《钦定吏部铨选汉官品级考·光绪》，清刊本。

（清）锡珍、施人镜等纂：《钦定吏部铨选汉官则例·光绪》，清刊本。

（清）锡珍、施人镜等纂：《钦定吏部铨选满洲官员品级考·光绪》，清刊本。

（清）锡珍、施人镜等纂：《钦定吏部铨选满洲官员则例·光绪》，清刊本。

（清）锡珍撰：《吏部铨选则例》，清光绪十二年刻本。

（清）禧恩、联英等纂：《道光户部则例》，清道光十一年（1831）户部刊印本。

（清）夏旹纂，华国英、赵藩增辑：《四川官运盐案类编》，清光绪二十八年至三十四年（1902—1908）泸州总局刊印本。

（清）夏先范编：《胡文忠公年谱》，清光绪刻胡文忠公政书本。

（清）宪政编查馆官报局编：《政治官报》，台北文海出版社影印本，1965 年。

（清）宪政编查馆辑：《大清法规大全》，清宣统三年（1911）上海政学社印行本。

（清）宪政编查馆奏定：《宪政编查馆奏遵设贵胄法政学堂拟订章程折》，清刊本。

（清）萧奭著：《永宪录》，中华书局点校本，1997 年。

（清）萧腾麟著，萧锡珀辑：《西藏见闻录》，清乾隆（1736—1795）年间手抄本。

（清）谢诚钧辑：《秋审实缓比较条款》，清光绪四年（1878）江苏书局刊印本。

（清）谢金銮著：《蛤仔难纪略》，清同治六年（1867）丁曰健知足知止园刊印本。

（清）谢开宠等纂：《两淮盐法志》，清康熙三十二年（1693）两淮盐务署刊印本。

（清）刑部删定：《大清删除新律例》，清光绪三十一年（1905）上海书局刊印本。

（清）刑部修：《刑部通行条例》，清同治木活字本。

（清）熊伯龙著，熊元献辑：《谷诒堂文集》，清乾隆五十一年（1786）熊光序家刊本。

（清）徐本等增纂：《督捕则例》，清乾隆（1736—1795）年间内府刊印本。

（清）徐本等纂：《钦定三流道里表》，乾隆（1736—1795）年间武英殿刊印本。

（清）徐栋辑：《保甲书》，清道光二十八年（1848）李炜校刊本。

（清）徐栋辑：《牧令书》，清道光十八年（1838）刊印本。

（清）徐交弼辑：《新编吏治悬镜》，清宏道堂刊印本。

（清）徐士林著，李祖年校：《徐雨峰中丞勘语》，清光绪三十二年（1906）武进李祖年圣译楼刊印本。

（清）徐锡龄：《熙朝新语》，江苏广陵古籍刻印社 1984 年版。

（清）徐炘著：《吟香书室奏疏》，台北文海出版社近代中国史料丛刊影印清刊本，1968 年。

（清）徐旭旦撰：《世经堂初集》，清康熙刻本。

（清）徐元文撰：《含经堂集》，清刻本。

（清）许宝书纂：《淮北票盐续略》，清同治九年（1870）两淮盐运使司刊印本。

（清）许槤、熊莪辑：《刑部比照加减成案》，清道光十四年（1834）刊印本。

（清）许槤：《刑部比照加减成案续编》，清道光刻本。

（清）许乃济著，黄大受辑：《许太常奏议》，台北文海出版社近代中国史料丛刊本，1963年。

（清）许乃钊辑：《乡守辑要合钞》，咸丰三年（1853）武英殿刊印本。

（清）续纂盐法志局纂：《续纂两浙盐法备考》，清光绪二十五年（1899）续纂盐法志局刊行本。

（清）薛福成撰：《庸庵文编》，清光绪刻庸庵全集本。

（清）薛允升著：《读例存疑》，清光绪三十一年（1905）北京琉璃厂翰茂斋刊本。

（清）学部奏定：《奏定管理游学日本学生章程》，清光绪三十二年（1906）京师官书局刊印本。

（清）雅尔哈善编：《成案汇编》，清乾隆十一年（1746）序刊本。

（清）雅尔图著，赵城等辑：《雅公心政录》，清乾隆六年（1741）河南司道刊印本。

（清）延煦等纂：《钦定台规·光绪》，清光绪十八年（1892）都察院刊本。

（清）严作霖著：《陕卫治略》，清光绪十九年（1893）刊印本。

（清）阎敬铭著：《阎中丞批牍》，清同治（1862—1874）年间刊印本。

（清）阎若璩撰：《潜邱札记》，清文渊阁四库全书本。

（清）晏斯盛著：《楚蒙山房文集》，清乾隆八年（1743）夏力恕序刊印本。

（清）杨名时著，杨应询辑：《杨氏文集》，清乾隆五十九年（1794）江阴叶廷甲水心草堂刊印本。

（清）杨荣绪著：《读律提纲》清光绪四年（1878）广东启秀山房刊行本。

（清）杨士骧编，汪鸿孙校：《例学新编》，清光绪三十二年（1906）上海明溥书局石印本。

（清）杨应琚：《西宁府新志》，青海人民出版社1987年版。

（清）杨雍建著，孙文苏辑：《抚黔奏疏》，清道光二十五年（1845）补刊本。

（清）杨昱辑：《牧鉴》，清道光十年（1830）荣誉刊行本。

（清）杨岳斌著：《杨勇悫公奏议》，清光绪二十一年（1895）问竹轩刊印本。

（清）姚润原纂，胡璋增辑：《大清律例刑案新纂集成》，清同治十二年（1872）京都宣武门外桥西上斜街口南第七所官房刊本。

（清）姚诗雅辑：《河南忠节成案备览》，清同治六年（1867）钵益书屋藏板。

（清）姚文然撰：《姚端恪公集》，清康熙二十二年姚士塈等刻本。

（清）姚雨芗原纂，胡仰山增辑：《大清律例刑案汇纂集成》，道光二十四年（1844）杭州同文堂书坊刊本。

（清）叶名沣撰：《桥西杂记》，清同治十年滂喜斋刻本，

（清）叶润臣、鲍子年等辑：《部本签式》，清光绪二年（1876）鲍子年鸿文斋手抄本。

（清）伊里布纂：《学案初模》，清光绪七年（1881）云南书局刊本。

（清）伊里布纂：《学案初模续编》，清光绪七年（1881）云南书局刊本。

（清）伊桑阿等纂：《康熙朝大清会典》，清康熙二十九年（1690）内府刊印本。

（清）贻毅著：《绥远奏议》，清宣统（1909—1911）年间北京京华印书局刊印本。

（清）奕劻等拟订：《奏定陆军学堂办法》，清光绪三十年（1904）刊印本。

（清）尹会一著，张受长辑：《抚豫条教》，清光绪五年（1879）定州王灏谦德堂刊印本。

（清）尹会一著，张受长辑：《尹少宰奏议》，清光绪五年（1879）定州王灏谦德堂刊印本。

（清）尹会一撰：《健余奏议》，清乾隆刻本。

（清）尹继善、观光等纂：《钦定中枢政考》，清乾隆三十九年（1774）武英殿刊印本。

（清）英汇修：《科场条例》，清咸丰刻本。

（清）英廉：《钦定日下旧闻考》，文渊阁四库全书本。

（清）英琦等校勘：《户部山西司奏稿辑要》，清光绪（1875—1908）年间印行本。

（清）于成龙著：《于清端公政书》，清康熙二十二年（1683）刊本。

（清）于成龙著：《于山奏牍》，清康熙二十二年（1683）刘鼎刊印本。

（清）于荫霖著：《于中丞奏议·悚斋奏议》，1923年于翰笃刊印本。

（清）余治辑：《得一录》，清同治八年（1869）苏城得见斋刊印本。

（清）裕诚等纂：《钦定总管内务府堂规现行则例》，清咸丰二年（1852）刊印本。

（清）裕禄著：《裕寿泉折奏》，台北学生书局据清抄本影印，1965年。

（清）裕谦著：《勉益斋偶存稿及续存稿》，清道光十二年（1832）著者自刊本。

（清）袁枚撰：《小仓山房文集》，清乾隆刻增修本。

（清）袁守定著：《图民录》，清光绪五年（1879）浙江书局刊印本。

（清）原辑者不详，郎汝琳增辑，王秉恩校补：《大清律例总类》，清光绪十五年（1889）江苏书局刊印本。

（清）允禄等奉敕辑：《上谕旗务议覆》，清雍正九年至乾隆六年（1731—1741）武英殿递刊本。

（清）允禄等奉敕辑：《谕行旗务奏议》，文渊阁四库全书本。

（清）允禄等纂：《雍正朝大清会典》，清雍正十年（1732）内府刊印本。

（清）允禄辑：《世宗宪皇帝上谕八旗》，清文渊阁四库全书本。

（清）允祹等纂：《乾隆朝大清会典》，清乾隆二十九年（1764）内府刊印本。

（清）载龄、文启辑：《批本处现行事宜》，北平故宫博物院据清抄本影印，1937年。

（清）载龄等纂：《钦定户部漕运全书》，清光绪二年（1876）官府刊印本。

（清）载铨等纂：《宗人府则例》，清道光二十九年（1849）奏定官刊本。

（清）载振等拟订：《钦定大清商律》，清光绪（1875—1908）年间刊本。

（清）张伯行著，吴元炳辑：《正谊堂集》，清光绪五年（1879）吴元炳刊印本。

（清）张芾著，张修府辑：《张文毅公奏稿》，台北文海出版社据清光绪刊本影印，1968年。

（清）张光月编：《例案全集》，清康熙六十一年（1722）序思敬堂刊本。

（清）张海著：《西藏纪述》，清光绪二十年（1894）汪康年刊印本。

（清）张集馨，杜春和、张秀清整理：《道咸宦海见闻录》，中华书局1981年版。

（清）张凯嵩著，张季煜辑：《抚滇奏疏》，台北文海出版社据清光绪刊本影印，1968年。

（清）张联桂著，张幼丹辑：《张中丞奏议》，台北文海出版社据清光绪原刊本影印本，1969年。

（清）张亮基著：《张大司马奏稿》，光绪十七年（1891）湖南楚文堂刊刷局重刊本。

（清）张鹏翮著，张知铨辑：《张文端公全集》，清光绪八年（1882）辑者刊印本。

（清）张树声，何嗣焜辑：《张靖达公奏议》，台北文海出版社近代中国史料丛刊本，1969年。

（清）张廷玉著：《澄怀园文存》，清光绪十七年（1891）张绍文等刊印本。

（清）张惟赤著：《入告编》，上海商务印书馆1911年校印本。

（清）张彦笃：《洮州厅志》，成文出版社1970年版。

（清）张之洞等纂：《奏定学堂章程》，清光绪二十九年（1903）湖北学务处刊印本。

（清）张之洞著，王树枏等辑：《张文襄公全集》，北平楚学精庐重刊本，1937年。

（清）张之洞撰：《张文襄公奏议》，民国刻张文襄公全集本。

（清）长龄、景善等纂：《钦定中枢政考续纂》，清道光刊本。

（清）长龄撰：《懋亭自定年谱》，清道光桂丛堂刻本。

（清）长善等纂，许朝泰等校：《驻粤八旗志》，清光绪五年（1879许朝泰等人刊印本)。

（清）昭梿著，何英芳点校：《啸亭续录》，中华书局1980年版。

（清）赵尔巽：《清史稿》，中华书局1977年点校本。

（清）赵尔巽辑：《刑案新编》，清光绪二十八年（1902）兰州官书局排印本。

（清）赵宏恩著：《玉华堂稿》，清雍正十二年（1734）汪应铨序刊印本。

（清）赵慎畛撰：《榆巢杂识》，中华书局2001年点校本。

（清）赵翼：《廿二史札记》，中华书局1987年版。

（清）赵翼撰：《陔余丛考》，中华书局点校本1963年版。

（清）肇麟等纂：《钦定回疆则例》，清刊本。

（清）郑源璹纂：《晋政辑要》，清乾隆五十五年（1790）山西布政司刊印本。

（清）制订者不详：《常税则例》，清同治五年（1866）古香斋刊印本。

（清）制订者不详：《大清矿务章程》，清光绪三十四年（1908）刊本。

（清）制订者不详：《福建通省百货行商厘金章程》，清福建古楼前陈文鸣刊印本。

（清）制订者不详：《铁路简明章程》，清刊本。

（清）钟镛著：《西疆交涉志要》，清宣统三年（1911）金梁刊印本。

（清）周蔼联：《西藏纪游》，中国藏学出版社2006年版。

（清）周镐著：《犊山类稿》，清嘉庆二十二年（1817）官刊本。

（清）周家楣著：《欺不负斋政书》，清光绪二十一年（1895）史恩县署刊印本。

（清）周乐著：《宦游纪实》，清光绪二十三年（1897）刊印本。

（清）周纶著：《石楼臆编》，清康熙二十二年（1683）鲁超序、鲁谦庵、李邺国等刊印本。

（清）周梦熊撰：《合例判庆云集》，清雍正大盛堂刻本。

（清）周守赤辑，章球等校，张世林监刻：《刑案汇编》，清光绪二十二年（1896）爱莲书室刊本。

（清）周守赤著，周锡荣等辑：《刑案汇编》，清光绪二十三年（1897）上海图书集成局刊印本。

（清）周寿昌辑：《思益堂集》，清光绪十四年王先谦等刻本。

（清）周树模著：《周中丞抚江奏稿》，台北文海出版社近代中国史料丛刊本，1966年。

（清）周钟瑄：《诸罗县志》，台湾文献丛刊第141种。

（清）朱补庭、汪畹春合著：《金谷琐言》，清嘉庆十二年（1807）陈彦序手抄本。

（清）朱梅臣编：《驳案汇编》，清光绪九年（1883）上海图书集成局板印巾箱本。

（清）朱轼撰：《大清律集解附例》，清雍正内府刻本。

（清）朱孙诒辑：《团练事宜》，清同治二年（1863）南省文蔚堂重刊本。

（清）朱枟辑：《粤东成案》，清道光十二年（1832）刻本。

（清）朱子勋记录，张廷骧校勘：《刑幕要略》，清光绪十八年（1892）浙江书局刊印本。

（清）祝庆祺等编：《刑案汇览三编》，北京古籍出版社2004年点校本。

（清）祝庆祺辑，鲍书芸参订：《刑案汇览》，光绪十四年（1888）上海图书集成局印行本。

（清）祝庆祺辑，鲍书芸参订：《续增刑案汇览》，清光绪十四年（1888）上海图书集成局仿袖珍版印行本。

（清）著者不详：《钦定理藩院则例》，清刊本。

（清）著者不详：《示檄录存》，清嘉庆（1796—1820）年间手抄本。

（清）著者不详：《苏藩政要》，清手抄本。

（清）著者不详：《折狱便览》，清咸丰九年（1859）许乃普刊印本。

（清）著者不详：《州县提纲》，清嘉庆十年（1805）虞山张海鹏刊印本。

（清）庄纶裔撰：《卢乡公牍》，清末排印本。

（清）宗继增著：《读律一得歌》，清光绪十六年（1890）江苏书局刊印本。

（清）总税务司拟定，总理衙门核准：《修改长江通商章程》，清光绪二十四年（1898）官刊本。

（清）纂者不详：《崇文门商税衙门现行税则》，清光绪三十四年（1908）官刊颁行本。

（清）纂者不详：《都察院则例》，清内府抄本。

（清）纂者不详：《光禄寺则例》，清手抄本。

（清）纂者不详：《江苏省例》，清同治八年（1869）江苏书局原刊本。

（清）纂者不详：《江苏省例三编》，清光绪九年（1883）江苏书局原刊本。

（清）纂者不详：《江苏省例四编》，清光绪十六年（1890）江苏书局始刊本。

（清）纂者不详：《江苏省例续编》，清光绪元年（1875）江苏书局原刊本。

（清）纂者不详：《蒙古律例》，台北成文出版社据清抄本影印，1968年。

（清）纂者不详：《闽政汇参》，清手抄本。

（清）纂者不详：《钦定宫中现行则例》，清刊本。

（清）纂者不详：《钦定吏部处分则例》，清光绪十五年（1889）杭州聚英堂刊本。

（清）纂者不详：《顺天府则例》，清抄本。

（清）纂者不详：《太仆寺则例》，清内府朱丝栏抄本。

（清）纂者不详：《武场则例》，清刊本。

（清）纂者不详：《新疆文武各官及兵勇书役等支款章程》，清刊本。

（清）纂者不详：《新纂更定六部现行则例》，清手抄本。

（清）纂者不详：《治浙成规》，清刊本。

（清）左宗棠撰：《左文襄公奏疏》，清刻本。

包文汉整理：《清朝藩部要略稿本》，黑龙江教育出版社 1997 年版。

杜文凯编译：《清代西人见闻录》，中国人民大学出版社 1985 年版。

多杰才旦主编：《西藏封建农奴制社会形态》，中国藏学出版社 1996 年版。

何刚德：《春明梦录》，上海书店 1983 年影印本。

何刚德：《客座偶谈》，上海书店 1983 年影印本。

何勤华等点校：《读律佩觿》，法律出版社 2001 年版。

怀效锋、李俊点校：《大清律辑注》，法律出版社 2000 年版。

怀效锋等点校：《唐明律合编》，法律出版社 1999 年版。

怀效锋点校：《大明律》，法律出版社 1999 年版。

季永海等译校：《年羹尧满汉奏折译编》，天津古籍出版社 1995 年版。

马建石、杨育棠校注：《大清律例通考校注》，中国政法大学出版社 1992 年版。

青海省档案馆：《青海省档案馆所存西藏和藏事档案史料目录》（1724—1949），中国藏学出版社 2002 年版。

台湾银行经济研究室辑：《福建省例》，台湾银行 1964 年刊印本。

田涛，郑秦点校：《大清律例》，法律出版社 1999 年版。

汪毅、张承荣辑：《八朝条约》，中华民国外交部图书处 1915 年刊印本。

王锺翰点校：《清史列传》，中华书局 2006 年版。

吴晗：《朝鲜李朝实录中的中国史料》，中华书局 1980 年版。

吴景山编：《甘南藏族自治州金石录》，甘肃人民出版社 2001 年版。

杨一凡、刘海年主编：《中国珍稀法律典籍集成》，科学出版社 1994 年版。

杨一凡、田涛主编：《中国珍稀法律典籍续编》，黑龙江人民出版社 2002 年版。

张济民主编：《青海藏区部落习惯法资料集》，青海人民出版社 1993 年版。

张荣铮等点校：《大清律例》，天津古籍出版社 1993 年版。

张荣铮等点校：《钦定理藩部则例》，天津古籍出版社 1998 年版。

张羽新主编：《清朝治藏法规全编》，学苑出版社 2003 年版。

哲仓·才让：《清代青海蒙古族档案史料辑编》，青海人民出版社 1994 年版。

中国藏学研究中心中国第一历史档案馆等编：《元以来西藏地方与中央官府关系档案史料汇编》，中国藏学出版社 1994 年版。

中国社会科学院边疆史地研究中心：《蒙古律例·回疆则例》，全国图书馆文献缩微中心 1988 年版。

中国社会科学院边疆史地研究中心：《清代理藩院资料辑录》，全国图书馆文献缩微中心 1988 年版。

后　记

　　《清代律例汇编通考》终于要出版了。原以为这部近500万字巨作，在我有生之年是不可能出版的，如今得以出版，也不由得要说上几句。

　　自2001年从日本留学归来，到南开大学法政学院从事中国法制史、中国政治制度史的教学工作。中国政治制度史是我在1979年就已经在中国人民大学讲授的课程，中国法制史虽然也包括在政治制度史之内，毕竟仅仅是其中一项制度，此前并没有予以特别关注，而如今要承担这门课程，就要进行教学与研究。在翻阅相关论著的时候，发现明清法律的研究并不充分，特别是有关明清的法规体系研究，有些竟然存在着常识性的错误。

　　美国汉学家D. 布迪、C. 莫里斯所著《中华帝国的法律》，早在1973年就在美国出版了，影响并不大。2003年，作为"海外中国研究丛书"的一种，由江苏人民出版社翻译出版（朱勇译），在中国法律史界产生很大的影响。作者从《刑案汇览》中精选出190案来谈清王朝法律，使用的是美国式案例分析研究法，确实给中国学者带来一种新的视角，对清代法律研究也是个促进。以这样一个题目来命名，当然引起我及所指导的博士、硕士研究生们的注意，在认真进行阅读之后，一些硕士研究生则试图按照这种套路撰写毕业论文。

　　在指导硕士论文时，不得不查阅清代的刑案，而在收集大量刑案的时候却发现一个问题，那就是刑案，特别是成案是不是案例的问题。清人认为："律例为有定之案，而成案为无定之律。"可以说成案有加减刑罚的作用，又有补律例之不足的效用，但所有的成案最终定罪都是依据律例规定。很显然，将清代成案看作是判例，甚至认为中国古代存在一个混合法体系，成文法与判例法有机结合的看法，乃是基于对古代法律没有深入了解的情况下出现的。针对这个问题，我希望博士研究生也参与研究与讨论，最终认为清代法律规范应该由律、条例、事例、则例、成案、章程、禁约、告示等不同法规形式所组成，重点则在于律例，应该注重对律例的研究，便开始予以汇集，并且以《明清律例汇编通考》为名，申请到2005年度教育部人文社会科学研究规划基金项目。经过资料收集，得知台湾学者黄彰健先生已经出版了《明代律例汇编》，清代则尚未有人进行汇编，只好把精力全部放在清代。2009 年，教育部项目结项，而近 300 万字的书稿却无从出版。原来的项目研究仅仅以清代律例为主，随着研究深入，认为其他法规形式也是不容忽略的，因此扩大收集范围，将事例、则例、成案、章程、禁约、告示等也选编入内。工作又历经 5 年，到完稿时，字数已经接近千万。经过删减，成为现在的样子。

人民出版社因为承担《中华大典·政治典》的出版工作，责任编辑与参编者来往密切。因我承担该典"元明清分典"的主编，所以经常就编纂事宜与各位编辑进行协商交流，他们因此得知《清代律例汇编通考》的情况。《清史》编辑部主任王萍、历史编辑部副主任邵永忠等，都认为有出版价值，便为之申请国家古籍整理出版专项经费资助项目，此书终于可以出版了。

可以说这部书凝聚着我们师生十几年的心血。从日本回国来到南开大学任教，指导博士、硕士研究生，每每为他们的研究选题发愁。我当时想，《大明律》30 门 460 条，《大清律》30 门 436 条，若是每个硕士研究生选其中一条，博士研究生选其中一门，进行系统而深入的研究，一定会把明清法规体系弄清楚。我因为是周恩来政府管理学院与法学院双聘教授，带两个学院的学生，这样一来也就不愁他们毕业论文选题了。

截止到 2018 年，我指导的博士研究生，共计有 32 名毕业，他们的姓名及毕业论文是：刘立松：《宋代伦理道德教育研究》；齐惠：《明代致仕制度研究》；侯欣一：《陕甘宁边区大众化司法制度研究》；崔永生：《清代"奸细"罪研究》；高进：《清代"职制"律例研究》；常杰：《明代州县监狱制度研究》；刘更光：《中国当代慈善组织研究》；吴爱明：《清代督捕则例研究》；于雁：《清代强盗律例研究》；袁红丽：《清代官批民调制度研究》；刘志勇：《清代"受贿"律例研究》；徐明一：《清代六科行政监控机制研究》；邢巍巍：《南京国民政府训政时期县长职能研究》；许颖：《清代行政处分程序研究》；刘志松：《清代"冒破物料"与工程管理制度研究》；卢红妍：《清代越诉律例研究》；黄伟特（台湾）：《紫禁城建筑的政治内涵》；闫文博：《清代仓库律例研究》；随红侠：《清"投匿名书告人罪"律例研究》；胡兰玲：《政府采购制度创制》；谭琪：《清代州县治安制度研究》；刘延宇：《明代文职官体制研究》；冯志伟：《清王朝涉藏刑事案件处理问题研究》；王泉伟：《明代州县僚属与幕友研究》；李倩：《明代歌功颂德罪名研究》；高金：《明代奸党罪名研究》；袁松：《清代驳案司法程序研究》；周囿杉：《明代官员议罪程序研究》；李瑶：《明代职官考核制度研究》；苏嘉靖：《明代宪纲研究》；余同怀：《明代诉讼律例研究》；赵宁芳：《明清府县佐贰官制度研究》。这些论文或多或少都涉及明清律例，因此《清代律例汇编通考》的编纂，也有他们的贡献。

指导的硕士研究生则有法学硕士、法律硕士、政治学硕士、管理学硕士，多达120 多人，与政治法律制度研究有关的毕业论文有：尹长舒：《明代铨选制度研究》；

王辰：《清代盐法研究》；高金：《明代"交结内侍"律研究》；李佳珊：《清代逃人法研究》；戚阳阳（戚莹）：《清"越诉"律例研究》；田梅梅：《清"收养孤老"律例研究》；刘志松：《清"冒破物料"律例考》；刘佳：《清"投匿名书告人罪"研究》；于洋：《清"官吏荫袭"律例研究》；邢巍巍：《清代"举用有过官吏"律例考》；毛培：《清"违禁取利"律例考》；许颖：《明代的公罪与私罪》；李亚：《清"把持行市"律例考论》；雷杨华：《清"决罚不如法"律例考论》；范惟：《清"上书奏事犯讳"律考论》；白晶晶：《清"教唆词讼"律例研究》；袁红丽：《明清"滥设官吏"律例研究》；宁培芳：《清"应捕人捕罪人"律例研究》；马启泉：《清"告状不受理"律例研究》；郑国芬：《清"官员赴任过限"律例研究》；齐杰：《清"在官求索借贷人财物"律例考》；夏冠雄：《明"风宪官犯赃"律研究》；闫文博：《清"虚出通关朱钞"律例研究》；韩静：《清"官司出入人罪"律例研究》；李泽岩：《清"禁止师巫邪术"律例研究》；萧园：《清"犯罪存留养亲"律例探析》；韩宇：《清"保辜限期"律例考》；郭郁：《清律"因公科敛"条例考》；杜强：《清"官吏受财"律例探析》；张景志：《清代"那移出纳"罪解析》；周楚臣：《清"私出外境及违禁下海"律例研究》；钟景超：《明清大臣专擅选官罪研究》；王兆辉：《清代"照刷文卷"与"磨勘卷宗"律例研究》；张学鹏：《清代"立嫡子违法"律例研究》；胡霞：《清"侵占街道"律例研究》；蒋震：《清"私越冒度关津"律例研究》；刘辉：《清"匿税"律例考》；贺加琳：《从清代"私茶"律看我国古代的茶法》；杜振君：《清在押犯死亡法律问题研究》；安媛媛：《清"收留迷失子女"律例研究》；陈瑞来：《清代律例规制下的孤贫老人福利事业》；扬雪瑛：《清代"失时不修堤防"律研究》；高学瑾：《清"狱囚衣粮"律例研究》；金锋：《清"事应奏不奏"律例研究》；李倩：《明清"见任官辄立碑"律研究》；林茂：《清"欺隐田粮"律例研究》；张亮术：《明代夜不收军制研究》；王泉伟：《明代首领官研究》；王岚：《清代"出妻"律例研究》；王志爽：《清代"白昼抢夺"律例研究》；刘书岳：《清"赌博"律例研究》；郭萌萌：《明代土贡制度研究》；钮坤：《清代"牙行埠头"律例研究》；骆峰：《清"夜无故入人家"律例与住宅权保护初探》；安子峰：《清"脱漏户口"律例研究》；冉丹丹（冉一妼）：《清"亵渎神明"律例研究》；闵芙蓉：《明代闸坝官研究》；罗荣：《清代"嘱托公事"律例研究》；孙丽梅：《清代"殴受业师"律例研究》；武玥奇：《清"得遗失物"律例研究》；姚新宇：《清"人户以籍为定"律例研究》；李洪岩：《清代职官犯罪法律研究》；张颖：《清"检验尸伤不以实"律例研究》；刘华：《清代职务犯罪问题研究》；苏阳：《清"盗卖田宅"律例研究》；陈茜：《春秋外交学研究》；王国秀：《清代瘐毙问题研究》；皇甫明霞：《明代监察制度》；薛慧：《宋代土地交易法研究》；陈瑗：《清代"干名犯义"律例研究》；周旋：《清"略人略卖人"律例研究》；竺笛：《清"男女婚姻"律例研究》；程亚宾：《清代"典卖田宅"律例研究》；范鲁平：《明代的宣慰司与宣抚司研究》；刘佳：《明清"尊卑为婚"律例研究》；张燕燕：《清代

王命旗牌制度研究》；刘焕祥：《明清私阉律例研究》；蒋艳敏：《清"卑幼擅用家财"律例研究》；马久棋：《明代流民政策研究》；许可：《明代土地买卖契约研究》；金潇：《明清枭首制度研究》等 80 余篇。这些论文或多或少都使用《清代律例汇编通考》初稿的资料，也在一定程度上增补了一些内容。

自 2006 年开始，担任《中华大典·政治典·元明清分典》的主编，资料收集更加广泛，参与编纂工作者很多，除了所带的博士、硕士研究生之外，还有博士后赵殿红、周勇进、刘利平、杜志明、周围杉、程彩萍，以及亦生亦友的刘学斌、张殿军、袁维杰、高永辉、张兴年、王果等，均对本书的编纂作出贡献。可以说，《清代律例汇编通考》承载着师生朋友们的希望，也都各自为此付出心血，在此表示感谢。相信此书的出版，会给关注明清法律史研究的学者及博士、硕士研究生们从事研究带来便利。

特别要感谢人民出版社王萍、邵永忠等，他们一直关注本书的编纂情况，并且以人民出版社的名义向国家申请出版资助，终于获得 2018 年国家古籍整理出版专项经费资助，使本书得以出版。感谢本书的责任编辑，面对这厚达二尺余的打印稿，一字一句地审核，不厌其烦，有误必改，有疑存疑，不详则标出，特别是在繁简体字转换过程中出现的各种异体字，均用红笔标出，俾核对原始资料予以更正，其工作之艰辛自不待言，为本书增色不少。

本书的编纂，一波三折，先是不断增加内容，之后又因内容过多而删减，再后又因减的过多而增加，几次增删、合分、改订，使本书编纂曾经陷入困惑，最终成为现在的样子，其疏漏错误之处在所难免，尚祈学界同仁及各位读者不吝赐教，俾能遵循改进，以期传之久远。

柏 桦

于安徽淮南恒大绿洲花园 31 层租寓

责任编辑:宫　共

封面设计:徐　晖

图书在版编目(CIP)数据

清代律例汇编通考:全4册/柏桦 编纂. —北京:人民出版社,2018.11(2024.3 重印)

ISBN 978-7-01-019571-1

Ⅰ.①清…　Ⅱ.①柏…　Ⅲ.①清律-研究　Ⅳ.①D929.49

中国版本图书馆 CIP 数据核字(2018)第 165319 号

清代律例汇编通考(全4册)

QINGDAI LÜLI HUIBIAN TONGKAO

柏桦　编纂

人民出版社 出版发行

(100706　北京市东城区隆福寺街99号)

北京中科印刷有限公司印刷　新华书店经销

2018 年 11 月第 1 版　2024 年 3 月北京第 2 次印刷

开本:787 毫米×1092 毫米 1/16　印张:248　字数:4996 千字

ISBN 978-7-01-019571-1　定价:1366.00 元

邮购地址　100706　北京市东城区隆福寺街 99 号

人民东方图书销售中心　电话　(010)65250042　65289539